董事局主席兼总裁：周海燕

运筹帷幄、精心布局

玉溪市人民政府　主办

玉溪年鉴

YUXI YEARBOOK 2012

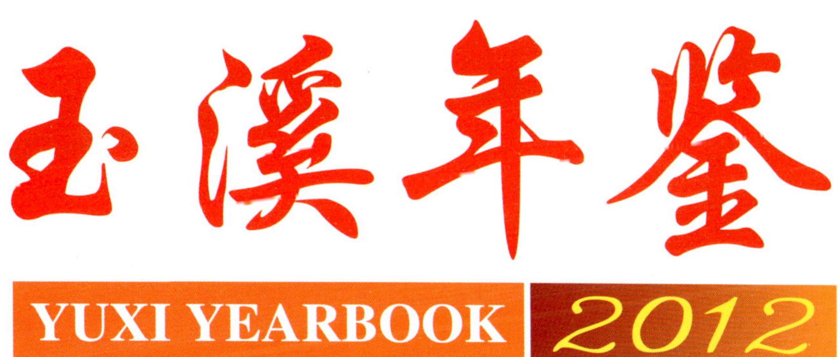

总第二十期

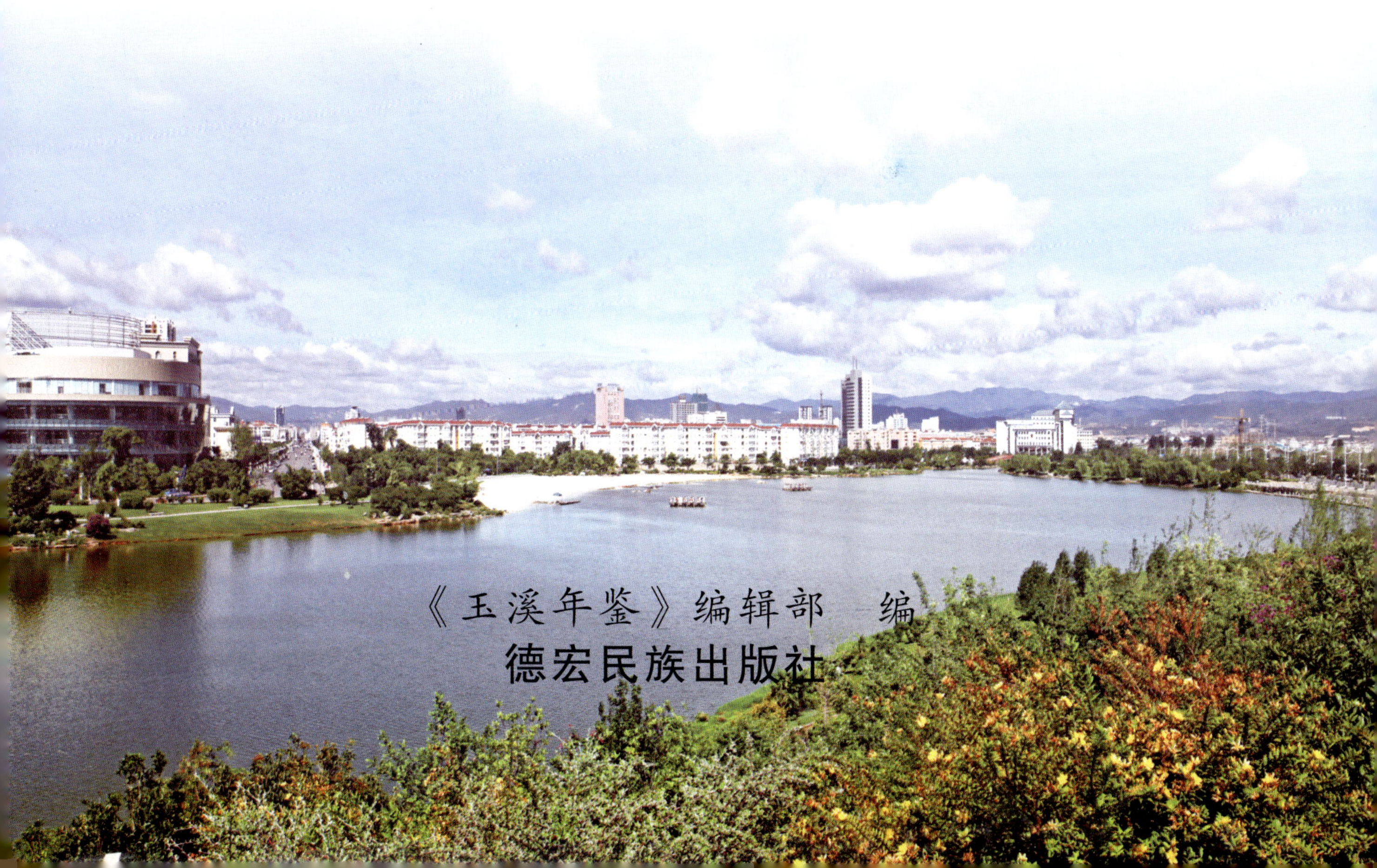

《玉溪年鉴》编辑部　编

德宏民族出版社

图书在版编目（CIP）数据

玉溪年鉴. 2012 / 玉溪市地方志办编. — 潞西：德宏民族出版社，2012.8

ISBN 978-7-80750-738-3

Ⅰ. ①玉…　Ⅱ. ①玉…　Ⅲ. ①玉溪市 - 2012 - 年鉴　Ⅳ. ①Z527.43

中国版本图书馆CIP数据核字（2012）第212358号

玉溪年鉴

YUXI YEARBOOK 2012

玉溪市地方志办公室　编

出版·发行	德宏民族出版社	责任编辑	方　萍
社　　址	云南省德宏州芒市勇罕街1号	责任校对	毕　兰
邮　　编	678400	封面设计	李亚平
总编室电话	0692-2124877	制　　作	昆明濠江图文设计工作室
发行部电话	0692-2112886	印　　刷	深圳濠江实业有限公司
电子邮件	dmpress@163.com	版　　次	2012年11月第1版
网　　址	www.dmpress.cn	印　　次	2012年11月第1次
开　　本	大16	印　　数	1-2000
印　　张	38	书　　号	ISBN 978-7-80750-738-3/Z·206
字　　数	1408千	定　　价	210.00元

玉溪年鉴编辑部

顾　　问　孔祥庚　高劲松

主　　编　孙会强

执行主编　李亚平

副 主 编　刘仕荣　王竹能

编　　辑　丁红莉　王　斌　李晓媛

　　　　　胡　芸　闵群书　王　华

目录翻译　马建平

地　　址：云南省玉溪市政府

电　　话：（0877）2026554　2039664

邮政编码：653100

热烈祝贺《玉溪年鉴》创刊20周年

中国版协年鉴研究会　云南省地方志办公室　云南省年鉴研究会　云南年鉴
云南小康年鉴　云南减灾年鉴　云南工商年鉴　云南铜业年鉴
云南经济年鉴　云南公安年鉴　云南生态年鉴

广州年鉴　苏州年鉴　十堰年鉴　广西年鉴
海南年鉴　上海经济年鉴社　淄博年鉴　郑州年鉴
新余年鉴　内蒙古年鉴

昆明年鉴　曲靖年鉴　保山年鉴　昭通年鉴
丽江年鉴　普洱年鉴　临沧年鉴　文山州年鉴
红河州年鉴　西双版纳年鉴　楚雄州年鉴　大理州年鉴
德宏年鉴　怒江年鉴　迪庆年鉴

安宁年鉴　呈贡年鉴　晋宁年鉴　嵩明年鉴
寻甸年鉴　宜良年鉴　石林年鉴　五华年鉴
盘龙年鉴　西山年鉴　东川年鉴　官渡年鉴
红塔年鉴　江川年鉴　华宁年鉴　通海年鉴
澄江年鉴　峨山年鉴　新平年鉴　易门年鉴
元江年鉴

为提高年鉴的编撰质量，玉溪市地方志办公室于2011年11月举办了《玉溪年鉴》总撰稿人和县（区）年鉴编撰人员培训

创刊以来出版的《玉溪年鉴》

《玉溪年鉴》自创刊以来，以其优异的成绩多次获国家级和省级奖，图为获得的部分奖杯、奖牌和奖状

2011年4月25~26日，中共云南省委书记、云南省人大常委会主任白恩培率省农业厅、林业厅、工信委等部门负责人深入华宁、江川、通海等县部分乡（镇）和企业，就生态建设、现代农业、民族团结、文物保护等工作进行调研　（潘泉　摄）

2011年11月25日，秦光荣到玉溪市代表团看望出席中共云南省第九次代表大会玉溪市代表　（潘泉　摄）

2011年12月6日，中共云南省委书记秦光荣、副省长曹建方一行在玉溪市委书记孔祥庚、市长高劲松等领导陪同下，深入玉溪市新平县戛洒镇，就贯彻落实省第九次党代会精神，加快县域经济发展进行调研（潘泉 摄）

2011年5月13~14日，国土资源部部长徐绍史在省委副书记李纪恒、副省长刘平陪同下，到玉溪市调研国土资源管理工作情况，玉溪市委书记孔祥庚、市长高劲松等领导陪同调研 （潘泉 摄）

2011年8月3日，时任云南省委副书记李纪恒到玉溪调研，在东风水库路坝合一工程现场了解生态保护情况 （潘泉 摄）

2011年6月8日，玉溪市坚持8年创建国家卫生城市工作迎来“大考”：全国爱卫办技术评估组对玉溪市创卫工作进行评估。图为评估组专家在省、市领导下对东风路、红塔山生态公园等地进行检查 （潘泉 摄）

“红塔玉溪庄园”，中国第一个庄园有机烟叶试验成功。2011年7月21日，中共玉溪市委书记孔祥庚等领导到澄江县龙街实地查看“红塔玉溪庄园”建设情况 （潘泉 摄）

2011年5月30日，玉溪数控机床产业园一期项目建成投产。图为中共玉溪市委书记孔祥庚和联盟体总裁黎筑森为数控机床联盟体揭牌 （潘泉 摄）

2011年5月30日，玉溪数控机床产业园二期建设实现招商“开门红”，30余个项目加盟玉溪数控机床产业 （潘泉 摄）

2011年12月21日，全国爱国卫生运动委员会在北京国家会议中心举行国家卫生城镇命名表彰大会，对2009~2011年度命名为国家卫生城市的单位进行表彰并授牌，玉溪市顺利戴上国家卫生城市桂冠 （李向文 摄）

2011年 9月25日，第七届全国城市运动会火炬“幸福之光”在玉溪聂耳音乐广场聂耳铜像前点燃传递。图为副市长、第七届全国城市运动会玉溪代表团团长杨洋向火炬手授火炬 （解家敏 摄）

2011年6月29日，在庆祝中国共产党成立90周年大会上，全市100个先进基层党组织、100名优秀共产党员、60名优秀党务工作者和4个基层党组织先进县获表彰

（潘泉 摄）

2011年12月29日，玉溪市低丘缓坡土地综合利用试点启动

（曾永洪 摄）

2011年9月8～11日，“滇溪龙泉杯”全国沙滩排球大奖赛在易门县举行。本次比赛由国家体育总局排球运动管理中心、云南省体育局、玉溪市人民政府主办，玉溪市体育局、易门县人民政府承办。共有来自全国12个省区市及解放军的51支代表队102名运动员参赛

（解家敏 摄）

红塔集团

烟草行业“十二五”进军号角已吹响：

卷烟上水平

——国家烟草专卖局（公司）

卷烟上水平的战略目标：

2010～2015年：“532”、“461”大品牌发展战略目标，即：争取用5年或更长一段时间，着力培育2个年产量在500万箱、3个300万箱、5个200万箱以上的品牌；培育12个销售收入超过400亿元的品牌，其中6个超过600亿元、1个超过1 000亿元。

红塔集团积极响应：

2010年2月27日，红塔集团第十七届四次职代会审议通过：到2015年力争实现“51518”发展目标；2011年7月，红塔集团重新调整到2015年的发展目标为“5211”，即：“红塔山”年销量500万箱，商业批发销售收入1 000亿元；“玉溪”年销量200万箱，商业批发销售收入1 000亿元。品牌总规模达到760万箱，其中：国内生产730万箱，出口及境外生产30万箱。

2011年，集团境内外卷烟工业销售规模为540.36万箱，同比增加19.97万箱，增长3.84%；实现利税425.85亿元，同比增加85.17亿元，增长25%。“红塔山”品牌实现销量304.04万箱，同比增长8.57%，品牌销量居行业第一位；“玉溪”品牌实现销量100.9万箱，同比增长44.12%，品牌销量居行业一类卷烟第二位。

2011年11月22日，红塔集团在玉溪红塔大酒店举行“红塔山”300万箱、“玉溪”100万箱下线仪式

市领导与少代会代表亲切交谈

团市委领导向省检查组汇报玉溪市党群共建创先争优活动情况

扩大青年利益诉求渠道

团中央权益部部长陈琳到玉溪调研“12355”平台建设情况

团省委书记饶南湖、市委副书记张玲调研社区团组织建设

2011年6月1日，中国少年先锋队玉溪市第三次代表大会召开，来自全市各地的197名少先队员、少先队辅导员和少年儿童工作者参会

共青团玉溪市委

2011年，共青团玉溪市委围绕贯彻落实科学发展观，以“打牢一项基础工作，突出三项重点工作”为主线，凝聚一切力量，整合全盘资源，积极履行组织青年、引导青年、服务青年和代表维护青少年合法权益的基本职能。

坚持用社会主义核心价值体系教育引导团员青年，切实加强对团干部、团员青年的思想政治教育工作。应用玉溪青年网、《青年手机报》、“大学生村官”QQ群、微博等信息交流载体，加强对团员青年创业意识、环保教育、团务知识、生活学习等方面的引导，选树先进青年典型。组织开展了第五届“玉溪十大杰出青年”评选活动，积极推荐优秀青年参与第三届“云南青年创业省长奖”、“云南青年五四奖章”评选活动。

广泛开展青年喜闻乐见的各种活动。举办了玉溪市纪念建党90周年“红领巾心向党”大型少儿综艺晚会、庆祝少先队建队62周年“红领巾心向党”系列活动。在玉溪聂耳文化广场开展“天天交谊舞”活动共计340场、在聂耳音乐广场开展“欢乐大家唱”23场。举办了第四届“青春彩云南·青年当先锋”玉溪（通海）乡村青年文化节。开展了舞龙表演、专场文艺演出、赠送

玉溪市预防青少年违法犯罪领导小组成员看望玉溪籍少年犯

通过多种形式教育团员青年了解市情、县情、乡情

针对返乡农民工开展技能培训

对联、送电影、农村青年趣味竞技、送金融知识下乡、创业报告会、外出务工返乡青年代表座谈会等形式多样的活动，在文化和市战略中发挥了积极的作用。

积极开展预防青少年违法犯罪、禁毒防艾工作，帮助青少年掌握必备的自护自救知识。建立团员青年与各级人大代表、政协委员的沟通交流制度。发挥"12355"青少年服务台作用，共为476名青少年解决了心理健康、法律、创业等方面的问题。通过QQ群、倾听日活动，畅通了青少年的利益诉求渠道。

关注弱势青少年群体。2011年，通过玉溪市希望工程爱心圆梦大学行动共筹集捐款259 275元，资助贫困大学新生57人。按"基层团组织或青年志愿者团队＋农民工子女＋活动基地＋接力"的项目运作模式，开展关爱农民工子女活动，共举办12个培训班，为2 235名农民工子女提供了书法、美术、音乐等培训。促成与农民工子女学校结对的团组织、志愿者组织共15个，志愿者结对人数1 403人，已结对的农民工子女人数3 809人。为4所农民工子女学校建立了希望书库，赠送了少先队鼓号，帮助指导农民工子女学校建立少先队组织，开展少先队活动。举办玉溪市第六届关爱夏令营，组织100名来自特殊教育学校和农民工子女学校的青少年参观了聂耳纪念馆、研和工业园区、禄丰恐龙谷等，使这些孩子开阔了眼界、增长了知识、增强了自信。

努力服务玉溪经济社会发展。在"八二六"抚仙湖保护日，以"退、调、保"为宣传内容，以漫画形式印制了2万册环保宣传册，并组织200名志愿者将画册分发在抚仙湖沿湖群众家中，让沿湖居民深入了解市委保护抚仙湖的战略目标，从而引导他们从自身做起、从小事做起，全力保护抚仙湖。服务青年创业就业工作。通过"贷免扶补"共扶持成功创业青年1 180人。联合市科协举办"玉溪市农村

在通海县举办第四届乡村青年文化节

召开2011年党风廉政建设工作会议

玉溪市共青团系统禁毒防艾宣传教育活动启动

在少代会上表彰玉溪市十佳少先队辅导员

中共玉溪市委宣传部

2011年3月10日，市委宣传部部长董文献（左二）深入江川县调研农村书屋建设情况

市委宣传部常务副部长普洪光（左一）慰问新平县平甸乡上新田小组彝族山苏困难群众

2011年6月22日，第二届中国聂耳音乐（合唱）周活动上中国音乐家协会主席赵季平（右一）向玉溪市授“中国音乐家协会合唱基地”匾牌

2011年，玉溪市宣传思想文化工作在市委的正确领导和省委宣传部的指导下，按照高举旗帜、围绕大局、服务人民、改革创新的总要求，围绕党委、政府中心工作，解放思想、科学谋划、积极作为，全市宣传思想文化工作亮点频现、成效显著，呈现出良好的发展态势，为玉溪经济社会又好又快发展和“十二五”开好局、起好步提供了强大的思想保证、精神动力、舆论支持和文化条件。

强化学习型党组织建设，理论武装工作取得新突破。深入贯彻落实十七届六中全会、省第九次党代会、市第四次党代会精神，以学习型党组织建设为载体，进一步健全党委党组中心组学习制度，加强学习型组织示范点建设，选树学习典型，总结学习先进经验。理论成果取得新成就，红塔区《“四学并举”学用相长》、易门县龙泉镇《小喇叭显大威力》等入选《云南省理论武装工作先进经验和典型事迹选编》。突出理论宣讲的针对性和实效性，全市共举办各类宣讲1500多场，受众20多万人。

强化主旋律舆论氛围营造，新闻宣传工作取得新突破。成功举办纪念建党90周年、纪念辛亥革命100周年、第二届中国聂耳音乐（合唱）周等重大活动，主题突出，特色鲜明的弘扬爱国主义精神，坚定了人民群众建设中国特色社会主义的信心。桥头堡建设、创卫、创模等重点工作和民族团结、食品安全、禁毒防艾、综治维稳、党风廉政建设等专题宣传成效明显。杨善洲精神、《云岭楷模风采录》——优秀共产党员事迹、道德模范、玉溪杰出人才等典型宣传生动鲜活，为全市经济社会发展营造了良好氛围。

强化公民素质和社会文明程度提升，精神文明建设工作取得新突破。开展第二届“玉溪市道德模范”、“玉溪十大杰出青年”、“学习杨善洲，为党旗添光彩”第八届“红土地之歌”演讲大赛等模范典型评选和宣传活动。开展窗口行业服务评比活动，不断推进服务工作上新水平。加快乡村学校少年宫建设，全市建成7个乡村学校少年宫；市文明办被中央文明委授予“全国未成年人思想道德建设先进单位”称号。全市共创建全国文明单位5个，国家级文明乡（镇）1个、国家级文明村3个，省级文明村37个、省级文明城（镇）3个、省级文明县城2个，推动了社会主义精神文明建设深入发展。

强化发展环境和发展动力，文化事业和文化产业取得新突破。出台《玉溪市文化建设工作意见》，明确了文化建设目标任务、建设内容、工作措施和保障条件，加大财政对文化建设的投入扶持力度，为全市文化改革发展营造良好的政策环境。基层文化基础设施和公共文化服务体系进一步加强。文化活动蓬勃开展，文化精品不断涌现，50件优秀文艺作品受到市委、市政府表彰奖励，小说《深度问责》入围茅盾文学奖，花灯小戏《冤家亲家》、彝族舞蹈《山里妹子来挝乐》、哈尼族原生态舞蹈《从帕第》等分别荣获国际国

2011年5月5日，召开玉溪市宣传思想文化工作会议

第二届玉溪市道德模范评审委员会第二次会议

创建省级文明城市工作汇报会

内大奖。

文化体制改革不断深化，基本完成全市文化市场综合执法改革工作。文化产业发展步伐加快，“玉山城”、中国玉溪“国际红宝石城”、“民俗博物馆”等项目建设和前期工作稳步推进。积极引导文化企业走市场，开展大规模文化产业发展专项培训，2011年，培训民族民间工艺师、技术人员、管理人员450多名，民族民间工艺水平得到大幅提升。开展农村文化产业专项调查，全市农村文化户达6 000多户、从业人数近5万人、年产值6 000多万元，3个村寨被纳入省第一批文化传承示范村“土风计划”扶持发展。

强化外宣重点，坚持内外结合，外宣工作在提升玉溪影响力和美誉度上取得新突破。与新华社、云南日报社、云南经济日报社、香港文汇报等市外主流媒体签订互利共赢、信息共享战略协议。围绕各项重点工作积极邀请省级及省外媒体进行宣传，玉溪新农合、人口较少民族及特困民族支系聚居区扶贫攻坚工作等民生报道受到各级领导和社会充分肯定。玉溪生态建设、抚仙湖环保新闻报道和信息专报受到国家领导人和省、市领导高度关注，推动了生态立市战略的实施和抚仙湖保护工作。完善新闻发言人制度建设，进一步落实了各级各部门的新闻发言人、联络员，各县区和市级部门新闻发布工作有了新的进展。

强化研判、合理处置，舆论引导在把握主动权上取得新突破。强化媒体管理，加强与各级新闻媒体的沟通联系，采取印发季度宣传报道意见和专项活动宣传意见、新闻发布、背景吹风、组织采访、召开新闻阅评会等形式，有效的主导、引导舆论导向和宣传重点。与新华社云南分社签订《舆情监测及预警服务协议》，以新华每日舆情（专供玉溪）、季（年）度舆情监测分析报告和突发事件舆情专题分析报告等方式，加强舆情信息监测和研判。主动引导热点事件舆情，正确处理“头颅藏匕型金属异物”、“智乡星私办幼儿园小孩死亡事故”、“新平至三江口公路坍塌事故”等热点事件，避免造成舆论风波。

2011年1月19日，由玉溪市委宣传部牵头，市直30多个部门和单位联合组成的文化科技卫生“三下乡”集中示范活动启动仪式在红塔区李棋镇举行

与省工艺美术行业协会合作，在华宁、通海、江川、新平4个县举办民族民间工艺培训班

第二届中国聂耳音乐（合唱）周活动——“聂耳杯”合唱比赛

庆祝建党90周年，第二届中国聂耳音乐（合唱）周启动仪式

玉溪市人民检察院

最高人民检察院副检察长姜建初（左）、省检察院副检察长李波（右）到玉溪市院调研

云南省人民检察院检察长王田海（前排左）、副检察长祁鶱昌（二排左一）在市委书记孔祥庚等领导陪同下到玉溪调研

省委组织部副部长张荣虎（右二）在市委常委、组织部长寸世成（右一）等领导陪同下到玉溪市院指导创先争优工作

市委书记孔祥庚在"法治与责任——全国检察机关惩治和预防渎职侵权犯罪展览·云南玉溪"巡回展开幕式上讲话

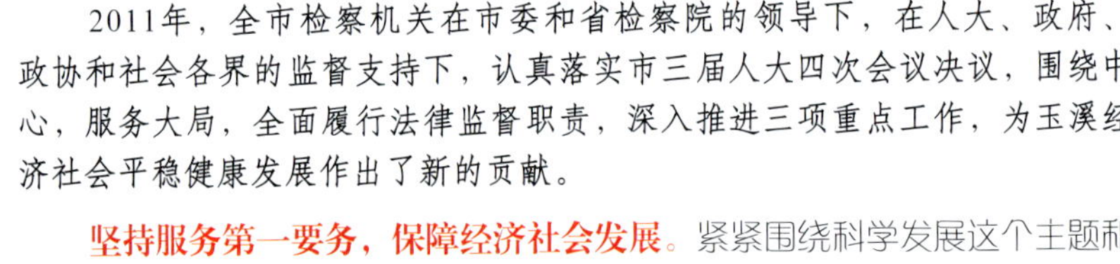

2011年，全市检察机关在市委和省检察院的领导下，在人大、政府、政协和社会各界的监督支持下，认真落实市三届人大四次会议决议，围绕中心，服务大局，全面履行法律监督职责，深入推进三项重点工作，为玉溪经济社会平稳健康发展作出了新的贡献。

坚持服务第一要务，保障经济社会发展。紧紧围绕科学发展这个主题和加快转变经济发展方式这条主线，切实维护社会和谐稳定，全力保障经济平稳较快发展。依法批准、决定逮捕各类犯罪嫌疑人2 021人，起诉2 716人，其中，批捕破坏市场经济秩序犯罪嫌疑人40人，起诉58人。

坚持惩防并举，坚决查办和积极预防职务犯罪。突出重点，加大力度，坚决查办破坏改革发展、侵犯群众利益的职务犯罪案件。立案查办职务犯罪案件107件114人，通过办案挽回经济损失3 382.93万元。紧密结合执法办案强化系统性预防措施，预防立项81件，提出预防职务犯罪检察建议63件，开展预防调查142次。举办"法治与责任——全国检察机关惩治和预防渎职侵权犯罪展览·云南玉溪巡回展"，参观巡展单位765家、15 000余人。

市委政法委书记刘宁笙（左三）带领市委政法委班子到市检察院调研指导工作

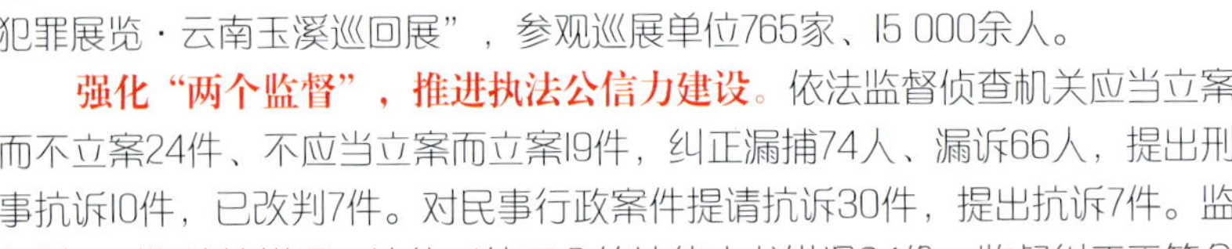

强化"两个监督"，推进执法公信力建设。依法监督侦查机关应当立案而不立案24件、不应当立案而立案19件，纠正漏捕74人、漏诉66人，提出刑事抗诉10件，已改判7件。对民事行政案件提请抗诉30件，提出抗诉7件。监督纠正刑期计算错误、法律手续不全等法律文书错误84份，监督纠正不符合

最高人民检察院渎职侵权检察厅厅长李文生（右一）等领导到玉溪市院调研

最高人民检察院原副检察长赵登举（中）莅临玉溪市院视察指导工作

市检察院检察长张德勋（左二）深入结对扶贫联系点江川县九溪镇矣文村困难群众家中访民情送温暖

组织检察委员会委员进行集体学习，加强检察委员会能力建设

玉溪市检察文化建设推进会暨全省十佳公诉人表彰会召开，全面推进检察文化建设

召开廉政风险防控机制建设动员大会，全面推行廉政风险防范管理机制

开展“发扬传统、坚定信念、执法为民”主题教育实践活动

全市检察机关统一选任第三届人民监督员25名

提请减刑条件或幅度36件、不符合暂予监外执行条件3件。

加强队伍建设，确保检察事业健康发展。深入开展创先争优、“建设学习型党组织、创建学习型检察院”、“发扬传统、坚定信念、执法为民”主题教育实践活动以及向杨善洲同志学习等活动，着力提升检察人员思想政治素质和职业道德素养。一年来，共有74个集体、118名个人获市级以上表彰。

建用并举，强力推进检察信息化建设。坚持以检察工作需求为导向，以检察信息资源管理为核心，建用并举，突出应用，强力推进检察信息化建设，逐步实现网上办公、办案和监督，建成全市一体化检察网站群，实现上下级之间工作部署和监督管理数字化。自主开发后勤综合管理系统，实现后勤管理数字化。

2012年，全市检察机关将按照市委和省检察院的工作要求及部署，深入贯彻落实科学发展观，紧紧围绕经济社会发展大局，以深化三项重点工作为着力点，以执法办案为中心，以开展政法干警核心价值观教育实践活动为保障，以营造和谐稳定的社会环境迎接党的十八大胜利召开为目标，全面提升检察工作水平，更好地服务玉溪经济社会发展。

以加强渎职侵权检察工作，促进依法行政与公正司法为主题开展举报宣传

开展法律适用研讨活动

玉溪市检察机关首届“检察杯”篮球比赛开幕

玉溪市检察机关三名干警获“全省十佳公诉人”称号

获表彰的“十佳政法干警”和“十优政法班子”

玉溪市财政局

2011年，全市各级财政部门在市委、市政府的正确领导下，在省财政厅的关心支持下，按照市委三届七次全会确定的年度目标任务，坚定不移地实施以改革开放和科技进步为动力的生态立市、烟草兴市、工业强市、农业稳市、文化和市战略和“三优一特”经济发展思路，认真贯彻落实积极的财政政策和稳健的货币政策，大力支持经济发展方式转变，着力保障和改善民生，全市经济持续快速发展，财政运行保持良好态势，财政收入实现稳步增长，各项重点支出得到有效保障。全年财政总收入343.5亿元、比上年增长12.9%，地方财政收入96.5亿元、比上年增长15.4%，地方财政一般预算收入77.3亿元、比上年增长19.3%，地方财政支出160.5亿元、比上年增长25.2%，地方财政一般预算支出139.6亿元、比上年增长00.2%，圆满完成了年初确定的各项目标任务，实现了“十二五”良好开局。

2011年6月5日，省财政厅副厅长王卫昆率调研组对玉溪市财政进行专题调研

市委副书记谢兴荣向调研组汇报市级财政运行情况

调研组在抚仙湖澄江段一级保护区调研退耕还湖工程

市财政局局长莽成柱将民情联系卡送到农户手中

环保

【湖泊水污

认真编制“三
方案和2011～2012
安排“十二五”规
防治目标责任书

着力抓好抚
“十二五”规划
结构调整、林业
染治理的工作目
的非工程管理措
治理工程的可研
机制修复示范工
污染防治贫营养
共给予了13 000

加快推进星
治项目的实施力
套、湖滨带生态
的支持下，江川

认真落实省
麓湖水污染综合
围绕确定的目标
项，13个子项的
工作6项，计划

强化非工程
级管护责任，进
提高。严格“三
场环境监察力度
管，坚决查处污
走廊工程和城乡
有奖举报等制度

【“创模

大力推进
多次召开工作
环境空气质量
玉溪大河综合
任单位、工作
工作和编制了
家环保部上报

2011年7月15日，省财政厅企业处、会计处、注协、评协党支部“三红”活动暨爱心捐赠仪式在玉溪举行

组织工作人员到博物馆参观渎职侵权展览

组织女职工开展三八节读书活动

向扶贫联系群众赠送化肥

参加第二届聂耳音乐（合唱）周歌咏比赛并荣获二等奖

玉溪市环境监察支队

玉溪市环境监察执法工作不断登上新台阶

副支队长李春明（左一）到狮子山铜矿现场监察

环保公安分局、检察院、环境监察联合监察江川县污水处理厂

环保专项行动成员单位共同监察澄江县东溪哨工业园区

2011年，玉溪市环境监察支队坚持状态要好、工作要实、标准要高、节奏要快的工作标准和能办的事马上办，难办的事尽力办，大事小事认真办，一切事情依法办的工作作风，全市出动环境监察人员19 464人次实施现场监察企业5 770家次，比上年同期增加6 082人次。其中，市支队出动1 936人次，检查企业916家次，全市立案查处环境违法案件107件，结案率达100%；罚款405.77万元，比上年同期增加194万元。其中：玉溪市环境监察支队立案查处37件，结案37件，罚款195.04万元，比上年同期增加20件和110万元。全市向541户排污企业征收排污费2 414.98万元，完成年计划的178.89%，比上年同期增收293.98万元；排污费征收稽查23户，追缴欠收少收排污费152万元。受理调查处理环境污染投诉351起。其中：上级交办22件，人大、政协交办件3件，市（县）长热线24件，信访和污染投诉296件，一般纠纷6件。

抓好环保专项行动，在整治重金属污染行业上着力，切实防止重金属污染行为的发生。环境监察部门勇于承担重任，认真履行职责，发扬吃苦耐劳精神，强化重金属企业排查整治、强化环境污染隐患排查、强化污染减排项目监管、强化两污建设项目检查、强化落实挂牌督办事项、强化危险废物监管力度，依法实施监管。在环保专项行动中，全市共出动环境监察人员10 932人次，检查企业3 111家次，有效完成了整治违法排污企业保障群众健康环保专项行动的各项工作任务。

加快硬件建设步伐，在污染源自动监控系统建设上着力，切实提高环境监测监察能力。2011年3月，市环保局以《关于玉溪市环境监察支队玉溪市重点污染源在线自动监控系统建设项目环境影响评价登记表的批复》对该项目的实施予以环保行政许可；同月，完成了《玉溪市重点污染源在线自动监控系统可行性研究报告》的审批。6月，市发改委主持召开了《玉溪市重点污染源在线自动监控系统初步设计方案(一期)》评审会，形成了评审意见。7月，玉溪市发展和改革委员会批准了该项目实施。批准的审定投资3 894.01万元，其中市级配套800万元，该项目审批手续全部齐全。12月，顺利完成了玉溪市重点污染源在线自动监控系统一期建设招投标工作。

开展“两危”大排查，在“两危”大排查上着力，切实解决危险废物和危险化学品中存在的环境污染问题。在开展“两危”大排查前，市环境监察支队除特别邀请云南省环境监察总队副总队长邓聪，为玉溪全市环境监察人员进

全国人
毛如柏在座

2011年
入学习实践
现代宜居生
为出发点，

玉溪市排污费征收汇审工作在市支队举行

玉溪重点污染源在线自动监控系统建设研讨会在市环境监察支队举行

行危险废物和化学品大排查业务培训和支队自己组织全市环境监察大队长培训外，还将28个与危险废物和危险化学品相关的法律法规、技术标准、指标体系及有关文件资料汇编成册，印发到市、县（区）环境监察人员中，指导大排查工作。在“两危”大排查中，全市环境监察人员自觉加班加点，主动延长工作时间，克服大排查中的困难和问题，白天排查、抽查，晚上加班分析、汇总、填表。做到了认识到位，强化排查氛围好；组织到位，强化领导组织好；责任到位，突出重点质量好；督导到位，深入指导效果好；整改到位，强化机制落实好；履职到位，能力素质体现好，确保“两危”大排查按质、按量、按时完成。全市环境监察部门，仅用1个月时间，在市辖区范围内排查危险废物企业264户，市环境监察支队抽查率占大排查企业总数的52%；全市排查化学品生产企业83户，市环境监察支队抽查率占专项检查企业总数的100%。

强化环境应急管理能力建设，在全面提升预防和整治环境污染事故应急控制能力上着力，切实预防环境污染突发事件的发生。2011年4月27日，玉溪市环保局成功进行了突发环境事件应急演练的同时，积极组织红塔区辖区内涉重金属、危险废物及化学危险品的16家企业开展环境应急预案编制、修订和备案工作。

加强环境监察业务培训，在队伍建设、能力建设、制度建设上着力，全面实现在科学发展观指导下的环境监察工作。2011年，玉溪市环境监察支队组织市、县（区）环境监察有关人员出外参观考察学习，组织参加国家、省环保部门的业务培训和自己组织办公自动化、环境监察设备使用等专业培训，并于11月5～9日，在玉溪市委党校举办了环境监察业务培训班。云南省环境监察总队、各州市排污收费人员、玉溪市公安局环保分局民警、玉溪市县（区）环境监察人员及部分乡（镇）环建中心、监测站、环境监督管理站等单位的相关人员共230人，听取了国家、省、市级知名度较高环保执法专家的精心传授，为强化环保执法工作奠定更加牢固的基础。

实施五项举措，在取得实效上下功夫。继续开展量化考核工作，利用量化考核确保全市环境监察部门形成全市“一盘棋”的环境监察格局，做到认识统一，行动一致，步调一致，助推环境监察执法工作顺利完成。继续开展排污费征收稽查，利用稽查，促进排污费征收工作做到依法、全面、足额征收，不断取得新突破。继续开展环境监察稽查，利用稽查方法坚持环境监察执法回头看，有效预防和杜绝环境风险，保证环境监察执法工作和环境监察执法人员做到不越位、不错位、不缺位、不作为、不违法、不扯皮、不拖欠。红塔区、江川县环境监察大队开展环境监察稽查试点工作，取得初步成效，通过云南省环境监察总队组织交叉评比打分，玉溪市评得95分，属全省最高。继续实施协调监管、联合执法举措。坚持湖泊协调监管制度，每月召开一次市环境监察人员、环保公安分局、市湖泊管理部门、湖泊县环保局及监察人员参加的协调监管会议，随时掌握湖泊环境动态，切实做好动态监管。坚持联合执法制度，市环境监察支队牵头组织市环保公安分局、红塔区畜牧局和环境监察大队共出动76人次，于9月8～15日对玉溪大河河流沿线污染源情况进行了全面排查。通过排查，玉溪大河沿线主要企事业单位个体户及养殖户共计90家。在排查中，市、区环保部门共向18家污水排放企业现场下达了限期整改通知。坚持中、高考噪声监察制度。高考期间出动环境监察员216人次、中考期间出动环境监察人员366人次、成人高考期间出动环境监察人员58人次，在各考点周围巡查，为考生提供了一个安静的考试环境。继续实施重点监察，采取“黑＋白”、“5＋2”对重点企业实施蹲点守候、节假日监察和重点抽查，预防和打击环境违法行为。

玉溪市人民政府扶贫开发办公室

2011年1月20日，市长高劲松（右二）与省扶贫办主任王智（左二）座谈玉溪市扶贫开发工作

2011年12月30日，扶贫办主任龚崇生（右二）到元江县青龙厂镇朋程村委会秦及冲村民小组慰问困难群众

2011年5月10日，召开《玉溪扶贫开发志》评审会议

2011年5月10日，《玉溪市扶贫开发志》评审人员合影

2011年，市扶贫办紧紧围绕市委、市政府的中心工作，以解决贫困群众最关心、最直接、最现实的民生问题作为出发点和落脚点，创新工作机制，强化扶贫措施，狠抓项目建设，推动工作落实，实现了5个新突破。

扶贫资金投入创历史新高。2011年，全市累计争取投入市级以上扶贫资金17 418.5万元，比2010年的14 117万元增加3 302万元，增长23.4%。其中：财政资金6 018.5万元（包括：中央资金1 007万元、省级资金2 951.5万元、市级资金2 060万元），有偿资金11 400万元（包括小额到户贷款资金7 000万元，项目贴息贷款资金4 400万元）。尤其是财政贴息的信贷扶贫资金增幅最大，比2010年的7 500万元增加3 900万元，增长52%。

扶贫目标任务超额完成。投入财政扶贫资金3 510万元，完成整村推进项目230个，比年度计划200个增加30个，超额完成15%。投入财政扶贫资金390万元，完成易地扶贫搬迁1 276人，比年度计划1 000人增加276人，超额完成28%。投入财政扶贫资金600万元，有力带动甘庄整乡推进项目当年完成总投资9 763万元，占年度投资计划的155%；投入财政扶贫资金150万元，实施产业发展项目3个，比年度计划100万元增加了50万元，超额完成50%；投入财政扶贫资金120万元，完成了贫困地区劳动力培训并转移1 500人，比年初计划1 000人，增加了500人，超额完成50%；投入财政扶贫资金140万元，完成安居工程140户，比年初计划100户增加40户，超额完成40%；投入财政扶贫资金320万元，完成革命老区开发建设项目22个，比年初计划300万元增加了20万元，超额完成7%；按合同约定收回2010年度小额到

2011年易门县元宝庄村委会易地搬迁扶贫开发建设项目

2011年12月29日，玉溪市扶贫办召开学习贯彻中央扶贫开发工作及素质提升培训会议

2011年12月30日，在元江县全市扶贫系统素质提升培训时，新平县表演的：彝乡欢歌献给党：

户贷款资金6 000万元，当年新增发放小额到户贷款资金7 000万元，比年初计划5 000万元增加2 000万元，超额完成40%；组织发放项目贴息贷款资金4 400万元，比年初计划3 000万元增加1 400万元，超额完成47%。

社会扶贫工作明显加强。2011年，新调整挂钩扶贫的118个市级单位，帮扶了31个乡（镇、街道）的118个村委会；驻村帮扶48人；帮扶部门直接投入资金1 295.20万元、物资折款89.6万元；帮助引进项目21个、技术7项、资金445.7万元；举办适用技术培训52期，受训人数6 600人次；组织劳务输出648人，资助贫困学生238人。由于宣传到位、服务到位，新一轮挂钩扶贫工作已步入了正轨。人口较少民族扶贫攻坚是市委、市政府的一项中心工作，市扶贫办作为对口帮扶组的牵头单位之一，承担着县（区）、部门和单位对口帮扶工作的落实。2011年，人口较少民族及特困民族支系聚居区对口帮扶的4个县（区）、8个大企业（集团）、143个部门共投入资金1 044.51万元，投入物资折款79.41万元，引进资金655万元，引进项目28个，驻村帮扶25人，入村考察调研1 256人，举办各类培训班44期、受训人次1 959人，帮助输出劳动力205人，资助贫困学生670人。通过对口帮扶，充分发挥了相关县（区）、驻玉大企业集团和党政机关、社会团体、企事业单位在人口较少民族扶贫攻坚中的积极作用。

项目资金监管力度加大。严格执行扶贫资金分配使用管理、项目实施全过程公告公示制和扶贫项目永久性公示牌设立制，严格执行审计监察制、资金专户管理制、资金报账制、跟踪问效制、招投标制、大宗物资集中采购制、项目验收考核及后续管理制等管理制度，严格执行资金绩效管理制，着力推行扶贫项目廉政承诺制、贫困群众廉政评议制、贫困群众廉政评议员制，创造性地大力开展廉政文化进扶贫机关、进扶贫项目、进贫困社区、进扶贫企业、进培训基地、进培训课堂、进干部职工家庭“七进”活动，牢固树立了上级监督、部门监督、审计监察监督、人大政协监督、舆论监督、群众监督六道防线。把党风廉政建设与扶贫工作考核紧密结合起来，做到年初早安排、年中有检查、年底有考核、结果真运用，在年度扶贫工作目标考核评比中，对扶贫项目资金存在违反规定的县区实行一票否决的制度。

脱贫减贫进程加快。据统计，2011年有效解决了5.5万农村贫困人口的脱贫问题，比年初计划5万人增加0.5万人，超额完成10%。进一步加大了玉溪市革命老区、民族地区、边远山区的扶持力度，社会扶贫形式多样，取得了显著的扶贫成效，为“十二五”扶贫工作开好局、起好步打下了坚实的基础。

2011年元江县小额信贷扶贫项目

元江县朋程村新居田易地扶贫搬迁项目

元江县甘庄整乡推进扶贫开发建设项目

峨山县2011年整村推进扶贫项目

2011年澄江县整村推进扶贫项目

新平县生态扶贫项目

元江县整乡推进扶贫开发建设项目

玉溪市农业局

2011年3月5～6日，玉溪市农业局党组书记、局长曹仕祥到新平县调研农业生产

玉溪市农业局参观考察2011第七届昆明泛亚国际农业博览会暨2011中国昆明国际花卉展

2011年12月8日，云南省著名水稻专家、省农科院首席科学家蒋志农到玉溪考察水稻生产

2011年12月8日，云南省著名水稻专家、省农科院首席科学家蒋志农在副市长李洪云、市农业局、红塔集团、峨山县相关领导和专家的陪同下，到峨山县考察，初步把新型中高档粳稻的育种基地选定在“凤窝有机庄园”

2011年，玉溪市农业局在市委、市政府的正确领导下，紧紧围绕服务“三农”这一要务，认真开展创先争优活动，团结带领全局干部职工和全市农业科技人员，多措并举保增收，统筹协调抓落实，克服干旱、农产品价格波动、农业生产资料价格上涨等不利因素和困难，农业和农村经济总体保持了快速发展。

农业经济实现“六增”。2011年全市农业总产值141.8亿元、农业增加值81.0亿元，按可比价计分别比2010年增长8%和7.7%；农民人均纯收入6 616元、主要农产品出口总值2.43亿美元、粮食总产量52 203万千克、畜牧业产值55.7亿元，分别比2010年增长15%、75%、15%和5.3%。

农业产业化经营取得新进展。全市发展各类农民专业合作经济组织366个，比2010年增加86个；市级以上龙头企业已达99户，其中国家级1户、省级26户，销售收入突破65亿元；全市拥有省级以上名牌农产品（产品）、商标100个，共有48家企业的84个产品持有有效的“三品一标”证书，其中：无公害农产品27家企业49个产品、绿色食品19家企业29个产品、绿色食品生产资料1家企业1个产品、有机产品有2家企业4个产品、农产品地理标志产品1家单位1个产品；全市出口蔬菜备案基地7.7万亩，农产品出口实绩企业达24户，全年农产品出口额24 373万美元。

农产品质量安全和农机安全生产水平不断提高。全市累计出动农业执法人员5 976人次，印发宣传资料24.67万份，检查企业8 982个次，整顿农资市场868人次，查获假冒伪劣农资4 483千克，案值5.4万元，挽回经济损失5.6万元，全市未发生农产品质量安全事故。开展农机安全生产月、农机安全生产“三项行动”，农机安全生产责任书逐级签订率

2011年7月21～22日，举办全市农业行政执法人员业务培训班

2011年11月21～30日，玉溪市举办首期阳光工程农民创业（养殖）培训班，图为开班典礼

2011年8月1日，玉溪市推进草原家庭承包和草原生态保护补助奖励机制工作会议在新平召开

2011年11月24~28日，在全国首届农产品质量安全检测技术总决赛中，来自玉溪市农产品检测一线的唐海彦和普继琼一举夺得5个项目中的两个第一，为云南队进入全国前八名、荣获团体二等奖立下了功劳

“一二·四”法制宣传周活动

2011年11月25日，由玉溪市农机技术培训推广站组织的全喂入刚毅GY4L—0.6轮式收割机、全喂入GY4L-0.6-Ⅱ履带自走式收割机现场演示会在元江县东峨镇举行。图为GY4L—0.6轮式收割机现场演示情况

2011年8月31日，由玉溪市红塔区农业局组织实施的农业部水稻万亩高产示范片组织现场验收，图为抽样实收现场

达100%，农机持证率达84%，挂牌率达86%，审验率达85%。

重大动植物疫病防控成效明显。实施重大动物疫病防控整村推进工程，全市累计完成春秋畜禽疫病免疫23种，共计12 660.66万头（只），未发生重大动物疫情，保障了畜牧业生产安全和公共卫生安全。开展植物病虫测报，科学指导农作物病虫害防治，大小春农作物病虫害防治418.5万亩，无重大植物疫情发生。

农业科技推广水平有较大提升。完成粮油高产创建示范区46片，平均亩产量669.5千克，比非示范区亩增产191.9千克，增40.3%；完成农作物间套种189.78万亩，新增粮食产量8 247.78万千克；推广粮食地膜覆盖栽培技术48.57万亩，占粮食播种面积的31.6%；完成机耕面积118.76万亩、机耙面积117.25万亩、烤烟地机械起垄面积9.33万亩、机插秧面积2.71万亩，农机抗旱灌溉面积50.21万亩；推广微型耕整机19 269台、水稻插秧机22台、水稻及油菜收割机17台。

农业基础设施建设进展顺利。建设高稳产农田建设1.7万亩；完成沼气池建设400口、农村节能改灶20 358眼，推广太阳能340台，建设农村沼气服务网点107个；实施退耕还林后续产业养殖业项目，建成棚圈8 748平方米、青贮窖2 200立方米、饲料地3 000亩；创建农业部热作标准化生产示范园3个。全市农机装备水平不断提高，新增农机具14 386万台，农机总动力21.79亿瓦特，比2010年增5.3%。

冬季农业开发成效斐然。全市冬季农业开发面积首次突破90万亩，达96.75万亩（含冬马铃薯、冬大豆和冬玉米），同比增加6.93万亩，增长7.7%。冬季农业开发总产量达88.32万吨，产值19.1亿元，平均亩产值1 969元，分别比2010年增加21.35万吨、5.7亿元、481元，分别增长31.9%，42.7%，32.3%。

农村改革取得新的进展。全市农村土地承包经营面积120.26万亩，承包土地经营农户45.75万户；农村土地经营权流转面积21.3万亩，比2010年20.1万亩增1.2万亩，增6.0%。在全市74个乡（镇、街道）、661个村（居）、6 186个村民小组全面推行农村集体“三资”委托代理，实行网络化监管。开展农村草原家庭承包及草原生态保护补奖机制工作，落实草原家庭承包面积865.4万亩。出台玉溪市2011年减轻农民负担工作实施方案，抓好农村兴办公益事业“一事一议”的实施，配合财政部门做好“一事一议”财政以奖代补工作。

油菜新品系“20-5-26-7”与“玉红油1号”田间长相对比

玉溪市农科院研究的湖水净化栽培技术大面积种植现场

新平县建兴乡马铃薯地膜覆盖栽培

农机作业现场

玉溪市科学技术局　玉溪市知识产权局

2011年全省知识产权局局长会议

局长罗江云深入基地调研

世博科技成果展示点（玉溪站）启动仪式暨2011沪滇科技交流活动

玉溪市科学技术局 玉溪市知识产权局在市委、市政府的正确领导下，在上级科技和知识产权部门的支持下，局领导班子认真总结"十一五"发展经验和成果，深入分析发展机遇与挑战，率领全局干部职工，抢抓机遇，直面挑战，真抓实干，认真贯彻落实省科技工作会议精神，紧紧围绕市委、市政府中心工作，持续推进科技进步与技术创新，圆满完成全年工作任务，玉溪市再度被评为全国科技进步考核先进市、全国专利工作先进集体、第二次全国r&d资源清查先进集体。为实现经济社会又好又快发展提供了强有力的支撑。圆满完成创新型玉溪行动计划目标考核任务，为加快

科技下乡

科普宣传

科技下乡培训

2011年科学技术奖评审会

市科技进步考核

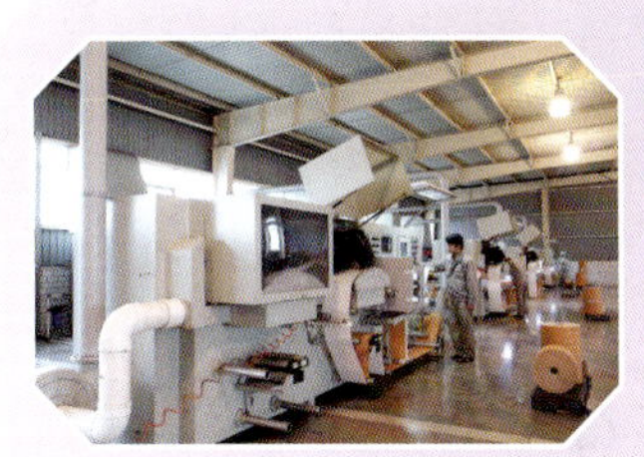
激光打孔机

高端数控机床

建设创新型玉溪行动计划的实施，在2011年3月3日召开的全市社会事业年度工作会议上，由副市长杨洋代表市人民政府与玉溪市9个县（区）、6个部门签订了《建设创新型玉溪行动计划2011年目标责任书》。认定高新技术企业12家，超额完成6家，完成200%；认定5个市级重点实验室和行业技术研究中心的任务圆满完成；认真实施创新型玉溪行动计划，云南科技创新园完成规划，并成功落户玉溪；组织申报省级创新型试点企业5家（完成100%），认定3家；组织申报国家级、省级科技计划项目46项，超额完成6项，完成115%，实施56项（含往年未结题数）；组织实施市级科技计划83项，超额完成53项，完成267%。完成专利申请613，完成146%，获专利授权460件，完成233.5%。狠抓农业科技示范区建设，成功规划建设县（区）农业特色科技示范园10个；高新区创建国家级高新区工作取得实质性进展；组织实施《预防肺炎球菌疾病I类新药9价肺炎球菌多糖结合疫苗等系列生物制品临床前研究》等省市会商重大科技项目，为沃森生物和蓝晶等科技产业园建设提供科技支撑；加强“产学研”对接，组织近30家企业参加各类科博会、博览会、产学研合作洽谈会等活动，进行产学研对接12次。重点行业企业重大技术改造、农业科技创新、创新服务平台建设、科技人才培养引进、知识产权战略、生态产业科技创新、公民科技素质提升科技创新工程建设成绩喜人。

蓝莓科技示范

玉溪市统计局

玉溪市统计局党组成员

市统计局局长吕伟到华宁县郭家营社区白沙沟小组视察旱情

玉溪市统计局自成立以来，始终按照市委、市政府确定的经济社会发展战略目标和上级统计部门统计改革发展的要求推进统计事业的发展，统计工作取得了显著的成绩，受到市委、市政府的领导好评，曾先后多次被省统计局授予“云南省统计系统先进集体”的荣誉称号。

抓制度建设，建立有效的激励机制。建立健全各项规章制度，用制度管人，促进依法行政；建立有效的激励机制，激励广大统计人员争先创优，推进工作的发展；严格考核，定期通报考核结果，增强考核的透明度。

唱响服务主旋律，发挥统计的职能作用。始终把服务工作列入统计工作的重要内容进行考核，促进工作任务的分解落实；不断开发统计信息资源；拓展服务内容，坚持每年编印《玉溪市统计公报》、《统计信息》、《玉溪市统计年鉴》、《主要统计指标》；经济运行分析的质量和水平不断提高；及时发布玉溪市经济社会发展的动态信息。

加强统计基础建设。推行农村统计基础规范化建设工作；企业基础核算工作得到进一步加强；统计工作条件不断得到改善；统计部门在机构改革中得到了加强。

统计调查方法改革迈出坚实的一步。全市统计系统不断探索统计调查方法改革的新路子，制订了《新时期玉溪市农村抽样调查方案》、《玉溪市规模以下工业抽样调查方案》。

加快统计信息化发展步伐。一是建成了市和县统计局的局域网；二是建成了省、市会议视频系统，提高了网络

省市领导与玉溪市统计局部分干部职工合影

市统计领导到新平县平掌乡开展“四群”教育活动

玉溪市统计系统首次职工运动会的部分领导与运动员合影

的利用率；三是硬件设施进一步加强，全市统计系统新增计算机近200台；四是信息化系统扩容提速；五是制订了《“十二五”玉溪市统计信息化建设方案》。

加强统计法制建设。加强教育和培训，规范了执法行为和执法程序，提高执法水平；广泛宣传统计法律法规，统计法制意识不断提高；开展统计执法大检查，维护了统计工作秩序，增强了全民统计法制观念；坚持持证上岗，加强培训。

不断提高数据质量。大力弘扬实事求是、求真务实的作风，从源头上保证数据的高质量；建立健全数据质量责任制，保证了数据的高质量；加强对数据质量的评估论证，研究经济形势，分析数据质量；认真做细数据质量工作。

重大国情国力普查、调查顺利实施。先后多次进行了全国人口普查、全国基本单位普查、工业普查、全国农业普查、全国经济普查、投入产出调查、人口抽样调查工作、劳动力调查等，并取得了较好成绩。

加强党风廉政建设。一是认真抓好学习和教育；二是健全完善党风廉政建设和反腐各项制度；三是认真分解落实党风廉政建设责任目标；四是坚持每年局主要领导带头上党课，作廉政报告、述廉报告；五是局领导班子向全局职工和全市统计系统做出廉政承诺；六是实行政务公开、财务公开；七是建立领导干部廉政档案。

机关自身建设得到加强。一是加强领导班子建设，不断增强班子的向心力和战斗力；二是实施了“团结干事”教育活动、“机关作风建设”、“保持共产党员先进性教育活动”、“云岭先锋工程”建设，促进了机关工作作风的转变；三是切实加强职工思想政治工作，增强他们的事业心和责任感；四是加强政治理论学习，不断提高统计干部队伍的政治素质。

玉溪市统计局办公楼

玉溪市教育局

2012年教师节，市委书记孔祥庚走访慰问教师和学生

国家考试院和省招考院相关领导调研玉溪市2011年高考准备工作

2011年，全市教育系统在市委、市政府的正确领导下，以科学发展观统领教育工作全局，以办人民满意的教育为目标，紧紧围绕“抓基础、重内涵、打品牌”这一主题，着力改善教育民生，保障教育公平、提升教育品质，促进教育的均衡化、现代化发展，全年教育工作取得可喜的成绩，实现了教育事业“十二五”良好开局。

认真谋划“十二五”发展蓝图

编制《玉溪市教育事业“十二五”发展规划》。2010年4月，启动玉溪市教育事业“十二五”发展规划编制工作，结合全国、全省教育工作会议精神和教育规划纲要的要求，加强调研，数易其稿。2011年9月29日，邀请国家、省、市专家和领导进行了论证，受到了与会专家一致好评并通过了评审论证。12月31日，通过市政府批复，同意组织实施。

加快学前教育发展

紧紧抓住玉溪市被省教育厅确定为云南省学前教育改革发展试点的契机，大力推进学前教育发展。年内多次深入县（区）教育局、乡镇、幼儿园调研，5月召开了学前教育现场会，推广华宁县机关幼儿园（公办民助、租赁付息）、通海县杨广镇（小学附设幼儿园）和红塔区洛河乡（乡村联合举办幼儿园）的县、乡、村三级幼儿教育发展模式。着力创新体制机制，以大力举办乡镇（街道）中心幼儿园为主，通过每个乡镇（街道）建成1所中心幼儿园，开办农村小学附设幼儿园，完善城镇生活小区配套幼儿园建设，发展农村家庭式学前幼儿班，多元化办园体制（公办民助、民办公助、股份合作、集团化、租赁付息）等方式加快扩充学前教育资源，不断满足人民群众对学前教育的多元需求。学前教育入园（班）率由上年78.17%提高到84.67%，率先为全省普及学前教育奠定了坚实的基础。

夯实义务教育基础

继续推进“三免一补”等教育惠民政策。2011年，共投入“三免一补”资金24 423.24万元，全市290 853名中小学生享受补助。补助标准小学从500元/生·年提高到750元/生·年，初中从750元/生·年提高到1 000元/生·年。

加快普及高中阶段教育

普通高中实现规模和效益双赢。积极扩大普通高中的办学规模，改善办学条件，提高教学质量。职业教育改革成果扩大。职业教育在取得全省职教改革试点成功的基础上，依托烟草、工贸、旅游三大职教集团的优势，在创立特色品牌上狠下功夫，做大做强职业教育。

积极争取上级支持

积极向中央、省、市争取资金支持，保障了教育事业改革发展的顺利推进；积极向市委、市政府争取增加内设机构及人员编制。

扎实推进重点工程建设

优化中小学布局调整；大力推进校安工程建设；做好职教中心建设前期工作。

切实加强队伍建设

持续打造高素质“四支队伍”；做好中小学音体美教师配备和专项编制管理工作；做好绩效工资实施工作。

深化教育教学改革

强化德育工作，推进三生教育和养成教育。坚持把提高质量作为教育改革发展的核心任务，充分发挥课堂教学在实施素质教育中的主渠道作用，印发了《玉溪市深化教育教学改革的意见》，狠抓课堂教学改革，积极推进课堂

2012年全市教育工作会在聂耳大剧院召开

教学改革。

扩大对外交流合作

全市与英国建立校际联系的学校达到18所，覆盖了全市7个县（区）；玉溪一中和玉溪三中经省教育厅和市教育局批准，正式成立了“国际部”，成为除昆明市外，州（市）公办学校中首批成立“国际部”的学校。玉溪一中、实验中学成功开设德语班，实现了玉溪市中外合作办学的新突破。

加强教育信息化建设

2011年，全市新建中小学电子白板投影教室1 038间，新增计算机2 100多台，高中生机比达8.1：1，初中生机比达17：1，小学生机比达25：1，2010年农村义务教育薄弱学校改造计划远教设备243套基本到位。市教育局建设了教育城域网，增添了OV办公自动化系统、视频会议系统、校园安全监控系统等。各县（区）教育局建起了县级教育网站，各级各类学校建起了校园网、教学网，初步形成了天地网相通、信息资源丰富、门类齐全、相对完整的信息技术教育管理体系。

狠抓校园安全

认真贯彻落实中央、省、市的一系列决策部署，切实做好维护稳定工作，严防各类恶性案件发生。全面开展校园及周边环境综合整治，重点开展中小学生幼儿上下学交通安全等大检查、大排查活动。进一步加强综治维稳安全工作基础建设。

市长高劲松调研玉溪市教育工作

2011年教师节，局长李世华与一线教师亲切座谈

玉溪技师学院 玉溪工业财贸学校

云南省教育厅后勤保卫处处长段剑新率云南省“平安校园”考评组到玉溪工业财贸学校检查工作。图为检查食堂安全管理

云南省职教学会加工制造类专委会成立大会在玉溪工业财贸学校召开。图为参会代表合影

出席玉溪市第七届职业院校师生技能竞赛暨工业财贸学校2011年度“技能·体育·艺术”周的各位领导与嘉宾观摩技能竞赛现场

2011年是玉溪技师学院建设和国家示范校建设推进之年。全体师生员工以深入推进创先争优活动为载体，以增强综合办学实力和发展基础能力为目标，以提升教育教学质量为重点，以增强学生就业创业能力为核心，学校各项工作全面推进，取得了较好成绩：

思想引领、活动载体，创先争优深入发展

学校围绕建设国家示范校、建设技师学院的中心任务深入推进创先争优。坚持围绕教育教学中心创先争优，突出主题性；坚持立足提高干部教师素质创先争优，体现先进性；坚持立足扬正气、树典型创先争优，增强导向性；坚持立足学生全面发展创先争优，彰显服务性。7月，学校被评为创先争优省级示范点，同时被确定为玉溪市党建工作示范点。

全策全力、同心同德，圆满完成技师学院揭牌庆典

举行技师学院揭牌庆祝活动是学校2011年的重点工作之一。年初学校就制订了实施方案、成立了工作领导小组、多次召开工作推进会。按照工作任务分解落实到各个责任部门、明确到具体的责任人的原则，做到教育教学与庆典筹备相结合，以落实筹备工作抓校园安全、促德育改革，认真推进各项筹备工作。在全体教职工的努力下，4月22日，技师学院揭牌庆典隆重举行，并取得圆满成功。

抢抓机遇、明确重点，扎实推进国家示范校建设

2010年，学校被教育部、人力资源社会保障部确定为国家中等职业教育改革发展示范学校首批建设单位。2011年初，学校结合“十二五”发展规划，启动了国家示范校建设工作，在认真完成示范校建设任务书等相关材料上报的基础上，积极多方协调，以专业建设、设备购置等为抓手，多次召开示范校建设专题会议，确定示范专业、示范校建设的重点任务并有序推进。

创新机制、增强服务，深入实施校系两级值周制度

学校在完善原有值周工作的基础上，深入实施校系两级值周制度，校领导轮流带班、每周召开值周工作例会、全体值周人员入住学生宿舍，推进学校“全员育人、全过程育人、全方位育人”的内涵化。做到发现的问题及时解决，提升服务师生的时效性和水平。

精心部署、全员参与，招生就业工作圆满完成

2011年，在全体师生的共同努力下，实现招生3 700人，超额完成了招生计划。组织1 007人参加全国成人教育入学考试，成人教育在校生达2 600余人。2011届毕业生共有2 491人，5月31日，学校举办一年一度的供需见面会，141

家省内外知名企业提供了3 900多个就业岗位，1 217名学生与用人单位初步达成就业意向。2011届毕业生中，学校成功推荐1 672人，占67.1%；升学35人，占1.4%；自主创业18人，占0.7%；参军入伍7人，占0.3%；自谋职业707人，占28.4%。到目前为止，成功输送4名毕业生赴新加坡就业，继续巩固了境外就业工作。一年来，共有87家用人单位到学校招生就业服务中心进行了登记，先后举行了29场专场小型招聘会。年内，通过企业面试、体检等考核程序，实际安排外派顶岗实习学生1 740人。

玉溪工业财贸学校成为教育部、财政部“网络教育数字化学习资源中心建设”项目分中心，司长葛道凯（左）为技师学院授牌，副校长周爱华代表学校接牌

完善机制、创新载体，学生德育工作全面加强

学生德育工作围绕抓队伍、抓管理、树典型、出成效4个方面开展工作。开展班集体技能竞赛、文体活动，寓教于乐，增强德育吸引力。评选并表彰了一批省、市、校级优秀毕业生，校园10佳学生，优秀学生干部，在学生中树立榜样、弘扬正气。参加第七届全国中职学校 “文明风采”大赛，获得1个二等奖、5个三等奖和1个优秀奖的好成绩。2011年，学校被中国关心下一代工作委员会教育发展中心、青少年素质教育工程项目办公室确定为全国青少年道德培养实验基地。

明确目标、狠抓落实，深入推进教学改革

确定国家示范校建设的示范专业，并落实示范专业建设，以专业建设推动教学改革。规范实训课教学，实现工学一体化教室与进入企业工作环境的对接，实习岗位与就业岗位的对接。“引企入校”，创新人才培养模式。引进香港华瑞、华中数控、上海松下、昆明远能公司的资金设备，开展校内企业化实训教学，探索企业化人才培养模式。

健全机制、强化管理，安全工作全面加强

学校安全工作紧紧围绕云南省教育厅及玉溪市教育局关于创建平安校园总体部署，以食品安全、校内学习生活安全、实训安全、校外实习安全、交通安全为重点，层层落实安全责任制，构建维护校园安全稳定的长效机制。学校被确定为全国100所消防安全示范校。

发挥优势、彰显服务，培训鉴定成效显著

学校坚持为当地企业、行业发展培养各类技能人才。2011年10月份完成了玉溪市第四、第五期农村干部职业技能培训班的培训工作，共完成了200人次的培训任务。同时，增强对企业在职职工、农民工等各类社会人员的培训工作呈现出规模稳定、工种增多、行业拓广、质量提升的良好态势。截至10月底，共完成培训鉴定10 210人次。增强了职业教育服务经济社会发展的功能。

2011年4月22日，玉溪技师学院揭牌仪式。图为省人力资源和社会保障厅党组副书记、副厅长杨焰平，副市长杨洋为玉溪技师学院揭牌

与会人员观摩技师学院技能类项目比赛现场

庆祝峨山彝族自治县成立60周年

原省人大常委会主任李桂英（前排左二）、原省人大常委会副主任卢邦正（前排右二）、玉溪市委书记孔祥庚（前排左一）、市长高劲松（前排右一）出席峨山彝族自治县成立60周年庆祝大会　（李海峰　摄）

“彝乡魅彩”在玉溪聂耳文化广场举行　（柏映泉　摄）

2011年11月8～10日，中国第一个彝族自治县——峨山县举行了以“民族团结铸丰碑，科学发展创辉煌”为主题的自治县成立60周年庆祝活动，全县各地的彝家儿女从四面八方聚拢到县城来，千人共舞，万人齐歌，共同欢庆这来之不易的好日子，祈福彝乡大地更加美好的明天。

9日上午10时，自治县成立60周年庆祝大会正式开始。全国人大民委、国家民委及省、市祝贺团到会祝贺，全国人大民委、国家民委，中共云南省委、省人大、省政府、省政协，中共玉溪市委、市人大、市政府、市政协发来贺电，省委常委、常务副省长罗正富致电祝贺。中国民族报社、北京市海淀区、四川省凉山彝族自治州西昌市、马边彝族自治县、贵州省威宁彝族回族苗族自治县、云南省文化厅、景东彝族自治县等单位和个人发来贺电。庆祝大会后，数千名彝家儿女为在场的领导、嘉宾及当地干部群众献上了一场精彩绝伦的大型文艺演出——“花舞彝山”。“花舞彝山”既充分展示了峨山彝族自治县成立60年来经济社会发展取得的辉煌成就，讴歌了民族区域自治政策，又彰显了民族文化的独特魅力，宣扬了彝文化。

祭祖活动一隅
（杨福祥　摄）

目　录
CONTENTS

特　载
Special Reprint

专　文
Special Articles

大事记（2011 年）
A CHRONICLE OF MALMAIN EVENTS IN 2011

玉溪综述
Summary of Yuxi

领导名录
The Leaders' name list

党政机关
PARTIES AND GOVERNMENT ORGANIZATIONS

中共玉溪市委员会
The CPC Committee of Yuxi City

组织工作
Organizational Work

宣传工作
Propaganda Work

政法工作
Procuratorial judicial and public security work

统一战线工作
United Front Work

市直机关工委
Work Committee for Offices Directly under the City

政协玉溪市委员会
Yuxi Committee of Chinese People′s Political and Consultative Conference

纪检监察
Discipline Inspection and Supervision

民主党派
Democratic Parties Federation

民革玉溪市委
Revolutionary Committee of Yuxi

民建玉溪市委
Democratic National Construction Association of Yuxi

民进玉溪市委
Democratic Progressive Party of Yuxi

民盟玉溪市委
Democratic League of Yuxi

农工党玉溪市委
Chinese Peasants′ and Workers′ Democratic Party of Yuxi

致公党玉溪市委
Zhi Gong Dang of Yuxi

九三学社玉溪市委
Society of Democracy and Science

人民团体
Mass Organizations

玉溪市总工会
The Federation of Trade Unionof Yuxi City

8752 部队
Army 8752

人民防空
People's Air Defence

法 制
Legal System

公 安
Public Security

检 察
Procuratorate

审　计
Auditing

价格管理
Price Management

工商行政管理
The Administration of Industry and Commerce

质量技术监督
Technological Supervision

食品药品监督管理
The Supervision of Foods and Medicine

国土资源管理
The Management of Land

矿产资源管理
The Management of Minerals and Resources Development

玉溪矿业
Mining industry of Yuxi

统　计
Statistics

高新技术产业开发区
High and New Technological Estate Development Zones

农　业
Farming Forestry and Water Conservancy

农业管理
Agricultural Management

种植业
Planting

畜牧业
Animal Husbandry

种子管理
Seed Management

农业机械
Agricultural Machines

土肥植保
Farmyard Manure and Plant Protection

农业科研
Agricultural Scientific Research

林业
Farming Forestry and Water Conservancy

林业管理
Forest Management

植树造林
Planting Trees and Afforestation

林业科技
Spread of Forest science and technology

森林保护
Forest Protection

水利
Farming Forestry and Water Conservancy

水利建设
Construction of Water Control

防汛抗旱
Flood Prevention and Fighting Drought

水资源管理
The Administration of Water Resources

工 业
Industry

工业管理
Industrial Management

工业生产
Production of Industry

工业园区
Industrial Park

电力工业
Power Industry

烟 草
Tobacco

烟草管理
Tobacco Management

烤烟生产及经营
Tobacoo Production and Management

卷烟生产
Cigarette Production

卷烟营销
Cigarette Sale

交通·邮电
Transportation · Post and Telecommunication

公 路
Highway

铁 路
Railway

邮 政
Postal Service

金融·保险
Finance and Insurance

金融管理
Management of Finance

银行业监管
The supervision and control of the banks

商业银行
Commercial Bank

财产保险
Proverty Insurance

人寿保险
Life Insurance

证　券
Securities

旅　游
Tourism

景区建设与促销
Scenic spots building and sale

旅游节庆活动
Celebrating traveling activities

旅游行业管理
The Management of Tourism

科学技术
Science and Technology

科技管理
Achievement in Scientific Research

科技成果
Achievement and Application

科协工作
Work for Scientific Cooporation

防震减灾
Earthquake Science Research

气象科研
Weather Science Research

教 育
Education

教育管理
Educational Management

高等教育
Higher Education

职业技术教育
Vocation Technology Education

普通教育
Ordinary Education

特殊教育
Special Education

学前教育
The Ex－education of learning

文 化
Culture

文化管理
Cultural Management

文化市场
Cultural Relic and Natural Science

文学艺术
Literature and Arts

群众文化
Masses Culture

文物博物
Cultural Relicand Natural Science

图　书
Books

新闻·广播电视
News·Broadcast and Television

新　闻
News

广播电视
Broadcast and Television

卫　生
Hygiene

卫生管理
Sanitary Management

卫生监督
The Hygienic Supervision

医疗服务
Medical Treatment

疾病预防
Sanitation and Epidemic Prevention

妇幼保健
Health Care for Women and Children

农村卫生
Rural Hygiene

血液管理
Blood Management

爱国卫生
Patriotic Public Health

体 育
Physical Education

体育管理
Phyical Administration

扶贫工作
Poverty Alleviation

移民工作
Work of Immigrants

县区概况
General Situation of the Counties of Yuxi

红塔区
HongTa District

江川县
The County of Jiangchuan

澄江县
The County of Chengjiang

通海县
The County of Tonghai

华宁县
The County of Huaning

易门县
The County of Yimen

人　物
Figures

附　录
Appendix

索　引
Index

抢抓机遇　开拓创新
努力实现科学发展和谐发展跨越发展

——在中国共产党玉溪市第四次代表大会上的报告

中共玉溪市委书记　孔祥庚

(2011年9月19日)

同志们：

我受中国共产党玉溪市第三届委员会的委托，向大会作报告。

一、过去五年工作的回顾

在党中央和省委省政府的正确领导下，市委面对各种错综复杂的形势，充分发挥总揽全局、协调各方的领导核心作用，团结和带领各族干部群众，坚持用马克思主义中国化的最新成果武装头脑、指导实践、推动工作。坚定不移地实施以改革开放和科技进步为动力的生态立市、烟草兴市、工业强市、农业稳市、文化和市战略与“三优一特”经济发展思路，扎扎实实打基础、调结构、建支柱、保生态、惠民生、促稳定，办成了一些大事，办好了一些实事，办妥了一些难事，实现了经济发展、社会稳定、民族团结、生态良好、人民群众安居乐业和党的建设全面加强的大好局面，圆满地完成了第三次党代会确定的目标任务。

（一）坚持科学发展，打牢了经济社会持续发展的产业基础。市委抓住玉溪经济走出困境、止跌回升的机遇，乘势而上，以生态建设为切入点，调整经济结构，培育支柱产业，克服了国际金融危机的冲击和百年大旱等不利因素的影响，实现了经济又好又快发展，为可持续发展奠定了良好的基础。烤烟产业创历史最好水平，庄园烟叶试验成功，红塔集团再创新高。铁铜镍磷四矿一电产业逐步壮大，大红山现代生态矿山年产铁矿800万吨，研和工业园区成为集钢铁、冶金、铸造、机械、管材、小五金、太阳能一体的重要经济增长极。高新技术产业开发区实现了产业的提档升级，经济增长比重逐步增大。旅游文化产业在打基础、创品牌、树形象中得到提升，两届中国聂耳音乐(合唱)周的成功举办使聂耳品牌蜚声中外，省级爱国主义教育基地和定期升国旗仪式广场的爱国主义教育活动成效明显，历史文化和民族民间文化保护传承得到加强。抚仙湖—星云湖生态建设与旅游改革发展综合试验区的框架基本形成，悦椿度假酒店等一批高端旅游项目崛起，湖畔圣水二期、太阳山、仙湖锦绣、玉山城等项目正在启动，以休闲生态文化旅游为主的第三产业发展势头强劲。各县区围绕增收调结构、依托烤烟建产业，实施以工哺农、以城带乡、以镇带村、以产业带农户，形成了粮、烟、菜、果、花卉、畜禽、水产、林木协调发展的特色农业体系。农业产业化经营稳步推进，县区工业园区和各类专业市场快速发展，“万村千乡”市场兴旺。5 年来，全市生产总值从 368 亿元增加到 736 亿元，全社会固定资产投资从 105 亿元增加到 324 亿元，财政总收入从 143 亿元增加到 304 亿元，地方财政收入从 33.7 亿元增加到 83.6 亿元，城镇居民人均可支配收入从8 842元增加到16 471元，农民人均纯收入从3 314元增加到5 747元。三次产业结构逐步优化；非烟经济占生产总值比重提高到 62%，非烟财政收入占地方财政收入的比重提高到 66%，财政总收入占生产总值的比重达到 41%，县区地方财政收入占全市的比重达 44%。

（二）坚持改革开放，体制机制进一步完善。全市农村综合改革取得阶段性成果，集体林权制度、农村流通体制和华侨农场改革逐步深入，农业服务体系不断完善。国有集体企业改革深化，民营经济和中小企业快速发展，非公经济比重由 24% 提高到 32%。推进投融资体制改革，基本形成多元化投资格局。文化、教育、卫生和行政管理体制改革不断加快，资源性产品和环保收费改革、户籍管理制度改革取得新进展。坚持走开放、引进、盘活、争取的路子，全方位招商引资。争当滇中城市经济圈的主力，积极与相邻州市、省区和东南亚、南亚开展经济文化合作。5 年实际利用外资6 000万美元，利用市外国内资金 313 亿元，完成外贸进出口总额 9.8 亿美元，盘活公路、土地、闲置房屋等各种资产 41 亿元，争取到中央和省财政专项补助资金 132 亿元。

（三）坚持生态立市不动摇，综合竞争实力逐步增强。全面实施生态立市战略，深入开展“七彩云南·玉溪保护行动”，依法治山、治水、治污染。牢固树立湖清民富的理念，健全完善保护管理体制，制定三湖保护治理规划，严格实施保护条例。5 年投入三湖保护治理资金 15.6 亿元，星云湖—抚仙湖出流改道、抚仙湖东岸截污治污、星云湖十里长堤和杞麓湖调蓄水隧道工程全面竣工。加大综合行政执法力度，启动抚仙湖资源保护费征收工作。及时制定实施抚仙湖径流区一退够、二调优、三保护战略，启动清水产流机制。抚仙湖水质总体保持Ⅰ类，得到中央和省委省政府的充分肯定，并且正式列入国家规划。星云湖、杞麓湖水质有所好转。澄江化石地申报世界自然遗产工作进展顺利。生态产业化、产业生态化步伐加快，林业生态保护治理工程成效明显，上级下达的节能减排指标任务基本完成，万元生产总值能耗累计下降 17.8%。生态立市深入人心，广大干部的政治责任、企业的社会责任、群众的环保意识逐步增强，生态资本对经济社会发展的基础性支撑作用日益凸现。

（四）坚持现代宜居生态城市建设，为新型城镇化发展奠定了坚实基础和提供了成功经验。科学规划建设现代宜居生态城市，全力推进玉溪大河抗旱防洪水系一、二期工程，妥善安置搬迁农民 1897 名，做到了搬得出来、住得下来、富得起来和社会满意。聂耳文化广场、两湖大瀑布公园、红塔生态公园、东风水库除险加固与路坝合一、棋阳路一期改造项目全面竣工。成功地打造了集流水、灯光、名木古树、文化为一体的 20 平方千米生态文化区和 32 平方千米的研和新型工业园区。老城区的交通、绿化、排水、景观、环境得到改善，“两山三河三片区”的现代宜居生态城市基础已经形成。荣获中国十佳优质生活城市、国家园林城市、中国十佳休闲宜居生态城市、中国十佳和谐发展城市、中国十佳低碳生态城市称号。国家卫生城市创建顺利，创模工作有序推进。全市城镇化水平由 32% 提高到 38%，生态县乡村建设步伐加快。建设现代宜居生态城市的成功，为发展现代旅游产业奠定了坚实基础，为对外开放和招商引资创造了优异条件，为全体市民创造了舒适的生活环境。

（五）坚持城乡统筹发展，初步形成玉溪特色的民生保障体系。坚持以人为本，执政为民，全面发展教育、科技、文化、卫生、体育、计生、社保等事业，切实解决群众增收难、上学难、看病难、就业难、行路难、饮水难、看电视难等问题。坚持财政向民生倾斜，市级财政转移支付给县区 120 亿元。加强以农田水利为重点的农业基础设施建设，改造中低产田地 100 万亩、中低产林 15 万亩，实施农村小型水利项目 170 件，解决了 73 万人的饮水困难。抓住国家扩大内需的机遇，投资 500 多亿元，基本完成易峨高和新平县城至三江口二级公路、华盘路、元红路、澄阳路、抚仙湖环湖东路等 400 多个重大项目，玉蒙铁路玉溪段工程进展顺利。建成以 500 千伏为支撑、220 千伏为骨干、110 千伏全覆盖的输配电网络，率先在全省实现了户户通电目标。农村气象公共信息服务系统已经覆盖行政村和部分自然村。切实把教育摆在优先发展的地位，整合资源，在全国率先实行义务教育“三免一补”，排除 D 级危房 30 万平方米，建成农村教师安居房7 659 套。职业教育改革发展、农村教师安居工程建设得到国务院、全国政协、教育部和省委省政府的充分肯定。人均受教育年限从 7.2 年提高到 7.8 年，荣获全国推进义务教育均衡发展先进地区称号。创新型玉溪行动计划全面启动，国家知识产权试点城市工作顺利通过验收，荣获全国科技进步先进市称号。群众性精神文明创建活动广泛开展，群众文化繁荣，在全省率先实现行政村农家书屋全覆盖，20 户以上自然村实现广播电视“村村通”，9 县区成为全国或省级文化先进县。市级财政为 170 多万农民人均增加参合补助 100 元，新农合人均统筹资金超过 300 元，参合农民大病救助实现全覆盖，65 岁以上参合农民享受门诊慢性病定额补偿。农村独生子女家庭“奖优免补”政策得到落实，人口和计生工作得到加强。积极创建国家级创业型城市，新增城镇就业 10 万人，转移农村劳动力 16.3 万人，城镇登记失业率控制在 3% 以内。新型农村社会养老保险和城镇居民社会养老保险试点扩面工作有效推进，城乡低保对象实现应保尽保，3 万多名 80 岁以上老年人享受高龄津贴。加快新农村试点示范、农村民居地震安全和危房改造工程建设。切实解决低收入人群的住房困难，建成廉租房 25 万平方米。投入近 2 亿元，启动近4 000户山苏群众安居房建设，山区少数民族地区生产生活条件逐步改善，20 万农村贫困人口实现脱贫。

（六）坚持民主法制建设，实现了民族团结社会和谐稳定。坚持科学执政、民主执政、依法执政，支持人大、政府、政协依法依章履行职能，支持法院、检察院依法独立公正行使审判权和检察权。各级人大及其常委会认真履行宪法和法律赋予的各项职权，抓住经济社会发展中的重点、难点、热点问题，依法决定重大事项，认真进行监督检查，推动各项工作顺利开展。各级政府认真贯彻党委的重大决定，依法行政勤政，有效开展各项行政工作。各级政协组织坚持围绕中心、服务大局，认真履行政治协商、民主监督、参政议政职能。统战、民主党派、工商联和人民团体充分发挥自身优势，积极献计出力。老干部和老龄工作取得新成效，关工委工作受到省级表彰。驻玉军警部队和国防后备力量建设进一步加强，军民军政关系更加密切。强化党政一把手的第一责任，深入推进社会矛盾化解、社会管理创新、公正廉洁执法三项重点工作。坚持党政领导带头与宗教界人士、少数民族人士和困难群众交朋友的制度，认真开展县区委书记大接访和领导干部大下访活动。实行领导牵头包案责任制，积极清理“积案”，妥善处置各类热点难点问题。重视发挥基层组织的作用，建立乡镇（街道）综治维稳信访中心，健全综合治理乡村防范机制，大力推进和谐社区建设。全面推进依法治市，“五五”普法任务圆满完成。坚持法治与德治相结合，扎实推进“平安玉溪”建设，健全社会治安防控体系，依法打击各种违法犯罪，确保社会和谐稳定。荣获全国社会治安综合治理优秀市、全国“五五”普法先进城市、全国“双拥”模范城称号。

（七）坚持加强党的建设，领导科学发展的能力有新提高。市委高度重视理论武装和党员干部的学习教育培训工作，深入开展先进性教育、解放思想大讨论、学习实践科学发展观、创先争优和向杨善洲同志学习等活动，“个人形象一面旗、工作热情一团火、谋事布局一盘棋”主题实践活动成效明显。各级党组织的思想、组织、作风、制度和反腐倡廉建设全面加强，领导科学发展的能力逐步提高。认真执行民主集中制，规范党委领导班子工作机制，完善集体领导与个人分工负责相结合的制度，形成了核心、抓住了中心、赢得了民心。深化干部人事制度改革，加大竞争性选拔干部力度，围绕科学发展选干部、配班子、建队伍、聚人才。注重在实践中锻炼、培养和选拔使用干部，选人用人公信度明显提高。深入开展“三级联创”和“环湖党建”工作，扎实推进“云岭先锋”工程，切实加强基层党组织建设。探索县区委书记抓基层党建工作责任制和党委专职副书记抓基层党建工作的新机制。选派800名机关干部和3 255名新农村建设指导员深入基层服务三农，选聘717名高校毕业生驻村工作。推进党务、政务、村务“三公开”，实行“四议两公开”工作法。认真开展庆祝建党90周年系列活动，隆重表彰了一批先进基层党组织、优秀共产党员、优秀党务工作者。投资1亿多元新建一批村级组织活动场所和社区办公用房，在73个乡镇（街道）、660个村（社区）建立农民服务站（点），实现乡村两级党员干部现代远程教育站点建设全覆盖。完善领导干部联系点和挂钩扶贫点制度，积极开展结对共建活动，城乡基层党组织互帮互助机制逐步健全。全市党员干部在抗旱先锋行动中创造了“党政领导挂帅、乡镇干部包村、村干部包组、组干部包户”的成功经验，为抗大旱防大灾作出了重要贡献。认真落实党风廉政建设责任制，切实加强惩防体系建设，有效推进反腐倡廉工作，为经济社会发展提供了坚强的政治和纪律保障。广大干部的宗旨意识、责任意识、服务意识、勤政廉政意识进一步增强。

这些成绩的取得，是省委省政府坚强领导和大力支持的结果，是全市广大党员干部团结奋斗的结果，是各民主党派、工商联、社会各界人士和各族人民共同努力的结果，是中央和省属单位、驻玉军警部队、离退休老干部关心支持的结果。在此，我代表市委向大家表示衷心的感谢！

回顾5年来的工作，我们深切感到，成绩来之不易，经验弥足珍贵。实践证明，只要我们坚持以科学发展观为指导，坚定不移地贯彻党中央和省委省政府的方针政策，就不会辜负省委和全市人民的期望；只要我们坚持解放思想，实事求是，与时俱进，一切从玉溪实际出发，一切从广大群众的根本利益出发，就能够把玉溪人民的事情办好；只要我们不断加强各级党组织的建设，廉洁奉公，执政为民，团结一致，齐心协力，就能够克服战胜一切困难，不断开创新的局面！

同时，我们必须清醒地看到：玉溪与发达地区相比，差距仍然较大，发展还不充分，发展还不平衡。城镇化滞后仍然是制约发展的瓶颈。保护生态、改善民生、维护稳定等工作尚有差距。精神懈怠的危险、能力不足的危险、脱离群众的危险、消极腐败的危险在各级党组织和党员干部中仍不同程度地存在。必须引起高度重视，认真加以解决。

二、紧紧抓住桥头堡建设的重大机遇，努力建设美丽幸福的新玉溪

当前，国际国内形势依然复杂多变，机遇与挑战并存。中央深入实施西部大开发战略、云南实施桥头堡战略和构建滇中城市经济圈，这是千载难逢的三大机遇。机不可失，时不我待。我们必须从实际出发，审时度势，顺势而上，在国内外发展的大格局中找准比较优势，努力实现科学发展、和谐发展、跨越发展。

今后5年，我们必须高举中国特色社会主义伟大旗帜，以邓小平理论和“三个代表”重要思想为指导，深入贯彻落实科学发展观，全面落实西部大开发战略和云南建设面向西南开放重要桥头堡的部署要求，解放思想，实事求是，与时俱进，抢抓机遇，承担起时代赋予的责任，构建对外开放的新格局。坚定不移实施以改革开放和科技进步为动力的生态立市、烟草兴市、工业强市、农业稳市、文化和市战略，充分发挥烟草、矿电、旅游三大比较优势，大力发展多样性特色经济。坚持以科学发展为主题，以加快转变经济发展方式为主线，全力推进农业产业化、新型工业化、城镇化、教育现代化。集中力量做美城镇，做强产业，做优环境，用活政策，惠及民生，确保稳定。在经济上，多给群众谋福利，多为国家作贡献；在生态环境上，确保抚仙湖Ⅰ类水质，多给子孙后代留好处；在社会稳定上，确保人人都有安全感，不给上级添麻烦，努力建设富裕民主文明开放平安和谐生态幸福的新玉溪。

我们要进一步增强责任感和紧迫感，以更大的气魄实现跨越式的发展。坚持把立足玉溪、服务云南、服务全国和建设民族团结进步、社会繁荣稳定的示范区作为总目标，把以人为本、改善民生作为一切工作的出发点和归宿，把发展壮大特色优势产业、促进群众增收和财政增长作为核心任务，把重点工作项目化、项目建设责任化、责任落实具体化作为根本方法，把抢抓机遇、开拓创新、求真务实、扎实推进作为重要要求，不断促进经济发展、社会进步、文化繁荣、民族团结、生态环境改善、人民生活水平提高。大力发扬“实事求是、敢闯敢干、艰苦创业、扎实工作”的玉溪精神，用新思维新方法新手段解决玉溪的新问题。充分调动各方面的积极性，全面完成“十二五”规划目标任务，力争到2015年财政总收入超过600亿元，农民人均纯收入超过8 000元，把玉溪建成桥头堡中的经济强市，建成中国一流的现代宜居生态城市，建成全国最好在的地方之一。围绕以上目标，重点抓好六个方面的工作：

（一）充分发挥三大优势，大力发展九大特色产业

玉溪经济止跌回升、稳步发展的事实证明：烟草、矿电、旅游是三大比较优势，必须坚定不移地做优烟草，做强矿电，做大旅游。牢牢把握当今世界烟草发展的大趋势，全力抢占烟草发展的制高点，支持红塔集团和市烟草公司打造高端品牌。紧紧围绕农民增收和财政增长的目标，大力发展有机烟叶、生态烟叶、绿色烟叶，打响烟草庄园品牌，使玉溪烟草产业不断焕发新活力。紧紧依靠科技进步提升矿电产业，延伸产业链，提高附加值，做成富民强市产业。坚持打基础、创品牌、树形象，以“三湖四片区”为龙头，积极发展现代服务业和传统服务业，努力建设一批高端休闲生态文化旅游项目，打造特色景区景点和精品旅游线路，将旅游产业培育成新的支柱产业。

经济社会在不断地发展，市场需求在不断地变化，人们对资源的认识也在不断地深化。我们应该顺势而谋，拓宽思

路，大力发展九大特色产业，尽快做大做强以卷烟辅料为重点的烟草配套产业，以铸造和数控机床为重点的装备制造产业，以沃森为重点的生物医药产业，以蓝晶锂电池为重点的新材料产业，以太阳能风能为重点的新能源产业，以红宝石为重点的珠宝玉石产业，以面条、酱菜、菜油和达利、甜馨、斯贝佳为重点的绿色有机食品加工产业，以钢铁、水泥、石材为重点的低碳环保建材建筑产业，以生态文化会展旅游为重点的现代服务产业。坚定不移地实施工业强市战略，走玉溪特色的新型工业化道路，坚持抓大扶小，完善轻重工业协调发展、新兴产业与传统产业齐头并进的新型工业化体系，巩固多种经济成分共同发展的格局。大力发展民营经济和中小企业，倡导富市先富民，坚持让利于民，放水养鱼，上门服务，目标考核。打造工商文化，营造创业环境，让民营企业一代更比一代强。力争五年内全市工业产值超过2 000亿元。

加大固定资产投资力度，走开放、引进、盘活、争取的路子，尽快突破融资平台小散弱的瓶颈，尽快解决项目进入国家层面较少的难题。用足用好用活各项政策，力争上一批大项目。激活各种生产力要素，解放和发展生产力，实现跨越式发展。推动金融改革发展，创新投融资机制，规范现有投融资平台运行管理，组建新的投融资平台，不断增强金融对经济社会发展的支撑服务能力。培养和引进资本运营专门人才，吸引和支持民间资本参与重点项目和基础产业、基础设施建设。利用差别化产业政策，谋划产业发展重点，培育战略性新兴产业。深化行政管理体制改革、涉外经济体制改革、外贸管理体制改革和资源性产品价格改革。严格执行国家的土地政策，严格保护耕地，科学使用每一寸土地。坚持城镇用地向山区发展，工业项目向园区集中，旅游产业向山地推进。促进县区工业发展园区化，园区发展城镇化、生态化、现代化，积极创建国家高新技术产业开发区和国家级研和经济技术开发区。

(二)全面服务"三农"，千方百计富民强县

农业、农村和农民问题，始终是关系党和国家全局的根本问题，必须把"三农"工作摆在一切工作的重中之重来抓，必须多措并举，简政放权，服务基层，夯实县区实力。坚持市级财政分配向县区倾斜，县区财政分配向民生倾斜，让老百姓真正享受公共财政的实惠。围绕增收调结构，依托烤烟建产业，依靠科技增效益，突出特色闯市场，大力发展生态农业、设施农业、观光农业和精品农业、高效农业。在确保粮食生产安全和高度重视农产品质量安全的前提下，力争建成中国一流的清香型烤烟基地、全省最大的冬早蔬菜出口种植基地、以油菜为主的草本油料种植基地、100万亩竹子种植基地、100万亩核桃种植基地和畜禽养殖基地。围绕这六大基地，培育十大龙头企业。支持县区建成一批特色经济基地和骨干龙头企业。积极规划建设蔬菜、水果、畜禽等专业市场。在充分尊重农民意愿的前提下，鼓励土地和林地流转。发展农民专业合作组织，推进农业、林业产业化经营。夯实农业基础，加大以水电路建设为重点的中低产田地改造，稳步推进中低产林改造、集体林权制度配套改革和草场家庭承包经营。认真贯彻中央水利工作会议精神，积极争取水利项目，加快水利改革发展，集中财力新建一批骨干水源工程和"五小"水利工程。抓好水库除险加固工作和"滇中引水"配套工程建设，基本完成农村人畜饮水安全工程。继续推进新农村建设，加强农村劳动力转移培训工作，重视革命老区开发建设。

(三)加快现代宜居生态城市建设，增强综合竞争实力

优美的生态环境和丰富的水资源是当今城市综合实力的象征。只有增强城市综合实力，才能在滇中城市经济圈中发挥重要的带动作用。我们必须坚定不移地实施生态立市战略，用生态系统理念保护治理湖泊，确保抚仙湖Ⅰ类水质，力争星云湖水质明显好转，杞麓湖水质恢复到四类。抚仙湖约占全国Ⅱ类以上优质淡水资源总量的50%，实施径流区一退够、二调优、三保护，具有重要的战略意义、指导意义、示范意义和导向作用。必须加强领导，加大投入，增强执行力，让沿湖居民退得出来，住得下来，富得起来，成为保护抚仙湖的参与者和受益者；让沿湖产业转向生态、绿色、有机产业和高端休闲旅游文化产业，力争把抚仙湖—星云湖生态建设与旅游改革发展综合试验区建成全国一流的生态文化休闲旅游区。建立生态补偿机制，积极向国家争取天然林保护、退耕还林、小流域综合治理、坡耕地改造等建设项目。力争三年完成三湖和中心城区面山、玉元高速公路沿线15万亩25度以上坡耕地的生态造林工程，五年完成全市82万亩25度以上坡耕地的生态造林任务。坚持生态建设产业化、产业发展生态化，大力发展绿色经济和绿色产业。加大重点污染源治理力度，引导工业企业搞好技术改造，推行清洁生产，发展循环经济，有序淘汰落后产能。高度重视可再生能源资源利用，倡导绿色低碳的生产生活方式。巩固创建国家卫生城市的成果，加快创建国家环境保护模范城市，争当全国低碳生态城市建设先行示范区。

城镇化是人类社会发展的必然途径，是经济社会发展的重要载体，是推进城乡统筹的重要渠道。我们必须正确认识玉溪的山水人文、地理气候，因势利导，扬长避短，突出特色，科学规划，合理布局。引导城镇上山，农民进城，促进人口向城镇有序聚集。力争建成100万人口、100平方千米以上的三湖生态城市群；实施"三山三河三片区"规划，尽快将中心城区建成70平方千米以上、常住人口70万人以上的现代宜居生态城市。紧紧抓住基础设施现代化这个"牛鼻子"，突出生态、宜居和文明三大特色，把玉溪建设成经济持续繁荣、社会和谐稳定、文化丰富厚重、生活舒适便捷、景观优美怡人、具有公共安全的城市，全力创建申报联合国人居环境奖和全国文明城市。突出城镇建设的生态特色，有效利用山林、土地、湖泊、河流等自然资源，绿化美化荒山荒坡，依山就势打造生态城镇。坚持科学治水、依法治水，促进人水和谐，不断完善城市防洪抗旱抗震工程体系，提高城市防灾能力。推进玉溪大河二期工程顺利竣工，尽快启动三期，力争把玉溪大河建成15千米的城市生态文明带，把龙马山建成森林旅游公园。完善路坝合一，推进玉枕山政务文化新区、九龙立交、高仓立交、西河路延长线建设。完成棋阳路二期工程的改造，加强老城区的保护、完善和管理。突出城镇建设的文化特色，坚持城镇规划文化领先的原则。支持各县区从历史人文宝库中找准切入点，从山水地理资源中选准特色文化，建设一批具有独特风格的城镇。科学布局医院、学校、商场和文化设施，打造舒适、便捷、卫生、安全的人居环境，提高城市文化品位和市民文明素质。加快太阳山国际生态旅游休闲度假社区、仙湖锦绣、玉山城、玉溪中国·东盟红宝石城暨古滇旅游文化城等重大项目建设，力争澄江化石地申报世界自然遗产成功，规划建设帽天山古生物博物馆。大力发展信息咨询、金融保险、商贸流通、房地产、社区服务、文化体育等现代服务业。掀起二次旅游创业新高潮，打造世界顶级旅游品牌，努力把玉溪建成国内一流、国际知名的旅游目的地，建成桥头堡上最适宜休闲旅游的目的地。

争当滇中城市群建设的主力军，努力提高城镇的现代化水平。加强与省会城市和相邻州市县的全方位合作，加快高铁、高速公路、航空通道、信息网络和城镇水系等基础设施建设，实现资源共享、优势互补、互利共赢。积极推进泛亚铁路东线玉蒙段和中线玉磨段、昆玉铁路电气化扩能改造、

城际铁路和昆玉轻轨等项目，争取昆明新机场到澄江、玉溪的直通高等级公路、澄呈路、晋江路、华弥路、华建路、河东路、曲峨路及棋盘山和漠沙旅游机场等项目上马。加快建设中心城区环城高速公路和临沧—普洱—玉溪高等级公路，形成对外开放的大通道。以红塔区为中心、以骨干交通网为依托、以沿线重点城镇为载体、以现代产业体系为支撑，发展国际大通道走廊经济。做大汽车交易市场，努力建设重要物流节点城市和区域性物流中心。加快户籍制度改革，制定农民工、农村人口进入城镇的政策，实现基本公共服务均等化，稳步推进农业人口向城镇合理有序转移。建立城市管理长效机制，提升城市管理水平。

(四)实施文化和市战略，促进文化大发展大繁荣

社会主义先进文化是马克思主义政党思想精神上的旗帜。大力推动社会主义文化大发展大繁荣，发展社会主义先进文化，是各级党组织的重要职责。我们必须坚持用马克思主义中国化最新成果武装党员干部、教育引导群众；大力弘扬以爱国主义为核心的民族精神和以改革创新为核心的时代精神。以唱国歌、升国旗仪式为平台，以举办中国聂耳音乐(合唱)周为动力，广泛开展爱国主义教育活动，增强民族自尊心、自信心、自豪感。以争创全国文明城市为契机，进一步加强精神文明建设，切实抓好文明城镇、文明单位、文明村、文明社区创建活动，认真开展群众性文化活动。坚持用社会主义荣辱观引领社会风尚，深入推进社会公德、职业道德、家庭美德、个人品德建设，加强对青少年的德育培养，在全社会形成积极向上的精神追求和健康文明的生活方式。

加快文化体制改革创新，加强文化人才队伍建设，大力发展文化事业和文化产业，推进经济强市向文化强市迈进。努力构建公共文化服务体系，更好地满足人民群众多层次、多方面、多样化的精神文化需求。重视文化设施建设，加强综合档案馆建设。建设玉溪传媒大楼，实现广播电视“村村通、户户看”，完成互动电视建设任务。努力构建以弘扬聂耳文化为主体、音乐和地方戏剧为特色、多样性文化共同发展的格局。加大保护历史文化的投入，精心打造聂耳文化、山水文化、古滇国文化、古生物文化、民族民间文化、企业文化和现代农业文化，重视文化遗产的研究、挖掘和整理，把文化资源变成产业优势。努力打造青铜工艺品、生活铜制品、银制品、工艺刀具、工艺印刷品、木制品、陶制品、石产品、民族服装服饰、珠宝玉石和特色饮食知名品牌，提升文化软实力。

(五)推进基本公共服务全覆盖，努力让人民群众得到更多实惠

教育科技卫生事业必须与经济社会发展同步，适度超前，为推进农业产业化、新型工业化、城镇化、教育现代化服务。

我们必须全面贯彻党的教育方针，全面落实全国教育工作会议精神，坚持教育优先发展战略不动摇，一手抓增加财政投入，一手抓改革创新。重视学前教育，巩固九年义务教育，提高教育质量。有选择地开展农村中小学集中办学试点，确保农村孩子有学上、上好学。合理布局中心城区教育资源，解决进城务工人员子女入学问题，在人口密集区新办中小学。改善高中办学条件，普及高中阶段教育。扎实推进校舍安全工程建设，确保师生安全。建设职教中心，推进职业教育与产业发展结合。积极发展高等教育，支持玉溪师院申办聂耳大学。重视成人教育，构建终身教育发展模式。促进各类教育协调发展，逐年提高人均受教育年限。

继续深化医药卫生体制改革，进一步完善市县两级财政提高新农合补助的机制，充分调动医务人员的积极性，确保农民得实惠。加强基层卫生基础设施建设，建立居民电子健康档案。实施基层医疗机构综合改革，注重医德医风建设，提高医务人员的素质。在北片区新建一所相对高端的医院，满足社会发展需求。加强食品药品监管，严厉打击食品药品违法违规行为，确保群众饮食用药安全。

加快实施创新型玉溪行动计划，推进科技管理体制改革，加大知识产权保护力度，提高科普水平，加强科技人才队伍建设，不断充实高级技术人才库和乡土人才库。积极推进计划生育综合改革。加强体育设施建设，广泛开展全民健身活动。

以经济增长带动就业增长，多渠道开发就业岗位。打好生态扶贫攻坚仗，按新的贫困标准，加快脱贫致富步伐，继续改善以彝族山苏支系为重点的人口较少民族和特困民族支系的生产生活条件。重视城镇贫困人口，全力解决弱势群体的困难。加强防灾减灾体系建设。继续实施农村民居地震安全与危房改造工程，抓好保障性住房建设，解决城乡居民的住房困难。保证居民生活必需品供给，确保物价基本稳定。完善覆盖城乡居民的社会保障体系，实现新型农村社会养老保险和城镇居民社会养老保险制度全覆盖。继续做好老龄工作，大力发展养老服务业和老龄产业。加快殡葬制度改革步伐。

(六)坚持走中国特色社会主义政治发展道路，推进民主法制建设

切实贯彻省、市委人大政协工作会议精神，支持人大、政府、政协依法依章履行职能，保证法院、检察院依法独立公正地行使审判权和检察权。巩固和发展壮大爱国统一战线，支持各民主党派、工商联和无党派人士更好地参政议政和民主监督。支持工会、共青团、妇联、关工委等群团组织更好地发挥作用。加强法制宣传教育，切实落实“六五”普法规划，推进依法治市。加强基层民主建设，重视发挥老干部的作用。

发展是硬道理，稳定是硬任务。必须完善党委领导、政府负责、社会协同、公众参与的社会管理格局，加强和创新社会管理，扎实推进“三项重点工作”。坚持党政领导干部带头与少数民族人士、宗教界人士、困难群众交朋友等制度。加大民生投入，保障群众安居乐业，不断提高各族群众的幸福指数。认真贯彻党的民族宗教政策，促进各民族共同团结奋斗、共同繁荣发展。加强军政军民团结，积极开展双拥共建活动。加强社会治安综合治理，深入推进新一轮“平安玉溪”创建活动，依法严厉打击各种刑事犯罪，继续打好禁毒防艾人民战争，严格落实安全生产责任制，维护人民群众生命财产安全，保持社会和谐稳定，争创新一轮全国社会治安综合治理优秀市。

三、认真学习贯彻胡锦涛同志“七一”重要讲话精神，全面推进党的建设新的伟大工程

办好玉溪的事情，关键在党，关键在各级领导干部。必须认真学习贯彻胡锦涛总书记“七一”讲话精神，以防止和解决“四个危险”为重点，以加强执政能力和先进性建设为核心，不断提高党建工作的科学化水平，全面推进党的思想、组织、作风、制度和反腐倡廉建设，为促进玉溪经济社会又好又快发展提供坚强保证。

必须防止和解决精神懈怠的危险。始终坚持以科学理论指导党的建设，坚持不懈地加强理论武装和理想信念教育，不断提高党员干部的理论修养和政治素养，强化宗旨意识、责任意识、忧患意识，树立正确的世界观、权力观、事业观，增强贯彻执行党的路线方针政策的自觉性和坚定性。教育引

导党员干部讲政治、守纪律，增强执行力，自觉与党中央在思想上、政治上保持一致，自觉维护各级党委的领导核心作用。时刻保持昂扬向上、奋发有为的精神状态，更好地把握历史大势、勇立时代潮头、引领社会进步。把主要精力用在党和人民的事业上，用在加快玉溪科学发展上，求真务实，大胆探索，扎扎实实做好打基础、利长远、惠民生的工作。

必须防止和解决能力不足的危险。实践发展永无止境，认识真理永无止境，理论创新永无止境。我们要解决好前进中的新情况新问题新矛盾，关键在于按照马克思主义学习型政党的要求，抓紧学习人类社会创造的一切科学的新思想新知识。建设学习型领导班子，建设学习型干部队伍，形成好的学习风气，以领导干部的学风带动社会风气的好转。坚持理论联系实际，既吃透上情，又摸清下情，减少盲目性，增强预见性，确保决策办事的科学性。深化创先争优活动和“三个一”主题实践活动，提高领导科学发展的能力和水平。加强和改进党校工作，增加办学投入，改扩建市委党校。办好各级党校，优化干部教育培训环境。深化干部人事制度改革，分类推进事业单位改革，以更宽的视野、更高的境界、更大的气魄，广开进贤之路，把各方面优秀干部及时发现出来、合理使用起来。坚持把干部的德放在首要位置，选拔任用那些政治坚定、有真才实学、实绩突出、群众公认的干部，形成以德修身、以德服众、以德领才、以德润才、德才兼备的用人导向。坚持凭实绩使用干部，让能干事者有机会、干成事者有舞台，不让老实人吃亏，不让投机钻营者得利，让所有优秀干部都能为党和人民贡献力量。坚持在实践中培养锻炼和选拔使用干部，在基层一线培养锻炼干部。进一步加强少数民族干部、女干部、年轻干部、党外干部培养选拔使用工作，合理使用各年龄段的干部。统筹推进机关、村（社区）、“两类”组织、国有企业和事业单位等领域党的基层组织建设，加强党员的发展、教育和管理工作。逐步提高乡村干部报酬，调动广大基层干部的积极性。

必须防止和解决脱离群众的危险。密切联系群众是我们党的最大政治优势，脱离群众是我们党执政后的最大危险。必须坚持以人为本、执政为民理念，始终把人民利益放在第一位，把实现好、维护好、发展好最广大人民根本利益作为一切工作的出发点和落脚点，做到权为民所用、情为民所系、利为民所谋，使我们的工作获得最广泛最可靠最牢固的群众基础和力量源泉。坚持问政于民、问需于民、问计于民，真诚倾听群众呼声，真实反映群众愿望，真情关心群众疾苦，依法保障人民群众经济、政治、文化、社会等各项权益。必须始终把群众放在心上，始终与老百姓同甘共苦，始终怀民苦我忧之心，存民穷我愧之情，深入实际、深入基层、深入群众，做到知民情、解民忧、惠民生。要把服务群众、做好群众工作作为基层党组织的核心任务和基层干部的基本职责，扎实推进服务型党组织建设，使基层党组织成为推动发展、服务群众、凝聚人心、促进和谐的坚强战斗堡垒。

必须防止和解决消极腐败的危险。坚持标本兼治、综合治理、惩防并举、注重预防的方针，深入开展党风廉政建设和反腐败斗争，保持党的先进性和纯洁性。坚持以党章为根本、以民主集中制为核心，坚持和完善党的领导制度，改革完善党的领导方式和执政方式，发展党内民主，加强党内监督，积极稳妥推进党务公开，保障党员主体地位和民主权利。认真执行《廉政准则》，全面落实领导干部报告个人有关事项、“三重一大”集体决策、领导干部经济责任审计等制度，增强制度约束力。加强对重大决策部署贯彻落实情况的监督检查，严明政治纪律，保证政令畅通。严厉查处违纪违法案件，加强农村基层党风廉政建设，着力解决群众反映强烈的突出问题。我们手中的权力是人民赋予的，只能用来为人民谋利益。行使权力就必须为人民服务、对人民负责并自觉接受人民监督，决不能把权力变成牟取个人或少数人私利的工具。各级干部都要自重、自省、自警、自励，讲党性、重品行、作表率，做到立身不忘做人之本、为政不移公仆之心、用权不谋一己之私，永葆共产党人政治本色。

同志们，今后5年的任务艰巨，使命光荣。让我们紧密团结在以胡锦涛同志为总书记的党中央周围，在中共云南省委的正确领导下，全面贯彻落实科学发展观，为建设富裕民主文明开放平安和谐生态幸福的新玉溪而努力奋斗！

政府工作报告

——2012年5月14日在玉溪市第三届人民代表大会第五次会议上

玉溪市市长 高劲松

各位代表：

我代表市人民政府，向大会报告政府工作，请各位代表审议，并请市政协委员提出意见。

一、各项工作成效明显，“十二五”实现良好开局

2011年是“十二五”的开局之年。在省委、省政府和市委的正确领导下，市人民政府团结带领全市各族人民，深入贯彻落实中央经济工作会、省第九次党代会精神，紧紧围绕市第四次党代会确定的目标任务，努力克服资金供应紧张和物价上涨压力，战胜三年连旱等严重自然灾害，认真解决工作中出现的各种困难和问题，抢抓机遇，扎实工作，市三届人大四次会议确定的任务圆满完成，“十二五”开好头、起好步的目标顺利实现。全市完成生产总值876.6亿元、增长12.1%，财政总收入343.5亿元、增长12.9%，地方财政一般预算收入77.3亿元、增长19.3%，全社会固定资产投资422.5亿元、增长30.2%，社会消费品零售总额168.4亿元、增长19%，城镇居民人均可支配收入18 527元、增长12.5%，农民人均纯收入6 616元、增长15.1%，居民消费价格总水平上涨4.7%，城镇登记失业率为3.1%，人口自然增长率为5.32‰，单位生产总值能耗下降4.16%。

（一）经济保持平稳较快发展的良好势头

农业稳步发展。我们始终把“三农”工作放在首位，认真落实强农惠农政策，进一步加大投入，推进新农村建设，全市农业增加值达80.5亿元、增长7.7%。高度重视抗大旱、保民生，采取有效措施切实抓好抗旱蓄水工作，确保了群众生产生活用水。加快农田水利基础设施建设，东风水库等19件病险水库除险加固完成，引清水河水供水应急工程提前完工，确保了中心城区供水安全，华宁糯节河、易门芦柴冲、澄江左所水库大坝封顶，实施农村饮水工程422件，改造中低产田地26.5万亩。全年完成粮食总产5.2亿千克，油料、蔬菜、甘蔗、林果、花卉、生物药原料等产业稳步发展；积极扶持发展有机烟叶，建成“玉溪庄园”，完成烟叶收购203.9万担，烟农收入达20.7亿元，上等烟比例、收购均价、烟农收入、烟叶税再创历史新高；畜牧业产值达55.9亿元、增长5.1%；新增市级以上农业龙头企业22户，新认证无公害农产品、绿色食品、有机食品和农产品地理标志产品8个。加快中低产林改造，种植核桃10万亩、竹子10万亩，完成土地流转21.3万亩、林权流转6.6万亩，落实草原家庭承包面积865.4万亩，发放奖补资金1 815万元。完成库区移民后期扶持项目77个，培训农村劳动力3.4万人、转移4.8万人。

工业快速发展。我们把工业作为确保全市经济持续快速发展的关键，认真研究工业经济运行、园区建设发展、中小企业和非公有制经济发展等重大问题，支持数控机床、生物医药、风电资源利用、石油炼化深加工等重点产业发展，出台了加快玉溪高新技术产业开发区建设的意见，成功举办了数控机床产业园以商招商系列活动和生物医药产业发展论坛。全年完成工业增加值542.2亿元、增长16.1%。卷烟及配套产业增加值达353.8亿元、增长16.8%，矿电产业增加值达160亿元、增长14.6%，非公经济增加值达284.4亿元、增长20.5%。工业园区规划建设步伐加快，建成标准厂房50万平方米，新增入园企业71户。创建国家高新区工作已通过科技部专家组考察评审并上报科技部，高新区以升促建，完成经济总收入116.6亿元、增长32%，实现生产总值42亿元、增长21.8%。启动研和工业园区创建国家级经济技术开发区工作，数控机床产业园一期项目建成投产，二期签约的33个项目抓紧组织实施，研和工业园区经济总收入达150亿元、增长25%。成功引进中国太平洋建设集团30亿元资金投资基础设施项目建设，和君集团云南生物医药产业发展基金正式落户玉溪。

第三产业平稳发展。我们高度重视，认真搞好规划，加强政策引导，促进服务业加快发展，第三产业实现增加值231.7亿元、增长5.8%。完成抚仙—星云湖泊风景名胜区总规修编，抚仙湖—星云湖生态建设与旅游改革发展综合试验区建设稳步推进，仙湖锦绣、湖畔圣水二期、国际老年康体养生中心等重大项目开工建设，“五山一村”旅游产品提档升级步伐加快，哀牢山—红河谷景区和配套旅游设施不断完善，全市接待游客1 308.9万人次、增长12.4%，旅游总收入达57.1亿元、增长40.9%。消费环境不断改善，建成7个品牌汽车销售店，建成15个乡镇农贸市场、20个“万村千乡”农家店和2个县配送中心，认真落实家电、摩托车、农机具下乡政策，兑现补贴9 078万元。

固定资产投资和招商引资成绩显著。我们把增投资、扩

开放作为加快发展的重中之重，积极争取中央和省的项目、资金支持，努力拓宽投融资渠道，工业、交通、房地产三大行业投资比重达54%，社会投资比重达52.9%。加大督查力度，全力推进重大项目建设，列入省“三个一百”的29个重大项目和市级300个重大项目建设进展顺利，易峨高、新三等5条二级公路主体工程完工，全市11条二级公路锁定债务93.76亿元，玉蒙铁路、昆玉铁路电气化扩能改造玉溪段顺利推进。招商引资取得新成效，实际利用市外国内资金115亿元、增长23%，外资3 795.5万美元、增长17.5%。外贸进出口总额达4亿美元、增长40.2%，蔬菜、水果、花卉等农产品出口达2.4亿美元。

财税金融平稳运行。我们坚持依法治税、科学理财、规范管理，加大财源培植、增收节支力度，完成地方财政收入96.5亿元、增长15.4%，财政支出160.5亿元、增长25.2%。全年争取中央和省的补助资金69.2亿元、比上年增加26.3亿元。在调整完善市对县区财政管理体制的同时，坚持扶持力度不减，增加项目资金支持，市对县区扶持资金达26.6亿元、比上年增加1.1亿元。抓好政府性融资平台清理规范，加强政府债务管理，全年偿还政府性贷款本息13.1亿元。加强银政银企合作，支持金融机构发展，争取金融资金支持，金融机构新增贷款78亿元。

（二）城镇建设发展取得新进展

我们认真贯彻落实全省保护坝区农田建设山地城镇工作会议精神，调整城市建设发展思路，出台贯彻落实加强耕地保护促进城镇化科学发展意见的实施意见，认真完善土地利用总体规划和林地保护利用规划，编制城镇近期建设规划，推进山地城镇建设。基本完成玉溪市城市总体规划、6个县城总体规划修编和生态城市规划编制，完成256个行政村和2969个自然村规划编制。县城和重点镇建设步伐加快，13个集镇被列为省级特色小城镇。

紧紧围绕建设现代宜居生态城市目标，中心城区建设步伐加快。玉溪大河抗旱防洪二期基本完工，中心城区污水处理管网配套工程完工，红塔大道等4条道路改扩建工程建成通车，高仓、九龙立交改造开工，拆除了高原明珠等4个环岛，拆临拆违和户外广告整治成效明显。进一步巩固提升创建国家园林城市成果，创建国家环保模范城市工作全面启动。成功创建国家卫生城市，城市功能不断完善，管理水平明显提高，市民热爱家乡、建设家园的热情高涨。省人大常委会正式颁布《云南省玉溪城市管理条例》，我市制定出台了10个配套办法，城市管理进入法制化、规范化、科学化轨道。节水型社会建设试点工作稳步推进，成功申报为全国可再生能源建筑应用示范城市，荣获中国十佳低碳生态城市、十佳优质生活城市称号。

（三）生态建设和环境保护成效明显

我们坚定不移地实施生态立市战略，全面落实环境保护“一岗双责”，层层签订“三湖”水污染综合防治目标责任书，加大以“三湖一库”为重点的生态环保力度。认真落实温家宝总理重要批示，积极配合国家环保部、发改委和水利部开展调研，抚仙湖被列为国家首批湖泊生态环境保护试点。实施“退调保”战略，完成退田6 083.7亩、退房2.9万平方米，沿湖7个试点村搬迁退出2个，东大河流域主要河流清水产流机制修复示范一期工程完工。星云湖截污工程北片区污水处理厂建成投入使用，南岸截污及湖滨带修复等工程抓紧推进。省政府杞麓湖现场办公会确定的13个项目已完工2项，在建5项，开展前期工作6项。完成东风水库水源保护区管理规定修订，深入推进东风水库水源保护区环境污染综合整治，加快推进大矣资面源污染综合整治。抓好重点污染源和污染隐患排查整治，开展饮用水源地、危险废物污染整治。淘汰炼铁落后产能68万吨、水泥落后产能13.5万吨，在10户企业推行清洁生产，深入开展资源综合利用、公共机构节能工作。完成人工造林17.1万亩、封山育林14.4万亩，建成森林防火通道25千米。实施土地开发整理项目49个，新增耕地1.6万亩，治理水土流失面积146平方千米。经过积极努力，易门县纳入国家第三批资源枯竭城市扶持发展。抓好生态文明建设试点，江川、华宁、易门荣获“国家级生态示范区”称号，7个乡镇（街道办）被命名为第六批云南省生态乡镇。

（四）以保障和改善民生为重点的社会建设扎实推进

社会事业全面发展。制定出台了加快教育、文化、卫生等各项社会事业发展的一系列政策措施，加快推进基本公共服务均等化。加快发展学前教育，推进中小学布局调整，在全省率先完成“一师一校”校点全撤并，支持高等教育和职业教育加快发展；义务教育阶段学生“三免一补”全覆盖，农村义务教育阶段生均公用经费标准提高100元，实行跨村学生路费补助，实施普通高中国家助学金计划，提高职校家庭经济困难学生、职校涉农专业学生、贫困山区少数民族集聚区人口较少民族学生补助标准；抓好校安工程，完成农村教师安居工程建设。与省科技厅签订了建设云南科技创新园合作协议，创新型玉溪行动计划年度任务圆满完成，新认定高新技术企业12户、省级创新型试点企业5户、市级重点实验室和行业技术中心5个，获准专利授权460件。加强医疗卫生服务体系建设，完成39个基层医疗卫生机构建设任务；新型农村合作医疗人均财政补助标准由120元提高到280元，全市实现基本医疗高补偿、大病救助全覆盖、老年慢性病有保障；抓好重大疾病预防控制，加强食品药品监管，我市被列为全国计划生育综合改革示范市。成功举办第二届中国聂耳音乐（合唱）周，完成15个乡镇综合文化站建设，农家书屋实现全覆盖，“村村通”升级改造10 336户，建成农民健身工程95项，澄江化石地“申遗”工作通过世界自然保护联盟的评估考察。聂耳文化广场景区被确定为全国国防教育主题公园试点单位，我市成功创建“全国双拥模范城”。老龄、妇女、儿童、残疾人、红十字、关心下一代等事业健康发展，侨台、外事、统计、气象、档案、保密、人民防空等工作取得新成绩。

民生进一步改善。切实办好民生工程，市政府承诺的十件实事基本完成。全市新增城镇就业2.38万人，下岗失业人员实现再就业9 078人，“4050”等特殊困难群体实现再就业6 056人，“零就业家庭”保持动态清零。全面开展被征地农民养老保险缴费补助，开展新型农村社会养老保险和城镇居民社会养老保险试点，启动实施医疗保险市级统筹和城镇居民大病补充医疗保险，12.5万名低保对象实现应保尽保。积极推进省级甘庄整乡推进扶贫试点项目，完成230个自然村整村推进扶贫和22个革命老区扶贫开发建设任务，易地搬迁扶贫1 276人，发放扶贫信贷资金1.14亿元，5.5万人实现脱贫。68个城镇保障性住房建设项目全部开工，实施农村危房及地震安居工程改造17 760户、城市棚户区和国有工矿棚户区改造384户，完成彝族山苏群众安居房建设3 837户。征集价格调节基金3 100万元，发放临时肉价补贴143.8万元。市老年公寓、儿童福利院等6个社会福利项目竣工。开展防灾应急“三小”工程建设示范活动，发放“三小”应急包72万个。

社会保持和谐稳定。坚持依法治市，全面启动“六五”普法。圆满完成科学设置街道、合理划分社区任务，加快推进和谐社区建设。加强民族团结，抓好盘溪民族团结进步示范区建设，依法管理宗教事务。成立群众工作机构，全面推进大调解工作，加大矛盾纠纷排查化解力度，深入开展平安创建活动，健全社会治安防控体系，加强社会治安综合治理，坚决打击各种违法犯罪，深入开展禁毒防艾人民战争，社会保持和谐稳定。深入开展专项治理、“打非治违”和隐患排查治理，安全生产形势保持稳定。

(五)政府自身建设不断加强

把抓好政府自身建设作为加快全市经济社会发展、推动各项工作落实的重要保障。深入开展创先争优和向杨善洲同志学习活动，开展《行政强制法》、《云南省玉溪城市管理条例》集体学法活动。始终坚持党委领导，自觉接受人大的法律监督、工作监督，接受政协和各民主党派、工商联的民主监督，人大代表意见、批评、建议和政协提案办结率达100%，解决率分别达31.5%和34.1%。建立了市政府常务会议重大决策事项会前听证、风险评估、合法性审查工作制度，向县区下放了35项经济社会管理权限，开通了行政审批和电子监察系统，完成政务服务中心体系建设。认真落实党风廉政建设“一岗双责”，加大审计监察力度，全面推行廉政风险防控管理，严肃查处违法违纪案件，纠风治乱取得实效。

各位代表，回顾去年的工作，成绩来之不易。这是市委正确领导，人大、政协监督支持，各民主党派、工商联、人民团体、社会各界和驻玉单位、军警部队关心帮助的结果，是各级各部门和全市各族人民齐心协力、艰苦奋斗的结果。在此，我代表市人民政府表示崇高敬意和衷心感谢!

在充分肯定成绩的同时，我们也清醒地看到，加快我市经济社会发展还面临许多困难和问题，工作中还有不少差距和不足：一是发展不足、发展不平衡的问题突出。项目建设推进速度不快，加快发展缺乏重大项目支撑；招商引资体制机制不完善，政策措施不配套，引进大企业大项目力度不够；财政收支矛盾突出，政府偿债压力加大；县域经济发展不充分，县区发展不平衡。二是推进城镇化进程步伐不快。对加快山地城镇建设政策措施研究不够，加快户籍制度改革、促进农民进城还没有取得重大突破，中心城区旧城改造和交通环境改善难度较大，县城和重点镇规划建设管理滞后。三是生态环境保护治理形势严峻。“三湖一库”保护治理任务繁重，调结构、转方式任务艰巨，节能减排压力加大。四是统筹城乡协调发展力度不够，社会事业发展还存在许多薄弱环节，重大民生问题还没有从根本上得到解决，加强和创新社会管理、维护社会和谐稳定难度加大。五是政府自身建设有待进一步加强，执行力需要不断提高，少数干部团结干事意识不强、作风漂浮、抓落实不到位问题突出，工作中前松后紧、推诿扯皮、敷衍塞责等问题时有发生。我们将高度重视这些困难和问题，创新工作思路，完善措施办法，加大工作力度，切实加以解决。

二、深入贯彻落实省第九次党代会精神，切实做好2012年的工作

省第九次党代会吹响了科学发展、和谐发展、跨越发展的号角，明确提出了到2016年生产总值、人均生产总值、财政总收入、全社会固定资产投资比2011年翻一番以上，城镇居民人均可支配收入和农民人均纯收入实现倍增的目标。要把贯彻落实省第九次党代会和市第四次党代会精神作为当前和今后一个时期的首要任务，把思想和行动统一到中央、省和市委的决策部署上来，按照与全省同步实现“四个翻番”以上、“两个倍增”的目标，科学谋划、精心组织，明确目标、落实责任，完善措施、扎实工作，到2016年，力争全市生产总值实现2 000亿元、年均增长13%以上，人均生产总值达75 000元、年均增长12%以上，财政总收入达700亿元、年均增长15%以上，全社会固定资产投资达1 000亿元、年均增长20%以上，城镇居民人均可支配收入达37 000元、年均增长15%以上，农民人均纯收入达13 000元、年均增长15%以上，在全省率先建成经济强市、率先建成现代宜居生态城市、率先建成最有安全感的城市、率先建成最具幸福感的地方，努力建设富裕民主文明开放平安和谐生态幸福的新玉溪。要突出重点，抓住关键，打好县域经济、园区经济、民营经济三大战役，努力在重大问题和关键环节上取得新突破新进展：全力调结构转方式，抓好产业建设发展，进一步调快调优一产、调快调强二产、调快调特三产，加快构建现代产业体系。千方百计增加投资，进一步优化投资结构，推进重大项目建设，增强发展支撑能力。进一步优化投资发展环境，完善政策措施，加大招商引资力度，引进大企业，实施大项目，促进大发展。创新城镇建设发展思路，按照“守住红线、统筹城乡、城镇上山、农民进城”的要求，切实转变用地方式，充分利用差别化土地政策，加快中心城区现代宜居生态城市建设，推进“三湖”生态城市群建设，提高县城和集镇规划建设管理水平，推动城镇科学发展。切实抓好水电路等重大基础设施建设，着力改善生产生活条件，夯实发展基础。以“三湖一库”水污染综合防治为重点，坚持不懈加强生态建设和环境保护，增强可持续发展能力。坚持以人为本、民生为重、富民为先，切实保障和改善民生，努力增进人民群众幸福感、安全感。

今年是实施“十二五”规划承上启下的重要一年，也是本届市人民政府履职的最后一年。当前，世界经济复苏的不稳定性不确定性上升，国内经济增长下行和物价上涨预期压力使加快发展的难度加大、困难增多。中央深入实施西部大开发战略、建设中国面向西南开放重要桥头堡，省委、省政府加速实施“两强一堡”战略、建设滇中城市经济圈，中央、省制定出台了一系列重大政策措施，为加快发展提供了千载难逢的历史机遇，我市正处在加快发展的重大机遇期，新型工业化、城镇化、农业现代化的加速期，全面建设小康社会的关键期，扩大开放、推进跨越式发展的黄金期。面对全省上下比学赶超、竞相发展的态势，我们必须进一步增强紧迫感责任感，以更大的气魄和胆略、更加高昂的斗志和精神、更加务实的作风和举措，扎扎实实做好各项工作，确保经济社会发展继续走在全省前列。

全市经济社会发展的总体要求是：以邓小平理论和“三个代表”重要思想为指导，深入贯彻落实科学发展观，认真落实中央经济工作会、省第九次党代会、省委九届二次全会、市第四次党代会和市委四届二次全会精神，坚定不移地实施以改革开放和科技进步为动力的生态立市、烟草兴市、工业强市、农业稳市、文化和市战略和“三优一特”经济发展思路，以科学发展为主题，以加快转变经济发展方式为主线，以特色经济、民营经济、园区经济、县域经济为抓手，坚持稳中求进、好中求快、变中求新，着力强化产业培育发展、加大固定资产投资和招商引资力度，着力强化基础设施建设、夯实加快发展基础，着力强化城乡统筹、切实保障和改善民生，着力强化生态建设和环境保护、促进可持续发展，着力强化社会管理创新、确保社会和谐稳定，全面推进科学发展、和谐发展、跨越发展，为确保与全省同步实现“四个翻番”以上、“两个倍增”目标奠定坚实基础。

主要预期目标建议为：生产总值增长12%以上、力争突破1 000亿元，财政总收入增长15%以上，地方公共财政预算收入增长15%以上，固定资产投资增长20%以上，社会消费品零售总额增长18%以上，城镇居民人均可支配收入增长12%以上，农民人均纯收入增长13%以上，居民消费价格总水平涨幅控制在4%左右，城镇登记失业率控制在4%以内，人口自然增长率控制在5‰以内，单位生产总值能耗下降3.4%。

要把工作重点和主要精力放在抓好产业培育发展上，市政府把2012年作为“产业建设年”，突出重大项目实施、招商引资、工业园区建设，加快工业经济、县域经济发展，力争产业投资比重达60%以上、工业投资比重达50%以上、招商引资项目中第二产业项目占50%以上、工业园区增加值增长26%以上，确保一年打基础、三年见成效，努力构建具有玉溪特色的产业发展体系。要建立健全领导机制和工作机制，完善绩效评价体系和考核奖惩制度，制定出台实施意见和具体行动计划，强化目标管理，加大督查监察、行政问责和奖惩力度，营造有利于产业发展的良好氛围。要建立定期通报制度，以生产总值、财政收入、固定资产投资和招商引资为重点，每个季度对县区政府和市直有关部门目标任务和重点工作的完成情况进行排位通报，年终进行考核评价，并在新闻媒体上公布，对连续排名靠后的县区和部门的主要领导、分管领导和直接责任人按干部管理权限进行诫勉谈话、开展行政问责。

围绕今年的目标任务，重点抓好十个方面的工作：

（一）坚持不懈抓好“三农”工作，促进农民增收

坚持农业基础地位，强化强农惠农富农政策落实，加快农业农村经济发展，促进农民增收，确保农业增加值增长6%以上，加强农村精神文明建设，促进农村社会发展。

努力提高农产品供给保障能力。推进高档卷烟优质原料基地单元建设，加快发展现代烟草农业，确保烤烟种植72万亩、收购190万担任务圆满完成。种植粮食145万亩、油料25万亩、蔬菜85万亩、甘蔗20万亩、生物药原料3万亩以上，新增花卉种植1 000亩以上。大力扶持发展畜牧业，建设生猪标准化规模养殖场33个，积极发展牛、羊和禽类养殖，确保畜牧业产值增长10%以上，完成水产养殖16万亩。加快发展林果业，种植核桃、竹子20万亩，新增水果种植1万亩。

大力扶持农业产业化发展。全面落实加快农业产业化发展扶持农业龙头企业的实施意见，市级安排资金1 500万元用于扶持农业产业化基地建设和农业龙头企业，安排1 150万元用于扶持核桃、竹子产业发展和林业龙头企业，大力发展高原特色农业，加快清香型烤烟、冬早蔬菜、油料、竹子、核桃种植基地和畜禽养殖基地建设，新增市级以上龙头企业10户，龙头企业销售收入突破50亿元。健全完善农产品质量安全体系，加快玉溪农产品检验检测中心和现代农业服务中心建设，新认证无公害农产品、绿色食品、有机食品5个。

加快推进农业科技创新。认真贯彻中央1号文件精神，完善农业科技创新机制，推动产学研、农科教紧密结合，大力推进现代农业产业体系建设，增强农业科技创新能力。加强农技推广体系建设，强化基层公益性农技推广服务，提高农机装备水平，提高土地产出效益和资源利用率。推进云南农业科技园建设，新建江川、澄江、新平、华宁4个农业特色科技示范园，加快农业技术转移和成果转化。培育和支持新型农业科技和农业社会化服务组织，搭建三网融合的信息服务通道，充分发挥供销社、农村信用社作用，健全农业社会化服务体系，新增农业专业合作社30户。

认真实施农民收入倍增计划。以68个省级、100个市级重点建设村为重点全面推进新农村建设。加快推进农业现代化，大力发展农村二、三产业，加大农村劳动力转移力度，拓宽农民增收渠道。高度重视做好农民进城工作，认真落实各项政策措施，确保今年新增城镇户籍人口8万人。加快推进土地有序流转，搞好土地确权登记颁证工作，积极开展林地林木流转。加快革命老区开发建设，抓好省级甘庄整乡推进扶贫试点，完成200个自然村整村推进扶贫，易地搬迁扶贫700人。

加强农业基础设施建设。全力以赴抗大旱保民生，千方百计增加蓄水，科学合理调度水资源，加大种植结构调整力度，保障群众生产生活用水。抓住有利时机，对全市325件小水库小坝塘开展清淤工作，确保清一方淤、增一方蓄。完成易门芦柴冲水库、华宁糯节河水库、新平黄草坝水库除险加固、元江西拉河水库二期配套东线分干渠、通海元山水库扩建等工程建设，加快峨山玉河、红塔区龙母箐、江川白河、新平马鞍山水库建设，力争元江鲁布水库开工建设。完成73件小型病险水库除险加固和易门扒河、华宁龙洞河治理，加快元江县城大江防洪堤工程建设。积极配合做好滇中引水工作。改造中低产田地20万亩，建成烟水配套工程3 637件、卧式密集型烤房1 130座、机耕路103千米，完成农村公路建设355千米。全面实施村级公益事业建设“一事一议”财政奖补，启动实施以水电路气房为重点的乡村改造工程。以移民新村建设为重点继续做好大中型水库移民后期扶持，抓好化念接收安置溪洛渡电站外迁移民工作。

（二）大力发展工业经济，加快推进新型工业化进程

认真贯彻落实全省推进工业跨越发展大会精神和省委、省政府关于推动工业跨越发展的决定，完善政策措施，市级安排工业发展专项资金1.1亿元，加大扶持力度，确保工业增加值增长15%以上。

加快工业产业发展。制定实施工业三年倍增行动计划，着力巩固提升卷烟及配套产业，做大做强矿电产业，努力把装备制造、生物医药、新材料、新能源等战略性新兴产业培育成新的支柱产业，确保实现“三年倍增”目标。全力支持红塔集团实施“5211”品牌发展规划，加快打叶复烤厂及烟叶存储仓库、烟草薄片等重大项目建设，打造玉溪庄园高端品牌，推进配套企业联合重组、加快发展。实施大企业培育工程，推进钢铁产业联合重组，加快大红山800万吨铁矿采选扩建、贵研铂业贵金属二次资源利用产业化、玉钢钒资源综合利用等重大项目建设。推进三一重工再制造、3万台炮塔铣、银河化工迁扩建等项目实施，抓好汽车及配套产业发展研究。加快沃森疫苗产业园三期、维和制药“三七”系列中药开发、九洲生物抗体类药物生产，打造“中国生物药谷”。加快蓝晶科技LED衬底片扩建、15万吨木薯燃料乙醇和华宁磨豆山、澄江梁王山、江川谷堆山、元江羊岔街、新平联兴风能发电等项目建设。抓好年产2万吨猫哆哩系列休闲食品、达利食品年产9万吨饮料等项目建设，促进食品加工业提档升级。

着力抓好工业园区建设发展。出台加快工业园区发展的实施意见，健全完善园区管理体制机制，将工业园区范围的土地收储权下放到园区，推进工业园区化、园区城市化、产业高新化、布局专业化、机制市场化。实施园区升级工程，确保高新区创建国家高新技术产业开发区目标实现，认真做好研和工业园区申报国家级经济技术开发区工作，积极争取易门陶瓷特色工业园区、新平矿业循环经济特色工业园区进入省级重点园区，努力把红塔工业园区、研和工业园区打造

成产值超千亿元园区，把新平、峨山、易门工业园区建成产值超百亿元园区。推进高新区南片区产业升级，加快九龙片区开发，支持高新区与江川县联合协作加快龙泉山生态工业园区建设发展。支持研和工业园区采取联合开发等多种形式向通海、峨山延伸，全力推动数控机床产业园二期签约项目实施。加快推进易门石油炼化产业园、通海五金机电特色工业园区、峨山移民再就业工业园区、红塔区观音山片区、澄江工业园区、华宁磷化工循环经济特色工业园区、元江镍产业特色工业园区建设发展。进一步强化园区基础设施建设，理顺和完善园区管理体制机制，提高配套水平和服务能力。推进标准厂房建设和使用，建成标准厂房50万平方米。

促进非公有制经济和中小微型企业大发展。认真落实扶持非公经济和中小微型企业的政策措施，出台加快非公有制经济发展的实施意见，突出“放开、引导、扶持、保护”，确保非公经济增加值增长20%以上。实施中小企业成长工程，抓好100户成长型中小企业的培育发展。加快建设中小企业公共服务示范平台，建立小微企业创业孵化基地。

增强科技创新能力。出台贯彻《云南省科技进步条例》的实施意见，推进创新型玉溪建设。积极引进高水平企业、科研院所、高等院校创办研发机构、成果转化基地、科技型企业。推进工业化和信息化深度融合，加快云南科技创新园建设，新增高新技术企业6户，建设企业技术中心和重点实验室5个以上。强化知识产权管理保护应用，完成专利申请量450件、授权量200件。大力实施人才强市战略，实施企业家培育工程，加大企业经营管理、技术技能人才的培养，积极引进高素质、紧缺型、创新创业型和实用型人才。

(三)以旅游文化产业为重点，大力发展服务业

实施服务业提升计划，努力提高第三产业在经济中的比重，确保第三产业增加值增长10%以上。

加快旅游文化产业发展。市级安排1 000万元资金扶持旅游产业发展，确保旅游收入增长16%以上。加快抚仙湖—星云湖生态建设与旅游改革发展综合试验区规划建设，推进太阳山、抚仙湖国际老年康体养生度假中心、湖畔圣水、九龙国际会议中心、仙湖锦绣、玉山城等重大项目建设，开工建设抚仙湖国际养生园、仟龙湾旅游小镇、华夏和谐文化园、仙湖山水国际休闲旅游度假园等项目。抓好哀牢山—红河谷自驾和精品旅游线配套设施建设完善，搞好旅游小镇、旅游特色村建设。

大力发展服务业。进一步完善政策措施，促进服务业发展提速、比重提高、水平提升。以物流业为重点加快发展现代服务业，抓好林产品加工贸易物流中心、子墨商贸物流中心等项目建设。认真落实房地产市场调控措施，促进房地产业平稳健康发展。加快养老服务业发展，规范发展家政服务业，大力发展金融保险、信息咨询、中介服务等现代服务业。着力改造提升传统服务业，制定促进餐饮业发展的实施意见，挖掘地方特色和餐饮文化，打造餐饮品牌，提升餐饮业发展规模和水平。

努力扩大城乡消费。抓好汽车、蔬菜、水果等专业市场建设，加快家佳超市李棋配送中心、中心城区农产品配送中心建设和珊瑚农贸市场标准化改造，推进县乡农贸市场改造提升。认真搞好再生资源回收体系试点城市建设，新建回收网点150个，全面启动7类分拣中心、拆解中心和集散交易市场建设。搞好家电、摩托车下乡，加强农村现代流通网络建设，提高农家店、农资店商品配送率。

(四)统筹区域协调发展，大力发展县域经济

积极主动融入滇中城市经济圈建设。认真落实中央两个11号文件精神，用足用活用好西部大开发、桥头堡建设和滇中城市经济圈建设的优惠政策措施，积极配合省编制滇中城市经济圈建设总体规划和各类专项规划，扎扎实实抓好项目研究、储备和前期工作，积极主动争取中央和省的政策、项目、资金支持。认真落实昆玉一体化发展合作框架协议，积极主动加强与滇中其他州市的协调合作，力争昆玉一体化建设发展取得新进展。

加快县域经济发展。认真落实市政府现场办公会确定的目标任务和政策措施，加大工作力度，促进县域经济加快发展，确保县区经济总量占全市的比重达62%以上。围绕“富民强县”目标，加强领导和分类指导，完善扶持政策，改革扶持办法，加大扶持力度，建立县域经济争先进位考核激励机制，搞好扩权强县试点，推进县域经济加快发展，鼓励各县区比学赶超、争先进位、跨越发展，巩固红塔区在全省的县域经济十强位次，力争新平县、通海县跨入全省县域经济发展先进县行列。坚持新型工业化、城镇化和农业现代化驱动，加大产业培育发展力度，引进大企业实施大项目，每个县区着力培育2至3个主导产业，扶持中小企业和非公经济发展，不断壮大县域经济实力，提高自我发展能力。

(五)加大项目推进力度，努力增加固定资产投资

全力推进重大项目建设。把抓项目、增投资作为加快发展的核心，实施重大项目带动战略，调整优化投资结构，强化资金、土地、环评等支撑保障，确保全社会固定资产投资达500亿元以上、规模以上固定资产投资达280亿元以上。健全完善重大项目建设督查推进机制，加大市级150个重大项目督查督办力度，切实抓好131个续建、129个新开工项目建设，确保重大项目开工率达60%以上。完成昆阳至玉溪南铁路玉溪段征地拆迁，积极配合完成玉蒙铁路建设任务，开工建设玉溪城南交通枢纽中心、老213国道清水河至高仓段改造，力争昆明东南绕城高速澄江段、元江红龙厂至石屏高速开工，完成元江、易门县城客运站和元江羊街、新平者竜乡镇客运站建设。推进新平戛洒江一级和元江桥头、罗垤水电站建设，加快500千伏宁州输变电工程建设，新开工3个220千伏、4个110千伏输变电工程，确保元江变等7个输变电工程建成投产，加快农网改造升级和城市配网基建工程建设。

千方百计筹措资金。坚持争取盘活开放引进，建立考核奖励机制，千方百计争取中央、省的资金支持。加强银企、银政合作，支持开展信贷、直接融资、保险资金运用等融资方式创新，用大项目好项目吸引金融资金支持。优化民间投资环境，确保民间投资比重提高5个百分点。抓好政府性融资平台规范工作，加强担保体系建设，加大资源配置力度，确保投融资平台独立融资、投资、建设、偿债的良性循环。加强政府债务风险控制和预警，健全政府性债务偿还机制，确保政府信用。积极发展股权投资基金，鼓励发展小额贷款公司和民间担保机构，支持企业上市融资，加快高新区5亿元企业债券发行。

切实做好重大项目前期工作。市级安排3 000万元资金专项用于重大项目前期工作。健全重大项目前期工作责任制，完善重大项目储备库，提高项目前期工作成熟度和可批性。加强预备项目调整排序，确保重大项目开工建设与开展前期工作的比例达1∶2以上。认真做好玉磨铁路、玉溪绕城高速公路、澳沙小型机场、新平河口至元江高等级公路等项目前期工作。推进易门苗茂、华宁矣则河、新平洋发城3座中型水库前期工作。加快易门石油炼化配套项目、研和现代物流园区、红塔区中国—东盟国际农产品贸易物流中心、沃森研

发中心、云天化"退二进三"、远洋国际培训中心等项目前期工作。抓好中心城区北片区新医院等社会事业项目前期工作。

（六）进一步深化改革，努力扩大开放

抓好重点领域改革。继续深化农村综合改革，全面推进集体林权制度配套改革，积极推进水务一体化改革、完成农村小型水利工程管理体制改革，推进"三农"金融服务改革创新，加快元江红光农场改革步伐。推进行政管理体制改革，深化财政体制改革，完善机关事业单位收入分配机制。积极稳妥推进事业单位分类改革，深化文化体制和医药卫生体制改革，完成7个国有文艺团体体制改革任务，加快公立医院改革。加快推进户籍制度改革、殡葬改革。

加大招商引资力度。把招商引资列入各级政府和各有关部门"一把手"工程，出台奖励政策和投资促进政策，落实专项资金，完善考核办法，加强招商引资机构和队伍建设，确保实际利用市外国内资金和外资增长17%以上。创新招商引资方式，抓住央企入滇、民企入滇机遇，以大企业大集团和行业龙头为重点，突出大项目和高新技术项目，精心组织一批重大以商招商活动，全方位多领域招商引资，努力提高招商引资实效。切实加强对外来投资企业的服务和保护，让外来投资者真正享有市民待遇，推进招商引资项目实施。

加强对外经济技术合作。抓住我市列为国家外贸转型升级专业型示范基地的机遇，进一步扩大出口规模，确保外贸进出口总额增长20%以上。力争完成在玉溪设立海关、检验检疫机构，深入推进跨境人民币结算试点，促进投资和贸易便利化。大力实施"走出去"战略，鼓励支持市内企业到市外、省外、国外投资发展。

（七）加强财税金融工作，确保平稳运行

狠抓财政增收节支。抓好结构性减税政策落实，加快产业培育发展，涵养税源、扩大税基。坚持依法治税，强化收入征管，确保应收尽收。积极争取中央、省转移支付，努力扩大支出规模，搞好县级基本财力保障。坚持量入为出，优化支出结构，千方百计保吃饭、保运转、保民生、保稳定、保财政安全运行。强化预算约束，加大监管力度，严格控制公务接待费、出国(境)经费、车辆购置及运行费，抓好公务用车问题专项治理，厉行节约，降低行政成本，提高财政资金使用效益。

确保金融平稳运行。推进社会信用体系建设，营造良好金融生态环境。支持金融机构发展，加快市商业银行扩大县域金融网点建设，积极发展农村合作银行、村镇银行。鼓励金融产品和服务创新，促进金融机构扩大信贷规模，确保贷款增幅高于全省平均水平、全年新增贷款80亿元以上。

（八）加快城镇建设发展，推进城市化进程

全面推动山地城镇规划建设。调整完善土地利用总体规划、林地保护利用规划和城镇近期建设规划，编制山地综合开发利用规划和山地生态宜居城市概念性规划。完成数字玉溪地理空间框架建设试点市工作，全面推进低丘缓坡土地综合开发利用试点项目。完成"三湖"生态城市群规划编制，启动江川、澄江、通海3个片区规划编制，加快江川、澄江、通海撤县设区工作，积极推进江川片区建设。完成县城总体规划、乡镇规划修编和村庄规划编制，实现规划全覆盖。加快通海、易门、江川、华宁、元江5个县城供水改扩建项目，确保4个在建城镇污水、生活垃圾处理设施项目完工。做好易门、华宁、元江创建国家园林县城和新平创建省园林县城工作。稳步推进13个省级特色小镇、23个市级重点镇、10个市级旅游小镇的规划建设。

加快中心城区现代宜居生态城市建设。认真实施玉溪市城市总体规划，完成中心城区给排水、道路交通等专项规划和玉溪大河综合整治三期四期控制性详规、龙马山民俗文化区概念性规划编制。完成东风水库路坝合一、玉溪大河综合整治二期、棋阳路拓宽改造二期、康井路、烟厂库区专用道路建设和高仓、九龙立交改造，启动玉溪大河综合整治三期和城市燃气工程建设，推进北片区路网、玉枕山政务文化新区、滇中传统民居文化园、国际红宝石木雕城、滇中植物园等项目建设。加快水电设备公司、轴承设备公司、机床设备公司等6户企业搬迁入园，推进泷水塘片区开发建设。开工建设新西河路二期，抓好凤凰路、环山路等路面改造。加大拆临拆违力度，继续抓好户外广告整治。推进节水型社会建设试点工作，加快水价改革，推进实施"阶梯水价"，确保城市供水安全。启动可再生能源建筑应用示范城市工作。全面实施《云南省玉溪城市管理条例》和配套管理办法，进一步巩固提升"创园"、"创卫"成果，全面推进"创模"工作。启动创建全国文明城市工作，积极申报联合国人居环境奖。

（九）坚持生态立市战略不动摇，加强生态建设和环境保护

突出"三湖一库"保护治理。加强宣传教育引导，严格执行抚仙湖、星云湖、杞麓湖保护条例，依法加大护湖治污力度，全力防范水生态风险，确保抚仙湖Ⅰ类水质，力争星云湖、杞麓湖水质有所好转。抓好抚仙湖流域环境与生态保护规划编制，推进抚仙湖国家湖泊生态环境保护试点项目建设。加快搭建"三湖"保护治理和开发投融资平台，认真实施"三湖"水污染综合防治"十二五"目标责任书项目，确保32个项目完成。全面实施抚仙湖一级保护区湖滨带生态修复工程，完成抚仙湖东大河流域主要河流清水产流机制修复示范、大鲫鱼河流域环境综合整治等工程建设，加快沿湖5个试点村搬迁退出步伐，抓好沿湖村庄生活污水收集处理和环境综合整治。落实市政府星云湖水污染综合治理现场办公会精神，抓好重大项目实施，完成星云湖蓝藻水华去除工程，启动畜禽养殖污染治理等工程，退田还湖3 061亩。按期完成省政府杞麓湖现场办公会确定的重大项目建设。深化东风水库水源保护区环境污染综合整治，加快九溪垃圾收集转运、污水收集管网建设和九溪河环境综合治理，启动九溪片区建立生态补偿机制研究和试点工作。抓好非工程措施落实，层层建立健全责任制，全面推行河段长负责制，加大"三湖一库"管护力度。

努力建设"森林玉溪"。实施绿水青山和生态家园计划，深入推进"七彩云南玉溪保护行动"，加强重点生态功能区和生态工程建设，启动陡坡地生态治理工程，搞好天然林保护和造林绿化，推进石漠化综合治理，加强资源保护和合理利用，努力构筑生态安全屏障。完成人工造林14.5万亩、封山育林15.8万亩、中低产林改造20万亩，抓好国家重点森林火险区综合治理项目实施，加快推进森林防火通道建设，加强护林防火和森林病虫害防治。完成19个耕地占补平衡项目建设，补充耕地3.2万亩，治理水土流失面积190平方千米。深入开展生态文明建设试点，建设生态宜居城乡。

推进节能减排。加强资源综合利用，抓好重点领域节能，推进清洁生产，加强公共机构节能。以炼铁、黄磷、铁合金、水泥等为重点，确保省下达的淘汰落后产能任务完成。深入开展环保专项行动，强化环境执法，抓好危险废物、重金属等监管和污染防治，启动PM2.5空气质量监测工作，严格执行污染物排放总量控制和排污许可证制度，确保重点项目建设环境影响评价和"三同时"执行率达100%，完成省下达的二氧化硫、化学需氧量、氨氮、氮氧化物等排放量削减任务。

（十）全面推进社会建设，确保社会和谐稳定

着力建设文化强市。深入贯彻党的十七届六中全会精神，加强社会主义核心价值体系建设，强化公民道德建设，扎实开展社会主义精神文明建设。坚定不移实施文化和市战略，认真落实我市加强文化建设的意见，加强文化基础设施建设，大力培养优秀文化人才，加快发展文化事业和文化产业，推动文化大发展大繁荣。认真办好纪念聂耳诞辰100周年活动，着力打造聂耳文化品牌，促进传统文化、民族文化、现代文化发展。抓好峨山、澄江文化馆搬迁重建，推进帽天山古生物化石博物馆、青铜器博物馆建设。力争澄江化石地申报世界自然遗产成功，以“申遗”成功为契机，推动高端旅游项目建设，打造历史文化旅游产业发展新亮点。基本完成有线数字电视整体转换工程，启动建设广播影视传媒中心。广泛开展全民健身活动，做好省七届城运会参赛工作。

加快教育、卫生等事业发展。认真落实全市教育工作会议精神，实行农村义务教育保障经费和“三免一补”等配套资金预算单列，逐步增加教育投入。全面推进素质教育，巩固提高“两基”成果，扩大学前教育规模，加快普及高中阶段教育，支持玉溪师院申办综合性大学（聂耳大学），确保农职院通过教育部第二轮人才培养水平评估达标。关心支持民办教育、特殊教育。加强教师、校长、科研和行政管理队伍建设，努力提高素质，提升教育教学水平。加强营养餐、校车等学校安全管理和学校债务风险化解工作，抓好已撤并农村中小学校点完善，暂停新的校点撤并工作。认真落实国家基本药物制度，保障群众基本用药需求和用药安全。科学合理配置医疗资源，加强基层医疗卫生服务体系建设，大力发展社区卫生服务。完善疾病预防控制体系，加强重大传染病防控，强化食品药品安全监管。推进人口和计划生育综合改革，全面提升计划生育优质服务水平。加强防灾减灾体系建设，搞好地震、地质、气象、生物等灾害防治。积极创建全国老年友好城市，推进县区档案馆建设。抓好统计、外事、侨台、保密等工作，加快妇女、儿童、残疾人、红十字等事业发展。

切实保障和改善民生。以建设民生工程为重点，扎扎实实办好十件实事，让人民群众共享改革发展成果，增进人民群众幸福感。一是全面推进创业型城市建设，以创业带动就业，促进城乡充分就业，确保城镇新增就业1.75万人，下岗失业人员再就业6 000人，“4050”等特殊困难人员再就业4 400名，保持“零就业家庭”动态清零。培训农村劳动力3万人、转移2.17万人。二是完善和落实被征地农民社会保障政策，实现新型农村和城镇居民社会养老保险试点全覆盖。提高企业退休人员基本养老金、城乡低保标准、最低工资标准。三是实施农村义务教育阶段中小学生营养改善计划，实施农村义务教育薄弱学校改造计划，抓好中小学校舍安全工程建设，完成市一幼改扩建。四是将新型农村合作医疗参合农民保障资金人均标准提高到360元。抓好市儿童医院改扩建项目实施，完成市急救中心、4个县级急救中心、84个村卫生室建设改造。五是实施文化惠民工程，推进县文化馆、图书馆、乡镇综合文化站、村级文化室等文化基础设施建设。努力完成直播卫星“户户通”工程建设任务，做到每个行政村每月放1场电影。六是实施城乡供水保障计划，加强重要水源保护区、集中式饮用水源地环境综合整治，解决12万农村人口的饮水安全。七是加大扶贫开发力度，发放扶贫信贷资金8 000万元，确保5万农村贫困人口脱贫。八是加大保障性住房建设力度，按期完成农村危房改造和地震安居工程、城市棚户区和国有工矿棚户区改造建设任务。建设廉租房、公租房1.94万套，加快人口较少民族及特困民族支系聚居区危房改造。九是认真实施中心城区交通环境综合整治年度计划，确保五年规划圆满完成。十是充分发挥价格调节基金作用，实行社会救助和保障标准与物价上涨挂钩联动，切实保障困难群体基本生活。

着力打造法治玉溪。坚持依法治市，以构建社会主义和谐社会为目标，制定实施法治玉溪建设纲要，全面推进经济、政治、文化、社会建设法治化。圆满完成“三五”依法治市任务，扎实推进“六五”普法。提高依法行政水平，始终坚持党的领导，自觉接受人大的法律监督、工作监督，自觉接受政协和各民主党派、工商联的民主监督，自觉接受司法监督、舆论监督和社会公众监督，支持法院、检察院依法独立行使职权，支持工会、共青团、妇联等人民团体的工作。加强基层民主建设，坚持和完善政务、厂务、村务公开。坚持民族区域自治制度，加快盘溪民族团结进步示范区建设，支持帮助民族地区加快经济社会发展。全面贯彻落实党的宗教政策，依法加强宗教事务管理，妥善解决宗教领域热点难点问题。加强和创新社会管理，切实做好新形势下的群众工作，扎实推进和谐社区建设，充分发挥各类社会组织在社会管理创新中的积极作用。制定实施社会维稳管理创新发展规划，深入开展领导干部大接访大下访，加强综治维稳和信访工作，深化平安创建活动，加大社会矛盾纠纷排查化解力度，深入推进第三轮禁毒防艾人民战争，依法打击各类违法犯罪，确保社会和谐稳定，努力争创新一轮全国社会治安综合治理优秀市。加强国防教育、国防动员、国防后备力量和人民防空建设，巩固提升“双拥”成果。高度重视公共安全，认真落实安全生产“一岗双责”，加大对煤矿、道路交通、非煤矿山、危险化学品、道路铁水运输等的安全监管，整合规范烟花爆竹生产，确保生产安全。

三、抓好自身建设，努力建设服务型政府

圆满完成今年的目标任务，对政府工作提出了更高的要求。我们将紧紧围绕建设法治政府、责任政府、阳光政府、效能政府的目标，切实抓好自身建设，努力建设人民满意的服务型政府。

（一）努力营造团结干事的良好氛围

以领导班子建设为核心，以思想作风建设为重点，强化政治意识、宗旨意识、责任意识和大局意识，解放思想、更新观念，奋发有为、敢于担当，不断提高领导科学发展的能力、应对复杂局面的能力和推进工作落实的能力。坚决贯彻落实市委的决策部署，坚持向人大及其常委会报告工作和向政协通报工作制度，高质量办好人大代表建议和政协委员提案。严格执行民主集中制，坚持“三重一大”集体决策制度，健全完善规章制度，正确处理集体领导和个人分工负责的关系，团结共事、密切合作、形成合力，不断提高履职能力。加强公务员队伍教育管理，不断提高推动发展、改革创新、服务大局、依法办事的能力和水平。

（二）全面提升政府服务水平

切实转变政府职能，改革完善政府经济调节、市场监管职能，强化政府社会管理和公共服务职能。启动新一轮行政审批制度改革，进一步清理、减少和调整行政审批事项。全面实施行政强制法，加快推进综合行政执法，开展交通、环保、林业、水利等部门综合执法。进一步健全完善重大决策听证、风险评估、合法性审查等制度，深化政务公开，加强

政务服务中心和公共资源交易中心建设，完善"一站式"服务，搞好电子政务建设，提高行政效率。加强政府效能建设，继续推行行政问责、首问责任、服务承诺、限时办结等制度，切实提高政府执行力、公信力。

（三）进一步转变工作作风

推进学习型机关和学习型政府建设，加强学习，更新观念，切实把学习先进的热情转化为推动发展的实际行动。深入开展群众观点、群众路线、群众利益、群众工作"四群教育"，广泛开展深入基层、深入群众、深入实际"三深入"活动，认真落实干部直接联系群众制度，增强执政为民意识，把工作重心放在基层、放在抓工作落实、放在为群众排忧解难上，切实解决好精神懈怠、能力不足、脱离群众、工作落实不到位等问题。弘扬求真务实作风，重心下移、一线工作，察实情、办实事，确保各项决策部署和工作要求得到不折不扣落实、取得实实在在成效。

（四）切实推进反腐倡廉建设

认真履行党风廉政建设"一岗双责"，加强惩治和预防腐败体系建设，切实落实廉洁自律各项规定，健全权力运行监控机制，加大查办违纪违法案件力度，提高拒腐防变能力，树立为民、务实、清廉的良好政府形象。加大监察、审计力度，加强领导干部、政府机关、重点领域和关键环节的监督，强化农村集体资金、资产、资源"三资"管理，深化教育、医疗、食品药品安全等问题治理，切实抓好纠风治乱工作。

各位代表，今年是全面贯彻落实省第九次党代会精神、加快推进科学发展和谐发展跨越发展，为实现"四个翻番"以上、"两个倍增"目标奠定坚实基础的第一年，做好政府工作意义重大、任务繁重。让我们在省委、省政府和市委的坚强领导下，牢牢把握稳中求进总基调，在政治上、思想上、行动上与党中央保持高度一致，紧紧团结和依靠全市人民，团结一致向前看，一心一意谋发展，确保各项目标任务圆满完成，以优异成绩迎接党的十八大胜利召开！

创新思路　统筹发展
开创我市"十二五"农业农村工作新局面

中共玉溪市委副书记　张　玲

省委农村工作会议召开后，市委常委会对贯彻会议精神做好今年的"三农"工作提出了明确的要求。按照省委专题会和市委的要求，我就做好玉溪"十二五"及当前的农业、农村工作讲几点意见。

一、今后5年农业农村工作的主要目标任务

今后5年是全面建设小康社会的关键时期，是深化改革开放、加快转变经济发展方式的攻坚时期，也是农业农村发展再上新台阶的重要战略机遇期。党中央、国务院以及省委、省政府关注民生、支持"三农"力度不断加大和一系列强农惠农政策措施的落实，为农业农村发展提供了良好的环境和支撑。多年来，在市委、市政府的高度重视和支持下，我市农业农村工作一年一个新台阶，在持续发展中创造了许多好经验。同时，全市经济持续快速增长，使以工哺农、以城带乡的内涵越来越丰富。这些是我们加快推进农业农村工作的有利条件。与其同时，我们也要看到，当前影响"三农"发展的不确定因素在增多。自然灾害呈多发重发趋势，农业生产面临的自然风险加大，生产成本上升；市场波动频繁给农业均衡生产及农民增收带来较大影响；传统农业与环境保护的矛盾日益凸显；我们对"三农"工作的认识、实践与科学发展、统筹发展还有较大差距等，这些是制约农业农村工作的不利因素。有利因素与不利因素相比，前者是主流、是趋势；后者是支流，是属于发展进程中出现的阶段性问题。发展如逆水行舟，不进则退。要巩固成果，实现"十二五"农业农村工作的目标任务，当务之急是解放思想，认清形势，主动抢抓机遇，创新创造发展。

党的十七届五中全会明确提出"在工业化、城镇化深入发展中同步推进农业现代化"的战略任务。"三化同步"是对新形势下工农、城乡关系的深刻认识，对破解"三农"问题、促进农业农村科学发展具有重大而深远的意义。工业强市、农业稳市，只有加快农业现代化步伐，农业基础才能真正夯实、稳固。而城镇化不仅为工、农业发展创造了环境，而且是发展农村第三产业和提高农村社会文明程度的载体。"三化同步"的本质在于促进一、二、三产业协调发展，促进社会和谐进步。我们要科学认识和把握"三化同步"的内在要求，在坚定不移地推进新型工业化的同时，因地制宜加快城镇化步伐，按现代农业的要求，加快推进农业现代化进程。要从思想认识、组织领导、投入保障、工作措施等方面着力，努力谋求"三化同步"的良好局面。

今后5年，我们要深入贯彻党的十七届五中全会精神，全面落实中央、省委农村工作会和市委、市政府的部署要求，坚持以邓小平理论和"三个代表"重要思想为指导，深入贯彻落实科学发展观，坚定不移地实施以改革开放和科技进步为动力的生态立市、烟草兴市、工业强市、农业稳市、文化和市战略和"三优一特"经济发展思路，围绕科学发展和改善民生两大主题，牢固树立"重中之重"战略思想，按照"三化同步"的要求，抓住中央实施新一轮西部大开发、加大水利建设投入和云南建设中国面向西南开放桥头堡和滇中经济区的重大战略机遇，着力夯实农业农村发展基础，着力促进农民增收，着力强化农村公共服务，深入推进农村改革创新，完善农村发展体制机制，加快新农村建设步伐，提高农业现代化水平和农民生活水平，全面完成"十二五"规划的目标任务。

实现“十二五”的目标任务，在对“三农”的投入上要做到“三个重点、三个确保”。财政支出重点向农业农村倾斜，确保用于农业农村的总量、增量均有提高；预算内固定资产投资向农业农村基础设施建设倾斜，确保总量和比重进一步提高；土地出让收益重点投向农业土地开发、农田水利和农村基础设施建设，确保足额提取、定向使用。金融机构要加大涉农信贷投放力度，保持涉农贷款增量占比不低于上年。建立市级涉农项目资金整合协调联席会议制度，积极探索建立促进资源要素向农村配置的激励机制，更多更好地引导资金、技术、人才、管理等要素向农村聚集。在水利建设上要突出三项重点工作。一是认真贯彻落实中央一号文件和省委省政府即将出台的《关于加快实施“兴水强滇”战略的决定》，把水利作为我市基础设施建设的优先领域，把农田水利作为农村基础设施建设的重点任务，把严格水资源管理作为加快经济发展方式转变的战略举措，举全市之力掀起水利建设热潮。采取加大财政预算、增加专项水利资金、加强金融支持、广泛吸引社会资金等措施，大幅度增加水利建设投入。土地出让收益的10%要用于农田水利建设，力争今后10年全社会水利年平均投入比2010年高出一倍，促进水利可持续发展。二是加快推进重大工程建设。扎实推进重点水源、农田水利、农村饮水安全、高效节水灌溉、病险水库除险加固、中小河流治理、山洪地质灾害防治、水土保持和水生态保护、水利产业发展等水利工程。三是加强各项管理制度建设，实行用水总量控制、用水效率评估控制、水功能区限制纳污等最严格的水资源管理三条红线制度，建立完善水资源管理责任和考核制度。在农业产业化发展上要作好三篇文章。一是统一思想认识。农业产业化经营是农业农村经济结构战略性调整的重要带动力量，是农民增产增收的支撑和保障，是提高农业竞争力的主要渠道，是在家庭联产承包经营基础上实现农业现代化的根本途径。加快农业产业化经营是我们当前要着力研究和解决的重要课题。二是创新发展思路。着力抓好培育壮大龙头企业，发展壮大专业协会，创新经营发展机制，加大科技支撑力度，加强农产品品牌创建，健全社会化服务体系等关键环节。市农村工作领导小组在深入调研的基础上，在这次会议明确提出了“政府引导龙头企业，龙头企业带动专业协会，小额信贷资金支持协会会员，加快农业产业化步伐，促进农民增产增收”的具体思路。这既是总结了多年来倡导的“公司＋农户”的经验，又创造性地提出了“政府引导”和“小额信贷资金支持协会会员”的新思想。目的在于强调政府引进培育龙头公司、企业，以及协调公司企业为农业产业化经营服务的责任。并以此将我市每年由各有关部门各自发放的两亿多的小额扶贫信贷资金集中用于扶持农业产业化经营，让千家万户农民依托产业化这艘大船，增强市场抗风险能力，为增产增收夯实基础。这次会议安排参观“达利”集团。“达利”是我国食品生产加工的龙头企业。目的是让大家深切感受现代食品生产企业对农产品生产的巨大带动作用，从而更加积极主动地组织引导农民生产优质农产品，充分发挥“达利”等龙头公司、企业的带动作用，发展壮大各类专业协会，把我市农业产业化发展推向一个新的阶段。三是大力发展绿色无公害农业。发展现代农业要强化质量意识，牢固树立以质量求生存、以质量求效益的思想。这是构建平安和谐社会的需要，是发展现代生态农业的需要，是让农民既降低劳动成本，又增加收入，让土地休养生息的需要。各级务必高度重视，采取有力措施引导农民转变观念，以生产绿色无公害农产品促进农业提质增效，为打造品牌，做强产业奠定基础。像“达利”这种企业，每天要“吃掉”几十吨农产品。如果农产品质量不达标，就直接影响到它的产品质量和品牌企业的形象。因此现代农业要强化质量意识。在统筹城乡发展上要抓好三个关键环节。一是加大以工促农、以城带乡力度，加快推进城乡一体化，缩小城乡差距，共享发展成果。二是按照城镇合理布局、新农村建设适当集中的思路，按照高标准、集约化、有特色的要求，统筹城乡规划，促进城镇化建设和新农村建设双轮驱动、同步协调发展。三是深入推进农村各项改革。要稳定和完善农村基本经营制度，积极争取农村改革试验区政策，继续深化集体林权制度改革、供销社改革、农村金融改革、资源性产品价格改革、社会事业体制改革，健全有利于农业农村发展的体制机制。抓好户籍制度改革，建立健全农业转移人口的权益保障机制。进一步推进乡镇机构、农村义务教育和县乡财政管理体制等其他各项改革。

各级党委、政府及相关部门要高度重视农村精神文明建设和文化建设。农民是农业农村发展的主体力量。要组织开展群众喜闻乐见的精神文明创建活动，教育引导农民增强建设社会主义新农村，实现农业现代化的信心和决心。激发广大农民的主人翁意识和集体主义观念，把个人发家致富和农村社会发展联系起来，这是中国农村发展的必然和希望所在。要把农村文化建设真正摆上重要议事日程。繁荣农村文化，既可以丰富群众的精神生活，提高农民幸福指数，又可以发挥文化的积极作用，促进农村社会文明程度的提高。各级要从投入保障、工作力度、体制机制上给予加强完善。现阶段要特别强调坚持党的群众路线、群众观点，不断提高做群众工作的水平和能力，确保农村社会和谐稳定。

二、扎实做好2011年的农业农村工作

2011年是实施“十二五”规划的开局之年。做好今年的农业农村工作责任重大，意义深远。各级各部门要按照中央“大兴水利强基础，狠抓生产保供给，力促增收惠民生，着眼统筹添活力”的总体要求，围绕增收调结构，依托烤烟建产业，加强水利为重点的基础设施建设，着力改善民生，为“十二五”农业农村工作开好局，确保农民人均纯收入突破6 000元，确保位居全省州市第一。务必抓好以下工作：

1. 加强以水利为重点的基础设施建设。各级各有关部门要尽快筛选、上报水利工程项目，最大限度地把我市的项目纳入省“兴水强滇”盘子。抓紧实施水利续建工程和新开工项目。解决10万农村人口饮水安全。研究出台关于加快我市水利改革发展的意见。继续推进中低产田地改造和农村公路建设。

2. 加快推进农业产业化。尽快研究出台加快农业产业化发展的实施意见，加大对农业基地建设和龙头企业的扶持。围绕巩固发展烟草产业的大局，认真研究落实今年的烤烟生产，按照市政府提高优质烟叶有效供给能力工作会议的部署和要求，积极引导烟农种植优质烟叶，确保今年烤烟生产目标任务的实现。要抓好现代农业示范区建设，做好县区特色科技园规划。积极推进中低产林改造，大力发展林果产业。做大做强现代畜牧业，加快建设以200万头生猪为重点的标准化规模养殖小区和优质畜产品生产供应基地，确保畜牧产值增长8%以上。加快发展农村专业合作经济组织，新增农民专业合作社30个以上。加强农产品品牌创建工作，加大品牌农产品宣传和推介力度。

3. 加快改善民生。加大对少数民族地区、贫困地区和革命老区的扶持力度，加快实施元江县青龙厂整乡推进扶贫、200个自然村整村推进扶贫和1 000人易地搬迁扶贫，加快以彝族山苏支系为重点的6个较少民族和少数民族中特困群体

的脱贫进程，加快解决深度贫困群体脱贫步伐，确保实现5万农村贫困人口脱贫。完成农村民居地震安居工程1.6万户、农村危房改造5 849户。认真贯彻全省农村劳务输出工作会议精神，强化技能培训，拓宽转移渠道，加强协调服务，切实做好农村劳动力培训转移就业工作，培训农村劳动力2万人，就地和易地转移2.3万人。抓好教育资源整合，推进农村集中办学调整，提高农村义务教育阶段家庭经济困难寄宿制学生生活费补助，对跨村学生给予路费补助，对普通高中家庭经济困难学生给予生活费补助，对职校家庭经济困难学生和涉农专业学生给予学费补助。提高新型农村合作医疗保障水平，抓紧落实机构、人员、班子、经费、补助标准，确保4月份全面推开；加强中心卫生院、村卫生所建设，努力解决农民群众看病难问题。实施广播电视“村村通、户户看”升级改造，继续做好农村电影“村村放”工作。继续实施家电、摩托车、农机下乡财政补贴政策，让广大农民得到更多实惠。

4. 深化农村各项改革。全面推进集体林权制度配套改革，改革和完善土地承包经营权流转市场，发展多种形式、多种类型的规模经营。落实土地征用制度改革，健全对被征地农民的合理补偿机制。抓好草场家庭承包试点工作，以点带面，促进草场资源永续利用。深化供销合作社改革，充分发挥供销社在促进“三农”工作中的重要作用，充分利用供销系统网点、信誉等传统优势，稳步推进乡村流通工程建设，发展农村流通产业。加大基层卫生机构综合改革力度，巩固基本药物零差率销售工作成果。

5. 加快推进城镇化和新农村建设。要认真做好小城镇和新农村建设规划，统筹考虑小城镇和新农村布局。今后凡没有成熟规划的，市级补助项目一律不予立项，省级补助项目一律不予申报，出现问题的要追究责任。要充分发挥城镇对新农村建设的带动作用，把小城镇和中心村镇建设作为统筹城乡发展的重点，加强小城镇综合改革，有条件的可进行迁村并点，把中心村建设成为城镇化居民点，注重解决好进城落户农户的相应待遇和实际困难。要围绕“集中布点、连片推进、规模建设、集中打造、突出生态”的思路，扎实推进新农村建设。要加大抚仙湖“退、调、保”工作力度，启动面山25度以上的坡耕地退耕还林；完成昆玉高速北城至玉江路两旁的苗圃化建设；完成玉江大道出水口至江川小白坡段的绿化任务。加大统筹协调力度，整合产业发展、基础设施建设、“一事一议”财政奖补、农村保障性安居工程、农村能源建设以及农村清洁工程等项目资金，集中投向新农村省、市级重点建设村和扶贫开发村(乡)，高标准打造一批示范村，增强引领带动效应。同时，各县区也要有计划、有步骤地建设一批特色试点村镇，教育引导农民增强主体意识、发挥主体作用，积极参与新农村建设。加强农村文化建设和农村精神文明建设，引导农民学习农业科技知识，积极发展绿色无公害农产品，发展特色饮食文化、特色旅游产业、文化产业等，拓宽增收路子；倡导健康文明生活方式，改善农村村容村貌。需要注意的是，省、市级新农村重点建设村与扶贫开发村(乡)是新农村建设的两个重要抓手，一个是“锦上添花”，一个是“雪中送炭”，对象、内容不一样，要注意工作的侧重点和特色。

三、加强领导，为农村繁荣发展提供组织保证

做好农业农村工作，关键在党，关键在各级领导干部。必须进一步加强和改善对“三农”工作的领导，不断提高领导农村科学发展的能力和水平，促进广大农村又好又快发展。

1. 健全完善体制机制。在领导分工、机构设置、干部配备上切实体现全党工作重中之重的战略思想，形成“党委统一领导、党政齐抓共管、党委农村工作综合部门组织协调、职能部门各负其责”的工作格局。党政一把手要把工作重点和主要精力放在农村工作上，定期听取“三农”工作汇报，专题研究解决制约农村改革发展的重大问题，形成主要领导牵头总抓、分管领导具体负责、职能部门积极主动抓落实的工作机制。各级新农村建设领导小组办公室要加强综合协调，成员单位要各司其职、各负其责、密切配合，互促共进。要把农民增收、耕地保护、现代农业发展、新农村建设、扶贫开发、农村社会和谐稳定等重要工作纳入领导班子和领导干部业绩考核内容，考核结果作为评价使用干部的重要依据，确保“三农”工作一年一个新发展。

2. 加强农村基层组织建设。深入开展创先争优活动，开展好党员服务区、农村无职党员设岗定责、为民服务承诺和全程代理等载体活动。认真做好乡镇党委换届选举工作，选好配强乡镇党委书记和村党组织书记，落实好“一定三有”政策，深入开展农村党员“素质教育”工程，加强村组干部教育培训和村级党员活动室建设，不断增强基层党组织的创造力、凝聚力和战斗力。坚持和完善“三培养三带动”、部门包村、干部下基层等成功经验，切实发挥新农村建设指导员和大学生村官作用。继续推行城乡党组织的结对帮扶，进一步推进在农村新经济组织中建立党组织工作，使党的工作覆盖到农村各个领域。保障落实村级组织运转经费，规范“四议两公开”制度，完善村务、政务、财务“三公开”和民主议事等制度，确保村级组织工作的规范化运作、程序化办事。着力提高做群众工作的能力，心里装着农民群众，把群众呼声作为第一信号，把群众需要作为第一选择，把群众满意作为第一标准，关心群众生活，帮助群众解决实际困难，让群众感受到实实在在的、看得见的利益。落实各项综治维稳措施，充分发挥村干部在化解矛盾纠纷的骨干作用，确保农村社会和谐稳定。加强农村基层党风廉政建设，广泛开展村干部勤廉双述、村民质询和民主评议活动，积极探索农村有效预防腐败的治本措施，确保党的农村政策落到实处、损害农民群众利益的突出问题得到有效解决。尽快建立村民监督委员会，以农村集体“三资”管理监督为重点，充分发挥村民监督委员会的职能作用。

3. 切实转变工作作风。“三农”工作量大面广，需要走进千家万户、深入田间地头；强农惠农举措的落实，需要各方支持，一抓到底；农村面貌的改变任重道远，需要持之以恒、扎实推进。各级干部要进一步转变作风，狠抓落实。要大力弘扬求真务实的作风，压缩会议，精简文件，取消不必要的检查评比和迎来送往，深入基层、深入实际，调查研究，与农民交朋友，倾听民意，问计于民，怀公仆之心、尽工作之责，真心实意帮助农民解决实际困难和问题，务实创新推进农业农村工作。

当前，各级各部门要高度重视春耕备耕工作，抓时间抢速度保节令，把增产增收的基础打牢。要加强协调服务，落实强农惠农政策，确保农用物资供应，科学调度节约用水，强化护林防火，畜禽疫病防治和安全生产等工作。

突出重点　统筹兼顾
做好玉溪市质量监督工作

中共玉溪市委常委、常务副市长　谢兴荣

2011 年，玉溪市质量监督系统按照省质监局的统一安排，紧紧围绕服务地方经济和社会发展这一中心，突出重点、统筹兼顾、狠抓落实，着力抓质量、保安全、促发展、强质监，质监工作在经济社会发展中的地位和作用更加凸显。主要表现在：1. 实施质量兴市战略初显成效。全市质监系统充分调动各方力量，着力推进各项重点工作，认真履行质量兴市领导小组办公室职责，召开了全市质量兴市工作会议，“质量兴县(区)”工作全面启动，全市所有县、区政府相续出台了实施意见，并召开专门会议进行部署；促进“质量兴业”有效开展，各有关行业管理部门质量意识显著提高，纷纷提出了加强质量工作有效举措；推进“质量兴企”工作进一步发展，有 28 家企业开展“两提升、两争创”活动；“质量兴品”成效显著，全市名牌产品企业达到 27 家，云南名牌产品 36 个，名牌产品数量位居全省第三位，品牌经济效应逐步显现；大力开展“质量走廊”创建活动，打造质量管理、特种设备标准化示范、食品企业落实主体责任等示范单位 47 家，同时，切实加强质量宣传，营造了良好的社会氛围。2. 产品质量监管进一步加强。一年来，全市未发生区域性、系统性、行业性质量安全问题。59 家食品生产企业获得许可证，对 282 个企业的 399 个批次食品进行监督抽查，抽检合格率 72.4%；对 14 类 493 个批次工业产品进行监督抽查，合格率为 77.8%；全市共出动执法人员3 089人次，检查企业1 420家，共立案查处 232 件；检查特种设备使用单位1 851家，检查各类特种设备5 828台，查出并督促整改隐患1 166条，下达特种设备安全监察指令书 204 份。3. 标准化发展战略扎实推进。着力加强第一、二、三产业标准化工作，华宁县人民政府荣获“云南省标准化创新贡献奖”；《指纹识别汽车防盗装置行业标准》申报工作进入公示阶段，《通海县曲陀关甜白酒地方标准》被评为全省质监系统“十一五”优秀科技项目；玉溪红塔物业有限责任公司被列为全国服务业标准化试点，玉溪汇龙生态园被列入省服务业标准化示范项目，红塔集团《有机烟叶综合标准》、《绿色烟叶综合标准》等 3 个企业标准已正式发布。4. 质监系统自身建设不断深入。多形式扎实推进创先争优活动，优化工作流程，完善管理制度，提高服务质量，市质监局机关先后被省、市人民政府评为“省级文明单位”和“市级文明单位”。5. 检测能力得到不断提升。市综合检测中心已具备产品质量检验项目 387 项，计量标准 27 项；云南省烟草产品质量监督检验中心现已开工建设，省级太阳能检测中心已获批准。

省委、省政府历来高度重视质量工作，云南省第九次党代会规划了未来五年云南发展的思路和方向，在确立科学发展、和谐发展、跨越发展作为主题和实现“四个翻番”、“两个倍增”的奋斗目标的同时，提出“深入实施创新型云南行动计划和质量兴省战略”。为切实抓好贯彻落实，中共玉溪市委、市政府明确提出在与全省同步实现“翻番”和“倍增”目标的同时，在全省率先建成现代宜居生态城市，率先建成经济强市，率先建成最有安全感的城市，率先建成最有幸福感的地方，努力建设富裕民主文明开放平安和谐生态幸福的新玉溪。

近年来，特别是实施质量兴市战略以来，全市质量总体水平有了明显提升。但是，产品质量监督抽查率不高，质量安全违法行为居高不下，制销假冒伪劣违法行为屡禁不止等问题依然存在，人民群众对加强质量工作，提升全市质量总体水平和保障质量安全的要求十分迫切；切实加强标准化和计量、认证认可等工作，促进产业发展和节能减排等方面的任务十分繁重。面对这样的情况，全市质监系统必须从全局和战略的高度出发，认清形势，明确责任，自加压力，负重奋进，才能继续保持玉溪在全省的先进位次，实现新突破，取得新进步，不断推动质监工作迈上新台阶，为玉溪市经济社会全面发展提供有力保障。

针对以上情况，我有以下几点看法：

一、质量兴市要有新突破

实施“质量兴市”是玉溪市当前及今后经济发展中一项重要基础性任务。在今后的工作中，我们要继续巩固质量兴市成果，各级各部门要按照市委、市政府的统一的部署，按照质量兴市实施意见的总体要求，建立完善相应的工作机制，认真履行职能，切实担负起部门工作的责任，通力配合，力争完成 2012 年“质量兴市”工作的阶段性目标。各县(区)人民政府要进一步加强宏观质量管理，对当地的质量工作负总责，以稳中求进、好中求快、变中求新的总体要求，进一步加强对质量工作的领导，将宏观质量管理工作纳入各级政府经济社会发展规划和目标管理，结合各地资源优势和产业布局，突出重点，合理规划，建立绩效考核、奖惩和监督管理制度，完善宏观质量分析和发展质量社会评价机制，坚守质量安全底线，强化质量安全监管，抓实各项质量工作，最大限度避免区域性重大质量安全事故的发生，保护人民群众生命和财产安全。只用通过典型带动重点，建立一批质量工作示范行业和示范企业，深入实施名牌战略和标准化战略，才能推动全市质量管理工作再上新台阶，把玉溪市产品质量提高到新水平。

各部门要对本行业质量发展负主责，坚持从源头抓质量，要按照职责制订规划、出台措施，围绕全市经济社会发展目标，突出优势支柱产业和战略性新兴产业，结合产业特点，以政策支持、标准制定、品牌培育、人才培养、能力提升为重点，制订行业质量发展规划，加强行业质量安全监督，提升行业质量整体水平，进一步完善行业质量状况分析报告制度，加强对重点产品质量状况的统计分析，定期向各级政府报告，向有关部门、行业、企业通报，向社会发布，为政府科学决策提供服务。要积极向质量兴市领导小组办公室及时提供相关信息，推进质量兴市工作的有效开展。

各企业要明确质量安全的主体责任，提高管理水平，严格标准生产，进一步强化社会责任意识，严格遵守国家法律、法规和产业政策，制定质量发展行动计划，落实企业质量责任，加强对产品质量全方位、全过程、全覆盖控制，确保质量安全。积极开展以提升产品技术创新能力、提升质量控制能力，争创质量管理先进企业、争创品牌产品为主要内容的“两提升、两争创”活动。

二、质量监管要迈新步伐

质量关系经济社会发展大局，关系人民群众切身利益，关系企业生存和发展，关系政府形象。全市质监系统应该严把质量关，不断加大产品质量监管力度。

一是要创新监管理念，强化监管措施。要积极探索科学的监管方法，完善分类监管、区域监管等质量安全监管措施，通过着力加强获证企业的证后监管，围绕老百姓关心的食品、农资、建材等重点产品，针对存在的突出问题，加大整治力度，严厉打击食品非法添加、滥用食品添加剂、非法制造使用特种设备等违法行为，从严查处制假违法分子、不负责任的企业和监管人员。加大酒类、肉制品等高风险食品的监督抽查力度，确保食品质量安全。突出抓好重要节假日、重点时期、重大活动特种设备隐患排查治理，加强对玉蒙铁路玉溪段、昆玉铁路电气化改造、玉磨铁路、新三路、元红路等重点工程和特种设备安全监察，确保建设工程施工安全。

二是要形成监管合力，提高监管效能。目前，质量安全多部门监管的体制要求我们必须形成齐抓共管的合力，才能有效地对质量安全实施监管，要着力构建质量监管长效机制，进一步明确政府、企业和监管部门的责任。加强产品质量安全风险监测工作，强化质量风险管理和防范，努力确保不发生系统性、区域性和行业性重大质量安全问题。

三、服务发展要显新成效

要实现玉溪科学发展，必须坚持走符合玉溪实际的发展路子，作为质监工作，一定要和当地经济社会发展的实际相结合。把产业发展作为玉溪跨越发展的重中之重，根据不同产业、企业的特点和要求，重点在于优势传统产业的转型升级，只有壮大县域特色经济，培育主导产业，培育发展战略性新兴产业，采取有针对性的措施，进一步创新服务方式，丰富服务手段，才能促进玉溪市产业加快发展。

农业要紧紧围绕发展特色农业、设施农业、节水农业和外向型农业，着力加强农业标准化体系建设，加大品牌培育力度，在确保粮食生产安全和高度重视农产品质量安全的前提下，在中国一流的清香型烤烟、冬早蔬菜出口种植、草本油料种植、竹子种植、核桃种植和畜禽养殖等基地的建设中积极引导和帮扶企业，着力构建完善特色农业标准体系，促进种植、养殖基地建设健康发展。对玉林泉酒、杨广面条等食品生产加工十大龙头企业在加强监管的同时，还要加强对生产过程的指导和帮助，做大做强食品生产特色产业。加强烤烟质量管理，在认真做好烤烟标准样品铅封工作的同时，加强对烤烟收购期间的质量、计量监管力度，维护烟农和企业的合法利益。

工业要紧紧围绕实施工业强市，走发展玉溪特色新型工业化道路的宗旨，综合运用标准化、计量认证认可、检验检测、生产许可、质量监督、品牌培育等手段，支持烟草配套、装备制造、生物制药等九大特色产业，把科技创新和标准创新有机结合起来，促进科技创新成果尽快转化为标准，着力打造一批拥有自主知识产权的技术标准。鼓励引导大专院校、科研院所和相关企业参与行业标准、国家标准乃至国际标准的编制、修订工作，抢占相关技术领域的制高点。

服务业要以旅游、现代物流为重点，拓展服务业标准化领域，推动服务认证、规范服务行为，以玉溪红塔物业有限责任公司列为全国服务业标准化试点和玉溪汇龙生态园列入省服务业标准化示范项目为起点，来促进玉溪市生产性服务业和生活性服务的快速发展。同时，要围绕加强节能减排，充分发挥计量、标准化、认证认可等技术服务作用，加大节能减排标准的实施力度，加强能源计量工作和高耗能特种设备的节能监管，推动企业实施节能减排。充分运用生产许可等手段淘汰落后产能，扶持符合国家产业和环保政策的实体经济发展，推进绿色制造，推行清洁生产，发展循环经济、低碳经济，积极构建环境友好型、资源节约型社会，为建设现代宜居生态城市做出积极的贡献。

四、自身建设要上新台阶

检验检测能力和队伍素质建设是质监部门履行职能的基础，是质监事业长远发展的重要保障。随着社会主义市场经济的不断完善，对质监系统的能力建设也提出了更高的要求。

一是要加快检验机构能力建设，紧紧围绕玉溪市特色优势产业和战略性新兴产业发展要求、科学规划，加快省烟草产品质量监督检验中心、省太阳能检测中心建设步伐，积极争取省陶瓷检验中心和省酱腌菜检验中心落户玉溪。以“检得了、检得出、检得准、检得快”为目标，努力实现“产业布局到哪里，质监服务就跟进到哪里”，注重能力达标，突出产业特色，着力提升市级检验检测机构能力建设。以基础条件好，产业聚集的县（区）和产业园区为重点，进行调研分析，结合产业特色，挖掘和储备检验检测能力资源。

二是要不断提升质监履职能力。不断提高质监队伍的能力素质始终是摆在质量监督面前的一项紧迫任务。在今后的工作中，玉溪市质监系统还应该继续采取有力措施，全面提升干部职工的思想政治素质和服务发展、依法监管、严格执法的能力，不断提高驾驭复杂局面和应对突发事件的能力。要围绕经济社会发展大局，把握质监工作的规律、重点和要求，在工作实践中正确处理好监管与服务的关系，统筹协调各方推动各项重点工作落实。要以建设“文明单位”为抓手，着力改进作风，在规范执法、狠抓落实上下功夫。进一步完善执法程序，细化执法流程，规范行政处罚自由裁量权，严格规范执法行为。强化监督考核，加大治庸治懒、治软治散力度，有效预防“乱作为、不作为、慢作为”等现象的发生，才能将玉溪市质量监督工作做得更好。

夯实基础　加快发展　全力推进新型工业化进程

玉溪市副市长　王　跃

“十一五”以来，我市坚持以科学发展观为指导，深入实施“工业强市”战略和“三优一特”经济发展思路，大力推进新型工业化进程，玉溪工业发展步入了快车道，实现了新突破。

一、新型工业化发展成效明显，态势良好

1. 总量翻番，发展提速。“十一五”全市累计实现工业总产值4 194.3亿元，比“十五”净增2 541.4亿元，增长1.5倍，年均增长19.2%。全市累计实现全部工业增加值1 666.3亿元，比“十五”净增801.3亿元，增长92.6%。2011年，预计实现工业总产值1 300亿元，增长20%；实现增加值550亿元，增长16%；实现规模以上工业增加值520亿元，增长17%。规模以上工业增加值排全省第二位，占全省工业增加值的比重为20%。

2. 实力增强，结构优化。一是工业地位突出。“十一五”末，全部工业增加值占全市GDP比重达58%，对GDP的贡献率为70.6%，拉动GDP增长9个百分点。2011年预计工业增加值占GDP的比重为62%，对GDP的贡献率将达到75%，拉动GDP增长10个百分点，工业税收占财政总收入的80%。二是企业规模不断壮大。全市共有工业企业9 547户，其中规模以上工业企业247户，工业产值上亿元企业100户，10亿元以上12户，100亿元以上1户，规模以上企业工业总产值占全市工业总产值84%。三是产业结构不断优化。卷烟工业再创新高，矿冶产业快速崛起，装备制造、生物医药、新材料新能源等新兴战略产业快速发展，传统产业不断提档升级。形成轻重工业协调发展、新兴产业与传统产业齐头并进、大企业大集团与中小企业优势互补、国有和与民营工业共同发展的新格局。

3. 园区建设，聚集发展。全市共规划建设了10个工业园区，规划面积达217.7平方千米，建成面积59.2平方千米。投入园区基础设施建设26.8亿元，入园工业企业626户，吸纳就业9.7万人，园区工业总产值占全市工业总产值的63%，年均增长33.5%；工业增加值占全市工业增加值的80%，年均增长25%。烟草及其配套、装备制造、生物医药、新能源新材料、陶瓷建材、绿色食品加工等产业加快向园区聚集。

4. 节能降耗，淘劣上优。圆满完成节能降耗和淘汰落后产能目标任务。“十一五”单位GDP能耗累计下降17.8%，完成率达100.5%；截至2010年底，玉溪市共淘汰炼铁高炉32座产能351.9万吨，水泥机立窑50座产能426万吨，淘汰焦炭炼焦炉、黄磷炉、铁合金电炉、电石炉18座产能48.5万吨，柠檬酸、造纸生产线2条产能1万吨。2011年前三季度全市单位GDP能耗下降5.49%，可确保全年完成省下达的节能目标。与此同时，在能耗较高的钢铁、黄磷、水泥等行业，加大技改力度，新上了一批节能环保装置。

二、采取有力措施，强势推进新型工业化进程

1. 加强领导，高度重视工业经济发展，形成“工业强市”合力。一是出台了《玉溪市加快推进新型工业化的决定》，从“增加工业发展专项资金、构建工业新型投融资体系、提高工业发展用地保障程度、全面落实各项税收优惠政策、大力支持企业推进技术管理创新、鼓励企业争创知名品牌、加强工业人才队伍建设、优化工业发展环境”等九个方面制定了加大对新型工业化发展扶持力度的政策措施。二是召开了加快新型工业化发展大会和非公有制经济发展大会，推动新型工业化加快发展。市委孔书记、市政府高市长等领导对新型工业化发展高度重视，一把手亲自抓，多次召开现场办公会，到县区和企业开展调研指导，加强对全市工业经济发展的督促、检查。各县区党委政府，加强对工业发展的领导，出台了一系列政策措施，引项目、下基层、到工厂、进车间，帮助企业排忧解难。形成了上下齐心、整体推进、重点突破、创新发展的良好氛围。

2. 增加投入，加大产业发展培育力度。“十一五”各县区财政加大对工业的投入力度，累计投入3.5亿元资金，从2009年起市级财政每年安排1.1亿元新型工业化发展资金，专项用于产业的培育发展扶持，市县两级资金拉动市场主体投入250亿元。钢铁企业经过调整重组形成600万吨产能，成为云南省重要的钢铁生产基地。食品加工业培育了达利食品、宏斌绿色食品为代表的一批重点龙头骨干企业。装备制造业成功引进云南正成工精密机械有限公司，聚集一批配套企业和项目，数控机床产业格局形成。生物医药产业成功引进了以疫苗为主的沃森生物及九洲生物，维和制药已经发展成为云南三七生产总皂苷提取能力最大的制药企业。玉溪在全省生物医药产业的总体布局中，区域特征和实力开始显现。蓝晶科技已成为全国生产LED半导体产能最大的企业，太标太阳能100万套热水器规模形成西南最大的生产基地，汇龙科技锂电池等项目的投产为玉溪新能源新材料产业的发展奠定了坚实的基础。

3. 创新园区建设模式，工业上山，项目入园。目前，玉溪工业园区规划80%以上为山地、荒坡地带，真正实现“工业上山，项目入园”。玉溪数控机床产业园、疫苗产业园、光电子产业园、贵研铂业、红山球团、力高箱包等一批重大项目先后落户园区建设。大力推行标准厂房建设，改善工业投资环境，构筑良好招商引资平台，促进园区跨越式发展。近2年来，全市竣工标准厂房建设项目42个，建成标准厂房102.6万平方米。

4. 创新招商引资方式，加大招商引资力度。坚持优势资源向优势企业集中，成功引进昆钢、云锡、云铜、云天化、云电、泰国TCC、法国摩迪等一批重大战略合作伙伴，进一步整合了铁、铜、磷、镍和电源电网“四矿一电”资源，相继建成昆钢40万吨焊管，玉钢200万吨钒钛铁、云铜大红山铜矿采选等项目。实施央企入玉，加强与中广核、中粮集团、

中电投等央企的合作共赢，风电开发、15 万吨燃料乙醇等项目顺利推进。成功举办了“5·30”数控机床产业园以商招商系列活动，签约投资合作项目 33 个，协议引资 37 亿元，市政府与华中数控签约在玉溪设立国家数控系统工程技术研究中心玉溪研发中心，为装备制造业培育发展打下了坚实基础。

5. 引导民间资金投资工业项目。加强协调服务，切实抓好产业政策的落实，引导民间资金投入到工业项目，总投资 10.8 亿元的数控机床产业园区一期、总投资 7.6 亿元的年产 100 万套太阳能热水器生产线、总投资 12 亿元年产 120 万吨产能的仙福钢铁、总投资 27 亿元年产 130 万吨的玉昆钢铁等生产线等项目顺利竣工，“十一五”全市累计完成民间工业投资 230 亿元，占工业总投资的 80%。工业投资形成财政资金引导、社会资金参与、银行贷款支持的多元格局。

6. 提升服务水平，为企业排忧解难。发挥市政府新型工业化发展资金的引导作用，加强资金协调，解决工业发展资金“瓶颈”制约问题，加强银政银企合作，健全完善投融资平台，切实解决资金制约问题；适时搞好调节和服务，加大对煤、电、油、运、资金等生产要素的协调配置，确保优良生产要素向优势企业倾斜；为工业项目落地提供“一条龙”服务；落实效能政府、阳光政府、责任政府四项制度，切实提高为企业服务的能力和水平。

三、增强紧迫感、责任感，努力实现“十二五”新型工业化新跨越

自我相比，虽然玉溪新型工业化取得了新的成绩，实现了新的突破，但与省第九次党代会提出的要求相比，与其他先进地区相比还有较大差距，总量不足、发展不快，产业集中度不高、工业结构不尽合理仍然是我市推进新型工业化存在的主要问题。我们将结合玉溪实际，认真贯彻落实省第九次党代会精神和全省新型工业化大会精神，以加快发展为第一要务，以转方式、调结构为抓手，以发展增量、扩大总量、改善结构、提升质量为目标，增强紧迫感、责任感，坚定不移地实施工业强市战略，努力实现“十二五”新型工业化新跨越。我们将在以下几个方面攻坚克难，全力突破。

1. 努力实施三年倍增行动计划。紧紧围绕省第九次党代会提出的跨越发展，确保工业增加值、销售收入、利税三年实现倍增，着力实施工业经济发展三年倍增行动计划，到 2014 年，工业总产值达到2 600亿元，年均递增 26%；工业增加值达到1 060亿元，年均递增 26%；规模以上销售收入达到 2 120亿元，年均递增 26%；规模以上利税达到 576 亿元，年均递增 26%。

2. 打造“十大产业”，建设“十大基地”。支持红塔集团实施“5211”战略规划实施，推进烟草及配套产业发展，巩固国家级的卷烟及辅料基地；加快推进钢铁企业兼并重组，加速矿电产业的发展，把玉溪建成云南省重要的钢铁生产基地；加快数控产业园二、三期建设，大力发展装备制造产业，把玉溪建成全国知名的数控机床基地和云南省重要铸造基地；加快生物医药建设，以沃森、维和等重点企业为龙头，发展生物医药产业，把玉溪建成全省重要的生物医药生产基地；以蓝晶科技、汇龙科技为龙头，引进发展中下游产品，发展新材料产业，把玉溪建成全国最大的蓝晶衬底片生产及加工基地；以太标、同乐太阳能为龙头，发展新能源产业，把玉溪建成西南最大光伏、光热—太阳能设备基地；以中缅石油管道建设1 000万吨石油炼化项目为契机，抓住机遇，发展石油炼化深加工产业；以水泥、陶瓷建材为重点，发展新型建筑建材产业，巩固西南建筑陶瓷生产基地；发展玉溪的轻工产业，重点是箱包、印刷、纸制品包装产业；以贵研铂业铂族金属回收利用为重点，打造重要的贵金属回收加工基地，建设“铂都”；以“绿色加工”为理念，以宏斌绿色食品、杨广食品等 10 户农业龙头加工企业为重点，发展绿色食品加工产业，把玉溪建成面向东南亚、南亚出口的重要食品加工基地。

玉溪将按照省第九次党代会的要求，在省委、省政府的正确领导下，夯实基础，做强产业，争做全省新型工业化和城镇化排头兵。恳请省委、省政府继续对玉溪新型工业化发展给予大力的指导和帮助，我们有信心把玉溪建设成为云南省的工业强市和最具幸福感的城市。

统一思想 明确任务
扎实推进草原家庭承包和草原生态保护
补助奖励机制工作

玉溪市副市长 李洪云

草原承包是为了进一步保护草原生态而采用的一种方法。为加快推进我市草原家庭承包工作，全面落实国家草原生态保护补助奖励政策，落实国家和省关于加快推进草原家庭承包和草原生态保护补助奖励机制工作，全面安排部署我市草原家庭承包和草原生态保护补助奖励机制，我有几点意见：

一、要增强责任感和紧迫感

我市林地多属林草共生，具有典型的南方草原特点，海拔较高地区草原分布广泛，是重要的生态安全屏障。据1986年全省草场资源普查，我市共有草场毛面积1 359.33万亩，可利用草场面积1 144.56万亩，占总面积的80%。但由于长期草场权属不清、界线不明、使用流转不规范、经营机制不活、经营责任不落实，乱垦、乱占、滥牧现象突出，导致草场退化严重、草场资源大量减少，草畜矛盾突出。积极推进草原经营管理制度改革，明确经营管理责任主体，科学合理开发利用草原，有利于增强农牧民保护草原的责任意识，有利于推进以草定畜和禁牧、休牧制度，有利于推动草、林协调发展，更好地发挥生态文明建设中各要素的作用。2010年末，全市肉牛存栏13.8万头、出栏14.1万头，肉羊存栏35.6万只、出栏23.3万只，奶牛存栏2 100头，超载滥牧现象日趋严重，全市除红塔区和江川县外，其余7个县均列为易灾地区。虽然我市是全省畜牧业较发达的地区，但耗粮型生猪和家禽占全市畜牧业总产值的88.1%，草食畜养殖在数量和规模上落后于畜牧业整体发展水平。由于惠农惠牧政策不平衡，从事草食畜牧业的农牧户转移性收入明显低于普通农民的收入。建立草原生态保护补助奖励机制是加强草原生态建设，促进畜牧业平衡持续发展，实现农牧民增收的渠道，既是生态安全建设的迫切需要又是农牧民增加收入的必然要求，也是实施我市"生态立市" 战略的重要举措。

开展草原家庭承包工作既是草原生产关系的一次重大调整，又是深化农村改革的一项重要内容。草地是农村、农牧民重要的生产资料，对聚居在山区的大多数农牧民来说，希望在山，潜力在草，致富靠畜。只有通过深化草原家庭承包，明确草原的经营主体，进一步解放和发展草原生产力，解决好山区人民特别是贫困人口的致富问题，使广大牧民和其他农民一样享受改革的成果，共同走上富裕道路，才能统筹解决"三农"问题。当前，要进一步挖掘农村的发展潜力，必须将改革内容由耕地、林地延伸到草地，充分挖掘草地资源潜力，推动整个农村经济发展。深化草原家庭承包不仅要落实草原的经营主体，而且要落实草原保护建设的各项制度，其目的和家庭联产承包责任制、集体林权制度改革一样，就是要把经营主体落实到户，使草原生产关系更加适应生产力发展需要，把草地的潜力和耕地、林地一样充分发挥出来，为建设社会主义新农村发挥巨大的促进作用。

国务院决定从2011年起，中央财政每年安排专项资金，支持8个主要草原省(区)及新疆生产建设兵团，全面建立草原生态保护补助奖励机制，云南省建立草原生态保护补助奖励机制的共有15个州市112个县，我市涉及5个县。贯彻执行好国务院和省政府的决定，开展草原家庭承包是基础。在开展草原家庭承包的基础上，实施草原生态保护补助奖励机制，全面落实国家的惠民政策，使广大农牧民得到应有的利益和实惠。

二、要扎实有效推进草原家庭承包工作

推进草原家庭承包要深入贯彻落实科学发展观，根据《中华人民共和国草原法》、《中华人民共和国农村土地承包法》和《中华人民共和国物权法》，明确草原权属，落实草原承包经营权，强化草原承包经营管理，规范草原承包经营权流转，充分调动广大农牧民保护和建设草原的积极性，转变草食畜牧业生产方式，保障草原生态安全，实现"草有其主、主有其权、权有其责、责有其利"，建立健全"产权归属清晰、经营主体到位、责任划分明确、利益保障严格、监管服务有效"的新型草原管理体制，促进草原生态保护、建设和草地畜牧业可持续发展。一要坚持尊重民意，民主决策的原则。开展草原承包，要充分尊重群众意愿，实行民主决策，做到公开、公平、公正，保证群众的知情权、参与权、决策权和监督权。二要坚持依法承包，稳步推进的原则。依照相关法律法规的规定，严格法定程序开展承包工作。确定草原承包的对象、方式、办法等必须严格按照工作流程稳步推进，绝不能忽略任何环节。三要坚持促进草原可持续利用和生态、经济、社会协调发展的原则。草原既是发展畜牧业的重要生产资料，又是重要的自然资源，具有生态效益和经济效益的双重价值。开展草原承包必须体现可持续发展的要求，符合生态效益和经济效益的统一，促进草原可持续利用和生态、经济、社会协调发展。

我市开展草原生态保护补助奖励机制的是澄江、华宁、峨山、新平、元江5个县，其中澄江、新平作为试点县已启动实施建设。根据省级下达的任务指标，2011年，我市开展草原承包到户并实施草原生态保护补助奖励机制的草原面积907.43万亩，其中禁牧草原面积117.57万亩，草畜平衡草原面积789.86万亩，草畜平衡中，实施人工草场牧草良种补贴17.05万亩。按照草原奖补政策规定，对草原确权并承包到户的禁牧封育面积每亩补助6元，对草畜平衡的草原面积每亩奖励1.5元，对人工草场良种补贴每亩补助10元，5年为一个补助周期。5个县涉及农户167 988户，每年可得国家补贴和奖励资金2 060.71万元。5个县可利用草原理论载畜为57万个羊单位，畜牧产值可达3亿多元，户均1 786元。

草原家庭承包的主要内容，一是明确草原所有权和使用权。通过落实草原家庭承包经营制度，把集体所有的草原或

者依法确定给集体经济组织使用的国家所有的草原的使用权明晰到户(联户)或其他经营主体，进行草原确权登记，换发、核发草原所有权证和使用权证。草原使用权证是草原承包合同生效后，国家依法确认承包方享有草原承包经营权的法律凭证。草原使用权证由县人民政府颁发，草原承包期限与林权承包期限相吻合。二是明确草原发包方和承包方的权利和义务。发包方和承包方应当签订书面合同，草原承包合同的内容应当包括双方的权利和义务、承包草原四至界限、草原类型和面积、承包期和起止日期、承包草原用途和违约责任等。承包期满，原承包经营者在同等条件下享有优先承包权。三是规范草原经营权流转程序。草原经营权受法律保护，可以按照自愿、有偿、规范的原则依法转让。草原承包经营权转让的受让方应当具有从事畜牧业生产能力，并履行保护、建设和按照承包合同约定的用途合理利用草原的义务。草原经营权转让应当经发包方同意。承包方与受让方在转让合同中约定的转让期限，不得超过原承包合同剩余的期限。

工作重点：一是制定实施方案。要严格按照落实草原生态保护补助奖励政策要求和省、市确定的实施范围、内容及规模，结合本地实际，坚持“因地制宜、分类指导”的原则，围绕草原划分到户是草原承包的核心内容和目标，科学合理制定实施方案。二是确保业务质量。草原承包外业勘测和内业资料质量的高低，是草原承包能否取得实效的关键。首先，要做好调查摸底勘测，依据林改勘测成果，按照草原到户分配方案，确定每户宗地四至界线，准确定位边界点及坐标点，做到图、表、地相符。其次，要建好内业资料。各县要高度重视草原承包内业资料的建立和完善，严格按照“表格填写准确、四至界线清楚、合同签订规范”的要求，认真填写相关表册及材料。特别是要充分运用 GPS 卫星定位技术与相应的数据处理软件，规范草原承包业务，提高草原承包质量，使草原承包工作达到每户每宗地的人、地、证相符，图、表、册一致的要求，实现纸质文本与电子版本相统一，高标准的建好内业资料，确保真实、完整、规范。三是预留近期规划建设项目用地和牧区道路。草原承包过程中，要把预留近期规划建设项目用地和牧区道路作为重要工作内容，正确处理好划分到户与近期规划建设项目用地和牧区道路的关系，根据实际，科学测量设计，既要节约草地资源，又要确保近期规划建设项目用地的顺利实施和农牧民的生产便利。四是依法调处纠纷。开展草原家庭承包工作中出现的纠纷，要坚持“属地管理、分级负责、依法调处”的原则，坚决把矛盾化解在基层，做到当事人不上访，维护稳定。五是实现草畜平衡。实现草畜平衡是科学利用草原资源，加强草原保护，发展草地畜牧业，促进可持续发展的要求。各县要根据承包经营者的草原面积、产草量和利用率等进行科学测算、合理定级，以草定畜，核定草原载畜量。把以草定畜措施纳入《村规民约》，形成全民参与，相互监督，齐抓共管的监督格局，确保草原的可持续利用和发展。

工作步骤：草原家庭承包工作，要与林权制度改革的程序和成果相衔接，已取得的成果和完成的程序要共享，避免走弯路。一是广泛宣传，及时启动。各县在今天的会议之后要及时召开草原家庭承包动员会，深入开展宣传发动，充分利用广播、标语、村民会议等形式，广泛宣传相关法律法规、政策要点及工作程序，使草原家庭承包这项惠民工程深入人心，充分调动广大群众参与草原家庭承包的积极性。摸清辖区内现有草原状况，拟定村、组草原承包方案。二是严格程序，勘界确权。要根据草原承包方案，组织完成草原划分到户工作，严格遵循工作程序，做到勘界确权准确无误，依据充分，资料规范完整，做到图、表、地相符，结果公布无异议后，及时签订草原承包合同，使草原承包经得起历史检验。三是抓好建档发证。勘界确权和签订草原承包合同后，将审核无误的草原权属登记基础资料录入软件系统，并上报组织核实，最后，报县人民政府批准发放《草原使用权证》，规范档案管理。四是认真检查验收。为确保草原承包质量，对已完成草原承包工作的县、乡镇(街道办事处)、村，要层层进行自查核实，发现问题的要及时整改完善，由市推进草原承包和草原生态保护补助奖励机制工作领导小组及时组织检查验收。

三、要确保草原家庭承包工作和草原生态建设顺利开展

为加强对草原生态保护补助奖励机制和草原承包工作的领导，市政府成立由市长任组长，市人大联系副主任、市政府分管副市长、市政协联系副主席任副组长，市农业、发改、财政、林业、国土等相关部门主要负责人为成员的领导小组，领导小组办公室设在市农业局。抽调农业、林业、财政等部门人员组建工作机构。开展草原家庭承包工作的 5 个县也要成立相应的领导小组和工作机构，落实办公地点，配备必要的办公设施，保证必需的工作经费，明确具体的工作人员，扎实推进草原承包工作。各乡镇(街道办事处)也要成立相应的领导机构，主要领导要亲自研究、亲自部署、亲自督促，深入村组开展工作，分管领导要具体抓好落实，一级抓一级，层层抓落实。

要建立“县直接领导，乡、镇(街道办事处)组织实施，村组具体操作，各部门搞好服务”的工作机制，层层落实领导责任，明确目标，细化任务，制定措施，确保各项工作有力有序开展。乡镇(街道办事处)全面负责组织实施好草原家庭承包工作，对辖区内草原家庭承包工作负总责。农业(畜牧)部门要充分发挥职能部门的作用，主动协调解决工作中遇到的实际困难和问题，从人员、经费、设备、技术方面对草原家庭承包工作提供支持，对实施方案的拟定、草食畜养殖状况调查摸底、核定草原载畜量等技术规范负责；林业部门要负责提供林改全面资料，绘制草原承包示意图、表电子文本，协同实施禁牧措施，争取项目支持；财政部门要加强资金监管，落实工作经费和支持草原保护建设的发展资金，将补奖资金以“一折通”兑现给农牧户；发改部门要把草原保护建设列入发展规划，积极争取国家及省的立项支持；国土资源部门要积极做好规模化畜禽养殖用地服务；水利部门要优先安排牧区人畜饮水工程项目；宣传部门要通过全方位、多层次、宽领域的宣传，积极营造良好的草原家庭承包工作氛围。各相关部门要结合各自职能职责，密切协作，相互支持，积极主动做好草原家庭承包相关工作。要着力解决好实施过程中出现的困难和问题，确保政策实施不拖延，政策落实不缩水，政策效果不打折。

各级政府和相关部门要按照分级负担的原则，予以经费保障，在人、财、物上给予充分支持。市级安排一定经费，用于购置统一的软件和权证合同图纸等制作经费，对县级以奖代补工作经费，按制作发放“两证一合同”的农牧户数确定补助，确保草原家庭承包和草原生态保护补助奖励机制工作顺利推进。

各级要加强培训，提高工作队员和乡村干部的政策业务水平，确保业务工作标准化、规范化、科学化，保证草原家庭承包工作质量。

市、县推进草原家庭承包和草原生态保护补助奖励机制工作领导小组办公室要对乡、镇(街道办事处)草原家庭承包工作开展情况进行全过程的督促、检查、指导，发现问题，及时提出，及时整改。市政府督查室要把草原家庭承包工作纳入当前的重点督办内容。

以民生为本　尽全警之力
坚决打赢“清剿火患”战役

玉溪市副市长　明正彬

2011年9月26日至2012年2月26日，根据公安部9·26电视电话会议精神及《全省“清剿火患”战役工作方案》的要求，为进一步预防火灾发生，坚决遏制重特大尤其是群死群伤火灾事故，确保玉溪市火灾形势稳定，玉溪市政府在全市范围内开展了“清剿火患”战役。战役打响以来，在省公安厅的坚强领导下，在玉溪市委、市政府的大力支持下，全市公安消防部门迅速开展了建市以来力度最大、措施最实、效果最好的一次消防安全专项行动，及时消除和整改了一大批火灾隐患，确保了全市火灾形势的持续稳定。

一、政府主导，部门联动，倾力而为

重视程度创历年之最。玉溪市人民政府高劲松市长第一时间在市政府第70次常务会议上专题部署“清剿火患”战役，批示指出“‘清剿火患’战役能否取得实效，直接关系到全市人民生命财产安全，望动员各级政府、各部门按市政府通知要求，切实抓好各项工作的落实”。各级各部门迅速行动，坚决贯彻落实高劲松市长批示精神，市、县两级政府专题发文部署战役行动，召开专题会议24次，确定了“清剿火患”战役工作在当前我市政府民生工作中的重要地位。

带队督查创历年之最。我们把抓好政府领导责任作为重中之重，市、县两级政府相继成立了以分管副市长(县长)为第一责任人的“清剿火患”指挥部，对战役开展情况进行适时督导和协调保障，并亲自率队赴辖区各类场所实施现场办公，当场督促整改火患。目前，市政府领导已率队对各县区进行了第一轮检查，各县区政府领导也率队深入乡镇、村寨检查消除火灾隐患，市县级两级共28位领导，率队检查31次，有效落实了政府领导责任。

整治力度创历史之最。玉溪市“清剿火患”战役牢固树立“一盘棋”思想，专门召开联席会议，进一步完善消防、安监、住建、教育、民政、交通、工商、文化等职能部门之间的信息沟通和联合执法机制，采取部门领导挂钩联系、分片包干、具体负责的方式，重点排查近年未排查整治的领域、单位场所以及影响本地区公共消防安全的区域和行业，严厉惩治违法行为，全面消除火灾隐患。整个战役，全市共检查单位(场所)65 130个，发现火灾隐患646 063处，督促整改625 687处，整治力度创历史之最。

二、创新举措，攻坚克难，强势推进

“清剿火患”战役与行业整治相结合，破解行业隐患整改难题。结合我市产业特点和具体情况，开展了烟草、烟花爆竹、磷化工、陶瓷、蔬菜仓储等五个行业火灾隐患排查整治专项行动，明确了行业重点整治区域和范围，有效围剿了各行业的突出隐患。2011年10月16日，公安部刘金国副部长对我市的做法做出批示：“云南分行业的做法是可行的。一定鼓励各地创造性工作。”对玉溪市分行业开展“清剿火患”战役的做法给予了充分肯定，省消防总队陈育坤总队长也专门提出表扬，为我市下一步工作指明了方向。同时，各县区全面打响“哀牢铁脊”、“嶍峨一号”等10个“小战役”，对“九小场所”、汽车销售等分行业“地毯式”挺进，战役期间，全市共检查烟花爆竹摊点3 000余个，打通、拆除各类堵塞、占用消防通道124处，社会投入隐患整改资金500余万元，全市执法总量创历年之最，切实体现了“小战役”做出“大成果”。

“清剿火患”战役与“治大隐患防大事故”相结合，破解重大隐患整治难题。全市结合省政府“治大隐患防大事故”工作，由消防部门专门制定《玉溪市“清剿火患”战役工作指南》，明确各县区、各部门清剿范围和整治重点，着力开展“六一工程”(即：每日一宣传，每周一行动，每周一通报，每月一发布、每月一战评，每月一督导)，重点打好“四个战役”(即：国庆保卫战、圣诞元旦突击战、春节元宵攻坚战和冬防持久战)，相继建立市、县两级火灾隐患“举报投诉中心”和单位场所消防安全“户籍中心”。消防部门主动作为，结合自身实际，创造性的开展“夜学、夜查、夜宣、夜训”行动，采取每周一集中学习法律法规一小时后，结合1名党委成员和2名干部的“1+2”编配方式，在全市消防部队组织不少于30个检查组，10个宣传组和10个训练组，分别开展不少于60家夜间营业场所的“查、宣、训”工作。同时，实施“4+6防消联勤”模式：将“四个能力”建设与责任区中队“六熟悉”工作结合起来；推行领导“两挂”制度(即：挂钩县区“清剿火患”战役工作督导和挂钩重大火灾隐患挂牌整改)，在完成省、市、县三级政府共计10家单位整改销案的基础上，新报请市、县两级政府挂牌督办单位11家，进一步督导解决一批消防安全“老大难”问题。

“清剿火患”战役与社会管理创新工作相结合，破解资源不足技术薄弱难题。结合消防中介组织等第三方力量技术强、人员多的优势，专门成立“市清剿火患技术服务队”，制定并运行了玉溪市火灾报警远程监控中心和社会消防中介组织隐患发现定期报告制度，通过第三方力量向消防部门提供隐患信息，针对战役中的“盲点”区域和“难点”区域进行技术攻坚，确保火灾隐患明显减少。市“清剿火患”指挥部利用通信网络搭建了火患信息通报平台，设置了“战役”官方微博和火患网络投诉中心等。战役开展以来，全市通过远程监控、技术服务、举报投诉等第三方力量提供并发现火灾隐患321条，占到隐患发现总量的30%，科技手段的运用和消防社会管理方式的创新，大大提高了隐患查处力度，有效缓解了基层警力不足的难题。

三、完善机制，全警消防，誓除火患

建立检查考评机制。在全市严格落实“清剿火患”战役目标责任考核机制，采取每月通报进度情况，结束统一实地考评的方式，对各县(区)政府及相关职能部门“清剿火患”战役目标成果进行检查验收。同时，玉溪市公安局要求全市各分、县局、警务督察、治安、交警及最基层的公安派出所，全力配合消防部门开展战役，全警动员，全力清剿火患。确保了全市一般隐患100%整改，重大隐患100%挂牌督办，火灾四项指标同比上月“零增长”，避免较大和亡人火灾发生，坚决杜绝重大以上火灾发生的总体目标实现。

建立政务督导机制。各级政府全部按要求将“清剿火患”战役纳入政务督查内容，市政府组织了5个综合部门和8个行业主管部门，对各县区和各行业战役开展情况进行定期督察，并实行重大火灾隐患即时挂牌和隐患整改工作跟踪问效制度，对战役行动迟缓、措施不力、效果不明显的，及时下发《督办通知书》，责令相关责任单位和个人按规定时间和任务完成工作，并将整改情况报“清剿火患”指挥部备查。

建立奖惩激励机制。全省“清剿火患”战役动员部署会后，玉溪市市、县两级共投入资金163万用于“清剿火患”战役专项补助经费，对完成阶段性目标好的个人和单位实施即时奖励；对战役结束所涌现出的先进单位和个人全市通报表彰。同时，对战役目标落实不力的，坚决执行“四个一律”(即：一律予以通报批评，并责令限改；一律取消年终消防工作评优资格；发生死亡2人或较大火灾事故的，一律实行治安综合治理“一票否决”；发生重特大火灾的，一律依法追究责任)。

四、社会动员，广泛宣传，全民参与

宣传平台形式多样。组织开展了玉溪市“119消防日”系列宣传活动，建成7个消防科普教育馆，组建了“五进”特色宣传队13支、社区宣传队47支，安装各类大型消防宣传广告牌100余块，发行《三乡“119”》报刊11 000份。

借力媒体，广而告之。进一步加强与各级报刊、广播、电视等新闻媒体和网络媒体的沟通联系，广泛宣传“清剿火患”的经验做法，普及消防法律法规和消防安全知识。

隐患举报，全民参与。全市八县一区设立了火灾隐患举报中心，全部开通火灾隐患举报电话96119，通过政府、媒体等多种渠道，向全市各界公布火灾隐患举报投诉方式、受理范围、奖励标准等内容，鼓励广大市民投身到“清剿火患”战役中，在全社会迅速掀起“清剿火患”人民战争。

五、成绩优异，“清剿火患”效果明显。

在市委、市政府的正确领导下，经过全体参战公安民警和消防官兵的共同努力，全市“清剿火患”战役在总结考评中，因总体成绩突出，获得全国二类地区第一名的好成绩；市消防支队等16个基层单位被分别被公安部、省公安厅、省消防总队表彰为“清剿火患”战役成绩突出集体，29名公安民警及消防监督干部将被公安部表彰为“清剿火患”战役成绩突出个人，成为全省“清剿火患”战役先进典型；特别是在2012年云南大旱的情况下，确保了战役期间全市未发生亡人火灾和较大以上火灾事故，保持了全市连续16年未发生重特大火灾事故的优异成绩，为全市广大人民群众创造了一个良好的消防环境。

以人为本 关注民生
医改玉溪模式破解农民群众看病贵难题

玉溪市副市长 杨 洋

多年来，玉溪市委、市政府实施以改革开放和科技进步为动力的生态立市、工业强市、烟草兴市、农业稳市、文化和市发展战略，以保障和改善民生为出发点和落脚点，紧紧围绕加快社会事业发展，全面贯彻中央医改精神，超前谋划，实施三次医改重大改革，把推行新农合制度作为缩小城乡差距、构建和谐社会的重要任务进行大胆探索实践，创造了玉溪医改新模式，迈出了让农民群众"看得了病"、"看得起病""看得好病"的三步发展目标和医改新路子，得到省委、省政府的充分肯定，深得广大人民群众的好评和拥戴。

一、敢为人先，探索医改新路子，让农民"看得了病"

改革开放30年来，在玉溪经济社会发展取得巨大成就的基础上，市委、市政府高度重视医疗卫生事业的建设和发展，加大对基层卫生基础设施建设投入力度，改善医疗卫生服务功能。实施医改三年来，各级投入资金1.93亿元，建设村卫生室292个，乡(镇)卫生院69个，社区卫生机构8个，县医院4个。为61个乡镇卫生院配备了救护车，642个村卫生所配备了冰箱及妇幼检查器械。全市万元以上设备由2 889台件增加到4 859台件，全市基层医疗基础设施得到较大改善，为群众提供医疗服务的条件和能力得到全面提升。但是，一部分弱势群体和一部分农民，因为没有钱看病，小病拖成大病，大病酿成残废，残废变成终身家庭贫困的情况仍然存在。市委、市政府坚持以"执政为民"理念和改善民生为出发点，统筹城乡发展，从解决人民群众最关心、最现实的切身困难入手，着力解决农民"看病难、看病贵"等现实问题，2006年，在全国尚处于试点工作的基础上，我市先行一步，地方政府集中财力，突破试点，率先在全省全面推行新型农村合作医疗制度，全市176万农民提前一年享受到中央的新农合政策，全年共减免补偿125 116人次，减免补偿金额为1 498.59万元。实现了全市农民群众"看得了病"的第一步目标，在解决"看病难、看病贵"的难题上迈出了坚实的一步，广大人民群众参加新农合，支持医药卫生体制改革的意识明显增强，为全面深化医药卫生体制改革奠定了坚实基础。

二、攻坚克难，实施医改新举措，让农民"看得起病"

三年医改实施以来，广大农民群众在实现"看得了病"愿望的基础上，对党和政府解决民生问题寄予更高的期待，迫切希望进一步提高基本医疗保障水平。围绕这一重大民生问题，我市按照中央"广覆盖、保基本"的要求，进一步深化对医改重要性和紧迫性的认识，在深入调研、充分论证、科学测算、广泛听取多方意见和建议的基础上，下狠劲、出实招，高瞻远瞩，大胆决策，积极探索医改新路子，破解医改难题。2011年，市委、市政府针对筹资水平低、抗风险能力弱和广大农民群众的强烈愿望，在我市财政极度困难的情况下，优先保证医改民生投入，进一步统一思想，挖掘潜力，深化改革，在全省率先出台《提高农民基本医疗保障和健康水平的决定》，在中央投入的基础上，从2011年1月起，市级财政为参合农民人均增资100元，大幅度提升新农合保障水平，实现了"看得起病"的第二步发展目标，在解决"因病致贫"和"因病返贫"的难题上迈出了更加坚实的一步。参合农民筹资水平翻了两番多，人均统筹资金达300元左右，高出全省人均筹资100元。困扰广大农民群众多年的看病就医难题得到基本解决，发生了翻天覆地的变化，赢得了老百姓的广泛拥护和高度赞誉。一是参合率保持较高水平，由2006年的91.99％提高到95.54%。二是筹资水平、基层机构住院补偿比例和住院补偿年封顶线均为全省最高。乡镇、县区、省市级住院报销比例分别为95%～100%、不低80%和55%～70%，住院补偿年封顶线达20万元。三是建立了由政府出资的参合农民大病救助制度。对单次住院费用超过1万元的参合患者，扣除按新农合规定报销金额后，再次给予50%～60%的报销补助。四是积极探索慢性疾病门诊统筹管理，管理种数达10个以上，其中肾功能衰竭血液透析的年补偿金额最高，达50 000元。五是在全省率先实施国家基本药物制度，患者门诊和住院药品费用大幅下降，为广大人民群众减轻了看病负担。通过这一系列惠民政策的有力推动，为实现参合农民"基本医疗高补偿、老年慢病有保障、大病救助全覆盖"三大目标提供了有力支撑。

三、创新发展，拓展医改新思路，让农民"看得好病"

在实施五项重点改革的同时，我市未雨绸缪，在"看得了病"、"看得起病"的基础上，在基层医疗机构率先实施了"看得好病"的一系列重大改革，寻求"建机制、强基层"新的突破。

一是全面推行基层医疗卫生机构综合改革。将基层医疗卫生机构纳入全额预算拨款补偿，推动基层医疗卫生机构补偿机制、运行机制和人事、分配制度综合改革，彻底改变"以药养医"的管理模式，使基层医疗卫生机构的功能定位更加明确，基本公共卫生服务得到加强，基本医疗服务逐步规范，公益性明显提升。

二是以全面提高乡村医生素质建设为突破口，率先在全省制定出台《玉溪市进一步加强乡村医生队伍建设全面提升乡村医生素质三年行动计划(2011～2013年)的实施意见》，严把乡村医生准入关，建立了乡村医生准入机制；建立退出机制，对按年龄政策规定办理退出手续的乡村医生按月发放退养补助，保证乡村医生队伍素质及促进新老交替；完善保障机制，市、县财政提高乡村医生补助标准，确保乡村医生队伍的连续性和稳定性；建立招聘机制，三年内面向社会招聘150名品学兼优的中专以上全日制医学院校毕业生（尤其是取得法定执业资格的）到村卫生室工作，力争到2013年底基本实现全市150个村卫生室每个有1名新招聘村医；建立培训机制，开展乡村医生免费中专学历教育培训工程，在2005年开始实施免费三年中专学历培训，完成300名在职乡村医生进入专业卫生学校学习培训的基础上，继续举办中专学历教育培训300人，开展多种形式的函授教育、成人教育培训600人，逐步使全市乡村医生达到中专以上学历，促进农村卫生队伍的业务水平和服务能力的全面提升；建立绩效管理机制，把乡村医生公共卫生服务、基本医疗服务任务完成情况和群众满意度作为绩效考核的主要内容，促进乡村医生公共卫生服务质量和效率的提高。

三是积极推进信息化建设，为医改提供重要保障和技术支撑。按照统筹规划、统一管理、顶层设计、互联互通的思路，以电子健康档案、电子病历和门诊统筹管理为切入点，启动农民健康档案配套建设，加强健康卡推进工作和卫生信息化，为全市农民建立标准统一、管理规范、运行有序的电子健康档案，切实提高卫生服务的可及性，全面降低医药费用。

四是优化布局，调整扩大中心城区优质医疗资源。启动玉溪市人民医院新医院建设，玉溪第二人民医院改建和玉溪市民政精神病医院项目提速建设，120急救中心独立建制并选址迁建。通过项目扩建改建迁建，拓展大医院发展空间，实现优质医疗资源量的倍增。建设中医院外科大楼，新增100万元作为扶持市中医医院发展壮大定向年度补助，让各级各类医院回归定位，发挥特色优势，降低群众就医成本，促进中西医健康发展。对社区卫生服务中心进行功能改造，打造居民就医步行15分钟服务圈，方便居民医疗保健，让广大市民真正实现家门口就医保健。

五是完善医保报销政策。通过政府补助提高新农合筹资标准，大幅提高参合农民在基层医疗卫生机构报销比例，乡镇卫生院报销比例高达95%～100%，县级医院报销比例不低于80%，参合农民住院补偿年封顶线达20万元。在实施参合农民大病救助制度基础上，启动了提高重大疾病医疗保障水平试点工作。鼓励“分级诊疗”，引导患者小病在基层医疗机构就诊，大病、重病到县级医院或上级医疗医院治疗，进一步提高了医疗服务能力和医疗卫生效率。

通过几大机制的建立，力求实现“看得好病”第三步发展目标，满足广大人民群众的医疗保健需求，在解决“小病不出村、大病住院治”的难题上再次迈出了突破性的一步。

四、惠泽民生，农民健康保障上水平，实现新突破

市委、市政府以高度的政治责任感，怀着深厚感情，把钱花在群众身上，通过医改的大胆探索实践，创造了玉溪医改新模式，实现了省委、省政府“将玉溪市提高农民基本医疗保障水平试点工作做成全国亮点，在全省出经验、出成效，为全省医改工作指明方向、树立标杆、做出典范”的要求。玉溪新农合“新政”给全市农民带来了希望之光和健康福音，深受农民群众欢迎，老百姓将“新政”称为“比养儿子更可靠”的民心工程。2011年全年共筹集新农合资金46 180.23万元，4 294 515人次得到37 449.63万元的医疗费用补助；7 328人次得到15 676.06万元的大病住院再次补偿；5 373人次门诊慢性病得到125.81万元的补偿补助。与2010年相比，补偿人次、支出资金和住院次均补偿费用分别上升25.36%、91.19%和72.70%。新平县实施城乡居民基本医疗保障一体化，建立全市城乡居民“筹资标准统一、报销政策统一、用药目录统一、诊疗项目统一”的基本医疗保障制度，住院实际报销比例达到70.51%，在全省、全国均处于领先水平，城乡居民基本医疗保障均等化得到实现。红塔区扩大关注民生的理念，加大对五保户等特殊群体和残疾人等弱势群体的保障力度，提高报销补偿比例，实行住院报销零起付线的政策，基本医疗保障水平明显提高。通过门诊减免、住院报销和大病医疗救助制度，切实减轻了广大农民就医看病的医疗负担，使更多农民得到实惠。慢性病、潜伏疾病得到及时发现、诊断和治疗，对广大农民健康水平的提高发挥了较好作用。

广大农民群众成为医改“新政”的最大受益者，农村医疗条件和医疗保障水平得到明显改善，门诊补偿受益面和住院补偿保障能力较大提高，大病救助补偿效果明显，群众反响强烈，政策优势和社会效益显著，缓解了农民看病难、看病贵矛盾，遏制了因病返贫、因病致贫的现象，农民的自我保健意识和就医行为发生了可喜变化。农民自我保健意识明显增强，过去是“小病拖，大病扛，实在不行才往医院送”，现在是“有病治病，无病早防”、“小病门诊看、大病住院治”，健康水平稳步提高，真正达到了“党和政府得民心、卫生事业得发展、人民群众得实惠”的医改目的，使医改成为重大民生工程健康福祉。

抢抓机遇 迎难而上
努力提高国土资源保障能力

玉溪市副市长 黄宪庭

国土资源管理事关国计民生，事关经济社会可持续发展。我们要认清当前国土资源管理中面临的形势和任务，集中精力认真落实、全面用好国家和省的有关政策，为我市圆满实现“四个翻番”、“两个倍增”和“四个率先”目标，而努力提高全市国土资源保障能力和服务质量。

一、真抓实干，2011年国土资源管理取得新成效

2011年，全市国土资源工作认真贯彻落实党中央、国务院关于加强国土资源管理的重要指示以及省委、省政府保护坝区农田建设山地城镇工作会议精神，紧紧围绕市委、市政府的中心工作，超前谋划，主动服务，在保障发展、保护资源、维护权益、服务社会等方面有了新进展新成效，有力促进了全市经济社会平稳较快发展。

1. 争取上级支持，拓展了政策空间

一年来，国土资源部徐绍史部长、汪民副部长等领导先后到我市实地调研指导国土资源工作，对我市国土资源工作给予充分肯定。省国土资源厅和自兴厅长率省政府调研组对我市“工业上山、项目入园、农民进城”工作进行实地调研，并给我市国土资源系统干部职工及部分副县级以上领导干部上了一堂国土资源管理专题讲座，对全市国土资源工作开拓创新、规范管理等方面起到了积极的促进作用。我市千方百计积极争取国土资源部、省国土资源厅的政策支持，全力破解双保瓶颈，经过积极汇报争取，被国土资源部列为全国“低丘缓坡土地综合开发利用试点”市之一，为我市经济社会发展对土地资源需求拓展了政策空间。2011年12月29日市委、市政府在研和工业园区举行了低丘缓坡土地综合开发利用试点项目启动仪式，刘平副省长、和自兴厅长出席会议并作重要讲话。在争取政策的同时，也积极争取各种专项资金支持，据统计，全年争取到中央和省级地质灾害防治、地质遗迹保护、土地整理、农村集体用地确权登记发证等方面资金14 381.3万元，其中：中央专项资金9 995.96万元；省级资金4 385.34万元。

2. 坚持双保并举，确保了重点项目和民生项目用地

2011年，省级下达我市年度建设用地计划500公顷、农用地365公顷、耕地275公顷。全市上报审批农用地转用征收1 486.78公顷，含耕地889.25公顷；争取省厅支持，追加我市建设用地年度计划指标133.33公顷；获国土资源部“双保工程”奖励指标46.66公顷。全年供应各类建设用地面积806.87公顷。省政府下达我市保障性住房2.7万套，计划供地85.05公顷，全市实际落实保障性住房用地106.15公顷，超计划21.1公顷。全市国土资源系统新开工中低产田地改造项目7个，其中国家级项目2个，省级项目5个，建设规模4 088.64公顷，完成投资1.076亿元，争取国家投资7 605.96万元，省级投资3 154.34万元。启动实施了19个第二次全国土地调查新增耕地（占补平衡）项目，市级财政下达经费4 813.81万元。“十一五”耕地保护目标通过省级检查验收，截至2010年底，全市耕地总面积25.37万公顷，比下达指标增加4.23万公顷；基本农田面积20.31万公顷，比下达指标增加2.79万公顷，均高于省下达我市的指标。全市挂牌出让新设采矿权登记16个，收取采矿权价款1 440.53万元。征收2010年度矿产资源有偿使用费8 368.98万元。顺利完成了4个矿区矿产资源整合任务；3个矿产资源整装勘查项目有2个基本完成了工作任务。易门县经国家发改委、财政部批准列为全国第二批资源枯竭型城市。

3. 加强执法监察，维护了土地法律法规的权威

全面落实省政府《关于建立完善土地管理长效机制进一步落实耕地保护共同责任的通知》要求，建立健全以政府为主导的耕地保护责任体系，形成了以国土部门为主、相关部门配合的齐抓共管的国土资源管理新格局。全市立案查处土地违法案件58件、矿产违法案件23件，收取罚款2 517.62万元，对4人进行了党政纪处分或行政问责。积极配合省发改委对我市已建和在建高尔夫球场进行清理整治。完成了2010年土地矿产卫片执法检查工作。

4. 突出地灾防治，维护了社会稳定

全市各级党委、政府和各有关部门高度重视地质灾害防治工作，坚持治理与防治相结合的方针，抓住国家和省加大地质灾害防治与治理投入的有利时机，积极争取上级资金支持，全市地质灾害防治争取到中央财政专项资金2 240万元，省级财政资金353万元。全年未发生人员伤亡和重大财产损失的地质灾害。加大国土资源热点难点问题的解决力度，妥善处理了元江县洼垤、木西格地区的非法采矿，华宁县青龙镇老鹰窝、竹子园非法设置探矿权的违法案件，通海县、华宁县局部地区土地违法势头得到有效遏制，有力地维护了安定团结的和谐局面。

5. 强化基础管理，为业务工作提供了坚实保障

全市土地利用总体规划修编成果已上报省政府审批。地灾防治规划编制工作已经启动。数字玉溪地理空间框架建设项目完成了全市地名地址采集建库、重点区域航摄和三维建模等工作。全市国土资源信息化建设取得明显成效，实现了市、县联网办公。国土资源业务审批网上传输脱密处理系统建设正在抓紧进行。

二、认清形势，进一步明确国土资源工作发展方向

当前，我国正处在工业化、城镇化加速发展期，国土资

源需求刚性上升，供需矛盾突出，双保难度加大。就我市而言，主要存在以下五个方面的问题：一是有的地方对国土资源管理工作重视不够，管理国土资源的长效机制有待加强；二是个别部门对用地审批前置工作支持配合力度不够；三是个别县对国家土地政策研究不够，对国土资源宏观调控形势把握不准，错失发展机遇；四是个别地方的党政领导对土地矿产卫片执法工作重视不够，存在侥幸心理，导致违法用地和违法探矿、采矿问题突出，增加行政风险；五是部分县区土地财政观念还没有转变，土地资源过多过快消耗，影响着当地经济社会可持续发展。对上述问题，我们要有清醒的认识，在今后的工作中切实采取有效措施加以解决。

党中央、国务院和省委、省政府高度重视国土资源工作，胡锦涛总书记在中央政治局第三十一次集体学习时强调指出：要落实节约优先战略，进一步完善符合我国国情的最严格的土地管理制度，坚持各类建设少占地、不占或少占耕地，以较少的土地资源消耗支撑更大规模的经济增长。温家宝总理指出：国土资源工作支撑各行各业、影响千秋万代，必须进一步加强和改进土地管理工作，促进经济社会全面协调可持续发展。

省委、省政府切实落实中央领导同志的讲话精神，根据我省山多坝少的实际，作出了保护坝区农田建设山地城镇的重大决策，为破解保护耕地与保障发展的“两难”问题指明了方向。我们要紧紧抓住低丘缓坡土地综合开发利用试点的有利时机，按照省委、省政府“守住红线、统筹城乡、城镇上山、农民进城”的总体要求，严格执行省市政府对三个规划的批复，切实转变建设用地方式，严格保护耕地，科学引导城镇、工业上山，抢抓机遇，迎难而上，就一定能为全市经济社会又好又快发展做出新的贡献。

三、明确任务，努力开创国土资源工作新局面

2012 年，全市国土资源工作要全面贯彻落实市第四次党代会精神，坚持以科学发展观为指导，牢牢抓住国家深入实施西部大开发和加快建设面向西南开放桥头堡的重要机遇，紧扣市委、市政府的中心工作，规范管理、主动服务，统筹兼顾、突出重点，为全市经济社会又好又快发展提供强有力的土地资源保障。当前和今后一个时期，要着力抓好以下几个方面的工作。

1. 把“四群”教育落实到具体工作中

当前，国土资源管理处在各方利益博弈，各种矛盾集中的风口浪尖上，维护群众利益至关重要。全市国土资源系统的广大干部职工要认真贯彻落实省第九次党代会和市第四次党代会精神，建立健全干部直接联系群众制度，深入实际、深入基层、深入群众，促进干部作风转变，进一步密切党群干群关系。要把“四群”教育与具体工作紧密结合起来，一起谋划，一起部署，一起落实，建立重大项目用地、矿产资源开发、地质灾害防治等社会风险评估机制，从源头上预防和减少影响社会稳定的因素。在进行土地征收、矿业权设置时，一定要依法维护被征地农民利益，处理好矿区土地补偿、环境污染等方面的问题，维护社会和谐稳定。

2. 扎实推进山地综合开发试点工作

抓住我市被列为全国低丘缓坡土地综合开发利用和土地利用总体规划评估与修改试点城市的契机，按照省委、省政府保护坝区农田、建设山地城镇的要求，2012 年一季度前，完成城镇建设规划、林地保护规划、土地利用总体规划的调整完善工作。争取上半年各县区至少启动一个山地综合开发试点项目。第一批启动的试点项目 2012 年 5 月底之前进行总结验收。各县区要力争上报更多的山地综合开发项目，拓展建设用地空间，缓解全市建设用地不足和耕地占补平衡压力，促进玉溪经济社会的可持续发展。

3. 全力做好用地保障工作

要继续积极争取上级对我市用地指标的支持，全力做好保障性住房、国家和省重点项目、民生项目的用地报批和土地供应工作。全年计划上报审批农用地转用征收不低于 500 公顷，供应各类建设用地 500 公顷以上。各县区在用地保障方面，要切实抓好以下工作：一是要统筹安排用地指标。按照“严控总量、盘活存量、优化结构、节约集约”的原则，认真筛选用地项目，按照“保重点、保急需”的要求，优先保障国家和省重点项目以及保障性住房和民生项目用地。二是要提高项目审批、核准和备案级别。积极争取国家和省审批、核准备案项目，争取省级以上用地指标，缓解全市建设用地指标不足的压力。三是要认真做好项目用地报批的前期准备工作。各县区要明确发改、国土、规划、建设、环保、水利、林业等相关部门的工作职责和完成时限，把任务落实到人，做到政府主要领导亲自过问、分管领导亲自抓、主管部门具体抓落实，保证项目按期落地。四是要把握土地利用新政策。按照省的相关要求，今后的用地审批，年度用地计划指标以占用非耕地为主。占用坝区耕地，除执行占补平衡政策外，还要缴纳相当于同区域新增建设用地有偿使用费 20 倍的耕地质量补偿费。因此，我们在项目选址时，一定要尽量避免占用坝区耕地，避免用地难于审批，增加用地成本。

4. 全力完成矿产资源整装勘查工作

积极争取省国土资源厅和地勘单位的支持，完成我市华宁—昆明聚磷盆地深部磷矿、新平县大红山外围深部铁铜矿和峨山县峨腊厂铜铁多金属矿的整装勘查，增加矿产资源储量，为全市矿业经济发展寻找更多的后备资源。

5. 继续做好土地开发整理工作

2011 年，我市耕地占补平衡指标已经亮起“红灯”，对正常的土地供应产生了一定的影响。2012 年各县区国土资源部门要确保全面完成 19 个新增耕地占补平衡项目建设，上半年申请竣工验收，扭转全市耕地占补平衡指标不足的局面。同时，要筛选一批第二次全国土地调查新增耕地项目，尽快申报立项，增加全市占补平衡指标。年内完成 2011 年已开工建设的中低产田地改造项目，并做好 2012 年度中低产田地改造项目的规划设计和预算编制上报工作，争取上级在项目和资金方面的更多支持。在项目管理中，各县区要按照省级有关规定，加大投入，提高亩均投资标准，提高土地整治质量。国土资源部门要本着对人民高度负责的精神，强化施工质量监管，建立健全土地开发整理项目工程使用情况跟踪管理长效机制，真正把土地开发整理这项“民心工程”、“德政工程”做实做好，让项目区的群众得到更多实惠。

6. 切实抓好 2011 年度土地矿产卫片执法工作

从 2010 年起，全国国土资源执法工作已经实现“天上看、

地上查、网上管”全覆盖，国土资源部和省级政府启动了对地方政府主要领导的约谈问责工作。各县区政府要高度重视国土资源执法工作，必须依法依规管理和使用国土资源。2011年度土地矿产卫片执法工作要针对全市矿山企业用地违法违规突出的问题，大力整顿和规范矿山企业用地行为，按照既处理事又处理人的原则，公开查处一批典型案件。各级纪检监察部门要按照上级要求，主动配合国土资源部门做好查处工作，把有关规定落到实处，进一步规范国土资源管理秩序，坚决制止违法违规用地行为。

7. 加大地质灾害治理力度

各级政府和有关部门要牢固树立“无灾就是效益”的理念，认真落实以预防滑坡泥石流为主、以预测预报为主、以灾前避让为主的“三为主”方针，坚持防治结合、群专结合、单项治理与综合治理相结合、重点建设规划与地质灾害防治规划相结合的“四结合”原则，加强领导，提前防范，主动减灾，全力做好地质灾害防治工作。当前，对存在地质灾害隐患的水库、学校、矿山、村庄、交通沿线等重点区域，必须重点防范治理。要抓住国家、省加大对地质灾害防治投入的有利时机，积极争取资金支持，加大地质灾害危险点的搬迁和治理力度，最大限度地消除地质灾害对人民群众生命财产的威胁。要抓紧落实省国土资源厅已经批准立项的地质灾害治理项目资金，并积极争取更多的项目申报国土资源部、省国土资源厅批准立项。2012年要把易门县绿汁镇范围内原矿务局铜矿开采造成的地质灾害治理作为一项重点工作，争取国土资源部立项，对崩落区的村庄进行异地搬迁，对滑坡、泥石流进行工程治理。

8. 做好农村集体土地“两权”调查发证工作

按照国土资源部、财政部、农业部《关于加快推进农村集体土地确权登记发证工作的通知》和国土资源部、中央农村工作领导小组办公室、财政部、农业部《关于农村集体土地确权登记发证的若干意见》要求，全面开展我市集体土地所有权、使用权调查发证工作，明确农村集体土地产权，为实施农业转移人口转变为城镇居民战略服务。

9. 完成数字玉溪地理空间框架建设

要按期完成数字玉溪地理空间框架公共服务平台建设和国土资源典型运用、公众服务应用系统建设任务，开通数字城市“高速公路”，提高国土资源公共服务水平和管理能力，适时开展城市规划、环境保护等典型应用项目建设。

10. 加强党风廉政和干部队伍建设

国土资源领域矛盾集中，涉及各方利益，容易滋生腐败。从近年查处的大案要案来看，多数案件与土地矿产资源开发利用有关。因此，国土资源部门要充分认识反腐败斗争的紧迫性、长期性和艰巨性，把党风廉政建设作为一项重要工作来抓紧抓实。要重点对土地和矿业权审批、土地整治项目、地上附着物补偿评估、征收土地前期开发整理等容易产生腐败的环节加强监管，确保审批安全、资金安全、干部安全。加强干部队伍建设要围绕建一流班子、带一流队伍、创一流业绩的目标，以提高素质为切入点，以强化管理为着力点，以树立形象为落脚点，深入开展国土资源系统创先争优活动，提高队伍素质，增强执政能力。加大干部教育、培训力度，建设一支创先争优、勤政廉洁的干部队伍，为进一步提升全市国土资源管理和服务水平提供保证。

11. 加强领导，营造国土资源管理的良好环境

国土资源支撑各行各业，直接影响经济社会发展。各级党委、政府要认真落实国土资源目标管理责任制，建立健全党委领导、政府负责、部门协同、公众参与、上下联动的工作格局，在人员、经费等方面支持国土资源部门的工作，为国土资源工作营造良好的外部环境。

澳大利亚的城市规划值得借鉴

玉溪市副市长　周继武

2011年11月，有幸参加中组部、住房和城乡建设部和全国市长研修学院组织的现代城市管理培训班，并在学院的精心组织和安排下，我们听取了国内外规划建设和管理的若干专题的讲授，实地考察了澳大利亚不同类型城市和社区的规划建设和管理，感到收获颇丰，有了一些新的提升和启示。

一、城市规划必须注重科学性，必须宜业为先，宜居为上，以人为本，以便为实

澳大利亚城市规划很科学，真正成为了城市各项建设的龙头。单从景观规划上看，悉尼、阿德莱德就充分利用海岸线，沿岸布置大片绿地、文化娱乐设施等，城市建筑按离海岸距离成正比逐渐升高，不仅使每排建筑都有良好的海景视线，同时从海面眺望城市则可见到逐层叠起的特色景观。澳大利亚总体上地广人稀，在城市，由于人口密度低，除了市中心矗立高楼外，其他都以两层以下建筑为主。虽然每个建筑的形态不同，但风格统一，并与周围的环境相协调。

澳大利亚城市基础设施和公共服务已实行标准化、规范化。澳大利亚重视城市绿化，民众可以很方便地接近绿地，坐在上面休憩。市中心的公园、广场基本上都是绿地和树木，没有奢华的建筑，这充分体现了“人”在城市中的主导地位和“物”的从属地位。澳大利亚城市管理者认为城市功能首要的不是景观，而是服务，服务于“人”的功能建设，是规划控制中的核心，是华而不实的政绩工程，视作城市平民消受不起的奢侈品而加以杜绝。

澳大利亚的城市基础设施建设较为完善。密集的灯控指挥系统，醒目的路边停车标志，确保了城市道路畅通和安全；在人流集中的商业街、公园、车站都可轻易找到洗手间、直饮水机、果皮箱；在户外允许吸烟的地方设有烟灰筒；在市民休闲的公园里还建有天然气的户外烧烤灶台和桌椅，只要自带必需的食物就可以制作美味，悠然地欣赏美景和享受生活；所有可以开展水上运动和垂钓的地方，在其岸边都设有从安全须知到保护生态的标识；供市民休闲锻炼的森林氧吧都有不同路段长度的指示标志；对残疾人的尊重和关爱更让人敬佩，从红绿灯指示杆的导盲发音器，公交车台阶的升降器到专门的通道，洗手间等都充分考虑到了这个特殊群体的需要。可以说，澳大利亚城市规划十分科学和人性化，真正成为城市各项建设的灵魂，体现“以人为本”。

在澳大利亚的新南洲和南澳洲，我们充分感受到了规划及管理对一个城市的发展、繁荣的重要性。南澳洲是一个人口仅170万的地区，但阿德莱德就集中了110万人口。在这个城市中，我们充分体验到了城市良好的秩序和和谐的环境。剔除南澳洲丰富的矿产资源不讲，仅从城市规划的前瞻性和城市功能的定位层面看，我们感到，一个城市要充满活力，竞争有序，在规划上必须做到宜业为先，宜居为上，必须在城市规划建设管理的每一个细节上体现以人为本，把人的需求放在城市设计的核心位置上，处处体现以人为本，方便实用的原则，创造人与城市和谐，居民为城市主人的良好环境。这样的城市，主人充满激情，城市充满活力、后劲和竞争力，也只有这样的城市，才会有宜居的魅力。相比之下，我们的许多城市，特别是近些年来刚从县域地州转变而来的城市，脱胎而没有换骨，在规划和管理中，虽然也考虑到了这个城市未来发展的主题要素，但总感到宜业、宜居和以人为本的理念核心没有在城市规划建设中得到很好的体现。特别是注重了所谓总规的宏观性，但在控规或详规中，总规变成了一个概念，控规重复总规的空泛，详规中注重和追求单体的效果和指标的评价……总之，单体与整体、区块与控规、控规与总规事实上缺乏深度的互补与联系，缺乏阶段性相互之间的检查与评价。因而，一条街道或一个小区建成了，总感觉缺胳膊少腿，运转不顺不畅，就像一个刚出生就患有先天疾病的人似的，后天不得不花钱救治，有的还需动大的手术。这就形成我们今天建了拆，拆了建，建了挖，挖了建的周而复始的某些城市建设、管理的顽症。其实这些问题，关键是我们没有抓住规划的核心，没有充分认识理解城市人民的需求，是我们对城市，对城市规划认识和落实不到位的表现。在农村已向城市转变的城市化进程中，很多城市的规划还有些“盲人摸象”之惑，以至城市规划，犹如不会作画之人一样，只图好看，而欠精髓。

二、继承一个城市的文化或使一个城市的规划具有严肃性、可持续性，必须有法治机制作保证

澳大利亚非常重视规划的连续性和严肃性，不会因为城市领导人的变动更替而随意改变。在澳大利亚每个专题的学习期间和每个样板、考察点的参观过程中，我们时时感受到法治思想的熏陶。从规划制定的过程到每一个建筑物的建造，从每一个管理环节的细小行为，到涉及民生的跨区工程，其整个过程，时时体现着法治理念的贯彻。

如阿德莱德市和首都堪培拉，近百年来，该市始终围绕美国建筑师格里芬设计的规划方案进行建设。通常地方政府每8年重新制定一轮实施性规划。澳大利亚建立了完善的规划法律法规和执行机制，城镇体系规划大致可分州政府负责的区域规划和地方政府负责的实施性规划两大类，每类之中又包含若干规划层次。规划法对规划的制定、修改、审批、公示都有严格的规定，同时，还要遵守规划法以外的其他法律规定，如环境保护法、水资源法等。对项目建设，规划法不仅有安全、健康、宜人等方面的规定，还有风貌、体例的规定。对于违反规划的行为，有专门的法庭审理。

法治为上，遵循民意，是一个城市文化精神延续的灵魂，也是一个城市永葆青春魅力的关键。相比之下，我们一些地

方的城市规划或规划实施过程中的几经变迁，部分规划建设存在随意性，除某些个人的好大喜功与短视的政绩观之外，根本原因是我们的城市规划及规划的实施没有严肃的法治基础保障。虽然我们也强调，规划一经批准，具有法律效率，任何人不能随意更改。但事实上，后人废前人的规划，实施中不按规划去做的情况在很多城市中随处可见，而更改这些规划的也恰好都是决策者这一阶层。而任何人这一概念，仅是对一般民众而言，因为我们的规划，没有将最终的规划执行核准权交由法律，即便更改了规划，决策者目前也不必承担实际意义上的任何责任，无法律制约的措施。究其原因，一是原有规划粗放，前瞻性、科学性及规划的水平、深度、精度不够，可传承性太差。二是决策者急功近利，权力与功利相随。三是决策者和执行者囊中羞涩，因而有了调整规划的各种理由。所以，对我们来讲，编制了一个好的规划，并通过规划保护和传承城市的历史文化与精神，再培育具有新时代气息的文化与精神，需要法治的基础，更需要遵循法治的人。这方面，我们的任务还很艰巨，还有很长的路要走。

三、在绿色、低碳、环保支撑下的城市规划建设与管理，城市才具有可持续发展的生命力

在澳大利亚期间，我们所学习的课程和所参观的样板社区，处处体现和展现绿色、低碳、环保的理念。

澳大利亚的城市规划管理达到了一个很高的水平，但随着经济社会的发展，特别是整体经济社会的发展，可持续发展仍然困扰着每一个城市，也同样面临着绿色、低碳与环保的挑战。因此，澳大利亚城市的规划管理，从一般民众到各层的决策者，都已经形成这样一个共识——绿色、低碳、环保是一个城市的生命力。各级规划的设计者和决策者，已将宜业、宜居转向了这一重点。从一块很小的绿地工程，一棵小树的规划栽种，到横跨州市的水资源的分配调控；从原来的摊大饼的城市规划，到集约型土地利用的城市规划；从屋面雨水收集利用到垃圾分类收集和零污染处理等等，都体现了新世纪新的城市可持续发展观。而在这方面，我们与之更是显得差距很大。

四、澳大利亚的城市规划思想值得玉溪借鉴

一是结合我市正在编制新一轮的城市规划，为使我市的城市规划在现有基础上更能体现科学规划，宜业优先，宜居为上，以人为本，以便为实，城市规划需要进一步的审视。特别是我们正在加快城镇化的进程中，要把规划的目光放得更高更远，理念要更先进，功能布局分区更科学合理，居民宜业、宜居的幸福指数更高，是我们学习以后更要注意的问题。

二是城市规划建设管理应加强法制建设。我市经省人大审议实施的《云南省玉溪城市管理条例》，这为我们在城市规划管理法治建设方面提供了很好的平台。因此，我们需要进一步借鉴澳大利亚的法治理念，强化在《条例》之下的规章制度建设，并把这种法治城市规划建设管理的理念贯穿到城市规划的修编、建设和管理的每个环节，让法治的思想深入人心，让法治的思想荡涤传统的思维，创造在法治指导下的城市规划管理新局面。

三是从细处、小处着眼改革，在城市规划建设和管理中也做到抓大不放小，进一步调整部分具体修建方案的思路，推行绿色、低碳、环保新理念，不断解决一些城市功能的不足，做到景观建设与绿色和环保兼容，建设生态和低碳城市。同时构建多元化的城市投资体系，加大公共设施的建设，推动玉溪城市建设的新发展。

大事记

(2011年)

编写：王 斌

1 月

1 日

△ 由华宁县负责修建的南盘江连心桥竣工通车，南盘江连心桥是华宁县通红甸乡通往弥勒县西洱乡的重要通道，新桥全长 120 米，总投资 360 万元。

15 日

△ 红塔集团被中国烟草总公司授予“全国烟草行业企业文化建设先进单位”称号。

18 日

△ 中心城区明珠路延长线(高仓—哨坡段)道路竣工。工程于 2009 年 9 月底开工建设，新建道路全长3 357.06米，路宽 40 米，按照城市二级主干道标准建设。工程概算投资 1.68 亿元。

19 日

△ 市政府与省科学技术厅在昆明举行科技工作会商会议，就玉溪提请省科技厅支持的相关科技项目和重点工作进行会商，并签订市厅科技战略合作协议。

24 日

△ 由共青团玉溪市委主办，共青团通海县委承办的第四届玉溪(通海)乡村青年文化节开幕式暨专场文艺演出在通海县四街镇七街村举行。

27 日

△ 玉溪汇龙生态园、华宁金土地绿色产品开发有限公司、澄江竹海箐生态旅游度假村、峨山高香万亩生态茶园荣获“云南省第一批休闲农业与乡村旅游示范企业”称号。

28 日

△ 25～28 日，第 26 届云南省青少年科技创新大赛在玉溪举办。

2 月

8 日

△ 6～8 日，第 7 届中国玉溪兰花交易会在市博物馆举行。

15 日

△ 红塔集团荣获“2010 年度云南省采购经理调查统计工作先进一等奖”。

18 日

△ 玉溪市工业和信息化委员会挂牌成立。

21 日

△ 全省旅游工作会议在抚仙湖畔召开。

24 日

△ 全省知识产权局局长会议在玉溪举行。会上表彰了 2010 年度全省知识产权先进单位，昆明、玉溪市荣获“突出贡献奖”。

△ 19～24 日，中国人民政治协商会议玉溪市第三届委员会第四次会议在玉溪举行。会议期间，委员们审议和通过了政协玉溪市第三届委员会常务委员会工作报告、提案工作情况报告和有关决议；选举了政协玉溪市第二届委员会副主席和常务委员，陈志芬增选为政协玉溪市第三届委员会副主席，刘兴荣、何勇、沐爱斌补选为政协玉溪市第三届委员会常务委员会委员；列席了玉溪市第三届人民代表大会第四次会议；听取并协商讨论玉溪市国民经济和社会发展“十二五”规划纲要、政府工作报告、“两院”报告和其他报告。

25 日

△ 21～25 日，玉溪市第三届人民代表大会第四次会议在玉溪举行。会议经过表决，通过了《关于玉溪市人民政府工作报告的决议》、《关于玉溪市国民经济和社会发展第十二个五年规划纲要的决议》、《关于玉溪市 2010 年国民经济和社会发展计划执行情况与 2011 年国民经济和社会发展计划的决议》、《关于玉溪市 2010 年地方财政预算执行情况和 2011 年地方财政预算的决议》、《关于玉溪市人民代表大会常务委员会工作报告的决议》、《关于玉溪市中级人民法院工作报告的决议》、《关于玉溪市人民检察院工作报告的决议》。

28 日

△ 总投资2 800万元的峨山县城市生活垃圾处理工程投入试运行。

△ 玉溪市医疗纠纷调处中心暨玉溪市医疗纠纷人民调解委员会挂牌成立。

3 月

4 日

△ 玉溪市流动人口基本公共服务均等化全国试点工作启动会举行。

5 日

△ 玉溪市第一届围棋段级位赛围棋比赛在红塔区青少年科技活动中心举行。

9 日

△ 2011 年全国射箭冠军赛暨第三十届伦敦奥运会射箭项目选拔资格赛在玉溪市华培外语实验学校开赛。

17 日

△ 红塔区春和街道挂牌授印仪式在春和街道办事处举行。与此同时，北城、李棋、大营街、高仓、研和街道分别在街道办事处完成挂牌授印仪式，至此，红塔区九个街道顺利完成挂牌授印仪式。

18 日

△ 由云南省科技厅、省委统战部和玉溪市人民政府共同举办的以“民族地区科普宣传”为主题的“云南省 2011 年科技下乡集中示范活动”在华宁县举行。

19 日

△ 由玉溪师范学院联合中央民族大学、国际双语学会主办的“第八届国际双语学研讨会”在玉溪举行。

21 日

△ 昆明市、玉溪市《推进滇中城市群昆玉一体化发展合作框架协议》签字仪式在中玉酒店举行。根据协议，昆明市与玉溪市将充分发挥各自比较优势，坚持规划共绘、交通共联、产业共兴、市场共构、环境共建、人才共享，致力推动区域规划、基础设施、产业发展、要素市场、生态建设、社会事业六个方面的一体化，提升滇中城市经济圈的竞争力和辐射带动力。

25 日

△ 24 ~ 25 日，全省水稻机械化育秧插秧现场会在新平县举行。

30 日

△ 卢旺达西方省省长塞勒斯坦·卡巴希兹率代表团到玉溪参观访问，考察玉溪乡镇企业和农产品加工等发展情况，寻求交流与合作。

4 月

8 日

△ 国务院食安委考核组莅临玉溪检查考核食品安全整顿工作，并现场检查餐饮服务单位。

10 日

△ 8 ~ 10 日，上海市普陀区党政代表团到玉溪参观考察。

13 日

△ 天津市塘沽管委会党政代表团到玉溪参观考察。

△ 全省丘北经验推广暨“县乡平安出行”创建活动经验交流会在玉溪举行。

14 日

△ 西南区域气象中心局长联席会在玉溪召开。

15 日

△ 红塔区与昆明市晋宁县推进“一体化发展合作框架协议”签订。

19 日

△ 副省长高峰到玉溪调研医药卫生体制改革工作情况。

22 日

△ 玉溪技师学院挂牌，玉溪高级技工学校升格为学院。

△ 21 ~ 22 日，全省行政事业资产管理工作会在玉溪举行。

26 日

△ 25 ~ 26 日，省委书记、省人大常委会主任白恩培率省农业厅、林业厅、工信委等部门负责人，深入华宁、江川、通海县部分乡镇和企业，就生态建设、现代农业、工业生产、民族团结、基层党建、文物保护等工作进行调研。

△ 原全国人大常委会副委员长盛华仁到玉溪就新型工业、生态旅游、城市建设等进行调研。

29 日

△ 红塔区政府与北京科林皓华环境科技有限责任公司正式签订玉溪市城市生活垃圾综合处理项目特许经营协议。

5 月

5 日

△ 副省长孔垂柱率省农业、林业、水利等部门负责人到玉溪，重点就蔬菜、林果、畜牧等优势特色产业发展进行调研。

6 日

△ 5 ~ 6 日，云南省部分县市出口农产品示范区建设工作会议在通海县召开。

11 日

△ 玉溪市第六次全国人口普查办公室召开新闻发布会，通报玉溪第六次全国人口普查的主要数据。全市普查登记总人口为2 303 511人，同第五次全国人口普查 2000 年 11 月 1 日零时的 2 073 005 人相比，共增加了 230 506 人，增长 11.12%。平均每年增加23 051人，年平均增长率为 1.06%，人口增长幅度明显低于第五次全国人口普查前十年增长 14.46% 和年平均增长 1.36% 的水平。

14 日

△ 13 ~ 14 日，国土资源部部长、党组书记、国家土地总督察徐绍史到玉溪，就玉溪市国土资源管理工作情况进行调研。

15 日

△ 在北京举行的第二届中国节庆创新论坛暨 2011 中国品牌节会颁奖盛典上，中国(云南)玉溪米线文化节荣膺“中国最具地方特色美食节”、玉溪市红塔区荣膺“中国最具发展潜力节会城市”称号。

20 日

△ 18 ~ 20 日，国家安监总局副局长付建华率调研组到玉溪调研安全生产工作。

21 日

△ 最高人民检察院副检察长姜建初一行到玉溪检查调研。

24日

△ 辽宁省文联主席郭兴文率采风团到玉溪采风。

28日

△ 27～28日，全省地质灾害防治现场会在新平县召开，与会人员实地考察了新平县地质灾害监测预警、搬迁避让、工程治理等防治情况。

30日

△ 玉溪市推进数控机床产业发展以商招商系列活动——数控机床招商推介暨项目签约仪式在聂耳大剧院举行，30余个项目现场签约。发改委、工信部、中国机床工具工业协会等国家部委、行业协会领导，省有关部门领导，孔祥庚、高劲松、董诗强等玉溪党政领导及其他参加活动的嘉宾参加签字仪式。下午，玉溪市推进数控机床产业发展专家报告会举行。

6月

1日

△ 中国少年先锋队玉溪市第三次代表大会在聂耳大剧院召开。

6日

△ 由教育部、文化部、财政部联合主办的2011年"请你跟我一起来"中央民族歌舞团高雅艺术进校园活动玉溪师范学院专场在聂耳大剧院举行。

9日

△ 8～9日，全国爱卫办技术评估专家分成8个专业组，对玉溪创建国家卫生城市工作进行全面的技术评估。

10日

△ 6～10日，第19届昆交会暨第4届南亚国家商品展在昆明国际会展中心举行。玉溪参展代表团招商引资，内外贸易成果丰硕。贸易成交8 300万元，签约内资项目6项，协议投资总额39.4亿元，拟利用市外国内资金32.5亿元；签约外资项目1项，项目总投资2 102.7万美元，拟利用外资560万美元。

△ 元红（元江县—红河县）二级公路（元江段长35千米）建成通车。

12日

△ 第二届中国聂耳音乐（合唱）周启动仪式在聂耳音乐广场举行。中国文联、中国音乐家协会和云南省及玉溪市的党政领导出席启动仪式，中国音协主席赵季平向玉溪授予"中国音乐家协会合唱基地"匾牌。启动仪式结束后在聂耳山举行《聂耳与田汉》组合雕塑揭幕仪式。第二届中国聂耳音乐（合唱）周是经中宣部批准，并被纳入全国庆祝建党90周年系列活动中的一项重要活动。

△ 玉溪"辉煌十一五"美术书法摄影展开幕暨颁奖仪式在聂耳大剧院举行。

△ 作为聂耳音乐（合唱）周玉溪系列活动重要内容之一的"聂耳与国歌"爱国主义教育主题巡回展，在聂耳纪念馆拉开序幕。晚上，庆祝中国共产党成立90周年暨第二届聂耳音乐（合唱）周系列活动之——玉溪市"聂耳杯"合唱比赛在聂耳文化广场拉开帷幕。

14日

△ 市政府与国家开发银行云南省分行举行合作共赢洽谈会，就双方启动第二轮合作暨保障性住房建设项目合作事宜进行交流洽谈。

15日

△ 12～15日，环境保护部、国家发展与改革委员会、水利部相关负责人组成调研组，深入澄江、江川、华宁县和玉溪中心城区，对抚仙湖保护治理工作进行调研，对抚仙湖保护治理取得的成效给予充分肯定。

19日

△ 2011年玉溪市民间收藏"十大珍宝"在市博物馆揭晓。

24日

△ 23～24日，全省环保系统干部职工1 200余人齐聚玉溪举行红歌会，庆祝中国共产党成立90周年。

26日

△ 玉溪市珠宝玉石行业协会成立。

△ 全长92.67千米，设计速度60千米/小时，投资14.6亿元，新平县城至三江口二级公路试通车。

27日

△ 由于连日下雨，新平县城至三江口二级公路K26+115m路段发生道路下陷坍塌事故，致一行经此处的车辆翻下山崖，共造成车内2人死亡、2人受伤，新平县城至三江口二级公路中断。

28日

△ 27～28日，暴雨侵袭元江县城区，7小时内降雨量达70毫米，造成城区多处严重内涝。

29日

△ 玉溪行政审批和电子监察系统开通。

△ 玉溪庆祝中国共产党成立90周年大会在聂耳大剧院举行。100个先进基层党组织、100名优秀共产党员、60名优秀党务工作者、4个基层党组织建设先进县被表彰。

30日

△ 易峨高路、抚仙湖环湖东路、澄阳路三条二级公路建成通车典礼在峨山、江川和澄江县举行，三条二级公路建成通车，标志着玉溪形成了以红塔区为中心，辐射8个县的市县高等级公路网，多年努力构建的两小时经济圈大功告成。

7月

4日

△ 省政协副主席王学智率领由省政协经济委、省经济研究院、省政府研究室相关负责人组成的调研组，专题调研玉溪加快推进滇中经济区建设情况。

5日

△ 玉溪子墨商贸中心项目协调推进会暨项目签约仪式举行。玉溪子墨商贸物流中心项目是发展花卉、茶叶等特色产品的商贸物流产业项目，项目计划总投资6.8亿元。

△ 道路交通事故人民调解工作室揭牌仪式在市交警直属大队举行，这标志着中心城区人民调解、行政调解、司法调解工作"三位一体"的交通事故损害赔偿调处格局形成。

7日

△ 云南日报社玉溪分社揭牌暨云南省政务信息岛玉溪市开通仪式举行。市委书记孔祥庚和云南日报报业集团党委书记、社长罗杰为云南日报社玉溪分社揭牌；市委副书记、市长高劲松和云南日报报业集团副社长、总编辑徐体义为云南

省政务信息岛玉溪终端开通揭幕。

6日

△ 4~6日，由省卫生厅卫生监督局举办的全省医疗卫生监督员培训会在玉溪举行。

10日

△ 晚22时40分左右，江川县路居镇高龙潭火炮厂第四幢装药房发生爆炸，事故造成1人死亡，1人失踪。

11日

△ 玉溪与云天化集团在易门县举行推进玉溪市炼化深加工产业发展会商调研会。省工信委总工程师谢晓阳及省中缅油气管道办负责人；云天化集团党委书记、董事长董华，常务副总经理张嘉庆，副总经理朱明松、胡均；市委副书记、市长高劲松，副市长王跃，市政府秘书长孙会强；易门县和市级相关部门负责人出席会议。

15日

△ 国家烟草专卖局副局长张保振到玉溪调研指导工作。

△ 浦发银行澄江支行开业。

17日

△ 聂耳故居正式免费向市民开放。

20日

△“昆明市晋宁县与玉溪市易门县一体化发展合作框架协议”签字仪式在易门县举行。

21日

△ 玉溪中级人民法院开通网上信访。

△ 国家烟草专卖局副局长何泽华到玉溪调研指导工作。

22日

△ 在省政府召开的2011年全省县域经济发展电视电话会上，红塔区被授予“云南省2010年度县域经济发展十强县”称号。

26日

△ 市政府召开研和工业园区数控机床产业园二期项目建设推进会。

28日

△ 由红塔区统战部和工商联发起并组织实施的“云南红土情·光彩进万家——红塔区民企感恩行动”工作会议召开，这标志着红塔区民企感恩行动正式启动实施。

30日

△ 聂耳故居音乐组成立，该音乐组将于每周五、周六的早晨九点至十一点在聂耳故居门前进行演出。

31日

△ 国家环境咨询委和环保部科技委专家组在昆明听取了由省政府主持的抚仙湖保护治理“十二五”规划汇报，标志着抚仙湖首次进入国家层面的保护和支持，标志着抚仙湖I类水资源的保护正式列入了国家层面的规划。

△ 26~31日，玉溪市第四届中小学生运动会在玉溪市体育运动学校举行。

8月

3日

△ 峨山县塔甸至大西混凝土公路通车典礼在大西村委会举行。该道路总投资2 568万元，全长45.1千米，是连接峨山县、新平县、楚雄双柏县的重要交通线路。

4日

△ 1~4日，国家环境咨询委和环保部科技委的70多位委员汇聚抚仙湖畔，开展暑期调研，为抚仙湖保护建言献策。

△ 新平县引进的最大劳动密集型企业——力高(云南)箱包有限公司举行主厂区开工奠基暨一期生产线投产仪式。该公司建成投产后可实现年产值8亿元，解决8 000余人的就业问题。

6日

△ 首届云南玉溪抚仙湖与世界文明学术研讨会在澄江县开幕。

7日

△ 3~7日，省委副书记李纪恒到玉溪就工业化、城镇化、农业产业化及新农村建设、扶贫等工作进行调研。

8日

△ 全国人大代表、省人大常委会常务副主任晏友琼率部分在滇全国人大代表到玉溪，对昆明—河内经济走廊建设进行调研。

23日

△ 云南民族大学文化学院九龙池校区举行揭牌仪式。云南民族大学党委书记甄朝党、省民委副主任岩砂、原市人大常委会主任普朝和、副市长王跃、市政协副主席陈志芬等出席揭牌仪式并为校区揭牌。

24日

△ 参加2011云南烟草国际有限公司境外经销商恳谈会的境外30多个国家和地区的70名烟草经销商代表到红塔集团参观交流。

△ 2011中国文化报社全国记者站年度工作会在玉溪召开，并为中国文化传媒集团云南新闻中心和中国文化报驻云南记者站授牌。中国文化报社党委书记呼世安、总编辑刘承萱，云南省文化厅党组书记、厅长黄峻，玉溪市委副书记、市长高劲松，宣传部部长董文献出席会议。

26日

△ 抚仙湖“三退三还”工程启动仪式在抚仙湖畔举行。

△ 昭通市委书记夜礼斌、市长刘建华率昭通市党政代表团到玉溪考察溪洛渡电站库区移民外迁安置工作。

28日

△ 27~28日，2011第四届佳能“感动典藏”摄影大赛全国推广活动“走进玉溪”影友联谊会和外拍活动在玉溪举行。

30日

△ 由云南省企业联合会、云南省企业家协会开展的2011云南100强企业排序名单出炉，红塔集团以营业收入632.5981亿元高居榜首。这是红塔集团2005年以来第六次蝉联“云南百强企业第一位”。

△ 由中国卷烟销售公司主办、云南中烟公司承办的“玉溪(庄园)”“云烟(大重九)”品牌培育座谈会在北京召开。国家烟草专卖局局长姜成康、副局长何泽华、李克明，云南省副省长曹建方、省政府副秘书长蒋兆岗出席会议。中国第一包有机烟、红塔集团高端产品“玉溪(庄园)”在会上正式亮相，受到了与会领导、嘉宾的高度评价。

31日

△ 省政府澄江化石地申遗工作现场办公会在澄江召开。

9月

1日

△国家地震局党组书记、局长陈建民到玉溪，就玉溪市防震减灾工作进行调研。

2日

△玉溪市美容美发行业协会成立。

3日

△“2011中国企业500强榜单”在成都发布，红塔烟草（集团）有限责任公司以632.5981亿元的营业收入位列500强第132位。

4日

△中央编办副主任张崇和率中央分类推进事业单位改革工作部际联席会议调研组到玉溪调研。

5日

△以“中国生态城·金柿美玉溪”为主题的第二届全国主题摄影大展开幕暨颁奖典礼在聂耳大剧院举行。

11日

△9~11日，由国家住建部城市建设司副司长李如生率队的专家组一行到澄江，对澄江化石地申报世界自然遗产工作进行实地检查评估。

△8~11日，2011年“滇溪龙泉杯”全国沙滩排球大奖赛在易门县举行。

14日

△市政府与武汉华中数控股份有限公司举行项目合作洽谈并签订投资协议，华中数控股份有限公司投资7 500万元，在研和工业园区数控机床产业园建设6 000平方米厂房及配套设施，达到年产3亿元数控配套产品及装备的生产规模。

16日

△全省乡村学校少年宫建设启动仪式在易门县六街中学举行。

18日

△中国共产党玉溪市第四次代表大会在聂耳大剧院隆重开幕。这次大会的主要任务是：审查三届市委和市纪委的工作报告，全面总结市第三次党代会以来的工作，确定今后5年的奋斗目标和主要任务，选举新一届市委、市纪委和出席省第九次党代会代表，动员和带领全市党员和各族人民紧紧抓住新一轮西部大开发和桥头堡建设的重大机遇，进一步解放思想、开拓进取，进一步鼓舞斗志、凝聚力量，进一步挖掘潜能、发挥优势，进一步艰苦创业、团结奋斗，努力实现玉溪科学发展、和谐发展、跨越发展。孔祥庚代表中共玉溪市第三届委员会向大会作题为《抢抓机遇 开拓创新 努力实现科学发展和谐发展跨越发展》的工作报告。

19日

△由省政协副主席罗黎辉带队，省政协文史委组织部分省政协委员到澄江，对帽天山化石地保护利用和申遗工作进展情况进行视察。

21日

△中国共产党玉溪市第四届委员会举行第一次全体会议，选举产生了中国共产党玉溪市第四届委员会常务委员会委员、书记、副书记。孔祥庚当选为中共玉溪市委书记，高劲松、张玲当选为市委副书记。

△中国共产党玉溪市第四届纪律检查委员会举行第一次全体会议，选举产生市纪委常委9名、书记1名、副书记3名。李文斌当选为市纪委书记，席佐能、冯志明、普光照当选为市纪委副书记。

△中国共产党玉溪市第四次代表大会举行第三次全体会议，选举第四届市委委员、市委候补委员、市纪委委员和出席省第九次党代会代表。选举产生了新一届市委委员49名、市委候补委员9名、市纪委委员35名，出席省第九次党代会代表31名。

△中国共产党玉溪市第四次代表大会圆满完成各项议程，在聂耳大剧院闭幕。大会以举手表决的方式，通过了《中国共产党玉溪市第四次代表大会关于第三届市委工作报告的决议》；通过了《中国共产党玉溪市第四次代表大会关于中共玉溪市纪律检查委员会工作报告的决议》。

22日

△2011年西南片区仲裁工作座谈会在玉溪举行。

23日

△世界自然保护联盟（IUCN）专家帕特里克·迈克基维尔教授和莫哈·塞非亚·莱马教授对澄江化石地进行为期4天的现场考察评估。

26日

△通海县在第二届中国民族文化旅游品牌推广会上获得“中华文化最美旅游休闲名县”称号。

△第五届“玉溪十大杰出青年”评选活动组委会选出10名“玉溪十大杰出青年”和10名“玉溪十大杰出青年提名奖”获得者。

27日

△玉溪市第二届道德模范颁奖典礼举行。

10月

15日

△新平县被中国林产业协会、国家林业局国际竹藤中心命名为“中国特色竹乡”。

17日

△副省长孔垂柱率省水利厅、农业厅及省扶贫办及省防汛抗旱指挥部负责人，先后深入元江县甘庄街道办事处西拉河水库、县城元江岸边，现场察看防洪工程及水利设施，指导防汛抗旱水利建设。

18日

△17~18日，由省人大常委会副主任杨保建带队的执法检查组到玉溪，就玉溪贯彻实施《中华人民共和国科学技术进步法》和《云南省科学技术进步条例》情况进行执法检查。

20日

△省农业厅评选活动办公室“六大名猪、六大名牛、六大名羊、六大名鸡、六大名鱼”评选结果公布，玉溪大头鲤和抗浪鱼两大土著鱼类入选云南六大名鱼。

△云南统一战线“同心·示范点建设工程”在华宁县泉乡文化广场启动。省委常委、省委统战部部长黄毅，省政协副主席、民进省委主委罗黎辉，省政协副主席、民盟省委主委倪慧芳，致公党省委主委刘富兴，台盟省委主委郑凡，玉溪市党政领导高劲松、寸世成、吕昌会、曾立岩、杨洋、钱开祯、郭开堂，各州市统战部负责人出席启动仪式。

21 日

△ 2011 年全省高校统战工作联席会在玉溪召开。

23 日

△ 22～23 日，云南省党外知识分子联谊会、云南省留学人员联谊会一届四次会议暨“同心聚力·服务社会玉溪行”活动在玉溪举行。

26 日

△ 24～26 日，市委副书记、市长高劲松率队到武汉华中数控股份有限公司、武汉钢铁(集团)公司考察，并与华中数控签署协议，在玉溪设立国家数控系统工程技术研究中心玉溪研发中心。

△ 24～26 日，魅力峨山——庆祝峨山彝族自治县成立 60 周年记者采风活动举行，新华社、《人民日报》、中新社、香港《大公报》等 25 家知名媒体记者齐聚峨山，对该县经济社会发展成就进行采访报道。

28 日

△ 26～28 日，由省教育厅主办、玉溪师范学院承办的“党在我心中，青春·使命”为主题的云南省第三届大学生艺术展演在玉溪举行。

△ 应中联部邀请，越共中央司局级干部考察团一行 25 人到玉溪参观考察。

△ 全省高等院校艺术教育校长论坛暨云南省音乐美术教育专业课程与教学研究中心成立揭牌仪式在玉溪师范学院举行。

30 日

△ 26～30 日，市委书记孔祥庚率玉溪市党政代表团赴怒江傈僳族自治州参观考察扶贫项目。孔祥庚与怒江州委书记段跃庆共同为玉溪市援建项目——怒江州中医院门诊住院综合楼项目揭牌。

△ 29～30 日，中顺洁柔 2011 中国体育舞蹈公开系列赛(玉溪站)暨云南体育舞蹈邀请赛在市体育馆举行。

4 日

△ 玉溪研和工业园区管委会与中国太平洋建设集团有限公司签订战略合作框架协议，五年间将引进 30 亿资金投入园区基础设施建设。

9 日

△ 全国政协副主席白立忱到玉溪考察。

△ 峨山彝族自治县举行自治县成立 60 周年庆祝大会。

10 日

△ 省委常委、省纪委书记辛维光到玉溪就党风廉政建设等工作进行调研。

11 日

△ 2011 中国艺术人类学国际学术研讨会在玉溪师范学院举行。

14 日

△ 玉溪市反邪教协会成立。

15 日

△ 云南省防灾应急“三小”工程建设示范活动在易门县举行，全省实施防灾应急“三小”工程的序幕正式拉开。副省长、省减灾委主任曹建方，省减灾委副主任、省民政厅厅长王树芬等省级相关部门领导及玉溪党政领导高劲松、明正彬、郑云龙、钱开祯等出席示范活动。

16 日

△ 13～16 日，市委书记孔祥庚率玉溪市党政考察团赴红河哈尼族彝族自治州和文山壮族苗族自治州参观考察。

18 日

△ 玉溪市东风水库除险加固工程通过竣工验收。东风水库的坝顶由原来的 10 米扩宽至 49 米，坝体得到夯实和加宽，彻底消除了水库对城市的安全隐患。

19 日

△ 九三学社云南省委和致公党云南省委联合在华宁县华溪镇开展共建“同心·工程”示范点建设暨第 23 届“国际科学与和平周”活动。省政协副主席、九三学社云南省委主委曾华，致公党云南省委主委刘富兴，九三学社玉溪市委、致公党玉溪市委负责人参加活动。

20 日

△ 17～20 日，市委副书记、市长高劲松率队到中国广东核电集团有限公司考察，与中广核集团高层就加快玉溪风电项目推进及新能源产业开发、风电装备制造与人才培训合作等工作进行商谈。

△ 2011 年“红塔山”300 万箱、“玉溪”100 万箱下线活动在红塔大酒店举行。省委、省政府发来贺电，祝贺红塔集团成为云南省首家营业收入超 600 亿元的大型国有企业。国家烟草专卖局副局长李克明，省政府副省长曹建方、省政府副秘书长蒋兆岗，市委书记孔祥庚、市长高劲松等领导，国家烟草专卖局相关部门、全国各省市自治区及行业计划单列市烟草公司、全国 9 家中烟工业公司的相关领导，33 个省会城市烟草公司及云南中烟、红塔集团、红云红河集团相关领导和嘉宾 350 余人共同见证“红塔山”、“玉溪”品牌发展史上的这一历史性时刻。

22 日

△ 由云南中烟工业有限责任公司主办、红塔集团承办的以“同心共赢 创新超越”为主题的“2011 云南卷烟大品牌发展座谈会”在玉溪举行。

23 日

△ 国土资源部副部长汪民到玉溪大红山铁矿公司调研。

△ 玉溪市红塔食品有限责任公司、云南玉林泉酒业有限公司、云南通海宏斌绿色食品有限公司、云南通海民族银饰制品有限公司、云南省通海县酱菜厂获得云南省商务厅公布的“云南老字号”称号。

25 日

△ 玉溪市领导干部法制教育培训基地在玉溪市委党校成立。

12 月

1 日

△ 昆明市工信委与玉溪、楚雄、曲靖 3 州市工信委分别签署《工业和信息化一体化发展的合作协议》。这是 4 地工信委联手推进滇中城市经济圈一体化的一项重要举措，标志着滇中 4 地工业一体化和电信同城化合作发展迈出坚实一步。

2 日

△ 广州市机床行业协会和番禺区厂商会机械分会的 40

余名企业家到玉溪研和工业园区数控机床产业园参观考察。

5日

△3~5日，省政府九大高原湖泊水污染综合防治督导组一行，到玉溪调研杞麓湖、抚仙湖、星云湖水污染综合防治工作。

6日

△省委书记秦光荣、副省长曹建方一行深入新平县戛洒镇，就贯彻落实省第九次党代会精神，加快县域经济发展进行调研。

△市政府与中国移动云南公司签署合作协议，加快推进玉溪无线城市建设。

△世博科技成果展在聂耳图书馆展出。启动仪式上，玉溪市科技局与上海技术交易所签订战略合作协议和创新驿站合作协议。

8日

△玉溪市商业银行新平支行开业。

10日

△8~10日，财政部调研组到玉溪调研抚仙湖、帽天山保护治理和易门县资源枯竭型城市有关工作。

△9~10日，国务院安委会督查组到玉溪调研安全生产工作。

12日

△全市人才工作会议暨首届玉溪杰出人才表彰大会召开，对9名首届"玉溪杰出人才奖"获得者进行表彰，9名首届"玉溪杰出人才奖"获得者每人得到10万元的奖励。这是由玉溪市委、市政府设立，用于表彰奖励在玉溪经济社会发展中有重大创新或做出重大贡献的各类优秀人才的最高奖项。

△通海县古城旅游区开工奠基仪式在杨广镇金家湾举行。项目投入19亿元资金，在杨广镇金家湾规划和营建高品位、高层次的商业游憩片区、温泉酒店、产权式酒店和高尚居住区为主要功能的游憩空间。

15日

△云南省科技厅与玉溪市人民政府在聂耳图书馆举行"云南科技创新园合作协议签字仪式暨云南研创投资开发公司揭牌仪式"，玉溪市委副书记、市长高劲松与云南省科技厅厅长龙江共同签署《建设云南科技创新园合作协议》，并为云南研创投资开发公司揭牌，云南科技创新园正式落户玉溪澄江县。

17日

△云南生物医药产业发展论坛在玉溪举办。玉溪高新区管委会与沃森九龙生物疫苗产业园区签订项目战略合作协议、与云南和君股权投资基金管理合伙企业签订合作协议，并为云南和源生物医药产业发展基金揭牌。

18日

△16~18日，由市委书记孔祥庚率领的玉溪党政代表团，访问老挝南部城市占巴塞省首府巴色市，并与占巴塞省委政府领导举行座谈会，就加强经济技术文化合作和促进省市双方友好关系进行了充分交流。

19日

△玉溪市志愿者协会第一次代表大会暨成立大会召开。

20日

△全国爱国卫生运动委员会在北京国家会议中心举行国家卫生城镇命名表彰大会，对2009—2011年度命名为国家卫生城市（区）的北京市平谷区、云南省玉溪市等35个城市（区）进行表彰并授牌。

21日

△市政府与中粮集团生化能源事业部在京签署《玉溪年产15万吨燃料乙醇建设项目合作意向书》，双方同意就玉溪燃料乙醇建设项目开展全面合作。峨山县县长方正春代表峨山县人民政府与中粮集团有限公司生化能源事业部签署《玉溪年产15万吨木薯燃料乙醇项目投资建设合作协议书》。

22日

△"送欢乐·下基层"中国书法进万家——走进玉溪活动出发仪式在聂耳音乐广场举行。

23日

△总投资1 670万元的玉溪市民政精神病医院在市二医院举行奠基仪式。

25日

△玉溪市"首届网络文学大赛"评出获奖作品20件。

△投资1 500万元的华宁客运站投入试运营。

27日

△361°中国女子排球联赛（2011~2012）资格赛"高新杯"玉溪赛区比赛在市体育馆拉开战幕。

28日

△元江县城防洪工程暨滨江路建设开工仪式举行。元江县城防洪工程是玉溪继星云湖—抚仙湖出流改道工程之后中央资金支持力度最大的一项水利工程。工程全长11千米，总投资2.57亿元。

28日

△副省长刘平与省国土资源厅、省住建厅领导对玉溪保护坝区耕地，建设山地行政中心，带动山地城市发展工作进行调研。

△玉溪市政务服务管理局暨玉溪市公共资源交易中心举行成立仪式。

31日

△市政府在聂耳文化广场举行《云南省玉溪城市管理条例》颁布实施启动仪式，该条例从2012年1月1日起正式施行。

玉溪综述

编辑：李亚平

玉溪市概况

【位　置】　玉溪市位于云南省中部，介于东经101°16′~103°9′、北纬23°19′~24°53′之间。东北和北面接昆明市，东南和南面与红河州相邻，西南和西面连普洱市，西北靠楚雄彝族自治州。市委、市政府驻地红塔区州城距云南省省会昆明市88千米。区域最大横距172千米，最大纵距163.5千米。总面积15 285平方千米，其中，红塔区、江川、澄江、通海4个县(区)是坝区县，面积共3 348平方千米，占总面积的21.9%；华宁、易门2个县是半山区县，面积共2 888平方千米，占总面积的18.9%；峨山、新平、元江3个县是山区县，面积共9 053平方千米，占总面积的59.2%。

【自然环境】　市内地势西北高，东南低，地形复杂。山地、峡谷、高原、盆地交错分布。西部哀牢山是一巨大屏障，山峦连绵，谷壑纵横，属滇西纵谷地带；哀牢山以东是云贵高原西缘，东部和北部有一些较大的断层陷落盆地，南部和西部地表因被河流切割得支离破碎，形成一系列向南弯凸的弧形山脉，失去高原本来面貌。元江河谷沿哀牢山脉东侧的元江断裂带切割较深，从江面到山顶高差达2 000米以上，形成高山峡谷地带。哀牢山脉主峰大磨岩山海拔3 165.9米，为市内最高点。小河底河与元江汇合处海拔327米，是市内最低点。全市除元江河谷外，大部分地区海拔1 500~1 800米。玉溪市政府驻地红塔区州城海拔1 630米。

境内主要山峰中，哀牢山脉呈西北向东南走向，斜贯市内新平、元江两县西部。高鲁山位于玉溪盆地西侧，南北走向，主峰黑风洞山海拔2 614米；梁王山从江川县谷堆山转向北东，直抵阳宗海西侧，最高海拔2 820米；磨豆山沿抚仙湖东岸经江川、华宁县直达杞麓湖北岸，最高海拔2 663米；大水井岩头山位于华宁县中部，自北向南，有红岩(海拔2 281米)、大水井岩头(海拔2 623米)、登楼山(海拔2 507米)、羊槽(海拔2 229米)等山峰；螺峰山位于通海县境内，是云南山字形构造的前弧地带，呈向南凸出的弧形，海拔2 241米。境内还有众多的零散破碎山体，因高山峡谷交错，形成海拔在2 000米以上的数十座孤立山峰。

市内河流分属珠江和红河两大水系。新平、易门、元江3个县和峨山县的一部分属红河水系，集水面积共9 981平方千米。红塔区和通海、华宁、澄江、江川4个县及峨山县的一部分属珠江水系，集水面积5 044平方千米。红河的上游元江，源头在区外巍山县与大理市之间的茅草哨，自北向南流，进入新平县，称戛洒江、漠沙江，流入元江县境后称元江，出境入红河县，流入越南后方称红河。元江在市内长度为165千米。其支流绿汁江由北向南流经禄丰、双柏、易门、峨山4个县，在新平县三江口汇入元江，在区内长度为180千米；小河底河发源于峨山县甸中，流经化念称化念河，再沿新平、元江两县与石屏县边界流向东南称撮科河、小河底河，在元江县洼垤乡汇入元江干流，在市内全长170千米。珠江上游南盘江的一段，在市内长度为90千米，流经华宁县。其支流曲江，发源于红塔区小石桥，南流入江川县称董炳河，经红塔区南流入峨山县，称猊江(峨山大河)，流入通海县称曲江(高大河)，再流经建水县曲溪镇入华宁县称华溪河，在盘溪镇三江口注入南盘江。曲江全长208千米，集水面积4 103平方千米。

市内有高原断陷湖泊抚仙湖、星云湖、杞麓湖和阳宗海。抚仙湖位于澄江、江川、华宁3个县之间。湖形似葫芦，北宽而深，南窄而浅，中间细长如颈，南北长31.5千米，东西最宽11.5千米，最窄处3千米，湖岸线长90.6千米，湖面水位海拔1 721米，面积212平方千米，容量205.5亿立方米，最大水深151.5米，平均水深87米，是云南省最深的湖泊，也是中国第二深水湖，总蓄水量比滇池大12倍，比洱海大6倍。

【历史沿革】　玉溪市辖地，两汉分属益州、牂牁两郡。蜀汉分属益州、牂牁、兴古三郡。东晋、南朝分属晋宁、建宁、梁水、兴古四郡。隋属昆州。唐初分属黎、钩二州。唐南诏时分属拓东节度、通海都督、银生节度。宋大理时分为37部及善阐府、银生节度地。元设云南行省时，分属澄江路、临安路、元江路、中庆路。明时，澄江路改澄江府，通海、华宁、峨山县属临安府，新设新平县隶临安府，易门县属云南府，元江县设元江军民府。清时，新平县属元江直隶州，其余沿明制。民国废府、州，设道，属滇中道、蒙自道、普洱道，后撤道，县直属省。民国后期曾在新平县设第六行政督察专员公署。

建国后，1950年1月1日成立滇中专员公署，3月改称玉溪专员公署，辖玉溪、昆阳、晋宁、呈贡、澄江、江川、华宁、通海、河西、峨山、易门、新平12个县。1951年，峨山县改为峨山彝族自治区。1954年，原属蒙自专区的元江县划属玉溪专区。1956年，峨山彝族自治区改为自治县。1960年，晋宁县（包括昆阳、呈贡）划属昆明市。1970年12月，新平县改设新平彝族傣族自治县，元江县改设元江哈尼族彝族傣族自治县。1983年8月，玉溪县改设玉溪市（县级），1998年，改设红塔区。1998年，经国务院批准，撤销玉溪地区，设立地级玉溪市，6月28日，新设立的市级领导机关挂牌工作。玉溪市下辖红塔区、江川县、澄江县、通海县、华宁县、易门县、峨山彝族自治县、新平彝族傣族自治县、元江哈尼族彝族傣族自治县。

【行政区划】 2011年，全市下辖八县一区，共设75个乡（镇、街道办事处），其中：街道办事处24个，镇25个（1个民族镇），乡26个（其中10个民族乡）。

（李亚平）

【气候概述】 2011年，玉溪市气候的主要特点是：全市各地年平均降水与常年平均相比均为偏少，尤以春、夏、秋季略少至偏少；气温略高，季节变化为冬季偏高，春季略低至偏低，夏、秋季略高至偏高，出现夏秋连旱。雨季于4月24日至5月中旬陆继进入，比常年平均偏早2至18天；结束期在9月25日至10月2日，比常年平均偏早10至15天。日照时数均在2 100小时以上，与历年同期相比略偏多。年内，主要气象灾害有干旱、冰雹、大风、低温冷害和洪涝灾害。在所有气象灾害中，尤以干旱、冰雹灾害为重，但干旱造成的人畜饮水和农经作物损失次于上年，冰雹、大风灾害造成的农经作物损失偏重于上年。气候条件对农业生产而言属中等稍差年景。

气温。全市年平均气温元江县为23.7℃，其余各县（区）为15.6～17.2℃。与常年同期相比，华宁、易门县偏高1.1～1.2℃，属偏高年型；通海、新平县偏低0.1～0.2℃，属正常略偏低年型；其余大部县（区）为正常至略偏高年型。与上年同期相比，各县（区）偏低0.9～1.4℃。

2011年玉溪市各县（区）平均气温表

单位：℃

气象要素	红塔区	江川县	澄江县	通海县	华宁县	易门县	峨山县	新平县	元江县
温　度	16.2	16.5	16.0	15.6	16.9	17.2	16.4	17.2	23.7
比历年（±）	0.3	0.9	0.4	-0.1	1.1	1.2	0.5	-0.2	0.0
年型	略高	略高	略高	略低	偏高	偏高	略高	略低	正常
比上年（±）	-1.2	-1.0	-1.4	-1.1	-1.1	-0.9	-1.1	-1.1	-0.9

气温时空变化：1月平均气温，元江县为14.5℃，其余各县（区）为8.8～9.5℃，与历年同期相比，南部新平、元江县偏低1.4～2.4℃，通海县偏低0.6℃，其余县（区）偏高0.1～1.2℃；与上年同期相比，各县（区）分别偏低1.3～3.7℃。2月平均气温，元江县为18.5℃，其余各县（区）为11.7～13.1℃；与历年同期相比，南部略低，其余偏高至特高，其中新平、元江县偏低0.2～0.4℃，江川、澄江、华宁、易门4个县偏高2.1～2.7℃，其余县（区）偏高1.1～1.8℃；与上年同期相比，大部分县（区）偏低1℃左右。3月平均气温，元江县为20.0℃，其余各县（区）为12.0～14.3℃；与历年同期相比，南部新平、元江县及东部澄江、通海县偏低1.9～2.9℃，属偏低至特低年型，易门县偏高0.6℃，属略高年型，其余县（区）偏低0.7～0.8℃，属略低年型；与上年同期相比，大部分县（区）偏低3～4℃。4月平均气温，元江县为25.3℃，其余各县（区）为17.2～19.0℃；与历年同期相比，通海、新平、元江县偏低0.6～0.8℃，属正常略低年型，易门、华宁县偏高1.1～1.2℃，属偏高年型，其余县（区）偏高0.3～0.8℃，属正常略高年型；与上年同期相比，各县（区）偏低0.5～1.2℃。5月平均气温，元江县为28.0℃，其余各县（区）为19.2～21.6℃；与历年同期相比，红塔区、通海、澄江县偏低0.3～0.5℃，属正常略低年型，其余各县偏高0.1～0.8℃，属正常略高年型；与上年同期相比，各县（区）偏低1.9～3.1℃。6月平均气温为略高至偏高，其中元江县为29.6℃，其余各县（区）为20.9～23.2℃；与历年同期相比，各县（区）偏高0.6～1.4℃，与上年同期基本接近。7月平均气温，元江县为29.3℃，其余各县（区）为20.9～22.7℃；与历年同期相比，江川、华宁、易门县偏高1.4～1.5℃，属偏高年型，其余县（区）偏高0.5～0.9℃，属正常略高年型；与上年同期相比，各县（区）偏低0.2～0.9℃。8月平均气温，元江县为29.2℃，其余各县（区）为20.3～22.6℃；与历年同期相比，华宁、易门县偏高1.1℃，属偏高年型，红塔区、新平县偏低0.1～0.2℃，属正常略高年型，其余县（区）偏高0.2～0.9℃，属略高年型；与上年同期相比，大部分县（区）偏低1℃左右。9月平均气温，元江县为27.5℃，其余各县（区）为19.2～21.2℃；与历年同期相比，通海、元江、江川、华宁、易门5个县偏高1.0～1.7℃，属偏高年型，其余县（区）偏高0.4～0.8℃，属正常略高年型；与上年同期相比，大部分县（区）偏低0.5～1.0℃左右。10月平均气温，元江县为24.8℃，其余各县（区）为15.6～17.8℃；与历年同期相比，红塔区、通海县偏低0.3℃，澄江、新平县与常年持平，其余偏高0.2～0.8℃，总体属正常略偏高年型；与上年同期相比，大部分县（区）偏高0.1～1.3℃。11月平均气温，元江县为20.4℃，其余各县（区）为11.8～13.3℃；与历年同期相比，红塔区、通海、易门、峨山、新平县偏低0.4～0.6℃，其余偏高0.1～0.7℃，总体属正常年型；与上年同期相比，大部分县（区）偏低0.4～1.0℃，易门偏低1.6℃。12月平均气温，元江县为17.9℃，其余各县（区）为9.4～11.0℃；与历年同期相比，通海、新平、澄江县偏高0.4～0.7℃，其余偏高1.0～2.2℃，总体属偏高年型；与上年

同期相比，大部分县(区)偏低0.2～1.8℃，其中通海、澄江、华宁县偏低1℃以上。

降水：各县(区)年降水量在497～734毫米之间，与常年平均相比，元江县偏少12%，属略偏少年型，其余县(区)偏少22%～43%，属偏少年型。与上年相比，元江县偏少3毫米，其余县(区)偏少39～184毫米。红塔区、江川、通海、华宁4个县(区)年降水量创1952年以来最少记录，全市平均降水量也创1952年以来最少记录。

2011年玉溪市各县(区)降水情况表

单位：毫米

气象要素	红塔区	江川县	澄江县	通海县	华宁县	易门县	峨山县	新平县	元江县
降水	600	497	734	585	605	535	709	649	703
比历年(±%)	-35	-43	-22	-35	-34	-36	-24	-31	-12
年型	偏少	偏少	偏少	偏少	偏少	偏少	偏少	偏少	略少
比上年(±)	-40	-191	-131	-149	-74	-39	-50	-184	-3

降水时空分布：2011年，全市平均降水量除1月、3月、4月比常年同期偏多外，其余各月均比常年有不同程度减少，其中2月、8月、10月、11月偏少54%以上。5～11月降水持续偏少，出现严重夏秋连旱，降水绝对量以5～8月和10～11月偏少显著，5～8月降水总量平均每县比常年同期偏少201.6毫米(偏少35.5%)，10～11月降水总量平均每县比常年同期偏少86.8毫米(偏少71.9%)。降水季节分布特点为：冬季特多(2010年12月至2011年2月)、春季(3～5月)略少至偏少，夏季(6～8月)偏少，秋季(9～11月)偏少。

日照：全年日照时数除峨山县为1930小时外，其余县(区)均在2100小时以上，与历年同期相比，华宁、峨山县偏少5%～11%，新平、通海县偏多6%～8%，其余县(区)与常年接近。与上年同期相比，大部分县(区)偏少200～270小时左右。

2011年玉溪市各县(区)日照情况表

单位：小时

气象要素	红塔区	江川县	澄江县	通海县	华宁县	易门县	峨山县	新平县	元江县
日　照	2 102	2 275	2 110	2 327	2 132	2 181	1 930	2 383	2 340
比历年(±%)	1	2	0	8	-5	-1	-11	6	2
比上年(±)	-269	-237	-118	-257	-244	-140	-199	-229	-174

日照时空分布：1月，各县(区)日照时数为150～205小时，与历年同期相比，偏少8%～30%；与上年同期相比，偏少42～95小时。2月，各县(区)日照时数为247～279小时，与历年同期相比，大部分县(区)偏多2至3成；与上年同期相比，澄江县偏多32小时，元江县偏少15小时，其余与上年接近。3月，各县(区)日照时数为165～202小时，与历年同期相比，大部分县(区)偏少2至3成；与上年同期相比，峨山县偏少12小时，元江县偏少32小时，其余偏少50～60小时左右。4月，各县(区)日照时数为205～264小时，与历年同期相比，元江、澄江、华宁、峨山4个县偏少0.1%～17.7%，为正常略少年型；其余县(区)偏多0.6%～8.2%，为正常略多年型。与上年同期相比，易门、澄江县偏多7～9小时，其余县(区)偏少5～26小时。5月，各县(区)日照时数为196～236小时，与历年同期相比，红塔区、华宁、易门、峨山县偏少2%～12%，其余偏多4%～12%；与上年同期相比，各县(区)偏少32～60小时。6月，各县(区)日照时数为164～197小时，与历年同期相比，华宁、峨山县偏多8%～10%，其余偏多17%～34%；与上年同期相比，通海县偏少13小时，其余偏多5～40小时。7月，各县(区)月日照时数为167～225小时，与历年同期相比，新平、通海县偏多52.5%和69.6%，其余县(区)偏多31.7%～48.8%，其中江川、通海、新平、元江4个县创有记录以来同期最多记录；与上年同期相比，各县(区)偏多18～72小时。8月，各县(区)日照时数为142～208小时，与历年同期相比，峨山县偏少3.6%，其余偏多12.5%～42.1%。与上年同期相比，江川、峨山、通海、澄江4个县偏多3～11小时，其余偏少5～16小时左右。9月，日照时数为峨山县86小时，元江县185小时，其余县(区)100～139小时；与历年同期相比，峨山县偏少51%，红塔区偏少20%，其余基本与常年接近。与上年同期相比，大部分县(区)偏少20～61小时。10月，日照时数元江、新平县125～132小时，其余县(区)97～107小时；与历年同期相比，新平县偏少14%，其余县(区)偏少20%～31%；与上年同期相比，大部分县(区)偏少8～27小时。11月，各县(区)日照时数165～221小时，与常年同期相比，红塔区、通海、华宁、新平、元江县偏多30%左右，其余偏多15%～19%；与上年同期相比，大部分县(区)偏多25～47小时，澄江县偏多60小时。12月，各县(区)日照时数102～143小时，与常年同期相比，元江县偏少23%，其余县(区)偏少29%～47%；与上年同期相比，元江、峨山县偏少50小时左右，其余大部分县(区)偏少60～92小时。

主要气候事件及其影响：

旱灾。1月下旬至3月中旬出现轻

旱，时间短、受旱轻；5～11月出现夏秋连旱，时间长、范围广、受旱重，主要影响山区、半山区的大春作物生产和各水库、坝塘蓄水。仅1～9月统计，全市出现冬春季干旱和夏秋连旱造成全市小春农经作物受灾43 678.5亩，成灾14 730亩，绝收1 303.5亩；夏季干旱加雨季降水偏少，造成全市15座小型水库和162座小坝塘处于空库状态，农经作物受灾达20.34万亩，导致44个乡（镇）148个村委会456个自然村的12.88万人、3.11万头大牲畜饮水困难，经济损失约近千万元。

冰雹、大风。2011年，全市发生冰雹大风灾害多次，时间长，范围广，受灾作物尤以烤烟为重，受灾总面积64 743.8亩，成灾30 956.2亩，绝收11 318亩。8月31日13：55时至20：50时，全市出现大范围强对流天气，过程伴有雷暴、冰雹、短时强降水等天气现象，全市除元江县外，其余8个县（区）均遭遇了大风冰雹灾害，导至51 207.36亩农作物受灾，其中烤烟受灾33 288.9亩、水稻受灾9 004.46亩、玉米受灾1 000亩、其他农作物受灾7 914亩，是年内烤烟遭受风雹灾害最严重之日，也是自2003年有详细记录以来最严重的一天。

低温冷害。3月中下旬，全市出现两次强降温和降雨天气，大部分县（区）达到“倒春寒”标准，其中3月15～17日在部分高海拔山区出现降雪，并导致部分农作物受灾。

洪涝灾害。进入雨季后，5至10月，全市出现大雨天气24站次，暴雨7站次，引发局部洪涝。据不完全统计，洪涝灾害造成全市10.5万亩农作物受灾，绝收1.35万亩，房屋受损1 656间。

气候对农、林、水、以及交通、旅游的影响。2011年，全市降水季节分布冬春季偏多，5月后持续偏少。气温除春季略低至偏低外，其余时段略高至偏高。雨季开始期和结束期总体偏早。年内，冬春干旱轻而夏秋旱较重，洪涝灾害较常年偏轻，倒春寒低温冷害较常年偏重。气候条件对小春作物有利而对山区、半山区大春作物不利。3月中下旬，全市出现两次较大范围的阶段性强降温天气，大部分县（区）达到“倒春寒”标准，对水稻和烤烟育苗不利，部分农作物受灾。大春作物生长季内，降水明显偏少，全市5～10月平均雨量创有记录以来同期最少记录，自然降水不能满足大春作物生长对水分的需求，水利条件较差的山区、半山区大春作物植株生长缓慢。9月，受西太平洋副热带高压外围西南暖湿气流和弱冷空气影响，全市阴雨日数较多，其中9月下旬大部分县（区）出现5～7天一般性连阴雨天气，对大春作物收晒有不利影响。

年内，全市平均年降水量仅624毫米，创1952年以来最少记录，加之2009年以来全市持续3年降水偏少，累积效应导致库塘蓄水严重不足。有代表性的全市性蓄水有效降雨仅有7月13～14日、17～18日和8月6日、9月16～17日4次，但场次雨量仍然偏小。主要江河均未出现较大洪水，部分小河流在汛期出现断流，导致全市湖泊水库和坝塘蓄水不足，地下水位下降，天然泉水出流量创5年来新低。截至9月30日，全市库塘蓄水总量仅2.7亿立方米，只达到考核数（4.7亿立方米）的57.4%，比上年同期多1 655万立方米，但比正常年景少1.96亿立方米。易门县大龙口泉水出流量仅为0.1立方米/秒，红塔区九龙池泉水出流量仅为0.29立方米/秒，均比上年同期少0.1立方米/秒，仅是正常年景出流量的20%。

气候条件对交通、旅游业的影响与常年相比属偏好年景。年内，冬春降水比常同期偏多，空气比常年湿润，空气质量较好，来玉溪旅游和外出活动的玉溪人普遍感觉舒适度好于往年。对交通的影响，除在主汛期局地强降水引发山洪爆发造成部分道路堵塞、塌方外，基本没有大的影响。

（褚二忠）

【人口统计】 2011年底，全市常住人口231.8万人，户籍人口213.5万人，与2010年年末数相比，减少1.1万人，下降0.5%。总户数721 755户，比上年增加6 076户，平均每户3人。

2011年，全市出生人口2.55万人，比上年少0.09万人，出生率11.02‰，下降0.47个千分点；死亡人口1.32万人，比上年少0.03万人，死亡率5.7‰，下降0.18个千分点。2011年，人口自然增长率为5.32‰，比上年下降了0.3个千分点。自然增长率最高的是新平县，为5.95‰；最低的是易门县，为2.84‰。

户籍人口性别比50.3∶49.7，出生人口性别比51.58∶48.42。在户籍人口中，男性为1 073 825人，占50.3%；女性1 060 910人，占49.7%。全年出生的人口中，男性为10 128人，占51.58%；女性为9 508人，占48.42%。户籍人口中，非农业人口386 571人，占总人口的18.1%，比上年增1 745人；农业人口为1 748 164人，比上年减少12 518人，下降0.7%。

分年龄段人口情况。2011年度，全市分段年龄段的人口是：18岁以下的有467 456人，比上年减少15 747人；18～35岁的有531 493人，比上年减少15 828人；35～60岁的有836 327人，比上年增加13 683人；60岁以上的有299 459人，比上年增加7 164人。

【民　族】 2011年底，全市有人口超过1 000人的民族10个，其中汉族1 413 918人，占总人口的66.2%，与上年相比，减少18 266人，下降1.3%；少数民族人口720 817人，占总人口的33.8%，与上年相比，增加7 493人，增长1.05%，高出汉族人口增长幅度2.35个百分点。少数民族中，彝族444 828人，占总人口的20.8%；哈尼族122 420人，占5.7%；傣族74 038人，占3.5%；回族42 359人，占2.0%；白族11 351人，占0.5%；苗族7 698人，占0.4%；蒙古族7 319人，占0.3%；拉祜族6 834人，占0.3%；壮族1 315占0.1%；其他民族2 655人，占0.1%。

（玉溪市统计局）

地方资源

【森林资源】 据2008年玉溪市森林资源规划设计调查结果，全市林地面积1 555.75万亩，有林地面积1 188.11万亩，疏林地面积4.59万亩，灌木林地面积291.59万亩（其中国家特别灌木林面积31.25万亩），未成林地12.04万亩，无立木林地7.17万亩，宜林地52.07万亩，其他林地（苗圃地和辅助生产林地）0.18万亩。森林覆盖率为54.2%，林木绿化率为66.1%。全市活立木总蓄积4 623.0万立方米，森林蓄积4 585.5万立方米；年总生长量208.36万立方米，年总消耗量104.54万立方米。全市有国家级、省级、县级自然保护区19个，国家森林公园2个，面积233.92万亩，占全市国土面积的10.2%。市境内属国家重点保护的陆生野生植物有34种，其中，国家一级重点保护植物有9种，国家二级重点保护植物有25种；属国家重点保护的陆生野生动物有63种，其中，国家一级重点保护动物有19种，国家二级重点保护动物44种，云南省重点保护野生动物4种，“三有”野生动物(国家保护的有益的或者有重要经济、科学研究价值的陆生野生动物)200余种。

(张丽慧)

【水利资源】 水资源总量：根据2011年水资源调查评价成果，玉溪市多年平均降雨量1 051.2毫米，折合水量157.92亿立方米，其中地表水43.2亿立方米(含地下水16.81亿立方米)。平均每平方千米产水量28.3万立方米，人均占有水量1 889立方米。水量偏少且时空分布不均，一年内干、湿两季分明，降水多集中在夏、秋季而形成雨季，雨季地表径流量占全年径流量的70% ~80%，元江流域的新平、元江两县的水资源较多，而珠江流域的红塔区，通海、江川、澄江县水资源较少。

水利工程蓄水动态：至2011年末，全市已累计建成蓄水工程2 441座，其中：中型15座，小(一)型93座，小(二)型453座，小坝塘1 880座，总库容7.48亿立方米。2011年，全市计划蓄水4.7亿立方米。由于主汛期期间，全市气温偏高，降雨持续偏少至特少，总降水量除江川、元江县比常年同期偏少35%左右外，其余县区偏少25% ~40%。截至2011年12月底，全市实际完成蓄水2.8亿立方米，完成计划的60%，比正常年景少2.46亿立方米。其中：中型水库完成蓄水1.22亿立方米，比上年同期减少6 105万立方米；小(一)型水库完成蓄水9 167万立方米，比上年同期减少2 404万立方米；小(二)型水库完成蓄水4 650万立方米，比上年同期减少788万立方米；小坝塘完成蓄水2 028万立方米，比上年同期减少205万立方米。

三湖蓄水动态：2011年，星云湖、抚仙湖、杞麓湖年末蓄水量1 917 701万立方米，比上年同期减少14 315万立方米。其中：星云湖蓄水16 315万立方米，比上年同期减少1 829万立方米，完成计划的81%；抚仙湖蓄水1 891 530万立方米，比上年同期减少10 290万立方米，完成计划的99%；杞麓湖蓄水9 856万立方米，比上年同期减少2 196万立方米，完成计划的66%。

供用水量：2011年，全市水利工程年供水量74 957万立方米，其中蓄水工程供水37 257万立方米，占总供水量的49.7%；引水工程供水25 597万立方米，占总供水量的34.15%；机电井工程及机电站、水轮泵供水12 103万立方米，占总供水量的16.15%。按供水用途分，2011年，全市所供水74 957万立方米的分布是：农业用水57 581万立方米，占76.82%；工业用水5 629万立方米，占7.51%；城镇居民生活用水7 163万立方米，占9.56%；乡村生活用水3 893万立方米，占5.19%；生态环境用水691万立方米，占0.92%。另外发电企业用水20 302万立方米，未包含在总用水量中。

地表水水资源分布状况：玉溪市境内主要河流有元江、南盘江两大水系。玉溪出境断面以上元江控制径流面积21 554平方千米，多年平均年径流量53.69亿立方米，主要支流有绿汁江、清水河、小河底河、扒河等80多条，全长360千米，2011年径流量19.31亿立方米。玉溪出境断面以上南盘江控制径流面积15 405平方千米，多年平均年径流量39.02亿立方米，2011年径流量13.75亿立方米。南盘江水系的南盘江、曲江、海口河等17条主要河流，全长292千米，多年平均年径流量3.8亿立方米，2011年径流量1.10亿立方米。

主要湖泊有抚仙湖、星云湖、杞麓湖、阳宗海。抚仙湖位于江川县、澄江县和华宁县3个县之间，径流面积675平方千米，多年平均入湖量16 092万立方米，多年平均出流量9 530万立方米。为Ⅰ类水质。

星云湖位于江川县境内，湖面积34.3平方千米，水深4 ~10米，平均水深6米，湖容量2.10亿立方米，多年平均入湖量8 191万立方米，为Ⅴ类水质。

杞麓湖位于通海县境内，湖面积37.3平方千米，最深水深6.5米，平均水深4.5米，湖容量1.78亿立方米。多年平均入湖量8 710万立方米，为Ⅴ类水质。

河流湖泊的水质，除曲江流经红塔区、峨山县段和绿汁江及其支流扒河和星云湖、杞麓湖已被污染外，其他河流湖泊的水质基本上是清洁的。

地下水资源分布状况：珠江流域各县岩溶地区地下水出露形成泉水较多，珠江流域的红塔区、江川、通海、华宁、澄江等5个县(区)以及峨山县的珠江流域部分，出露流量在0.01立方米/秒以上的就有150处，其中华宁县最多，有53处。较大的泉水有红塔区的九龙池、华宁县的王马大龙潭、盘溪大寨大龙潭、澄江县的西龙潭、峨山县的大龙潭以及易门县的大龙泉等。元江流域各县的泉水则较少，但由于河床切割较深，降水渗入到地下的水量绝大部分又汇入河道，特别是哀牢山地区，地下水的动储量较为丰富。地下水较为丰富的县为新平、元江县，较少的为通海县。

地下水无大的污染现象。几个大的泉水如澄江县的西龙潭、华宁县的盘溪大龙潭和王马大龙潭、易门县的大龙泉水质都很好。

过境水量：主要过境河流有元江、南盘江、小河底河，过境水量46.8亿立方米。

各县(区)水资源分布情况：

红塔区。多年平均水资源总量即地表水2.43亿立方米(含地下水0.84亿立方米)，人均占有量510立方米。主要河流有州大河、红旗河、西河、密罗河、龙潭河、清水河、甸苴河、干沟河等。主要水库有东风水库、飞井海水库、红旗水库等。东风水库总库容为9 025万立方米，是红塔区生产、生活的主要水源。较大的泉水有九龙池、黑龙潭、白龙潭等。其中九龙池的多年平均出流量为1.13立方米/秒。

江川县。多年平均水资源总量即地表水0.99亿立方米(含地下水0.74亿立方米)，人均占有量357立方米。境内有星云湖，与澄江县、华宁县共有抚仙湖，有季节性河流16条。中型水库有茶尔山水库。

澄江县。多年平均水资源总量即地表水1.48亿立方米(含地下水0.72亿立方米)，人均占有量897立方米。境内河流短小，以湖泊为主。湖泊有抚仙湖、阳宗海。海口河为抚仙湖至南盘江的唯一出口，年平均出流量0.95亿立方米。重要水库有梁王河、东大河两座中型水库。地下水比较丰富，其中西龙潭年出流量3 500.5万立方米，最大出水量2.82立方米/秒，最小出流量0.49立方米/秒，是县城凤麓镇和龙街镇的生产、生活用水水源。

通海县。多年平均水资源总量即地表水0.98亿立方米(含地下水0.41亿立方米)，人均占有量323立方米。但分布不均，杞麓湖盆区人均占有量只有658立方米。杞麓湖是县内的主要湖泊，沿湖有中河、碧溪、大兴河等10多条季节性河流汇入。境内最大的河流为曲江。曲江常受上游东风水库蓄泄水量的影响，多年平均流量16.0立方米/秒。

华宁县。多年平均水资源总量即地表水3.41亿立方米(含地下水1.10亿立方米)，人均占有量1 587立方米。与澄江县、江川县共有抚仙湖，主要河流有6条，分别为南盘江、曲江、华溪河、青龙河、龙洞河、小红河。泉水有大龙潭泉水，最大出流量为5.2立方米/秒。

易门县。多年平均水资源总量即地表水2.36亿立方米（含地下水0.81亿立方米），人均占有量1 312立方米。主要河流有绿汁江及其支流扒河。扒河集水面积1 531平方千米，年平均产水3.15亿立方米。绿汁江县内集水面积560.6平方千米，年平均流量28立方米/秒，多年平均产水1.15亿立方米。重要水库有岔河、大谷厂两座中型水库。

峨山县。多年平均水资源总量即地表水3.84亿立方米（含地下水1.35亿立方米），人均占有量2 372立方米。县内有大小河流24条，分属红河、珠江水系，属珠江水系的有猊江（上游为州大河），属红河水系的有化念河、绿汁江。猊江平均流量8.19立方米/秒，最大流量275立方米/秒，最小流量0.15立方米/秒。绿汁江多年平均径流量0.64亿立方米，最大流量2 280立方米/秒，最小流量1.0立方米/秒；化念河多年平均径流量1 462亿立方米。全县蓄水工程平水年可供水量4 261万立方米，重要水库有化念水库，库容2 232万立方米。

新平县。多年平均水资源总量即地表水17.96亿立方米（含地下水7.23亿立方米），人均占有量6 303立方米。主要河流有戛洒江（元江上游）和平甸河。戛洒江最大流量1 740立方米/秒，最小流量10立方米/秒；平甸河最大流量125立方米/秒，最小流量0.04立方米/秒。全县蓄水工程总库容10 977万立方米。中型水库有黄草坝、平甸河两座，总库容4 720万立方米。

元江县。多年平均水资源总量即地表水9.72亿立方米（含地下水3.60亿立方米），人均占有量4 459立方米。元江最大流量4 300立方米/秒，最小流量4.1立方米/秒；清水河最大流量390立方米/秒，最小流量0.49立方米/秒；小河底河最大流量1 400立方米/秒，最小流量1.67立方米/秒。主要河流有元江（红河）及其支流清水河、小河底河、磨房河等27条。主要中型水库有章巴水库、磨房河水库、街子河水库等。其中章巴水库库容2 300万立方米，是县城的生产、生活用水水源。

水质监测：河流水质。2011年，云南省水环境监测中心玉溪市分中心在玉溪市辖区内的主要监测河段有珠江流域南盘江水系的玉溪州大河段、峨山大河段，西南诸河流域红河水系的元江段，总评价河长为533.9千米。以国家《地表水环境质量标准》（GB3838－2002）为评价标准，采用单因子评价法，对上述河段进行评价：全年水质符合Ⅱ类标准的河长为24.0千米，占评价总河长的4.5%；Ⅲ类标准的河长400.0千米，占评价总河长的74.9%；Ⅳ类标准的河长10.0千米，占评价总河长的1.9%；Ⅴ类标准的河长35.0千米，占评价总河长的6.6%，主要污染物有五日生化需氧量、氨氮、氟化物。其余河段水质均劣于Ⅴ类，劣Ⅴ类河长有64.9千米，占评价总河长的12.1%，主要污染物有氨氮、五日生化需氧量、总磷、高锰酸盐指数、粪大肠菌群等。

从丰、枯水期来看，全年枯水期水质优于丰水期。其中丰水期达标河长424.0千米，占评价总河长的79.4%；Ⅳ类河长10.0千米；占评价总河长的1.9%；其余河段均劣于Ⅴ类，河长为99.9千米。枯水期达标河长424.0千米，占评价总河长的79.4%；Ⅳ类河长45.0千米，占评价总河长的8.4%；其余河段均劣于Ⅴ类64.9千米；

玉溪市境内河流水质，由于受水资源分布不均及工农业发展差异的影响，元江流域水质总体上优于珠江流域。在所监测评价的河段中，元江流域达标河长400.0千米，占评价总河长的89.9%；珠江流域达标河长24.0千米，占评价总河长的26.9%。

为进一步加强全市水资源的监督管理，实行最严格的水资源管理制度，落实水资源管理“三条红线”中的水资源总量、入河排污总量控制红线，逐步建立跨区域的监测和考核制度，以促进玉溪市水资源的合理配置、利用、保护及有效管理，为下一步的水权分配和水资源的有偿使用打下基础，依据省水利厅启动全省境内州、市界河取水许可总量控制断面建设及对取水许可总量控制断面水质水量的同步监测的安排部署，2011年，云南省水环境监测中心玉溪市分中心开展了辖区内的部分州、市界河的监测工作。共监测州、市界河流断面10个，其中珠江流域4个，红河流域6个，控制流域面积74 333平方千米。水质监测各项目严格按《地表水环境质量标准》（GB3838－2002）中规定的方法及其他国家标准方法进行监测，采用单因子法进行评价。总评价河长为486.1千米。全年水质符合Ⅱ类标准的河长21.9千米，占评价总河长的4.5%；Ⅲ类标准的河长23.0千米，占评价总河长的4.7%；Ⅳ类标准的河长170.5千米，占评价总河长的35.1%；Ⅴ类标准的河长64.7千米，占评价总河长的13.3%；其余河段水质均劣于Ⅴ类，劣Ⅴ类河长有206.0千米，占评价总河长的42.4%，主要污染物有粪大肠菌群、总磷等。

湖泊水质。玉溪市境内较大的湖泊有抚仙湖、星云湖和杞麓湖，2011年，三湖的水质状况基本与2010年一致，水质状况及富营养化评价详见下表。

2011年玉溪市湖泊水质状况评价表

单位：公顷

湖泊名称	水质类别	富营养化评价	主要超标项目
抚仙湖	Ⅰ类	中营养	
星云湖	劣Ⅴ类	中度富营养	总磷、总氮、高锰酸盐指数、五日生化需氧量、pH值
杞麓湖	劣Ⅴ类	中度富营养	总磷、总氮、高锰酸盐指数、氨氮、五日生化需氧量、pH值

抚仙湖水质：抚仙湖水体功能为Ⅰ类，全年水质为Ⅰ类。湖中孤山湖心及禄充湖心水质达Ⅰ类，新河口、隔河、海口水质达Ⅱ类。全年湖心水质优于湖边，水质状况总体较好，基本满足水功能区的要求，富营养化程度评价为中营养。与上年相比，水质基本稳定。

星云湖水质：星云湖水体功能为Ⅲ类，但全年水质为劣Ⅴ类，不能满足水功能区的要求。富营养程度评价为中度富营养。与上年相比，水质基本稳定。

杞麓湖水质：杞麓湖水体功能为Ⅲ类，但全年水质为劣Ⅴ类，不能满足水功能区的要求。富营养程度评价为中度富营养。与上年相比，水质基本稳定。

玉溪市主城区供水水源地水质：2010年，东风水库大坝进行除险加固后，玉溪市主城区供水水源为东风水库、飞井海水库。东风水库水体功能为Ⅲ类，全年共监测12次，水源地水质合格率为100%；飞井海水库水体功能为Ⅲ类，全年共监测12次，其中水质检测九次符合Ⅲ类标准，水源地水质合格率为66.7%。

部分水库水质：平甸河水库，水体功能为Ⅱ类，水库水质全年为劣Ⅴ类，不能满足用水功能，主要超标项目有pH值、总氮、五日生化需氧量、总磷；水库富营养程度评价为度中度富营养。化念水库，水体功能为Ⅱ类，水库水质全年为Ⅱ类，基本能满足用水功能；水库富营养程度评价为中营养。岔河水库，水体功能为Ⅱ类，水库水质全年为Ⅱ类，基本能满足用水功能；水库富营养程度评价为中营养。

（赵传安　杨云川）

【土地资源】 根据玉溪市2011年度土地变更调查及遥感监测结果显示，截至2011年12月31日，全市土地总面积为14 942.12平方千米，其中：耕地253 140.76公顷，占土地总面积(下同)的16.9%；园地27 002.44公顷，占1.8%；林地905 410.15公顷，占60.6%；草地111 167.76公顷，占7.4%；城镇村及工矿用地40 963.38公顷，占2.7%；交通运输用地19 242.57公顷，占1.3%；水域及水利设施用地50 511.90公顷，占3.4%；其他土地86 773.01公顷，占5.8%。

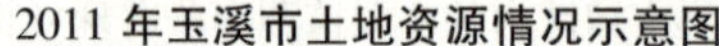
2011年玉溪市土地资源情况示意图

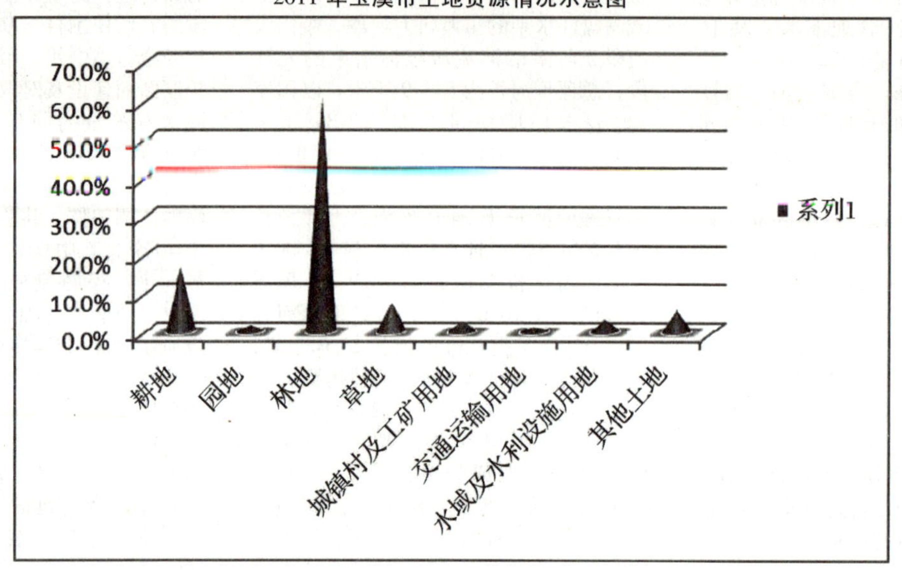

从玉溪市2011年度土地变更调查及遥感监测汇总结果看，2011年与2010年相比，全市耕地减少356.3公顷，园地减少91.68公顷，林地减少640.39公顷，草地减少292.89公顷，城镇村及工矿用地增加1 247.6公顷，交通运输用地增加379.55公顷，水域及水利设施用地增加5.08公顷，其他用地减少70.98公顷。

2011年玉溪市各县(区)耕地面积统计表

单位：公顷

统计单位	玉溪市	红塔区	江川县	澄江县	通海县	华宁县	易门县	峨山县	新平县	元江县
耕地面积	253 141	17 117	21 066	16 425	18 481	34 279	23 052	23 864	57 633	41 224
占全市比例	100%	6.8%	8.3%	6.5%	7.3%	13.5%	9.1%	9.4%	22.8%	16.3%

（谢丽红）

国民经济和社会发展

【生产总值】 2011年，全市完成现价生产总值(GDP)876.6亿元，按可比价格计算比上年(下同)增长12.1%，高于全国平均水平2.9个百分点，低于全省1.6个百分点。分产业看，第一产业增加值80.5亿元，增长7.7%；第二产业增加值564.4亿元，增长15.5%；第三产业增加值231.7亿元，增长5.8%。三次产业结构由上年的9.4∶62.2∶28.4调整为9.2∶64.4∶26.4。第一、第二、第三产业分别拉动GDP增长0.7、9.7和1.7个百分点，对经济增长的贡献率分别为6.1%、80.2%和13.7%。全市人均GDP达到37 913元(按年末汇率1美元=6.6227人民币，折合5 725美元)，比上年增长11.6%。非公有制经济创造增加值284.4亿元，占全市生产总值的比重达32.4%，比上年提高0.3个百分点。卷烟生产和销售实现增加值345.5亿元，增长14.3%，占全市GDP的比重为39.4%。

【财政收支】 2011年，全市财政总收入完成343.5亿元，增长12.9%。地方财政收入96.5亿元，增长15.4%。地方财政一般预算收入77.3亿元，增长19.3%。其中增值税完成18.9亿元，增长9.6%；营业税完成11.8亿元，增长 12.5%；企业所得税完成 5.0 亿元，增长 41.0%；城市维护建设税完成 12.4 亿元，增长 10.8%。

各县(区)地方财政收入：红塔区完成 12.5 亿元，增长 19.2%；新平县 7.5 亿元，增长 29.1%；峨山县 3.86 亿元，增长 12.0%；澄江县 4.17 亿元，增长 22.6%；易门县 3.46 亿元，增长 12.0%；通海县 3.41 亿元，增长 12.0%；江川县 3.38 亿元，增长 25.0%；华宁县 3.01 亿元，增长 13.1%；元江县 3.04 亿元，增长 24.1%。

地方财政支出 160.5 亿元，增长 25.2%。地方财政一般预算支出 139.6 亿元，增长 30.2%。重点支出得到保障：教育支出 22.3 亿元，增长 14.2%；社会保障和就业支出 16.7 亿元，增长 20.0%；医疗卫生支出 13.9 亿元，增长 52.6%。

【市场物价】 消费价格活跃。全年居民消费价格比上年上涨 4.7%，其中，城市上涨 4.7%，农村上涨 4.6%。分类别看，八大类商品价格“六涨两落”：食品上涨 11.1%（其中粮食上涨 11%，肉禽上涨 22.2%），居住上涨 2.1%，烟酒及用品上涨 1.9%，医疗保健和个人用品上涨 1.1%，家庭设备用品及维修服务上涨 0.2%，娱乐教育文化用品及服务上涨 0.3%，交通和通信下降 1.3%，衣着下降 0.5%。

全年商品零售价格上涨 4.2%，农业生产资料价格上涨 9.4%，工业品[illegible]厂价格上涨 5.1%，原材料、燃料、[illegible]力购进价格上涨 10.6%。

【农 业】 农业生产平稳发展。[illegible]完成农业总产值 141 亿元，按照可[illegible]增长 8%。其中：农业产值 77.3 [illegible]，林业产值 3.5 亿元，牧业产值 55[illegible]亿元，渔业产值 2.1 亿元，农林牧[illegible]务业产值 1.8 亿元。

全年粮食总产量为52 203[illegible]克，比上年增长 15.6%。烤烟总产[illegible]448 万千克，下降 0.5%。完成[illegible]烤烟 203.9 万担，收购金额 19.2 亿[illegible]上等烟比例达 68.59%，均价 18[illegible]元/千克。油料产量 4 642 万千[illegible]增长 92.3%；园林水果产量30 1[illegible]万千克，增长 20.5%；甘蔗产量预计[illegible]8 万吨，增长 20.4%；蔬菜产量159[illegible]万千克，增长 23.9%。

畜牧业、渔业生产全[illegible]丰收。肉蛋奶总产量 37.9 万吨，增[illegible]9.8%。其中，肉类产量 28.7 万吨[illegible]增长 7.6%；禽蛋产量 8.6[illegible]吨，增长 15.4%；牛奶产量 5241 吨[illegible]长 70.1%。水产品产量 1.52 万吨[illegible]长 1.1%。

【工 业】 [illegible]年完成工业增加值 542.2 亿元，增[illegible]1%，增速比上年提高 0.9 个百分[illegible]拉动 GDP 增长 9.6 个百分点，对[illegible]增长的贡献率为 79.6%。其中，卷[illegible]及配套产业完成增加值 353.8 亿[illegible]增长 16.8%；矿电产业完成增加值[illegible]亿元，增长 14.6%。分轻重工业[illegible]轻工业增长 17.6%，重工业增长[illegible]%。

20[illegible]年，玉溪工业总产值达到 1 337.[illegible]元，增长 21.3%，其中规模以上[illegible]企业完成产值1 115.8亿元，增长[illegible]%；产销率达到 96.8%。从隶属[illegible]系看，中央、省属工业完成 583[illegible]元，增长 18.6%；市、县(区)属[illegible]完成 753.8 亿元，增长 23.5%。市[illegible](区)属工业产值占全部工业总产[illegible]重达到 56.4%，比中央、省属[illegible]高 12.8 个百分点，地方工业经济[illegible]导地位的角色日渐凸显。从主要行[illegible]看，卷烟及配套产业完成产值[illegible]5 亿元，增长 17.6%；矿电产业完[illegible]值 709.8 亿元，增长 21.7%。

烟草产业对全市经济增长的支撑作[illegible]明显。全年生产卷烟 359.4 万箱，比[illegible]年增加 7.7 万箱，增长 2.2%，其中一类卷烟 107.1 万箱，增长 49.7%。烟草制品业实现主营业务收入 351.0 亿元，增长 13.6%；实现利税总额 280.8 亿元，增长 25.8%。

企业景气指数和企业家信心指数平稳运行。企业景气指数和企业家信心指数从一季度的 133.9 和 135.3 到二季度的 138.9 和 131.2，再到三季度的 129.6 和 121.3，最终平稳运行到四季度的 142.4 和 132.5，分别高于全省 22 和 8.8 的水平。2011 年，两指数保持在较为景气之间。

部分产品产量增长较快。其中，增幅较高的是一类卷烟增长 49.7%、磷酸增长 46.8%、硫酸（折 100%）增长 28.4%、磷矿石（折含 $P_2O_5$30%）增长 24.3%、生铁增长 19.9%、铁矿石原矿量增长 19.7%、钢材增长 16.4%。

【建筑业】 建筑业稳步发展。2011 年，全市建筑业完成增加值 22.2 亿元，增长 2.7%。全市具有三级以上资质等级证的建筑施工企业 152 个，从业人员 30 907人。商品房施工面积 653.3 万平方米，增长 28.7%；商品房竣工面积 173.8 万平方米，增长 46.4%。

【固定资产投资】 全年完成固定资产投资 422.5 亿元，比上年增长 30.2%。其中，城镇固定资产投资 276.8 亿元，增长 11.4%；农村非农户投资 63.3 亿元，增长 118.3%；农村私人投资 82.4 亿元，增长 74.7%。

分产业看，三次产业投资全面增长。第一产业完成投资 14.8 亿元，增长 29.9%；第二产业完成投资 128.3 亿元，增长 21.1%；第三产业完成投资 279.3 亿元，增长 34.8%。

从主要行业看，工业完成投资 124.6 亿元，增长 17.6%；交通运输、仓储和邮政业完成投资 37.9 亿元，与上年持平；房地产业完成 75.4 亿元，增长 26.3%。

【国内贸易和对外经济】 2011 年，全市实现社会消费品零售总额 168.4 亿元，增长 19.0%。从销售地区看：城镇实现消费品零售额 132.2 亿元，增长 20.3%；乡村实现 36.2 亿元，增长 14.5%。从经济类型看：公有经济实现零售额 37.2 亿元，增长 28.1%，其中，国有经济实现零售额 28.6 亿元，增长 31.2%；非公经济实现零售额 131.2 亿元，增长 16.7%，其中，私有经济实现零售额 110.0 亿元，增长 17.7%。分行业看：批发零售贸易业实现 138.8 亿元，增长 19.5%；住宿餐饮业实现 29.6 亿元，增长 17.1%。

对外贸易快速增长。2011 年，全市完成外贸自营进出口总额40 055万美元，增长 40.2%。其中出口35 799万美元，增长 35.1%；进口4 256万美元，增长 106.2%。分企业情况看：52 户私、民营企业完成出口34 336万美元，增长 38.4%；9 户外商投资企业完成出口1 463万美元，下降 13.7%。2011 年自营出口商品中，金额达500 万美元以上的商品有 10 种，累计出口额30 548 万美元，占全市出口总额的 85.3%。

招商引资工作稳步发展。共实施市外国内资金项目 220 个，引进市外国内资金 115 亿元，增长 23%，其中引进省外资金 103 亿元，增长 31%。实际使用外资3 795.5万美元，增长 17.5%。实现合同外资金额2 174.4万美元，其中，新批准设立外商投资企业 2 户，合同外资金额2 668.5万美元；增资 1 户，合同外资金额 202.8 万美元；减资 1 户，合同外资金额 －19.9 万美元；股权变更 2 户，合同外资金额 －677 万美元。

【交通运输、邮电业和旅游】 交通运输、仓储及邮电业稳步发展。2011 年，交通运输、仓储及邮政业实现增加值27.3亿元，增长7.5%。客货运输平稳发展。全市公路运输客运量完成3 413万人，增长16.0%；旅客周转量216 337万人/千米，增长19.0%。完成公路货运量5 420万吨，增长18.0%；货物周转量905 227万吨/千米，增长15.0%。全面实施农村公路通畅、通达工程，新建、改造农村公路491千米。至年底，全市公路通车总里程达到16 560.30千米。其中：高速公路237.7千米，一级公路77.75千米。高级、次高级路面占全市公路总里程的23.7%，比上年提高0.6个百分点。

电信业进一步发展。2011年底，全市固定电话交换机总容量达59.49万门，固定电话用户达24.43万户；移动电话用户达180.56万户，比上年增加12.35万户，增长7.35%。互联网宽带网用户24.48万户，比上年增长18.11%。

旅游产业快速发展。玉溪市旅游产业继续坚持"打基础、创品牌、树形象"的发展思路，重视旅游、生态和文化建设的结合。2011年，全市接待游客1308.9万人次，增长12.4%；旅游总收入57.1亿元，增长40.9%。至年底，全市有星级宾馆、饭店39家，国内旅行社24家，国际旅行社2家，A级景区19家，全国工业旅游示范点1个，云南首批旅游小镇3个。

【金融和保险业】 2011年，金融业实现增加值29.4亿元，增长4.6%。年末，金融机构人民币各项存款余额917.5亿元，比上年增加101.5亿元，增长12.4%，其中城乡居民储蓄存款余额433.4亿元，增加59亿元，增长15.7%。全市金融机构人民币各项贷款余额543.7亿元，增加78亿元，增长16.8%。存贷比59.3%，比上年提高2.2个百分点。

2011年，保险业实现各种保费收入203 885万元，比上年增长7.6%。其中：车辆险保费收入64 767万元，意外伤害险保费收入6 202万元，健康险保费收入6 780万元。全年赔付支出40 705万元，比上年增长18.4%。其中：车辆险赔付额27 106万元，意外伤害险赔付额2 352万元，健康险赔付额3 522万元。

【教育和科学技术】 教育事业平稳发展。2011年，全市有大专院校2所，招生3 883人，比上年增长6.1%；在校学生13 214人，增长9.9%；毕业生2 668人，下降1.3%。普通中专学校3所，招生3 108人，比上年增长10.5%；在校学生8 053人，增长16.9%；毕业生1 863人，下降30%。职业高中9所，招生5 678人，比上年下降8.7%；在校学生14 334人，增长1.6%；毕业生4 135人，下降14.1%。普通高中22所，招生12 996人，增长5.7%；在校学生35 901人，增长2.4%；毕业生10 935人，增长4.4%。初中94所，招生32 973人，下降2.3%；在校生97 295人，下降0.6%；毕业生31 454人，增长7.97%。普通小学568所，招生29 339人，下降2.7%；在校生188 883人，下降2.4%；毕业生33 551人，下降1.4%。幼儿园在园幼儿5.98万人。学龄儿童入学率达99.9%。

"三免一补"政策进一步得到巩固。2011年，全市共投入"三免一补"资金24 423.2万元，全体小学生和绝大部分初中生共29.2万人享受补助，小学寄宿制学生补助标准每人每年750元，初中每人每年1 000元。职校与普通高中招生比例达0.98∶1。

科技发展取得新成果。2011年，实施国家和省各类科技计划项目56项。获国家、省奖励的科技成果项目10项，获市奖励的科技成果项目50项，其中一等奖4项、二等奖12项、三等奖34项。争取各项科技经费共计3 905多万元。市级科技项目投入839.4万元。申报专利673件，批准（授权）专利535件。

【文化、卫生和体育】 2011年，全市文化艺术繁荣，创作了一批讴歌时代精神、反映人民生活的精品力作。以聂耳音乐(合唱)周为契机，举办多项重大文艺活动，提升聂耳品牌影响力，推进玉溪"文化和市"战略实施，庆祝中国共产党成立90周年。公共文化服务体系建设稳步推进，人民群众精神文化需求不断得到满足。2011年底，全市有艺术表演团体7个，艺术表演564场，农村业余文艺队发展到3 500支；公共图书馆10个，藏书110.9万册；群艺馆、文化馆10个；乡级文化站（中心）76个；村级文化室406个。文化事业的全面发展，满足了人民群众日益增长的文化需求。

广播电视事业不断进步。2011年，全市广播覆盖率和电视覆盖率分别达到98.56%和98.79%。卫星电视地面接收站发展到8.26万座，调频转播发射台37座，调频发射机61部，电视转播发射台14座，电视发射机31部，数字电视用户发展到26.7万户，其中互动用户4 597户、高清用户2 765户。继续抓好"村村通"工程，2011年新发展农村有线用户6 589户。

卫生事业不断进步，玉溪市荣获国家卫生城市称号。2011年，全市共有各级各类卫生机构1 355个，其中，医院69个；卫生机构拥有床位数9 950张；卫生技术人员9 051人，其中医生4 110人。疾病预防控制机构10个，卫生技术人员401人；妇幼保健院(所、站)10个，卫生技术人员399人。2011年，新农合个人财政补助标准每人每年260元(红塔区和新平县280元)，参加新型农村合作医疗保险156.02万人，参合率为95.6%。全年共429.45万人次享受新农合减免补偿，减免补偿金37 119万元。

传染病发病率稳中有降。按发病日期统计，2011年，传染病发病数3 340人，发病率为155.7/10万，比上年下降14%。全年新发现艾滋病感染者流调率为100%，比上年提高3.6个百分点，历年累计报告感染者随访率为92.2%，比上年提高1.8个百分点。

圆满完成全国第七届城市运动会参赛工作。玉溪体育代表团共获得银牌1枚，第六名、第七名、第八名各1个，第九名3个，第十名1个，并荣获"体育道德风尚奖"。

【城市建设和环境保护】 城镇建设取得新进展。玉溪大河抗旱防洪二期工程基本完工，中心城区污水处理管网配套工程完工，引清水河水供水应急工程启动，红塔大道等4条道路改扩建工程建成通车，拆除了高原明珠等4个环岛，拆临拆违和户外广告整治成效明显。玉溪市城市总体规划、生态城市规划、6个县城总体规划修编基本完成，256个行政村和2 969个自然村规划编制完成。县城和重点镇建设步伐加快，13个集镇被列为省级特色小城镇。

全年共完成人工造林17.1万亩、封山育林14.4万亩，建成森林防火通道25千米。实施土地开发整理项目49个，新增耕地1.6万亩，治理水土流失面积146平方千米。

全年能源消费总量1 138.29万吨标准煤(等价热值)，比上年增长7.4%。全年全社会用电量为112.8亿千瓦时，比上年增长8.4%。在规模以上工业主要能源消费量中，原煤消费量248.4万吨，增长6.5%；洗精煤消费量43.5万吨，增长17.5%；焦炭消费量382.5万吨，下降3.2%；天然气消费量470万立方米；电力消费量75.1亿千瓦时，增长5.2%。全市能源消费量结构为：第一产业占1.7%，第二产业占86.7%，第三产业占7.6%，居民生活消费占3.9%。全市单位GDP能耗比上年下降4.16%，单位规模以上工业增加值能耗比上年下降7.41%，单位GDP电耗比上年下降3.3%。完成淘汰炼铁落后产能68万吨、水泥落后产能13.5万吨，在10户企业推行清洁生产，深入开展资源综合利用、公共机构节能工作。

【劳动就业、社会保障和安全生产】再就业工作成效显著。2011年，全市从业人员达到149.4万人，其中城镇从业人员达到37.7万人，占全部从业人员数的25.2%。年末，全市城镇登记失业率为3.1%，全市新增城镇就业2.38万人，城镇失业人员再就业人数9 078人，6 056名特殊困难群体实现再就业。

社会保障事业整体推进。2011年，参加城镇职工养老保险人数24.82万人。其中，参加机关事业养老保险在职职工6.15万人，收缴机关单位养老保险费8.34亿元；企业养老保险参保人员13.39万人，收缴企业养老保险费7.6亿元。参加城乡居民社会养老保险人数104万人。参加城镇基本医疗人数49.3万人，收缴基本医疗保险基金8.33亿元。参加城镇职工失业保险人数12.7万人，征缴失业保险费1.3亿元，共为19 094名失业人员按时足额发放失业保险待遇816万元，确保了失业人员的基本生活。

安全生产目标任务得到有效控制，事故起数和死亡人数都比上年有所下降。全年共发生各类伤亡事故197起，死亡151人，比上年下降6.2%。其中，道路交通死亡126人，比上年减少11人，下降8.0%；工矿商贸企业死亡24人，与上年持平；煤矿事故伤亡1人。全年共发生一次死亡3人以上较大事故3起、共死亡9人。各类事故死亡人数均在年初目标控制数范围内。

【人民生活】城乡居民生活蒸蒸日上。2011年，全市在岗职工平均工资达到38 180元，比上年增加7 937元，增长26.2%；全市城镇居民人均可支配收入18 527元，比上年增加2 056元，增长12.5%；城市居民(红塔区)人均可支配收入19 258元，比上年增加1 923元，增长11.1%；全市城镇居民家庭每100户拥有汽车30辆，其中红塔区家庭每100户拥有汽车43辆；全市农民人均纯收入6 616元，比上年增加869元，增长15.1%。

(玉溪市统计局)

领导名录

【玉溪市直单位正副职名录】

中共玉溪市委

书　　记　孔祥庚
副 书 记　高劲松
　　　　　张　玲
常　　委　孔祥庚
　　　　　高劲松
　　　　　张　玲
　　　　　谢兴荣
　　　　　黄宪庭
　　　　　寸世成
　　　　　范汝坤
　　　　　夏立洪
　　　　　李文斌
　　　　　董文献
　　　　　邓绍林
　　　　　刘宁笙
　　　　　吕昌会(2011.04任)
秘 书 长　范汝坤
副秘书长　卢维江
　　　　　周文云
　　　　　赵永云
　　　　　马亚东
　　　　　普光照(2011.04离任)
　　　　　姚晓岩
　　　　　朱尤锋
　　　　　莫晓顺

中共玉溪市纪律检查委员会

书　　记　李文斌
副 书 记　席佐能
　　　　　冯志明
　　　　　普光照(2011.04任)

玉溪市监察局

局　　长　席佐能
副 局 长　宋元刚
　　　　　杨丽坤

市纪委派出第一纪工委
书　　记　杨江明
副 书 记　李绍平
　　　　　梁黎坤

市纪委派出第二纪工委
书　　记　吴天明
副 书 记　李　立
　　　　　李文平

市纪委派出第三纪工委
书　　记　方　洪
副 书 记　郭　黎
　　　　　岳崇华

市纪委派出第四纪工委
书　　记　邵昌荣
副 书 记　普光祥
　　　　　王娅波

市纪委派出第五纪工委
书　　记　李　黎
副 书 记　陈世雄
　　　　　马柏林

市纪委派出第六纪工委
书　　记　曲春祥(2011.02任)
副 书 记　金家辉(2011.02任)

市监察局派出第一监察分局
局　　长　李绍平

市监察局派出第二监察分局
局　　长　李　立

市监察局派出第三监察分局
局　　长　郭　黎

市监察局派出第四监察分局
局　　长　普光祥

玉溪市人大常委会

主　　任　董诗强
副 主 任　范志华
　　　　　曾立岩
　　　　　孔繁喜(2011.09离任)
　　　　　吴建森
　　　　　雷庆丽
　　　　　郑云龙
秘 书 长　海之鹤
副秘书长　周　葵
　　　　　陈国清
　　　　　肖剑林
办公室主任　周　葵
副 主 任　孙学著
　　　　　施导伟

财政经济委员会
主任委员　刘振荣
副主任委员　王志坚

法制工作委员会
主　　任　徐映东
副 主 任　孟跃云

民族外事华侨工作委员会
主　　任　吴　芸
副 主 任　卢八林(2011.05任)

教科文卫工作委员会
主　　任　张华斌
副 主 任　李贵华

城建环保资源工作委员会
主　　任　夏伟十
副 主 任　李成平

选举联络工作委员会

主　　任　吕元平
副 主 任　矣瑞华(2011.11 退休)
　　　　　蒋兴龙
农业工作委员会
主　　任　杨理崇
副 主 任　王　祥

玉溪市人民政府

市　　长　高劲松
副 市 长　谢兴荣
　　　　　黄宪庭
　　　　　王　跃
　　　　　李洪云
　　　　　明正彬
　　　　　杨　洋
　　　　　周继武(2011.01 任)
　　　　　苏圣兵(2010.11 任，挂职)
秘 书 长　孙余强
副秘书长　张存良
　　　　　陈　俊(2011.11 离任)
　　　　　杨丽芬
　　　　　李毅昆
　　　　　张少云
　　　　　孙金会
　　　　　李永忠
　　　　　廖　伟
　　　　　张　卫(2011.03 任)

玉溪市政协

主　　席　冷明德
副 主 席　范亚辉
　　　　　钱开祯
　　　　　李有明
　　　　　张　炜
　　　　　郭开堂
　　　　　汪燕平
　　　　　陈志芬(2011.02 任)
秘 书 长　杨　洪
副秘书长　刘兴荣
　　　　　杨泽生(2011.11 离任)
　　　　　马文荣
　　　　　沐爱斌(兼)
办公室主任　刘兴荣
副 主 任　任连荣
提案委员会
主　　任　杨惠存
副 主 任　吴志珍
　　　　　谭　佳(兼)
科教文卫体委员会
主　　任　何　勇
副 主 任　普永发
　　　　　何有昌(兼)
文史委员会
主　　任　王保昌
副 主 任　潘明光
　　　　　华　旭(兼)
经济委员会
主　　任　王　勇
副 主 任　王　东
　　　　　王丽文(兼)
联络委员会
主　　任　李少华
副 主 任　毕永富
　　　　　何国光(兼)
　　　　　周　勇
民族宗教法制委员会
主　　任　李正龙
副 主 任　王胜荣
　　　　　俞自力(兼)
　　　　　施忠平(2011.05 兼)
人口环资委员会
主　　任
副 主 任　高家永
　　　　　杨马良
　　　　　王美华(2011.05 兼)

玉溪市中级人民法院

院　　长　吕　召
副 院 长　俞自力
　　　　　杨勤建
　　　　　李翌铭
　　　　　李志明
纪检组长　孙　中
政治部主任　柏建福
执行局局长　业宁州
审判委员会专职委员
　　　　　李成林
　　　　　沈玉坤

玉溪市人民检察院

检 察 长　张德勋
副检察长　肖志勇
　　　　　童学义
　　　　　方家明
　　　　　杜红英
政治部主任　王永兴
纪检组长　郭发学
反贪局局长　矣长城

市委部门负责人

市委办公室
主　　任　卢维江
副 主 任　张丽琳
　　　　　李　德
党委书记　范汝坤
副书记、纪委书记　马增福
机要局
局　　长　李长宏
副 局 长　杨　勇
保密局
局　　长　段　祥
副 局 长　和　平
招待所(副县级)
所　　长　赵建华
督查室(副县级)
主　　任　溥　玲
督查专员　曹绍平(2011.02 任)
档案局(馆)(副县级)
局　　长　周凤琼(2011.11 离任)
组织部
部　　长　寸世成
常务副部长　邓怀俊
副 部 长　袁　平
　　　　　陈开翔
　　　　　陈川铭
基层办主任　陈川铭
老干部局
局　　长　史寿元
副 局 长　张化林(2011.02 离任)
　　　　　杨丽萍
干休所(副县级)
所　　长　杜继玲
老年大学(副县级)
校　　长　秦德平
宣传部
部　　长　董文献
常务副部长　普洪光
副 部 长　孔施祥
　　　　　龚紫山
　　　　　赵莉苹(2011.05 任)
精神文明建设指导委员会办公室
主　　任　孔施祥
副 主 任　王　科
讲师团(副县级)
团　　长　乐兴建
对外宣传办公室、市政府新闻办公室(副县级)
主　　任　张正友
政法委员会
书　　记　刘宁笙
专职副书记　李卫华
副 书 记　杨国聪
　　　　　段树方
　　　　　张汗青
政治处主任　杜　杰
维稳办主任　龙建荣
研究室主任　游顺云(副县级)
社会治安综合治理办公室
主　　任　李矿生
防范和处理邪教问题领导小组办公室
主　　任　杨建萍
副 主 任　董国伟(2011.05 离任)
统战部
部　　长　范亚辉
副 部 长　沐爱斌
　　　　　龙　兰
　　　　　马良昌(兼)
市直机关工作委员会

书　　记　范汝坤
常务副书记　韩　娥
副 书 记　张志明(2011.11 离任)

政策研究室
主　　任　赵永云
副 主 任　陈克华
　　　　　李近伟

党史研究室
主　　任　石振武(2010.12 任)
副 主 任　施纯律(2011.05 离任)

市委党校
校　　长
常务副校长　田绍荣
副 校 长　段树明
　　　　　宋红瑛

行政学校
校　　长
副 校 长　田绍荣
　　　　　段树明
　　　　　宋红瑛

党校、行政学校党委
书　　记　田绍荣
副 书 记　刘　诚
纪委书记　万舰航

社会主义学院
院　　长
副 院 长　田绍荣(兼)
　　　　　段树明(兼)
　　　　　宋红瑛(兼)

玉溪日报社
总编、社长　师跃雄
副 社 长　李卫东
　　　　　杨　光
副 总 编　杨　光
　　　　　矣顺文

市关工委
专职副主任　李江明

民主党派负责人

民革玉溪市委
主　　委　钱开祯
副 主 委　施忠平
　　　　　李少华(兼)
　　　　　冯咏梅(兼)

民盟玉溪市委
主　　委　陈家祥
副 主 委　何有昌
　　　　　杨　云(兼)
　　　　　蔡家俊(兼)

民建玉溪市委
主　　委　郭开堂
副 主 委　王丽文
　　　　　陈宝学(兼)
　　　　　陈开燕(兼)

民进玉溪市委
主　　委　张　炜
副 主 委　谭　佳
　　　　　何雪峰(兼)
　　　　　马玉辉(兼)

农工党玉溪市委
主　　委　曾立岩
副 主 委　华　旭
　　　　　陈　良(兼)
　　　　　张铁群(兼)

致公党玉溪市委
主　　委　矣绍芬
副 主 委　周　勇
　　　　　陈黎阳(兼)
　　　　　任云珏(兼)

九三学社玉溪市委
主　　委　郭亚纲
副 主 委　王美华
　　　　　杨硕媛(兼)
　　　　　王树坤(兼)
　　　　　何国光(2011.05 离任)

群团组织负责人

总工会
主　　席　范志华(兼)
党组书记　黄满德
副 主 席　黄满德
　　　　　柏劲松
　　　　　李树华(2011.05 任)

妇女联合会
主　　席　马琼仙
党组书记　张云花
副 主 席　田丽英
　　　　　郑丽英

共青团玉溪市委
书　　记　余　莉
副 书 记　马利兴(2011.05 离任)
　　　　　曾丽娟
市青联主席　余　莉
专职副主席　李增荣

科学技术协会
主　　席　罗世明
党组书记　施　超
副 主 席　王保才
　　　　　雷华忠(兼)
　　　　　李兴春(兼)
　　　　　高宏伟(兼)
　　　　　迟万昌(兼)
　　　　　施　平(兼, 2011.03 任)

文学艺术界联合会
主　　席　武清祖
副 主 席　王尚宁
　　　　　孔施祥(兼)
　　　　　鲁春红(兼)

残疾人联合会
理 事 长　黄　河
副理事长　张跃华
　　　　　徐彦国

工商业联合会
会　　长　郭开堂
党组书记　沐爱斌
副 会 长　张鸿翔
　　　　　普建蓉
　　　　　沐爱斌(兼)

归国华侨联合会
主　　席　何国光
党组书记　龙　兰
副 主 席　鲁燕标(兼)

社会科学界联合会
主　　席　何雪峰
专职副主席　范全凯
副 主 席　普洪光(兼)
　　　　　段树明(兼)
　　　　　苏　涛(兼)

市政府侨务办公室
主　　任

市政府台办
主　　任　龙　兰(兼)

市政府部门负责人

市政府办公室
主　　任　张存良
副 主 任　吕永春
　　　　　毕孝宁
　　　　　魏家熙
党委书记　孙会强
副 书 记　张存良
　　　　　李建新
纪委书记　张存良
副县级督查专员　许忠云

机关事务管理局
局　　长　吕永春
副 局 长　白龙喜

信访局(正县级)
局　　长　陈　俊(2011.11 离任)
副 局 长　袁永祥
　　　　　袁自福
　　　　　马孔军
　　　　　甘向阳

接待办公室
主　　任　魏家熙
副 主 任　郑玉玲

法制办公室
主　　任　李尊平

发展研究中心(政府研究室)
主　　任　李毅昆
副 主 任　朱华东
　　　　　王伟生

督查办公室(副县级)
主　　任　李　斌

人民防空办公室
主　　任　谢会卿
副 主 任　乐士发

烟草产业办公室

专职副主任　刘应华
发展和改革委员会
主　　任　孙云鹏
副 主 任　李士进
夏从实
乔正喜
杨建敏
李瑜琼
开发投资有限公司
师　冲　负责开发投资公司工作
工信委
主　　任　李长金
副 主 任　高宏伟
李　实
尹　鹏
张贵祥
王　辉(2011.05 离任)
党委书记　谢光平
副 书 记　李长金
副书记、纪委书记　袁昆宁
乡镇企业局
局　　长　李长金
副 局 长　高宏伟
尹　鹏
李　实
中小企业管理局
局　　长　李长金
副 局 长　尹　鹏
高宏伟
李　实
科技局
局　　长　罗江云
党组书记　马金鸿
副 局 长　雷华忠
柏文忠
教育局
局　　长　李世华
副 局 长　迟万昌
田　国
马克礼
党委书记　李世华
副书记、纪委书记　罗　荣
教育科学研究所(副县级)
所　　长　李永云
民族宗教事务局
局　　长　马良昌
副 局 长　周光文
董存志(2011.05 任)
官建团(2011.03 任)
公安局
局　　长　明正彬
副 局 长　胡本通(2011.11 离任)
李云峰(2011.05 任)
张家明
舒　勇
王　伟(2011.05 离任)
杨江云
党委书记　明正彬
副 书 记　段　勤
纪委书记　杨柱本
政治部主任　汤文龙
公安局交警支队
支 队 长　刘绍华
政　　委　陈　彪
副支队长　聂　波
何文奎
普立群
公安局刑侦支队(副县级)
支 队 长　曾　逵(2011.05 离任)
苏少明(2011.05 任)
政　　委　苏绍明(2011.05 离任)
公安局禁毒支队(副县级)
支 队 长　曹文刚
政　　委　业增华
公安局特警支队(副县级)
支 队 长　阮兆成
政　　委　刘光倞
公安局治安支队(副县级)
支 队 长　向跃明(2011.07 离任)
政　　委　朱维佳
公安局经济犯罪侦察支队(副县级)
支 队 长　谢俊东
政　　委　夏贵山
公安局警卫处(副县级)
处　　长　李世强
公安局国内安全保卫支队(副县级)
支 队 长　杜云昌
政　　委　毕金剑
公安局行动技术支队(副县级)
支 队 长　於泽波
政　　委　李红星
公安局信息管理监察支队(副县级)
支 队 长　王景明
政　　委　余　辉
公安局公共信息网络安全监察支队(副县级)
支 队 长　周　宏
政　　委
公安局警令部(副县级)
主　　任　业光权
政　　委　范志伟
公安局戒毒所(副县级)
所　　长　朱云生
政　　委　栗　斌
公安局环境保护分局(副县级)
局　　长　卢保成
政　　委　李　迪
民政局
局　　长　李　宏(2011.11 离任)
副 局 长　刘家寿
奚家林
王从明
周　俊
杨思荣(2011.05 任)
老龄委副主任　周　俊
司法局
局　　长　王云平
副 局 长　普建萍
李瑞林
刀剑岗
张文信(2011.05 任)
党委书记　王云平
副书记、纪委书记　周葆华
政治部主任　黄志慧
财政局
局　　长　莽成柱
副 局 长　许志云
陈元剑
招永兴
财政局会计管理局(副县级)
局　　长　张　麟
财政局非税收入管理局(副县级)
局　　长　史金华
人事和社会保障局
局　　长　邓怀俊
党组书记　张玉江
副 局 长　杨志明
何树桐
张玉江
孙月峰
李兴业
杨玉光
编委办
主　　任　邓怀俊
专职副主任　刘永新
事业单位登记管理局
局　　长　邓怀俊(兼)
副 局 长　刘永新
外国专家局
局　　长　何树桐(兼)
人才服务中心(副县级)
主　　任　张　秦
企业退休人员管理服务中心(副县级)
主　　任　李兴业
社会保险局(副县级)
局　　长　张志萍
国土资源管理局
局　　长　黄太文
副 局 长　海秀兰
梅荣生
土地储备中心(副县级)
主　　任　杨长飞
环境保护局
局　　长　张小良(2011.05 离任)
副 局 长　普　辉
王宏义
黄朝荣
矣家宁

规划局
局　　长　钱　兴
党组书记　王　宁
副 局 长　王　宁
陆建明
吴渔琛
住房和城乡建设局
局　　长　朱映辉
副 局 长　董生武
矣绍芬
张　明
李长伟
田江龙(2011.05 任)
市政公用事业局(副县级)
局　　长　廖志伟
房地产管理局(副县级)
局　　长　张云波
住房公积金管理中心(副县级)
主　　任　杨嘉林
交通运输局
局　　长　任志保
党组书记　杨忠武
副 局 长　卓玉林
赵　铨(2011.04 离任)
师执良
李金荣
张赶良(2011.05 任)
公路管理局(副县级)(该单位撤销)
局　　长　李金荣(2011.05 离任)
农业局
局　　长　曹仕祥
副 局 长　李兴春
李晓国
房红彬
王琼丽
畜牧局(副县级)
局　　长　李兴春
农科所(副县级)
所　　长
农业局农业产业化领导小组办公室、生物资源开发创新办(副县级)
主　　任　保艳敏
林业局
局　　长　宋东华
副 局 长　张智勇
李　俊(2011.03 离任)
郭亚钢
吴洪明
李志勇
张跃伟(2011.05 任)
护林防火指挥部
副指挥长　张智勇
森林公安局
政　　委　宋东华
局　　长　胡健伟
水利局
局　　长　何　坤
党组书记　杨　明
副 局 长　杨　明
杨云华
李霁涛
总工程师　曾明贤
渔政渔港监督管理局
局　　长　何　坤(兼)
副 局 长　杨　明(兼)
商务局、经济合作办
局长、主任　段家祥
副局长、副主任　石成忠
李云峰
王　衍
钟光汉
副 局 长　赵永平
文化局
局　　长　桂江静
副 局 长　雷新华
岳　川
鲁春红
冯咏梅
新闻出版局
局　　长　彭朝阳(2011.11 离任)
副 局 长　雷新华(兼)
博物馆(副县级)
馆　　长　朱奇琦(2011.11 离任)
卫生局
局　　长　杨　义(2011.11 离任)
党组书记　李丁全
副 局 长　王　红
施　平
红十字协会
常务副会长　自成学
卫生监督局(副县级)
局　　长　杨　伟
疾病控制中心(副县级)
主　　任　张洪军
药监局(由省直管划归地方管理)
局　　长　业应楷
副 局 长　普文生
尹义宪
李志红
人口和计划生育委员会
主　　任　雷　毅
副 主 任　李建明
张艳华
施玉兰
审计局
局　　长　申列京
副 局 长　禹联信
杨海明
黄太武
外事侨务办公室
主　　任　刘金赋
副 主 任　赵　琼
安监局
局　　长　方玉明
副 局 长　师尚佳
李之泽
金发辉
广播电视局
局　　长　张耀力
副 局 长　罗君鹏
曹晓钟
何永平
周延海
施有恒(2011.05 任)
电视台
台　　长　罗君鹏
体育局
局　　长　周延平
副 局 长　冯任生
黄绍林
统计局
局　　长　吕　伟
副 局 长　莫丽萍(兼)
王起云
张　娟(2010.12 任)
国家统计局玉溪调查队
队　　长　莫丽萍
副 队 长　杨八福
杨　莉
旅游局
局　　长　曾建志
副 局 长　邓志刚
杨英泽(2011.05 任)
粮食局
局　　长　杨　诚
副 局 长　王毓华
陈云岩
扶贫办公室
主　　任　龚崇生
副 主 任　龚献平
普绍福(2011.05 任)
移民局
局　　长　高明顺(2011.02 离任)
周映海(2011.02 任)
党组书记　周映海
副 局 长　宁　杰
王传宝
云南省抚仙湖旅游度假示范区管理委员会
主　　任　武继昌
副 主 任　张武实
抚仙湖管理局
局　　长　武继昌
党组书记　张武实
副 局 长　张武实
李家富(2011.03 任)
高新技术产业开发区管委会
主　　任　李明荣

副 主 任 李维忠
李 泓
张云超
党委书记 陈兴隆
副书记、纪委书记 李 宁
公安局高新技术产业开发区分局
局 长 张家宏
中心城区防洪水系建设管理委员会
主 任 张 明
党组书记 秦秀芬(2011.05 离任)
田江龙(2011.05 任)
副 主 任 陆绍明
朱学祥
党组书记 秦秀芬
研和工业园区管理委员会
党组书记主任 姚学松
副书记、常务副主任 吴小郎
副 主 任 吴洪明
张贵祥
赵 铨(2011.04 离任)
王如欣
期来生
矣 勇
政务服务中心
主 任 杨明华
副 主 任 付春飞
郭艾华
供销合作社联合社
主 任 吕宗文
副 主 任 瓦永云
董国伟(2011.05 任)
党委书记 吕宗文
副书记 、纪委书记
罗兴明(2010.04 离任)
防震减灾局
局 长 金志林
副 局 长 黄家富

市直学校、医院、企业负责人

玉溪市人民医院
院 长 陈 晋
副 院 长 米跃生
李 礼
蔡德芳
党委书记 陈 晋
副 书 记 高丽清
总会计师 朱红媛
玉溪市第二人民医院
院 长 尹利德
副 院 长 马晓元
杨顺英
党委书记 尹利德
副 书 记 陈存文
玉溪市中医医院
院 长 张 竣
副 院 长 吴 勇
杨 玲
秦雪屏
党委书记 吕志平
党委副书记 张 竣
玉溪师院附属中学
校 长
副 校 长 任 森
李明辉
李富春
党委书记 吴希敏
副 书 记 王 利
玉溪农业职业技术学院
院 长 陈文祥(2011.05 离任)
副 院 长 陈家祥
李裕葵
郭永清
党委书记 朱登明
副 书 记 普发明
玉溪卫生学校
校 长 曾立岩
副 校 长 郭庆平
善要仁
施茗祥
党委书记 黄发礼
副 书 记 郭庆平
沈晓云
玉溪体育运动学校
校 长 杨 钜
副 校 长 徐正顺
张朝和
段兆艳
党委书记
副 书 记 朱晓源
玉溪工业财贸(技工)学校
校 长 李华伦
副 校 长 柏家渭
刀玉萍
周爱华
党委书记 董从华
副 书 记 李华伦
张延强
玉溪一中
校 长 张 炜
副 校 长 邓智忠
周永林
李立杰
党委书记 林明达
副 书 记 杨长兴
玉溪民族中学
校 长
副 校 长 张学辉
矣向阳
何建国
党委书记 丁家平
副 书 记 张兴斌
玉溪特殊教育学校(副县级)
校 长 周绍义
市贸促会
会 长 尹振华
云南玉溪交通运输集团公司
党委书记 单 平
副董事长 单 平
副书记、纪委书记 杨文林
副总经理 拔绍雄
雷世雄
总工会主席
云南省新平林业局
党委书记 李永寿
局 长 李永寿
副 局 长 王德华

(宋明清)

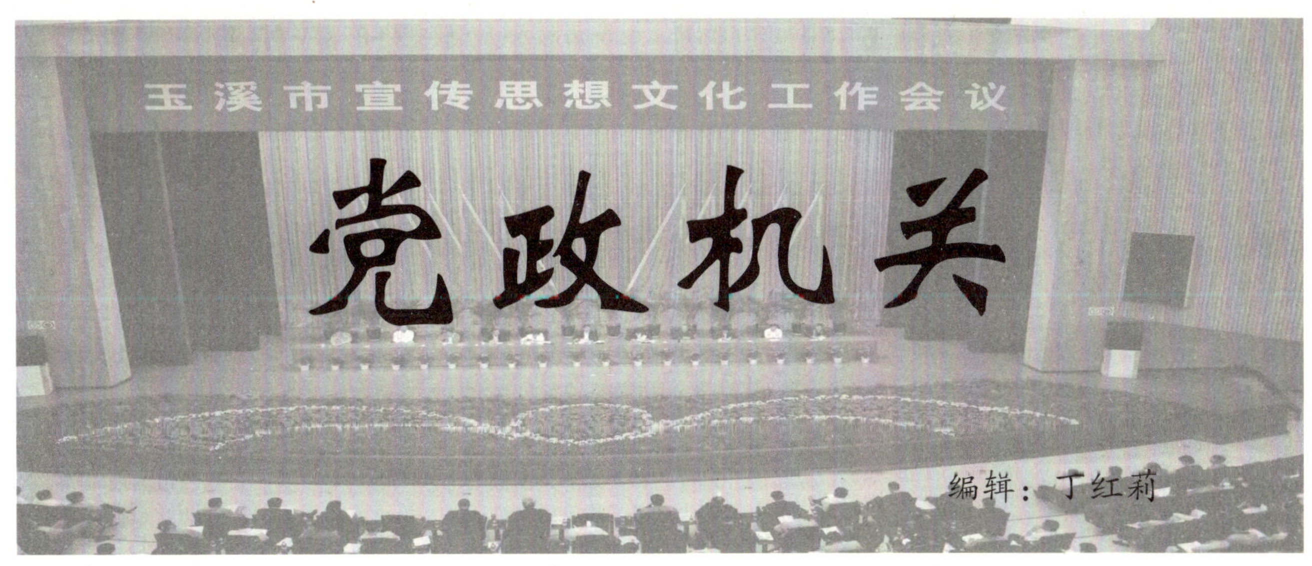

中共玉溪市委员会

【重要通知、指示和决定】 2011年1月12日，市委下发《关于建立玉溪市党委新闻发言人制度的实施办法》(以下简称《办法》)。为进一步加强和推进玉溪市党委新闻发言人制度建设，《办法》从党委新闻发言人工作体系、发言人职责、党委新闻发布形式和新闻采集工作机制、新闻发布审批、党委新闻发布工作的组织领导和要求等方面制定了具体实施办法。18日，市委、市政府印发《关于在全市建立医疗纠纷人民调解和医疗责任保险的实施意见》的通知，为及时妥善处置医疗纠纷，维护医疗秩序，保障医疗安全，保护医患双方的合法权益，积极构建和谐医患关系。通知从统一思想，高度重视人民调解和医疗责任保险在化解医患矛盾中的重要作用；指导思想和工作原则；机构设置和队伍建设、工作程序；建立健全医疗责任保险制度；加强指导和管理等方面提出了实施意见。通知同时下发了《玉溪市医疗纠纷调处工作实施方案》。27日，市委、市政府下发《关于认真学习贯彻省"两会"及白恩培书记在玉溪代表团讨论会上重要讲话精神的通知》，指出，在省政协十届四次会议和省十一届人大四次会议期间，省委书记、省人大常委会主任白恩培到玉溪代表团参加审议政府工作报告和审查"十二五"规划纲要(草案)，在听取代表们的发言后作了重要讲话，充分肯定了玉溪"十五"、"十一五"取得的成绩，并从科学发展、转变方式、调整结构、重视民生、生态环保、党的建设六个方面对玉溪的工作提出了明确要求。强调，要迅速掀起学习贯彻省"两会"精神的热潮，以省"两会"精神为指导认真谋划好"十二五"的发展，切实把省"两会"和白恩培的讲话精神落到实处。30日，市委下发《关于大力推进和谐社区建设的实施意见》，根据上级指示精神，为全面贯彻落实科学发展观，充分发挥社区在构建和谐社会中的基础性作用，结合玉溪实际，就玉溪市大力推进和谐社区建设提出了和谐社区建设面临的形势及重大意义；推进和谐社区建设的总体要求；按照"六个好"的要求，建设和谐文明社区；推进和谐社区建设的保障措施；加强分类指导，抓好督促落实5个方面24条实施意见。

2月11日，市委、市政府下发《关于创新流动人口服务管理机制推进流动人口基本公共服务均等化试点工作方案》，确定了推进流动人口基本公共服务均等化试点的指导思想、总体目标、基本原则、主要任务、保障措施和实施步骤。12日，市委下发《关于进一步加强社区党的建设工作的实施意见》，从提高对社区党建工作重要性认识，明确社区党建总体要求和社区党组织工作职责；落实"三有一化"措施，全面加强社区党的建设；加强领导，以社区党的建设带动和谐社区建设等方面提出了实施意见。16日，市委、市政府下发《关于加强农村公共文化服务体系建设的实施意见》，为进一步贯彻落实党的十七大精神，保障广大人民群众的基本文化权益，不断满足广大人民群众日益增长的文化需求，加快推进玉溪市文化品牌建设，加强全市公共文化服务体系建设，从加强农村公共文化服务体系建设的重要意义、指导思想和目标任务、提高公共文化产品生产供给能力、完善支持公共文化服务体系建设的有关政策、加强对公共文化体系建设的领导等方面提出了实施意见。21日，市委印发《中共玉溪市委关于制定国民经济和社会发展第十二个五年规划的建议》，根据中共中央和省委关于制定国民经济和社会发展第十二个五年规划的建议精神，为研究制定好玉溪市国民经济和社会发展第十二个五年规划，为全面建成小康社会打下具有决定性意义的基础，结合玉溪发展实际，提出了深入落实科学发展观，开创玉溪发展新局面；加快农业现代化，扎实推进社会主义新农村建设；构建玉溪特色的现代产业体系，促进经济平稳较快发展；加快现代宜居生态城市建设，建设资源节约型和环境友好型社会；优化空间布局，促进区域协调发展；夯实科技和人力资源基础，建设创新玉溪；实施"文化和市"战略，建设文化玉溪；健全基本公共服务体系，建设和谐玉溪；深化改革、扩大开放，增强发展动力；加强党的领导，为实现"十二五"规划目标而奋斗共10个方面45条建议。

3月4日，市委、市政府下发《关于加强全市农村集体资金资产资源管理监督的实施意见》，对加强农村集体资金、资产、资源监督管理提出了充分认识加强农村集体"三资"管理的重要意义、总体要求和基本原则、推行农村集体"三资"委托管理制度、推进农村集体"三资"管理规范化、推进农村集体"三资"管理民主化、加强对农村集体

“三资”管理工作的组织领导6个方面的实施意见。8日，市委、市政府下发《关于在全市建立村民监督委员会的意见》(以下简称《意见》)，为加强农村基层党风廉政建设，进一步完善惩治和预防腐败体系，构建和谐稳定新农村，促进经济社会又好又快发展，市委、市政府决定在全市村级组织中建立村民监督委员会。《意见》就此项工作提出了建立村民监督委员会的重要意义、指导思想和原则，村民监督委员会的职责、权利、义务，村民监督委员会的产生、组成以及委员的罢免和补选，组成人员的条件、工作机制和要求，村民监督委员会的保障机制等方面的意见。30日，市委转发《玉溪市人大常委会2011年工作要点》，指出，2011年市人大常委会工作的指导思想是：以邓小平理论和“三个代表”重要思想为指导，深入贯彻落实科学发展观，认真贯彻落实党的十七届五中全会、省委八届九次、十次全会和省委人大工作会议精神，按照市委三届七次全会的部署和市三届人大四次会议的要求，在市委的领导下，紧紧围绕“把握科学发展主题，加快转变发展方式，调整结构，保护生态环境，改善民生，加强党建，坚持走玉溪特色路子不回头，发展‘三优一特’优势不动摇”的要求，依法行使宪法和法律赋予的职权，确保“十二五”开好局、起好步，为建设富裕、民主、文明、开放、平安、和谐、生态、幸福新玉溪作出新贡献。工作重点是：认真贯彻落实省委人大工作会议精神；进一步加强监督工作，增强监督实效；依法做好重大事项决定和人事任免工作；加强代表工作，充分发挥代表作用；进一步加强自身建设，切实提升履职能力。

4月1日，市委、市政府下发《关于做好创建“全国双拥模范城”工作的通知》(以下简称《通知》)，为了落实市委、市政府创建“全国双拥模范城”三连冠的目标，《通知》要求，加强组织领导，切实做好创建“全国双拥模范城”的各项工作；制定工作措施，认真学习贯彻《全国双拥模范城(县)创建命名管理办法》、《全国双拥模范城(县)考评标准》；明确创建责任，确保各项目标任务落实到位；开展广泛宣传，营造双拥创建活动的良好社会氛围。7日，市委下发《玉溪市2011～2015年党外代表人士队伍建设规划》，确定了进一步加强全市党外代表人士队伍建设的总体要求，提出了工作措施、组织保障等方面的任务。13日，市委转发《政协玉溪市委员会2011年工作要点》，指出，2011年市政协工作的总体要求是：以邓小平理论和“三个代表”重要思想为指导，深入贯彻落实科学发展观，在中共玉溪市委的领导下，认真贯彻中共十七届五中全会、省委政协工作会议和市委三届七次全会精神，着力在发挥优势促进经济发展方式转变、保持经济平稳较快发展上下功夫，在凝心聚力维护社会和谐稳定上下功夫，在改革创新提高政协工作科学化水平上下功夫，全力为实施“十二五”规划，促进玉溪科学发展做出新贡献。工作重点是：抓学习，不断提升履职能力和水平；谋发展，为实现“十二五”良好开局献计出力；促和谐，为营造和衷共济氛围倾心尽力；求实效，认真做好政协经常性工作；重基础，切实加强政协自身建设。28日，市委、市政府下发《关于玉溪市2011年依法治市工作的意见》，指出，2011年是“十二五”规划的开局之年，是落实“三五”依法治市规划的第四年，也是“六五”普法的启动年，全市各级各部门要紧紧围绕市委、市政府中心工作，全面贯彻落实依法治国基本方略和科学发展观，以“六五”普法的启动为契机，深入开展法制宣传教育，落实“三五”依法治市规划，推动“法治玉溪”建设，不断提升玉溪市社会法治化管理水平，为玉溪经济平稳较快发展和社会和谐稳定提供强有力的法治保障。

5月12日，市委、市政府下发《关于加强文化建设的意见》，指出，深入贯彻落实党的十七大关于推动社会主义文化大发展大繁荣的部署、省委省政府《关于建设民族文化强省的实施意见》和全省文化建设工作会议精神，要抓住“桥头堡”建设机遇，扎实实施“文化和市”战略，为玉溪经济社会发展提供精神动力、智力支持和文化条件，从加强文化建设的重要性和必要性、总体要求、主要任务、保障措施等方面提出了实施意见。18日，市委、市政府下发《关于进一步加强网上信访工作的意见》，为全面推动“网上信访”工作深入开展，提出了提高认识，深刻理解加强网上信访工作的重要性；突出重点，扎实推进网上信访各项工作；精心组织，确保规范和推广网上信访工作取得实效3个方面的意见。24日，市委、市政府下发《关于加快少数民族贫困地区深度贫困群体脱贫进程的意见》，指出，新时期全市扶贫开发工作取得明显成效，但少数民族贫困地区扶贫开发攻坚任务依然艰巨，在新的历史时期，帮助深度贫困群体尽快脱贫，是贯彻落实科学发展观、构建和谐社会的重大举措，是统筹城乡、区域协调发展的重要内容，是加强民族团结、巩固党的执政基础的重要保障。各级党委、政府必须以高度的政治责任感和使命感，在做好面上扶贫开发的同时，切实把解决少数民族贫困地区深度贫困问题作为一项重要政治任务来抓，瞄准最贫困群体，集中力量打好攻坚战，让贫困群众共同享受改革发展成果。明确了加快少数民族贫困地区深度贫困群体脱贫进程的重要性和必要性；总体要求、基本原则和目标任务；开发和建设重点；加快少数民族贫困地区脱贫发展的政策措施；组织领导5个方面的要求。

6月15日，市委、市政府下发《玉溪市流动人口服务管理暂行办法》，为加强流动人口管理，保障其合法权益，维护社会秩序，根据有关法律、法规，制定了对流动人口服务管理的36条管理办法。

7月4日，市委、市政府下发《玉溪市关于开展清理和规范庆典、研讨会、论坛活动工作的实施意见》，明确了做好玉溪市清理和规范庆典、研讨会、论坛活动工作的总体要求，就清理和规范的范围、内容、方法、步骤和工作要求提出了实施意见。

8月10日，市委下发《加强和改进新形势下党史工作的实施意见》，指出，要加强和改进全市党史工作，发挥党史工作在玉溪改革开放和现代化建设事业中的重要作用，结合玉溪实际，从增强做好新形势下党史工作的责任感和紧迫感；党史工作的指导思想和基本要求；做好新形势下玉溪党史工作的主要任务；加强领导，提高党史工作科学化水平等方面提出实施意见，努力推动全市党史工作迈上一个新台阶。19日，市委、市政府下发《玉溪市2011年反腐倡廉工作任务分工意见》，按照中纪委、省纪委有关要求，强化监督检查，确保中央和省、市委重大决策部署的贯彻落实；坚持以人为本、执政为民，进一步密切党同人民群众的血肉联系；加大治理力度，切实解决人民群众反映强烈的突出问题；深入贯彻《廉政准则》，切实加强对党员领导干部教育监督；深入推进改革创新，努力提高反腐倡廉建设科学化水平等方面的反腐倡廉工作任务细化落实到有关部门。要求各牵头单位按照分工要求，及时会同责任单位认真抓好落实，确保全年工作任务全面完成。23日，市委作出《关于进一步加强政法工作的决定》，指出，政法工作是维护全市政治稳定、保障社会长治久安和人民群众安居乐业的一项重要工作。

玉溪市已进入改革发展的关键时期，既是发展机遇期，也是矛盾凸显期，影响稳定的因素大量存在，全市政法机关维护国家安全与社会政治稳定的任务依然艰巨繁重。要提高认识，进一步明确新形势下政法工作的重要地位和作用；发挥职能，为桥头堡建设提供有力的司法保障和服务；夯实基础，为政法工作创造良好的工作环境；强化管理，进一步加强政法领导班子和队伍建设；加强领导，确保政法工作的政治方向，为建设富裕、民主、文明、开放、生态、平安、和谐、幸福的新玉溪创造和谐稳定的社会环境、公平正义的法治环境、优质高效的服务环境。29 日，市委下发《加强和改进新形势下人大工作的意见》，指出，为进一步加强和改进党对人大工作的领导，充分发挥全市各级人大及其常委会在加快建设富裕、民主、文明、开放、平安、和谐、生态、幸福新玉溪中的重要作用，不断推进社会主义民主政治建设，要始终坚持人大工作正确的政治方向；支持和保证人大及其常委会依法行使职权；支持和保证各级人大代表依法履行职务；切实加强各级人大及其常委会的自身建设；进一步加强和改进党对人大工作的领导。同日，市委下发《关于支持人民政协履行职能发挥作用的意见》，指出，为认真贯彻落实胡锦涛总书记在庆祝人民政协成立60周年大会上的重要讲话和省委政协工作会议精神，进一步加强和改善党对政协工作的领导，积极支持人民政协履行职能发挥作用，从切实把政治协商纳入决策程序；不断强化政协的民主监督；完善参政议政工作机制；支持人民政协为促进全市科学发展发挥作用；支持人民政协加强自身建设；加强党对人民政协的领导 6 个方面提出了实施意见。

9 月 16 日，市委、市政府下发《玉溪市 2011 年企业工资集体协商工作实施方案》，为确保 2011 年度企业工资集体协商工作顺利开展，提出了企业工资集体协商工作的指导思想、目标要求，并对实施步骤作了细化，提出了有关要求。22 日，市委、市政府下发《玉溪市中长期人才发展规划(2010 ~ 2020 年)》(以下简称《规划》)，指出，《规划》是玉溪市第一个中长期人才发展规划，是今后一个时期全市人才工作的指导性文件。制定实施《规划》是深入贯彻科学发展观、全面推进人才强市战略的重大举措，对于加快经济发展方式转变，实现经济社会又好又快发展，建设富裕、民主、文明、开放、平安、和谐、生态、幸福的新玉溪具有重要的意义。《规划》从指导思想和发展原则、发展目标和主要任务、人才发展的重点工程、人才发展的保障措施、人才规划的组织实施 5 个方面提出了指导性意见。28 日，市委下发《关于进一步加强新形势下群众工作的意见》，指出，做好群众工作是党的优良传统和政治优势，是解决新情况新问题的客观要求，是维护群众利益、促进社会和谐的根本要求。要充分认识做好新形势下群众工作的重大意义；健全完善新形势下群众工作的长效机制；切实加强对新形势下群众工作的组织领导。

10 月 18 日，市委、市政府下发《玉溪市推进人口和计划生育综合改革工作的实施意见》，就推进全市人口计生综合改革工作，明确了指导思想、总体目标和综合改革主题，提出了主要任务，综合改革支撑体系建设，综合改革的工作要求等实施意见。31 日，市委、市政府下发《玉溪市 2012 年底前落实〈任务分解〉推进惩治和预防腐败体系建设工作要点》，为认真贯彻落实中央《建立健全惩治和预防腐败体系 2008 ~ 2012 年工作规划》、省委《贯彻落实〈建立健全惩治和预防腐败体系 2008 ~ 2012 年工作规划〉实施办法》、市委《贯彻落实〈建立健全惩治和预防腐败体系 2008 ~ 2012 年工作规划〉任务分解方案的通知》(以下简称《任务分解》)以及中央、省委和市委关于反腐倡廉的决策部署，明确要求 2012 年底前要重点做好全面贯彻落实《任务分解》，整体推进反腐倡廉各项工作；加快构建惩防体系基本框架，形成反腐倡廉的长效机制；抓住重点领域和关键环节，着力解决群众反映强烈的突出问题；坚决惩治腐败，继续加大违纪违法案件查处力度；建立健全防止利益冲突制度，推动完善“三公”领域市场运行机制；总结推广惩防体系建设工作经验，不断提升反腐倡廉建设科学化水平；认真开展监督检查，提高制度的执行力；深入开展调研，科学谋划好下一个五年的惩防体系建设工作；贯彻实施新修订的党风廉政建设责任制，切实增强惩防体系建设工作的整体合力等方面的工作。

11 月 9 日，市委、市政府下发《关于深化乡镇机构改革的指导意见》，明确了深化乡镇机构改革的指导思想和基本原则，并确定了改革范围、进一步推进职能转变、进一步理顺责权关系、规范机构设置和职责、规范人员编制和领导职数 5 个方面的主要任务。30 日，市委、市政府下发《玉溪市重大事项社会稳定风险评估办法》，为大力推进社会管理创新，切实从源头上预防、减少和消除影响社会稳定的隐患，推动全市重大事项社会稳定风险评估工作深入开展。明确了重大事项社会稳定风险评估工作总则、评估范围和责任主体、评估程序、责任追究、附则等方面的事项。要求各县(区)、各部门参照本办法，结合实际，制定重大事项社会稳定风险评估的具体措施，细化有关制度规定和操作程序，推动该项工作顺利实施。

12 月 1 日，市委、市政府下发《关于加强和改进新形势下工商联工作的实施意见》(以下简称《意见》)，为充分发挥工商联在统一战线、经济工作和创新社会管理中的优势和作用，推动玉溪市非公有制经济快速健康发展，《意见》从充分认识新形势下加强和改进工商联工作的重要性和紧迫性、正确把握工商联工作的基本要求、充分发挥工商联的职能作用、大力加强工商联自身建设、加强和改善对工商联工作的领导 5 个方面提出了加强和改进新形势下工商联工作的 18 条具体意见。5 日，市委下发《关于认真学习宣传贯彻省第九次党代会精神的通知》，要求把广大干部群众的思想和行动统一到会议的重大决策部署上来，要充分认识学习宣传贯彻省第九次党代会精神的重大意义；全面准确理解和把握省第九次党代会精神；求真务实，开拓奋进，全面落实省第九次党代会提出的任务；加强领导，精心组织，迅速掀起学习宣传贯彻省第九次党代会精神热潮。8 日，市委、市政府作出《关于加快水利改革发展的决定》，指出了加快水利改革发展面临的形势，确定了推动全市水利改革发展实现新跨越的指导思想、目标任务和总体要求，并从强化增加水利投入、加快推进水利发展重点工程、实行最严格水资源管理三条红线制度、不断创新水利发展五大体制机制、加强水利服务四大能力建设、加强对水利工作的领导等方面确定了 39 条从根本上提高抗御洪旱灾害能力和水利基础保障水平，推动全市水利实现跨越式发展的重要措施。22 日，市委下发《关于开展群众观点群众路线群众利益群众工作教育实行干部直接联系群众制度的实施意见》，就全市开展群众观点、群众路线、群众利益、群众工作教育，实行干部直接联系群众制度，从把握总体要求，明确目标任务；深入开展“四群”教育，切实提高做好新形势下群众工作的能力和本领；扎实开展“三深入”活动，推动干部直接联系群众；把握关键环节，确保有序推进；强化保障措施，确保取得实效5个方面提出了具体实施意见。

【重要会议】 2011年1月12日，全市烤烟生产工作会议召开。会议要求，要认清形势，明确任务，转变作风，按照市委三届七次全会提出的目标要求，建设中国一流的现代烟草种植基地，开创玉溪现代烟草农业新局面。市委书记孔祥庚在会上强调，2011年玉溪市烟草产业发展的任务是以科学发展观为指导，加快转变发展方式，从传统烟草农业向现代烟草农业转变，努力开创玉溪现代烟草农业发展的新局面。市委副书记、市长高劲松总结“十一五”期间全市烟草产业发展取得的成果，对“十二五”期间烟草产业发展及2011年烤烟生产工作进行安排部署。13日，全市政法工作会议召开，总结部署全市政法工作。孔祥庚在会上强调，要把握工作大局，落实第一责任，树立群众观念，强化队伍建设，确保政法工作更好地服务于经济社会发展。孔祥庚与部分县（区）委书记、综治维稳委成员单位负责人代表签订了2011年社会治安综合治理维护稳定目标管理责任书。高劲松宣读了市委、市政府对2010年综治维稳、防范和处理邪教工作先进集体、先进个人表彰决定。市委常委、政法委书记刘宁笙在会上作全市政法工作报告。

2月15日，全市新农村建设工作队总结表彰暨欢送指导员视频会议召开。市委副书记张玲总结了2010年全市新农村建设工作队及指导员工作，并对2011年的工作进行安排部署。市委常委、组织部部长寸世成主持会议。副市长苏圣兵宣读了市委、市政府《关于表彰全市第四批新农村建设工作队优秀个人和先进派出单位的决定》。16日，全市党风廉政建设大会召开。会议贯彻落实中央和省有关要求，部署全市党风廉政建设工作。孔祥庚出席会议并讲话，充分肯定全市党风廉政建设和反腐败工作取得的成绩，并指出，要把握形势，坚定不移地推进党风廉政建设和反腐败工作，要以人为本、执政为民，以反腐倡廉的实际成效取信于民。17日，中共玉溪市纪委三届六次全会召开。会议回顾总结全市2010年反腐倡廉工作，研究部署2011年工作任务。市委常委、市纪委书记李文斌代表市纪委常委会做了题为《服务发展整体推进不断取得党风廉政建设和反腐败斗争新成效》的工作报告。李文斌指出，全市各级纪检监察机关要认真贯彻中央纪委和省纪委全会精神，加强以保持党同人民群众血肉联系为重点的作风建设，加强以完善惩治和预防腐败体系为重点的反腐倡廉建设，加强对中央和省市委重大决策部署执行情况的监督检查，着力解决群众反映强烈的突出问题，努力提高反腐倡廉科学化水平，为建设富裕、民主、文明、开放、平安、和谐、生态、幸福的新玉溪提供有力的政治和纪律保证。24日，玉溪市2010年度年终检查考评动员汇报会召开。省检查考评组组长、省人大常委会副主任李春林在会上要求，要充分认识检查考评工作的重要性和必要性，把思想行动统一到省委、省政府的安排部署上来，确保玉溪市的集中检查考评收到实效，并就玉溪市开展好检查考评工作作出具体部署和指导。玉溪市向考评组汇报了2010年度工作情况。孔祥庚主持汇报会并指出，各级各有关部门要进一步提高认识，加强领导，抓好各项工作的落实，积极配合支持做好检查考评工作，确保圆满完成集中检查考评。28日，全市信访工作会召开。会议贯彻落实全国、全省信访局长电视电话会和全省信访局长专题会精神，总结“十一五”工作，安排2011年的信访任务。刘宁笙出席会议并指出，提高认识，切实增强信访工作维护稳定、推动发展、服务大局的能力，要维护群众合法诉求，做好领导干部大接访工作，为全市经济社会发展做出新贡献。副市长、市公安局长明正彬主持会议，并就信访工作提出要求。

3月10～11日，全市农村工作会议召开。会议贯彻落实省委农村工作会议和市委三届七次全会、市“两会”精神，回顾总结“十一五”及2010年“三农”工作，安排部署“十二五”和2011年农业农村工作。张玲出席会议并指出，要创新思路，统筹发展，开创全市“十二五”农业农村工作新局面。副市长李洪云主持会议，并就贯彻好会议精神、做好2011年农业农村工作提出要求。16日，全市统战部长会议召开。会议总结回顾2010年统战工作，深入分析当前形势，研究部署2011年的统战工作。张玲出席会议并强调，要充分发挥统一战线的优势和作用，积极整合资源，着力破解难题，务求工作实效，不断提高统战工作科学化水平，为玉溪经济社会发展作出更大的贡献。市委常委、宣传部部长董文献主持会议并通报了2010年县（区）统战工作目标管理考核结果。市政协副主席、统战部部长范亚辉对“十一五”期间的统战工作进行了回顾，并对统战工作进行安排部署。22日，市委召开学习贯彻胡锦涛总书记重要批示和省委部署要求会议，传达学习贯彻胡锦涛总书记等中央领导关于学习杨善洲的重要批示精神，贯彻落实省委深入开展向杨善洲学习座谈会精神和省委书记白恩培的讲话精神，安排部署全市进一步深入开展学习杨善洲先进事迹活动。29日，全市民族工作会议暨第四次民族团结进步表彰大会召开。会议总结和研究部署全市的民族工作，对在民族团结进步事业中做出显著成绩的40个先进集体和79名先进个人进行表彰。孔祥庚出席会议并指出，要牢牢把握各民族共同团结奋斗、共同繁荣发展的主题，全面贯彻执行党和国家的民族政策和民族法律法规，巩固和发展平等团结、互助、和谐的社会主义民族关系，坚持发展第一要务，稳定第一责任，全面推进民族地区经济建设、政治建设、文化建设、社会建设、生态文明建设和党的建设，确保民族地区经济持续发展、民生持续改善、社会持续稳定。高劲松主持会议并就贯彻落实会议精神提出要求。

4月1日，全市老干部工作会议召开。会议贯彻落实全国、全省老干部工作会议精神，总结2010年全市老干部工作，安排部署2011年工作任务。寸世成出席会议并指出，要进一步深化认识，扎扎实实做好各项老干部工作。会上，市老干局与各县（区）签订了工作目标责任书。11～14日，市委理论学习中心组会议召开。会议深入贯彻落实中央和省委加强社会管理创新、做好新形势下群众工作的重大决策部署，总结近年来玉溪市社会管理和群众工作的经验，分析当前面临的形势和任务，研究部署加强和创新社会管理工作。孔祥庚在中心组集中学习总结讲话暨全市领导干部社会管理及其创新专题研讨班开班动员中指出，要总结经验，认清形势，充分认识加强和创新社会管理的重要性和紧迫性；坚持以人为本、执政为民，全面加强和创新社会管理工作；加强领导，落实责任，为社会管理创新提供坚强保证。27日，玉溪市创建国家环境保护模范城市动员大会召开。孔祥庚出席会议并指出，全市创模基础牢固，申报条件基本成熟，要广泛深入全面地推进生态立市、环境优先战略，进一步增强全民生态环保意识，加大生态环保工作力度，努力把玉溪建成全国一流的现代宜居生态城市，真正使玉溪成为最“好在”的地方，确保高质量、高标准地推进创模工作。高劲松主持会议并就落实大会精神提出要求。省环保厅副厅长肖唐付出席动员大会并讲话。

5月5日，全市宣传思想文化工作会议召开，研究部署全市宣传思想和文化建设工作。孔祥庚在会上强调，要深刻认识加快文化建设的重大意义，切实增强全面推进文化和市战略的紧迫感和责任感，要进一步推进文化和市战略，开创玉溪宣传思想文化工作新局面，力争使玉溪从经济强市向文化强市迈进。高劲松就全面实施文化和市战略，推动玉溪文化大发展大繁荣，确保加强文化建设各项目标任务落到实处提出了要求。张玲主持会议。6日，中共玉溪市委三届八次全会在玉溪召开，孔祥庚主持会议并讲话。会议审议通过《关于召开中国共产党玉溪市第四次代表大会的决议》。全会决定，玉溪市第四次党代会将于2011年9月份召开。孔祥庚在会上指出，三届市委深入贯彻科学发展观，坚定不移地实施以改革开放和科技进步为动力的生态立市、烟草兴市、工业强市、农业稳市、文化和市战略和"三优一特"经济发展思路，保持了经济社会又好又快发展的大好局面。各级党委和组织部门要认真贯彻落实好中央和省委关于市县(区)党委换届工作的各项部署和安排，全力做好各项工作，为实现"十二五"规划宏伟目标提供坚强的组织保证。24日，全市学习型党组织建设工作推进会召开。张玲出席会议并指出，要充分认识建设学习型党组织的重要性和紧迫性，进一步增强推进学习型党组织建设的责任感和紧迫感，以更大的决心、更大的力度，更有效的措施，扎实推进全市学习型党组织建设。董文献主持会议并就贯彻会议精神，推进学习型党组织建设工作提出要求。会议命名了红塔区委等30个市级建设学习型党组织示范点。

6月3日，玉溪市抚仙湖保护治理工作专题会议在江川召开。孔祥庚在会上指出，抚仙湖保护治理工作既有成就，又有危机；既有广大干部群众在保护治理中创造的成功经验，又有新形势下面临的新问题、新困难。要强化危机意识，高度重视当前抚仙湖保护治理工作中存在的问题，进一步提高认识、加强领导、明确责任，举全市之力推进"一退够、二调优、三保护"规划的实施，确保抚仙湖Ⅰ类水质。高劲松对抚仙湖保护治理工作进行安排部署，对贯彻落实好会议精神提出要求。副市长周继武主持会议并代表市政府与江川、澄江、华宁等3个县政府和市直有关单位签订了抚仙湖保护治理目标责任书。29日，玉溪市庆祝中国共产党成立90周年大会召开。大会回顾了党的光辉历程和丰功伟绩，对全市先进基层党组织、优秀共产党员、优秀党务工作者和基层党组织建设先进县进行表彰奖励。孔祥庚在会上指出，站在新的历史起点上，全市各级党组织和广大党员要紧紧抓住云南建设中国面向西南开放重要桥头堡的重大历史机遇，为建设富裕、民主、文明、开放、平安、和谐、生态、幸福的新玉溪而努力奋斗。高劲松主持大会，张玲宣读表彰决定。29日，市委理论学习中心组会议召开。传达贯彻党中央、国务院和省委、省政府关于推进西部大开发、加快桥头堡建设的相关文件精神，研究讨论全市加快桥头堡建设的实施意见。会议强调，全市上下要树立大局意识、全局观念，紧紧抓住云南建设中国面向西南开放重要桥头堡的重大历史机遇，把立足玉溪、服务云南和全国，建设民族团结进步、社会繁荣稳定的示范区作为总目标，把玉溪建成桥头堡的重要经济支柱，建成全国最"好在"的地方。孔祥庚主持集中学习总结讲话时指出，民族团结进步、社会繁荣稳定是桥头堡建设最核心的任务。围绕这一总目标，要做美城镇，做强产业，做优环境，做活政策，改善和惠及民生，确保稳定和谐。高劲松传达了省委八届十一次全会和省委中心组学习精神。29～30日，全市党史工作会议召开。寸世成，市委常委、市委秘书长范汝坤出席会议并讲话。寸世成指出，全市党史部门和党史工作者要切实增强责任感和紧迫感，进一步加强党的历史，特别是地方史的研究，推动全市党史事业实现新发展、取得新成就，使党史工作更好地为推动全市科学发展、和谐发展服务。范汝坤回顾了玉溪市党史部门成立以来的工作情况，并给予了充分肯定。要求坚持围绕中心、服务大局，进一步明确加强和改进新形势下全市党史工作的主要任务，把党史工作提高到一个新水平，更好地服务全市经济社会发展。会议还对全市党史系统先进集体、先进个人和重视党史工作好领导进行了表彰。

7月13日，中共玉溪市委人大工作会议召开。会议深入学习贯彻省委人大工作会议精神，回顾总结2005年以来全市人大工作取得的成绩和经验，表彰人大工作先进集体和个人，研究部署新形势下的人大工作。孔祥庚、高劲松出席会议并讲话。同日，中共玉溪市委政协工作会议召开。会议提出，充分发挥各级政协组织和广大政协委员的作用，切实履行好政协职能，努力为建设富裕民主文明开放平安和谐生态幸福的新玉溪作出新的更大的贡献。孔祥庚、高劲松出席会议并讲话。

8月10日，召开全市烟叶收购工作会，安排部署2011年烟叶收购和烤烟生产后期管理工作。孔祥庚出席会议并指出，要牢牢把握当今世界烟草发展大趋势，抢占世界烟草市场制高点，解放思想，转变方式，全力支持红塔集团和市烟草公司打造高端品牌，努力把烟草产业打造成新型产业，永葆中国"云烟之乡"的桂冠。高劲松安排部署当前工作。

9月15日，中共玉溪市委三届九次全体会议召开。会议指出，根据党中央的统一部署和省委安排，9月18～21日，全市将召开第四次党代会，全市各级党组织和全体共产党员，要在中央和省委的领导下，把市第四次党代会开成一个团结的大会、民主的大会、务实的大会、鼓劲的大会，为把玉溪市建设成为富裕民主文明开放平安和谐生态幸福的新玉溪而努力奋斗。孔祥庚主持会议并讲话。受市委常委会委托，张玲作关于中共玉溪市第四次代表大会筹备工作情况的报告。会议审议了中共玉溪市第三届委员会《工作报告》(草案)和市纪律检查委员会《工作报告》(草案)；酝酿了中共玉溪市第四届委员会委员、候补委员和市纪律检查委员会委员候选人预备人选建议名单；审议通过了玉溪市出席中共云南省第九次代表大会代表候选人预备人选建议名单；审议通过了中共玉溪市委三届九次全会《决议》。19日，中国共产党玉溪市第四次代表大会在玉溪召开。大会动员和带领全市党员和各族人民紧紧抓住新一轮西部大开发和桥头堡建设的重大机遇，进一步解放思想、开拓进取，进一步鼓舞斗志、凝聚力量，进一步挖掘潜能、发挥优势，进一步艰苦创业、团结奋斗，努力实现玉溪科学发展、和谐发展、跨越发展。大会审查了三届市委和市纪委的工作报告，全面总结了市第三次党代会以来的工作，确定了今后5年的奋斗目标和主要任务，选举出新一届市委、市纪委和出席省第九次党代会代表。孔祥庚代表中共玉溪市第三届委员会向大会作题为《抢抓机遇开拓创新努力实现科学发展和谐发展跨越发展》的工作报告(以下简称《报告》)。《报告》回顾了过去5年的工作，确定了今后5年的奋斗目标，明确了经济社会发展和党的建设的主要任务。《报告》指出，要紧紧抓住桥头堡建设的重大机遇，努力建设美丽幸福的新玉溪，要围绕奋斗目标，充分发挥三大优势，大力发展九大特色产业；全面服务三农，千方百计富民强县；加快现代宜居生态城市建设，增强综合竞争实力；实施文化和市战略，促进文化大发展大繁荣；推进基本公共服务全覆盖，努力让人民群众得到更多实惠；坚持走中国特色社会主义政治发展道路，推进民主法制建设。要全面推进党的建设新的伟大工程，必须认真学习贯彻胡锦涛总书记“七一”讲话精神，以防止和解决精神懈怠、能力不足、脱离群众、消极腐败“四个危险”为重点，以加强执政能力和先进性建设为核心，不断提高党建工作的科学化水平，全面推进党的思想、组织、作风、制度和反腐倡廉建设，为促进玉溪经济社会又好又快发展提供坚强保证。

11月30日，市委召开传达学习省第九次党代会精神会议。孔祥庚主持会议并指出，要统一思想认识，明确目标任务，以科学发展、和谐发展、跨越发展为主题，把玉溪率先建成滇中经济强市、全省最有幸福感和安全感的地方。全市各级各部门要把学习贯彻好省第九次党代会精神作为当前和今后一段时期的重要任务抓紧抓好。同时，要把贯彻省第九次党代会与贯彻市第四次党代会精神结合起来，抓好全年各项任务的完成，认真谋划好2012年的工作，打好基础，做好准备，在新一届省委的领导下做好玉溪的工作。张玲传达了省第九次党代会主要精神。

12月5日，市委、市政府召开全市教育工作会议，贯彻落实全国、全省教育工作会议精神，总结玉溪市教育工作的成绩和经验，对全市教育改革发展工作进行安排部署，表彰奖励“两基”工作及捐资助学先进集体和个人。孔祥庚在会上指出，要坚持教育优先发展战略不动摇，一手抓改革创新，一手抓增加财政投入，加快构建具有玉溪特色的现代教育体系，确保2020年前在全省率先实现教育现代化，为玉溪科学发展、和谐发展、跨越发展提供更加有力的人才保障和智力支撑。高劲松出席会议并就全市“十二五”期间教育事业发展提出具体要求。张玲主持会议。省教育厅副厅长王建颖出席会议并讲话。副市长杨洋在会上宣读了市委、市政府对“两基”工作及捐资助学先进集体和个人的表彰决定。9日，全市加强和改进工商联工作会议召开，研究部署新形势下的工商联工作，推进全市非公有制经济科学发展、和谐发展、跨越发展。孔祥庚出席会议并指出，要进一步解放思想、大胆创新，牢固树立发展非公经济就是发展县域经济，抓非公经济就是抓发展的理念，把发展经济的着力点、着眼点更多地放在发展非公经济上。高劲松主持会议。省委统战部副部长、省工商联党组书记张功祥出席会议并讲话。12日，全市人才工作暨首届玉溪杰出人才表彰大会召开，会议总结全市人才工作成绩经验，研究部署当前和今后一个时期的人才工作，对首届“玉溪杰出人才奖”获得者进行表彰。孔祥庚、高劲松出席会议。21日，市委召开新农村建设座谈会。张玲出席会议并指出，要真情实意、务实创新、统筹兼顾、富有成效地推进全市新农村建设。

（孙一波　张　云）

【市委常委会议】　2011年1月10日，市委书记孔祥庚主持召开第八十四次市委常委会议。会议有2项议题：1. 传达学习全省政法工作会议精神，研究玉溪市贯彻意见。2. 研究全市2011年烤烟生产工作。27日，召开第八十六次市委常委（扩大）会议，专题传达学习贯彻省十一届人大四次会议和省政协十届四次会议精神。

2月12日，召开第八十八次市委常委会议。会议有6项议题：1. 传达全省组织部长会议精神，研究玉溪市贯彻意见。2. 传达省纪委八届六次全会精神，研究全市党风廉政建设相关工作。3. 传达贯彻全省党委系统信息化建设大理会议精神，研究全市党委系统信息化建设有关问题。4. 讨论《政府工作报告（送审稿）》、《关于玉溪市2010年国民经济和社会发展计划执行情况与2011年国民经济和社会发展计划草案的报告（送审稿）》、《关于玉溪市2010年地方财政预算执行情况和2011年地方财政预算草案的报告（送审稿）》；《玉溪市国民经济和社会发展第十二个五年规划纲要（送审稿）》。5. 研究玉溪市2011年财政预算建议安排情况。6. 研究干部人事问题。

3月7日，召开第九十二次市委常委（扩大）会议。会议有4项议题：1. 传达学习省委重要文件精神。2. 传达全国和全省统战部长会议精神，研究全市贯彻意见。3. 传达省委农村工作会议精神，研究全市贯彻意见。4. 研究全市民族宗教工作。

4月12日，召开第九十四次市委常委会议。会议有4项议题：1. 听取关于市级政府融资平台贷款偿还方案的汇报。2. 研究2010年玉溪市开发投资有限公司市政项目建设债券募集资金使用及偿还方案。3. 研究《中共玉溪市委玉溪市人民政府关于加快少数民族贫困地区深度贫困群体脱贫进程的意见（送审稿）》。4. 听取玉溪市创建国家环境保护模范城市工作情况汇报，研究相关工作。28日，召开第九十五次市委常委会议。会议有8项议题：1. 研究全市开展“七一”建党节表彰的有关事宜。2. 研究中国共产党玉溪市第四次代表大会有关准备工作。3. 传达全省宣传思想文化工作会议精神，研究全市贯彻意见。4. 听取庆祝中国共产党成立90周年暨第二届中国聂耳音乐（合唱）周玉溪系列活动策划方案汇报。5. 研究《中共玉溪市委、玉溪市人民政府关于加强文化建设的意见（送审稿）》。6. 传达全省建设学习型党组织工作会议精神，研究全市贯彻意见。7. 研究干部人事问题。8. 研究违纪干部处理问题。

6月20日，召开第九十八次市委常委会议。会议有3项议题：1. 传达全省党史工作会议精神，研究全市贯彻意见。2. 研究召开本市庆祝中国共产党成立90周年大会有关事宜。3. 通报县（区）党委换届工作情况。

7月1日，召开第九十九次市委常委会议。会议有2项议题：1. 向省委组织部干部考察组汇报工作。2. 传达省委群众工作领导小组第一次会议精神，研究全市贯彻意见。8日，召开第一百零一次市委常委会议。会议有2项议题：1. 通报省委组织部干部考察组反馈意见。2. 研究全市选举中国共产党云南省第九次代表大会代表有关工作。

9月6日，召开第一百零三次市委常委会议。会议有3项议题：1. 研究《中共玉溪市委关于进一步加强新形势下群众工作的意见（送审稿）》。2. 研究中国共产党玉溪市第四次代表大会筹备工作。3. 研究干部人事问题。8日，召开第一百零五次市委常委（扩大）会议。会议有2项议题：1. 传达省委近期召开的全省领导干部大会精神。2. 传达全省保护坝区农田建设山地城镇工作会议精神，研究全市贯彻意见。15日，召开第一百零六次市委常委会议。会议有2项议题：1. 传达学习省委书记秦光荣在省委常委（扩大）会议上的讲话精神。2. 讨论审议市第四次党代会有关材料。

11月4日，召开四届市委第一次常委会议。会议有10项议题：1. 传达全省党校工作推进会精神，研究全市贯彻意见。2. 听取全市集体林权制度改革工作情况汇报。3. 传达全省社会主义新农村省级重点建设村工作会及新农村建设指导员工作座谈会精神，研究全市贯彻意见。4. 审议《中共玉溪市委玉溪市人民政府关于加快水利改革发展的决定(送审稿)》。5. 听取全市教育工作会暨“两基”工作表彰会筹备情况汇报。6. 听取关于玉溪市政府性债务审计情况汇报。7. 研究干部人事问题。8. 听取首届“玉溪杰出人才奖”评选等有关工作情况汇报。9. 研究违纪干部处理问题。10. 传达全省加强和改进工商联工作会议精神，研究全市贯彻意见。21日，召开第二次市委常委(扩大)会议，专题传达学习全省加大城乡统筹力度促进农业转移人口转变为城镇居民工作会议精神，研究全市贯彻意见。

12月12日，召开第三次常委(扩大)会议。会议有3项议题：1. 传达学习云南省开展群众观点群众路线群众利益群众工作教育实行干部直接联系群众制度动员大会精神，研究全市贯彻意见。2. 研究全市2011年推进惩治和预防腐败体系建设暨落实党风廉政建设责任制考核实施方案。3. 研究违纪干部处理问题。

【上级领导视察调研】 2011年2月22日，省委常委、省委统战部部长黄毅率省委统战部、省民委、省宗教局相关负责人深入华宁县盘溪镇调研民族团结进步示范区创建工作。黄毅强调，要坚持以科学发展观为指导，进一步创新工作思路和工作方法，加快推进盘溪民族团结进步示范区建设，促进民族地区经济社会又好又快发展。

3月21日，省委常委、昆明市委书记仇和率昆明市党政代表团到玉溪市考察。仇和指出，玉溪的新思想、新思维、新思路，玉溪的大变化、大框架、大手笔、大成效，玉溪领导班子的务实、扎实、落实，玉溪的重点工程为民、富民、安民，没来之前想不到、看了之后忘不了，值得昆明学习借鉴。

4月18日，副省长高峰率省卫生厅、省发展和改革委(医改办)、省财政厅、省人力资源和社会保障厅等部门负责人到江川县就玉溪市推进医药卫生体制改革工作进行调研。高峰指出，玉溪医改工作效果明显，希望玉溪进一步加大工作力度，进一步完善各项措施，进一步总结好经验，发挥模范带头作用。市领导孔祥庚、高劲松陪同调研。25～26日，省委书记、省人大常委会主任白恩培率省农业厅、林业厅、工信委等部门负责人，深入华宁、江川、通海，就生态建设、现代农业、工业生产、民族团结、基层党建、文物保护等工作进行调研。白恩培强调，加快发展、提高群众生活水平，始终是我们的目标，但发展绝不能以破坏生态环境为代价，否则即使有再多钱，老百姓也不会感到幸福。只要我们牢固树立起保护生态环境的观念，就一定可以找到一条把经济效益、生态效益和社会效益统一起来的发展路子。白恩培还指出，我们要打一场扶贫攻坚战，要动员全社会力量，调动各方面资金，发动中央企业、云南企业和外地赴滇投资企业共同行动，一个企业帮助一个行政村，开展植树造林，让良好的生态环境成为云南经济社会可持续发展的坚实基础，让生态产业化与产业生态化成为广大群众脱贫致富的一条行之有效的发展途径。省委常委、省委秘书长杨应楠随同调研。市领导孔祥庚、高劲松等陪同调研。26日，原全国人大常委会副委员长盛华仁在原省人大常委会常务副主任牛绍尧陪同下，到玉溪市就新型工业、生态旅游、城市建设等进行调研。在考察星云湖—抚仙湖出流改道工程时，盛华仁指出，玉溪境内有云南省9大高原湖泊中的3个，环保压力大，但玉溪在这样大的压力下很好地做到了生态立市、环境优先，生态城市建设效果显著；出流改道实现了保护抚仙湖、治理星云湖、改善流域灌溉条件、提供城市用水等多重目标，是个非常好的工程。

5月5日，副省长孔垂柱率省农业、林业、水利等部门负责人一行到澄江、江川、通海、华宁等县实地查看，详细了解玉溪农业优势特色产业发展情况，重点就蔬菜、林果、畜牧等优势特色产业发展进行调研。孔垂柱强调，要科学调整产业结构，转变农业发展方式，做大做强优势特色产业，促进农民增收。13～14日，国土资源部部长、党组书记、国家土地总督察徐绍史到玉溪市，就玉溪市国土资源管理工作情况进行调研。徐绍史充分肯定了玉溪国土资源管理工作，认为玉溪市努力处理好经济社会发展与资源保护、科学利用的关系，抚仙湖、帽天山、大红山等一批宝贵的国有资源得到有效保护，为经济社会又好又快发展提供了永久性的资源依托，实现了全市经济社会全面协调可持续发展。国土资源部将一如既往地支持云南省及玉溪市，做好国土资源保障和服务经济社会发展工作。省委副书记李纪恒、副省长刘平、省国土资源厅厅长和自兴随同调研，市领导孔祥庚、高劲松等陪同调研。21日，最高人民检察院副检察长姜建初一行在省人民检察院副检察长李波陪同下就玉溪市检察工作进行检查调研。姜建初对玉溪市检察工作给予了充分肯定。

6月7～8日，省政协副主席、省伊斯兰教协会会长马开贤到玉溪调研指导玉溪民族宗教工作，并出席全省伊斯兰教教职人员和部分基层组织负责人培训班开班典礼。马开贤希望各级伊斯兰教协会和清真寺人员认真学习科学发展观，团结和带领广大穆斯林群众积极参加社会主义现代化建设，为促进社会和谐发挥更大的作用。

7月15日，国家烟草专卖局副局长张保振在省委常委、副省长曹建方陪同下到玉溪调研烤烟育种和卷烟生产经营情况。张保振对玉溪烤烟种子选育和红塔集团新产品研制与技术创新给予了高度评价。

8月1～4日，国家环境咨询委和环保部科技委的委员到玉溪就保护抚仙湖开展调研。在调研座谈会上，环保部副部长吴晓青指出，委员们就滇池和抚仙湖流域规划的总体思路、任务设计和保障措施等提出了建设性意见，希望云南省、昆明市和玉溪市政府以及规划编制组认真研究“两委”委员的建议，做好滇池和抚仙湖的治理与保护工作。3～7日，省委副书记李纪恒率省委办公厅、省委组织部、省住建厅、省发改委相关领导到玉溪就工业化、城镇化、农业产业化及新农村建设、扶贫等工作进行调研。李纪恒对近年来玉溪市经济社会发展取得的成绩给予充分肯定。8日，受全国人大常委会的委托，全国人大代表、省人大常委会常务副主任晏友琼率部分在滇全国人大代表到玉溪，对昆明—河内经济走廊建设进行调研。

9月1日，国家地震局党组书记、局长陈建民到玉溪，就全市防震减灾工作进行调研。陈建民充分肯定了玉溪防震减灾工作，并要求玉溪市一如既往地加强对防震减灾工作的领导，形成“政府主导、部门配合、全社会参与”的工作格局。同时，以“防”为核心，有针对性地做好校安工程、城中村改造、农村民居地震安全工程等，用较小的代价换取人民生命财产的安全。6日，全国人大外事委员会调研组在省人大常委会副主任程映萱等领导陪同下到玉溪，就玉溪市《烟草控制框架公约》履行情况进行调研。调研组一行对玉溪市《烟草控制框架公约》履行情况给予充分肯定，并对切实履行好《公约》提出了意见和建议。

10月11～12日，省委常委、省委宣传部部长张田欣率发改、财政、文化、旅游、教育等省直相关部门负责人到玉溪，就文化建设、文化旅游产业发展情况等进行调研。张田欣对玉溪经济社会发展、文化建设取得的成绩给予充分肯定。17 日，副省长孔垂柱率省水利厅、农业厅及省扶贫办及省防汛抗旱指挥部负责人深入元江县，现场察看防洪工程及水利设施，指导防汛抗旱水利建设。孔垂柱指出，元江县城四面环山，山高坡陡，加上近年异常天气增多，容易形成洪涝灾害，从历史和现实来看，加大县城防洪建设力度，提高防洪等级十分必要，应多渠道筹集工程建设资金，努力将项目纳入国家水利工程盘子，争取多方支持。市领导孔祥庚、高劲松等陪同调研。17～18 日，由省人大常委会副主任杨保建带队的执法检查组到玉溪，就玉溪市贯彻实施《中华人民共和国科学技术进步法》和《云南省科学技术进步条例》情况进行执法检查。检查组充分肯定了玉溪市贯彻实施“一法一条例”取得的成绩，希望玉溪市级政府、相关部门继续加强对“一法一条例”的学习、宣传，做好科技工作，为全省提供经验。

11 月 2 日，成都军区副司令员阮志柏中将率检查组到玉溪对本市征兵工作进行检查。阮志柏一行实地查看征兵政策宣传、适龄青年报名参军和玉溪征兵工作进展情况，对玉溪市征兵宣传和征兵工作表示满意。成都军区联勤部副部长张军少将、云南省军区副司令员杨金奎少将随同检查。5 日，省委常委、省委组织部部长刘维佳到玉溪市就基层党组织建设、创先争优活动等工作进行调研。他强调，要加强党的基层组织建设，充分发挥基层党组织的战斗堡垒作用，求真务实地开展创先争优，做到讲实话、察实情、出实招、办实事、求实效，切实增强党的影响力、凝聚力和战斗力。9 日，全国政协副主席白立忱在省政协副主席王学智陪同下到玉溪视察工作。白立忱对玉溪市确立生态立市战略，实施出流改道工程保护抚仙湖、抢救星云湖、惠及百万群众，为中心城区增添新活力的做法给予充分肯定。10 日，省委常委、省纪委书记辛维光到玉溪就党风廉政建设等工作进行调研。辛维光对玉溪市党风廉政建设及城市发展给予了肯定。他强调，在抓好党风廉政建设的同时，要围绕中心、服务大局，充分发挥纪检监察机关的职能作用，保障发展、服务发展。市领导孔祥庚等陪同调研。

12 月 3～5 日，省政府九大高原湖泊水污染综合防治督导组一行，由督导组组长牛绍尧，副组长高晓宇带队，到玉溪调研杞麓湖、抚仙湖、星云湖水污染综合防治工作。督导组要求，要加大工作力度，扎实推进“三湖”治理，力争超额完成省政府提出的“十二五”湖泊治理目标任务。市领导孔祥庚、高劲松等陪同调研。6 日，省委书记秦光荣，省委常委、省委秘书长、副省长曹建方深入新平县戛洒镇，就贯彻落实省第九次党代会精神，加快县域经济发展进行调研。调研期间，秦光荣听取了玉溪经济社会发展情况汇报，对新平县域经济发展及城镇、交通、生态、产业建设成果给予充分肯定。29 日，副省长刘平与省国土资源厅、省住建厅领导对玉溪市保护坝区耕地，建设山地行政中心，带动山地城市发展工作进行调研。刘平对玉溪市保护坝区耕地建设山地城镇工作和建设山地行政中心的规划建设构想给予充分肯定。

（孙一波　张[illegible]　王[illegible]　毛金明　张春天）

【调研工作】　2011 年，市委办公室紧扣市委以改革开放和科技进步为动力的生态立市、烟草兴市、工业强市、农业稳市、文化和市战略和“三优一特”经济发展思路，以科学发展为主题，以加快转变经济发展方式为主线，推动综合经济实力再上新台阶，各族群众生活质量再上新水平，生态建设环境保护再创新业绩的中心工作，重点对建设现代宜居生态城市，推进农业现代化，加快新型工业化发展，发展社会各项事业，促进社会和谐等工作开展调研，形成了一批有重要参考价值的调研报告和调研成果。特别是市委、市委办公室领导坚持从实践中来、到实践中去，深入生态建设一线、深入企业、深入农村基层、深入群众，直面难点、热点问题，掌握第一手材料，以严谨的态度和客观求实的精神反映情况、剖析问题、总结经验、提出建议，为决策提供依据和有参考价值的意见建议。市委办在调研中注意把调研工作与信息、督查等工作紧密结合，选好题、借好力、领导参与，采取综合调研、专题调研和向有关部门、单位搜集整理资料等多种形式，不断扩大调研的范围和层次。完成各种调研报告 40 余篇，刊发《综合与调研》13 期，为市委和各级领导决策提供了参考依据，收到了良好效果。

（孙一波）

【信息工作】　2011 年，玉溪市进一步加大党委信息工作力度，按照“讲政治、重质量、求创新、比服务”的要求，围绕中心、服务大局，以提高信息服务效益为根本，以履行站岗放哨和参谋助手两大职能为抓手，向省、市委领导、基层党委报送和提供了大量有价值的信息，圆满完成了省委办公厅下达的信息量化考核任务。市委办公室全年共编辑出刊《玉溪重要信息》87 期、《网情专报》13 期、《工作情况交流》10 期、《信息专报》15 期、《网上问政处理》38 期，全年共向省委办公厅报送信息3 882条（含红塔区、江川县、峨山县 3 家信息直报点），分别被省委办公厅编办的刊物采用 314 条（期），其中《今日信息》184 条，《云南信息》110 条，《信息专报》28 条，《信息增刊》6 条，《情况报告》4 条，《工作情况交流》1 期。

（贯来发）

【办文办会工作】　2011 年，市委办公室公文处理严格执行《中国共产党机关公文处理条例》和云南省委办公厅公文处理各项规定，按照《中共玉溪市委办公室公文处理实施细则》的要求，严格各个环节的工作程序，严把行文关、格式关、时效关，规范行文。一年来，接收办理中央、省委等上级文件 516 件，办理印发市委、市委办各类文件材料 125 号、请示报告 65 件、传真电报 181 个，公文处理准确、及时、安全和保密，办文质量和效率有新提高。

办会工作按照周密、严谨、细致的要求，紧紧抓住会前筹备、会中服务、会后总结三个环节，注意把握好每一个细节，认真搞好服务，努力使会议组织真正成为推动党委工作的重要手段。一年来，认真组织筹办了市委三届八次、九次全体会议、第二届中国聂耳音乐（合唱）周系列活动、建党 90 周年庆祝大会、市第四次党代会等重要会议活动，为 120 多个各类会议活动提供了规范高效的服务；认真研究中央、省委等上级文件，根据文件精神，结合玉溪实际情况，提写拟办意见，做到及时、准确、安全、保密。

（杨建兰）

组织工作

【市、县、乡三级党委换届】　2011 年，市县组织部门完成了市、县、乡三级党委换届。全市共选举产生新一届乡镇党委班子成员 548 名，乡镇纪委委员 191 名和乡镇出席县（区）党代会代表1 116 名；选举产生新一届县（区）党委委员 293 名、候补委员 54 名，纪委委员 181 名和县（区）出席市第四次党代表大会代表 319 名；选举产生了新一届市委委员 49 名、候补委员 9 名，市委常委 13 名、书记 1 名、副书记 2 名；选举产生新一届市纪委委员 35 名，市纪委常委 9 名、书记 1 名、副书记 3 名；选举产生玉溪市出席省第九次党代会代表31名。

（张绍东　黄子连　白树明）

【干部队伍建设】　2011年，市委组织部共调整任免市直部门县处级干部91名，其中提拔21名、平职调整10名、免职32名、试用期满任职28名、团职军转干部6名；调整任免县（区）市管干部35人次，其中提拔7人、平职调整10人、试用期满和退休任免9人、挂职任免9人。

（黄子连　王建宏）

【干部人事制度改革】　2011年，市委组织部制定出台了《玉溪市县（区）党政领导班子和领导干部综合考核评价实施办法（试行）》，建立了市管干部谈话、调配就位工作制度，出台了县处级非领导职务干部管理办法，发挥非领导职务干部作用，充分调动各年龄段干部的积极性。在市直单位全面推行“县级领导干部目标责任制管理”和“规范完善党政工作部门领导班子议事决策工作制度”，72个部门561名县处级干部上报了目标承诺，45个单位建立和完善了新的议事决策机制。

（王福其　黄子连　王建宏）

【干部调训】　2011年，市委组织部共选调各级干部452名到中央党校、国家三所干部学院、省委党校等干部培训机构及清华大学、浙江大学、中国人民大学等高校参加62个班次的脱产培训，选送293名乡镇、村基层干部到省委党校、云南农村干部学院等干部培训机构脱产学习。组织市县（区）分管领导、工信委干部及部分企业负责人共111人分两批赴深圳进行了为期12天的新型工业化与信息化融合专题培训。组织6 000余名干部参加了8期时代前沿知识讲座。

【举办专题研讨班】　2011年，市委组织部举办了玉溪市领导干部社会管理及其创新专题研讨班，400余名市级班子成员、市直部门主要负责人及县（区）党政主要领导围绕新形势下加强社会管理、做好群众工作的思路和措施进行研讨培训。

【举办中青年干部培训班】　2011年，市委组织部在市委党校举办了玉溪市第十三期中青年干部培训班，81名优秀中青年干部，围绕党的基本理论、十七届六中全会及省第九次、市第四次党代会精神以及西部大开发、省“两强一堡”战略目标、新型工业化、农业产业化、加强社会管理创新、做好群众工作等重点内容进行脱产学习。

【基层干部教育培训工作】　2011年，市委组织部在玉溪工业财贸学校和市委党校分别举办了农村干部职业技能培训班和新进乡镇（街道）党（工）委领导班子成员加强社会管理培训班，共培训新进乡镇党委班子成员和村组干部520余名。

【干部在线学习向基层延伸】　2011年，市委组织部把九个县（区）3 503名副科以上干部全部纳入在线学习，全市在线学习学员达4 770名。对干部在线学习情况进行了考核，对未达到学分要求的县处级领导干部进行了书面督学，全年完成规定学分人数4 478人，通过率达93.8%。

【晋升副处级领导职务资格基本知识考试】　2011年，市委组织部组织科级干部参加了晋升副县处级领导资格基本知识考试，全市共526名干部报名，486名通过资格审核，370名符合报考条件的正科级干部参加了全省的统一考试，考试通过率为88.6%。

（田海泉）

【严肃换届纪律】　2011年，全市各级党委认真贯彻落实中央、省委关于换届工作有关政策和纪律要求，努力营造风清气正的换届环境。共开展专题学习300余次，与4 700余名干部进行专题谈心谈话，发放警示卡和学习手册3.5万套，发送“温馨提示短信”24万条，8 000余名干部签订严守换届纪律承诺书，7 500余人参加换届严肃换届纪律问卷调查，对换届纪律的知晓率达99.20%，其中市县党委换届纪律知晓率达到了100%，党员干部对换届风气满意度达99.36分，换届工作满意度达99.67分。

【组织工作满意度民意调查】　2011年，玉溪市在全国组织工作满意度民意调查中实现分值位次双上升，选人用人公信度为80.18分，其中，对干部选拔任用的满意度为80.29分，比上年提高7.12分；对防止和纠正用人不正之风工作的满意度为80.07分，比上年提高7.79分。组织工作满意度为82.29分，其中，对组工干部的满意度为82.57分，比上年提高7.71分；对组织工作的满意度为82.00分，比上年提高6.21分。四项主要指标分值均高于全国、全省平均分值，全省排名从第11位上升到第6位。

【干部选拔任用“一报告两评议”工作实现全覆盖】　2011年，全市九个县（区）党委和31个市直单位党组（党委）均按要求认真开展“一报告两评议”工作，实现有用人权的单位“一报告两评议”工作全覆盖。全市共有2 356人参加“一报告两评议”会议，339名新提拔任用领导干部接受评议。市委2010年度干部选拔任用工作总体评价91.48分；执行干部选拔任用工作政策法规92.62分；整治用人上不正之风工作89.88分；深化干部人事制度改革88.69分；新提拔任用领导干部90.46分。九个县（区）党委干部选拔任用工作总体评价96.42分；执行干部选拔任用工作政策法规95.95分；整治用人上不正之风工作96.62分；深化干部人事制度改革95.30分；新提拔任用领导干部96.25分。31个市直单位党组（党委）干部选拔任用工作总体评价92.82分；执行干部选拔任用工作政策法规91.26分；整治用人上不正之风工作91.63分；深化干部人事制度改革92.32分；新提拔任用领导干部92.09分。

【领导干部报告个人有关事项】　2011年，全市37名厅级领导干部，7名县委书记和979名县级领导干部，分别向省委、市委报告了2010年度个人有关事项，报告率达100%。厅级领导干部共报告有关事项101人次，县委书记共报告有关事项19人次，县级领导干部共报告有关事项2 203人次。

【领导干部经济责任审计】　2011年，共委托审计部门对17名县处级领导干部进行经济责任审计。严格执行《玉溪市领导干部离任经济责任事项交接管理办法（试行）》，完成了市党史研究室、市移民局等2个市直单位主要领导干部离任经济责任事项交接工作。

（马春明）

【出国（境）管理】　2011年，建立了出国（境）审查审批联席会议制度，加强与市纪委、检察院、市外事侨务办等9个部门的沟通协调，明确管理职责，加强管理。全年共办理因公出国（境）人员政审90人次，比上年同期减少18人次，其中县级干部49人次；代市委审批特岗人员因私出国（境）32人次，比上年同期增8人次。报批省管干部因公备案7人次，更新特岗人员信息25人次，清退过期证照125本。

（朱培亮）

【开展“玉溪杰出人才奖”评选表彰】　2011年，采取推荐报名、资格审查、行业评审、初评、公众投票、复评阶段、组织审定、社会公示等程序，遴选产生了9名首届“玉溪杰出人才奖”获奖人选和11名提名人选，召开了玉溪市人才工作暨首届玉溪杰出人才表彰大会，为每名获奖者颁发了10万元的奖金和荣誉证书。

【编制出台中长期人才发展规划】 2011年，编制实施《玉溪市中长期人才发展规划(2010～2020年)》(下简称《规划》)，全面实施人才发展规划。《规划》全文分指导思想和发展原则、发展目标和主要任务、人才发展的重点工程、人才发展的保障措施、人才规划的组织实施等五个部分，共1.3万余字。

【建立党委联系专家制度】 2011年，出台了《中共玉溪市委联系专家管理服务暂行办法》，在全市择优推荐了16名优秀人才纳入省委联系专家库，建立了101名市委联系专家人才库名单。

【急需高端人才培养、引进】 2011年，依托重大科研和重大工程项目、重点产业、重点学科和重点科研基地、国际科技合作项目，加强创新创业人才实践培养，建立柔性引才引智工作机制，引进智力项目3个，柔性引进外国专家9人。组织实施国家、省市科技计划、自主创新成果转化等一批重大科技计划项目，吸引院士2名，44名行业领军专家参与项目实施，培养了100余名企业技术骨干、64名中青年学科技术带头人及后备人才56人，全市获得享受“国贴”1人、“省贴”2人、“省突”5人，7人获省第四届“百名拔尖农村乡土人才”奖。

【启动五大重点人才工程】 2011年，启动“富裕玉溪”人才聚集工程，开展特色优势产业人才行动计划、工业人才开发行动计划、旅游人才开发计划、农村实用人才培养计划；启动“创新玉溪”人才推进工程，开展高层次创新人才培育计划、专业技术人才知识更新计划、高技能人才振兴计划、信息化人才培养计划；启动“生态玉溪”人才培育工程，开展环境保护人才培养计划、基础设施建设人才培养计划、城乡发展人才培养计划；启动“文化玉溪”人才培养工程，不断推进文化名人培养、聂耳音乐文化人才建设、基层文化人才培训、文化遗产人才建设；启动“幸福玉溪”人才保障工程，开展高素质教育人才培养计划、全民健康卫生人才培育计划、社会工作人才培养计划、人才服务共享计划。

【优秀大学生“村官”评选工作】 2011年，按照逐级推荐、组织考察、确定人选、公示的程序和方法，由各级党组织层层推荐了20名优秀大学生“村官”拟表彰人选，市委召开了表彰大会，对20名获奖人选进行了表彰奖励。

【党群部门公务员公开招考和选调】 2011年，全市党群部门共招录公务员29名，其中普通公务员13名、法院10名、检察院6名；共办理调动手续37人，其中调入33人、调出4人，公务员33人、事业人员3人、工人1人。

【推行市直部门中层干部竞争上岗】 2011年，在市直部门中全面推行中层干部竞争上岗，市委政法委、市人民检察院、市青少年宫、市总工会、市委党校等5个部门和单位开展了中层干部竞争上岗，31名中层干部通过竞争上岗走上领导岗位，其中正科级(中层正职)14人，副科级(中层副职)17人。

【选拔优秀大学生“村官”担任乡(镇)党委委员】 2011年，从2008年、2009年选聘的优秀党员大学生“村官”中选拔了50名担任乡(镇)党委委员。全市共有147名符合条件的大学生“村官”参加了笔试，对95名进行了民主测评、推荐，对59名进行了组织考察，市委组织部审批了50名大学生“村官”作为乡(镇)党委领导班子候选人建议人选，通过换届选举，实现50个乡(镇)均配备了1名大学生“村官”党委委员。

(师琼华)

【创先争优活动】 2011年，全市各级党组织紧紧围绕“推动科学发展、促进社会和谐、建设生态玉溪、服务人民群众、加强基层组织”的总目标和“五个争创”的具体目标，突出分类指导，体现行业特色，创新载体方式，在窗口单位和服务行业深入开展“为民服务创先争优”活动，坚持党群共建，推动创先争优活动深入开展，取得实效，推出了44个先进基层典型案例，办好了一批民生实事。全市实施农村小型水利项目170件，解决了73万人的饮水困难；建成全覆盖的输配电网络，实行义务教育“三免一补”，实现行政村农家书屋全覆盖，20户以上自然村实现了广播电视“村村通”；市级财政为170多万农民人均增加参合补助100元，新农合人均统筹资金超过300元，参合农民大病救助实现全覆盖；新增城镇就业10万人，转移农村劳动力16.3万人，1.9万套公租房建设项目全部开工；投入2亿元启动4 000户山苏群众安居房建设；调处各类矛盾纠纷16 205件，成功化解16 010件。

【组织开展学习杨善洲活动】 2011年，在全市各级党组织和党员中广泛掀起向杨善洲学习热潮，践行杨善洲精神。市委召开了学习杨善洲先进事迹动员会，印发杨善洲资料选编3 000多本，全市9 122个基层党组织召开了学习动员会，12万名党员开展了“入党为什么、工作做什么、身后留什么”专题学习讨论，11万余名党员干部参与了“为民服务·创先争优”主题实践活动，开展驻点调研4万多天，结对帮扶困难群众2万户，为群众办好事28 042件，2 601个党组织、31 041名党员干部围绕建设“生态玉溪、和谐玉溪”植树132 013棵；142个党委(党组)、907个党总支、8 073个党支部召开了“学习杨善洲精神专题生活会”，99.15%的党员参与了“学习杨善洲精神做人民满意的好党员好干部”专题组织生活会。

【表彰先进典型】 2011年，市委召开庆祝中国共产党成立90周年大会，对各领域和各条战线上涌现出来的100个先进基层党组织、100名优秀共产党员、60名优秀党务工作者、4个基层党组织建设先进县进行了表彰；推荐中组部表彰了1名优秀党务工作者，省委表彰了8个先进基层党组织、5名优秀共产党员、5名优秀党务工作者、1个基层党组织建设先进县(区)。

【庆祝中国共产党成立90周年系列活动】 2011年，组织开展了学党史唱红歌、“党在我心中——庆祝建党90周年征文活动”、“红土地之歌”演讲比赛、纪念建党90周年知识竞赛，全市共有3 418个基层党组织、37 100余名党员参加了党的知识竞赛。开展万人迎国旗、升国旗、合唱国歌和群众性广场文艺展演，举办庆祝建党90周年专题文艺晚会、文艺汇演、《聂耳与国歌》爱国主义教育主题巡回展等系列活动，唱响主旋律。

【走访慰问老党员老干部】 2011年“七一”期间，向全市共产党员寄发一封节日慰问信，下拨14万元市管党费专项用于慰问老党员、困难党员。全市共走访慰问生活困难党员、老党员2 629名，老干部1 012名，发放慰问金

98.3 万元。

（张绍东）

【基层党建创新项目】 2011 年，创新基层党建工作责任落实机制，抓住基层党建工作的重点领域、重点工作和难点问题，在抓好州市组织部长创新项目和县（区）委书记创新项目的同时，拓展延伸基层党建创新项目工作。市级从各县（区）、乡镇（街道）上报的 96 个项目中，选择了“运用网络信息技术创新基层党建工作”等 50 个重点创新项目进行立项。

【构建基层网络党建平台】 2011 年，依托云南基层党建网，搭建玉溪基层党建网和九个县（区）基层党建网平台，明确 38 人作为党建网站管理员和联络员，将全市乡镇（街道）148 名组织委员、宣传委员和 827 名大学生村官全部纳入基层网络党建信息员队伍。选择市委组织部 5 个党支部和红塔区的 10 个党支部作为网上党支部推广运用试点，建立网上党支部，开展网上咨询、网上调查、网上谈心、网上投票、网上征求意见等活动。

【村（居）民小组党员活动室建设】 2011 年，市级立项建设2 000个村（居）民小组党员活动室，全市各级党组织高度重视，强化领导，整合资源，加大投入，强化监管，积极推进村（居）民小组活动室规范化建设。各级共投入资金 2 172余万元，其中市级 500 万元、县（区）554.07 万元、乡镇（街道）320.44 万元、其他 797.65 万元。

【党建示范点和示范村建设】 2011 年，在通海县秀山街道大树社区、华宁县华溪镇甫甸村、峨山县塔甸镇大西村开展创建环湖党建示范社区、生态党建示范村、民族文化党建示范村活动，在通海纳古镇、华宁盘溪镇开展民族文化党建示范镇创建工作。推进省级、市级基层党建示范点建设，各级党组织申报的 107 个市级基层党建工作示范点中，有 70 个被命名为全市基层党建工作示范点，5 个被命名为全省基层党建工作示范点。

【新农村建设工作指导员工作】 2011 年，全市共选派了 638 名指导员，其中省级 49 名、市级 96 名、县（区）316 名、乡镇 177 名。推荐上报了省级表彰的 4 个先进派出单位、2 名优秀新农村建设工作队长、15 名优秀新农村建设指导员，确定了市级表彰的 39 个先进派出单位、7 名优秀新农村建设工作队长、52 名优秀新农村建设指导员，收集整理汇编了《玉溪市新农村建设指导员工作资料选编》。

【开展思想作风教育和后进村（社区）整顿建设活动】 2011 年，在全市开展了思想作风教育和后进村（社区）整顿建设活动，整顿软弱涣散班子，建立发现、整顿、调整失掉群众公信力的基层领导班子和领导干部有效机制。通过开展整顿活动，乡镇（街道）解决服务群众等方面存在的问题 362 个、制度建设等方面存在的问题 176 个，整建组织软弱涣散的村 10 个、党务村务管理混乱的村 6 个、经济社会发展滞后的村 34 个、矛盾问题较为突出的村 11 个。

【社区建设】 2011 年，全市新调整设置了 21 个街道、213 个社区，其中新设立社区 30 个，村改社区 183 个。全年计划完成社区办公用房建设 77 个，已开工 48 个、已竣工 16 个、已验收 10 个、已完成购置 3 个，开工和完成率达 100%。

【开展“三亮四进”社区活动】 2011 年，全市 262 个社区、34 634名党员、6 522名领导干部、3 393名党代表、1 822名人大代表、1 727名政协委员全部完成了亮身份、亮职责、亮承诺，603 个机关单位、2 895名代表委员、5 776名党员干部、3 298名在职党员、10 121名志愿者走进社区，结成帮扶对子2 594个，帮扶群众8 264人，提供帮扶资金1 219万元，建立志愿者队伍1 023支，开展志愿服务4 039次，服务群众163 052人，帮助社区解决困难2 257件，帮助群众解决困难5 914件。

【启动“四群”教育实行十部直接联系群众工作】 2011 年，制定了《中共玉溪市委关于开展群众观点群众路线群众利益群众工作教育实行干部直接联系群众制度的实施意见》，召开全委（扩大）会议，对“四群”教育干部直接联系群众工作进行了动员部署。市级财政每年安排“四群”教育工作经费 420 万元，每年给予每个乡镇（街道）工作队 5 万元工作经费。在《玉溪日报》、玉溪电视台、玉溪人民广播电台开辟了“开展‘四群’教育、做好群众工作”专栏，印发简报专刊，对开展“四群”教育实行干部直接联系群众工作进行广泛宣传。

（白树明）

【远程教育】 2011 年，全市共建成农村党员干部现代远程教育终端接收站点 793 个，其中“电信模式”站点 601 个，依托农村中小学站点 117 个，“卫星模式”55 个，PC 模式 20 个。开展了 108 个远程教育站点提档升级和延伸建点工作，市县累计投入 126 万元。组织开展了“我与远程教育”大学生“村官”征文活动，共收到征文文稿 410 多篇，共评审出一等奖 2 名、二等奖 3 名、三等奖 5 名和优秀奖 10 名。

（王宏明）

【推行组织工作项目化管理】 2011 年，出台了《市委组织部组织工作项目化管理实施意见》，按照科室申报、分管部领导审核把关、部务会研究决定的程序，确定了“延伸建设2 000个村民小组活动场所”等 20 个重点创新项目，督促责任科室对每个项目进行细化、量化，做到每一个项目有目标、有推进措施、有时间进度、有验收标准，半年进行一次督查，年底验收评审。

【开展评星授旗活动】 2011 年，制定了《市委组织部机关创先争优“流动红旗”和“工作之星”评比活动实施意见》，在部机关各科室和干部职工中每季度组织开展一次“流动红旗”和“工作之星”评比，营造创先争优氛围，全年共评出工作之星 20 名，流动红旗科室 9 个。

（王 勇 詹道斌 迟荣友）

宣传工作

【全市宣传思想文化工作会议】 2011 年 5 月 5 日，玉溪市召开全市宣传思想文化工作会议，市委书记孔祥庚作讲话，市党政领导高劲松、张玲、董诗强、冷明德、谢兴荣、范汝坤、夏立洪、李文斌、董文献、邓绍林出席会议。市委、市人大、市政府、市政协领导，中院院长、市检察院检察长，各县（区）委书记、县（区）长，市县两级宣传思想文化系统领导干部，100 户企业代表等参加会议。市委副书记、市长高劲松就全面实施文化和市战略，推动玉溪文化大发展大繁荣，确保加强文化建设各项目标任务落到实处提出要求。

【理论学习教育】 2011 年，市委宣传部以加强学习型党组织建设为重点，努力推进全市理论武装工作。拟定《2011 年玉溪市委中心组学习安排建议》、《2011 年全市党委（党组）中心组理论学习安排建议》，组织编辑《玉溪市委中心组学习材料》、《玉溪市市级领导班子成员调研报告》。市委中心学习组把学理论与谋发展、惠民生相结合，突出学习和研讨，形成了“学习—调研—决策”的理论学习机制，提高领导干部驾驭全局、科学决策、推动发展的能力和水平。指导红塔区把中心学习组建到村上，提炼试点经验后，在全区80多个村和社区推广，并获省级创新奖。确定了30个单位和部门为市级学习型党组织建设示范点，开展向省市级示范点赠书活动；召开推进会，表彰命名学习型党组织建设示范点及“玉溪市学习型党组织建设知识竞赛”获奖单位和个人。倡导读书学习之风，全市35 000多人参加“爱读书读好书善读书”和“全国党建知识竞赛”活动。加大理论宣传力度。邀请省委宣讲团到本市宣讲，玉溪市组织由领导、专家、学者和社会各界代表为成员的宣讲团，深入县(区)、机关、厂矿、学校进行宣讲；红塔区通过“三乡讲坛”、“高古楼讲坛”、“汇溪讲坛”等平台扩大理论宣讲面；2011年全市举办各类宣讲1 500多场，受众20多万人。注重理论工作的调查研究。围绕市委、市政府的发展思路，精研究、深挖掘，形成了《发挥宣传思想文化战线优势，做好新形势下群众工作》、《玉溪市宣传思想文化工作调研成果选编》等研究成果；红塔区《“四学并举”学用相长》、易门县龙泉镇《小喇叭显大威力》等经验入选《云南省理论武装工作先进经验和典型事迹选编》。

【舆论引导工作】 2011年，市委宣传部坚持围绕中心、突出重点、创新形式，通过报刊、电视、广播、互联网等各种媒体开展宣传报道，在全市范围营造良好的舆论引导环境。重大宣传安排到位。在市级新闻媒体开设回顾“十一五”、展望“十二五”、“庆祝建党90周年”等专栏，对重点工作进行专题宣传，突出宣传的重点和核心；制定创先争优活动、学习型党组织建设工作、桥头堡建设、创建国家卫生城市等重点专项宣传报道意见，为各项工作的顺利开展营造良好舆论氛围。典型宣传鲜活有力。安排市级新闻媒体与省级媒体同步开设《云岭楷模风采录》栏目，定期刊播90名优秀共产党员事迹；结合创先争优活动，实施“每周之星”、“每月之星”宣传行动，编辑创先争优简报170多期，大力宣传创先争优活动中涌现出来的100多个先进集体和个人，会同有关部门遴选推荐出全市3名优秀共产党员参加庆祝建党90周年全省优秀共产党员大型图片展；广泛宣传玉溪市第二届道德模范、十大杰出青年、十大孝星、玉溪杰出人才奖等模范先进事迹。积极探索社会宣传的有效途径、载体和方式。在各县(区)和各部门建成一批LED宣传栏、宣传橱窗等社会宣传阵地；充分利用公交车站点、站台和城区出租车开展时政、文明、安全等知识宣传；发挥影视宣传的作用，组织全市干部群众观看《杨善洲》、《飞天》、《守望心灵》等多部优秀影片。加强新闻发言人制度建设。举行“第二十六届云南省青少年科技创新大赛”、“玉溪市殡葬改革工作”等新闻发布会，扩大新闻信息的传播效果和影响力，有效主导和引导舆论。强化媒体管理和网上舆情监管。通过制定季度宣传报道意见、组织新闻媒体负责人专题研究、召开新闻阅评会等形式，明确宣传报道的意见，指导媒体把握舆论导向和宣传重点；加强对网络热点事件及不良信息的关注，及时协调相关部门分析研判，发布事情真相，把握舆论导向，通过正常渠道解决问题，避免舆论风波。做好舆情信息分析研判，编写《近期抚仙湖保护费征收舆情分析及应对建议》、《新平至三江口二级公路坍塌事件舆情分析及应对建议》等舆情研判报告，为各级党委政府及时全面掌握情况提供参考。与新华通讯社云南分社签订《舆情监测及预警服务协议》，借助主流媒体平台进行舆情信息监测和研判，进一步加强舆论引导的主动性。

创建省级文明城市工作汇报会　　（程　新　摄）

【对外宣传工作】 2011年，市委宣传部坚持内外结合、上下联动、重拳出击，不断提升玉溪影响力和美誉度。围绕民生建设外宣。全市各级各类媒体报道玉溪“新农合”等改善民生的文章100多篇(条)，《香港文汇报》(“玉溪模式”让176万农民看病不再贵)、《云南日报》(玉溪“新农合”撑起农民健康保护伞)等报道，经各大网站大密度转载，受到了省委、省政府领导的高度关注和充分肯定。围绕环境保护外宣。与市外媒体新华社、《香港文汇报》、《云南日报》联合，签订互利共赢、信息共享的战略协议。《玉溪生态立市建设美好家园》、《玉溪抚仙湖资源保护项目实施获得中央资金支持》等报道在各大媒体形成规模化宣传；协调中央人民广播电台对抚仙湖保护治理进行采访报道，在该台《全国新闻和报纸摘要》头条播放《云南建设绿色经济强省——玉溪抚仙湖加大治理保护力度》；《珠江源头第一湖泊云南抚仙湖水质呈下降趋势，加强保护迫在眉睫》信息专报国家领导人，引起了温总理的高度重视并两次作出重要批示，国家财政部、环保部、水利部等部门到玉溪抚仙湖调研，形成了《关于抚仙湖环境保护工作情况报告》报国务院，玉溪抚仙湖保护被列为全国水质较好湖泊生态环境保护试点。抓好新型工业化和专项活动对外宣传。加大城市上山，农民进城，工业入园的宣传力度，重点宣传数控机床产业园等转变发展方式成果；加强对政府四项制度建设、滇中城市群昆玉一体化发展合作框架协议签订等专项活动的宣传报到，有效推进各项工作的顺利开展。围绕重大文化活动外宣。邀请中央电视台、人民日报社、云南电视台、云南日报社等市内外新闻媒体38家，近200名记者对第二届中国聂耳音乐（合唱）周、纪念建党90周年等文化系列活动进行了全方位宣传报道，仅聂耳音乐周就发稿200余篇，各类网站刊播转载上万条次；云南电视台对聂耳音乐（合唱）周启动仪式和《故乡情》文艺晚会进行了直播和录播，提升了玉溪的知名度和美誉度。

【精神文明建设】 2011年，全市精神文明建设坚持以提高公民素质和社会文明程度为目标，促进全市精神文明工作创新发展。扎实推进公民思想道德建设。加强爱国主义教育，开展升国旗仪式、“网上祭英烈”、“弘扬聂耳精神，争做四有新人”等爱国主义教育活动；选树道德模范先进典型，开展第二届“玉溪市道德模范”推荐评选活动，评选出玉溪市道德模范及道德模范提名奖各10名，可秀萍获省级道德模范，张德生、李奉忠、孙贵华获省级道德模范提名奖；5月，举办“学习杨善洲，为党旗添光彩”为主题的第八届“红土地之歌”演讲大赛，玉溪市获省级优秀组织奖；在全市窗口行业开展“为民服务创先争优”、“四亮四评”等评比活动，推进服务工作上新水平；6月，组织举办“红歌进校园、童心永向党”歌咏活动、“红领巾心向党”大型少儿综艺晚会，市委宣传部、市文明办向全市各中小学校赠送价值8万多元近800盘《爱国歌曲大家唱》光盘，在全市中小学校掀起了传唱红歌的热潮，歌曲《在灿烂的阳光下》获省级一等奖，《爱我中华》获省级三等奖。市文明办获全国未成年人思想道德建设先进单位。扎实开展群众性精神文明创建活动。新平县、易门县被省委、省人民政府命名为首届“云南省文明县城”；红塔区积极推进省级文明城市创建工作，通过省级考核测评；云南电网公司玉溪供电局、中国移动通信集团云南有限公司玉溪分公司、玉溪师范学院荣膺“全国文明单位”称号，新平县漠沙镇南碱村、红塔区凤凰街道办事处灵秀村荣膺第三批“全国文明村镇”称号。扎实推进专项创建工作。“三湖”片区“抚仙湖环湖文明走廊工程”、“绿化抚仙湖面山纪念林”工程、峨山县大龙潭乡整乡推进、易门县“以城带乡、城乡共建文明走廊”等专项创建工作，因地制宜探索出精神文明建设新路子。12月19日，召开玉溪市志愿者协会第一次会员代表大会，选举产生第一届理事会，组建领导机构，宣告玉溪志愿者协会正式成立；组织全市志愿者开展关爱留守儿童、关爱空巢老人、文明城市创建、文明交通志愿服务等内容丰富的志愿服务活动。扎实推进未成年人教育。加强青少年活动阵地建设，利用中央文明委下拨的彩票基金175万元，在全市建成7个乡村学校少年宫，市文明办赠送4万元书籍；加大净化社会文化环境力度，开展网吧专项整治、“打黄扫非”等行动，在全市建成网吧连锁企业4家；在中小学校开展中华经典诵读和感恩教育，市文明办支持经费10多万元，确定2个学校为传统美德示范学校。

【文化事业】 2011年，市委宣传部全面实施文化和市战略，文化事业不断繁荣。改善文化发展条件，出台《玉溪市文化建设工作意见》，明确了文化建设目标任务、建设内容、工作措施和保障条件；每年增加820万元的文化建设专项经费，用于文化事业、文化产业、哲学和社会科学、文化艺术创作专项资金；设立每年市级文物保护和文博事业专项经费400万元，逐步设立5 000万元规模的玉溪文化产业引导基金，引导社会资本对文化的投入，扶持较成熟的文化产业项目；市级财政每年按照农民人均0.5元的标准安排文化惠农活动补助经费，用于农民享有文化基本权益的活动补助；各县（区）认真贯彻《玉溪市文化建设工作意见》，制定相应的文件和政策，为玉溪文化大发展、大繁荣奠定坚实的基础。公共文化服务体系进一步加强，全市文化馆均达到国家三级以上标准，现有文化馆、站和图书馆全部免费开放，聂耳文化广场景区成为全国国防教育主题公园；争取中央补助建设乡镇综合文化站17个，到位资金404万元，已完成15个站的建设任务；开展文化信息资源共享工程建设和“农文网培学校”建设，完成18个乡镇和320个村的“农文网培学校”建设任务；完成6个村级文化惠民示范村和27个村级群众文化体育广场建设任务；完成2 310户有线电视联网接入和“村村通”升级改造建设任务；推进农村电影“村村放”和农村书屋建设工作；积极争取数字电视“单转双”和农村数字电视“互动整转”全省试点工作。文化系列活动蓬勃开展。成功举办了第二届聂耳音乐周启动仪式和庆祝建党90周年系列活动；“玉溪市建党90周年大型文艺晚会”荣获省级优秀晚会奖，参加全省建党90周年文艺汇演荣获优秀组织奖，彝族舞蹈《党旗飘·花鼓红》和哈尼族原生态舞蹈《从帕第》分别荣获三等奖；参加云南省第七届民族歌舞乐展演荣获1金2银、2铜的好成绩，并获1个传承奖和优秀组织奖；玉溪市“花灯演唱”比赛、青年歌手电视大奖赛等群众性文化活动广泛开展；奥地利维也纳欧洲交响乐团、汪洋钢琴音乐会等国内外经典节目进入玉溪大舞台；举办合唱知识、文学艺术创作、书法创作骨干等一系列培训。文艺精品不断涌现。与央视《民歌中国》栏目组合作，分别在红塔区、峨山、新平、元江拍摄了四集反映玉溪民族文化建设的少数民族音乐、舞蹈专题片；青年作家普今创作的《深度问责》入围茅盾文学奖，花灯小戏《冤家亲家》荣获“中国人口文化奖”银奖及“韩中国际木槿花艺术大赛”金奖，彝

第二届中国聂耳音乐（合唱）周活动——“聂耳杯”合唱比赛 （官朝弼 摄）

族舞蹈《山里妹子来挝乐》获第二十二届中国“金夕年华”系列暨首届“西园杯”国际邀请赛金奖，大型童话剧《仙湖奇梦》、剧本《月亮下》、花灯小戏《半夜相亲》入选“云南省青年编剧读书班”研讨剧目，新创花灯小戏《杨善洲》、舞蹈《崴灯》参加文化部、宁夏回族自治区人民政府主办的第九届全国舞蹈比赛，荣获独舞、双人舞、三人舞表演三等奖。

【文化改革和文化产业】 2011年，市委宣传部坚持改革创新，实现文化改革和文化产业的突破发展。加强对文化产业工作的领导，调整并成立了以市委副书记、市长高劲松为组长的文化产业领导小组。召开专题会议对全市文艺团体改革进行分析研究，在全省率先形成改革意见(送审稿)；印发《玉溪市关于推进和完善县(区)文化市场综合行政执法改革的指导意见》，全面完成全市文化市场综合执法改革工作；深化公益性文化事业单位内部“三项制度”改革及体制机制创新；推进新闻单位公益性宣传业务与经营业务“两分开”，成立了7家与媒体关联度较高的文化创意企业；完成八县一区文化、广电、旅游和体育四部门改革合并工作，组建了统一的文化行政主体。推进重大文化产业项目建设。中心城区生态文化区逐步形成，“五山一村一河”景区景点得到提升，抚仙湖—星云湖生态建设与旅游改革发展综合试验区的框架基本形成；总投资约36亿元的“抚仙湖国际老年康体养生度假中心”、“抚仙湖水质保护治理研发中心及抚仙湖水资源保护博物馆”完成规划及方案设计，已开工建设。中国玉溪“国际红宝石城”、“华夏和谐文化园”、“仟龙湾文化旅游小镇”、“玉山城”、“阳光瑞城”、“民俗博物馆”等一批高端休闲度假旅游项目正在稳步推进。重视引导文化企业走市场。扶持民间民俗文化个人和企业，实现玉溪上规模上档次民营博物馆零的突破；组织文化企业参加2011昆明泛亚国际民族民间工艺品博览会，并在博览会“工美杯”精品评选活动中，荣获1个“十大精品奖”，1个银奖，4个铜奖，3个优秀奖；邀请云南省工艺美术协会专家到玉溪共同调研，完成了《玉溪发展工艺美术产业建议书》。首次开展民族民间工艺美术培训，举办“花腰傣服装服饰工艺”、“铜器民间工艺”、“银饰工艺产业”、“制陶工艺传承与发展”4个培训班，培训民族民间工艺品工艺师、技术人员、管理人员450多名。开展农村文化产业调研摸底工作，据不完全统计，截至2011年9月，全市共有农村文化户6 000多户、从业人数近5万人、年产值达6 000多万元。新平县戛洒镇平寨村、元江县垤霞村委会尼果上寨村民小组、峨山县小街街道棚租村委会村三个村寨被纳入省第一批“文化传承示范村”。

【第二届中国聂耳音乐(合唱)周】 2011年6月12～22日，第二届聂耳音乐(合唱)周在上海、昆明和玉溪联合举行。活动由中国文联、云南省、上海市和中国音乐家协会联合主办，中共云南省委宣传部、中共上海市委宣传部、中央电视台、云南省文联、上海市文联、中共昆明市委、昆明市人民政府、中共玉溪市委、玉溪市人民政府、上海电视台、云南电视台等联合承办。6月12日，第二届中国聂耳音乐(合唱)周启动仪式在玉溪市聂耳音乐广场举行，中国文联党组副书记、副主席李屹，原云南省委副书记、中国文联副主席、中国作协副主席丹增，中国音乐家协会主席赵季平，中共云南省委常委、宣传部部长张田欣，云南省人大常委会副主任程映萱，云南省政协副主席管国忠，中国音乐家协会分党组成员、副秘书长韩新安和省级相关部门的领导出席仪式。玉溪市委书记孔祥庄、省委常委省委宣传部部长张田欣在启动仪式上致辞。中国音协主席赵季平授予玉溪“中国音乐家协会合唱基地”匾牌，中国文联党组副书记、副主席李屹宣布“第二届中国聂耳音乐(合唱)周启动”。第二届中国聂耳音乐(合唱)周玉溪系列活动的内容主要包括《国歌嘹亮心向党——第二届中国聂耳音乐(合唱)周启动仪式》、《聂耳与田汉》组合塑像揭幕仪式、聂耳故乡精品文艺晚会《故乡情》、《颂歌献给党——玉溪市“聂耳杯”合唱比赛》、《学习杨善洲为党旗添光彩——玉溪市第八届“红土地之歌”演讲比赛》、《“红歌进校园，童心永向党”歌咏活动和“红领巾心向党”少儿系列活动》、《辉煌“十一五”美术书法摄影展》、《聂耳与国歌—爱国主义教育主题巡回展》、《玉溪市古玩艺术品博览会》、《在国歌声中成长——庆祝建党90周年专题文艺晚会》、《盛世欢歌——庆祝建党90周年文艺汇演》、《党在我心中——庆祝建党90周年征文活动》等活动，各项活动的顺利开展，提升了聂耳音乐文化品牌，激发了各族群众的爱国热情，丰富人民群众的精神文化生活，不断提高玉溪文化知名度和影响力。

(鲁俊秀)

第二届中国聂耳音乐(合唱)周活动——中国音乐家协会主席赵季平向玉溪市授予“中国音乐家协会合唱基地”匾牌 (官朝弼 摄)

政法工作

【概 况】 2011年，全市政法机关在市委、市政府的正确领导下，紧紧抓住人民群众最关心的公共安全、权益保障、公平正义等问题，坚持下先手棋、打主动仗，破解难题、打攻坚仗，齐抓共管、打整体仗，抓实事、建机制、重创新，推进8项重点工作，突出办好10

件实事，在维护社会稳定能力、社会服务管理水平、政法队伍整体素质、政法工作保障水平、服务发展大局能力五个方面得到有效提升，推动了政法工作整体上水平，基本实现了市委提出的“人人都有安全感，不给上级添麻烦”的奋斗目标，为服务全市改革发展稳定大局做出了重要贡献。当年，全市综治维稳综合考评在全省名列前茅，防范处理邪教工作荣获全省第一。继续保持了15年来没有发生一起影响社会稳定的重大群体性事件，也是10年来全省唯一没有发生被综治目标责任制“一票否决”情形的市。群众安全感、社会治安满意率及幸福指数均居全省前列。

【矛盾化解】 坚持“调为先、防为主、和为贵”的工作理念，深化人民调解，创新行政调解，强化司法调解，推动联动调解，全面推广红塔、新平、元江、澄江等县(区)“大调解”工作试点成功经验，在市、县、乡、村四级建立起了立体化、网格化调解组织，基本实现调解组织全覆盖。2011 年，全市共建立各类调解组织961个，配备人民调解员10 040人，组织开展矛盾纠纷排查3 552次，调处矛盾纠纷19 900件，调处成功19 614件，成功率 99%，防止民转刑302件，防止群体性上访212件，防止群体性械斗68件。坚持对重点突出矛盾纠纷进行排查，继续推行重大矛盾纠纷市、县(区)党政领导牵头包案制。当年，全市集中梳理出30件突出重点矛盾纠纷，20件得到了妥善化解。坚持党政领导带头与宗教界人士和少数民族人士交朋友，重点扶持在当地有影响的民族干部提高话语权，进一步促进民族团结。坚持强力推进集中清理涉法涉诉信访积案和百案评查活动。省交办的228件涉法涉诉信访积案，已全部办结，息诉率达到96%。坚持健全司法救助制度，积极争取和使用好中央、省特殊疑难信访专项资金，对困难执行申请人、涉法涉诉特困信访当事人实施司法救助，促其息诉罢访。通过两次运用特殊疑难信访专项资金化解了377件。坚持依法按政策处理，着力解决好进京非正常上访和无理缠访闹访问题。21件进京重复访，已经息诉16件，销案5件，息诉率达100%。玉溪曾是云南省累计积案超过1万件的三个地州之一，通过近3年的攻坚奋战，99%的积案得到妥善解决，新案件的审判执行力度跃居全省前列。坚持围绕重大活动和敏感时段，加强防范和反宣品清理，有效防范打击了邪教组织的渗透破坏活动，为确保社会和谐稳定作出了贡献。

【社会管理】 充分发挥政法工作在社会管理创新中的独特作用，注重从全局性、基础性、紧迫性问题入手，探索建立以项目化方式，推进社会管理创新，努力推动全市社会管理创新整体上水平、见实效。全市已有22个社会管理创新项目正在稳步推进，且效果显现。率先在全省建立医疗纠纷调处中心，通过建立独立于医患双方以外的第三方调解机制、医疗风险分担机制和医疗互助资金机制，搭建了一个公正、中立的沟通协商平台，妥善化解医疗纠纷。已接待医患纠纷来访60余起，受理突出医患纠纷24起，调处成功率为88%。探索建立流动人口服务管理新体制。按流动人口500∶1的比例，选配1 000名流动人口管理服务编外协勤人员，在县(区)、乡(镇、街道)两级设立88个综合服务站，全面推动流动人口“一站式”、均等化服务管理；支持推广“政校联合办学”试点工作，采取政府“买单”、学校“实施”、学生“受教育”的形式，将初中毕业未能升学的青少年全部免费送入职中就读，提高专业技能，有效预防减少青少年违法犯罪；依法推进刑释解教人员安置帮教和社区矫治一体化衔接教育工作，2011年已建设了6个“过渡性安置和矫治基地”，累计接受刑事解教人员3 943人，帮教3 919人，安置3 746人，重新犯罪率为 0.41%，有效减少了重新违法犯罪的发生；准确把握“宽严相济”刑事政策，全面推行量刑规范化工作，全市刑事犯罪判处人数呈逐年减少趋势，从2009年的2 455人减少到2011年的2 277人，促进了执法法律效果与社会效果的有机统一；全市范围内建设看守所全程同步录音录像，实现了远程提讯；积极引导社会组织和企业参与社会管理创新，在中心城区推广“全球锁”安防试点工作，增强社会治安防范管理水平；着力推进虚拟社会管理方式创新，成立网评员队伍，加强正面舆论引导，主动与本地有影响力的网站、“活跃网民”加强协调沟通，积极发展建立了一支网络社工队伍，协助网络警察开展必要的网上虚拟社会监控工作，发现网上舆情，及时依靠其号召力影响和引导网民回归理性，把舆情事件化解于无形，全年没有发生网络舆情被放大炒作的事件。

【队伍建设】 2011年，始终把政法机关领导班子建设和队伍建设作为政法工作的立足之本抓住不放。组织开展了社会主义法治理念、创先争优、“发扬传统、坚定信念、执法为民”等主题实践教育活动，进一步筑牢了立警为公、执法为民的思想基础，确保了政法队伍的政治本色。紧紧抓住领导班子建设这个关键，重视配齐配强各级政法部门领导班子。及时调整不称职的政法领导干部，确保政法机关的领导权真正掌握在忠于党、忠于祖国、忠于人民、忠于法律的人手中。狠抓队伍纪律作风建设，严格落实“四个一律”要求，切实把对法官的“五个严禁”、对检察官的“十个严禁”、对民警的“五条禁令”等各项纪律要求落实到位。加强律师队伍党建工作，在全市27个律师事务所成立了5个党支部，2个党小组。注重政法干警

2011年，召开全市政法工作会议　（杨　彪　摄）

的教育培训。强化基层一线政法干部业务培训，集中组织全市乡镇综治维稳信访干部，进行业务知识培训，不断提升基层干部综合业务素质。加大政法干警培养、交流和锻炼力度，加强人才队伍和技术装备建设。积极开展“十优政法班子”和“十佳政法干警”争创活动，表彰了全市政法系统10个先进单位及10名先进个人。充分发挥先进典型的示范引领作用，营造了弘扬正气、争当先进的浓厚氛围。2011年，全市政法系统共有15个集体、8名个人受到国家级表彰，32个集体、56名个人受到省级表彰，全市政法队伍整体素质明显提升，队伍建设迈上新台阶。

【综治维稳】 2011年，以县、乡两级为重点，压实党政领导第一责任，年初，市委书记、市长共同与各县（区）委书记、县（区）长和62个综治维稳委成员单位“一把手”签订责任书，各县（区）委书记、县（区）长与乡镇党委书记、乡镇长签订责任书，市、县、乡三级党政主要领导与本级各部门“一把手”签订责任书，不断强化县（区）和有关部门主要负责人的主体责任，形成了层层抓落实，层层保稳定的工作局面。继续推进乡镇街道综治维稳中心规范化建设，不断健全和完善了一个集综治维稳、社会管理、群众工作、信访诉求于一体的社会管理工作平台。全市年均近2万件的矛盾纠纷，80%以上在此平台得以有效化解。加大经费保障投入，市、县（区）、乡镇（街道）共调剂3 000多万元用于综治维稳及平安创建工作，综治维稳经费人均市级不低于1元、县（区）不低于2元全部落实到位。以“信息化运用年”为契机，整合全市综治维稳信息资源，全力构建全方位、多层次、灵敏高效的情报信息网络，实现资源共享。积极筹建维稳综合信息中心，县（区）建立维稳综合信息点。继续向村社一级延伸扩展信息预警网络。对667个村委会党总支书记、主任每人每月补助综治维稳信息费50元；对村委会及12个民族村民小组、3个农场的综治办主任和治保、调解主任，实行“以奖代补”。在基层真正做到“有人干事、有钱办事、按章理事”，维护稳定的第一道防线得到了不断巩固和加强。

【居民小区平安创建工作】 2011年，全市各县（区）中心城区均选择1至2个居民住宅小区进行试点，90%以上试点实现“零发案”工作目标，取得初步成效。

【“全球锁”技防试点工作】 2011年，推进“全球锁”技防试点和推广工作。全球锁玉溪公司自2010年10月落户玉溪，公司员工已发展至96人，仅巡防人员就达72人。该公司同街道商铺签约239户，与小区客户签约768户。公司2011年已接受报警3 997次，成功预防了16起盗窃案件的发生。

【“四无”创建活动】 2011年，开展“四无”创建活动。“四无”：无邪教、无命案、无进京非正常上访、无10人以上越级上访。当年，全市共发生命案51起，破51起，澄江县未发生命案；全市无进京非正常上访、无10人以上越级上访问题发生。

【网络安全“三进”警示教育活动】 2011年，开展网络安全“三进”（进学校、进机关、进企业）警示教育活动。市委政法委、市综治维稳委于5月制定了《玉溪市“三进”警示教育活动实施方案（试行）》，按照方案，责任单位分系统、分时间、分片区、分层次地集中举办“网络安全及预防网络违法犯罪专题教育讲座”，全市共有1.2万余名学生、机关和企业干部职工接受了培训。

【见义勇为】 全市见义勇为促进会资金总额为44万元。资金专用于见义勇为事业的宣传、表彰奖励和慰问等工作。2011年受省级表彰奖励见义勇为先进个人2名，发放奖金58万元。

【铁路护路】 2011年，全市铁路护路联防工作实现了“五无一下降”：无重大刑事案件、无群死群伤事故、无影响铁路沿线社会稳定群体性事件、无盗窃路材路料治安案件、无大牲畜上路与火车相撞事故。总体事故比上年下降。

（杨 彪）

统一战线工作

【概 况】 2011年，市委统战部召开各民主党派、工商联、无党派和宗教界人士纪念中国共产党建党90周年座谈会，组织纪念辛亥革命100周年大型文艺晚会，引导广大成员充分认识中国共产党的先进性，进一步坚定在党的领导下致力共同事业的信心和决心。以“重温历史、同心同行”为主题，组织各民主党派、工商联负责人赴江西井岗山、庐山考察。继续推进“企村结对”活动，截至12月，187户民营企业投入新农村建设资金3 270万元，培训农民29 130人，吸纳村民就业人数达15 367人，直接带动农民人均增收333元。大力推进“同心”实践。集中力量持续抓好盘溪民族团结示范区建设“同心工程”项目实施，盘溪民族团结进步示范区建设列入市“十二五”规划，列为市委重点督察内容，《盘溪民族团结进步示范区建设规划（2010～2015）》实施项目完成7个，开工建设24个，开展前期工作28个，完成投资1亿元以上。启动盘溪民族团结示范区“同心聚力服务社会”活动，协助省级各民主党派、工商联、中华职教社做好与华宁县5个乡镇结对帮扶。指导盘溪民族团结示范区精心选择14个招商引资项目，积极筹备组织民营企业家“光彩事业盘溪行”活动。牵头组织政府相关部门深入盘溪民族团结示范区开展科技、文化、卫生三下乡活动。深入开展感恩行动，制定下发《“感恩行动”实施意见》和工作任务安排，认真组织开展捐赠帮扶活动，全市1 556个会员企业或会员参与感恩行动，捐赠帮扶资金2 158.47万元，受益人数53 930人。集中进行宣传表彰。对60名优秀党外人才和29名优秀社会主义事业建设者进行表彰，利用媒体集中报道、宣传展示他们的显著成就。做好民主党派、工商联和无党派人士参政议政、服务社会优秀成果的评选表彰活动，对2010年申报的调研报告进行评审，对6篇调研报告分别予以奖励。

【服务经济社会发展】 2011年，发挥统战部门的组织协调作用，加大对民主党派、工商联和无党派人士调研统筹力度。就经济结构战略性调整、保障和改善民生等重大问题，协商确定民营企业转型升级、提升文化旅游产业、推进农村和农业持续发展、教育医疗卫生改革等14个重点课题，发挥各民主党派、工商联、无党派人士的各自特色组织深入考察调研。推进成果转化应用，2010年各民主党派工商联涉及抚仙湖—星云湖周边农业产业结构调整、食品安全工作、加强社区建设、农村基层民主建设、旧城改造工作、集体林权制度配套改革、非公经济发展等方面的18个调研课题，分别送达或通过政协提案交到市政府相关部门，各部门认真办理调研报告提出的意见建议，多数建议得到采纳或转化。支持推动非公有制企业转型升级，做好玉溪市推动支持非公有制经济发展相关政策措施的落实，抓好10户（各县、区及高新区各1户）非公有制企业转型试点。对部分县（区）非公企业、行业商会、异地商会进行调研，召开民营企业家座谈会，就非公企业生存和发展环境问题进行深入调研，推动研究解决企业转型升级面临的困难和问题。

【党外代表人士队伍建设】 2011年，用好调研成果，完善政策举措。充分运用"党外代表人士队伍建设"调研取得的重要成果，研究制定《玉溪市2011～2015年党外代表人士队伍建设规划》，明确加强新形势下党外代表人士队伍建设的指导思想、工作范围、基本原则和目标任务，完善发现、培养、使用、管理等环节的政策举措，扎实推进"六支队伍"建设、联谊交友和综合评价体系等工作，分别组织统战系统、党外领导干部350余人参加培训。截至当年12月底，全市共有民主党派成员1 245人，多层次的无党派代表人士500余人，宗教教职人员867人，非公有制经济代表人士353人；各级党外人大代表441人，党外政协委员1 048人；县处级以上党外干部350人。32个市政府工作部门中，8个政府工作部门领导班子中配备了党外干部。

【民族宗教工作】 2011年，根据机构改革、人事变动的实际和健全完善领导协调机制的需要，调整充实市民族工作领导小组和宗教工作领导小组。广泛深入开展民族宗教政策法规"六进"活动，利用新闻媒体开展民族团结进步创建宣传教育活动。全面推进彝族山苏群众安居房建设。创建红塔区玉兴路街道办事处棋阳社区"民族团结进步示范社区"，探索和创新城市民族工作。宗教界开展以"六个一"为主要内容的同心同行爱国主义主题教育活动。深化和谐寺观教堂创建，市基督教"两会"、通海县古城清真寺和6名宗教人士荣获首届云南省创建和谐寺观教堂先进集体和先进个人。妥善解决107名涉及"沙甸事件"人员的生活困难和医保问题，成功处置多起民族宗教领域突发事件。开展乱建寺庙、露天宗教造像自检自查工作。启动筹建昆明经学院玉溪分院、市宗教培训和服务中心工作。安排115万元对26处重点宗教活动场所修缮。走访慰问市级宗教团体和班子成员，为宗教团体解决实际困难和问题。

【非公有制经济组织党组织建设】 2011年，市委常委会专题研究加强和改进工商联工作，出台《中共玉溪市委玉溪市人民政府关于加强和改进新形势下工商联工作的实施意见》，召开全市加强和改进工商联工作会议。召开县级工商联换届工作会议，对县级工商联换届工作进行部署安排，全市7个县级工商联将于2012年2月前完成换届任务，市级工商联的换届工作预计2012年4月前完成。加强对非公有制经济组织党组织创先争优活动的指导，认真组织非公经济创先争优活动，截至2011年12月，非公经济组织党组织自408家增至461家，53家企业组建了党组织，规模以上企业243户已实现全覆盖。引导非公有制经济人士自觉履行社会责任，积极动员非公企业投身光彩事业，扶危济困、捐资助学、参与社会公益慈善，履行社会责任，47户非公企业向市光彩办捐资捐物累计1 822.26万元。加强对大中专学校统战工作的指导，4个大中专学校领导班子中配备党外干部。密切与自由择业知识分子和自由职业人员的联系，推进外商投资企业管理技术人员统战工作，扩大代表人士的覆盖面。

【海外统战工作】 2011年，拓展联谊工作，组织海联会及玉溪"五侨"单位组织人员到广东省中山市侨乡，考察学习加强对外交往、促进交流合作。热情接待泰国、台湾、新西兰、澳大利亚、全美中国大西南同乡联合会等9批120余人"三胞"及眷属、归国华侨和各界人士到玉溪参观考察、商务洽谈、投资兴业、探亲访友、回家治丧活动。广泛开展定居台胞、黄埔同学、归侨侨眷春节慰问活动，对全市76名黄埔同学、7名定居台胞和220户归侨侨眷进行走访慰问。加强海外华文教育工作，促进海外华侨华人资源可持续利用。召开玉溪市侨联成立10周年纪念活动，激发侨联组织的凝聚力。

（于大鼐）

侨台事务

【侨联工作】 2011年，市侨联以邓小平理论和"三个代表"重要思想为指导，深入贯彻落实科学发展观，认真学习贯彻中共十七届六中全会精神、省市党代会精神和全省第九次归侨侨眷代表大会精神，围绕中心，服务大局，突出重点，抓好落实，取得了新的成绩。

召开二届五次全委会议，学习传达了中国侨联第八届三次全委会议精神和第九次云南省归侨侨眷代表大会精神，回顾总结了2010年侨联工作，提出了2011年全市侨联工作的总体要求和重点抓好五个方面的工作。重视侨界群众工作，关心散居农村归侨侨眷生产生活。市侨联组成春节慰问组深入到元江县、新平县等散居农村归侨侨眷特困户进行走访慰问，还陪同省总工会、省侨联的领导深入到元江县澧江镇红侨社区和甘庄侨区进村入户进行慰问。把党和政府的温暖送到归侨侨眷困难户家中，让他们度过一个欢乐、祥和的新春佳节。重点对散居农村归侨侨眷特困户、南侨机工遗孀、原侨台办和市外办离退休的老同志进行了走访慰问。全市共走访慰问归侨侨眷困难户220户，发放慰问金10万元，其中省侨联下拨6.5万元。

市、县(区)侨联认真做好群众来信来访工作，配合有关部门做好本系统内的综治维稳工作，2011年共接待和处理归侨侨眷来信6件，来人访47人次，妥善处置一起集体上访。组织开展侨法宣传周活动，共发放宣传材料2 300份，张贴布标3条，播放教育影片3场，受益群众达4 000余人。为8户归侨侨眷争取到廉租房，新增农村低保补助配额7户12人。把重新调整安置到峨山县双江镇的7户越南归难侨纳入安居工程，争取每户补助人民币1万元。协调县畜牧局到文明侨乡村进行养殖业知识指导培训，争取2万元资金修缮饮水池。

深化联侨兴玉系列活动，大力拓展内外联谊工作。做到国内海外工作并重、老侨新侨工作并重，通过请进来、走出去，加强与海外侨团侨社的联系，进一步拓展海内外联谊工作，积极争取上级侨联和兄弟地州市侨联的工作支持，在云南桥头堡建设和玉溪新一轮对外开放中发挥作用。接待了来自泰国、缅甸、新加坡、美国、澳大利亚等国家和地区的华侨华人89人次。协调资金20万元，用于甘庄街道办事处中心小学师生食堂建盖，解决600余名师生就餐场所问题。协调菲利普中国公司无偿捐助节能灯管120套，价值5 000元，用于易门县浦贝乡水塘村完小教学楼照明。

参加玉溪"五侨"单位组织赴广东、福建考察学习，重点与中山市侨联进行了座谈交流，并就进一步深化交流与合作，共同促进侨资源共享达成了共识。通过外出学习考察，开阔了眼界，增长了见识。中山市侨联为地方经济建设服务、为改革开放服务、为侨服务的"三为"工作方法和公车改革的经验，值得玉溪学习借鉴。

进一步加强侨联参政议政工作，选择侨界群众最关心的热点难点问题，搞好调查研究，在玉溪"两会"期间，侨联界政协委员共提出集体提案3件，委员提案11件。其中《关于抓住桥头堡建设机遇，加快玉溪市国际国内区域合作步伐的建议》，受到了市发改委的高度重视，认为提案高瞻远瞩，寓意深长，对推动玉溪经济社会又好又快发展，具有建设性意义。《关于将〈中华人民共和国归侨侨眷权益保护法〉以及实施办法纳入玉溪市公务员普法考试范围的建议》，市政府列入全市“六五”普法规划内容，纳入公务员普法考试范围。

举办市侨联成立10周年纪念活动，激发侨联干部的自豪感和凝聚力。座谈会上，市委常委、市委统战部部长吕昌会代表市委、市人大、市政府、市政协表示热烈的祝贺，对市侨联10年来取得的主要成绩给予了充分肯定，对全市侨联今后的工作提出了4点新要求：1. 要始终高举中国特色社会主义伟大旗帜，保证侨联工作沿着正确的方向前进。2. 要围绕中心，服务大局，充分发挥侨联组织凝聚侨心、汇集侨智、发挥侨力、维护侨益的作用。3. 要认清形势，明确使命，继续发扬爱国爱乡光荣传统，积极投身推进玉溪科学发展的伟大实践。4. 要优化工作布局，统筹侨务资源，形成工作合力，推动侨务工作迈上新台阶。

会议通报了10年来侨联工作取得的主要成绩和努力的方向。编辑出版了《玉溪市侨联成立十周年纪念刊》，用图文并茂的形式反映玉溪市侨联10年来取得的成绩，反映各级党委、政府及有关部门对侨联工作的关心和支持，缅怀南侨机工、海外华侨华人重点人物的赤子情怀，反映侨联系统开展“聚侨心、促和谐”活动的先进典型。该书具有史料性、资料性价值。

加强侨联组织建设，干部队伍整体素质得到提高。组织学习胡锦涛总书记的“七一”重要讲话，参加全国“纪念中国共产党成立90周年反腐倡廉知识竞赛”，严格遵守“四大纪律八项要求”。在中国共产党成立90周年暨第二届中国聂耳音乐（合唱）周系列活动，派出干部参加市直机关代表队荣获二等奖。参加了全省侨联委员培训班，全市党外领导干部培训、玉溪市组织人事干部提高组织工作满意度培训和玉溪市档案基础知识培训，完成了深化“忠诚教育”培训考试和《保密法》干部学习测试，参加了全市开展向杨善洲学习活动。

在制度建设上，制定了市侨联2011年党风廉政建设工作意见，签订了《严格遵守换届纪律承诺书》，向组织郑重承诺：严格执行“五个严禁、十五个不准”的要求，坚持原则，自觉抵制用人上的不正之风，为营造风清气正的换界环境做出应有的贡献。

（合灿伟）

【侨务工作】 2011年，政府侨务工作，1. 加强对侨法侨规及侨务工作知识的学习，为做好侨务工作奠定基础。参加了国务院侨办在昆明举办的“第49期全国侨务干部培训班”，系统地学习了侨务工作的法律法规、方针政策和侨务工作知识及工作方法；配合市司法局做好举办全市普法（含侨法）骨干培训班的有关工作。2. 积极组织开展华文教育工作。依托玉溪师范学院的师资力量和教学条件，积极开展了富有成效的华文教育工作，取得了较好成绩。举办了一期泰国华文教师培训班40人、一期泰国华裔“中国寻根之旅·七彩云南行”夏令营30人，一期泰国华裔“中国寻根之旅·七彩云南行”冬令营30人，一期缅甸华文教师培训班30人。办理了在玉溪师范学院就读的华裔（泰国）学生10人的助学金发放手续，侨务干部参加了省侨办召开的华文教育工作座谈会，按照省侨办的要求，完成了2009年至2010年外派1名教师到缅甸进行华文支教回国后经费补助发放及南侨机工遗孀1人生活补助费的发放工作。进行了推荐外派（缅甸、泰国、老挝）华文教师人选的工作。完成了将玉溪师院推荐为“云南省华文教育基地”的申报工作。3. 积极做好归侨侨眷工作。认真接待和答复了“关于要求解决甘庄华侨农场1953年至1957年出生职工的退休问题”的上访。在玉溪市海外联谊会第二届理事会上，与前来参加会议的海外华侨、华人和港澳同胞及社团进行了联谊和交流。市外侨办、市侨联积极做好元旦春节“归侨侨眷关爱工程—送温暖”慰问活动，组成3个慰问组，在各县（区）侨办、侨联的配合下，到各县（区）和市直单位走访慰问归侨侨眷。慰问组深入城镇及乡村的归侨侨眷家中，在带去党和政府对广大归侨侨眷关心和慰问的同时，还深入了解广大归侨侨眷的工作生活情况，认真征求和倾听他们对侨务工作和贯彻落实各项侨务政策的意见和建议，并致以新春的祝福。全市各级侨务部门共走访慰问华侨农场归难侨侨眷特困户、散居农村的归侨侨眷特困户、南桥机工遗属和生病住院的离退休侨务老干部260户，发放慰问金每户500元，共计13万元。4. 努力完成省侨办交办的工作。认真按照省侨办“关于请予协助做好侨资企业权益保护情况统计的通知”和“关于开展侨务工作调研的通知”要求，通过调研了解，形成了《玉溪市侨资企业权益保护情况》和《玉溪市侨资企业情况统计表》、《玉溪市侨务工作专题调研报告》的书面材料，按时按质上报了省侨办。

（潘翠华）

【对台交流交往】 2011年，组织新平花腰傣民族文化艺术团一行53人参加“七彩云南文化惊艳”赴台交流演出活动，组织社区参访团一行19人赴台交流社区工作，继续以党校、机关、社区和中小学为重点，通过报告会、讲座、座谈会、广播、发放宣传材料等形式加强干部群众和青年学生的对台方针政策、两岸关系形势、涉台法律法规等方面的宣传和教育。

（丁人鼎）

市直机关工委

【推进学习型党组织建设】 2011年，市工委制定和完善学习型党组织实施方案，把学习型党组织建设与学习杨善洲先进事迹系列活动结合起来，开好组织生活会和学习生活会，引导广大机关党员干部学习先进、崇尚先进、争当先进，在市直机关营造积极向上，敢争勇创的浓厚氛围。扎实开展“爱读书、读好书、善读书”活动，突出领导班子和领导干部这一重点，认真落实“每月学习日”、“每季辅导周”、“每年读书月”等制度，把“授课式学”与“互动式学”结合起来，努力打造善于学习的机关党员队伍。以强化激励为重点，建立健全述学、评学、考学、督学、奖惩和培训等制度，将干部个人自学、集中学习、脱产培训、岗位练兵和学习评比表彰等纳入考评范围，并与干部的培养、奖惩、能力评定和管理结合起来，确保学习活动扎实开展。按照广覆盖、有特点、见成效、能推广的要求，以各种创建活动为抓手，选树10个市级示范点，认真总结、深入提炼、广泛宣传。

【组织开展纪念建党90周年系列活动】

2011年6月24日，市工委召开玉溪市直机关纪念建党90周年表彰大会，对在全面建设小康社会、推动科学发展、构建和谐社会、建设生态玉溪、服务人民群众、加强基层组织中涌现出来的20个先进基层党组织、30名优秀党务工作和60名优秀共产党员进行了表彰。推荐的10个先进基层党组织、17名优秀共产党员和9名优秀党务工作者，分别受到了省、市委的表彰奖励。通过组织开展纪念征文、文艺汇演、知

2011 年 6 月 24 日，工委召开玉溪市直机关纪念建党 90 周年表彰大会

（机关工委 提供）

识竞赛、主题报告、“读红色经典、唱红色歌曲、讲红色故事”等主题突出、特色鲜明的活动，讴歌建党 90 周年的丰功伟绩，宣传建党 90 周年的奋斗历程，唱响共产党好、社会主义好、改革开放好、伟大祖国好、各族人民好的主旋律，引导和激励广大党员立足本职岗位，振奋精神，勇于进取，乐于奉献。按照中央和省、市委的要求，广泛组织开展了走访慰问活动。通过寄送慰问信、发送慰问短信、召开座谈会、发放慰问金等形式，向广大党员致以节日的问候，充分体现党组织对党员的关爱。活动共走访慰问老党员、老干部共计 778 人，发放慰问金共计 23.2 万元、慰问品 336 件。17 名市级领导、116 名县级领导参加了走访慰问。市直机关工委重点看望慰问了建国前参加革命的 214 名老党员、老干部。

【创先争优活动】 市直机关 430 个党组织、6 055名党员开展了年度承诺和即时承诺，并适时对承诺践诺情况进行“回头看”。落实承诺事项 590 项、为民办实事1 024件。同时，认真开展“党员 1 +1 结对帮困”、“三走进”和“三走进三服务”、“三亮四进”等活动，做到真心结对、普惠民生。投入扶贫帮困资金 4 230余万元、为困难群众办实事1 000余件、为社区办实事 631 件，收到了良好的社会效益。通过广泛开展“三联五共”、“三结对”活动，推动城乡、区域基层党建工作协调发展，深入和扩大创先争优成效。设立“党员先锋岗”、“党员责任区”，坚持月评、季评，推行“评星授旗、领导点评”制度，在 440 个党组织、6 500余名党员中开展了评星授旗。各种点评 750 余场次、群众评议 860 余场次，为创先争优注入经常性动力。以“四争四有”、“四亮四创四评”、“五比五创”和“建培联带”为重点，广泛开展了“深入推进创先争优志愿服务人民群众”、“创文明行业、建满意窗口”、“为民服务创先争优”等便民服务活动。确定了 13 个拟创建市级基层党建工作示范点，推进了一批活动阵地建设。对已通过考核验收的第一批省市两级 8 个示范点进行命名挂牌。同时，加强对非公企业党组织的督促检查、分类指导，促进非公企业科学发展。

【机关党建基础性工作】 2011 年，突出规范化，督促指导 31 个基层党组织完成换届选举，新设 2 个基层党组织，调整充实 2 个基层党组织领导班子，机关基层党组织做到了及时健全完善。在 413 个党支部6 219名党员中认真开展了民主评议党员工作。10 月份举办为期 5 天的入党积极分子培训班，对 297 名要求入党的积极分子进行了党的基本理论培训。全年共发展新党员 181 名，129 名预备党员按期办理了转正手续。截至年底，市直机关工委所辖党员达6 910 名。工委积极协助开展党费集中检查、党费管理情况公开，进一步规范了党费收缴、管理和使用工作。党员信息库得到了进一步规范完善，及时完成了 2011 年党内统计、党报党刊和各类党员教育书刊的征订工作。工委机关保密、老干、档案等各项工作得到了进一步加强。

【做好玉溪市第四次党代会代表推荐工作】 2011 年，根据市委《关于做好中国共产党玉溪市第四次代表大会代表选举工作的通知》精神，市直机关各基层党组织严格按照推选代表的步骤和要求，加强领导、精心组织，从基层党支部开始，以党支部为单位，采取自下而上，上下结合，反复酝酿，逐级推荐的，层层遴选的方法，组织党员按多于分配名额 30% 的差额比例进行提名推荐，在此基础上，召开党委会（总支委员会），集中多数党支部和党员的意见，在应推荐名额内提出初步推荐名单报市直机关工委。市直机关 412 个党支部、

2011 年 8 月 31 日，召开中国共产党玉溪市直机关代表会议

（机关工委 提供）

6 398名党员参加了推荐工作，党支部参与率达100%，党员参与率达96%。共提名代表候选人初步人选435名，其中，干部284名，各类专业技术人员89名，先进模范人物55名，少数民族55名，妇女186名，50岁以下191名，离退休干部7名。经过推荐和返回征求意见，市直机关工委确定推荐的代表候选人初步人选147名。8月11日，市直机关工委召开工委会议，对市直机关出席中国共产党玉溪市第四次代表大会代表候选人初步人选进行了审议，并根据多数党委、直属党总支和直属党支部的意见，提出初步人选返回征求各党委、直属党总支、直属党支部和全体党员的意见后，确定代表候选人初步人选考察名单，并组织考察组对代表候选人初步人选进行了考察，形成考察材料。玉溪市直机关出席中国共产党玉溪市第四次代表大会代表候选人预备人选名单经市委批复后，市直机关工委于2011年8月31日召开中国共产党玉溪市直机关代表会议，在充分发扬民主、广泛酝酿讨论的基础上，采取无记名投票、直接差额选举（25%）的方式，选举产生玉溪市直机关出席中国共产党玉溪市第四次代表大会代表120名。

（毕现昆）

政策研究

【市委重要文稿起草】 2011年，玉溪市委政策研究室始终坚持为市委决策服务、为全市工作大局服务的指导思想，引导党员干部学会站在全局的高度观察、思考和分析问题，紧紧围绕市委的重要会议、重大活动等中心工作，联系实际深入研究，积极主动地参与服务并完成重要文稿的起草工作。全年共起草修改了市委三届八次全会报告，市第四次党代会工作报告，市委领导在庆祝建党九十周年大会、宣传思想文化工作会、民族工作会、杨善洲精神专题学习会等大会上的讲话，抚仙湖保护治理利用情况等向上级领导的汇报，第三届市委工作总结等重要文稿和重大活动材料80多篇。

【调查研究】 2011年，市委政策研究室围绕全市经济社会发展和改革稳定中关系全局的热点、难点和突出问题，突出服务决策、挖掘典型两个重点，精心选题、整合力量、创新方式，有针对性和重点地搞好调查研究。全年形成了《做实群众工作推动科学发展》、《玉溪市关于省第九次党代会报告起草工作调研报告》、《通海县曲陀关肉奶牛养殖园区情况调研》、《玉溪市农业产业化发展情况调研》、《玉溪桥头堡建设情况调研》等11份有情况、有分析、有措施的调研报告。

【信息工作】 2011年，市委政策研究室编印了《中共玉溪市第二届委员会文献选编》（上、下）、《中共玉溪市第三届委员会文献选编》（上、下）和《玉溪调研文集》共320多万字，编印了《玉溪》宣传小册子3期14 000余册，编辑发行2011年《玉溪农村经济》6期、9 300多册。

【帮扶工作】 2011年，市委政策研究室多次深入扶贫联系点新平县老厂乡太和村、元江县澧江街道办事处莫郎村委会，山苏扶贫联系点新平县平甸乡蚂蟥箐小组和新农村建设联系点通海高大代办村委会库南村民小组调研走访慰问，为太和村帮助协调解决原水库除险加固工程尾款5万元、太和村小学饮水工程建设资金5万元，为彝族山苏支系蚂蟥箐小组协调建设资金30多万元，给莫郎村委会工作经费补助2万元，帮助库南协调建设资金70余万元，给予其整村搬迁前期工作经费补助5万元。

新农村建设工作

【市委农办和新农队办工作】 2011年，市委农办和新农队办紧紧围绕市委的中心工作，按照省委农办和新农队办的要求，认真履行职能，扎实开展工作。筹办了市农村工作会、全市下派新农村建设工作队及指导员总结表彰大会暨欢送第五批新农村建设指导员视频会议等，组织培训了第五批新农村建设指导员101名。对新农村建设指导员工作及省、市两级重点建设村项目完成等情况进行了督查调研和检查验收，并顺利通过了省检查组的检查验收。组织实施了2011年度70个省级重点建设村和市级100个重点建设村项目。起草了《省委农村工作会精神及全市的贯彻汇报提纲》、《转方式调结构推动农村经济社会平稳较快发展》、市农村工作会讲话、玉溪市农业产业化发展情况汇报等材料40余篇。参与起草市委市政府《关于加快水利改革发展的决定》、《关于加快农业产业发展扶持农业龙头企业的实施意见》。组织编印了《玉溪市农村工作会议交流材料》和玉溪市新农村建设指导员工作学习材料《广阔天地大有作为》等书籍。认真做好全市劳动力转移工作的协调、总结、上报等工作。

【新农村市级重点村建设】 2010年8月～2011年底，市级安排补助资金1 000万元，在全市选择了100个基础条件较好、群众积极性高的自然村作为重点村进行新农村建设。每个村市级财政补助资金10万元，要求县（区）配套10万元，并整合“一事一议”财政奖补、农村民居地震安全工程、农村危房改造等建设资金合力推进。全市100个市级重点建设村项目共涉及63个乡镇、93个村委会、100个自然村，受益农户1.25万户、42 411人。建设项目已按实施方案全部完成，共完成投资4 508.48万元，其中市级财政投入1 000万元，县（区）配套604.09万元，村集体投入883.65万元，村民筹资180.38万元，村民投工投劳53 098个折资222.8万元，整合其它项目资金1 617.57万元。共硬化村内道路54 919米，修建挡墙11 746立方米，发展种植业和林产业22 242亩，畜牧业63 730头（匹、只），整治垃圾池、排水沟81个5 872.36立方米，新建改造公厕28个1 158.8平方米，绿化10 793平方米，植树1 917棵，兴建村内活动场地36块30 650.5平方米，建设文化活动室（公房）50个20 097.88平方米，安装路灯83盏等。通过新农村建设项目的实施，村容村貌明显改观，人居环境明显改善；基础设施进一步加强，特色产业得到发展；农民文化生活日益丰富，文明意识明显增强；党群、干群关系更加密切，农村社会和谐稳定；重点建设村示范效益明显发挥，深受群众好评。

【新农村省级重点村建设】 自2010年8月～2011年底，全市实施省级重点建设村项目70个，涉及9个县（区）、54个乡镇、68个村委会、70个村民小组，项目基本完成。共完成投资3 651万元，其中，省级财政投资1 050万元，“一事一议”财政奖补资金1 186万元，村集体投入897.25万元，村民筹资151.83万元、捐资3.11万元、以工折资160.01万元、以物折资28.53万元、以资代劳1.5万元，其他资金172.81万元。共发展种植业、林产业21 146亩，畜牧业37 944头（匹、只），硬化道路333条42.06千米，修建道路挡墙67件8 509.61立方米，建垃圾池和排水沟整治65个4 553立方米，公厕21个550平方米，美化绿化村内环境7 037平方米，植树2 719棵，兴建村内公共活动场所

32个15 541平方米，科技文化室（公房）39个20 195平方米，受益农户9 291户32 579人。

【新农村建设工作队及指导员工作】 2011年，根据省委的部署和要求，全市共选派了第五批社会主义新农村建设指导员638名，组成70支工作队，进驻各建制村开展工作。市委组织部、市新农队办对96名市直派出的新农村建设指导员进行了进村前的培训，县（区）共培训指导员2 192人次、乡镇培训3 975人次；市、县（区）新农村建设领导小组召开专门会议研究指导员工作76次，落实县（区）新农队办工作经费69.8万元、专项工作经费166.66万元；工作队队长、副队长列席乡镇党委、政府重要会议1 533次；各派出单位主要领导到指导员驻村调研1 808次，积极帮助协调支持资金1 607.7万元，帮扶项目419个；市以上报刊累计刊发宣传报道指导员工作文章40篇、电视宣传报道22次、电台宣传报道10次，市、县（区）新农队办编发工作简报382期；广大指导员通过广播、黑板报、上党课、举办培训班、开群众会、入户交谈等形式，向群众宣传党的“三农”政策273 626万人次，召开党员会议1 944次、群众会议13 135次，走访农户56 018万户；全市指导员撰写调研报告832份，提出合理化建议3 401条、被采纳1 945条，制定发展规划579个、争取到位项目573个、资金5 268万元、物资718万元，办实事3 514件，制定完善各项规章制度1 285个，帮助驻村发展党员1 217名，通过访农家、交农友、谈农事，参与排查、调解各类矛盾纠纷2 345起。

【农村劳动力转移就业特别行动计划】 2011年，全市认真贯彻全省农村劳务输出工作会精神，加强组织领导，层层分解任务，完善措施办法，完成和超额完成了省下达的农村劳动力转移培训任务。全年共培训农村劳动力33 634人，新增转移农村劳动力48 337人，组织现场招聘会71场，分别完成计划的122.31%、214.83%、182.05%。预计2011年农民人均工资性收入1 980元，占农民人均纯收入的30%，比上年增564元，工资性收入对农民的增收贡献率达66.1%。

（合晓斌）

保　　密

【“六五”保密普法启动】 2011年，是“六五”保密普法的启动年。市保密委及时起草规划，征求各方意见，印发了《玉溪市“六五”保密法制宣传教育规划》。市委常委、市委秘书长、市委保密委主任范汝坤作了“六五”保密普法动员。市、县（区）分别成立了“六五”保密普法领导小组，切实加强领导、全面启动“六五”保密普法工作。当年，总结表彰了“五五”保密普法先进集体50个、先进个人100名。

【保密教育】 2011年，市委保密委抓好保密教育工作，开展新《保密法》实施一周年纪念活动。在玉溪电视台连播保密标语、向全市1 136位副县级以上领导干部发送保密短信的基础上，组织886个单位、17 245位干部参加了保密法规知识测试活动。组织68位保密专兼职干部到昆明参观“全国窃密泄密案例警示教育展”的同时，组织11 736位干部学习了省委书记秦光荣在参观“全国窃密泄密案例警示教育展”时所作的重要讲话。学习中央、省、市领导对保密工作的重要讲话精神、通报云南省2010年泄密案情、组织观看保密警示教育片为主要内容的3 019位领导干部和涉密工作人员参加的“三项”保密教育。在市、县（区）党校安排了55个课时，对6 513位党校学员进行了保密知识、保密法规教育。把《保密工作》一书作为对领导干部、涉密工作人员进行经常保密教育的重要载体，加大工作力度，认真组织征订，2011年征订《保密工作》2 313份，创历史新高。通过形式多样的保密法规宣传教育，广大领导干部进一步增强了保密责任意识，广大涉密工作人员进一步树立了保密观念。

【保密管理】 2011年，加强保密管理，实施人防技防“双管齐下”，按照“强制配备”的精神，在“五五”保密普法期间安装计算机安全隔离卡792台的基础上，当年新安装计算机安全隔离卡41台。计算机安全隔离卡的大量安装，为全市计算机的运行安全和信息保密提供了物质基础和技术保障。按照国家和省保密局的要求，认真开展了对涉密单位的重点保密检查和对计算机及其网络的专项保密检查。全市共检查密码电报587份、保密电话5部、涉密计算机72台；发出《整改通知书》14份、封存计算机7台、提出整改意见50余条。通过重点检查和专项检查，受检单位进一步加强了对计算机信息系统的保密管理。切实加强对涉密载体、涉密设备的保密管理。在深入调查研究、进行考察备案的同时，依法依规公布了三家涉密载体定点制作单位、一家涉密设备定点维修单位和一家涉密载体定点销毁单位。切实加强政府信息公开的保密审查、管理、月报工作。全市共审查上网信息13 652条，确保涉密信息、敏感信息不上网。切实加强各类考试的保密管理、监督检查，确保了169场、143 852人参加的市内各类考试的安全保密顺利进行。按照上级要求，开展涉密测绘成果的保密检查、抽查。全市97个测绘单位和测绘成果使用单位作自检自查的同时，市、县（区）保密局抽查了40个单位。通过自检自查、进行抽查和培训讲座等形式，进一步加强对测绘成果的保密管理。认真抓好涉密载体的清退回收、定点销毁。全市共清退、销毁涉密文件27 250份，确保了涉密文件的安全。根据《云南省党政机关和涉密单位计算机及其网络保密自检自查规定》的要求，为搞好定期对涉密计算机、非涉密计算机的保密检查，在请市内专家论证保密检查工具、向有关单位申请自行采购保密检查工具并获批准的同时，召开了市直和县（区）分管领导、保密局长、计算机管理人员共196人参加的计算机信息系统保密技术检查培训会议。通过培训，进一步明确了计算机信息系统保密检查的内容要求；进一步掌握了保密检查工具的使用方法；进一步提高了配备保密检查工具的思想认识。

【商密保护培训】 2011年，根据玉溪市规模企业在经济建设中的重要地位。市、县（区）保密局把保密工作“围绕中心、服务大局”的切入点、着力点放在对规模企业的保密服务上。继续抓好20个试点企业，年内举办了3次、137人参加的企业商业秘密保护培训。帮助红塔集团技术中心和玉溪市溶剂有限公司制定了《商业秘密保护管理规定》，使企业涉密人员进一步增强了商业秘密保护意识和能力。

（张宏斌）

档　　案

【档案法律法规执行情况检查】 2011年，玉溪市档案局对贯彻落实《中华人民共和国档案法》和《云南省档案条例》，巩固档案室星级规范化管理建设取得的成果执行情况进行了检查。由市人大、市委办、市政府办、市司法局、市档案局组成4个档案执法检查组，分别对市直48个单位档案工作进行了抽查；江川县、华宁县、峨山县、新平县档案局开展对101个乡镇（街道办事处）、机关单位的档案执法检查。

【档案业务建设】 2011年，市档案局开展创建全省社会主义新农村建设档案工作示范县活动。按照省档案局的要求，将玉溪市红塔区定为了全省社会主义新农村建设档案的试点县，拟定创建工作实施方案，制定档案接收计划，进行全区涉及民生档案工作情况的调查并建立相应的统计台账，编制《玉溪市红塔区街道（乡）档案管理规范要求》和《玉溪市红塔区村委会（城市社区）档案管理规范要求》，创建工作稳步开展。

档案年度归档工作。市档案局对市直129个立档单位的档案年度归档情况进行调查统计，基本掌握市直立档单位的档案整理与保管情况。对市直24个单位的年度归档情况进行了检查和指导，各县（区）档案局积极开展年度归档工作的监督指导，基本做到无积存零文件的产生。

机构改革撤并单位档案指导和接收工作。市档案局和各县（区）档案局积极参与机构改革撤并单位档案的指导和接收工作，新平县档案馆已对撤并单位的档案全部接收进馆，其他档案馆正积极做好撤并单位档案的接收工作。

重点工程建设项目档案的指导监管工作。市档案局加强对玉溪聂耳文化广场，星云湖、抚仙湖出流改道，东风水库除险加固等重点工程建设项目档案的业务指导，并对星云湖、抚仙湖出流改道工程建设项目档案工作进行了验收。华宁县、澄江县档案局加强了华盘公路、国家养生园等重点工程建设项目档案的指导，并按照规范整理归档。

【档案馆建设工作】 2011年，按照国家和省档案局对县级综合档案馆建设的要求，继续落实县级综合档案馆建设工作。元江县档案馆建设已完成土建封顶；国家和省补助资金814万元的澄江县被列入第二批档案馆建设，已于9月1日正式开工建设；江川县档案馆正在筹备开工建设。完成了全市2011年度国家重点档案抢救和保护补助费项目的申报工作，申请到国家财政重点档案抢救和保护项目补助经费12万元，省财政重点档案抢救和保护项目补助经费11万元，市档案局全年向各县（区）档案局下拨档案抢救和保护费共计13万元。

【档案建设和档案利用工作】 2011年，市档案馆继续做好档案接收进馆工作。共接收进馆到期档案1 730卷、50 045件。各县档案馆共接收档案12 420卷、91 050件。全市各级档案馆共接待查阅利用人员11 210人次，查阅档案12 382卷（件）次，复印档案7 243页；市现行公开文件中心接待查阅人员6人次、13件次。当年，档案资料的征集、抢救与保护工作，通海县档案馆积极开展档案资料的征集工作，征集到荣获国家级非物质文化遗产的洞经古乐好高台艺术两个项目的档案；市档案馆对征集到的《醒世金镛》28张，《新平县志》6张进行了裱糊、修补；对房田地契档案9卷进行了分类、整理、装订，共录入珍贵档案目录142条。各县（区）档案馆征集档案339卷、43件。

【档案信息化建设】 2011年，市档案局按照档案信息化建设的总体规划，加大档案资料数字化建设力度，市档案馆原文扫描档案22 112件116 291页；备份数字化档案10 269件59 443页。各县（区）档案馆录入条目103万条，原文扫描档案62.6万幅。10月14日，市档案馆与保山市档案馆结为档案异地备份基地，完成了档案的异地备份任务。

【档案资源编研】 2011年，市档案局立足馆藏档案资源，加强档案编研，汇编出版了2003～2010年《存稿》和《拾文》，共16册。收集154位玉溪市副厅级以上领导照片和简历，为编研《玉溪领导名录》打下了基础。完成30余万字的《发展的足迹——玉溪文汇》，并编辑印刷发行，剪辑2011年《云南日报》刊载玉溪文章213篇，20万字。

【贯彻传达全省档案局馆长会议精神】 2011年3月1日，玉溪市档案工作会议在元江县召开。参加会议的有各县（区）委或政府分管档案工作的领导、档案局局长、副局长、办公室主任、业务指导科长；市直和中央、省驻玉单位档案工作协作组组长、副组长；玉溪市城建档案馆馆长；红塔集团档案科科长和市档案局馆全体干部职工共115人。市委秘书长范汝坤在会上对全市档案工作所取得的成绩给予了充分肯定，对档案工作提出了新的要求。市档案局局长周凤琼在会上作了《科学谋划精心组织 努力开创全市档案事业发展新局面》的讲话，并对2011年档案工作进行了安排部署。会上，表彰奖励了2010年度各县（区）档案工作目标责任考核、档案"五五"普法、《云南档案》征订获奖单位。

【召开全市草原家庭承包档案工作培训会议】 2011年11月29日，玉溪市档案局在新平县召开全市草原家庭承包档案工作培训会议。参加会议的人员有各县（区）档案局局长、副局长、业务指导科人员；新平县草原家庭承包领导小组成员、新平县档案局馆全体干部职工及市档案局馆全体干部职工共60人。会议贯彻落实《玉溪市人民政府关于加快推进草原家庭承包工作的实施意见》和"全市推进草原家庭承包和草原生态保护补助奖励机制工作会议"的精神，切实做好草原家庭承包档案工作，确保草原承包档案的齐全、完整和安全。

【档案学会和职称评审】 2011年，档案学会完成了云南省档案学会会员登记工作，150余名会员参加登记。学会工作取得了新的成绩，向省档案学会推荐学术论文11篇，其中1篇在2011年云南省档案学术研讨会上作交流；组织作品参加云南省档案局建党90周年暨辛亥革命100周年"开洋杯"征文、摄影作品、书法作品大赛，获得二等奖1项，三等奖7项，优秀奖10项。全市档案专业技术职称评审工作共有3人申报中级职称、5人申报初级职称。

【举办档案专业基础知识培训班】 2011年7月13日，玉溪市档案局在玉溪师院西院举办档案专业基础知识培训开班典礼，市直单位，中央、省驻玉单位及八县一区的档案专兼职人员共222人参加了为期8天的培训。培训班由市档案局具有较高档案专业知识和工作经验的专家就文书档案管理、档案保管与保护、档案利用与编研、科技档案管理、档案法制工作、档案资源建设等方面知识作专题讲解。培训结束后，组织了80名学员到海南、南京等地进行了档案工作学习考察。

（何昆琳）

老干部工作

【表彰老干部工作优秀单位】 2011年1月，玉溪市委组织部、市委老干部局组织考核组，通过"听、查、看、访"等形式，对全市县（区）和市直单位2010年实施老干部工作目标管理责任制情况进行检查考核，联合行文通报表彰了

32个一等奖、20个二等奖、18个三等奖单位，并给予金额不等的奖励。同时，市委老干部局行文通报表彰了9所县（区）老年大学，充分肯定县（区）开办老年教育成果，鼓励基层进一步做好老年大学工作。

【春节慰问老干部】 2011年春节前夕，市委要求各级各部门要主动关心爱护老干部，认真开展各类慰问活动，并集中一段时间采取多种形式慰问老干部。市委、市政府召开2011年春节老干部团拜大会，市直单位离退休干部共600余人参加了团拜会，市委常委、市委组织部部长代表市委、市政府作了新春贺词和慰问祝福，并为老干部献上一场具有地方特色的文艺演出；邀请76名担任过地厅级老领导、享受双项三项厅级待遇老干部共进晚宴，给老干部拜年，送上1 000元慰问金，送上新春祝福；在《玉溪日报》上刊发老干部春节慰问信，向全市离退休干部拜年，致以节日的问候和祝福；市委书记和市委组织部部长邀请14名曾经担任过县（区）委书记、县（区）长的老干部座谈，畅谈玉溪改革发展和未来规划，送上800元慰问金，祝福新春佳节。市委、市政府委托市委老干部局深入八县一区走访慰问了56名正县级离退休老干部、60名县（区）和市直有特殊困难的老干部、13名已故厅级离退休老领导遗孀，送去了500～1 000元不等的慰问金；召开有53名安置在玉溪的易地安置老干部和企业离休干部座谈会，表达市委、市政府的新春祝福；对因生病住在市人民医院和市中医院治疗的300余名老干部，逐一进行探视慰问，送去了慰问品和问候。

【召开党风廉政建设工作会】 2011年3月7日，市委老干部局召开2011年党风廉政建设工作领导小组会议，局机关全体干部职工、所属单位市干休所、老年大学、老干部活动中心主要领导等14人参加了会议。会议传达学习了省、市有关党风廉政建设会议精神，研究部署了2011年党风廉政建设工作任务。与市干休所、老年大学、老干部活动中心等3个单位领导签订了党风廉政建设责任书，并提出必须坚持为老干部服务的信心不减弱，求真务实不放松，清正廉洁不含糊，高效服务不懈怠，保证老干系统干部职工零违纪的要求。

【召开全市老干部工作会议】 2011年4月1日，玉溪市委召开全市老干部工作会议，县（区）委组织部部长，老干局局长、老干局办公室主任，市直单位分管老干部工作的领导及专兼职工作人员共200余人参加了会议。会议传达学习了全国、全省老干部工作会议精神，总结回顾2010年的老干部工作，安排部署2011年的任务，兑现2010年老干部工作目标考核奖，签订《2011年老干部工作目标管理责任书》。

【举办老干部党支部书记读书班】 2011年4月25～27日，老干局在玉溪举办全市第十三期老干部党支部书记读书班，各县（区）和市直单位的离退休干部党支部书记、副书记、学习组长，县（区）老干部局的领导，市委老干部局全体人员，市干休所、老年大学、老干部活动中心的主要负责人共计130余人参加了培训学习。读书班专题学习了杨善洲先进事迹和玉溪"十二五"发展规划。

【老年大学扩大办学规模】 玉溪市老年大学根据学员多样化的学习需求变化，不断创新教学内容，增设新专业，设置新课程，做到适其所需、导其所向、授其所求。2011年，共开设10个系，30个专业，80个教学班，招收学员4 500余人，为历史最大规模。

【开通"玉溪市老年网络大学"网站】 2011年，玉溪市老年大学开通"老年网络大学"网站，丰富多彩的版块，简便快捷的操作，为学员加强自身学习、展示才华提供更加广阔的平台，提高老同志学习兴趣和学习质量，开辟市老年大学吸取省内外知名老年大学的成功经验和宣传新渠道。

【举办老年人心理健康咨询讲座】 2011年4月，玉溪市老干部活动中心共举办3期老年人心理健康咨询讲座，课题包括《最美不过夕阳红——老年人常见心理问题》、《认识焦虑》和《走进老年抑郁症》等三个专题，参加学习培训的老干部达到620余人。

【为厅级老干部进行健康体检】 为迎接和纪念中国共产党成立90周年，体现市委、市政府对老干部的关心和爱护，市委老干局于2011年4月26～27日，组织原担任过副厅以上领导职务和享受副厅级双项、三项、单项待遇的离休、退休老干部健康体检，共有84名老干部进行了全面的身体检查。

【举办市老年大学建校20周年庆祝活动】 2011年6月，玉溪市老年大学举办建校20周年系列纪念活动。在聂耳大剧院举行了建校20周年庆祝大会，中共玉溪市委书记孔祥庚，市委常委、市委组织部部长寸世成亲临大会并作重要讲话，原地委书记段毓华、段阳春等老领导出席庆祝大会，1 200余名老年学员参加庆祝大会活动。举办文艺演出，在老年大学举办了音乐演奏会、"红歌汇"演唱会，在聂耳音乐广场举办了大型文艺演出，二胡专业音乐演奏会。校庆期间举办以"同呼吸、共命运、心连心"为主题的征文活动以及诗词、书画、绘画艺术展，展出160余幅作

老干部文化活动 （何永贤 摄）

品，真实记录了老年大学20年的办学历程，生动演绎了老年大学20年来所培养的4.2万余名老年学员奋发向上的精神风貌。制作校庆作品，编印《为老年教育喝彩》理论文集，搜集整理20年来中央、省、市关于老年教育和老干部工作的文件、领导讲话及老年教育理论文章；编印《美丽和谐新校园》画册，该画册展示了老年大学20年的办学历程和风采，反映了老年学员甜蜜幸福晚年生活和对党、对家乡由衷的赞美；制作建校20周年"庆祝大会"、"文艺演出"光盘并向广大师生发放。

【发放离休干部生活补贴】 2011年，根据省、市有关文件精神，按照审批原则发放离休干部生活补贴。涉及市直机关、企事业单位共226人，资金459 945.50元，于6月底把增加的生活补贴送到了每一位老干部手中。

【建党节慰问离休干部】 2011年，在中国共产党建党90周年前夕，为体现各级党委、政府对离休干部的关怀和照顾，让老干部切身感受到党和政府的温暖，玉溪市各级各单位于6月30日前对全市698名离休干部进行了一次入户走访，问候和送去了慰问金，并虚心听取广大老干部的意见和建议。

【组织老干部协会开展庆祝建党90周年活动】 2011年，为庆祝中国共产党成立90周年，市委老干局从5月份开始组织老干部协会开展了丰富多彩的纪念活动。组织市直老体协举办300人大型柔力球广场展演，500人大型体育舞蹈广场展演，500人大型国标舞广场展演；组织老干部摄影协会在老干部活动中心举办近100幅摄影作品展；组织老干部聂耳合唱团分别在聂耳大剧院、红塔文体中心、聂耳音乐广场专场"红旗飘飘大型红歌音乐会"演出；组织老干部诗书画协会在老干部活动中心举办100多幅诗书画作品展；组织老干部花鸟协会在聂耳公园进行斗鸟比赛；组织老干部台球协会在老干部活动中心举办"最美夕阳红"专题讲座和唱红歌比赛。

【走访省内外易地安置老干部】 2011年8～10月份，市委老干局分3个组到昆明、楚雄、红河等地走访省内易地安置的老干部21人，送去人均500元的慰问金；奔赴北京、山东、福建、湖南等地走访了5位老干部及家庭，给予人均2 000元的慰问金，同时，给定居香港的3位老干部寄去了人均2 000元的慰问金。通过走访活动，深入细致地了解他们的家庭、生活及身体状况，认真听取他们反映的情况、建议、意见，向他们介绍玉溪近年来的经济社会发展情况，千里送真情，充分表达了市委、市政府对老干部的尊重、关心和关爱。

【玉溪老人夺魁国标舞全国公开赛】 2011年8月，玉溪市老干部活动中心组织27名老同志，参加"2011年中国·昆明国际标准舞全国公开赛"，年龄最大的85岁，最小的60多岁。经过参加全国12个省市3 600对次组别的逐角，脱颖而出，获得了成人拉丁舞和摩登舞两个团体一等奖、一个摩登舞业余单项季军和优秀组织奖。

【祝寿高龄老干部】 2011年9月27日，在敬老节临近之际，玉溪市离职干部休养所为住所两位年满90周岁的老干部举行集体生日会，为两位老干部戴上了大红花。40余名离休老干部及家属参加了生日会，干休所工作人员为他们送上鲜花和蛋糕，与会人员共同送上生日歌和祝福。当年，住所离休干部36户，享受地厅双项待遇11人，享受地厅单项待遇1人，享受县处级及一般离休干部待遇23人，平均年龄89岁。

【组织老干部活动】 玉溪市老干部活动中心充分发挥自身功能，在2011年积极组织老干部开展各类活动。举办"2011年老干部迎新春双抠、跳棋大赛"，4 400余名老同志参加了比赛；举办"庆祝2011年敬老节大型系列活动"，4 500余名老同志参加了活动；举办纪念建党90周年活动，200余名老同志开展了以诗朗诵、红歌独唱、大合唱、花灯歌舞、民族时装走秀、乐器演奏、京剧清唱等形式的"文艺表演"。同时，老干部活动中心还组织举办邀请赛、友谊赛、单项赛、综合赛、摄影展、书画展等各类丰富多彩的文体活动。老干部活动中心全年共举办各类活动和比赛45次，参与日常活动和赛事活动的老同志达24.6万余人次。

【电子信息化服务老干部】 2011年，玉溪市老干部活动中心办理"老干部活动证"和"借阅证"实行电子信息化管理和服务。其功能为方便、快捷。包括从查找个人信息、通知家人、联系有关救助服务等内容。截至12月31日，累计办理"老干部活动证"5 117人。

（何永贤）

老龄工作

【发放保健(长寿)补助金】 全市80周岁以上无退休金老年人保健(长寿)补助金按时足额发放。2011年，全市共发放保健(长寿)补助金1 987.08万元，领取人数31 387人，发放补助金和领取人数比上年增加80.7万元和1 330人，除市财政补助县(区)的500万元外，县(区)共承担1 487万元。市、县老龄办还组织人员深入到老年人家中，对保健(长寿)补助金发放情况进行检查，未发现错发、漏发和虚报冒领等问题。做到了按时足额发放及老年人满意、社会满意、党委政府满意。

【老年人优待】 2011年，全市为1.28万老年人办理了《老年人优待证》。为28位百岁寿星挂了百岁匾，将全市39位百岁寿星纳入了市委、市政府春节送温暖活动走访慰问对象。各级老龄办还指导基层老年协会调解涉老纠纷1 000多起，有效地维护了老年人的合法权益。老年人凭"爱心卡"免费乘坐市内公交车，凭《优待证》免费上公厕、免费进公园、就医免收普通挂号费等26项优待政策得到了落实。在市委、市政府对老年人优待政策的推动下，红塔区委、区政府出台政策，从当年7月起，由区财政统一给全区70～79周岁无退休金老年人每人每月发放保健补助金20元，百岁老人从原来的每人每月300元增加到600元。7～12月，全区共发放169.73万元，享受人数14 288人。红塔区部分乡(街道办)相继出台政策，由乡(街道办)财政按月给60岁以上老年人发放养老补助金。当年，研和街道办事处给老年人发放养老补助金87.8万元，享受人数5 940人，李棋街道办事处发放养老补助金231.8万元，享受人数4 068人；洛河乡发放养老补助金30.2万元，享受人数1 031人。全市还有1 126个村(居)民小组按月给老年人发放养老补助金，享受人数近4.1万人，使老年人享受到了经济和社会发展成果。江川县三街村委会多年来用集体资金每月补助60岁以上老人10～20元，从2010年开始标准提高为一般老人50元，老党员70元，全年共发放补助资金54万元。

【《老年法》执法检查】 2011年，市老龄办组成3个执法检查组，分别由市人大、市政府领导带队，采取听、看、访问、座谈、反馈等形式，对全市八县一区贯彻落实老年法规政策情况进行了为期3天的检查。全市老年法规政策得到了贯彻落实，进一步完善城镇职工基本养老保险、农村养老保险、城乡最低生活保障、“五保”供养、80岁以上老年人保健(长寿)补助金、城镇职工基本医疗保险、城镇居民基本医疗保险、新型农村合作医疗保险、城乡医疗救助等社会保障制度，老年人的生活生命质量得到了显著提高。

【老年活动场所】 针对基层老年协会活动场所和活动设施简陋的问题，市民政局、市财政局安排福彩公益金527万元，省安排福彩公益金200万元，共727万元，至2011年，为81个基层老年协会新建或修建老年活动场所，添置了活动设施，改善了活动条件。

【慰问老年人活动】 2011年，云南省民政厅、玉溪市老龄办组织到玉溪市江川县开展“关爱老人边疆行”走访慰问活动。到江川县慰问了贫困老人、高龄老人、老党员、老优抚对象、百岁老人等10人，每人给慰问金500元；慰问了1所敬老院，送给慰问金1万元；市老龄办还给10位老人每人1床价值200元的毛毯。当年，市老龄办组织慰问了华宁、峨山、新平、元江等4个县，每个县慰问贫困老人、高龄老人、老党员、老优抚对象、百岁老人等10人，每人给慰问金500元；慰问了1所敬老院或民办养老机构，给慰问金5 000元，共慰问40人，发慰问金2万元；慰问4所养老机构，给慰问金2万元。市委、市人大、市政府、市政协主要领导带队参加了慰问活动。

【组织老年人看发展活动】 2011年，组织全市八县一区和市直单位的100名(每个县(区)10名，市直单位10名)社会各界老年人参加玉溪市庆祝云南省第二十四届敬老节，百名老人看发展暨敬老月活动启动仪式。百名老人参观了玉溪卷烟厂生产车间，玉溪市老年大学、出水口生态公园等玉溪生态城市建设。市委、市人大、市政府、市政协领导出席并与大家合影留念、共进晚餐。市委书记孔祥庚在启动仪式上讲话，代表市委、市人大、市政府、市政协向参加庆祝会议的各县(区)100名老工人、老农民、老干部、老教师、老党员、老英模、老优抚对象和全市30万老年人致以节日的祝贺和亲切的问候，向全市老龄工作者及关心支持老龄工作的各界人士表示衷心的感谢。

【“十大孝星”和“云岭孝星”评选活动】 2011年，市老龄办组织开展玉溪市第五届“十大孝星”评选表彰活动。经过自下而上层层推荐，并经市、县(区)两级老龄委办公室审查、公示，评选出10名玉溪十大孝星和10名十大孝星提名奖。他们的先进事迹在玉溪市电视台和《玉溪日报》进行了宣传报道。积极推荐参加省老龄办、省委宣传部、省民政厅、省文化厅、省教育厅等10部委开展的“云岭孝星”评选表彰活动。玉溪市共有8人被评为云岭孝星，1人被评为敬老奉献奖，1人被评为老有所为模范奖。

（冯　勇）

关心下一代工作

【召开关心下一代工作会】 2011年12月29～30日，玉溪市关工委在新平县召开全市关心下一代工作会议。会议总结2011年工作，安排部署2012年工作。市、县(区)关工委全体驻会老同志和办公室全体人员、市关工委顾问、市人大教科文卫委主任、市政协教科文卫体委主任、市教育局党委副书记、市委机关关工委、市政府办关工委、玉溪市教育局关工委、玉溪师范学院关工委的领导等共110人出席会议。会议要求各县(区)要根据自己的实际，提出自己的工作意见和安排。各县(区)关工委在工作中，还要处理好四个结合：以科学发展观为指导，把下年突出抓好的四项工作与常规工作结合，实现突出性工作与常规工作双赢；把面上工作和综合试点、典型示范工作结合，处理好点面关系，以点促面；把重点工作和一般工作结合，使重点工作和一般工作协调发展；把常规、重点工作和临时性工作结合，统筹安排，努力完成临时性工作。通海县、江川县、新平县关工委作了大会交流发言。会上，表彰了2011年《玉溪春晖》先进通联站。

【举办玉溪市乡(镇、街道)关工委读书班】 2011年10月13～14日，玉溪市关工委在红塔区贵元酒店举办乡(镇、街道)关工委2011年读书班。读书班的主要任务是学习中共中央总书记胡锦涛的“七一”讲话，了解当前的经济社会发展形势，进一步加强乡(镇、街道)关工委和推进村关工委建设与工作。全市八县一区75个乡(镇、街道)关工委的常务副主任、驻会老同志以及市关工委常务工作班子共计117人参加了学习。

【基层关工委工作】 2011年，按照《中共玉溪市委办公室、玉溪市人民政府办公室转发〈市关工委关于全面推进全市村关工委建设和工作的实施方案〉的通知》，积极加强社区、村关工委组织建设、班子建设、队伍建设、制度建设和活动阵地建设，全市615个村委、49个社区、6 479个村(居)民小组均建立了关工委组织。坚持由村委社区、村(居)民小组主要负责人兼任关工委主任(组长)，老治保、老调解、老龄委、老体协、老农科、老教师、老村干及妇联、共青团负责人任成员，一位老同志任关工委常务副主任主持日常工作的领导体制，落实常务副主任的工作补贴，

2011年10月13～14日，举办玉溪市乡(镇、街道)关工委读书班　（李雪梅　摄）

部分村关工委常务副主任进入“两委”班子。同时，各县(区)关工委还以县集中或以乡镇街道集中的形式，对乡镇街道关工委、村和社区关工委、村(居)民关工小组的人员进行培训。并按要求，县(区)、乡(镇、街道)关工委明确各自的任务，对村级关工委建设和工作的任务、要求、原则和方法进行了全面讲解，特别是对抓好基层关心下一代工作的目的意义展开讨论。围绕基层关工委“领导班子建设好，骨干队伍作用好，制度健全执行好，活动经常效果好，积极探索创新好”的五好标准，要求27个农村青年教育示范点和49个社区关工委开展“创先争优”活动。

【“关爱”夏令营】 2011年7月10—14日，玉溪市关工委、市教育局、市民宗局、市民政局、团市委、市妇联联合举办以“在党的阳光下快乐成长”为主题的玉溪市第七届“关爱”夏令营，来自玉溪市红塔区振兴学校、锦程学校、关爱学校、瓦窑小学和玉溪市特殊教育学校的110名外来农民工子女、留守儿童和残疾儿童参加夏令营活动。夏令营营员中，来自贵州、四川、重庆、河南、安徽、广东、江西、福建等省市的营员占40%，来自云南省昭通等10个外地州市的营员占40%；其中年龄最小的10岁；有汉族、彝族、哈尼族、苗族、白族、土家族、布依族、傣族等8个民族，其中少数民族占29%。

【“中华魂”(颂歌献给党)主题教育活动】 2011年2月，按照省关工委等部门联合下发的有关文件，要求从当年开始，在全省16个州市，129个县(区、市)中小学校和全省服刑劳教戒毒人员中全面启动“中华魂”主题教育活动。玉溪市关工委及时联合市教育局、市文明办、市司法局、团市委、市妇联、市青联、市少工委等8个部门研究制定下发了《玉溪市“中华魂”主题教育活动2011年至2013年规划及当年实施意见》。建立健全领导小组，制定目标任务、活动形式和具体实施方案，争取市委领导重视，安排财政专项资金购置初高中、小学生学习用书1 500余册。各县(区)相继在4月举行了启动仪式，各学校采用集中读书与教师辅导报告相结合，在青少年中开展知识竞赛、手抄报、黑板报、绘画、书法、板报、文艺汇演、歌咏比赛、征文比赛、演讲比赛、文体艺术节、国旗下的讲话、讲革命英雄故事以及先进模范事迹、写学习读书笔记、组织观看爱国主义影视片，学会唱响2～3首歌颂祖国和热爱家乡的歌曲，做到了“三结合”(即把活动与学校德育教学相结合，与爱党、爱国、爱乡、爱校教育相结合，与“三四一”工程教育相结合)。在全国“中华魂”主题教育活动征文比赛中，受中关工委表彰1人；在云南省“中华魂”主题教育演讲比赛中，受省关工委表彰3人，受市关工委表彰10人。玉溪市直和八县一区共29所学校15 117名学生参加了“中华魂”(颂歌献给党)主题教育系列活动。“中华魂”主题教育活动取得了明显效果，玉溪市关工委应邀参加了在北京举行的全国“中华魂”主题教育交流表彰大会。

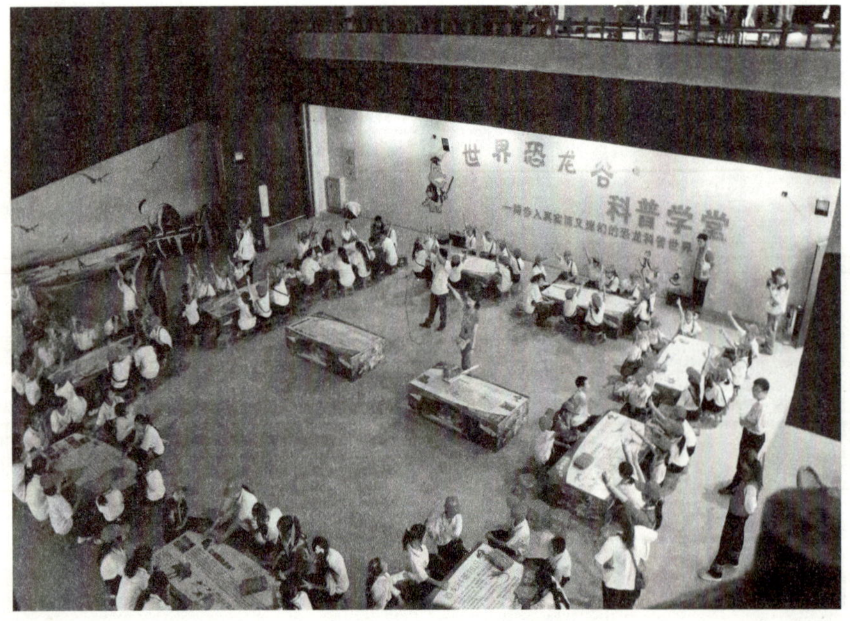

第七届“关爱”夏令营活动　　（李雪梅　摄）

【捐资办学济困助学】 2011年，市、县(区)关工委继续开展了对困难家庭未成年人的救助及跟踪问效工作，并认真抓好省关工委、省财政厅以及市委、市政府安排给全市困难家庭未成年人救助专项经费的分配工作。年内，市关工委在“六一”和元旦分别到红塔区振兴学校(农民工子女学校)、玉溪市特殊学校、红塔区关爱学校(农民工子女学校)、红塔区冯井中心小学慰问特困残疾、农民工子女学生、品学兼优的困难学生60名，发放慰问金9 000元；同时，筹集资金2万元为1所山区学校建起了“爱心书库”。市关工委与市教科所共同争取到云师大教育科学与管理学院支持，在新平县建兴中学和马鹿塘小学建立农村社区学习中心；与云南发展培训学院联系，为新平县平甸乡桃孔村完小捐赠了价值近6 000多元图书，为新化乡民办幼儿园捐赠价值8 000余元的幼儿读物和录像机、光碟、豆浆机等物品；协调中国少年儿童新闻出版总社玉溪工作站向易门龙泉小学赠送少儿图书700余册和少先队队报、队刊1 000余册，合计价值20 130元，向易门六街中心小学“书香校园”赠送少儿图书500余册，少先队队报、队刊800余册，合计价值1.82万元；协调有关单位向爱国主义教育基地赠送书籍和有关设施；联系玉溪车友会QQ群网友向华宁县、峨山县5所山区小学400多名学生赠送价值1.1万余元的学习用品和生活用品；协调市教育局电教室投资4万余元为峨山大龙潭小学“红领巾电视台”赠送4台摄像机，并改造学校电教网络；联系上海一位自愿捐赠人士帮助易门县山区15名困难学生每人每月获资助款200元。市、县(区)关工委帮助、支持患有疾病(白血病)的大、中、小学生排忧解难，资助考取大学的家庭贫困学生圆了大学梦。全年，全市各级关工委共筹资约834.18万元，资助家庭困难学生9.15万人次。

【关心人口较少民族和贫困少数民族聚居区青少年】 2011年，市关工委根据《中共玉溪市委玉溪市人民政府关于加快玉溪市人口较少民族和贫困少数民族聚居区经济社会发展的意见》的精神，继续深入新平县新化乡鲁一尼村委会肥枝小组调研，协调资金2万元加盖工房雨棚、添置桌椅碗筷。结合“四群”教育工作制度的贯彻落实，走访慰问了该村25户、109人，送去价值2 680元的生活用品。为帮助彝族山苏支系的青少年学文化、受教育，新平县关工委与县教育局等部门在县委、县政府的支持下，在桂山中学举办"山苏民族初中班"，从生活、学习等方面全供给，并精心挑选班主任，加强管理，使家长放心、学生安心，学生进得来、留得住，安心学、有进步；县关工委还与县教育局联合召开山苏少儿义务教育研讨会，就小学如何进一步提高教育教学质量，中学如何提高入学率和巩固率进行了研讨。峨山县关工委同双江街道关工委、县教育局联合举办大白邑小学100余名回族学生参加的峨山县第8期少年军校，军训期间，组织到外地参观学习，加深了彝、回民族的情意。

【法制教育】 2011年，市关工委开展了青少年法制宣传教育"八个一"活动，即：听好一堂法制课、举办一次模拟法庭教育活动、组织一次家长学校讲座、出一期法制宣传专栏、观看一场预防未成年人犯罪警示教育片、上好一堂心理讲座课、养成一个良好行为习惯、开展一次帮教活动。各县（区）关工委重点从四个方面抓好青少年的法制宣传教育工作：1. 配合团委、教育局、司法局、公安局、中小学，通过举办法律知识竞赛、征文、演讲、参观、模拟法庭、校园案件庭审活动、报告会、禁毒防艾、"十个一"工程、"以案释法"警示教育课、违法犯罪案例等活动，对青少年进行法制宣传教育。2. 与公、检、法、司、团委、妇联等部门配合完成"未成年人严重不良行为"调研、"六二六"禁毒、交通安全法规的宣传。3. 通过法制教育讲解团深入学校、农村、社区，广泛开展法制教育，并编印法制教育讲稿发到各乡镇，采用以案释法的形式剖析违法犯罪给个人、家庭、社会带来的危害，教育青少年学法、知法、守法。年内，各级关工委组织法制教育讲解团178个，讲法制课1 029场次，受教育青少年46.99万人次（其中在校学生35.8万人）。4. 组织青少年学生到劳教所听管教干部讲拒绝违法、远离不良行为的报告，听劳教人员的忏悔认识，对未成年服刑人员开展帮教回访活动。年内，全市共有帮教小组1 170个，帮教员5 205人（其中老同志1 618人），全年帮教失足青少年6 499人（其中未成年人4 841人），有转变的4 458人（其中未成年3 154人）。

【未成年人司法项目试点工作】 2011年5月，省关工委在昆明召开了未成年人司法项目试点工作会议，部署在红河州蒙自市、大理州大理市和玉溪市红塔区进行触法未成年人司法项目试点工作。未成年人司法项目是省关工委与英国救助儿童会签订的合作项目，主要是把触法未成年人从司法程序中，有条件、最大限度地分流出来，以家庭、学校、社区为依托进行矫治，使其回归社会，重新做人，同时对实行监罚的未成年人进行必要的关心帮教及广大青少年的法制宣传教育。会后，市关工委及时传达学习了会议精神，并指导红塔区关工委取得区委、区政府的支持，成立项目领导小组，制定《红塔区司法项目试点实施方案》及相关"司法分流"办法，聘请了"五老"人员、"合适成年人"参与项目办工作。7月18～20日，省关工委在玉溪市云溪宾馆举办红塔区、大理市和蒙自市关工委的有关人员参加的未成年人司法项目试点第一期培训班。10月19日，红塔区关工委举办未成年人司法分流首次培训。为促进基层建设，红塔区关工委未成年人司法项目办还为玉兴街道新兴社区青少年活动中心捐赠价值人民币近6 000元的乒乓球器材和200多本青少年读物。

【首次组织心理健康普及教育活动】 2011年，鉴于红塔区是市关工委作为妇女儿童工作委员会成员单位的联系县（区），为进一步提升公民素质，配合红塔区开展创建省级文明城市，针对全市中、小学青春期心理健康教育较薄弱，尤其是农村中小学学生家长面对孩子出现的一些心理障碍问题束手无策，难于与子女正常沟通、交流的突出问题，从8月底开始，市关工委牵头协调，联合红塔区文明办、区妇联、区教育局、区关工委在红塔区中小学、幼儿园组织开展"如何陪伴孩子成长——百场心理健康教育公益讲座"活动，市关工委提供3 500元经费支持，邀请泽宜心理咨询中心3位心理咨询师担任主讲教师，在红塔区中小学、幼儿园家长中举办心理健康普及教育活动。首次开展普及性的心理健康教育活动，旨在进一步加强和改进未成年人思想道德建设，促进少年儿童身心健康成长，颇受社会各界欢迎。截至10月底，共举办讲座33场，听课师生和家长12 685人次。

【建立"全国网上家长学校"首页链接】 2011年8月，"玉溪市网上家长学校"被中华全国妇女联合会、中国家庭教育学会主办、教育部支持的"全国网上家长学校"建立首页链接。"成长网"成为玉溪市被全国性网站纳入链接的第一个地方性网站。经过多年建设，市关工委主办的"成长网"发展成为"玉溪市网上家长学校"，从网站开通时的10余个栏目，发展到24个二级栏目、21个三级栏目。

【全省农村青年示范点现场研讨会在江川县召开】 为总结交流全省农村青年"学科技、奔小康"活动经验，推动各示范点工作，2011年8月23～24日，全省农村青年"讲政治，育新人，学科技、奔小康"示范点现场研讨会在江川县召开。参加会议的有省关工委领导及省专家协会老专家，6个州、市（昆明、曲靖、玉溪、红河、大理、楚雄）关工委的领导和部分县、乡（镇）关工委主任，列为省关工委示范点的12个村级关工委主任共65人。参会领导及全体人员到江川县侯家沟村参观了该村的梨园基地、养猪重点户、花卉种植户，观看了村文艺队、舞龙队表演的节目。江川县关工

召开全省农村青年示范点现场研讨会　　（李雪梅　摄）

委向与会各级领导汇报了侯家沟村“两委”、关工委组织青年学用科技知识、提高科技素质、发展特色产业、提升产品质量、促进农民增收的情况。侯家沟村的发展路子受到与会者的好评。

研讨会上，省关工委主任张宝三肯定了全省各州市、县(区)、乡镇党政领导和关工委认真抓好示范点工作所取得的成绩和经验，同时指出，全省“学科技、奔小康”示范点工作，仍处于种养为主的粗放型、低层次水平，工作抓得还不够全面，根据省关工委老专家在侯家沟调研和提出的建议，决定召开省关工委12个示范点现场研讨会，通过参观学习江川县侯家沟的经验，围绕调整农业产业结构，促进农业发展方式转变，提升示范点的发展水平进行研讨，把全省“学科技、奔小康”活动提高到一个新的水平。就如何继续抓好农村青年教育工作提出了四点意见。会议总结了侯家沟村值得学习、推广的10条经验，并对加强调研指导，提升示范点发展水平提出了指导性意见。

(李雪梅)

【争创“五好”关工委活动】 2011年，为有效开展创建“五好”关工委活动，市关工委下发了《关于开展创建“五好”村(社区)关工委活动的意见》，各县(区)关工委转发或制定了贯彻实施意见，重点在农村示范点和城镇社区开展争创“五好”关工委的活动。通海、江川、澄江、易门等县专门召开会议，对开展创建活动作了具体部署；多数农村示范点、社区关工委组织班子成员学习了市、县(区)关工委关于创建“五好”关工委的安排意见，明确了开展创建“五好”关工委的目的、意义、目标、任务，然后按照“五好”关工委的标准、要求，对照检查了各自工作落实情况及存在问题，提出了创建“五好”的具体任务和措施。如澄江县关工委召开专题会议研究创建工作，结合本县实际，制定了创建“五好”关工委的目标、任务和方法、步骤，成立了创建活动的组织领导和考评小组，指导基层关工委开展创建“五好”活动。峨山县和双江街道关工委联合行动，对3个社区关工委的创建工作进行了检查指导，帮助解决存在的问题。红塔区的中卫社区、右所社区、高龙潭社区关工委坚持按照“五好”标准条件进行了自查自纠，注重解决好工作中的薄弱环节，努力向“五好”目标迈进。

为了推进创建活动的有序开展，市关工委社会组从8月份以来，深入14个乡镇(街道)的23个示范村(社区)关工委进行指导帮助，配合各县(区)关工委抓好基层关工委创“五好”活动、总结、宣传各地创建工作经验。

(白爱民)

【表彰奖励】 2011年8月22日，云南省委召开云南省关心下一代工作委员会成立20周年纪念大会。会上，玉溪市关工委杨振华等8人荣获云南省关心下一代工作委员会授予全省关工委系统“从事关心下一代工作20年荣誉奖章”；10名优秀青少年受到云南省关工委的表彰(获得的奖项分别是：中青年思想道德模范1名、“五小”道德标兵2名、科技创新能手2名、科技创业带头人2名、励志成才优秀青年3名)；7人获得云南省关工委、省教育厅在全省开展的青少年思想道德修养征文奖。

(李雪梅)

党史研究

【党史工作】 2011年，市委党史研究室工作在党史征编研究、宣传教育、资政育人、部门建设等方面取得新的成绩。1. 下发了《中共玉溪市委关于加强和改进新形势下党史工作的实施意见》、《玉溪市2011年至2015年党史工作规划》、《关于全面开展市委和各县(区)委执政纪要编纂工作的通知》。2. 编纂《中国共产党玉溪历史》(第一卷)，书稿19.4万字。3. 在党史书籍的征订发行工作上，与市委组织部、市委宣传部联合发文《关于认真组织学习宣传〈中国共产党历史〉第二卷的通知》，通过《玉溪日报》、玉溪广播、电视、网络等媒体加大对该书的宣传报道力度，全市共征订523套。4. 开展纪念建党90周年活动，市、县(区)党史部门充分运用丰富的党史资源，举办各种纪念活动，利用报刊、网络等媒体宣传党的光辉历史，组织干部职工参加各级举办纪念建党90周年征文活动，征集到党史论文15篇。为中共云南省委党刊《党的生活》“玉溪市专题报道”，提供文章22篇、22幅图片，约4.4万字。5. 市、县(区)委启动《执政纪要》编纂工作，执笔人员70余人参加了培训。6. 了解革命遗址保护、管理、使用情况，听取意见建议，指导各县(区)开展党史业务工作。并对各县(区)贯彻落实中央、省、市党史工作政策文件情况进行检查督促。并将上级下达的19万元革命遗址普查、保护专项补助资金，分配到县(区)。7. 组织全市党史研究室主任到省委党校参加为期1个月的业务培训学习。市委党史研究室采取以会代训的方式，开展业务培训，提高队伍素质。8. 加强党风廉政建设教育，做到执政为民，廉洁自律。

【全市党史工作会议】 2011年6月29～30日，玉溪市委召开全市党史工作会议。市委、市人大、市政府、市政协领导，市直有关单位领导，各县(区)委分管领导和党史研究室主任等150余人参加会议。会议的主要任务是，深入贯彻落实《中共中央关于加强和改进新形势下党史工作的意见》和全国、全省党史工作会议精神，总结近几年来全市党史工作取得的成绩和经验，进一步统一思想认识，明确目标任务，研究部署今后一个时期的党史工作。会上，市委常委、市委秘书长范汝坤代表市委讲话，市委常委、市委组织部长刁世成主持会议并讲话。市委党史研究室主任石振武传达全国、全省党史工作会议精神。会议对获得全市关心重视党史工作好领导、党史工作先进集体、先进个人进行了表彰。

【在《玉溪日报》开辟“玉溪党史”专栏】 2011年，是中国共产党成立90周年，市委党史研究室与玉溪日报社合作，在《玉溪日报》上开辟“玉溪党史”专栏。专栏主要刊载内容为民主革命时期中国共产党领导的滇中地区各族人民与国民党反动派的斗争，以及新中国成立后，党在社会主义建设不同时期取得辉煌成就的历史。栏目设有“滇中英烈”、“玉溪党史大事记”、“党史随笔”等。从3月10日开始，到8月底结束，刊登12期，33篇文章，20幅图片，共4万余字。

【《玉溪市革命遗址通览》出版】 由市委党史研究室编辑的《玉溪市革命遗址通览》于2011年9月出版。该书系中共中央党史研究室统一部署编写的全国革命遗址普查成果丛书，是云南省党史系统首家出书的单位。该书记载玉溪革命斗争的历史，是一部存史、资政、育人的工具书。书中记录170个遗址，其中革命遗址151个，其他遗址19个。在151个革命遗址中，列入省级爱国主义教育基地的有4个，占2.56%；列入市、县级爱国主义教育基地的有18个，占11.92%；未定的129个，占85.44%。全书共35.8万字，分革命遗址普查报告、革命遗址统计表、革命遗址通览、附录等四个部分。该书收录大量史实材料，并插有20张彩色照片和334张黑白照片，达到图文并茂的效果。

【党史书籍、音像资料统计工作】 2011年12月下旬，全市党史系统开展“党史书籍、音像资料统计”工作。以1982年成立党史机构以来，市、县（区）编辑、出版的党史著作、资料集、专题文集、纪念文集、大事记、史稿、画册、通俗读物等各类党史书籍和音像资料。29年来全市共编辑出版发行党史图书资料104册，创作制作两部影视作品。并详细记录中国共产党在玉溪革命、建设和改革开放等各个历史时期的发展变化，总结玉溪党史的成功经验及失误的教训，达到“以史鉴今，资政育人”目的。

（石振武　乔　虎）

党校工作

【领导干部法制教育培训基地在市委党校成立】 2011年11月25日，玉溪市领导干部法制教育培训基地在玉溪市委党校挂牌成立。玉溪市领导干部法制教育培训基地主要担负着按计划组织安排各级领导干部法律函授教学和考务工作；市级普法主管机关组织领导干部法制讲座；法制宣传骨干培训工作；组织安排法律类的轮训、培训和考试工作；组织法制教育调研和法制理论研讨。

建立玉溪市领导干部法制教育培训基地，是落实依法治国基本方略和推进依法治市的重要举措，把法制教育纳入领导干部理论学习规划，纳入市委党校教学课程，整合法制教育资源，依托党校干部理论学习的主阵地，通过多部门联办、协办各类法律学习培训班，创建领导干部法制教育长效机制，进一步提升全市各级领导干部和公务员的法制理论水平和法律素质。玉溪市领导干部法制教育培训基地成立将进一步推动“六五”普法规划的实施和全市各级领导干部法制教育工作向前发展。

（张正全）

【领导干部社会管理创新专题研讨班在市委党校举办】 2011年4月14～15日，市委举办的全市领导干部社会管理及其创新专题研讨班在市委党校开班。全市367名副处级以上干部参加了此次研讨班，其中包括34名厅级干部。市委书记孔祥庚在开班典礼上作了动员讲话，市委常委、市委组织部部长寸世成在研讨班上作了总结讲话。

研讨期间，各县（区）各部门领导干部，围绕全省群众工作会议，全省领导干部社会管理及其创新专题研讨精神和市委书记孔祥庚的动员讲话，进行了认真的学习，并结合做好新形势下的民族工作和宗教工作、加强社会管理及其创新、加强和改进边境地区党的基层组织建设三个专题辅导录像，进行了交流讨论。通过学习研讨，参学的领导干部进一步深刻认识到加强和创新社会管理工作的重大意义和紧迫性，进一步掌握了新形势下群众工作的特点和规律，总结了好的做法和经验，明确了工作任务和措施，开阔了视野和工作思路，对今后的工作将产生积极的促进作用。

（汪如莲）

【中青年干部培训班】 2011年11月7日～12月8日，市委党校举办了为期1个月的玉溪市第十三期中青年干部培训班，参加本期培训班的81名学员来自八县一区、42个市直单位，参训学员均是2010年各县（区）、市直各单位推荐上报的副县级后备干部。培训班围绕中央、省、市委的要求，结合玉溪经济社会发展实际设置课程。培训的主要内容有：党的十七届六中全会精神，胡锦涛总书记“七一”讲话精神，抓住“西部大开发”机遇、提升服务“两强一堡”发展能力，坚定不移地走玉溪特色新型工业化路子，以及如何提升领导干部执行力、如何应对突发事件、领导干部的心里压力缓解与调适等方面的内容。

（党校培训科）

【公务员培训】 在玉溪市委组织部和玉溪市人力资源与社会保障局的大力支持下，市委党校举办了3期公务员培训班，培训学员共计634人，其中，初任培训班1期277人，任职培训班2期共357人。从培训对象看，具有人员年轻化、知识化、专业化的特点。初任培训班80后出生的有252人，占总人数的91%，任职培训班1970～1980年后出生的289人，占总人数的81%。从培训组织上看，具有培训时间紧凑、效率高的特点。培训时间均为1周。从培训内容上看，具有内容丰富、紧密结合实际的特点。每个培训班次各安排了10个专题讲座，新增加了社会管理创新内容。从培训方式上看，具有传统教学与现代教学相结合的特点。除了传统的课堂讲授方式外，还引入了案例式教学，学员发言踊跃，积极性高，培训达到了教学相长、学学相长的目的。

（卓建萍）

【参照公务员法管理人员登记工作】 2011年9月，市委党校全面完成了教职工参照公务员法管理单位工作人员登记工作。37名参公管理科室的工作人员正式登记为参公管理人员。其中，校领导5名，科级干部9名，主任科员6人，副主任科员4人，科员13人。

市委党校参公登记工作，严格按照中共云南省委组织部《关于同意中共玉溪市委党史研究室等80家党群事业单位参照公务员法管理的通知》、玉溪市编制委员会办公室《关于中共玉溪市委党校调整理顺内部管理体制的批复》和中共玉溪市委组织部《关于市委党校实行参照公务员法管理单位工作人员登记的批复》文件的登记条件和要求，开展摸底调查，广泛征求广大教职员工意见和建议，认真制定登记方案，并慎重实施登记。在登记工作中，坚持党委统一领导和组织登记不动摇，坚持文件规定的登记条件不走样、坚持“四个不突破”，即：人员编制不突破、行政管理（党务管理）科室不突破、在职在岗的时间界限不突破、工勤人员身份不突破的原则，做到了公开、透明、公正，得到广大教职员工拥护和肯定。

【科级（中层）干部竞争上岗】 2011年7月11日～8月22日，市委党校加大干部选拔任用工作力度，拓宽选人用人视野和公信度，调动教职员工工作积极性和创造力，开展了科级（中层）领导干部竞争上岗工作。

竞争上岗岗位共21个，包括行政、党务管理科室职位12个，教学教辅管理科室职位9个。是继2004年竞争上岗之后的第二次，也是市委党校理顺调整内部管理体制，市委正式批准登记为参公管理单位，明确了参公管理人员和事业管理人员之后的首次竞争上岗。

在整个竞争上岗过程中，认真贯彻德才兼备、群众公认、以德为先的用人标准，严格按照干部任用工作条例和《玉溪市市级机关科级干部竞争上岗工作实施办法（试行）》、《中共玉溪市委党校科级（中层）领导干部竞争上岗实施方案》的方法和程序进行，做到了程序规范、民主、公开，得到了教职员工认可和好评。

（白　松）

【“纪念中国共产党成立90周年”研讨会】 2011年6月23日，为纪念中国共产党成立90周年，加强市委党校对各县（区）委党校科研工作的指导，市委党校举办全市党校系统“纪念中国共产党成立90周年”研讨会。研讨会共收到参会论文66篇，其中市委党校13篇，红塔区委党校10篇，澄江县委党校1篇，峨山县委党校3篇，江川县委党校6篇，通海县委党校4篇，新平县委党校9篇，易门县委党校12篇，元江县委党校7篇。市委党校组成评审组，对参会的论文进行了认真评审，评出优秀论文21篇，其中市委党校4篇，红塔区委党校1篇，峨山县委党校1篇，华宁县委党校1篇，江川县委党校3篇，通海县委党校2篇，新平县委党校3篇，易门县委党校5篇，元江县委党校1篇。同时评出优秀组织奖2个，分别是易门县委党校和新平县委党校。

（李玉萍）

玉溪市人大常委会

【概　况】 2011年，玉溪市人大常委会按照市委三届七次全会、市第四次党代会的部署和市三届人大四次会议的安排，认真履行宪法和法律赋予的职责，全年共举行常委会会议6次，听取和审议“一府两院”专项工作报告16项，开展执法检查5次，组织视察4次，组织重点调研8次，开展一般性工作调研、检查22次，配合省人大开展视察、调研和执法检查17次，作出决议决定6项、审议意见9项，充分发挥了凝聚力量、服务大局、保障发展、促进和谐的重要作用，各项工作取得了新成效。

【三届人大四次会议】 玉溪市第三届人民代表大会第四次会议，于2011年2月21～25日在玉溪聂耳大剧院举行，会期5天。应出席本次会议的代表313名，实到代表311名，符合法定人数。大会由孔祥庚、张玲、董诗强等56人组成的主席团主持。大会议程有7项：听取和审查玉溪市人民政府工作报告；审查和批准玉溪市国民经济和社会发展第十二个五年规划纲要；审查市人民政府关于玉溪市2010年国民经济和社会发展计划执行情况与2011年国民经济和社会发展计划（草案）的报告，审查和批准玉溪市2010年国民经济和社会发展计划执行情况的报告与2011年国民经济和社会发展计划；审查市人民政府关于玉溪市2010年地方财政预算执行情况和2011年地方财政预算（草案）的报告，审查和批准玉溪市2010年地方财政预算执行情况的报告和2011年市级财政预算；听取和审查玉溪市人民代表大会常务委员会工作报告；听取和审查玉溪市中级人民法院工作报告；听取和审查玉溪市人民检察院工作报告。市长高劲松、市人大常委会主任董诗强、市中级人民法院院长吕召、市人民检察院检察长张德勋分别作相关工作报告。会议审查并通过关于玉溪市人民政府工作报告的决议、玉溪市国民经济和社会发展第十二个五年规划纲要的决议、玉溪市2010年国民经济和社会发展计划执行情况与2011年国民经济和社会发展计划的决议、玉溪市2010年地方财政预算执行情况和2011年市级财政预算的决议、玉溪市人民代表大会常务委员会工作报告的决议、玉溪市中级人民法院工作报告的决议、玉溪市人民检察院工作报告的决议。

会议期间共收到代表10人以上联名提出的议案20件。议案的主要内容包括：重视“三农”工作，加大对农业、水利基础设施的投入；加快工业、交通、教育、文化卫生事业和旅游产业的发展；加快现代宜居生态城市建设，加强城市建设管理保护，关于制定玉溪市校园安全管理办法等。经大会议案审查委员会审查，建议主席团将华宁代表团12位代表提出的《关于制定〈玉溪市校园安全管理办法的议案〉》作为议案处理，交由市人大常委会教科文卫工作委员会研究办理。其余19件议案作为建议、批评和意见处理，由市人大常委会选联工委交有关部门、单位研究办理。

会议期间，收到代表提出的建议、批评和意见160件，连同原作为议案提出、转为建议的有179件，会后收到2件，代表建议、批评和意见共计181件。其中，农林水、气象方面的28件，工业交通旅游方面的31件，财税金融方面的7件，城建环保资源方面的33件，教科文卫方面的37件，内务司法方面的33件，其他方面的12件。按照《玉溪市人民代表大会建议、批评和意见办理的规定》，由玉溪市人民政府及其有关部门承办178件，由玉溪市中级人民法院承办1件，由市人大常委会办公室承办2件，并由承办单位负责将办理结果答复代表。

【人大常委会会议】 2011年，市三届人大常委会依法举行第二十二次至二十七次常委会会议。1月29日，市人大常委会在机关办公楼九楼会议室举行第二十二次会议。会议议程有6项。会议表决通过《玉溪市人大常委会代表资格审查委员会关于补选的市三届人民代表大会代表的代表资格审查报告》的决定、《玉溪市人大常委会代表资格审查委员会关于市三届人大五名代表的代表资格终止的审查报告》的决定以及市三届人大四次会议主席团和秘书长名单（草案）、市三届人大四次会议议程（草案），同意提请市三届人大四次会议预备会议通过。

4月27日，市人大常委会在机关办公楼九楼会议室举行第二十三次会议。会议议程有5项。会议表决通过玉溪市人民代表大会常务委员会关于《玉溪市人民政府关于请求审议省铁路投资有限公司承贷转借资金偿还方案的报告》的决议、关于玉溪市人民政府贯彻实施《中华人民共和国农产品质量安全法》情况的审议意见及有关人事任免事项。

6月23日，市人大常委会在机关办公楼九楼会议室举行第二十四次会议。会议议程有5项。会议表决通过玉溪市人民代表大会常务委员会关于玉溪市实施集体林权制度改革及中低产林改造的审议意见、关于进一步加强法制宣传教育的决议、关于玉溪市学前教育工作情况的审议意见、关于玉溪市保障性住房建设情况的审议意见及有关人事任免事项。

8月30日，市人大常委会在机关办公楼九楼会议室举行第二十五次会议。会议议程有4项。会议表决通过玉溪市人民代表大会常务委员会关于批准玉溪市2010年市级财政决算的决议、关于玉溪市2011年上半年国民经济和社会发展计划执行情况的审议意见、关于玉溪市2011年上半年地方财政预算执行情况的审议意见。

10月31日，市人大常委会在机关办公楼九楼会议室举行第二十六次会议。会议议程有5项。会议表决通过玉溪市人民代表大会常务委员会关于批准玉溪市2011年市级财政收支预算调整方案的决议、关于玉溪市宗教工作情况的审议意见及有关人事任免事项。

12月27日，市人大常委会在机关办公楼九楼会议室举行第二十七次会议。会议议程有5项。会议表决通过玉溪市人民代表大会常务委员会关于玉溪市深化医药卫生体制改革提高农民基本医疗保障和健康水平工作情况的审议意见、关于市人民检察院预防职务犯罪工作报告的审议意见及有关人事任免事项。

【主任会议】 2011年，市人大常委会共举行8次主任会议，其中举行2次专题主任会议。8月17日，市人大常委会主任董诗强主持召开主任会议，专题听取市人民政府关于玉溪市澄江化石地申报世界自然遗产工作情况的报告，听取市人大常委会教科文卫工作委员会关于玉溪市澄江化石地申报世界自然遗产工作进展情况的调研报告。

11月18日，董诗强主持召开主任会议，专题听取市中级人民法院关于推行量刑规范化改革工作的情况报告；听取市人大常委会法制工作委员会关于量刑规范化工作情况的调研报告。会议认为，自2010年10月1日全面推行量刑规范化改革以来，市、县两级法院开展的量刑规范化工作取得了明显成效，刑事审判案件呈现出“三降三升”的良好态势，即上诉率、抗诉率、上访申诉率下降，退赃退赔率、调解撤诉率、服判息诉率上升；社会矛盾进一步得到化解，促进了社会和谐稳定；公正司法得到进一步保障，量刑规范化使量刑的过程更加公开透明；刑事诉讼管理进一步加强和创新。同时，会议指出存在的问题：适应量刑规范化的案件范围有待进一步扩大，目前只在15个罪名中开展量刑规范化改革，而群众关注度较高、量刑容易出现大的差异的贪污受贿等职务犯罪案件尚未纳入量刑规范化改革；相关部门的支持配合有待进一步加强。为推动量刑规范化改革工作的顺利开展，确保工作取得更好成效，会议提出建议：坚持量刑规范化工作目标不动摇，进一步细化具体内容，提高量刑的规范性、科学性。要以“罪刑法定原则，罪刑相适应原则，法律面前人人平等原则”为指导，以罪罚相适应为目标，努力做到相同案件相同处罚，相似案件相似处罚，同一类案件在同一个地区量刑基本统一。要注重在实践中完善相关工作，积极研究定性与定量之间更科学、更准确的量刑尺度，提高量刑的规范性、科学性。继续深入推进量刑规范化改革工作。扩大量刑规范化改革的适用范围，建议将贪污、受贿等职务犯罪案件纳入量刑规范化改革的范围，切实解决当前贪污受贿等职务犯罪案件同罪不同罚、处刑差异较大的问题，确保公正司法。进一步加强调查研究和对基层法院工作的指导，完善量刑规范化改革工作的具体措施，努力做到在一定时间一定区域内量刑基本均衡。正确处理量刑规范化改革与充分发挥法官主观能动性的关系，避免将量刑规范化变为量刑公式化，注重法律效果与社会效果的有机结合。进一步加强司法部门之间的协调配合。公安机关要进一步规范侦查工作，对证据的收集要全面、细致，既要收集有罪、罪重的证据，也要收集罪轻的证据，还要收集被告人的经济状况、平时表现，退赔退赃的情况，被害人及其亲属的态度等有关证据。检察机关在起诉过程中，要认真审查证据，全面分析各种情节对量刑的影响，才能准确提出量刑的建议，增强监督工作的实效。司法行政机关要教育、引导辩护律师认真分析有关证据，全面把握案情，了解每一个情节对被告人量刑的影响，依法有据地提出有利于被告人的辩护意见，依法维护被告人的合法权益。加强建设一支政治坚定、业务精通、作风优良、清正廉洁的法官队伍，提高司法公信力。加大宣传力度，进一步扩大宣传面，提高全社会对量刑规范化改革工作的认识，为量刑规范化改革工作顺利开展营造良好的社会舆论氛围。

【人事任免】 2011年，市人大常委会共举行6次常委会会议，依法任免国家机关工作人员23人次（任命10人，免职9人，接受辞职4人次），为加强市级国家机关组织建设提供重要保障。

【监督工作】 2011年，市人大常委会把保证宪法和法律的实施、落实市委决策部署、促进解决事关玉溪改革发展稳定全局和改善民生的重大问题作为监督重点，关注宏观经济运行，重视产业发展。加强对预算和计划执行情况的监督。听取和审议市人民政府关于2010年市级财政决算、2010年市级地方预算执行和其他财政收支审计工作、2011年上半年国民经济和社会发展计划执行、市级财政预算调整方案和上半年地方财政预算执行情况的报告。重视审计查出问题的整改，督促相关措施的落实。对市级一级预算单位的部门预算批复情况和上半年预算执行情况进行调研，针对部分项目预算不细、代编规模偏大、项目支出进度不均衡等问题提出整改意见。加强对部门预算执行、决算工作的监督，促进提高部门预算管理水平。加强政府债券资金使用情况的监督，确保资金安全，提高使用效益。关注财税金融工作，对税收征管法执行情况进行检查，促进全市税收征管工作依法实施。对易峨高和新平至三江口等二级公路、昆玉铁路、东风水库路坝合一工程以及人畜饮水等重点项目进行视察监督，推动重点工程和重点项目建设按期进行。配合省人大常委会组织在滇全国人大代表调研昆明—河口经济走廊建设工作，为推动桥头堡建设和滇中经济圈建设提出意见建议。听取和审议市人民政府关于深化集体林权制度配套改革及中低产林改造进展情况的报告，推动集体林权制度改革及中低产林改造工作。加强对烟叶生产和烤烟基础设施建设的调研指导，促进玉溪烟草产业持续健康发展。加强对高新技术产业开发区、研和工业园区和县（区）工业园区建设的调研检查，强化对县域特色经济、实体经济的调研指导，促进矿电产业和县域特色经济的发展。

关注民生和社会事业发展。听取和审议市人民政府关于深化医药卫生体制改革，提高农民基本医疗保障和健康水平工作情况的报告，推动医改工作和新型农村合作医疗的深入实施，促进医疗卫生事业的发展和群众看病问题的解决。听取和审议市人民政府贯彻实施农产品质量安全法情况的报告，推动解决难点问题，保障公众身体健康和生命安全。听取和审议市人民政府关于保障性住房建设情况的报告，促进群众安居工程的顺利实施。听取和审议市人民政府关于宗教工作情况的报告，推动宗教政策法规的落实，促进宗教和顺、民族团结、社会和谐。听取和审议市人民政府关于学前教育工作情况的报告，促进学前教育健康发展。对科学技术进步法、档案法、老年人权益保障法、信息化促进条例实施情况进行执法检查，推动相关法律法规的实施。

关注生态文明建设。听取和审议市人民政府关于《玉溪市城市总体规划》修编情况的报告，推动城乡规划、建设和管理工作的落实。积极争取、主动配合省人大制定并颁布《云南省玉溪城市管理条例》，为政府依法依规管理城市、提高城市品位奠定基础。高度关注创建国家卫生城市工作，专题听取市人民政府工作情况汇报，促进创卫工作的顺利实施。督促抚仙湖、星云湖、杞麓湖“三湖”保护条例和水污染综合防治规划的实施，着力推动“一退够、二调优、三保护”战略措施的落实。听取市人民政府关于澄江化石地申报世界自然遗产工作专题汇报，推动申遗工作的实施。加强对玉溪大河抗旱防洪二期工程的督促检查，扎实推进现代宜居生态城市建设。

关注依法治市工作。听取和审议市人民政府关于“五五”普法工作暨“六五”普法规划情况的报告，作出关于进一步加强法制宣传教育的决议，努力为玉溪全面实施“十二五”规划营造良好的法治环境。围绕促进公正司法，听取和审议市中级人民法院推行量刑规范化改革工作和市人民检察院预防职务犯罪工作情况的报告，切实加强对专项工作的监督检查，支持法院和检察院依法履行职责，为全市经济社会发展提供了有力的法制保障。加强对综治维稳工作的督促检查，推动社会矛盾的排查调处工作。配合省人大开展《云南省节水管理条例》实施情况的调研和《云南省渔业条例》、《云南省护林防火条例》、《云南省人才资源开发促进条例》等法规草案的立法调研或“立法回头看”工作，为省人大常委会审议条例实施情况或制订法规草案提供依据。高度重视人大信访工作，畅通民意反映渠道，受理群众来信来访195件（来信93件、来访102件），接待来访人员283人次，督促有关部门积极化解矛盾，维护公民法人的合法权益，促进社会和谐。

【代表工作】 2011年，市人大常委会加强代表培训，提高履职能力。举办市、县（区）人大代表专题培训班，学习新修改的选举法、代表法，组织部分市人大代表赴大理、迪庆等地，学习交流代表工作和换届选举工作经验，不断提高代表履职能力。加强代表服务工作，提高代表活动实效。进一步总结代表工作经验，不断加强常委会组成人员与代表的联系，围绕保障代表的知情知政权，坚持和完善邀请人大代表列席人大常委会会议和参加视察、执法检查、专题调研等工作制度，探索完善人大代表在人代会闭会期间开展活动的有效形式，积极为代表联系群众、开展活动和依法履行职责提供服务、创造条件，保障了人大代表依法履行代表职责。常委会组成人员联系基层人大代表140人次；3次组织人大代表对全市重点工作、重大项目进行视察；邀请10名人大代表、10名公民分别列席、旁听常委会会议，组织部分人大代表参加“一府两院”有关会议和部分重要工作。督促办理人大代表议案、建议。完善代表议案、建议办理制度，加强跟踪督办，增强办理实效。对主任会议确定的3件重点督办建议，专门组织代表进行了视察。听取和审议议案审议结果的报告和关于代表建议、批评、意见办理情况的报告，推动代表议案、建议办理工作的落实。市三届人大四次会议主席团交付审议和研究的1件议案，已办结并回复代表，并向本次会议提交书面报告。代表提出的建议、批评和意见181件，解决57件，解决率达31.5%，比上年提高2.2个百分点。

4月7日，市人大常委会教科文卫工委召开代表议案交办会，将市三届人大四次会议上代表提出的“关于制定玉溪市校园安全管理办法的议案”交由市教育局办理。8日，市人大常委会出席市人民政府召开的2011年度代表建议交办会，要求各承办单位和部门进一步加强领导，提高认识，强化措施；增强责任意识、大局意识和服务意识，努力提高解决率；进一步加强沟通、协调和联系，为代表建议办理做好服务工作，确保按时按质完成办理任务。

12月6日，市人大常委会成立以董诗强主任为组长，曾立岩副主任为副组长，驻玉全国人大代表和省人大代表为成员的视察组，对2011年玉溪经济社会发展情况进行视察。视察的主要内容包括玉溪市2011年国民经济和社会发展计划与财政预算执行情况、玉溪市保障性住房建设落实情况及中心城区玉溪大河抗旱防洪二期工程建设情况。代表们建议，高度重视做好保障性住房后续工作，建立保障性住房分配、入住、退出监管机制；高度重视农村安居房建设工作；要下更大的力气、做更多的工作、出台更有力的措施，加快退田还湖、退耕还林步伐，努力推进“三湖”保护治理工作；积极争取上级资金支持重大工程项目建设；按照“城镇上山”的要求，落实相关政策措施，培育矿电产业，特别要推进山地开发利用，发展壮大数控装备、铸造产业。代表们还对水资源保护、城市交通建设等方面提出意见建议。8~9日，以董诗强为组长，组成8名市人大代表为成员的视察组，对市人民政府办理市三届人大四次会议代表提出的建议情况进行视察。视察组到新平县漠沙镇卫生院、胜利村地质灾害搬迁安置点进行实地视察。分别听取市政府办、市国土资源局、市卫生局关于办理代表建议情况的汇报，进行了评议。通过实地视察、听取汇报、集中评议，视察组一致认为，市人民政府及有关部门对办理代表议案、建议工作高度重视，认识到位，组织有力，措施具体可行，对续办建议跟踪督办，解决率和办理质量稳步提高，成效明显。通过办理代表建议，促进了政府和相关职能部门的工作，视察组对代表建议办理工作表示满意。视察组要求市人民政府及其职能部门继续高度重视人大代表建议办理工作，创新工作方法，采取有力措施，不断提高办结率和解决率。

【调查研究、视察、检查】 2011年，市人大常委会紧紧围绕全市工作重点、改革发展难点、群众关心的热点，选准议题，深入开展调研、视察和检查，促进解决有关问题，推动经济社会协调发展。全年开展近50项的重点调研、视察和检查。

通过开展调研、调查、视察、审查，形成了关于市三届人大5名代表的代表资格终止和补选的市三届人民代表大会代表资格审查报告，关于市人民政府关于请求审议省铁路投资有限公司承贷转借资金偿还方案的报告的审查报告，关于贯彻实施农产品质量安全法情况进行执行检查的报告，关于实施集体林权制度配套改革及中低产林改造进展情况的调研报告，关于学前教育工作情况的调研报告，关于保障性住房建设情况的调研报告，关于玉溪市2011年上半年国民经济和社会发展计划执行情况的调查报告，关于玉溪市2011年上半年地方财政预算执行情况的调查报告，关于玉溪市2010年市级财政决算审查结果的报告，关于《玉溪市城市总体规划》修编情况的调研报告，关于玉溪市宗教工作情况的调查报告，关于玉溪市2011年市级财政收支预算调整方案的审查报告，关于检查《中华人民共和国全国人民代表大会和地方各级人民代表大会代表法》实施情况的报告，关于视察代表建议、批评和意见办理情况的报告，关于玉溪市深化医药卫生体制改革提高农民基本医疗保障和健康水平工作情况的调研报告，关于全市检察机关预防职务犯罪工作情况的调研报告，关于市三届人大四次会议主席团交付审议的代表提出的议案审议结果的报告等，为常委会审议议题、讨论决定重大事项提供了重要依据。

【重要会议】 2月18日，市人大常委会与“一府两院”联系会议在市人大常委会机关会议室召开。会议通报了市人大常委会2010年的工作和2011年工作初步打算；通报了市三届人大四次会议筹备工作进展情况及存在的困难和问题；征询了市人民政府、市中级人民法院、市人民检察院对市人大常委会工作的意见建议。

3月15~16日，郑云龙出席全市人大系统选举联络工作座谈会，要求市、县（区）人大常委会选联工委充分认识做好代表工作的重要意义，加强领导，积极争取各方面的支持，为代表依法履职创造条件。要不断加强代表培训，密切与代表的联系，做好代表视察、执法检查。加强对新修订的选举法和代表法的学习，为换届选举工作打好基础。督促办理好代表议案、建议，抓好跟踪督办、续办工作。

4月14~16日，雷庆丽、秘书长海之鹤出席在新平县举办的全国部分少数民族自治县（旗）人大工作联席会第四次会议。雷庆丽向来自全国13个省、市、自治区的21个少数民族自治县(旗)人大工作联席会成员单位致辞，并与各联席会成员单位进行了广泛深入的交流和研讨。19～20日，吴建森出席全市人大城建环保资源工作座谈会，要求各级人大城建环资工委干部加强学习，提高依法监督能力；加强“三湖一库”水污染综合防治工作监督，全力推进抚仙湖“一退够、二调优、三保护”战略实施。同时，要求县(区)人大把保障性住房作为关注民生的大事，纳入2011年工作监督重点；进一步加强各级人大之间及人大与政府部门的沟通和联系，互相尊重、互相支持、互相配合，全力推进全市城建环保资源工作；进一步健全完善人大环资工委运行机制，规范工作程序，提高工作效率。

7月13～14日，市委人大工作会议在聂耳大剧院召开，市人大常委会班子成员、保留厅级待遇和享受巡视员待遇的领导、副秘书长、担任过副厅级以上实职离退休领导、市人大常委会委员以及市人大机关全体干部职工参加了会议。市委书记孔祥庚，市委副书记、市长高劲松，市人大常委会主任董诗强分别从党委、政府和人大角度作了重要讲话，回顾总结了2005年以来人大工作取得的成绩和经验，指出了存在的困难和不足，并就加强和改进新形势下的人大工作提出了要求。会议表彰了人大工作先进代表小组5个、先进个人50名、优秀人大代表议案2件和建议9件。与会人员分组讨论了《中共玉溪市委关于加强和改进新形势下人大工作的意见(讨论稿)》。市委副书记张玲主持会议，并在会议结束时作了总结讲话。

11月14～15日，全市人大农工委工作座谈会在新平县城召开，与会人员就发挥人大农工委在促进玉溪科学发展和谐发展跨越发展中的作用进行深入讨论和交流。董诗强等领导出席会议，原市人大常委会副主任孔繁喜参加会议。董诗强主任在会上作讲话，对做好新时期人大农业农村工作提出要求。15～16日，全市人大教科文卫工作座谈会在通海县城召开。与会人员实地参观通海文庙、秀山、四街者弯基层文化建设情况，并围绕学习贯彻中共十七届六中全会精神、推动全市文化大发展大繁荣主题进行交流座谈。市人大常委会副主任范志华出席会议并讲话，就学习贯彻党的十七届六中全会精神、做好新形势下人大教科文卫工作提出要求。25日，全市人大财经监督工作座谈会在江川召开。会议总结交流了近年来全市人大财经监督工作经验，研究分析了当前人大财经监督工作面临的形势、任务，提出了做好人大财经监督工作的思路、任务和措施。

（李万标）

玉溪市人民政府

【重要通知、指示】 2011年1月14日，市政府办公室印发《关于转发玉溪市其他事业单位绩效工资实施办法(试行)的通知》，市政府同意玉溪市其他事业单位绩效工资实施办法(试行)，要求认真贯彻执行。17日，市政府印发《关于进一步加强烤烟生产工作的通知》，明确“十二五”烟草产业的指导思想、目标任务和2011年全市烤烟生产收购计划和任务。同日，印发《玉溪市人民政府转发云南省人民政府关于同意玉溪市撤销部分乡镇设立街道办事处及有关行政区划调整的批复的通知》，省人民政府批准《玉溪市人民政府关于撤销部分乡镇设置街道办事处的请示》，要求各县区人民政府要切实加强领导，严格按照文件精神和“精简、效能”的机构设置原则，妥善做好各项工作，确保行政区划调整工作顺利完成，促进当地经济发展社会稳定。19日，市政府办公室印发《关于印发〈玉溪市专项规划评审办法(试行)〉的通知》，要求认真遵照执行。20日，市政府办公室印发《关于政风行风民主评议结果的通报》，将评议结果在本县区排名前六位和末三位的单位予以通报。21日，市政府办公室印发《关于印发玉溪市级政府融资平台贷款偿还方案的通知》，要求认真贯彻执行。

2月10日，市政府办公室印发《关于印发玉溪市2011年打击传销工作意见的通知》、《关于印发玉溪市2011年反走私综合治理工作意见的通知》，要求结合实际，认真抓好落实。11日，市政府印发《关于对通海新光工贸有限公司“1·11”较大安全生产事故的督办通知》，要求通海县对辖区范围内的冶金企业全面进行安全生产专项整治，市政府挂牌督办。18日，市政府印发《关于实施质量兴市战略的意见》，结合实际，就实施质量兴市战略提出意见。23日，市政府印发《关于印发市政府常务会议重大决策事项会前听证、风险评估、合法性审查工作制度的通知》，要求认真贯彻执行，并将贯彻执行情况纳入市政府年度行政效能建设目标进行考核。24日，市政府办公室印发《关于印发2011年市政府重点督查的二十项重要工作和十件实事任务分解的通知》，将《政府工作报告》分解为二十项重要工作，把责任细化到各责任单位，并认真遵照执行。

3月2日，市政府办公室印发《关于印发2011年纠风工作意见的通知》，要求认真贯彻落实。4日，市政府办公室印发《关于印发玉溪市粮食行政首长负责制考核奖惩办法的通知》，要求结合实际认真贯彻执行。10日，市政府办公室印发《关于对部分现有森林资源资产进行价值评价并变更林权登记的通知》，市政府专题会议研究决定对玉溪市部分现有森林资源资产进行价值评价并变更林权登记。18日，市政府办公室印发《关于开展中心城区地下水资源开采清理整顿工作的通知》，清理整顿玉溪市中心城区非法开采地下水资源的企业、单位和个人，严格地下水资源管理，切实保护好中心城区地下水资源，保障中心城区用水安全。同日，市政府印发《关于实施2011年度市政府领导安全生产责任制的通知》，结合市政府领导班子成员工作分工情况，明确2011年度市政府市长、副市长安全生产责任制。22日，市政府办公室印发《关于切实做好2011年小春粮油收购工作的通知》，为促进农业生产的持续稳定发展，保护种粮(油)农民利益，掌握粮(油)源，增强调控能力，确保市内粮食(油脂)的有效供给，维护粮油市场和价格的基本稳定，就做好玉溪市2011年小春粮油收购工作作出安排。同日，市政府办公室印发《玉溪市人民政府办公室印发玉溪市人民政府关于整合财政资金扶持龙头企业带动农业产业化发展的实施意见的通知》，要求结合实际，认真贯彻执行。23日，市政府印发《2011年森林防火命令》，全市已进入森林防火高危火险期和防控关键时期，为有效遏制森林火灾的发生，确保森林资源和林区人民群众生命财产安全，维护生态文明和社会稳定，特发布森林防火命令。24日，市政府印发《关于调整2011年烤烟种植计划的通知》，全市2011年烤烟种植计划面积由70万亩调增到71万亩，上等烟比例达到67%；实行烟叶生产量、收购量计划分别安排。25日，市政府办公室印发《关于开展全市干线公路路域环境专项整治活动的通知》，决定成立干线公路路域环境专项整治领导小组，并在全市开展干线公路路域环境专项整治活动。29日，市政府印发《关于进一步做好房地产市场调控工作的实施意见》，为稳定住房价格，促进房地产市场平稳健康发展，就做好全市房地产市场调控工作提出实施意见。30日，市政府办公室印发《关于印发玉溪市非煤地下矿山安全生产专项整治工作方案的通知》，要求认真贯彻执行。31日，市政府办公室印发《关于进一步加强乳品质量安全工作的实施意见》，为进一步加强乳品质量监管，保障乳品质量安全，切实保障食品安全和人民群众身体健康，提出全市贯彻落实《云南省办公厅关于进一步加强乳品质量安全工作的意见》的实施意见。同日，市政府办公室印发《关于印发加强地沟油整治和餐厨废弃物管理的实施方案的通知》，根据国务院和省政府关于加强地沟油整治和餐厨废弃物管理的要求，制定全市的整治方案，要求认真贯彻执行。

4月1日，市政府印发《关于印发玉溪市提高优质烟叶有效供给能力实施意见的通知》，确保烟草产业健康可持续发展，要求认真贯彻执行，并结合各县区实际制定具体的实施方案。同日，市政府办公室印发《关于分解2011年抚仙湖资源保护费征收任务的通知》，决定对2011年的抚仙湖资源保护费征收工作目标任务进行分解，并纳入《玉溪市抚仙湖保护管理综合考核办法》进行考核。7日，市政府办公室印发《关于开展行政审批和电子监察系统建设工作的通知》，决定于2011年6月30日前在全市组织实施行政审批和电子监察系统建设工作，并作出安排。13日，市政府办公室印发《关于抓好治污项目建设的通知》，针对当前全市治污项目建设进展情况及存在问题，为切实加快治污项目建设步伐，就有关事项作出安排。同日，市政府办公室印发《关于协助国家地震局在玉溪市开展地震科学探测工作的通知》，并提出要求，确保地震科学探测工作顺利进行。15日，市政府、玉溪军分区联合印发《玉溪市人民政府、玉溪军分区关于进一步推进玉溪市人民防空事业发展的实施意见》，结合实际，提出实施意见。19日，市政府办公室印发《关于开展土地矿产卫片执法检查工作的通知》，决定在全市范围内开展2010年度土地矿产卫片执法检查工作。20日，市政府办公室印发《关于印发玉溪市2011年地质灾害防治方案的通知》，要求遵照执行，并组织实施。25日，市政府办公室印发《关于印发玉溪市在建二级公路建设任务及责任分解的通知》，要求按照各项工作任务及责任分解，采取切实有效措施，认真组织落实，确保如期完成。27日，市政府办公室印发《关于印发澄江化石地申报世界自然遗产环境整治工作方案的通知》，要求认真贯彻执行。28日，市政府办公室印发《关于印发玉溪市城镇居民大病补充医疗保险办法的通知》，要求认真贯彻执行。

5月3日，市政府办公室印发《关于进一步加强沿湖三县企业抚仙湖资源保护费征收工作的通知》，做好抚仙湖沿湖三县企业抚仙湖资源保护费的征收工作，确保应收尽收作出安排。6日，市政府印发《关于印发玉溪市国民经济和社会发展第十二个五年规划纲要的通知》，要求认真贯彻执行。7日，市政府办公室印发《关于印发玉溪市贯彻《全民健身条例》(2011～2015年)实施计划的通知》，要求认真贯彻执行。9日，市政府印发《关于印发玉溪市预算信息公开工作实施意见的通知》，要求认真贯彻执行。12日，市政府办公室印发《关于做好创建国家环境保护模范城市近期重点工作的通知》，对切实做好近期创模重点工作及重点工程提出要求。13日，市政府办公室印发《关于印发玉溪市开展严厉打击非法违法生产经营建设行为专项行动实施方案的通知》，要求结合实际，精心组织，认真实施，确保专项行动取得实效。16日，市政府办公室印发《关于推进农村金融产品和服务方式创新的实施意见的通知》，要求认真组织落实。23日，市政府办公室印发《关于进一步加强抚仙湖渔政执法监管的通知》，对全面贯彻落实《云南省抚仙湖保护条例》和珠江禁渔精神，做好抚仙湖水生态保护工作，加强渔政执法监督提出要求。24日，市政府办公室印发《关于调整更改民族成份审批权限的通知》，决定将原下放到县区民族宗教事务行政主管部门审批的“中国公民更改民族成份审批”事项，调整为由县区民族宗教事务行政主管部门初审、市级民族宗教事务行政主管部门审核，再转由户口所在地公安派出所受理，并呈报市公安局户政部门审批后办理变更手续。

6月2日，市政府办公室印发《关于下达玉溪市2011年主要固定资产投资项目计划的通知》，要求认真按照计划安排指导工作。8日，市政府办公室印发《关于印发玉溪市加强重金属污染防治工作实施方案的通知》，要求结合实际，认真组织实施。9日，市政府办公室印发《玉溪市人民政府贯彻落实国务院和省政府加强法治政府建设文件的实施意见》，对加快推进依法行政，建设法治政府进程，结合实际，提出实施意见。10日，市政府办公室印发《关于切实做好全市高尔夫球场综合清理整治工作的通知》，对认真贯彻落实国家、省的部署和要求，切实做好玉溪市高尔夫球场综合清理整治工作下发通知。14日，市政府办公室印发《关于印发玉溪市严厉打击违法添加非食用物质和滥用食品添加剂专项行动工作方案的通知》，要求结合实际认真贯彻执行。同日，市政府办公室印发《关于贯彻落实〈云南省鼓励创业促进就业小额担保贷款实施办法〉的实施意见》，进一步明确玉溪市小额担保贷款扶持政策、完善小额担保贷款工作保障机制、健全小额担保贷款工作推进机制，推动创业促进就业的实施意见。16日，市政府印发《关于加强城镇保障性住房建设管理的意见》，明确“十二五”期间，全市建设10万户左右的保障性住房，基本解决城镇中低收入群体的住房困难问题；2011年，全市建设城镇保障性住房27 090套(户)。23日，市政府印发《关于调整耕地占补平衡指标管理的通知》，对全市耕地占补平衡指标管理作出调整。同日，市政府办公室印发《关于规范抚仙湖保护范围内建设项目审批管理的通知》，根据《云南省抚仙湖保护条例》及相关法律法规，结合抚仙湖保护与开发的实际，进一步规范抚仙湖保护范围内建设项目的审批管理。24日，市政府办公室印发《关于进一步规范抚仙湖资源保护费征收工作的通知》，对抚仙湖资源保护费征收的有关事项发出通知。28日，市政府印发《关于印发玉溪市重点保护陆生野生动物造成人身财产损害补偿办法的通知》，要求认真遵照执行。30日，市政府印发《关于促进残疾人事业发展的实施意见》，结合实际，提出促进玉溪市残疾人事业发展的实施意见。

7月4日，市政府办公室印发《关于进一步加快推进城市管理综合行政执法工作的通知》，要求确保当年9月30日前各县城市管理综合行政执法局正式运行。5日，市政府办公室印发《关于继续深化安全生产年活动的实施意见》，就2011年全市继续深化“安全生产年”活动提出实施意见。6日，市政府办公室印发《关于印发玉溪市居家养老服务机构规范化建设基本标准的通知》、《关于印发玉溪市居家养老服务实施细则的通知》、《关于印发玉溪市社会办养老机构资金资助办法的通知》，认真贯彻执行。7 日，市政府印发《关于加快推进养老服务业发展的实施意见》，结合实际，提出实施意见。19 日，市政府办公室印发《关于印发玉溪市查处取缔无照经营专项整治实施方案的通知》，要求认真遵照执行。21 日，市政府印发《关于加快石产业发展的实施意见》，结合玉溪市的实际，充分发挥石资源优势，提出加快石产业发展实施意见。26 日，市政府办公室印发《关于禁止在抚仙湖一级保护区新建扩建或擅自改建建筑物构筑物的通知》，切实加强对抚仙湖一级保护区的管理，禁止在抚仙湖一级保护区内新建、扩建或者擅自改建建筑物、构筑物。同日，市政府办公室印发《关于加快推进县区村庄规划编制工作的通知》，对加快推进全市各县区村庄规划编制工作提出要求。

8 月 12 日，市政府办公室印发《关于印发医药卫生体制 5 项重点改革 2011 年主要任务和工作目标的通知》，要求结合实际，认真组织实施。15 日，市政府印发《关于做好新型农村和城镇居民社会养老保险试点工作有关问题的通知》，对切实抓好全市新型农村和城镇居民社会养老保险试点工作作出安排。16 日，市政府印发《关于做好抚仙湖一级保护区退田还湖工作的意见》，就全面推进抚仙湖保护治理，做好抚仙湖一级保护区退田还湖工作。24 日，市政府办公室印发《关于印发玉溪市防灾应急"三小"工程建设实施方案的通知》，要求认真组织实施。25 日，市政府办公室印发《关于提高城乡居民最低生活保障标准的通知》，决定，提高玉溪市城市居民最低生活保障标准和农村居民最低生活保障标准，从 2011 年 9 月 1 日起，城市居民最低生活保障标准从每人每月 210 元提高至每人每月 250 元；农村最低生活保障标准从每人每月 720 元提高至每人每月 1 200元。30 日，市政府办公室印发《关于印发玉溪 2011 年食品安全重点工作实施方案的通知》，要求认真贯彻执行。

9 月 7 日，市政府办公室印发《关于印发玉溪市创建国家环境保护模范城市工作手册(暂行)的通知》，市创模办根据环保部相关文件和资料，编制了《玉溪市创建国家环境保护模范城市工作手册(暂行)》，要求遵照执行。9 日，市政府办公室印发《关于印发玉溪市"十二五"消防工作发展规划的通知》，要求认真贯彻落实。10 日，市政府办公室印发《印发关于严厉打击食品非法添加行为切实加强食品添加剂监管工作的实施意见的通知》，要求认真贯彻执行。20 日，市政府办公室印发《关于印发玉溪市人民政府挂牌督办安全生产重大隐患名单的通知》，决定对全市 12 个安全生产重大隐患进行挂牌督办。22 日，市政府办公室印发《关于进一步加强乡村医生队伍建设全面提升乡村医生素质三年行动计划(2011 ~ 2013 年)的实施意见》，结合实际，特制定玉溪市全面提升乡村医生队伍素质三年行动计划的实施意见。26 日，市政府印发《关于加快推进草原家庭承包工作的实施意见》，就加快推进草原家庭承包工作提出实施意见。27 日，市政府办公室印发《印发玉溪市关于加快推进全市社会信用体系建设意见的通知》，要求结合实际，认真贯彻执行。同日，市政府办公室印发《关于进一步做好生态文明建设试点有关工作的通知》，决定从 2010 年开始，在全市 3 个县、20 个乡(镇)、100 个自然村，全面开展生态文明建设试点工作，并先期安排了建设资金 1 000万元。29 日，市政府办公室印发《关于印发保险玉溪行动计划实施方案的通知》，要求结合实际认真贯彻执行。

10 月 17 日，市政府办公室印发《贯彻省人民政府办公厅关于进一步加强烟花爆竹安全监督管理工作文件的通知》，结合实际，就进一步加强烟花爆竹生产、经营、运输、燃放等环节的安全管理，有效遏制烟花爆竹安全事故的发生提出贯彻意见。26 日，市政府办公室印发《关于贯彻落实玉溪市人民政府加强法治政府建设工作任务分工的通知》，按照县(区)政府及市直部门职责分工将推进依法行政、建设法治政府工作任务分解。

11 月 2 日，市政府办公室印发《关于进一步加强抚仙湖一级保护区退田还湖工作的通知》，为全面推进抚仙湖一级保护区退田还湖工作，确保 2011 年 12 月底前完成此项工作，针对工作开展情况提出要求。10 日，市政府办公室印发《关于建立严厉打击非法集资活动工作机制的通知》，对建立严厉打击非法集资活动工作机制并提出实施意见。11 日，市政府印发《关于进一步加快玉溪高新技术产业开发区建设和发展的意见的通知》，要求认真贯彻执行。15 日，市政府办公室印发《关于贯彻实施〈中华人民共和国行政强制法〉的通知》，结合玉溪实际，提出贯彻实施意见。同日，市政府办公室印发《关于加强城镇污水处理厂污染源自动监控系统管理工作的通知》，全市列入 2011 年国家重点监控企业名单的 10 个城镇污水处理厂，要按规范安装污染源自动监控系统，并委托第三方开展日常运行维护工作。17 日，市政府印发《关于贯彻落实加强耕地保护促进城镇化科学发展意见的实施意见》，为严格保护耕地特别是坝区优质耕地，转变城乡建设用地方式提出实施意见。24 日，市政府办公室印发《关于切实做好今冬明春森林防火工作的通知》，对切实抓好全市今冬明春的森林防火工作，坚决杜绝重特大森林火灾发生，确保森林资源安全，确保群众生命财产安全作出安排。25 日，市政府办公室印发《关于推进可再生能源建筑应用工作的实施意见》，就可再生能源建筑应用工作提出实施意见。29 日，市政府办公室印发《关于印发玉溪市可再生能源建筑应用城市示范工作方案的通知》、《关于印发玉溪市可再生能源建筑应用城市示范项目管理办法的通知》，要求认真贯彻落实。

12 月 2 日，市政府办公室印发《关于玉溪市城市出租汽车管理办法和公共交通管理办法听证会维稳应急预案的通知》，为确保"两个办法"顺利出台，维护好社会和谐稳定，制定本应急预案。同日，市政府印发《关于加快贫困山区少数民族聚居区人口较少民族教育发展的意见》，对进一步加快贫困山区少数民族地区经济社会发展，促进民族团结和民族进步，就加快贫困山区少数民族聚居区人口较少民族教育发展提出意见。同日，市政府印发《关于推进新一轮中小学布局调整工作的意见》，结合玉溪实际，提出推进新一轮中小学布局调整工作意见。同日，市政府印发《关于大力推进职业教育改革与发展的意见》，结合实际，提出大力推进职业教育改革与发展的意见。市政府印发《关于加快学前教育发展的实施意见》，就进一步加快全市学前教育发展提出如下意见。11 日，市政府办公室印发《关于印发玉溪市防范和打击非法集资宣传教育方案的通知》，要求认真贯彻执行。14 日，市政府办公室印发《关于进一步加强森林公安工作的意见》，就进一步加强森林公安工作提出意见。26 日，市政府办公室印发《关于玉溪市中心城区 2011 年公共租赁住房项目建设有关问题的通知》，就项目建设有关问题发出通知。31 日，市政府办公室印发《关于明确工伤职工住院伙食补助费统筹地以外就医交通食宿费标准和调整工伤保险基准费率的通知》，将全市工伤待遇支付标准和调整后的工伤保险行业基准费率作出规定。同日，市政府办公室印发《关于印发玉溪市职工生育保险办法的通知》，要求认真贯彻执行。同日，市政府办公室印发《印发玉溪市关于加快推进全市农村信用体系建设试点工作实施意见的通知》，要求认真贯彻执行。

【重要请示、报告】 2011年1月20日，市政府办公室向省九湖办上报《关于玉溪市2010年云南省九大高原湖泊水污染综合防治目标责任书年度落实情况的报告》，对照云南省九大高原湖泊水污染综合防治目标责任书及2010年度考核评分要求，上报自查自检报告。同日，市政府向省政府上报《关于通海县杞麓湖填湖造田情况的报告》，将省政府领导批示的调查落实情况向省政府报告。同日，市政府向省扩大内需促进经济增长政策落实检查工作领导小组上报《关于玉溪市红塔区扩大内需中央投资项目存在问题整改情况的报告》，对照中央检查组发现存在的问题，责成红塔区人民政府、市监察局和市发改委结合前期整改情况，落实整改责任，细化整改措施，明确整改时限，上报整改情况。同日，市政府向省政府上报《玉溪市人民政府关于开展进一步促进蔬菜生产保障市场供应和价格基本稳定工作的情况报告》，将开展的促进蔬菜生产保障市场供应和价格基本稳定工作情况进行上报。21日，市政府向省政府上报《玉溪市人民政府关于抚仙湖民族文化城涉及澄江县新一轮土地利用总体规划修编相关问题的请示》，对澄江县有关土地利用总体规划的问题进行请示。

2月21日，市政府向省政府上报《关于新建云桂铁路(阳宗段)建设项目用地的请示》，就作为新建云桂铁路(阳宗段)建设项目用地作请示。25日，市政府向省政府上报《关于澄江太阳山国际生态旅游休闲度假社区项目近期工作情况报告》，将太阳山项目开工建设以来的工作情况向省政府作汇报。26日，市政府向省政府上报《关于设立玉溪出入境检验检疫局的请示》，经玉溪市人民政府研究，认为成立玉溪出入境检验检疫局时机成熟，条件具备，请云南省人民政府报国务院审批。同日，市政府向省政府上报《关于设立中华人民共和国玉溪海关的请示》，经玉溪市人民政府研究，认为成立玉溪海关时机成熟，条件具备，期望能尽快设立玉溪海关，请云南省人民政府报国务院审批。

3月3日，市政府向市人大常委会上报《关于请求审议省铁路投资有限公司承贷转借资金偿还方案的报告》，报告市人大常委会议研究并同意市政府的还款计划。15日，市政府向省住房和城乡建设厅上报《关于提高市级及红塔区住房公积金缴存比例的请示》，拟将红塔区范围内市级及红塔区区属财政全供给单位的住房公积金缴存比例由现执行的10%提高到12%，作为红塔区辖区范围内住房公积金缴存的基准比例，并从2011年4月起执行，请省住房和城乡建设厅给予批准。17日，市政府向省发展和改革委员会上报《玉溪市人民政府转报易门县人民政府关于将易门县列为第三批资源枯竭城市的请示》，请求帮助协调上报将易门县列为第三批资源枯竭城市。同日，市政府向省政府上报《关于协调解决两条新建二级公路建设承贷转借资金的请示》，请省人民政府督促协调，帮助玉溪市尽快落实易峨高二级公路建设项目承贷转借的106 750万元资金，以保证在2011年6月30日前完成两条二级公路的建设任务。21日，市政府向省政府上报《关于2011年公共租赁住房建设计划的请示》，请省人民政府在2011年给予安排50 000套公共租赁住房建设计划。28日，市政府向省移民局上报《转报元江县人民政府关于禁止在红河大黑公水电站淹没区新增建设项目和迁入人口意见的请示》，请审核后转报省人民政府给予发布“云南省人民政府关于红河大黑公水电站工程占地和淹没区禁止新增建设项目和迁入人口的通告”。31日，市政府向省商务厅上报《关于将玉溪市蔬菜出口专业示范基地申报为国家外贸转型升级专业型示范基地的请示》，请求将“玉溪市蔬菜出口专业示范基地”列为国家外贸转型升级专业型示范基地。同日，市政府向省政府上报《关于给予提高全市农民基本医疗保障水平专项资金补助的请示》，请求省政府给予提高农民基本医疗保障和健康水平资金补助5 000万元。

4月11日，市政府向省环保厅上报《关于2010年度城市环境综合整治定量考核情况的报告》，将总结和考核自评结果上报环保厅审定。14日，市政府向省政府上报《关于将华宁盘溪民族团结进步示范区建设项目列入省级投资盘子的请示》，请省人民政府将华宁盘溪民族团结进步示范区建设项目列入2011年省级投资盘子。同日，市政府向省政府上报《关于转报澄江县抚仙湖国际养生园等项目征占用林地需调整国家级公益林的请示》，报省人民政府给予批准。26日，市政府向省政府上报《关于华宁县磨盘山核桃冲磷矿探矿权挂牌出让的请示》，请省人民政府将华宁县磨盘山、核桃冲磷矿探矿权列为省国土资源厅2010年度探矿权出让计划。

5月3日，市政府向省国土资源厅上报《关于申请土地利用总体规划动态评估与滚动修编试点的请示》，请省国土资源厅将玉溪市列为试点。同日，市政府向国家环境保护部上报《关于玉溪市2010年创建国家环境保护模范城市工作情况报告》，向环保部报告“创模”工作进展情况及2010年国家环保模范城市考核指标达标情况自查结果。23日，市政府向省政府上报《关于帮助协调昆玉铁路扩能改造工程红塔区大营街段高仓段采用高架桥设计方案的请示》，请省人民政府帮助协调中铁二院勘察设计研究院科学优化该路段设计方案，将该区域路段路基改为高架桥设计。25日，市政府向省财政厅上报《关于解决抚仙湖东大河流域主要河流水污染治理与清水产流机制修复试点工程村庄搬迁安置资金的请示》，请省财政厅解决搬迁安置补偿资金2 100万元，不足部分由市县自筹解决。27日，市政府向省政府上报《关于补助玉溪市防灾应急“三小”工程建设经费的请示》，省人民政府补助玉溪市防灾应急“三小”工程建设经费1 200万元，其余不足部分自筹解决。同日，市政府向省政府上报《关于批准玉溪市防灾应急“三小”工程建设方案的请示》，请示批准实施方案。

6月16日，市政府办公室向省高尔夫球场综合清理整治工作协调领导小组上报《关于玉溪市高尔夫球场综合清理整治工作情况的报告》，将全市范围内高尔夫球场的综合清理整治工作有关情况作出报告。25日，市政府向省滇中引水办上报《关于对滇中引水工程玉溪段引水线路水量配置和分水口设置的意见》，对玉溪段引水线路、水量配置和分水口设置研究形成意见和建议。

7月1日，市政府向省政府上报《关于高尔夫球场综合清理整治工作情况的报告》，及时组织开展全市范围内高尔夫球场的综合清理整治工作有关情况进行上报。25日，市政府向省政府上报《关于给予创建国家卫生城市工作经费补助的请示》，申请省政府给予创卫健康教育专项经费补助200万元。同日，市政府向省政府上报《关于给予深化医药卫生体制改革专项经费补助的请示》，请省政府给予医改工作专项经费补助500万元。28日，市政府向省政府上报《关于玉溪市2011年度保障性住房建设项目用地的请示》，农用地转用及土地征收344.11亩，作为玉溪市2011年度保障性住房用地，上报省人民政府审批。

8月8日，市政府向省政府上报《转报易门县人民政府关于旱情及抗旱情况的报告》，请省人民政府进一步指导帮助易门县做好抗旱救灾工作。9日，市政府向省政府上报《关于省政府杞麓湖水污染综合治理现场办公会贯彻落实情况的报告》，对省政府现场办公会的贯彻落实取得的阶段性成效有关情况进行了报告。17日，市政府向省政府上报《关于2006～2010年耕地保护责任目标履行情况考核自查报告》，将对照考核内容自查有关情况进行上报。24日，市政府向省审计厅上报《玉溪市人民政府关于玉溪市政府性债务存在问题整改情况的报告》，将整改情况进行上报。31日，市政府向省国土资源厅上报《玉溪市人民政府关于转报"玉山城生态绿化建设高尔夫球场项目"的情况报告》，对违法违规建设情况依法进行了查处整改，请省国土资源厅帮助协调上级部门对此项目给予保留并帮助完善相关手续。

9月6日，市政府向省财政厅上报《关于核拨抚仙湖生态环境保护试点2011年中央补助资金的请示》，请省财政厅核准实施项目，并下拨8 000万元中央补助资金。其余不足部分建议由省、市、县按照4∶4∶2的比例配套和筹集。19日，市政府向省政府上报《关于恳请省政府将玉溪市确定为云南省炼化深加工产业发展基地的请示》，请省政府将玉溪市列为全省石油炼化基地发展规划。22日，市政府向省发改委上报《关于上报玉溪三湖"十二五"规划项目利用国外贷款的请示》，省发展和改革委员会将玉溪市上报的项目列入云南省利用国外贷款"十二五"规划中，并给予国际金融组织贷款支持。28日，市政府向省政府上报《关于转报澄江县人民政府请求帮助解决澄江化石地申报世界自然遗产工作经费的请示》，申请省人民政府给予澄江化石地申报世界自然遗产工作100万元经费支持。同日，市政府向省政府上报《关于年产10万吨新型塑料管材建设项目用地的请示》，拟以挂牌出让方式供地359.67亩，用于年产10万吨新型塑料管材建设，特上报云南省人民政府审批。

10月8日，市政府向省政府上报《关于报送红塔区人民政府教育工作督导评估市级复评意见的报告》，经市政府对市级复评组的评价意见进行认真研究，认为红塔区政府教育工作已达到"云南省教育工作先进县"的标准，同意呈报省人民政府评估认定。13日，市政府向省人大常委会上报《关于学习贯彻云南省玉溪城市管理条例的情况报告》，将玉溪市学习宣传和贯彻落实情况进行报告。18日，市政府向省国土资源厅上报《关于华宁县城市总体规划建设项目用地压覆矿产资源的意见》，同意华宁县城市总体规划建设项目压覆矿产资源。19日，市政府向省政府上报《关于转报峨山县请求补助玉溪铸造产业基地核心区(峨山双小片区)基础设施项目建设资金的请示》，请省人民政府补助玉溪铸造产业基地核心区(峨山县双小片区)基础设施建设资金1 000万元，其余不足部分市、县自筹解决。

11月8日，市政府向省政府上报《关于贯彻落实全省公路建设现场推进会议精神的情况报告》，报告贯彻落实全省公路建设现场推进会议精神的情况。15日，市政府向云南中烟工业公司上报《关于请求帮助解决中小学校舍安全工程建设资金的请示》，特恳请云南中烟工业公司帮助解决校舍安全建设资金800万元，不足部分自筹解决。16日，市政府向省政府上报《关于补助玉溪市社会福利服务中心建设资金的请示》，请省人民政府补助玉溪市社会福利服务中心建设资金2 500万元。17日，市政府向省政府上报《关于请求帮助解决救灾资金的请示》，请省人民政府补助玉溪市救灾经费2 000万元。同日，市政府向省政府上报《关于请求帮助解决改善民生所需资金的请示》，请求省人民政府给予补助。同日，市政府向省政府上报《关于玉溪市2011年度第二批次城市建设农用地转用及土地征收的请示》，转用及征收土地529.09亩，作为玉溪市2011年度第二批次城市建设用地，上报省人民政府审批。同日，市政府向省政府上报《关于玉溪市2011年度第三批次城市建设农用地转用及土地征收的请示》，转用及征收土地502.59亩，作为玉溪市2011年度第三批次城市建设用地，上报省人民政府审批。同日，市政府向省政府上报《关于给予玉溪中心城区抗旱救灾引清水河水供水应急工程立项实施的请示》，请省人民政府对玉溪中心城区抗旱救灾引清水河水供水应急工程给予立项实施，并帮助解决工程建设资金。26日，市政府和普洱市政府联合向省政府上报《玉溪市人民政府普洱市人民政府关于玉溪市与普洱市行政区域界线联合检查及平安边界建设工作情况的报告》，《玉溪市与普洱市行政区域界线联合检查及平安边界建设工作情况的报告》经双方审查签署后无误。

12月5日，市政府向省政府上报《关于给予农村计算机教室建设经费补助的请示》，请求省政府给予帮助解决更新和改造农村初中计算机教室经费补助。7日，市政府向省政府上报《关于审查批准玉溪市抚仙湖星云湖杞麓湖流域水污染综合防治"十二五"规划的请示》，将抚仙湖、杞麓湖、星云湖流域水污染综合防治"十二五"规划上报省人民政府。15日，市政府向省政府上报《关于红塔区研和工业区低丘缓坡土地综合开发利用试点项目启动的请示》，请省政府纳入当年"启动一批"的项目先行开工。16日，市政府向省政府上报《关于建立玉溪市毒品预防教育基地和缉毒装备经费补助的请示》，请求省政府给予补助缉毒装备经费。同日，市政府向省政府上报《关于转报通海县人民政府申报河西镇为省级历史文化名镇的请示》，同意将河西镇申报省级历史文化名镇转报省政府。19日，市政府向省政府上报红塔区、江川县、澄江县、华宁县、通海县、峨山县、新平县、易门县、元江县《土地利用总体规划(2010～2020年)的请示》，报请省人民政府审批。同日，市政府向省交通运输厅上报《玉溪市人民政府关于2011年在建二级公路建设安全生产责任状的自查报告》，对玉溪市在建5条二级公路安全生产进行自检自评并将情况上报。28日，市政府向省政府上报《关于给予批准实施玉溪市实行机关公务员津贴补贴水平与经济发展同步政策规划的请示》，制定了《玉溪市实行机关公务员津贴补贴水平与经济发展同步的政策规划》上报省政府，请求省人民政府给予批准实施，所需增量资金用政府非税收入安排一部分，用财政收入增量安排一部分，通过调整优化支出结构安排一部分，请省财政加大补贴均衡性转移支付力度，专项补助一部分。31日，市政府向国家发展和改革委员会上报《云南省玉溪市人民政府关于同意玉溪高新区投资管理有限公司发行企业债券的报告》，同意玉溪高新区投资管理有限公司发行5亿元企业债券。

【**重要决定事项**】 2011年1月6日，市政府批复新平县人民政府，同意将位于新平县城南区(大云酒店西侧)，国有建设用地10.05亩，以划拨方式提供给新平县农业局和畜牧兽医局，用于新平县农业局和畜牧兽医局、站、所业务用房建设项目用地。17日，市政府批复红塔区人民政府，同意红塔区玉兴路街道办事处更名为玉兴街道办事处，玉带路街道办事处更名为玉带街道办事处，凤凰路街道办事处更名为凤凰街道办事处。21日，市政府批复峨山县人民政府，同意将位于峨山县双江镇环城北路与猊江东路交叉口的国有建设用地25亩，以挂牌方式出让国有建设用地使用权，土地用途为住宿餐饮用地，出让年限40年。同日，市政府批复峨山县人民政府，同意将位于峨山县双江镇环城北路与猊江东路交叉口国有建设用地16.24亩，以挂牌方式出让国有建设用地使用权，土地用途为住宅用地，出让年限70年。同日，市政府批复市国土资源局，同意将位于红塔区玉兴路下段，使用权面积10 834.9平方米，由原工业用地变更为商服、城镇住宅用地，变更后的土地使用年限按商服用地40年，城镇住宅用地70年确定，起始时间自国有建设用地使用权出让合同签订之日起计算。同日，市政府批复华宁县人民政府，同意按照规划开发华宁县宁州镇大石盆土地开发整理项目区内未利用土地(荒草地)114.81公顷，同意按照规划开发华宁县宁州镇舍阴寨土地开发整理项目区内未利用土地(荒草地)56.22公顷，同意按照规划开发华宁县华溪镇西沙井土地开发整理项目区内未利用土地(荒草地)66.85公顷。同日，市政府批复市国土资源局，同意以玉溪大河二期土地收储项目为贷款项目，由玉溪市土地储备中心向华夏银行玉溪市分行申请办理项目贷款人民币3亿元，贷款期限为二年，贷款到期用储备土地出让价款归还，贷款用已划拨给市土地储备中心玉溪大河以北片区298.47亩储备土地开发整理项目中的140.29亩土地作抵押。同日，市政府批复市国土资源局，同意将位于红塔区玉兴路76号范围内的6 427.3平方米，土地用途由原来的商服、住宅、仓储用地变更为商服、住宅用地，变更后的土地使用年限按商服用地40年，城镇住宅用地70年确定，起始时间自国有建设用地使用权出让合同签订之日起计算。同日，市政府批复市国土资源局，同意将位于玉溪市红塔区研和镇中村村委会的国有建设用地25.72亩，以挂牌方式出让国有建设用地使用权，土地用途为工业用地，出让年限50年。31日，市政府批复新平县人民政府，原则同意《新平县中低产林评判标准》、《新平县中低产林改造规划》、《新平县2010年中低产林改造实施方案》。同日，市政府批复华宁县人民政府，原则同意《华宁县中低产林评判标准》、《华宁县中低产林改造规划(2010～2020年)》、《华宁县2010年度中低产林改造实施方案》。同日，市政府批复江川县人民政府，原则同意《江川县中低产林评判标准》、《江川县中低产林改造规划(2010～2020年)》、《江川县2010年度中低产林改造实施方案》。同日，市政府批复红塔区人民政府，原则同意《红塔区中低产林评判标准》、《红塔区中低产林改造规划(2010～2020年)》、《红塔区2010年中低产林改造森林抚育实施方案》。同日，市政府批复澄江县人民政府，原则同意《澄江县中低产林改造规划(2010～2020年)》、《澄江县2010年中低产林改造实施方案》。同日，市政府批复峨山县人民政府，原则同意《峨山县中低产林评判标准》、《峨山县中低产林改造规划(2010～2020年)》、《峨山县2010年中低产林改造实施方案》。同日，市政府批复易门县人民政府，原则同意《易门县中低产林评判标准》、《易门县中低产林改造规划(2010～2020年)》、《易门县2010年中低产林改造项目实施方案》。同日，市政府批复通海县人民政府，原则同意《通海县中低产(效)林评判标准》、《通海县中低产林改造规划(2010～2020年)》、《通海县2010年中低产林改造项目实施方案》。同日，市政府批复元江县人民政府，原则同意《元江县中低产(效)林评判标准》、《元江县中低产林改造规划》、《元江县2010年度中低产林改造实施方案》。

2月9日，市政府批复市国土资源局，同意将位于玉溪市红塔区龙马路与太极路交叉口东北侧的国有建设用地13.6亩，以挂牌方式出让国有建设用地使用权，土地用途为城镇住宅用地，出让年限70年。10日，市政府批复市国土资源局，同意用权属已登记在玉溪市土地储备中心名下的玉溪市秀山路延长线39.79亩政府储备土地作为农行2亿元贷款的抵押物，用于置换出原先抵押的收购原玉溪电石厂31.35亩政府储备土地。11日，市政府批复江川县人民政府，同意将江川县江城镇明星村委会上村村民小组耕地8.1亩，翠峰村委会招益村村民小组耕地0.41亩，合计1个镇2个村委会2个村民小组的集体耕地8.51亩转为建设用地，并连同江城镇明星村委会上村村民小组集体建设用地4.82亩，作为江川县2010年度江城镇周转地及公房建设用地。14日，市政府批复研和工业园区管委会，面积19.96亩，同意其用地性质由铁路用地调整为其他商服用地；面积32.54亩，因昆玉铁路扩能改建需要，需保留其中的11.77亩作为铁路用地，保持原有铁路用地性质不变，该宗地剩余的20.77亩同意将用地性质由铁路用地调整为工业用地。22日，市政府批复研和工业园区管理委员会，同意对研和工业园区面积为80.09亩的三宗国有土地资产进行有偿转让，由研和工业园区管理委员会委托市国土资源局以挂牌出让方式进行处置，按《中共玉溪市委玉溪市人民政府关于加快推进新型工业化的决定》的相关规定，同意将处置三宗土地资产所得的收益全额留在研和工业园区管理委员会，用于园区基础设施建设。

3月4日，市政府批复市国土资源局、市发展和改革委员会，原则上同意《玉溪市基础测绘规划》(2011～2015年)所述内容，要求严格按照《玉溪市基础测绘规划》(2011～2015年)的规划建设目标认真组织实施。同日，市政府批复市国土资源局，同意将位于高新区南片区Ⅰ地块(抚仙路南段)的1.73亩、《玉溪市人民政府关于收回云南红蚯蚓生物工程有限公司部分国有建设用地使用权的批复》批准收回的24.68亩，合计国有建设用地26.41亩，以挂牌方式出让国有建设用地使用权，土地用途为城镇住宅用地，出让年限70年。31日，市政府批复市公安局，同意上报的请示事项，将玉溪市公安局交通警察支队车辆管理所收入划归玉溪市机动车辆安全技术检测中心，用于偿还上海浦东发展银行玉溪分行的贷款本息。

4月2日，市政府印发《关于下放市级部分经济社会管理权限的决定》，决定向各县(区)下放市级部分经济社会管理权限35项(含单独下放新平、易门县的市级部分经济社会管理权限)。11日，市政府批复市国土资源局，同意以玉溪大河二期以北片区(含康井路改扩建项目)作为贷款项目，由玉溪市土地储备中心向中国建设银行玉溪市分行申请办理不低于1.5亿元人民币的项目贷款。19日，市政府批复红塔区人民政府，原则同意上报的《红塔区2011年度土地储备计划》。同日，市政府批复易门县人民政府，同意将位于易门县城东的国有建设用地12.57亩，以划拨方式提供给易门县建设局用于城东片区河滨路市政工程项目建设。同日，市政府批复新平县人民政府，同意将位于戛洒镇的国有建设用地11.21亩，划拨给新平县土地储备中心，用于戛洒镇南溪路建设项目用地。27日，市政府批复市农业局，关于玉溪市2011年村民一事一议筹资筹劳上限额和以资代劳工价标准。同日，市政府批复市水利普查领导小组办公室，原则同意《玉溪市第一次全国水利普查实施方案》。

5月4日，市政府批复红塔区人民

政府，原则同意《玉溪市红塔区人民政府关于执行高龙潭及国防教育基地片区坟墓迁移安置实施方案》，同意《实施方案》中所列补助经费，据实支付，按审计结果结算。10日，市政府批复新平县人民政府，原则同意修订后的漠沙镇、戛洒镇、扬武镇、腰街镇、水塘镇、平甸乡、老厂乡、新化乡、者竜乡、建兴乡、平掌乡等11个乡级土地利用总体规划(2006～2020年)；批复华宁县人民政府，原则同意修订后的青龙镇、盘溪镇、华溪镇、通红甸乡等4个乡级土地利用总体规划(2006～2020年)；批复红塔区人民政府，原则同意修订后的李棋镇、北城镇、春和镇、大营街镇、高仓镇、研和镇、洛河乡、小石桥乡等8个乡级土地利用总体规划(2006～2020年)；批复元江县人民政府，原则同意修订后的因远镇、青龙厂镇、东峨镇、咪哩乡、羊岔街乡、那诺乡、羊街乡、洼垤乡、龙潭乡等9个乡级土地利用总体规划(2006～2020年)；批复易门县人民政府，原则同意修订后的六街镇、绿汁镇、浦贝乡、铜厂乡、十街乡、小街乡等6个乡级土地利用总体规划(2006～2020年)；批复澄江县人民政府，原则同意修订后的龙街镇、右所镇、海口镇、九村镇、阳宗镇等5个乡级土地利用总体规划(2006～2020年)；批复峨山县人民政府，原则同意修订后的小街镇、化念镇、甸中镇、塔甸镇、大龙潭乡、富良棚乡、岔河乡等7个乡级土地利用总体规划(2006～2020年)；批复江川县人民政府，原则同意修订后的江城镇、前卫镇、安化乡、九溪镇、雄关乡、路居镇等6个乡级土地利用总体规划(2006～2020年)；批复通海县人民政府，原则同意修订后的河西镇、四街镇、九街镇、杨广镇、纳古镇、里山乡、兴蒙乡、高大乡等8个乡级土地利用总体规划(2006～2020年)。同日，市政府批复红塔区人民政府，同意将位于大营街镇杯湖村委会的集体建设用地12.39亩，提供给大营街杯湖村委会七组，作为年产1万吨500千伏钢芯铝绞线项目建设用地；同意将位于红塔区山水佳园高层区以南，环山北路以西的国有建设用地25.49亩，提供给右所社区居委会十三组，作为鑫兴商业城项目建设用地。批复华宁县人民政府，同意将位于华宁县宁州镇环城东路与园山路交叉口的国有建设用地使用权9.48亩以挂牌方式出让，用途为工业用地，出让年限50年。批复通海县人民政府，同意将位于通海县河西镇河西村委会永济路东北侧的国有建设用地使用权14.32亩以挂牌方式出让，用途为仓储用地，出让年限50年。批复市国土资源局，同意上报的三个项目用地土地补偿、安置补助费按每亩18万元进行补偿，由红塔区人民政府认真组织，抓紧完成土地征收的相关问题；批复市国土资源局，同意关于开展部分储备土地前期开发整理项目建设的工作安排，要求按照玉溪市人民政府关于2011年中心城区交通环境综合整治行动计划和政府工作安排的要求，如期完成储备土地前期开发整理项目建设。11日，市政府办公室批复市商业银行，原则同意提出的增资扩股方案，要求严格按照国家的法律规定，合理调整股权结构，进一步完善资本充足率，加强公司治理和内部控制，确保公司健康发展。同日，市政府批复市人普办，同意并授权市人普办发布“玉溪市第六次全国人口普查主要数据公报”，要求严格遵守有关程序和规定，统筹安排，精心组织，及时、准确发布普查数据，认真做好数据的开发利用以及宣传、解释等相关工作。17日，市政府批复各县(区)人民政府，同意红塔区撤销北城街道办事处北城、大营、夏井、东前、古城、王棋、后所、皂角、梅园、高桥、莲池、刺桐关、大石板、李棋街道办事处山头、任井、李棋、下赫、金家边、康井、薛井、大矣资、春和街道办事处春和、王大户、中所、孙井、团山、龙池、飞井、马桥、刘总旗、黑村、大营街街道办事处大营街、杯湖、赵桅、常里、师旗、甸苴、郭井、赤马、龙潭、大密罗、研和街道办事处贾井、中村、研和、可官、宋官、东山、秀溪、南厂、玉屏、高仓街道办事处高仓、梁王坝、桃源、排山、龙树、凤凰路街道办事处灵秀村民委员会，设立玉兴街道办事处珊瑚、朱槿、文化、聂耳、玉州、广文、玉湖、瑞新、东风、山水、玉带街道办事处玉村、彩虹、玉龙、诸葛、兰苑、明珠、凤凰街道办事处灵秀、葫泉、文秀、红塔、广场、紫苑、教育、胜利、北城街道办事处北城、大营、夏井、东前、古城、王棋、后所、皂角、梅园、高桥、莲池、刺桐关、大石板、李棋街道办事处山头、任井、李棋、下赫、金家边、康井、玉河、大矣资、春和街道办事处春和、王大户、中所、孙井、团山、龙池、飞井、马桥、刘总旗、黑村、大营街街道办事处大营街、杯湖、赵桅、常里、师旗、甸苴、郭井、赤马、龙潭、大密罗、研和街道办事处贾井、中村、研和、可官、宋官、东山、秀溪、南厂、玉屏、高仓街道办事处高仓、梁王坝、桃源、排山、龙树社区居民委员会；同意江川县撤销大街街道办事处大营、海浒、大庄、伏家营、河咀、早街、三街、朱家庄、上头营、前卫镇前卫、九溪镇大营、路居镇中坝、下坝、雄关乡雄关、安化乡安化村民委员会，设立大街街道办事处职教、大营、海浒、大庄、伏家营、河咀、早街、三街、朱家庄、上头营、前卫镇前卫、九溪镇大营、路居镇中坝、下坝、雄关乡雄关、安化乡安化社区居民委员会；同意通海县撤销秀山街道办事处城郊、东村、黄龙、万家、大树、六一、长河、金山、九龙街道办事处九街、大梨、三义、元山、大河嘴、九龙、碧溪、杨广镇杨广、四街镇四街、七街、河西镇河西、里山乡里山、高大乡高大村民委员会，设立秀山街道办事处城郊、东村、黄龙、万家、大树、六一、长河、金山、东苑、桑园、九龙街道办事处九街、大梨、三义、元山、大河嘴、九龙、碧溪、杨广镇杨广、四街镇四街、七街、河西镇河西、里山乡里山、高大乡高大社区居民委员会；同意华宁县撤销宁州街道办事处郭家营、右所、王马、新庄、平地、铁埂、马鞍山、盘溪镇东升、盘江、下街、乐士堂、大寨、方那、青龙镇青龙、海镜、海关、华溪镇华溪、甫甸、通红甸乡通红甸村民委员会，设立宁州街道办事处郭家营、右所、王马、新庄、平地、铁埂、马鞍山、盘溪镇东升、盘江、下街、乐士堂、大寨、方那、青龙镇青龙、海镜、海关、华溪镇华溪、甫甸、通红甸乡通红甸社区居委会；同意澄江县撤销龙街街道办事处龙街、万海、广龙、尖山、养白牛、立昌、双树、左所、高西、华光、忠窑、提古、梁王、禄充村民委员会，设立龙街街道办事处龙街、万海、广龙、尖山、养白牛、立昌、双树、左所、高西、华光、忠窑、提古、梁王、禄充社区居民委员会；同意易门县撤销龙泉街道办事处韩所、中屯、方屯、罗所、梅营、水桥、曾所、江口、蔡营、六街街道办事处柏树、二街、茶树、旧县、浦贝乡浦贝村民委员会，设立龙泉街道办事处韩所、中屯、方屯、罗所、梅营、水桥、曾所、江口、蔡营、六街街道办事处柏树、二街、茶树、旧县、六街、绿汁镇小绿汁、浦贝乡浦贝社区居民委员会；同意峨山县撤销双江街道办事处沐勋、大白邑、石泉、土官、小街街道办事处小街、石邑、甸中镇甸中、化念镇凤凰、化念村民委员会，设立双江街道办事处沐勋、大白邑、石泉、土官、小街街道办事处小街、石邑、甸中镇甸中、化念镇凤凰、化念社区居民委员会；同意新平县撤销桂山街道办事处太平、亚尼、古城街道办事处古城、纳溪、昌源、他拉、扬武镇扬武、大开门、新化乡新化、老厂乡苛苴、戛洒镇平寨、南蚌、水塘镇水塘、者竜乡庆丰、漠沙镇曼竜、龙河、曼勒、建兴乡马鹿、平掌乡平掌村民委员会，设立桂山街道办事处太平、亚尼、古城街道办事处古城、锦秀、纳溪、昌源、他拉、扬武镇扬武、大开门、新化乡新化、老厂乡苛苴、戛洒镇平寨、南蚌、水塘镇水塘、者竜乡庆丰、漠沙镇曼竜、龙河、曼勒、建兴乡马鹿、平掌乡平掌社区居民委员会；同意元江县撤销澧江办事处那整、龙潭、红河办事处桥头、大水平、甘庄办事处青龙厂、红新、甘庄、干坝、曼来镇曼来、因远镇因远、安定、洼垤乡洼垤、龙潭乡安龙、咪哩乡咪哩、那诺乡那诺、羊街乡羊街村民委员会，设立澧江办事处那整、龙潭、红河办事处桥头、大水平、兴元、甘庄办事处青龙厂、红新、甘庄、干坝、曼来镇曼来、因远镇因远、安定、洼垤乡洼垤、龙潭乡安龙、咪哩乡咪哩、那诺乡那诺、羊街乡羊街社区居民委员会。同日，市政府批复市规划局，原则同意《小龙潭片区控制性详细规划》。20日，市政府批复市抚仙湖管理局，同意抚仙湖东大河流域主要河流水污染治理与清水产流机制修复工程采取BT模式投资建设。25日，市政府批复市卫生局，同意提出的各县（区）继续执行《中共玉溪市委玉溪市人民政府关于提高农民基本医疗保障和健康水平的决定》的主要精神，为统一标准，进一步提升保障能力，结合贯彻中央和省的现行政策，对2011年财政对参合农民人均增加100元作适度调整；根据省财政厅、省卫生厅《关于认真落实2011年新型农村合作医疗财政补助资金的通知》精神，同意将中央和省的增资足额补助到各县（区）。同日，市政府批复元江县人民政府，同意将位于元江县城淇水路南侧的国有建设用地使用权以挂牌方式出让，面积23.01亩，出让地块用途为城镇住宅及商服用地，出让年限40年。同日，市政府批复市国土资源局，同意中国人民银行玉溪市中心支行新建发行库及营业办公用房项目延期竣工，竣工时间由2011年6月30日前竣工调整为2012年6月30日前竣工。

6月10日，市政府批复江川县人民政府，同意对江川县县城总体规划进行修编（总规99版）。

7月6日，市政府批复市住房城乡建设局，同意成立玉溪市保障性住房开发投资有限公司。7日，市政府批复市水利局，原则同意玉溪市东风水库中心城区生活供水价格由现行每立方米0.30元，调整为每立方米1.20元（含每立方米0.10元的水资源费和每立方米0.50元的水源保护及生态修复专项资金）；原则同意玉溪市东风水库工业供水价格由现行的每立方米0.65元，调整为每立方米1.30元（含每立方米0.25元的水资源费和每立方米0.50元的水源保护及生态修复专项资金），调整后的供水价格从2011年8月1日执行。10日，市政府批复武警玉溪市支队，原则同意《武警玉溪市支队住宅生活区经济适用住房处置方案》。12日，市政府批复市发改委，原则同意《玉溪市综合交通运输“十二五”规划》，请认真组织实施。实施过程中若发生变更，严格按程序报批。同日，市政府批复市发改委，原则同意《玉溪市风电场规划报告（2010年）》，要求认真组织实施。实施过程中若发生变更，严格按程序报批。15日，市政府批复市规划局，原则同意《玉溪市生态文化区玉枕山片区控制性详细规划》（以下简称《规划》），《规划》要与玉溪市城市总体规划进行协调。要进一步加强基础设施和公共服务设施配套，完善路网、水系、绿地规划，本《规划》一经批准，任何单位和个人不得擅自更改，确需对该规划进行调整或修改，应按法定程序报批。28日，市政府批复市教育局，原则同意玉溪市第二幼儿园创办山水园区。29日，市政府批复市规划局，同意对玉溪军供站搬迁项目的用地规划和用地性质进行调整，用地性质为交通设施用地和对外交通用地，用地规划为城南客运站和高仓立交改造等项目建设，涉及面积214.12亩。

8月2日，市政府批复市林业局，原则同意红塔区龙母箐水库建设占用红塔山自然保护区林地，占用面积270亩；原则同意按照占补平衡的原则，对红塔区龙母箐水库建设占用林地中的205亩国家级公益林进行调整，确保国家级公益林面积不减少。9日，市政府批复江川县人民政府，同意开展江川县江城镇孤山村委会小马沟冯家湾退房还湖旧村改造（一期）规划前期工作。19日，市政府批复市商业银行，鉴于为落实《玉溪市级政府融资平台贷款偿还方案》拟采取的具体措施符合的方案总体原则和核心要求，原则同意市商业银行所请示事项，并请尽快组织落实。

9月6日，市政府批复市住房城乡建设局，原则同意《棋阳路拓宽改造二期工程实施方案》。同日，市政府批复市规划局，原则同意《“龙潭清溪”音乐旅游小镇控制性详细规划》。7日，市政府批复市住房城乡建设局，同意云南玉溪聂耳公园10.14亩国有建设用地使用权的收回、处置方案；同意云南省玉溪市图书馆4.73亩国有建设用地使用权的收回、处置方案；同意玉溪市第一幼儿园4.2亩国有建设用地的收回、处置方案；同意玉溪市青少年宫27.47亩国有建设用地的收回、处置方案；同意红塔区玉兴路街道办事处棋阳社区居民委员会第三居民小组4.16亩国有建设用地的收回、处置方案。13日，市政府批复市水利普查领导小组办公室原则同意《玉溪市第一次全国水利普查空间数据采集与处理实施方案》。同日，市政府批复市林业局原则同意将红塔区李棋街道办事处七块地为农村公益性公墓建设用地占用红塔山自然保护区面积279.4亩调整出红塔山自然保护区，原则同意该工程建设占用林地面积215.6亩，按照占补平衡的原则，同意对该工程建设占用林地中的17.3亩国家级公益林和7.9亩省级公益林在红塔山自然保护区范围内进行调整，确保国家级公益林和省级公益林面积不减少，原则同意将该工程建设占用林地调整出红塔山自然保护区的190.4亩市级公益林的林种调整为用材林。15日，市政府批复市财政局，原则同意上报的关于农业银行玉溪分行政府融资平台存量贷款债务划转有关事项的请示。19日，市政府批复市发改委同意《玉溪市“十二五”劳动和社会保障体系建设规划》。20日，市政府批复市国土资源局，同意玉溪市土地储备中心用财政历年返回的国有土地收益基金，将开办资金由2 000万元增至5 000万元，具体操作方案按照事业单位会计准则执行。22日，市政府批复市规划局，原则同意《玉溪市生态文化区控制性详细规划》。23日，市政府批复市住房城乡建设局，同意将2011年中心城区公租房建设项目移交玉溪市保障性住房开发投资有限公司承建。27日，市政府批复市国土资源局，同意以玉溪大河二期以北片区（含康井路改扩建项目）作为贷款项目，向玉溪市商业银行办理1亿元的土地储备资金贷款，贷款期限为三年，贷款到期用储备土地出让价款归还；同意用玉溪市人民政府从收回云南省烟草公司玉溪市东风水库游乐场部分土地中，已划拨至玉溪市土地储备中心的15 113.29平方米办理国有土地使用权证，用于办理1亿元的土地储备资金贷款抵押。同日，市政府批复市国土资源局，同意上报的玉溪大河二期以北片区（含保障性住房、康井路）项目建设土地征收及收购国有土地使用权补偿安置方案；同意对春和街道办事处王大户社区、李棋街道办事处下赫、金家边、李棋、康井和任井社区居委会等，合计两个街道办事处6个社区居委会36个居民小组及两宗企业单位，总面积约2 950亩土地实施征收（收购）补偿工作。

10月8日，市政府批复红塔区人民政府，原则同意上报的玉枕山片区项目建设坟墓迁移安置实施方案。12日，市政府批复市水利局，原则同意给予玉溪市东风水库除险加固工程预留投资；所预留的资金主要用于东风水库天眼工程、东风水库值班管理用房工程、东风水库备用电源工程和红塔区大矣资村环境综合整治等工程建设。13日，市政府批复市水利局，原则同意保留东风水库管理处，东风水库管理处为玉溪市中心城区水资源调度管理局下属独立核算自收自支事业单位。18日，市政府批复市国土资源局，同意云南蓝晶科技股份有限公司所缴纳的竞买保证金804万元，作为违约金不予退还，以其他土地出让收入全额返给研和工业园区管委会，同意将云南蓝晶科技股份有限公司缴纳的土地出让价款3 217.56万元退还该公司。25日，市政府批复红塔区人民政府，同意收回华培学校位于九龙池公园大门3.93亩及公园后湿地42.49亩，合计46.42亩国有建设用地使用权。收回国有建设用地使用权补偿费613.8万元，由红塔区政府承担；收回的国有建设用地使用权46.42亩，划拨给红塔区城市管理局九龙池公园使用，土地用途为风景名胜设施用地。

11月2日，市政府办公室批复市公安消防支队，同意对曼洒红达酒店、云南玉溪百信商贸集团有限公司江川购物广场、澄江县凤麓镇阳光会都娱乐中心、中石化股份云南玉溪石油分公司通海金山加油站、中石化股份云南玉溪石油分公司通海大桥加油站等5家存在重大火灾隐患单位进行市级挂牌督办，整改期限至2012年1月31日。同日，市政府批复市发改委，原则同意《玉溪市“十二五”扶贫开发规划》，请认真组织实施；原则同意《玉溪市“十二五”服务业发展规划》，请认真组织实施。原则同意《玉溪市“十二五”现代物流业发展规划》，请认真组织实施。7日，市政府批复易门县人民政府，同意上报的《易门县人民政府关于实施易门县加强耕地保护促进城镇化科学发展完善县乡级土地利用总体规划（2006～2020年）工作方案》；批复峨山县人民政府，同意《峨山县加强耕地保护促进城镇化科学发展完善县乡级土地利用总体规划（2006～2020年）工作方案》；批复红塔区人民政府，同意《红塔区加强耕地保护促进城镇化科学发展完善土地利用总体规划（2006～2020年）实施方案》；批复江川县人民政府，同意《江川县人民政府关于加强耕地保护促进城镇化科学发展完善县乡级土地利用总体规划（2006～2020年）工作方案》；批复通海县人民政府，同意《通海县土地利用总体规划（2006～2020年）完善工作方案》；批复澄江县人民政府，同意《澄江县完善县乡级土地利用总体规划（2006～2020年）实施方案》；批复新平县人民政府，同意《新平彝族傣族自治县人民政府关于加强耕地保护促进城镇化科学发展完善县乡级土地利用总体规划（2006～2020年）实施方案》；批复元江县人民政府，同意《元江县人民政府关于元江县加强耕地保护促进城镇化科学发展完善县乡级土地利用总体规划（2006～2020年）实施方案》；批复华宁县人民政府，同意《华宁县完善土地利用总体规划（2006～2020年）工作方案》。同日，市政府批复市国土资源局，同意玉溪市土地储备中心作为项目法人单位组织，组织实施玉枕山片区储备土地前期开发整理工程，项目建设资金由市土地储备中心负责筹措，作为土地开发性支出，纳入玉枕山片区土地储备成本；批复市国土资源局，同意上报的关于云南省玉溪市大山工贸有限公司年产130万吨溶剂石粉项目征收土地补偿安置方案，同意对红塔区研和街道办事处中村居委会的集体土地30.06亩实施征收；批复市国土资源局同意上报的关于玉溪轴承有限责任公司整体技改搬迁项目征收土地补偿安置方案，同意对红塔区研和街道办事处中村居委会的集体土地47.30亩实施征收；批复市国土资源局，同意上报的关于玉溪市浩森工贸有限公司烟草机电设备制造项目征收土地补偿安置方案，同意对红塔区研和街道办事处中村居委会的集体土地40.68亩实施征收；批复市国土资源局，同意上报的关于年产3万台中高端数控机床光机项目征收土地补偿安置方案，同意对红塔区研和街道办事处南厂居委会、南厂居委会一组、二组、三组、四组、六组的集体土地250.88亩实施征收；批复市国土资源局，同意上报的关于冷轧涂层板加工项目征收土地补偿安置方案，同意对红塔区研和街道办事处东山居委会一组、二组、四组、七组的集体土地172.63亩实施征收；批复市国土资源局，同意上报的关于数控产业园配套加工项目征收土地补偿安置方案，同意对红塔区研和街道办事处南厂居委会、南厂居委会六组、七组、八组的集体土地118.50亩实施征收；批复市国土资源局，同意上报的关于玉溪市兴伦纸业有限公司搬迁建设项目征收土地补偿安置方案，同意对红塔区研和街道办事处中村居委会的集体土地40.17亩实施征收。22日，市政府批复红塔区人民政府，原则同意红塔区饮用水水源保护区的划分范围，划分的饮用水水源保护区水质保护目标为Ⅱ类。同日，市政府批复市交通运输局，同意采取置换方式，将市高等级公路有限责任公司原棋阳路90号土地及地上建筑物置换已经征收储备的玉溪大河以北片区YTC（2011）2—1号地块国有建设用地。25日，市政府批复华宁县人民政府，同意《云南省玉溪市华宁县磨豆山风电场预可行性研究报告》所提出的项目建设选址范围。30日，市政府批复市人力资源和社会保障局，同意撤销玉溪市液化石油气储备供应站。同日，市政府批复市国土资源局，同意玉溪市土地储备中心用玉溪大河二期工程及其大河以北片区（含康井路改扩建项目）土地收储项目作为贷款项目，向广发银行玉溪分行申请办理5亿元的土地储备资金贷款，贷款期限为二年，到期用储备土地出让价款归还，贷款用星云湖出流改道出水口片区，面积共计588亩尚未供应的储备土地作抵押。

12月1日，市政府批复市委办公室，同意撤销市委招待所机构，市委招待所资产的处置，由市委办和市国资委共同委托中介机构公开拍卖并进行债权债务清算后，移交市公共资源交易中心，市委招待所撤销后人员分流处理，按市人力资源和社会保障局意见办理。6日，市政府批复市发改委，原则同意《玉溪市商标发展“十二五”规划》。16日，市政府批复市财政局，同意本市学前教育和义务教育经费地方配套资金按市、县区5∶5的比例分担；高中教育和职业教育经费地方配套资金，实行分级负担，市属学校由市级承担，县区属学校由县区承担。20日，市政府批复市保障性住房开发投资有限公司，同意将玉溪市中心城区第一期保障性住房的土地增值部分150 961.05万元作为政府补助资金。同日，市政府批复市规划局，原则同意《玉溪市中心城区近期建设规划(2011～2015)》。27日，市政府批复元江县人民政府，原则同意成立元江干流元江县城段治理工程建设管理局及其组建方案。管理局为工程的法人单位，对工程项目承担相应的法律责任。31日，市政府批复市财政局，原则同意关于民生银行玉溪支行政府融资平台存量贷款债务划转的有关事项。同日，市政府批复市发改委，原则同意《玉溪市人口和计划生育事业发展“十二五”规划》，请认真组织实施；原则同意《玉溪市教育事业发展“十二五”规划》。

【表彰奖励】 2011年1月14日，市政府办公室印发《玉溪市人民政府办公室关于2010年度国土资源管理目标责任考核结果的通报》，综合评定红塔区、易门县、新平县为一等奖，江川县、元江县、澄江县、高新区管委会为二等奖，华宁县、峨山县、通海县获三等奖。

2月16日，市政府办公室印发《玉溪市人民政府办公室关于兑现2010年度安全生产责任状考核奖惩的决定》，红塔区、江川县、澄江县、华宁县、峨山县、新平县等6个县人民政府，市安监局、市公安局、市工信委，红塔集团(本部)、玉溪大红山矿业有限公司、云南电网公司玉溪供电局、玉溪矿业公司考核为优秀，给予表彰奖励。

3月14日，市政府办公室印发《玉溪市人民政府办公室关于兑现2010年财政收入目标考核奖励的决定》，按照市政府签订的“地方财政收入任务考核目标责任书”，决定对各县区进行奖励。17日，市政府办公室印发《玉溪市人民政府办公室关于表彰2010年度招商引资和进出口贸易工作先进单位的决定》，市政府决定对完成2010年度招商引资、进出口贸易目标任务的县区和市直有关部门给予表彰。28日，市政府办公室印发《玉溪市人民政府办公室关于对2010年丘北经验推广工作进行表彰的决定》，市政府决定对获一等奖的新平县、市推丘办综合办公室，二等奖的华宁县、澄江县，三等奖的易门县、元江县、江川县进行表彰奖励。

4月6日，市政府办公室印发《玉溪市人民政府办公室关于对2010年度县区民政工作表彰的决定》，对获一等奖的新平县、澄江县、峨山县，二等奖的红塔区、元江县、易门县，三等奖的通海县、江川县、华宁县给予通报表彰。15日，市政府印发《玉溪市人民政府关于表彰玉溪市行政监察工作先进集体和先进个人的决定》，决定对市纪委法纪监察室等15个先进集体和席佐能等50名先进个人予以表彰。22日，市政府印发《玉溪市人民政府关于表彰县区2010年度禁毒工作的决定》，决定对县区2010年禁毒工作进行表彰奖励。同日，市政府印发《玉溪市人民政府关于表彰新一轮禁毒人民战争先进单位和先进个人的决定》，决定对在新一轮禁毒人民战争中作出突出成绩的红塔区教育局等40个先进单位和孔施祥等91名先进个人进行表彰奖励。26日，市政府印发《玉溪市人民政府关于对2010年度电网规划建设责任考核奖励的决定》，决定对2010年全市电网规划建设工作中责任落实较好、圆满完成目标任务的单位给予兑现奖励。27日，市政府印发《玉溪市人民政府关于表彰新一轮防治艾滋病人民战争先进集体及先进个人的决定》，决定对玉溪市委宣传部等36个先进集体和丁莉等82名先进个人予以表彰奖励。28日，市政府办公室印发《玉溪市人民政府办公室关于表彰2010年度消防工作先进县(区)单位个人的决定》，决定对红塔区人民政府等5个消防工作先进县区人民政府，市教育局等10个市直单位，王伟等20名先进个人予以通报表彰。

5月3日，市政府印发《玉溪市人民政府关于表彰2010年行政效能建设先进集体的决定》，决定峨山县人民政府等6个县(区)人民政府、市政府办公室等20个市政府部门为2010年度行政效能建设先进集体，并进行表彰奖励。6日，市政府印发《玉溪市人民政府关于表彰奖励2010年煤炭安全生产目标责任考核先进单位的决定》，决定对华宁县人民政府、峨山县人民政府、新平县人民政府、元江县人民政府、市工信委给予表彰奖励。

6月17日，市政府印发《玉溪市人民政府关于表彰奖励“十一五”期间节能工作先进单位、企业和先进个人的决定》，决定对在“十一五”期间节能工作中成绩突出的红塔区人民政府等30个节能先进单位、红塔烟草(集团)有限责任公司等30个先进企业和段燕萍等99名先进个人给予表彰奖励。30日，市政府印发《玉溪市人民政府关于表彰玉溪市供销合作社系统先进单位的决定》，决定对玉溪市供销合作社联合社等27个单位(企业)予以表彰。

7月4日，市政府印发《玉溪市人民政府关于表彰2004～2010年度依法行政工作先进集体和先进个人的决定》，决定对2004～2010年度依法行政工作中涌现出来的红塔区人民政府等36个先进集体和苏绍华等53名先进个人予以表彰。7日，市政府印发《玉溪市人民政府关于2010年度科学技术奖励的决定》，决定对50项科技成果进行奖励，授予《冻干AC群流脑结合疫苗产业化技术研究及应用》等4项成果为科技进步类一等奖，授予《三维空间曲面的精密测量技术研究及应用》等12项成果为科技进步类二等奖，授予《10色凹印机整合关键技术专项》等34项成果为科技进步类三等奖。20日，市政府印发《玉溪市人民政府关于表彰奖励荣获中国驰名商标云南省著名商标玉溪市知名商标相关企业的决定》，决定对达到奖励条件的“思源”中国驰名商标和“汇龙”、“玉昆”等21件云南省著名商标以及“高景”、“滇中”等7件玉溪市知名商标企业进行表彰奖励。

8月8日，市政府办公室印发《玉溪市人民政府办公室关于表彰2010年度市政府系统政务信息工作先进单位和先进个人的通知》，决定对市公安局等30个先进单位、张金良等25名先进个人进行表彰。10日，市政府印发《玉溪市人民政府关于表彰全市两基工作先进集体和先进个人的决定》，决定对在“两基”迎国检工作中作出重要贡献的新平县人民政府等9个县(区)和市委宣传部等65个单位给予表彰奖励，并授予玉溪市“两基”工作先进集体、先进单位荣誉称号，对迟万昌等240名在玉溪市“两基”迎国检工作中作出突出贡献的个人给予表彰奖励。25日，市政府印发《玉溪市人民政府关于表彰2010年度抚仙湖保护管理工作先进单位和先进个人的决定》，决定对澄江县抚仙湖综合行政执法大队等15个先进单位和施文伟等40个先进个人进行表彰奖励。

11月14日，市政府印发《玉溪市人民政府关于表彰玉溪市第六次全国人口普查先进集体和先进个人的决定》，决定授予红塔区凤凰路街道办事处等19个单位“玉溪市第六次全国人口普查先进集体”荣誉称号，授予邓玉昆等299人“玉溪市第六次全国人口普查先进个人”荣誉称号。

12月13日，市政府印发《玉溪市人民政府关于对2010年度完成全市固定资产投资目标任务的县区和部门进行表彰奖励的决定》，决定对2010年度完成全社会固定资产投资目标任务的县区和部门进行奖励。

【市政府常务会议】 2011年1月30日，市长高劲松主持召开第三届市人民政府第六十次常务会议：研究市政府领导分工调整；听取关于政府工作报告、计划报告、财政预决算报告起草情况和玉溪市国民经济和社会发展第十二个五年规划纲要讨论稿起草情况的汇报；听取关于玉溪市2011年财政预算建议安排情况的汇报。

2月14日，高劲松主持召开第三届市人民政府第六十一次常务会议：听取关于贯彻落实国务院加强法治政府建设相关工作情况的汇报；听取关于建立市政府常务会议重大决策事项会前听证、风险评估、合法性审查工作制度的汇报；听取关于《玉溪市人民政府实施质量兴市战略的意见（送审稿）》有关情况的汇报；听取关于召开玉溪市民族工作会议暨第四次民族团结进步表彰大会有关事项的汇报。

3月28日，高劲松主持召开第三届市人民政府第六十二次常务会议：听取关于《中共玉溪市委玉溪市人民政府关于加快少数民族贫困地区深度贫困群众脱贫进度的意见（送审稿）》起草情况的汇报，会议原则同意通过，并进一步修改完善后报市委常委会研究讨论；听取关于制定《玉溪市人民政府关于进一步做好房地产市场调控工作的实施意见》的情况汇报；听取关于下放市级部分经济社会管理权限工作的情况汇报；听取关于对2010年玉溪市开发投资有限公司市政项目建设债券募集资金使用及偿还方案的汇报；听取关于实施预算信息公开工作有关问题的汇报；听取关于玉溪市行政审批和电子监察系统建设情况的汇报。

4月22日，高劲松主持召开第三届市人民政府第六十三次常务会议：听取关于提高市级及红塔区住房公积金缴存比例情况的汇报，会议原则同意将市级及红塔区住房公积金缴存比例由10%提高到12%；听取关于玉溪市人民政府玉溪军分区进一步推进玉溪市人民防空事业发展的实施意见的汇报；听取关于中共玉溪市委玉溪市人民政府关于加强文化建设的意见的汇报；听取关于数控机床产业园以商招商系列活动实施方案的汇报；听取关于2010年行政效能建设考评结果的汇报；听取关于实施城镇居民大病补充医疗保险市级统筹相关事项的汇报。

5月23日，高劲松主持召开第三届市人民政府第六十四次常务会议：听取关于全市国有、城镇集体改制企业占用市级财政周转金（股本金）审核情况和处置建议有关事项的汇报；听取关于2011年市政府行政效能建设考评方案的汇报，会议原则同意《玉溪市县区人民政府2011年行政效能建设目标考评方案》和《玉溪市政府各部门2011年行政效能建设目标考评方案》；听取关于当前土地管理面临的形势和玉溪市值得关注的问题的情况汇报；会议听取关于澄江化石地申报世界自然遗产工作情况的汇报，会议原则同意《澄江化石地申报世界遗产环境整治工作方案》，为全力支持澄江化石地申遗工作，市财政补助澄江化石地申报世界自然遗产环境整治工作经费1 000万元；听取关于全市开展全国节水型社会建设试点工作的情况汇报；听取关于规范政府性债务偿还审批程序意见的汇报。

6月13日，高劲松主持召开第三届市人民政府第六十五次常务会议：听取关于推进全市2011年城镇保障性住房建设工作有关事项的汇报；听取关于市对县区财政管理体制调整完善方案的汇报，会议原则同意《玉溪市市对县区财政管理体制调整完善方案》和《玉溪市市对县区一般性转移支付办法》；听取关于《玉溪市关于加快发展养老服务业的实施意见》及实施细则的情况汇报，会议原则同意《玉溪市人民政府关于加快推进养老服务业发展的实施意见》（以下简称《实施意见》）、《玉溪市居家养老服务实施细则》、《玉溪市社会办养老机构资金资助办法》、《玉溪市居家养老服务机构规范化建设基本标准》，市财政安排贯彻落实《实施意见》经费470万元，成立“玉溪市养老服务业发展领导小组”，下设办公室，办公室设在市老龄办；听取关于《玉溪市重点保护陆生野生动物造成人身财产损害补偿办法》的汇报，会议原则同意《玉溪市重点保护陆生野生动物造成人身财产损害补偿办法》，进一步修改完善后组织实施；听取关于玉溪市“十二五”低碳节能工作情况的汇报；听取关于玉溪市“五五”普法规划实施情况和“六五”普法规划的情况汇报；听取关于综合清理整治高尔夫球场工作的情况的汇报；听取关于召开全市供销合作社改革发展暨表彰先进工作会议情况的汇报；听取关于召开全市推进依法行政建设法治政府暨表彰先进工作会议有关事项的汇报。

7月21日，高劲松主持召开第三届市人民政府第六十六次常务会议：听取关于市政府三届八次全会筹备情况的汇报，会议原则同意《玉溪市第三届人民政府第八次全体会议方案》和市政府三届八次全会报告（送审稿），决定2011年7月28日召开玉溪市第三届人民政府第八次全体会议；听取关于推广运用房地产评税技术加强存量房交易税收征管工作的汇报；听取关于与亚洲毛里求斯第二有限公司商谈债务偿还情况的汇报；听取关于云南玉溪旭立乙炔制造有限公司改变土地用途相关工作的汇报；听取关于全省草原建设和天然林资源保护工作会议精神的汇报。

8月15日，高劲松主持召开第三届市人民政府第六十七次常务会议：听取关于云南省新型农村和城镇居民社会养老保险试点工作会议精神及玉溪市贯彻落实意见的汇报；听取关于玉溪市市级和县区政府性债务存在问题整改意见的汇报，会议原则同意市财政局提出的《玉溪市市级政府性债务存在问题整改意见》，市财政局进一步修改完善后按时回复省审计厅，并向市委常委会汇报、向市人大报告、向市政协通报；听取关于全市安全生产工作情况的汇报，会议原则同意市安监局提出进一步加强全市安全生产工作的六项措施，召开全市安全生产工作会议，下发《玉溪市人民政府关于开展治大隐患防大事故安全隐患排查专项行动的通知》；听取关于全市开展防灾应急“三小”工程建设情况的汇报；听取关于城市规划展览馆建设项目汇报；听取关于请求审批玉溪市中心城区部分区域户外广告规划及玉溪市中心城区户外广告设计设置技术管理暂行规定的汇报，会议原则同意《玉溪市中心城区部分区域户外广告规划》和《玉溪市中心城区户外广告设计设置技术管理暂行规定》；听取关于全市教育工作会暨“两基”工作表彰会筹备情况的汇报；听取关于玉溪市集体林权制度改革工作情况的汇报；听取关于中粮集团年产15万吨木薯燃料乙醇项目的情况汇报。

9月13日，高劲松主持召开第三届市人民政府第六十八次常务会议：传达贯彻省委常委（扩大）会议和省政府工作会议精神，研究市政府贯彻落实意见；传达贯彻全省抗旱救灾工作电视电话会议精神、听取当前抗旱救灾工作情况的汇报，研究部署玉溪市抗旱救灾工作，会议决定同意新增抗旱资金300万元、新增晚秋作物经费150万元，预安排冬季农业开发及小春生产经费760万元，纳入下年财政预算；听取关于玉溪市进一步加强乡村医生队伍建设全面提升乡村医生素质三年行动计划情况的汇报。同日，高劲松主持召开第三届市人民政府第六十九次常务会议：学习传达中国共产党玉溪市第四次代表大会会议精神；听取关于玉溪火车西站建设方案的汇报，会议原则同意市铁建办提出的玉溪火车西站建设方案的第二方案，第一方案作为备选方案；听取关于《中共玉溪市委玉溪市人民政府关于加快水利改革发展的决定(送审稿)》的情况汇报；听取关于《玉溪市东风水库水源保护区管理规定(修订)》(送审稿)的情况汇报，会议原则同意《玉溪市东风水库水源保护区管理规定(修订)》，进一步修改完善后尽快下发组织实施；听取关于高新区发行5亿元企业债券情况的汇报；听取关于《玉溪市人民政府关于加快推进草原家庭承包工作的实施意见(送审稿)》的情况汇报；听取关于玉溪市财政局关于解决财政应用支撑平台及一体化财政管理信息系统一期建设资金情况的汇报。

10月10日，高劲松主持召开第三届市人民政府第七十次常务会议，集体学习《云南省玉溪城市管理条例》，会议听取了市政府法制办主任李尊平关于《云南省玉溪城市管理条例》立法工作情况的汇报，会议原则同意市政府法制办提出的贯彻落实《云南省玉溪城市管理条例》的意见和建议，会后以市政府名义专题向省人大常委会汇报玉溪市初步学习贯彻实施工作情况。18日，高劲松主持召开第三届市人民政府第七十一次常务会议：听取关于全市蓄水情况及中心城区水资源配置情况的汇报；听取关于调整东风水库管理处水利工程供水价格情况的汇报，会议原则同意调整东风水库城市生活供水和工业供水价格，生活供水价格由现行每立方米0.30元调整为每立方米1.00元，工业供水价格由现行每立方米0.65元调整为每立方米1.20元；听取关于玉溪市燃料有限责任公司建设“和谐家园”房地产项目变更土地用途和出售商品住房有关情况的汇报；听取关于玉溪市社会管理综合治理工作情况的汇报。

11月7日，高劲松主持召开第三届市人民政府第七十二次常务会议：会议听取关于《中共玉溪市委玉溪市人民政府关于加快农业产业化扶持农业龙头企业的实施意见》、《中共玉溪市委玉溪市人民政府关于加快核桃和竹子产业发展的实施意见》的汇报，会议原则同意，并进一步修改完善后报市委常委会研究，安排扶持资金2 650万元，其中，农业产业化扶持农业龙头企业资金1 500万元、核桃和竹子产业发展资金1 150万元(含已安排的中低产林改造资金650万元)；听取《关于进一步加快玉溪高新技术产业开发区建设发展的意见》的汇报，会议原则同意通过，并按会议讨论意见进一步修改完善；会议听取关于玉溪市可再生能源建筑应用城市示范工作情况的汇报；会议听取关于研和工业园区管委会与中国·太平洋建设集团有限公司合作建设玉溪研和工业园区基础设施情况的汇报；常务副市长谢兴荣传达省政府全省公路建设现场推进会会议精神。

12月13日，高劲松主持召开第三届市人民政府第七十三次常务会议：听取关于云南省玉溪城市管理条例相关配套办法的汇报，会议研究并原则同意制定出台《玉溪市城市绿化办法(试行)》、《玉溪市城市环境噪声污染防治管理办法(试行)》、《玉溪市城市集贸市场管理办法(试行)》、《玉溪市城市二次供水卫生管理办法(试行)》、《玉溪市城市养犬管理办法(试行)》、《玉溪市红塔区城市建筑垃圾和散体物料运输管理办法(试行)》、《玉溪市红塔区城市道路车辆停放管理办法(试行)》、《玉溪市红塔区宅基地建房管理办法(试行)》等8个试行办法，试行期一年，试行期满进一步修改完善后，正式颁布，各县区参照执行，以市政府规范性文件发布《玉溪市城市绿化办法(试行)》、《玉溪市城市环境噪声污染防治管理办法(试行)》、《玉溪市城市集贸市场管理办法(试行)》、《玉溪市城市二次供水卫生管理办法(试行)》、《玉溪市城市养犬管理办法(试行)》5个试行办法，其余三个由红塔区人民政府颁布，市财政给予红塔区政府适当安排《云南省玉溪城市管理条例》宣传经费，按程序报批；听取关于全面推进抚仙湖生态环境保护试点工作有关情况的汇报；听取关于玉溪市实行机关公务员津贴补贴水平与经济发展同步的政策规划的汇报，会议原则同意市财政局提出的《玉溪市机关公务员津贴补贴水平与经济发展同步的政策规划》，进一步修改完善后，以市政府文件报省政府审批；听取关于给予陈文祥开除公职处分的汇报。27日，受高劲松委托谢兴荣主持召开第三届市人民政府第七十四次常务会议：听取关于实施玉溪市公共卫生信息平台建设情况的汇报，会议原则同意将市财政2011年部门预算安排的“市公共卫生信息平台建设”项目资金3 350万元预拨到市卫生局专户，待省政府公共卫生信息平台建设方案下发后，将按省政府的要求启动实施；听取关于召开全市创建国家卫生城市表彰大会情况汇报，会议原则同意召开全市创建国家卫生城市总结表彰大会及总结表彰大会方案，会议经费按实际需要由市卫生局报市财政核拨；听取了关于《玉溪市城市公共交通管理办法》和《玉溪市城市出租汽车管理办法》的汇报；听取关于做好全市11条取消政府还贷二级公路收费有关工作情况汇报，会议原则同意市交通运输局提出关于做好全市11条取消政府还贷二级公路收费的工作建议和工作措施；听取关于《玉溪市知名商标认定和保护办法》和《玉溪市实施商标战略奖励办法》的汇报，会议原则同意出台《玉溪市知名商标认定和保护办法》和《玉溪市实施商标战略奖励办法》，进一步修改完善后按程序下发实施。29日，高劲松主持召开第三届市人民政府第七十五次常务会议，会议听取关于《玉溪市人民政府2012年工作要点》、《未来五年玉溪市经济社会发展主要目标及2012年经济社会发展主要目标的初步建议》、《2011年财政运行情况及2012年工作计划》、《2011年玉溪市主要指标完成情况及对明年和今后5年建议》的汇报，会议原则同意《玉溪市人民政府2012年工作要点》，认真修改完善后，由谢兴荣在市委中心组学习会议上通报报告玉溪市2011年经济社会主要指标完成情况和2012年的目标任务，待市委确定后以市政府文件下发实施。

【政务督查工作】 2011年，市政府督查室高度重视对市政府各项安排部署落实情况的督促检查，坚持把加强政务督查作为狠抓工作落实的重要手段和途径，紧紧围绕市委、市政府的中心工作，围绕年度市政府工作报告确定的目标任务，围绕省、市重大决策和重要工作部署，对省政府确定的20个重大建设项目和20项重要工作、市政府工作报告任务分解、市政府十件实事、市政府常务会议、市长碰头会、政府专题会议、现场办公会、领导交办、批示事项、上级部门转交办事项、市政府文件要求贯彻落实事项认真开展了督查督办工作，有力地促进了各项工作落实。全年开展督查工作226次，下发督查通知34次，向省政府督查室上报综合性督查材料5次，完成督查市政府领导交办批示件和市政府文件、办公室文件要求督查事项40项，完成省政府和省级相关部门要求督查事项38项。牵头组织召开玉溪市四项制度联系会议6次，全市实施重要事项公示76项、重点工作通报86项，代表市本级政府组织重要事项公示12项，重点工作通报54项。

【政务信息工作】 2011年，市政府办公室从抓增加信息数量、提高信息质量入手，将政务信息工作当作参与政务、为领导提供决策服务的重要工作来抓，加大信息报送考核奖惩力度，提高信息采编能力建设，积极主动捕捉信息报送的重点和要点，主动开展信息调研，主动进行信息约稿，加大向省政府报送信息的力度，信息工作取得明显成效，为市政府领导决策提供了大量有价值的信息。通过努力，信息采用量大幅提高，当年，市政府系统政务信息共采用信息3 108条；上报省政府信息被采纳率取得突破性进展，被省政府办公厅采用171 条；参与政务信息考核的单位逐年增加，已发展为66 个单位。

【推进政府依法行政】 2011 年，高度重视法制建设，在广泛深入调研的基础上，结合实际制定并在全省率先出台了《玉溪市人民政府贯彻国务院和省政府加强法治政府建设文件的实施意见》，为当前和今后一个时期玉溪市建设法治政府、全面推进依法行政工作更上新台阶奠定了坚实的基础。召开全市依法行政工作会，总结全市依法行政取得的成绩，安排部署全面推进依法行政，表彰2004 ~2010 年度全市依法行政先进集体和先进个人。分6 期对600 余名新办证行政执法人员以及近600 名证件到期审验换证的行政执法人员进行了培训。切实增强行政执法人员依法行政的观念和意识，提高行政执法人员依法行政的能力和水平。推进行政审批和电子监察系统建设工作，对各县区政府和市级部门上报的3 000余件《行政审批服务事项基础信息表》进行审查，确保依据合法、表述规范。加强和改进行政复议工作，及时化解行政争议，市政府全年共收到行政复议案件9 件，受理8 件，转办1 件。法制部门对拟上市政府常务会议讨论的18 个议题进行了合法性审查并对文本进行了审查修改，对需要举行听证的3 个议题责令部门按要求组织举行了听证，对涉及玉溪市经济社会发展和人民群众切身利益的重大政策、重大项目等决策事项，在组织听证后责令部门对文本的合法性、合理性、可行性和可控性进行了风险评估。共组织重大决策听证65 项，其中，市政府组织实施（或委托部门组织实施）重大决策听证8 项，县区政府（含部门）组织实施77 项，并通过云南省重大决策听证网站向社会发布了听证公告和听证结果，通过继续开展重大决策听证，依法决策、科学决策、民主决策机制得到进一步落实。

【办理人大代表建议和政协提案】 2011 年4 月8 日，由常务副市长牵头召开市政府系统人大代表建议和政协提案交办会，将当年市人大、市政协交由政府系统办理的178 件人大代表建议和264 件政协提案分解落实相关部门。共办理代表建议178 件，办复率100%，其中，人大代表满意的169 件，基本满意的8 件，满意率达99.44%，不满意的1 件（上年为2 件），占0.56%；已得到解决或部分解决的（A 类）56 件，占31.5%，比上年的30.4%提高1.1 个百分点，正在解决或列入计划解决的（B 类）67 件，占37.6%，由于客观条件限制等原因暂不能解决的（C 类）49 件，占27.5%，留作参考的（D 类）6 件，占3.4%。共办理政协提案264 件，办复率100%，其中，政协委员满意的249 件，基本满意的15 件，满意率、基本满意率达100%；已得到解决或部分解决的（A 类）90 件，占34.1%，与上年相比提高1.1 个百分点，正在解决或列入计划解决的（B 类）131 件，占49.6%，由于客观条件限制等原因暂不能解决的（C 类）40 件，占15.1%，留作参考的（D 类）3 件，占1.2%。

市政府办公室印发《玉溪市人民政府办公室关于认真办理重点督办建议和重点提案的通知》，将市人大确定的3 件重点督办建议和市政协确定的4 件重点提案，分别明确市政府分管领导牵头办理，相应的承办单位多次深入实地调查了解情况，认真制定方案，加强与人大代表和政协委员的沟通联系，认真研究办理方案，加大办理力度，办理工作取得了实效。市政府办积极主动配合市人大委室、市政协提案委精心组织，认真做好市人大代表对重点督办建议、市政协委员对重点提案的视察工作。通过努力，3 件重点督办建议有2 件得到解决，1 件正在解决；4 件重点提案除1 件因条件限制还未实质启动外均已得到满意解决。

（钱树才）

决策咨询

【文稿起草】 2011 年，市政府研究室完成了市政府工作报告、报告起草说明、政府工作要点和市政府三届七次、八次全会报告等重大会议的材料。积极完成了新平、元江、江川现场办公会和高新区、民族团结进步示范区等现场办公会上的讲话。负责起草了全市和谐社区建设工作会上的讲话、全市固定资产投资暨重大项目建设督查推进会上的讲话、玉溪市保障性住房建设工作会上的讲话等重要会议的讲话稿。完成了市政府领导在统筹滇中经济区发展研究咨询座谈会上的讲话、在杞麓湖环境综合治理督查推进会上的讲话、在第七个抚仙湖保护日活动上的讲话等。全年共为市政府领导撰写各类讲话稿20 余篇。突击完成了省政府督查2011 年政府自身建设、加快推进桥头堡建设、国家三部委到玉溪调研抚仙湖保护治理情况、全国双拥模范城市工作等6 个汇报材料。完成了在昆玉一体化发展合作框架协议签订仪式上的主持词、易峨高公路建成通车典礼上的主持词等材料。起草了市长在两会期间接受中国经济时报记者采访、在昆玉一体化发展合作框架协议签订仪式上接受记者采访时的访谈提纲，政府领导接受《财经界》杂志社记者采访提纲等5 个外宣材料。按时完成市人大“一府两院”工作联席会上的发言、市政协政府工作报告协商会上的发言、全市学习贯彻党的十七届五中全会精神领导干部专题培训班上的发言等。负责准备了西南经济区市长联系会第十九届会议材料、玉溪市海外联谊会通报材料、子墨国际养生园项目策划和可行性研究材料等。参与相关部门完成了群众工作情况、市政府公共机构节能工作等总结材料。积极向省政府研究室提供滇中经济区规划编制、玉溪市区域发展、经济年鉴等稿件资料。独立或参与起草的各类文稿达100 多份，较好地完成了所承担的文字综合任务。

【调查研究】 2011 年，研究室配合市政府完成了社会组织研究、新时期群众工作调研、利用资本市场并购重组调研、保护坝区农田建设山地城镇等多项调研，并形成了调研报告。组织开展了和谐社区建设、保障性住房建设、城市社会管理、餐饮住宿情况、扶贫开发、企业上市工作等多项专题的调研，形成了《提升地域文化品位做强玉溪餐宿业》、《大龙潭乡整乡推进扶贫开发试点工作调查报告》、《积极推进企业上市做强做大玉溪优势产业》等一批调查报告。围绕经济社会发展的热点，积极开展有针对性的调研活动，按照政府领导的安排，完成了《元江县红光农场改革发展调研报告》、《把以人为本的执政理念始终贯穿到保障和改善民生上》、《关于全国人大代表李树仙向省政府领导所反映问题的情况报告》等部分解决具体问题的报告。配合省级部门完成了在实施西部大开发和桥头堡建设中加快推进滇中经济区建设、投资及重点项目促进就业、滇中经济区产业发展重点和布局、滇中经济区基础设施一体化建设重点和布局等8个专题的调研工作。年内独立完成各类调研报告近20篇，参与完成的调研报告达10余篇，报告得到了领导的充分肯定，进入政府决策层面，实现了调研成果的转化。部分调研文章被多种报刊杂志争相转载，当年4月15日《云南日报》调查研究专版全文刊登的《抓好八个体系建设加强和创新社会管理》文章，编辑给予了高度评价。

【课题研究】 2011年，研究室积极参加重大课题的招投标，《玉溪市农村劳动力培训转移情况的调研报告》及《抚仙湖东大河小流域生态补偿机制研究报告》分别获玉溪市第八次哲学社会科学优秀成果一、二等奖。与省政府研究室开展了《玉溪市提高地方财政收入比重对策研究》和《加强玉溪城市社会管理对策研究》两大课题。联合省政府研究室进行了哀牢山红河谷旅游发展研究、创新社会管理等课题的研究工作。积极开展《玉溪防灾减灾体系建设课题研究》和《玉溪承接昆明功能转移研究》等课题的前期工作。参与完成了《玉溪市气象灾害防御技术研究及推广应用》，并获玉溪市科学技术二等奖。围绕玉溪发展实际，有选择地开展研究工作，形成了《农民工融入玉溪城市问题研究》、《在桥头堡建设中加快构筑玉溪现代产业体系》、《围绕主题开辟发展新路径围绕主线构筑经济新格局》、《努力把金融培养成支撑经济发展的重要产业》等研究报告，引起了政府领导和社会各界的广泛关注。

【县域经济发展指导】 2011年，充分发挥市县域办的组织、协调作用，主动加强与成员单位的联系，积极做好日常工作，认真研究县域经济发展的措施和办法，切实加强对县域经济发展的指导和推进工作。结合实际制定了《玉溪市“十一五”县域经济发展情况及“十二五”工作意见》和《玉溪市2010年扩权强县试点工作总结及2011年工作意见》，明确了工作目标和任务。组织干部到普洱、西双版纳等州、市考察交流县域经济发展情况，并形成了调研报告。按照扩权强县试点要求，积极做好扩权强县试点工作，负责完成了省县域经济发展督导组到新平、易门督导试点县(区)时的汇报材料。县域经济发展逐步走上正轨，红塔区连续多年被评为云南省县域经济发展10强县(区)。

【挂钩扶贫工作】 2011年，挂钩帮扶工作落到实处，4次到挂钩联系点进行调研，与当地干部群众共谋发展。同时，加大资金支持力度，挤出资金5万元，帮助扶贫点解决实际困难，引进资金8.7万元，引进项目1项，组织开展农业技术培训，受训人数达42人。组织干部职工捐款4 200元慰问了彝族山苏贫困户8户，并积极协调资金，帮助山苏群众解决实际困难问题。通过各种形式的帮扶，扶贫工作成效显著，研究室被授予“新农村建设先进派出单位”称号。

（关国庆）

政府法制

【依法行政】 2011年，玉溪市全面贯彻落实《国务院关于加强法治政府建设的意见》，推进依法行政工作全面开展。结合实际率先在全省出台《玉溪市人民政府贯彻落实国务院和省政府加强法治政府建设文件的实施意见》，对全市加强法治政府建设工作进行了总体部署和安排，下发了《玉溪市人民政府办公室关于贯彻落实玉溪市人民政府加强法治政府建设工作任务分工的通知》，明确牵头单位和责任单位，进一步分解细化目标任务，确保加强法治政府建设各项工作贯彻落实。召开全市推进依法行政建设法治政府工作会议，全面总结玉溪市贯彻实施《国务院全面推进依法行政实施纲要》六年来的成绩和经验，安排部署全市推进依法行政，建设法治政府工作，表彰奖励2006年以来推进依法行政工作成绩突出的单位和个人。召开全市行政执法监督工作会议，传达全省行政执法监督工作会议精神，总结交流2010年全市行政执法监督工作成绩和经验，安排部署2011年工作。市政府常务会议组织两次集体法制学习。分别对《云南省玉溪城市管理条例》和《行政强制法》进行专题学习，提高领导干部依法行政能力和水平。

【《云南省玉溪城市管理条例》颁布】 根据市政府第四十八次常务会议要求，牵头组织开展了《云南省玉溪城市管理条例》(以下简称《条例》)的起草工作。历时1年零2个月，28易其稿，2011年9月30日，《条例》经云南省人大常委会第二十六次会议审议通过，并于2012年1月1日起实施。《条例》共九章五十三条，分为总则、规划建设、市容环境卫生、节能环保、城市绿化、道路交通、服务与监督、法律责任和附则。重点突出了玉溪市在城市管理中的重点、难点以及亟待解决的问题，具有较强的针对性、指导性和可操作性。同时，根据《条例》确定的原则和赋予的权力，制定出台了《玉溪市城市绿化办法》、《玉溪市城市环境噪声污染防治管理办法》等10个配套办法。形成了以《条例》为龙头、相关配套办法为支撑的玉溪城市管理法规制度体系，积极推进玉溪城市管理的科学化、法治化、规范化进程。作为玉溪城市管理的综合性地方性法规，《条例》的制定出台是玉溪城市规划建设管理工作中的一件大事，是玉溪城市管理法制化的重要里程碑，将有效解决玉溪在城市管理中法律依据不足、行政管理措施和手段滞后等突出的问题，为依法管理城市、依法经营城市提供必要的法制保障。

【依法科学民主决策】 2011年，起草并以市政府文件印发了《市政府常务会议重大决策事项会前听证、风险评估、合法性审查工作制度》。对拟上市政府常务会议讨论的19个议题进行了会前听证、风险评估及合法性审查，对需要举行听证的14个议题要求部门组织听证后再报审查，对需要进行社会稳定风险评估的5件决策事项进行了风险评估，确保了政府决策的合法性和权威性。同时，选择了6件具有典型性、代表性和指导性的重大决策听证会议进行了电视录播，扩大重大决策听证的社会影响面。全年，全市共组织重大决策听证198项。其中，市政府组织或委托部门组织实施重大决策听证17项，市直部门组织实施4项，县(区)政府及部门组织实施重大决策听证177项，推进了市、县(区)政府及部门依法决策、科学决策、民主决策。

【行政强制法实施前准备】 2011年，下发了《玉溪市人民政府贯彻实施〈中华人民共和国行政强制法〉的通知》(以下简称《行政强制法》)，对全市贯彻落实《行政强制法》进行了安排布置，提出了要求。抓好学习培训，制定了《〈行政强制法〉学习培训考试方案》，下发了《玉溪市人民政府法制办公室关于开展〈行政强制法〉学习培训工作的通知》，安排部署全市学习、培训和考试工作。组织市、县(区)政府部门业务骨干共174人参加省法制办举办的《行政强制法》师资培训，并组织全市15 000余名公务员参加《行政强制法》省统一命题考试。下发了《玉溪市人民政府法制办公室关于做好有关行政强制规范性文件专项清理工作的通知》和《玉溪市人民政府法制办公室关于做好行政强制实施主体清理工作的通知》，对各县(区)和政府各部门有关行政强制的规范性文件和一般性文件以及行政强制实施主体进行了认真清理，为2012年1月1日起《行政强制法》的实施做好必要的准备。

【下放经济社会管理权限】 为进一步增强县域经济活力和自主发展能力，在2009年市政府向红塔区下放38项经济社会管理权限的基础上，2011年再次组织开展了市级经济社会管理权限下放工作。向各县(区)下放市级行使的经济社会管理权限24项，向新平、易门两个省级扩权强县试点县单独下放住房城乡建设、国土资源管理、交通设施管理方面的11项审批权限，充分发挥和调动各县(区)管理经济社会事务的能力和主动性、积极性，加快推进县域经济的发展。

【规范行政审批行为】 继续调整部分市级部门行政审批项目。因机构改革新增市级行政审批主体1个(市食药监局)，新增行政审批项目4项，下放市级行政审批项目4项，市级部门共保留行政审批项目152项，进一步规范行政审批行为。推进行政审批电子监察系统建设工作。2011年4月，与市政务服务中心、市监察局共同对各县(区)政府和市级部门上报的3 000余件《行政审批服务事项基础信息表》进行审查，确保依据合法、秩序规范，为全面实施网上审批电子监察奠定了基础。

【规范性文件管理】 严格按照《云南省行政机关规范性文件制定和备案办法》的规定，做好市县(区)政府规范性文件和市政府一般性文件的审查工作。2011年，市政府依法办理各县(区)政府和各部门上报登记的规范性文件26件，通过审查，对22件符合要求的规范性文件进行了登记备案，对4件存在合法性和合理性问题的规范性文件暂缓登记，要求县(区)和部门进行修改完善后再报审查；对市政府制定出台的61件一般性文件，依据合法性、合理性、规范性、严肃性的原则进行审查修改，确保政府行政行为合法有效。组织开展有关征地拆迁规范性文件专项清理工作。市、县(区)政府及其部门涉及征地拆迁的规范性文件和普遍适用的一般性文件共45件，经过清理审查，保留26件，废止19件。

【行政复议工作】 2011年，共收到行政复议申请14件，其中受理10件，转办1件，不予受理3件。经审查，对事实清楚，证据确凿、适用法律依据准确、程序合法的6件行政复议案件作出了维持决定；复议期间被申请人主动撤销，自动纠正原具体行政行为，申请人撤回行政复议申请，终止审理行政复议案件4件。在已办结的行政复议案件中纠错率达40%，有效化解了行政争议，维护了人民群众合法利益，为行政机关依法行使职权提供了坚实的保障和有效的监督。

【行政执法人员资格管理】 2011年，按照省市关于开展行政执法培训和效能政府建设中提出的建立学习型机关的要求，认真组织行政执法人员资格培训和审验换证工作。共举办行政执法人员培训班6期，培训新领证和审验换证行政执法人员共1 200余名，确保行政执法人员资格合法有效。

【法律顾问工作】 2011年，组织法律顾问参加书记、市长接待10余次；协助有关县(区)和信访等部门解决信访案件近100件。特别是为市政府妥善处理溪苑小区、瑞龙祥城部分住户反映土地使用权年限问题等公众反映强烈、社会影响面大的公共管理事务提供了优质高效的法律服务。并对《关于加快推进玉溪市高等级公路沿线加油站等服务设施建设请示》、《关于对玉溪市规划设计院转企改制工作会议纪要》等重要事项提出法律意见，为市政府决策提供了有力的法律支撑。

【仲裁工作】 2011年9月，西南仲裁工作会议在玉溪召开。国务院法制办综合协调司仲裁处处长袁诗鸣到会并讲话，对玉溪仲裁工作取得的成绩给予了充分肯定，对仲裁工作的开展提出了要求。来自西南各省、市的仲裁工作者进行了深入全面的业务交流。仲裁工作会议的召开，为进一步宣传玉溪仲裁工作搭建了平台，为仲裁事业的快速发展积累了经验。全年，玉溪仲裁委共受理仲裁案件25件，涉案争议金额3 600多万元。在已裁决案件中，未发生当事人向人民法院申请撤销仲裁裁决或申请不予执行仲裁裁决。

（李尊平）

人　　事

【人才工作】 2011年，玉溪市人才工作以整合人才信息资源，自主研发“玉溪人才信息管理系统”，建立起包括党政人才、专业技术人才、企业经营管理人才、学科带头人才、技能人才、拔尖乡土人才、社会工作人才的玉溪人才库。建立灵活多样的柔性引才引智工作机制，继续推进引智工作开展。年内引进各类外国专家22人，其中短期经济专家5人，长期经济专家5人，文教类专家12人。完成本年度外国文教专家聘请单位资格年检，共涉及玉溪市6家聘专单位，外国专家12人次。完成了玉溪市“首届杰出人才”及市委联系专家(专业技术人才组)、“省贴”、“省科技兴乡贡献奖”、中青年破格高级和正高级工程师推荐人选的推荐工作。全市行政机关公务员中开展了以“忠诚教育”为核心的培训教育活动。组织全市党政群机关新录用公务员培训269人、新任科级干部培训344人。

【公务员管理】 2011年，公务员管理坚持“凡进必考”原则和“公开、公平、公正、竞争择优”原则，规范公务员考录工作，完成2011年度玉溪市公务员招考工作。开展公务员正常登记共计351人。进一步规范市直机关公务员职务晋升的方法和措施，严格审查报审单位职数、人员任职条件和任职年限，确保了市直行政机关公务员科级职务晋升控制在职数限额范围内进行，年内共完成审批市直行政机关公务员职务任免368人，其中监督协助8家市直行政机关单位完成竞争上岗83人。完成市直行政机关公务员流动调配44人。组织全市政府机关公务员参加“强素质、比奉献”的忠诚教育在线学习培训。在全市各级行政机关全面推行重点工作目标倒逼管理和“一线工作法”，建立了一线工作联系制度、联动制度、社情民意沟通制度和责任倒查追究制度，有效提升行政能力，转变工作作风，促进工作落实。完成全市政府机关公务员2010年度考核备案及统计工作。

【事业单位人事制度改革】 2011年，玉溪市事业单位岗位设置工作有序开展，前三季度，核准事业单位岗位设置6 878个，完成岗位聘用14 207个。实现事业单位公开招聘网上报名。职称改革进一步深化，经各级评审委员会评审通过了正高8人，副高436人，中级804人，初级209人。对25个事业单位的专业技术职务结构比例进行了调整审批，核发2011年度专业技术职务岗位使用卡936张，其中，正高40张，副高326张，中级570张。按期完成了2010年度市直事业单位工作人员考核的审核备案工作。

【收入分配】 2011年，市人事局完成了其他事业单位奖励性绩效工资方案审核备案。完成2011年的机关单位公务员的按年度考核正常晋升级别工资，机关公务员的级别工资档次晋升和机关工勤人员岗位工资档次晋升。2011年事业单位的正常薪级工资晋升。完成全市机关事业单位的工资年度统计工作，为工资管理提供基础的数据支持。完成全市机关事业单位工资年度统计。审批机关事业单位退休人员121人，审批机关事业护理费856人，特殊岗位津贴754人，审批机关事业工资变动人员1 717人。

【人事人才公共服务】 2011年，完成专业技术人员职称外语1 155人的考试。完成专业技术人员计算机应用能力考试4 537人次/模块、二级建造师考试1 602人、高校毕业生到村任职考试1 491人、药学(非临床)专业621人、全国经济资格694人的考试考务工作。完成了各类人事考试的网上报名8 657人次的资格审核工作，为各类考试合格人员办理合格证书4 896本，发放各类教材587册。

【军转干部安置】 2011年，市人事局完成41名军转干部安置任务，其中，接收计划安置31人，自主择业10人，安置任务完成率继续保持全省前列。切实做好自主择业军转干部退役金发放，医保、子女就读、就业等服务工作。组织完成2011年度玉溪、普洱、西双版纳计划安置军转干部安置前培训工作。认真落实企业军转干部各项解困政策，对玉溪市285名企业军队转业干部因企业改制、下岗失业、解除劳动关系和退休、内退、在职的企业军转干部进行生活困难救助，补助金额总计239.05万元，确保了玉溪市企业军转干部思想稳定。

（张　一）

外　　事

【因公出国(境)管理】 2011年，玉溪市外事侨务办公室严格执行国家、省、市出国(境)有关规定，结合玉溪市的实际情况，进一步加强因公出国(境)管理工作，对无出访内容、无实质性任务的团组严格把关，对可出可不出的人员严格控制，控制或取消了4人次的出访请示事项，节省了财政支出。具体措施：1. 加强和规范因公出国人员的审核办理工作，加大外事工作为经济社会发展服务的力度。坚持任务明确、按需派遣的原则，认真办理符合政策规定、公务目的明确的出国事项。2. 严格管理，不断提高管理水平和服务质量。对一般性的考察、学习和没有明确公务目的及实质性出访内容的出国活动进行了严格把关。3. 对全市的重点团组，全力以赴，做好联系协调、审核、报批、签证等出访所涉工作。4. 做好对因公出国人员的外事纪律教育工作。5. 配合组织部门做好因公出国人员的政审工作。6. 配合纪检部门做好因公出国的党风廉政工作。7. 配合财政部门做好因公出国(境)行政成本控制工作。

外事侨务办公室审核情况。2011年，玉溪市政府外事侨务办公室共办理因公出国(境)市内审核手续125人，与上年的126人相比减1人。经上级部门批准实际成行100人，因各种原因未成行25人。符合在近三年基础上压缩因公出国团组、人员和经费的要求。其中，参加团组情况：随国家有关部门组团14人，与上年同期的20人相比减6人；随省有关部门组团34人，与上年同期的28人相比增6人；随企业组团6人，与上年同期的2人相比增4人；随市、县单位组团71人，与上年同期的90人相比减19人。人员组成情况：市直单位106人，红塔区6人，澄江县5人，江川县3人，通海县0人，华宁县1人，易门县0人，峨山县1人，新平县2人，元江县0人，其它1人。费用承担情况：市财政承担32人，与上年同期的10人相比增22人；县(区)财政承担3人，与上年同期的4人相比减1人；市属单位承担50人，与上年同期的89人相比减39人；县(区)属单位承担12人，与上年同期的6人相比增6人；企业承担1人，与上年同期的8人相比减7人；外方承担12人，与上年同期的5人相比增7人；上级有关部门承担15人，与上年同期的4人相比增11人。出访内容：各种考察30人，各种培训42人，参加签字仪式或国际会议活动21人，参加活动或学术交流6人，国际艺术节演出14人，友好访问12人。出访的国家和地区：美国、英国、巴西、古巴、智利、瑞士、瑞典、印度、老挝、泰国、尼泊尔、孟加拉国、澳大利亚、新西兰、德国、韩国、日本、加拿大、阿联酋、埃及、肯尼亚、匈牙利、法国、波兰、捷克、西班牙、南非、俄罗斯、乌克兰、斯里兰卡、阿根廷、秘鲁、意大利、土耳其、香港。任务是参加各种学习培训、交流考察、国际艺术节演出、友好访问、国际会议活动、学术交流等。

红塔集团审核情况。2011年，红塔集团办理出国66批232人次。出访国家是美国、加拿大、巴西、阿根廷、英国、德国、法国、意大利、罗马尼亚、奥地利、瑞士、瑞典、芬兰、荷兰、比利时、南非、津巴布韦、安哥拉、纳米比亚、马拉维、赞比亚、伊朗、阿联酋、新加坡、日本、印度、越南、老挝、古巴、匈牙利、坦桑尼亚、澳大利亚、新西兰等33个国家及香港、台湾、澳门特区。出访任务主要是商贸、技术考察、技术培训等。

玉溪师院审核情况。2011年，玉溪师院办理出国9(含7批7人职教人员)批33人次，出访国家主要是泰国、韩国、新西兰、加拿大。出访任务主要是文化交流、学术交流、院校交流和教学实习等。

玉溪市公安局出入境管理处审核情况。2010年12月21～2011年12月20日，全市共受理、审批公民出国境申请18 707人次，比上年同期增加4 301人次，增长29.86%。其中，公民出国申请8 809人次，比上年同期增加2 299人次，增长35.31%；内地居民往来港澳通行证及签注申请7 555人次，比上年同期增加1 519人次，增长25.17%；大陆居民往来台湾申请2 343人次，比上年同期增加483人次，增长25.97%。

【外宾接待】 外事侨务办礼宾接待情况。2011年，玉溪市外事侨务办共接待来自英国、德国、西班牙、日本、卢旺达、蒙古国、老挝、毛里求斯、塞尔维亚、吉尔吉斯、斐济、缅甸、刚果、白俄罗斯、莫桑比克、哈萨克斯坦、密克罗尼西亚、瓦努阿图、巴布亚新几内亚、库克、纽埃、汤加、萨摩亚、塞舌尔、韩国、新加坡、爱尔兰、马来西亚、不丹、阿富汗、斯里兰卡、巴基斯坦、孟加拉、尼泊尔、马尔代夫、越南、柬埔寨、香港、台湾等39个国家和地区的外宾15批243人次。

红塔集团接待情况。2011年，红塔集团共接待来自德国、意大利、英国、美国、俄罗斯、马来西亚、罗马尼亚、法国、泰国、越南、老挝、巴拿马、阿根廷、缅甸、印度、刚果、日本、新加坡、津巴布韦、迪拜、伊朗、南非共23个国家及港台地区的来宾166批164人次。

师院礼宾接待情况。2011年，玉

溪师院共接待来自美国、泰国、日本、澳大利亚、韩国、缅甸的短期来访外宾26批479人次，来访内容主要涉及院校合作与交流、友好访问、培训学习、参观考察等。

玉溪市公安局出入境管理处外国人管理情况。2011年，全市共接待临时来玉境外人员2 997人次，比上年同期增加985人次、上升48.96%。管理14个国家的常住境外人员96人，比上年同期增加22人次、上升29.73%。常住境外人员人数大幅增加的主要原因是玉溪师范学院入学报道的泰国留学生人数增加。受理、审批和签发外国人普通签证和居留许可273人次，其中，普通签证181人次，居留许可92人次，比上年同期增加87人次、上升46.77%；受理、审批和签发台湾居民来往大陆签证、居留签注49人次，比上年减少3人次、下降6.12%。

【涉外管理工作】 2011年，健全涉外案件应急处理机制，加强对全市出国（境）公民的外事教育，增强国际风险、自我保护、遵守当地法律和尊重当地风俗习惯的意识。同时，加强对发生在市内突发事件的对外宣传和涉外案件的应急处置，维护了公民在海外和外国人在玉溪市的合法权益。全年未发生任何违反外事管理规定的事件，出访人员100%安全回国。强化外事综合归口管理，针对多头对外、管理缺位等新情况和新问题，加强与市直有关部门的协调，及时通报有关情况，协调外事活动，沟通外事信息，建立了有效的部门联动机制。具体做法是：1. 积极与玉溪市公安局出入境管理处配合，做好常住玉溪市的外国人和临时来玉外国人的管理及涉外工作。2. 经常与市教委、玉溪师院、云南发展培训学院保持联系，协助做好在玉溪外籍教师、留学生的管理以及在玉溪市期间的有关工作。3. 加强境外非政府组织在玉溪活动的管理，对境外非政府组织在玉溪市情况展开全面摸底调查，在玉溪市活动的非政府组织已全部备案。4. 根据《玉溪市处置涉外突发事件应急预案》，做好处置突发事件有关基础工作。5. 积极协助市外专局做好聘请外国专家工作。

【外宾参观考察】 2011年，全市外事涉外部门共接待来自英国、德国、西班牙、日本、卢旺达、蒙古国、老挝、毛里求斯、塞尔维亚、吉尔吉斯、斐济、缅甸、刚果、白俄罗斯、莫桑比克、哈萨克斯坦、密克罗尼西亚、瓦努阿图、巴布亚新几内亚、库克、纽埃、汤加、萨摩亚、塞舌尔、韩国、新加坡、爱尔兰、马来西亚、不丹、阿富汗、斯里兰卡、巴基斯坦、孟加拉、尼泊尔、马尔代夫、越南、柬埔寨、香港、台湾等39个国家和地区的外宾15批243人次。

重要接待。3月30日，在全国友协亚非部唐瑞敏处长和云南省外办友协处处长杨绍成等陪同下，卢旺达西方省省长塞勒斯坦·卡巴希兹一行6人到玉溪市参观考察。旨在考察玉溪市乡镇企业和农产品加工等方面的发展情况，以寻求双方交流合作的机会。考察团到春和镇、大营街镇和中心城区实地参观了达利集团、玉溪市甜馨食品加工厂、聂耳文化广场。玉溪市市委常委、副市长黄宪庭在中玉酒店宴请了卢旺达代表团。

4月27日，外交部副部长宋涛率驻华使节团一行27人到玉溪市参观市容市貌、到通海县丽都花卉基地考察花卉种植情况。市委常委、副市长黄宪庭陪同了考察。

6月7日，英国48家集团秘书长麦吉安一行10人到玉溪澄江县考察帽天山古生物化石群，到江川县参观明星鱼洞及抚仙湖沿途风景。玉溪市政府领导宴请了来宾。17日，太平洋岛国外交官代表团一行22人到玉溪市参观访问，代表团在高新区招商局领导和红塔集团领导的陪同下，参观了达利园集团、红塔集团；参观了江川县云南李家山青铜器博物馆，江川明星鱼洞；到澄江县考察了帽天山古生物化石群，帽天山国家地质公园。代表团来访的目的是参观特色产业、企业和城市风貌。旨在让代表团的学员们进一步了解玉溪市社会、经济发展，提高其对我国西部大开发政策及少数民族政策的认识，从而扩大对外交往渠道。

8月11～12日，新加坡建设局开发署署长许麟济一行3人到玉溪考察。云南省住建厅领导、玉溪市政府副市长周继武等有关部门领导与许麟济署长就玉溪市经济社会发展情况、玉溪市绿色建筑情况及“龙马旅游城”规划情况进行了座谈。

9月19日，塞舌尔外交官代表团一行22人到玉溪市交流考察。代表团来访的目的是参观特色产业、企业和城市风貌。代表团参观了红塔集团、英茂花卉基地和抚仙湖自然风光后赞叹不已。23日，世界自然保护联盟（IUCN）专家帕特里克·迈克基维尔教授和莫哈·塞非亚·莱马教授对澄江化石地进行为期4天的现场考察评估。

10月28日，应中联部邀请，以越共中央对外部中东—非洲—拉丁美洲司司长杨明为团长的越共中央司局级干部考察团一行25人在中联部副处长胡万钧等的陪同下到玉溪市参观考察。考察团到玉溪卷烟厂滤嘴棒分厂、玉溪水松纸厂、大营街居委会和玉溪高新技术开发区进行了参观考察。越共中央司局级干部考察团此次到玉溪访问，双方进一步相互了解了彼此的经济社会发展情况，增进了友谊，为今后交流合作打下了良好的基础。

12月7日，以柬埔寨班迭棉吉省省长翁恩为团长的柬埔寨班迭棉吉省考察团一行21人到玉溪市参观考察。考察团到红塔集团、玉溪卷烟厂滤嘴棒分厂、玉溪水松纸厂、达利集团和玉溪出水口公园、聂耳音乐广场进行了参观考察。玉溪市人民政府市长高劲松、副市长黄宪庭在玉溪中玉酒店会见并宴请了代表团。市直相关部门领导参加了会见。翁恩省长对本次访问非常满意，亲自致信感谢玉溪市市长高劲松先生。

【重要出访】 2011年，市外侨办严格按照云南省外办批准的“因公出国（境）计划”发出因公出国（境）任务。优先保障桥头堡建设、对外文化交流、经贸往来、区域合作、参加重要的双边多边合作机制性会议、人才培训、应对突发事件等因公出国（境）项目。能够按批复的计划统筹安排，对外交往工作的质量和出访实效明显提升，促进了玉溪市对外交流与合作，为实施“走出去”战略和为面向西南开放重要桥头堡建设做出了积极贡献。

3月9～29日，为了解英国基础教育、学校管理及学生学习情况，玉溪市派员随教育部组团赴英国参加全国小学校长高级研究班学员赴英国培训团培训。

5月，玉溪市派员随云南省卫生厅组团赴美国、加拿大进行防治艾滋病工作考察。

6月，为学习借鉴巴西、阿根廷女性参政议政工作经验，玉溪市派员随云南省妇联组团赴巴西、阿根廷进行交流考察。

7月19～26日，玉溪聂耳竹乐团应瑞典布莱金厄省地方工商业经济发展部的邀请，受玉溪市委、市政府的派遣，由玉溪市文化局为组团单位，赴瑞典布莱金厄省卡尔斯港市参加“波罗的海”音乐节开幕式演出。云南省与布莱金厄省于2002年缔结友好关系，此次演出为树立玉溪文化品牌，提升玉溪文化效应，进一步加强两省在政治、经济、文化等方面更深层次的交流与合作，为寻求对外开拓市场，对内招商引资做出了积极的贡献。同月，为学习和借鉴西班牙多元民族文化发展与创新机制，提高领导能力建设，促进少数民族和民族地区经济建设和文化等社会事业发展，玉溪市派员赴西班牙参加“中国文化与发展伙伴关系框架项目领导能力建设培训”。

8月，学习和借鉴国外的护理管理及优质护理模式，将国际先进的专科护理发展经验引入玉溪市，玉溪市派员赴泰国参加边疆地区高级护理培训。

10月，借鉴美国先进的防洪减灾管理技术及美国的防洪减灾法律制度，玉溪市派员赴美国参加防洪减灾专题班参加培训学习。同月，为提高玉溪市安全监管部门应对各种风险和安全生产事故的管理能力、处置能力和救援能力，加强安全生产培训体系建设，预防和减少安全生产事故事件及其造成的危害，玉溪市派员赴美国参加安全生产培训体系建设培训。

11月，玉溪市派员随云南省科技厅组团赴俄罗斯、乌克兰、捷克交流考察。目的是为进一步促进矿产冶金行业技术升级改造及信息技术和生物产业发展。同月，为借鉴和学习美国创新型人才开发培养，玉溪市派员随云南省外国专家局组团参加“创新型人才发展战略培训班”赴美国参加培训。同月26～12月6日，为顺利推进澄江化石地申报世界自然遗产工作，玉溪市派员赴法国、瑞士进行自然遗产申报、保护和管理工作交流考察。

12月13日，以玉溪市委书记孔祥庚为团长的玉溪市代表团赴老挝（老挝与玉溪市2009年签订了省市友好协议）、柬埔寨进行友好访问并商讨双方在经济社会发展领域及文化旅游等方面寻找合作机会和加深进一步合作。通过此次访问考察，充分借鉴两国在历史文化保护和开发的经验，进一步推动玉溪市发展战略，特别是“文化和市”战略的实施为本市“引进来”、“走出去”战略服务，由于得到了云南省外办秘书处、邻国事务处、外事服务中心的关心和帮助，访问考察活动的各个环节能够顺利进行，完成了预期策划、安排的目标任务。同月26日至2012年1月3日，玉溪市湖泊保护治理考察团一行5人赴法国、瑞士进行为期9天的湖泊保护治理考察。在法国期间，考察团主要考察了塞纳河和莱芒湖（日内瓦）的保护治理情况。抵达瑞士后，考察团主要考察了苏黎世湖，听取了当地管理部门的情况介绍并与两国的相关机构进行了管理技术和经验交流。考察以借鉴法国、瑞士两国在湖泊保护与管理方面的措施提供了珍贵的经验和教训，特别是两国在河流、湖泊保护治理、流域水资源保护及水污染控制技术方面的经验确实值得学习借鉴。

（潘翠华）

抚仙湖管理

【温家保总理对抚仙湖保护批示】 2011年5月17日，温家宝总理在中办秘书局《每日汇报》第10966期“云南抚仙湖保护亟待加强”的信息上作了重要批示：“请环保部会同水利部、发改委并地方政府在调查研究的基础上制定抚仙湖生态环境保护规划。”

【抚仙湖进入国家生态环境保护试点范畴】 财政部、环保部于2011年首次开展湖泊生态环境保护试点，抚仙湖进入首批试点名单。抚仙湖在环保部上报国家的20个候选湖泊中排名第二，最终与新疆博斯腾湖、吉林松花湖、辽宁大伙房水库、山东南四湖、安徽瓦埠湖、云南洱海成为首批8个试点湖泊，并获得2011年国家湖泊生态环境保护试点资金8 000万元。

【环保部暑期调研抚仙湖】 2011年8月1～4日，国家环境咨询委和环保部科技委的70多位委员汇聚抚仙湖畔，开展暑期调研。委员们考察了出流改道工程、玉溪大河、明星渔洞、李家山青铜器博物馆、帽天山等地，对抚仙湖的保护治理情况进行全面的调研，并就抚仙湖流域保护治理的总体规划、任务设计、和保障措施等提出了建设性的意见。

【财政部、环保部领导调研抚仙湖试点工程】 2011年5月19日，财政部经建司、环保部规财司领导在省财政厅、环保厅及玉溪市领导的陪同下调研抚仙湖保护治理工作。调研组现场查看了抚仙湖东大河清水产流机制修复试点工程建设情况和已建工程质量和工程推进情况、资金使用情况，听取了市抚仙湖管理局和东大河项目工程管理局的工作汇报。市委常委、常务副市长谢兴荣，市委常委、宣传部部长董大献，副市长周继武介绍了抚仙湖保护治理情况。财政部、环保部领导对抚仙湖的保护治理工作给予充分肯定，并对东大河清水产流项目建设提出了三点意见：1. 工程推进滞后于工程计划，希望责任单位提高工作效率，扎实抓好基础工作，加快工作进度按时、按质完成工程建设。2. 加强专项资金的使用管理，国家下拨的5 000万元只能专项用于工程建设，专款专用，地方配套资金要加快到位，项目监管部门要根据资金使用情况及时上报相关信息。3. 东大河清水产流机制修复工程是贫营养型湖泊保护治理的试点工程，是国家重点支持湖泊保护治理新的理念和技术措施，实施好东大河工程项目，对国内湖泊保护治理将起到重要的是示范和带动作用，希望玉溪市

清理河道　（市抚管局　提供）

委、市政府重视此项工作，为湖泊保护和水污染防治再立新功。

【试点项目建设工程】 2011年，在国家的重视和支持下，抚仙湖进入国家生态环境保护试点湖泊，争取到中央资金8 000万元，其中东大河清水产流机制修复工程配套经费3 000万元，江川县大鲫鱼河流域环境综合整治工程配套4 000万元，华宁县抚仙湖东岸（华宁段）退田、退房还湖生态建设工程配套1 000万元。

东大河项目估算总投资19 364.8万元，工程设计削减总氮和总磷分别为每年185.4吨和每年44.64吨，工程完工后东大河入湖水质将由现在的劣Ⅴ类提高到Ⅲ类水质标准。工程于2011年6月全面开工建设，已完成投资7 200万元，预计2012年底完工。

大鲫鱼河流域环境综合治理工程概算总投资8 482.15万元，主要工程内容包括沿河村落环境综合治理、入河农业面源污染治理、河道上游水源涵养建设、生态河道建设、河口湿地及湖滨带建设、“三退三还”与工程用地补偿六大工程。工程实施后可削减COD每年582.82吨、总氮每年76.86吨、总磷每年11.31吨，能有效保证流域内入湖水质达到地表水Ⅲ—Ⅳ类标准。

抚仙湖东岸（华宁段）退田、退房还湖生态建设工程总投资4 328万元，共分七个标段实施。2011年11月开工建设以来已经完成生态林、景观林建设800多亩，其余工程正在抓紧施工建设。项目实施后将明显改善湖滨区生态旅游景观，增加绿化面积，优化生物群落结构，增加生物多样性。整个工程可削减总氮每年12.6吨，总磷每年7.4吨。

【“三退三还”工作】 按照《玉溪市人民政府关于做好抚仙湖一级保护区退田还湖工作的意见》要求，2011年下半年全面启动“一退够”工作，沿湖的澄江、江川、华宁三个县2011年完成沿湖100米范围内农田6 083.68亩（其中，澄江县3 341.68亩，江川县1 500亩，华宁县1 242亩）退田工作。开展退房工作，澄江县右所镇肖咀—兜底寺片区拆除房屋3.35万平方米，新搬迁点建设工作已基本完成。拆除海口财政培训中心、广龙小学、蒿枝箐小学、海口财政所、澄江县菌种厂和华宁县春渔洞餐饮点建筑物、构筑物面积2.9万平方米。开展产业结构调整试点工作，支持红塔集团建成3.5万亩的玉溪庄园。以“木森公司”作为产业调整试点，鼓励土地流转，扩大公司经营规模，采取公司经营或者公司加农户的形式进行转产转业，使农民逐步转变成产业工人。推广种植蓝莓、日本甜柿等高端林果产品，逐步减少大水大肥作物种植，减少农业面源污染。

【沿湖试点村退出工作】 按照市委、市政府提出的“退、调、保”战略，2011年启动了沿湖7个试点村退出工作，7个试点村分别由7个单位（澄江、江川、华宁县人民政府，市环保局、市抚管局、市水利局、市林业局）负责实施，市环保局试点村为矣旧村委会代村四组；市水利局试点村为代村五组；市林业局试点村为明星村委会湾子沟小组；市抚管局试点村为兜底寺；澄江县试点村为肖咀；江川县试点村为孤山村委会小马沟村；华宁县试点村为居乐村。各责任单位均到试点村进行实地调研，积极与乡（镇）、村委会进行专门讨论研究，编制搬迁规划。市抚管局、澄江县政府负责的澄江县右所镇肖咀—兜底寺片区已拆除房屋3.35万平方米，新搬迁点建设工作已基本完成。

【抚仙湖环境卫生管理】 2011年，市抚管局按照属地管理的原则，明确职责，认真做好环境卫生和入湖河道管理目标和制度的落实。1. 制定管理办法，明确管理责任。沿湖三个县均制定了管理办法，层层签订了目标责任书，进一步明确了各乡镇（街道）、村（社区）、组辖区职责，加强对抚仙湖环境卫生保洁员、监督员的监管，调动了各镇参与抚仙湖环境卫生管理的积极性和主动性；建立日报周报、随机抽查、工作记录等制度，不断完善“户三包、组保洁、村收集、镇运转、县处理”的农村卫生管理机制和河段长负责制，确保辖区内河道条条有人管、段段有人护。沿湖三个县保洁、监督、执法人员的管理不断强化，环卫设施卫生状况大为改观，村庄、河道、湖滩、田园卫生环境明显改善，长效管理机制和横向到边、纵向到底的环境卫生管理责任体系和环保执法监管体系逐步建立和落实。2. 分片包干，加强监管。沿湖三个县分别组建环卫站，成立执法中队，完善基层组织建设体系。当年共出动垃圾清运车4 700多辆次、人员7.6万人次，削减近3.7万吨垃圾入湖污染（含河道保洁周清理的垃圾量），有效减少了农业、农村生活废弃物对抚仙湖的污染，切实发挥了非工程措施的作用，达到了预期的管理效果。抚仙湖北岸重点卫生防控区新增垃圾收集箱21个，垃圾收集车2台，环境卫生管理能力逐步提高，卫生状况明显改善。

【抚仙湖管理制度建设】 2011年，市抚管局加快推进法制化建设，健全抚仙湖保护管理执法制度，在实践中不断健全完善抚仙湖保护的规章制度，并逐步上升为市政府的规范性文件。出台了《玉溪市非机动船管理办法》、《玉溪市抚仙湖资源保护费征收管理办法》、《玉溪市抚仙湖综合执法协管员管理暂行办法》；完成听证工作的有《玉溪市抚仙湖环境卫生管理办法》、《玉溪市

抗浪鱼鱼苗增殖放流 （市抚管局 提供）

抚仙湖滩地管理办法》、《玉溪市抚仙湖水政水资源管理办法》、《玉溪市抚仙湖渔政管理办法》。玉溪市抚仙湖项目审批管理办法已上报市政府法制办，有效地促进了抚仙湖保护治理工作逐步走入法制化轨道。

积极推进“市支队—县大队—乡镇中队—监督员”的四级联动监督管理机制，建成了抚仙湖纵横协调的综合行政执法体系，形成预防、教育、监管、处罚为一体的综合行政执法格局；推进“月检”制度，开展日巡查、周联络、月总结工作，通过联络和总结工作进一步交流信息，总结经验，分析解决问题的办法，寻求解决方案，进一步推进了执法监察工作的开展。

【综合执法】 2011年，开展渔政、水政、一级保护区环境综合整治、非机动船管理等四个专项执法行动。查处电力拖捕、违反禁渔期和禁渔区管理规定偷捕偷捞的违法行为153起。排查污染隐患18家，限期整改21家。组织人员清除违规构筑物80多起，清扫、清运垃圾4万多吨。清除无证取水户4户，依法安装取水计量设施5套，追缴拖欠水资源费2.9万元。规范非机动船管理，将原有的非机动船2 600多条削减控制到1 272条，并给予登记，建立档案，核发号牌和《入湖许可证》，指导、推动经营户成立公司，做到总量控制，实现集中管理，推进安全监管。

【抚仙湖资源保护费征收】 加大抚仙湖资源保护费征收管理工作，从宣传上下功夫，召开企业负责人座谈会，增强缴费自觉性，设立收费站，规范征收工作，采取委托地税部门和经营承包户征收，方便广大群众，做到应收尽收。2011年共征收抚仙湖资源保护费781.7万元。

【渔业资源管理】 2010年10月20日至2011年3月31日，抚仙湖开湖捕捞银鱼工作结束，2011年4月1日12时进入封湖期。此次开湖共办理《捕捞许可证》528证，征收渔业资源增殖保护费21.12万元，捕捞银鱼1 100.2吨。银鱼均价为每千克9元，渔民经济收入达990.18万元。抚仙湖渔业生产秩序较好，渔业资源得到有效的保护，沿湖渔民渔业收入明显增加，群众得到实惠。

2011年6月22日至7月7日，由珠江渔业管理委员会、云南省农业厅、玉溪市人民政府主办，玉溪市抚仙湖管理局、水利局承办的2011年抚仙湖50万尾抗浪鱼增殖放流的鱼苗投放工作，在抚仙湖西岸的玉溪市抚仙湖管理局综合执法大队结束。此次放流工作认真总结了以往的经验，从鱼苗规格、鱼苗质量、放流时机、放流方式、水域和管理措施上，精心选择，严格把关，确保了放流工作的顺利进行。

2011年9月1日12时，经市政府同意，2011～2012年度抚仙湖银鱼开湖捕捞，开湖期间，捕捞的鱼类为银鱼，禁止捕捞银鱼外的其他鱼类。

【举办首届抚仙湖与世界文明研讨会】 2011年8月6日，首届云南玉溪抚仙湖与世界文明学术研讨会在澄江县举行。来自大陆和台湾的专家学者就抚仙湖水下遗址与中国文明起源及早期发展、历史、民族以及与世界文明的比较等重要学术领域，进行了深入交流和探讨。国家文化部党组副书记、副部长欧阳坚，云南省委常委、省委宣传部部长张田欣、清华大学李学勤教授等分别致信祝贺。云南省政协副主席白成亮、云南抚仙湖与世界文明研究会会长赵廷光、云南省文化厅副厅长花泽飞、省环保厅副厅长周东际等出席会议。参加会议的还有：著名考古学家、中国社科院学部委员、社科院考古所原所长刘庆柱，著名考古学家、北京大学考古文博院教授严文明，著名考古学家、北京大学考古文博院中国考古研究中心主任李伯谦，著名甲骨学家、中国殷商文化学会会长、中国社科院历史研究所研究员王宇信，云南大学考古研究中心主任、教授李昆声等著名专家学者150余人出席了会议。故宫博物院常务副院长李季、中国殷商文化学会、苏州甲骨文学会也分别发来贺信表示祝贺。本次研讨会由玉溪市委、市政府主办，云南抚仙湖与世界文明研究会、玉溪市抚仙湖管理局承办。

（魏迎春）

政务服务

【办件情况】 2011年，市政务服务中心紧紧围绕市委、市政府工作大局，强化措施抓落实。全年共受理各类审批和服务事项115 955件，办结115 950件，为人民群众提供了方便快捷的服务。

【全市深化政务公开推进政务服务工作会议召开】 2011年3月1日，市委、市政府召开全市深化政务公开推进政务服务工作会议。会议学习了全省深化政务公开推进政务服务工作现场会精神。市委常委、副市长黄宪庭作讲话，就进一步深化玉溪市政务公开、推进政务服务工作作安排部署。市纪委、市人大、市政协、市政府等领导出席会议，各级有关部门负责人参加了会议。

【两个“中心”建设】 2011年，按照《云南省人民政府办公厅关于全省深化政务公开推进政务服务工作现场会决定事项任务分解的通知》要求，全省16个州（市）必须在2011年12月31日建成州（市）公共资源交易中心。为此，市

2011年3月1日，全市深化政务公开推进政务服务工作会议

（市政务中心　提供）

委、市政府高度重视，积极开展筹建工作。3月1日，市委、市政府召开了全市深化政务公开推进政务服务工作会议，统一筹建公共资源交易中心的思想，提高了各级领导干部的认识。经市委、市政府研究，决定撤销市委招待所，在市委招待所地址上建设市政务服务中心和市公共资源交易中心（市政务服务中心系搬迁）。为此，市委、市政府成立了玉溪市公共资源交易中心筹建领导小组，领导小组下设办公室、人员分流工作组、资产清理工作组和交易项目进驻协调组。按照市委、市政府的要求，政务服务中心积极开展相关工作，代领导小组办公室制订了《玉溪市人民政府公共资源交易中心筹建方案》、《玉溪市人民政府公共资源交易中心筹建倒逼工作任务表》、《玉溪市人民政府公共资源交易中心筹建目标分解责任书》，请设计公司设计方案，进行预算。经市政府研究，决定装修改造工程由玉溪市社会事业项目建设管理中心负责承建，政务服务中心做好协调工作。工程总投资1 200万元。政务服务中心安排专人常驻工地，积极与建管中心、承包商和有关部门进行协调，确保装修改造工程顺利进行。工程于2011年12月如期完工，新政务服务大厅于12月22日投入使用。按照市委、市政府"所有行政审批项目（包括行政许可、非行政许可项目）和正常工作管理项目，与企业和人民群众密切相关的服务事项都要纳入市政务服务中心集中办理"的要求，市级具有行政审批权的部门均已进入中心设立了窗口开展服务。进入中心的行政许可事项157项，非行政许可23项，进入率100%。此外，进入中心的管理服务事项124项。同时，市工商企业注册登记科、市住房公积金管理中心和市运政处实现了整建制进驻，初步实现了"两集中"、"两到位"（行政机关审批事项向一个科室集中，行政审批科室向政务服务中心集中，保障进驻政务服务中心的审批事项到位，审批权限到位）的目标。

【行政审批和电子监察系统建设】 2011年，根据《云南省人民政府关于在全省县级以上行政机关推行效能政府四项制度的决定》和《云南省行政机关行政行为监督制度实施办法》的要求，为加强对行政行为的有效监督，市政府决定于2011年6月30日前在全市建成行政审批和电子监察系统。政府成立了领导小组，由市政府秘书长任组长，副秘书长、市监察局长、市工信委主任、市政务服务中心主任任副组长，领导小组下设办公室，负责全市电子监察系统建设总体协调工作。市级行政审批和电子监察系统机房设在市政务服务中心内。市政府下发了《玉溪市人民政府办公室关于开展行政审批和电子监察系统建设工作的通知》对工作进行安排和部署。6月29日，全市行政审批和电子监察系统如期建成开通。

【行政审批项目和审批流程标准化整理】 2011年5～6月间，市政务服务中心牵头组织法制办、监察局、建设局、公安局工作人员对市、县（区）行政审批项目和审批流程标准化进行了整理，实现了市、县（区）政务服务中心行政审批项目名称、标准和审批流程的规范统一。

【行政审批和电子监察系统培训】 2011年6月20～21日，市政务服务中心在市电信公司举办玉溪市行政审批和电子监察系统专题培训班，培训业务骨干200人。9月6日，在江川召开全市行政审批和电子监察系统督察培训现场会，培训人员120人。

【指导县（区）建成政务服务中心】 2011年6月，按照省政府要求，6月底前，所有州（市）、县（市、区）均要建成政务服务中心，经过督促指导，玉溪市所有县（区）均于6月底前建成了政务服务中心。

【省政府出台公共资源交易中心建设指导意见】 2011年4月，省政府印发《云南省人民政府关于公共资源交易中心建设的指导意见》，要求，各州（市）、县（市、区）要按照"政府领导、统一进场、集中交易、行业监管、行政监察"的原则，加快公共资源交易中心建设，做到工程建设招投标、政府采购、药品集中采购、企业国有产权交易和土地、矿业权交易等公共资源全部纳入公共资源交易中心进行交易和管理，形成统一的公共资源交易有形市场，确保16个州（市）公共资源交易中心在2011年12月31日前全部建成运行，129个县（市、区）公共资源交易中心在2012年12月31日前全部建成运行。

【玉溪市公共资源交易中心筹建领导小组成立】 2011年4月，为加快玉溪市公共资源交易中心建设步伐，市委、市政府成立玉溪市公共资源交易中心筹建领导小组。市委常委、副市长黄宪庭任组长，市委常委、秘书长范汝坤、市政府秘书长孙会强任副组长，领导小组下设办公室、人员分流工作组、资产清理工作组、交易项目进驻清理协调组。

【中央发出《关于深化政务公开加强政务服务的意见》】 2011年6月，《中共中央办公厅国务院办公厅印发〈关于深化政务公开加强政务服务的意见〉的通知》下发，是中央就政务服务工作发出的第一个规范性文件。8月，省委办公厅、省政府办公厅发出《中共云南省委

2011年6月29日，玉溪市行政审批与电子监察系统开通仪式
（市政务中心　提供）

办公厅云南省人民政府办公厅印发〈关于深化政务公开加强政务服务的实施意见〉的通知》，就贯彻落实文件精神作了具体安排部署。要求2012年底前，全面建成覆盖城乡、上下联动的省、州(市)、县(市、区)、乡(镇、街道)、村(社区)五级政务服务中心体系。要加快推进覆盖全省的公共资源交易中心的建设，确保16个州(市)公共资源交易中心在2011年内建成运行，129个县(市、区)在2012年底前全部建成运行，乡镇(街道)要依托为民服务中心建立公共资源交易中心，并确保2012年底前建成运行，形成省、州(市)、县(市、区)、乡(镇、街道)四级公共资源交易网络体系。政务服务中心实行“一个窗口受理、一站式办结、一条龙服务、一个窗口收费”的运行模式，发挥行政审批、政务服务、政务公开、政务查询、行政投诉5大功能。各级公共资源交易中心按照“政府领导、统一进场、集中交易、行业监管、行政监察”原则和管办分离的要求，规范运行和管理，构建公正开放、竞争有序、服务到位、监管有力的公共资源交易管理服务体系。规范“两个中心”管理体制。各州(市)、县(市、区)政府统一设置政务服务管理局，为挂靠同级政府办公室的行政机构；州(市)政务服务管理局机构规格为正处级，县(市、区)为正科级。各级政务服务中心是实施政务公开、提供政务服务的公共平台，不是法人组织；各级公共资源交易中心为政务服务管理局下设的独立公益性事业单位法人，州(市)级相当于副处级规格，县(市、区)级相当于副科级规格。各级政务服务管理局负责政府自身建设和政务服务中心的日常工作；管理公共资源交易中心；承担本级政府赋予的其他职责。

【政务服务管理局、公共资源交易中心挂牌成立】 2011年12月7日，市编委印发《玉溪市机构编制委员会关于成立玉溪市政务服务管理局的批复》和《玉溪市机构编制委员会关于成立玉溪市公共资源交易中心的批复》。根据《中共云南省委办公厅云南省人民政府办公厅印发〈关于深化政务公开加强政务服务的实施意见〉的通知》，经市编委会议研究，同意成立玉溪市政务服务管理局，为挂靠市政府办公室的行政机构，机构规格为正县级，保留玉溪市人民政府政务服务中心牌子。玉溪市人民政府政务服务中心人员编制成建制划入玉溪市政务服务管理局。按有关文件精神，同意成立玉溪市公共资源交易中心，为市政务服务管理局所属全额拨款的事业单位，机构规格相当于副县级。其机构编制事项按《玉溪市公共资源交易中心机构编制方案》执行。《玉溪市公共资源交易中心机构编制方案》规定，玉溪市公共资源交易中心为玉溪市政务服务管理局所属财政全额拨款事业单位，机构规格相当于副县级。核定事业编制10人，其中，管理人员编制10人，核定单位领导职数2人，其中设主任1人(相当于副县级)，副主任1人(相当于正科级)；设置内设机构4个(相当于正科级)：综合管理服务科、政府采购交易服务科、综合拍卖交易服务科、工程建设交易服务科。公共资源交易中心的主要职责是：承担市级公共资源市场的有形市场职责，主要负责政府采购、药品集中采购、国有产权交易、土地使用权和矿业权交易、工程建设的公共资源进场交易、司法机关罚没物品拍卖等公共资源交易服务工作；收集、存储和发布公共资源交易信息；提供公共资源交易技术咨询服务；制定公共资源交易中心内部管理制度、业务流程、运作规则并组织实施；管理和提供公共资源交易设施设备及场所；按有关规定统一制度、收取各项交易服务费用，管理交易专用账户；完成市政务服务管理局交办的其他工作。12月28日，玉溪市政务服务管理局、玉溪市公共资源交易中心挂牌成立。

（魏　鸿）

信　访

【概　况】 2011年，按照全国信访局长电视电话会议的部署，市信访局围绕“创先争优·能力建设活动”，把能力建设的主要任务向岗位延伸、向实践拓展，重点抓好群众来信来访和接听市长热线服务工作，组织开展了“四无”建设，即：服务受理“无推托”，服务过程“无差错”，服务事项“无积压”，服务对象“无投诉”。使创先争优立足岗位、融入实践，有效带动了学习型党组织建设和全系统干部队伍建设，取得了信访干部队伍提能力、信访群众得实惠、信访工作上水平的明显效果。当年，市、县(区)信访部门共受理群众来信来访12 697件人次，与上年同期相比下降3 362件人次，下降20.9%。其中来信592件，与上年同期761件相比下降169件，下降22.2%；个人访2 296批3 399人次，与上年同期2 455批4 109人次相比下降159批710人次，批次和人次分别下降6.4%和17.2%；集体访429批8 706人次，与上年同期553批11 189人次相比下降124批2 483人次，批次和人次分别下降22.4%和22.1%；开展书记市长接待日11期，共接待处理各类信访案件45件，已办结40件，办结率为88.9%；市民意见箱共收到市民意见112件，已办结103件，办结率为92.0%；群众共拨打市长热线电话35 150个，市长热线办公室在规定时间内按规定受理了480件，已办结448件，办结率为93.3%；市政府领导和有关部门领导共5人接听和办理市长热线33件；书记市长电子信箱共收到各界群众发来的电子邮件1 185件，市长热线办公室在规定时间受理群众邮件519件，已办结500件，办结率为96.3%；全年市网上信访系统受理网上信访件193件，已办结187件，办结率96.9%。

群众信访反映的主要问题：1. 反映征地补偿标准低，安置赔偿的政策不够公开，失地农民就业、生活难于保障，以及部分保留户口的外嫁、外招人员及其子女要求享受集体经济利益分配待遇问题。2. 反映城镇化建设中，房地产开发不规范，高层建筑施工影响周边住户居住安全，以及商住小区土地使用年限“缩水”等问题。3. 反映部分时间跨度大、历史上曾做过妥善处理的被辞民办教师、20世纪60年代修路民工、帮派人员、“两参人员”要求重新处理，并要求按现行政策落实待遇和解决实际问题。4. 反映村务不公开，村级财务管理混乱，村干部不廉洁、违法违纪、粗暴行政、滥用职权、办事不公，挪用、侵占集体经济收益，侵犯村民合法权益等问题。5. 反映军转干部待遇问题。部分在困难或破产企业工作的军转干部要求解决下岗、失业后的再就业和生活困难问题，并要求比照党政机关享受相应的政治生活待遇。6. 反映法院判决不公、执行难等问题。7. 反映企业改制、经济赔偿纠纷、环境污染和其它突发性的信访问题。

群众信访活动的主要特点：从2011年的信访统计数据来看，全市信访形势呈现稳中有降的良好态势。信访总量、来信总量、来访总量都呈明显下降趋势，尤其是集体访下降幅度较大，批次和人次的下降幅度均在20%以上。信访形势仍然不容乐观，信访工作出现了新情况、新动向。主要表现为：1. 进京非正常上访有所上升。2011年全市进京非正常上访31批58人次，与上年同期16批28人次相比上升15批30人次。31 批进京非正常上访案件中，大部分都是上访老户的重复访。非访老户思想过激，行为异常，不但到中南海、天安门和驻外使领馆等国家重要敏感区域上访，而且还采取一些过激手段，制造和扩大社会影响。2. 集体上访组织化、规模化倾向突出。群众集体上访的组织化程度日渐提高，同一上访诉求群体中出现精心策划组织、筹集上访经费、寻求外援扩大影响等行为，不同诉求集体访之间相互串联现象有所显现。3. 缠访、闹访明显增多。从集体上访情况看，群众异常信访明显增多，诉求方式由申诉、请愿等非对抗行为向堵门、闹访、缠访等有一定对抗性行为转变。举标语、打横幅、围堵党政机关大门、拦截领导车辆，甚至纠缠、辱骂接待工作人员、向接待场所投掷不明物体的现象时有发生。4. 集体访劝返处置和矛盾化解难度增大。部分来访群众对解决问题的要求和期望值越来越高，由等待处理转为要求立即就地解决，并且言辞激烈、行为极端。5. 部分信访老户思想偏执、行为过激。上访时间长、次数多是信访老户特别是缠访、闹访老户最突出、最典型的表现。个别信访老户上访数十年，并多次到市、赴省、进京上访。

【中共玉溪市委群众工作局成立】 2011 年，为做好新形势下的群众工作，切实用群众工作统揽信访工作，按照省委群众工作领导小组第一次会议的安排部署，市委、市政府及时召开了市委第 99 次常委会议专题研究推进全市群众工作。会议研究决定成立由市委副书记担任组长的玉溪市委群众工作领导小组，全面负责统筹协调、安排推动全市的群众工作。明确在市信访局加挂玉溪市委群众工作局牌子，增加领导职数，强化领导班子，市级财政安排专项工作经费，用于市群众工作的顺利开展。同时，会议要求各县（区）要把思想和行动统一到省、市委的决策部署上来，牢固树立群众观念，深入研究新时期群众工作的特点和规律，将信访工作纳入群众工作范畴，落实相关保障措施，切实在场所、人员、编制、经费等方面予以大力支持和保障，确保群众工作实现有人办事、有钱办事、有地方办事。按照市委第 99 次常委会的研究部署，7 月 5 日，市委群众工作领导小组召开了第一次会议，对全市的群众工作进行具体的安排部署，制定下发了玉溪市委《关于进一步加强新形势下群众工作的意见》，指导全市群众工作深入开展。8 月 2 日，中共玉溪市委群众工作局在市信访局正式挂牌成立。至年底，全市八县一区都在信访局挂牌成立了群众工作局。乡(镇）一级，已于当年 5 月底依托乡(镇、街道）综治维稳信访中心成立了群众工作站，并开展工作。

【开展领导干部大接访活动】 2011 年，市信访局结合庆祝建党 90 周年，组织开展领导干部大接访活动。在坚持每月书记市长接待日制度的基础上，市委、市政府党政主要领导带头到市信访局面对面的接待上访群众。4 月 29 日，市委书记孔祥庚到市信访局接待上访群众 3 批 4 人次。5 月 31 日，市长高劲松接待上访群众 3 批 6 人次。在市委、市政府党政主要领导身体力行的作用下，各县(区）领导干部深入基层、深入一线、深入群众面对面了解群众诉求、手拉手听取群众意见、人对人解决群众困难，让信访群众切身感受到了党和政府的温暖。当年，全市各级信访部门共排查各类矛盾纠纷 624 件，已化解 525 件；市、县(区)、乡镇级领导干部共接待群众来访 518 批1 725人次，带案下访 340 批1 329人次。

【信访积案化解工作】 集中化解信访积案，基本解决进京非正常上访积案，是 2011 年中央确定的一项重点工作。为确保此项工作顺利推进，全国、全省信访工作电视电话会议后，全市各级信访部门认真贯彻中央和省委的部署和要求，采取有效措施，认真细致地对全市信访积案进行了一次全面的梳理排查。5 月，针对全市排查梳理出的 89 件信访积案，尤其是中央、省交办的 12 件赴京非正常上访积案，市委联席会议召开专题会议，一件一件地分析研究成因和对策，有针对性地提出解决问题的措施和办法。并严格按照“属地管理、分级负责”和“谁主管、谁负责”的原则，对涉及进京非正常上访的重点案件和重点人员，逐一向有关县(区）和市级部门交办，并严格落实党政主要领导的“第一责任”，明确具体包案领导和解决问题的时限。同时，加大信访积案督办力度，对解决问题不到位、稳控措施不力的县(区)实行重点督促、责任追究，对赴京非正常上访量多的地区进行通报批评、诫勉谈话。据统计，全市共排查梳理出信访积案 89 件，其中，中央和省交办的 12 件，市确定交办的 77 件。24 件得到了妥善化解，化解率为 26.9%，65 件得到了有效稳控。同时利用特殊疑难信访专项资金 493 万元，解决涉法涉诉信访积案 169 件 475 人次。

【建立建全信访工作机制】 2011 年，全市信访工作规范化建设得到了进一步加强。1. 健全完善排查化解机制。坚持经常排查与集中排查、普遍排查与重点排查相结合，做到各种矛盾纠纷发现得早、化解得了、控制得住、处理得好，尤其是对群众反映涉及面广、成因复杂的问题，认真分析研究，严格落实工作责任，明确主要负责人、责任单位和责任人员，限期妥善解决。2. 健全完善信访信息汇集分析机制。按照及时、准确、全面、有效的要求，健全和完善了一个多层次、全方位的信息报送网络，确保信息传递渠道畅通，同时注重综合开发利用信访信息资源，着力提高信息分析研判水平，进一步增强信访工作的预见性和针对性，尤其是对可能引发大规模集体上访和群体性事件的苗头性、倾向性的信息，要求各县（区）要及时报告并提前做好应对处置工作。3. 健全完善信访事项三级终结制度。为切实解决信访事项“终而不结”的重复上访问题，市信访局以《信访条例》为依据，积极配合市政府法制办等部门，认真对澄江老鹰地征地纠纷信访事项和峨山县党宽村太和村民小组的土地纠纷信访事项，从事实和程序方面进行了全面细致的复核复查。峨山县党宽村太和村民小组的土地纠纷信访事项的复查复核工作已终结，复查复核意见书已送达上访群众。

【重大活动期间的信访工作】 按照中央和省、市的相关安排部署，信访部门深入研判形势，落实工作措施，认真做好全国、全省和全市“两会”、“七一”等重大政治活动期间的信访工作，有效维护了社会和谐稳定。“两会”期间，市信访局层层落实责任制，多次召开专题会议，分析研判形势，在做好接待上访群众工作的同时，加强对县（区）和相关部门的统筹协调和督导检查，圆满实现了既定目标。针对“七一”期间有可能赴京上访的，要求各县(区）、各部门结合本地本部门实际，制定应急处置预案。一旦发生集体上访、越级上访和进京非正常上访，必须严格按照上级的通知要求，迅速安排劝返工作人员及时赶赴现场做工作，并负责将上访群众安全劝返回当地。对劝返接回的人员明确稳控责任，认真做好思想疏导工作，确保稳得住、不倒流，为建党 90 周年庆祝活动营造了良好的社会环境。

（陈建国）

志鉴工作

【概 况】 2011年，玉溪市地方志和年鉴工作进展顺利，在两级方志工作者的努力下，全面完成了全年的各项工作。

地方志工作。《玉溪市志》完成了农业分志、体育分志、商务分志、烟草分志、高新技术分志等志稿的分纂任务；《秀山志》已完成初稿的纂写，进入修改阶段；部门志方面，《玉溪市刑事侦查志》、《玉溪市金融志》通过审稿，《玉溪市土地储备志》开始编纂，其余已开展编纂的部门志书在进一步写作中。

年鉴工作。年内，全市年鉴工作正常开展，除《易门年鉴》外，全市9本综合年鉴均做到当年组稿、当年出书，且出书时间均比往年有所提前。为提高年鉴的编撰质量，市地方志办公室专门为县级年鉴进行“会诊”，研究年鉴编与撰的关系。在为上级年鉴提供资料方面，玉溪市地方志系统按时按质完成了《云南年鉴》、《云南小康年鉴》的撰稿任务，并荣获《云南年鉴》“优秀总撰稿人奖”和《云南小康年鉴》“优秀条目奖”。在云南省第九届年鉴系列评奖中，玉溪市多部年鉴再次获省奖，其中综合特等奖6部，综合一等奖9部，综合二等奖3部，单项奖1部。

【《云南杞麓湖志》启动编纂】 2011年4月24日，中共通海县委办公室、通海县人民政府办公室联合组织召开了《云南杞麓湖志》编纂工作会，动员部署《云南杞麓湖志》启动编纂工作，通海县有关单位主要负责人参加会议。会议旨在提高认识，组织力量，进一步明确《云南杞麓湖志》编纂的重要意义和作用，落实编纂任务，明确编纂责任，按计划齐心协力完成志书编纂工作的预定目标。会议由县委办副主任常伟主持，县委常委、县委办主任钱彦富出席会议并讲话，县史志办主任段志伟就编纂工作提出具体要求。

【《华宁县志》通过审查验收】 玉溪市二轮修志工作开展以来，华宁县委、县政府高度重视县志的编纂工作，华宁县史志办公室经过5年的艰苦努力，于2010年拿出评审稿，并于当年6月召开了《华宁县志》评审会议。评审会后，华宁县史志办公室根据评审会上提出的意见和建议，组织强有力的县志编修人员进行修改，对评审会上提出的问题进行认真修改和补充。2011年3月15日，《华宁县志》编纂委员会召开会议，听取《华宁县志》编修情况汇报，讨论《华宁县志·人物志》入志人物标准。6月16日，市地方志办公室组织人员到华宁专门研究县志的修改。至2011年10月底，全志修改完毕，并经同级各有关部门的审查，报玉溪市地方志编纂委员会终审。11月，市地方志办公室审查后认为，《华宁县志》符合玉溪市人民政府关于地方志书的行文规范，同意通过验收，并报省地方志办公室备案。

【年鉴总撰稿人培训】 2011年12月8日，玉溪市地方志办公室在龙马酒店召开全市地方志系统和全市年鉴工作会。会议邀请云南年鉴社社长、《云南年鉴》执行主编肖永宏为全市年鉴总撰稿人授课。课题围绕如何提高市、县(区)年鉴的编纂出版质量进行讲授，课件采用多媒体形式进行讲解，通过框架设计、条目编写、检索手段、装帧出版详细讲解了一本高品质年鉴应具备的基本条件。

【玉溪市多部市县级部门志出版】 2011年，在全市两级修志人员的努力下，有多部部门志出版发行，主要有：公开出版的有《玉溪市卫生志》于2011年5月由云南民族出版社出版发行，《峨山彝族自治县烟草志》由云南民族出版社出版发行。内部出版的有《元江哈尼族彝族傣族自治县军事志》于1月出版发行，《易门县民政志》、《易门县工会志》于5月完成编纂，印刷出版。

（李亚平）

【《元江哈尼族彝族傣族自治县军事志》出版发行】 2011年1月，《元江哈尼族彝族傣族自治县军事志》出版发行。该志为大16开本，硬壳精装，49万字。志书全面、系统、客观地记述了公元748年至2005年间元江县军事工作发展的历史与现状，记载了元江县军事工作的历史沿革、队伍建设、事业管理、实体管理、业务建设的成功经验以及军事发展情况。

（李红兰）

政协玉溪市委员会

【概 况】 2011年，政协玉溪市委员会共举行主席会议10次，常委会会议5次，全体会议1次；开展了9项专题调查和12项专题视察，形成21份调研视察报告，提出意见建议98条。全年共收到党派、团体和政协委员提案274件，经审查立案交办273件。编辑出版了《知青岁月》和《古滇国文化研究文集》第六辑。市政协主办的《政协信息》、《玉溪政协》、《社情民意动态》共编辑刊载信息73期425篇(条)，在省、市新闻媒体上刊登报道玉溪政协的文章100篇(条)；认真办好玉溪政协网，为委员反映社情民意和提供服务搭建信息平台，网站点击率达160万人次。贯彻落实省委政协工作会议精神，协助市委召开了市委政协工作会议并出台了《中共玉溪市委关于支持人民政协履行职能发挥作用的意见》，从支持人民政协履行职能、加强和改善党对政协工作的领导等方面提出了25条意见要求，争取了专项调研视察课题经费、机关人事编制、机构升级和增设工作，形成了市委重视、政府支持、部门配合、政协主动的局面。进一步加强同各民主党派、工商联、人民团体的沟通服务与合作共事。积极维护民族团结和社会稳定，加强同少数民族和宗教界人士的联系，参加民族宗教节日活动，宣传党的民族宗教政策和国家法律、法规。为市政协新农村建设联系点元江县羊街乡党舵村委会派驻新农村建设指导员，协调落实资金2万元。帮助市政协综治联系点新平县漠沙镇解决群防群治资金2万元；重视扶贫攻坚工作，帮助元江县假莫代村委会打洞村民小组解决山苏族安居房建设资金5万元。拓宽民主监督渠道，组织委员参加市委、市政府和有关部门的重要会议及相关活动，应邀选派政协委员担任市政府有关部门的行政监察员、行风评议员、特约监督员，对政府职能部门的工作进行民主评议，实施民主监督，参与执法管理和行风建设的监督、检查、评议活动。组织参加滇中经济区4个州、市政协合作机制第一次(昆明)、第二次(曲靖)会议，共同探讨加快滇中经济区建设和4个州、市政协合作大计。联合市总工会和市移动公司共同举办了庆祝建党90周年联欢晚会；与市委统战部、宣传部联合举办了纪念辛亥革命100周年文艺晚会。深入开展创先争优和学习杨善洲先进事迹教育活动，切实加强自身建设，政协工作取得了新进展，为促进全市经济、政治、文化、社会和生态文明建设作出了贡献。

【政协三届四次会议】 政协玉溪市三

届四次会议于2011年2月19～24日在玉溪举行。应到委员313名，实到296名。会议认真贯彻落实中共十七大、十七届五中全会、胡锦涛总书记在中国共产党成立90周年大会上的讲话和省委政协工作会议、中共玉溪市委三届七次全会精神，以邓小平理论和“三个代表”重要思想为指导，全面贯彻落实科学发展观，全面总结了政协玉溪市三届三次会议以来的工作，提出了2011年工作的主要任务。会议审议通过了常务委员会工作报告和提案工作报告。与会委员列席了玉溪市第三届人民代表大会第四次会议，听取并协商讨论了《玉溪市国民经济和社会发展第十二个五年规划纲要》、《政府工作报告》和有关报告。协商讨论了《玉溪市中级人民法院工作报告》和《玉溪市人民检察院工作报告》。会议期间，市委、市政府领导和市直有关部门的负责人到会，听取委员对《玉溪市国民经济和社会发展第十二个五年规划纲要》、《政府工作报告》和“两院”报告的意见建议。会议收到提案274件，经审查立案273件。会议审议通过了本次会议决议、政协玉溪市第三届委员会第四次会议关于常务委员会工作报告的决议、政协玉溪市第三届委员会第四次会议关于三届三次会议以来提案工作情况报告的决议。中共玉溪市委副书记、市长高劲松在会议上作了关于政府工作报告的说明。市委书记孔祥庚、市政协主席冷明德分别在本次会议中共党员大会和闭幕大会上讲话。

【政治协商】 2011年，玉溪市政协以全体会议整体协商、常委会议专题协商、主席会议重点协商和专委会对口协商为主要形式，紧扣市委、市政府工作部署，认真开展政治协商活动，促进决策的民主化科学化。对市委三届七次全会报告、市第四次党代会工作报告和政府工作报告进行了协商。在市政协三届四次会议上，对“十二五”规划纲要、政府工作报告、国民经济与社会发展计划报告、财政预决算报告和“两院”工作报告等进行集中协商。在政府工作报告协商会、界别联组会和大会发言中，委员们就人民群众关注的重大问题提出了意见和建议。在常委会议、主席会议和专委会的协商中，听取了市政府2011年上半年经济运行情况、文化、水利、规划、住房和城乡建设等工作情况通报，对城市建设总体规划(2011～2030)、城市管理条例等重大事项广泛开展协商讨论，委员们提出的意见建议，得到了市委、市政府和相关部门的重视和采纳。

【民主监督】 2011年，玉溪市政协组织委员、各民主党派及相关部门，对抚仙湖—星云湖生态建设与旅游改革发展综合试验区重点项目建设、广电事业建设、农村人口与计划生育服务管理、江川星云湖治理、澄江化石地保护和申遗工作、玉溪装备制造业发展、实施国家基本药物制度情况、中心城区公共卫生服务体系建设、创建环境保护模范城市、非公企业职工社会保障、市社会治安综合治理暨平安创建等问题，开展13项专题视察，针对存在问题提出意见建议61条。在督办提案中实施监督，年内共收到提案274件，审查立案273件，已全部办复完毕，提案所提问题已解决或基本解决的94件，占34.4%，满意率达100%。对市卫生局、教育局、住房和城乡建设局、规划局、工业和信息化委等43个部门的提案办理工作进行了考核。以民主评议和特邀监督为重要载体，向环保、质监、工商、司法、法院、检察院、公安局等部门选派监督员，对依法行政、司法公正情况进行监督，为改善发展环境、提高行政效能、促进行风建设发挥了积极作用。采取经常评议和参与社会公开评议相结合的方法，加大了对部门和行业的监督力度。组织委员参加了《玉溪高新技术产业开发区“十二五”规划》、《云南省森林防火条例》(草案)和《云南省生物发展条例》(草案)等重大事项的听证和论证。对市规划局、住房和城乡建设局工作进行了民主评议，在深入调研、把握实情的基础上，肯定了成绩、提出了存在的问题和改进工作的意见建议，促进了部门作风转变和服务质量的提高。收集整理编辑报送《玉溪政协》、《政协信息》、《社情民意动态》73期425篇(条)，在省、市各种新闻媒体上刊登报道玉溪政协的文章100多篇(条)。认真办好玉溪政协网，为委员反映社情民意搭建信息平台，网站点击率达160万人次。

【参政议政】 2011年，玉溪市政协围绕全市经济社会发展中的重大问题和人民群众关注的热点、难点问题，组织委员和各民主党派、工商联以及相关部门，就推进城镇化发展、农村公共文化服务体系建设、水利资源开发利用和保护、农产品专业市场规划建设、滇中经济区玉溪建设发展研究、义务教育阶段办学条件、餐饮美食产业发展、玉溪市企业“走出去”发展、深化户籍制度改革、加强少数民族文化发掘、传承保护与开发等重点课题开展了10项专题调研，形成9份调研报告，提出意见建议80多条，部分建议引起市委市政府领导的高度重视，其中，《关于玉溪市餐饮美食产业发展情况的调查报告》受到市委书记孔祥庚的批示，促成相关部门认真研究和办理。配合全国政协和省政协做好调研视察工作。年内，配合全国政协完成了推进基本公共服务均等化，省政协云南美食产业、伊斯兰教工作和经济社会发展、云南珠宝玉石产业税收政策、珠宝玉石产业和协会发展壮大融资与金融服务、加快推进滇中经济区建设、“兴水强滇”、澄江化石地申遗等来玉溪开展的专题调研。结合玉溪实际，向调研视察组提出意见建议。承担了省政协“关于桥头堡战略中建设滇中经济区研究重大课题”中的“滇中经济区玉溪建设发展研究”的子课题，积极为加快推进区域协调发展建言献策。参与市委、市政府的中心工作。围绕党委政府的总体工作部署，参与重大项目的调研、论证，承担部分重点产业发展和项目建设的组织领导，完成了玉溪大河二期整治工程，充分发挥政协领导班子成员的作用，积极参与全市中低产田、林业、油菜及烤烟产业发展等重要工作及重大项目的协调推进。认真督促抓好全市农村劳动力培训转移工作，培训23 613人，转移24 017人，超额完成省下达全年任务，为农民增加收入提供有效服务。参与“三湖”水污染专项督察、党风廉政建设责任制和全市综治维稳工作督察考评，紧扣关系人民群众切身利益的突出问题，组织委员参与省政协举办的“民生论坛”活动。

【提案工作】 2011年，市政协征集提案274件，审查立案273件，立案率达99.6%，确定重点提案4件，立案的提案已于年内全部办复完毕。提案的内容涉及全市经济和社会发展各个方面。按类别分，工交城建类116件，占42.3%；财贸金融类12件，占4.4%；农林水土类43件，占15.7%；科教文卫类67件，占24.5%；党群政法类36件，占13.1%。在已办结的273件提案中，提案所提问题已经解决或基本解决的A类提案94件，占34.4%；正在解决或已列入计划解决的B类提案130件，占47.6%；受条件限制或其他原因待研究解决的C类提案43件，占15.8%；留作参考或不可行的D类提案6件，占2.2%。提案者对提案办理满意率为100%。

【文史资料工作】 2011年，玉溪市政协编辑出版第十二辑文史资料《知青岁月》，全书共收录文稿79篇，40余万字。牵头召开了古滇国文化第六次研讨会，编辑出版了《古滇国文化研究文集》第六辑。

【团结联谊工作】 2011年，玉溪市政协坚持“请进来、走出去”的原则，加强与港澳台同胞、海外侨胞及归侨侨眷的经常性联系，为来玉溪投资和开展经贸文化交流、捐资助学等活动的华侨华人和港澳台同胞做好牵线搭桥工作。热情接待了美国、日本、泰国华人华侨和港澳台同胞186人次到玉溪参观考察、探亲访问。由玉溪市海外联谊会牵头组团，赴台湾、日本对侨务工作进行交流考察，对玉溪市企业“走出去”发展情况进行了调研。积极维护民族团结和社会稳定，加强同少数民族和宗教界人士的联系，参加民族宗教节日活动，宣传党的民族宗教政策和国家法律、法规。

【常务委员会会议】 政协玉溪市委员会三届十三次常委会议于2011年1月14日在玉溪举行。会议通过了关于召开政协玉溪市第三届委员会第四次会议的决定：政协玉溪市第三届委员会第四次会议于2011年2月19～24日在玉溪召开，会期6天；原则通过了政协玉溪市第三届委员会第四次会议议程、日程；原则通过了《政协玉溪市第三届委员会常务委员会工作报告》和《政协玉溪市第三届委员会常务委员会关于三届三次会议以来提案工作情况的报告》；通过了相关人事事项；通过了冷明德为《政协玉溪市第三届委员会常务委员会工作报告》报告人，汪燕平为《政协玉溪市第三届委员会常务委员会关于三届三次会议以来提案工作情况的报告》报告人；通过了政协玉溪市第三届委员会第四次会议大会执行主席及主持人建议名单；通过了政协玉溪市第三届委员会第四次会议大会秘书长、副秘书长建议名单；通过了政协玉溪市第三届委员会第四次会议特邀及列席人员名单；通过了《关于授权主席会议审定政协玉溪市三届十三次常委会议未尽事宜的决定》；通过了政协玉溪市第三届委员会常务委员会2011年会议计划。冷明德就全市政协组织深入学习贯彻中共玉溪市委三届七次全会精神和精心筹备市政协三届四次会议提出了要求。

政协玉溪市委员会三届十四次常委会议于2月18日在玉溪举行。会议表决通过了人事任免事项。

政协玉溪市委员会三届十五次常委会议于2011年5月27日在玉溪举行。会议通过了《关于推进玉溪市城镇化建设的调查报告》；通过了《关于对市住房和城乡建设局工作的民主评议意见》和《关于对市规划局工作的民主评议意见》。

政协玉溪市委员会三届十六次常委会议于2011年8月12日在玉溪举行。会议通过了《关于玉溪市农村公共文化服务体系建设情况的调查报告》；通过了《政协玉溪市委员会主席会议工作规则》。

政协玉溪市委员会三届十七次常委会议于2011年11月11日在玉溪举行。会议通过了《关于玉溪市水资源开发利用与保护情况的调查报告》。

【主席会议】 2011年1月12日，市政协召开三届第二十七次主席会议。会议原则通过了《政协玉溪市第三届委员会常务委员会工作报告》（讨论稿）和《政协玉溪市第三届委员会常务委员会关于三届三次会议以来提案工作情况的报告》（讨论稿），决定将这两个报告（讨论稿）提请第十三次常委会议审议；会议讨论并原则通过了有关人事事项、市政协三届十三次常委会议筹备工作方案；原则通过了关于召开政协玉溪市第三届委员会第四次会议的决定（草案）、政协玉溪市第三届委员会第四次会议议程（草案）、政协玉溪市第三届委员会第四次会议日程（草案）；讨论并原则通过了政协玉溪市第三届委员会第四次会议执行主席及主持人建议名单（草案）和政协玉溪市第三届委员会第四次会议大会秘书长、副秘书长建议名单（草案）；原则通过了政协玉溪市第三届委员会第四次会议特邀及列席人员建议名单（草案）、政协玉溪市三届四次会议分组及召集人建议名单；原则通过了关于授权主席会议审定政协玉溪市第三届委员会常务委员会第十三次会议未尽事宜的决定（草案），决定将上述草案提请第十三次常委会议审议。会议还研究了政协玉溪市三届四次会议大会发言材料和界别联组会发言材料并提出了要求。

2月15日，市政协召开三届第二十八次主席会议，讨论人事问题，确定市政协三届十四次常委会议会期及议程。会议讨论了相关人事事项，决定提交市政协三届十四次常委会议审议；会议决定，市政协三届十四次常委会于2月18日在玉溪举行。18日，市政协召开三届第二十九次主席会议，讨论人事问题。会议讨论了相关人事事项，决定提交市政协三届十四次常委会议审议。23日，市政协召开三届第三十次主席会议。会议审议并原则通过《中国人民政治协商会议玉溪市第三届委员会第四次会议决议》（草案）、《中国人民政治协商会议玉溪市第三届委员会第四次会议关于常务委员会工作报告的决议》（草案）、《中国人民政治协商会议玉溪市第三届委员会第四次会议关于三届三次会议以来提案工作情况的报告的决议》（草案）及《中国人民政治协商会议玉溪市第三届委员会第四次会议选举办法》（草案）、《中国人民政治协商会议玉溪市第三届委员会第四次会议选举市政协副主席、常务委员和总监票人、监票人名单》（草案）。会议要求，会议秘书处根据本次会议各讨论组提出的修改意见，合理修改完善市政协三届四次会议决议（草案），并提交政协玉溪市三届四次会议闭幕大会审议通过。会议还通过了增选1名市政协副主席、补选3名常务委员正式候选人名单。25日，市政协召开三届第三十一次主席会议，确定市政协领导分工事宜。

3月24日，市政协召开三届第三十二次主席会议，确定政协玉溪市委员会2011年工作要点、重点提案和视察督办提案，中共玉溪市委政协工作会议市政协筹备方案以及相关事宜。会议通过了《政协玉溪市委员会2011年工作要点》和《中共玉溪市委政协工作会议筹备方案》；通过了《关于调整市政协领导分工联系县（区）政协的意见》、《市政协主席会议组成人员联系委员名单》和《政协玉溪市委员会关于加强同民主党派工商联联系的意见》；通过了《关于加快玉溪城南交通枢纽中心项目建设的建议》、《关于进一步加强玉溪市农村小型水利工程建设与管理的建议》、《关于玉溪市农村文化阵地建设的建议》和《关于在抚仙湖径流区发展生态产业的建议》等4件提案为市政协2011年度重点提案，明确重点提案的领衔督办领导；通过了市政协委室牵头视察督办提案。

5月18日，市政协召开三届第三十三次主席会议。会议讨论了《中共玉溪市委关于支持人民政协履行职能发挥作用的意见》（代拟稿）；原则通过了市政协主席在中共玉溪市委政协工作会议上的讲话、《中共政协玉溪市委员会党组关于召开中共玉溪市委政协工作会议的请示》；确定了中共玉溪市委政协工作会议拟表彰的优秀政协委员和先进政协工作者名单以及优秀提案；通过了

《关于玉溪市加快推进城镇化建设的调查报告》和对市住房和城乡建设局、规划局工作的民主评议意见。会议决定，市政协三届十五次常委会议5月26～27日在玉溪召开。

8月2日，市政协召开三届第三十四次主席会议。市政协各委室负责人分别汇报了2011年上半年工作情况和下半年工作安排。会议通过了《政协玉溪市委员会主席会议规则》(讨论稿)和《滇中经济区玉溪建设发展研究报告》(讨论稿)；原则通过了《关于玉溪市农村公共文化服务体系建设情况的调查报告》(讨论稿)。会议决定，政协玉溪市三届十六次常委会于8月11～12日在玉溪召开。

10月27日，市政协召开三届第三十五次主席会议。会议通过了《政协玉溪市第三届委员会第五次会议筹备工作方案》和2011年度县(区)政协补助经费分配方案；原则通过了《玉溪市政协提案办理工作考核办法》和《关于加强提案续办续复工作暂行办法》，要求提案委认真修改后，以办公室行文下发；原则通过了《关于玉溪市水资源开发利用与保护情况的调查报告》；会议研究了有关人事问题，决定提交下次市政协常委会议审议；会议决定，政协玉溪市第三届委员会第十七次常委会议于11月10～11日在玉溪举行。

12月7日，市政协召开三届第三十六次主席会议。会议听取了市政协各委室2011年工作总结及2012年工作意见的汇报；研究了市政协2012年调研视察课题及其它重点工作；确定了2011年度市政协“委员风采”采访对象。

【市第四次党代会工作报告协商会】 2011年9月13日，孔祥庚率市党政领导班子到市政协，就市第四次党代会工作报告(征求意见稿)向市政协、各民主党派、工商联和部分政协委员进行协商座谈，征求意见和建议。与会人员围绕党代会工作报告(征求意见稿)提出的奋斗目标和主要任务，从宏观发展战略到具体的文字表述，字斟句酌，各抒己见，畅所欲言。一致认为，报告(征求意见稿)布局合理、内容全面，紧紧围绕如何“实现科学发展、和谐发展、跨越发展”作出了安排部署，是一个指导性强，操作性强，高瞻远瞩的报告。同时，就加快特色产业发展、推进现代宜居生态城市建设、实施文化和市战略、推进基本公共服务全覆盖、加强党的建设等方面的内容提出了意见和建议。

【政府工作报告和“十二五”规划纲要协商会】 2011年1月13日，中共玉溪市委副书记、市长高劲松率市政府领导班子到市政协，就《政府工作报告(征求意见稿)》和“十二五”规划纲要(草案)与市政协委员、各民主党派、工商联、无党派人士进行协商，听取意见和建议。委员们围绕“进一步优化城市基础设施配置，提高城市建设的档次和水平；全面落实安全生产工作，强化市场监管，保障人民群众生命财产安全；加强和改善社会管理，确保社会和谐稳定，力争创建第二轮全国社会治安综合治理优秀市；以农业科技示范园区建设为依托，加快推进现代农业发展步伐，打造农产品品牌；加快旅游文化产业发展，增加旅游消费，推动第三产业发展；加大固定资产投资，推进重大项目建设，夯实经济发展基础”等提出了建议，并对进一步修改完善《政府工作报告》、做好2011年和“十二五”期间市政府工作提出了意见和建议。

【市委政协工作会议】 2011年7月13～14日，中共玉溪市委在聂耳大剧院召开政协工作会议。市委、市人大、市政府、市政协领导班子成员、市直各单位(含二级局)，民主党派、工商联、人民团体负责人，中央、省驻玉单位和驻玉部队主要负责人，各县(区)委书记、县(区)长、联系政协工作的县委常委、政府副县长，县(区)政协主席、常务副主席，统战部长及政协办公室主任，担任过副厅级以上实职的离退休老领导，市政协常委、市政协机关全体干部职工，受表彰的优秀市政协委员、先进政协工作者共计300余人出席了会议。会上，30名优秀政协委员、20名先进政协工作者和10件优秀提案受到表彰奖励。会后，中共玉溪市委下发了《关于支持人民政协履行职能发挥作用的意见》，从支持人民政协履行职能开展工作，进一步加强和改善党对政协工作的领导等方面提出25条意见要求。

【新春茶话会】 2011年1月26日，玉溪市政协在中玉酒店举行2011年各界人士新春茶话会。市委、市人大、市政府、市政协领导，市级离退休老领导，各民主党派、工商联、人民团体负责人，无党派、“三胞”眷属、驻玉部队、各界人士代表，驻红塔区的省政协委员，市直有关部门和市政协委室领导共100余人出席茶话会。孔祥庚在茶话会上向与会人员致以节日的问候和祝愿，并通报了全市2010年工作情况和2011年经济社会发展的主要目标任务，对市政协认真履职做出的贡献给予充分肯定并对新形势下进一步做好人民政协工作提出了希望和要求。

【国庆中秋茶话会】 2011年9月8日，玉溪市政协在中玉酒店举行国庆中秋茶话会。中共玉溪市委、市人大、市政府、市政协领导，市政协离退休领导，各民主党派、工商联、人民团体、负责人，无党派人士和群团组织、归侨侨眷、民族宗教界、外来投资企业、市直部门代表和各县(区)政协主席各界人士代表等100余人欢聚一堂，庆佳节，叙友情，话和谐，谋发展，共祝中华人民共和国成立62周年。高劲松代表中共玉溪市委、市人民政府向各民主党派、工商联、人民团体、各界人士、“三胞”及其眷属致以节日的祝愿，并通报了1～8月全市经济社会发展情况。

【委员培训】 2011年2月19日，玉溪市政协在玉溪会堂举办委员培训，出席市政协三届四次会议的290多名委员参加了培训学习。省委党校公共管理教研部主任欧黎明教授作了题为《党的十七届五中全会精神解读》辅导讲座。

【捐资助学助教】 2011年，市政协争取到红塔集团为市政协山区民族教育促进会捐资70万元，开展“百名贫困学子大学圆梦”资助活动，对考取大学的101名少数民族生进行资助，对50名山区民族地区优秀教师进行了表彰奖励；安排支教资金18万元，帮助易门、华宁、新平、元江等4个县的6所中小学校改善办学条件；为新平县水塘小学协调解决建设资金5万元。

【专题讲座】 2011年，结合调研课题安排，玉溪市政协邀请省级专家到玉溪讲授《十七届五中全会精神解读》、《城镇化解读》、《对农村公共文化服务体系建设的认识和体会》、《水资源与可持续发展》等专题讲座。市政协常委，市政协机关、各民主党派、工商联的全体干部职工，市文化局、规划局、住房和城乡建设局、水利局的领导和中层干部，八县一区政协主席等共1 200多人听取讲座。

【海外联谊会二届三次理事会】 2011年6月2日，市海外联谊会二届三次理事会在玉溪中玉酒店召开。玉溪市孔祥庚、高劲松等主要领导及省人大外侨委和省侨联有关领导出席会议。理事会向新增顾问钱翰民、刘兴荣等颁发了聘书。6月3日，市海外联谊会部分顾问和理事参观了元江县甘庄华侨农场、红河华侨农场，并对热带水果商贸城建设项目进行了考察。

【玉溪市珠宝协会成立】 2011年6月26日；玉溪市珠宝玉石行业协会在市政协九楼会议室召开成立大会暨第一次会员大会。省政协秘书长、中国珠宝玉石首饰行业协会副会长、省珠宝协会名誉会长车志敏，省政协副秘书长、研究室主任、省珠宝协会高级顾问马孝初，玉溪市委、市政协、玉溪师范学院和省珠宝协会等领导以及玉溪市珠宝协会会员代表、特聘顾问共计60余人出席会议。会议审议通过了《玉溪市珠宝协会章程》、《玉溪市珠宝协会会员管理办法》、《玉溪市珠宝协会行业自律公约》；选举产生了玉溪市珠宝协会第一届理事会理事、常务理事、副会长、会长、常务副会长、秘书长等机构组成人员。

【纪念辛亥革命100周年文艺晚会】 2011年9月29日晚，由市政协办公室、市委统战部、市委宣传部主办，市文化局承办，民革玉溪市委、民盟玉溪市委、民建玉溪市委、民进玉溪市委、农工党玉溪市委、致公党玉溪市委、九三学社玉溪市委和玉溪市工商业联和会共同协办的玉溪市纪念辛亥革命100周年文艺晚会——大型情景剧《辛亥百年——云南·玉溪风云录》在聂耳大剧院上演。

【民主评议】 2011年5月27日，玉溪市政协组织委员对市住房和城乡建设局、市规划局工作进行民主评议。主要评议市住房和城乡建设局、市规划局2010年以来履行工作职责的情况。

4月20～28日，市政协领导带队，组织委员深入红塔区、江川县、澄江县、新平县等县(区)和市直有关部门及单位，召开县(区)政府领导和县(区)住建部门、规划部门领导座谈会，进行了问卷调查和民主测评，在调查研究的基础上召开评议会。评议会充分肯定了市住房和城乡建设局、市规划局的工作成绩，并指出存在问题，提出评议意见10条。市政协三届十五次常委会审议通过了对市规划局的评议意见。

【全国政协领导到玉溪调研】 2011年5月30～31日，全国政协教科文卫体委员会副主任、国家新闻出版总署原副署长于永湛一行19人，到玉溪就推进基本公共服务均等化专题进行调研。调研组召开了交流座谈会，参观了红塔集团、星云湖—抚仙湖出流改道工程出水口生态公园、聂耳音乐广场、聂耳纪念馆和澄江禄充风景区。

9月16日，民革中央副主席、全国政协副秘书长修福金一行到玉溪调研抚仙湖保护管理与基层民主党派工作。

【省政协领导调研视察】 2011年6月7～8日，中国伊斯兰教协会副会长、云南省政协副主席马开贤一行3人，到澄江县、通海县调研伊斯兰教工作和经济社会发展情况。

8月15～16日，省政协常委、省政协社法委副主任卢正国、省总工会副主席[illegible]到红塔区、通海县，就玉溪市实施《中华人民共和国劳动法》和《中华人民共和国劳动合同法》情况进行视察。24日，省政协秘书长、省珠宝协会名誉会长车志敏率省珠宝协会秘书长陈昕、天津凯洛格锐通股权投资基金管理有限公司执行董事李文达等到玉溪调研，就云南省珠宝玉石产业和协会发展壮大在融资和金融服务支撑方面进行专题调研。

10月27～28日，省政协副主席白成亮带队，省政协办公厅、省工信委、省政协人口资源环境委员会、台盟省委、省工商联等部门领导参加的省政协专题调研组，到玉溪市红塔区、峨山县、华宁县水源地、水库、供水管道建设现场，就水资源情况和抗旱保民生工作进行专题调研。

（沐德能）

纪检监察

【反腐倡廉宣传教育】 2011年，市纪检监察机关以庆祝中国共产党成立90周年为契机，以创先争优活动和学习杨善洲先进事迹的宣传为切入点，坚持把宣传教育作为反腐倡廉建设的基础性工作，认真抓好党员干部的勤政廉政教育。以领导干部为重点对象，组织1 200名党员干部参加纪念“建党90周年反腐倡廉”知识竞赛，对2009年以来任职的88名县级领导干部进行反腐倡廉专题教育培训，加强以人为本、执政为民教育，领导干部的宗旨意识、责任意识、公仆意识和服务意识进一步增强。充分利用玉溪党风廉政网、《玉溪纪检监察》、《玉溪日报》“警钟”专栏等媒体宣传反腐倡廉工作成果。当年，“玉溪党风廉政网”刊发文章、信息、图片1 756篇(条、幅)，《玉溪日报》“警钟”栏目刊登典型案例172篇；拍摄反映玉溪党风廉政建设的《风清气正新农村》专题片在云南电视台播出。加强廉政文化建设，认真落实《云南省关于进一步加强廉政文化建设的实施意见》，积极开展廉政文化示范点创建，创建省级廉政文化示范点6个，有效地拓展了廉政文化建设领域，扩大了廉政文化的覆盖面和影响力。

【廉洁自律工作】 2011年，市纪检监察机关认真贯彻落实《廉政准则》，严格执行领导干部廉洁自律各项规定，全市共登记上交礼金13.3万元。落实“三谈两述”、党政机关厉行节约等有关规定，严格执行党员领导干部报告个人有关事项等制度，对新提拔的28名县处级领导干部进行了任前廉政谈话，为561名县处级领导干部出具了任前廉政意见，为评优评先509个集体和个人提供了廉政情况。

【查办案件工作】 全市纪检监察机关2011年共收到群众信访举报733件(次)，立案查处139件，处分161人，其中县处级干部4人，科级干部41人。查办案件挽回经济损失1 735.3万元。充分发挥党委反腐败协调小组作用，健全查办案件工作机制，加强信访举报、案件监督、案件审理等工作，严格依纪依法、安全文明办案，保持了查办案件高压态势，收到了较好的震慑和警示效果。同时，注重严惩腐败与保护干部相结合，为12名受到失实举报的党员干部澄清了事实。

【执法监察工作】 2011年，市纪检监察机关围绕科学发展和转变经济发展方式，加强市委、市政府面临新一轮西部大开发、桥头堡建设、滇中城市经济圈建设重大历史机遇所作出的全力推进新型工业化、城镇化、农业现代化和做美城镇、做强产业、做好环境、用活政策等重大决策措施落实情况的监督检查。加强对中央关于加强和改善宏观调控、做好“三农”工作、经济结构调整、市场价格调控、房地产调控、资源节约和环境保护、规范和节约用地、保障和改善民生等重大决策部署执行情况的监督检查。强化对东风水库除险加固工程、玉溪大河二期工程、棋阳路改造二期工程、易峨高公路和新三公路、研和工业园区、保障性住房等重大项目和民生工程在项目建设规范性、工程进展高效性等方面的监督。全市开展各类行政效能监察82项，行政效能建设专项工作77项，督促建章立制215项，会同有关部门开展监督检查1 280项，纠正违法违规问题1 066个，查出违规资金558.49万元。严肃组织人事纪律。认真贯彻中央、省委"严肃换届纪律保证换届风清气正"视频会议精神，深入开展政治纪律和换届纪律教育，建立严肃换届纪律工作责任制，成立了"严肃换届纪律保证换届风清气正"工作协调小组，加强监督检查，把严肃换届纪律要求贯穿干部提名推荐、考察、公示和换届选举等各个环节，为市、县、乡党委换届工作营造了风清气正的良好环境。

【纠正损害群众利益不正之风工作】2011年，全市纪检监察机关加强对强农惠农政策落实的监督检查，强化四项专项资金(社会保障基金、住房公积金、扶贫资金和救灾救济资金)的监管，发现和纠正了一批违规问题。继续治理教育乱收费，规范教育收费行为。全面推行各级医疗机构药品集中招标采购，采购药品总金额达6.07亿元，药品降价让利群众7 657万元。深入开展食品安全专项整治行动，进一步巩固治理公路"三乱"成果。深入开展民主评议政风行风工作，对106个公共服务行业的单位进行评议，强化了部门抓行风建设的责任。办好"政风行风热线"，全年共有40家市直部门和县(区)政府领导上线，主要领导上线率77%，办理群众来电咨询、投诉60件次。

【源头防治腐败领域工作】 2011年，市纪检监察机关积极协助市委认真落实党风廉政建设责任制，坚持每年由市级党员领导干部带队考核制度，对落实党风廉政建设责任制暨推进惩防体系建设工作进行全面考核。不断健全工作责任落实机制，制定了《玉溪市党风廉政建设责任制考核办法(试行)》，实行"双百分制"计分，提出创新工作项目加分，新增市委常委评价机制，完善责任考核体系。狠抓责任分解、责任考核、责任追究等关键环节，强化"一岗双责"，注重考核结果运用，巩固和发展了全市齐抓共管反腐倡廉建设的良好局面。不断深化行政管理体制、干部人事制度、财政管理体制改革，认真落实法治政府、责任政府、阳光政府、效能政府建设各项制度。积极推行公务卡结算，规范公务消费支出。全面推行廉政风险防控管理，组织实施行政行为监督制度。建成行政审批电子监察系统，稳步推进公共资源交易中心建设。积极开展行政效能监察，优化行政效能建设考评方案，强化行政问责和行政效能投诉办理力度，不断提升政府执行力。全市共受理办结行政效能投诉29件，实施行政问责14件27人。

【工程建设领域突出问题专项治理工作】 市纪检监察机关按照云南省工程建设领域突出问题专项治理2011工作要点，结合实际，以政府投资和使用国有资金的项目特别是以扩大内需项目为重点，认真排查项目决策、土地使用权和矿业权管理、规划许可、招标投标活动、工程建设实施和工程质量管理、物资采购和资金管理、工程建设项目信息、违纪违法案件查处等八个方面的问题，切实解决了一批突出问题。2009年8月以来，全市共排查500万元以上使用政府性投资和国有资金建设项目共401个，发现并纠正问题98个，罚没、补交等款项金额402.5万元。对141个项目在建设规范性、工程高效性等方面强化监督，提出监察建议5项，督促建章立制3项。督促完成了省工程治理办交办的红塔区四个项目整改，协助省纪委完成了中央纪委交办的有关工程问题信访件调查。全市纪检监察机关共立案查处涉及工程建设领域突出问题的案件35件，给予党政纪处分25人，移送司法机关32人。

【"小金库"专项治理工作】 2011年，市纪检监察机关会同市清查"小金库"领导小组办公室，组织好"小金库"全面复查阶段工作，进一步完善防治"小金库"的长效机制，将"小金库"专项治理情况纳入惩防体系建设和党风廉政建设责任制考核内容。全市开展复查的党政机关、事业单位、社会团体和国有及国有控股企业2 653户，复查面达100%。全市抽调纪检监察机关、财政、审计、民政、国资等部门人员组成9个检查组，围绕重点单位，突出重点问题，对专项治理工作进行督导抽查，共抽查党政机关、事业单位、社会团体和国有及国有控股企业800户，对发现的问题按照有关规定进行了严肃处理。

【公务用车问题专项治理工作】 2011年，市纪检监察机关严格按照上级工作部署，成立了专项治理领导小组，组织召开了全市公务用车问题专项治理工作会议。紧紧抓住登记自查、审查核实、分类处理等环节，不断加大督导力度，督促各县(区)、市直各部门认真开展治理。全市共有2 952个单位开展了登记自查工作，登记自查面达到了100%。

【庆典研讨会论坛活动专项治理工作】
2011年，市纪检监察机关按照中央、省、市关于清理和规范工作实施意见提出的目标要求，各县(区)和市级各机关各部门对本地区本部门及其下属单位在本年度内举办和拟举办的各类庆典、研讨会、论坛活动项目进行了全面的清理登记，并按照分级负责的要求审核后提出了拟保留或取消建议及其理由。通过全面清理，各县(区)各部门登记上报项目共计32项，其中庆典类项目27项，研讨会项目5项。在开展庆典、研讨会、论坛活动充分调研的基础上，制定了庆典、研讨会、论坛活动和领导干部出席活动的报批制度，进一步明确举办活动范围、政策界限和报批程序、权限以及监督责任，着力规范举办行为。市清理和规范工作领导小组按照"依据明确、规模适度、数量适当、经费合规"的要求，本着压缩活动项目数量、节省经费开支的原则，经逐项审核，决定保留庆典17项、研讨会5项，取消庆典活动10项。

【农村集体"三资"管理工作】 2011年，市纪检监察机关借鉴红塔区农村集体资金资产资源管理和监督的成功经验，在深入调研、形成调研报告提交市委常委会研究后，市委、市政府下发了《关于加强全市农村集体资金资产资源管理监督的实施意见》，在全市推广"制度+科技"监管模式。通过清产核资，自主开发农村集体"三资"监管软件，全面推行代理服务，打造农村集体"三资"监管数字化网络体系建设，实现对农村集体"三资"的适时监控、远程查询和在线分析指导，促进农村集体资金资产资源的保值增值。全市661个村、6 184个村民小组共清理农村集体资金17亿元，其中村级资金3.3亿元，组级资金13.7亿元；农村集体资产46.5亿元。委托服务中心建设全面推进，67个乡镇增挂了农村集体"三资"委托代理服务中心牌子，与乡镇农经站实行"一套班子、两块牌子"的工作机制。

【村民监督委员会工作】 2011年，市纪检监察机关结合落实新修订的《村民委员会组织法》，深入调查研究，在华宁县试点成功的基础上，形成调研报告提交市委常委会研究后，市委、市政府下发了《关于在全市建立村民监督委员会的意见》。明确了村民监督委员会的性质和职责，规定村民监督委员会一般由3～5名村民组成，设主任1名，委员2～4名，任期原则与村民委员会同期。村民监督委员会在村党组织领导下，独立行使监督权，接受群众监督。其职责主要有：监督村党组织、村委会班子及其成员和村民小组组成人员贯彻执行党的政策、履职、遵纪守法、廉洁自律的情况；监督村党组织建设、党务工作、干部队伍建设、党风廉政建设的情况；监督村“两委”班子贯彻执行“三重一大”集体决策制度的情况；监督村集体资金、资产、资源管理、使用、变更的情况；监督对村内事关群众切身利益的公共事务、工程建设等情况；监督相关部门聘请从事其他村务管理人员的履职情况。全市已有656个村(社区)建立村(居)民监督委员会。通过建立村民监督委员会，进一步提高了村民自治的能力，规范了基层干部的履职行为，有效破解了难于监督村干部的难题。

【重要会议】 2011年1月25日，市纪委监察局邀请云南大学马克思主义研究院院长、教授任新民为单位全体干部职工集中宣讲党的十七届五中全会精神。

2月16日，全市党风廉政建设大会召开。市委书记孔祥庚强调要坚定不移地推进党风廉政建设和反腐败工作，以人为本、执政为民，以反腐倡廉的实际成效取信于民，以反腐倡廉的实际成效促进全市经济社会又好又快发展。会议传达了省纪委八届六次全会精神，通报了2010年度推进惩治和预防腐败体系建设暨党风廉政建设责任制检查考评结果，对3个优秀县(区)和20个优秀市直单位进行了表彰，并与各县(区)委签订了2011年度党风廉政建设责任书。17日，中共玉溪市纪委三届六次全会召开。全会学习贯彻十七届中央纪委六次全会、省纪委八届六次全会和市委三届七次全会精神，回顾总结2010年反腐倡廉工作，研究部署2011年任务。全会审议通过了市委常委、市纪委书记李文斌代表市纪委常委会所作的《服务发展，整体推进，不断取得党风廉政建设和反腐败斗争新成效》的工作报告。

3月14～15日，省纪检监察学会和省纪委政研室调研组一行3人在省纪检监察学会副会长温宗贵带领下到玉溪市就纪检监察派出机构统一管理改革工作开展专题调研。

4月7日，市纪委召开了2011年巡视工作会议，对2010年巡视工作进行了总结，对2011年巡视工作作了安排部署。市纪委副书记冯志明强调要认真履行监督职责，突出抓好五个重点，从六个方面开展好2011年的巡视工作。19日，玉溪市行政监察暨纠风工作会召开。会议总结了2010年行政监察和纠风工作，安排部署了2011年的工作，对2009～2010年度行政监察工作中成绩突出的15个先进集体和50名先进个人进行了表彰。

5月27日，全市党风建设暨反腐倡廉宣传教育工作会议召开。会议总结了2010年全市党风建设和反腐倡廉宣传教育工作，表彰了先进，安排部署了2011年的工作任务。

7月29日，全市纪检监察机关查办案件工作会召开。市委常委、市纪委书记李文斌强调要继续保持查办案件惩治腐败的强劲势头，进一步提高查办案件工作水平，以查办案件工作的新成效促进全市经济社会又好又快发展。会议总结了市第三次党代会以来全市纪检监察机关的查办案件工作，对今后一个时期的工作作了安排部署。

8月22～25日，省纪委检查组到玉溪市检查省级廉政文化示范点创建工作。

9月9日，中共玉溪市纪委三届七次全会召开。会议审议通过了《中国共产党玉溪市第三届纪律检查委员会向中国共产党玉溪市第四次代表大会的工作报告》，同意提请中国共产党玉溪市第四次代表大会审查。21日，中共玉溪市纪委四届一次全会召开。会议选举产生了市纪委常委、副书记、书记，李文斌当选为市纪委书记，席佐能、冯志明、普光照当选为市纪委副书记。27日，玉溪市第五届特邀监察员聘任会召开。会议总结了第四届特邀监察员工作，通报了今后行政监察工作重点，对第五届特邀监察员提出了工作要求。

11月2日，玉溪市廉政文化建设推进会召开。会议传达贯彻了全省廉政文化建设推进会精神，总结全市廉政文化建设取得的成效和经验，安排部署今后一个时期全市的廉政文化建设工作。会上，代省纪委颁发了玉溪市首批被省纪委命名的易门县财政局等六家省级廉政文化示范点标牌。10日，省委常委、省纪委书记辛维光到玉溪市就党风廉政建设等工作进行调研，强调要坚持两手抓，一手抓党风廉政建设，一手抓保障和促进发展。15～16日，由市纪委、市委组织部共同举办的“玉溪市新任县级领导干部反腐倡廉教育培训班”开班。自2009年12月以来新任的88名县级领导干部参加了培训。市委常委、市纪委书记李文斌出席了开班仪式并作动员讲话。21～24日，全市纪检监察干部业务培训班开班，70名新任纪检监察干部参加了纪检监察综合业务知识培训。

12月20日，玉溪市2011年度推进惩治和预防腐败体系建设暨党风廉政建设责任制考核工作会召开，19个考核组57名领导及干部参加了会议。会议对考核工作作了安排，提出了工作要求。23日，市纪委监察局召开开展“四群”教育实行干部直接联系群众制度动员大会，学习贯彻省“四群”工作大会精神，对开展“四群”教育工作作了安排和部署。

（李文山）

民革玉溪市委

【参政议政】 2011年，民革玉溪市委参加各种协商会，积极建言献策，在玉溪市政协三届四次会议上，民革玉溪市委提交集体提案6件：《关于推广以入湖河水为营养的蔬菜品种筛选及漂浮种植，实现水质净化和经济效益双赢的建议》、《关于修复开放中心城区名人故居，弘扬玉溪历史名人精神和乡土文化的建议》、《关于发展玉溪市文艺演出团队的建议》、《关于在"三湖"径流区推广蔬菜种植控氮减磷技术的建议》、《关于加大种植业结构调整力度，切实保护抚仙湖的建议》、《关于修建谢汝翼故居，弘扬玉溪历史名人的建议》；联合提案4件：《关于桥头堡建设背景下加强玉溪物流发展的建议》、《关于桥头堡建设背景下建设玉溪宜居生态城市的建议》及医疗方面的两件；委员交个人提案6件。内容涉及经济、文化、生态和社会建设的等方面，得到了有关部门的重视和关注，产生了良好的社会影响。

【受表彰党员】 2011年，民革党员在各自岗位上都作出了成绩，民革玉溪市委被民革中央表彰，荣获民革中央思想宣传工作先进集体，3人被评为民革云南省优秀女党员；1人被中共玉溪市委评为参政议政工作先进个人；2人被评为玉溪市优秀党外人才；1人被评为优秀中国特色社会主义建设者。1人荣获玉溪市十大杰出人才奖、云南省创先争优十大女杰提名奖，1人获民革全国基层工作先进个人。

【开展社会服务】 2011年，民革玉溪市委8次到新农村联系点峨山县登云社区进行多方面协调帮扶，特别查看了2006年民革玉溪市委为帮助登云社区发展种植业，开展的种植竹子的情况，竹子长势较好，经济效益可观，当年又扩展到600亩。考察了社区基础设施建设情况，提出了建设性意见，并带去1.6万元资金支持社区对办公场所改扩建。受到峨山县领导和干部群众的一致称赞。

参与市农科院配合江川县政协、农业局对土壤科学施肥开展控氮减磷试验和水上无土栽培实验，并协调资金5万元，控氮减磷试验和水上无土栽培实验成效突出，引起各级关注。

【组织建设】 2011年11月，各支部完成换届工作，支部的设置由原来的科技一、二、三支部，教育一、二支部，文艺支部等6个支部，调整为科技支部、经济支部、中小学教育支部、大中专教育支部、文化艺术支部、社会法制支部等6个支部。按照民主集中制的组织原则，民主推荐，民革玉溪市委综合考察，提出候选人名单，经各支部党员大会选举产生各支部主、副委及其他成员。至年底，科技支部有21人，经济支部有18人，中小学教育支部有19人，大中专教育支部有19人，文化艺术支部有17人，社会法制支部有21人。民革玉溪市委当年发展新党员6人，市委会共有党员116人。

（赵　倡）

民建玉溪市委

【思想建设】 2011年，民建玉溪市委通过召开市委（扩大）会、座谈会、组织生活会、参加专题活动、参加学习培训及发送刊物等多种形式，推动会员理论学习的深入开展，为履行参政党职能奠定坚实的思想政治基础。民建玉溪市委积极组织会员参加省、市举办的民建中青年会员培训班和民主党派领导干部学习培训班，全年共有18人次参加学习培训。同时，民建玉溪市委举办了市委委员、民建支部负责人及骨干会员培训会，民建玉溪市委领导、各支部负责人及骨干会员共60余人参加了学习培训。开展了践行社会主义核心价值体系学与行活动，把学习和践行社会主义核心价值体系贯穿自身建设的始终，通过参加市委统战部、民建省委举办的学习培训、专题讲座和支部活动学习等多种形式，把践行活动引向深入。同时，开展了"六争创"活动，即：争创一个先进会机关、争创一个先进支部、争创一名先进市委委员、争创一名优秀支部主任、争创一名优秀民建会员和争创一个学习型组织。

【组织建设】 2011年，发建组织建设在突出重点和保证质量的前提下，积极稳步发展会员，一批优秀人才被吸纳入会，会员结构得到优化，会员整体素质明显提升，全年共发展会员12名。截至12月，民建会员人数达到252名。

其中，男会员143名，女会员109名，会员平均年龄42.9岁；具有大专以上学历的会员227名，占会员的90.1%；具有中高级以上职称的会员137名，占54.4%。组织的不断发展和壮大，改善了会员结构，提高了民建的整体素质，为民建更好地发挥参政党职能提供了坚强的组织保证和必要的人才基础。

【参政议政】 2011年，民建玉溪市委在政协云南省十届四次会议上，省政协常委、市委主委郭开堂向大会提交《关于扶持花卉产业的建议》等3件提案；在政协玉溪市三届四次会议上，民建玉溪市委向大会提交《关于加快玉溪市服务业发展的建议》等9件集体提案，与其他民主党派提出联合提案1件。民建政协委员向大会提交《关于进一步完善灵秀乡村旅游设施的建议》等7件个人提案。民建玉溪市委向市政协全会提交题为《关于加快推进和谐社区建设的建议》的大会交流材料。市委专职副主委王丽文在界别联组会上作了题为《推进昆玉一体化，加快推进玉溪市服务业发展的建议》的发言。

【社会服务】 2011年，民建玉溪市委面向社会、面向会员，积极开展社会服务工作。民建玉溪市委组织省、市医学博士、教授、专家和文艺演员赴峨山小街文明村，开展“三下乡”活动，为村民免费赠送6 000余元的药品，医疗专家为200余名村民免费进行了医疗义诊，活动得到了当地村民的广泛赞誉，树立了民建良好的社会形象。邀请云南省肿瘤医院教授、博士生导师宋鑫就6种常见肿瘤的症状体征、治疗及预防等医疗知识为会员进行专题讲座，并与会员进行交流互动，使会员受益匪浅。为会员提供音乐培训服务，受到了参训会员的欢迎，增强了民建组织的活力和凝聚力。

（马国富）

民进玉溪市委

【思想建设】 2011年7月，民进玉溪市委向各基层支部转发民进中央《关于学习贯彻胡锦涛在庆祝中国共产党成立90周年大会上重要讲话精神的通知》及组织会员学习胡锦涛讲话精神。号召广大会员踊跃撰写中国共产党成立90周年征文活动。截至11月1日，共收到并报送民进云南省委征文稿件3篇。

一年来，民进中央开展学习《中华人民共和国国民经济和社会发展第十二个五年规划纲要》有奖征答活动，民进玉溪市委高度重视，组织会员积极参与，取得了较好的成效。在第一期的答题活动中，共收到97名会员的答题卡，参与活动的会员数占玉溪民进全体会员的63%；在第二期的答题活动中，共收到109名会员的答题卡，参与率为71%；在第三期的答题活动中，共收到90名会员的答题卡，参与率为58%。组织6名骨干会员参加云南省社会主义学院举办的云南民进宣传工作骨干会员培训。10名会员参加了市委统战部举办的玉溪市各民主党派、工商联干部学习培训。向各基层支部转发民进云南省委《关于学习贯彻中共十七届六中全会精神的通知》，并发放《中共十七届六中全会会议公报》（单行本）到各支部和市委委员，要求全体会员深入学习全会精神，开拓进取、扎实工作，作出新贡献。

【参政议政】 2011年2月，在玉溪市政协三届四次全会期间，民进玉溪市委提交调研报告2份，大会交流发言材料2份，联组会发言材料1份，集体提案5件，集体联合提案4件，委员提案2件，委员联名提案6件，合计提案17件，全部立案。分别从玉溪的经济、规划、教育、交通、农业等各个方面提出客观可信、切实可行的建议。

民进玉溪市委开展《玉溪市民族特色旅游小镇调研》和《玉溪生物药业发展情况的调研》。两个调研课题已顺利完成报告并上报相关单位和部门。当年，民进云南省委副主委、昆明市政协副主席、民进昆明市委主委汪叶菊和民进云南省委参政议政处处长杨福宝等组成的调研组到玉溪围绕“精心打造民族特色旅游小镇，促进滇中经济圈旅游产业发展”开展专题调研。

【举办“玉溪春澜——蒋俊华民歌演唱会”】 2011年3月18日，由民进玉溪市委主办、玉溪市文化局协办的“玉溪春澜——蒋俊华民歌演唱会”在聂耳大剧院唱响。演唱会旨在进一步贯彻玉溪市委、市人民政府“文化和市”战略，弘扬民族文化，推出本会的优秀人才，打造聂耳故乡音乐之城。2 000名观众前来观看。受到了市委、市政府和媒体的充分肯定和社会各界的广泛好评。

【社会服务】 2011年6月25日，民进玉溪市委组织18位医卫界的专家会员赴江川县路居镇上坝村委会开展义诊、疾病预防和计生宣传活动。活动共为上坝村委会60岁以上的300多名老年人提供了免费义诊和咨询服务，免费发放价值7 000多元的药品和计生用品，发放各类宣传材料1 000多份。受到了当地群众的欢迎和路居镇党委政府、媒体的充分肯定，《玉溪日报》、玉溪电视台和江川电视台均作了专题报道。

（黄蕊仪）

民盟玉溪市委

【组织建设】 2011年，根据盟章规定，到届的民盟玉溪市工业财贸学校支部（七支部）和民盟玉溪市机关支部（四支部）分别举行了支部盟员会议，进行了换届选举。中国民主同盟玉溪市第二中学支部委员会（即：民盟玉溪市第十支部）成立。

【提案及调研】 2011年，在云南省政协十届四次会议上，民盟玉溪市委主委陈家祥个人提交提案1件。在2011年玉溪市三届四次人大、政协会议上，民盟玉溪市委盟内的人大代表、政协委员，心系发展、关注民生，以高度的政治责任感和历史使命感，认真履行参政党职能，提交集体提案5件；与其它党派的联合提案4件；委员个人提案17件；民盟玉溪市委在市政协三届四次会议上一共提交提案26件。其中民盟玉溪市委集体提案《关于玉溪市农村文化阵地建设的建议》被市政协评为玉溪市三届四次全会重点提案。2011年在市人大三届四次全会上提交建议案2件。《关于加强对玉溪市出租车管理的建议》的提案被《云南政协报》评选为全省十六个州市2010年最有影响力的15件政协精品提案之一，《关于加强对玉溪市出租车管理的建议》的提案和民盟市委提交的集体提案《关于重视失地农民的社会保障的建议》被评为市优秀提案，在2011年7月中共玉溪市委召开的“市委政协工作会议”上受到中共玉溪市委的表彰。《关于拆除中心城区环岛》的提案，对解决城市交通拥堵提出了有针对性和科学合理的建议，已被市政府采纳并正在加紧实施。在调研报告评比中，民盟玉溪市委《关于农村文化阵地建设的调查报告》被评为一等奖，受到中共玉溪市委统战部的表彰。

2011年12月，民盟玉溪市委完成了报送市委、市政府、市人大、市政协的《关于玉溪市农村中小学教师队伍情况的调研》和《玉溪市农村科技队伍情况的调查》两个调研报告。

【受表彰情况】 2011年5月，民盟玉溪市一中支部被评为"全国先进集体"，何有昌被评为"全国先进个人"，受到了民盟中央的表彰；同年，民盟玉溪市委委员2人被评选为"玉溪市优秀党外人才"，受到中共玉溪市委和玉溪市人民政府的表彰。

【上级领导视察考察】 2011年11月11～12日，全国人大常委、民盟中央副主席李重庵一行，到玉溪对民盟玉溪市委的"农村教育烛光行动"定点学校，玉溪市红塔区马桥中学进行了考察调研。李重庵还为马桥中学亲笔题写了校名。

【农村教育烛光行动】 根据民盟省委的要求，省民盟社会服务工作的着力点主要放在农村教育烛光行动上。2011年5月15日，民盟玉溪市委成功举办了第二届"农村教育烛光行动"论坛。民盟云南省委副主委毕励、社会服务部部长薛继光，民盟玉溪市委主委、副主委及市委统战部、红塔区教科所、马桥中学等负责人及近100名盟员教师参加了论坛。毕励代表盟中央向"农村教育烛光行动"汤开科等7名志愿者发放了证书。年内，组织教学专家和教研骨干前往马桥中学、大营街二中、峨山县等地进行农村支教活动，共开展大型活动5次，讲课评课50余节，举办教学专题讲座3场，开展教学研讨活动3次。

（何有昌　晏　玮　陈　佳）

农工党玉溪市委

【思想建设】 2011年，农工党玉溪市委思想建设工作主要是深入学习中国特色社会主义理论体系；树立和践行社会主义核心价值体系；学习新时期统一战线和多党合作理论政策；开展国情和形势任务教育，引导广大党员正确认识社会主义初级阶段的基本国情，认真学习、深刻理解党和政府的各项发展政策，树立大局意识，正确看待深化改革中出现的矛盾和困难，理顺情绪，增强信心，紧密围绕党委和政府中心任务发挥作用；继承多党合作的优良传统，学习农工党章程，深入了解多党合作和农工党历史，引导广大党员自觉遵守农工党章程，继承和弘扬老一辈领导人与中国共产党风雨同舟、团结合作的优良传统，搞好政治交接，增强接受中国共产党领导的自觉性。

【组织建设】 2011年，农工党玉溪市委加强后备干部队伍建设，建立了40余人的后备干部队伍人才库，努力为后备干部提供学习、锻炼的机会。安排10人次参加农工党云南省委在省社会主义学院举办的培训班学习，15人次参加中共玉溪市委统战部在市社会主义学院举办的培训班学习。5人次参加玉溪市政协组织的调研视察活动。按照《各民主党派中央关于加强自身建设若干问题座谈会纪要》、《关于民主党派组织发展若干问题座谈会纪要》和《关于进一步做好民主党派组织发展工作座谈会纪要》所确定的组织发展工作的各项方针政策，当年共发展新党员11名，在坚持发展主体界别的同时，重点在经济、法律、文艺等非重点界别发展新党员，进一步改善了组织结构。全年共有10个支部，5个党小组，党员179人。

【参政议政】 2011年，农工党玉溪市委组织开展了"玉溪市餐饮业发展情况的调查"和"玉溪市民办幼儿园发展情况的调查"两个课题；参与玉溪市政协、中共玉溪市委统战部组织的调研视察活动。通过人大建议、政协提案，积极建言献策。在全国、省、市、区两会期间，向全国人大十一届三次全会提交了《关于修改执业医师法的建议》等7件人大建议。向政协玉溪市三届四次全会提交了《关于护养玉溪野生白鹭的建议》、《加强规划和建设，切实解决停车难的建议》、《关于为失地农民提供司法保障的建议》3件领衔与市政协文史委、民盟、民进联合提案；与市政协科教文卫体委、民进、九三学社联合提交了《关于加快市一幼改扩建工程建设步伐的建议》、《桥头堡建设背景下加快玉溪现代宜居生态城市建设的建议》、《桥头堡建设背景下加强玉溪物流业发展的建议》、《关于将"人才强市"战略纳入玉溪经济和社会发展总战略的建议》4件联合提案；提交了《关于发展低碳经济建设生态新玉溪的建议》、《关于高度重视玉溪市艾滋病流行较重的乡镇防治工作的建议》、《打造古滇文化旅游品牌的建议》等14件集体提案；提交了《关于进一步重视玉溪市农产品质量安全的建议》、《关于在全市农村逐步推行新农保的建议》、《关于强化玉溪市养犬管理，提升城市形象的建议》等委员提案9件。

【社情民意工作】 2011年，及时向农工党省委上报社情民意8条，涉及社区服务、公共卫生、市场管理、城乡一体化建设、市政建设、职业教育、绿色办公、基础教育等方面。

【社会服务】 2011年9月20日，农工党玉溪市委组织七支部（市妇幼保健院）的党员到红塔区北城镇的夕阳红托老（幼）院，开展献爱心活动。活动为他们送去了衣服、水果、常用药品以及其它生活用品，价值6 000余元。并为院里的37名孤残儿童进行身高、体重、内科、口腔及营养状况的检查。受到了托老（幼）院领导、孤残老人和儿童的热情欢迎，《玉溪日报》、玉溪电视台进行了报道，社会各界给予高度评价。

农工党玉溪市委参与组织玉溪市艾滋病高危人群综合干预工作人员培训班工作。在当年"12·1"世界艾滋病日宣传活动中，8名党员在人流量较大的聂耳公园北门展开了大型防艾宣传活动。活动采取悬挂横幅、摆放展板、歌舞小品表演和发放宣传折页、日历、免费安全套、防艾纸巾等多种方式开展宣传。防艾志愿者们精心编排了精彩的小品，把防艾知识和国家对艾滋病的相关政策穿插在小品中，向过往群众进行了寓教于乐的宣传。防艾滋病宣传活动共展出禁毒防艾知识宣传展板12块、发放各种艾滋病防治知识宣传日历6 000余份、防艾纸巾5 000余包、免费发放安全套12 000只。

【表彰先进】 2011年，七支部主委文美莲因社会服务工作成绩突出，受到中国农工民主党中央委员会的表彰，荣获"2008～2011年度中国环境与健康宣传周先进个人"。2人被中共玉溪市委表彰，荣获玉溪市优秀党外人才称号，1人被中共玉溪市委表彰，荣获玉溪市优秀政协委员称号。

（华　旭）

致公党玉溪市委

【思想建设】 2011年，致公党玉溪市委组织党员学习了致公党十三届中央委员会第四次全体会议精神、致公党中央十三届十四次常委会会议精神，《致公党中央关于学习贯彻“两会”精神的决议》；政协全国委员会十一届四次会议的主要精神，政协主席贾庆林关于做好政协工作要树立的“五个意识”，全国政协会议上贾庆林参加致公、侨联组的讲话精神，强调围绕国家“十二五”规划出智出力，为现代发展作贡献，中共玉溪市委三届十次常委会会议精神。响应号召，以支部活动的形式，组织党员学习九三学社社员杨佳的先进事迹，进一步深入学习社会主义核心价值体系。组织党员8人参加了2011年度由市委组织部和市委统战部举办的党外领导干部培训班。为纪念中国辛亥革命100周年，深化政治交接学习教育活动，继承和发扬民主党派老一辈长期与中国共产党团结合作的政治信念、优良传统和高尚风范，增强接受中国共产党领导的自觉性和坚定性，致公党玉溪市委组织市委委员和各支部主、副委，以及部分老党员赴红色教育基地重庆接受革命传统教育。

【参政议政】 2011年，向政协玉溪市三届四次会议提交了集体提案3件，委员提交个人提案10件。其中，《关于加强玉溪市大红山矿产资源勘查开发的建议》、《关于玉溪中心城区旧城保护与改造的建议》，受到了市委、市政府高度重视，孔祥庚书记亲自批示“此提案颇具价值，望深入研究，广泛听取意见，充分论证，完善后实施。”

【组织建设】 2011年，发展党员5人，其中越南归侨1人，医卫界党员3人，教育界1人，科技界1人。党员郝应禄被中共玉溪市委和玉溪市人民政府共同授予首届“玉溪杰出人才奖”。

【社会服务】 2011年，组织女党员到新农村联系点新平县建兴乡开展社会服务暨庆祝妇女节活动；组织相关人员前往建兴乡政府驻地搬迁地马鹿塘的集镇建设工地现场勘查，对如何完善优化集镇建设建议提出了建议；组织党员中的医生在马鹿塘村进行义诊活动，开设了外科、妇科、内科、儿科、血压测量五个项目，为当地村民看病200人次，发放药品种类50种，价值4 000元；组织全体党员捐款，向马鹿塘小学捐赠体育用品：篮球10个、各类跳绳23根、羽毛球拍14副、羽毛球2打、跳棋10盒。

在建兴乡马鹿塘社区的果树种植基地，专家对乡农科站林业站科技人员、果农，进行了现场培训指导。对马铃薯种植技术进行了全面系统的讲解培训。

为充分发挥党派“侨”、“海”特色，做好对市内归侨、侨眷的服务工作，组织医卫界党员一行12人到峨山县文明侨乡开展义诊活动。开设了内科、儿科、五官科、血压测量四个项目，发放药品种类近55种，价值3 500元，前来就诊村民近200人。

（官劼璠）

九三学社玉溪市委

【参政议政】 2011年，社市委共征集提案47件，向政协玉溪市第三届委员会第四次会议提交提案26件，联合提交集体提案2件，并向大会提交了《关于加强玉溪市节水型社会建设的建议》和《玉溪市集体林权制度综合配套改革的调研报告》的发言和交流材料。其中，集体提案10件，委员提案16件。与民进等民主党派联合提交集体提案2件。《关于在抚仙湖径流区发展生态产业的建议》被市政协确定为4件重点督办提案之一，由市政协督办，市政府牵头办理，市农业局承办。《关于进一步加强对东风水库径流区环境整治的建议》，作为市政协8件视察督办提案之一，由市政协经济委负责牵头视察督办。

社市委12人次参加市政府和市政协组织的调研视察活动，完成《玉溪市中心城区供水安全调查》和《玉溪市中低产林改造现状与对策调研》2个调研报告。

【组织建设】 2011年，社市委按照《各民主党派中央关于加强地方组织领导班子建设座谈会纪要》要求，着重提高领导班子成员的政治把握能力、参政议政能力、组织领导能力和合作共事能力，分别选派5名社员和5名骨干社员参加社省委组织的新社员培训班和中共玉溪市委统战部组织的“民主党派、工商联干部培训班 ”。发展新社员4人，其中2名为女性。新社员平均年龄36岁，全部具有中级以上职称。年底，全市共有社员130人，平均年龄52.28岁；其中高级职称72人，占55.38%；中级职称58人，占44.62%。

【思想建设】 2011年，社市委召开主委会议5次、市委会6次，基层支社组织学习活动21次。通过学习胡锦涛总书记“七一”讲话、中共十七届六中全会、社省委六届六次全会和中共玉溪市第四次党代会精神，加强对新时期统战理论、社章、社史和纪念中共建党90周年和辛亥革命100周年的学习，深入学习杨佳的先进事迹，提高了社员的政治思想素质，坚定了政治立场。年内，13人到宜宾市学习交流，19人到施甸县善洲林场学习杨善洲先进事迹，参加社省委举办的“纪念中国共产党成立90周年‘与党同行’红歌赛”并获优秀奖，8位社员到河口县参观河口起义纪念馆。

【服务社员】 2011年，社市委定期召开春节、三八节、重阳节、庆祝九三学社成立座谈会及社员大会，及时通报工作情况，回顾光荣历史，继承优良传统，聆听社员诉求。一年来，主动与有关部门协调6次，看望、走访和慰问社员20余次，帮助社员协调解决医疗就诊等难题。

【社会服务】 2011年8月9日，社市委组织8名社员到华宁县通红甸乡开展医疗义诊和科技下乡服务活动。为村民讲授农村传染病防治知识和核桃、金银花栽培种植技术，现场为100余人检查身体和诊治病情，赠送3 000余元的药品，发放200余份疾病预防材料。11月19日，社市委参加社省委和致公党省委在华宁县华溪镇举行的共建“同心·工程 ”暨第23届“国际科学与和平周”活动，积极做好组织协调工作，并有2名专家参与实地调研和提出建议，3位医疗专家参加现场咨询和义诊。

（杨立波　李　明）

玉溪市总工会

【概 况】 2011年，玉溪市总工会紧紧围绕市委、市政府的中心工作，认真贯彻落实云南省总工会的安排部署，履行好维护职能、参与职能、建设职能和教育职能，加强了自身建设，转变作风、团结干事、开拓创新，心系职工、服务基层，明确目标、狠抓落实，各项工作均取得了较好成绩，在全省工会重点工作目标责任考核中连续八年荣获一等奖，受到云南省总工会的表彰奖励。

【落实"两个普遍"要求】 2011年，玉溪市总工会贯彻落实全国总工会提出的依法推动企业普遍建立工会组织，依法推动企业普遍开展工资集体协商的要求，即"两个普遍"要求。玉溪市加强组织建设工作，夯实组织基础。截至9月30日，新建工会组织1 426个，发展新会员23 084人，超额完成了省总工会下达的组建企业工会1 146个、发展会员16 503人的任务。企业法人建会率达到67.1%，企业职工入会率达到了88.1%。充分发挥劳动关系三方协商机制的作用，扎实推进工资集体协商工作。当年，全市各级工会在2 430户已建会企业中，签订工资专项合同1 547份，占已建会企业的63.6%，超额完成了省总工会下达的年度工资集体协商覆盖面要达到60%的目标任务。

【困难帮扶】 2011年，玉溪市总工会创新帮扶工作平台，健全帮扶工作网络，切实加强"五位一体"困难职工帮扶中心建设。峨山、易门两县AAA级帮扶中心顺利通过省总工会考评验收，并受到表彰；其他7个帮扶中心分别进行了AA、A级的考评；红塔区成立了2个"社区职工维权帮扶站"和2个"街道职工维权帮扶站"，全市帮扶工作形成点面结合的帮扶网络和服务平台。当年，玉溪市总工会加大协调力度，争取政府支持，保证了帮扶专项资金和工作经费的落实，共筹集帮扶资金约599.63万元，分别对生活救助、医疗救助、助学救助、法律援助、职业培训补助等各类的6 961人进行了帮扶，为困难职工排了忧解了难。

2011年11月28日，云南省总工会法律保障部副部长陈欣韬、市总工会副主席柏劲松一行7人，到易门县总工会"五位一体"帮扶中心进行AAA级考评。

【维权维稳促发展活动】 2011年，玉溪市总工会开展了围绕"维权维稳促发展"为主题的专项工作，全市189家单位参加"安康杯"知识竞赛活动，参赛班组1 531个，参赛职工达到36 889人。参加安全大检查11 654次，参与处理安全事故230件，参与调解劳动争议73件，参加"三同时"审查验收项目125项，参与开展职业病防治调查和宣传活动，澄江县总工会对61户企业、2 950人从业人员进行了职业病防治情况调查，发放《职业病防治知识手册》1 000余份；处理来信来访165件，实施法律援助182件。结合"安康杯"竞赛，以创建"工人先锋号"活动为载体，加强了班组建设，提升了班组工作水平，促进企业健康稳定发展，27个班组被命名为玉溪市"工人先锋号"荣誉称号，2个班组被省总工会等部门授予"模范班组"，2人被授予"模范班组长"。

【职工经济技术创新】 认真贯彻落实了玉溪市职工经济技术创新工程规划，深入开展群众性劳动竞赛和职工技术协作活动。2011年，286个单位开展了群众性劳动竞赛活动，参加职工人数达76 879人次，积极选树了技能带头人58人，培养了金牌工人、首席员工145人，师徒结对393对，建立了技能人才创新工作室9个；提出合理化建议1 219条，创造经济效益1 018.9万元；推进技术革新161项，职工发明创造项目132项，荣获国家专利59项，推广先进操作法50个项目。

【职工技术技能竞赛活动】 玉溪市总工会联合政府相关职能部门开展了玉溪市动物检疫职工技能竞赛和工业企业职工技能大赛。2011年9月22～23日，市总工会和市农业局共同举办了2011年玉溪市动物检疫职工技能竞赛。39名选手参加竞赛，通过理论考试和现场操作，评委会和监督委员会评出了个人一等奖3名，二等奖5名，三等奖10名，优秀奖21名，组织奖8名。获一等奖的3名选手代表玉溪市参加了全省检疫技能竞赛。11月18～19日，玉溪市总工会联合市信息化委员会和市人力资源和社会保障局在玉溪技师学院，举办了"工业企业职工技能大赛"。来自20户工业企业的50名选手分别参加了焊工、维修电工、工具钳工三项比赛。各工种设一等奖1名，二等奖2名，三等奖3名。获一等奖的选手将破格晋升为高级工，获二等奖的选手将破格晋升为中级工。获一、二等奖的9名选手强化训练10天后，代表玉溪市参加了全省工业企业职工技能大赛。其中，来自红塔集团玉溪卷烟厂和玉溪机床厂职工的2名选手分别获得维修电工和工具钳工技能决赛第一名，并分别荣获“云南省维修电工技术状元”称号和“云南省工具钳工技术状元”称号，玉溪代表队获团体第三名。

【劳动模范服务管理】 2011年，玉溪市共有13名职工被评为省级劳模，2人分别荣获全国和云南省“五一”劳动奖章。玉溪市总工会分别在春节、国庆前夕开展走访慰问劳模活动，走访慰问长期工作在生产一线的劳模和离退休劳模285人，发放慰问金、帮扶金约32.96万元，对56名省部级困难劳模发放“两节”15.95万元；组织2名全国劳模、3名省部级劳模、10名市级劳模到青岛、大连、海南等地进行了疗休养；开展“关爱劳模健康体检”活动，组织82名省部级劳模进行了健康体检。创建了2个“劳模创新工作室”，并获得了省总工会的授牌。开展了“劳动者风采”宣传月活动，召开了庆“五一”劳模座谈会，组织了云南省劳模先进事迹巡回报告团在玉溪的报告会，集中宣传了一批先进模范事迹。

【职工医疗互助活动】 2011年，云南省职工医疗互助活动期限进行了调整，第八期职工医疗互助活动期限为2011年7月1日起至2012年12月31日止。每一期活动期限为1年，即1月1日起至12月31日止。玉溪市各级工会认真贯彻落实医疗互助活动政策规定，规范工作环节和互助金管理，强化服务意识，改善服务质量，确保“互助活动”持续健康发展。调整后的第八期职工医疗互助活动参加单位1 833个，比上一期增加20家；参加职工达151 414人，累计汇集互助金18 314 880元。自2004年职工医疗互助活动开展以来，累计补助132 471人次，发放医疗互助补助金5 920.61万元，有效地缓解了职工看病难、看病贵的问题，得到了各级党委政府和广大职工的一致好评。

【宣传教育】 2011年，云南省总工会要求加大信息报送和加强调研指导工作，玉溪市总工会加强了宣传报道工作，加大了工会信息报送力度，重新修改完善了《玉溪市总工会信息奖励办法》，促进了各单位信息报送工作。截至当年12月30日，玉溪市各级工会上报省总工会、市总工会信息554条。其中，25条被省总工会主办的《时代风采》杂志采用，28条被“云南省总工会”网站采用，216条被“玉溪总工会”网站采用。组织参加了云南省“五一新闻奖”评选活动，1篇获二等奖，1篇获优秀奖。此外，市总工会与玉溪日报社合作，在《玉溪日报》上宣传报道工会重点工作12个专版；玉溪市总工会与《玉溪手机报》合作，在《玉溪手机报》上发布了24期有关工会工作的手机信息。

2011年4月29日，玉溪市“五一劳模座谈会”暨出席省二十届劳模表彰大会代表欢迎会在玉溪宾馆召开。中共玉溪市委副书记张玲(右二)出席会议并作讲话 (普开明 摄)

开展了大调研活动，32篇优秀理论调研文章分别评出一、二、三等奖给予表彰奖励。

【女职工工作】 2011年女职工工作，突出妇女儿童权益保护，落实了女职工“五期”保护规定，扎实开展女职工权益保护专项集体合同签订工作，1 892个单位执行了女职工“五期”保护规定；开展了“关爱一位女工、幸福一个家庭”的“五一”送健康活动，为10名困难女职工和女劳模每人发放价值5 000元的慰问品；为50名环卫女工和近100名先进女职工进行了免费体检；开展防艾宣传教育活动和“女职工妇女病普查活动”，积极动员、组织女职工参加“女性安康重大疾病保险”；开展了三八节“春风活动”的活动，对450名单亲困难女职工进行慰问，发放慰问金34.4万元。举办女职工就业培训班3期，培训人数达1 500人次。

【贷免扶补】 2011年，云南省总工会下达给玉溪市“贷免扶补”任务数为300人，为扎实推进玉溪市鼓励创业“贷免扶补”工作，玉溪市总工会于2011年3月在通海县召开全市工会系统贷免扶补工作会，总结上年的工作、安排部署当年的工作，做到了贷免扶补工作早安排、早部署。圆满完成了扶持300人创业的目标任务，发放创业贷款1 914万元，带动了613人实现了就业，还贷率达99.81%。会上，市总工会还表彰了19名“贷免扶补”先进个人，推荐表彰了省级贷免扶补先进承办单位1家、优秀创业者2名、优秀创业导师1名、先进工作者1名。

【民主管理】 玉溪市总工会作为玉溪市厂务公开领导小组办公室设立单位，履行好市厂务公开领导小组办公室工作职责，推动厂务公开、职代会制度建设，开展创建厂务公开民主管理示范单位活动，推行区域性、行业性职代会制度建设，厂务公开民主管理工作制度化、规范化建设取得新进展。截至2011年9月30日，全市1 250个单位建立了职代会制度，召开职代会1 964次；1 645个单位实行了厂务公开工作。

【工会经费收支管理】 认真贯彻落实工会经费税务代收政策，积极与地税和农行两部门协调配合，采取相应措施，切实加大征收力度，确保工会经费收缴稳中有升。截至2011年12月，全市工会经费收缴总量同比增长6.57%。加强监督审计，依法履行工会经费收支管理的有关规定，扎实开展了各项实务审查审计工作。对4个县总工会的2010年工会经费收支情况进行了审查审计，对帮扶专项资金、职工医疗互助活动资金和劳模“三金”的管理使用情况进行了专项审查审计；2 093个基层工会开展了对本级工会经费的收支开展了审查工作。通过规范程序，严肃纪律，及时形成审计报告和出具审计意见书，对查出来的问题及时跟踪检查，落实整改情况，保证了工会资产安全和资金的使用正确，确保了工会财务制度的贯彻执行。

【“党工共建”创先争优活动】 按照云南省总工会、玉溪市直机关工委的统一安排，充分发挥工会职能，创新载体，精心组织，以学习杨善州为主题，以服务职工、服务企业为切入点，以加强工会自身建设为着力点，以维护职工合法权益为己任，深入开展“党工共建”创先争优活动。2011年，玉溪市总工会创建省总工会创先争优示范点1个、创建市级示范点10个。扎实开展了“深入推进创先争优，志愿服务人民群众”主题活动，发放《工会法》、《云南省企业工会条例》等宣传资料共计7 500多份，把创先争优活动引向深入，推动了工会工作的发展。

【“工会知识竞赛”活动】 为了进一步掀起工会干部对工会知识的学习热情，熟练掌握工会知识，提高理论水平，玉溪市总工会举办了玉溪市职工“工会知识竞赛”活动。在112家基层工会2 286名职工参与了前期的工会知识答题的基础上，各县（区）总工会的9支代表队于2011年4月14～15日，在玉溪青少年活动中心演艺厅进行了笔试和现场答题竞赛活动。通过两天竞赛，江川县总工会代表队获得一等奖，澄江县总工会、新平县总工会、峨山县总工会代表队获二等奖，其余代表队获三等奖。

【《云南省企业工会条例》正式施行宣传】 《云南省企业工会条例》于2011年5月1日正式颁布施行。2011年“五一”节期间，玉溪市总工会通过悬挂标语、群发短信、电子屏幕宣传、印发宣传册等形式进行了广泛的宣传。发放了《云南省企业工会条例》宣传册5 500册，制挂布标200多条，20个电子屏幕，40万条群发短信。6月15日，玉溪市政府主办，玉溪市总工会承办在玉溪会堂召开《云南省企业工会条例》宣传动员暨业务培训会。市人大常委会副主任、市总工会主席范志华，副市长王跃，市级各部门分管工会工作的领导、工会主席，各县（区）政府办公室副主任，有关企业负责人和工会主席等共500余人参加会议。会上，王跃作了讲话，省总工会法律保障部副部长陈欣韬作了业务培训。

【参加全省职工诗歌朗诵比赛】 2011年9月15日，省总工会主办的云南省职工“爱党、爱国、爱家”诗歌朗诵比赛在昆举办，比赛以“歌颂党、歌颂祖国，弘扬企业精神，构建社会及家庭和谐与美好”为主题。比赛有7个州市总工会和21个省级产业、厅（局）、公司工会参加，70名选手56个比赛题目参赛。玉溪市总工会选送了2名选手朗诵的《开国大典》参赛，成绩排名第四，荣获二等奖。

【“读一本好书”征文活动】 为庆祝中国共产党成立90周年，切实贯彻落实职工素质建设工作要求，提升职工整体素质，倡导读书行为，营造读书氛围，培养读书习惯，推动学习型城市、学习型党组织、学习型机关、学习型班组建设活动深入开展。2011年3月10日，玉溪市以开展“爱读书、读好书、善读书”活动为抓手，开展了“读一本好书”心得征文活动。征集了读书心得202篇，其中100篇分别给予一、二、三等奖和优秀奖表彰奖励。

【单身职工联谊会】 2011年12月17日，由玉溪市总工会主办，玉溪师范学院工会、玉溪市中医院工会和玉溪技师学院（玉溪工业财贸学校）承办的单身职工交友联谊会在玉溪技师学院体育训练馆举行。联谊会本着为职工服务，为青年职工着想，让单身职工广结朋友，扩大交际圈子，愿有情人终成眷属为目的，为广大单身职工做媒谋福的一件大好事，受到了广大职工的欢迎。联谊会有140名单身职工参加。

【召开玉溪市总工会三届六次全委（扩大）会议】 2011年2月15～16日，玉溪市总工会三届六次全委（扩大）会议在澄江县象山宾馆召开。会议传达了全国总工会十五届六次执委会、省总工会十届九次全会精神，传达了中共云南省委副书记仇和在省总十届九次全会上的重要讲话精神和中共玉溪市委工青妇联席会议精神。总结了2011年的全市工会工作，安排部署2012年的工会工作，表彰2011年工会工作目标责任考核先进单位。

（普开明）

2011年5月12日，云南省总工会副主席彭增梅（右一）到玉溪看望慰问残疾职工，玉溪市人大常委会副主任、总工会主席范志华（右二）陪同看望慰问

（普开明 摄）

玉溪市妇女联合会

【小额信贷、贷免扶补工作】 2011年，市妇联围绕党委政府的中心工作，贴近妇女群众需要，创新活动载体，运作小额信贷、贷免扶补资金，开展技术培训、协办招聘会，开展创业促就业工作。年内，实施小额信贷、贷免扶补资金4.30亿元，其中，100%回收到期资金1.21亿元，运作未到期资金3.09亿元(年内发放2.73亿元，未到期资金0.36亿元)。市妇联、红塔区、通海县、元江县举办庆“三八”女性专场招聘会，红塔区妇联开展“巾帼创新业、建功十二五”乡镇(街道)巡回报告会，易门县举办巾帼致富带头人事迹报告会，华宁县举办创业导师座谈会，峨山县举办优秀创业女性座谈会等，鼓励、引导更多的妇女创业就业。全年全市举办各类培训2 089期，培训22.9万人次。各级妇联成功运作小额信贷、贷免扶补资金，引导妇女积极投身生态农业和生态旅游产业，培养了金云莲、冯华等一批新的女致富带头人，带动了大批女性就业。当年6月，玉溪市妇联代表群团组织在云南省贷免扶补工作会议上作经验交流。

【“生态文明进家庭·文化礼仪伴我行”系列活动】 2011年，市妇联围绕生态立市、文化和市战略，在全市开展“生态文明进家庭·文化礼仪伴我行”系列活动。1. 开展“万名妇女学礼仪”活动，全市开展玉溪市“生态文明进家庭·文化礼仪伴我行”知识竞赛，共有9个县(区)及49个市直单位的32 696人参加了竞赛。评选出组织奖11个，个人优胜奖200名。易门县开展县级文化礼仪知识竞赛、举办生态文明进农村、进学校大讲堂，华宁县开展文化礼仪征文比赛、文化礼仪大讲堂等活动。对提高市民文明素质、普及文明礼仪知识起到了积极的作用。2. 开展“万名妇女学文化”活动，依托农家书屋在全市广大农村开展“爱读书读好书善读书”活动，开展书香家庭创建，鼓励广大妇女“进农家书屋、读一本好书、做一件好事”，仅红塔区就有21%的家庭、32 700户参加了“三读”活动，在提高农村妇女科技文化素质方面发挥了积极的作用。各县(区)继续抓好家庭素质提升、绿色家庭创建、家庭生态经济发展三大工程，开展“低碳家庭、时尚生活”系列活动，践行低碳生活十五件事，组织了形式多样、内容丰富、特色突出的创建活动。澄江县积极组织妇女参与和推进帽天山化石地申遗工作，新平县“巾帼家居文明”创评活动彰显了浓郁的民族特色，峨山县组织“捐植一棵树、共建生态林”义务植树捐款活动，生态文明家庭创建进一步深化。3. 深化廉政文化进家庭工作，市、县(区)妇联按党风廉政建设与反腐败工作的相关要求，充分发挥妇联广泛联系妇女、广泛联系家庭的独特优势，以家庭为阵地，以家庭成员为主要对象，广泛开展“廉政文化进家庭”活动。市妇联以申报云南省廉政文化进家庭示范点为契机，认真总结各级妇联通过“建机制、抓活动、促创建、巧结合、树典型”等方式开展廉政文化建设的经验，下发了《关于进一步深化廉政文化进家庭工作的意见》，开展读书思廉、廉政公约、廉政家书等“八个一”活动。各县(区)妇联围绕“八个一”工作目标，开展了各具特色的活动。

【维护妇女儿童合法权益】 2011年，市妇联深化开展“温暖你我他，维权服务进万家”三八维权宣传周、综治维稳宣传月、流动人口基本公共服务均等化试点工作宣传月、禁毒、防艾宣传等活动，发放宣传材料7.5万份。以农村、社区为重点开展评比表彰，深化“平安家庭”创建活动。积极推进创新流动人口服务管理创新管理机制，开展流动人口清查工作、服务工作。关注流动留守儿童。新平县妇联组织84位女干部职工组成“爱心妈妈”团队，对84名留守流动儿童进行“一对一”帮扶。通海县也开展了流动儿童“一对一”结对帮扶。澄江县妇联为37名流动儿童、129名流动妇女解决就学难、就业难问题。红塔区依托“湄公河次区域反对拐卖和剥削流动儿童及弱势儿童项目”，动员社会力量、组织志愿者骨干到民办学校——“关爱小学”对流动儿童进行关爱，开展“同伴教育活动”。峨山县争取“认助乡村学校图书室”项目、“安康图书室”项目、“爱佑童心”项目，惠及贫困山区的多名儿童。做好禁毒、防艾、综治维稳和“反邪教”工作。江川县借助“流动课堂”做好禁毒防艾工作。全市妇联充分发挥“12338”妇女维权公益服务热线，继续强化维权与心理咨询相结合的方式，有效疏导情绪，做好个案维权。做好信访接待工作，年内共接待妇女群众来信来访937件，办结931件，结案率达99.4%。

【妇儿工委工作】 全市各级妇儿工委强化协调推动职能，完成《玉溪市妇女儿童发展规划(2001～2010年)》终期监测评估。全国家庭教育工作“十一五”规划终期评估考评组对玉溪市家庭教育工作进行考评，对玉溪市“三位一体”家庭教育网络、家长学校、特色品牌学校等方面取得的成绩给予充分肯定。红塔区、易门、通海、澄江四个县(区)完成了第三期中国妇女社会地位调查。在红塔区、江川、澄江、易门、华宁、新平6个县(区)开展中国温暖“12·1”爱心基金—中国移动关爱行动项目，对80名艾滋病致孤儿童实施关怀行动。在新平县实施“蓝天春蕾小学生”项目，资助家庭困难的少数民族小学女生50名，资助金额12万元。在澄江县第五中学实施“ESS女童班”项目，资助50名品学兼优、家庭贫困的初一女童完成三年学业，资助金额7.8万元。各县(区)认真组织开展形式多样、内容丰富的“小公民”道德建设和“双合格”教育活动，组织开展形式多样的家庭教育报告会、座谈会，对《家庭教育十一五规划》进行自查、评估等。

【参与社会管理及创新工作】 2011年，市妇联组织市、县(区)妇联干部30余人到云南连心参观，并召开省妇联——玉溪妇联参与社会管理及创新工作座谈会。邀请省妇联、省社科院、云南大学专家到玉溪对妇联组织参与社会管理创新、“12338”妇女维权热线的使用情况及出嫁女的权益维护等问题进行专题调研。邀请省妇联、省社科院专家到海南省考察出嫁女权益保护问题。召开全市妇联系统参与社会管理创新推进会，组织县(区)妇联分管维权副主席及维权干部20余人到红塔区北城居委会及葫芦社区参观学习。各县(区)妇联也组织乡镇、村(社)干部到红塔区参观学习红塔区房东联谊会、家长联谊会等经验模式。组织市、区、镇干部一行8人参加“西部农民工乡－城循环流动与构建发展型社会工作模式”研讨会。当年4月，在云南省深入推进社会管理创新工作会议上，玉溪市作为三个大会交流的州市之一做了经验交流。

【妇联基层建设】 2011年，市妇联做好党群共建创先争优工作。在红塔区葫芦社区、易门县水桥社区开展城乡社区妇联工作(省级)示范点创建，创建市级创先争优示范点10个。以服务妇女儿童为党妇共建、创先争优工作的突破点，在红塔区凤凰街道葫芦社区打造以房东联谊会为载体，依托流动人口妇女关爱小组、流动人口儿童关爱小组为支撑的服务妇女儿童尤其是关注社会边缘群体的工作模式，探索了社区流动人口管理的有效途径。市妇联制作《党妇共建创先争优》画册1 500册。省党群共建创先争优督察组对玉溪市创先争优工作进行督察，对玉溪市在创先争优活动中取得的各项成绩给予充分肯定。做好党风廉政建设工作，促进妇女工作创新发展。市妇联与玉溪市纪委派出第五纪工委赴9个县(区)对妇联系统实施小额信贷、贷免扶补项目资金及工作经费、使用情况进行督察，确保资金安全。深化全市巾帼志愿者行动，在红塔区葫芦社区、北苑社区开展巾帼志愿者活动，积极组织全市巾帼志愿者参与禁毒防艾、反邪教、生态文明家庭创建、关爱流动留守儿童、环境保护、交通安全宣传等活动。做好女干部工作。针对近三年处级女干部退休离职情况开展了调研，向市委提交了《玉溪市妇联关于推荐女领导干部的建议》，协助召开市级女干部座谈会，促进全市女干部工作的发展。新平县开展了科级女干部推荐工作。建立健全基层妇女组织，红塔区、易门、澄江等县(区)妇联完成了街道、社区妇联成立工作，加强了妇女之家阵地建设。

【为基层办实事】　2011年，市、县(区)妇联争取贷免扶补、小额信贷工作经费438.8万元，协调争取自筹各类资金49.28万元，在红塔区、江川、华宁、澄江、新平、易门等6个县(区)实施国际、全国儿童项目4个；市妇联补助党群共建创先争优示范点、妇女学校、禁毒防艾、平安家庭等联系点17.5万元，其中，2.88万元为山苏支系联系点——新平县嘎洒镇腊嘎底泥地租小组16户安装了太阳能，补助6名来访困难群众资金1.4万元。开展全市省级及全国三八红旗手的摸底调研，上报困难人员55人，并按要求完成对其中4人的慰问。市、区妇联协调云南兴星公司员工及客户为红塔区流动儿童学校关爱小学捐赠16万元。全市、县(区)、乡镇妇联共协调、筹集资金110.6万元，慰问5 836人(户)，使妇联组织切实成为广大妇女群众的“温暖之家”。

【表彰情况】　2011年，全市各级妇联组织围绕中心、发挥优势、主动作为，创造性地推进各项工作，取得了可喜成绩，小额信贷、贷免扶补、维稳维权等工作依然走在全省前列，一批集体和个人受到全国、省级表彰。其中玉溪市妇联被人力资源和社会保障部、全国妇联表彰为全国妇联系统先进集体，被省委、省政府评为2008～2010年云南省禁毒人民战争先进集体，被市政府评为2008～2010年第二轮禁毒人民战争先进单位、“两基”迎国检先进单位，荣获云南省家庭教育“十一五”课题研究工作优秀组织奖，4个家庭教育“十一五”研究课题分别获得省级一、二、三等奖，群众健身工作也受到表彰。此外，市妇联评选表彰了“生态文明家庭创建”先进集体26个、示范村9个、示范户100户；表彰了“平安家庭”创建示范县1个、示范社区9个、示范户38户；表彰玉溪市巾帼文明岗组(集体)21个、巾帼建功标兵21人、先进工作者20人。

(化红梅)

共青团玉溪市委员会

【举办玉溪乡村青年文化节】　第四届玉溪(通海)乡村青年文化节于2011年1月24日在通海县四街镇七街村举行开幕式。本届文化节以“青春彩云南·青年当先锋”为主题，由共青团玉溪市委、玉溪市青年联合会主办，共青团通海县委、通海县青年联合会、中共四街镇党委、四街镇人民政府承办。文化节的集中示范活动内容包括：舞龙表演及专场文艺演出、赠送对联活动、“三下乡”活动、送电影活动、农村青年趣味竞技活动、送金融知识下乡、创业报告会、外出务工返乡青年代表座谈会等。通海县其它乡村团组织也同时开展有关文化节系列活动。

【纪念“五四”运动92周年演唱会】　2011年4月30日，由共青团玉溪市委、玉溪市青年联合会、玉溪师院附中共同主办，云南省玉溪市溶剂厂有限公司、云南省玉溪望子隆生物制药有限公司、玉溪市环宇汽车商贸有限公司、中国石油云南玉溪销售分公司、玉溪花灯剧团共同协办的“青春之歌——玉溪市纪念‘五四’运动92周年演唱会”在玉溪师院附中精彩上演。歌舞《大家一起来》，歌曲联唱《金梭和银梭》、《校园的早晨》、《让我们荡起双桨》等道出了每一位青年的理想、热情与心声；舞蹈《nobody》、《踏浪》等节目，尽显青春本色，热情奔放的舞蹈与优美的旋律完美结合，赞美了生活的无限美好；一曲深情的《玉溪美如玉》尽情吟诵玉溪，从内心赞美玉溪生态城市建设所取得的成果，更激发起玉溪市青年建设美好家园的动力与活力。演唱会在《二十年后再相会》的歌声中圆满落幕。

【举行“红领巾心向党”少儿综艺晚会】　共青团玉溪市委、玉溪市少工委于2011年6月1日晚，在聂耳大剧院举行纪念建党90周年“红领巾心向党”大型少儿综艺晚会。来自玉溪一小、聂耳小学、振兴学校、特殊教育学校、聂耳少儿艺术团等10所学校、艺术团体参加了演出。整场晚会分为美好的玉溪、多彩的玉溪、和谐的玉溪三个部分。晚会在音诗画《抚仙湖恋歌》中拉开序幕。少先队员演出了歌舞《时间之光》、《卖报歌》，舞蹈《跳起花鼓庆六一》、《快乐花园》，以及《中华经典诗词吟诵》、《中国功夫》等精彩节目。晚会在《没有共产党就没有新中国》的歌声中落下帷幕。市领导上台向少先队员代表赠送红歌光碟，并与参加演出的小演员们合影留念，激励他们好好学习，早日成长为祖国的栋梁，为把玉溪建设得更加美丽做出贡献。

【“贷免扶补”工作】　2011年，共青团玉溪市委将鼓励创业“贷免扶补”工作与加强团的基层组织建设有机结合，争取党政重视支持，积极协调相关部门，认真摸底调查，广泛宣传发动，提供咨询服务，严把资格审查、项目筛选、项目推荐，积极配备导师、全面协调工作，于12月完成当年鼓励创业“贷免扶补”工作的放贷任务，共扶持成功创业青年1 347人，配合农信社发放贷款8 238万元。

【“玉溪市农村青年创业致富带头人”科技培训】　2011年2月～11月，团市委与市科协联合在全市八县一区18个自然村，开展了“玉溪市农村青年创业致富带头人”科技培训。培训工作以“青春建功新农村”行动为统揽，紧紧抓住广大农村青年盼科技、想致富的热点和兴奋点，以科协农函大培训为载体，结合当地重点致富产业，选定培训专业，由县(区)科协组织教材和选派专业教师深入到各试点开展为期近一年的蔬菜、水果种植和家禽养殖等方面的理论和实际操作指导培训，共有1 162名农村青年参加了培训。

【实施“共青团服务新农村”项目建设】 2011年，团市委向易门县、新平县划拨项目资金共4.4万，启动实施第五批共青团服务新农村建设项目。在易门县浦贝乡浦贝自然村成立了“青年养殖专业合作社”，养殖70头以上的有5户，20头以上的有8户，10头以上的有23户，项目区群众基本收入平均达到18 634元，养殖具有一定规模的养殖户收入可达10万元左右；在新平县水塘镇十二道弯小组实施养殖生猪项目，建设标准化猪场800多平方米，有标准猪圈36间，饲养生猪1 000多头，在他们的带动下，全镇30多户示范户养殖能繁母猪407头，出栏仔猪4 800多头。项目的实施带动了当地农村青年增收致富，促进了新农村建设。

【专题培训】 2011年9月26～28日，团市委举办2011年共青团创先争优工作推进会暨青年马克思主义者培养工程培训班，市直各单位、学校及各县(区)、乡镇、街道团委的160余名团干部参加培训。在为期三天的培训中，团市委结合玉溪团干部岗位职责要求和不同群体的干部的特点，以政治经济、团务知识、素质拓展和交流考察为基本内容，特别邀请有关专家进行以《宏观经济形势与桥头堡战略的提出》、《公共管理中的若干问题分析》及《如何使用新媒体》为题的讲座，通海、澄江、新平及玉溪工业财贸学校4家团委进行工作交流，并组织参观了红塔区凤凰街道瓦窑社区、江川县九溪镇六十亩村委会团建示范点。

【聂耳广场文化活动】 2011年，在聂耳文化广场和聂耳音乐广场开展群众性文化活动，至年底已举办了“天天交谊舞”1 904场、“周末大舞台”64场、“欢乐大家唱”75场、“玉溪大河生态游舫活动”72场、“舞动青春·魅力玉溪”75场，活动促进了群众性精神文明建设，在市民中产生了广泛影响。

【应用新媒体引领新青年】 2011年，玉溪团市委继续应用“玉溪青年网”、“青年手机报”、QQ群等信息交流载体，加强对青年的创业就业、环保教育、团务知识等方面的引导。同时开通玉溪团市委、市青联微博让广大青年得到更多实用的信息，把一些创业、就业、学习、生活等有用的信息通过微博传递到青年的手中，积极探索利用新媒体引导青年的有效载体和路径。团市委腾讯微博粉丝有80 608人，新浪微博粉丝有6 734人；玉溪青联腾讯微博粉丝有109 444人，新浪微博粉丝有2 244人。

【表彰奖励】 2011年5月4日，共青团云南省委在昆明召开纪念“五四”运动92周年大会，表彰第三届“云南创业省长奖”和“2011年云南青年五四奖章”获得者，玉溪市云南卓一食品有限公司董事长周颖获第三届“云南青年创业省长奖”。

【乡(镇、街道)团组织工作】 2011年，玉溪市74个乡(镇、街道)全部完成了团组织换届选举及团组织格局创新工作。换届后，各乡(镇、街道)团委书记年龄均在26.7岁，大专以上学历73人，占总人数的98%，其中女性56人，占总人数的75%，党员64人，占总人数的86%，大学生村官17人，占总人数的22%，少数民族28人，占总人数的37%，24人进入同级党政班子，占总人数的32%，编外团委副书记170名，编外团干部主要由非公企业人员、学校教师、技术工人、协会带头人、大学生村官、机关干部等组成。乡镇团干部队伍建设得到进一步加强，为基层团组织建设和基层工作的深入开展提供了坚实的人力保障。

【“玉溪十大杰出青年”评选活动】 2011年，团市委联合市委组织部、市委宣传部等7家单位共同组织开展了第五届“玉溪十大杰出青年”评选活动，活动于3月启动，经过市、县(区)团委和市直单位的提名推荐共有51人参加评选活动。9月按照公众投票、组织投票、评委会投票程序，评选出马浩、向能军、李国鉴、李顺祥、杨志伟、沐青、周颖、钱小汉、郭智等10名青年获得了第五届“玉溪十大杰出青年”荣誉称号。

【青少年权益工作】 2011年，加强对青少年的法制宣传工作，在“3·5”、“6·26”、“12·1”、“12·4”等节日和纪念日期间面向全市青少年宣传与青少年权益保护有关的法律法规，团市委印制了1万份“两法一条例”，在中卫社区、聂耳公园门口向市民和重点青少年群体宣传、讲解，增强青少年法律意识。协调市电视台以大众话题形式制作播放青少年青春期教育片，引导青少年珍爱生命，自觉抵制不良文化、不良事物影响。举办“青少年模拟法庭”，对青少年进行生动、直观的法制教育。开展了五类重点青少年群体摸底排查，准确掌握本市的重点青少年群体底数和特征。转发《关于进一步建立和完善办理未成年人刑事案件配套工作体系的若干意见》，推动了未成年人刑事案件配套工作体系的建设。在全市开展优秀青少年维权岗创建活动，已创建的14家“云南省优秀青少年维权岗”在维护青少年权益方面发挥了积极作用。举行禁毒防艾青年志愿者培训班，开展禁毒防艾志愿者宣传活动。玉溪市“12355”青少年服务台有效运行，4个座席接线员和20名心理、法律咨询专家按时座席解答问题，“12355”网站成为了玉溪青少年学习心理、法律知识的园地。截至当年12月底，共呼入527次，解决了广大青少年心理、法律等方面的问题。

5～6月，开展了玉溪市“12355”青少年服务台阳光助考行动，有效减轻了考生考前心理压力，开通了玉溪“12355”青少年服务台新浪微博。团市委、县(区)团委开展“丰富新生代农民工精神文化生活”主题调研活动，形成了《玉溪团市委丰富新生代农民工精神文化生活调研报告》等10篇调研报告，掌握第一手资料，做到了情况清楚，了解于胸。

【关爱农民工子女志愿服务行动】 2011年，开展“青春彩云南关爱农民工子女青帆快乐课堂”活动。团市委积极探索，按“基层团组织或青年志愿者团队＋农民工子女＋活动基地＋接力”的项目工作模式，在玉溪市青少年宫、红塔区李棋镇、澄江县仪凤社区、通海县纳古中心小学4个点开展“青帆快乐课堂”工作，聘请21名讲师，为6 242名农民工子女提供了书法、美术、音乐等培训，提高了农民工子女整体素质。开展“共青团关爱农民工子女志愿服务行动”，为农民工子女进行亲情陪护、学业辅导、素质提升、捐资捐物、感受城市等服务，结对农民工子女学校的团组织、志愿者组织96个，志愿者结对人数1 852人，已结对的农民工子女人数6 706人，促进了农民工子女身心健康成长。建队节期间，团市委为农民工子女学校——文兴学校配备了少先队鼓号，组织农民工子女学校辅导员参加全市辅导员培训，少代会开幕式上农民工子女代表参与了献词，在团市委组织开展的纪念建党90周年“红领巾心向党”大型少儿综艺晚会中，农民工子女学校表演了《爸爸打工，妈妈打工》等节目，“六一”期间，团市委为农民工子女学校的500名留守儿童、农民工子女学生免费开放游乐设施、科技厅、生态文明教育展厅，举办游园活动，与有关单位联合针对农民工子女、农村留守儿童开展“关爱夏令营”活动，有效服务了农民工子女需求，促进了和谐社会建设。

【青年志愿者工作】 规范青年志愿者工作，团市委成立了玉溪市青年志愿者协会，下设6个志愿服务总队：共青团关爱农民工子女志愿服务总队，生态监护青年志愿者服务总队，禁毒防艾青年志愿者服务总队，敬老献爱心青年志愿服务总队，应急救援青年志愿者服务总队，大学生志愿服务西部计划志愿者总队；注册志愿者2 659人，新成立应急志愿者服务队。2011年，100名青年志愿者服务聂耳合唱周，30名青年志愿者服务玉溪市“五八”饮茶日，3 000名青年志愿者参与历时9天的中心城区文明交通劝导行动，2万多名志愿者参与生态监护、禁毒防艾、敬老献爱心、关爱农民工子女、大型活动等志愿服务，活跃在城市农村，弘扬了“奉献、友爱、互助、进步”的志愿精神，成为了玉溪市城乡间一道靓丽的风景。

【希望工程工作】 2011年，希望工程爱心圆梦大学行动成效明显，开展全市贫困大学新生调查，筹集捐款259 275元，按每名学生4 000元的标准，资助贫困大学新生57人。爱心圆梦大学行动的开展，为家庭贫困大学新生圆了大学梦，使他们能够走入大学接受高等教育，对学生个人的成长、家庭状况的改善和国家人才的培养都具有重要的作用。继续开展希望工程中小学生资助工作，昆明高速集团云岭养护公司为龙树小学的6名贫困学生捐款6 000元，新疆1位捐方继续资助玉溪7名中小学生，开展“摩尔农庄”希望工程爱心义卖活动，筹集捐款10 060元。协调中国南方电网玉溪供电局到易门县十街乡脚家店小学检修电路，更换电灯、电线，捐赠学习文化用品，价值2.5万元。为此，玉溪团市委“爱心圆梦大学”行动获“云南希望工程20年经典项目”，玉溪百信商贸集团有限公司获“云南希望工程20年杰出公益伙伴”，1个集体、2名个人获“云南希望工程20年杰出建设者”，1名教师获“云南希望工程20年20名优秀乡村教师”称号。

【生态玉溪建设青春建功行动】 2011年，以“3·5”青年志愿者日、“4·22”世界地球日、“6·5”世界环境日、保护母亲河日等为契机，以丰富多彩、寓教于乐的环保活动。以“生态玉溪建设青春建功行动”项目为重点，对“三湖一河”流域6条入湖河流和出流改道工程入水口、抚仙湖东岸海镜、海关村委会沿湖流域实施重点生态监护，广泛开展“一周一中队生态监护”、环保五进(环保教育进农村、进社区、进校园、进机关、进企业)活动、少先队员“1助1”、青年志愿者“1帮5”和“小手拉大手，环保跟我走”、组织青少年参观玉溪市青少年生态文明宣传教育展厅等生态实践活动，每月编辑一期“生态玉溪建设青春建功行动”简报，沿湖沿河群众特别是青少年的环保意识明显增强，监护河流清澈，村庄面貌整洁。

【青帆创业夜校】 2011年，在继续做好玉溪师院、玉溪工业财贸学校、玉溪二职中3个青帆创业夜校教学点工作的基础上，新开办江川职中、玉溪体育运动学校2个青帆创业夜校教学点。5个“青帆创业夜校”玉溪教学点设计了青帆夜校课程，建立了活动场所，年内共培训人员2 650人。聘请了16名讲师，由2名企业家、1名高校教授和5名KAB讲师于上年组成的市级“青帆夜校”讲师团，为青帆夜校进行授课，青帆创业夜校工作取得了新的发展。在市直学校开展“与信仰对话”报告，学生社团更加活跃，学校共青团工作进一步发展。

【少先队工作】 2011年，全市各级少先队组织围绕新时期少先队工作根本任务，认真贯彻落实胡锦涛总书记“勤奋学习、快乐生活、全面发展”的要求和致少先队建队60周年贺信精神，广泛开展争当“四好少年”活动，灌输培养少年儿童对党和社会主义祖国的朴素感情，坚定永远跟党走的信念。关注时代新发展，围绕迎接建党90周年，深入开展“红领巾心向党”、“党团队员话成长”、“弘扬聂耳精神，增强爱国情感”、“祖国发展我成长，玉溪繁荣我准备”、“民族精神代代传”、“光荣的少先队”、“歌唱祖国庆十一”等丰富多彩的活动。在当年“六一”召开了玉溪市第三次少代会。少代会期间举行了升国旗仪式、鼓号队展演、“红领巾心向党”大型少儿综艺晚会，参加演出的少年儿童演员达900余人。在聂耳纪念日，组织少先队员向聂耳铜像敬献花圈，组织少年儿童参加聂耳音乐广场的“升国旗仪式”，近1万名少先队员参观了聂耳纪念馆和聂耳故居，使少年儿童从小接触到聂耳的名字，学习了解聂耳精神，传承和弘扬聂耳精神，增强爱国爱党爱乡的情感。广泛开展了学习实践“社会主义荣辱观”、“做一个有道德的人”、“民族娃娃心向党”等活动，把社会主义核心价值体系融入少年儿童的心灵，滋润他们茁壮成长。注重中队文化建设，少先队主题队会层次化、经常化、儿童化，成为少先队教育的主要途径。9月，举办“2011年玉溪市少先队辅导员培训班”，全市176名辅导员参加了为期三天的培训，内容有“专家讲座”、“观摩活动”、“实战演练”、“经验交流”，理论与实践相结合的培训提高了少先队辅导员的技能技巧，增强了他们的光荣感和责任感。八县一区少工委对本县(区)少先队大队辅导员进行了全面的培训。2个少先队集体、1名辅导员荣获全国表彰，在市第三次少代会上，表彰了玉溪市十佳少先队员、十佳少先队辅导员、十佳少先队志愿辅导员、10所红领巾示范学校，市少工委的《在中队活动中如何分层培养少年儿童朴素的爱国情感》论文荣获全国少先队工作理论研究一等奖。

(严 辰)

社会科学界联合会

【组织人文素质调查】 按照省社科联要求，玉溪市社科联2011年5月12日启动云南省公民人文素质问卷调查工作，成立了调查领导小组，专职副主席范全凯任组长，在玉溪市红塔区和澄江县展开问卷调查工作。6月1日，两县(区)将调查问卷388份报送市社科联，经过认真分析统计，形成初步统计数据，并于8日报省社科联。此项调查，初步掌握了本地区公民人文素质的基本情况，为实施社科普及和研究提供了基础性的依据。

【课题研究】 2011年，为切实推动课题研究，服务经济社会发展，市社科联下发了《关于2011年度社科课题计划的通知》，启动了2011年社科课题研究工作。对2011年度立项的研究课题，总的要求是：着力推进理论创新，充分反映课题涉及相关领域的最新研究实践成果，有原创性、开拓性及现实操作性；要立足于时代特征和玉溪市情，着眼于全市经济社会的健康持续发展，突出解决现实的理论实践问题，推出具有理论说服力能够指导实践的研究成果；要符合学术规范，避免知识产权纠纷，引用材料注明出处，并附重要参考文献目录。社科联对年度立项课题给予一定的经费支持，要求课题组按质、按量、按时拿出高质量的成果，真正对党委政府决策和实际工作发展有所帮助。截至4月底，全市社科界学会、协会、研究会共申报课题45项。经市社科联研究，决定将《玉溪农民专业合作社组织机制研究——以江川为例》等8项列为2011年社科联立项支持的课题。

在重大课题研究方面，创新方式和手段。4月6日，向全市社科研究机构公开招标《玉溪"文化和市"战略研究》，玉溪市社科界积极响应，共有玉溪市工业财贸学校、市委党校、市政府研究室、玉溪师范学院四个单位的课题组参与投标。根据《玉溪市社会科学课题管理办法》和有关规定，市社科联组织专家认真评审，最终中标单位为玉溪师范学院课题组。

【组织颁奖座谈会】 2011年1月19日，玉溪市第六次哲学社会科学优秀成果颁奖座谈会在玉溪会堂举行，会议对本次获奖成果52项予以颁奖。玉溪市社科界学会、协会、研究会秘书长，获奖作者和三届市社科联常委、委员100余人参会。在专家学者代表发言之后市委常委、宣传部长董文献作了重要讲话，充分肯定玉溪市社科界为玉溪经济社会发展作出的积极贡献，并就如何进一步提升社科研究水平，如何把握研究方向和提高社科工作者的积极性提出了具体要求。

【编制社科十二五规划】 2011年4月6日，市社科联主席办公会专题研究讨论玉溪市哲学社会科学"十二五"发展规划，对初稿进行讨论修改。规划是对全市未来五年哲学社会科学事业的指导性文件，制定好发展规划，有利于谋划和推动玉溪社会科学事业繁荣发展。在通过征求社科界及相关单位意见后，认真讨论，修改完善后定稿。10月，玉溪市委办、市政府办联合行文下发。

【申报省级社科普及基地】 2011年，社科联根据省社科联申报省级社科普及基地的要求，积极组织市图书馆和图书馆学会的申报工作。10月28日，省社科联在副主席靳昆萍的带领下，科普部主任卜金荣等一行5人到玉溪考察科普基地的情况。玉溪市图书馆已初步具备建立科普基地的要求，市社科联作为科普基地的主管单位，将积极推动省级社科普及基地的建立和各项科普活动的开展。12月，省社科联正式命名玉溪市图书馆为全省社科普及基地。

【成果出版】 2011年，完成2010年度立项课题研究成果选编，《玉溪"生态立市"中人文内涵的培养与提升研究》等9个成果印制500册送相关领导和部门参阅；组织对第六次社科优秀成果评奖获奖优秀成果的选编工作，编印《玉溪市社会科学优秀获奖成果选编》；参与《古滇国文化研究论文集》第六集编撰出版；支持社科界著作《实用礼仪》、《痕迹录》的编辑、出版。

（靳　雨）

2011年10月23日，玉溪市古滇国文化研究会第六次学术研讨会在江川召开

（靳　雨　摄）

工商业联合会

【落实"贯彻落实年"工作】 2011年3月24日，玉溪市工商联(商会)召开三届七次执委会暨市光彩事业促进会一届五次理事会，会议确立2011年为"贯彻落实年"。全市工商联组织认真贯彻落实《中共中央、国务院关于加强和改进新形势下工商联工作的意见》精神，按照科学发展观的要求，紧紧围绕市委、市政府的中心工作，把引导服务非公经济转方式、调结构、提质量、增效益，构建和谐企业作为中心任务，把培养非公经济代表人士作为战略任务，把指导非公企业党建作为政治任务，进一步转变作风，创新工作体制机制，充分发挥工商联"五个作用"，体现工商联"三性"优势，提升工商联的执行力和战斗力，促进全市非公经济健康发展和非公经济人士健康成长，为"十二五"规划开好头、起好步，为建设富裕民主文明开放和谐平安生态幸福新玉溪作出积极贡献，当年在全省工商联系统工作目标任务考评中荣获一等奖。

2011年，中共玉溪市委、市人民政府出台《关于加强和改进新形势下工商联工作的实施意见》，从5个部分18个方面对如何加强和改进玉溪市工商联工作作了明确规定，具有较强的操作性、指导性和前瞻性，受到省委统战部、省工商联的高度肯定和评价。

【调查研究】 2011年，市工商联深入开展调查研究，认真履行政治协商、民主监督、参政议政的重要职能。精选三个调研课题，组织人员认真开展"加快玉溪市建材市场建设的调研"和"玉溪非公企业构建和谐劳动关系的调研"、"玉溪市非公经济发展情况报告"的相关调研工作，形成调研报告。

【参政议政】 在2011年"两会"期间，市工商联提交提案7件。特别是在三届政协会议期间，市工商联提交的《关于

加快玉溪市铸造业发展的建议》提案被评为全市十件优秀提案之一，受到市委的表彰。

【非公经济组织“创先争优”活动】 2011年，在非公有制经济组织中广泛开展了以“七个一”为载体的主题实践活动，引导广大党员和员工“学党史、感党恩；唱红歌、抒情怀；践宗旨、创佳绩”，充分调动广大非公有制经济组织党员和员工“立足本职创先争优，再创佳绩向党献礼”的政治热情，进一步坚定跟党走的信心和决心，对全市非公有制经济组织创先争优活动起到了积极的推动和促进作用。市非公经济组织创先争优活动指导小组在全市开展“群众评议”，采取自下而上“个人自查、党员互查、群众帮查”的办法，把创先争优活动引向深入，受到全国创先争优活动领导小组的充分肯定，并在全国推广。

【“党旗下的誓言”演讲比赛】 为纪念中国共产党成立90周年，2011年5月26日，组织全市非公经济组织“党旗下的誓言”演讲比赛。由玉溪选送的2名参赛选手在全省非公有制经济组织迎接建党90周年“党旗下的誓言”演讲比赛中，分别荣获演讲比赛特等奖和二等奖，市非公有制经济组织创先争优活动指导小组荣获了组委会颁发的“优秀组织奖”。

【民营企业招聘周活动】 2011年5月17～22日，市工商联与有关部门联合举办了以“为高校毕业生求职建立通道，为民营企业吸纳人才搭建平台”的民营企业招聘周活动，85户企业参与招聘，提供就业岗位2 640个，组织大中专毕业生、返乡农民工、城镇就业困难群体4 100人次进场求职，达成意向用工协议520人。招聘周为高校毕业生就业牵线，为民营企业招聘人才搭桥，取得了良好的社会效益。

【民营企业家座谈会】 2011年10月25日，市工商联组织召开“玉溪市民营企业家座谈会”，分析玉溪市民营企业发展存在的主要困难和问题，研究玉溪市贯彻落实中央、省、市一系列鼓励和支持非公经济发展相关政策措施办法。全市民营企业家代表40人和19个市直相关部门负责人参加会议，市委、市人大、市政府、市政协领导出席会议。

【“贷免扶补”工作】 2011年，省工商联下达市工商联2 550个“贷免扶补”工作任务，占全省工商联系统“贷免扶补”工作指标任务的五分之一。至12月，全市工商联系统鼓励创业“贷免扶补”工作提前完成2 550个工作目标任务，发放贷款1.6亿元，带动就业6 400人，创业促进就业贷免扶补工作取得显著成效。2009年扶持创业的90人贷款已按期全部回收，回收率达100%，2010年800名扶持创业者还贷率达100%，达到了发放贷款及时、按期回收贷款的良好效果，实现了扶持一人、创业一户、带动一片的良好局面。

2011年12月9日，玉溪市加强和改进工商联工作会议召开，省、市领导及异地商会会长共计480多人参加会议 （市工商联 提供）

【民营企业感恩社会】 2011年，开展的“云南红土情·光彩进万家——玉溪感恩行动”，是工商联积极引导非公经济人士致富思源，回报社会，感恩党、感恩国家、感恩人民，更好地履行社会责任，促进非公有制经济健康发展和非公有制经济人士健康成长的一项主题活动。截至12月底，全市有1 556个工商联会员响应号召，采取爱心帮扶、智力帮扶、项目帮扶、技术帮扶等形式，捐款捐物累计达2 158.47万元，涉及乡村道路改造、农田水利保护、农村基础教育、农业生产资料、农民生产生活等五个方面，惠及玉溪市23个老少边乡镇89个自然村的53 930名困难群众。

【商会组织建设】 2011年，市工商联按照中央、省委、市委有关文件精神要求，坚持广泛性和代表性相结合的原则，积极主动地做好会员发展工作。到11月底，全市工商联会员总数达11 683个，新增1 555个，增幅15.36%，会员总数居全省16个州市工商联首位。行业商会达81个，新组建26个，增幅46.43%，行业商会总数居全省各州市前列。成功组建了玉溪市湖南商会、玉溪市工商联农资商会等6个市工商联直属行业商会，进一步延伸了工作领域，拓展了工作空间。

（谢　江）

残疾人联合会

【组织建设】 2011年，玉溪市残联全面推进残疾人“两个体系”建设，玉溪市人民政府出台了“促进残疾人事业发展的实施意见”。3月3日，玉溪市残疾人联合会第三届主席团第二次全体会议在玉溪龙马酒店召开，主席团成员及各类残疾人代表69名参加会议。第三届主席团执行理事会理事长黄河作工作报告，增补和调整部分主席团委员、副主席，选举杨洋副市长担任主席团主席，聘请玉溪市委副书记张玲为主席团名誉主席。4日，玉溪市残联三届三次工作会议在玉溪龙马酒店召开，会议总结了2010年度全市残疾人工作，对2011年的工作作了安排部署，对2010年度残疾人工作先进县新平、通海、澄江、红塔区等给予表彰奖励。会上，对2010年度实施按比例就业的龙马集团、玉溪市交通运输集团等29家先进单位给予了表彰奖励。杨洋出席会议并强调要加快推进残疾人社会保障体系和服务体系建设，着力解决残疾人民生问题。黄河理事长与各县(区)残联理事长签订了“2011年度玉溪市残疾人工作目标考核责任制”。

【残疾人康复工作】 2011年，完成白内障患者筛查2 500例、实施复明手术1 700例，完成低视力配用助视器35名，盲人定向行走和生活技能训练24名；肢体残疾康复训练102例；装配假肢70例；为残疾人提供轮椅272辆，拐杖90付，手杖81根，组织供应各类辅助器具1 500件；完成1 100例贫困精神病患者免费救治项目；完成140例智力和精神残疾人康复托养项目。对52名听力语言残疾儿童家长进行训练，聋儿语训40名。智力残疾儿童康复训练45名，智力残疾儿童家长训练45名。

【“亮睛行动项目”在华宁县启动】 2011年4月21日，“2011云南亮睛行动——玉溪项目”在华宁县启动。玉溪博爱医院的医生对200多名已在乡镇卫生院接受了初查的患者进行再次复查，24日后分批送玉溪博爱医院实施复明手术。

云南亮睛行动是国家百万白内障患者复明工程，实施期限是2010年4月1日至2012年9月30日，项目经费由中央和地方财政支出，中央财政每例手术补助800元，新型农村合作医疗、居民医疗保险基金每例补助500元。

【残疾人托养服务】 2011年，玉溪市残联继续实施“阳光家园”——智力、精神和重度残疾人托养服务项目。市智力和精神残疾人康复托养院康复托养140名，江川县托养院康复托养72名，居家安养400名。居家安养期限为1年，每人补助1 000元；集中托养，期限为3个月，每人补助5 000元；智力和重度残疾人托养6个月，每人补助6 000元。

【残疾人教育、扶贫工作】 2011年，玉溪市残联实施对考取重点高中、大、中专学校的贫困残疾学生及残疾人的子女344名分别给予1 000～3 000元的补助，共资助经费78.5万元。实施国家彩票公益金助学120名，住校生年补助875元，走读生年补助375元，共支助资金7.5万元。

2011年，玉溪市残联为进一步改善残疾人的生存环境，继续把残疾人的危房改造工作作为一项民心工作抓紧抓落实，整合资源，最大限度地帮助残疾人改善居住条件和减轻经济负担，整合残疾人危房改造与“彩票公益金危房改造项目”、建设部门农村地震安居工程同步实施，全年共实施危房改造350户，平均每户补助资金达15 000元以上，危房改造面积由原来的40平方米增加到80平方米，建设质量得到提高。

【残疾人就业工作】 2011年，玉溪市残联拓宽残疾人就业渠道，实现按比例安排残疾人就业556名，集中就业621名、个体创业的有863名，征收残疾人就业保障金2 000余万元，市本级征收残疾人就业保障金892万元。开展残疾人职业技能培训300人、盲人按摩培训20人，农村实用科技培训2 240人次。当年，玉溪市残联举办残疾人就业机构负责人及社区就业指导员师资培训班，各县(区)就业机构负责人、社区就业指导员共85名参加了培训。玉溪市首家“残疾人日间照料站”在通海县秀山街道办事处滨湖社区正式揭牌。残疾人日间照料站将为残疾人提供日间照料、生活技能训练、职业康复等提供服务。

【助残月活动】 2011年，玉溪市残联开展残疾人就业援助月活动。活动期间，横挂宣传标语150条，墙报宣传200板，发放各种宣传材料8 000份，走访残疾登记失业人员56户，帮助残疾登记失业人员实现就业22人，帮助残疾人享受专项扶持政策32人，实用技术残疾人233名。

【残疾人宣传文体工作】 2011年10月11～19日，第八届全国残疾人运动会在浙江省杭州市、绍兴市、嘉兴市同时举行。云南省残疾人体育代表团由83名优秀残疾人组成，分别参加了轮椅击剑、射箭、脑瘫足球、自行车、游泳、田径、射击、坐式排球、盲人足球九个比赛项目。玉溪市有8名运动员参加比赛，郭智夺得5枚金牌、1枚银牌、破一项全国纪录，何悦悦共获得4枚金牌、“一破一平”世界纪录和破二项全国纪录，赵旭在田径夺得1枚金牌、1枚银牌，罗瑞获得2枚金牌、1枚银牌。

【残疾人维权工作】 2011年，继续实施对残疾人机动轮椅车燃油补贴，共对下肢残疾人持有机动轮椅车的1 346辆车主实施补贴，每年每辆车补贴燃油费260元，共补助资金349 960元。这项工作是国家燃油税改革后，针对残疾人机动轮椅车负担加重的实际，国家给予的特殊优惠政策。2009、2010年两年，共对下肢残疾人持有机动轮椅车的1 872辆车主实施了燃油补贴，每年每辆车补贴燃油费200元，共补贴资金达37.44万元。

3月，玉溪市残联、玉溪市纪委派出第五纪工委联合对九县(区)第二代残疾人证办证工作进行专项检查。检查组制定了《关于开展残疾人证办证工作专项检查方案》，采取听、查、看、访的方法，深入基层查看台帐，检查痕迹管理，审查办证流程，并随机抽样已办证的残疾人家庭，进行入户探访，查看人证是否相符，残疾类别、等级是否一致，对办证人员在办证过程的服务态度，质量及满意程度做了现场评审。检查组要求办证工作要做到了“四个满意”，即残疾人满意、残疾人家庭满意、社会满意和群众满意。

10月初至12月，玉溪市新平县完成新一轮全国残疾人状况监测工作。新平县是玉溪市被确定为全国残疾人状况监测点，经医师组和监测组通过对两个监测小区207户850多人的检测，对70名0～6岁儿童和53名疑似残疾人做了健康检查，对82名残疾人的基本状况调查登记，进一步分析残疾人状况变化，预测发展趋势，评估政策效果。

12月30日，国家住房和城乡建设部、民政部、中国残联、全国老龄工作委员会办公室，授予玉溪市为“十一五”全国无障碍建设创建城市称号，成为全国90个无障碍示范城市之一。

(吴向阳)

玉溪市红十字会

【社会募捐】 2011年，为进一步增强救助能力，市红十字会主动与社会各界人士加强沟通，密切联系，凝聚人道力量，组织开展社会募捐活动。呼吁社会各界向盈江地震灾区捐赠善款39 752.1元，全部用于支援盈江灾区人民重建家园；重点开展“5·8世界红十字日”募捐宣传活动，举办主题为“与爱同行，关爱贫疾群体”的义捐文艺晚会，动员社会人道力量，共募集善款35.01万元，主要用于救助贫疾人群；举办“爱心飞扬”慈善晚会，为两位特困先心病患儿募集善款69 096.40元；组织志愿者开展义卖活动，在医院商场等公共场所放置市红十字会募捐箱，以方便爱心人士献爱心，主要针对社会急需救助的弱势人群募集善款款物6 749.7元。

【救助贫困人群】 2011年，市红十字会按照“尽职尽责，量入为出”救助原则，根据年度所募集的善款善物，对特殊贫困人群实施力所能及的救助。全市八县一区开展“博爱送万家”活动，救助款物达28.7万元。用年度募集到的275 053.13元善款共救助社会贫疾人群219人。

【首家红十字社区服务站成立】 2011年，在依法理顺各县（区）红十字会管理体制的同时，红塔区凤凰路泷水塘社区居委会在全市第一家建立了基层红十字社区服务站，积极发展会员，招聘组建志愿者队伍，开展各项募捐救助关爱服务活动，为推动玉溪市基层社区开展红十字志愿服务起到较好的示范作用。

【救护培训】 按照省红十字会部署的年度工作，市红十字会积极与玉溪市交通运政管理处、玉溪市公安局交警支队协调，联合下发了《玉溪市红十字会、玉溪市交通运政管理处、玉溪市公安局交警支队关于在全市初学机动车驾驶员和道路运输从业人员中开展卫生救护培训工作的实施意见》，并与玉溪市八家驾驶员培训学校签署了委培协议，启动初学机动车驾驶员和道路运输从业人员的卫生救护培训工作，2011年共培训26 153人次。同时与峨山、易门、新平供电有限公司和澄江抚仙湖悦椿度假酒店等企事业单位合作开展培训，培训人数达830人次。

【帮扶山苏民众】 新平县漠沙镇坡头村是市红会扶贫点，2011年3月和5月，红会两次到小凹腰村进行扶贫工作指导，同时看望了学校师生和特困村民，为村小学解决课桌更新38套，价值2.6万元。在小凹腰村安居工程中协调有关部门筹措资金15万元，修建小型人畜饮水工程1件。

【动员捐献干细胞】 自2008年市红十字会成立捐献造血干细胞玉溪工作站以来，市红十字会进一步加大宣传力度，截至2011年，发放宣传资料8万余份，共有368人参加了血样采集，并将个人的血样检测信息资料录入中华骨髓库等待配型。

【开展捐赠图书活动】 市红十字会与云南人民出版社创造性地开展“安全知识进校园，我为孩子捐本书”活动，呼吁社会各企事业单位开展劝募捐款购买《中小学生安全预防与自救知识读本》，捐赠给全市中小学生开展课外读书活动。活动开展以来，共有83家单位捐款，捐书善款895 491元，将覆盖受益学生4.7万人。

【宣传储存脐血干细胞】 本着弘扬“人道、博爱、奉献”的红十字精神，坚持救助延续患者生命的原则，市红十字会积极与市卫生局协调，并批复下文，同意云南和泽西南生物科技有限公司在全市范围内广泛宣传脐带血造血干细胞和脐带间充质干细胞知识并开展相关业务工作。玉溪市红十字会充分利用红十字志愿者优势，发放脐带血造血干细胞、脐带间充质干细胞知识宣传资料到市民最需要的目标人群及年轻夫妇手中，让市民真正了解和掌握脐带血造血干细胞和脐带间充质干细胞知识对人类的贡献及作用，孩子的健康成长提供强有力的保障。

【红会队伍建设】 为解决人少事多的工作矛盾，市红十字会历来重视志愿者队伍建设，截至到2011年，全市红十字志愿者队伍人数达到354人，共有800多人次的志愿者参加社会公益性服务活动，充分发挥了红十字志愿者在社会公益性服务活动中应有的作用。

（邬　娴）

军事

编辑：刘仕荣

玉溪军分区

【概　况】　2011年，玉溪军分区认真贯彻主题主线重大战略思想，坚持把思想政治建设摆在首位，注重用中国特色社会主义理论武装官兵头脑，培育当代革命军人核心价值观，坚持打好意识形态领域斗争主动仗，开展纪念建党90周年系列活动，增强官兵高举旗帜、听党指挥、履行使命的自觉性坚定性。规范党委议事决策的内容、原则和程序，提高党委决策能力，加强党性修养、锤炼思想作风等教育改进思想作风，整治倾向性问题纯正部队风气，党委班子和干部队伍建设得到强化。修订完善战备方案，补充应急物资器材，开展首长机关军事训练，规范民兵分队基础科目和应用科目训练，组织部队和民兵遂行森林灭火、防雹增雨等任务，开展年度征兵工作，战备训练和后备力量建设取得成效。组织《共同条令》暨《政工条例》培训，开展“三责”、“三互”和创先争优活动，进行人武部正规化建设达标回头看，注重安全隐患专项清理整治，进行职工专项教育整顿，调运上缴民兵报废弹药，人武部全面建设稳步推进。参加玉溪市创卫活动和“三湖”生态建设，协助地方迎接国家双拥检查组考核，推动聂耳文化广场争创国家国防教育主题公园示范基地，开展国防教育和接受国家国防教育执法检查，军政军民团结不断巩固。

【田修思等到玉溪视察】　2011年11月2日，成都军区副司令员阮志柏在省军区副司令员杨金奎陪同下，到玉溪市检查指导征兵工作，慰问征兵工作人员，与适龄青年交谈，耐心地回答他们的提问。阮副司令员肯定了玉溪“四进”（进院校、进企业、进街道、进社区）方法开展征兵宣传和“贴近式宣传、开放式报名”的宣传报名模式，指示征兵工作要加大政策宣讲力度，要注重宣传教育的针对性，要建立征兵工作常态化机制，要严肃征兵纪律，确保兵员质量。

11月20日，成都军区政委田修思到玉溪视察，赞扬了玉溪军分区的全面建设，指示各级党委、机关要强化事业心责任感，把部队建设的基础搞扎实。视察期间，田修思政委接见了军分区机关、红塔区人武部和干休所全体干部。

【组织共同条令暨《政工条例》集训】　2011年3月，军分区集中10天时间，组织人武部主官、政工科长和分区机关干部，在国防训练基地进行共同条令暨《政工条例》集训。集训采取领读串讲、辅导授课、观看录像、示范教学、案件剖析、研讨交流等方式，掌握条令、条例的内容，贯彻依法治军、从严治军的要求，研究部队建设面临的新情况新问题，为推动人武部全面建设奠定基础。

【思想作风教育整顿】　2011年3月初至10月底，军分区和各县（区）人武部党委采取动员教育、蹲点调研、集中学习、查找问题、集中整治、督导讲评等方式，按照教育动员和调研摸底、开展专题学习教育和专项整治、召开专题民主生活会查找问题、针对问题集中整改巩固教育成果、梳理总结教育成果和经验做法五个步骤，开展加强党性修养、锤炼思想作风教育整顿活动。教育整顿活动注重大事大抓、强力推进，着力解决思想作风方面存在的贯彻力执行力不强、倾向性问题纠而复发、两个经常性工作落而不实等突出问题，坚持边教育边实践边总结，先后修订了党委议事、工程建设、经费使用管理、形势分析、群众监督等方面的规章制度，实现了思想作风建设常态化制度化，推动了部队整体建设。

【培育当代革命军人核心价值观主题教育】　2011年3月至年底，军分区按照突出主题筹划、区分阶段实施、融合渗透开展、贯穿全年深化的思路，围绕坚定理想信念、有效履行使命，分四个专题开展培育当代革命军人核心价值观主题教育，引导官兵坚定政治信仰，强化军魂意识，纯洁思想道德，激发战斗精神，使当代革命军人核心价值观成为坚定官兵的信念和自觉行动，更好地推动部队全面建设，促进各项任务圆满完成。教育展开前，军分区在易门县人武部进行了先行试点，做法被省军区《政工信息》刊载。

【军事训练】　2011年3～10月，军分区和人武部首长机关着重抓了军事理论、识图用图、计算机标图、指挥所演习等内容训练，完成年度训练任务。4月，军分区组织9个县（区）人武部副部长兼军事科长参加省军区人武部副部长集训，向集训班演示了民兵整组点验和抗震救灾演练两个训练课目。11月，分区机关和江川县人武部迎接省军区军事训练年终考核，考核课目成绩均合格。

同时，分区机关编印下发《军分区民兵军事训练实施细则》，整理《2000年至2010年期间全区应急处突案例》，组织9个县（区）民兵应急分队开展军事基础、应急维稳、抢险救灾等课目训练，训练结束时进行了考核验收，作战、勤务保障等分队分别完成业务训练。11月，易门、峨山等县电力抢修、通信专业技术分队和民兵应急分队先后参加了易门县云南省防灾应急三小工程暨抗震救灾行动演练、峨山县县庆60周年开幕式以及治安维稳等活动，展示了训练成果。

【遂行非战争军事任务】　2011年，军分区按照用兵中练兵，练兵中强兵的原则，组织部队和民兵遂行非战争军事任务，全年共出动干部和民兵20多次1 880余人次参与森林灭火、抗洪抢险、防雹增雨、维稳处突等行动，其中维护社会秩序3次185人、重大活动安保3次260人、参与疫情防范堵卡2次25人、参加扑救森林火灾10次1 110人，均安全完成任务。

【职工队伍专项教育整顿】　2011年9～10月，军分区针对职工队伍中责任心淡化、能力素质偏弱、作风纪律松散、值班值勤松懈等问题，采取统一部署、分级实施、统分结合的方法，按照学习教育、培训整改、巩固提高、考核验收四个阶段，集中80天时间进行学规章严纪律、重事业讲奉献、强作风正秩序、话感恩讲团结专题教育整顿，学习《职工管理规定》，掌握纪律要求，分批次按岗位培训塑造形象和提高工作能力、逐个自我剖析和讲评，教育整顿结束后逐人逐项考核，合格的准予调整工资档次和发放奖励工资，不合格的视情给予待岗或辞退处理。

【开展人武部规范化建设达标“回头看”活动】　2011年6月至年底，军分区在九县（区）人武部通过省军区达标考核验收的基础上，开展了人武部规范化建设达标“回头看”活动，分批组成联合工作组，采取听取汇报、现地察看、查阅资料、随机提问、抽查点验、考核摸底等方式，对已达标的9县（区）人武部规范化建设进行再检查再规范，巩固达标建设成果和完善弱项，梳理总结3年来开展人武部规范化达标建设活动情况，筹备参加省军区人武部规范化达标建设总结表彰会。开展人武部规范化建设达标“回头看”期间，易门县人武部迎接了省军区人武部规范化达标建设“回头看”抽检。

【完成征兵任务】　2011年6月，军分区召开征兵准备工作会议，听取各单位征兵准备工作情况汇报，分析征兵工作面临的形势，研究解决“当兵冷”“征兵难”等难题的对策。10月初至年底，各级党委、政府和兵役机关认真贯彻执行上级的征兵命令和指示，注重在组织领导上强职能、在宣传发动上作文章、在确保质量上把“三关”、在检查监督上抓经常、在征集全程中重安全、在建立激励机制上促落实，较好地破解了“两难”问题，确保了年度征兵工作的完成。2011年，适龄男青年报名达3 881人，比2010年上升23.8%，政审和体检双合格1 184人，比2010年上升18.8%；女青年报名达200人，初审初检后参加省征兵办体检63人。全市征集新兵931名（女兵19名）。

【规范学生军训工作秩序】　2010年3月，军分区协调军地有关部门开展学生军训工作调研。10月，成立玉溪市学生军训工作领导小组，调整充实市学生军训工作办公室。11月，市政府、军分区召开全市学生军训工作电视电话会议，总结“十一五”期间玉溪市学生军训工作，明确今后一个时期学生军训工作任务。会议研究制定《关于加强新形势下学生军训工作的意见》、《学生军训承训资格认定和管理暂行办法》和《玉溪市学校学生军训工作评估内容与标准》，明确了军事技能训练、军事理论教学等各项制度和学生军训保障措施，确立了“十二五”期间学校学生军训工作评估目标。2011年，全市共完成各类学校学生军训28 600余人，玉溪师院大学生军乐队完成了军事基础科目和专业复训，在全省人武部副部长集训班进行了展演。

（何建辉）

77208部队

【党委班子建设】　2011年，77208部队党委按照抓班子、带部队、促发展的思路，以思想作风建设为抓手，推动党委班子建设。与集团军同步抓好加强党性修养，锤炼思想作风专项教育整顿。修订完善了《党委机关加强自身建设措施》、《党委常务委员会议事规则》等措施，抓好“三会一线”统筹协调机制落实，坚持机关各股办每日检查通报制度。完善官兵反映问题的呈阅办理和回复制度，定人限时解决问题，做到了事事有着落、件件有回音，先后安排5批89人次常委和机关干部蹲点调研和当兵锻炼，投入300余万元新建士官周转房和子女食宿站，解决营房设施老化、屋内漏雨等20余个实际问题，党委班子作风更加务实，领导部队全面建设的水平得到提高。

积极支援玉溪争创国家卫生城市，图为人武部干部职工清理河道垃圾

（军分区　提供）

【思想政治工作】 2011年，部队把思想政治建设摆在各项工作首位，围绕服务中心，突出特色，重点突破，主动作为，抓政治工作规范、整改和提高。按照集中学习有专题、体会交流有主题、理论研究有课题的要求，组织党委中心组学习和官兵理论学习，突出抓了中共十七届六中全会精神、胡锦涛主席七一重要讲话和主题主线重大战略思想的学习贯彻。采取“三步两贯穿”方法抓好七一重要讲话学习和区分专题、丰富活动抓好十七届六中全会精神学习的做法受到集团军好评。常委先后作宣讲辅导31次，有3篇经验交流文章被军区《政工简报》刊发，3篇被集团军转发。部队被集团军表彰为“政治工作研究先进单位”。针对中东、北非局势动荡、敌对势力渗透破坏和出境走私情节的严峻形势，召开专题分析会，下发《加强意识形态领域工作计划》，3次组织形势政策辅导，做好事故案件预防和“四反”工作，组织观看《泣血的教训》等教育警示片，确保部队纯洁巩固。围绕深化坚定理想信念，忠实履行使命主题教育，开展军旅人生规划和“四会”优秀政治教员优质课评比活动，抓好党史军史团史教育，为每名基层政治干部配发笔记本电脑，制作应知应会常识手册和军旅人生格言练字帖。坚持把运用党的创新理论建连育人与弘扬抗震救灾精神、维和精神和雷锋精神结合起来，不断推进核心价值观培育经常化规范化。进一步规范政治教育、干部队伍、组织建设、风气建设、文化活动等工作和野外驻训中政治工作，第七批赴黎维和、盈江抗震救灾和马龙驻训中政治工作作用明显。注重发挥团史馆、荣誉室教育激励功能，改建升级政工网，建立了网上图书库、教案库、团史馆。部队政工网被军区表彰为“优秀政工网站”，政治处被集团军表彰为“先进政治机关”。

【基层建设】 2011年，部队针对多次执行维和等重大任务，经常性基础性工作有欠账的问题，按照集团军指示，以掌握基本常识、规范四个秩序、提高能力素质、解决突出问题为基本目标，抓好“补课”活动。以“两课一讲评”、“六项制度”、“三责”、“三互”活动为抓手，突出“三部两角”和“两个之外”，抓经常性基础性工作落实。依据《纲要》、《共同条令》和军区、集团军相关要求，制定了9类硬性措施，确保了部队在落实经常性基础性工作中一个步调、一个标准。坚持抓培训培养明白人，做好各类政策法规和应知应会常识学习，组织共同条令暨《政工条例》集训，展开分队主官、党团支部书记、“三互”小组长等培训10类575人。常委围绕认清重大意义，把握特点规律，提高经常性基础性工作落实自觉性、熟知主要内容，进一步把握抓好经常性基础性工作的原则要求两个主题进行了全团集中授课。印发10期《经常性基础性工作“补课”专刊》，传达各级首长关于抓经常性基础性工作的指示精神，及时反映“补课”动态。运用试点牵引，规范各类秩序，抓好基层八项经常性主要工作落实。召开了两次抓基层工作会议，查找出影响和制约经常性基础性工作落实的4类突出问题和6个薄弱环节。进行了两次量化考评，根据考评情况，及时抓好巩固提高，推进经常性基础性工作全面落实。结合赴黎巴嫩维和、抗震救灾、比武竞赛、野外驻训等活动，深入开展创先争优活动，基层建设活力不断增强。部队共青团委被集团军表彰为“先进团委”，61分队被集团军表彰为“先进基层党组织”和“基层建设标兵单位”，93分队通过军区达标验收，被军区评选为“先进教导队”，士官崔永彪被军区评为“优秀共产党员”。

【战备建设】 2011年，部队围绕按纲施训打基础、问题整改求深化、应急建设上层次、科学管理促发展的思路，贯彻落实胡锦涛主席主题主线重大战略思想，持续提升战备训练工作水平。按照定期教育与重大事件随机教育相结合的方式，坚持形势战备教育。加强机关和分队库室建设，整治规范了各类战备秩序和值班制度。及时补充战备物资，修订完善各级各类战备方案，规范战备库室建设，组织机关、分队按照战备方案进行了地震救援、抗洪抢险、神八返回舱回收和交通应急抢险等战备演练15次。抓好首长机关、分队军官和士官训练。5月，组织部队开展基础训练群众性比武竞赛活动，各科目成绩合格率达到80%以上，较好地检验了部队训练效果，涌现出“全军爱军精武标兵”陈永彪等一批军事训练先进典型，分队军官参加军区参谋比武，获得综合成绩第六名的好成绩。野外驻训期间，常委跟班训练受到集团军肯定。

【干部队伍建设】 2011年，部队着眼激发活力、增强动力、提高能力，抓好干部学习培训，开办军官夜校，区分层次、内容、时间、方法对干部进行轮训。落实干部履职尽责考核考察、月讲评干部等制度，抽查分队主官跟班跟训、查铺查哨等情况120余次，机关在岗在位抽查和双休日点名30余次。研究制订了《干部履职尽责量化考核实施细则》，突出八小时以外和在外干部管理。严格按照“双考”办法选拔分队主官，坚持任人唯贤和德才兼备原则，严格按照“双考”办法选拔营连主官。10月，组织了2011年度专业技术干部考评。全年共调整使用干部49人，4名干部被上级机关选调，提升使用39人，战士保送军校3人，普遍反映较好，树立了良好的用人导向。

【文化宣传】 2011年，结合纪念建党90周年和红军长征胜利75周年，开展嘹亮军歌献给党歌咏比赛，抓好主题系列文化活动和群众性教育配合活动，举办的5场文艺晚会、球类联赛和首届感动团队十佳人物评选活动，深受官兵喜爱。邀请聂耳纪念馆来部队举办聂耳与国歌图片展，组织官兵到市博物馆参观，参加了红塔区建党90周年大型文艺晚会，拍摄“军旅生活DV”、改造数字电视、安装卡拉OK点歌系统、开展广场文化活动，丰富了官兵业余生活。野外驻训期间，利用就便器材，开办了集教育娱乐于一体的野战文化中心和分队野战“文化角”。投入5万多元购置各类图书。改建升级政工网，建立了网上图书库、教案库、团史馆。政工网被军区表彰为“优秀政工网站”。新闻宣传力度大、效果好，全年上稿584篇，其中中央级媒体189篇，维和事迹被中央电视台7频道《讲述》栏目连续报道，53分队5名一等功臣的事迹被《解放军报》专题报道，部队被集团军表彰为“新闻宣传工作先进单位”。

【抢险救灾】 2011年3月10日，盈江县地震发生后，部队救援队火速赶赴灾区，在历时八天的紧急救援中，对14处废墟展开了生命搜索、排危除险和物资抢运等工作，共搜排面积3.32万平方米，拆除危房203间，排除险情438余处，搬运物资4476余件，抢运价值118余万元物资，为居民小区清理道路600余米，搭设帐篷145余顶，出色地完成了救援任务，受到温家宝总理接见。

【应急力量建设】 2011年，部队不断深化巩固建设成果，推进应急力量建设水平不断提高。圆满完成第七批赴黎国际维和任务。高标准完成应急力量展演示任务。国家地震局局长陈建民来部队视察救援队建设情况，救援队以其过硬的搜救技能、出色的救援成果得到陈局长的高度评价。国家交通应急抢险队初步完成编制调整工作，实现了缩编不减战斗力的目标。部队被四总部表彰为"国家级应急专业力量建设先进单位"。

【党风廉政建设】　2011 年，部队认真落实《军队党员领导干部廉洁从政若干规定》，组织所有党员干部签订廉政承诺书，抓好强党性纯洁官德人品、严党纪纯正党风军风反腐倡廉专题教育。按照上级要求，开通了"三线一箱"举报网，公布常委电话，进一步畅通了民主渠道。年终"三项工作"展开前，部队党委向全体官兵公开廉洁从政承诺书。规范了分队党务连务公开栏，完善了公示制度。坚决纠正影响部队建设和损害官兵切身利益的不正之风，深入进行"四项清理"，公开公平公正处理热点敏感问题，有效防止了弄虚作假、欺上瞒下、损害官兵利益等不良现象发生。

【安全稳定工作】　2011 年，部队突出重大安全问题防范，修改完善《防范重大安全问题预案》，出台了一系列加强部队管理的规定和措施。抓实枪弹和信息安全保密，为执勤哨兵补充了防卫器材和通信设备，为部队所有干部和关键岗位战士办理《手机使用许可证》。按照抓学习，统一思想认识；抓整治，解决突出问题；抓督察，促进末端落实的思路，开展倾向性问题专项整治。围绕军区提出的六项重点整治内容，集中对工程建设、经费使用、物资采购、医德医风等领域的倾向性问题进行检查督导，针对查纠出的问题，完善监督管理措施。7 月，对"两类问题"进行了集中清理整治。结合士官家属临时来队住房建设，对工程建设情况进行检查督察；结合上级和本级财务审计，对经费使用情况进行检查督察。开展了三次安全教育整顿，坚持每月常委带队组织安全隐患清理排查，共排查出 7 类 102 个方面的安全隐患，摸清了部队 16 项安全底数，制订了既解决当前、又管长远的整改措施。针对部分干部骨干不敢管、不会管、不愿管的问题，坚持抓培训帮带、抓主官表率、抓问责导向；针对落实军区六类倾向性问题不严，违规喝酒、违规开车的单位主官和个人，进行诫勉谈话，通报批评；针对行动缓慢、措施不力的单位，常委带机关干部进行指导帮带。全年部队无重大事故案件、无失泄密问题发生，部队被集团军表彰为"安全稳定工作先进单位"。

【后勤建设】　2011 年，部队按照战备必需、生活急需、发展所需的要求加大全面建设现代后勤步伐，落实《全面建设现代后勤纲要》、《〈关于加强基层后勤科学管理的决定〉及 8 个实施细则》，系统推进后勤保障工作。继续深化 2009 年大理集训成果，采取市场调查、集体采购、分工协作、互相监督的方式，实施生活服务中心副食品自主采购。按照零利润经营、收支两条线管理的原则，规范了军营超市经营，官兵利益得到保障。拓展审计范围，按照军政主官联审和机关处长审计的方式抓好经费审计，确保了经费合理使用。开展营房轮修和零修工作，对机关、分队部分房屋进行屋面检漏及环境整治，完成计划轮修房屋面积1 659平方米，屋面检漏2 000多平方米。复训驾驶员 60 人，培训司务长 20 人、炊事员 27 人、卫生员 8 人、"一员四工"14 人。后勤比武竞赛各科目及格率均在 93% 以上，被集团军表彰为"基层后勤科学管理先进单位"。

【装备建设】　2011 年，部队认真贯彻全军武器装备"两成两力"建设工作会议精神，及时修订完善装备战备方案和装备保障预案，完善重点目标的各类应急预案，围绕提高装备"三率"，对部队装备及库室进行了专项整治，共检修装备 63 台次，设备 7 台次。完成了"两实"训练保障、军事比武竞赛考核等装备保障任务。利用各类保障任务完成工程机械操作手复训，新培养操作手 15 人。参加军区装备系统比武竞赛获得了一个第一名和两个第二名的良好成绩。

（李庆军　张　杰）

77216 部队

【概　况】　2011 年，77216 部队以推动部队建设科学发展为主题，以加快转变战斗力生成模式为主线，按照举旗铸军魂，转型练打赢，和谐聚力量，实干求发展的工作思路，扎实工作、开拓进取，在确保安全稳定的基础上完成了年度各项工作任务，部队建设稳步健康发展。部队被集团军评为全面建设先进旅团级单位，连续 8 年荣获安全稳定工作先进单位。

【党委班子和干部队伍建设】　2011 年，部队认真贯彻胡锦涛主席"三个下功夫见成效"重要指示，开展加强党性修养、锤炼思想作风教育整顿活动，召开专题民主生活会，组织党员收听收看先进事迹报告会，解决党性观念不强、宗旨意识淡薄、工作作风飘浮、执行力差等方面的问题，促进了各级党委班子和干部队伍思想作风转变。抓好新修订《党委工作条例》和民主集中制的学习贯彻，修订完善党委常委议事规则，进一步提高了党委科学决策水平。抓好风气建设，学习贯彻《军队党员领导干部廉洁从政若干规定》，开展正确行使民主权利和"风气、和谐、发展"教育，加强对干部调整、工程建设、士兵考学等热点敏感问题的检查监督，调整使用干部、推荐士兵考学、提干、选送各类技术学兵、工程建设，做到了公开公正公平。加强人才培养，团被集团军评为人才培养先进单位。坚持运用"双考"选拔干部，注重在实践中考察、锻炼和培养干部。严格落实每月讲评干部制度，开展"尊重选择、珍惜岗位、真心尽责"和"四知"教育，组织机关干部和新毕业学员下连当兵锻炼。

【思想政治建设】　2011 年，部队按照党委机关抓深化、基层官兵抓普及的思路，重点抓好党的十七届六中全会精神、胡锦涛主席主题主线重大战略思想和七一重要讲话精神学习贯彻，开展"理论学习之星"评选和"月读一书、周写一文、日答一题"等活动，党委常委共为官兵作辅导 30 余场次。打好意识形态领域斗争主动仗，深入开展形势政策、"四反"和法纪教育，确保了部队纯洁巩固。以纪念建党 90 周年系列活动为载体，抓好主题教育和四项重大教育，制定军旅人生规划、开展"军人道德之星"评选、群众性读书演讲和党史军史知识竞赛等活动，促进当代革命军人核心价值观培育岗位化、具体化、经常化。团荣获军区党史军史知识竞赛优秀组织奖。打造"蛟龙"特色文化，贯穿全年开展"蛟龙"杯系列文体活动，出版"蛟龙报"52 期，制作"蛟龙视点"37 期。贯彻全军、军区、集团军思想政治教育座谈会精神，抓好政治工作五个规范性文件落实，制订下发《关于小散远直单位和零散人员落实思想政治教育、理论学习规定》等措施，使政治工作落到实处。结合部队野外驻训，研究分散动态条件下政治工作特点规律，跟进做好军事训练中的政治工作。开展政治机关和政治干部岗位练兵和"四会"优秀政治教员比武竞赛活动，不断提高政治干部综合素质。加强新闻报道工作，在中央级媒体上稿50篇。

【双拥共建】 2011年，部队根据形势任务变化，及时调整补充了双拥工作领导机构，统一实施对双拥工作的组织领导。同时，与玉溪市、江川县双拥办建立了每月情况通报制度，及时准确地掌握驻地双拥工作动态。部队出动100多名官兵参加了江川县革命烈士陵园清明节祭奠革命烈士活动。驻训部队在六一期间，与丽江石鼓镇新华村八一爱民小学进行六一文艺汇演、军体拳表演、队列会操、叠被子比赛等联谊活动。七一前夕，部队与江川县委、县政府一道举办了纪念建党90周年文艺晚会。

【治污保湖】 2011年5月10～12日，部队派出300余名官兵，机械车辆10多台，对驻地螺蛳铺至路居5千米沿线、沟渠的腐烂及污染物进行了全面清污。在此次环境治理过程中，部队共出动1 000余人次，机械车辆100余台次，对螺蛳铺至路居5千米沿线腐烂及污染物进行了全面清污，清理垃圾60余吨。

【学雷锋活动】 2011年3月1日，部队出动40多人、车辆3台到江川县大街开展学雷锋活动。年内，部队以学雷锋活动为契机，成立了5个学雷锋小组，在江川城区及周边村镇街道，开展助民服务活动，全年累计投入经费2万余元，为群众维修各种家用电器10余件，修理自行车20余辆，义诊80多人次，为群众理发40余人。部队在元旦、春节、五一、八一等节日，到驻地螺蛳铺村、石岩哨村、路居镇敬老院等地方走访慰问，帮助广大群众和老弱病残者解决实际困难。春节期间，副部队长携带慰问金、生活物资、水果、礼品盒专门到驻地路居镇敬老院、石岩哨村、螺丝铺村看望老人和生活困难群众、王超烈士家属。

（徐忠华）

预备役三团

【概　况】 2011年，预备役三团全面贯彻落实科学发展观和主题主线重大战略思想，遵循打基础、抓规范、强能力、保重点、促发展的原则，抓各项工作任务落实。一是抓首位，不断夯实部队思想政治建设基础。团党委一班人团结协作、勤奋敬业，始终不渝地着眼打牢官兵理想信念和道德基础，扎实开展各项教育；砺炼思想作风，加强干部队伍建设。二是抓中心，提升履行使命任务能力。坚持以大项活动为牵引，围绕提升战斗力为核心，扎实抓好“勇士杯”比武竞赛、成建制军事训练；按照预备役师提出的“五个第一时间”要求，围绕边境封控、抢险救灾、野战生存等课题，开展维稳处突演练；为优化编制体制，提升预任官兵履职尽责能力，进行年度组织整顿。三是抓重点，确保部队安全稳定。按照“六个管好”要求，坚持“六项制度”，重点做好“人、车、枪、弹、章，水、电、火、气、密”的管理工作，确保了团队安全稳定。四是抓规范，努力提升后装服务保障效益，结合自身实际，细化完善保障条件，提高经费使用效益，突出抓好应急救援保障工作，促使后装保障发挥最大效能。五是抓帮建，弘扬服务人民优良传统。坚持有为才有位的思想，组织官兵为建设和谐玉溪、生态玉溪作贡献，用实际行动赢得了地方党委政府的信任和人民群众的爱戴。预备役三团被成都军区国动委表彰为“西南国防动员建设十佳单位”，被预备役师表彰为“安全稳定工作先进单位”。

【思想政治建设】 2011年，预备役三团分4个专题开展培育当代革命军人核心价值观主题教育，抓好胡锦涛主席七一重要讲话和中共十七届六中全会精神的学习贯彻，旗帜鲜明地用主旋律、高格调、新风尚引领官兵思想，确保官兵政治上不偏向、思想上不偏位、道德上不偏移。针对北非、中东政局动荡、政权更迭实际，做好意识形态领域斗争，帮助官兵分清是非界限。开展形势政策教育，加大警示性法制教育、尊干爱兵教育和恋爱、婚姻、计划生育教育力度，官兵的自律意识进一步增强。跟进做好军事训练和大项任务中的思想政治工作，激发官兵参训和完成急难险重任务的工作热情。结合任务，修订完善战时政治工作预案和应急行动政治工作保障方案，定期组织实案化演练。4月，预备役三团党委发出向杨善洲学习号召，并对身边先进人物大力宣扬。注重利用政治环境熏陶教育官兵，及时更换橱窗、灯箱，搜集整理团史馆资料。全年累计表彰先进单位12个，先进个人175人。

【创先争优活动】 2011年，预备役三团为把创先争优活动继续向深度和广度推进，开展“五好”、“五带头”和“一诺三评”活动，激励基层党组织、广大党员发挥战斗堡垒作用和先锋模范作用。结合“双争”评比，7月，对5个先进基层党支部和25名优秀共产党员进行了通报表彰。1个连队党支部被上级表彰为“先进基层党支部”；2名现役干部被上级表彰为“优秀共产党员”；1名预备役军官被上级表彰为“优秀党务工作者”；预备役三团党委被云南省军区表彰为“先进团级单位党委”。

【党委班子和干部队伍建设】 2011年，预备役三团结合年初党委班子调整，认真学习《中国共产党军队委员会工作条例》和《政治工作条例》，抓好民主集中制贯彻，按照“十六字”原则规范议事内容和程序，提高了党委科学、民主、依法决策水平。开展加强党性修养、锤炼思想作风专题教育整顿，结合年度整组、分队成建制训练等时机，先后安排5名常委和4名委员到一线进行蹲点调研、15名机关干部当兵锻炼。落实“两课一讲评”，组织官兵聆听两级军区、预备役师组织的党课和政治课辅导；按照见人见事见思想的原则，团主官每月对全体干部进行“深度”讲评。通过开展系列活动，引导广大党员干部牢固树立敬业奉献、奋发有为的价值观、秉公用权、廉洁从政的权力观、君子爱财、取之有道的金钱观、素质立身、实干进取的进步观。鼓励官兵参加强军计划，2月，选派2名干部分别到西安政治学院和昆明陆军学院深造。11月16～17日，预备役师政委孟庆龄带工作组按照教育动员、征求意见、民主测评、理论测试、综合分析，结果见面等10个步骤，全面考核了团党委班子和所属干部，孟政委对班子和干部队伍建设情况给予了肯定。年内，6名现役干部、2名预备役军官分别被云南省军区和预备役师通报表彰。

【共同条令暨《政工条例》集训】 2011年3月7～18日，预备役三团组织14名营连长和业务股室人员由政委苏德华带队，参加预备役师在楚雄举办的共同条令暨《政工条例》集训。通过集训，加深集训人员了对基层建设规律的认知，理清了加强基层建设的思路。归队后，为进一步深化集训成果，结合《军队基层建设纲要》积极研究预备役部队基层建设的特点规律和方法路子，团党委常委按挂钩分工，经常深入基层检查指导，定期参加各营军地联席会议，推进了基层建设创新发展。

【预任营(连)党委(支部)书记暨政治干部培训】 2011年4月6~9日，预备役三团组织9名预任营(连)党委(支部)书记和现役干部，由政治处主任张文海带队到楚雄参加预备役师组织的集训。这次集训以《国防法》、《兵役法》、《国防动员法》、《预备役军官法》、《政工条例》、《军队党委工作条例》、《军队党支部工作条例》和《预备役部队政治工作规定》为基本教材，以有关预备役部队政治工作为主要内容，坚持连队化管理，院校式教学，过士兵生活的办班模式，系统授课辅导、领读串讲、示范演示、观摩学习和经验交流。通过培训，强化了预任基层政治主官的"务军"意识和能力，培养了一批基层政治工作骨干。

【组织整顿】 2011年2月下旬至3月中旬，预备役三团按照宣传教育、组织准备，调整布局、编组实施，组织点验、总结验收的步骤进行整组工作，实现了编制落实、制度健全、组织巩固、官兵相识的目标。复转军人比例达到61%，专业对口率达到74.8%，党、团员比例达到92.1%。4月，成都军区国动委综合处胡田疆处长率工作组，检查了预备役三团步兵三营入队训练和营部正规化建设，点验了步兵一营机枪连，观看了修理所在野战条件下牵引车二级维修保养训练，对预备役三团整组工作和全面建设给予了高度评价。

【军事训练】 2011年，预备役三团以参加预备役师学知识、钻业务、练技能活动为牵引，结合阶段性任务安排，采取考核与考评相结合的办法开展首长机关训练。4月，采取统一计划、分片组织、集中考核的方式，组织253名预任预编官兵进行入队训练，达到了提高思想认识、了解基本知识、掌握基本技能、塑造军人形象的目的。7~10月，按照加强统筹协调、突出实用管用，严格按纲施训、确保训练安全的思路，组织8个连队834人开展分队建制训练，提升了成建制动员和遂行任务的能力。

【第二届"勇士杯"比武竞赛】 2011年4月，预备役三团按照"全员参训、突出重点，以比促训、以赛促建"的思路，集中机关全体现役干部、基层营(连)长和部分预任军官86人有计划、分步骤开展强化训练。7月，选拔9名军官组队参加第二届"勇士杯"比武竞赛，获得了参谋军官、预任军官和团体总分3个第一的好成绩，继上年再一次捧回"勇士杯"。

【战备工作】 2011年，预备役三团为贯彻上级《战备值班系统综合整治》精神，编拟了战备值班秩序手册，细化了战备值班管理规定，构建了多层次、立体化情况报知网络。编印了《扑火救灾安全常识手册》。指导步兵二营、步兵三营先后投入70余万元购置灭火、抗震救援器材5类120余件(套)。在预备役师统一部署下，采取"师团同步、自导自演、边情内设、演训结合"的方式，围绕边境封控、抢险救灾、野战生存等内容，先后组织机关干部160人次进行了两次战备拉练和"云岭－2011Y"应对边境武装冲突和突发事件演习，熟悉了组织指挥程序，检验了预案，提高了应急救援能力。

【后勤和装备建设】 2011年，预备役三团围绕现代后勤建设和装备"两成两力"建设要求，进一步强化依法管财、科学理财观念，严格落实财务统管制度，大项经费开支由办公会、党委会研究审定。提高经费物资管理使用效益，推行资产管理与预算管理相结合改革，深化集中采购和公务卡支付结算，办公用品由采购小组统一办理，有效加强了资金管控，压减了行政消耗性开支约5万元。6月，完成团卫生队达标建设。12月，组织干部、战士、职工完成年度体检。清理清查固定资产，完善军队住房建设管理信息系统。定期组织武器装备保养检修，确保时刻处于良好性能状态，立足实际提升了后装保障水平。

【安全工作】 2011年，预备役三团落实两级军区和预备役师关于做好安全稳定工作的一系列指示，开展"三责"、"三互"、"条令月"和"军容风纪专项整治"活动。依据预备役师下发的《团机关例行性工作规范》和《营(连)长下基层管理规定》，结合团队实际制订《分值管理实施细则》，对全团官兵落实一日生活制度和遵章守纪情况进行量化考核，正规了秩序，堵塞了漏洞。在考察论证的基础上，投入近万元改善了保密室硬件设施，杜绝了失泄密事件发生。围绕装备管理"八查八看"要求，先后6次对武器装备仓库进行清理整治，制作悬挂警卫方案图，完成监控系统升级改造，确保了车辆、枪弹等装备的绝对安全。年内，扎实推进倾向性问题专项整治并结合年终工作总结进行"回头看"活动。通过整治，纠治了过度应酬、超标准接待、思想作风懈怠、工作精力分散、自律意识不强等方面的突出问题，确保了团队健康平稳发展。

【召开团党委一届六次全体(扩大)会议】 2011年1月26日，预备役三团召开党委一届六次全体(扩大)会议。会议由团党委书记苏德华主持。会议传达学习了两级军区党委及预备役师党委(扩大)会主要精神，团长胡建伟作了题为《振奋精神锐意进取，为建设一流预备役部队而努力奋斗》的工作报告，会议总结了2010年工作，安排部署了

团组织抗震救灾应急演练——组织撤离现场　　(预备役三团　提供)

2011年工作任务。团党委书记苏德华就如何抓好2011年度工作落实，提出了具体意见。团第一政委、第一书记、市委常委、玉溪市政法委书记刘宁笙参加会议并讲话。

【纪念建军84周年座谈会】 2011年7月29日，预备役三团召开纪念建军84周年座谈会。团、营预任领导、团机关全体预备役军官、直属队预任领导以及全体现役官兵共68人参加了座谈。会上，团长胡建伟向与会领导和预备役军官介绍了团1～7月完成的主要工作，各预备役军官结合驻地和团队实际，对团今后建设发展提出了意见建议，团第一政委刘宁笙到会讲话。

【纪念建党90周年活动】 2011年，预备役三团为纪念建党90周年，选派2名干部参加预备役师组织的演讲比赛，选送4幅书法绘画作品和5篇文学作品参加云南省军区组织的评比。组织了45名预任官兵排练文艺节目。其中，舞蹈《金芒果·绿槟榔》在文艺汇演中获得优秀节目奖，歌伴舞《永远跟着党》的主唱获得最佳演员奖、预备役三团获得“优秀组织”奖。

【新闻报道】 2011年，预备役三团累计在《中国国防报》上稿10篇，《战旗报》上稿13篇，《西南民兵》上稿11篇，《云南国防》上稿5篇，成都军区《要讯》上稿2篇，云南省军区《要讯》上稿3篇，军队三级政工网上稿45篇，玉溪市报刊、电台累计13篇(条)，宣传了团全面建设的经验成果。

【组织军训】 2011年，预备役三团继续承担国防义务教育，派出现役和预备役官兵80余人次，先后为玉溪工业财贸学校、峨山锦屏中学、峨山一中、峨山职中、双江中学等6所学校军训学生4000余名。军训主要开展了队列、军体拳、分列式以及国防知识教育等。

【抗洪抢险】 2011年7月18日，玉溪市通海县兴蒙乡由于连续降雨发生洪涝灾害，预备役三营接到命令后第一时间收拢人员，出动兵力60余人组织抗洪抢险，在一线奋战10多个小时，确保了人民群众生命财产安全。

【服务地方经济建设】 2011年，预备役三团积极支持地方经济社会发展。3月，向云南盈江“三一0”地震灾区捐款1万余元。8月，捐款8 800元，资助2名贫困大学生圆梦大学。年内，先后出动官兵700余人次，车辆60余台次，疏通地方沟渠2千米，清理河道垃圾50余吨，植树造林100余株；出资1万元资助10户困难预备役士兵家庭子女入学；帮助4户困难预备役士兵家庭申请20万元创业资金；购买大米750千克、食油200升对15户困难家庭进行慰问。烤烟收购期间，抽调预备役官兵308人堵卡设点，协助地方规范烤烟收购秩序。各营配合地方办好重大节日，累计派出预备役官兵278人，先后完成江川开渔节、峨山县庆、通海那达慕等节日执勤任务。

(卓领先)

2011年8月“爱心圆梦”活动，组织全团官兵为贫困大学生捐款

(预备役三团 提供)

玉溪市支队

【概况】 2011年，武警玉溪市支队深入贯彻胡锦涛主席关于主题主线重大战略思想，围绕武警党委总体工作思路和要求，精心筹划、抓落实，完成以执勤处突为中心的各项任务，部队总体安全稳定，全面建设呈现出稳步推进、协调发展的态势。全年，有11个单位和10名个人受到上级通报表彰，27名官兵荣立三等功，部队连续16年实现安全无事故，被武警云南省总队表彰为“基层建设先进支队”。

【思想政治建设】 2011年，武警玉溪市支队解决“三个确保”的课题，按照科学发展观的要求加强和改进思想政治工作。一是突出理论武装，开展建设学习型党委机关，争做学习型领导干部教育活动，以党委中心组理论学习为龙头，坚持课题调研牵引理论学习，采取网络辅导专题学、身边事例交流学、热点问题引导学等方法，突出中国特色社会主义理论体系的学习把握，系统学习十七届五中、六中全会精神和胡锦涛主席一系列重要指示，官兵高举旗帜、听党指挥、履行使命的思想根基进一步打牢。二是抓实基本教育，深入开展培育当代革命军人核心价值观、争做党和人民忠诚卫士主题教育活动，抓好“四项教育”。以每月3次在聂耳音乐广场升国旗仪式为平台，抓好爱国主义教育。针对年初中东、北非局势对我国产生的严峻挑战，及时在部队开展形势任务教育，组织收看收听全国“两会”和建党90周年庆祝大会盛况，宣传党和国家的惠民政策，确保部队建设方向正确。与地方同步展开讲文明、树新风活动，参加部队和地方组织的先进事迹报告会，开展元旦、春节拥政爱民、学雷锋爱民助民活动。三是加强文化建设，构建传统、战斗、廉政、网络文化“四位一体”的新格局，为基层配发文体器材170余件、书籍2 000余册、多功能广播系统16套，100%的中队完成网络学习室建设，树立景观文化石，雕刻励志名言警句，使官兵在潜移默化中接受教育。红塔区中队积极做好建队育人工作，开办警营电视台，设置要闻播报、科学发展观在我身边、说出你的军旅故事、好书兵荐、公益广告等栏目，所有战士会进行简单的视频制作。深入学习贯彻党的十七届六中全会精神，结合年终工作考帮建，认真调研部队文化建设情况，谋划加强支队文化建设总体规划。总队先后3次转发支队政治工作的经验做法，全年在各类媒体上稿490篇，其中中央级媒体42篇，省级媒体20篇，市级媒体30篇，总队信息网398篇。新闻报道工作在总队名列第一。

【中心工作】　2011年，武警玉溪市支队按照执勤确保安全、处突确有把握、反恐确能制胜、维稳确保平安、救援确保有效的要求，加强战斗力建设。一是训练抓质量。坚持按纲施训，科学组训，抓好新兵入伍训练、岗前培训、基础科目训练，重点突出心理行为和情况处置能力训练。举办擒敌教员、狙击手和搏击骨干集训，分4批对全体官兵进行勤训轮换，组织各中队反恐分队进行军事训练比武竞赛，结合庆祝建军84周年活动组织反恐汇报演示，在总队军事训练和年终考核中总评成绩为优秀。二是执勤抓规范。落实“三员一兵一组”的组勤模式，采取三级网滚动检查、值班首长每天视频点名、部门领导每周实地查勤、每周交班会通报查勤情况、每月讲评执勤工作等形式加大查勤力度，执勤中“常见病”、“多发病”得到遏制。组织官兵收看新疆总队成功处置“一·三0”暴力袭警冲监事件录像片，学习临沧支队“二·五”处置在押犯脱逃事件的经验，先后成功处置在押犯企图内外串联事件2起和犯罪嫌疑人脱逃事件1起。协调地方政府及目标单位投入经费200余万元，完成红塔区、峨山县、新平县、江川县、通海县、易门县、澄江县和玉溪市等看守所和玉溪、元江监狱“四防一体化”建设，2个看守所纳入新建计划同步推进。三是战备抓经常。结合玉溪地处民族热点地区、毒品运输通道、自然灾害频发等实际，抓战备工作制度落实，不断完善各类方预案，结合形势任务，3次组织首长机关和机动分队进行检验性拉动演练，部队快速反应和应急处置能力得到提升。在确保固定目标万无一失的同时，全年出动兵力2883人次，完成警卫、武装押解、安全保卫、城市武装巡逻、“两规”等临时勤务59起，2次出色完成处置群体性事件机动备勤任务。

【从严治警】　2011年，武警玉溪市支队认真贯彻“辽宁会议”和“高岭集训”精神，向条令条例要正规，以正规化管理保安全，以安全稳定促发展。一是采取定期学习、领导宣讲、知识竞赛、典型激励等方法，开展学法规、用法规、守法规学习教育活动，修订完善16项管理规定、措施和12项年度工作计划，严格执行干部量化管理规定，明确工作职责，理顺工作关系。二是以深知兵、真爱兵、育好兵活动为载体，开展谈心交心活动，把考学落榜、身体患病、婚恋受挫、家庭变故及涉法人员作为谈心重点，化解矛盾积怨，密切内部关系，做到把人员管“活”；针对支队车辆老化、车况性能不佳等实际，开展安全行车教育，投入3万元组织车辆检修，提高车辆审批权限，落实车辆管理“五位一体”联管责任制，按程序审批机关干部驾驶私家车手续，与干部本人和家属签订安全行车责任书，做到把车辆管“严”；开展保密教育，加大涉密载体管理，组织信息安全检查，签订保密安全责任书，重点落实密码管理的有关规定，防止失泄密问题的发生，做到把秘密管“住”；开展射击训练和枪弹管理安全整顿活动，落实制度规定和上级指示精神，加强枪弹静态和动态管理，做到把枪弹管“死”。部队连续16年实现安全无事故。三是以总部下发的正规化管理两个《规定》为依据，先后在红塔区、江川县中队召开现场会搞好示范引路，投入120万元，摘除与规定不相符的各类标牌70块，更换营区、库室标牌100块，制作各类图表、宣传栏、制度牌300块，为基层配备执勤装备及训练器材90件(套)，基本达到营院整洁、库室规范、设施配套、设置统一的要求。同时，以抓制度落实为切入点，正规部队“四个秩序”，规范各类登记统计。

【基层建设】　2011年，武警玉溪市支队按照“四个基本”的要求抓全面建设。一是以创先争优活动为载体，结合《纲要》培训，组织官兵学习新《政工条例》等5项法规文件，就建强一线战斗堡垒，提高“三个能力”、“强化素质能力，争做按纲建队的明白人实干家”等3个专题进行辅导，不懂不会、执行不严、效果不好、合力不够等问题得到有效解决。发挥团支部和军人委员会的助手作用，从选准配强人员、加大素质培养、督导制度落实等方面入手，使两个群众性组织工作取得明显工作绩效。二是坚持层次领导、依法指导，组织召开政治工作现场会，按照《纲要》规范基层工作流程，编印《基层四个基本操作指南》，制作下发按纲抓建录像片。三是建立党委总揽、抓基层领导小组协调、党委成员分片挂钩、业务股室跟踪指导的工作机制，按照“三治”、“三个一遍”的要求做好帮建工作。在帮建任务上，引导先进层防骄戒满、多找隐患、多看问题，保持清醒头脑，不断提升建设标准；指导中间层固强补弱，促

2011年6月13日，武警玉溪市支队圆满完成第二届中国聂耳音乐(合唱)周启动仪式现场军乐演奏及升国旗仪式任务　（朱洪彪　摄）

进全面过硬；帮助后进层既正视存在问题又看到发展潜力，督促赶队争先，激励奋起直追。在帮建责任上，坚持与政治和经济利益挂钩，实行同奖同罚。党委成员蹲点人均90天以上，2个重点帮扶的基层单位跨入先进行列。

【后勤保障】 2011年，武警玉溪市支队围绕中心抓保障，面向基层抓服务，保障有力的要求得到落实。一是制订支队机关、基层“四类经费”使用管理规定，严格落实经费报批、联审联批等制度，对易超难管经费，实行包干使用、限额管理，实行网上支付，实现零现金结算，降低经济风险，各类经费保持平衡，家底经费累计达576.36万元，16个基层单位和3个直属队的地方经费预算达到300万元，支队本级的地方经费预算达到250万元。二是结合形势任务，强化后勤应急保障训练和战备物资储存，开展以炊事技能比武为主要内容的岗位练兵活动，先后举办驾驶员、卫生员、炊事员、军械修理员等后勤专业培训5期135人次。认真贯彻“广东会议”精神，争取地方经费112万元，做好二级网、三级网扩容的物质准备。投入40万元加强本级信息化建设。投资50余万元，建设支队战备物资储备库，具备一次性自我保障200人的应急保障能力。三是把“四项设施”综合整治作为硬指标，推动直属大队四中队、五中队、华宁县中队、元江县中队等4个单位的开工新建工作，协调推进澄江中队和支队新机关选址立项工作。投入经费120余万元，改造警勤、直属大队五中队、六中队、澄江县中队营房、机关车库和体育活动场所；投入90余万元，对所属单位营区绿化进行改造，支队的“四项设施”配套率由2010年的62.5%提高2011年的到87.5%，剩余2个未配套的中队动工新建。

【干部队伍建设】 2011年，武警玉溪市支队把建设过硬的干部队伍作为推动部队发展的关键来抓。一是按编制配备干部，注重梯次发展，不断增强干部队伍的活力和动力。在干部的调整使用上，倡导靠素质立身、凭实绩进步，坚持逢晋必考、量才使用，先后提拔使用12名干部，都是评定为优秀并经层层推荐、体能考核达标、业务素质过硬的干部，淘汰2名机关股长。二是制定干部量化管理实施细则，坚持每月对所属干部履职尽责、工作绩效进行量化打分，每季度对干部履职情况进行通报讲评，将量化结果作为考核干部的依据。针对干部转业工作、干部调整推迟的实际，抓“四个正确对待”和知恩、知足、知责教育。帮助干部解决家属就业、子女入学、转业安置等实际困难，协调地方政府将未享受经济适用住房的22名干部纳入玉溪市政法小区团购房的认购对象范围。三是在机关干部的培养上，每周安排一名机关股长上业务辅导课，每月组织调研报告评比；在基层干部的培养上，开展大练“六项基本功”活动，利用每月军事、政工、后勤例会以及勤训轮换、党(团)支部书记和军人委员会主任培训等时机搞好传帮带。

【党委班子建设】 2011年，武警玉溪市支队针对年初班子调整面大的实际，围绕提高“三个素质”、“四个本领”，抓好党委班子能力建设和先进性建设。一是抓好总队党委书记培训、师团干部理论学习成果转化，落实党委中心组学习制度，做到年度有计划、每月有安排、人人有笔记、专题有讨论、定期有检查。坚持学思结合，党委成员深入分片单位蹲点帮建，运用学习成果破解发展难题，形成调研报告21份。在敏感问题处理、基础工程建设、统筹抓基层等问题上，让班子成员独立牵头负责，强化实践锻炼。二是深入贯彻《党委工作条例》，组织党委委员进行民主集中制学习研讨，按照党委统一的集体领导下的首长分工负责制，理顺党委内部的组织关系、工作关系，坚持用民主生活会、经常性的双重组织生活会和党委成员上党课等健全的党内生活制度，强化班子成员的党性观念和大局意识，促进班子团结。坚持科学民主依法决策，特别在新机关迁建等部队建设重大问题上，采取科学论证、专家咨询等方法，广泛征求群众意见，坚持集体领导，党委做作出的决策都经受住实践检验。三是贯彻总部、总队党风廉政建设电视会议精神，学习贯彻《领导干部廉洁从政若干规定》，在党委机关开展加强党性修养，锤炼思想作风教育整顿和对“七个方面突出问题”专项治理整顿活动，部队风气明显好转，党委满意度测评达100%。

【拥政爱民】 2011年1月8日上午，玉溪支队组织150余名新战士与环卫工人一道清理玉溪通往研和的道路，连续奋战3个小时，支队官兵共打扫道路3千米，清理出道路垃圾4吨。3月5日，玉溪支队官兵到驻地10余所敬老院、福得院看望慰问300余名孤寡老人，送去大米、食用油、生活用品等慰问品。官兵们来到老人身边与老人们“拉家常”，随队的医务人员为为每名老人检查身体，并配送老年人常用药品。官兵们还走上驻地城镇街头、村寨、社区开展便民助民活动，义务清扫驻地街道5000多米，为群众做好事30余起，免费为群众看病送药200余人。4月23日，玉溪支队通海县中队派出15名官兵到杞麓湖入湖河道清理淤泥、捡拾垃圾。经过3个多小时的奋战，共清理河道淤泥和捡拾垃圾5吨。5月5～6日，玉溪支队组织红塔片区100名官兵深入

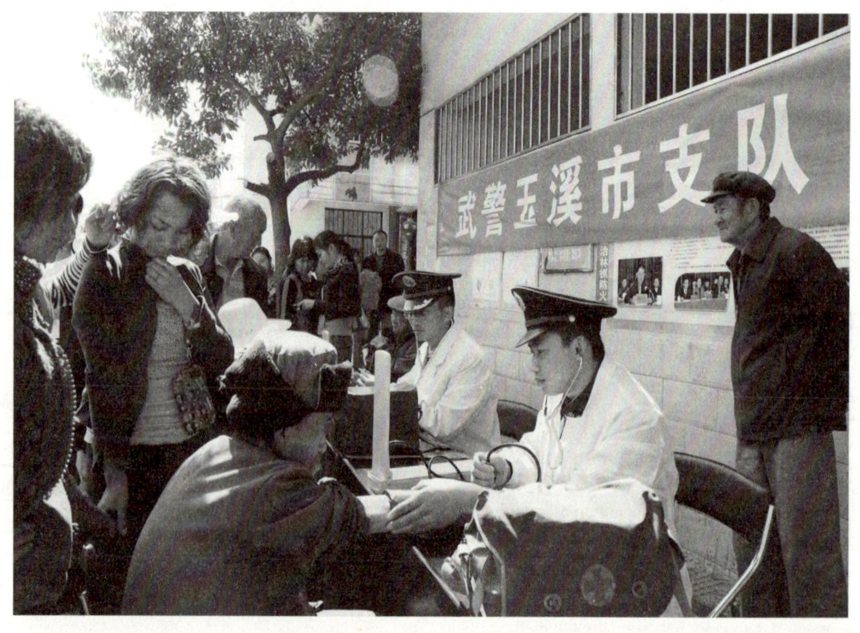

2011年3月5日，武警玉溪支队积极组织开展“学雷锋日”活动，深入社区开展义诊活动　　（朱洪彪　摄）

驻地田间地头，帮助驻地群众清理疏通农作物灌溉渠道。经过官兵连续两天奋战，共清理水渠10余千米，清理出淤泥、垃圾50余吨。10月28日，玉溪支队峨山县中队派出官兵10人，主动清理峨山民族团结广场周边碎石、杂草和垃圾，并为县图书馆打扫了室内卫生。

【党委扩大会议】 2011年1月26～27日，武警玉溪市支队支队召开党委扩大会议。党委机关、基层单位党委（支部）正副书记共60人参加会议。会议传达学习总部党委一届九次全体（扩大）会议和总队党委二届十一次全体（扩大）会议精神，分析了部队建设形势，部署2011年的工作任务。会上，支队党委书记、政治委员孔令斌代表党委作《坚持科学发展，注重质量效益，在有效履行职责使命中推进部队现代化建设》的工作报告，支队长刘忆新作了题为《围绕建设目标，提高建设质量，在新的起点上推进支队建设科学发展》的讲话，副政委马思凯代表纪委作了题为《狠抓思想作风建设，大力纠治不正之风，扎实推进支队党风廉政建设取得新成效》的工作报告；司令部、政治处、后勤处分别部署2011年工作；签订了工作目标、安全工作、经费管理、保密工作、武警装备管理、人口与计划生育工作、党风廉政建设等7项责任书；表彰了2010年度先进单位和个人。中共玉溪市委常委、市政法委书记刘宁笙，玉溪市人民政府副市长、公安局长、支队党委第一书记、第一政委明正彬等领导出席大会并讲话。

【干部晋升考核】 2011年2月11～16日，玉溪支队集中任职满2年以上的副营职以下干部和机关所有股长、协理员、副大队长进行晋升考核。考核主要进行射击、体能、计算机操作、理论面试和综合考评五项内容。

【正规化建设现场会】 2011年5月9日下午，玉溪支队在红塔区中队召开正规化执勤工作现场会，支队机关干部及基层中队主官参加会议。现场会由政委孔令斌主持，红塔区中队官兵演示快速更换弹匣、快速装卸刺刀、四哨动作、情况处置五步法、依图讲解方案、三员一兵一组协同动作演示、兵力抽组演示等七项内容。8月9日上午，支队在江川县中队召开正规化管理试点现场会，基层中队军事主官、司务长、文书和相关业务股室人员参加会议。这次活动以《军队基层建设纲要》、《基层正规化管理规定》和《条令条例》为依据，采取静态展示、动态演练、交流研讨、总结讲评的步骤，对正规化执勤部分科目动作、正规化管理部分库室物品摆放、基层各类库室场设置以及基层各类登记、统计填写等内容进行全面细致的演示。演示科目结束后，支队长王承全从明确标准、规范设置、深化成果等三个方面对进一步加强正规化管理工作，提升正规化管理建设层次提出具体要求。

【召开第三次党代会】 2011年5月15～17日，中国共产党玉溪市支队第三次代表大会召开，来自21个单位的70名代表参加会议，会议认真学习胡锦涛主席关于新形势下国防和军队建设重要论述以及武警部队建设一系列重要指示，总结分析2005年以来部队党的建设和全面建设情况，研究部署未来5年的发展和任务。会议选举产生出席中国共产党武警云南省总队第三次代表大会代表，审查通过中国共产党武警玉溪市支队第二届委员会工作报告和中国共产党武警玉溪市支队第二届纪律检查委员会工作报告，选举产生中国共产党武警玉溪市支队第三届委员会委员、第一书记、书记、副书记和中国共产党武警玉溪市支队纪律检查委员会委员、书记、副书记。会议动员各级党组织和全体党员团结在以胡锦涛为总书记的党中央周围，积极适应推进中国特色军事变革需要，加强部队建设，不断提高执勤、处突、反恐和防卫作战能力，推动部队建设创新发展，高标准实现“两个确保”，为把支队建设成为一支政治可靠的威武之师、文明之师，把广大官兵培养成为党和人民的忠诚卫士，完成党和人民交给的各项工作任务。

【扑灭易门县森林火灾】 2011年5月27日16时10分许，易门县中队的监墙一号哨哨兵发现有浓烟从后山密林里升起，哨兵及时向中队作战勤务值班员黄健指导员报告，中队立即派出人员进行实地勘察。经查，火点位于毛家山区域，火灾面积约3 000余平方米，距中队约1.5千米。中队将情况及时向县林业局、县森林公安、消防大队等有关单位进行通报，并向支队勤务作战勤务值班室进行汇报，同时做好出动准备。16时30分，中队勤务值班室接到县委县政府的请求，要求中队参加森林火灾扑灭任务。按照支队指示及中队抢险救灾方（预）案，确定参加扑灭森林火灾人员。中队长程海港带领中队13名官兵向火场开进。到达火灾现场后，中队官兵立即勘查火情，迅速研究扑火战法。经过3个多小时的奋战，共扑灭暗火和余火点200多处，挽救森林面积2 000余亩。

【机动备勤】 2011年6月19日下午，玉溪市支队派出80名官兵担负江川县群体性上访事件机动备勤任务。支队派出30名官兵与公安干警混编3个小组，对江川县委、县政府周边主要街道进行徒步巡逻，其余官兵在县体育馆机动备勤。7月7日，支队派出100名官兵担负江川县群体性闹事事件机动备勤任务。

【监所情况处置】 2011年7月5日12时15分，玉溪支队红塔区中队1号监墙哨兵刘增在执勤过程中，发现3名可疑人员向监区靠近，其中1名向监区内喊话（四监区有在押犯回话），哨兵立即进行口头警告，同时向中队勤务值班员进行报告，中队指导员郭晓家立即指挥中队官兵按预案展开行动。12时17分，中队勤务值班员刘强率3人应急小组第一时间赶赴事发现场，将企图往东面铁路方向逃窜的3名地方人员抓获，经看守所民警进行审问后交由红塔区春和镇派出所处理。

2011年7月13日17时35分，玉溪支队红塔区中队一号哨兵郑惠泽在执勤过程中，发现1名可疑人员向监区大声呼喊，哨兵立即进行口头警告，并向中队勤务值班员进行报告。17时37分，中队勤务值班员刘强率3人应急小组第一时间赶赴事发现场，中队长龙泳刚迅速指挥中队官兵按预案展开行动，将躲藏在山坡草丛中的可疑人员抓获。

【紧急拉动】 2011年9月29日下午，玉溪支队组织国庆节战备兵力抽组演练。这次演练，支队立足于处置大规模群体性事件为实战背景，严格按下达预先号令、组织兵力抽组、组织兵力投送、组织直前准备的程序，及时启动“四包一”勤务包值抽组方案，在最短时间内对红塔片区部队150名兵力进行抽组。根据应急预案，基指人员迅速展开行动，开设基本指挥所，各类值班备勤人员相继进入各自的指挥位置。支队长王承全下达机动命令，参谋长段富林进一步明确机动方式、开进路线和机动途中的任务区分。

【王诚到支队指导工作】 2011年1月25日下午，武警部队总队长王诚总队长率工作组到支队机关新建选址地进行现场指导。之后，王诚总队长率工作组到玉溪支队新训大队慰问新战士，并对支队新训工作进行全面的检查指导。1月26日上午，王诚总队长率总队工作组先后到玉溪支队江川县中队、红塔区中队慰问一线执勤官兵。

【于建伟到支队检查指导工作】 2011年10月1日，武警部队政治部主任于建伟到玉溪支队检查指导工作。于主任一行详细询问支队近年来全面建设情况，并与玉溪市主要领导进行座谈，全面了解驻地党委政府对部队建设的支持关心等情况。于主任要求支队要认真贯彻落实主题主线重大战略思想，把驻地党委政府对部队建设的关心厚爱转化为建设现代化武警的信心和动力，努力提高部队遂行多样化任务能力，为维护国家安全和社会稳定，保障人民安居乐业作出更大贡献。

【牛志忠到支队检查指导工作】 2011年10月18日，武警部队参谋长牛志忠中到玉溪支队检查指导工作。牛参谋长就抓好支队全面建设作出五点指示：一是要大力加强思想政治建设；二是要坚决完成好以执勤处突反恐维稳为中心的各项任务；三是要始终把工作重心放在基层；四是要严格部队的管理；五是要大力加强党委班子建设。随后首长一行深入支队勤务值班室、作战室和警通汽车勤务中队班排宿舍、食堂进行实地视察。

【满服役期战士工作招聘】 2011年11月17日下午，玉溪支队采取现场和网络相结合的方式，集中满服役期的236名老战士参加就业现场招聘会。招聘会上，玉溪太标太阳能设备有限公司、云南星河旅游资源开发有限责任公司、玉溪科技彩印有限公司等企业领导分别介绍企业概况、招聘岗位和招聘要求，现场的老战士向企业领导提出岗前培训、工资待遇和今后发展等问题。经过现场招聘，共有80余名老战士与企业签订应聘意向书。

【成功追逃】 2011年12月20日17时06分，玉溪市元江县看守所值班干警审讯完犯罪嫌疑人吕希后，准备将其收押进监，吕犯趁干警不备，从监区办公楼大门逃出看守所。看守所组织力量追逃的同时，立即将情况通知中队值班干部。接到看守所通知后，指导员郭坤华依据执勤方案组织官兵加强监区警戒，中队长尉红波根据看守所值班员所提供的情况，准确判明犯罪嫌疑人逃跑方向，带领中队应急小组迅速追击。17时15分许，当中队官兵追至元江县体育馆东侧时(距中队约2千米)，发现犯罪嫌疑人吕希正躲藏在体育馆侧门内，应急小组随即冲上前利用手中应急棍成功将其制服，前后用时9分钟。12月31日，支队召开表彰大会，对在此次成功追逃中表现突出的中队长记三等功一次，给应急小组中的一级士官由刘靖扬、杨建乙分别嘉奖一次。

【先进集体】 2011年5月3日，玉溪支队直属大队一中队团支部被武警云南省总队政治部表彰为“先进团支部”。

2011年7月18日，玉溪支队红塔区中队党支部被武警云南省总队党委表彰为“先进党支部”。

2011年12月28日，玉溪支队被武警部队表彰为“连续16年预防事故案件工作先进单位”。

2011年12月20日，玉溪支队被武警云南省总队表彰为“基层建设先进支队”。年内，11个单位和10名个人受到上级通报表彰，27名官兵荣立三等功，部队连续16年实现安全无事故。

2011年12月20日，玉溪支队被武警云南省总队司令部、政治部表彰为“密码工作正规化建设先进单位”。机要股全年共收发办理各类电报1 348份，未发生压误错漏和失泄密事故。投入3万余元，建设监控系统、门禁系统、红外报警系统等安防设施，改建物资库和值班室，实现机要办公区“一门封死”的要求，规范务文件和密码电报的管理，机要装备完好率保持100%。

2011年12月20日，玉溪支队峨山县中队被武警云南省总队表彰为“基层建设标兵中队”并荣立集体三等功。

2011年12月20日，玉溪支队直属大队一中队、红塔区中队、通海县中队、警通勤务汽车中队被武警云南省总队表彰为“基层建设先进中队”。

2012年1月5日，玉溪支队军械仓库被武警云南省总队司令部、政治部、后勤部表彰为2011年度“红旗军械仓库”。

2012年1月8日，玉溪支队政治处被武警云南省总队政治部表彰为2011年度“先进政治机关”。

2012年1月8日，玉溪支队被武警云南省总队政治部表彰为2011年“新闻宣传工作先进单位”。全年在各类媒体上稿490篇，其中中央级媒体42篇，省级媒体20篇，市级媒体30篇，总队信息网398篇，综合排名位列总队第一。

2012年1月12日，玉溪支队直属大队一中队被武警云南省部队表彰为2011年度“安全工作先进单位”。

【先进个人】 2011年5月3日，玉溪支队直属大队一中队团支部书记、副中队长曹晋被武警云南省总队政治部表彰为“优秀共青团干部”。

2011年5月3日，玉溪支队峨山县中队班长崔丰辉被武警云南省总队政治部表彰为“优秀共青团员”。

2011年12月20日，玉溪支队副政治委员段应生被武警云南省总队记嘉奖一次。

2012年1月5日，玉溪支队军械仓库保管员何志光被武警云南省总队司令部、政治部、后勤部表彰为2011年度“优秀军械保管员”。

2012年1月8日，玉溪支队政治处主任杨培华被武警云南省总队政治部表彰为2011年度“优秀政治处主任”。

2012年1月8日，玉溪支队政治处宣传股干事王奕凝被武警云南省总队政治部表彰为2011年度“新闻宣传工作先进个人”。

（张炳辉）

消防支队

【表彰奖励】 2011年，玉溪市消防支队实现了部队管理和火灾形势双稳定，取得了丰硕的成绩。年内，支队党委被省公安厅表彰为“好班子”，支队军政主官被省公安厅评为“好主官”；支队先后被省消防总队评为年度部队建设与发展一等奖、年度财务管理先进单位、年度信息工作先进单位；支队被市委、政府授予“民族团结进步先进集体”；年内，支队3个单位被省公安厅荣记三等功；1个大队党委和个人被总队评为“十佳基层党组织”、“十佳党务优秀工作者”；3个单位被总队评为落实三年规划先进单位；2人荣立个人三等功，27人先后被部局、总队、市级单位表彰为“先进个人”，红塔区“父子消防队”被公安部表彰为“全国热心消防公益事业先进个人”。支队司令部作战中心主任钱小汉被公安部表彰为“全国公安现役部队优秀共产党员”。

【党委班子及干部队伍建设】 2011年，支队党委将班子能力和素质建设作为工作重点，坚持互相督促促进团结，互相协作维护团结，互帮互助巩固团结，党委正、副书记带头做到思想常沟通、意见常交换、感情常交流、工作常通气，率先维护了班子的团结一致。年内，支队党委召开民主生活会2次，官兵思想和全面工作分析会4次，指导基层党委召开民主生活会10次。在基层组织建设上，支队党委坚持健全一级组织，完善一级班子，促进一方事业的理念，配齐配全16个党委、支部班子，实现了80%大队政治主官任党委书记，并通过举办大队党委书记理论读书班、培训班及外出参观学习活动，全面提升各级党委、支部驾驭部队的能力，各级党委、支部班子核心领导作用日益凸显。在干部队伍建设上，支队党委坚持正确的用人导向，年内，3名正营职干部走上了副团职领导干部岗位，25名营连职干部得到提拔使用，30余名院校新生干部投入部队工作，为能干事、会干事、干成事的干部搭建了平台，优化了干部队伍梯次化结构，增强了干部队伍活力。

【思想政治大纲试点建设】 2011年是《公安消防部队思想政治教育大纲》贯彻落实年，支队按照党委统筹、书记负总责、政治主官负主责、政治机关主抓、基层落实的运行模式，确保思想教育人员、时间、效果、内容的落实。同时，创新教育模式，采取走出去、请进来的方式，走进聂耳故居、聂耳纪念馆、滇中地委机关旧址等14个教育基地接受洗礼，邀请20余名部队教员和地方专家做客支队“政工大讲堂”，实时分析解读当前政策精神，灌输精神食粮，收到良好的教育效果，完成了总队下达的战士理论题库、经验交流材料、教育成果展等3个课题任务，2项教育成果在全国政治工作现场会得到展出。

【反腐倡廉】 2011年，支队纪委按照《军队党员领导干部廉洁从政若干规定》，开展反对不良作风，查找不廉行为专项整顿活动，召开两级党委廉政和作风建设座谈会，加强对部队执行公安部“五条禁令”、消防部队“四个严禁”的督察力度，开展干部诫免谈话16人次，办结了3起信访举报事件。同时，创办了《廉政文化专刊》、开展了廉政制度宣贯月、签订了“八率先八坚持”承诺书、廉政风险防范管理、“大走访”开门评警、“增强党性、严肃纪律、纯洁作风、树立形象”集中警示教育、预防“黄赌毒私艾”教育整顿、消防监督干部向辖区社会单位述职述廉等一系列活动，强化官兵自觉遵章守纪意识。年内，支队纪委共聘请执法监督员92人，组织座谈、检查20余次，回访单位125家，先后对23名新任营职干部和24名连、排职干部进行了廉政谈话教育，对大队军政主官进行诫免谈话16人次，有效地警醒各级党员干部，纯洁队伍风气，增强官兵“免疫力”。

【从优待警】 2011年，支队在加大硬件建设的同时，抓好部队软实力建设，创造拴心留人的部队大环境。在全省消防部队率先创建战友互助基金，投入20万元改造了特勤中队食堂，划拨30万元补助4个大队官兵生活。主动与地方单位协调，5名官兵子女顺利入学，3名转业干部得到妥善安置，解决了官兵后顾之忧，激发了官兵工作热情和敬业精神。

【拥政爱民】 2011年，支队主动与驻地学校、医院等单位开展双拥共建活动，参与卫生城市创建、义务献血、义务送水、捐资助学、取马蜂窝等社会公益活动，捐款捐物15万余元，植树3 000余棵，资助2名贫困生返校，融洽了警政警民关系。

【火灾救援】 2011年，全市消防部队共接警出动330起，出动车辆550辆次，出动警力2743人次，抢救被困人员253人，疏散被困人员575人，抢救财产价值882.7万元。成功处置了澄江县“五一八”旋耕机噬腿救援事故、元江县“六二七”抗洪抢险行动、元江县“七二六”水泥厂粉尘爆炸事故、红塔区“八二二”钢筋穿刺救援、江川县“九二〇”深沟交通事故救援、华宁县“一〇一一”华宁县黄磷危化品泄漏事故等多起灾害救援。

【打造“三乡”消防铁军】 2011年是“三乡消防铁军”建设成效年，支队在完成硬件装备建设的基础上，以人员素质建设为重点，全面加强指挥员组织指挥、灭火救援攻坚组、信息化指挥决策和部队整体作战四个能力。年内，组织基层指挥员开展5次火灾和抢险救援战例研讨；举办2期攻坚人员集训，组织2批38人参加总队攻坚组集训，全市组建灭火救援攻坚班11个，攻坚班队员达68人；新建专职队6支。并在全省率先组建应急救援专家组，吸收15个单位、23名行业骨干进入应急救援专家库。同时，将岗位练兵与灭火救援实际、打造消防铁军相结合，开展全市执勤岗位练兵竞赛活动，9月，全市30支现役、专职、志愿队代表队200余人同台竞技，角逐16个竞赛科目，检验了训练成果，在2011年全省打造现代化云岭消防铁军比武竞赛中，玉溪代表队获两个单项前三名的好成绩。支队司令部也被总队表彰为全省“全优司令部”。

【应急救援队伍建设】 2011年，支队依托应急救援组织建设，组建了市应急救援专家组，加强综合应急救援队伍及能力建设，主动介入全省防灾应急“三小”工程示范活动（易门现场会），具体承办应急演练、科目设置、宣传编制等“三小”工程重要环节。省委常委，副省长曹建方先后五次对溪玉市消防官兵的良好作风、过硬素质及防灾减灾工作能力给予了肯定。

【消防队伍建设】 2011年，支队新建了通海县高大乡政府专职消防队、澄江县龙街街道办事处政府专职队、新平县建兴乡政府专职队、易门县六街街道办事处政府专职队、元江县红塔烟草（集团）有限责任公司元江烟叶醇化仓库企业专职消防队、华宁县联达磷化工专职队救援队6支专职消防队，全市专职队总数达36支，全年招收合同制消防员47名，合同制消防力量总数达300人，数量首次超过现役部队。

【演练工作】 2011年，支队结合“夜学、夜训、夜宣、夜查”活动安排，玉中、玉东、玉西、玉北4个协作区先后对辖区内高层建筑、化工企业、人员密集场所、隧道等场所，进行650余次实战演练。4月，组织、参与了由玉溪市委、市政府主办的突发环境事件应急演练。5月，投入兵力48人、车辆6台参加滇南协作区地震拉动演练。10月，参加了全省防灾应急“三小”工程示范活动，现场组织了地震高层疏散、农村坍塌救援和应急救援装备展示。

【信息化建设】 2011年，支队先后完成119指挥中心、视频会议系统、移动通信指挥车改造任务，参照部局信息化建设标准，购置了移动卫星电话、大功率智能转信台、350兆防爆集群对讲机和头骨震动通信系统，配置了单兵3G音视频图象传输系统和6台DELL R710高性能服务器，在提高了支队官兵办公效率的同时，实现了指挥中心、移动通信指挥车和单兵3G图传的无缝对接，为前线科学指挥合理调度奠定了基础。

【后勤管理】 2011年，支队党委坚持

掌好财、理好财、用好财、督好财的后勤工作原则，在加强财务监管力度的同时，抓好从业人员专业素质培训。9月，为贯彻落实总队财务规范化建设现场会精神，支队在华宁县召开全市消防部队财务和资产管理规范化建设现场会，分析总结全市消防部队在财务和资产管理中的薄弱环节，推广全市各级消防部队在财务和资产管理工作的先进经验，促进了全市财务和资产管理更加规范有序。10月，支队举办了全市消防部队财务规范化建设业务培训班，全市各县(区)大队、特勤中队的财务人员参加了业务培训。年内，支队被总队评为“财务管理先进单位”，后勤处助理员高园被评为“先进会计工作者”。

【营房及装备建设】 2011年，支队致力于建成全省地州、市级规模最大、设施最全的战勤保障大队和训练基地，争取到玉溪市生态文化核心区域用地84亩，完成土地划拨、项目立项、设计审批、经费投入等前期工作任务，工程已进入全面建设阶段。同时，依托玉溪市“十二五”发展规划，完成江川大队整体搬迁项目的立项批准工作和红塔区研和中队建设项目评审工作。在装备建设上，支队一次性配齐了10个县(区)中队共计10辆举高类消防车、10支综合应急救援队伍器材装备和铁军中队器材装备。全市共有消防车辆73台，超国家配备标准152%；各类器材装备10 604件套，超国家配备标准72.6%，装备实力和结构层次实现较大突破。

【火灾隐患监督】 2011年，全市公安消防部门共检查单位(场所)9 763个次，发现火灾隐患6 111处，下发《责令改正通知书》3 324份，督促整改火灾隐患5917处，打通、拆除各类堵塞、占用消防通道237处，办理“三停”处罚128起，临时查封危险部位(场所)535处，强制执行27起，行政拘留15人，全市执法总量创历年之最。

【筑牢社会防火墙】 2011年，全市共召开会议专题研究消防工作26次，帮助解决重点、难题问题34个，各级党委、政府常抓常议消防工作机制基本形成。以提升社会消防安全自治能力为重点，支队把社会单位消防安全“四个能力”建设作为重点突破方向，在前期培养单位“四个能力指导员”和消防安全“明白人”的基础上，全面创建415家重点单位和144家非重点单位娱乐场所“四个能力”建设单位达标。推动403家单位投保火灾公众责任险，农村房屋火灾保险覆盖率达100%。消防控制室操作人员培训率达到65%，重点单位管理人、责任人培训达到全员培训。以提升农村社区消防能力为基础，将公安消防部门纳入新农村建设领导机构，各级消防安全委员会吸收涉农部门为成员。实施社区、农村消防器材建设工程，全市686个村委会均按标准至少设置一个消防器材配置点，50%的行政村和社区达到“四个基础”建设标准。乡(镇)长和村两委负责人培训率达到50%。三是以提升消防执法服务水平为突破。支队建立执法“带头人”制度，深入基层开展帮扶活动并集中办理案件12次，开展集体交流14次，撰写调研文章20余篇，通过“传、帮、带”，逐步建立起监督岗位“人才梯队”。完善了“执法队”工作制度，实施跨区域联合执法9次，针对“人情案”、“疑难案”实施点名办理，提升了执法办案质量和力度。培育、发展消防安全远程监控网络，50%的火灾自动报警系统单位连接入网，系统故障率显著下降，值班人员脱岗现象大量减少。同时，提升执法质量，开展每月案卷抽考自评和“办案能手”评比活动，全年被总队评出4个精品卷宗和8个先进个人，7个卷宗被总队通报表扬。

【清剿火灾隐患】 2011年，支队把“五大”活动放在全年工作的重要位置。特别是公安部“九二六”会议后，及时将会议精神向当地党委、政府汇报。市、县(区)政府印发了《清剿火患战役工作方案》。

为达到深入排查社会单位、社区、乡村火灾隐患，一般火灾隐患100%整改，重大火灾隐患100%挂牌督办，火灾四项指标同比上月“零增长”，一般火灾明显减少，避免较大火灾和亡人火灾发生，坚决杜绝重大以上火灾发生的总体目标。支队党委成员实行挂钩县(区)清剿火患战役工作督导和挂钩县(区)重大火灾隐患整改销案督导的“两挂”制度。将宣传、错时、排名、战评、新闻发布、领导带队督察等工作纳入“六个一工程”。建成市、县(区)火患举报投诉中心和单位场所消防安全户籍中心。全警动员，确定每周一开展“夜学、夜查、夜训、夜宣”活动，确保“小战役”出“大成效”。实施“4+6防消联勤”模式，推动“四个能力”建设与辖区中队“六熟悉”工作结合起来。以社会管理创新为突破口，结合消防中介组织等第三方力量技术强、人员多的优势，成立玉溪市清剿火患志愿军，破解基层警力不足、技术薄弱难题。下发了烟草、烟花爆竹、磷化工等五个行业消防专项治理方案，将隐患突出的行业纳入清剿火患战役范围。公安部副部长刘金国对玉溪市分行业开展清剿火患战役给予了肯定。

【消防宣传】 2011年，支队依托内外两个阵地，强化宣传工作。与市教育局联合下文，稳步推进家庭消防安全计划。玉溪一中学成功被部、局命名为“消防安全示范教育学校”。与市委宣部联合下文，100余块大型消防宣传广告牌出现在主城区。47个社区宣传员组织、13支“五进”特色宣传队和7个科普教育馆相继建成。在全市主流媒体全文刊发《云南省消防条例》，支队《三乡119》报刊全面改版，发行覆盖全省十六个州、市。开展全民消防，生命至上为主题的119系列宣传活动。支队对“父子消防队”进行典型培育宣传工作，被公安部表彰为“全国热心消防公益事业先进个人”。全年，支队在中央级、国家级发布信息8篇，部局91篇，省级180篇，中国消防在线251篇，县、市各级媒体1 000余篇，多项指标排在全省前列。

（杨　辉）

8752部队

【概 况】 2011年，武警8752部队坚决贯彻执行总部和上级指示要求，认真贯彻胡锦涛主席关于主题主线重大战略思想，以科学发展观为指导，围绕维稳中心任务，加强思想政治建设，抓好执勤处突训练，严格部队管理，开展动中抓建，精心搞好综合保障，圆满完成各项任务，推进了团队建设稳步发展，实现了“两个确保”。

【参与地方精神文明建设】 2011年，部队先后4次参与地方环境整治，出动兵力500余人次，车辆38台次。6月，400余名官兵，参加玉溪市和通海县举办的庆祝建党90周年演唱晚会等活动，参演节目4个，演出3场次。开展学雷锋活动，先后为驻地群众义务理发300人次、义诊250人次，开展法律咨询55人次，清理街道5次共20余千米。强化学生的国防意识，全年共为通海县中学军训学生2 500人，为昆明理工大学军训学生近6 000人。

【"加强党性修养，锤炼思想作风"教育整顿活动】 2011年2月，部队党委组织了加强党性修养，锤炼思想作风教育整顿活动。这次教育整顿活动的主要围绕解决六个方面的问题：一是解决工作指导不够端正的问题；二是解决奉献意识不够强的问题；三是解决工作作风不够实的问题；四是解决创新意识不够强的问题；五是解决工作统筹不够好的问题；六是解决执行力不够强的问题。这次教育整顿活动突出教育重点，在改进思想作风上下功夫，领导干部带头参加学习、带头查摆问题、带头接受批评、带头搞好整改。把揭露问题、剖析原因和解决问题作为重点。活动把纠治倾向性问题作为改进思想作风的突破口和实际检验，建立和完善锤炼思想作风的长效机制，做到严纠严治，真抓实改，教育整顿活动取得较大实效。

【抗洪抢险】 2011年7月18日，部队驻地通海县地受持续强降雨影响，兴蒙蒙古族乡桃家嘴村上官田河堤决口，200余亩夏季蔬菜瞬间遭受大水淹没。决口的洪水不断逼近上官田1200余亩夏季蔬菜高产区。140余名官兵火速赶赴受灾地域展开抗洪抢险工作，救灾官兵不惧危险、奋勇争先、齐心协力，救灾官兵与驻地群众经过近6个小时奋战，及时封堵决口30余米，加宽加高危险河堤400余米，装填防洪沙袋3 700多个，完成抗洪抢险任务。

【召开退役士兵就业招聘会】 2011年11月23日，由省、市、县多家企业单位与部队共同举办退役士兵就业招聘会。为帮助退役老兵拓宽就业渠道，解决退役士兵后顾之忧。在退伍工作开始前，部队就先后与30多家地方企业进行洽谈，来到部队举办退伍老兵招聘会。在招聘会上，各招聘单位负责人就本公司的基本情况作了简要介绍，他们以长远的发展规划、完备的培训机制和优厚的工资待遇吸引着老兵们的关注，向老兵发放各种宣传手册1 000余份，多数企业根据退伍士兵的特长，为他们提供了保安、驾驶、电工、仓库保管员、操作工等对口岗位共41个，供老兵们自行选择。经过面试洽谈，有23名退伍老兵被当场录用，138人与用人单位达成了双向选择意向。

【向西部婴幼儿献爱心】 2011年12月9日，部队举行支持儿童教育福利事业向西部婴幼儿献爱心捐款仪式。仪式过程中，全体干部踊跃参与，为西部贫困地区的婴幼儿献上了自己的一点心意，共捐款3万余元。

（周　驰）

人民防空

【概　况】 2011年，玉溪市人民防空工作以贯彻落实全国第六次人防会议和成都军区第四次防空会议精神为重点，围绕新时期人防应急斗争准备，贯彻长期准备、重点建设、平战结合的方针，努力适应打赢高技术条件下局部战争和发展社会主义市场经济的需要，提高人民防空的整体抗毁能力、快速反应能力、应急救援能力和自我发展能力，以应付现代战争及自然重大灾害事故、有效的保护国家和人民生命财产的安全，做好城市防空袭斗争准备。年内，完成了玉溪市一、二类重要经济目标方案的制订，与各防空警报器安装单位签订警报管理责任书，人防知识的宣传教育，综合通信培训，强化了结合城市民用建筑修建防空地下室审批等工作。

【完成重要经济目标方案制订】 2011年10月27日，市政府召开了玉溪市重要经济目标防护方案修订会议。市政府副秘书长孙金会讲话，对玉溪市重要经济目标防护方案的修订工作作了具体安排，强调了做好重要经济目标防护方案修订工作的重要意义，讲解进行防护的方法与措施，为方便各重要经济目标单位拟稿人操作，市人防办拟订的各重要经济目标防护方案的草本、防护方案文本和人防专业队花名册式样，分别打印成纸质文档和刻录成光盘，下发给各重要经济目标单位，经各重要经济目标单位的努力，12月底完成了重要经济目标方案制订工作。

【综合通信培训】 按照年度训练计划，玉溪市人防办组织全市人防系统人员进行了5天的野外通信训练，整个训练分二个阶段进行。第一阶段，2011年12月8日下午，在玉溪市人防101基地进行了队列训练、对全市人防人员进行军事科目的操练。第二阶段，12月9～12日向滇西方向开进，在怒江峡谷地带进行了远程通信联络、视频传输训练。通过训练，使参训人员掌握了队列中的基本动作要领、人防组织指挥程序、通信设备的操作使用。

【人防工程培训】 2011年5月26日，玉溪市人防办在江川宾馆进行了人防工程业务培训。按照上级下放经济社会管理权的要求，为做好玉溪市下放人防行政审批权的衔接工作，使各县(区)能顺利开展防空地下室审批工作，玉溪市人防办对各县(区)人防办领导和工程业务人员进行了人防工程审批业务培训。

【结合民用建筑开展行政审批】 2011年，市人防办认真执行《中华人民共和国人民防空法》和《云南省实施办法》关于结合民用建筑修建防空地下室的规定，为规范行政执法，促进人防工程建设，坚持以建为主，以收促建的原则，严格执行易地建设费缴纳标准，突出抓好结合民用建筑修建防空地下室建设的审批工作。截至年底，全市共审批结合民用建筑修建防空地下室建设项目24项，建筑面积100 180.2平方米，比上年增加75%。

【召开防空警报维护管理会议】 2011年11月11日，市人防办在玉溪市老干活动中心召开玉溪市防空警报管理会议，各警报设置点单位管理人员参加了会议。为了使设置单位的防空警报器和控制设备完好无损，加强日常的维护管理，达到警报设施不丢失，不人为损坏，确保警报器在试鸣和应急情况下能正常运行、能顺利鸣响，市人防办指通科与各警报设置点单位和具体管理人员签订了管理责任书，明确了双方各自的职责与权利义务，使玉溪市防空警报管理走上了规范化的道路。

【人防宣传】 2011年，玉溪市人防办加大人防知识的宣传教育力度，扩大了宣传覆盖面。玉溪市人防办通过征订《云南人防》、《中国人民防空》杂志发放到各级政府和部分学校，积极向《云南人防》杂志投稿，被采用5篇，进一步加强人防法律法规和人防知识宣传教育力度，有效地提高人民防空的社会影响力，营造了人民防空建设社会环境和良好氛围。

【人防教育】 2011年，市人防办在初级中学开展以防原子、化学、生物武器为主要内容的人防知识教育。各县人防办会同市县（区）国教办、教育行政主管部门积极行动，继续组织各初级中学开展人防知识教育。开课学校达41所，165个班级，受教育学生达15 088人。

【完成年度各项考核目标】 2011年，省人防办与市人防办签订了《2011年度工作目标责任书》，责任书考核内容涉及到9个大类，31个小项，以量化打分方式下达目标任务，经过全办人员的共同努力，自评为94分。失分较多的是市人防基本指挥所建设，人防指挥信息一体化建设，人防宣传教育等项。加分项是结合地面建筑修建的人防地下室面积，2011年比上年增加75%，加分7.5分。

【人防工作列为市政府重要议事日程】

2011年8月，副市长周继武到市人防办专题调研，针对市人防办如何落实上级精神提出了八项要求。2011年4月22日，市政府召开第63次常务会议专题研究了人防工作，作出了市政府每年按照市本级财政年收入千分之一的比例安排人民防空建设经费并纳入财政预算、启动基本指挥所建设项目、启动市级人防工程建设规划编制工作等项决策。会议还通过了《玉溪市人民政府、玉溪军分区关于进一步推进人民防空事业发展的实施意见》。

【准军事化建设】 2011年，玉溪市人防办按照政治坚定、业务精湛、纪律严明、作风过硬、廉政高效的人防机关准军事化建设要求，加强机关自身建设。围绕“五个好”和“五带头”活动目标，组织全办人员学习了《领导干部廉洁准则》和“五比五学”杨善洲精神，贯彻落实副市长周继武来市人防办调研时，对市人防办落实上级精神提出的八项要求，解决人防建设中的突出问题，高起点的规划，创造以事业留人，以工作的饱满度留人的环境。市人防办、市规划局共同编制了玉溪市人防工程建设专项规划，把人防建设真正融入城市建设和社会发展中来，严格执法，加强检查指导，规范行政审批行为，加大人防建设力度。市人防办加强对基层检查督促指导，7月和12月开展了2次执法检查，帮助各县（区）协调解决工作矛盾和实际困难，重点帮助指导新确定为省级人防重点县的华宁、新平和易门人防办，指导他们依法做好人防行政审批各项前期工作，通过改进工作作风和工作方法，提高行政工作效能。

（周克金）

公 安

【概 况】 2011年，玉溪市公安机关以“三项建设”为主线，以“三项重点”工作为抓手，围绕全市经济社会发展大局，以维护国家安全和社会稳定为首要任务，推进社会矛盾纠纷化解工作，创新管理机制，改变社会管理方式，提升社会管理效能，继续开展公安民警“大走访”开门评警活动，深入农村、社区、厂矿、机关、学校了解社情民意，提升公安机关执法办案和服务人民的能力。开展“清网行动”，一批长年负案在逃的犯罪嫌疑人落入法网，伸张了正义、捍卫了法律尊严，维护了社会大局稳定。坚持把执法规范化建设作为提升公安工作和队伍建设水平的基础工程来抓，为玉溪市实现经济发展、社会稳定、民族团结、生态良好、人民群众安居乐业创造了良好的社会治安环境，各项工作取得明显成效，年内，玉溪市公安工作综合考评名列全省第三名，其中信息化、执法规范化、警民关系测评分别为全省第一名。

【维护社会稳定】 2011年，玉溪市公安机关把保卫国家安全和维护社会稳定放在首位，绕境外与境内、网上与网下四个战场，加强情报信息、侦查调查、防范保卫工作，把握对敌斗争的主动权，加强对重点领域、重点群体的稳控工作。共向各级党委、政府和上级公安机关上报各类维稳信息1 124条；通过网络舆情监控发现和处置各类有害信息23 740条，上报互联网情报信息9 406条，没有发生因网上有害信息传播和炒作而影响社会稳定的网络热点事件；及时妥善地处置了39起由人民内部矛盾引发的群体性事件，未引发大的事端；共破获“法轮功”案件3起，抓获“法轮功”违法人员4名，“中－714”专案受到上级领导的高度评价，上年在玉溪市活动较为频繁的邪教组织体系基本瓦解。完成各项警卫任务67批次。年内，全市治安部门共参与组织完成了春节、“两会”聂耳音乐周等各类大型系列活动安全保卫任务55场次，涉及参加群众25万人次，投入警力4 483人次。仅市局治安支队就直接参与组织完成了13次大型文体活动的安全保卫（警卫）工作。

【打击刑事犯罪】 2011年，玉溪市公安机关各级刑侦部门深入推进刑侦工作改革，开展2011春季攻势、命案侦破、打黑除恶、打击“两抢一盗”犯罪 、打击“三电”犯罪、“清网行动”等专项行动，维护了玉溪社会的稳定。全年共接报警105 288起，全市共立各类刑事案件18 409起，破6 670起。同比立案数上升29.6%，破案绝对数增加0.2%，抓获犯罪嫌疑人2 295人，查获犯罪团伙127个631人。破获年前积案1 401起，协破外省案件7起。其中年内发生的51起命案全部告破。

【命案侦破】 2011年，玉溪市公安机关围绕命案必破和“两高一低”的目标，全面落实命案侦防各项工作机制，创新工作举措，奋力攻坚，开创了玉溪市近十年来命案侦破工作的最佳成绩。在侦破命案工作中，全市各级公安机关以警综平台、情报平台为核心，以“网上作战”为突破口，建立完善多警种合成作战等多侦联动、多轨联控工作机制，丰富拓展网上排查、网上比对、网上抓逃等技战法，强化指纹、DNA、视频侦查等技术手段建设。全市全年共立命案51起，比上年下降1.9%，破获51起，破案率为100%，同时破获本市命案积案16起，协破外地命案20起，命案综合破案率达131.4%，成为2011年全省唯一实现命案全破的州市。年内，全市共抓获命案逃犯98人，其中本市上网逃犯73人，外地上网逃犯25人。通过专案攻坚和“抓逃”工作，共破获年前命案积案16起，协破外地命案20起。11月8日，澄江县公安局抓获潜逃19年的公安部督捕命案逃犯陈兆华，成功协破建水县1992年7月8日致死2人的命案。11月22日，元江县公安局成功抓获逃亡12年，身份已“漂白”的公安部挂牌督捕命案逃犯毛阳田。

【治安行政管理】 2011年，玉溪市公安机关治安部门针对治安管理、道路交通安全、消防安全等严重影响民生的突出问题，以专项整治为突破，开展以“打四黑”除“四害”、道路交通安全专项整治、清剿火灾隐患等一系列专项行动。全市共受理治安案件19 703起，同比上升23.4%，查处治安案件14 422起。其中，查处“黄赌毒”案件196起，捣毁黑诊所5家、黑网吧7家，查获了一批问题食品，药品。查处违法人员14 114人。其中，治安处罚9 857人。全市各级治安部门始终把加强群防群治组织建设作为社会治安防控体系建设的一项重要内容来抓，主动争取多方支持和配合，加强群防群治组织建设。年末，全市共有群防群治组织1 001个13 111人。其中：治保会 665 个6 644人，护厂(村)队 201 个2 219人，保安组织 9个2 909人。同时，全市报市级政府批复确认 87 家单位企业为市级治安保卫重点单位，报县级政府批复确认 350 家单位企业为县级治安保卫重点单位。群防群治组织全年共开展各类安全大检查2 908次，整改隐患1 292次，帮教违法青少年 790 人，提供线索破获刑事案件571 起，协助查处治安案件 887 起，抓获各类违法犯罪 940 人，制止违法犯罪行为 253 起，调解民间纠纷3 342起。全年共收集掌握内幕性、预警性情报信息 824 条，开展重大社会决策、重大工程项目社会稳定风险评估 21 次，向党委、政府和相关部门提出工作建议 305条；排查敏感性、涉众性矛盾纠纷 734起，化解 477 起；排查民间纠纷5 923起，化解5 559起；四级调解网络建设共建成调解室 191 个，配备基层调解员1 520人；调解治安案件1 994起，调解免予起诉的轻微刑事案件 23 起，调解处理交通事故5 864起；全市公安机关领导、民警共走访群众190 451 人次；领导干部接访群众 583 人次；落实治安案件回告9 242人次、刑事案件回告40 130人次、信访案件回告 234 人次。

【打击毒品犯罪】 2011 年，玉溪市各级公安机关深入推进第三轮禁毒人民战争，坚持双向查缉与打零相结合，全市共破获毒品刑事案件 740 起(省级目标案件4 起，市级目标案件 2 起)，抓获犯罪嫌疑人 522 名，缴获毒品海洛因126.33 千克，冰毒 386.81 千克。其中通过公开查缉破获毒品案件 230 起，抓获犯罪嫌疑人 237 名，缴获毒品 186.45千克；打击零星贩毒专项行动共查破零星贩毒案件 375 起，缴获毒品共计3 450.54克，占破案数的 54%。年内，全市共收戒吸毒人员1 033 人，完成省下达任务的 115%。禁种铲毒继续保持了零种植成果，全市易制毒化学品企业未发现违法违纪行为。

【打击经济犯罪】 2011 年，玉溪市公安机关经侦部门开展打击侵犯知识产权和制售假冒伪劣商品“亮剑”专项行动、打击银行卡犯罪“天网－2011”专项行动、打击假币犯罪、发票犯罪等专项行动，共受理经济犯罪案件 272 起，立案229 起，破案 207 起。其中破督办案件3 起，督办案件破获率达 100%；全部案件涉案金额达4 673.71余万元，通过破案挽回经济损失3 500余万元，抓获犯罪嫌疑人 102 名。办理涉税及其他协查案件 268 起，涉案金额达2 900余万元，追缴税款2 000余万元，协助省内外调查经济案件 22 起，挽回损失1 920余万元，打击了违法犯罪分子的嚣张气焰。在“亮剑”专项行动中，全市经侦部门共立案 5 起，破案 3 起，抓获犯罪嫌疑人 7 名(其中上网逃犯 1 名)，捣毁生产窝点 5 个，打掉犯罪团伙 5 个，缴获假冒、伪劣商品 260 吨、假药91 670粒、盗版书籍2 482册等大批物品，涉案金额达 500 余万元。在“天网－2011”专项行动中，全市经侦部门共立案 37起，破案 33 起，破案率 89.2%，抓获犯罪嫌疑人 7 人，收缴涉案银行卡 122张，涉案金额 97 万余元，挽回损失13.43 万元。在打击假币犯罪专项行动中，全市经侦部门共立案 2 起，破案 2起，抓获犯罪嫌疑人 3 人，收缴假币8.12 万元。在打击发票犯罪专项行动中，全市经侦部门共立案 38 起，破案38 起，抓获犯罪嫌疑人 3 人，缴获假发票及发票替代品 7 万余份。在打击“涉烟”犯罪专项行动中，玉溪经侦部门立涉烟案件 10 起，破案 5 起，抓获犯罪嫌疑人 16 人，收缴烟叶 291.23吨、假烟 28 件、非烟 1166.42 件、总价值 880.9 余万元。协助烟草行政执法部门查处涉烟行政案件 530 件，行政处罚 494 人。

【“三项重点工作”和“三项建设”】 2011 年，玉溪公安机关按照省厅“三项重点工作”要求，推进公安信息化建设、执法规范化建设、和谐警民关系建设为主要内容的“三项建设”。将开展“三项建设”与推进“三项重点工作”结合进来，创新理念、完善机制、整合资源，深化公安信息化、执法规范化、和谐警民关系建设，推进社会矛盾化解、社会管理创新和公正廉洁执法。为保证这项工作的开展，市局专门成立“三项重点工作”领导小组，抽调 4 名民警负责全市公安机关“三项重点工作”的督促、检查和材料的整理上报。全年全市共整理上报各种工作材料 31 条。为推进社会矛盾纠纷化解，全市各级公安机关进一步建立落实了社会矛盾纠纷定期排查多元调处、重大事项社会稳定风险评估、涉法信访调解等系列工作机制，按照属地管理，层级负责的原则，建立了村组调解员、警务室、派出所、县(区)级公安机关的四级调解网络，积极参与“大调解”工作格局建设，由派出所抽调民警配合基层司法所、法庭和乡(镇)矛盾调处中心做好各类矛盾纠纷的调处工作。全市共建成调解室 174个，设立调解员1 578名，共调解各类矛盾纠纷3 933起，预防恶性案件 21起，及时调处各类治安案件2 565起，调解交通事故8 854起。通过各级公安机关的积极努力，省、市政法委和省公安厅交办的 36 起信访积案已全部化解。年内，全市共受理领导接访案件 230件，受理涉法涉诉信访案件 40 起，办结涉法涉诉案件 42 起。协调市、县(区)、乡(镇)成立了流动人口服务和管理组织领导机构，落实了保障经费，并按照实有人口 500 ：1 的比例开展流动人口专职管理和协勤人员招聘工作。在执法规范化建设方面，按照应配必配，不留死角的要求，共在各执法执勤机构配备法制员 257 名，组织开展了全市公安法制员培训和业务技能竞赛工作，共举办以“一细则六规范”和公安机关人民警察执法资格等级考试内容为主要内容的培训班 24 次(场)，培训民警1 110人次。全市规范执法每日一题学法用法活动参学率达 99%。全市公安机关还积极开展执法办案场所规范化设置和单警执法记录装备配备工作，以派出所和刑侦、禁毒、交警等警种为重点，对接待群众、内部办公、办案和生活区实行分区设置和管理。全市公安机关共设置讯问室、询问室、候问室 296间，其中 284 间已安装安全防范装置、报警监控设备和同步录音录像设备，共为基层民警配备现场执法记录仪等执法记录装备 606 套(台)。

【信息大会战】 为进一步提升全市公安信息化水平，加速推进公安信息化建设从粗放发展到深度应用的转变，玉溪市公安局从 2011 年 7 月 21 日开始，在全市公安机关全面开展信息化应用大会战。在历时 4 个月的会战中，全市公安机关以大情报系统为龙头，以警综平台为重点，全面采集各类基础信息，培养民警应用信息化的战术水平，通过这次会战，将信息化建设成果转化为警力、转化为效率、转化为战斗力，提升全市公安机关打防管控综合能力。为保证大会战顺利开展，市公安局成立了以副市长、市公安局局长明正彬为组长、市局党委成员为副组长的信息化应用大会战领导小组，制订推进落实计划，确保各项工作有序推进。一是突出抓督导，确定由市局警令部牵头主抓，在进一步细化各参战部门和各警种具体责任的基础上，以通报、督办、催办等形式强化督导，强势推进；二是突出抓实效，以警种为主线，将信息采集、录入工作层层分解，落实到人，确保信息采集在量和质上都有一个大的飞跃，为大情报系统提供支撑。会战分为三个部分齐头推进。一是开展信息采集大会战，明确了10个方面的采集内容，以人、地、物、案事件等信息为重点，采取日常式工作采集、拉网式集中采集、定点式核查采集、共享式交互采集的方式，确保实现基础信息数据量明显增加，数据质量明显提高；二是推动信息平台大应用，通过对情报平台应用、智能化警务核查系统应用以及网上技战法的探索，使全市公安民警树立信息主导警务意识，引导民警在实战中探索信息化深度应用的新途径、新模式、新方法，提高信息化手段破案、抓逃比例；三是举办网上作战大比武，由市局统一命题，设置场景，模拟案情，随机抽选各分、县局部分领导和民警进行信息化应用技能比武，以比武的最终得分进行评比。12月6日，市公安局举行了玉溪市公安机关网上作战大比武活动，各分、县局代表队分别由一位分管局领导和两名民警组成，比武中三人相互配合，共同完成答题，新平县代表队和易门县代表队并列第一名。

【清网行动】　2011年5月26日，公安部部署开展网上追逃专项督察“清网行动”以来，玉溪市各级公安机关围绕“一降、二升、三提高”的总体目标，全警动员，在全市范围开展“清网行动”。在行动中，市局成立了“清网行动”专门工作班子，先后4次召开全市公安机关“清网行动”视频会，根据各个阶段工作进展情况进行动员、部署。各分、县局也相应成立了由“一把手”为组长的领导小组和具体办事机构，制订了行动方案，全市上下形成了“一把手”亲自抓、分管领导具体抓、督察部门总牵头、全体民警总动员、警种部门整体作战的大追逃格局。为保证“清网行动”的进行，全市各级公安机关先后投入追逃经费370余万元。“清网行动”中，全市各级公安机关采取发布通告、公布举报电话、领导带头，民警包人反复登门规劝等多种方式，敦促在逃人员投案自首。各地宣传部门也将“清网行动”纳入工作重点，利用广播、电视、报纸、网络等媒体进行全方位报道。“清网行动”行动以来，在城镇、乡村、公共场所、主要街道、监管场所等地张贴《通告》、《通缉令》10 000余份、开展宣传活动67次、发放宣传单20 000余份、悬挂标语50条；先后召开3万人次参加的在逃人员家属劝投会50次。据统计，全市共有39名逃犯主动到公安机关投案自首，占抓获总数的26.71%，江川县公安局自首人数占抓获总数的43%。12月15日“清网行动”结束，全市公安机关共抓获行动前网上逃犯146名，“清网率”达77.66%，同时抓获新增网上逃犯530名。其中：抓获公安部B级督捕逃犯2人、省厅B级督捕逃犯3人、省厅限时督捕逃犯7人、命案逃犯21人，潜逃10年以上逃犯21人；抓获外省（区、市）公安机关网上在逃人员51人（其中行动前40人）。

【打“四黑”除“四害”专项行动】　2011年，玉溪市公安机关在全市掀起了一场声势浩大的打“四黑”除“四害”专项行动（“四黑”指的是制售有毒有害和假冒伪劣食品、药品的“黑作坊”，制售假冒伪劣生产生活资料的“黑工厂”，收赃销赃的“黑市场”，涉黄涉赌涉毒的“黑窝点”。“四害“指的是害国家，害百姓，害家庭，害社会），严厉打击人民群众反映强烈的“四黑四害”违法犯罪活动。专项行动中，全市各级公安机关发挥职能作用，会同农业、质检、工商、食药监、卫生、商务、文化等相关行业主管部门，在重点区域、重点部位组织开展经常性的清理排查，及时发现、彻底清剿“四黑”场所，做到发现一个、铲除一个、法办一批、震慑一片。专项行动以来，全市公安机关共公布举报电话10个，举办宣传展览8次，新闻媒体报道9次，印发宣传材料3万余份；全市公安机关共出动警力2 847人次，开展清理检查269次，排查重点部位场所2 657个，食品行业信息采集84家，发现线索91条，民警摸排37条，群众举报44条，根据群众举报查破案件29起，移交其他部门线索6条；全市公安机关共查破“黄赌毒”案件196起，其中：卖淫嫖娼案件41起、赌博案件49起、吸毒案件106起，依法处理“黄赌毒”违法犯罪嫌疑人2 405人，其中行政拘留144人；打掉“赌”团伙5个，端掉涉“赌”窝点25个；查获涉赌电子游戏40家，停业整顿13家，取缔无证经营8家，收缴博彩游戏机861台，收缴罚没款15.96万元，教育挽救失足妇女2人。全市共深挖破获侵犯著作权、生产销售伪劣商品案件各1起；破获运输毒品案件5起，贩卖毒品案件3起，抓获犯罪嫌疑人8人，缴获毒品2 226.2克；捣毁非法提炼“泔水油”、非法屠宰生猪、非法炼铁、非法存放大量过期食用油、非法储存烟花爆竹、非法贩卖、非法制售假化肥“黑窝点”共11个，查获“泔水油”1.43万千克；猪肉5 999千克；炼铁炉6座及生铁56吨、假化肥120余吨、劣质塑料地膜1 400余千克；来源不明的棕榈油14桶、猪油53桶、香油60桶、麦芽糖42桶、蜂蜜11桶、鹏香金用油20桶、福临门一级大豆油（过期）171瓶、碳酸氢钠6袋、明矾13袋；查获57种不同规格的烟花爆竹344件，案值3万余元；查获非法贩卖的烟包76个，价值人民币9万余元；查获问题药品步长脑心通胶囊1 000盒；问题红糖5 550千克；“黑诊所”5家、“黑网吧”7家、吸毒窝点1个、收赃窝点1个。

【法制队伍建设】　2011年，玉溪市公安局全市各级公安机关为145个执法执勤机构配备了304名法制员，配备率为209.6%，完成了全市所有执法执勤机构法制员配备到位的目标。2月15日起，采取上下两级法制部门和基层派出所互派民警跟班工作的方式，分批安排法制民警到红塔分局城区三个派出所跟班工作，开展法制队伍大练兵活动（组织两批次18人）。5月24～26日，市局组织各分、县局和市局机关层层选拔出的32名法制员骨干进行了全市公安机关法制员业务技能竞赛，新平县公安局、易门县公安局和江川县公安局分获全市法制员骨干业务技能竞赛的集体前三名。6月19～24日，玉溪市公安机关法制员代表队在全省法制员业务技能竞赛活动中取得初赛资格的10名选手进入30强；次赛5名选手进入15强；决赛4名选手分获第2、3、4和第9名的优异成绩。年内，市局法制处向分管领导进行汇报，并经市局党委同意，把规范执法办案场所设置和单警执法记录装备配备情况纳入年度考核内容，按照公安部《公安机关执法办案场所设置规范》要求，制订下发《玉溪市公安局关于规范候问室、讯问室、询问室建设的通知》和《玉溪市公安机关执法场所设置规范实施方案》，统一规范了执法办案场所的建设标准并研究制定具体、详细的场所设置和设施配备标准。全市各级公安机145个执法办案场所，已完成功能区改造96个，完成率达66.21%，超额完成了省厅60%的指标。全市共有一线执法民警2 151人，共配发单警执法记录仪821个，车载执法记录仪106个，全市一线执法民警配备率为43.1%。

【人民警察执法资格等级考试】 2011年，玉溪市各级公安机关共举办以“一细则六规范”和公安机关人民警察执法资格等级考试内容为主要内容的培训班81次(场)，培训民警14 550人(次)，全市公安机关共计3 030名民警参与了规范执法每日一题学法用法活动。9月24～25日，全市各级公安机结合公安部《公安机关人民警察执法资格等级考试办法》规定，举办了全市公安机关执法技能竞赛活动，并做好参考民警的考试书籍征订、考试基础信息采录、准考证编制及考场安排等相关准备工作。10月29日至11月7日，全市共计3148名民警分六批次完成了全省公安机关人民警察2011年度基本级执法资格考试。

【执法监督】 2011年，玉溪市各级公安机关坚持五级审核制度，把好案件审核关。截至12月20日，全市共审核各类案件7 620件11 471人，其中共审核刑事案件3 358件4 747人，移送起诉1 581件2 714人(检察院决定起诉1 526件2 601人)，提请批准逮捕1 339件2 211人(检察院批准逮捕1 161件1 944人)；共审核行政案件2 707件4 189人，审核劳动教养案件166件193人，治安案件2 068件3 512人，其他行政案件473件484人。其中，市局法制处审核刑事案件368件433人，审核劳动教养案件88件111人，审核其他行政案件46件48人。通过案件审核，从源头上加强了对执法办案的监督，及时发现和纠正立案、定性、证据、程序、运用法律等方面存在的问题，做到事实清楚、证据确凿、定性准确、程序合法、法律手续完备，最大限度地避免了错案的发生。

【信访工作】 2011年，全市各级公安机关法制部门共接待群众来信来访93起108人。其中，初信初访70起83人，重信重访23起25人。在做好日常群众来信来访接待工作的同时，各级法制部门还认真处理省公安厅、市人大、市政法委、市信访局转办、交办和领导批示的信访案件84起；办理市长热线办理件50件；完成省、市政法委和省公安厅交办的信访积案36起，信访积案化解率达100%。

【派出所等级评定】 2011年，全市申报成功一级所2个，二级所5个。至此，全市已有一级所11个，二级所38个，分别占全市派出所的12.79%和44.19%；重新确认或命名三级所33个。市局对年度基础工作扎实，队伍管理严格，积极推广信息化建设的通海秀山派出所等10个派出所给予通报表扬，对基础工作出现下滑，业务工作停滞不前，治安管理工作不到位的5个派出所给予通报批评；对队伍管理松弛，基础工作滑坡的5个派出所给予限期整改。对通报批评和限期整改的派出所，市局在规定时间内组织了复查；对已经不具备一级公安派出所的红塔分局红塔山派出所，报经公安部做出降级处理，由市局确定为三级所。

【社区警务系统】 2011年，玉溪市86个派出所及其社区(责任区)民警已经全部使用了社区警务系统。自7月21日市局开展信息采集应用大会战以来，全市社区(责任区)民警依托社区警务系统，以人、地、物、组织、案(事)件等信息为重点，采取日常式工作采集、拉网式集中采集、定点式核查采集等方式，全面采集各类基础信息。截至“大会战”结束，全市432名社区(责任区)民警通过社区警务系统共采集录入各类信息7 368 472条，社区(责任区)民警人均采集信息17 056.6条，社区警务系统应用已收到初步成效。

【危险爆炸物品管控】 2011年，玉溪市公安机关共检查涉枪单位82家、涉爆单位92家、涉毒单位138家、放射性物品单位171家、易制爆单位5家、管制刀具生产经营企业25家，发现并整改安全隐患623处，删除网上贩卖枪爆信息189条。全市共收缴各类炸药1 226千克、雷管6 301枚、索类720米、黑火药1.5千克，各类民用枪支155支、仿真枪1198支、军用枪支7支、军用枪弹1217发，手榴弹4枚、炮弹3发，管制刀具551把和一批烟花爆竹。年内，全市共使用炸药17638吨，雷管613万发，涉及使用民爆物品的单位共有254家，其中实行“五统一”服务的有215家，占总数的84.6%，全市民爆物品使用储存库压缩到43个，达到了最大限度压缩储存库、最大限度减少接触人员的目的；全市共有10个储存库通过验收，取得了安全评价报告；爆破作业单位使用的43个储存库中，有27个整改验收合格、有12个正在整改、有4个正在建设中。

【肇事肇祸精神病人排查管控】 自2010年7月起至2011年2月止，玉溪市各级公安治安部门在全市范围开展了肇事肇祸精神病人排查工作。全市共排查可疑人员2 413人，排查发现肇事肇祸精神病人636人，摸底排查结束后，组织医学诊断评估专家组深入各县(区)、乡(镇)对可疑肇事肇祸精神病人进行医学诊断评估工作，共对全市532名可疑肇事肇祸精神病人进行了医学诊断和危险性评估工作，民政部门向452名家庭困难的精神病人发放了135 600元救助金，残联部门发放了免费治疗药物，各部门完成了玉溪市肇事肇祸精神病人排查工作任务。通过集中的排查评估工作，玉溪市在全国重性精神病人信息管理系统共录入375人。其中：男性268人、女性107人、肇事肇祸97人、轻微滋事128人、其他150人。

【流动人口管理】 2011年，市委、市政府对流动人口服务管理工作协调领导小组进行了调整充实，各县、区也成立了相应的组织领导机构，并在县(区)、乡(镇)两级成立了88个流动人口综合服务站。在调研和征求意见的基础上，制定了《玉溪市流动人口服务管理暂行办法》和《玉溪市流动人口专职协管员聘用和管理工作实施意见》。年内，各级公安机关向财政部门申报列入预算并划拨给公安机关流动人口经费到位93.2万元，其中市级24.4万元。从综治维稳委已划拨给公安机关到位25.5万元，其中市级20万元。各县、区按照500：1比例，开展流动人口协管员招聘培训工作。年内，全市已招聘流动人口协管员323名，已全部分配到流动人口综合服务站开展工作。全市公安机关全年共采集流动人口信息583 822条，完成省公安厅下达30万条任务数的194.61%。全市录入流动人口信息系统的流动人口底数172 521人，办理《居住证》190 737证，完成省公安厅下达18万份任务数的105.97%。登记录入出租房屋14 005户，已访查13 883户。

【常住人口管理信息维护】 2011年，玉溪市公安机关治安部门对各县、区16～45周岁常住人口信息进行了一次、二次以上的更新维护工作。全年变更一次的852 688人，占83%，变更二次以上的725431人，占70.61%。全年共受理补录遗漏人口登记业务1 655人，其中材料齐全通过审批1 469人、未通过审批186人；受理姓名、出生日期、民族等主项变更业务14 953人次，其中材料齐全通过审批14 542人、未通过审批411人；受理户口信息重人删除申请544人，其中材料齐全通过审批526人、未通过审批18人。年内，跨省、市、县(区)公民身份证21个重复号码得到纠正。

【公安宣传】　2011年，玉溪市公安机关宣传部门围绕中心工作，运用宣传阵地，营造强大的舆论声势。市局在《玉溪日报》开辟了开门评警促和谐专栏，共刊发稿件100余篇，电视新闻稿件20余条；结合创先争优活动宣传优秀党员和先进基层党组织的典型事迹，在《玉溪日报》警方专版开辟了全市公安机关优秀共产党员系列报道；及时宣传"清网行动"中的好的经验和先进典型，以及有关的法律法规、通缉、通告，共在各类媒体播发稿件80余篇，微博50余条；办好《警视窗》、《玉溪警方》两个品牌栏目，加强同省级、中央电视台的合作，扩大宣传的广度和深度。年内，全市公安机关在各级新闻媒体共刊播稿件3 813条。其中，国家级稿件92条，省级稿件1 393条。江川、元江县公安局在县电视台开办了江川警方、法治元江专栏，易门县公安局创办了《水城警营》电子杂志和内部月报。

【开门评警活动】　2011年1～9月，全市公安民警共走访群众超过20万人次，走访行政事业单位2 470个、企业2 642个、村寨社区9 410个、居民家庭64 064个，发放调查问卷29 793份，设置警民联系箱266个，开设网上警务室14个，走访工作覆盖了社会的各个层面。2011年，在全省公众安全感测评中，全市公众安全感达到79.56分，名列全省第一。

【立功创模】　2011年，玉溪市公安局共表彰奖励集体三等功39个，集体嘉奖42个；表彰奖励个人二等功4名，个人三等功131名，753人获个人嘉奖。市公安局妇委会获"全国三八红旗集体"称号。江川县公安局刑侦大队和市局刑侦支队各1人被列为2011年度全省先进典型重点培养对象。市局确定市局刑侦支队、经侦支队、警令部等6个党支部为示范党支部，对在党建工作中表现突出的8个先进党支部、25名优秀党务工作者、65名优秀党员进行了表彰。各分、县局分别确定1个大队和1个派出所党支部作为示范，并在民警中开展"每月之星"、"每季之星"评比活动。华宁县公安局组织评选了文明执法星、警民和谐星、信息应用星、化解矛盾星等"十颗警星"评选活动。同时，全市公安机关在办证大厅、派出所、车管所窗口单位开展"四亮四评"活动。年内，全市共有3人分别被中央政法委、省委、省委政法委评为"政法系统优秀党员"、"优秀党务工作者"。在全市政法系统开展的"十优政法干警评选"中，玉溪市公安系统推出的4个班子荣获了"全市十优政法班子"称号，3名民警荣获"全市十佳政法干警"称号。

【"两项治理"工作】　2011年，公安部继续开展深化执法过程中涉案人员非正常死亡问题和涉案财物管理问题专项整治(简称"两项治理")。玉溪市公安局抓住重点警种、重点环节和突出问题，加大整治力度，组织执法办案民警学习《关于加强办案安全防范工作防止涉案人员非正常死亡的规定》、《公安机关执法办案场所设置规范》，抓好对办案民警执法安全意识教育。各级专项治理工作领导小组召开会议26次，发布新闻稿件19篇，执法安全培训44次，培训2 491人次，出台执法制度63个。全市共投入经费719万元，建成办案中心6个，建成询问室75间，讯问室149间，候问室20间，安装监控376套，配备录音录像设备237套，其他防护设施52处，已实现功能区划分的单位20个。各分、县局局机关、城区派出所"三室"监控已接入督察视频监控系统，实行24小时动态监督。市局纪委牵头组成三个督促检查组，先后四次深入市局相关部门、分、县局部分基层所队，对讯问室、询问室、候问室、涉案财物保管室及案件卷宗、涉案财物登记台账等情况检查。截至11月30日，共排查清理案件76 121件。其中，行政案件67 191件，刑事案件8 930件；排查清理涉案机动车辆10 241辆，依法处置9 840辆；排查清理涉案金银玉器等贵重物品102件，依法处置100件；排查清理涉案手机和电脑电器等电器577件，依法处置446件；排查清理涉案现金存款等1 385万元，依法处置1 292.2万元；清理取保候审保证金299.1万元，依法处置281.4万元。全市公安机关投入74.4万元，建立涉案财物保管室82间，配备保险柜58个，物品架142个，灭火器81个，安装监控20个；新建、改造涉案车辆停车场7个，停车位56个，委托8个社会停车场对涉案车辆进行保管；设立县级以上规范化涉案财物管理场所10个，市局及八县一区公安局实现局机关执法办案部门、城区派出所涉案财物集中统一保管，明确警务保障部门为涉案财物管理归口部门；设立涉案资金专用账户9个，取保候审保证金专用账户10个，涉案款项统一交警务保障部门银行专户集中保管。

【提案办理】　2011年，玉溪市公安局共接到玉溪市人大三届四次会议代表建议4件、政协三届四次会议提案17件。按照市人大、市政府、市政协的有关规定和要求，所有人大代表建议、政协委员提案均按时限全部办结，达到办复率、协商率、满意率三个百分之百。年内，市公安局接到的21件代表建议、政协委员提案中，主办13件，会办8件。其中有14件涉及城市道路交通管理问题、2件涉及公安基层警力配置问题、2件涉及户籍管理、1件涉及乞讨儿童管理、1件涉及网吧管理、1件涉及高层建筑火灾隐患治等问题，按照分级负责，归口办理的原则，进行了答复，在主办的13件建议、提案中，已完全解决的A类建议、提案5件，占38.5%；因所提建议时间跨越较长，正在解决的B类提案8件，占61.5%。

【警务督察】　2011年，玉溪市公安机关警务督察部门共组织明查暗访2 771次，其中明查2 390次，暗访381次；开展重大警务部署措施落实等专项督察397次；开展贯彻落实"五条禁令"、"六条警规"、《人民警察纪律条令》等警规警纪专项督察1 334次，出动警力3 653人次，检查基层单位3 095个次，检查民警10 649人次，检查枪(弹)库166个次，枪支3 428支次，路查机动车1 696辆次，暗访宾馆、饭店、娱乐场所3 407家次。受理核查群众举报、投诉29起，查办侵犯民警正当执法权益案件19起。

【交通安全管理】　2011年，玉溪市公安局交警支队把"三项重点工作"作为提升交通管理工作能力水平的基础性工作，结合交警系统"三项建设"的深入开展，着力解决影响道路交通安全的源头性、根本性、基础性问题，落实各项防控措施，不断深化道路交通事故预防工作，确保了全市道路交通安全形势的平稳。截至12月20日，全市机动车保有量达605 141辆，机动车驾驶人达491 717人，(以上数据均不含农机部门管理的车辆和驾驶员)。1～11月，全市各级公安交管部门受理统计范围内适用一般程序处理的道路交通事故115起，共造成83人死亡，110人受伤，直接财产损失507 225元，四项指数与上年同期相比三降一升：事故次数减少16起，下降12.21%；死亡人数减少44人，下降34.65%；受伤人数增加14

人，上升 14.58%；经济损失减少357 697元，下降41.36%。发生一次死亡3人的特大道路交通事故3起，死亡9人，受伤6人，经济损失17 000元，未发生一次死亡5人以上的恶性交通事故。

【交通专项整治】 2011年，玉溪市公安局交警支队针对全市发生交通事故的规律特点，及交通拥堵的规律，确定重点管控时段、路段、车型，落实勤务制度，周密部署警力，坚持把大部分警力放到路面上，加大路面见警率，进一步提高路面管控力。在时段上，重点管控节假日出行高峰时段、傍晚时段、农村赶集日等；在管理路段上，重点管控高速公路、国省道、农村道路、旅游区路段；在车型上，重点管控摩托车、低速载货汽车、小型货车、7座以上客运车辆；在违法行为上，重点查处酒后驾车、无证驾驶、超速、无牌无证、超载、超员等违法行为，做到警务跟着警情走、警务跟着事故走。年内，玉溪市交警支队组织了春运安全保卫、酒后驾驶、安全隐患排查、春季攻势、危化物品运输车、护卫天使、摩托违法、客车事故、特大事故、醉驾入刑、打击盗抢机动车及交通肇事逃逸、“清网行动”等12个专项整治行动。全市共出动警力95 548人次，出动警车33 454台次，共查处各类交通违法行为39 258起(其中超速行驶11 417起、客车超员83起、饮酒后驾驶207起、醉酒驾驶31起、摩托车违法载人2 147起、无证驾驶328起、危险化学品运输车辆违法行为128起)，清理客运驾驶人3 447人，清理停运客运车辆2辆，与危险化学品运输车辆和校车签订责任状138份，进校园开展文明交通宣传教育155次，完善校园周边道路交通安全设施105处，开展校园周边道路交通秩序整治187次，查获盗抢机动车4辆，抓获犯罪嫌疑人员5人，抓获网上追逃人员3人，查获报废机动车56辆，未检审车辆98辆，无牌无证452辆，清理档案36 016份，侦破交通肇事逃逸案件16起。消除了大量的事故隐患，为全年的道路交通安全管理目标的完成打下了坚实的基础。

(吴源锋)

检　察

【概况】 2011年，全市检察机关共受理批捕案件1 481件2 415人，同比分别上升4.44%和0.88%，批准、决定逮捕1 293件2 021人。共受理移送审查起诉案件1 950件3 261人，同比件数上升1.41%，人数下降6.1%，决定起诉1 638件2 716人。共受理初查贪污贿赂案件89件，立案侦查83件90人，全部侦查终结并移送审查起诉，移送起诉率100%，通过办案挽回经济损失2 374.75万元。共受理初查渎职侵权案件25件，立案侦查24件24人，全部侦查终结并移送审查起诉，通过办案挽回经济损失1 008.18万元。全市监所检察、民事行政、控告申诉、职务犯罪预防、纪检监察、环保检察、队伍建设、宣传调研、人民监督、检务保障、检察技术、司法警察等工作持续平稳健康发展。

【批准、决定逮捕】 2011年，全市检察机关侦查监督部门共受理各类案件1 481件2 415人(其中受理自侦部门移送审查逮捕案件26件26人)，同比分别上升4.44%和0.88%。经审查批准、决定逮捕1 293件2 021人，不批准逮捕185件382人。报请省院决定逮捕职务犯罪案件5件5人。受理复议、复核案件1件1人，审查后维持原决定。

【立案监督】 2011年，全市检察机关侦查监督部门将有案不立、有罪不究、以罚代刑和违法立案、动用刑事手段插手经济纠纷等社会危害性大、严重影响经济发展和社会和谐的案件作为立案监督的重点，加强对立案监督案件的后续督促和催办，共向公安机关发出《要求说明不立案理由通知书》23份，向自侦部门发出《建议立案侦查书》22份，侦查机关(部门)立案46件50人，全市批准逮捕立案监督案件20件23人，移送起诉31件47人，占立案监督人数的94%，同比上升14.81%，起诉24件38人，已作出有罪判决24件37人，其中，判处三年到十年徒刑10人，占有罪判决的27.03%，判处十年以上有期徒刑4人，占有罪判决的10.81%。对侦查机关不应当立案而立案进行监督19件28人，侦查机关均全部作撤案处理。

【侦查活动监督】 2011年，全市检察机关侦查监督部门共纠正漏捕53件74人。对侦查活动违法提出纠正意见42件，均已纠正。向侦查机关(部门)发出《提供法庭审判所需证据材料意见书》107份，提前介入重大案件72件，发出检察建议2份。办理延长侦查羁押期限案件120人，其中2人做出不予批准延长侦查羁押期限决定。

【检察官派驻侦查机关工作】 2011年，全市检察机关侦查监督部门按照参与而不干预，参谋而不代替，引导而不主导，配合而不同化的原则，继续深入开展检察官派驻侦查机关制度工作，除红塔区院外，其他县院均成立检察官派驻侦查机关办公室。

【行政执法机关移送涉嫌犯罪案件专项监督活动】 2011年，按照高检院等四部门要求，市院侦查监督处牵头成立玉溪市开展对行政执法移送涉嫌犯罪案件专项监督活动领导小组，并与相关行政

市委书记孔祥庚在法治与责任——全国检察机关惩治和预防渎职侵权犯罪展览·云南玉溪巡回展开幕式上讲话

执法机关联合制订出台《行政执法机关移送涉嫌犯罪案件专项监督活动实施方案》。通过动员部署和走访14个部门两级行政执法机关，全市各行政执法机关共自查案件2120件，向公安机关移送涉嫌犯罪案件42件，公安机关立案侦查23件，其中3件3人已作出有罪判决。

【落实"两减少、两扩大"方针】　2011年，全市检察机关侦查监督部门认真落实中央政法委提出的"两减少、两扩大"方针，对轻微犯罪特别是因亲友、邻里纠纷引发的刑事案件，以及初犯、偶犯、过失犯和老年、未成年犯罪嫌疑人中犯罪情节轻微的人员，立足于化解矛盾、促进和谐，坚持少捕慎捕，减少不必要的羁押，全年全市检察机关不(予)批准逮捕犯罪嫌疑人382人，其中无逮捕必要151人，占不捕人数的65.37%，共对71名未成年人作出不(予)批准逮捕决定。

【专项整治】　2011年，全市检察机关侦查监督部门积极参与开展"打黑除恶"、"扫黄打非"、"禁毒人民战争"、"打四黑除四害"、打击涉烟犯罪等专项活动，共批捕黑恶势力犯罪案件8件32人，"黄赌毒"案件283件410人。全市共受理涉烟案件25件51人，批捕5件10人，不捕20件41人。受理毒品案件266件357人，批捕251件320人，占全年受理案件数的21.89%。

【审查起诉、提起公诉】　2011年，全市检察机关公诉部门共受理公安机关及自侦部门移送审查起诉的各类案件1 950件3 261人，同比件数上升1.41%，人数下降6.1%，审结1 682件2 850人。其中，起诉1 638件2 716人，决定不起诉44件134人，不起诉率为4.94%，同比上升8.07%。出席一审法庭支持公诉1 131件，人民法院作出有罪判决1 579件2 650人。办理二审刑事案件10件24人，受理公安机关提请复核案件2件12人。

【刑事审判监督】　2011年，全市检察机关公诉部门共提出抗诉案件10件，向人民法院提出纠正审判活动违法意见19件。坚持检察长列席审委会、"三书会审"、职务犯罪案件裁判文书同步审查、量刑纳入庭审等制度，共列席同级人民法院审委会讨论案件38件，采纳意见率为85.72%，审查普通刑事案件法律文书1 579份，审查职务犯罪案件裁判文书81件86人，通过审查发现判决书存在错误向人民法院提出纠正审判活动违法意见3件，审批职务犯罪不起诉案件4件4人。提出量刑建议1 577人，采纳1 204人，采纳率为76.35%。

【醉驾入刑】　2011年，刑法修正案(八)将醉酒驾驶纳入刑法处罚范畴，全市检察机关公诉部门高度重视该类案件特别是国家公职人员醉驾案件的监督和办理，对全市醉驾案进行专题研究，并下发文件统一执法理念和办案尺度，全市共办理醉驾案件128件128人，其中国家公职人员3件3人，无不起诉案件。

【打击刑事犯罪】　2011年，全市检察机关共批准、决定逮捕各类刑事犯罪案件1 293件2 021人，提起公诉1 638件2 716人。严厉打击危害公共安全犯罪，批准逮捕危害公共安全犯罪案件45件59人，起诉334件347人。坚决打击各类侵害人民群众生命财产安全的严重刑事犯罪，批准逮捕故意杀人、故意伤害、强奸等犯罪案件244件338人，起诉281件452人，批准逮捕"两抢一盗"等侵财犯罪案件551件918人，起诉508件977人。持续深入开展"打黑除恶专项斗争"、"禁毒人民战争"，批准逮捕黑恶势力犯罪案件8件32人，起诉5件27人(追诉9人)。办理了祁汝强等14人涉及6个罪名、19起犯罪事实和朱楠等18人涉及8个罪名、59起犯罪事实的恶势力犯罪案件。批准逮捕毒品犯罪案件251件320人，起诉201件283人，办理了董钢成等6人走私、贩卖、运输毒品186.48千克、非法持有枪支、掩饰、隐瞒犯罪所得收益案，为建国以来玉溪最大的一起毒品案件。依法打击破坏社会主义市场经济秩序犯罪案件，批准逮捕破坏市场经济秩序犯罪案件30件40人，起诉40件58人。

【环保检察】　2011年，全市环境资源保护检察部门共审查批准逮捕破坏环境资源类案件7件12人，起诉19件27人，监督立案环境资源领域内职务犯罪案件2件2人。会同公安、法院、环保部门对群众反映强烈、存在污染隐患的生产企业、生产污染源、污染场地进行重点督察，从源头上预防和杜绝环境污染事件发生。与市中级法院联合制定下发《关于办理环境资源民事公益诉讼案件若干问题的意见(试行)》，为开展环境资源民事公益诉讼奠定基础。加强环保法制宣传，分别对澄江县东西哨工业园区各企业生产一线负责人、市环保局全体环境执法人员进行法制教育。

【反贪污贿赂】　2011年，全市检察机关共受理初查贪污贿赂案件89件，立案侦查83件90人，同比件数下降2.3%，人数上升3.4%。其中贪污案件33件39人，占39.8%，贿赂案件47件47人，占56.6%，挪用公款案件2件2人，私分国有资产案件1件2人。侦查终结83件90人，移送审查起诉83件90人，移送起诉率100%，通过办案挽回经济损失2 374.75万元。立案金额2 739.2万元，同比上升56.9%，扣押款物1 870.87万元，同比上升170%，侦结金额4 326万元，同比上升84.2%，创历史新高。已提起公诉83件91人，决定不起诉4人，同比下降33%，法院已作出有罪生效判决80件83人。

【查办职务犯罪大要案】　2011年，全市检察机关反贪污贿赂部门共查办贪污贿赂大案74件81人，要案5件5人，大要案占立案总数的95.2%，同比上升9.7个百分点。其中，立案金额5～10万元的案件24件，占立案总数的28.9%；10～50万元的案件37人，占44.6%；50～100万元的案件4件，100万元以上的案件8件，50万元以上的案件12件，占14.5%。贿赂案件单人受贿金额高、单笔受贿金额大，峨山县院查办一起受贿203.5万元特大案件，易门县院查办一起受贿118万元特大案件，均创两县受贿案件案值新高。

【查办系统领域案件】　2011年，全市检察机关反贪污贿赂部门立案侦查的83件90人中，交通公路管理系统案件35件38人，占42.2%，涉案金额达2 720.73万元。其中贪污案17件，受贿案13件，行贿案3件，挪用公款、私分国有资产案各1件，涉及多罪名的7件。市院、红塔区、通海县、江川县、华宁县、易门县、新平县、元江县院均立办了交通公路管理系统案件。

【查办商业贿赂案件】　2011年，全市检察机关反贪污贿赂部门共查办商业贿赂案件50件50人，大案42件42人，要案5件5人，大要案件占商业贿赂案件数的94%，大要案件比例同比上升13个百分点。

【查办工程建设领域案件】　2011年，全市检察机关反贪污贿赂部门共查办工程项目决策、城乡规划管理、工程项目质量管理等工程建设领域职务犯罪案件41件47人，同比上升32.3%，其中大案37件43人，涉案金额1 526.355万元、3 000美元，占案件总数的50%，所占比例上升13.6个百分点。

【查办涉农职务犯罪案件】 2011年，全市检察机关反贪污贿赂部门共查办侵害农民合法权益、危害农业生产发展、影响农村和谐稳定的涉农案件21件24人，占案件数的25.3%，涉案金额687.21万元，其中15件18人为大案。

【反渎职侵权】 2011年，全市检察机关反渎职侵权部门共受理初查渎职侵权案件25件，立案侦查24件24人，其中要案、重特大案件13件13人，占立案数的54.2%,。所立办案件均侦查终结移送审查起诉，侦结率为100%，起诉10件10人，决定不起诉1件1人，法院作有罪判决24件24人(含上年立案今年判决的6件6人)，挽回经济损失1 008.18万元。

【查办危害民生民利渎职犯罪案件】 2011年，全市检察机关反渎职侵权部门共查办危害民生民利渎职犯罪案件22件22人，占全年立案数的91.7%，其中查办社会福利企业监管领域案件9件9人，切实维护残疾人、农民工、未成年人等弱势群体的合法权益。

【职务犯罪预防】 2011年，全市检察机关共开展预防立项81件，同比上升22.73%。案例剖析81件，提出预防职务犯罪检察建议63件，开展预防咨询226件，同比上升83.74%，开展预防调查142次，形成调查报告142份，调查报告引起当地党委、人大、政府领导重视并作出批示1件。通过预防调查发现职务犯罪线索并被侦查部门立案侦查1件。受理行贿犯罪档案查询2 470件，查出有行贿记录的单位或个人30家，查询数同比上升82.15%。开展警示宣传教育146场(次)，受教育人数达3万余人，发放宣传资料13 083份。组织法治与责任——全国检察机关惩治和预防渎职侵权犯罪展览·云南玉溪巡回展，参观巡展单位765家，15 000余人。

【控告申诉检察】 2011年，全市检察机关控告申诉部门共受理控告、申诉和举报522件，审查处理522件，同比分别下降2.4%。其中：来信244件，同比上升6.1%；来访273件，同比下降9.9%；集体访5件，同比下降50%。来信来访中，控告类171件，占信访总量的32.7%，申诉类252件，占信访总量的48.3%，举报类99件，占信访总量的19%。共办理刑事申诉案件54件，同比下降16.9%。共办理刑事赔偿案件5件，同比上升150%，决定赔偿3件，不予赔偿1件，复议改变原决定1件，支付刑事赔偿金30.05万元。深入开展集中清理涉检信访积案工作，清理出3件积案，已办结并息诉2件；1件上报省院作终结处理。对150件不批捕、不起诉、不服检察机关处理决定和自行立案侦查的案件进行自查，均无错案。

【举报宣传周活动】 2011年，全市检察机关统一开展以加强渎职侵权检察工作，促进依法行政与公正司法为主题的举报宣传周活动，共88名干警参加，其中正副检察长12人，设宣传点28个，接待咨询群众48次，受理举报5件、控告7件、申诉7件，利用报刊、广播、电视等新闻媒体宣传15次，深入国有企业、社区等单位宣传28次，接受宣传人数16 700人，制作展板157版，发放宣传材料22 350份，出动宣传车26辆。

【监所检察】 2011年，全市监所检察部门共检察收押4582人，出所(监)4 086人，纠正不符合收押条件1人，不按规定交付执行1件。检察监管场所拟呈报减刑案件2 792件，法院裁定减刑2 792件，纠正不符合提请减刑幅度或条件案件36件，对871件减刑案件进行听证(出庭)监督；检察拟呈报假释案件9件，法院裁定假释9件；检察拟呈报暂予监外执行78(含续保28件)件，纠正不符合暂予监外执行条件案件3件。坚持把防范超期羁押由事后监督变为事前监督，向办案部门提前催办201件。对监管场所重点部位、重点环节进行各类安全防范检察227次，发现并协助监管机关消除事故隐患80余起。与被监管人谈话789人次，其中被监管人员约见检察官谈话360次，上法制教育课65次，受教育面8 000余人次。检察禁闭114人次，检察加戴械具240人次，纠正违反规定使用械具5件。受理重新犯罪案件3件3人(脱逃)，经审查全部提起公诉。受理被监管人及其家属控告案件19件，举报案件7件，申诉案件10件，均已按规定办理。针对监管活动中违法行为，提出纠正违法通知书9件，检察建议16件，口头纠正意见79件，均被监管单位采纳，全年未发生重大事故。全年对监外执行罪犯监督纠正脱管3人、漏管1人、条件消失或违规应收监执行1人、未按期办理续保手续1人、违法提前解除监管1人。监督公安机关对重新犯罪的14人依法追究刑事责任。清查保外就医人员77人，纠正2名不符合保外就医条件罪犯并进行处理。

【监狱检察】 2011年，玉溪市人民检察院驻玉溪监狱检察室对玉溪监狱拟提请呈报的1 348件减刑、27件初次提请保外就医案件进行综合书面检察，23次出庭参加中级法院减刑、假释听证庭审，对519名罪犯的减刑、假释依法履行检察监督职责，纠正不符合提请减刑幅度或条件罪犯30名、不符合保外就医条件罪犯1名。检查判决书、裁定书、执行通知、释放证447份，纠正法院判决错误3份，发出书面检察建议2份、检察意见函2份。协调技术处法医探视危重疾病服刑罪犯12次12余人。配合开展各种安全防范检查13次，发现并协助监管场所消除各种事故隐患11次。配合相关业务部门在玉溪监狱开展调查、侦查、取证、帮教、采访报道、返回扣押物品13次，与被监管人谈话38次，接受在押人员约见检察官7次，上法制课4次，受教育面达1 400人。

【劳教检察】 2011年，玉溪市人民检察院驻云南省第三劳教所检察室共检察入所劳教人员109人，检察劳教决定书和劳教通知书各105份，检察解教证明书6份、所外就医2份、所外执行3份、准假材料、禁闭劳教人员呈批表各1份，逮捕材料2份。填写“一志六表”161份。对新入所的109名劳教人员发放并填写《劳动教养人员权利义务告知书》109份。进行日常巡视检察27次，定期安全检察2次。受理控告、申诉4件4人，参加劳教案件聆询程序监督5件。与管教民警交流谈话19人次，办理所外就医2人、所外执行各3人、禁闭1人。

【民事行政检察】 2011年，全市检察机关民事行政检察部门共审查处理各类申诉案件471件，同比上升24.27%。其中：立案审查384件，同比上升25.08%；建议提请抗诉21件，同比上升23.53%；提请抗诉30件，同比上升30.43%；抗诉7件，同比上升16.67%；向人民法院发出再审检察建议21件，同比上升40%；向有关涉案单位人员提出纠正违法、检察建议266件，同比上升62.20%；初查犯罪线索

24件，同比上升700%；出席再审法庭16件，同比上升100%；列席审判委员会13次，同比上升85.71%；召开案件片区讨论会20次，同比上升53.85%。

【人民监督工作】　2011年，玉溪市检察机关完成新一届人民监督员的选任工作，在全市范围内统一选任25名人民监督员，其中省、市、县(区)人大代表9名，市、县(区)政协委员10名，其他人员6名；中共党员18名，民主党派人士1名，无党派人士6名。25名人选分别来自国家机关12名，企业3名，学校3名，其他群众组织7名。人民监督员共对玉溪市检察机关自行侦查的职务犯罪案件中七类案件或事项共8件8人进行监督，均同意办案部门的拟处理意见。

【表彰奖励】　2011年，全市检察机关共有74个集体、118名个人被市级以上表彰。其中：市院和两个基层院控申举报接待室被高检院表彰为全国检察机关“文明接待室”，市院和7个基层院被省委、省政府命名为第十二批省级文明单位；市院被省检察院荣记集体二等功一次，2个县院领导班子被评为玉溪市政法系统“十优政法班子”，市院政治部荣获全省检察机关干部工作规范化先进集体(一等奖)，市院公诉处被省院表彰为“推进三项重点工作先进集体”；市院1人被高检院表彰为“全国检察机关纪检监察工作先进个人”，1人被省政府授予“全省先进工作者”称号；1人被省院荣记二等功，2人被市政法委评选为玉溪市政法系统“十佳政法干警”。

【队伍建设】　2011年，玉溪市人民检察院通过竞争上岗，配备了6名空缺内设机构领导干部，调整中层领导干部岗位1名，下派1名中层干部到红塔区检察院挂职任副检察长，下派两名干部到红塔区研和镇、易门县浦贝彝族乡挂职任党委副书记，录用检察人员4人，办理委培硕士研究生录用安置手续14人。对选升高级检察官等级的20名检察官进行严格核实上报，对拟晋升检察官等级的34名检察官上报审批，对通过国家司法考试且符合检察官任职条件的11名检察人员上报审核，对拟评定检察官等级的13名人员上报审批。对现任351名检察官进行了职务序列设置调查摸底和模拟套改。提请市人大常委任命市院机关检察员6人，任命助理检察员1人。

【专项教育】　2011年，全市检察机关开展发扬传统、坚定信念、执法为民主题教育实践活动、学习杨善洲精神做人民满意的好党员好干部专项活动、继承光荣传统，缅怀革命先烈重温入党誓词活动。为纪念中国共产党建党90周年和检察机关创建80周年，举办了全市检察机关学习先进典型、发扬光荣传统、践行执法为民演讲比赛。

【教育培训】　2011年，全市检察机关积极开展学历教育，拥有法律硕士和同等研究生学历水平43人，占7.7%，1人在读博士，本科学历442人，占79.2%，本科以上人员比例占86.9%。切实抓好司法考试组织和培训工作，全市检察机关共60人参加司法考试，通过36人，通过率为60%。积极组织相关教育培训，共组织17名拟选升四级高级检察官的人员参加网络培训，6人参加高检院组织的各类培训，10人参加全省检察机关领导素能培训，11人参加全省检察机关政治部、政工科(处)主任(科长)主题实践活动学习培训，5人参加玉溪市第十三期中青年干部培训。对全市检察机关41名司法警察进行为期12天的业务技能培训。

【检察调研】　2011年，全市检察机关共有干警200人(次)撰写检察理论研究论文、调研文章等各类文章230篇，其中论文、调研文章共计162篇，占70.4%。在省级以上期刊杂志发表检察理论研究论文及调研文章共计26篇，其中3篇论文分别在综合知名期刊《人民检察》、《云南大学学报(法学版)》等国家级刊物发表，23篇论文、调研文章分别在《云南政法研究》、《云南检察》等省级以上内刊发表。柏利民法律专著《公诉意见书写作与优秀范例研究》由中国检察出版社出版发行。张德勋、瞿伟共同撰写的论文《构建统一法律公正实施的检察案例指导制度》及柏利民撰写的论文《死刑执行法律监督的立法完善及机制改革》入选第十二届全国检察理论研究年会交流论文。张德勋撰写的《加强社会管理创新，有效应对群体性事件》获省政协第四届“民生论坛”优秀论文二等奖。张德勋与干警张开平撰写的《检察机关办案流程监控与案件质量监督研究》获2010年度全省政法调研优秀成果二等奖。市院柏利民撰写的《试析检委会四大职能角色》获最高人民检察院“检察委员会理论研究”征文优秀奖。澄江县院课题组撰写的课题论文《重大环境污染事故罪认定存在的难点及对策》获第六届“中国·泛珠三角合作与发展法治论坛”二等奖。重点调研成果环境公益诉讼转化形成规范性文件《关于办理环境资源民事公益诉讼案件若干问题的意见(试行)》，市院与市中级法院已会签印发执行。

【重点调研课题】　2011年，市检察院确定重点调研课题12个，全市共有市院3名院领导和7个内设机构，以及通海、澄江、江川、易门、元江、峨山县院，共17个课题组参加课题竞标，确定重点调研课题立项12个，由17个课题组分别承担研究任务。共16个课题组按时结题提交课题论文16篇，15篇通过评审，其中一等奖3篇，二等奖5篇，三等奖7篇。

【法律适用研讨】　2011年，全市两级检察机关共组织法律适用研讨活动17次，其中市院组织5次，分别由公诉、反贪、反渎、民行、侦监部门承办组织，峨山县院、新平县院、江川县院各组织2次，其余6个县区院均组织1次。各单位(部门)根据不同研讨主题邀请政法委、纪委、人大法工委、法院、公安、保险公司等机关和单位负责人，以及律师、人民监督员、特约检察员、玉溪师院部分教授等参加研讨活动，营造了良好的检察理论研究氛围。

【检察委员会议题审议】　2011年，全市两级检察机关共召开检委会151次，审议议题206个。其中，审议案件183件，占议题总数的88.8%；审议事项23件，占议题总数的11.2%。执行检委会决定206件，其中，执行案件决定183件，执行事项决定23件，检委会作出的案件和事项决定均得到全部执行。全市检委会办事机构(检委会秘书)共完成151次检委会206个审议议题的会务工作，实体审查案件144件，占审议案件的79%，共督办检委会决定206件，共组织检委会集体学习25次，安排检察长列席中级人民法院审委会12次。

【检察宣传】　2011年，全市检察机关在各种报刊、杂志发稿376篇。其中，通讯37篇、消息339篇。在省级以上媒体见稿245篇。其中，国家级媒体见稿46篇。在内网编辑、发送各种图片38组222幅。《玉溪检察》出刊四期，制作电子版四期，共计26万余字，开设固定和不固定栏目23个，登载文章94篇。红塔区检察院内刊《红检文苑》出刊两期，采登散文、诗歌、小说等文章75篇。通海县检察院内刊《通海检察》出刊一期，采登文章24篇。全市检察机关办公室共编发信息92期343篇。其中，被省院《云南检察简报》采用22篇、《检察院情况反映》采用5篇，省政府办公厅《云南要情》采用1篇，市委信息科《玉溪信息》采用12篇、《玉溪重要信息》采用1篇，市委政法委采用27篇，1篇信息得到高检院曹建明检察长批示。

【行政装备】 2011年，全市检察机关共争取中央和省级公用经费补助资金1 944.64万元。其中：中央和省级转移支付资金1 634万元，同比增长14.43%；转移支付奖励资金130.58万元；省补检察文化建设经费100万元；省补政法部门服装经费30.06万元，省补办案补助经费50万元。全年财政预算经费1 842.84万元，人均14.51万元，拨入经费2 483.19万元，同比增长5.54%，追加预算外经费677.24万元，同比增长10.34%，实现经费支出2 633.37万元，同比增长14.17%。争取峨山县院"两房"化债资金150万元。配合省院完成全市540余名干警的基础数据汇总上报工作，并对2010年发放有问题的服装34套(件、条)进行跟踪调换和2011年换装人员服装41人次、300余套(件、条)的发放工作。对全市装备管理人员进行了省院装备管理系统(包括服装、枪支、车辆三个子系统)的使用操作培训，进一步加强全市检察机关的装备管理水平和统一规范化建设。自筹资金238万余元对办案工作区20余亩预留地进行绿化。共完成10 668条资产信息录入、卡片的打印签收、条码的打印粘贴工作，实现资产动态化管理。

【对口援助】 2011年，玉溪市检察机关开展对口援助迪庆州维西县检察院工作，从自身经费中安排10万元办案办公经费援助维西县检察院，将投入20多万元自主研发、拥有自主知识产权的网站集群系统无偿赠送维西县检察院，为维西县检察院的"两房"建设、队伍建设以及检察信息化建设等提供支持和帮助。先后邀请维西县检察院全体干警分两批到玉溪市检察院及县(区)院考察交流学习，并安排人均600元健康体检一份给维西县检察院全体干警。红塔区检察院赠送维西县检察院总价值17万余元的太阳能设施50套，维西县检察院选派的3名业务骨干在红塔区检察院为期三个月的跟班实践锻炼。

【检察技术】 2011年，全市检察技术部门共受理办结各类检察技术案件153件，同比上升40%。其中，法医专业类67件(检验鉴定3件、文证审查64件)，同比上升139%；司法会计专业类8件，与上年同期持平，痕检专业类为省院办理3件；视听技术专业类及同步录音录像78件，同比上升9%。开展执法业绩档案的自查和修改工作，上报省院执法业绩档案4 534份并全部通过省院验收。为高检、省、市三级院召开电视电话会议做好技术保障工作74次，确保电视电话会议的正常进行。处理市院程控电话交换机故障、电话设备故障80余次，保障通信顺畅。

【检察信息化建设】 2011年，市院自主研发集全市10个检察院一体的玉溪市检察机关网站集群系统正式启用，在全省检察机关首次将检察系统的运用软件进行集成，实现信息化运用的格式统一、使用规范、资源同步共享，信息技术自主研发工作在服务检察业务管理上取得新突破。在全省检察机关率先自主开发后勤综合管理系统，系统包含技术协助申请、电脑电话报装报修、资产管理、申领办公用品、接待申请、车辆维修申请、车辆管理、派车申请、办公场所维修申请、食堂餐饮系统等功能模块的综合事务管理平台，后勤管理实现"数字化"。制定全市检察机关"可信网络安全系统"的安装和权限设置标准，完成对两级院500余台计算机客户端软件安装工作。设置摆渡机对网内网外的数据进行交换，有效提高检察信息网络安全。将办公自动化系统和网站集群系统进行集成，实现用户的统一登录，办公自动化系统使用稳步推进。

【纪检监察】 2011年，全市检察机关纪检监察部门落实高检院《关于加强检察机关内部监督工作的意见》，突出抓好对各级领导干部特别是领导班子的监督，严格执行诫勉谈话、述职述廉、重大事项报告制度。全市检察机关领导干部共述职述廉177人次，进行任前廉政谈话41人次。监察处长列席检委会履行监督职责13次。按照"一岗双责"要求，严格落实党风廉政建设责任制，健全责任追究、检查考核等配套措施，完善领导干部廉政档案等制度。开展维护人民群众合法权益、解决反映强烈突出问题专项检查活动和《廉政准则》、《廉洁从检若干规定》贯彻执行情况专项检查工作。领导干部自觉遵守因私用车交费制度，13人次因私用车后主动交费5 342元。认真执行检察官职业行为基本规范、执法工作基本规范和文明用语规则，严格规范检察人员行为。坚持上级院派员参加下级院民主生活会制度、上级院负责人同下级院负责人谈话制度，加强上级院对下级院的领导和监督。全面推行廉政风险防范管理机制，结合部门职能和岗位特点，市院各级领导干部查找廉政风险点572个，有针对性地逐个制定风险防范措施635条，切实发挥制度的风险防范作用。加大检务督察力度，开展专项督察28次，坚决防止和纠正执法不严、执法不廉、有令不行、有禁不止等问题，确保公正廉洁执法和政令、检令畅通。收到对检察人员的举报或反映2件3人，经初查均为举报失实，实现全市检察机关队伍建设"零违纪"，执法办案和交通安全"零事故"的工作目标。

【司法警察办案工作】 2011年，全市检察机关司法警察累计完成执行传唤260人(次)，参与搜查84人(次)，执行拘传36人(次)，协助扣押、查封152人(次)，协助执行拘留、逮捕98人(次)，押送、提解犯罪嫌疑人324人(次)，看管犯罪嫌疑人2 945人(次)，参与送达法律文书586人(次)，参与处置突发事件172人(次)，维护来访场所秩序185人(次)，为服务检察中心工作提供有力警务保障。

(夏琼英)

【概　况】 2011年，全市法院共受理各类案件15 556件，同比下降1.67%，审结14 804件，同比下降0.81%。其中，中院受理各类案件3 588件，同比下降16.58%，审结3 405件，同比下降18.44%。

【刑事审判】 2011年，全市法院共受理各类刑事案件2 140件，审结2 041件，同比分别下降4.89%和5.11%。其中，中院受理374件，审结339件。坚持宽严相济的刑事政策，严把事实关、证据关、程序关。严惩杀人、抢劫、绑架等严重暴力犯罪，增强人民群众的安全感，审结了以被告人祁汝强、张伦飞为首的恶势力团伙犯罪案件。严厉打击毒品犯罪，加大财产刑的适用力度，摧毁毒犯再次犯罪的经济基础，审结了建国以来玉溪最大的董钢成等6人毒品犯罪案件，涉案毒品达186千克。审理了交通肇事、危险驾驶等危害公共安全犯罪案件268件，有效遏制醉酒危险驾驶犯罪的多发态势。依法严惩贪污贿赂、玩忽职守等职务犯罪案件115件117人。按照惩教合一的原则，对偶犯、从犯和恶性不大的青少年犯罪，依法从轻或减轻处罚，做到震慑与教育并重，惩罚与挽救结合，在已结生效判决中对167人免予刑事处罚。在依法惩治犯罪的同时，保障无罪公民不受法律追究，在已结生效判决中对45人宣告无罪(属自诉案件)。推行轻微刑事案件和解制度，加大刑事附带民事案件调解力度，尽力化解矛盾，减少不和谐因素。

【民事审判】　2011年，全市法院共受理各类民商事案件7 735件，审结7 319件，同比分别上升7.55%和9.73%。其中，中院受理871件，审结772件。全市法院坚持调解优先、调判结合的原则，将诉讼调解贯穿于审判活动全过程。注重对弱势群体的司法保护，加强对婚姻家庭、邻里矛盾的修复，弘扬家庭美德，促进邻里和谐。化解农村改革发展中的各类矛盾纠纷，依法保障农村集体利益和农民权益，服务城乡统筹发展。着力化解涉及群众切身利益的热点难点问题，严厉制裁违约失信行为，推动建立社会诚信体系。尝试推行小额速裁机制，探索多元化纠纷解决机制，推进人民调解协议司法确认工作，使司法审判与社会力量优势互补、形成合力，妥善化解大量矛盾纠纷。

【行政审判】　2011年，全市法院共受理各类行政案件55件，审结53件，同比收案持平，结案上升12.77%。其中，中院受理二审行政诉讼案件19件，审结17件。全市法院重视加强与行政执法机关的沟通协调，注重保护行政相对人的合法权益，建立诉前沟通、诉中协调、诉外疏导的协调机制，妥善化解行政纠纷，推进依法治市进程。继续推进行政机关法定代表人出庭应诉制度、行政执法联席会议制度，探索研究环境保护公益诉讼机制。坚持向政府及相关部门按期发送《人民法院行政审判白皮书》，为促进依法行政建言献策。

【执行工作】　2011年，全市法院共受理执行案件3 436件，执结3 211件，同比上升0.19%，执结标的额24 375.47万元，同比下降36.09%。其中，中院执结案件96件，同比下降2.04%，执结标的额6 878.77万元。全市法院进一步健全完善执行联动威慑机制，全力维护申请执行人合法权益。全面加强立案、审判、执行三个环节的协调配合，为案件的顺利执行打牢基础。强化判后答疑工作，引导当事人主动履行生效裁判和进行执行和解。开展无执行积案法院争创活动和反规避执行专项活动，对有履行能力但故意规避执行的被执行人，果断采取司法强制措施，敦促被执行人及时履行义务。华宁县、新平县、元江县3个县法院被省高院授予“全省无执行积案法院”称号。

【减刑、假释工作】　2011年，玉溪中院推行减刑、假释案件裁定前公示和听证制度，加大开庭审理力度。积极参与社会治安综合治理，主动配合监管机关、基层组织做好对假释、缓刑人员的回访考察及社区矫正工作。创新工作理念，完善工作机制，充分发挥减刑、假释的激励、调节、回归等功能，在全省率先推行将服刑罪犯履行财产刑、刑附民赔偿的执行情况，作为罪犯减刑、假释条件之一，教育罪犯认罪服法认真改造，主动赔偿被害人损失，尽力减少社会对抗，促进社会和谐稳定。这项创新，得到了最高法院的肯定和推广。全年共办理减刑、假释案件2142件，保障符合条件的服刑罪犯依法获得减刑、假释机会。

【反腐倡廉建设】　2011年，全市法院以贯彻落实最高法院“五个严禁”为重点，不断丰富廉政教育内容，通过经常性的廉政警示教育、层层签订党风廉政责任书、进行廉政集体谈话等形式，增强干警保持司法廉洁的责任感和自觉性；严格落实任职回避制度，深入推进廉政监察员制度，将廉政监督的触角向审判、执行工作延伸，加强对重点部门和关键岗位的日常监督；建立基层联系点工作制度，加强明察暗访，强化对全市基层法院领导班子和审判执行工作的监督，增强干警拒腐防变的能力，筑牢拒腐防变的思想道德防线。在2011年度省高院和玉溪市委组织的党风廉政建设工作考核中，玉溪中院分别被考评为一等奖。

【司法为民】　2011年，全市法院深入推进诉讼服务大厅建设，将服务摆到突出位置，在立案窗口设立了法官轮值接访、安检导诉、诉讼服务厅、信访接待厅，将诉讼引导、立案审查、判后答疑、申诉再审、信访接待、投诉举报等工作，纳入立案信访服务窗口，并开通网上信访，推行裁判文书上网，设立案件信息查询系统，为当事人提供贯穿于诉前、诉中、诉后的一站式、全方位诉讼服务。中院组织开展“四亮四评”活动，提升立案信访窗口的服务质量和水平，确保当事人打官司受到人格尊重。玉溪中院、澄江法院、新平法院在诉讼服务窗口建设中，因成绩突出受到最高法院通报表扬。两级法院开展了诉讼服务宣传周活动，邀请媒体进行观摩和体验式采访，展示人民法院良好的为民形象，进一步提升人民法院诉讼服务水平。对下岗人员、农民工、城镇低保群众、农村“五保户”等困难群体加大司法救助力度，全年共对237件案件依法缓、减、免诉讼费64万元，为符合司法援助条件的刑事被告人指定辩护人132人次。全面落实执行救助制度，对申请执行人生活确有困难、而被执行人又确无能力履行的案件，按规定对符合条件的申请执行人给予司法救助，全市法院共救助372案705人，救助金额为721万元。运用巡回审判灵活机动、亲民便民的特点，将法庭开进乡村街道，将立案、调解作为巡回审判的重点，方便群众就地诉讼、减轻讼累。

【涉诉信访】　2011年，全市法院齐心协力，采取领导带头包案、确定责任部门和案件承办人员、建立信访积案化解通报制度等措施，全面开展信访积案清理化解工作。通过采取开门接访、主动约访、带案下访、上门回访等措施，共接待群众来访5 564人次，处理来信322件次，按期办结上级交办的184件涉法涉诉信访案件。其中：化解息访167件，销案8件，终结9件，息诉率达95.1%，息诉率排名全省第二，高于全省78%的平均水平。

【管理创新】　2011年，全市法院一是积极探索建立绩效考核体系，制订《玉溪市中级人民法院绩效考核暂行办法》。二是强化审判监督，加强案件质量评查，重视案件流程节点管理，形成职责明确、分工合理、运转高效、保障有力的审判管理和监督机制。三是认真履行对基层法院的监督指导职责，通过召开业务会议，组织专题培训，建立二审改判、发回重审案件通报制度，开展案件质量大评查等形式，统一全市法院的裁判尺度与标准。建立中院领导班子对口联系基层法院制度，加大对基层法院的巡查考核力度，加强对基层法院干部的协管力度，帮助基层法院配齐配强领导班子。四是推进法院信息化建设，建成开通了远程视频会议系统和智能会议系统，安装使用了案件流程管理系统和办公自动化管理系统，接通了与省法院连接的内部专网，实现了省、市、县三级联网。五是全面推进量刑规范化改革，通过对15种罪名的刑事案件规范量刑，提高法院量刑的公开性和控辩双方的参与性，使量刑程序更加透明、量刑过程有章可循、量刑幅度更加均衡。加强判前走访、判后释明工作，进一步提高被告人对法院量刑的信任度，刑事审判工作逐渐呈现出一审服判率提高、上诉案件大幅下降的良好态势。六是探索环境资源民事公益诉讼制度。玉溪中院与市检察院联合制定《关于办理环境资源民事公益诉讼案件若干问题的意见（试行）》，明确规定公益诉讼起诉人的主体资格、证据及举证、先予执行的问题，尝试建立并推行环境资源民事公益诉讼制度，服务和保障玉溪生态立市战略的实施。

【队伍建设】 2011年，全市法院一是加强领导班子的思想、组织、作风、能力建设，定期开展民主生活会，开展批评与自我批评，培养班子的政治素养和团结意识，不断增强领导班子的凝聚力和战斗力，努力打造顾大局、担责任、树形象、强素质、重团结、讲绩效的“阳光班子”。通海、新平2个县法院被市委、市政府评为全市“十优政法班子”。二是坚持从严治警与从优待警，通过主题实践活动、素质培训、岗位练兵、外出交流学习等途径，提高干警履行职责的核心能力，推进学习型法院建设。三是坚持以党建带队建，以队建促审判的工作理念，围绕纪念建党90周年活动，通过组织开展创先争优、革命传统教育、“党在我心中”演讲比赛、学习共产党员杨善洲、学习胡锦涛总书记“七一”重要讲话、参加全省法院文艺调演以及读党史、学党章、讲党课、唱红歌、重温入党誓词等丰富多彩的教育活动，陶冶干警的情操，增强干警的修养。元江法院被最高法院评为“全国法院党建工作先进集体”，玉溪中院在玉溪市第二届“聂耳杯”合唱比赛中获一等奖。四是丰富法院文化建设内涵，提炼形成“研法修德、固本为民”的玉溪法院精神，使之成为全体干警凝聚精神力量的价值追求，通海法院被最高法院列为“全国第二批法院文化建设50家示范单位”之一。

【接受人大代表、政协委员监督】
2012年，全市法院自觉接受人大代表、政协委员监督，并以监督为动力，推动法院工作科学发展。坚决执行市人大及其常委会的有关决议，向市人大常委会主任会议专题报告全市法院关于量刑规范化工作的开展情况，认真贯彻落实会议提出的意见和建议。完善与人大代表、政协委员的联系制度，做好重大事项报告、定期工作情况通报等工作，及时办理代表建议、委员提案及有关督办事项，做到件件有登记，事事有落实，结果有反馈。共办结人大代表建议2件，政协委员提案2件，办理督办事项12件。完善诉讼活动监督制约机制，认真执行检察长列席审判委员会制度，邀请市检察院检察长列席中院审判委员会讨论案件17件，主动接受检察机关的法律监督。

【董钢成等走私、贩卖、运输毒品案】
2010年9～12月，被告人董钢成及其同伙从缅甸购买毒品，使用特殊改装的货车将毒品运输入境，途经景洪、普洱、玉溪等地，准备将毒品运输至武汉贩卖，12月9日，公安民警在曲靖市富源县收费站抓获李汉弟，随后在富源县城抓获在前探路的董钢成、杨元林，民警从李汉弟驾驶的货柜车车厢前部夹层中查获8袋共336块毒品甲基苯丙胺片剂，净重186.48千克，甲基苯丙胺含量14.84%。此后，被告人汤鹏程、赵冬标分别在贵州省遵义市、云南省澜沧县被抓获归案，并在赵冬标的家中查获猎枪一支。被告人董勇在董钢成的安排和授意下，掩饰、隐瞒被告人董钢成犯罪所得及收益。

玉溪中院经审理后，根据各被告人的罪行、在犯罪中所起的作用和量刑情节，以走私、贩卖、运输毒品罪判处被告人董钢成死刑，剥夺政治权利终身，并处没收个人全部财产；其余被告人分别被判处不同刑期徒刑。该案为建国以来玉溪最大毒品案。

【鲁绍聪、王从亮聚众扰乱交通秩序案】 2001年，澄江县引进老鹰地旅游度假村项目后，澄江县土地储备中心依法向右所镇小湾村委会小湾村民小组征用土地535.03亩，并于2004年6月13日按协议支付了全部征地费并按分配方案发放给村民。项目因故未能如期施工建设，随着时间的推移，部分村民被误导逐渐产生希望提高征地补偿费标准的要求。2010年9月17日，老鹰地旅游度假村项目举行开工典礼，为防止不明真相的群众被少数人蛊惑利用而发生群体性事件，相关部门要求时任小湾村民小组组长王从亮、老年协会会长鲁绍聪二被告人协助预防阻止村民到开工典礼现场上访滋事。但二被告人虽表面应承，暗地里却煽动村民闹事。其中，鲁绍聪更是利用其老年协会会长的身份及影响，煽动村民到开工典礼现场聚集，并借机采用堵、跪等形式表达增加土地补偿款的要求。在被告人鲁绍聪的煽动下，小湾村村民陆续赶往开工典礼现场聚集，当要求进入典礼现场被拒后，14时许，近百名小湾村村民聚集在澄江县抚仙湖环湖省道二级公路小湾村口路段设置路障将公路堵断。公安机关及政府相关部门出动大量人力进行法律宣传和劝解疏导，被告人鲁绍聪、王从亮表面上协助政府做劝解堵路村民工作，暗地里却煽动村民继续堵路，抗拒、阻碍国家治安管理工作人员依法执行职务，致使治安管理工作人员两次清场均未能疏通道路。在政府相关部门工作人员的多方劝解下，直至9月24日9时30分许，堵路村民才逐渐离开堵路现场。致使抚仙湖环湖省道二级公路被连续堵断长达8天，共计163小时，造成了严重的后果和恶劣的社会影响。

澄江法院审理后认为：被告人鲁绍聪、王从亮聚众堵塞交通，抗拒、阻碍国家治安管理工作人员依法执行职务，情节严重，属首要分子，其行为已触犯我国刑律，在充分考虑各种因素后，以聚众扰乱交通秩序罪判处被告人鲁绍聪有期徒刑一年，缓刑三年；判处被告人王从亮免予刑事处罚。

宣判后，二被告人均表示服判，辩护律师、被告人家属、相关部门均表示法院判决恰当。

（张　萍）

司法行政

【“六五”普法工作启动】 2011年，以玉溪市被评为“全国‘五五’普法先进城市”为新的起点，在总结“五五”普法工作经验的基础上，“六五”普法规划通过举行听证会，市政府第65次常委会讨论并提交市三届人大常委会第24次会议审议，市人大常委会作出《关于进一步加强法制宣传教育工作的决议》，市委、市政府文件转发了市委宣传部、市司法局《关于在公民中开展法制宣传教育的第六个五年规划》。8月19日，市委、市政府召开全市第七次法制宣传教育工作会议，总结表彰了“五五”普法中涌现出的50个先进单位、85名先进个人，安排布置了“六五”普法工作，举办了领导干部法制讲座。随后，全市八县一区全市全面启动了“六五”普法工作。市级建立了玉溪市领导干部法制教育培训基地，举办了全市“六五”普法骨干培训班，对“四法一条例”进行了培训学习，召开了“六五”普法工作推进会。

【法制宣传】　2011年，市司法局围绕生态市建设，开展了环境保护、综治维稳、道路交通安全、流动人口管理、社会劳动保险等事关经济发展、民生利益的法律法规的宣传教育活动。全年共出动宣传车530余辆次，发放宣传资料20万余份，解答法律咨询2万余人次，组织征订普法教材1.7万余册。配合相关部门做好“三下乡”、三八维权周、禁毒防艾、烟叶种植收购打假打私、“一二·四”法制宣传日、安全生产月等法制宣传活动，开展《妇女权益保障法》、《老年人权益保障法》、《预防未成年人犯罪法》、《安全生产法》等法律法规宣传。三是深入开展“法律六进”活动，开展各种法制宣传1 200余次，建立法律“六进”示范点60个。

【依法治市】　2011年，司法局制订了法治县(区)创建考评办法，在“创卫”、“创省级文明城市”活动中，配合城建、工商、公安、环保、安监、质检、烟草、卫生监督等部门，开展了假冒伪劣农资商品、日常生活用品和“两烟”打假以及打“四黑”除“四害”、酒驾醉驾、清理广告牌等专项治理，依法查处各种违规违法行为，开展安全生产大检查，整顿市场经济秩序，确保了社会稳定。全市村(居)委会扎实开展民主法治村和民主法治社区创建活动，4个村委会被司法部、民政部授予“全国民主法治村”称号，27个村委会、4个社区被省司法厅、民政厅授予省级“民主法治村”和“民主法治社区”称号。

【成立医疗纠纷调解委员会】　2011年2月28日，玉溪市引入医疗纠纷第三方调处模式，由市财政投入30万元建立了玉溪市医疗纠纷调解委员会和玉溪市医疗纠纷调处中心，实行一套班子两块牌子，聘请4名专职调解人员负责调处市级医疗机构的医疗纠纷。医调委作为依法设立的调解医疗纠纷的群众性组织，不隶属于医疗机构，其工作经费由财政全额保障，与医患双方当事人没有任何利害关系，是独立第三人的地位，能中立和公正地调解医疗纠纷，保障双方的合法权益。为使玉溪市中心城区市区两级公立医院在处理医疗纠纷上的统一性，经市、区两级政府多次协商，从2011年10月1日起，市属5家公立医院、区属12家公立医院所发生的医疗纠纷统一到玉溪市医疗纠纷调处中心进行调解，使医疗纠纷调解工作由试点转为全市范围内全面铺开。同时，为确保医疗纠纷调解工作的顺利开展，经与市综治维稳办、市卫生局、保险公司等部门协调，在公立医院建立医疗责任保险制度，并于10月在全省率先成立了医疗纠纷促进会，筹集资金184万元，保证了医疗纠纷的及时有效化解。玉溪这一经验，得到了司法部、卫生部的肯定，并在全国医患纠纷调处工作经验交流会上进行交流。年内，全市医患纠纷调解组织共调解医患纠纷21件，涉案诉求金额450万元。

【实施矛盾纠纷调处奖励机制】　司法局制定出台了《玉溪市矛盾纠纷调处考核奖励实施办法》，以市政法委、财政局、司法局、监察局等五部门联发文件下发施行，每年由市、县财政按1∶1比例拿出200万元，把矛盾纠纷划分为“简易”、“一般”、“重大复杂”三类，分别奖励30元、100元、400元，全年无矛盾纠纷的村(社区)奖励1 000元，对调解员实行“以案定补”、“以奖代补”、“一案一补”的补贴奖励措施，充分调动人民调解员的工作积极性，矛盾纠纷排查化解创历史新高。年内，全市人民调解员共开展矛盾纠纷排查3 797次，预防矛盾纠纷3 514件，调处各种社会矛盾纠纷19 997件，成功19 597件，成功率98%，矛盾纠纷调处数与上年调处总数14 147件同比上升5 850件，上升比例达41%。防止民转刑案件306件，防止群体性上访206件，制止群体性械斗69件，防止民间纠纷引起自杀案件10件，与上年同期比较大幅度上升，分别上升408%、166%、192%和60%。

【表彰奖励调解队伍】　2011年，市司法局开展“人民调解员送法入户、争当调解能手、化解矛盾促和谐”主题教育实践活动。召开了玉溪市第三次人民调解工作表彰大会，对60名先进集体、100名先进个人进行了表彰奖励。在云南省第六次人民调解工作表彰会上，全市16个先进集体和29名先进个人受到表彰，市司法局荣立人民调解集体二等功，红塔区冯井村调解主任徐家清被评为“云南省首届十佳模范人民调解员”。

【社区矫正】　2011年，市司法局开展调查研究，召开领导小组会议，落实工作措施，加强了矫正队伍建设，完成了全市100名编外协勤人员的招录工作。制定了社区矫正工作规章制度，规范了工作流程，建立了台账资料。针对不同的矫正对象，制订矫正方案，落实监管人员，加强对矫正对象的管理。全市累计接收社区矫正人员2 531人，解除矫正1 188人，在册1 343人，重新犯罪11人，重新犯罪率为0.43%。年内共接收社区矫正对象860名，解除矫正407人，重新犯罪2人，重新犯罪率为0.23%。开展集中教育2 232人次，个别谈话2 511人次，开展心理咨询466人次，组织公益劳动1 413人次。结合实际，建立社区矫正劳动教育基地8个，为组织社区矫正对象学习教育、参加公益劳动创造了条件。

【安置帮教】　2011年，市司法局按照帮教社会化，就业市场化，管理信息化，工作职能规范化的要求，以减少重新犯罪为目标，召开领导小组会，开展调查研究，落实工作措施，建立完善了信息核查制度、必接必送制度、危安人员帮教管控制度、特困人员帮扶制度、定期走访排查制度，落实了帮教工作经费和帮教工作措施。累计接收刑释解教人员3 943人，帮教3 919人，安置3 746人，脱管、漏管15人，重新犯罪16人，重新犯罪率为0.41%。年内共接收1 079人，帮教1 068人，安置1 068人，脱管、漏管2人。结合实际，建立安置帮教过渡性劳动基地6个，累计共培训安置273人。

【律师管理】　2011年，市司法局加强了律师党建工作，全市180名律师中有党员76人，市级9个律师事务所成立了党支部5个，党员38人，占律师总数88人的43%。开展了创先争优和主题实践教育活动，5个律师事务所、20名律师受到表彰，1个党支部、5名律师被省律协授予“先进党组织”和“优秀共产党员”称号。对全市27个律师事务所和169名律师进行了年度考核，对存在问题进行了整改。采用网络学习、集中培训等方式，加强了对律师队伍的职业道德、执业纪律和业务知识的培训学习，全年培训律师220人次，8人参加第四届西部律师发展论坛，1篇论文获一等奖，2篇论文入选大会文集交流。积极参与涉法涉诉、政府法律顾问工作，全年共参与法律顾问单位重要决策89次，参与书记、市长接待日12次，协助信访部门办理信访案件50余件。结合实际，开展律师事务所与司法所结对帮扶活动，推进了律师服务向社区、村社延伸，律师业务得到拓展。开展法律服务工作，全年共担任法律顾问450家，办理刑事辩护510件，民事、经济代理1 788件，行政代理182件，非诉法律事务780件，挽回经济损失9 100余万元。组织国家司法考试工作，对721名考生进行审核发证，为93名通过司法考试的人员办理发放了法律职业资格证书。

【公证管理】 2011年，市司法局对全市公证处办证质量进行了全面检查，召开了质量分析会，对存在问题进行了整改。强化监管职能，加强了对全市公证处机构财务人员的监管，对公证处财务进行审计，对10个公证处、25名公证员进行年度考核。全年共培训公证人员110余人次，2人被司法部任命为公证员。国立公证处被评为"全国优秀公证处"。全年共办理各类公证9 677件，其中民事公证6 186件，经济公证2 839件，涉外公证626件，涉港澳台公证26件，公证涉及标的50亿元。

【基层法律服务】 2011年，市司法局对全市67个基层法律服务所、166名基层法律服务工作者进行了年检注册。对基层法律服务执业人员进行了政治业务培训，提高基层法律服务工作者的政治业务素质，全年共培训200余人次。做好法律服务，共担任法律顾问335家，代理诉讼业务569件，非诉讼业务774件，调解矛盾纠纷565件，提供法律咨询11 275人次，办理法律援助案件335件，避免及挽回经济损失1 561万元。

【法律援助】 2011年，市司法局组织法律援助人员队53人次参加了省、市的培训学习。加强法律援助机构和人员的监管，对10个法律援助中心、74个乡(镇)工作站、14个社会组织援助工作站、20名执业律师和法律援助工作者进行了年检注册。加强了对《法律援助条例》的宣传，落实了办案经费，全市争取到中央、省法律援助资金117万元。办理了各种法律援助案件，全年共办理法律援助案件2311件，其中办理民事法律援助案件1 942件、刑事法律援助案件369件。办理法律咨询12 057人次，为247名残疾人、709名老年人、393名未成年人、819名妇女、342名农民工办理了法律援助，受援对象达到2 985人。

【司法鉴定、仲裁管理】 2011年，市司法局完成了6个司法鉴定机构、79名司法鉴定人员的登录公告工作。完成了对昆明等五地州(市)司法鉴定机构设置、鉴定案件质量的交叉检查。成立司法鉴定管理科，健全了玉溪司法鉴定机构联系会议制度、收费公开制度、疑难鉴定案件集体讨论等制度。全年共办理各类司法鉴定案件3 540件，援助鉴定20件，出庭作证1件，业务收入达105万元。加大仲裁宣传工作，认真办理仲裁案件，全年共受理仲裁案件25件，办结21件，涉及标的3 600余万元。

【驻玉监狱劳教协管】 2011年，市司法局定期召开驻玉监狱劳教单位联席会议，加强驻玉监狱劳教安全监管，加强服刑人员和刑释解教人员的教育，主动协调驻玉单位与地方关系，推进干警住房建设项目。

【表彰奖励】 2011年，全市司法行政系统3个先进集体、3名先进个人受到中政委、中宣部、司法部表彰。12个先进集体、30名先进个人受到省政法委、省司法厅表彰。53个集体、84名先进个人受到市委政府表彰。市司法局党委被市委政府授予"十优政法班子"称号，市司法局被省司法厅记人民调解集体二等功。澄江县、华宁县、新平县、通海县被省厅记人民调解集体三等功，陶家文等2人被省厅记人民调解三等功。

(周存米)

监(所)管理

劳动教养和强制戒毒

【调遣强戒人员】 2011年，省三所组织实施了多批次、跨地区远途转移、调遣强戒人员，全所先后组织了18次远途调遣和跨地区二次转移强戒人员6 000余人，共出动警力1 088人次，出动车辆246辆次，投入经费350余万元。收治来自昆明、玉溪、普洱、版纳、德宏、昭通、文山、红河等八个州、市强戒人员的重任。举全所之力，做到了接得住、转得顺、收得下、管得稳、戒治好。

【教育矫治】 2011年省三所针对大规模收治强戒人员后，管理戒治矫治对象急剧变化的实际，坚持强化管理与教育矫治相互结合，加强管理教育制度建设和管理模式创新发展，先后出台强制隔离戒毒人员管理"两规范"、"一守则"，《省三所强戒人员日常计分考核办法》和《省三所强戒人员诊断评估办法》等制度措施，为理顺管理教育工作提供必要的制度保障。做好对新收治人员的入所教育，发挥教育矫治中心职能作用，多层次、多部门联合定期到队授课，从教育时间、内容和效果上保证入所教育到位；突出教育矫治、管理戒治主业地位，推进三课教育、传统教育、心理咨询、心灵矫治、职业技术教育和社会帮教、现身说法等基础教育、辅助教育工作。

【戒毒管理】 2011年，省三所结合工作发展需要和管理戒治实际，研究和总结多年劳教戒毒工作传承下来的经验，把有利于强戒人员管理、有利于戒治水平提高、有利于实际操作的元素加以继承汲取，以国家《禁毒法》、国务院《戒毒条例》为依据，在原有"三期六化"劳教戒毒模式和强制隔离戒毒"3+1"矫治康复模式的基础上进一步梳理整合，率先提出了以"三期六项一延伸"为主要内容的"三六一"戒毒管理新模式。

【生活卫生】 2011年，省三所从提高学员生活质量入手，重点抓好吃、穿、住、行和医疗卫生工作。针对职能移交以来，病号迅猛增加的形势，开展疾病防治知识宣传教育和集中清理工作，组织力量急性脱毒、日常接诊治疗和送外就医等，巩固生卫工作达标升级成果，加大投入，强化基础设施建设，抓规范化管理，确保强戒人员生病得到及时就诊就医。

【经济生产】 2011年，全所生产经济工作坚持外租外包土地以保证沙泉糖业的原料供应为重点，做大、做强工业，带动种植业发展，农业生产调结构，抓管理，盘活土地资源，抓好自种自养。加强财务管理，确保经济平稳运行。室内项目把好项目引进准入关口，不断分析、研究、解决习艺劳动中出现的问题，及时采取撤、并、引等措施，优化项目结构，促进效益提升。随着收戒人数大幅增加，年内全所经济工作显现了恢复性增长势头。

【安全生产】 2011年，省三所坚持安全发展理念，加强安全生产管理，强化安全责任，抓制度落实。开展安全生产专项检查、安全隐患集中整治和“安全生产月”等活动，严格落实对危险源、危险点、事故多发点的监管措施，多渠道抓好安全教育培训，特别是加大对交通安全、消防安全等方面的宣传教育力度，年内实现安全生产零指标。

【队伍建设】 2011年，省三所加强基层组织和中层领导班子建设，推进队伍思想观念、工作理念逐步转型，促进队伍综合素质与形势发展需要相相适应。有针对性的组织教育培训，年内组织政治理论、业务知识培训27期448人次，警衔晋升培训4期133人次，初任培训2期32人次，学历教育在读警察28人。实现一线警察年内轮训1遍的目标。加大人才培养、使用力度，全年领导干部轮岗交流31人次，新提拔任用领导干部10人次。抓队伍作风建设和规范养成，以日常管理为重点，坚持每周两次的警容警纪纠察，开展季度专项督察，突出抓好以队伍行为养成、劳教人民警察六条禁令、警容警纪为主要内容的规范化建设，全面促进队伍综合素质提高，适应履行强制隔离戒毒工作职能的实际需要。

【文化建设】 2011年，省三所认真梳理完善场所文化建设发展思路，概括提炼了三所文化建设5个部分的架构体系。建立警察职工文艺作品展评中心，组织举办书法、根雕、石艺盆景、摄影、美术等多种类别共130余幅作品品展评活动；组织举办公正执法、一心为民演讲报告会，并选送警察参加省厅举办的演讲比赛获三等奖；组织百名警察参加第二届聂耳音乐合唱周获二等奖；举办庆祝中国共产党成立90周年歌咏比赛；举办推动场所科学发展首届主题辩论大赛。同时，省三所在省局内网发信息96篇，总量高居系统之首。加大投入建设九溪文化长廊。

【民生建设】 2011年，省三所持续推进工人队伍三类岗位改革工作，116人续签聘用合同，岗位人均增加工资192元；建立全所队伍健康体检制度，确保全所警察职工两年得到一次身体健康检查；补缴1998～2005年期间工人养老保险欠账；为警察职工家属子女办理各项社会福利，办理城镇居民基本医疗保险、新型农村养老保险，缴纳人身意外保险；看望生病住院警察职工，走访困难职工，建立特困职工档案，开展职工子女金秋助学等活动，年内所里综合开支各类补助、慰问、助学奖学金额共计8万余元；落实警察加班补贴，完成警察职工生活区外围改造美化，做好住户车位产权办证。

（杨学华）

云南省玉溪监狱

【概　况】 2011年，云南省玉溪监狱切实强化和发挥监狱职能，提高规范执法和正规化管理水平，推动教育改造工作创新发展，提高罪犯改造质量。坚持抢抓机遇，深化改革，加快监狱二期工程建设，推进监狱体制改革创新，进一步完善监企分开，提高监狱机关整体工作水平。继续解放思想，更新观念，端正执法理念，提高队伍素质和战斗力，促进了监狱各项工作全面、协调、可持续发展。

【安全稳定】 2011年，云南省玉溪监狱坚持安全第一，改造罪犯的理念，落实司法部监狱安全管理35条规定，以设施管理、狱政管理、罪犯劳动管理、警察队伍管理和安全警戒设施管理、监管安全制度落实为重点，以开展规范化管理年活动和“百日安全”活动为契机，深入开展安全隐患的排查整治工作，确保了监狱的持续安全稳定。

【规范化管理】 2011年，云南省玉溪监狱以开展监狱规范化管理年活动为契机，解决影响和制约监狱工作发展的基础性、源头性、根本性问题；抓好监狱的规范化、精细化管理，坚持依法、严格、科学、文明管理，在管理中要求做到“精、准、细、严”。一是依法做好罪犯收押、释放、减刑假释和暂予监外执行工作。二是入监和出监教育进一步规范，必接必送工作得到落实。三是罪犯劳动现场、劳动保护、劳动过程分类分级、劳动改造效果评估等各项管理进一步规范。四是以《监狱罪犯考核办法》为依据，以《监狱服刑人员行为规范实施细则》为标准，在严格考核和规范考核上下功夫，规范罪犯考核工作。五是全面规范老、弱、病、残罪犯的管理工作，有针对性地安排合适的劳动改造岗位，减轻了老、弱、病、残罪犯的思想负担。六是罪犯生活卫生工作得到切实保障，“五费”、实物量、食谱公开走入规范化轨道，传染病、特殊病防治积极推进，狱内突发公共卫生应急处置机制初步建立。

【教育改造】 2011年，云南省玉溪监狱始终坚持惩罚与改造相结合，以改造人为宗旨的监狱工作方针，提高对“中心任务”和“首要标准”的认识，创新教育改造工作方式方法。一是强化罪犯出入监教育，打牢罪犯改造基础。二是积极与云南省司法警官职业学院联合开办三级心理咨询师培训班，加强了教育改造警察队伍建设。三是努力推进监区文化建设，营造积极健康的改造氛围。在元旦、春节等节假日期间，组织艺术团到各监区巡回演出；举办有益的文体活动；积极联系玉溪新知图书城进行图书展销活动；规范监内宣传标语启迪罪犯心灵，办好《醒园》报，加强信息交流。四是深入开展社会帮教活动。年内，通过罪犯原籍政府领导、亲情电话、罪犯互助基金等多形式、多渠道积极开展了社会帮教工作。五是认真做好心理矫治、服刑指导工作。针对罪犯中婚姻家庭问题和心理适应问题突出的情况，通过网络、面谈等方式对咨询罪犯进行辅导。

【生产经济】 2011年，云南省玉溪监狱在确保监管安全的前提下，按照监狱转型发展跨越发展的要求，统筹兼顾、化危为机，稳步推进产业结构调整，转机制、调结构、建支柱、抓管理，厉行节约、增收节支，年内，实现了监狱企业经济的快速发展，支持和推动了罪犯改造工作和监狱工作的发展。

【硬件建设】 2011年，云南省玉溪监狱按照省监狱管理局关于玉溪监狱二期建设的要求，抓好罪犯劳动改造用房、罪犯监舍、罪犯医院、罪犯伙房、武警营房、附属用房、围墙（含电网、钢板网、刀刺网）、武警岗楼、污水处理站、监管区AB门改造等建设任务，监狱二期工程建设全面推进。监狱信息化建设前期筹备工作稳步推进，《云南省玉溪监狱信息化建设总体规划方案》通过了云南省监狱管理局专家评审组的评审，初步建立了信息化管理制度，开展了信息化技术培训。

（宇忠海）

民族工作

【召开市民族工作会暨第四次民族团结进步表彰大会】 2011年3月29日，玉溪市召开民族工作会议暨第四次民族团结进步表彰大会，会议总结和部署全市的民族工作，对在民族团结进步事业中作出成绩的40个先进集体和79名先进个人进行表彰。市委书记孔祥庚、省民委副主任马春出席会议并讲话。市委常委、宣传部部长董文献宣读了表彰第四次民族团结进步先进集体和先进个人的决定。

【马开贤到盘溪视察】 2011年3月28日，省政协副主席、省伊斯兰教协会会长马开贤到华宁县盘溪镇民族团结示范区视察民族宗教工作。马开贤到北门、大东门、东门清真寺走访宗教活动场所，了解清真寺发展情况及发展中存在的困难。在东门清真寺，马开贤看到清真寺规划图后，对清真寺的未来规划表示满意，对各宗教活动场所管委会成员对清真寺的依法管理给予了肯定。马开贤视察了大波浪开发工程，并且查看了示范区建设项目规划展板，对盘溪民族团结进步示范区项目建设取得的成绩给予了肯定。

【科技下乡】 为促进民族地区科技进步、民族团结，进一步加快盘溪民族团结进步示范区建设，2011年3月18日，由省科技厅、省民委、云南禁毒防艾科普基地、省林科院、省农科院、云南农业大学、省疾控中心、省科技交流中心、昆明医学院第一附属医院等高等院校和科研机构的60多位专家，以及玉溪市、华宁县的科技、农业、林业、教育、卫生、防震、公安等10多个部门的工作人员、科技工作者在盘溪镇青年路进行科普咨询活动。据不完全统计，活动现场共发放种植养殖、禁毒防艾、疾病预防等各类宣传资料近21 000份（册），展出图板110块，发放卫生器具8 000只，价值2万元药品，农药种子1 000袋，咨询人数1 000余人次。

【举办贫困少数民族村组干部培训班】 2011年11月，市民宗局在市委党校举办了两期贫困少数民族聚居区村组干部培训班，来自全市贫困少数民族聚居区的407名少数民族村组干部参加培训。培训班采用专家授课和现场参观学习相结合的方式。授课内容涉及种植养殖技术、农村经济管理、行政管理、基层组织建设、民族政策知识等内容。参加培训的村组干部还参观了红塔区李棋镇上山头个体养殖户、玉农绿色产业有限公司北城无公害蔬菜基地、澄江县蓝莓基地、帽天山化石地遗产保护、红塔集团等。

【王承才到通海县兴蒙乡调研】 2011年10，省民委主任王承才到通海县兴蒙乡调研。王承才分别听取了通海县县长资武和兴蒙乡乡长官学清对兴蒙乡经济社会发展情况汇报，并实地调研了兴蒙乡南方高原蒙古族历史文化展馆和民俗生态文化中心等在建工程情况。

【新平县举办彝族文化传承人培训班】 2011年11月1日，新平县彝族文化传承人培训班开班，来自全县12个乡（镇）、街道办事处的12名民宗专干及218名彝族毕摩参加了培训。省民委古籍办主任普学旺、市民宗局文教科科长柏顺清及相关专家授课。

【举办首届少数民族民间文学传承人培训班】 2011年7月16~20日，玉溪市民族宗教事务局与玉溪师范学院联合举办玉溪市首届少数民族民间文学传承人培训班。参加培训的有彝族、哈尼族、傣族民间艺人、民间文学爱好者109人。培训主要以民间艺人现场教唱、相互交流的方式进行，按不同民族分班进行授课，由各民族老师（艺人）进行教唱。10多位民间艺人分别讲授了生活习俗歌、婚丧风俗歌、情歌、历史迁徙歌、民间谚语、迎宾歌、三弦四弦调等原生态文学篇章，所教授篇章大家都基本能够演唱。

（白宗元）

宗教工作

【灵照寺地藏殿山禅庙佛像开光】 2011年1月28日，灵照寺举行地藏殿、山禅庙佛像开光庆典仪式，红塔区、新平县、元江县等寺院的大法师、护法居士，红塔区委统战部、区民宗局、凤凰路街办事处、红塔山派出所等有关部门和单位领导共200余人参加了开光庆典仪式。灵照寺管委会主任张和云主持开光庆典仪式，大营街玉泉寺惟祥法师为弟子们慈悲开示。

【《古兰经》诵读比赛】 2011年5月4日，市伊协在通海县古城清真寺举行《古兰经》诵读比赛开幕式。市民宗局副局长周光文，市伊协会长马亮亭等领导参加开幕式并讲话。

【省人大民族委领导到玉溪调研】 2011年7月21～22日，省人大民委副主任李兴旺一行到玉溪市专题调研宗教工作。调研期间，市政府副秘书长陈俊汇报了市委、市政府重视做好宗教工作的情况；市民宗局副局长周光文详细汇报了“十一五”期间玉溪市宗教工作取得的成绩以及存在问题，调研组还到通海纳家营、古城清真寺、红塔区大营清真寺实地调研宗教活动情况、经堂教育情况和宗教事务的管理情况。

【举办教牧人员培训班】 2011年9月20～29日，市基督教“两会”在红塔区玉带路基督教堂举办教牧人员培训班，参加培训人员主要是全市各基督教堂（点）负责讲道和主领礼拜且从未参加过培训的人员共41人。培训班邀请省基督教三自爱国会副主席江祝林和省基督教协会会长李从明牧师分别主讲了《教牧学》、《宣道学》、《教会管理学》、《圣经知识》等课程，市民宗局副局长周光文以《加强政策法规学习　努力提高综合素质》为题，结合宗教工作面临的形势提出了工作要求：一是要坚持党的宗教工作基本方针，依法管理宗教事务，切实维护社会稳定；二是要进一步做好防范和抵御境外敌对势力的渗透；三是要开展好宗教教职人员认定备案和宗教活动场所财务监督管理工作；四是要积极配合政府开展好基督教私设聚会点的治理整顿工作。

【元江县基督教“两会”成立】 2011年11月4日，元江县基督教第一次代表大会召开，基督教三自爱国运动委员会和元江县基督教协会成立。来自元江县十一个基督教堂、点的45名代表出席了会议。会议通过了《元江县基督教三自爱国运动委员会章程》和《元江县基督教协会章程》，选举产生了元江县基督教“两会”第一届委员（理事）会及元江县基督教第一届委员（理事）会成员。市、县领导为基督教“两会”授牌、授印。

（白宗元）

经济管理

编辑：刘仕荣

计划管理

【概 况】 2011年，全市生产总值完成876.6亿元，增长12.1%，高于计划增速2.1个百分点，高于全国平均水平2.9个百分点；各县(区)增幅均在10%以上，其中，红塔区、江川县、澄江县、华宁县、新平县、易门县增速高于全市平均水平，分别达13.8%、13.6%、13%、13.5%、12.3%，通海县、峨山县、元江县增速分别为10.5%、10.5%、10.1%；地方财政收入96.5亿元，增长15.4%，高于计划增速5.4个百分点，全市完成财政总收入343.5亿元，增长12.9%，地方财政一般预算收入完成77.3亿元，增长19.3%；全社会固定资产投资422.5亿元，增长30.2%，高于计划增速10.2个百分点；社会消费品零售总额168.4亿元，增长19.5%，高于计划增速4.5个百分点；农民人均纯收入6 616元，增长15.1%，高于计划增速8.1个百分点；城镇居民人均可支配收入18 527元，增长12%，高于计划增速5个百分点；居民消费价格指数上涨4.7%，低于全国、全省0.7和0.2个百分点，城镇登记失业率3.1%、人口自然增长率5.3‰，单位生产总值能耗下降4.16%，均控制在计划范围内。

【农业和农村经济运行情况】 2011年，全市农村经济稳步发展。完成农业增加值80.5亿元，增长7.7%，粮食生产实现面积、单产双增长，总产量达6亿千克，增长12%，收购烟叶203.9万担，烟农收入20.7亿元，收购均价、上等烟比例、烟农收入、烟叶税再创历史新高。发放畜牧贷款2亿元，加强重大动物疫病防控，新建生猪标准化规模养殖场36个，发放畜牧专项贴息贷款2亿元，加强重大动物疫病防控，新建生猪标准化规模养殖场36个、养殖小区11个、专业村22个、养殖大户115户，实现畜牧产值50亿元、增长8.5%。加强农田水利基础设施建设，完成东风水库等病险水库除险加固工程19件，糯节河水库、芦柴冲水库、左所水库大坝封顶，实施农村饮水安全工程422件、解决了15.9万人的饮水安全问题。改造中低产田地24万亩，中低产林20万亩。新增农民专业合作经济组织45个，流转土地面积23万亩，林权流转4.35万亩。落实各项强农惠农政策，加大农村劳务输出力度，转移劳动力1.92万人，农民工资性收入、转移性收入实现双增长。

【工业经济运行情况】 2011年，全市完成工业总产值1 337.2亿元、增长21.3%；完成工业增加值542.2亿元、增长16.1%，对经济增长贡献率达79.3%，其中规模以上工业完成增加值538.3亿元、增长16.6%，增速高于全国2.7个百分点。轻重工业均保持增长，轻工业完成增加值371.6亿元、增长17.6%，重工业完成166.7亿元、增长14.5%。优势产业支撑作用明显，卷烟及配套产业完成增加值344.2亿元、增长17.1%，矿电产业完成增加值160亿元、增长14.6%，烟草、矿电产业合计完成增加值占全市规模以上工业增加值的93.7%以上。装备制造、生物制药、新材料新能源等新型产业快速发展，成功与中核集团、中粮集团、中电国际等央企签订战略合作协议。着力实施成长型中小企业培育工程，各类经济全面发展，股份制企业带动明显，实现增加值482.8亿元、增长16.8%，非公经济实现增加值280亿元、增长19%。大宗产品实现产销两旺，一类卷烟产量增长达49.7%，铁矿石、磷矿石、磷酸、生铁等主要工业品产量增幅均在20%以上，规模以上工业销售率达96.8%，实现销售产值1 079.9亿元、增长20.7%。园区建设加快推进，完成标准厂房建设50万平方米，玉溪数控产业基地一期14个项目建成投产、二期签约项目33个，创建国家级高新区工作通过科技部专家组考察，研和工业园区创建国家级经济技术开发区工作全面启动。

【投资、消费和进出口】 2011年，全社会固定资产投资突破400亿元，达到422.5亿元，投资规模迈上新台阶，增长30.2%，是拉动经济增长的主要动力。第一、二、三次产业投资分别增长29.9%、21.1%、23.1%，三次产业投资比重为4∶30∶66；从增速来看，江川县、澄江县、华宁县、易门县、峨山县、元江县均超过30%。其中：江川县达70.2%，红塔区、通海县、新平县超过20%，从完成绝对数来看，红塔区完成投资128亿元；高新区完成投资13.1亿元；研和工业园区完成投资24亿元；江川县完成投资40亿元；澄江县完成投资32.8亿元；通海县完成投资34亿元；华宁县完成投资35.6亿元；易门县完成投资39.7亿元；峨山县完成投资35.2亿元；新平县完成投资49亿元；元江县完成投资27.9亿元。全市重点行业完成投资243.4亿元。其中：农业完成投资14.8亿元；非电工业完成投资112.7亿元；铁路运输业完成投资10.7亿元；交通运输业（不含铁路）完成投资25.8亿元；水利管理业完成投资12.6亿元；房地产开发投资完成投资14.8亿元；农业完成投资66.8亿元。从所有制关系看，国有单位完成固定资产投资134.1亿元，同比增长6.4%，占全社会固定资产总投资的31.7%，比重比上年同期下降7.1个百分点；非国有投资完成288.4亿元，同比增长45.2%，占全社会固定资产总投资的68.3%。消费需求持续活跃。全市社会消费品零售总额完成169亿元，增长19.5%。城乡市场体系建设稳步推进，实施“万村千乡”市场工程，建成华宁、新平两县配送中心和20个农家店，完成2个屠宰厂搬迁标准化建设工作，关停7个落后厂点。重点专业市场建设步伐加快，完成6个省级和9个市级乡（镇）农贸市场建设，家佳超市李棋配送中心、中心城区农产品配送中心、珊瑚农贸市场标准化建设等项目进展顺利。调整优化品牌汽车市场布局，新建7个品牌汽车4S店。认真落实家电、摩托车、农机下乡等惠民政策，销售10大类家电下乡商品14.3万台、增长26%，实现销售额3.8亿元，大类“家电下乡”商品合计销售14.3万台，增长26%，销售总额3.8亿元，增长50%。

【旅游文化产业】 2011年，湖畔圣水项目一期工程完工，湖畔圣水二期、悦春度假酒店二期、抚仙湖国际老年康体养生度假中心等项目顺利推进，哀牢山—红河谷配套旅游设施进一步完善。全市接待国内外游客1 308.9万人次、增长12.4%，实现旅游总收入57.1亿元、增长40.9%，增速高于上年21个百分点。第三产业完成增加值231.7亿元，增长5.8%。

【财政、金融】 2011年全市财政收支稳步增长，完成地方财政收入96.5亿元、增长15.4%，其中，税收收入63.5亿元、增长16%，非税收入13.7亿元、增长37.8%，地方性基金收入19.2亿元、增长2%；地方财政支出160.5亿元、增长25.2%，排名全省第八位。八县一区地方财政收入均突破3亿元。其中，红塔区12.5亿元、增长19.2%，新平县达7.5亿元、增长29.1%。市级政府债务风险有效缓解，削峰填谷、以时间换空间的市级近百亿元政府存量债务偿还方案得到各方认可和落实，偿还贷款本息8.8亿元。金融运行稳定，全市金融机构人民币存款余额917.5亿元、同比增长12.4%，金融机构贷款余额543.7亿元、同比增长16.8%，存贷比59.3%，比年初提高2.3个百分点。

【生态市建设】 2011年，玉溪市城市总体规划修编、生态城市规划、中心城区生态文化区控规进入报批程序。中心城区城市功能不断完善，东风水库除险加固工程通过竣工验收，玉溪大河二期完成85%的工程量。继续实施交通环境综合整治，中卫路、太极路、红龙路路面改造工程完工，拆除环岛4个，高仓、九龙立交开工建设。拆临拆违和户外广告整治圆满完成，城市街区品位进一步提升。成功创建国家卫生城市，“创模”工作有序推进，《云南省玉溪城市管理条例》正式颁布，玉溪市荣获2011年“中国十佳低碳生态城市”和“中国十佳优质生活城市”称号，3个县被命名为国家级生态示范县，7个乡（镇）被命名为云南省生态乡（镇）。

修改完善“三湖”水污染综合防治“十二五”规划，落实水污染综合防治年度目标责任。抚仙湖被列为国家首批湖泊生态环境保护试点，抚仙湖东大河主要河流清水产流机制修复示范工程加快推进，启动“三退三还”试点工作，完成退田6 083.7亩、退房2.9万平方米、沿湖7个试点村完成搬迁退出2个。星云湖南岸截污及湖滨带修复工程启动退田还湖工作，杞麓湖主要入湖河道治理工程完成初步设计，修订了东风水库水源保护区管理规定。22个污水和垃圾处理项目完工13个，在建9个。

【民生工程】 2011年，全市新增城镇就业人员2.38万人，城镇下岗失业人员实现再就业9 078人，“4050”特殊困难人员实现再就业6 056人，“零就业家庭”保持动态清零。社会保障体系不断完善，启动实施城镇职工基本医疗保险市级统筹和城镇居民大病补充医疗保险，城镇基本医疗保险参保人数48.8万人，城镇职工基本养老保险参保人数23.2万人，农村养老保险参保57.7万人，全面开展被征地农民养老保险缴费补助。出台加快少数民族贫困地区深度贫困群体脱贫进程的意见，5.5万人实现脱贫。保障性住房建设积极推进，建成彝族山苏安居房3 837户，2 606套廉租房和19 170套公租房全部开工建设。依法征收价格调节基金3 100万元，发放临时肉价补贴143.8万元。开展“三小”工程建设，发放72万套宣传小册子、小应急包。

【社会事业】 2011年，全市29.1万中小学生和1.2万进城务工人员随迁子女全部享受“三免一补”政策，江川县被列为全省农村学前教育巡回支教试点县，玉溪一中综合楼、市一幼改扩建、玉溪二职中改扩建工程有序推进。教育资源配置进一步调整优化，在全省率先完成“一师一校”校点撤并工作。继续实施中小学校舍安全工程，排除D级危房10.6万平方米，新建校舍10.6万平方米。全面完成创新型玉溪行动计划目标，成立国家数控系统工程技术研究中心玉溪研发中心，沃森疫苗产业化工程技术研究中心项目通过验收，云南科技创新园落户玉溪。公共卫生服务体系不断完善。全面深化医药卫生体制改革，五项重点工作取得实质性成果，实现了基本医疗高补偿、老年慢性病有保障、大病救助全覆盖，719个基层医疗卫生机构全部实施国家基本药物零差率销售，新农合筹资水平全省最高，人均达到300元左右。提高基本公共卫生服务均等化水平，6大类9项基本公共卫生服务全面落实。加强基层公共卫生体系建设，完成市中医院、4个县级医院和2个中心卫生院改扩建，新建2个社区卫生服务中心。文化体育事业全面发展。继续推进“文化惠民”工程，新建乡（镇）综合文化站15个，农家书屋实现全覆盖，成功举办第二届中国聂耳音乐（合唱）周，澄江化石地申遗工作通过世界自然保护联盟实地考察评估，完成第3次全国文物普查工作。完成10 336户广播电视“村村通”建设任务，农村电影“村村放”观众超百万人次。全民健身活动广泛开展，完成全国第七届城市运动会参赛任务。

【签署《关于推进滇中城市群昆玉一体化合作框架协议》】 2011年3月21日，昆明、玉溪两市政府签署《关于推进滇中城市群昆玉一体化合作框架协议》，《协议》主要内容是：

发展规划同筹，建立两市中长期规划沟通协作机制，以战略思维、整体理念、科学规划、科学发展入手，借助国内外咨询设计机构，围绕两市城市规划建设、产业发展、交通布局、生态治理、社会公共服务等方面编制《推进昆玉一体化专项规划》，建立昆玉两地较完整的区域一体化规划体系，务实推进两地规划，率先实现一体化；交通设施同网，围绕建成滇中一小时城市圈核心的要求，充分发挥交通先行的引导作用，共同做好两市交通骨干网络建设。以实现高速化、网络化为目标，以加强关键工程和断头路段建设为重点，加快两市公路、铁路等基础设施建设，建立新型综合运输体系，发挥好地处滇中的区位优势；产业发展同兴，从昆明、玉溪当前的产业现状及未来发展趋势出发，以共同建设中国西部重要的先进制造业基地和现代服务业中心为目标，统筹协调产业发展规划，发挥各自优势，避免同质化，促进昆玉产业互补、同兴发展，共同构建结构优化、布局合理、富具特色、协调发展的现代产业体系。在全面发展、提高区域内制造业的基础上，发挥已形成的产业优势，突出做强做优烟草及配套、装备制造、钢铁有色、电子信息、新材料、生物资源开发、石化、旅游、物流、房地产等产业集群；市场体系同构，突破限制一体化发展的体制障碍，共同致力于建立透明、便利、规范的投资促进机制，营造统一、公平、开放、有序的市场环境和高效、优质的服务环境，推进市场一体化，培育区域性商贸、物流、金融和公共产品等共同市场，实现人流、物流、资金流、信息流等各类生产要素合理配置。合理布局昆玉海关的分支机构和保税区；生态环境同治，围绕发展低碳经济，以建设生态一体化为目标，以水环境污染和空气污染联防联治为突破口，加强资源节约和环境保护，探索建立生态资源补偿机制，实现环境基础设施资源共建共享，改善区域整体环境质量，率先构建资源节约型和环境友好型社会，实现区域可持续发展；社会事业同城，共同推动优质公共服务资源规模扩张和优化布局。积极开展两市在教育、科技、文化、卫生、体育、社会保障、就业等社会事业领域的合作，不断提高两地市民生活质量和社会发展水平，共建"昆玉同城生活圈"；信息网络同享，整合两市信息化资源存量，科学规划使用信息化资源增量，加快推进区域信息一体化，统一数据标准，完善信息资源共建共享机制。在建设好两市基础网络、应用系统和公共平台的基础上，将信息化发展重点转向深化整合应用、促进互联互通、强化公共服务。

（乔绍光）

【重大项目建设】 2011 年，市级安排主要固定资产投资项目 300 项，年度计划投资 328.2 亿元，全年完成投资 198.7 亿元，占全市投资的 47%。其中：续建项目 119 项，年度计划投资 161 亿元，完工 21 项，完成投资 120.7 亿元，新建项目 117 项，开工 51 项，开工率 43.6%，完工 5 项，年度计划投资 167.2 亿元，完成投资 72.2 亿元。64 个预备项目稳步推进，完成投资 5.8 亿元，生产投资占固定资产投资比重达 50% 以上。

【固定资产投资】 2011 年，市发改委把争项目、争资金、争政策作为重要工作，围绕国家支持的重点领域，精心组织，周密计划，包装、策划一批大项目、好项目，完备材料，主动做好与国家、省有关部门的请示、汇报、衔接和沟通，做好项目申报和资金争取工作，年内已争取发改系统下达的中央、省补助资金突破 10 亿元。

（赵　鹏）

【骨干水源工程建设】 2010 年，元江县鲁布、易门县芦柴冲、华宁县糯节河、峨山县玉河、红塔区龙母箐、新平县马鞍山、江川县白河水库共 7 件骨干水源工程列入《云南省百件骨干水源工程规划》，各项目单位积极开展前期工作，年内，红塔区龙母箐、江川县白河、新平县马鞍山水库完成前期工作并开工建设，工程的实施，能有效缓解局部地区工程性缺水问题，将新增库容 1 149.3万立方米，新增灌溉面积 2.763 万亩，解决 6.388 万人及 2.13 万头大牲畜的饮水困难问题。

【元江干流元江县城段治理工程】 2002 年，玉溪市水利电力勘测设计院编制完成了《元江干流县城段治理工程规划报告》。2010 年，昆明勘测设计研究院完成了《元江干流县城段治理工程可行性研究报告》，市发改委将 2 个《报告》上报省发改委、省水利厅请求支持，2011 年 4 月，省发改委批准实施，工程总投资25 742万元。其中：中央补助15 445万元；省级补助5 148万元；市、县自筹5 149万元。工程实施后，能有效保护县城 4 万多人、11 530 亩农田和21 097亩土地的安全，改善县城段河道的排沙状况，提高河道的泄洪能力，提高县城和农田的防洪标准，推动元江生态城市建设和经济社会发展。

【易门县列为岩溶地区石漠化综合治理重点县】 2011 年，易门县被列为全国 200 个石漠化综合治理重点县之一，易门县编制完成了《易门县 2011～2013 年石漠化综合治理实施方案》，省发改委、林业厅、水利厅批准实施，规划建设范围为岔河、大沙河、米茂河、老吾河、草箐、大箐等 6 个小流域，治理石漠化面积 94 平方千米，主要建设内容为封山育林116 572万亩，人工造林23 595 亩，坡改梯 750 亩，田间便道 8 千米，修建引水渠 33 千米、引水管 11 千米，小坝塘治理 10 座、蓄水池 4 个，项目总投资 3 607 万元。其中：中央投资 3 000万元；省级及地方配套 607 万元。项目的实施将治理水土流失面积 107 平方千米，每年增加蓄水能力3 894 969立方米，增加有林地面积33 630亩，提高森林覆盖率约 1.43 个百分点，改善灌溉面积1 350亩。土壤、耕地、水肥资源得到整合，可缓解人与土地、水资源矛盾突出的问题，改善人民生产生活条件，增加农民收入，每年可产生直接经济效益2 000万元以上。

（李汝琴）

【元红公路通车】 2011 年 6 月 10 日，元江至红河二级公路通车，项目于 2003 年 12 月 31 日开工建设，全长 70 千米公（元江段 38 千米），总投资 35 900万元。

【易峨高、环湖东路、澄阳公路通车】 2011 年 6 月 30 日，玉溪市政府分别在峨山县、江川县、澄江县举行易门至峨山至高仓二级公路主体工程、抚仙湖环湖东路、澄江至阳宗二级公路建成通车典礼。易门至峨山至高仓二级公路于 2009 年 11 月 27 日开工建设，全长 105.4 千米，总投资424 431万元；抚仙湖环湖东路于 2004 年 10 月 26 日开工建设，全长47.9 千米，总投资31 350万元；澄江至阳宗二级公路于 2002 年 9 月 28 日开工建设，全长 47 千米，总投资45 000万元。

（杨晓源）

【抚仙湖列入湖泊生态环境保护试点】 2011 年 6 月，财政部、环境保护部印发《湖泊生态环境保护试点管理办法》，8 月，环境保护部根据《湖泊生态环境保护试点管理办法》要求，下发了《关于切实做好湖泊生态环境保护试点相关工作的通知》，把抚仙湖列入首批试点湖泊，进入国家层面，将促进抚仙湖生态保护。至年底，到位中央专项资金 1.3 亿元。

【污水垃圾处理项目建设】 2011 年底，玉溪市完成玉溪城区污水处理厂二期工程、澄江县污水处理厂配套管网工程、江川县污水处理厂配套管网扩建工程、星云湖南岸截污及湖滨带修复工程(规划内名称为江川县星云湖东南岸截污防洪工程)、星云湖大街河下游截污治污与生态修复工程(规划内名称为江川县县城防洪及星云湖截污—大街河治理工程)、华宁县污水处理厂及配套管网工程、峨山县污水处理厂及配套管网工程、易门县污水处理厂及配套管网工程、元江县污水处理厂及配套管网工程、新平县污水处理厂及配套管网工程扩建、澄江县污水处理厂扩建工程、江川县城市生活垃圾处理厂工程、玉溪市城市生活垃圾综合处理厂工程、峨山县城市生活垃圾处理工程、新平县城市生活垃圾处理工程、华宁县城市生活垃圾处理工程、通海县污水处理厂改造及配套管网工程扩建、易门县城市生活垃圾处理工程18个治污项目建设年度目标任务;江川县星云湖截污一期工程(规划内名称为江川县第二、三污水处理厂及配套管网工程)、通海县第二污水处理厂及配套管网工程、澄江县城市生活垃圾处理工程、元江县城市生活垃圾处理工程4个工程开工建设。22个项目完成投资7.7亿元。至2011年底到位资金6.69万元,其中中央资金1.77亿元,省级资金1.81亿元,市级资金0.12亿元,省统贷转借资金1.33亿元,县(区)及企业自筹1.66亿元。

【完成节能减排目标】 2011年,玉溪市能源消费总量达到1 138.9万吨标准煤,比上年增长7.44%。单位GDP能耗为1.30吨标准煤/万元,比上年同期下降4.16%,超额完成省政府下达的年度节能减排考核目标任务,为"十二五"节能目标的如期实现打下了坚实基础。污染物减排完成了在不计新增排放量情况下,全市化学需氧量新增削减量不低于192吨、氨氮不低于13吨、二氧化硫不低于1 602吨、氮氧化物不低于211吨的削减任务,完成了13个污染减排重点项目。年内,全市淘汰落后炼铁产能68万吨、水泥产能13.5万吨。15户企业完成清洁生产审核评估,推广节能灯95万只。可再生能源建筑应用示范城市申报成功,玉溪被列为全国再生资源回收利用体系建设试点城市,完成省下达节能减排目标。

【人工造林】 2011年,玉溪市以林产业建设为重点,进一步加快生态建设步伐增加森林碳汇。通过实施续建防护林工程、天然林保护工程、退耕还林配套荒山荒地造林、巩固退耕还林成果林业项目、石漠化综合治理试点工程、木本油料核桃产业等林业工程。年内,全市完成人工造林18.47万亩,完成封山育林面积27.97万亩。

(夏 爽)

【签订玉溪市天然气综合利用项目合作框架协议】 2011年12月26日,玉溪市人民政府和云南中石油昆仑燃气有限公司签订了玉溪市天然气综合利用项目合作框架协议,标志着玉溪市天然气综合利用工作取得阶段性进展。

【能源专项规划完成】 2011年,全市电网、风电、光伏发电等专项规划完成,电网、水电、风电、光伏发电、石油、大燃气、生物质能等能源储蓄项目总投资超350亿元,其中年内获核准建设的项目24项,总投资达20亿元。红河干流水电站前期工作取得突破性进展,2011年6月,国家发改委办公厅同意戛洒江一级水电站及桥头水电站开展前期工作。

(高 丽)

【社会事业代建项目】 2011年,玉溪市社会事业项目建设管理中心完成续建新建项目10个,建筑总面积为82 925平方米,总投资规模为14 988.2万元。其中完成项目4个,完成工程建筑总面积为37 664平方米,总投资规模为8 368.5万元。续建项目共4个,续建工程建筑总面积为35 809平方米,续建总投资规模为2 965.7万元。新建项目2个,工程建筑总面积为9 452平方米,总投资规模为3 654万元,分别是玉溪市防震减灾中心(防震减灾业务综合楼、地震科普馆)和玉溪市食品药品检验所业务用房。

(沈爱玲)

审计

【概 况】 2011年,全市审计机关共完成审计项目882项,完成年初项目计划486项的181.5%。审计查出有问题金额758 805万元,其中:违规金额25 496万元,管理不规范金额733 309万元。审计决定应上交财政7 456万元,应归还原渠道资金6 645万元,应调账处理金额48 239万元。固定资产投资和专项资金审计核减工程投资88 393万元,核增4 011万元。移送纪检监察机关处理案件21件,涉及人员7人,涉及金额932万元;移送其他部门处理事项19项,涉及人员12人,涉及金额758万元。审计后共出具审计(调查)报告918篇,提出建议1 564条,被采纳1 485条。提交审计专题、综合性报告和信息简报284篇,被批示、采用178篇次。

【财政审计】 2011年,全市审计机关坚持以预(结)算执行审计为主线,从预算编制、批复、执行环节的程序和结果两方面进行审计。在审计财政财务收支真实、合法性的基础上,探索财政绩效审计方法,市审计局重点对高新区招商引资情况进行审计调查,延伸审计相关重点项目和重点资金,对高新区的国有资产、财政资金管理使用过程中的经济型、效率性和效果性作出评价。全年全市完成财政审计65项(其中部门预算执行33项),查出违规金额7 755万元,管理不规范金额573 502万元。审计决定应上交财政金额4 260万元,应归还原渠道资金2 477万元,应调账处理1 885万元。

【地税联网审计】 2011年,玉溪市审计局继续采取"六统一"和"上下联动"的方式实施全市地税联网审计,在重点关注省审计厅确定统一的审计重点的同时,增加了房地产税收一体化情况专题审计,取得了较好的审计效果。玉溪市地税联网审计项目在国家发改委和审计署组织的地税联网审计系统评审会上被作为市、县级审计唯一用户代表进行应用成果汇报,为全国地税联网审计科研课题研究及《云南省地税联网审计应用示范》项目通过评审作出了贡献,受到审计署、审计厅的表彰及评委会专家的赞扬。

【地方政府性债务审计】 2011年,全市审计机关响应审计署实施地方政府性债务审计的号召,投入全市近半数审计人员,组织9个审计组,对全市各县(区)政府性债务情况进行了审计,摸清了各县(区)政府性债务的家底,揭示和反映了县(区)和有关部门在债务管理中存在的突出问题,提出了加强地方性债务管理、防范和化解政府性债务风险的意见和建议。玉溪市这项工作成效显著,受到了国家人事部、国家审计署的嘉奖,此嘉奖为玉溪审计史上的最高奖项。

【建设项目前置审计】 2011年,全市审计机关共完成前置审计项目289项,占政府投资审计项目660项的43.8%，前置审计基本覆盖了由政府投资的市、县(区)重点建设项目。前置审计核减18 093万元，核增3 989万元。通过前置审计，进一步规范了建设项目的招投标行为，发挥了审计机关在政府投资和管理中的监督作用。

【建设项目竣工决算审计】 2011年，全市审计机关继续强化对固定资产投资大项目的审计跟进，力求审深、审透，审计涉及水利、交通、建设、环保等系统，主要对星云湖抚仙湖出流改道、东风水库除险加固、中心城区防洪水系综合治理搬迁安置一期等关系民生的重点投资工程项目进行了审计。全年共完成竣工决算审计371项，占政府投资审计的56.2%，核减工程投资12 023万元，核增22万元，促进了重点建设项目以合理的投入达到预期的建设目的和目标，提高了政府建设资金的使用效益。

【二级公路债务锁定审计】 2011年，玉溪市审计局在配合云南省审计厅做好玉溪市境内9条二级公路债务锁定审计工作的同时，组织实施了新平至三江口、澄江至阳宗2条二级公路的债务锁定跟踪审计工作。审计组克服时间紧、任务重的困难，按照客观真实、合法合理、不重不漏的原则，采取现场调研、集中培训、现场指导、全力参与的方式，审计锁定了11条二级公路截至2011年12月31日债务余额935 326万元，新平至三江口、澄江至阳宗2条二级公路经审计核减投资57 465万元，提出整改建议11条，保障了工程建设的顺利实施和玉溪市二级公路债务锁定审计工作按时完成。

【领导干部经济责任审计】 2011年，全市审计机关认真贯彻《党政主要领导干部和企业领导人员经济责任审计规定》，坚持把审计监督的着力点放在加强干部监督管理、促进经济社会全面协调可持续发展上来，不断创新审计模式、深化审计内容、扩大审计覆盖面，继续推行"1+N"审计方法，首次开展了对全市交警系统主要领导干部实施任期经济责任审计，为以后开展行业系统经济责任审计积累经验。加强同各联席会议成员单位的协调配合，并总结经验加以完善。规范市管干部任职前市审计局回复市委组织部意见的工作，全年已先后12次向组织部门回复了对57名领导干部的审计意见。并配合市总工会、市直机关工委等有关部门对拟表彰的党员干部进行廉政鉴定，得到了组织部门的肯定和认可。"1+N"审计模式的经验和做法，在2011年全国经济责任审计工作会上，被省审计厅作经验交流，得到了国家审计署肯定。全市共对68名领导干部进行了经济责任审计，其中：市局审计22名，县(区)局审计46名。共查出违规金额12 814万元，管理不规范金额66 956万元。其中：被审计领导干部应负主管责任的76 162万元，应负直接责任的3 608万元。

【专项资金审计】 2011年，全市审计机关加强对"三农"、就业、卫生、教育、社保等重点民生领域的审计监督，查处和纠正违法违规问题，促进各项惠民政策和项目的贯彻落实。主要开展了全市烟叶基础设施建设，中小学校舍安全，新型农村合作医疗基金，全市公办高中债务等资金的专项审计或调查。全年共完成专项资金审计60项，审计专项资金总额达127 142万元，查出管理不规范金额5 329万元，确保了各项民生资金管理使用的真实、合法、效益。

【绩效审计】 2011年，玉溪市审计局以牵头推进行政绩效管理制度为契机，年初及时安排了专门的绩效审计项目。在审计实践中，探索审计方式方法，把绩效审计与预算执行、经济责任、投资项目和专项资金有机结合，把审计重点投向政策执行、制度完善、效果分析等宏观领域，反映和评价项目管理和资金管理使用的经济型、效率性和效果性，并在审计目标和成果中加以体现。全年完成绩效审计347项，占完成项目数的39.3%，达到并超过了全省"云审工程"2011年绩效审计项目必须达到全部审计项目的35%的目标要求。

【审计结果公告】 2011年，全市审计机关通过政务信息网、发行期刊等形式向社会公告审计结果874篇，逐步实现了所有审计项目除涉及国家秘密和被审计单位商业秘密的内容外全部公告的目标。同时在《玉溪日报》上对提交市人大的审计工作报告进行了公告，受到了广泛的关注和好评。

【信息化应用水平】 2011年，全市审计机关在已实现审计管理系统和现场审计实施系统交互应用的基础上，重点提升"金审工程"的实际效用，审计人员在信息化环境下的审计能力逐渐增强。全面完成了审计会商系统建设，市局和县(区)审计局均通过了"金审工程"二期的竣工验收。全市共选送32篇AO实例、9篇审计方法参与全省评选，其中，AO实例有8篇荣获优秀奖、22篇荣获应用奖、1篇荣获鼓励奖；审计方法有3篇荣获优秀奖，3篇入选资料库。获奖数连续三年名列州、市审计机关第一位。在全国AO实例评选中，华宁县实施的《某大队长任期经济责任审计》获AO实例优秀奖，市局和各县(区)审计局共有14篇AO实例获应用奖，10篇获鼓励奖，获奖数位列全省审计机关之首，在信息化审计方面收获了丰硕的成果。

（王　曦）

价格管理

【价格专项检查】 2011年，全市价格监督检查工作开展了涉惠农价格和收费政策落实情况、商品房明码标价及检查、银行收费、药品和医疗服务价格、教育收费等专项(重点)检查，规范价格和收费秩序。全市共查处价格违法案件103件，查处价格违法所得金额132.18万元，经济制裁总额138.53万元。其中：退还用户9.12万元，没收违法所得84.53万元，罚款44.91万元，上缴财政129.91万元。市级查处价格违法案件22件，查处价格违法所得金额93.98万元，经济制裁总额93.98万元。其中：罚款30.26万元，上缴财政93.1万元。

【价格举报】 2011年，全市共受理各类价格政策咨询171件，违法行为举报47件，办结218件，办结率为100%；查处举报价格违法案件47件，经济制裁总额0.98万元，退还用户及消费者0.14万元。

【平息食盐抢购风波】 2011年，针对玉溪市突发抢购食盐的情况，市发改委及时开展对各超市、商场、集贸市场等食盐销售点进行检查，同时与玉溪盐业公司进行联系，要求盐业公司积极组织货源，保证几大超市的正常供应，并要求几大超市采取限量销售的方式，确保食盐的正常供应，消除消费者的恐慌心理，全市的食盐抢购情况于3月18日基本平息。

【实施商品房明码标价】 2011年，市发改委开展商品房明码标价工作及商品房销售明码标价专项检查工作，完成40家房地产开发企业14 102套商品房及6 580个车位(库)的明码标价备案工作。

(李云霞)

【收费许可证年审】 2011年，全市共审验《云南省性收费许可证》1 645个(正本755个，副本890个)，涉及收费单位755个，其中国家机关262个、事业单位480个、社会团体3个、其他单位10个；新核发收费许可证7个，注销收费许可证31个，其中吊销收费许可证单位1个，应年审的收费单位755个，实际年审的收费单位755个，年审率为100%。注消上级取消收费项目12项(包括作业本费、营业执照副本收费、个体工商户营业执照副本收费、税务登记证工本费等)。

【实施道路旅客运输价格与燃油价格联动措施】 2011年4月，玉溪市启动道路旅客运价与燃油价格联动措施，从4月20日起，全市道路旅客运输基准价中的旅客运输燃油差价每人每公里提高0.01元，城市公交、农村道路客运价格不作调整。市发改委据此重新核定了客运票价下发各客运站，同时加强对客运票价执行情况的监督检查。

【调整抚仙湖渔业资源增值保护费收费标准】 2011年6月，根据《云南省抚仙湖保护条例》及省政府《关于发布〈云南省渔业资源增殖保护费征收使用暂行办法〉的通知》规定，调整了抚仙湖渔业资源增殖保护费收费标准，新的收费标准从6月13日开始执行。

【核实殡葬服务收费标准】 2011年6月，按照省物价局通知要求，市发改委及时开展殡葬服务收费有关情况调研工作。10月，按照省发改委殡葬服务收费管理的有关规定，按照合理补偿成本，兼顾社会承受能力的原则，据实核定了玉溪殡仪馆殡葬服务项目收费标准。

【抽查银行业减免收费政策落实情况】 2011年8月，按照省物价局、省银监局的通知要求，市发改委抽查银行业减免收费政策落实情况，通过抽查，发现仍有6家银行在7月1日后向客户收取密码挂失手续费和存折开户工本费，合计金额1 994元，已清退客户1 909元，因办理销户暂时未能联系到客户的85元。

(陈　玲)

【开征价格调节基金】 2011年，市政府把在全市开征价格调节基金，确保全市物价基本稳定，作为为全市要办的十件实事之一。市政府第54次常务会议决定从2011年1月1日起实施《玉溪市价格调节基金征集使用管理办法》和《玉溪市价格调节基金征集使用管理办法实施细则》。截至12月30日，全市共征收价格调节基金3 100万元。市级动用143.8万价格调节基金对市直学校和市一幼、二幼在校学生给予每月10元的临时肉价补贴。

【调整东风水库供水价格】 2011年4月初，市发改委会同市水利局、东风水库管理处开展了调整玉溪市东风水库管理处供水价格的调研、测算、分析工作，提出了东风水库供水价格调整方案，并上报玉溪市政府。经玉溪市政府同意，东风水库城市生活供水价格由0.30元/立方米调整为1.00元/立方米(含0.10元/立方米的水资源费和0.30元/立方米的水源保护和生态修复专项资金)；工业供水价格由现行0.65元/立方米调整为1.20元/立方米(含0.25元/立方米的水资源费和0.30元/立方米的水源保护和生态修复专项资金)；调整后的东风水库水利工程供水价格执行时间与玉溪中心城区城市供水价格调整执行时间同步执行。

【落实农业产业化龙头企业用电价格政策】 2011年，玉溪市发改委会同玉溪市农业局对玉溪市农业产业化龙头企业(种植、养殖)进行调查，通过调查确定了玉溪市农业产业化龙头企业(种植、养殖)33户名单，并下达各县(区)执行，玉溪市农业产业化龙头企业(种植、养殖)名单的下达，确保市内农业产业化龙头企业发展电价扶持政策的落实。

(柴文斌)

【价格监测】 2011年，全市共报价格监测资料2 554次，采集、整理、审核118 244条。物价部门撰写价格调研查报告6篇。

(王宏铭)

【价格认证】 2011年，全市价格认证中心共为公安、法院、检察院以及其他行政机关办理价格鉴定1 237件，标的额437 504万元。其中，刑事案件1 200件，涉案金额4 166.2万元，其他案件(含涉烟案)37案件，金额209.2万元。

(申剑波)

工商行政管理

【概　况】 2011年，全市工商系统共查处各类经济违法案件2 596件，案值1 550万元。年末，全市共有内资企业内资企业3 160户，外商投资企业198户，私营企业8 112户，个体工商户8.825万户，农民专业合作社598户，各类市场经济主体稳步发展。年末，全市有效注册商标3 667件，中国驰名商标4件，云南省著名商标130件，玉溪市知名商标151件。2011年，市工商局被国家工商总局、省工商局、市委市政府评为法制宣传教育先进单位，市工商局注册大厅被总局评为全国工商系统巾帼文明岗，全市工商系统有19个单项工作获得厅级以上表彰，有42人获得厅级以上表彰。

【企业注册】 2011年末，全市共有内资企业3 160户，注册资本229.39亿元；外商投资企业198户，投资总额6.31以美元；个体工商户8.825万户，从业人员20.54万人，注册资金40.08以元；私营企业8 112户，从业人员18.39万人，注册资金214.77以元；农民专业合作社598户，出资额1.79以元，入社成员1.58万人。2011年，全市新登记注册私营企业1 078户，新登记注册个体工商户2.41万户，新登记注册农民专业合作社598户，完成贷免扶补225名，放贷1 225万元，吸纳就业人员680名。

【企业监督管理】 2011年，全市系统贯彻落实《国家工商行政管理总局关于支持云南建设我国面向西南开放重要桥头堡的意见》，制订《玉溪市工商行政管理局关于贯彻落实国家工商总局支持云南建设"桥头堡"战略22条政策的实施方案》，从放宽市场准入条件，优化发展环境，支持各类市场主体快速发展，在注册大厅内全面实行注册登记"审核合一"和"一审一核"制度，简化17项登记事项。开展股权出质登记，拓宽中小企业的融资渠道，促进企业"死股权变成活资本"，全年共办理了44例股权出质登记，股权出质金额40 151万元，被担保债权数额22 841万元。登记小额贷款公司13户，其中12户股份有限公司，注册资本合计50 160万元。为企业办理动产抵押物登记162

件，融资16.98亿元。同时，强化各类经济主体日常监管工作。2010年度全市共有应验照个体工商户79 056户，实际验照76 554户，验照率为96%，吊销处理个体工商户6 357户。2010年度全市共有应检企业10 056户，实检企业9 331户，网上年检8 818户，年检率为92.7%，网上年检率94.5%。截至年末，全市共有市场经营主体101 391户。按照信用等级分类：守信(A)95 866户，警示(B)323户，一般失信(C)5 202户，严重失信(D)0户。全市查办无照经营案件328件，罚没款金额148.1万元；引导办照546户，取缔和规范无照经营210户。

【外资企业监督管理】 2011年末，全市共有外商投资企业198户(法人企业117户，分支机构81户)，累计投资总额63 070.4万美元，注册资本33 749.61万美元，实收资本18 581.23万美元。其中，外方认缴出资额20 289.94万美元，占注册资本总额60.12%，外方实缴出资额10 211.89万美元，占外方认缴出资额50.33%。2011年，新设立外资企业2户，新增投资总额19 165.1万美元，新增注册资本6 774.81万美元，外方认缴3 087.4万美元；新设立外商投资企业分支机构4户；办理外商投资企业及其分支机构变更登记41户次；注销登记6户(其中，企业2户，分支机构4户)；外资企业转为内资企业1户；省工商局登记为股份有限公司1户。2010年，年检的外商投资企业共有138户，其中法人企业60户，分支机构78户，实际参加年检134户，参检率为97.1%，网检率为100%。

【市场规范管理】 2011年，全市系统继续开展整顿、规范市场经济秩序工作，全年共查处各类经济违法案件2 596件，其中简易案件1 374件、一般案件1 222件。一是开展流通环节食品安全专项整治。全年共组织乳制品、食品添加剂、地沟油、酒类等食品、药品市场专项行动10次，出动执法人员10 757人次，车辆1 425台次，检查各类食品经营户47 112户次，共查处销售假冒假劣食品案件164件，案值10.62万元，取缔无证照经营户18户，罚没金额10.54万元，为消费者挽回经济损失38万元。查处假冒假劣食品数量697千克，查扣非食用物质和食品添加剂2 900.42千克。二是严格食品流通许可行为。制定下发《食品经营者自律制度》。年末，全市流通环节食品经营户共15 636户，新发放食品流通许可证14 955户。三是实施流通领域食品经营户信用分类监管。全市24 795户食品经营户以A、B、C、D四个等级实施分类监管。A等级食品经营户共23 501户；B等级食品经营户共217户；C等级食品经营户共1 077户；D等级食品经营户为0户。全市共建立22户食品安全示范店，比上年增20%。四是开展对市场、商场、超市等重要商品交易场所的整治规范。年末，全市创建公示1A级或2A级诚信市场38个，3A级或4A级诚信市场3个，上报省工商局参加5A级诚信市场评审公示1个。开展玉溪市2008～2009年度星级“守合同、重信用”企业评审公示活动，评定公示玉溪市2008～2009年度星级“守合同、重信用”企业153户。五是开展节日市场整治及打击侵犯知识产权和制售假冒伪劣商品的行为。全年共检查各类商品交易市场主体31 000户次，查处违法违章案件738件，案值987.02万元，罚没款81.68；检查汽车品牌及配件经营户55户，对其中存在违法违规行为的9户进行立案查处。六是开展“红盾护农”活动。全年全市共出动工商执法人员4 380人次，检查经营户6 498户次，印发宣传资料18 000份，对1 875户农资经营户实施信用分类监管。查处农资违法违章案件123件，案值60.69万元，没收不合格化肥2 000千克，种子92袋，农药40袋，罚没款41.88万元。七是完善市场监管信息定期报告制度。全年累计向市、县(区)委、政府及上级工商部门上报农副产品和农资价格定期分析报告410余期，制作监管信息120期。八是开展玉溪市区创建国家卫生城市工作。做好以农贸市场、流通环节食品安全、七小行业监管整治为重点的创卫整治达标职责工作。全市工商部门累计出动执法人员2 300多人次，对市中心城区的17 905户经营户全面检查，检查经营户达38 900户次，其中催办各类经营证照1 157户次，办理经营证照300余份。查处无照及违法经营2 099件(含简易案件)，持照率保持在100%。组织开展食盐市场、含瘦肉精肉类市场、打击非法添加和用食品添加剂等11项涉食品安全市场专项整治，累计出动执法人员2 258人次，车辆567台次，检查相关食品经营户27万户次，发放宣传材料11万余份，先后下发整改通知书345份，查处食品违法违章案件300余件。

【消费者权益保护】 2011年，全市共受理消费咨询5 160件；受理消费投诉1 443件，解决1 391件，解决率96%，为消费者挽回经济损失252.96万元，接待来访人员1 708人次，发布消费警示114期。一是开展“三一五”活动。联合技监、药监、烟草、卫生、文化、盐务、环保、农业、商务等部门开展专项整治，共出动执法人员2 799人次，出动执法车辆423辆次，检查经营主体12 010户次，查处销售假冒劣质商品案件总数62件，案值46.53万元，移送司法机关案件1件，查处假冒劣质汽车配件4件，手机26部，服装37件，建材1件。二是开展流通领域商品质量监管。共出动执法人员419人次，出动执法车辆115台次，检查商品经营户2 782户，立案查处涉嫌经营田婆婆洗浴堂的经营户1户，扣留田婆婆洗浴1号、2号、3号、4号共计27袋。三是开展烟草打假专项行动。全年共查处无卷烟许可证销售卷烟经营户56户；罚款2.36万元。四是推进“12315”行政执法体系建设。在各县(区)中心城区批发市场、集贸市场、专业市场、经营面积500平方米以上的商场、超市共建立12315维权联络站788个(省局三月份授牌79个)。其中：大型市场超市、城市社区、县城市场和国家级、省局旅游景点应建数171个，已建立157个，覆盖率92%。五是开展建材市场秩序、汽车配件市场专项整治。建材市场秩序整治，共出动执法人员495人次，执法车辆89台次，检查建材市场27个，检查经营主体1 467户次，立案查处10件，罚款6.5万元。汽车配件市场整治，检查全市共有汽车销售企业95户，汽车配件销售企业(含个体工商户)720户，汽车维修企业(含个体工商户)759户，汽车4S店31户，出动执法人数1 331人次，检查经营主体3 192户次，取缔无照经营5户，查处违法案件6件，案值2.8万元，查处销售不合格和假冒伪劣汽车及配件和汽车维修的违法行为案件5件，受理消费者有关汽车消费咨询10件，申诉举报13件，处理申诉举报办结数12件，协调解决消费纠纷总计16件，为消费者挽回经济损失人民币2.18万元。六是查处侵害消费者权益的经济违法案件。全年共出动执法人员374人次，出动车辆95辆次，检查市场15个次，检查商品企业户数778个次，查处侵害消费者权益的经济违法案件133件，案值60.34万元，罚款38.15万元，处理消费者申诉446件，受理消费者举报28件。

【广告监督管理】 2011年，全市工商系统以医疗、药品、食品等广告作为整治重点，强化广告监管。2010年应参加广告经营许可证年检单位共15户，实际参加年检15户，通过年检15户，年检率为100%。共监测大众媒介广告240条次，发出责令整改通知书4份；共查处违法广告案件17件，罚没金额7.86万元。

【商标监督管理】 2011年，全市有效注册商标数量达到3 667件。其中：中国驰名商标4件，云南省著名商标130件，玉溪市知名商标151件。全市共有100件注册商标申报玉溪市知名商标（新申请玉溪市知名商标46件，到期重新申请54件）。推荐上报云南省著名商标认定申请55件，其中（新申请云南省著名商标33件，到期重新申请22件）。上报中国驰名商标申请3件，“玉溪”商标被国家工商总局认定为中国驰名商标。全市工商系统以保护注册商标专用权、打击制售假冒伪劣商品、打击侵犯商标专用权行为为重点在全市范围内开展了打击侵犯知识产权和制售假冒伪劣商品专项行动，出动执法人员次数2 065次，出动执法人员数量6 393人次，检查经营主体19 242户，检查批发零售市场、集贸市场等各类市场1 551个次，整治重点区域401处，查处商标侵权案件38件，罚款金额20.58万元，移送司法机关案件1件，受理和处理消费者申诉和举报101件，为消费者挽回经济损失15万元，建立维权联络协作制度的企业、协会53户，建立商标维权服务站87个。

【人事教育】 2011年，全市工商系统采取岗位练兵、集中培训、宣讲报告会等形式多层次、经常性的开展政治理论、法律法规、工商业务等知识的学习培训和活动，全系统共组织14期326名干部进行了各项业务培训，选派147名干部参加国家工商总局、省工商局和相关部门组织的食品监管、行政执法、法制审核、网络监管、注册登记、人事、监察、党务等培训，组织8名中层干部到重庆市工商系统挂职学习。

【机关党委工作】 2011年，机关党委结合建设学习型党组织和学习型工商建设，以开展“四评四亮四满意”为切入点，开展创先争优活动。全市工商系统组织了各类学习活动41场次，在职党员签订了公开承诺书，承诺率达100%，亮窗口12个；市局注册大厅、江川县局、高新区分局3个点被列为全市创先争优活动示范点，有11个县（区）局、分局所被列为县级示范点。

【纪检监察】 2011年，全市工商系统以落实各种制度的贯彻落实为重点，以加强干部队伍作风建设和党性教育为突破口，坚持两手齐抓，双险同防，深入推进以坚持以人为本执政为民理念，发扬密切联系群众优良作风，为重点的党风廉政建设，连续九年被市委评为优秀，并被立为全市的党风廉政建设示范单位。

【打击传销】 2011年，全市共出动执法人员1 850人次，检查出租房等易聚会场所1 216个，捣毁取缔各类传销窝点42个，教育遣散参与传销人员142人次，批捕1人；收缴涉传工具手机128部、笔记本电脑5台，收缴销毁传销人员使用的各类生活物资26车。

【打击走私】 2011年，全市工商系统共查获各类走私违法案件16起，案值8.106万元，案值8.1万元，罚没金额4.48万元，查获香烟660条，扣押饮料668听。

（何志兵）

质量技术监督

【质量兴市工作】 2011年2月14日，玉溪市政府第六十一次常务会议审议通过了《玉溪市人民政府关于实施质量兴市战略的意见》。2月19日，市质监局承办了全市质量兴市工作会议，市长高劲松作了动员讲话。玉溪市人民政府下发了《玉溪市质量兴市工作领导小组各工作组和办公室主要职责及组成人员的通知》和《关于印发<玉溪市实施质量兴市战略重点工作任务分解方案>的通知》，明确了职责，对质量兴市工作目标任务进行了分解，并落实到相关部门和责任人。市质监局牵头起草了政府质量管理奖、名牌产品奖和标准化创新贡献奖等三个管理办法，并在市政府第六十一次常务会议审议通过。

【实施名牌战略】 2011年，全市共有34家企业的36个产品申报了云南名牌，涉及卷烟辅料、机械、轻工、食品、花卉等多个行业，这些企业中有90.9%通过质量体系认证，食品企业还通过HACCP或绿色食品认证。在初步审查的基础上，对符合条件的12家企业的12个产品进行了书面材料审查和现场核实，经省名推委最终审定后有8家企业的8个产品获得了云南名牌称号。全市名牌产品企业已经达到27家，云南名牌产品36个。

【“质量走廊”建设】 2011年，全市质监系统采取有效措施推进质量文化宣传、质量创新示范、质量成果展示和质量服务民生工作。一是投入资金32.5万元在昆玉高速公路、华盘公路、高新区等交通要道和醒目位置处制作14块宣传牌；鼓励和引导16家知名企业参与“质量走廊”创建活动，有89块企业广告牌加入创建的宣传内容。二是以云南名牌产品生产企业为骨干，确定了玉溪市红塔铝型材厂等29家质量管理示范企业，集中展示企业在质量、环境、职业健康安全管理体系建设及现场管理等方面的成果。三是以提升企业技术创新能力和质量控制能力为目的，确定了云南省活发集团刘总旗水泥有限公司等28家质量提升企业，展示企业技术创新成果和全程质量控制先进工艺，树立了质量提升示范标杆。四是本着质量安全管理能力优先的原则，确定了玉溪市百信食品厂等13家企业作为食品企业落实主体责任示范单位，营造放心消费的市场环境。

【“质量月”活动】 2011年，全市质监系统利用开展“质量月”、“计量日”、“世界标准化日”、“认证认可日”、“三一五”等活动的时机，对质量兴市工作进行集中宣传，发放宣传资料5 000余份，接受咨询200余人次。开展关注民生、质量兴市主题宣传以及“质监邀您看企业”、实验室开放日等活动，在当地主流媒体上宣传报道30余次。此外，市局还联合玉溪市电视台制作并播出了电梯使用和安全知识宣传教育专题片。

【食品安全监管】 2011年，全市质监系统做好食品生产环节的监管工作。一是对118家食品续证企业和59家食品生产新取证企业进行了全面核查，定期对379家食品生产获证企业进行巡查和回访。二是在添加剂专项整治工作中，共发放《致全市食品生产加工企业的公开信》和九部委公告等宣传材料5 121份，举办培训班14期，培训人员327人次，组织304家企业召开了食品生产企业落实质量安全主体责任监督检查情况通报会。出动执法人员264人次，检查食品生产企业262家，食品添加剂生产企业8家，食品加工小作坊1 322家，责令整改6家，查办案件23起。三是对1101家食品生产单位进行了专项检查，完成面条、白酒等70批次样品的省级监督抽查任务，其中，抽检面条25批次，合格率100%，抽检白酒45批次，合格率80%；完成酱腌菜、油炸小食品等60个批次样品的风险监测任务，其中，酱腌菜30批次，合格率73.3%，油炸小食品30批次，合格率87%。四是以联合国—西班牙千年发展目标基金子项目《儿童食品企业生产加工安全控制》在玉溪试点为契机，配合云南省标准化研究院对试点企业、市综合检测中心等单位进行多次实地考察和调研后，形成了《云南省玉溪市食品安全管理政策建议》并上报给有关部门，为建立玉溪市食品安全管理规定提供了科学依据。此外，全市质监系统还按照创建国家卫生城市和国务院食品专项整治的有关要求，与相关部门配合，作好食品安全生产环节监管工作，为玉溪顺利通过创建国家卫生城市和迎接国务院食品专项整治验收作出了贡献。

【特种设备安全监察】 2011年，全市质监系统扎实推进特种设备安全监察工作，保障了全市特种设备的安全运行。一是认真落实责任。市政府首次与市质监局签订了《玉溪市2011年特种设备安全生产责任状》，进一步明确了特种设备安全各方责任，将特种设备安全作为安全生产的一项内容，同要求、同考核。在向企业充分宣传的基础上，本着企业自愿的原则，有针对性的选择了红塔烟草(集团)有限责任公司玉溪卷烟厂、通海化工有限责任公司、玉溪沃森生物技术有限公司、玉溪市人民医院、玉溪新兴钢铁有限责任公司等5家单位开展特种设备安全标准化管理试点工作，为全市特种设备安全标准化管理奠定了基础。二是监管工作扎实有效。全年质监系统共出动执法人员2 885人次，出动车辆400辆次，检查特种设备使用单位1 851家，检查各类设备5 828台，压力管道183条，安全附件7 918只，检查施工工地和设备安装现场426个，查出并督促整改隐患1 166条，下达特种设备安全监察指令书204份。此外，按照省局的部署，针对重点区域、重点行业、重点企业开展了打非治违、化工行业等一系列专项整治活动。

【产品质量监督】 2011年，全市质监系统对61家18类重点产品生产企业进行了现场实地核查，重点检查了企业的生产状况、质量控制、化验室管理、安全生产等有关情况，并对144家水泥等产品获证企业进行了专项检查。针对检查中发现的问题，督促企业整改。开展工业产品质量监督抽查工作，对83家企业84个批次的产品进行了抽查，合格率为90.48%；制订了2011年玉溪市工业产品质量监督抽查计划并经省局批准后实施，对202家企业的279个产品进行抽样检查，合格率为66.7%，其中水泥、复混肥料、热轧带肋钢筋抽检合格率为100%，空心砌块、空心砖、普通烧结砖合格率较低，分别为45%、65%和27%。此外，完成92家获证企业的年审工作，对251家企业的质量档案数据进行审核，更新完善了企业质量档案。

【打假治劣工作】 2011年，全市质监系统共出动执法人员3 089人次，检查企业1 420家，共立案查处232件。其中，食品53件，特种设备20件，建材58件，农资33件，其他案件68件，收缴罚没款605.84万元。此外，在12365、96128举报投诉、咨询热线建设中，共利用96128服务电话，接听咨询电话31个，利用12365举报投诉电话，接听来电57个，共受理投诉9起，举报8起，调解2起，接待来访152人次，其他途径接到省局案件任务书1起、举报投诉8起，行政复议申请1起。所有来电、来函、来访均已及时妥善处理，维护了消费者合法权益。

【标准化工作】 2011年，市质监局围绕标准化开展了一系列的工作。一是继续加大对11个国家级农业标准化示范区建设的指导力度，标准化示范区项目效果显著。华宁县政府荣获“云南省标准化创新贡献奖”。以农业标准化助推现代农业示范区建设，易门塔拉、通海洋桔梗鲜切花、华宁柿子三个项目已被列为玉溪市新一批省级农业标准化示范区建设项目。二是在对38个企业产品标准进行备案的同时，帮助指导企业提高标准化工作水平。云南中杰科技开发有限公司《指纹识别汽车防盗装置》行业标准申报工作已进入公示阶段；《通海县曲陀关甜白酒》地方标准被评为全省质监系统“十一五”优秀科技项目；峨山源天生物开发有限公司、玉溪天宏香精香料有限公司、玉溪荷乐滨防伪技术有限公司、云南江磷集团股份有限公司、云南易门丛山食用菌有限责任公司等五家企业被确定为省级标准化良好行为创建示范企业。三是玉溪汇龙生态园服务业标准化示范项目已进入标准的制订和整合阶段，玉溪红塔物业有限责任公司被列为2011年全国服务业标准化试点。动员优势产业和特色产业加强标准体系建设，红塔集团《有机烟叶综合标准》、《绿色烟叶综合标准》等三个企业标准已正式发布。同时，积极服务烟草优势产业，在烤烟收购前完成全省烤烟国家标准仿制样品审定和铅封工作的基础上，对105个烟叶收购站点加强执法检查力度，对烤烟收购的标准执行情况进行检查，共抽查烟叶22 700把，合格15 337把，整体合格率为68%。3月，玉溪市质监局还组织质量兴市领导小组成员单位的150多名相关人员进行了标准化知识宣传和培训。

【计量管理】 2011年，全系统以能源计量和民生计量为重点，计量工作取得显著成绩。一是开展能源计量示范工作。玉溪市能源计量工作以年耗标煤5000吨以上企业为重点，实施《用能单位能源计量器具配备管理通则》国家强制性标准，督促企业建立和完善能源计量管理体系。11月9日，市局联合玉溪市工信委召开了全市能源计量工作现场会，授予玉溪新兴钢铁有限公司、红塔塑胶有限公司、玉溪活发集团刘总旗水泥厂等三家单位“玉溪市能源计量示范单位”称号。二是对105个烟叶收购站点的计量情况进行检查，检查计量器具96台，合格77台，合格率80.2%。三是开展推进诚信计量、建设和谐城乡主题活动。在宣传有关要求的基础上，本着自愿的原则，在医院、集贸市场(商场)、加油站等场所进行诚信计量自我承诺，推进全市诚信计量工作的开展。共选择11家医院、104个加油站、11家集贸市场(商场)开展了诚信计量自我承诺公示。

【产品质量检验检测】 2011年，全市质监系统深入推进实施“科技兴检”和“人才兴检”战略，使检验检测能力得到了进一步的提高。一是完成检验中心的机构改革工作。玉溪市综合技术检测中心更名为玉溪市质量技术监督综合检测中心，下设七个内设机构，分别是行政办公室、食品化学检验所、建材轻工检验所、计量测试所、特种设备检验所、总工办、业务部。二是全年检验各类产品5 273批次(其中食品3 123批次)；检定、测试各种计量器具18 557

台(件)，检验、校验特种设备8 064台；检验压力管道49 230米(出具检验报告85 份)；检验、检定、测试收入合计1 460万元。三是检测中心通过了省级实验室资质认定复评审、省级计量标准考核，产品质量检验项目共为387 项，计量标准共有27 项。四是帮助企业把好产品出厂检验质量关，为34 家企业培训质量检验人员39 名。五是参加国家认监委组织的婴幼儿米粉中磷的测定能力验证活动结果获“满意”，参加省局组织的计量大比武，并获得好成绩(比武项目：血压计检定、压力表检定、加油机检定三个项目，玉溪中心取得血压计检定第一名、压力表检定第二名及第五名的好成绩)。六是全年参与审核工业企业生产许可证32 家，32 个产品，食品生产企业生产许可证120 家，137 个产品。

【云南省烟草产品质量监督检验中心建设】 2011 年，云南省烟草产品质量监督检验中心建设的相关手续已办理完毕，前期准备工作完成，项目已按要求办理了规划许可证、审图手续，并作出预算，完成了招标，正在办理施工许可证和筹措资金准备开工。玉溪市质量技术监督综合检测中心在现有的技术装备、人力资源和场地条件的基础上已完成标准资料收集、实验室改造、部分设备采购、人员培训、质量手册编写等工作。

(陶 丽)

食品药品监督管理

【单位职能增加】 2011 年，市食品药品监督管理局按照《玉溪市人民政府办公室关于印发玉溪市食品药品监督管理局主要职责内设机构和人员编制规定的通知》规定，从1 月1 日起，增加消费环节餐饮服务许可和食品安全监督管理、保健食品和化妆品经营许可和监督管理两大职能。市食品药品监督管理局的职能职责为：药品研究、生产、流通、使用的监督管理；医疗器械研究、生产、流通、使用的监督管理；餐饮消费环节食品安全的监督管理；保健食品、化妆品的监督管理；协助实施全市医药行业宏观管理，配合实施国家和省、市医药产业政策。职能增加，内设机构也进行了调整，设置办公室、计划财务科、政策法规科、食品安全监管科、保健食品化妆品监管科、药品安全生产与注册监管科、药品流通监管科、医疗器械监管科、人事科共9 个科室(正科级)；设置市食品药品监督管理局高新技术产业开发区分局(正科级)为派出机构，。市局机关行政编制31 名，其中局长1 名、副局长3 名、正科级领导职数9 名、副科级领导职数6 名；市局高新区分局行政编制5 名，设局长1 名、副局长2 名。

【简政放权】 2011 年，玉溪市食品药品监督管理局将零售及连锁企业《药品经营许可证》核发行政许可权下放各县(区)食品药品监督管理局执行。

【入驻市政务服务中心】 2011 年，玉溪市食品药品监督管理局按照《玉溪市人民政府办公室关于市级行政审批项目进驻市政务服务中心集中办理的通知》要求，选派2 名工作人员进驻市政务服务中心，集中办理《餐饮服务许可证》、《医疗器械经营企业许可证》、保健食品卫生经营备案、药师协理注册等审批服务事项。

【中心城区餐饮业监管】 2011 年，玉溪市食品药品监督管理局履行餐饮消费环节食品安全监管，全面抓好中心城区餐饮服务环节的治理整顿。一是完善监管体系，抽调县食品药品监管局、县卫生监督局20 人，市局机关13 人，车辆10 台，组成10 个工作组，采取分片承包、责任到组的工作机制，分三轮对中心城区餐饮饭店进行排查摸底、专项整治和规范提档工作。二是解决突出问题，结合中心城区餐饮服务特点，把小餐馆、小食店、夜食摊作为工作重点，建立工作表格和台账管理制度，对照创卫标准、法律法规和行业标准，按照先易后难的工作程序逐家进行整改。三是落实监管责任，将中心城区分为十大片区，由局领导担任片区组长进行检查与整治。四是加大教育宣传力度，结合实际制订宣传方案，广泛宣传发动，营造“创卫”工作的良好氛围。通过努力，确保了中心城区餐饮服务行业通过“创卫”技术评估。

【食品安全专项整治】 2011 年，玉溪市食品药品监督管理局开展了学校(幼儿园)食堂地沟油及厨房废弃物、葡萄酒和白酒质量安全、含“罗丹明B”火锅底料等专项整治。

【保健食品、化妆品监管】 2011 年，玉溪市食品药品监督管理局开展保健食品化妆品安全监管工作。一是开展调查摸底，掌握辖区内保健食品、化妆品生产、经营、使用情况。二是建立约谈企业制度，签订“一信两书”(致保健食品生产经营单位的公开信、保健食品安全承诺书和目标责任书)。三是对田婆婆洗灸堂产品、雪域糖清、俏妹牌减肥胶囊、龙泽源牌参杞胶囊、一品牌节节乐胶囊等进行专项检查。四是完成改善睡眠类保健食品6 批12 个样本的抽样任务，完成对肝损伤有辅助保护作用、改善营养性贫血、改善睡眠三类64 批保健食品的安全风险监测抽样任务。

【药械市场监管】 2011 年，全市食品药品监督管理系统共出动执法人员7 471人次，监督检查药械生产、经营、使用单位6 309户次，查处假劣药械违法案件97 起，涉案金额5.46 万元。按照省局的部署，开展了非药品冒充药品、侵犯知识产权和制售伪劣商品、处方药销售、中药生产、第二类精神药品、药品委托生产、植入器械、不合格一次性使用无菌注射器、假冒医疗器械等专项整治行动。

【创建药品安全示范县(区)】 2011 年，玉溪市食品药品监督管理局按照省局统一部署，开展药品安全示范县(区)创建，红塔区、江川县、新平县被列为首批省级药品安全示范创建县(区)。三县(区)制订实施方案，明确领导组织机构和牵头部门，落实了责任，层层签订责了任书，创建工作有序推进。实施药品电子监管，建立和完善药品不良反应监测、药物滥用监测体系，组织药品安全协管员、信息员培训，加强药品安全科普教育，开展安全用药、合理用药宣传，加强诚信体系和应急处理体系建设。

【国家基本药物质量安全监管】 2011 年，玉溪市食品药品监督管理局制订了《2011 年基本药物质量监管工作计划》，加强基本药物生产企业的日常监督检查，对生产的基本药物实行100% 抽检，对参与招标的基本药物生产企业100% 实现电子监管。完成辖区内非注射剂类基本药物品种、规格处方工艺核查，组织对全市基本药物批发企业开展药物经营质量监督检查，对乡(镇)卫生院、社区卫生服务站开展基本药物质量安全监督检查。

【农村药品“两网”建设】 2011年，玉溪市食品药品监督管理局在人员编制严重不足、乡(镇)无分支机构的情况下，聘用农村药品协管员、信息员，组建农村药品监督网、信息网，实现乡村全覆盖，保障农村地区用药安全。全市共聘用农村药品协管员128名、信息员2 829名，乡、村两级药品监督网覆盖率达100%；设立乡村药品零售店及药品专柜722个、乡(镇)卫生院71个、村卫生所602个，乡、村两级药品供应网覆盖率达100%。

【特殊药品管理】 2011年，玉溪市食品药品监督管理局加强特殊药品监管，对全市6个美沙酮维持治疗点和1个美沙酮药物依赖治疗康复中心每2个月检查1次，对重点医疗机构麻醉药品和一类、二类精神药品使用情况进行重点监督，运用药品电子监管网对特殊药品区域性批发企业进行监督检查。

【证照管理】 2011年，玉溪市食品药品监督管理局共审核发放《餐饮服务许可证》297个；全市GSP认证368户(其中新开办认证59户，到期再认证309户)；对52名药品批发经营企业销售人员进行登记备案；完成辖区3户药品批发企业《药品经营许可证》到期换证的初审、现场检查和上报工作；新办17个《医疗器械经营企业许可证》，到期换证15个，变更10个，新开办批发企业4家。

【技术体系建设】 2011年，玉溪市食品药品检验所新实验大楼易地新建，主体工程竣工。食品药品检验实验室资质认定(计量认证)申请的180个检测项目、食品检验机构资质认定申请的176个检测项目全部通过并获得资质认定证书。

【药品监督抽验】 2011年，玉溪市食品药品检验所共完成药品检验1 047批次。其中：监督抽验400批次，不合格116批次，不合格率为29%；基本药物抽验200批次，不合格8批次，不合格率为4%；委托检验124批次，不合格5批次，不合格率为4.03%；其他检验323批次。

【药物不良反应与药物滥用监测】 2011年，玉溪市药品不良反应监测中心向省药品不良反应监测中心报送了900份《药物不良反应/事件报告表》、3 362份《药物滥用监测报告表》，171份《医疗器械不良反应/事件报告表》，报表数量和质量创历史新高，名列全省第一，得到省局表彰奖励。

【药品违法广告治理】 2011年，玉溪市食品药品监督管理局开展药品广告专项整治，监测药品广告39条，移交工商部门查处的严重违法药品广告3件，下达《关于责令停止发布违法违规广告的警示函》5份，发布《违法药品广告警示》4期，曝光违法宣传品种10个，对“止咳冲剂”等64个违法药品广告品种实施暂停销售行政强制措施。

【医药产业发展】 2011年，玉溪市食品药品监督管理局正确把握以监管促发展的监管理念，全面推动玉溪医药产业健康快速发展。全市共有医药生产企业21户，其中通过GMP认证17户，位居全省第二。拥有沃森生物、维和制药、滇虹药业等一批具有较强自主创新能力和良好发展前景的骨干龙头企业，生物医药产业综合实力已进入全省前列，玉溪作为云南生物制品研发和生产中心的地位已初步形成。

(李　谨)

国土资源管理

【概　况】 2011年，玉溪市被国土资源部列为低丘缓坡土地综合开发利用试点和土地利用总体规划动态评估与滚动修编试点城市；被国家测绘局列为数字城市建设试点城市。全年争取到中央、省级资金14 381.3万元(中央专项资金9 995.96万元；省级资金4 385.34万元)。全年上报审批农用地转用征收844.7623公顷；供应各类建设用地面积859.1955公顷。省政府下达玉溪市保障性住房2.7万套，计划供地85.05公顷，全市实际落实保障性住房用地106.15公顷，超计划21.1公顷。积极争取省级支持，全市追加建设用地年度计划指标133.33公顷，占用耕地指标125公顷；国土资源部“双保工程”奖励指标46.66公顷。贯彻全省保护坝区农田建设山地城镇工作会议精神，土地利用总体规划、城镇建设规划、林地保护规划经市政府常务会议讨论通过，上报省级审查。全市确定低丘缓坡土地综合开发利用试点项目18个，第一个项目于2011年12月29日启动。全市国土资源系统新开工中低产田地改造项目7个，完成投资1.076亿元，建设规模4 088.64公顷，争取到国家投资7 605.96万元，省级投资3 154.34万元。启动了19个第二次全国土地调查新增耕地(占补平衡)项目，市级财政下达经费4 813.81万元。落实“十一五”耕地保护目标。完成了2010年土地矿产卫片执法检查、高尔夫球场清理工作。

妥善处理元江县洼垤、木西格地区非法采矿，华宁县青龙镇老鹰窝、竹子园非法设置探矿权违法案件；通海县、华宁县局部地区土地违法案件的到了有效遏制，避免了行政问责的发生，维护了社会的稳定。土地利用总体规划规划修编成果经省、市政府批准实施。启动了地质灾害防治规划编制工作，数字玉溪地理空间框架建设项目完成了全市地名地址采集建库、重点区域航摄和三维建模等年度工作任务；全市国土资源信息化建设取得明显成效。

【召开国土资源工作会议】 2011年1月21日，玉溪市召开2011年全市国土资源会议，贯彻全省国土资源会议精神。会上，玉溪市市委常委、副市长黄宪庭对上年及“十一五”全市国土资源管理工作取得的成绩给予了肯定，对2011年的工作提出了明确的要求。黄副市长在讲话中指出：2011年必须重点抓好七个方面的工作：一是努力做好用地保障工作；二是着力抓好耕地占补平衡工作；三是进一步规范矿产资源管理；四是抓好地质灾害防治工作；五是高度重视国土资源执法工作；六是扎实做好国土资源基础工作；七是加强干部队伍建设和党风廉政建设。

【徐绍史到玉溪调研】 2011年5月13～14日，国家国土资源部部长、党组书记、国家土地总督察徐绍史到玉溪就澄江帽天山地质环境整治、矿产资源开发利用、地质灾害防治等问题进行调研。

在玉溪调研期间，徐绍史察看了澄江动物化石群国家地质公园，帽天山周边地质环境整治情况；到昆钢大红山铁矿察看井下采场、选矿、精矿管道运输情况；察看了新平县戛洒镇青树地质灾害观测点，并听取了澄江县保护帽天山地质遗迹、整治帽天山周边地质环境情况汇报和昆钢大红山铁矿、玉溪矿业公司大红山铜矿的生产经营情况、新平县地质灾害防治工作等方面的情况汇报。

在昆钢大红山铁矿召开的座谈会

上，徐绍史肯定了玉溪的国土资源管理工作，认为玉溪市较好地处理了保护资源与保障发展的关系，特别是抚仙湖、帽天山、大红山等一批宝贵的资源得到有效保护和合理利用，为国土资源部门处理好"两难"局面作了有益地探索。

【市局被评为"双保工程成效显著单位"】 2011年2月28日，国土资源部办公厅发布的《国土资源部通报》，云玉溪市国土资源局被评为"保发展保红线工程(简称双保工程)2010年行动成效显著单位"，奖励建设用地计划指标700亩。

【人大代表建议和政协提案办理】 2011年，市政府交市国土资源局办理的人大代表建议和政协提案共8件，其中人大代表建议3件(主办件)，政协提案5件(主办件3件，会办件2件)。市国土资源局按照市政府2011年人大代表和政协委员提案交办会要求，对交办的人大代表建议和政协委员提案进行分析和研究，围绕"四个百分之百"下功夫。10月底，8件人大代表建议和政协委员提案均办理完毕，每件建议和提案的办理做到了调研、面商、书面答复、答复满意率均达100%。

【第二次全国土地调查】 按照国务院和省政府的部署，玉溪市从2007年开展第二次全国土地调查工作。截至2011年12底，经过市、县(区)及各作业单位的共同努力，全市完成了1∶1万卫星影像图636幅14 942.12平方千米的农村土地调查工作和全市45个建制镇156.18平方千米的城镇土地调查工作，建立了集影像、图形、地类、面积、权属为一体的土地调查数据库。

【土地利用总体规划完成】 2006～2020年土地利用总体规划修编工作完成，省政府于2011年1月11日批复玉溪市及八县一区规划，3月21日批准使用县城11个中心乡(镇)规划，市政府于5月10日批复64个乡(镇)级规划。

【旅游土地利用规划编制完成】 2011年，根据《云南省旅游局云南省国土资源厅关于开展全省旅游土地利用规划编制相关工作的通知》及相关文件精神，红塔区、澄江县、江川县、华宁县作为全省第一批次开展旅游规划编制的单位。四县(区)政府成立了旅游产业土地利用专项规划领导小组，确定规划编制技术单位，全面开展了规划编制工作，年末，四县(区)已完成旅游产业土地利用专项规划编制工作，规划成果已上报省国土资源厅待批。

【低丘缓坡土地综合开发利用试点工作】 按照全省保护坝区农田建设山地城镇工作会议要求，玉溪市在调查完善土地利用总体规划、城镇建设规划、林业保护规划的同时，组织上报了18个低丘缓坡土地综合利用试点项目，总规模14548公顷。红塔区研和工业区低丘缓坡土地综合开发项目已于2011年12月26日通过省国土资源厅审查并获批复，12月29日举行开工仪式，成为全省率先开工建设的低丘缓坡试点项目之一。

【"十一五"耕地保护目标通过省级检查】 从2007年起市人民政府就与县(区)人民政府签订耕地保护目标责任书，县(区)与乡(镇)人民政府签订耕地保护目标责任书，将耕地面积保有量和基本农田保护面积指标分解落实到所属9个县(区)75个乡(镇)人民政府。省政府耕地保护责任目标考核组于2011年8月16～17日对玉溪市"十一五"耕地保护责任目标进行了考核。考核组通过听取汇报、查阅资料、现场踏勘等方式，对玉溪市"十一五"耕地保护目标落实情况进行了认真检查。通过考核，全市耕地保有量为25.36万公顷，比省级下达指标增加4.22万公顷；基本农田保护面积保有量为20.31万公顷，比下达指标增加2.79万公顷。考核组认为，玉溪市"十一五"耕地保护责任目标履行情况完成质量高，保护责任落实和制度建设到位，同意通过省级检查。

【用地保障】 2011年，全市计划上报审批农用地转用征收不低于500公顷。全市报批农用地转用征收报件共120件，总面积844.76公顷，新增用地785.16公顷，农用地751.92公顷，耕地639.48公顷。计划供应各类建设用地总量500公顷以上。全市供应各类建设用地442宗面积859.20公顷。其中：划拨用地116宗面积249.89公顷；出让土地326宗面积609.31公顷，土地成交价款286 093.71万元。

【土地整治】 2011年，全市在建土地整治项目共计49个。其中，市级占补平衡项目31个、国家项目4个、省级投资项目14个。项目建设总规模14 586.26公顷，可新增耕地4 610.34公顷，项目预算总投资4.32亿元。年内，完成7个国土土地整治项目(其中，国家2个，省级5个)，项目建设规模4 088.64公顷，新增耕地167.22公顷，完成固定资产投资1.08亿元。加大了耕地占补平衡项目建设工作力度，提供建设项目用地指标335.27公顷。入库2012年国土土地整治项目9个(其中，国家1个，省级8个)，项目建设总规模3 142.47公顷，可新增耕地137.18公顷，项目总投资9 117.64万元。

【保障性住房用地】 省政府下达玉溪市2011年建设(筹集)城镇保障性住房27 090套(户)。其中：公共租赁住房19 000套，廉租住房2 606套、、新增发

易门县土地整治项目现场　　（官朝弼　摄）

放廉租住房租赁补贴5 100户，城镇棚户区和国有工矿棚户区改造284户，计划用地85.05公顷。年内，全市落实保障性住房用地106.15公顷。其中：农用地转用征收58.87公顷，使用已批准的建设用地22.67公顷，使用存量建设用地24.61公顷，确保省政府下达玉溪市2.19万套保障性住房在9月底前全部开工建设。

【重大项目建设用地】 易门——峨山——高仓、新平——三江口、元江——红河(元江段)三条二级公路用地总面积709.79公顷。其中：农用地557.71公顷(耕地292.37公顷)，建设用地116.74公顷，未利用地35.35公顷，建设用地报件已上报省政府，易门——峨山——高仓和新平——三江口公路用地经省政府审查转报国务院，元江——红河(元江段)报省政府审批。

昆玉铁路扩能改造工程，在红塔区境内全长约30.96千米，征收土地总面积87.23公顷，涉及北城镇、春和镇、玉带路街道办事处、大营街镇、高仓镇、研和镇6个乡镇(街道办事处)18个村(居)委会79个村(居)民小组。2011年已完成永久性征地面积共51.87公顷，兑付征地补偿资金9 488.89万元，签订临时用地补偿协议面积41.37公顷，支付临时用地补偿费426.10万元，收缴复垦保证金405.67万元。

【数字玉溪地理空间框架建设】 2011年，市国土资源局完成了数字玉溪地理空间框架建设中地名地址采集建库；完成市中心城区及各县县城、重点区域64.5平方千米三维建模；完成全市重点区域1 100平方千米1∶2000航空摄影任务及数字高程模型、数字正射影像图生产任务；完成3 500平方千米1∶10000航空摄影任务及全市范围1∶10000地形图更新；完成国土资源与公众服务应用示范系统建设等项目建设；完成城市规划管理系统、环境保护及监测系统两个典型应用系统的需求调研及初步方案编制，为数字玉溪地理空间框架建设项目验收做好准备。

【基础测绘工作】 2011年，市国土资源局组织省内专家完成红塔区三等水准高程网修复测和红塔区李棋镇、北城镇东古城片区5平方千米1∶500地形测图等基础测绘项目的验收。同时，根据玉溪市各种比例尺地形图基础测绘情况，开展江川县棋盘山20平方千米1∶500地形测图、易门县龙泉镇水桥8平方千米1∶500地形测图等基础测绘项目。年内，为城建、规划、房地产开发、新农村建设、环境和地灾评估等多类项目提供1∶500、1∶2000地形图160多幅，控制点成果20多个，向公安、民政等相关单位及领导提供相应的地名地址信息2万余条，全面提升了玉溪市测绘保障服务能力。

【队伍建设】 2011年，全市国土系统内共提拔科级干部13名、平级交流到县内其他部门3名、由县内其他部门平级交流到系统内任职的5名。实行科级干部竞争上岗，把市局机关、执法监察支队空缺的1名正科、6名副科级职位面向全体干部公开竞争上岗。共有15人报名参加，通过竞争陈述、民主推荐、组织考察等环节共有7人竞职成功。年内，玉溪市土地储备中心和玉溪市基础地理信息中心10个岗位分别向社会公开招考事业人员22名，通过笔试、面试、体检等环节共录用事业人员18名。

【执法监察】 2011年，全市国土系统共立案查处土地违法案件58件，面积586.42公顷(耕地196.04公顷)，收回耕地0.09公顷，拆除建、构筑物11 591平方米，收取罚款2 493.22万元。立案查处矿产资源违法案件23件，已处理结案21件，收取罚款24.4万元。5~10月，对全市范围内已建和在建的3个高尔夫球场、2个省级公路项目开展了综合清理整治。对涉及的9 800余亩违法用地进行了罚款处罚，收取罚款2 800余万元。责令用地单位作出书面检查，停止违法用地行为，及时退耕、复耕。县、区政府对相关单位和5名责任人实施了行政问责。

【土地矿产卫片执法检查】 2011年，市国土系统完成土地矿产卫片执法检查各项工作任务，通过了省、部级验收。年内度，全市新增建设用地共144宗，面积12 260.61亩，其中耕地7 506.12亩。判定为合法用地的112宗，面积10 998.75亩；判定为违法用地的19宗，面积556.56亩，其中耕地297.46亩。扣除历史违法用地及已办理农地转用手续的用地，全市2010年度违法用地10宗，面积232.11亩，其中耕地44.76亩，玉溪市违法占用耕地面积占新增建设用地占用耕地总面积的比例为0.6%。矿产类共核查图斑32个，2宗为合法开采、10宗判定为伪变化、20宗为违法开采。对19宗违法用地和20宗矿产违法开采行为进行了立案查处，共收缴罚款537.78万元，没收违法所得16.81万元，对4名责任人给予了行政问责处分。

【电子政务建设】 全市国土系统从2008~2011年共投入资金1 289万元，完成了15个大项37个小项电子政务流程的搭建。年内，在电子政务平台审批业务件1 770件。从2011年1月1日起，市国土资源系统所有非涉密公文(文件、传真、表格、文字材料)统一在电子政务平台上实现下传上报，截至2011年12月31日，市、县共交换电子公文2 637件。投入资金137.9万元建设视频会议系统，在市局、各县局及红塔分局分别建设1个主会场及9个分会场，降低了各类会议培训经费，把自然视频、多媒体沟通的方式融入国土资源管理工作，使市局与各县局、分局之间的远程会议、培训等活动得到适时开展。

【政府信息网上公开】 2011年，玉溪市国土资源局网站发布信息1 119条，玉溪市政府信息公开网站发布市国土资源局信息1 011条，通报重点工作36条，公示重要事项40条，累计发布信息数在市直部门中位居第一。

【法律法规宣传】 2011年，玉溪市国土资源系统编印了《国土资源政策选编(六)》1 000册；邀请省国土资源厅长和自兴到聂耳大剧院授课；市国土局领导到市委党校为新任大学生村官、乡(镇)干部进行国土资源法律法规培训。开展地球日、防震减灾日、土地日、测绘法宣传日、法制宣传日活动，共投入经费35.9万元；举办国土资源法律法规、业务知识培训23期，受训1 673人次；召开各种宣传会议134次；张贴和书写标语等7 841条；广播宣传4 896次；设立法律咨询台131个，接待咨询3 040人次；出黑板报266期、专栏16期；发放宣传材料共154 904份；出动宣传车71辆74次；设立宣传展板46块；电视宣传37次；投入宣传人员482人。

(谢丽红)

矿产资源管理

【概　况】 2011年，玉溪市国土资源局按照矿产资源储量评审备案管理的权限和要求，规范开展评审和备案工作，完成了52个矿产资源储量报告、46个矿产资源开发利用方案的评审备案。3个整装勘查项目，2个取得实质性进展。办理采矿权登记共111个。其中：新设采矿权登记16个(挂牌出让)，延续登记37个，变更登记30个，注销登记28个。办理采矿权转让交易鉴证4个、组织采矿权挂牌交易13个。共收取采矿权价款(出让金)1 440.53万元。征收入库矿产资源补偿费1 204万元，征收2010年度矿产资源有偿使用费8 368.99万元。

【云南省地质灾害防治现场会在新平召开】 2011年5月27~28日，全省地质灾害防治现场会在新平县召开，与会人员实地考察了新平县戛洒镇、漠沙镇地质灾害监测预警、搬迁避让、工程治理等防治情况；新平县、红河州分别就地质灾害综合防治、工程治理项目实施管理工作经验进行了交流发言；省气象局等相关部门就气象灾害防范、大型以上地质灾害防治项目前期工作开展对与会人员进行了培训。会议强调，各地要建立健全地质灾害防治规划体系，抓紧编制州(市)、县(市、区)两级地质灾害防治十年规划；按照《云南省人民政府关于加强地质灾害防治工作的意见》要求，督促指导水利水电、交通运输、城镇建设等10类工程项目建设单位，制定专项地质灾害防治规划。建立健全相关制度，做好地质灾害防治、矿山地质环境治理项目的实施和监督管理工作。开展地质灾害调查评价，夯实防治项目前期工作，探索建立地质灾害工程治理项目网络监管平台，提高防治水平。完善地质灾害应急体系，进一步增强应急处置能力。完善监测网络，落实监测预警经费，提高监测警能力，主动转移避险，最大限度减少因灾造成的人员伤亡和财产损失。

【地质找矿行动】 2011年，玉溪市国土资源局根据国务院《关于加强地质工作的决定》和《云南省人民政府关于实施3年地质找矿行动计划的意见》，认真做好项目的协调、服务等工作，加强对项目所在县的督促和指导，及时掌握项目的进展情况，确保项目在市内的稳步推进。组织了整装勘查区拟设置3个探矿权的调查、核实工作，对镇沅县和平丫口——墨江县金厂地区金多金属矿整装勘查区、昆明市——华宁县聚磷盆地深部磷资源整装勘查区矿业权设置方案开展了审查、核实。新平县大红山外围铁铜矿勘查项目：东么矿区估算资源储量低品位铁矿石(333+334)3 890万吨，磁性铁平均品位11.17%；底巴都矿区估算资源储量低品位铁矿石(333+334)3 640万吨，磁性铁平均品位8.60%。两矿区部分钻孔已见铜矿。峨山峨腊厂地区铜铁多金属矿整装勘查项目：初步估算新增资源储量(333+334)铜矿石量120万吨，铜金属量6 344吨，平均品位0.53%。

【地质灾害防治】 2011年，全市共发放地质灾害防治工作责任通知书642份、地质灾害防灾工作明白卡2 066份、地质灾害防灾避险明白卡14 576份。对巡查、排查和复查中存在监测预警、警示标志、监测记录不完善，责任不落实，制度不健全，措施不力，资金不落实的，按照相关规定和监测预警要求，书面下达现场整改通知书限期整改。

抓住国家、省加大地质灾害防治投入的有利时机，争取国家、省的经费投入，加大对地质灾害危险点的搬迁、治理力度。全市地质灾害防治争取到中央和省财政专项资金2 240万元，省级财政专项补助资金353万元。易门县经国家发改委、财政部等部委批准列为第三批资源枯竭型城市。元江县羊岔街乡南溪村委会及南溪小学滑坡、新平县漠沙镇那板箐泥石流等6个地质灾害工程治理项目已获省国土资源厅意向性立项。年内，全市未发生人员伤亡和重大财产损失的地质灾害。

【地质环境保护与治理恢复】 2011年，玉溪市国土资源局积极推进矿山地质环境恢复治理项目，抓好帽天山世界自然遗产地申遗生态环境整治工作。澄江拱洞山、旧城大山片区矿山地质环境治理项目和澄江动物化石群国家级地质遗迹保护项目的可行性研究报告编制、项目审查已通过省厅技术评审并上报财政部、国土资源部，8月24日下达澄江动物化石群国家级地质遗迹保护项目专项资金294万元，澄江拱洞山、旧城大山片区矿山地质环境治理项目专项资金636万元。全年共投入矿山地质环境工程治理经费930万元，交存矿山地质环境保护恢复治理保证金5 440.67万元。

（谢丽红）

玉溪矿业

【产品产量】 2011年，玉溪矿业公司、云南达亚公司自产铜精矿含铜3.63万吨，计划完成率108.97%；铁精矿量53.16万吨，计划完成率94.68%；铁球团86.08万吨，计划完成率101.27%；锌精矿含锌1.07万吨，计划完成率235.99%。

2011年，玉溪矿业公司、云南达亚公司实现营业收入41.79亿元，实现利润56 995.34万元，完成年度目标的100.87 %。

【经济技术指标】 2011年，玉溪矿业公司大红山铜矿完成掘进工程量5.6万米，计划实现率92.5%；云南达亚公司完成2.28万米，计划实现率88.7%；玉溪矿业公司完成采矿量482.69万吨，计划实现率92.79%；云南达亚公司完成93.47万吨，计划实现率102.32%；玉溪矿业公司大平掌铜矿完成剥离量1 376.58万立方，计划实现率166.14%；玉溪矿业公司大红山铜矿完成充填量146.56万立方，计划实现率104.91%；玉溪矿业公司完成精矿品位19.91%，计划实现率95.84%；云南达亚公司完成22.85%，计划实现率97.97%；玉溪矿业公司完成供矿品位0.573%，计划实现率113.85%；云南达亚公司完成0.413%，计划实现率95.39%；玉溪矿业公司完成处理品位0.522%，计划实现率107.87%；云南达亚公司完成0.427%，计划实现率98.62%；玉溪矿业公司完成选矿回收率88.19%，计划实现率96.92%；云南达亚公司完成90.16%，计划实现率100.51%。

【测绘资质管理】 2011年，按玉溪市国土局的要求，玉溪矿业公司完成测量资质的年检资料汇编和报送，并对公司使用的地形图件进行规范管理；在公司内部下发《玉溪矿业涉密测绘成果管理规定》，按要求配置专用电脑(无远程网络)保存公司涉密测绘成果。

【测量日常技术管理】 2011年，玉溪矿业公司对所属矿山和勘查单位的测量仪器进行定期检查，并按要求报省测绘局指定的机构进行检定。对公司所属矿山和勘查单位的测量工作进行指导、监督和检查，确保测量工作质量。协助公司质检部门完成公司所属各矿山在建项目的工程质量监督和本部门的三标内外审工作。参与公司各矿山测量设备购置的招标与验收工作。

【狮子山铜矿深部持续工程项目设计】

2011年，玉溪矿业公司采矿研究所机电专业技术人员根据工程进度要求，完成狮子山铜矿主井和副井提升系统施工图纸设计、电气设备选型设计，按时提交主井安装工程技术要求及钢丝绳技术参数。参与狮子山铜矿选厂及空压站6千伏配电系统设计方案审查、配电设备招投标和现场安装指导。

【狮子山铜矿通风系统优化】 2011年，玉溪矿业公司通过对狮子山铜矿现有通风系统的调研，完成狮子山铜矿现有通风系统网络解算，并对解算结果现场实际进行分析，找出系统存在的问题及解决办法；针对狮子山铜矿提出的通风系统修改完善设计方案，进行风网建模及解算，结合解算结果，提出方案所需安装的风机型号、位置，方案实施的建议性措施，最终得出方案的通风系统预期达到标参数。

【雪鸡坪3000吨采选工程项目优化】 2011年，玉溪矿业公司受云铜设计院的委托，协助对雪鸡坪3 000吨采选工程项目优化方案的井建、通风部分进行补充完善；着重对方案的井建工程设计、通风方式选择、全矿总需风量计算、全矿总阻力计算及风机选型等进行校核和完善，并参与报告的修改完善等工作。

【重点节能工作】 2011年，玉溪矿业公司加强目标责任考核，与主要用能单位签订2011年节能目标责任考核指标；淘汰落后产能和工艺设备；大红山铜矿已完成全部淘汰高耗能变压器，狮凤山铜矿、狮子山铜矿已全部完成高压断路器无油化改造；110千伏木奔变电站和110千伏狮子山变电站全面实现智能化改造；推广使用高效照明灯4万只，取得较好的节能效果；8月，玉溪矿业有限公司获得"云南铜业（集团）有限公司'十一五'节能工作突出贡献单位"；云南达亚有色金属有限公司获"云南铜业（集团）有限公司'十一五'节能工作优秀单位"。

【质量管理】 2011年，玉溪矿业公司金属平衡情况良好，铜金属控制在1.0%以内，铁金属在2.0%以内；出厂铜铁精矿产品检验批受检率100%；铜铁精矿产品主要质量指标完成99%以上；取得公司优秀QC小组共15个，省、行业优秀QC小组共3个；完成计量器具检定/校准1 760多件次，创5年内最高水平；化验质量高位持续稳定，实际指标均比考核目标高出3%左右，且误差排列随机；组织各种质量培训、交流达400多人次。

【行业标准立项申报】 2011年，玉溪矿业公司质检站完成《铜选矿厂废水回收利用规范》和《铜矿山低品位矿石采选效益计算方法》两项国家标准编制任务。在《质检站工作手册》和《质检站5S作业手册》的基础上，完成《铜铁精矿产品质量检测规范》系列企业标准的制订。完成《有色金属矿山三维采矿设计技术规范》系列行业标准的立项申报。

【出厂产品质量检测】 2011年，玉溪矿业公司质检工作继续巩固质检站5S现场管理，做好基础工作，夯实班组质量安全基础，强化员工质量安全生产意识。全年质量安全生产无异常，无未遂质量安全事故，内部质量抽查合格率96.0%以上。大红山质检站荣获公司"无事故班组"称号。出厂铜铁精矿产品检验批受检率100%，共检测铜铁精矿产品总量73.50吨。其中：生产铜精矿量4.72万吨，出厂铜精矿量12.59吨，禄丰入库铜精矿5.84吨，出厂铁精矿量50.25万吨。金属平衡情况良好，铜金属控制在1.0%以内，铁金属在2.0%以内，实现公司管控目标要求。

【营销管理】 2011年，玉溪矿业公司营销部开展"期现联动"的营销策略，正确把握铜市场机遇，实现铜精矿销售保值、增值。充分利用股份公司允许点价销售的政策，在价格形式较好的情况下实施铜精矿点价销售，做好控制铜精矿的进厂量，实现铜精矿销售保值、增值。

【营销目标完成情况】 2011年是云铜效益提升管理年，结合云铜"双百亿"工作的开展，玉溪矿业公司营销部结合考核任务，完成工作情况如下：铜精矿销售目标3.87万吨，实际完成4.15万吨（含大平掌）；收购铜精矿目标5 000万吨，实际完成7 305万吨；铜精矿途损目标5‰，实际完成3‰（铜精矿损差控制在0.3%以内，减少损失含铜54吨，价值240万元）；铁精矿销售目标56万吨，实际完成53万吨（平均价每吨1 015万元）；铁精矿途损目标3%，实际完成1%（铁精矿损差控制在1%以内，低于考核指标3%）；内部利润目标总额1 000万元，实际完成1 500万元；销售费用控制目标7 987万元，实际完成7 330万元。

【安全指标完成情况】 2011年，玉溪矿业公司主体责任范围内实现五无（无工亡、无重伤、无一般设备、交通、火灾事故）；发生轻伤事故四起，轻伤4人，千人负伤率1.6‰；呼尘合格率97%；污染物排放达标率100%，无职业危害、环境污染事故。云南达亚公司主体责任范围内实现"六无"（无工亡、无重伤、无一般设备、交通、火灾事故、无轻伤事故）；呼尘合格率95.2%；污染物排放达标率100%，无职业危害、环境污染事故。

【召开安全环保工作会】 2011年1月14日，玉溪矿业公司召开安全环保工作会，从安全生产标准化、三标体系认证、全面风险管理、协作经济实体管理、六大系统建设等十个方面对安全环保管理工作进行部署，以主要安全环保目标、安全生产标准化、三标体系认证、安全生产责任承诺为主要内容，逐级签订《安全生产责任承诺书》。各二级单位逐级分解、落实责任承诺目标，结合实际，贯彻公司总体发展思路，布置安全环保管理工作。为安全环保工作意见的落实提供制度保障，公司及所属各二级单位修改、补充、完善《协作经济实体安全管理制度》、《安全生产奖惩办法》等相关制度、办法，建立、健全安全生产管理制度。

【安全生产标准化对标管理】 2011年7月，玉溪矿业公司通过云南省安全生产监督管理局组织评级认定，大红山铜矿、狮凤山铜矿、狮子山铜矿、思茅山水铜业公司及所属尾矿库、红山球团公司被认定达到国家二级企业标准。

按照基础管理标准化、岗位操作标准化、作业现场标准化的要求，玉溪矿业公司全面开展队（班）组安全生产标准化建设，在完善岗位操作规程、规章制度和岗位作业指导书的基础上，加大检查考核力度，杜绝"三违"行为，提高班组职业健康安全环保管理水平。经各单位组织验收，公司组织抽查，公司448个队（班）组有120个达到验收标准要求。

【三标体系整合认证】 2011年，玉溪矿业公司安全环保按照《三标整合管理体系认证工作推进意见》的总体部署安排，完成综合管理手册或综合管理分手册、程序文件、记录文件及管理分手册的评审、批准、下发执行；在体系运行过程中，组织完成两次体系运行培训，确保体系正常运行。公司利用一个月的时间，由三标整合管理体系推进办组成内审组，对公司所属各单位进行质量、环境、职业健康安全管理体系的初次内部审核。在完成不符合项整改，评审、批准下发执行三层次文件，完善各种记录和支撑性材料，识别环境影响因素，确定重要环境因素，制定目标指标管理方案的基础上，云南达亚公司所属各单位5月30日进入一阶段审核，6月14~17日，由华夏认证中心组织二阶段审核，通过注册认证。玉溪矿业公司及所属各单位于8月30日进入一阶段审核，9月26~30日，由华夏认证中心组织二阶段审核，12月底通过注册认证。

【全面风险管理】 2011年，玉溪矿业公司安全管理工作引入风险管理理论，以危险源辨识、危险有害因素分析、风险评价、风险控制为主要内容，根据风险程度，实行危险源分级监控管理，公司安委会及时研究制定、评审、下发执行重大风险管控方案。组织策划《大红山铜矿主溜矿井检修重大风险管控方案》。分析各环节的危险有害因素，预测风险，评价风险程度，采取针对性、可操作、程序化的管控措施。在强化监测监控的基础上，制订执行《技术管理方案》、《预测预防应急预案》。对思茅山水铜业公司尾矿库重大危险源、重要环境因素管控，采取调整生产组织、采用新的筑坝方式、完善防洪系统等措施，纳入红色预警监控，制定、执行《应急预案》。针对露天采矿场东南部滑坡重大风险项目，严格执行《特项预警管控方案》，确定警戒范围，完善监测监控手段及措施，实施24小时不间断监测监控，确保风险得到有效控制。

【领导现场带班制度管理】 2011年，玉溪矿业公司强化领导班子在安全生产工作中的组织、指挥、协调、管理作用，修改完善《领导现场带班管理制度》，规定领导现场带班的次数、基本职责、信息反馈要求等，保证每班有领导在现场组织、协调、指挥当班安全生产工作，有效把握当班安全生产工作状况，督促、检查整改隐患，落实各项安全管理措施。加大检查考核力度，带班履职情况纳入安全生产责任风险抵押金考核兑现。

【隐患整改闭合性管理】 2011年，玉溪矿业公司建立并实施隐患整改闭合性管理。制定《隐患整改闭合性管理制度》，对各类隐患的整改，由分管领导组织评审并下发执行《不符合项及隐患整改方案》，形成《不符合项及隐患整改评审会议纪要》，明确整改的负责人或责任人，整改完毕，经分管领导组织现场复查验收，形成《不符合项及隐患整改验收报告》。制定下发《关于强化安全管理职能的通知》，并从安全总监、副总监的聘任、任职条件和要求、岗位职责等方面进行规定，聘任安全总监、副总监。

【推进安全避险系统建设】 2011年，玉溪矿业公司推进安全避险六大系统规划实施。组织矿山研究院与中南大学等单位合作，以狮子山铜矿现有生产系统为试验研究对象，开展六大系统建设试验研究，编制《狮子山铜矿安全避险六大系统建设技术方案》，并经云南省安全生产监督管理局推荐的专家评审通过，经公司组织招投标，确定具体建设单位，启动六大系统建设。

【安全生产月活动】 2011年，玉溪矿业公司结合六月安全生产月活动的开展，以一系列文件为主要内容，采取网络考试的形式，进一步检验学习效果和落实执行情况。重视安全环保管理激励约束机制的有效运行，以系统安全状态评价、综合安全量化评估、安全生产问责追究考核为手段，以承担安全生产责任大小、风险系数高低为杠杆，推行全员安全生产风险抵押金制度，制定《全员安全生产风险抵押金管理办法》，全员交纳安全生产责任风险抵押金，并根据承担责任及目标实现情况进行考核兑现，调动广大干部职工的安全生产积极性。

【协作经济实体专项整治】 按照云铜集团2011年3月29日外协单位安全管理经验现场交流会议精神及《云铜集团公司关于印发外来采掘施工企业安全监督管理规定(试行)的通知》要求，公司制订《协作经济实体专项整治方案》，从协作经济实体法定资质条件、项目负责人法定职责履行、组织机构建设及专业管理人员配备，设备、物资与所承包工程的匹配程度和装备水平、员工综合安全素质、制度建设与执行等13个方面开展协作经济实体专项整治工作，玉溪矿业公司严格按“五取缔”原则，在全面检查、抽查、量化评估的基础上，逐级审查并上报《协作经济实体工程承包准入证核发评估报告》。实行直管直控、一体化管控模式，指定专职安全管理人员分片负责协作经济实体的现场安全管理，落实现场管理职责，实行协作经济实体项目负责人带班管理制度。

【环保、职业卫生行政许可】 2011年，玉溪矿业公司践行绿色、循环、持续现代矿业理念，强化环保、职业卫生行政许可管理工作，加大职业健康、环境法律法规的宣传学习，提高广大干部职工的职业健康、环境保护意识。强化建设项目环境、职业健康管理，组织开展《大红山龙都尾矿库中期中线法堆坝》安全预评价、环境影响评价，大红山铜矿西部矿段、狮子山铜矿深部持续工程《职业卫生预评价》、《安全预评价》、《安全专篇》及米底莫铜矿《安全现状评价》，取得政府主管部门行政许可批复。完成云铜集团下达的环保核查任务及公司所属矿山单位安全生产许可证、排污许可证的延期、变更。

【科技创新】 2011年，玉溪矿业公司、云南达亚公司下达科研计划项目20项，实际完成16项，完成率为80%；计划安排专项经费1 994万元，实际完成1 834万元，完成率为92%；计划科技创效3 000万元，实际完成3 100万元，完成率为103%。《大红山铜矿低品位铜铁资源综合利用工程化研究》各子项目开展正常，子课题《块石胶结充填工艺理论及工业试验研究》已完成理论研究和施工图设计，通过矿山和公司组织的两级审查；子课题《长锚索安装工艺》已完成理论研究、现场试验和安装；子课题《铜铁合采开采对象及盘区规划系统研究》项目已完成；子课题《下向大直径深孔爆破参数及起爆顺序对矿柱稳定性的影响研究》已完成理论研究和设计工作；工业试验采场的矿柱回采正在出矿过程中，预计2012年内可完成矿柱的胶结充填，2013年6月，试验采场的西矿房可开始落矿。《米底莫矿段铜矿石可选性试验研究》创新了工艺，优化了参数，与现生产条件下的试验指标相比，铜精矿品位提高3.92个百分点，铜回收率提高0.61个百分点；借助于高精度矿物解离分析技术开展的《大红山铜矿二选厂工艺流程优化研究》，查出选铜流程的缺陷，提出改进方向，通过选矿试验验证，在确保铜精矿品位的情况下，与现生产条件的试验指标相比，铜回收率提高了1.6个百分点。《大平掌铜多金属矿床成矿规律及成矿模式综合研究》在收集、整理大量前期资料和研究成果的基础上，开展成岩成矿年代学研究，重新厘定地层年代，对矿体的产出、物质组成及结构构造、矿化分带等进行全面细致研究，总结了大平掌式矿床在地质、地球物理、地球化学和遥感影像等方面的找矿标志，这些成果对矿区深部及外围找矿工作具有重要的指导作用；《大平掌铜矿选矿废水处理与回用试验提出了选矿废水处理与回用方案》，为大平掌铜矿的尾矿水综合利用提供技术依据；《狮子山铜矿深部持续工程地压活动及岩石位移规律研究《提出深部开采条件下的地压活动规律，确定深部开采的移动带范围，为深部开采的工程布置、地压管理等提供了技术支持；狮子山铜矿安全避险六大系统建设方案通过论证，并进入实施阶段，对其他矿山六大系统的建设具有示范作用；《云铜集团 Dimine 数字矿山软件系统推广运用》项目已经与羊拉铜矿、拉拉铜矿、鼎立公司进行了前期的技术交流，收集了资料，开展地形模型、地质数据库和矿体模型的创建等工作；《铜矿山低品位矿石可采选效益计算方法》、《铜选矿厂废水回收利用规范》两项行业标准初稿编制已完成，并已提交国家有色标委审查。实施小改小革 245 项、合理化建议 585 条，完成 QC 成果 8 项，实现科技创效1 500万元，为实现大红山铜矿年度各项任务提供了保障；思茅山水铜业公司进一步规范科技管理，推进科技项目实施，强化广大职工群众的创新意识，引导广大职工积极参与科技创效活动，开展创新创效活动项目 16 项，提出小改小革、合理化建议 25 项，实现科技创效1 100万元；狮凤山铜矿克服资源品质差、系统费用高、能耗大、完全成本不断上升的困难，通过开展 QC 小组活动、小改小革合理化建议等创效活动，解决了设备老化、提升运输能力不足、开采范围集中、系统难以满负荷运转等问题，实现了提高技术指标、利用矿山资源、降低生产成本的目的，实现科技创效 150 万元；狮子山铜矿围绕资源增储、系统优化、设备更新改造加强技术指导，全力开展基础性技术工作，关键技术指标得到提升，有效提高了资源综合利用率，实现科技创效 350 万元。

【高精度定量矿物解离分析研发】 2011 年，玉溪矿业公司矿山研究院(晨兴公司)应用高精度定量矿物解离分析研发平台，完成了大红山铜矿选厂选矿流程样品工艺矿物学、大平掌铜多金属矿床工艺矿物学、楚雄矿冶六直选厂选矿流程样品工艺矿物学等项目的研究，查找出处理工艺中存在的缺陷，确定了工艺技术改造的方向，提出了技术改造措施。同时，完成了浮选、磁选、重选试验方法及规范的编制。拟定了高精度定量矿物解离分析技术应用方法与规范框架，为实现选矿技术管理与研发从单一实证模式向理论先导与实验论证相结合的模式转变奠定了坚实的基础。

【Dimine 软件系统运用】 2011 年，在矿山研究院(技术中心)的支持下，大红山铜矿完成了基于 Dimine 软件系统的工程实体模型、矿床地质模型、采地测流程规范编制及 120 个盘区的三维采切设计，实现了计划反演与编制、地质及资源管理工作平台转换；狮凤山铜矿运用 Dimine 软件进行了 2012 年计划的编制工作、地质及资源管理工作平台转换工作；狮子山铜矿在前期地质数据库、实体建模、资源储量估算与评价等关键技术应用的基础上，完成了《狮子山铜矿 Dimine 数字矿山软件系统地质及资源管理工作平台转换研究报告》、《公司资源储量动态管理标准》的编制工作。通过矿山研究院技术中心和各矿山一年的努力，公司建立基于 Dimine 三维矿业软件的采地测计划管理新体系，实现将技术管理手段从平面二维的专业化分割管理模式向三维、多维的专业化信息集成管理模式转变的技术准备工作已全面完成，具备了进入全面实施的条件。

【试验室建设】 2011 年，按照云铜集团的要求和公司的安排，在矿山研究院技术中心、晨兴公司的努力下，玉溪矿业公司完成浮选柱试验室、充填试验室、湿法冶金试验室的建设，对连选试验室设备进行更新、补充，公司研发平台得到进一步完善，研发能力进一步提升。玉溪矿业公司被吸收为云南省科研机构联合会会员，被云南省应用技术研究院吸纳为共建机构，共同建立了云南省应用技术研究院矿物高效采选技术中心。

【企业高新技术】 2011 年，玉溪矿业公司按照云铜集团的要求和部署，启动申报国家高新技术企业的工作。高新技术企业认证是国家级认证，需经过从市、省到国家的层层审查、评审，工作量大，难度高。申报组克服时间紧、任务重、参与人员少的困难，按时完成 530 页、6 万多字的申报材料。面对近 3 年公司总资产、销售额呈负增长以及专利授权数达不到要求的情况，申报组想方设法，编制相关说明材料，主动与政府部门及评审专家沟通，得到理解和认可。在公司的全力支持下，经过技术中心及相关部门的艰苦工作和共同努力，玉溪矿业公司于 10 月通过高新技术企业认定。认证的通过，提升公司的社会形象及行业内的知名度和影响力，不仅企业所得税率降为 15%，研发经费可在税前加计扣除，而且还可获得其他多种政策扶持，对公司的发展起到重要的促进作用。

【专利申报工作】 2011 年，玉溪矿业公司悬挂式震动研磨机已获实用新型专利授权和发明专利受理，《钢丝绳胶结充填技术》已获实用新型专利和发明专利授理，完成云铜集团的考核指标，为实现“十二五”专利申报工作目标打下良好的基础。

【政策扶持专项工作】 2011 年，技术中心在开展研发工作、搞好科技管理工作的同时，配合公司相关部门，争取国家政策扶持资金共计11 624万元。《大红山铜矿 3 万吨/年精矿含铜 - 西部矿段采矿工程》和《大红山铜矿数字矿山建设技术研究》被国家发改委、工信部列为国家技术改造专项投资和国家产业振兴项目，分别获得10 380万元、104 万元的资金支持；云南省铜矿物加工工程技术研究中心、云南省应用技术研究院矿物高效采选技术中心 被云南省科技厅列为科技创新平台建设项目，获得 140 万元的资金支持；大红山铜矿数字化矿山与安全生产保障系统建设试点工程被工业和信息化部立为国家两化融合促进安全生产项目，并被中铝公司评为 2011 年信息化建设与应用优秀项目；大红山铜矿中深部铜铁合采综合利用示范工程被财政部、国土资源部立为国家矿产资源节约与综合利用示范工程项目，获得1 000万元的奖励资金支持。

【群众性科技创新活动】 2011 年，玉溪矿业公司技术中心、工会、团委按照在管理提升中有新作为，在技术创新上有新成果的要求，在大红山铜矿、思茅山水铜业公司、狮凤山铜矿、狮子山铜矿、红山球团公司及公司机关，组织开展青年创新创效、职工经济技术创新工程活动。全年共取得青年创新创效成果 31 项，直接经济效益 173.93 万元；职工经济技术创新工程成果 38 项，直接经济效益 333.6 万元。

【召开资源管理研讨会】 2011 年 6 月 27 日，玉溪矿业公司技术中心牵头组织公司各矿山总工程师和矿产资源部主任及机关部门地质专业人员 33 人召开资源管理研讨会，围绕统一资源管理平台和制定与实施资源管理工作标准两个主题展开研讨。通过参会人员的充分讨论，会议形成如下共识：公司矿产资源管理统一以 Dimine 三维矿业软件(思茅山水铜业有限公司用 MICROMINE)为工作平台开展工作；各单位按照国家现行的标准与规范，根据任务分工和时间要求编制玉溪矿业资源管理企业标准，编制过程中要充分结合矿山自身的特点，突出标准的针对性和适用性，开展矿产资源管理的标准化和制度化建设。

采矿研究所地质专业人员以地勘与找矿、三级矿量、损失贫化和供矿计划等日常工作和公司资源平台与制度建设为切入点，开展系统的地质专业技术管理工作。

【地勘与找矿管理】 2011 年 6 月，玉溪矿业公司根据云铜集团公司下达的年中调整计划通知要求，组织所属矿山和勘查单位对本年度集团下达的各地勘项目进行审查核实，取消元江玉江公司红龙厂基建探矿及深部地质找矿、思茅山水公司大平掌主采区深部物探、狮凤山铜矿凤山矿段南部 35#矿体群地质找矿等不具备实施条件的项目，调整取消狮子山铜矿围山田——碧多地质找矿项目的钻探工程，增加大红山铜矿西部矿段 290 中段 B128 线以西地质找矿项目，将思茅山水公司大平掌外围物化探调整为钻探工程，调整计划通过集团矿产资源部组织的审查，并以此调整计划作为云铜集团考核公司 2011 年度地勘项目计划的依据。9 月，根据集团公司上报 2012 年地勘计划的要求，公司组织所属矿山和勘查单位对 2012 年可开展地质勘查的区域进行研究设计，技术中心组织进行审查、汇总和上报。10 月，在云铜集团矿产资源部牵头组织的楚雄计划审查会上通过审查并获得好评。

【地勘成果审查】 2011 年 7 月，玉溪矿业公司技术中心牵头，对大红山铜矿米底莫 B80 - B104 线地质探矿成果、330 中段地质探矿成果和西部矿段基建探矿阶段成果以及思茅山水公司景谷中合地质找矿阶段成果进行审查认定。同时，按集团公司地勘成果审查要求，下发编制上报玉溪矿业公司、云南达亚公司地勘项目工作成果的通知，确定公司审查年度地勘项目成果的时间表。

【三级矿量及损失贫化管理】 2011 年 6 月开始，玉溪矿业公司每月定期收集汇总各生产矿山三级矿量、采出存、结束采场(盘区)损失贫化及活动贫化等矿量报表，并对公司各矿山三级矿量保有状态、结束采场(盘区)与活动采场(盘区)损失贫化情况进行认真分析，并按照公司相关管理要求每季报送给质检部门、生产部门和统计部门。按照公司年中工作会要求，8 月上旬，组织对各矿山上半年技术经济指标的调研，系统分析公司四个主力生产矿山上半年损失贫化指标完成情况和存在的问题，编写调研报告并于规定的时间内提交给公司办公室和相关领导审阅。

【资源管理平台建设】 2011 年，玉溪矿业公司资源管理工作根据公司工作会、科技工作会要求，按照资源研讨会和技术中心到各矿山调研的具体部署和要求，开展矿山二维平台向三维平台的转换工作，各矿山均已完成相关地质模型的更新并提交技术中心审查，大红山铜矿已提交平台转换报告初稿，另外三家矿山正在报告编写完善阶段。

【大红山西部矿段工程管理】 2011 年，玉溪矿业公司与项目设计单位及管理单位联系，完成设计资料的传送、会签及审查管理工作，及时做好项目资料的归档及管理工作；采用 Dimine 软件对西部矿段进行网络计划的编制和审定。下一步要重点完成项目资料归档及管理办法编写工作，及时与设计单位、施工管理单位、业主协商项目更改事宜；加强项目实施情况跟踪，及时沟通解决项目实施过程中的技术问题。

【大红山铜矿采Ⅱ皮带谐波治理项目】 2011 年，玉溪矿业公司协调、配合中南大学数字矿山研究中心在大红山铜矿开展了 Dimine 软件通风模块测试工作。同时，根据 Dimine 软件通风模块测试要求，完善狮子山铜矿现有井巷工程三维实体模型，在三维模型基础上，对现有通风系统路线增加中心线，并在中心线上增加巷道断面积、周长和摩擦阻力系数，为 Dimine 软件通风模块在狮子山铜矿的测试工作创造了条件。

【通风系统解算与评价】 2011 年，云南达亚公司通过对狮子山铜矿现有通风系统的调研，完成狮子山铜矿现有通风系统网络解算，并对解算结果结合现场实际进行分析，找出系统存在的问题及解决办法；同时，针对狮子山铜矿提出的通风系统修改完善设计方案，进行风网建模及解算，结合解算结果，提出方案所需安装的风机型号、位置，方案实施的建议性措施，并得出了该方案的通风系统预期的总指标参数。

【4S1P 工作推进】 2011 年，玉溪矿业公司按照云铜集团要求，稳步推进 4S1P 项目的各项工作，公司成立 4S1P 项目管理部，信息中心明确 4S1P 项目工作职责，负责 4S1P 系统运行的网络维护、系统安全保障、现场操作指导培训等工作。完成项目的调查问卷，积极组织人员参与项目工作，同时配合云铜集团以视频会议形式参与各专业组组织的会议及培训(其中人力资源专业组 4 次，财务组 6 次)，稳步推进 4S1P 项目的各项工作。目前，财务、人力、HSE 信息管理模已相继上线使用。

【“三标”建设】 2011 年，信息中心以公司“三标”建设为契机，总结经验，逐步建立和完善信息化规章制度及台账，完善《玉溪矿业公司 云南达亚公司机房安全管理制度》、《玉溪矿业公司 云南达亚公司机房火灾处理流程》、《玉溪矿业公司 云南达亚公司机房设备操作流程》、《玉溪矿业公司 云南达亚公司信息中心机房火险应急预案》、《玉溪矿业公司 云南达亚公司信息中心机房突发停电事故应急处理预案》、《玉溪矿业公司 云南达亚公司计算机信息网络管理办法》，规范了《玉溪矿业公司 云南达亚公司信息化基础设备台账》、《玉溪矿业公司 云南达亚公司信息化设备巡检记录》等。并要求公司所属各二级单位也逐步建立并完善相应的管理办法及规章制度，使公司信息化建设逐渐规范化。

【网络建设】 玉溪矿业公司网络覆盖公司机关及主要生产单位，由公司机关、大红山铜矿、狮凤山铜矿、狮子山铜矿、思茅山水公司、矿山研究院、红山球团公司、南亚勘探公司、晨兴矿冶科技公司及飞亚公司等局域网组成，其主干网采用光纤(10M)及专线连接。其他还有玉溪矿业医院、金泰公司等单位各自形成小的局域网。2011 年，公司加强基础网络建设，为公司内部信息共享及各系统运用提供条件。完成公司网络核心层设备升级，保障网络核心层的安全性及稳定性，在此基础上，加强公司内部网络管理，配置 QoS(质量服务)，保证各项数据传输的带宽、降低传送的时延、降低数据的丢包率以及时延抖动等；为更好的服务和满足大红山铜矿发展需要，对大红山铜矿机房进行标准化改造，升级网络核心层设备，增加网络核心层备份，更新 UPS 电源系统，增加网上行为管理系统，通过对大红山网络机房标准化改造后，减少机房安全隐患，保证网络安全稳定运行；加强思茅山水公司基础网络建设，实现思茅山水公司与玉矿公司的网络互联互通，完成思茅山水公司门户网站及 OA 系统等基础信息系统建设，为公司提供了企业宣传平台，提高公司办公效率；对红山球团公司提出了网络整改要求，年底实现红山球团与云南达亚公司网络实现互联互通，让红山球团能访问云南达亚公司内网资源，利用网络提高工作效率。

【信息系统推广运用】 2011 年，为发挥玉溪矿业公司内部系统安全性的特点，公司推广 RTX 及内网使用，机关及所属二级单位有上网条件人员全部加入 RTX 系统，随着对系统使用的逐步熟悉，逐渐认同这一高效、安全的即时通信工具。逐步充实内网信息，划分各部门管理模块，使内网信息可覆盖公司各部门，增加专题活动、视频新闻、电子期刊等模块，加大内网的信息覆盖面。加大远程视频会议系统的应用，由单一的会议应用形式扩大到日常的管理培训、方案讨论中，为公司节省会务培训开支。

【玉矿大厦智能化建设】 2011 年，随着玉矿大厦建设工作的稳步推进，信息中心承担玉矿大厦智能化建设的相关工作，并组织部门相关人员进行智能化楼宇建设相关知识的培训，筹备玉矿大厦智能化楼宇建设工作。信息中心与玉矿房地产公司及多家建设设计单位沟通协商，做了大量前期工作，制订《玉溪矿业大厦智能化系统功能需求方案》和《玉溪矿业大厦智能化工程设计方案初稿》，并组织公司相关部门对方案进行会议讨论。玉矿大厦各智能化子系统已相继进入招投标阶段。

【优化机构设置】 2011 年，玉溪矿业公司人力资源部配合公司贯彻集团转观念、抓改革、调结构、促发展的管理理念，实施全方位深度结构调整，加快清理、整合、优化管理层级工作步伐，参与四级公司的清理工作，并把此项工作作为优化机构设置，管理制度创新的重要内容。一是参与扭亏无望、且属于非主业的河口亚丰商贸有限公司清算撤消工作，并为公司的 10 名员工，在双向选择的基础上提供一次择业机会，员工得到了妥善安置。二是参与玉江矿业有限公司、新平金辉矿业公司的管理层级提升，配合完善法人治理结构工作，在两公司纳入云南达亚公司二级单位管理中，调整理顺人力资源管理工作。参与玉溪飞亚矿业公司与玉溪南亚勘探公司管理职能整合工作，精简优化组织架构，合理配置人员，加强人力资源管理工作，并按云南达亚公司的要求，对整合后的两公司统一实行绩效考核。

【机关管控职能建设】 2011 年，玉溪矿业公司人力资源部依据集团公司《加强“六型”机关建设的实施意见》精神和公司要求，起草《玉溪矿业有限公司强化两级机关职能建设的实施意见》，以打造效率型、责任型、学习型、创新型、廉洁型、和谐型机关为主要任务，以强化科学管理、精细生产、效益主导、风险管控、务实应势、重在落实为核心内容，优化机关组织结构，理顺机关管理职能，实施全员竞聘择优，拓宽选人用人的渠道和视野，提升机关管控效率。公司机关管理部门由原来的 18 个精简至 13 个，中层管理人员由原来的 43 人减至 37 人、特别是中层正职由原来的 20 人减至 13 人，直接管理人员由原来的 232 人精简至 180 人。

【“双控”工作】 截至 2011 年 12 月末，玉溪矿业公司劳动用工总量3 082 人，云南达亚公司劳动用工总量2 354 人，两个公司劳动用工总量及劳务派遣用工总数都控制在总控定员范围内。在劳动用工管理与控制上，公司人力资源部按照公司提出的依法合规、统筹兼顾、人事相宜、精简高效的管控要求，一是加强劳动合同管理，建立稳定、和谐的劳动关系。公司职工劳动合同签订率继续保持 100%。二是进一步规范公司劳动用工行为，严格审批程序，强化公司劳动定额管理，利用朗新信息系统实施监控，做到劳动用工受控、有序、高效。三是推进劳动用工多元化，减少单位冗员，通过劳务派遣中介机构，规范劳务派遣人员的招聘、使用、考核、吸纳等管理工作，增强公司对各单位劳务派遣人员的控制，杜绝劳务派遣费用的无效增长。四是在公司预算化管理委员会的领导下，组织起草各单位《2011 年生产经营业绩目标责任书》，进一步建立、完善以经营业绩为核心、目标考核为导向、综合评价为基础、全员覆盖为对象的预算管理与绩效考核评价体系。

【“两级三元”分类考核】 2011 年，玉溪矿业公司强化“两级三元”的分类考核，以量、本、利、安全、环保、质量六位一体为核心内容、以月考核、月兑现、季平衡、年结算为考核方式的单位工资考核计提办法，严格控制单位月度工资发放规模，严格规范单项奖金预算和审批，加强过程监督；坚持对各单位中层管理人员薪酬实行“两挂一调一控制”的分配原则，即目标考核与经营业绩挂钩、增长幅度与职工平均收入的增长挂钩、适度调整各单位之间的差距、控制中层领导工资收入在单位工资总额中比例的薪酬确定机制；明确公司内部薪酬支付原则与支付行为的制度与办法，实施过程控制与事后监督的检查机制及责任追究制度，规范单项奖励、生产性津贴补贴、加班等的审批权限及支付渠道，发挥了薪酬分配的激励作用。

【“四好”班子创建】 2011 年，玉溪矿业公司以能力建设为重点，作风建设为基础，制度建设为保证，年度考核为激励，在公司党委行政的领导下继续深化“四好”领导班子创建活动。5 月，修订下发《公司党委管理的中层干部管理办法》，完善干部管理制度；按照“四好”领导班子创建目标，发挥班子整体效能，充实调整二级领导班子和干部队伍，考察干部 11 人，提拔 13 人，降职 1 人，解聘 3 人，离职 5 人，内部交流 7 人，任调研员 3 人；参与完成公司党建质量管理体系运行内部审核和接受中国质量认证中心的外部审核，把贯标作为推动干部工作、提高干部管理水平的重要途径；参加基层党委召开以推进改革创新，领导科学发展，构建和谐企业为主题的民主生活会；为提升公司领导干部的整体素质，重视领导干部的在线学习，把其列入党委考核工作的内容，促进领导干部形成自觉学习的良好习惯。协助集团公司党委完成对公司领导班子述职述廉民主测评工作；配合公司党委完成了对公司机关部室、二级单位领导干部 2011 年度述职述廉民主测评。

【职工培训】 2011 年，玉溪矿业公司人力资源部为造就规模适度、结构合理、素质优良及服务企业的“三支队伍”，重视培训课题的研究与开发，及时搜集国内知名培训公司的讲师资料、培训课目资料，结合公司需要和部门需求，遴选切合实际的培训课题，不定期地向各单位推荐相关培训信息，力求做到有培训、有考核、有提高。人力资源部围绕公司战略发展规划与年度生产经营任务开展职工教育培训工作，组织制订公司年度《职工教育培训计划》，并指导二级单位开展教育培训工作。全年共举办各类培训145班次，11 000人次参加了培训。培训内容涵盖运营转型、项目管理、合同管理、设备管理、安全管理、矿山井巷工程预算、执行力建设等专业或工种。

【离退休人员属地化管理】 2011年，玉溪办事处有离退休管理对象9 377人，(离休干部47人、退休人员7 641人、工亡遗属460人、非工亡遗属1 137人、离休干部遗属21人、六十年代精简下放人员60人、两案人员11人)。人力资源部把广大离退休人员的利益放在突出位置，把推进离退休管理机构移交工作放在首位，理顺外派机构云铜玉溪办事处的管理业务，服务工作前移，确保过渡期内管理服务对象的各项费用按时足额发放，进一步推动办事处离退休管理属地化进程。截至2011年末，办事处管理的退休人员、个人信息资料及档案已全部移交地方属地管理(离休干部不在移交范围)，玉溪和绿汁退休人员党组织关系已转移到地方党委。办事处下设的四个工作站已实现两方人员合署办公，过渡期各项工作运行正常，工伤人员及工亡遗属管理已纳入省级统筹管理；根据云南省人民政府及集团公司关于妥善解决企业职教、幼教退休教师待遇的要求精神，组织开展原易门矿务局职教、幼教退休教师资料审查、资格审核、公示及待遇的落实工作；针对退休人员、特别是家在农村退休人员建房安家费诉求比较大的情况，按公司安排，积极调研和测算，提出解决方案。

【五险两金管理】 2011年，玉溪矿业公司完善五险两金，多渠道为职工谋福利。一是按时完成公司、个人社会保险保费的扣缴和上报各项资料，确保职工养老、失业、医疗、工伤、生育五项社会保险和企业年金、住房公积金的完善与足额缴纳，做到应保尽保，并为符合享受工伤、生育以及其他享受相关待遇人员办理相关手续。玉矿、达亚两家公司2011年共向省社保局和属地社保局缴纳社会保险费1.06亿元。其中，玉溪矿业公司7 188万元，云南达亚公司3 433万元。二是完成企业年金集合方案修改备案。修改后的《玉溪矿业企业年金集合方案》于2011年1月15日职代会讨论通过，并于2011年4月8日报省人力资源和社会保障厅备案，于2011年5月1日起实施。方案增加了第十一条企业年金奖励条款，对当年有突出贡献的职工及优秀生产者给予一次性特殊奖励。方案还对原第二十六条关于职工与单位解除劳动关系、辞职离开单位时的单位供款归属比例，以及转移有关手续的内容进行变更。截至2011年12月，全司参与年金计划人数为4 584人，单位、个人共缴费2 333万元。新加入年金计划1 307人，离职转保留账户74人，待遇支付34人。待遇支付金额合计195.8万元。累积净资产：11 327.75万元，累计投资收益率为19.79%，累计投资收益964.71万元。

【养老保险移交】 2011年，玉溪矿业公司根据《关于解决未参保集体企业退休人员基本养老保障等遗留问题的意见》文件精神，组织原易门矿务局未参保集体企业人员参保事宜，共接待咨询330人，100余人申请享受了国家政策；清理离开原易门矿务局人员养老保险关系转移情况，为他们提供社保关系接续的政策帮助。

【住房公积金管理】 2011年，玉溪矿业公司根据国务院《住房公积金管理条例》，《玉溪市住房公积金缴存、提取管理暂行办法》的文件精神，结合公司实际，提交《提高住房公积金缴存比例的报告》，经公司第一届职工、会员代表大会第八次团(队)长扩大会议讨论通过实施。从4月开始，职工的住房公积金缴存比例均由单位和个人缴存比例10%调整为15%。

【实施人才强企战略】 2011年，玉溪矿业公司推进人才强企战略，实施干部管理与职工培训工作。公司在岗职工平均年龄35周岁，35周岁以下职工2 600人，占全司在岗职工的55%。具有中专及其以上学历职工1 797人，其中，硕士及其以上29人、本科579人、专科808人、中专381人。具备初级以上专业技术职务的各类人员共有1 614人，其中，高级78人、中级280人、助级419人、员级359人、其他478人。在生产操作人员中，取得技能等级资格的人员共计1 745人，其中，高级技师5人、技师98人、高级工531人、中级工550人、初级工561人。全年共招聘大中专毕业生55人，其中，硕士2人，本科42人，专科11人。同时，按制度每年定期开展对高校毕业生见习期满的考核评价工作，完成对2010年度分配到公司所属大红山铜矿等8个单位的95名高校毕业生见习期满考核工作，确保了人才质量。

【职称评审】 2011年，玉溪矿业公司专业技术职称评审共收到云铜集团公司所属12个单位、218份申报材料。11月5日，公司职称评审委员会召开工程系列(矿山主专业)专业技术职务任职资格评审会议，173人(含认定)通过初、中级评审，获得相应的专业技术任职资格。

(薛美蓉)

统　计

【统计服务】 2011年，玉溪市统计局共提供统计咨询服务534件，编发《统计信息》103期，《统计调查》19期，《统计简报》168期，各类信息及时报送市委、市政府及上级统计调查部门，保持了较高的采用率。编印《玉溪市国民经济和社会发展统计公报》1 500份、《玉溪统计年鉴》1 000册，在各级领导中和市级“两会”上进行宣传；玉溪市统计局撰写的《玉溪市第三次党代会以来经济社会发展报告》被中共玉溪市第四次代表大会选为唯一参阅材料。编印出版《玉溪60年》大型统计资料书，记载建国60年来玉溪经济社会发展取得的成就。

【普查和专项调查】 2011年，第六次全国人口普查工作(玉溪部分)完成了普查数据处理、审核、上报工作。玉溪市人口普查办公室被国家统计局、国务院第六次全国人口普查领导小组办公室授予“第六次全国人口普查先进集体”；制作反映玉溪市人口普查工作的专题片《使命》，2011年9月获“云南省第一届统计宣传作品二等奖”；市政府新闻办、市统计局和市人普办联合召开了全市第六次全国人口普查新闻发布会，对全市人口普查主要数据进行了发布。年内已开展普查资料开发应用工作。全市第二次全国R&D资源清查完成总结表彰工作，市R&D资源清查办公室获第二次全国R&D资源清查先进集体；年内已开展R&D资源课题研究。围绕市委、市政府的中心工作和上级统计调查部门安排，结合经济社会形势及有关部门的需求，开展玉溪市群众安全感调查、玉溪市供电服务情况问卷调查、玉溪市创建国家卫生城市民意调查、城市环境保护满意率调查、群众评议机关调查、创先争优活动民意问卷调查、玉溪市人民医院患者评价调查、公众对玉溪市人民医院满意度调查、党风廉政建设民意调查、组织工作满意度调查、警民关系调查、玉溪市医院食堂管理服务满意度调查、做好新时期社区群众工作调查等专项调查，并结合实际分析研究，撰写专题调查报告，为党委政府及有关部门科学决策提供翔实的统计调查资料，发挥统计的参谋智囊作用。

【基本单位名录库建设】 2011年，全市"三上"企业基本情况和主要数据核查工作通过了国家和省级的检查验收。经过比对核查，全市"三上"企业和房地产开发经营企业按专业划分的情况为：工业法人单位247家；建筑业法人单位154家；房地产开发经营业法人单位155家；批发和零售业法人单位142家，产业单位4家；住宿和餐饮业法人单位50家，产业单位13家。统计部门全面掌握了"三上"企业的情况，确保"三上"企业统计数据的质量，为"企业一套表"的实施、统计数据质量评估和控制体系建立奠定了基础。

【企业一套表改革工作】 2011年，为了切实保障企业一套表改革在全市的实施，市统计局及时成立了工作机构，确定红塔区、新平县为试点单位，给两县10万元的经费补助。先后3次召开了党组会和改革领导小组会进行专题研究，按照玉溪市试点实施方案要求，制订工作计划，组织召开了玉溪市企业一套表改革试点工作布置暨综合业务培训会议，加强工业、建筑业、批发零售业、住宿餐饮业、房地产业和部分服务业等行业企业的专业指导和技能培训，为实施联网直报提供技术支持。玉溪市"三上"企业全部按国家的统一部署通过网络上报了统计数据。

【统计信息化系统建设】 2011年，市统计局继续加强统计系统网络和计算机的环境建设，适时开展设备采购、专线维护、系统更换、安装调试、应用开发等系列工作，推进市、县(区)、乡(镇)统计信息网络的互联互通，科学管理和运用统计智能办公系统，使各项统计调查专业工作和普查工作信息资料通过统计内部网络实现及时报送、反馈，提高了工作质量和工作效率。在提供优质硬件保障的基础上，结合各项统计调查工作，编制开发系列程序和分析模板，加大实用操作技能培训力度，提高统计工作水平。依托全省统计信息化系统建设所创造的良好环境，在确保市、县(区)、乡统计信息网络畅通的前提下，稳步推进数据采集处理软件系统建设，为联网直报系统建设的实施提供安全、可靠的软硬件环境。年内，统计智能办公系统已使市、县(区)统计调查部门和各乡(镇)统计站人员实现了互联互通，工作质量和效率明显提高。

（蔡　伟）

高新技术产业开发区

【概　况】 2011年，玉溪高新区全年实现生产总值(不含红塔集团，下同)达42.21亿元，按可比价格同比增长17.5%；园区经济总收入(技工贸总收入)116.6亿元，同比增长32%；工业总产值(现价)74.45亿元，同比增长26.9%；规模以上工业增加值23亿元，同比增长35.8%；地方财政一般预算收入3.16亿元，同比增长43.3%；社会消费品零售总额22.8亿元，同比增长19.7%；招商引资到位资金11.14亿元，同比增长69%；全社会固定资产投资13.14亿元，同比增长25.4%；进出口总额3 240万美元，同比增长50.3%。全年园区共实施重大基础设施建设项目12项，计划总投资1.7亿元，其中新建项目8项，续建项目4项，项目有序推进。一是完成高新区九龙片区规划环评的编制，经过专家评审，最终取得省环保厅批复。九龙片区控制性详细规划的编制已完成，园区路网规划调整相关事宜正在协调落实。二是沃森生物科技产业园发展用地规划初步确定，沃森研发中心建设完成选址正在开展前期工作。以创新公司为龙头的烟草配套产业园规划建设正在推进。三是支持和协助供电部门完成九龙片区220千伏高鼓楼和110千伏春和两个变电站建设的同时，加快园区配网建设。四是启动九龙片区所有干道及相关管网建设，完成了一经、二经、三经、五经、二纬、六纬、七纬路及沙沟路改造工程。完成了三经、四经、五纬路供水工程，九龙片区二次供水工程已完成大部分管道铺设，水池及泵站可研已完成。五是如期完成了九龙片区燃气供应年储供应750万立方米的燃气站配套建设。六是加快科技创业园建设步伐，创业大厦、孵化大楼、服务中心内装进入收尾，室外工程有序推进。七是明珠路与南祥路交叉口绿化进行了改造，完成了九龙路南北两侧大部分人行道铺设工程。八是根据市政府的安排，启动了1 000多套的公租房建设。九是加强规划管理工作，全年共办理选址意见书和用地规划许可证26份，建设工程规划许可证23份，规划竣工验收14项。

【招商引资和项目建设】 2011年，玉溪高新区招商引资到位资金11.1亿元；新增签约项目5项，投资总额11.6亿元；新增在谈5 000万元以上的项目共9项，协议意向投资总额39.9亿元；新开工项目8项，在建工业项目12项。一是进一步落实部门责任，加大在建项目的建设力度。沃森二期、达利食品、云锡同乐等重点项目已建成投产。沃森三期已完成基础工程建设。二是组织相关企业和项目单位参加第十九届昆明进出口商品交易会。与玉溪创新材料股份有限公司等3家企业签订投资协议，投资金额达3亿元。三是制定出台了《玉溪高新区科技创业园管理办法》、《玉溪高新区科技创业园管理办法实施细则》、《玉溪高新区科技创业园入驻项目工作流程指导》和《玉溪高新区科技创业园物业管理规定》。为科技创业园专项招商创造了条件。四是对入园多年，但尚未完成投资协议、未达产和生产经营长期不正常的项目进行清理，落实具体整改措施。五是对完成投资的玉溪明珠花卉项目和玉溪爱西贝特传输系统(云南)公司的项目进行了竣工综合验收。

【建党90周年系列活动】 2011年4月至2011年10月，玉溪高新区开展纪念中国共产党成立90周年系列活动。活动内容包括：生态玉溪青春建功环保活动；高新区纪念建党90周年"五四"联谊晚会；高新区庆祝建党90周年红歌大合唱活动；展高新风采，为党旗增辉演讲比赛；庆祝建党90周年，展现高新区风采为主题的团体太极拳比赛；高新区庆祝建党90周年文艺调演；庆祝建党90周年，玉溪高新区第五届职工体育运动会。

【帮扶新居田建设安居房】 2011年5月23日，玉溪高新区党政领导班子及相关局室负责人，到元江县青龙厂镇朋程村委会新居田村民小组，了解彝族山苏支系安居房建设的工作情况。在此之前，班子成员组织相关技术人员多次到元江和县、镇、村、组相关负责人一道对安居房建设做细致地研究，拟定可行的建设方案。在建设资金不足的情况下，又及时召开党政联席会，筹措资金，对新居田村民小组22户山苏安居房建设诚挚帮扶，每户帮扶建设资金1万元，共计22万元。每户安居房为砖混结构，占地80平方米，建筑面积95平方米。新居田村民小组安居房建设已竣工。

【创卫工作】 2011年6月4日，高新区党政班子领导和高新区创卫办负责人组成检查组，对园区内的创卫各项工作进行了自检自查。

检查组一行先后对抚仙路、东风南路和明珠路边的保洁、绿化、基础设施及葫芦园农贸市场、网吧、科技孵化大楼建筑工地等进行了检查。针对发现的铺面卫生、明珠路车辆乱停乱放等问题，检查组要求高新区创卫办及相关责任单位要及时进行整改。一是与园区企业负责人签订了创卫工作责任书，与辖区内单位和商铺负责人签订门前“三包”责任书。落实创卫经费，拨付农贸市场改造专项资金，联合高新工商分局、凤凰路办事处对高新区3个农贸市场及周边环境综合整治。二是配合凤凰路办事处做好辖区内东风大沟沿线环境的整治。开展园区“七小行业”专项整治，规范经营，取缔不合格经营项目。三是营造创卫氛围，在区内道路两旁安装创卫宣传路牌广告130多块，宣传范围从东风路、明珠路等主干道延伸至多条次干道，扩大了宣传范围。四是清理城乡结合部陈年垃圾、杂草、下水道等卫生问题，不留死角。实施区内雨、污水管道防洪应急工程，清理排水管道，对东风南路、文化路、桂山路、宁州路等管道严重阻塞路段进行开挖清淤，改造东风南路与桂山路、秀山路交叉口路口排水不畅的下水管道。五是修复区内破损道路，修复东风南路、秀山路1 000平方米破损路面。完成星云路以北东风南路、明珠路、秀山路等路段人行道修复及路口硬化工程。六是对区内道路照明系统进行检修改造，抢修更换路灯，已建成城市道路装灯率达到100%，亮灯率达到99%以上，灯源全部为达到国家标准的高压钠灯，高效节能灯具应用率达98%以上。七是清理流动摊点、临街铺面、烧烤摊点占道经营现象。延长清扫保洁时间，从早上7点至夜间9点30分加大环卫力度，增加垃圾清运次数，循环清理生活垃圾，攻坚阶段共计清除垃圾100余吨。八是累计拆除违章建筑、临时建筑近1000余平方米。对区内仍在使用实体围墙和拥有自建简易房的12家单位和小区发送整改通知，清理园区墙体及卷帘门上的非法小广告及乱贴乱画等“城市牛皮癣”共计500余平方米。

【创建国家高新区工作】 2011年1月17日，省政府向国务院书面上报关于玉溪高新区升级建设国家高新区的请示。4月1日，高新区管委会承办了国家科技部高新司工业发展处在玉溪召开的生产力促进中心等规划地方座谈会，4月2日下午，与会的高新司领导和专家到管委会听取了高新区升级工作的汇报，查看了基础材料，对玉溪高新区升级国家高新区提出了具体的指导意见和建议，得到了科技部高新司的现场指导和培训。3月2日，副市长王跃主持召开了创建工作相关部门负责人参加的专题会议，要求高新区管委会和市直相关部门要统一思想，提高认识，形成合力，共同推进创建国家玉溪高新区的申报工作。3月16日，创建领导小组召开第一次联席会议，重点研究了相关报件材料的准备工作和迎接科技部专家评审组考察评审的工作。4月21日，市长高劲松在高新区主持召开了推进创建国家玉溪高新区工作现场办公会，对创建国家玉溪高新区提出了具体的工作要求和目标任务。6月30日，科技部专家组对创建国家玉溪高新区工作进行了现场考察和评审。7月1日，副市长王跃主持召开了创建国家高新区领导小组会议，对专家评审后如何推进创建国家高新区工作提出了要求。8月初，省委副书记李纪恒、省人大副主任晏友琼分别在率省属相关部门领导和部分全国人大代表到玉溪高新区进行专题调研，鼓励玉溪高新区加人高新区升级工作推进力度。8月中旬，省科技厅，玉溪市有关领导赴京，就建设玉溪国家高新区纳入部省会商和落实专家组考评意见的情况向科技部领导进行了专题汇报。8月31日，市委书记孔祥庚率队到高新区调研民营经济发展和园区建设，并在高新区主持召开了民营经济发展和园区建设座谈会，对高新区近几年所取得的成绩给予肯定，对创建国家高新区工作提出了希望和建议。科技部和云南省政府于10月11日在昆明进行了部省会商，玉溪创建国家高新区工作列入了云南省与科技部工作会商的重要内容，引起了科技部部长万钢和云南省委书记秦光荣的重视。科技部副部代表科技部发言时表示将进一步加强统筹规划和指导，加快玉溪高新区的建设步伐，为升级国家高新区奠定基础和条件，支持玉溪高新区升级为国家高新区。9月，省发改委、省住建厅、省国土厅领导分别到国家发改委外资司、住建部城乡规划司、国土部土地利用司等部门进行了沟通和对接，得到了相关部委的支持。根据专家组的意见和建议，10月27日，省科技厅和市政府于向科技部上报了《关于以升促建带动玉溪高新区跨越式发展的情况报告》。

【公租房建设项目开工】 2011年9月16日，玉溪高新技术开发区管委会承担建设的1 000余套公共租赁住房项目举行开工。共租赁住房项目位于南片区南祥路东段原化肥厂办公区内，占地41.86亩，规划设计总建筑面积10.28万平方米，预计总投资2.5亿元。

【高新区年度经济工作暨表彰会议】 2012年1月12日，高新区召开2012年度经济工作暨表彰会议。会议回顾总结了园区2011年的主要工作成效和经验，分析当前存在的主要困难和问题，安排2012年的主要任务，表彰优秀企业，对2011年度在财政收入贡献、科技创新、项目建设推进等方面成绩显著的企业给予表彰奖励。获地方财政贡献一等奖有8户(年度地方财政纳税500万元以上)：云南电网公司玉溪供电局、玉溪沃森生物技术有限公司、玉溪市商业银行股份有限公司、玉溪龙马房地产开发有限公司、云南红塔物业有限公司、云南玉溪高新技术产业开发区房地产开发有限公司、玉溪创新彩印有限公司、云南红塔塑胶有限公司，分别给予20万元奖励；二等奖6户(年度地方财政纳税300万元以上500万元以下)：中国石油化工股份有限公司云南玉溪石油分公司、云南荷乐宾防伪技术有限公司、云南达利食品有限公司、玉溪天源房地立开发有限公司、云南天宏香精香料有限公司、玉溪市金河房地产开发有限公司，分别给予10万元奖励；三等奖20户(年度地方财政纳税100万元以上300万元以下)：云南玉溪东魅包装材料有限公司、玉溪志程(集团)房地产开发有限公司、云南德兴纸业有限公司、云南恩典科技产业发展有限公司、云南省玉溪恒立健安工程有限公司、云南红塔大酒店有限公司、云南省玉溪电力设计院、云南省玉溪市红塔运输有限公司、玉溪市维和维生堂保健食品有限公司、武钢集团昆明钢铁股份有限公司玉溪经营部、云南玉溪中汇电力设备有限公司、玉溪市汽车驾驶技术培训学校、玉溪聂耳新时代文化传媒有限责任公司、云南地质工程勘察设计院研究院玉溪分院、云南省玉溪市科技彩印有限公司、玉溪龙马大酒店有限公司、玉溪富豪房地产开发有限公司、云南玉溪诚远汽车销售服务有限公司、玉溪通保融资担保有限公司、云南玉溪腾龙物业有限责任公司，分别给予5万元的奖励。获科技创业企业奖3户：玉溪明珠花卉股份有限公司、玉溪山水生物科技有限责任公司、云南思达门业有限公司，每户奖励20万元。获高企通过复审奖3户：玉溪中烟种子有限责任公司、云南红塔塑胶有限公司、云南玉溪创新彩印有限公司，每户奖励10万元。获企业技术中心（或行业工程技术研究中心）奖3户：云南德兴纸业有限公司（市级企业技术中心）、云南恩典科技产业发展有限公司（市级企业技术中心）、云南红塔塑胶有限公司（市级软包装工程技术研究中心），分别奖励10万元。还对获专利、省级名牌产品、省级新产品、市级科技成果、省级著名商标、市知名商标、项目建设最佳进度的企业给予奖励。

【云南生物医药产业发展论坛在玉溪举办】 2011年12月17日，云南生物医药产业发展论坛在玉溪举办，中国医药企业管理协会会长、国家发改委生物医药专家委员会副主任于明德，国务院发展研究中心金融研究所副所长、享受国务院特殊津贴专家巴曙松，玉溪市市长高劲松出席论坛，论坛由云南省发展生物医药产业领导小组办公室、云南省发展和改革委员会、玉溪市政府主办，玉溪高新区管委会、云南生物技术股份有限公司承办，和君集团有限公司协办。在这次生物医药产业发展论坛上，11位专家、学者针对云南如何抓住机遇，从生物资源王国向生物医药产业王国迈进发表了真知灼见。其中，于明德作了《解读国家“十二五”生物医药产业发展规划》演讲，巴曙松作了《中国宏观金融政策展望》演讲，高劲松作了《加快玉溪生物医药产业发展，推进玉溪科学发展、和谐发展、跨越发展》演讲。

（吴　磊）

农业

编辑：刘仕荣

农业管理

【获粮食增产奖】 2011年，玉溪市人民政府和元江县获得云南省2010年度粮食增产奖励。玉溪市人民政府、华宁县、元江县、峨山县、易门县、通海县、澄江县获得云南省2010年度粮食增产奖励，并受到省政府的表彰。

【农业固定资产投资获奖】 根据市农业局与市政府签订的2010年固定资产投资任务责任书内容，经市统计局考核，确认市农业局2010年完成了农业固定资产投资12.5亿元，获得市政府“完成全社会固定资产投资目标任务重点行业主管部门奖”。

【农业专项扶持资金】 2011年度，中央、省级、市级投入玉溪市农业部门专项扶持及补助资金30 103.57万元(不含烤烟生产扶持)，比上年的39 120.06万元减少9 016.49万元，减23%。其中：中央18 544.14万元，省级7 274.76万元，市级4 284.67万元。

【惠农直补】 2011年，中央继续实施惠农直补政策。对玉溪市的补贴有：1.良种补贴。(1)农作物良种补贴：水稻良种41.93万亩，每亩直补10～15元，补贴资金628.93万元。玉米良种62.15万亩，每亩直补10元，补贴资金621.49万元。小麦良种30万亩，每亩直补10元，补贴资金300万元。油菜良种11.3万亩，每亩直补10元，补贴资金113万元。(2)能繁母猪补贴11.05万头，每头补贴100元。其中：中央662.88万元，省级88.38万元，市级220.96万元。2. 农业保险补贴。(1)农作物种植保险补贴：水稻6.6万亩，保险金额每亩210元，保险费每亩10.5元，保费补贴49万元。玉米4万亩，保险金额每亩200元，保险费每亩10元，保费补贴28.5万元。油菜10万亩，保险金额每亩230元，保险费每亩11.5元，保费补贴80.5万元。(2)养殖业保险：能繁母猪17万头，保费补贴487.4万元，保费每头补贴60元，中央、省、市、县承担80%，农民个人承担20%，保险金额1 000元。奶牛0.12万头，保费补贴17.6万元，保费每头补贴360元，中央、省、市、县承担60%，农民个人承担40%，保险金额6 000元。3. 农业机械购置补贴。补贴购置农机12 635台(套)台，资金2 040.4万元。平均每台(套)补贴30%。4. 种粮农民生产资料补贴。补贴面积140.3万亩，资金6 344万元。5. 草原生态保护补助奖励。2011年澄江县、华宁县、峨山县、新平县、元江县首次实施中央草原生态保护补助奖励惠农政策。补贴面积885.43万亩，资金1 857.22万元。

【云南玉溪凤凰生态食品有限责任公司获扶持】 云南玉溪凤凰生态食品有限责任公司获2011年中央财政生猪产业化项目资金1 200万元的扶持。专项用于云南玉溪生猪屠宰加工基地冷链物流配送系统建设。

【农业有害生物预警与控制区域站建设】 红塔区、元江县列为2011年度中央预算内《农业有害生物预警与控制区域站建设》项目县。红塔区中央投入395万元，元江县中央投入415万元。

【通海云江奶牛场获扶持】 通海云江奶牛场获得2011年中央预算内扶持资金130万元，专项用于奶牛标准化养殖改扩建。

【现代农业生产发展项目】 2011年，玉溪市有4个县列为中央农业生产发展——蔬菜产业项目县。其中：江川县600万元、通海县200万元、易门县200万元、新平县200万元。主要用于蔬菜基地基础设施、园艺设施、包装及技术推广补助。二个县列为中央农业生产发展牛产业项目县。其中：华宁县400万元、元江县400万元。主要用于养殖园区和养殖户猪厩、排污、良种繁育等基础设施设备和良种猪补贴。

【专业合作社扶持】 2011年，红塔区有8个生猪产销专业合作社得到中央、省、市财政资金的扶持。中央补助资金合计100万元；省级扶持资金合计56万元；市级扶持资金合计18万元，三级合计174万元扶持资金主要用于基地设施、设备、总新品种引进、产地认证、市场开发扩技术培训。

【中央基层农技推广体系改革与建设县】 2011年，红塔区、通海县列为中央基层农技推广体系改革与建设县，每个县(区)中央投资100万元用于农作物主导产业示范基地建设，技术指导，农业科技示范等环节。

【农产品质量安全检测站建设】 2011年，农业部批准澄江县、易门县、新平县实施县级农产品质量安全检测站建设，每个县总投资300万元。其中：中央240万元，省20万元，市、县配套40万元。主要用于实验室改造、仪器设备购置及信息库建设等。

【退耕还林】 从2008年起，玉溪市的八县一区全面实施中央财政巩固退耕还林成果项目，建设期限为5～8年。2011年，中央投资1 248.2万元。涉及农业部门实施的项目有：建设基本口粮田1.70万亩地，补贴资金1 030.5万元；农村能源节柴灶推广3 500眼，补贴资金30.82万元；太阳能推广1 900户补贴资金361.4万元；后续产业建设畜禽棚圈[illegible]平方米、青贮窖2 100立方米、饲料地3 000亩，补贴资金138.28万元；农业技术培训1 560人，补贴资金26.78万元。

【测土配方施肥重点县】 2011年，玉溪市八县一区继续列为中央测土配方施肥项目重点县，每个县中央投资30～50万元。项目资金主要用于测土配方施技术推广、试验、设备仪器更新等。

【农业产业化经营扶持】 2011年，玉溪市共有21个农业龙头企业和部门获得2 351万元省级财政资金的扶持。其中：玉溪市兴田科技有限公司、玉溪沃森生物技术有限公司、澄江县正飞中药材有限责任公司3个企业获得省级发展生物产业整合资金项目扶持。红塔区畜牧兽医局现代家禽蛋鸡良种繁育体系建设、通海县农业局蔬菜原料基地建设、云南省宏斌绿色食品有限公司、云南金土地绿色产品开发有限责任公司4个部门和企业获得省级整合资金扶持农业产业化项目扶持。红塔区蔬菜出口基地、通海县生猪养殖基地、新平县特色水果基地、元江县竹产品加工、云南玉溪凤凰生态食品有限责任公司、云南省利达食品有限公司、云南省阳光食品有限公司、通海县东绿食品有限公司、通海县汪家富蔬菜有限公司、云南丽都花卉有限公司、云南阿穆尔鲟鱼养殖场有限公司、云南易门山里香食品有限责任公司、云南玉溪源天生物产业开发有限责任公司、云南玉溪金土地绿色产品开发有限责任公司14个部门和企业获得省级农业产业化项目资金扶持。

【中低产田地改造】 2011年，通海县列为省级地方政府债券中低产田地改造项目县。在解家营、七街建设以沟渠路、水池水窖配套，集雨节水灌溉，培肥地力为主的中低产田地改造。实施面积3 000亩，省级投资300万元。

【生猪良种繁育及规模养殖百万工程】 2011年，云南省实施生猪良种繁育及规模养殖百万工程。玉溪市实施生猪良种繁育体系建设项目有：江川县赛奥良种科技有限公司，省级财政投资50万元；易门县扬翔标准化种公猪站50万元。实施生猪规模养殖百万工程建设项目有：云南通海佳缘有限责任公司300万元；江川县皇壮牧业有限公司80万元。

【种子站建设】 2011年，省级加大对现代农业种业建设扶持力度。玉溪市种子站实施农作物种子质量检测分中心建设，省级财政资金280万元。新平县种子站实施种子生产市场重点县监管能力建设，省级财政资金145万元。

【财政资金贴息扶持】 2011年，市级财政资金继续执行贴息扶持畜牧规模化养殖，贴息贷款规模由上年的1.5亿元增加到2亿元。按中国人民银行2010年基准利率年息5.6%计算，养殖户承担年息的2.6%，县级财政承担年息的1%，市级财政承担年息的2%。市级贴息补助及工作经费500万元。

【村级动物防疫员补贴】 2009年起村级动物防疫员工资由原来每人每月补助80元，提高到300元。其中：市级补助标准每人每月200元，要求各县(区)的补助标准每人每月不得低于100元。全市村级动物防疫员实施人身意外伤害保险，人均年度保费100元，市、县(区)各承担一半。2011年在全市继续执行。

(李跃先)

【全国农产品加工业示范企业】 2011年12月，云南宏斌绿色食品有限公司被农业部确定为第二批全国农产品加工业示范企业。农业部2005年开始确定全国农产品加工业示范企业，截至2011年，已确定两批全国农产品加工业示范企业。

【农业产业化项目扶持】 2011年，云南省财政厅、云南省农业厅发文下达玉溪市省级农业产业化专项资金1 330万元，扶持通海县蔬菜出口基地建设等4个县(区)的产业化基地项目和云南达利食品有限公司等10户龙头企业的农产品加工项目。

【农业产业化市级龙头企业认定】 2011年12月，经玉溪市人民政府批准，玉溪市农业产业化领导小组按照《玉溪市农业产业化市级龙头企业认定和运行监测暂行管理办法》规定的认定标准和程序，认定玉溪国家粮食储备库等22户企业为第四批玉溪市农业产业化龙头企业。截至年底，全市已有市级以上农业产业化龙头企业100户。

【农业产业化国家重点龙头企业】 2011年12月，农业部、国家发改委、财政部、商务部、中国人民银行、国家税务总局、中国证监委、全国供销合作总社等8部门联合印发了《关于公布第五批农业产业化国家重点龙头企业名单的通知》，公布第五批农业产业化国家重点龙头企业，玉溪市的云南宏斌绿色食品有限公司榜上有名，跻身于农业产业化国家重点龙头企业行列，实现了市内“国”字号农业龙头企业零的突破。

【生物产业目标管理获省一等奖】 2011年，根据《全省生物产业发展目标责任管理检查考核实施办法》，云南省人民政府对玉溪市生物农业增加值、生物工业增加值、生物产品出口创汇额、税收、规模以上龙头企业数、生物产业招商引资等指标进行考核和评定，被评为一等奖。

【组团参加云南生物产业科技成果展示交易会】 2011年6月5日，云南生物产业科技成果展示交易会在昆明召开。这次交易会集中展示了云南省科研单位在生物产业领域的最新研究成果和先进实用技术，促成了一批生物科技项目成功交易，通海丽都玫瑰花有限公司、通海县东绿食品有限公司与云南省农科院达成科技项目合作协议，并参加了大会组织的集中签约。

【农产品出口】 2011年，全市农产品自营出口总额达24 373万美元，比上年增12 675万美元，增幅达108.4%，占到全市出口总额的68.1%，其中蔬菜出口199 330吨17 167万美元，占全市出口总额的48.90%，居全市出口产品第一位。全市有8户企业出口超过千万美元，分别是云南玉溪百信食品进出口有限公司、澄江恒阳农业开发有限公司、通海县东绿食品有限公司、通海高原农产品有限公司、云南通海宋威农产品进出口有限公司、通海茂源果蔬进出口有限公司、云南江川汇海农产品有限公司、华宁盛泉果蔬实业有限公司，其中云南通海宋威农产品进出口有限公司以5 414万美元的出口成绩稳居2011年玉溪出口企业榜首，跻身全省出口企业前20强。

（高　瑾　李连兴）

【食品安全宣传】　2011年6月13日，市农业局在通海县河西镇采取现场咨询、印发宣传材料、播放宣传片、粘贴标语等形式，开展法律法规宣传咨询活动，共发放《玉溪市农产品安全生产知识手册》、《农产品质量安全监管工作手册》、《生鲜乳及乳产品法律法规读本》、《农产品安全生产基本知识》、《食用农产品安全消费80问》、《农产品质量安全人人有责宣传画》等各种宣传资料5 643（册）份，现场咨询和服务群众近1万人次。

（林姣姣）

【农业执法队伍建设】　2011年，华宁县、峨山县、江川县、新平县、元江县、易门县相继成立了农业综合执法大队，至此，全市市直和八县一区均建立了农业综合执法机构，全市农业综合执法率达100%。7月21～22日，市农业局举办了一期农业行政执法人员业务培训班。参加培训的有全市九个县（区）农业局、畜牧兽医局、农业综合执法大队、局机关有关科室、局属有关单位的执法人员和法制机构工作人员共计105人。10～11月，市农业局组织局机关全体公务员和局属各单位持有执法证件的在职职工共158人，参加了《行政强制法》学习、培训和考试。11月20～23日，市、县（区）农业局农业综合执法大队的22名执法人员在云南行政学院，参加了云南省农业厅举办的全省农业综合执法机构负责人和业务骨干培训班。这次培训内容包括农业行政执法调查取证、农业行政处罚文书制作及案卷评查、农业行政强制、农业行政许可、行政处罚、农资打假和农产品质量安全执法、行政执法实践存在问题、农药质量初判及检验、化肥质量初判及检验、种子市场检查及标签识别等9个专题。

（林姣姣　张　明）

【农业法律法规宣传】　2011年11月4日，玉溪市、红塔区农业局在聂耳文化广场开展深入推进创先争优，志愿服务人民群众宣传咨询服务活动，共有56名在职职工走出机关，走进社区，为广大人民群众提供惠农政策解答、种养技术、识假辨假知识、法律法规咨询，现场摆放农产品质量安全、农资安全、农机安全以及种养技术等宣传展板28块，共计发放相关宣传资料8 600份。12月5日，市局组织15人的法制宣传队伍参加了玉溪市2011年全国法制宣传日和云南省宪法宣传周宣传咨询活动，共发放农业法律法规、农机安全宣传挂历、拖拉机安全宣传挂图、高毒农药替代产品和使用技术挂图等宣传资料共3 500余份。

（林姣姣）

【省委联系专家评选】　2011年5月，中共云南省委联系专家名单揭晓，玉溪市农业系统有3名专家入选。他们分别是：新平县农机校高级工程师刘世恩、玉溪市农业科学研究院农业技术推广研究员杨绍聪、杨进成。省委联系专家是指在云南省各个领域取得重大成就、作出突出贡献、在省内外有较大影响的各类专家和优秀人才，是创新创业创优人才的突出代表。这次入选的专家是各州、市党委和省直各单位党委（党组）根据推荐条件，经层层选拔推荐，行业牵头分类评审，择优提出初选名单，并经省人才工作领导小组审定后，报省委审批公布的。

【《玉溪农业工作手册2011》出版】　2011年11月，市农业局根据各县（区）、各乡（镇）的统计年报数据，收集了涉农相关指标、文件和报告，编辑出版了《玉溪农业工作手册2011》，作为内部信息交流资料。《玉溪农业工作手册2011》，印刷2 000册。主要内容共分六个部分，第一部分2011年全省和玉溪市经济社会发展主要任务；第二部分综合；第三部分玉溪农业发展概况；第四部分2008～2010年玉溪市各县（区）农业生产主要统计指标及在全省的比重和所处位次；第五部分2008～2010年玉溪市各乡（镇）、街道农业主要统计指标及位次；第六部分相关文件、报告摘录。

（张　明）

【农村集体“三资”网络监管平台运行】

2011年12月，全市农村集体“三资”网络监管平台运行。农村集体“三资”网络监管平台建成运行后，乡（镇）农村集体“三资”委托代理服务中心可在线登录录入“三资”数据，村民上网可查询有关“三资”情况，可以更好地行使民主管理权、监督权；上级有关部门和单位可以在线登录、查询农村集体“三资”管理工作情况，加强监督，确保农村集体“三资”管理规范化。截至年底，全市有52个乡（镇）、453个村、3 793个村民小组“三资”数据全部录入；17个乡（镇）、67个村、527个村民小组正在录入“三资”数据。

【农村集体“三资”管理办法出台】

2011年，市农经站组织调研，草拟并报相关部门出台了《玉溪市推行农村集体资金资产资源委托代理服务实施方案》，推行农村集体“三资”管理和委托代理服务，搭建农村集体“三资”网络监管平台，实施农村集体“三资”网络化监管。至年底，市、县（区）、乡（镇）三级预算安排“三资”委托代理工作经费826.72万元，到位753.34万元；全市52个乡（镇）新设“三资”委托代理服务工作办公地点；74个乡（镇）已挂“三资”委托代理服务中心牌子，配置计算机407台，打印机139台，复印机31台，电子触摸屏83台，其他办公设备56台；全市“三资”委托代理机构共有工作人员436人，其中新增177人；全市培训“三资”委托代理服务工作人员13 449人；全市661个村委会、6 188个村民小组完成了三资”清查任务；653个村、6 059个村民小组签订了委托代理协议；653个村、6 059个小组建立了“三资”台账；52个乡镇、453个村居委会、3 793个村民小组的“三资”数据录入工作已经结束；74个“三资”委托代理机构建立健全了各项管理制度和工作流程；全市发布“三资”委托代理服务工作信息244条。

【审计监督】　为全面反映财务制度执行情况，严肃查处违法乱纪行为，农经部门认真抓好常规审计工作。2011年，全市7 425人参加审计，已审单位6 850个，审计金额429 671万元。审计结束后，对存在问题提出处理意见，审计结果进行公开，错误账目进行更正。

【村级集体财务公开】　2011年，全市有661个村委会6 189个村民小组成立民主理财小组并开展活动，占村组总数的100%。全市有74乡（镇）、661个村委会、6 189个村民小组公开集体财务，乡、村、组公开面均达100 %。

【农经管理人员培训】　2011年，市、县（区）、乡（镇）三级筹集培训经费63.8万元，举办培训班250期，培训农经干部、村组干部、财务人员、民主理财小组成员18 180人次，培训内容涉及农村“三资”管理清产核资及软件使用、村集体经济组织会计制度、农民专业合作社管理人员及财务人员、相关法律法规等方面。

（缪丽润）

【村组负债】　2011年，全市空壳村271个，占总村数的41%；村组负债

94 673万元，比上年增加5 899万元，增6.6%，其中兴办公益事业负债7 049万元，占7.4%。全市村均负债143万元，人均负债525元。

（廖树琼）

【农民负担保持较低水平】 2011年，全市农民共上交集体各种款项1 610万元，比上年增加338万元，主要原因是地价上升，土地承包金增加所致；农民筹资和以资代劳717万元，比上年减少32万元；生产性收费1 924万元，比上年减少51万元；行政事业性收费3 201万元，比上年减少44万元；罚款10万元，比上年减少5万元，“一事一议”筹劳915 436个，比上年减少215 885个，农民承担的费用和劳务总体较轻。另一方面，国家对农民的补贴增加，2011年，政府对农民补贴37 409万元，比上年增加14 033万元。

【农民专业合作社发展】 2011年，全市在农业部门备案的农民专业合作社共366个，比上年增加86个，增30.7%。其中已经登记注册的364个，2个正在注册过程中，10个建立了党支部，参加农民专业合作社的成员37 079人，比上年增加9 348人，增33.7%，带动非农民专业合作社成员78 551户，参加农户及带动的农户占全市农户数的22.1%，比上年提高2.4个百分点。366个农民专业合作社中，按行业划分：种植业251个占68.6%，林业20个，占5.5%，畜牧业48个，占13.1%，渔业2个，占0.5%，服务业38个，占10.4%，其他7个，占1.9%。按牵头人身份划分：农民牵头的340个，企业牵头的7个，基层农技服务组织牵头的5个，其他14个，90%以上的合作社都是由农民自己牵头组办。按经营服务内容分：产销一体化的合作社232个，生产服务为主的69个，营销服务为主的15个，购买为主的5个，仓储1个，加工服务1个，其他43个，专业合作社主要还是集中在生产和销售环节，但从事服务的合作社增加较快。

2011年，农民专业合作社经营能力提升，农民专业合作社统一组织销售农产品总值67 361万元，比上年增加11 708万元，增21%，统一销售农产品80%以上的合作社137个，比上年增加21个；统一购买生产物资11 175万元，比上年增加3 916万元，增53.9%；统一购买生产物资80%以上的合作社64个，比上年增21个；年内培训人员达79 268人次；32个合作社拥有注册商标，10个合作社通过了产品质量认证。合作社实现可分配盈余1 213万元，比上年增加664万元，增1.21倍。其中，按交易量返还718万元，占59.2%，按股分红348万元，占28.7%。

（曾应春）

【农村土地承包经营权流转】 2011年，玉溪市现有家庭承包经营的农户46万户，家庭承包经营耕地面积120万亩，家庭承包经营权流转面积为162 776亩。其中：转包22 430亩、出租132 862亩、互换907亩、转让1 263亩、股份合作4 298亩，其他方式流转1 016亩；流转形式以转包、出租为主。家庭承包耕地流转去向：流转入农户76 484亩，占流转面积的46%；流入专业合作社14 441亩，占流转面积的10%；流入企业48 096亩，占流转面积的29%；流转入其他主体的面积23 755亩，占流转面积的15%。家庭承包耕地流转情况：农户间自发流转的面积73 622亩，占流转面积的45%；乡村组织提供信息流转的面积62 015亩，占流转面积的38%；委托乡村组织流转的面积25 391亩，占流转面积的15%；其他方式流转的面积1 748亩，占流转面积的2%。在已流转的土地中，流转用于种植粮食作物23 877亩，流转出耕地农户数74 395户。

【土地承包经营纠纷调解】 2011年，全市共发生农村土地承包纠纷573件，已调解559件。为使纠纷得到更好解决，易门县首家成立了农村土地经营权纠纷仲裁委员会，建立仲裁庭，逐步建立起民间协商、乡村调解、依法仲裁、司法保障的农村土地经营权纠纷调处机制，易门县农村土地承包经营纠纷仲裁机构的建立，在市内起到示范和带动作用，使农村土地经营权管理水平又上了一个新台阶。

（缪丽润）

【农村经济增势强劲】 2011年，市农经站对全市74个乡（镇）、661个村、6 189个村民小组2011年农村经济运行情况进行全面调查统计。全市2011年实现农村经济总收入1 060.68亿元，比上年增166.74亿，增长18.7%。从经营层次看：乡（镇）办企业收入158.43亿元，村组集体经营收入148.67亿元，农民家庭经营收入746.57亿元，农民专业合作社收入1.22亿元，其他经营收入5.78亿元。从行业划分看：农业收入78.61亿元，林业收入2.59亿元，牧业收入41.55亿元，渔业收入3.12亿元，工业收入575.49亿元，建筑业收入77.25亿元，运输业收入70.13亿元，商饮业收入145.51亿元，服务业收入37.89亿元，其他收入28.53亿元。

【农村经济费用增加】 2011年，全市农村经济总费用939.03亿元，比上年增148.98亿元，增长18.9%。在总费用中：生产费为879.39亿元，比上年增173.92亿元，增长24.7%；管理费51.61亿元，比上年增3.43亿元，增长7.1%。成本费用率为88.5%，比上年上升了0.15个百分点。由于各种生产资料价格上涨，从而导致费用率上升。

【农民人均收入稳步增加】 2011年，全市农村经济可分配净收入总额136.61亿元，扣除上交国家税金21.16亿元、上交国家有关部门3 038万元等，农民所得总额为105.20亿元。农民人均所得达5 830元，比2010年的4 978元增852元，增长17.1%。

【农民人均所得超6 000元乡（镇、街道）】 2011年，全市33个乡（镇、街道）农民人均所得超6 000元。分别是：纳古镇10 704元、华溪镇8 029元、玉兴街道办事处7 717元、凤凰街道办事处7 652元、玉带街道办事处7 651元、李棋街道办事处7 521元、大营街街道办事处7 436元、春和街道办事处7 358元、北城街道办事处7 156元、盘溪镇6 914元、秀山街道办事处6 871元、宁州街道办事处6 861元、高仓街道办事处6 716元、凤麓街道办事处6 630元、小石桥乡6 586元、双江街道办事处6 520元、研和街道办事处6 512元、大街街道办事处6 446元、前卫镇6 442元、江城镇6 422元、龙泉街道办事处6 379元、河西镇6 315元、浦贝乡6 186元、九溪镇6 134元、小街街道办事处6 123元、桂山街道办事处6 123元、化念镇6 106元、甸中镇6 080元、六街街道办事处6 076元、青龙镇6 066元、高大乡6 039元、绿汁镇6 027元、路居镇6 008元。

【农民人均所得超6 000元村（居）委会、社区】 2011年，全市263个村（居）委会、社区农民人均所得超6 000元。其中：红塔区65个、江川县52个、澄江县5个、通海县33个、华宁县46个、易门县27个、峨山县23个、新平县11个、元江县1个。

【农民人均所得突破12 000元村（居）民小组】 2011年，全市27个村（居）民小组农民人均所得突破12 000元。分别是：峨山县甸中镇昔古牙村委会小法竜35 561元、易门县六街街道办事处柏树社区十八组21 252元、红塔区春和街道办事处刘总旗社区七组19 774元、红塔区高仓街道办事处桃源社区四组19 677元、华宁县宁州街道办事处新庄村委会新庄小组18 225元、红塔区大营街街道办事处大营街社区一组、二组、三组、四组、五组、六组、七组、八组、九组17 805元、澄江县龙街街道办事处忠窑社区八组16 200元、峨山县岔河乡云美村委会田心二组15 695元、江川县大街街道办事处朱家庄居委会九组15 525元、华宁县华溪镇花溪村委会六组13 803元、华宁县华溪镇花溪村委会五组13 076元、易门县龙泉街道办事处方屯社区十三组12 894元、华宁县青龙镇青龙村委会落岩山小组12 777元、通海县纳古镇三组12 611元、新平县漠沙镇龙河村委会下谷田小组12 307元、峨山县小街街道办事处文明社区三组上排12 258元、红塔区凤凰街道办事处泷水塘社区十四组12 255元、易门县小街乡罗尹村委会哨上十九组12 172元、华宁县海镜村委会老得坎小组12 148元。

（刘　英）

【参加香港美食博览会】　2011年8月11～13日，第22届香港美食博览在香港会议展览中心举办。玉溪市天方食品有限公司、甜馨食品有限公司参加展览，天方食品有限公司展示了“马老表”牌系列方便食品，甜馨食品有限公司展示了“猫多哩”牌系列产品。博览会期间初步达成合作意向30多项，合作金额近千万元。

【参加中国国际农产品交易会】　2011年10月30日至11月1日，第九届中国国际农产品交易会在成都市世纪城新国际会展中心举行。玉溪市4家企业参展，分别是云南大不同食品有限公司、华宁宁州香食品有限公司、易门山里香食品有限责任公司和华宁雅昇食品有限公司。

【参加昆明国际农博会】　2011年9月5～9日，第七届昆明泛亚国际农业博览会暨2011中国昆明国际花卉展在昆明国际会展中心举办。全市41家涉农企业参加农博会，共使用展位70个，产品涉及花卉、肉制品、粮油、保健品、腌制品、果品、野生菌、蔬菜、茶叶等。参展企业现场销售金额突破70万元，其中通海瑞园花卉与澳大利亚企业达成了4 000万枝洋桔梗的海外合作意向。

【参加在京举办的云南省特色优势农产品推介展】　2011年8月31日至9月2日，由云南省人民政府主办，省农业厅、省商务厅、省招商合作局等部门承办的云南省特色优势农产品推介展在北京农业展览馆举办。全省共有154家农业龙头企业参加农产品推介展，玉溪市共组织11家企业参加农产品展示展销、8家企业参加招商项目推介。展销产品覆盖腌腊肉制品、食用菌制品、糕点、茶叶、泡椒、保健品等特色优势产业，现场销售额10余万元，并达成多项意向性合作协议，通海县汪家富蔬菜有限公司与北京顺鑫石门农副产品批发市场签订蔬菜销售“南菜北运”金额6 000万元。

【名牌农产品】　2011年5月，全市推荐申报第四批省级名牌农产品企业10家11个产品，被认定6个，分别是云南省玉溪市甜馨食品有限责任公司的“猫哆哩”酸角果派和西番莲果派、新平华兴食品有限责任公司的“好甩”小米辣、玉溪滇雪粮油食品工业有限公司的“滇雪”菜籽油、云南易门丛山食用菌有限责任公司的“丛山”脱水食用菌、云南德春绿色食品有限公司的“德春”旅游藕粉。至此，全市累计认定国家级名牌农产品1个，省级名牌农产品26个。

【农产品检验检测体系建设】　2011年，在红塔区农产品质量安全检测站建成运行和通海县农产品质量安全检测站正在建设的基础上，争取到市级农产品质量安全检验检测中心建设项目1个，项目资金1 000万元；争取到县级检测站项目建设5个（澄江、新平、易门、江川、华宁），项目资金1 500万元。

【乡（镇）农产品质量安全监管机构】　2011年，澄江县、通海县获省级财政资金扶持建立乡（镇）农产品质量安全监管公共服务机构，实现了乡（镇）农产品质量安全监管公共服务机构全覆盖。做到有机构、有人员、有职能、有装备、有制度开展农产品质量安全监管工作，确保产出地的农产品符合国家农产品质量安全标准。

【红塔区建成中心城区12个农药残毒快速检测点】　2011年，红塔区农业局投资20多万元，在彩虹桥蔬菜批发市场、宏盛市场、东风市场、磊山大厦农贸市场、窑头农贸市场、新兴集贸市场、株瑾农贸市场、菜园街水果批发市场、彩虹桥蔬菜批发市场、百信超市、家佳超市和沃尔玛超市等建成12个快速检测点，每个点均有固定的检测设备、专业的检测人员、规范的检测制度。

【红塔区农产品质量安全检测站通过“三认证”】　2011年6月25日，红塔区农产品质量安全检测站通过省质监局和省农业厅“三认证”，获得农产品质量安全检测机构考核合格证书、食品检验机构资质认定证书和资质认定计量认证证书，具备出具第三方公正性检验检测报告的相应资质，使检测结果具有法律效力。批准资质认定授权的检测项目有五大类（农业环境、农产品、重金属、农药残留和水质），32个全项、85个单项，总计117个检测项目。

【唐海彦、普继琼获农产品质量安全检测技能大比武冠军】　2011年11月24～28日，全国首届农产品质量安全基层检测技术人员大比武总决赛在北京举行，全国32个省、区、市参赛。这次比赛共设农药残留快速检测、农药残留定量检测、兽药残留定量检测、兽药残留快速检测和水产品药物残留定量检测5个比赛项目。红塔区农产品质量安全检测站唐海彦、普继琼代表云南队参赛，经过理论知识考试、现场实作考核、电视抢答竞赛等环节的比拼，两位选手一路过关斩将，勇创佳绩，获得全国5个第一名中的2个（农药残留定量检测和农药残留快速检测），成为这次大比武中唯一获得两个第一名的代表队，为云南代表队闯入全国8强，夺得团体二等奖立下大功。

（毕德科）

【金农工程】　2011年，江川县、易门县共28个乡（镇）获农业部金农工程一期项目扶持。金农工程是国家电子政务“十二金”工程之一。项目涉及的2县农业局、28个乡（镇）信息服务站的软硬件建设，计算机38台、服务器2台、交换机2台、打复印一体机30台，统一由省农业厅采购，配送到2县农业局。11月14～16日，玉溪市举办金农工程应用系统培训班，各县（区）农业局办公室公文交换具体负责人、信息科（中心）负责人、信息员，各乡（镇）信息员，市农业局局机关各科室、局属各单位信息员等145人参加了培训。

（王　曦　杨光荣）

【“三农通”启动】　2011年10月，玉溪市“三农通”信息发布管理系统在一区八县启动。“三农通”是一个通过手机短信方式，把各个时令农民需要的种植、养殖和农村相关政策等信息免费发送到农民手机上，帮助农民及时掌握相关种养技术，了解到国家相关惠农政策的一个信息平台。

（赵艳丽）

【农村劳动力转移培训】 2011年，省农业厅和市政府安排农村劳动力转移就业培训任务为2万人，新增转移1.5万人。全市9个县(区)都争取到中央阳光工程项目和省级农村劳动力转移培训项目，有6个县(区)争取到中央阳光工程项目，承担培训任务0.46万人，资金177.5万元；有7个县(区)争取到省级农村劳动力转移培训项目，承担培训任务1.55万人，补助资金和示范性劳务招聘会补助355万元。经核实，全市农业系统实际培训23 613人，完成培训任务的118.1%；转移就业24 017人(未经培训转移1 222人)，完成培训任务的160%，经培训转移就业率达96.5%；举办劳务用工现场招聘会26场。

【农村劳动力培训转移信息化建设】 2011年，全市9个县(区)继续开展农村劳动力培训转移信息系统的基本信息的完善和培训转移信息的录入工作。玉溪市级财政安排19万元专项经费，推进农村劳动力培训转移信息化建设，截至年底，已采集、录入全市16～60周岁农村劳动力1 012 960人的基本信息。

（李龙梅）

【农村劳动力转移就业现场招聘会】 2011年11月1日，玉溪市农业局与红塔区政府联合主办农村劳动力转移就业现场招聘会。这次招聘会有105家用工企业提供3 200个就业岗位，进场求职者20 000余人，与企业达成就业意向的920人。

（金琨淇）

种植业

【粮食生产】 2011年，全市完成大小春粮食面积153.62万亩，同比增8.78万亩，增6.1%；粮食总产量53 267万千克，同比增8 123万千克，增18%；粮食平均单产347千克，同比增35千克，增11.2%，粮食面积、单产和总产量实现“三增长”。其中：小春粮食面积53.42万亩，同比增5.4万亩，增11.2%；粮食总产量9 251万千克，同比增6 017万千克，增长1.86倍；单产达173千克，同比增106千克，增1.58倍。大春粮食面积100.2万亩，同比增3.4万亩，增3.5%；大春粮食总产44 016万千克，同比增2 106万千克，增5%；平均单产439千克，同比增6千克，增1.4%。

【冬季农业开发突破90万亩】 2011年，全市冬季农业开发面积达96.75万亩(含冬马铃薯、冬大豆和冬玉米)，同比增6.93万亩，增7.7%。其中：蔬菜50.3万亩，增4.35万亩，增9.5%；冬马铃薯5.48万亩，增2.38万亩，增76.8%；啤饲大麦3.37万亩，增1.37万亩，增68.5%。冬季农业开发总产量达88.32万吨，产值19.1亿元，同比分别增加21.35万吨和5.7亿元，分别增31.9%和42.7%。

【冬季特色作物】 2011年，在冬季农业生产中，各县(区)围绕当地资源优势和农民增收，因地制宜引导农民种植高效作物。易门县有针对性地选择在海拔2 230米的铜厂乡底尼村委会示范种植早春绿杆青菜，80天左右时间实现亩收入1 396元；峨山县在化念镇种植鲜食玉米1 000余亩；元江县果洛垤林果专业合作社牵头，引进外来客商种植冬季菜碗豆250亩、秋冬玉米800亩、西葫芦160亩；华宁县引导农户栽种紫皮洋葱6 500多亩、黄皮洋葱3 500多亩，比正常年份提早15～20天上市，总产量达3.5万吨，总产值达3 500万元，农民人均来自洋葱的纯收入达127元以上。

【冬马铃薯种植面积增长】 受2010年冬马铃薯市场需求和高位价格的刺激，2011年江川、华宁、新平和易门等县马铃薯的种植范围扩大。据统计，全市冬马铃薯面积达5.48万亩，同比增2.38万亩，增76.8%。

【科技增粮措施推广】 2011年，全市主抓粮油作物高产创建、间套种和地膜覆盖栽培等科技增粮措施推广，完成部、省、市三级粮油作物高产创建44片，示范面积51万亩。其中：部、省级粮食示范区平均亩产量达669.5千克，比非示范区亩增产191.9千克，增40.3%；部、省级油菜示范区，平均亩产量190.9千克，比非示范区亩增产63.6千克，增50%。完成农作物间套种189.78万亩，同比增加7.6万亩，增4.2%，其中粮食作物间套种156.05万亩，平均每亩增加粮食产量52.8千克，共新增粮食产量8 247.8万千克。完成粮食地膜覆盖栽培技术推广48.57万亩，比省下达任务数超8.57万亩，超21.4%。地膜覆盖栽培技术，增加粮食产量4 959万千克。其中：饲用玉米覆盖栽培33.15万亩，每亩比露地栽培增产98.8千克，增产玉米3 275.6万千克；鲜食玉米覆盖栽培5.11万亩，每亩增产鲜食玉米122.9千克，增产628万千克；马铃薯覆盖栽培5.92万亩，每亩增产鲜马铃薯221.4千克，增产1317.33万千克；其它粮食作物4.39万亩，每亩增产55.3千克，增产粮食242.8万千克。

【张云获“全国种粮大户”称号】 2011年12月26日，国务院在北京召开全国粮食生产表彰奖励大会，对全国产粮大县、突出贡献农业科技人员、种粮售粮大户和先进工作者给予表彰，华宁县盘溪镇新村村委会山后村农民张云获“全国种粮大户”称号。多年来，张云带领全家人，采取机械推平、人工开垦、荒地定向清沟及地力培肥等措施，使400多亩边缘耕地变成了具有较大粮食生产能力的良田，为滇中山区农村耕地的合理、科学流转和实施规模经营探索出了一条可行的路子。2011年张云种植粮食398亩，粮食产量达153吨，成为全市粮食种植大户。

【马铃薯免耕栽培技术】 马铃薯免耕栽培技术以种植省工、省力、省时和薯块光滑、色好、商品性好等优点，深受种植户和营销户喜爱。2011年，在试验示范取得成功的基础上，新平、元江等县加大力度，引导农民施用马铃薯免耕栽培技术，新平县在平甸乡他拉村建立秸秆覆盖免耕马铃薯示范1 000亩，占马铃薯种植面积的22%，平均亩产达2 900千克，比常规栽培增产200千克。年内，全市应用此项技术种植面积1 500多亩，同比增1 300多亩，增87%。市电视台和市农业局合作录制了科教片《免耕洋芋》。

【新增热作标准化生产示范园】 2011年，玉溪市新增农业部热作标准化生产示范园创建3个。分别是：元江县盛邦芒果标准化生产示范园、新平县聚保源木薯标准化生产示范园和新平县天惠香蕉标准化生产示范园。

（李顺德）

【烤烟新品种KRK26示范推广】　2011年，市农业局在新平县老厂乡苛苴村、新化乡大寨村和元江紫驼骆村3个组织推广优质烟叶新品种KRK26。示范区采取统一品种、规格化移栽、科学施肥、封顶打杈等科技推广措施，科技措施到位率达100%，田间烟株长势平衡，清秀整齐，起到较好示范效果。3个点共完成示范面积1.29万亩，烟叶收购量达134.65万千克，交售收入2 529.1万元，平均单价18.78元，上中等烟比例达92.98%。

【农作物良种补贴】　2011年，玉溪市农作物良种补贴涉及水稻、玉米、小麦和油菜4种作物，每亩补贴标准为水稻15元、玉米10元、小麦10元、油菜10元。省预拨面积163.5万亩，预拨资金1 859.05万元；实际兑现面积157.54万亩，兑现补贴资金1 761.22万元。其中：水稻省预拨面积44.81万亩、补贴资金672.15万元，全市实际种植水稻37.17万亩，比省预拨面积少7.64万亩，兑现补贴资金557.51万元；玉米省预拨面积57.99万亩，补贴资金579.9万元，全市实际种植玉米63.88万亩，比省预拨面积多5.89万亩，兑现补贴资金638.76万元；小麦省预拨面积30万亩，补贴资金300万元，全市实际种植小麦24.91万亩，比省预拨面积少5.1万亩，兑现补贴资金249.12万元；油菜省预拨面积30.70万亩，补贴资金307万元，全市实际种植油菜31.58万亩，比省预拨面积多0.88万亩，兑现补贴资金315.82万元。4种作物预拨资金与实际兑现资金相抵后，省级预拨给玉溪市的良种补贴资金剩余97.83万元，结转2012年使用。

【政策性农业（种植业）保险试点】　2011年，由市农业局牵头，市财政局参加，人保玉溪市分公司承保，在红塔区、峨山县、易门县开展油菜、水稻、玉米政策性农业保险试点。计划保险总面积25万亩。其中：水稻8万亩（红塔区5万亩、易门县3万亩），玉米5万亩（易门县），油菜12万亩（红塔区4万亩、峨山县6万亩、易门县2万亩）。保险总面积25.14万亩。其中：水稻5.22万亩、玉米7.92万亩、油菜12万亩，比计划数增加1 388亩，增0.6%；增加保险面积的原因是红塔区大春旱情严重，为确保中心城区人畜饮水安全，水稻承保面积完不成，改为承保玉米所致。保费总额272万元。其中：水稻54.85万元、玉米79.15万元、油菜138万元。保费资金全部由各级财政补贴，中央40%、省13%、市25%、县22%，截至7月底，项目涉及县（区）已将财政补贴保费足额拨付到保险公司。结合实际，由于玉溪市只投保基本责任险，不投保附加旱灾保险责任，剩余中央和省级下拨附加旱灾险保费资金25.17万元，全部存放在承担项目县（区）财政。2011年，全市农业保险理赔金额1 389 414.6元。其中：水稻冰雹灾害定损3 719亩，理赔273 714元；油菜雪灾定损11 229亩，理赔1 078 017元；玉米冰雹灾定损578.7亩，理赔37 683.6元。

（李庭全）

【4个花卉品种获“云南名牌产品”称号】　2011年12月15日，在云南省花产办举办的云南名牌花卉产品新闻发布会上，玉溪市有4个花卉品种获“云南名牌产品”称号。分别是：云南丽都花卉公司生产鲜切花玫瑰，元江臧健花卉公司生产的鲜切花唐菖蒲，玉溪明珠花卉公司生产的鲜切花百合，云南瑞园花卉产业公司生产的鲜切花洋桔梗。

【花卉种植面积突破6万亩】　2011年，全市花卉种植面积达6.46万亩，产值15亿元。其中鲜切花种植面积达3.2万亩，占总种植面积的49.5%，产值6.3亿元，种植品种主要为玫瑰、康乃馨、百合、洋桔梗、非洲菊、大花蕙兰等40多个品种，产品销往日本、东盟、俄罗斯、阿盟等国家和地区。

（夏　宁）

【市级油菜高产创建项目通过验收】　2010～2011年，由市经作站负责的市级田油菜高产创建项目涉及北城镇12个村（居）委会，123个村民小组，8 766户农户。根据《玉溪市粮油作物高产创建活动实施方案》的要求，品种选用优质双低油菜品种，拟定适时播种、漂浮育苗移栽、间苗定苗、增施硼肥、喷施多效唑、分墒防治蚜虫和白粉病等为一体的高产栽培技术，保证了项目高质量、高标准的实施，取得了较好示范效果。项目共完成高产创建示范面积12 416亩。其中：完成高产攻关田1.01亩，“百亩方”面积108亩，涉及农户93户；“千亩片”面积1 131亩，“万亩区”面积11 177亩，田油菜高产创建示范区实收总产265.28万千克，折合单产213.66千克，比非示范区平均亩产179.85千克增33.8千克，增产18.79%；对照“攻关、百、千、万”田油菜300千克、250千克、220千克、180千克的单产考核指标，各项指标都超过了考核指标要求。其中，1.01亩高产攻关单产317.95千克，超过指标17.95千克，超5.98%；“百亩核心区”平均单产256.04千克，超过指标6.04千克，超2.42%；“千亩片”平均单产232.89千克，超过12.89千克，超8.86%；“万亩区”平均单产211.30千克，超过31.30千克，超17.39%，2010年4月13日通过专家组验收。

【新平县大寨点烤烟科技联产联质承包】　2011年，市经作站抽调农业技术骨干1名，负责抓好以KRK26品种为主的烤烟科技联产联质承包工作，项目实施地点为新平县新化乡大寨村委会，涉及35个自然村，28个村民小组，烟农517户。根据年初市、县KRK26品种示范种植联产联质承包工作任务，项目组以区域种植为基础、提高质量为核心、烟农增加效益为目的，用现代烟草农业理念来组织好烟叶生产各项工作，完成烤烟移栽面积7 908亩，其中KRK26新品种示范面积7 483亩，超额完成市级下达的任务。烟农实际完成烤烟交售总量71.07万千克，其中中、上等烟65.479万千克，占92.11%（上等烟48.09万千克，占67.66%）。全村实现烤烟交售收入1 325.92万元，均价18.65元/千克。

【经济作物科技培训】　2011年，玉溪市经作站采取举办培训班培训农户18 458人次，印发宣传技术资料17 419份。其中：培训油菜高产优质栽培技术农户13 420人、印发油菜高产栽培技术要点等资料12 500份，培训优质梨冬季管理人员589人次，培训柿子高产栽培技术农户160户、印发柿子高产栽培技术资料1 000份，甘蔗节本增效新技术培训168人次，早熟柑橘生产技术培训5期459人次、印发培训技术资料919份，培训蔬菜栽培人员40人，培训烟农3 658人次。

【间套种植】　2011年，玉溪市经作站把间套种植作为一项农业技术措施加大力度推广应用，在华宁县、元江县推广柑橘园套种蔬菜、蕉园套种蔬菜试验，取得了较好效果。华宁县柑橘园套种茄子平均亩产量3 001.5千克、亩产值6 910.39元、每亩纯收入5 568.4元；柑橘园套种四季豆平均亩产量1 097千克、亩产值1 377元、每亩纯收入1 026.6元；元江县香蕉园套种青毛豆平均亩产455.2千克，按每千克2.5元计算，每亩收入收1 138元，示范区套种蔬菜（番茄、茄子、鲜食玉米、辣椒）可增收6.2万元，辐射带动1 089亩蕉园套种蔬菜可为农民增加收入58多万元。在新平县水塘镇南达、现刀村完成甘蔗套种玉米示范面积1 320亩，完成计划任务的132%，辐射带动新平县水塘、戛洒、腰街等地甘蔗套种玉米10 027亩，示范区玉米平均单产252千克、甘蔗平均单产6 500千克。

【甘蔗抗旱新品种引进试验】 2011年，玉溪市经作站分别从云南省甘蔗研究所和海南中国热带农业科学院引引进桂糖21号、德蔗03－83、云蔗99－91、云蔗03－258、云蔗98－236、云引3号、云引58号、健康脱毒种苗新台糖2等8个新品种，分别在元江县甘庄街道办事处土司村、[illegible]厂甘蔗试验地、元江县青龙厂镇甘坝二队甘蔗抗旱技术研究实验基地开展甘蔗抗旱新品种和新技术引进筛选试验，所引进品种均长势良好。

【芒果品种改良】 2011年，元江县部分老果园低产、劣质、经济效益差，玉溪市经作站采用低位嫁接、高接换种、树体部分换种等技术，对劣杂品种老树、低产芒果园进行回缩改造，芒果品种改良示范地点选择在青龙厂镇甘庄芒果山，完成改良示范面积221亩，辐射带动元江县芒果品种改良3 058亩。推广改良品种有台农1号、金凤凰、泰国四季芒等优质品种，改良果树嫁接成活的枝条营养充足，生长健壮。

【甘蔗横摆稀植节本增效技术示范】 传统的甘蔗栽培方法，是单段双芽秧蔗种沿着种植沟双排或成梅花形排列种植，每亩需要种蔗约800～1 000千克。甘蔗横摆稀植节本增效新技术栽培采用单段双芽秧沿种植沟垂直方向排列，株距40～50厘米，亩用种量200～300千克。节本增效新技术栽培与传统栽培方式相比，可节约种蔗600～700千克，节约成本150～200元，田蔗单产可达8 000千克，呈现出成本低，产量和质量高的特点。2011年，玉溪市经作站在元江县开展试验示范30亩，效果较好，可逐步在蔗区推广。

【蔬菜、水果产量产值增长】 2011年，全市蔬菜播种面积87.34万亩，总产量达162 870万千克，比上年分别增加5.2万亩和33 810万千克，分别增长6.3%和20.8%，全年蔬菜产值达21.1亿元。全市水果种植面积37.3万亩，比上年增14.2%；新植面积52 619亩产量34 427万千克，比上年增33.1%；总产值90 154.05万元，比上年增35.1%。

【热作标准化生产示范园创建】 按照国家农业部热作标准化生产示范园创建标准，新平县诚义荔枝标准化生产示范园和元江县三和香蕉标准化生产示范园列为全国第一批热作标准化生产示范园。2011年，热作标准化生产示范园收效良好，荔枝质量安全达到无公害食品标准要求，每亩荔枝效益超过5 000元，为农民带来500万元以上的收入。年内，经过农业部组织专家实地查看、资料审阅、会议评审，云南元江盛邦植业有限责任公司在农业部公布的第二批热作标准化生产示范园名单中榜上有名，被授予“云南省元江县盛邦芒果标准化生产示范园”称号。

（马东锦）

畜牧业

【概　况】 2011年，玉溪市肉蛋奶总产量达373 171吨，比上年增加28 377吨，增8.2%；畜牧业现价产值达55.73亿元，比上年增加6亿元，增5.3%（按可比价计算）；农民人均畜牧业纯收入609元，增10.0%。

【生猪生产】 2011年，全市生猪存栏156.02万头，比上年减少2.02万头，减1.3%；其中能繁母猪存栏15.44万头，比上年减少3.67万头，减19.2%。肉猪出栏230.25万头，比上年增加11.28万头，增长5.2%。

【畜禽生产】 2011年，全市家禽出栏3 144.4万只，比上年增加317.4万只，增长11.2%。生产禽蛋8 592.4万千克，比上年增加1 149.7万千克，增长15.4%。全市大牲畜存栏31.64万头（匹），减0.34万头，减1.1%，其中牛存栏28.3万头，比上年减少0.43万头，减1.5%。肉牛出栏14.69万头，比上年增加0.6万头，增长4.3%。全市山绵羊存栏37.26万只，比上年增加1.6万只，增长4.5%。肉羊出栏24.2万只，比上年增加0.88万只，增长3.8%。全市鲜奶产量552.8万千克，比上年增加221.5万千克，增长66.9%。

【生猪养殖小区建设】 2011年，全市新建生猪养殖小区2个（红塔区研和镇新鑫、元江县宝树），开发使用面积12万平方米，已建盖厩舍5 075平方米，入驻养殖户3户，投入资金560万元。边建设边生产，年末存栏生猪1 972头，1～12月出栏肉猪2 887头，生产仔猪5 208头，出售仔猪1 687头，平均每户出栏肉猪962头，出售仔猪562头。

【家禽养殖小区建设】 2011年，全市新建家禽养殖小区2个（通海县河西镇贾栗园蛋鸡养殖小区、易门县六街樟木箐白泥田肉鸡养殖小区），开发使用面积5.4万平方米，已建盖厩舍38 400平方米，入驻养殖户15户，投入资金1 075万元。边建设边生产，年末存栏蛋鸡23万只、肉鸡51 326只，1～12月出栏肉鸡34.3万只，平均2.3万只。

（郭丛荣）

【肉牛养殖小区建设】 2011年，全市新建肉牛养殖小区5个，开发使用面积5.3万平方米，已建盖厩舍28 474平方米，入驻养殖户50户，投入资金944.8万元。边建设边生产，年末存栏牛1 133头，1～12月出栏肉牛882头，平均每户出栏18头。

【畜禽养殖专业村建设】 2011年，全市新建专业村22个，其中：养猪专业村17个，合计养猪户2 001户，年末存栏生猪13 519头，1～12月出栏肉猪24 129头，平均每户出栏12头；养牛专业村5个，合计养牛户490户，年末存栏牛1 423头，1～12月出栏肉牛604头。

【畜禽养殖大户建设】 2011年，全市新发展规模养殖大户117户。其中：发展规模养猪大户71户，年末存栏生猪17 320头，1～12月出栏肉猪33 322头，平均每户出栏469头。发展规模养禽大户32户，年末存栏禽35万只，1～12月出栏42万只、产蛋54.7万千克，平均每户出栏禽1.3万只、生产禽蛋1.7万千克。发展养牛大户14户，年末存栏牛800头，1～12月出栏肉牛233头，平均每户出栏16.6头。

【执业兽医资格考试】 2011年是全国执业兽医资格考试工作开展的第二年，玉溪市报考和通过资格审核人员共209人，到昆明市参加全国统一考试207人，考试获得执业兽医师资格的13人，占6.3%，获得执业助理兽医师资格的21人，占10.1%。

【继续实施畜牧贴息贷款扶持政策】 2011年，全市继续实施畜牧专项贴息贷款扶持政策，贷款总指标从上年度的1.5亿元增加到2亿元，贷款期限从原来的1年延长到2年，贷款利率按人民银行基准利率由市级财政承担2%、县级财政承担1%，其余由农户承担。全市发放畜牧专项贴息贷款2亿元，贷款养殖户3 521户，投资拉动畜牧业快速发展。

【能繁母猪补贴】 根据《国务院办公厅关于促进生猪生产平稳健康持续发展防止市场供应和价格大幅波动的通知》，2011年，玉溪市继续按照每头每年100元的标准，对能繁母猪发放饲养补贴，承担比例是：中央财政60%、省财政8%、市财政20%、县(区)财政12%。在全市逐村逐户调查落实能繁母猪饲养数量，核实母猪数量做到了见猪、见人、见标、见榜"四见"。全市能繁母猪共补贴140676头，能繁母猪补贴政策稳定和保护了生猪生产。

【能繁母猪及奶牛保险】 2010～2011年度全市能繁母猪及奶牛保险从2010年10月开始实施，至2011年1月结束。全市共承保能繁母猪95 410头，为计划数196 866头的48.5%，奶牛32头，为计划数2 008头的1.6%。能繁母猪保险金额为1 000元/头，保费60元。其中：中央财政补助30元/头，省财政补助3.6元/头，市级财政承担6.4元/头，县(区)财政承担8元/头，养殖户承担12元/头。奶牛保险金额为6 000元/头，保费360元。其中：中央财政补助108元/头，省财政补助21.6元/头，市级财政承担38.4元/头，县(区)财政承担48元/头，养殖户承担144元/头。全市能繁母猪保险赔付7 010头，赔付701万元，受益农户6 460户；全市奶牛保险赔付6头，赔付2.8万元，受益农户6户。

【草原生态保护补助】 2011年，玉溪市在澄江、华宁、峨山、新平和元江5县实施草原生态保护补助奖励机制政策，在借用林权制度改革成果的基础上，5个实施县均完成草原承包到户、草原区域划分、牧户数量核实等前期准备工作，共完成草原承包面积865.39万亩，其中禁牧面积115.02万亩，草畜平衡面积750.37万亩，涉及40个乡(镇)、387个村委会、3 817个村民小组的农牧户93 804户，其中单户承包户86 611户，联户承包7 193户。12月21日完成了奖补资金兑现到户工作，共兑付资金1 815.69万元，分别为：澄江县58.02万元，华宁县159.59万元，峨山县338.79万元，新平县806.06万元，元江县453.23万元。

【华大公司创建省级生猪标准化示范场通过验收】 2011年，华宁县华大牧业有限责任公司养猪场创建省级生猪标准化示范场通过省级验收，公司设立于2010年12月，前身是华宁县文福养殖场，注册资金30万元，现有资产1 300万元，年产值1 500万元，生猪养殖场占地250亩，年末存栏生猪3 830头，其中能繁母猪390头，后备母猪170头，种公猪24头，年出栏肥猪7 500头。

【佳缘公司创建国家畜禽标准化示范场通过验收】 2011年，通海县佳缘猪业有限责任公司创建国家畜禽标准化示范场通过省级验收，公司建于2004年2月，注册资金440万元，现有资产1 400万元，年产值1 365万元，公司生猪养殖场占地250亩，生猪养殖是公司的主导产业，年末，存栏生猪3 830头，其中能繁母猪390头，后备母猪170头，种公猪24头，年出栏肥猪7 500头。

【玉溪尊宝二分场奶牛标准化规模养殖场建设】 昆明龙腾生物乳业有限公司玉溪尊宝二分场奶牛标准化规模养殖场建设项目获得省农业厅批准立项建设，项目是2011年中央投资的奶牛标准化规模养殖场(小区)建设项目，养殖场位于通海县河西镇曲陀关村委会九组，现饲养奶牛1 500头，项目建成后，年饲养奶牛2 000头，日均有900头奶牛产奶，日均产鲜奶18吨，年可产鲜奶6 750吨。项目总投资268万元，其中：中央投资130万元，企业投资138万元。建设内容为：新建牛舍1 500平方米，运动场600平方米，隔离舍200平方米，青贮池900立方米，堆粪池100立方米，粪污三级沉降池200立方米，排污沟600米，场内道路硬化2 000平方米，购置牛卧床500个，橡胶垫(1.7米宽)500块，青贮机1台。

【云江奶牛标准化规模养殖场建设】 2011年，通海县云江奶牛标准化规模养殖场建设项目获得省农业厅批准立项建设，养殖场位于通海县里山乡里山村委会康家坡，现饲养奶牛800头，项目建成后，年饲养奶牛1 500头，日均有700头奶牛产奶，日均产鲜奶14吨，年产鲜奶5 040吨。项目总投资261万元，其中：中央投资130万元，企业投资131万元。建设内容为：改造挤奶厅300平方米，改造贮奶库120平方米。粪污处理设施、防疫设施及附属工程建设。

(郭丛荣)

【畜产品质量监测】 2011年，全市饲料质量安全监测60批，其中配合饲料20批、浓缩料5批、育肥猪自配料10批、家禽配合料7批、水产料3批、肉牛料5批、蛋白原料10批，监测结果1批不合格(粗CP含量实测值略低于产品指标)。抽检动物产品70批，其中：猪尿20批，50毫升/批，监测盐酸克伦特罗；鸡蛋30批，15个/批，监测磺胺类；鸡肉20批，500克/批，监测四环素类；生鲜乳1批，监测三聚氰胺等物质。监测结果全部合格。

【瘦肉精检测】 2011年，全市养殖场瘦肉精现场抽检80户生猪养殖户，每户抽检2批；共抽检160批，其中送省排查20批；抽检结果全部为阴性。育肥牛现场抽检5户，每户2批，共抽检10批，其中送省检测5批，检测结果全部为阴性。3月，对红塔区、江川县40批瘦肉精的随机抽检，抽样涉及到规模养殖户15户、散养户9户、屠宰场6户，检测克仑特罗20批、莱克多巴胺20批，全部样品均为合格。春节期间，抽检900批猪尿样品盐酸克伦特罗的检测，全部样品合格。

【生鲜乳收购站通过现场考核检查】 2011年4月，国务院食品安全办国家检查组对通海县2个生鲜乳收购站进行现场考核评估检查。检查组严格按照规定的检查项目要求，对2个收购站的挤奶厅、检验室、生鲜乳收购许可证、牛鲜乳运输证、食品安全管理制度、从业人员健康证、培训档案记录、消毒记录、冷藏设施设备、生乳交接单、免疫档案、记录资料保存时间等进行检查和评估。2个收购站通过现场考核评估检查。

【推广青贮、氨化饲料和牧草种植】 2011年，全市完成青贮氨化料51.69万吨，其中青贮料40.61万吨、氨化料11.08万吨。种植牧草21 098亩，其中黑麦草13 265亩、紫花苜蓿994亩、皇竹草5 173亩、鲁梅克斯1 666亩。

（刘双玲）

【良种猪繁育场】 2011年，全市共建设良种猪繁育场（含公猪站）23个，年末共存栏纯种猪（含PIC祖代）3 324头，其中杜洛克公猪190头、母猪340头，长白公猪100头、母猪619头，大约克公猪92头、母猪1 983头、PIC祖代公猪16头、母猪40头；淘汰纯种猪1 019头；引进与纯繁纯种猪1 083头；共生产销售纯种猪3 769头，销售LY良种母猪7 943头，销售商品仔猪50 495头，销售猪精液27.75万头份。

【良种禽场】 2011年，云南玉溪新广家禽有限公司种鸡场存栏父母代种鸡16万羽，其中种公鸡1万羽、种母鸡15万羽，累计生产销售商品肉鸡1 15[illegible]万羽；通海种鹅场存栏种鹅2.216万羽，当年累计销售商品鹅5.5万羽。

（张谷）

【种畜禽生产经营许可办换证】 2011年，新平泳健种猪场、江川佳鑫杜洛克种猪场 和峨山玉溪市怡悦生态牧业有限公司种猪场符合相关法律法规规定和种畜禽生产经营许可证办理条件，申领了《种畜禽生产经营许可证》，同时完成红塔区济源种猪场《种畜禽生产经营许可证》的换证。

【引种审批】 2011年，全市引进良种母猪11 400头，其中LY、PIC引进9 407头；引进良种公猪400头；引进种禽8 000只、良种羊350只、良种牛650头；引进纯种猪348头、种公牛19头、种母牛151头、种公羊69只、种免2 271只。年内，依法办理引种审批手续33分，其中市级审批14份、县级审批19份。

【生猪标准化规模养殖场（小区）建设】 2011年，全市共立项建设41个生猪规模养殖场（小区），项目总投资2 445万元，使用中央财政补助资金1 050万元，企业自筹1 745万元。主要建设内容为沼气及污水处理、排污沟、堆粪区；猪舍标准化改造、微生物发酵床；以及水、电、路、防疫等配套设施建设已经编写项目建设实施方案上报省级立项批复实施。

【生猪良种补贴】 2011年，江川县、红塔区和易门县实施的生猪良种补贴项目，共销售生猪良种精液256 308份，累计配种能繁母猪171 736头，母猪受胎149 222窝，情期受胎率达86.1%，生产仔猪1 279 040头，猪人工授精覆盖率达到95%。年内，养殖户共领用精液256 308份，结算补贴资金198.158万元，累计直接受益农户为97 331户。

【肉牛良种补贴】 2011年，新平县被列为2011年度肉牛良种补贴项目建设县，补贴任务为0.5万头，使用国家补贴资金5万元（按照每头能繁肉牛每年使用两剂冻精，每剂国家补贴5元）。

【精液检测室建设】 2011年，玉溪市猪精液质量检测室建设，经逐级上报建设方案审批通过后，当年完成了检测室装修、检测仪器设备购置等工作，已试完成生猪良种补贴县种公猪精液质量检测44头次。

【发酵床推广】 2011年，全市发酵床养猪户176户，累计建设发酵床面积49 954平方米，当年度新增养猪发酵床42户，新建设发酵床面积9 202平方米，年度发酵床养猪12.96万头。

【发酵床养猪示范村建设】 2011年，市、县畜牧部门共同在江川县江城镇牛摩村建设发酵床养猪示范村，完成发酵床养猪技术培训1期33人次，发放技术明白纸150份；垫料制作现场培训1期28人次；专题技术培训1期76人次；现场指导127户次。共发展发酵床养猪示范户25户，制作发酵床855.1平方米，制作发酵床106.2平方米，示范母猪饲养1户，仔猪保育13户，育肥猪11户。共计生产哺育仔猪61头，保育仔猪2 978头，育肥猪310头。示范村共接待省内外相关领导及专家25次119人次到现场参观指导参观。经试验测定：1. 保育仔猪10头，试验期36天，结果日增重510克，料重比1.97 : 1，纯收入11 108.99元；2. 发酵床垫料制作成本分析：制作基础条件为发酵床基础坑深0.65米，谷壳、锯沫各半添加，谷壳单价0.75元/千克，锯沫单价0.5元/千克，菌种单价100元/千克，结果表明；垫料制作成本为85.91元/平方米、132.1元/立方米。

【玉溪大河沿岸养殖场粪污染调查】 2011年3月，市、区畜牧部门对玉溪大河沿岸养殖场粪污处理现状调查，共有26家养殖场，涉及大营街镇、玉带路街道办事处，共占地36.2亩、圈舍面积18 076平方米及相关养殖配套硬件设施。其中有6个养殖场粪污是流向农田和八里沟；有6个养殖场具有化粪处理设施；有14个养殖场的粪、污水，未经任何处理，直接排放到玉溪大河，对玉溪大河水体造成不同程度的污染。

【畜禽良种繁育体系建设调查】 2011年6月，经市畜禽改良站调查统计，到2010年末，全市持有《种畜禽生产经营许可证》的种畜禽场21个（种猪扩繁场17个、供精站2个，肉鸡场1个和种鹅场1个），占地面积2 001.2亩，建筑面积210 843.7平方米、其中畜舍面积161 882.1平方米，饲料地661.3亩；职工399人，其中技术人员110人，工人289人。2010年存栏可利用种猪5 010头，其中种公猪352头；肉种鸡10万只；种鹅202万只；提供种猪1.43万头，其中种公猪829头；种鸡29.93万只，种鹅4万只。年内，有猪供精站点44个，从业人员221人；存栏种公猪406头，其中杜洛克、长白、大约克公猪398头，PIC公猪3头，托佩克公猪5头；生产良种猪精液547 448（瓶/袋），推广400 926（瓶/袋），配种母猪267 685（窝）。有独立设置牛冻改站点9个，其中国营的4个；从业人数13人，其中专职3人兼职10人，牛冻精改良3 853头。

【种公猪精液质量抽检】 2011年1月，玉溪畜禽改良站对红塔区、江川县、易门县生猪良种补贴项目供精单位的种公猪精液质量进行了现场抽检。抽检工作依据《中华人民共和国国家标准——种猪常温精液GB23238－2009》进行，共检测种公猪15头（其中杜洛克9头、约克6头），全部合格。

【生猪规模养殖增长】 2011年3月，玉溪市畜禽改良站对红塔区、江川、华宁、易门、峨山、新平、元江县七县（区）的365个养猪户进行了生猪生产情况调查，汇总结果表明：1. 种猪繁育场共52户，其中存栏能繁母猪10～50头的15户、51～100头的17户、101～300头的13户、301～500头的7户；52户生猪存栏40 828头，比上年同期增5 925头，增17%，比上月增2 298头，增6%；能繁母猪存栏量为7 129头，比上年同期增1 843头，增34.87%，比上月增112头，增1.6%。2. 规模养殖户174户，其中存栏生猪50～99头53户、100～499头63户、500～999头37户、1 000～2 999头18户、3 000头以上3户；规模养殖户当前存栏生猪58 085头，比上年同期增2 762头、增5%，比上月增779头、增1.4%。3. 散养户

139户，存栏5 110头，比上年同期减962头、减15.8%，比上月减251头、减4.68%。4. 同时对红塔区75户规模养殖户和30户散养户肥猪养殖盈亏情况进行调查。按当前玉米平均价格为2.2元/千克、豆粕平均价格为3.5元/千克，育肥猪配合饲料价格平均为2.8元/千克，肉猪出栏价格平均为14.6元/千克、商品仔猪价格平均为23.8元/千克。散户每出栏一头肥猪盈利425元，种猪场自繁自养一头肥猪盈利390元，规模养殖场购入仔猪育肥，每出栏一头肥猪盈利234.5元。

【养猪技术培训】　2011年4月29日，全市养猪技术培训班在江川县举办，来自市、县、乡、村畜牧兽医科技人员及规模养猪户共计65人参加了培训。云南省生猪产业技术体系疾病控制功能研究室主任、云南省畜牧兽医科学院院长李华春，云南省生猪产业技术体系营养与饲料功能研究室主任、云南农业大学教授郭荣富，云南省生猪产业技术体系玉溪综合试验站站长张先勤讲授了生猪健康养殖与疾病防控、国内外及省养猪业现状、玉溪发酵床养猪现状等内容。

【峨山水牛鉴定样品采集】　2011年7月，水牛专家、云南农业大学教授叶绍辉到峨山县塔甸镇的迭嘎村、富良棚乡的迭舍莫村、甸中镇的八字岭村和易门县十街乡的贾姑村实地调研查看峨山水牛，并对61头水牛(公牛26头、母牛35头)进行了采样，共采集水牛血样品58份、耳朵组织样品61份，以进一步对峨山水牛进行DNA鉴定，为峨山水牛作为独立品种资源进行评审做好前期准备工作。

【江川佳鑫杜洛克种猪场血清样品检测】　2011年7月，玉溪市畜禽改良站对已取得《种畜禽生产经营许可证》的江川佳鑫杜洛克种猪场，采集血清样品和全血样品各35份。送云南省畜牧兽医科学院进行检测，省畜牧兽医科学院分别使用美国爱德士ELISA试剂盒检测血清中猪瘟、蓝耳病和伪狂犬病抗体，通过荧光PCR或普通PCR对猪瘟、蓝耳病、伪狂犬病、喘气病和圆环病毒病进行全血样品检测。病原学检测结果表明：江川佳鑫杜洛克种猪场血样品的猪瘟、猪蓝耳病、猪伪狂犬、猪圆环病毒及猪喘气病均为阴性。

【引进撒坝猪】　撒坝猪为云南省楚雄州的本地品种，具有产仔率高、遗传稳定、发情明显、好配种、肉质口感好、耐粗饲、适应性强等特点，三元杂交商品代肉猪养156. 6天体重可达100千克，日增重869克，瘦肉率达60%左右。2011年3月20日，玉溪滇隆农牧产业开发有限公司从楚雄禄丰引进40头撒坝猪进行杂交选育，开发优质猪肉品牌。

【新平县成立土鸡专业合作社】　2011年5月19日，由新平扬武、桂山、新化、漠沙、平掌等乡镇(街道)11家从事土鸡养殖户联合发起，成立了新平县扬武镇兴民土鸡专业合作社。在生产经营上统一供应鸡苗，统一养殖标准，统一疫病防治，统一市场销售，在养殖发展上联合起来共同防范养殖风险，共同交流学习养殖技术，共同实现增产增收。

【牛冻精改良】　2011年，元江县澧江镇白塔养牛场进行牛同期发情及冻精改良配种技术试验示范，改良当地肉牛品种，生产繁育良种肉牛。年内，共四批次冻精改良配种198头，出生冻精改良犊牛141头。

【蜜蜂养殖】　澄江县右所镇旧城村委会跨马村小组的蜂农林春，养蜂规模由80年代初的5～6箱扩大到2011年的80箱，品种增加到8个；养殖方法由传统的粗放型饲养，发展到活框饲养与传统饲养并存，以中蜂活框饲养为主；养殖模式由最初的庭院定地饲养转变为多元生态果园饲养，利用园内果、蔬生长旺盛，花期长的特点，为蜜蜂酿蜜提供了优质蜜源，2011年春季共采蜜400多千克，蜜价一直稳定在每千克170元，收入6.8万元。

【节粮型乌鸡项目通过验收】　由玉溪新广家禽有限公司承担实施的《节粮型乌鸡、铁脚麻父母代种鸡的选育和扩繁》项目，经过3年实施，利用矮小型基因繁育节粮型乌鸡、铁脚麻父母代种鸡，生产的快大型乌鸡、铁脚麻商品代肉鸡具有性成熟早、毛色紧凑光滑、一致性、均匀度、抗病力强等特点，完成了云南省科技厅下达的各项任务指标，项目实施的技术水平属国内先进水平，具有较好的技术创新性，2011年8月11日通过了由云南省科学技术厅组织的项目验收。

【罗斯·瓦伦伯格到红塔区传授养猪经验】　2011年12月28日，美国华多公司养猪专家罗斯·瓦伦伯格到红塔区农业局授课，罗斯·瓦伦伯格以《美国纯种猪选育体系和育种技术》为题，介绍发美国华多公司猪场历史发展、华多种猪在美国的现状。罗斯·瓦伦伯格对华多种猪在生长速度、饲料利用率、瘦肉率、肉质、体型等方面进行了解说，深入浅出地讲解了华多种猪的选育体系和育种技术，罗斯·瓦伦伯格还带来了自繁自养、实行剖腹产、每年淘汰50%母猪等先进理念。红塔区200多名生猪科技示范户和全区畜牧科技人员参加培训。

（张　谷）

【动物产地检疫】　2011年，全市9个县(区)74个乡(镇)、665个村和1 041个规模养猪场、115个规模养牛场、375个规模养羊场、1 425个规模养禽场开展了畜禽产地检疫，检疫生猪243.25万头，检出病猪481头，回收动物免疫证208.18万张。检疫牛12.75万头，检出病牛1头，回收免疫证10.94万张。检疫羊18.98万只，检出病羊8只，回收免疫证12.38万张。检疫家禽1 284.5万只，检出病禽1 586只，回收免疫证1 012.04万张。在检疫过程中，对检出的病害动物按相关规定进行了处理。

【动物屠宰、经营、仓储、加工检疫监督】　2011年，全市共有62个畜禽定点屠宰场(点)，其中生猪定点屠宰场(点)46个，牛羊定点屠宰场(点)14个，禽类定点屠宰场(点)1个，其它类各定点屠宰场(点)1个，各县(区)动物卫生监督所对辖区内的畜禽定点屠宰场(点)均派有检疫员对屠宰畜禽进行了检疫监督。屠宰检疫猪78.37万头、检出病害猪803头，屠宰检疫牛羊5.93万头(只)、检出病害牛1头，屠宰检疫禽类240.10万只、检出病害禽类726只。对检出的病害动物及动物产品进行了无害化处理。监督检查109个畜禽交易市场，畜类上市87.29万头、持证70.86万头、补检16.35万头，禽类上市486.17万只、持证394.55万只、补检83.35万只，上市动物产品39 052.73吨、持证34 145.69吨、补检4 905.32吨。对2个畜产品仓储库进行监督检查，查验动物产品22 205.60吨、持证22 205.60吨。对7个畜产品加工场进行监督检查，查验动物产品1 025.33吨、持证1 025.33吨。

【动物卫生监督执法】　2011年，全市动物卫生监督部门在查处违反《中华人民共和国动物防疫法》案件中，立案处罚7件。其中：不按规定处理病害动物及其产品的1件，未经检疫即销售或运输动物及动物产品的1件，经营加工染疫动物及其产品1件，其它类型的4件。立案累计处罚0.95万元。在查处违反《兽药管理条例》案件12件中，经营假、劣兽药的11件，经营违禁药品的1件。立案累计处罚1.14万元。

【兽药、饲料、饲料添加剂经营监管】 2011年，全市有经营兽药门店675个，饲料、饲料添加剂经营门店815个，出动执法人员3 042多人次，检查经营兽药门店3 151个(次)，抽检兽药617 751盒/包，查处不合格药品2 819盒/包，价值1.32万元。检查饲料、饲料添加济经营门店2 617个(次)，抽检饲料、饲料添加济7 995个品种，共3 864 355千克，查处不合格产品897千克，价值0.36万元。

(刘兰芬)

【动物疫病免疫】 2011年，全市累计发放兽用生物制品37种5 089.75万毫升(头份)。全市共免疫畜禽疫病23种12 660.66万头只，其中重大动物疫病免疫5 300.85万头只，其它常规疫病免疫7 359.80万头只，达到了应免数的100%。

【动物疫病监测】 2011年，全市9个县(区)累计开展19个大类30种畜禽疫病监测，共监测畜禽27 940头(只)；开展免疫效果监测、病原学监(检)测及疫情监测二大项，及时掌握全市动物主要疫情动态，为动物疫病防制工作提供了科学依据。

(杨耀兰)

【动物防疫整村推进工作】 2011年，玉溪市开展动物防疫模式创新，创建整村推进示范县1个(新平县)，其他县(区)创建示范乡(镇)16个，推行分片包干、集中免疫、整村推进的动物强制免疫工作方式。示范县、乡(镇)整村推进力度达100%。28个示范乡(镇)共免疫重大病1 877万头只，推广面达35.42%。免疫应激反应率和死亡率分别控制在1%和0.2‰以下，电子免疫档案建立达100%。

【市级兽医实验室通过省级考核】 2011年6月16～18日，云南省农业厅组织有关专家对市动物疫病预防控制中心兽医实验室进行考核，专家组通过听取工作汇报、现场检查、查阅资料、开展理论和实验操作考试，对照农业部《兽医系统实验室考核管理办法》要求，玉溪市动物疫病预防控制中心兽医实验室达到市级兽医实验室考核标准，通过省级考核。

(杨耀兰)

种子管理

【开展种子执法年活动】 2011年是农业部确定在全国范围内开展的第2个种子执法年。根据《2011年种子执法年活动方案》的要求，玉溪市种子管理站把开展种子执法年活动列入全年工作重点，制订《玉溪市2011年种子执法年活动实施方案》，对全市140余名种子管理暨执法人员、1 400余名种子经营从业人员，分县(区)分批次进行《种子法》、《云南省农作物种子条例》、《种子鉴别和使用基本知识》等法律法规、农作物种子基础知识培训。开展种子生产经营资质检查和种子市场检查监管，检查持有《农作物种子生产经营许可证》种子企业5户，持有《玉溪市农作物种子经营备案书》经营代销户1 094户、持有《玉溪市种子鉴别和使用基本知识合格证书》的种子经营从业人员1 402人资质。通过检查确认5户持证种子企业，954户种子经营代销户、1 164名持证种子经营从业人员符合《云南省农作物种子条例》中的有关规定；收回注销《种子经营备案书》140份、238个种子经营从业人员合格证书。移交澄江县阳宗镇23户种子经营档案。巡查县(区)、街道、乡(镇)集贸市场75个、检查种子经销商户门店1 094个，指导种子经销商户建立健全种子经营档案、品种数量备案登记、票据凭证管理等；加强种子质量监管，加大种子违法案件查处力度。

【种子质量抽查与检验】 2011年，市、县(区)种子管理部门联合抽查和检验市场上销售种子的质量。全市大春市场抽查经销商户338户，扦取种子样品384个。其中：杂交玉米250个，杂交水稻53个，常规水稻42个，蔬菜种子39个，经检验合格样品355个，合格率92.4%。小春市场抽查经销商户49户，抽取样品57个。其中：油菜42个，小麦13个，荞麦2个，经检验样品合格率93.2%。检验不合格的种子样品主要是种子水分、种子发芽率和种子净度达不到国标规定或其标签标注值。对检验不合格种子，按相关规定进行处理。

【救灾备荒种子储备】 2011年，玉溪市种子管理站按照《玉溪市市级救灾备荒种子储备管理暂行办法》要求，与云南省秋庆种业有限公司签订储备合同进行储备。全年储备杂交玉米种子9万千克、油菜种子0.64万千克。市种子管理站完成对储备种子数量的核对、质量抽查检验、纯度田间种植鉴定等管理工作，所储种子的净度、发芽率、水分、纯度等质量指标均符合国家规定的种用标准。以备在玉溪市遭遇旱灾之年，为全市农业生产救灾工作发挥保障作用和平抑种价作用。

(周仕聪)

【粮油作物良种推广面积】 2011年，玉溪市主要粮油作物良种推广面积149.75万亩。其中：小麦良种推广面积22.12万亩，主推品种是云麦42、云麦47、川麦107、宜麦1号、攀麦7号、云麦50等；油菜良种推广面积29.7万亩，主推品种是A35、云花油早熟1号、花油3号、花油6号、玉红油1号等；蚕豆良种推广面积5.23万亩；玉米良种推广面积60.17万亩，主推品种是会单4号、路单8号、兴黄单892、云瑞8号、海禾1号、长城799、宣黄单4号、云瑞6号、海禾2号、云瑞88、金峰1号等；水稻良种推广面积32.53万亩，其中杂交水稻良种推广面积12.56万亩，主推品种是冈优22、汕优63、宜香3003、川香优6号、金优527、冈优725、中优63等；常规稻良种推广面积19.96万亩，主推品种是楚粳28号、楚粳27号、楚粳26号、合系39号、云粳19号、合系41号、滇系10号、云粳优15号、楚粳29号等。

【杂交水稻品种通过省品审委认定】 2009年玉溪市开展市级杂交水稻品种区域试验，经两年区域试验和一年的生产试验，2011年初通过玉溪市农作物品种审定小组审定的4个杂交水稻品种；在2011年参加省品审委组织的省级田间抗性种植鉴定，绵香576、国豪国香8号、宜香3 724三个杂交水稻品种通过田间抗性种植鉴定，得到了省品审委认定。

【调解处理种子(种苗)纠纷】 2011年，玉溪市种子管理站调解红塔区青花种苗纠纷：由种子经营户和种苗育销户向种植户每亩补偿500元的损失，补偿面积50亩、补偿金额2.5万元。调解华宁县甜玉米种子纠纷：由种子销售商一次性补偿农户500元/亩，补偿面积135亩，补偿金额约6.75万元。

（周仕荣）

农业机械

【农业机械购置补贴】　2011年，全市购机户共使用中央财政农业机械补贴资金2 508.67万元，13 886户农户享受到了国家补贴，拉动农户投资农机5 848.5万元，直接新增农机总价值8 355.01万元，新增各类补贴农机具14 386台套，建成大棚72亩，微喷灌1 844亩。

【新增农机总动力1.55亿瓦特】　2011年，全市实现农机总动力22.24亿瓦特，比上年增1.55亿瓦特，增7.5%。

【组织农机春耕备耕】　2011年，全市组织农机力量，投入抗旱和春耕备耕生产工作中，形成农机具、配件、油料供应协调组，农机具调度组，农机修理组三个工作组深入农户家中、农机企业、农机作业现场开展农机抗旱和春耕备耕工作。全市共完成农机作业面积543.06万亩，比上年农机作业面积464万亩新增79.06万亩。

【新增水稻机械收割装备13台】　2011年，全市水稻机械收割装备取得突破，新增半喂入式水稻联合收割机13台。其中：红塔区6台，江川县2台，峨山县3台，新平县2台。

【农机市场检查】　2011年3月14日，云南省农机鉴定站、玉溪市农业局、红塔区农业局联动，形成联合检查组开展农机市场检查行动。检查组对玉溪市红塔区中心城区、李棋镇、北城镇1家农机生产企业和5家农机销售企业进行了农机专项执法检查。检查结果，生产企业所生产的农机产品符合生产的相关要求，销售企业都建立了产品销售进销台账，多数农机产品符合农机产品销售的相关要求，但有2家销售企业的2个产品不符合农机产品销售的相关要求，检查组已责令2家销售企业停止销售2种农机产品。

【油菜机械收获现场演示会】　2011年4月18日，玉溪市农业局在峨山县双江居委会召开了由省、市、乡农业部门和当地农民近300人参加的油菜收获现场演示会获得成功。年内已有2台油菜收获机械落户玉溪。据统计，全市油菜机收面积已达到1301亩。

【农机安全督查】　2011年，玉溪市农业部门分别在元旦、春节、春耕备耕期间、六月安全生产月、“十一黄金周”开展了5次农机安全生产督促检查工作，共发放农机安全宣传资料19.35万份。

【农机培训机构水平评估】　2011年，为提高全市农机培训机构办学水平，玉溪市农业局组织全市八县一区农机培训机构办学水平评估工作，通过省农业厅的组织验收，通海、易门被评为A级单位，其他县（区）为B级，达到了规范化建设的目标。

【农机技术培训】　2011年，全市共培训拖拉机驾驶人员1 712人，考试合格获得驾驶证的人数为1 633人，培训其他农业机械操作手15 163人。

【农业安全生产督查】　2011年1月4～13日，市农业局组织农业安全生产工作综合督查组，赴八县一区开展农业安全生产的督导和检查工作。期间，全市组织农业宣传员深入乡（镇）集市、村寨开展农业安全宣传1 965次，发放农业安全生产宣传资料310 209张，发放农业安全倡议信4 161份，开展农业安全生产培训281期，培训24 718人次；组织农业安全检查531次，联合性安全生产检查活动110次，出动检查车辆1 076台次，共出动检查人员3 099人次，清理出农机安全隐患246个，清理出农村能源安全隐患2 645个，清理出的其他农业安全隐患104，共整治农业安全隐患2 995个；全市共签订农业安全生产责任书数18 211份。

【农业安全生产咨询】　2011年6月13日，玉溪市农业局联合通海县农业局，组织市、县（区）农机、市场信息、能源、畜牧、植保等部门在通海县开展了农业安全生产咨询宣传日活动。咨询活动中，工作人员们走上街头，发放宣传资料，播放宣传片，向当地群众宣传农机安全操作和驾驶、植物病虫害防治、饲料喂养、沼气池使用等方面的安全知识。

【烟草农业机械推广】　2011年10月11日，玉溪市召开烟草农业机械化现场演示展示会和玉溪市烤烟生产工作座谈会，会议决定，2012年玉溪市将整合中央农机购置补贴和国家烟草农机购置补贴，对在玉溪市购买与烟草生产相关农业机械的农户和烟草生产经营组织实行累加补贴，推进全市烟叶生产规模化生产和专业化管理，实现减工、降本、提质、增效的目标。

（矣胜荣）

【拖拉机及驾驶员牌证管理】　2011年12月31日，全市拖拉机在册数40 183台，其中G型10 951台、H型22 140台、K型7 092台；拖拉机驾驶员37 173人，其中G型15 821人、H型16 811人、K型4 541人。年内，共注册登记拖拉机1 031台，转入18台，转移登记181台，变更登记772台，补领换领号牌、行驶证和登记证书625台，注销登记24台，完成检审拖拉机24 800台；全市举办拖拉机驾驶员培训班考试共42期，合格发证1 633人，驾驶证迁入本辖区43人，迁出本辖区55人，驾驶证注销8人，拖拉机驾驶证到期审验换证8 445本。

【农机安全宣传教育】　2011年，全市农机监理部门共组织农机安全宣传车1 773车次、组织宣传员5 451人次，深入乡（镇）集市12 249次，深入村寨16 426次，张贴宣传材料3 560条、印发农机安全宣传材料100 445份，广播电视媒体宣传303次，群发手机短信9 147条，印发农机安全生产读物69 367份，举办违法违章学习班31期，受教1 704人次，举办农机安全生产工作座谈会100次2 874人，驾驶员安全日学习活动577次26 280人，与机手签订安全责任书34 884份，开展联合性安全大检查209次。

【移交阳宗镇拖拉机及驾驶员档案】　由于行政区域管辖变动，原属澄江县管辖的阳宗镇划归昆明市管辖，2011年1月24日，玉溪市农机安全监理所将隶属于阳宗镇管理的529台拖拉机技术档案和304名拖拉机驾驶人档案清理造册，在昆明将这批档案移交给昆明市农机安全监理所。

【联合收割机牌证管理】　2011年6月30日，市农机安全监理所和红塔区农机监理站在红塔区北城镇高桥村办理了首批联合收割机的注册登记业务，核发联合收割机行驶号牌19副。12月2日，市农机安全监理所在新平县，对全市第一批联合收割机驾驶人培训班的27名学员进行了理论和实际操作考试，核发联合收割机驾驶证27本。

【举办农机监理人员业务培训班】 2011年9月5~9日，市农机安全监理所举办了全市农机监理业务人员培训班，全市县级以上农机监理人员170多人参加培训，邀请西南农业大学工程学院原院长张文长授课。

【拖拉机流动检测设备投入试运行】 2011年，市农机安全监理所在易门县农机监理站首次安装使用了拖拉机流动检测线已投入试运行，年内，完成检验拖拉机200多台次。

（范承东）

【水稻机械化育插秧】 2011年，全市共推广插秧机22台，召开育秧现场会2次、机插秧现场会12次；举办水稻机械化育插秧培训班19次，参加培训的人员达2 588人，培训插秧机操作手120人（含复训）培训插秧机操作手120人；完成机插秧面积22 314亩。

【推广多功能微型耕整机】 2011年，全市推广多功能微型耕整机9 269台，其中中央财政农机购置补贴项目补贴7 914台。市农机培训推广站申报的《多功能微型耕整机推广与应用》项目分获市政府科学技术奖三等奖、省农业厅农技推广奖一等奖、市农业局农技推广奖一等奖。

【农业机械耕地作业】 2011年，全年共完成农机作业面积543.07万亩。其中：机耕作业207.13万亩、机播作业2.56万亩、机电灌溉作业82.03万亩、机械植保246.15万亩、机收作业5.2万亩，农机作业面积比上年的283.2万亩增加259.87万亩。

【拖拉机驾驶员培训及农机操作手培训】 2011年，市农机安全监理所组织各县（区）开展拖拉机驾驶员培训，培训拖拉机驾驶员1 369人，完成农机操作手培训15 163人。

【土豆机械收获】 2011年，市农机安全监理所引进HF－800型土豆收获机，配套8－15马力手扶拖拉机，在易门、峨山两县试验示范，获农民认可。土豆收获机操作灵活方便，是山区、丘岭理想农机具，每小时收获2亩左右，收净率达95%，破损率低，兼收红薯、大蒜、胡萝卜。截至年底，易门县应用HF－800型土豆收获机，收获土豆80余亩。

（杨学伟）

土肥植保

【《测土配方施肥》项目】 玉溪市《测土配方施肥》项目自2007年在江川县试点开始至2009年覆盖各县（区）。根据农业部工作布署，全市测土配方施肥技术推广主要围绕测土、配方、配肥、供肥、施肥指导五个核心环节，重点开展野外调查、采样测试、田间试验、配方设计、配肥加工、示范推广、宣传培训、数据库建设、耕地地力评价、效果评价、技术研发、资金管理和使用12项工作。至2011年，全市推广应用测土技术达736.6万亩次，项目实施后在节本、增效、农民增收、环保等方面取得了较好的成效，项目获农业部“2008~2010年度全国农牧渔业丰收三等奖”。

【新平县获农业部《耕地地力提升土壤调酸》项目】 2010年，通海县《土壤有机质提升》项目实施后，2011年，新平县获农业部《耕地地力有机质提升土壤调酸》项目的支持。项目主要针对新平县新化、老厂和扬武等区域土壤pH值较低，不利于发展优势产业的实际，对其采取相应的生物农艺措施进行调理，使耕地土壤pH降低，更适宜多种作物生长，有利于调整提高该区域内优势产业的发展升级，促进农业增效和农民增收。

【耕地土壤和施肥建议上墙公示】 根据农业部要求，玉溪市测土配方施肥随着完成土样采集分析和作物施肥配方试验后，于2011年提前完成农业部要求，全市651个村（居）委会实现了当地土壤养分信息和主要作物施肥建议上墙公示，方便了农户和生产者的生产决策、应用和科学合理的施肥。

（杨义三）

【《巩固退耕还林成果基本口粮田建设》项目完成】 2011年，玉溪市农业局承担的《巩固退耕还林成果基本口粮田建设》项目完成17 010亩建设任务，项目所涉8个县的退耕区域，项目实施遵循以退耕区一人一亩基本口粮田的标准，按缺什么补什么，完善什么，配套什的原则进行。主要完成的建设内容为：坡改梯工程100亩，配套水利沟渠建设29.98千米，蓄水池（窖）建设753个容积蓄水12 345立方米，农（机）耕路建设24.21千米，种植绿肥3 000亩，秸秆还田7 300亩，增施有机肥7 250亩，配方肥及缓控释肥应用6 310亩，坝塘清淤5 000立方米，平整土地68亩，植物篱20亩。项目完成投资1 287.87万元，其中：中央财政投资1 020.60万元，地方及农民投工投劳折资267.27万元，项目建设为巩固退耕还林成果提供了保障。

【中低产田地改造】 2011年，玉溪市红塔区农业局利用云南省农业厅、云南省财政厅下达的地方政府债券资金改造中低产田地，完成了5 000亩的改造任务。改造任内容为：机耕路建设13.97千米，管道6.36千米；水池50个容量为1 250立方米，小水窖45口容量为675立方米；生物农艺措施增施精制有机肥5 000亩、示范控释肥5 000亩。完成投资525万元，其中：省级投资500万元，区级配套25万元，确保了项目的实施。

（何飞逾）

【作物施用测土配方肥增效显著】 2011年，玉溪市土壤肥料工作站与配方肥定点生产企业云南玉溪源天生物产业开发有限责任公司合作，在三湖径流区江川县大街街道，澄江县右所镇，通海县秀山街道，华宁县盘溪镇、青龙镇，新平县建兴乡等主要作物种植区，组织实施百亩配方肥示范展示区。展示区经市、县专家验收组对建兴乡的马铃薯、盘溪镇的水稻和青龙的玉米展示区实地验收结果：马铃薯配方肥区每亩综合产量达2 205.3千克，比常规施肥亩增产492.1千克，增28.7%，其中商品马铃薯产量为2 092.3千克，每亩增产529.2千克，增33.9%，马铃薯商品率为94.9%，较常规施肥提高3.7个百分点；水稻施用配方肥亩产844.33千克，与习惯施肥相比，亩增产稻谷32.54去千克，增4%，亩增产值117.14元，亩节约肥料成本78.2元，亩增收节支195.34元；玉米施用配方肥亩产411.96千克，与习惯施肥相比，亩增产48.63千克，增13.38%，亩增产值增111.85元，亩节约肥料成本35.15元，比习惯施肥亩增收节支76.7元。

（金　萍）

【测土配方施肥标准化验室建设】　农业部全国农业技术推广服务中心在2010年组织测土配方施肥化验室标准化建设试点的基础上，2011年在全国进一步推进测土配方施肥标准化验室创建工作，在各省项目单位申请的基础上，组织专家进行了现场考核推荐，全国农技中心组织专家组对各省推荐的申报单位进行评审，全国共评定了41个单位的化验室为第二批测土配方施肥标准化验室，玉溪市土壤肥料检测中心榜上有名，2011年10月26日授牌。玉溪市土壤肥料检测中心拥有化验室250多平方米和各类检测仪器设备。主要面向全市农业部门和肥料生产企业开放，以开展土壤、肥料、植物等各类样品的大、中、微量元素多项检测分析，服务与测土配方施肥技术推广相适应的指标检测，服务耕地质量检测，服务“三农”。同时为社会委托方出具科学、准确的检测数据。

（贯　平）

【农作物病虫害测报及防控】　2011年，全市发布农作物病虫情报、简报、信息共计117期，其中小春29期、大春88期，在玉溪市农业信息网内发布信息57条，通过电视报道18期次，向省植保站报送资料40余份次。年内全市发生有害生物灾害670.32万亩次，防治面积1 228.72万亩次，挽回粮食36 448.39吨，实际损失7 011.93吨。其中：水稻病虫发生79.03万亩次，防治210.33万亩次；玉米病虫发生87.46万亩次，防治83.27万亩次；油菜病虫发生45.09万亩次，防治56.55万亩次；小麦病虫发生33.25万亩，防治68.36万亩次；果树（柑橘和其他）病虫发生14.41万亩次，防治28.62万亩次；蔬菜病虫发生122.15万亩次，防治275.03万亩次；其它经作病虫发生70.98万亩次，防治215.59万亩次；草害发生141.8万亩次，防治161.73万亩次；鼠害发生66.58万亩次，防治118.74万亩次，实现了农作物重大病虫有效控制。

【大春农产物重大病虫害发生趋势会商】　2011年6月16～17日，玉溪市植保站在元江县召开2011年大春农产物重大病虫害发生趋势会商会，各县（区）植保站长和测报负责人参加会商。根据会商和稻飞虱发生情况，6月20日，市植保站通过玉溪市农业信息网和农迅通及时发布稻飞虱发生警报。

【稻飞虱监测与防治】　2011年，全市以元江、新平低热河谷及峨山、华宁、红塔为重点开展稻飞虱越冬情况调查；对元江、新平县的早稻种植区和全市的中稻秧田监测；以元江、红塔、华宁、新平、峨山等县五盏灯为主线，监测稻飞虱的迁飞入境情况。年内，全市中稻稻飞虱发生35.11万亩次，防治77.96万亩次，其中统防面积14.95万亩，新平、元江、峨山、易门县中等发生，局部偏重发生；红塔区、华宁、江川、通海等县（区）中偏轻发生，局部中等发生；澄江轻发生；最高虫量出现在新平县桂山镇，百丛虫量达到14 000头。

【水稻南方黑条矮缩病普查】　2011年，全市水稻南方黑条矮缩病发生16.53万亩，其中绝收50%以上的1.4亩，发生程度为轻—中偏轻；主要感病生育期是分蘖、拔节—孕穗期，感病作物有水稻和玉米；以新平县、元江县、峨山县、江川县、华宁县、易门县为主。稻飞虱带毒率检测四批次，分别为27.3%、85%、60.78%和44.4%；水稻样本检测14个，阳性10个，玉米样本检测3个，阳性2个。

（孙　钺）

【农药市场监管】　2011年，全市累计开展农药市场检查691次，出动车辆236车次、执法人员1 279人次，开展宣传活动50多次，发放宣传材料51 493份；依法检查农药门市2 652户次，检查农药产品4 173多个（含同品种重复的），规范实施农药市场监督管理属地管辖制的条件已经形成。整顿农药市场160个，对4户经营磷化铝、3户不具备鼠药经营资格擅自经营敌鼠钠盐杀鼠剂的门市已实施没收药剂和责令整改的当场处罚。

【农药产品标签及质量抽查】　2011年，市植保站组织各县（区）完成了省下达农药产品质量检测抽样任务，抽送检测农药样品46个，比任务数20个多26个，不合格样品6个。其中：擅自扩大防治对象的1个、毒性标识不符合要求的有5个，抽查农药标签90个，查处违法经营过期农药产品的经营单位15个，查处过期农药63种，对违法情节轻微的66户实施了当场处罚，罚款9 063元，没收农药1 251袋（瓶）、立案查处农资违法违规经营行为10起。

【植物生长调节剂专项检查】　2011年，市植保站在全市范围内开展为期一个月的植物生长调节剂的专项检查，对标称植物生长调节剂农药产品，重点检查是否取得农药登记、标签与农药登记核准内容是否相符、产品质量是否合格。专项检查共出动31人/次，检查农药经营门市102家，抽查标签134个，抽查产品52个，未发现不合格和违规产品。

（普永芬）

【农药经营人员培训】　2011年，全市开展农药经营人员培训11次，培训农药经营人员1 481人，核发农药经营人员考核合格证1 264个。

（旃庆全）

【植物检疫】　2011年，全市实施植物和植物产品调运检疫签证合计844批次、28 475 076.1千克和145 120株（盆），其中种苗调运检疫签证195批次、78 076.097千克和122 400株（盆）。省间调运种苗检疫签证164批次、77 722.797千克和122 400株（盆），省内调运种苗检疫签证31批次、353.3千克。植物产品调运检疫签证649批次、28 397 000千克和22 720株（盆），全部是省间调运植物检疫签证。产地检疫245 121亩。调运检疫签证的植物和植物产品主要有：种苗主要是烟种、西瓜种、蔬菜种、茉莉花、玫瑰花苗和甘蔗块茎等，植物产品主要是商品玉米和白菜、花椰菜、洋葱、洋芋等蔬菜，香蕉、芒果等水果及茉莉花茶、大花惠兰等花卉和中药材等。

（杨　炬）

【农药残毒检测】　2011年，全市植保部门运用蔬菜农药残毒快速检测网，每月20日左右对全市范围内各主要农贸市场以及红塔区城区四大超市销售的蔬菜进行常规抽检。年内，全市累计抽检蔬菜样品15 578个，检测合格产品15 179个，合格率为97.44%，超标产品399个，超标率2.56%。

（袁云华）

【性诱剂防控技术推广】　2011年，全市开展农作物绿色防控技术示范面积10.52万亩。其中：红塔区1.5万亩、澄江县4.31万亩、峨山县0.5万亩、新平县2.6万亩、通海县0.71万亩、其他县0.9万亩，绿色防控的运用可有效降低施药次数和数量，减少对农产品和环境的污染。

【植保专业化统防统治】　2011年，全市成立植保专业化防治合作社37个，专业化防治面积14.95万亩次。红塔区成立植保专业化服务公司和病虫害专业化防治合作社19个。其中：农业植保服务公司1个、专业化防治合作社18个，开展植保专业化防治面积6.26万亩次。易门县成立 5 个植保专业合作社，配置购买机动喷雾器 30 台，开展专业化统防病虫害 1.26 万亩。新平县成立 3 个专业化防治组织，从业人员 34 人，开展专业化统防统治 2.03 万亩。峨山县成立 10 个专业化防治组织，开展专业化统防 5.4 万亩次。

（王田珍）

农业科研

【专项调研】 2011 年，针对影响玉溪现代业持续健康发展的重点政策和重大发展问题，玉溪市农业局开展了 12 项农业专项调研，由玉溪市农学会组织并承办。调研内容涉农药、兽药、乡村债务、农产品加工、新型农民培养、有机农业、农机安全、耕地资源、农民收入、“三湖”污染、项目化管理和农业服务体系，共有 94 名农学会会员及相关工作人员参与了调研活动。

【科技论文获奖】 2011 年，在玉溪市科协第六届优秀学术论文评选活动中，由玉溪市农学会推荐的科技论文共有 4 篇获奖。其中，一等奖 3 篇，分别是：吕艳玲等撰写的《番木瓜典型缺硼症的相关营养元素分析》、普双有等撰写的《中韩粳稻品种在高产环境下的产量潜力研究》、李艳兰等撰写的《不同栽培密度下灯盏花叶片和侧芽生物量的动态变化》。二等奖 1 篇，是张军云等撰写的《除虫菊组织培养快繁技术研究》。

（黄莲英）

【《玉溪农业》创刊】 《玉溪农业》于 2010 年 3 月创刊，至 12 月，共收到稿件 245 篇，涉及作者 520 余人次，出版正刊八期，刊登文章 118 篇，彩图 96 幅，总字数约 64.4 万字。出版专刊两期，共收集论文 87 篇，涉及作者 310 余人次，彩图 35 幅，总字数约 37 万字。

（袁丽华）

【科研成果获奖】 2011 年，玉溪市农科院粮作所承担的《水稻新株型“超级稻”材料创新利用研究》项目，获云南省政府技术发明二等奖；《引进外国智力及稻种资源集成研究与应用》项目，获玉溪市农业局农技推广二等奖。《黄瓜优质丰产可持续栽培技术集成创新与应用》项目，获玉溪市农业局农技推广二等奖和云南省农业厅农技推广三等奖。

【水稻品种通过省作物品种审定委员会审定】 2011 年，玉溪市农科院粮食作物研究所 2 个水稻新品种获得云南省农作物品种审定委员会审定，其中玉粳 11 号玉溪市农科院粮作所为第一完成单位，云籼 9 号玉溪市农科院粮作所为第二完成单位。

【水稻育种与应用】 2011 年，玉溪市农科院粮作所延续多年的水稻育种工作，种植水稻育种材料2 842份，完成杂交组合 155 个，按育种目标选择，中选株系1 150份，从株高、单株有效穗、穗总粒数、结实率%、千粒重经室内考种进一步分析鉴定。育成水稻新品种(系)展示 38 个，在研和镇种植面积：10 平方米/个，在华宁县、易门县、峨山县、江川县稳定品系比较试验 6 个。

【水稻新育成品(系)多点试验、展示与应用】 2011 年，玉溪市农科院粮作所分别在红塔区、华宁县、易门县、峨山县、江川县、澄江县示范应用玉粳 8 号23 000亩；在红塔区、澄江县、江川县、华宁县进行多点生产示范玉粳 11 号7 500亩；在红塔区、峨山县、易门县、华宁县示范玉粳 13 号 460 亩；在红塔区、峨山县、华宁县、江川县示范云粳 26 号20 244亩。

【云麦 53 示范推广工作】 2011 年，玉溪市农科院粮作所在易门县、红塔区、华宁县举办小麦新品种云麦 53 示范推广工作，共示范面积10 200亩，举办中心样板 110 亩。为配合项目的实施，课题组开展技术培训、发送资料到农户，把良种良法配套服务作为工作重点，各项关键措施落实到位，提高了项目的实施效果。跟踪调查户 39 户，调查面积 47.4 亩，产量最高户面积 0.8 亩，亩产 482.2 千克，最低户面积 1.2 亩，亩产 347.5 千克，平均亩产 381.0 千克；比对照云麦 42 号亩产 305.0 千克亩增 76 千克，新增总产 7.752 万千克，按每千克 2.1 元小麦市场价计算，新增总产值 16.28 万元，。

【玉 09－5 参加田麦区试】 2011 年，玉溪市农科院提将近年来各地选育出来的优良小麦新品种在全省各地不同生态气候条件下进行丰产性、抗病性、适应性广的鉴定，从中筛选出适宜生产要求的优良新品种供生产应用，并为小麦新品种的审定提供可靠的科学理论依据。本轮供试品种 14 个，云麦 57 作统一对照。玉溪市农科院提供玉 09－5 参与区试，从区试结果看，玉 09－5 其幼苗习性直立，株型偏矮、株高 80.0 厘米，叶色绿，穗型长方形、穗粒数 67.27 粒，千粒重 46.73 克，亩有效穗 21.61 万穗。亩产 438.0 千克，比对照云麦 57 亩增 77.82 千克，增 21.6%，产量排名第 1 位。通过 2 年的试验观察，玉 09－5 等四个品种在玉溪的表现较好，穗层整齐，熟相好，产量高，高抗杆锈和叶锈、中抗条锈，高抗白粉病，有一定的推广潜力。

【百亩油菜核心高产示范通过验收】 2011 年 4 月 6 日，玉溪市农科院油料作物研究所完成百亩油菜核心高产示范区通过由玉溪市农业局组织的验收。示范区在红塔区大营街镇赵桅村，示范区面积 104.84 亩，选用高产优质抗病品种花油 8 号。由于各项技术措施落实到位，平均亩产 224.72 千克，与邻近非示范区比较平均亩增产 39.68 千克，增产 21.45%；示范区平均亩投入成本 616.64 元，比较邻近非示范区亩投入成本 693.90 元减少 77.26 元，节约成本 11.13%，完成省农业厅下达的百亩油菜核心样板示范区平均亩增产 15～20%、节约成本 10% 的计划任务目标。

【油菜新品系(种)鉴定试验】 玉溪市农科院油作所以云南省主推品种花油 8 号作为对照，将 2010 年新育成油菜品系(种)进行筛选鉴定。采用科学、合理的行区顺序排列、重复、行区对照，密度布局，于成熟期进行目测综合评价，筛选适宜云南生态条件的优质、高产、高含油量油菜新品种。目测评价得分前 10 位的小区产量均比对照增产，其中有 6 个品系(种)增幅比花油 8 号高 10% 以上，且田间生长整齐，经济性状优良，可进行品种比较试验。

【完成《2010～2011 年山地油菜种植制度改革试验研究》项目】 由玉溪市农科院油料所承担的《2010－2011 年山地油菜种植制度改革试验研究》项目，分别在红塔区贾井、江川县早街、华宁县养牛寨、元江县三蒲进行试验示范，共实施山地油菜新品种(系)筛选试验 1 组、山地油菜配套栽培技术正交试验 1 组、优质山地油菜套种播期试验 1 组、山地油菜套种与直播同比试验 3 组和山地油菜套种展示 10 亩，共调查 36 块田完成山地早播油菜追踪调查评价，得出结论，山地油菜抗旱、耐瘠、早熟的品种有云花油早熟1号、花油6号、花油9号和花油7号等优质油菜品种，并配套统一防除、免耕套种、精量播种、测土施肥、实时播种等集成技术，可获得比常规技术高26%～35%的增产。

【玉米可降解膜试验示范工作】　2011年，玉溪市农科院油作所继续在玉溪进行可降解地膜新材料试验示范，承担了玉米可降解地膜实验示范项目，实施单位还有澄江县农技站、峨山县经作站、易门农技站。全市示范降解地膜总面积2 510亩，主要分布在红塔区、澄江县、易门县、峨山县，通过小区实验、同比实验、和示范样板等实验，从实验中可以看出降解地膜的产量略低于普通地膜，比露地(对照)亩增84.04千克，增14.53%。降解地膜可以减少环境污染、改良土壤性状、抑制杂草、减少农民清除地膜的用工费用，其生态价值显著。

【《作物漂浮吸收入湖河水氮磷养分研究与示范》项目】　玉溪市农科院植肥所针对“三湖”径流区水中N、P养分的富营养增加、水体污染，多年来在沿湖一带种植的作物，虽然对土表及其以下的沉淀养分和水中溶解的养分具有较好的吸收作用，但没有较好的利用，经济效益不高，生态效益更不明显。《作物漂浮吸收入湖河水氮磷养分研究与示范》项目于2010年2月开始实施到2011年，根据对不同植物水生驯化及其对低浓度养分吸收筛选，已筛选出了适应水生、市场需求且对入湖河水低浓度N、P、K等养分吸收能力较强的空心菜、薄荷等植物，并进行近60亩的示范种植。据两年的测产计算，按水面漂浮种植率50%计，每亩水面平均生产7 500千克空心菜，按平均单价1.8元/千克，扣出成本，利润为5 333元；每年每亩水面平均生产3 000千克薄荷，按平均单价2.5元/千克，利润为2 500元/亩水面。通过采集漂浮种植池水样与入湖河水样进行检测水溶性N、P、K含量，结果表明空心菜和薄荷对入湖河水水溶性N、P、K等养分具有较强的吸收净化能力。可见经济效益明显，生态效益凸显，项目已申请并受理了3项发明专利及1项实用新型专利。

【星云湖径流区蔬菜控肥技术研究】玉溪市农科院植物营养与肥料技术研究所和农业生态与环境资源研究所，针对星云湖径流区种植蔬菜过程中农户过量施肥或施肥结构不合理，且复种指数高，导致养分利用率低，土壤养分残余量大、易流失，直接对星云湖水体产生不良影响和破坏土壤生态环境等诸多问题，共同实施《星云湖径流区蔬菜控肥技术研究》项目，项目在保证蔬菜产量和质量不降低的同时，以恢复和保护星云湖水体质量、改善土壤生态环境为目的，根据土壤养分含量状况及蔬菜需肥特性，开展不同肥料结构及施肥方法对蔬菜产量影响试验及星云湖径流区蔬菜控N减P技术。2011年研究出星云湖径流区马铃薯和洋葱的控氮减磷技术。

【灯盏花节本增效技术研究与示范】玉溪市农科院生物技术与药用植物研究所在近10年对灯盏花的栽培实验研究的基础上，2011年围绕灯盏花节本增效技术，从杂草控制、地膜覆盖、需肥规律研究、规模化种植四个方面开展试验研究。研究表明，地膜覆盖具有增温、保湿、控制杂草，有效促进灯盏花生长发育，增加株高、分枝数和产量，达到增产增收的目的，还有效地减轻了杂草危害，减少除草用工。在施肥方法、N肥、P肥、K肥四因素中，N肥用量对灯盏花产量影响最大，其次是施肥方法，P肥对产量的影响位居第三，钾肥影响最小。

【除虫菊品种改良及配套栽培技术研究】　玉溪市农科院生药所在多年培育除虫菊新品种(系)的基础上，2011年除虫菊品种的选育有了较大突破，共对19块株系鉴定圃进行了鉴定及筛选，除了筛选出一批高含量株系外，还筛选出一批各具特色的株系材料，如大花盘型、早熟型、高产型、抗病型等品种。通过2011年多组试验的结果来看，玉溪市《除虫菊大田栽培技术规程》中氮、磷、钾的建议施用比例不合理，还需要进一步调整，并且通过实地走访，绝大多数种植户的施肥量均未达到要求的施肥量，但农户习惯性施肥量下所获得的产量并不比《规程》要求下施肥量获得的产量低，因此建议修改《规程》中N、P、K施肥比例为25：6：12。

（杨天艳）

【七项成果获云南省农业技术推广奖】
2011年，玉溪市推荐的7项农业技术推广成果全部获云南省农业厅农业技术推广奖。其中：一等奖二项、二等奖二项、三等奖三项。玉溪市农机技术推广培训站完成的《玉溪市推广应用多功能微型耕整机成效显著》、通海县畜牧兽医局完成的《通海县规模蛋鸡生产技术集成与推广应用》获一等奖；玉溪市动物疫病预防控制中心完成的《玉溪市高致病性猪繁殖与呼吸综合征防控技术研究与推广应用》、玉溪市水产站完成的《抚仙湖水生生态与抗浪白鱼种群保护及人工养殖开发》获二等奖；玉溪市土壤肥料工作站完成的《抚仙湖径流区2万亩测土配方施肥防治水污染成效显著》、玉溪市农科院完成的《黄瓜优质丰产可持续栽培技术集成创新与应用》、澄江县农业技术推广站完成的《食荚菜豌豆平衡施肥技术推广应用》获三等奖。

【基层农业科技人员获云南省科技兴乡贡献奖】　2011年，经各县(区)自下而上、民主公开推荐，玉溪市农业局本着好中选优、优中选强的原则，经玉溪市人力资源和社会保障局组织专家推荐、第五届云南省科技兴乡贡献奖评议委员会评议审定，云南省人力资源和社会保障厅批准，易门县铜厂彝族乡农业技术农机工作站李灶福、红塔区洛河彝族乡农业技术农机工作站秦永云、通海县河西镇农业技术农机工作站马家运、新平县新化乡农业技术农机工作站普金安荣获云南省第五届科技兴乡贡献奖荣誉称号。

（张光和）

林业管理

【概　况】 2011年，全市林地面积1 555.75万亩，占全市国土总面积2 248.42万亩的69.19%，其中，有林地面积1 188万亩，森林覆盖率54.2%，林木总蓄积量4 623万立方米。境内高等植物226科、1 081属、2 394种，野生动物30科、65种。全市有国家、省、市、县各级自然保护区和森林公园21个，总面积244万亩。全年中央、省级、市级投入林业项目资金24 588.53万元，比上年增长0.14%。其中，中央投入资金15 993.90万元，占总投资65.05%；省级投入资金6 708.53万元，占总投资27.28%；市级投入资金1 886.10万元，占总投资7.67%。集体林权制度主体改革全面完成，配套改革稳步推进。继续实施退耕还林、防护林、天保工程和重点公益林建设，完成人工造林面积43.63万亩，中低产林改造20万亩，义务植树472.9万株。全市特色经济林面积129.17万亩，其中，核桃56.24万亩，竹子47.96万亩。林业综合产值21.77亿元。森林火灾和森林病虫害成灾率连续多年控制在1‰和15‰以下。全市森林生态效益补偿项目工作在全省考核评比中荣获二等奖。森林资源林政工作在全省森林资源林政管理责任制执行情况检查考核中荣获二等奖。

（张丽慧）

【荣获造林绿化先进市称号】 “十一五”期间，全市完成营造林126.77万亩，为下达计划任务的104.3%，其中，人工造林完成101.09万亩，人工模拟飞播完成2.0万亩，封山育林完成23.68万亩，造林保存率达80%以上；完成义务植树2 025.80万株，为下达计划任务的104.4%，尽责率达93.4%。全市有林地面积增至1 188.1万亩，森林覆盖率增至54.2%，林木总蓄积量增至4 623万立方米。按照《云南省“十一五”造林绿化目标责任考核奖惩办法》有关规定，2011年5月4～19日，省绿化委员会组织有关部门和专业技术人员对“十一五”期间造林绿化工作进行了检查考核。2012年2月8日，根据考核结果，省政府决定对“十一五”造林绿化任务完成较好、造林质量较高的10个州市人民政府进行表彰奖励。玉溪市人民政府荣获省政府“十一五”造林绿化先进单位称号。

（陈桂芬）

【集体林权制度配套改革】 自2009年7月易门县林权管理服务中心挂牌成立以来，至2011年12月，市级和八县一区均已成立林权管理服务机构，落实了机构和人员。各县区林权管理服务中心为县（区）林业局管理的事业单位，规格为股所级，市级为正科级，财政全额拨款，核定事业编制67名，实际在岗人数68人，其中，专业技术岗位56人。全市共投入资金405.99万元用于信息平台建设，各县（区）已就林权流转管理信息系统进行了安装、调试，建立了林权流转管理信息平台，并对林权管理服务中心技术人员进行林权及林产业管理信息平台、林权宗地管理地理信息系统培训，为实现林权管理网络化、信息化，实施林地流转等工作奠定了坚实的技术基础。至2011年底，全市办理林权流转登记358宗，涉及面积7.21万亩，实现流转交易金额8 439.93万元。同时，全市林业部门积极与金融部门协调，稳步推进林权抵押贷款，林农用林权抵押贷款积极性高涨。至年底，全市办理144户单位（公司）和个人的林权抵押贷款登记备案相关手续，涉及林权抵押面积7.12万亩，贷款金额20 385.3万元。林权抵押贷款业务的开办，实现了林业信贷史上抵押物的突破，有效促进农村、农业、农民的经济发展。

（杨艳芬）

【警心工程】 2011年，市森林公安局从优待警，保障民警合法权益，落实民警法定工作日之外加班补贴发放工作，为在职民警办理了人身意外伤害保险，做好全局民警的健康体检工作，安排民警休假，发放民警生日蛋糕票，到医院看望住院民警，积极落实优抚政策，申请民警救助金，看望慰问因公牺牲民警家属及困难民警家庭，筹措资金帮助林区贫困学生就学，积极组织各种献爱心捐款活动，组织民警积极向省局民警救助会捐款，倡导民警自愿向红十字会、见义勇为奖励基金会等开展捐款活动，在2008年至2011年度的全省森林公安机关年度综合考核中，市森林公安局在队伍建设、业务工作、基础设施建设和执法质量方面取得了显著成效，连续以考核总分第一名的好成绩荣获一等奖，荣膺“四连冠”称号，有力展示了森林卫士风采，树立了森林公安的良好形象。同时，森林公安工作荣获全省森林公安综合考核一等奖，禁毒工作获二等奖，综治维稳工作获一等奖，连续6年受市委、市政府表彰，被市委、市政府表彰为全市政法系统“十优政法班子”，被国家森林公安局评为“春季攻势”先进单位，并受到国家禁毒委和省森林公安局发来的贺电表彰。红塔山自然保护区派出所被市委、市政府表彰为先进基层党组织，被挂牌命名为基层党建工作示范点。市森林公安局工作成绩突出的4名民警被省局荣记个人三等功，2人被评为全市森林防火先进个人，2人分别被评为全市禁毒工作先进个人和“五五”普法先进个人。

【参展第二届林博会】　2011年11月1日至4日，由国家林业局和浙江省人民政府共同主办的全国第二届林博会在浙江省义乌市举行。市林业局以林业生态建设、林业产业发展和森林资源培育为主，围绕林业六大产业(特色经济林产业、木竹加工及人造板产业、林化及林下资源开发产业、林木种苗产业、野生动物驯养繁殖产业和森林生态旅游产业)，突出特色，以文字材料、图片、宣传册和实物参展，充分展示玉溪林业产业发展成就。美坚新型竹材有限公司、林缘香料有限公司、益生绿色食品有限责任公司到会参展；易门县“丛山”、“山里香”、峨山县“彝人谷”、“高香”和新平县的企业提供产品参展；玉溪林产品加工贸易物流中心招商引资成功。

【林业产业省级龙头企业】　2011年，全市在加快现代林业建设中大力培育林业龙头企业，推进林业产业化发展。12月，经省林业厅批准，新平县美坚新型竹材有限公司、峨山县彝人谷万亩竹海生态旅游开发有限公司、峨山县高香生态茶业有限责任公司、华宁县鑫辰食品有限公司4户企业被认定为云南省第七批林业产业省级龙头企业。至此，全市林业产业省级龙头企业达17户，占全省林业产业省级龙头企业252户的6.7%。

【明星村委会生态建设试点】　2011年，为贯彻落实市委、市政府“一退、二调、三保”战略部署，加强抚仙湖生态环境保护和恢复治理，市林业局在江川县明星村委会碧云寺后山新建1 000亩特色经济林项目示范点。按照高标准、高投入、技术规范组织实施，通过项目示范，推动林业生态建设与产业协调发展，促进生态环境保护、集体经济壮大，让群众得实惠。为确保项目顺利完成和资金安全，市林业局委托江川县林业局组织实施，明星村委会配合，采取按进度报账。本着“因地制宜、适地适树、以短养长、长短结合”的原则，确定红色梨、核桃、樱桃和蓝梅作为主栽品种，完成种植红色梨315亩、核桃330亩、樱桃300亩和蓝梅55亩。

【省级现代林业示范园区示范县建设】　2011年，根据《云南省林业厅关于开展云南省现代林业示范园区、示范县申报工作的紧急通知》的要求，对照申报条件，9月，市局向省林业厅申报易门县、新平县、峨山县和元江县为现代林业示范县；申报易门县康源有限公司的块菌、益生绿色食品有限责任公司的蕨菜、金土地生态开发有限公司的野生动物养殖、森林生态旅游、元江县洼垤乡的核桃、瑞江木业有限公司的尾叶桉和澄江县的园林绿化苗为云南省现代林业示范园区。

(邵永保)

【林农专业合作组织建设】　2011年，全市共有林农专业合作社39个，加入合作社农户数4 600户，合作经营林业面积5.47万亩；林业专业协会15个，参加协会的林农3 310户，林地面积33.59万亩。农民林业专业合作社的大力发展，有效巩固了集体林权制度改革成果，深化了配套改革，搞活了农村林业经济，维护了农民权益、增加了农民收入，以林产业带动林农经济发展，实现“生态发展产业化，产业发展生态化”。

(杨艳芬)

植树造林

【种苗生产供应】　2011年，全市用于育苗的种子30.52万千克，育种苗2 373万株，其中，杉木506万株、旱冬瓜478万株、桤木382万株、核桃280万株、华山松276万株、竹子105万株，其他树种346万株。核桃育苗280万株中，嫁接苗223万株、实生苗57万株，出圃合格苗木194万株，其中，嫁接苗146万株、实生苗48万株；嫁接苗的穗条来源全部来源于核桃定点采穗基地。

【观赏苗木产业调查】　2011年，全市首次开展观赏苗木产业调查。根据调查，全市主要观赏苗木树种有红叶石楠、天竺桂、冬樱桃、清香木、香樟、榕树等。其中，红叶石楠336万株，主要分布在易门县，占全市92%；天竺桂4.3万株，主要分布在江川县，占全市76%；冬樱桃64万株，主要分布在新平县、江川县、华宁县，占全市78%；清香木11万株，主要分布在江川县、元江县，占全市74%；香樟4.4万株，主要分布在江川县，占全市91%；榕树7.4万株，主要分布在元江县，占全市92%。

【种苗行政执法专项行动】　2011年，

元江县森林蔬菜开发取得成功　　(市林业局　提供)

全市首次开展种苗行政执法专项行动，无非法利用植物新品种权进行种植、繁殖、生产和销售种苗的违法行为，没有发现调运和销售无证无签林木种苗、发布良种虚假广告行为；发现5个培育城市绿化用苗的单位出现超许可范围，其有效期已过，3个培育城市绿化用苗单位没有办理生产、经营许可证，属无证生产经营。这8个育苗单位在接到检查通知15天内都按有关要求办理了生经营许可证。

【建成核桃采穗圃】 由省林业厅批复建设的新平县马鹿塘核桃采穗圃200亩，于2009年2月开始建设，建设地址为新平县建兴乡马鹿村委会大寨小组，项目总投资163.5万元。至2011年，实际完成采穗圃营建面积300亩，定植密度为一般密度，共2.7万株核桃嫁接苗。由省林业厅批复建设的华宁县董家山核桃采穗圃，于2009年3月开始建设，建设地址为华宁县宁州镇董家山，项目投资30万元。至2011年，完成营建50亩，定植密度为高密度，共4.08万株嫁接苗。

（郭　斌）

【营林造林】 2011年，省级下达玉溪市的营造林计划为32万亩，其中，人工造林17万亩，封山育林15万亩；义务植树460万株。全年完成营造林43.63万亩（含省级以下投资项目）。分项目人工造林完成情况为天然林保护工程完成1万亩、防护林工程完成5.5万亩、石漠化综合治理项目完成0.68万亩、退耕还林配套荒山造林项目完成0.5万亩、巩固退耕还林成果林业项目完成9.38万亩、国家造林补贴试点项目完成1万亩、省级核桃产业项目完成9万亩、省级竹子基地项目完成1万亩、林地征占用植被恢复造林完成0.08万亩、其他2.08万亩。同时，完成中低产林改造项目任务20万亩；完成全民义务植树472.9万株，尽责率达93%；完成各级领导办样板林10块，参加办样板林领导124人，完成0.21万亩，其中，市级样板林完成0.02万亩。

【石漠化综合治理试点项目】 全市石漠化综合治理试点项目根据批准的实施方案，于2008年启动，2009年实施。易门县列入云南省首批建设项目单位，至2011年实施封山育林6.09万亩、人工造林2.65万亩、坡改梯0.38万亩、输水管29.3千米、排灌沟渠28.55千米、拦沙坝2座、小坝塘4座、蓄水池32个等，完成总投资2 541.7万元，其中，中央投资2 200万元，地方配套341.7万元。

【退耕还林工程】 全市自2002年开始实施国家级退耕还林工程，截至2011年，已实施退耕还林工程建设任务82.6万亩（含灾后恢复重建造林0.5万亩），其中，退耕地还林25.5万亩，荒山荒地造林40.1万亩（含灾后恢复重建造林0.5万亩），封山育林17万亩。项目涉及八县一区71个乡镇528个行政村5.98万农户22.14万人。10年来，全市退耕农户户均从退耕还林补助中直接获得9 687.8元，人均获得收入2 616.7元。新建特色经济林基地41.4万亩，其中，新发展竹子6.94万亩、核桃14.02万亩、工业原料林（尾叶桉、兰桉）9.86万亩、八角0.3万亩、柑桔0.36万亩、柿子1.06万亩、塔拉0.82万亩、板栗1.03万亩、其他特色经济林0.7万亩。10年来，国家和省级累计投入全市退耕还林工程资金60 158万元，其中，粮食折现41 354万元、医疗教育现金补助3 938万元、省级财政补助费5 911万元、种苗补助费5 590万元、完善政策补助资金3 365万元。2011年，退耕还林工程到期面积12.37万亩。省级阶段验收结果为，保存合格面积12.26万亩，占99.1%；未达到保存标准面积0.11万亩，占0.9%；成林面积达9.98万亩，占80.7%；已发放林权证11.77万亩，发证率达96%。验收结果显示退耕还林工程质量高，取得了较好的生态、经济和社会效益，为新一轮的退耕还林政策补助奠定了基础。

【实施国家造林补贴项目】 为进一步提高全社会植树造林积极性，深化林业改革、实现林业集约化经营，探索建立一套行之有效的造林补贴制度，促进林业生态建设，增加森林面积，提高森林蓄积，促进富民，2011年，全市首次实施国家造林补贴试点项目计划任务1万亩，种植树种为核桃。该项目的顺利实施，为下一年度该项目的实施奠定了良好的基础。

【玉江生态景观大道绿化工程】 2011年10月13日，由市发改委主持，邀请市财政局、市交通局、市审计局等单位的领导及专家组成验收组，对市林业局组织完成的《玉江生态景观大道绿化工程》进行初验。验收组认为，该工程是市委、市政府专题研究部署的重点工程，对建设生态城市和打造“三湖”城市群具有重要意义。工程概算总投资1 457.93万元，绿化长度32.7千米，绿化面积593亩。实施范围为东起江川县紫红坝，西至红塔区出水口南边的彩虹门。项目于2009年9月11日开工，并按要求完成了大、小乔木、灌木及野花组合的种植任务，经检查质量合格。工程紧紧围绕“程序、工期、进度、质量、安全和效果”六大主题，精心组织，周密部署，其工程招投标、质量监督符合程序，资金使用实行分账核算，严格审批，工程建设在确保安全的基础上按工期进度、按质按量的完成了任务，取得了初步成效。综上所述，验收组一致认

露天沟天保区云南松林　　　　（市林业局　提供）

为，该工程建设程序规范，建设质量达到了设计和合同要求，图、文、表齐全，同意初步验收。

【抚仙湖、星云湖流域退耕还林工程建设规划】　抚仙湖、星云湖位于珠江流域上游，由于“两湖”径流区内森林覆盖率低，水土流失严重，生态环境十分脆弱。按照国家及省林业相关政策规划，以抚仙湖“一退、二调、三保”战略实施为契机，明确在巩固“两湖”流域退耕还林已有成果的基础上，继续实施“两湖”流域市级退耕还林工程，重点对25度以上陡坡耕地及生态脆弱区域的坡耕地实施有计划的退耕还林。2011年，市林业局委托省林业调查规划院完成了《抚仙湖、星云湖流域市级退耕还林工程建设规划》的编制。《规划》显示在“十二五”期间，在“两湖”径流区实施退耕还林工程造成林39万亩，其中，25度以上陡坡耕地及生态脆弱区域退耕地造林3万亩，宜林荒山荒地造林6万亩，封山育林30万亩。

【退耕还林成果项目中央专项投资】　全市自2008年启动巩固退耕还林成果项目，2009年开始连续实施了此项目，至2011年，上级共下达全市后续产业建设发展种植业24.2万亩、棚厩建设17 100平方米、青贮窖6 300立方米、饲料地建设9 000平方米，基本口粮田50 410亩，农村能源建设沼气979口、节柴灶10 525眼、太阳能2 362户、薪炭林建设0.84万亩，生态移民1 618人，技术培训10 000人。项目覆盖了全市9个县（区）的近60个乡（镇）。上级下达中央专项资金7 913.47万元，其中，投入林业项目资金3 238.26万元。资金的投入对加快全市生态建设和林业产业的发展起到了助推作用。

（陈桂芬）

林业科技

【林业技术培训】　2011年，市林业局充分发挥首批市级教育培训基地的作用，结合集体林权制度改革、森林防火、公益林管护、低产林改造、森林病虫害防治、林木种苗培育、林业政策法规及核桃、竹子、板栗等特色经济林发展，在全市八县一区采取办培训班、现场示范、专题讲座等多种形式，开展林业技术培训117期，累计培训专业技术和林农15 870人次。同时，编印《核桃幼树管理技术手册》1 500册。

【麻竹引种示范】　2003年3月，新平县营林工作站从广东省清远市首次引进笋材两用麻竹新品种进行试验示范。经过7年不同海拔的多点试验示范，探索出了麻竹育苗、造林、抚育管护技术等成套栽培管理技术，并培训林业科技人员和林农3 560人次，培育容器麻竹苗26万袋，营造示范林1.36万亩，产值1 085万元。该项目是在滇中首次进行的麻竹大规模引种试验示范，也是首次在省内对麻竹引种适应性、容器育苗、造林方式与技术和竹林经营管理措施开展系统试验研究，并取得了显著成效。其中，在容器育苗技术上有创新，显著提高了竹苗成活率和成竹质量，同时降低了造林成本，取得了明显的生态、经济和社会效益。2011年，《麻竹新品种引种示范及栽培技术集成应用》项目通过了市科技奖励办公室的成果验收，获新平县人民政府2009～2010年度科学技术二等奖。

【完成《核桃幼树规范化管理技术示范》项目】　2009年至2011年，由市林业科技推广站、新平县林业局承担的云南省林业科技推广项目《核桃幼树规范化管理技术示范》项目，在新平县平甸乡宁河村委会朵舍宗小组和白鹤村委会汉科甲小组展开。通过对300亩核桃幼树示范林实施土壤深耕、施肥、整形修剪、病虫防治、树干涂白以及微量元素喷施等成套抚育管理技术措施，2011年（核桃栽培第8年）实现植株无明显病虫害，生长良好，丰产树形，冠幅近圆形，平均冠幅3.68米×3.66米，示范地结实株率达57.5%，对照地结实株率20%，结实株率比对照提高37.5%，示范地平均亩产坚果为项目合同技术指标的123.8%的结果。同时，培训技术人员和林农680人次，编制《核桃幼树管理技术手册》1500册，发布信息27条次，圆满完成项目合同规定的各项技术经济指标。

【板栗早实新品种选育】　在1986年全省林木良种普查中，易门县从数以万计的板栗园内发现了遗传变异板栗优良单株（枝、芽）。县林业局于1990年开始，采用无性系方法，建立试验示范园和采穗圃，对发现的遗传变异板栗优良单株（枝、芽）进行繁育。经过22年的选育，培育出了2个板栗早实新品种—易门早板栗1号、易门早板栗2号。2个板栗新品种具有结实早、成熟早、丰产稳产、品质优、遗传性状稳定、树体矮小、树形紧凑、抗逆性强等特点。已先后在峨山县、新平县、红塔区及安宁市等地推广。2011年12月，2个板栗早实新品种通过了省林木品种审定委员会的林木良种认定。

【完成《膏桐丰产栽培措施试验》】　2007年至2011年，市林业科技推广站在新平县漠沙镇度口坡进行了膏桐丰产栽培试验措施。试验选用4个不同膏桐种源，采用5因素18个水平、3个重复的正交试验设计，通过对膏桐地径、侧

引种成功的麻竹林　　（市林业局　提供）

枝生长量的试验结果分析，5因素中种植密度、施肥时间、水分管理3个因子对膏桐生长有显著影响，种源、定干高度对膏桐生长无显著影响，筛选出了适宜丰产栽培膏桐的模式：膏桐苗木种植时，宜选择水肥条件较好的地块种植，采用2×4米或2×2米的种植密度，种植后40～50厘米定干；如有较好灌溉条件，则选择全年施肥，如无较好灌溉条件，则选择雨季施肥。

【实施“十县百村千户”林业科技示范行动】 由峨山林业科技推广站承担的省林业科技推广项目《“十县百村千户”林业科技示范行动》在峨山县8个乡镇10个村选择示范户100户，以村为单位编制科技示范5年规划，每个点推广1项实用技术。2011年，编制完成县级实施方案，编印核桃栽培技术管理手册5 000册，并在峨山县小街镇由义村委会、大龙潭乡各雪村委会建立示范户100户。在县上立示范县碑、在村上立示范村牌，在农户家挂示范户牌。全年培训林农150人次。

【核桃采穗圃建设项目通过验收】 2009年至2011年，新平县实施核桃采穗圃项目建设，在建兴乡马鹿村委会大寨小组集中连片营建了300亩核桃采穗圃，2.7万株核桃苗木保存率达95%。采穗圃砧木为铁核桃，接穗来源于新平县核桃优良单株，品种为省林木品种审定委员会审定的核桃良种漾濞泡核桃（大泡核桃），每个无性系所在的位置和数量，都有明确标牌和记录。10月18日，由市林业局和市财政局的领导、技术人员组成验收组进行验收，认为采穗圃建设技术路线正确，技术措施到位，资金使用合理，项目图、文、表规范，资料翔实，档案齐全规范，各项指标达到了《云南省核桃采穗圃营建技术规范》要求，一致同意通过竣工验收。

【林业技术推广人员获省科技兴乡贡献奖】 市林学会组织广大林业科技人员积极投身于“科教兴林”的主战场，在普及林业科学知识传播先进适用技术、开展学术交流活动提高科技工作者学术水平、加强学会组织建设促进学会活动与生产实践相结合等方面，发挥了科技第一生产力的作用。2011年，在科教兴林实践活动中，新平县平甸乡林业站的何丽工程师、华宁县通红甸乡林业站的魏忠应工程师、江川县大街街道办事处林业工作站的赵玲芬工程师，被省政府授予第五届科技兴乡贡献奖。

（蒋志东）

森林保护

【森林防火】 2011年，全市各级政府和森林防火指挥部紧紧抓住“预防”这一根本环节，围绕责任制和野外火源管理等措施，全面推进森林防火各项工作扎实开展，从根本上遏制了森林火灾的发生。全市发生森林火灾2次，为控制指标75次的2.7%；受害森林面积14.8公顷，受害率为0.02‰，比省控制指标低0.98个千分点；火灾当日扑灭率100%，比控制指标高2%；火案查处率为100%，比考核指标高20个百分点，全面完成了省、市政府下达的目标任务，各项防控指标创历史最好成绩，防火工作获年度省政府森林防火目标责任状考核二等奖。

【森林火灾保险试点】 玉溪市是全省政策性森林火灾保险试点五州市之一，为确保政策性森林火灾保险的顺利推进和中央“惠农”政策的顺利实施，2011年拟定了《玉溪市政策性森林火灾保险方案》，并报经市政府通过，确定了财政保费补贴资金比例。公益林实行全市统保，保费由中央、省、市、县（区）四级财政按比例全额承担，其中，中央财政承担50%，省财政承担25%，市财政承担12.5%，县（区）财政承担12.5%。商品林实行全市统保，保费由中央、省、市、县区四级财政按比例承担，林农部分由市、县（区）共同分别承担，其中，中央财政承担30%，省财政承担25%，市财政承担22.5%，县区财政承担22.5%。按照承担比例，2011年，全市投入森林火灾保险保费补贴资金598.59万元，其中，中央和省级395.42万元，市级102.52万元，县级100.65万元。全年理赔火灾案件42起，损失面积为3 315亩，赔付金额77.24万元。其中，损失公益林面积为2 024亩，赔付金额为47.42万元；商品林涉及74户林农，损失商品林面积为1 291亩，赔付金额29.82万元。

（王　怡）

【林业有害生物防治】 2011年，通过监测调查，全市林业有害生物预测发生48.63万亩，实际发生48.70万亩，测报准确率为99%；开展防治面积39.85万亩，其中，无公害防治面积37.68万亩，无公害防治率为94.57%；成灾面积2.42万亩，成灾率2.54‰。全市实施种苗产地检疫苗木面积0.43万亩、种子1.05吨，种苗产地检疫率为99%。

（何海波）

【森林采伐管理】 全市“十二五”期间年森林采伐限额为104.37万立方米。按采伐类型：主伐15.99万立方米，抚育采伐42.47万立方米，更新采伐4.78万立方米，其他采伐41.13万立方米。按森林类别：公益林43.32万立方米、商品林61.05万立方米。按森林起源：天然林74.57万立方米、人工林29.8

选定的核桃优株（大泡核桃）　　（市林业局　提供）

万立方米。2011 年，全市发放《林木采伐许可证》2 935张，实际完成林木采伐量 12.73 万立方米。

【建设工程征占用林地审批】 2011 年，全市各级林业部门对各种建设工程征、占用林地进行严格的审核申报制度，审核上报省林业厅征占用林地项目 58 件，办结 25 件(其余 32 件已全部上报省林业厅待批，1 件退件)。累计征占用林地 203.87 公顷，预缴省林业厅森林植被恢复费 768.93 万元。其中，征占用集体林地 179.33 公顷(含临时占用集体林地 11.87 公顷)，占用国有林地 24.54 公顷，并计划异地造林 243.57 公顷。

【林政执法】 2011 年，全市共发生林业行政案件 745 起，查处 745 起，查处率 100%；罚款 473.14 万元，赔偿损失 6.77 万元，行政处罚 801 人次。其中，审核市级行政案件 95 件。

【木材流通管理】 自 2011 年 1 月 1 日起，木材运输证的签发实行全国联网。2011 年，全市办理木材运输证6 066份，运输木材 5.61 万立方米。同时，依法强化木材经营加工监督管理，严格审批，加强服务引导，规范市场秩序，坚决打击非法木材流通和违法经营加工木材行为。全年受理木材经营加工许可 483 件，办结 483 件(申请核发新证 48 件、检审办证 435 件)，其中，办理木材经营许可 53 件、木材加工许可 350 件、木制品经营许可 80 件。木材检查站检查车数 1.02 万车，检查木材 3.1 万立方米，处罚车数 44 车，处罚木材 114.74 立方米，罚款 5.25 万元。

【编制公益林生态效益补偿县级实施方案】 2011 年，全市组织开展了公益林生态效益补偿县级实施方案修编工作，形成了各县(区)公益林生态效益补偿实施方案(修编)和全市公益林生态效益补偿总体实施方案(修编)。实施方案修订的主要成果：经校核调查确定全市国家级公益林总面积 419.05 万亩，省级公益林总面积 348.14 万亩。全市划分管护责任区3 077个，其中，国家级公益林1 615个，省级公益林1 462个；签订管护合同 A1116 份，其中，国家级 485 份，省级公益林 631 份；签订管护合同 B2962 份，其中，国家级公益林 1 634份，省级公益林1 328份；落实管护人员2 963个，其中，国家级公益林 1 634个，省级公益林1 329个，把公益林管护责任落实到了管护责任单位和巡山护林人员。按照省林业厅相关要求测算的公益林补偿金为6 928.78万元，其中，中央财政补偿基金(国家级公益林)3 578.11万元，省财政补偿资金(省级公益林)3 350.68万元。

（李翠华）

【林区社会治安】 2011 年，全市森林公安机关查处各类森林案件 878 起，处理违法犯罪人员1 047人(次)。其中，侦破刑事案件 98 起，抓获犯罪嫌疑人 120 人(次)；查处林业行政案件 780 起，查处违法人员 927 人(次)。收缴木材2 414.9立方米、野生植物 638 株、野生动物 68 头(只)、违法所得 4.13 万元，罚款 456.86 万元，为国家挽回经济损失 575.2 万元。在所查获的案件中，市森林公安局出动警力 940 人(次)，车辆 359 台(次)，查处森林案件 93 起，处理违法犯罪人员 94 人(次)。其中，侦破刑事案件 2 起，抓获犯罪嫌疑人 3 人；查处林业行政案件 91 起，查处违法人员 91 人。同时，收缴木材1 364.9立方米、野生植物 15 株、野生动物 67 头(只)，罚款 1.67 万元，罚没收入 94.45 万元，为国家挽回直接经济损失近 100 万元。

【保护森林和野生动植物资源专项行动】 2011 年，市森林公安局先后组织开展了"春季攻势"、"亮剑行动"、"清网行动"等系列专项行动，被国家森林公安局评为"春季攻势"先进单位。专项行动期间，全市森林公安机关清查野生动物驯养繁殖场所 61 处，检查野生动物活动区域 28 处，破获刑事案件 16 起(重大案件 2 起)，成功抓获 4 名网上追逃人员，抓获犯罪嫌疑人 32 人，逮捕 6 人，刑拘 2 人，打掉犯罪团伙 1 个；查处行政案件 139 起，行政处罚 153 人，林政罚款 155.2 万元；收缴国家 2 级保护动物白鹇(死体)1 只、国家重点保护植物 2 株。在打击非法运输木材、烟草的专项整治行动中，市局检查车辆 7133 辆，查处涉烟违法案件 10 起，查获非法运输烟叶 10 余吨，严厉打击了违法犯罪分子的嚣张气焰，为保护全市森林生态安全和经济社会有序发展做出了应有的贡献。

【打好森林火灾"破案攻坚战"】 2011 年，全市森林公安机关受理森林火灾案件 35 起，查处 27 起，综合查处率为 77.14%。其中，刑事案件 17 起，破案 14 起，抓获犯罪嫌疑人 12 人，破案率为 82.35%；行政案件受理 18 起，查处 13 起，林业行政处罚 13 人，查处率为 72.22%。同时，开展森林防火宣传 100 余次，出动车辆 300 余台次，出动警力 962 人次，发放宣传单 25 万余份，有效查处野外违规用火，杜绝了安全隐患。

【林区禁毒】 市森林公安局于 2011 年 6 月组织开展了公开查缉运输毒品联合行动和打击非法运输木材、烟草的专项整治行动。行动期间，破获毒品案件 18 起，查获 18 082 克毒品(海洛因 12 283克，冰毒5 799克)，收缴涉案车辆 2 辆，抓获 18 名犯罪嫌疑人，刑事拘留 15 人。8 月 25 日，市森林公安局接到国家禁毒委员会和省森林公安局发来的贺电，对市森林公安局公开查缉毒品专项行动取得的卓著战果表示热烈祝贺。

（冯建团）

【成立林业有害生物防治专业队】 2011 年 3 月，红塔山自然保护区管理局成立全市第一支防治专业队——白僵菌车间林业有害生物防治专业队，为三级专业防治队，隶属于红塔山自然保护区管理局。其管护林地面积5 696公顷，负责管理和保护东风水库、红旗水库、大红坡水库、二龙潭水库径流区的水源涵养林、水土保持林、风景林、野生动植物资源、自然环境及生物多样性。

（冯玉元）

水利建设

【概 况】 2011年，全市计划完成水利水电投资148 998万元（含烟水工程、农业综合开发、国土整治、扶贫等农田水利建设资金），到12月31日止，累计完成160 963万元，占计划投资的108%。其中，计划完成水利基建投资47 998万元，实际完成57 470万元，占计划投资的119.7%；计划完成小农水投资61 000万元，实际完成62 993万元，占计划投资的103.3%；计划完成水电投资40 000万元，实际完成40 500万元，占计划投资的101.3%。截至12月31日，全市水利部门下达水利专项资金66 044.2万元，其中，中央30 397万元，省18 992.8万元，市6 887.9万元，县9 766.5万元。全市完成新增有效灌溉面积2.52万亩，占计划面积的100%；解决农村人畜饮水安全15.89万人，占计划的144%；治理水土流失面积146平方千米，占计划的104%；完成蓄水量2.808亿立方米，占计划的60%；地方电力新增装机容量4.52万千瓦，占计划的100%；改造中低产田地0.85万亩，占计划的106%；征收水资源费481万元，占计划的160%。

【水利规划和前期工作】 2011年，市水利局完成各项重点水利工程的规划及可研评审、初设批复；完成30件小（一）型水库除险加固工程的初设评审及参与省级复审工作；组织完成45件小（二）型水库除险加固工程的安鉴评审、初设评审和批复工作；完成对元江西拉河水库二期配套东线分干渠工程和通海元山大坝扩建工程初步设计的评审和批复，工程均已开工建设。同时，完成各新建工程项目法人组建、安全质量监督手续和单元工程划分的批复工作；完成在建工程的设计变更批复和质量监督巡查工作，形成安全质量巡查单59份；组织完成了《十二五水利规划》的修订。

【重点工程建设】 2011年，市水利局完成重点工程建设情况为：华宁县糯节河水库，设计总库容401.7万立方米，为小（一）型水库。工程投资5 983.01万元。工程于2010年6月18日正式动工，计划2012年12月完成全部建设任务。2011年6月5日大坝成功封顶，8月31日下闸蓄水。枢纽工程已全面完工，整个项目可提前至2012年汛前完成建设任务。截至2011年12月累计完成投资4 189万元，累计到位资金3 365万元。易门县芦柴冲水库，设计总库容106.6万立方米，为小一型水库。初步设计省级审核总投资为2 487.47万元。工程于2010年9月19日正式开工建设，于2011年5月25日完成大坝封顶，完成土石方回填工程量19.81万立方米。整个工程已全部建设完工。累计完成投资2 487万元，累计到位资金2 329.6万元。峨山县玉河水库，总库容425.0万立方米，最大坝高48.5米。总投资7 459万元。由于工程涉及移民搬迁和设计方案调整等问题，经各级各部门反复研究磋商、调整修改，2011年5月存在问题才基本得到解决。输水隧洞于2012年1月16日贯通。截至2011年12月，累计完成投资1 020万元，累计到位资金2 050万元。新平县依施河水库，总库容104.9万立方米，为小一型水库。总投资为3 065.84万元。工程于2011年1月10日正式开工，至年末完成涵洞进尺182米、竖井进尺18.64米，拦河坝土石方开挖26 638立方米，建盖管理住房157立方米。隧洞洞身衬砌及管理住房已按计划完成。截至2011年12月累计完成投资1 630万元，累计到位资金1 149万元。江川县白河水库，总库容103.5万立方米，为小一型水库。总投资为3 253.55万元。工程已完成了征地、招标工作，施工单位于2011年2月8日进场。截至2012年1月累计完成投资150万元。元江干流元江县城段治理，工程于2011年12月28日开工建设，建设内容包括新建及改建南溪河汇口至江东大沟过江倒虹吸管干流河段，河道总长11千米，南溪河汇口以上548.4米支流右岸河段，清水河汇口以上510.597米支流两岸河段。设计防洪标准南溪河汇口至清水河汇口为20年一遇，清水河汇入口至江东大沟过江倒虹吸管段为10年一遇，支流南溪河、清水河段为20年一遇。省发改委2011年4月27日下达可行性研究报告批复，工程估算投资为2.0815亿元。市水利局将元江干流元江县城段治理工程作为重点项目来抓，尽全力配合元江县做好前期工作，积极争取上级资金，年底已到位资金5 334万元，其中，中央资金4 000万余，省级资金1 334万元。

【病险水库除险加固】 2011年，全市病险水库除险加固工程主要是新平县黄草坝水库除险加固。该工程是全市最后一座中型病险水库除险加固项目，总库容3 460万立方米。工程批复投资为2 568.12万元。工程于2011年10月8日开工建设，先进行大坝防渗墙施工。截至2011年12月，累计完成投资550万元，累计到位资金2 380万元。另有9件续建和7件新开工的小(一)型病险水库除险加固工程。续建工程为红塔区红旗水库、通海县甸苴坝水库、华宁县登楼山水库、易门县小河水库和沙衣水库、峨山县大麻栗树和新村水库、新平县猴进水库、元江县者嘎水库。至12月底，9件工程已完成建设任务，新平县猴进水库出险加固工程已完成竣工验收，其余8件正在开展竣工验收准备工作。新开工工程为江川县麦冲水库和矣文水库、易门县东山水库和丰收水库、峨山县镜湖水库和团山水库、元江县假莫代水库。7件工程已完成建设任务，正在开展竣工验收准备工作。此外，全市小(二)型水库464座，存在病险的有232座，全部进入规划，已完成除险加固的有18座，正在实施的有40座。

【东风水库除险加固工程竣工验收】东风水库除险加固工程于2008年11月开工建设，2011年5月完工，11月18日竣工验收。东风水库径流面积309.5平方千米，是一座以城市供水、灌溉、防洪为主的综合利用水利工程。2007年5月，省水利水电勘测设计研究院编制完成《玉溪市东风水库大坝安全评价报告》，并由市水利局组织专家组对东风水库大坝安全进行鉴定。经省水利厅审定同意东风水库大坝鉴定为三类坝。10月23日，经水利部大坝安全管理中心核查，东风水库大坝防洪标准不满足规范要求、大坝存在安全隐患，同意鉴定为三类坝。东风水库坝址高程为1 636.83米，坝顶高程1 684.24米，坝高47.41米，属中型水库。本次除险加固复核总库容9 478.7万立方米(原总库容9 025万立方米)，工程等别为Ⅲ等，主要建筑物(拦河坝、输水隧洞、溢洪道)为3级永久性水工建筑物。设计洪水标准为50年一遇，校核洪水标准为1 000年一遇。水库设计地震烈度为Ⅷ度。水库校核洪水位1 680.52米，设计洪水位1 683.35米，水库正常蓄水位1 676.83米，正常蓄水位相应库容6 957.7万立方米，死水位1 651.16米，死库容819万立方米，设计灌溉面积4.5万亩。东风水库的初步设计任务由市水利电力勘测设计院完成。12月，初步设计报告经珠江水利委员会复核，并以《关于发送云南省石林县等4座病险水库除险加固工程初步设计复核意见的函》，对东风水库除险加固工程的复核投资为8 569万元，其中，中央预算内投资6 855万元，省级专项贷款857万元，市级专项贷款857万元。省水利厅和省发展和改革委员会于2007年7月对东风水库初步设计进行了审定，并下达《关于玉溪市东风水库除险加固工程初步设计报告的批复》，批准东风水库除险加固工程建设主要内容为大坝坝体、坝基、两岸肩进行防渗处理，对溢洪道进行改造加固，对1号、2号输水隧洞扩建改造。东风水库除险加固工程项目划分为5个单位工程，21个分部工程，642个单元工程。其中，拦河坝单位工程划分为8个分部工程、198个单元工程，质量全部合格。优良单元153个，优良率77.3%；优良分部6个，优良率为75%；单位工程质量等级为优良。1号隧洞扩建改造单位工程划分为3个分部工程、111个单元工程，质量全部合格。其中，优良单元25个，优良率22.5%；单位工程质量等级为合格。2号隧洞扩建改造单位工程划分为3个分部工程、160个单元工程，质量全部合格。其中，优良单元9个，优良率5.6%；单位工程质量等级为合格。溢洪道加固改造单位工程划分为5个分部工程、142个单元工程，质量全部合格。其中，优良单元107个，优良率75.4%；优良分部4个，优良率为80.0%；单位工程质量等级为优良。其他单位工程划分为2个分部工程、31个单元工程，质量全部合格，单位工程质量等级为合格。2011年12月18日，由省水利厅、省发展和改革委员会共同主持对东风水库除险加固工程项目进行竣工验收，工程项目质量等级合格。

【星云湖—抚仙湖出流改道工程竣工验收】星云湖—抚仙湖出流改道主体工程于2003年11月开工建设，2008年2月完工。2011年12月17日，由省水利厅、省发展和改革委员会共同主持对星云湖—抚仙湖出流改道工程项目进行竣工验收，工程项目质量等级合格。由于出流改道工程隧洞施工，对沿线的村庄生产生活用水造成影响增加的项目，经报请省水利厅批复建设的项目为九溪老关坝扩建、新建九溪供水站工程、改造144座抽水站、引水主洞进口闸室扩建。

【章巴水库除险加固工程竣工验收】元江县章巴水库除险加固工程于2009年1月开工建设，2010年12月完工，2011年12月16日竣工验收。章巴水库是以农业灌溉为主，兼顾发电、工业供水、城镇供水等综合利用的工程。章巴水库和水龙水库组成水库群灌区灌溉系统，以农业灌溉为主，兼顾发电、工业供水和城镇供水，由元江县水利灌区管理局统一管理、调度。该水库海拔均在1 838米以上，灌区灌溉面积均在1 000米以下。下游已经建成8座梯级电站，利用区间落差发电，达到了水资源的充分利用。水库担负元江县3个乡、2个镇、3个农场4.3万亩耕地面积的灌溉和城镇供水。章巴水库是新中国成立以来元江县投资最大、蓄水最多、效益最好的一件中型水利工程，在元江县国民经济发展中发挥了重要作用。2007年5月，元江县水利局委托省水利水电勘测设计研究院承担《元江县章巴水库大坝安全鉴定论证报告》的编制工作。省水利厅组织专家进行了安全鉴定评审，鉴定为三类坝。11月，水利部大坝安全管理中心对鉴定报告进行了核查，同意三类坝鉴定结论。安全鉴定报告中提出章巴水库存在的主要病害为：坝顶及防浪墙存在裂缝，坝体压实度未达到现行规范要求，下游坝坡出现多处渗漏点，右坝肩存在绕坝渗漏及集中渗漏，大坝上游坡抗震安全系数不满足规范要求；溢洪道陡槽段底板多处渗水，泄槽有冲蚀现象，挑流鼻坎护坦被冲毁，液压启闭机功能丧失；输水隧洞拦污栅功能丧失，进口检修门锈蚀，水封老化，出口工作闸门锈蚀漏水。9月，元江县水利局委托省水利水电勘测设计研究院承担《云南省元江县章巴水库除险加固工程初步设计报告》和《章巴水库除险加固工程水土保持方案初步设计报告书》的编制任务。11月，省水利厅组织专家进行审查后报水利部珠江委员会复核。2008年2月13日，省水利厅下达《云南省水利厅关于元江县章巴水库除险加固工程水土保持方案初步设计报告书的批复》。5月15日，省水利厅、省发展和改革委员会根据珠委的复核意见，批准章巴水库除险加固工程初步设计报告。工程除险加固项目为：拦河坝(高程1 842.00米～1 867.00米)上游坝坡培厚加固，高程1 842.00米(死水位)以下坝坡采用抛石压脚，防浪墙拆除重建，拦河坝坝体及坝基作帷幕灌浆防渗处理，左、右岸坝肩以及溢洪道部位坝基作帷幕灌浆防渗处理，溢洪道加固，修建防汛抢险道路，完善水库安全监测设施，修缮水库管理生产业务用房等。章巴水库工程于1991年工程竣工开始蓄水，大坝坝型为风化料心墙碾压式堆石坝，水库总库容2 369万立方米，最大坝高74米。按照《水利水电工程等级划分及洪水标准》(SL252－2000)水利水电枢纽工程的等级划分，章巴水库工程等级为Ⅲ等，主要建筑物大坝、输水隧洞及溢洪道按3级建筑物设计。本次防洪复核，根据《防洪标准》(GB50201－94)的规定，章巴水库防洪标准为50～100年一遇洪水设计，1000～2000年一遇洪水校核。考虑到水库承担下游4.3万亩农田灌溉和补充调节8座梯级电站发电用水，无防洪任务，确定章巴水库防洪标准为100年一遇洪水设计、1000年一遇洪水校核。按《中国地震动参数区划图(2001)》，本区地震设防烈度为7度。章巴水库除险加固工程项目划分为4个单位工程，19个分部工程，411个单元工程。拦河坝单位工程共7个分部工程，质量全部合格，施工中未发生质量事故。工程外观质量得分率为75.2%。单位工程施工质量检验与评定资料基本齐全。工程施工期间及试运行期，单位工程观测资料分析结果符合国家和行业技术标准以及合同约定的标准要求，单位工程质量等级核定为合格。溢洪道单位工程共4个分部工程，质量全部合格，施工中未发生质量事故。工程外观质量得分率为71.4%。单位工程施工质量检验与评定资料基本齐全。工程施工期间及试运行期，单位工程检查、检测资料分析结果符合国家和行业技术标准以及合同约定的标准要求，单位工程质量等级核定为合格。2011年12月16日，由省水利厅、省发展和改革委员会共同主持对元江县章巴水库除险加固工程项目进行竣工验收，工程项目质量等级合格。

【质量兴水】 2011年，市水利局结合“质量兴市”战略，明确全市水利工程建设任务，突出水利工程质量与安全监管重点，完善措施，保证全市水利工程建设质量与安全监督管理工作顺利进行，确定了“质量兴水”的战略。按照国务院《建设工程质量管理条例》和水利部《水利工程质量管理规定》等有关精神和要求，水利工程质量实行项目法人负责、监理单位控制、施工单位(设计单位)保证和政府监督相结合的质量管理体制。水利工程质量由项目法人负全面责任，监理、施工、设计单位按照合同及有关规定对各自承担的工作负责，质量监督机构履行政府部门监督职能，政府对水利工程的质量实行强制性监督。根据《水利水电工程施工质量检验与评定规程》(SL176－2007)的规定，水利工程施工质量等级分为“合格”、“优良”两级。合格标准是工程验收标准，不合格工程必须进行处理且达到合格标准后，才能进行后续工程施工或验收。水利工程施工质量检验与评定应进行项目划分，项目按级划分为单位工程、分部工程、单元(工序)工程等三级。工序、单元工程质量等级由施工单位自评，监理复核；分部工程质量等级在施工单位自评合格后，由监理单位复核，项目法人认定，分部工程验收的质量结论由项目法人报质量监督机构核备；单位工程质量等级在施工单位自评合格后，由监理单位复核，项目法人认定，单位工程验收的质量结论由项目法人报质量监督机构核定；工程项目质量，在单位工程质量评定合格后，由监理单位进行统计并评定工程项目质量等级，经项目法人认定后，报工程质量监督机构核定，严格按照基本建设程序进行竣工验收，确保水利建设工程竣工验收合格率100%。自2011年1月至9月15日止，全市按基本建设程序进行竣工验收的水利工程共2件，即红塔区西河一、二水库。西河一水库工程项目共划分为3个单位工程、14个分部工程、256个单元工程，质量全部合格，竣工验收合格率100%。西河二水库工程项目共划分为3个单位工程、8个分部工程、122个单元工程，质量全部合格，竣工验收合格率100%。

【农村小型水利建设】 2011年，全市共建成“五小”水利工程15 219件，其中，小水窖12 749件，小水池1 326件，小沟渠1 081件，小坝塘20件，小排灌站(含机电井)43件；完成投资25 740万元。实现工程效益：增加蓄水容积118.27万立方米，增加供水量879.08万立方米，改善灌溉面积17.48万亩，新增灌溉面积4.19万亩。

【农村饮水安全】 2011年，全市共新建和改造人饮工程422件，建成工程总供水能力28 620立方米/天，解决15.9万人和3.79万头大牲畜的饮水安全问题；完成总投资8 213.56万元，其中，中央4 605.74万元，省1 110.95万元，市1 106.56万元，县1 088.23万元，群众投工投劳折资302.08万元。

【冬春农田水利基本建设】 2010～2011年冬春，全市农田水利基本建设完成投资96 263.7万元，群众投入工日1 383.6万个，出动机械台班28.9万个，完成小农水工程12 393件，其中，岁修工程7 246件；完成土石方1 577.5万立方米，修复水毁工程5 474处，新增防渗干支渠道282.2千米、田间渠道288.45千米，疏浚河道111.5千米，清淤渠道3 026.6千米，加固水库30座，建设村镇供水工程198处，新建小水窖和水池4 106口，新增蓄水能力174.13万方，新增灌溉面积1.84万亩，改善灌溉面积58.05万亩，改造中低产田6.20万亩，新增节水面积2.43万亩，新增供水受益人口17.25万人。

(赵传安　杨云川)

防汛抗旱

【抗旱救灾】 至2011年，由于持续三年的干旱影响，全市水资源严重短缺，工农业生产用水和城乡居民饮水安全受到严重影响。干旱使全市44个乡镇、148个村委会、424个自然村的11.3万人、17所中小学校3 406名师生及3.11万头大牲畜饮水困难。灾情范围之广、历时之长、程度之深、损失之重，为历史罕见。全市因旱直接经济损失已达10.84亿元。全市投入抗旱人数16.93万人次，投入抗旱泵站206处、机动抗旱设备4 596台套、机动运水车辆3 317辆次；投入抗旱资金7 878万元，其中，中央1 356万元，省级2 370万元，市级1 820万元，县级945.5万元，群众自筹1 386.5万元。全市抗旱用电190.3万度，抗旱用油344.5吨，实现抗旱浇灌面积13.38万亩，临时解决14.89万人、3.45万头大牲畜饮水困难。全市挽回粮食1.87万吨，挽回经济损失8.68亿元。人饮安全得到有效保障，灾区群众的生活生产秩序井然，人心稳定，社会稳定。

【洪涝灾害】 2011年，汛期进入雨季略偏晚，从整个汛期降雨情况来看，汛期气候异常，降雨时空分布不均，场次降雨历时短，间隔时间长，难以形成径流，极不利于库塘蓄水。入汛前的1月1日至4月30日，没有出现降雨，各县区发生了严重的干旱。降水过程主要集中在主汛期的5月、6月、7月，局部地方单点暴雨突出，导致部分县区在主汛期遭受洪涝灾害。8月份无洪涝灾害，出现雨季抗旱的罕见现象。10月底前发生1次洪涝灾害。全市因洪涝灾害共有18个乡镇8.67万人受灾，房屋倒塌18间，造成直接经济总损失5 640.71万元。农林牧渔业损失：农作物受灾面积3.94万亩，成灾面积1.68万亩，绝收面积0.45万亩，减收粮食0.05万吨，经济作物损失726.81万元，直接经济损失5 490.79万元。水利水电设施损失：损坏堤防2处，长0.41千米，损坏灌溉设施25处，损坏机电泵站1座，造成水利水电设施直接经济损失109.62万元。

【防汛救灾】 2011年，全市防汛抢险投入人力9 034人次，资金64.65万元（不完全统计），其中，群众自筹75.64万元，柴油、汽油5.7吨，防洪袋5 260条，机械设备17台班；避免粮食减收0.03万吨，防洪减灾经济效益167.52万元。

（赵传安 杨云川）

水资源管理

【水行政执法】 2011年，市级审查审批建设项目水资源论证12项，办理取水许可证1个，征收水资源费481.2万元。全市发生水事违法案件23件，处理23件，其中，现场处理19件，警告5起，罚款5.3万元，没收违法所得20万元，责令限期拆除8件，责令停产停用1件，责令采取补救措施5件，责令赔偿损失0.25万元。直接经济损失1.5万元，挽回直接经济损失3万元。全市发生水事纠纷10件，已解决水事纠纷10件；受理行政复议案件共5起。

【水源保护】 2011年，东风水库保护区环境污染综合整治取得新进展，红塔区取缔拆除东风水库水源保护区内所有养殖场所，对餐饮业进行了整顿，对入库河流建立主河段长工作机制；江川县关闭了东风水库径流区内垃圾填埋场，对污染企业进行环保整治。东风水库水源保护区区划已经省政府批准实施。《玉溪市东风水库水源保护区管理规定》于2011年9月23日经市政府讨论通过。

【地下水管理】 根据2010年8月11日市政府第五十三次常务会议研究批准实施的《玉溪市中心城区地下水开采清理整顿工作实施方案》，市水利局配合红塔区政府对中心城区地下水资源开采进行清理整顿专项工作。红塔区政府于2011年3月初启动了该项工作。除洛河、小石桥乡外，已调查登记中心城区居民家庭（主要指农村、城中村居民）和列入重点清理整顿对象的自备地下水井总数为37 404口，年取用水量约753万立方米，其中，符合封填条件的有600余口。12月9日，红塔区地下水清理整顿领导小组办公室组织召开中心城区地下水清理整顿封井现场会，标志着红塔区地下水清理整顿工作已步入实质性的填井阶段。至12月31日，完成了69口自备水井的填埋任务，占应填埋自备地下水井任务的11%。

【节水型社会建设】 2011年，根据水利部专家评审并经省政府批准实施的《玉溪市节水型社会建设规划》确定的节水工作目标，市水利局代市政府起草了《玉溪市节水型社会建设试点实施方案》，明确了各部门的节水工作任务和目标值，明确了工作职责和分工，并完成了各相关部门的征询工作，上报市政府并批准实施，为节水工作的顺利推进打下了坚实基础。从1月开始，先后学习了同批试点广西省玉林市和广东省东莞市的经验，组织编制完成《玉溪市节水型社会建设试点中期评估报告》。4月13～15日，通过了水利部组织的2011年节水中期验收。按照《玉溪市节水型社会建设规划》确定的任务，在水利部和省水利厅的支持下，投资500万元对东风水库水源地进行综合整治，工程初步设计已完成。

【水土保持】 2011年，全市完成水土流失综合治理面积14.61万平方米，占计划数14万平方米的104.4%，超额完成了年度目标任务；完成总投资8 790万元，完成土石方415.3万立方米，完成群众投工60.47万个。

【水土保持重点项目】 2011年，全市水利部门组织实施的水土保持重点工程为2010年第二批中央预算内水利投资水土保持工程，涉及4个项目县，其中，澄江县和华宁县为“珠治”工程项目县，易门和新平县为省西南诸河流域水土流失重点治理工程项目县。计划治理水土流失面积11 000平方米，其中，“珠治”工程6 000平方米，西南诸河流域水土流失重点治理工程5 000平方米。项目计划总投资444万元，其中，国家370万元，地方74万元。截至2011年10月，4个项目县治理工程已顺利完成，完成水土流失治理面积11 310平方米，占总计划数11 000平方米的102.8%；完成投资431万元。其中，澄江县永和小流域治理工程完成治理面积3 040平方米，完成投资92万元；华宁县矣那冲小流域治理工程完成治理面积3 310平方米，完成投资104万元；易门县老吾河项目区脚家店小流域坡耕地水土综合整治试点工程的二期工程完成治理面积500平方米，完成投资120万元；新平县他拉河小流域治理工程完成治理面积4 460平方米，完成投资115万元。

【水土保持监督执法】 2011年，至市水利部门进行执法检查446次，检查各级开发建设项目358个，审批开发建设项目水保方案248个，其中，市级43个，征收水保“两费”297.4万元，验收水保设施17项，查处水保违法案件5起。

【水利普查】 2011年，按国务院统一布置的时间节点要求，市水利局完成水利普查对象清查、水利普查台账建设名录及清查数据的初步汇总审核工作。其中，水保专项资料已经通过省级验收。全市建立台账对象1 815个。清查水利工程：水库工程1 908座，其中，规模以上（总库容≥10万立方米）水库572座，规模以下水库1 336座，水电站工程95座，水闸工程468座（橡胶坝6座），泵站工程1 537处，堤防工程237条/段，规模以上农村供水工程147处。清查经济社会用水：居民生活用水调查对象957户，灌区调查对象121处，规模化畜禽养殖场调查对象148个，公共供水企业调查对象40个，工业企业调查对象606个，建筑业与第三产业调查对象853个。清查河湖开发治理：河湖取水口4 644处，地表水源地50处，治理保护河流（河段）64处，治理保护湖泊5处（3个湖泊），入河湖排污口402处。清查行业能力332个单位。清查灌区1 178个。清查地下水取水井：规模以上机电井225眼，规模以下机电井、人力井109 871眼。

（赵传安 杨云川）

工业管理

【重大项目建设和技术创新】 2011年，全市继续实施工业项目“531”投资计划，推进一批新开工和在建重点项目建设，形成新的投资增量。大红山800万吨铁矿采选扩建、太标公司100万套太阳能、玉钢钒资源综合利用、通印股份整体迁建技改、“猫哆哩”系列休闲食品等续建项目进展顺利；红塔集团烟叶仓库、沃森三期、盘虎公司利用黄磷尾气发电、自强集团整体迁建工程等新建项目顺利开工建设；烟草薄片、环球彩印搬迁、1 300万片蓝宝基片扩建等前期项目加快推进；与中粮集团、中电投集团等央企成功签署合作协议，为全市工业发展注入了活力。全市完成工业投资124.6亿元，增长17.5%，占全社会固定资产投资的30%；完成非电力投资112.7亿元，增长20%。同时，验收认定了德新纸业、恩典科技、太标太阳能、铝箔纸厂、滇雪粮油等5户市级企业技术中心，全市企业技术中心达31户，其中，省级16户。

【工业产业结构调整】 2011年，全市牢固树立“工业强市”和“三优一特”经济发展思路，围绕烟草及配套、矿电、有色、化工、建材、装备制造、生物制药、新能源、光电子、新材料等重点领域，加快结构调整步伐，编制了全市工业经济“十二五”规划和新能源、新材料重点产业“十二五”发展规划等18个专项规划。全市轻重工业发展齐头并进，双双实现2位数增长。轻工业完成增加值372亿元，增长18%；重工业完成增加值167亿元，增长15%。钢铁工业结构调整取得明显成效，企业户数精减到22户，形成布局相对集中的600万吨以上钢铁生产基地，整体实力不断增强，产量大幅增长，产品结构明显优化提升。全市铁、钢、材产量分别为452万吨、523万吨、507万吨，铁、钢、材比例由2005年的10∶3∶1调整为0.9∶1∶1。烟草制品业完成总产值403亿元，增长18%。矿电产业完成总产值710亿元，增长22%。作为全市支柱的两大产业合计完成增加值504亿元，占规模以上工业增加值的94%。

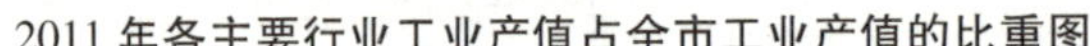
2011年各主要行业工业产值占全市工业产值的比重图

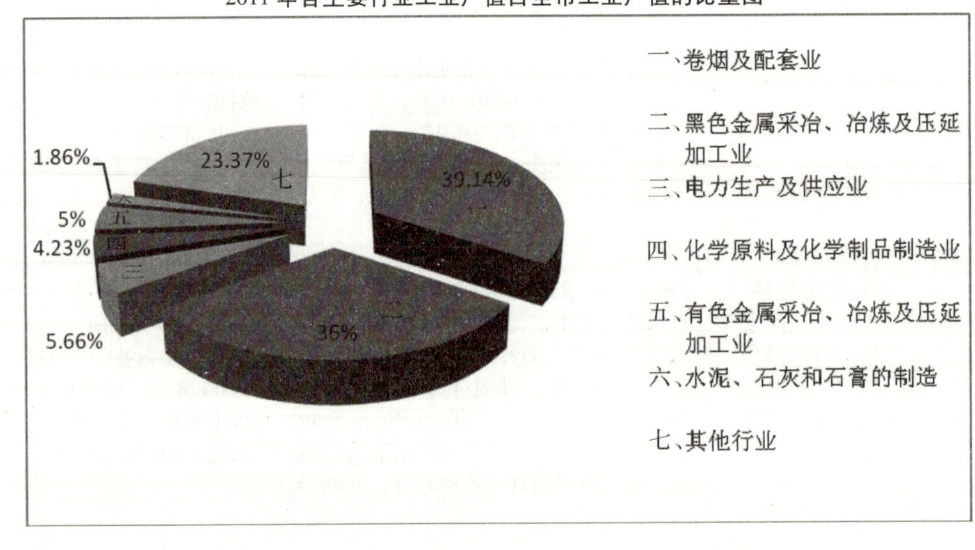

【生产要素保障】 2011年，全市加大煤、电、油、运、资金等生产要素配置工作力度，强化目标任务分解落实，加强经济运行监测分析。同时，加大治非打非力度，开展煤炭生产经营企业清理整顿，遏制非法生产和无证经营煤炭产品行为，规范生产经营秩序，切实开展煤矿安全监管，发现隐患104条，下达停产整顿、停止作业和隐患整改通知书17份，已督促整改100条，整改率达97%。全年生产原煤50万吨，经营煤炭155万吨，煤炭安全生产指标控制在责任范围。加强电力生产运行协调，全市大网供电首次突破百亿千瓦时大关，达102亿千瓦时，增长11%；地方自发电量达14亿千瓦时，增长9%；日供电量、最高负荷再创历史新高，分别达3 344万千瓦时、149万千瓦。铁路货运量达到335万吨，增长17%。全力强化食盐市场的供给保障，及时化解"3.17"抢盐风波，全年销售500克小袋盐11 300吨、食品加工用盐19 500吨、工业盐产品3 200吨。切实缓解企业融资难问题，从生物制药、食品加工、新能源新材料等领域筛选出急需贷款的91户企业，与金融机构协调召开了银企座谈会，推介63户企业获得贷款20亿元，获贷率达88%；协调9户中小企业担保机构新增贷款担保12亿元，在保余额达20亿元；与国开行合作，为企业提供贷款2.9亿元。

【非公经济和中小企业】 2011年，全市非公经济户数达到9.5万户，比上年增加0.9万户；从业人员41.6万人，增加5.2万人；实现增加值284.4亿元，增长20.4%，占全市GDP的32.4%（扣除卷烟占53.4%）；上交税金32.5亿元，增长14.4%；完成固定资产投资189.2亿元，增长31.7%，占全市固定资产投资总额的44.8%；实现进出口额4亿美元，增长40.2%，占全市进出口的100%，其中，出口3.6亿美元，增长35.1%。非公中小企业技术中心由2010年的16个增加到20个，拥有云南省著名商标43个，高新技术企业达21户，12户企业的产品认定为省级新产品。从业人员、增加值2项指标分别完成省政府下达目标任务的104.8%和115.6%，超额完成省、市政府下达的目标任务，实现了"十二五"非公经济和中小企业发展的良好开局。

【节能降耗和淘汰落后产能】 2011年，全市单位GDP能耗下降4.16%，超额完成省下达3.5%节能目标，万元工业增加值能耗下降7.41%。同时，完成节能灯推广87万只，开展固定资产投资节能评估项目18个，启动清洁生产审核17户，完成审核评估15户，完成工业企业资源综合利用认定5户。在钢铁、化工、建材等重点耗能行业，重点开展余热余压利用、燃煤工业锅炉、电机系统节能改造、能量系统优化和绿色照明六大重点节能工程，组织申报省节能技改示范项目10项，申报省级财政节能专项资金补助项目11项，实施市级节能示范项目28项，节约标煤34万吨。9月16日，为确保全市2011年淘汰落后产能目标任务完成，国家工信部产业政策司、省工信委有关领导莅临检查指导淘汰落后产能工作。截至12月31日，全市圆满完成淘汰炼铁高炉5座、落后产能68万吨和淘汰水泥机立窑1座、落后产能13.5万吨的目标任务。

【以商招商活动】 2011年5月30日，市工信委举办以商招商项目推介及签约仪式系列活动，签约33个项目，投资总额达37亿元。其中，数控生产型签约27户企业，投资27.5亿元，工程占地1600亩，建设标准厂房40万平方米，形成年产3万台数控机床生产能力。

【中粮集团落户玉溪】 2011年6月，中粮集团燃料乙醇（南方）项目组经多方考察，选址确定在峨山县化念工业园区。12月21日上午，高劲松市长代表市政府与中粮集团有限公司生化能源事业部在北京签订了《玉溪年产15万吨燃料乙醇建设项目合作意向书》；峨山县方正春县长代表峨山县政府与中粮集团有限公司生化能源事业部签订了《玉溪年产15万吨木薯燃料乙醇项目投资建设合作协议书》。

【企业上市调研】 2011年11月8日，上海证券交易所信息网络有限公司王泳总经理一行3人，到玉溪市调研拟上市企业，考察了蓝晶科技公司、创新新材料公司、维和制药公司、南恩糖纸公司等企业，并与企业负责人进行了座谈。其中，南恩糖纸公司已正式开展上市的前期工作。

【考核验收淘汰落后产能】 2011年4月23日，国家工信部淘汰落后产能检查组一行6人到玉溪市检查考核验收2010年淘汰落后产能目标任务。在省工信委副主任曹钢、副市长王跃、副秘书长李永忠及市工信委主任李长金、副主任尹鹏等领导陪同下，对金泰钢铁有限公司、白凤水泥制造有限公司进行了实地检查。检查组一致认为，市委、市政府高度重视淘汰落后产能工作，在时间紧、任务重的情况下，采取有力措施强力推进，呈现了产业转型优化升级发展的良好势头，圆满完成了2010年省政府下达的淘汰炼铁高炉9座、落后产能134.3万吨和淘汰水泥机立窑25座、落后产能271.5万吨的目标任务。

【签订昆玉工业和信息化一体化发展合作协议】 2011年12月1日，市工信委与昆明市工信委在昆明市签署了《工业和信息化一体化发展的合作协议》，标

2011年，高劲松市长调研蓝晶科技　（市工信委　提供）

志两市工业一体化和电信同城化合作发展迈出了坚实的一步。

【融资担保】 2011年，为有效化解中小企业融资难问题，积极创新金融机制，搭建银企合作融资平台，市工信委开办了“融资超市”，向企业宣传国家最新金融政策和金融产品信息。市工信委牵头组织市人行、市工行、市中行、市邮储行参与了“政银携手访企业、银企共谋求发展”的走访企业对接活动，与15户企业展开面对面交流沟通，促成银行业金融机构与多家企业达成合作意向。至7月末，全市获担保经营许可证的23户担保企业共完成担保业务2 171笔，其中，为小企业提供担保1 891笔，担保金额为67.41亿元；3户担保企业和3家银行申报小企业信用担保体系建设专项资金，获省级财政290万元资金扶持。

【开通中小企业网上融资服务平台】 2011年9月19日，省工信委、人行昆明市中心支行和省银监局联合举行全省中小企业融资服务对接会，并启动开通了由中国中小企业云南网承办的云南省中小企业融资服务平台。市工信委组织仙福钢铁(集团)等28家企业32人参加了对接会。林缘香料有限公司和三水汽车销售服务有限公司代表玉溪签约贷款协议。融资服务平台的正式启动，标志着在缓解中小企业融资难上迈出了坚实的一步，必将对中小企业的快速健康发展起到积极的推动作用。

【行政审批和电子监察系统建设】 2011年6月30日，全市行政审批和电子监察系统建设举行开通仪式。该系统覆盖市级及八县一区政务服中心的行政审批和电子监察系统，支撑政务服务中心的行政审批业务办理及日常办公需要，并实现监察部门对全市行政审批事项办理过程的全面监察。12月19日，该系统通过了省、市专家组的初步验收，于12月22日正式运用。

【国有企业改革】 2011年，市企改办与市财政局(国资委)共同对全市国有、城镇集体改制企业占用市级财政周转金(股本金)进行清收，收回5 020.83万元，占应收额的95.11%；收回拖欠的各项社会保险费8 449.87万元，完成72.92%；追收改制企业拖欠的购买款3 058.12万元，完成96.21%。全年接待来信来访35件次，接待上访人员595人次，代表上访人员682人。通过调研，全市纳入市、县区改制计划尚未改制的国有和城镇集体企业共有22户，资产32 983万元，负债27 547万元，净资产5 436万元，职工人数1 079人，其中，在职职工505人，退休574人。

【工业人才队伍建设】 2011年，市工信委举办了全市第六期职业经理人培训班，市内45户国有、民营企业的147名企业老总、部门经理参加了培训；引进清华大学与海天国际合作的企业管理远程课程，实施远程课程与现场教学相结合的教学模式，举办“企业战略管理”大型讲座及其他管理类讲座12场，参训人数达2 000人次；组织工信委干部及重点骨干企业负责人111人参加二期“玉溪市新型工业化与信息化融合培训班”；组织250人参加省工信委第一期巡回知识暨“企业精细化管理与宏观经济形势”讲座；组织85人参加省工信委组织的省内及人大、浙大、北航大等各个专业培训班的培训，为工业强市提供人才保障。

【业务培训】 2011年3月，市工信委组织全市各县区工信局、能耗5 000吨以上的重点耗能企业统计管理人员91人，参加了全省重点用能企业能源利用状况报告网上填报培训班。4月，对各县区、乡镇工业经济管理部门的领导干部和业务人员进行了全市新型工业化和乡镇经济管理知识培训；为提高县区无线电管理队伍的知识业务水平，对各县区管理人员作了无线电管理业务常识培训。11月，对市工信委和红塔区工信局全体机关干部职工共80余人进行了《行政强制法》的学习培训。12月，举办了首届全市工业企业职业技能大赛，在全省企业职工技能大赛中，取得了3个工种2项第1名和代表队获团体第三名的优良成绩。

（滕　飞）

工业生产

【概　况】 2011年，全市完成工业总产值1 337亿元，增长21%；完成规模以上工业增加值538亿元，增长16.6%；规模以上工业实现利税352亿元，增长22.6%；实现利润79.7亿元，增长38%；实现主营业务收入1 050亿元，增长19.8%，超额完成省上年下达的各项目标任务。全部工业增加值占GDP的比重达62%，对GDP的贡献率达79%，拉动GDP增长9.6个百分点。工业创造税收284亿元，占全市财政总收入的83%。工业的地位和带动作用更加突出。

【工业经济运行】 2011年，全市工业经济高开稳走、高位运行，经济效益大幅提高，主要行业持续快速增长，县域经济总量明显扩大，工业经济发展实力进一步增强。规模以上工业增加值增速一季度达16.5%、二季度达15.7%、三季度达16.7%、四季度实现了16.6%。

2011年1~12月全市规模以上工业增加值单月增量增速、累计增速比较图

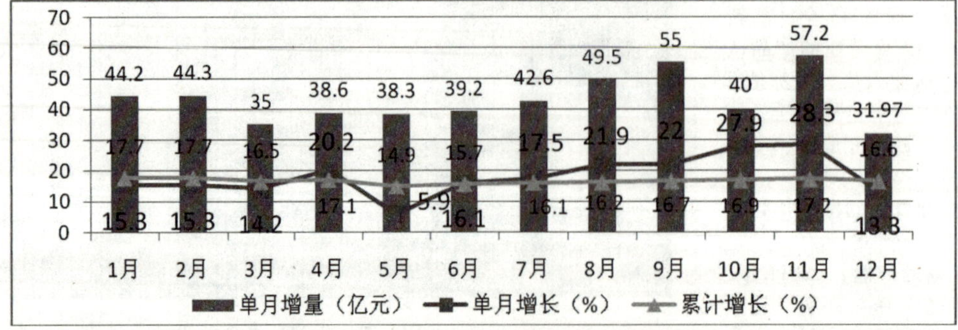

【钢铁行业】 2011 年，全市钢铁产量保持较快增长，但原材料价格持续攀升，钢铁价格“前高后低”、波动较大，行业利润率进一步下滑。全年生产生铁451.5 万吨，比上年增长 20%；生产钢材 506.7 万吨，比上年增长 16%。钢铁行业主营业务收入增长较快，比上年增长 27.43%，但成本上升过快使得行业利润率进一步下降，钢铁行业利润比上年增长 2.15%，比主营业务收入增速低 25.28 个百分点。铁矿石和焦炭作为钢铁行业主要原材料，年内价格长期稳居高位。铁矿石价格 1～11 月稳定在770～830 元/吨，至 12 月末降至 740 元/吨，比上年同期涨了 100～200 元/吨。焦炭价格从上年的1 568元/吨，持续上涨到第三季度的1 918元/吨，第四季度稳定在1 800元/吨，比上年同期上涨了 500～600 元/吨。

【有色金属】 2011 年，有色金属价格波动较大，市场需求持续疲软。精炼铜从上年的 7.3 万元/吨，每月以 21% 左右的速度下跌，到年末下降至 5.8 万元/吨，与上年末相比每吨低了 8 000 元。电解镍价格从一季度 21.5 万元/吨的最高价位一直呈直线下滑，跌至年底的 13 万元/吨，与上年末相比每吨低了 5 万元。全市生产铜选矿产品 4.8 万吨，增长 1.8%；生产精炼铜 491.7 吨，下降 22%；生产粗铜 699 吨，下降 32%；生产镍 1344 吨，下降 1%；实现产值 51.4 亿元，增长 21%；实现增加值 19 亿元，增长 20%。

【化工行业】 2011 年，全市规模以上化工行业累计完成增加值 13.5 亿元，增长 13.1%；生产黄磷 12.6 万吨，下降 1.7%；生产磷酸 9.1 万吨，增长 46.8%。黄磷价格 9 月份以前一直维持14 300元/吨波动，比上年上涨 900 元/吨左右，9 月份全省限电后，价格维持在16 000～18 000元/吨。

【建材行业】 2011 年，全市生产水泥823.6 万吨，增长 12.1%；生产瓷质砖2 862万平方米，增长 1.7%。规模以上非金属矿物制品完成增加值 7.5 亿元，增长 21.8%。水泥(425#)市场价格较为稳定，保持在每吨 320 元左右。

【生物医药制造业】 2011 年，全市共有 20 户生物医药企业，年产值 12 亿元，拥有药品生产批准文号 250 多个，生产药品品种 100 多个。沃森生物成功巩固上市企业地位。维和制药已经发展成为云南三七总皂苷提取能力最大的制药企业。玉溪在全省生物医药产业格局中特色进一步显现，地位进一步增强。

【制糖业】 2011 年，全市生产食糖6.86 万吨，比上个榨季减少 5.2 万吨，产量减少了 43%。虽然甘蔗减产，食糖产量大幅减少，但由于国内食糖市场需求长期旺盛，糖价年内持续高位运行，食糖价格一直维持在7 000元/吨以上，价格比上年上涨 47%。全市制糖企业完成产品销售收入44 804万元、工业增加值12 499万元、利润5 200万元，成功实现了减产不减效。

【装备制造业】 2011 年，全市规模以上装备制造工业企业 37 户，初步形成以数控产业园、铸造产业核心区、五金特色园区为主的三大装备制造聚集区。通过“以商招商”，依托正成工精密机械有限公司，围绕打造光机电一体化的数控机床产业链，先后引进 15 户企业，在研和工业园区建设数控机床产业园，组建数控机床联盟体，集产品研发、铸件加工、零部件组装、光机制造、数控系统装配、数控机床整机生产运输、市场营销、售后服务为一体，形成年产 1 万台数控机床的生产能力。规模以上装备工业完成产值 42 亿元，增长 43%；实现工业增加值 13 亿元，增长 35%。

【无线电管理】 2011 年，全市受理无线电频率台站行政许可事项 11 件，指配无线电频率 6 条，审查批准台站 1127 台(座)，不予许可设台 1 座。其中，一般无线电频率台站申请事项 8 件项，审查各类台站 52 台，蜂窝移动通信基站 4 件，审查基站1 105座。以 3G(第三代)为代表的公众移动通信建设快速发展，全市 3 家运营商共新建移动通信基站1 105座。并在全省率先完成了新版无线电频率台站数据库建设，收集、整理和录入各类无线电台站参数近 30 万条，于 10 月顺利通过国家工信部的验收并受到了表彰。数据库显示，全市有需审批后设置使用的无线电台站7 186台座，其中，广播电视台站 119 台、短波电台20 台、公安集群通信基站 13 座、集群通信终端1 549台、无线数据传输电台21 台、卫星地球站 9 座、超短波对讲机2 660台、对讲机中继台 94 台、电信村村通 450 米 Hz 无线接入基站 35 座、微波通信台 113 座、雷达站 2 座、业余无线电台 10 台。数据库的数据质量在全省处优秀水平。《玉溪市无线电事业发展十二五规划》于 12 月通过专家论证。

【信息化建设】 2011 年，全市信息化基础设施建设初具规模，光纤总长度达到 26 万芯千米，电话用户达到 214 万户，行政村实现电话村村通，宽带用户超过 23 万户，移动互联网用户超过 88 万户，互联网出口带宽超过 50G，有线电视用户达到 40 万户，27 万户完成数字化改造，20 户常住居民以上自然村全部实现移动通信广播电视“村村通”。电子政务的业务应用不断扩大，行政审批电子监察、公共资源交易、财政一体化、农村气象公共信息服务等一批便民、惠民信息平台投入运行，政务信息公开、96128 政务服务专线、政务信息岛建设稳步推进，数字地理空间框架被列为国家数字城市试点，研和工业园区被列为全省“数字园区”试点，工业化和信息化“两化融合”进程加快，信息化推广应用逐步深入，经济和社会信息化水平全面提升。无线电四期工程全面推进，基本建成覆盖中心城区、县城和工业园区的集网络化、自动化为一体的无线电监测网，各种无线电业务全面应用，无线电管理步入全省先进行列。

【成长型中小企业培育】 2011 年，市工信委继续加大对省、市级成长型中小企业的培育工作，先后向工行玉溪市分行推荐 32 户有贷款需求的市级成长型中小企业，发放贷款 1.4 亿元。同时，以玉溪工业宣传长廊、《玉溪日报》为平台，展示企业形象，宣传成长型中小企业发展远景，提高企业的社会关注度，营造关心支持成长型中小企业的良好氛围。100 户市级成长型中小企业实现销售收入 106.1 亿元，比上年增长 38.6%。

（滕　飞）

工业园区

【工业园区建设】 2011 年底，全市 10 个工业园区总体规划和可研报告已完成编制，园区规划面积达 257 平方千米，建成面积为 59 平方千米，建成率达27%。红塔、研和、通海县五金机电 3 个省级园区发展加快。易门县、新平县 2 个园区通过晋升省级工业园区考评验收，正在努力争取进入省级园区。峨山县、华宁县2个工业园区通过省级审查。澄江县、江川县、元江县3个工业园区通过市级评审。2011年，园区完成基础设施建设9.1亿元，完成工业总产值982亿元，占全市工业总产值的73%，工业增加值达455亿元，占全市工业增加值的84%，建成标准厂房50万平米，吸纳就业9.7万人，累计入园工业企业583户。

【铸造产业基地（双小）核心区通过评审】 2011年8月31日，由市工信委主持，邀请省工信委、市发改委、环保局、国土局、规划局、研和工业园区管委会等部门的专家对铸造产业基地（双小）核心区《控制性详细规划》和《可行性研究报告》（以下简称"详规"和"可研"）进行了审查。参加评审会的领导和专家实地踏勘了铸造产业基地（双小）核心区现场，认真听取了编制设计部门的介绍，对"详规"和"可研"进行认真审议，认为"详规"按照"四区两心"的结构进行布局，合理规划道路交通、公共设施、综合服务区以及绿化和景观，对统筹区域和城乡发展，促进就业，加快工业化和城镇化进程有明显的推动作用，符合省新型工业化重点产业发展规划纲要，符合市"十二五"铸造产业发展规划，一致通过评审。

【工业园区调研】 2011年11月，国家工信部规划司、信息产业研究所有关领导到红塔工业园区进行调研，参观考察了沃森生物、维和制药等相关生物医药企业，并为红塔工业园区创建国家级新型工业化（生物产业）示范基地提出了建议。12月3日，国家工信部军民结合司、省工信委参观考察了沃森生物、蓝晶科技公司，为玉溪企业进入军工行业奠定了基础。

玉溪市1～12月各县（区）主要工业经济指标表

单位：亿元

县区＼指标	工业总产值		规模以上工业增加值		销售收入		利税总额		利润总额	
	1～12月	增减（±%）	1～12月	增减（±）	1～12月	增减（±）	1～12月	增减（±）	1～12月	增减（±）
玉溪市	1337	21.3	538	16.6	1 050	19.8	351.5	22.6	79.7	38.1
红塔区（扣卷烟）	403.2	22.1	84.9	17.9	372.1	24.8	27.6	8	19.4	9.4
江川县	34.0	24.2	7.1	23.2	17.35	19.4	2.63	21.85	1.34	29.2
澄江县	39.8	15.2	8.6	9.1	23.35	2.31	1.92	-0.5	1.10	-6.45
通海县	143.6	19.8	13.1	10.5	51.10	17.39	2.99	-8.04	1.71	-12.3
华宁县	38.2	25.2	3.2	21.7	9.94	29.63	0.35	469.52	-0.08	82.09
易门县	63.1	21.4	12.8	17.7	43.75	43.62	7.75	131.27	6.55	270.21
峨山县	52.6	14.8	16.3	11.5	39.52	4.84	5.34	-28.64	3.29	-32.47
新平县	142.0	33.9	44.5	20.7	132.89	30.75	22.02	23.89	13.09	16.21
元江县	20.8	9.9	4.8	1.5	12.35	-13.98	0.54	-79.5	-0.28	-118.8

（滕　飞）

电力工业

【概　况】 2011年，玉溪供电局围绕"落实战略谋发展，狠抓质量促提升"主题，"学战略、明思路、定目标、抓落实、强质量"，顺利完成全年任务，各项工作明显改进和提升。截至2011年底，全局资产总额33.32亿元，固定资产原值51.39亿元，管辖35千伏及以上变电站51座（500千伏1座，220千伏11座，110千伏36座，35千伏3座），总容量804.38万千伏安，运行维护35千伏及以上输电线路2 579千米，10千伏配电线路1 361千米，直供客户19.47万户。1月，市局获中华全国总工会、国家安全生产监督管理总局"2010年度全国安康杯竞赛优胜企业"、"全国安康杯竞赛示范单位"；2月14日，获云南省委、云南省人民政府"云南省第四批新农村建设工作先进派出单位"；3月17日，获玉溪市委、玉溪市人民政府"第四次民族团结进步先进集体"；6月12日，获中国南方电网有限责任公司"党建思想政治研究工作先进单位"；6月17日，获玉溪市人民政府"十一五期间节能工作先进单位"；7月26日，修试所试验班QC小组获"中国水利电力质量管理协会电力分会QC小组一等奖"；9月1日，获全国职工职业道德建设指导协调小组"第十二届全国职工职业道德建设先进单位"；12月，获中央精神文明建设指导委员会"全国文明单位"；11月8日，局长杨波获中国电力企业联合会全国电力行业优秀企业家。

2011 年玉溪供电局经济技术指标

指标名称	计量单位	本年完成	上年完成	比上年增减	备　注
供电量	万千瓦时	1 016 043	911 189	11.51%	
售电量	万千瓦时	970 112	871 704	11.29%	
售电收入	万元	425 269	378 801	12.27%	含税
售电平均单价	元/千千瓦时	438.4	434.6	3.8	含税
最高日供电量	万千瓦时	3 344	3 129	6.88%	
最高日负荷	万千瓦	148.8	141	5.46%	
平均日负荷率	%	92.0	92.29	-0.29 个百分点	
线损率	%	4.5	4.33	0.17 个百分点	
主设备完好率	%	100.0	100	0	
综合电压合格率	%	99.30	99.25	0.05 个百分点	
供电可靠率	%	99.89	99.865	0.025 个百分点	
电费回收率	%	100.0	100	0	
企业总资产	万元	333 154	330 194	0.90%	
固定资产原值	万元	513 932	475 653	8.05%	
固定资产净值	万元	307 856	305 856	0.65%	
主营业务收入	万元	363 574	317 188	14.62%	不含税
上缴税金	万元	14012	12 887	8.73%	
全员劳动生产率	万元/人年	653	609	7.2%	不含劳务派遣及其他人员

【电力安全】 2011 年，全系统加强安全管理，以人员责任“零事故”为目标，逐级落实安全生产主体责任，推进安全生产风险管理体系建设，外部审核综合得分率 73%，在实现“3 钻”的基础上，规划了“4 钻”实施路径。加强农电安全管理，全面启动县级供电企业安全生产风险管理体系建设，采用安全考试、通报、约谈、评价、考核等方式，增强承包商安全主体意识，加强承包商安全管理。推广应急指挥信息系统运用，全面修编应急预案，开展应急培训及演练 34 次，不断提升应急处置能力。系统提升生产运营管理，完善了生产计划管理模式，计划完成率 99.3%，临时性计划比率仅 0.55%。加强生产指标管理一体化，统一了 69 项指标的上报分析。加大生产管理信息系统推广实施力度，提高电网风险预控能力，制定了防范大面积停电和重要用户中断供电措施。编制设备主要风险及重点维护策略，做好设备运行管理，加强新设备验收管理，确保设备可控、在控。完善作业管理机制，优化作业计划，加强作业过程管控，对 493 个工作现场开展安全监察和任务观察。加强专业建设，调度规范化建设通过南网考评。开展“变电运行基础提升年”活动，规范变电作业管理，加强专业技能培训，变电运行基础管理和人员技术技能水平得到提升。推进“配网管理提升年”活动，加强网架完善和设备改造，整合 42 项核心业务流程，加强 GIS 系统应用，配网管理指标全面提升。坚持先算后用，强化综合停电管理和停电时间预控。积极探索实施设备状态检修，进行带电作业 314 次，城市平均停电时间控制在 7.4 小时。全年未发生人员责任事故，发生 A 类一般设备事故 1 起，事故数比上年下降 4 起；实现 3 个安全生产无事故百日周期，累计安全生产天数 630 天，获云南电网公司“安全生产先进单位”。

【电力科技】 2011 年，玉溪供电局搭建管理论坛、技术论坛、课题研究、QC 活动等多种创新平台，在生产运营管理、人才培养、内控建设等方面做了大量尝试，2 个成果获“全国电力行业管理创新成果奖”。同时，举办首届生产技术论坛，促进专业技术管理机制创新；搭建科技专业工作网络，建立项目储备库，提高项目基础管理水平，科技项目完成率 100%，并完成 4 项专利申请；开展各业务一体化信息系统建设，突出抓好信息安全，开展信息安全风险管理体系建设并通过第一阶段外审；开展信息系统应用水平提升活动，做好绿色桌面、运维服务管理平台等推广应用。

【供电】 2011 年，玉溪供电局加强需求管理，召开县(区)经济发展和大中客户用电项目情况座谈会，实地走访客户，做好负荷增长和供电能力预测及统筹安排，建立与政府、客户的信息沟通机制，从被动获取客户情况向主动管理客户信息转变，提高应对市场变化的掌控能力，在极其复杂的供需形势下，确保了电力供应平稳有序；同时，建立营销服务与生产、规划、调度协调联动管理机制，健全高效快速的客户价值传递机制；建立绿色通道，保证客户工程早日投产用电，售电量跃上 100 亿千瓦时新台阶。

【优质服务】 2011 年，玉溪供电局强化客户服务管理，做好营销服务，建设完成一个南网 A 类营业厅；开展供电所规范化建设、营业窗口“四亮四评”活动，实现业务流程化、作业标准化、服务规范化；开展电价、客户档案专项稽查，控制营销风险；建立“三指定”专项治理常态机制；完成计量实验室建设，并通过国家认可委现场评审；增加电费缴纳方式，建设43个“优付通”缴费项目网点，引进自助缴费机终端，开发网上银行缴费，多层次满足客户需求；加强营销信息系统建设，8个县公司完成实用化验收；加强客户安全管理，完成客户侧用电检查531户；加强节能减排，开展“节能宣传周”活动，建设完成玉溪电网首个节电示范项目，年度第三方客户满意度测评达76分。

【电网建设】 2011年，玉溪供电局坚持与地方社会经济发展匹配的电网规划建设思路，完成“十二五”配电网规划修编和农村电网改造升级“十二五”规划，超前开展项目前期工作，完成项目可研10项、项目核准13项，确保规划实施进度可控、在控。及时开展电网项目纳规工作，加强政企沟通合作，创造良好的电网发展外部条件。建立以“零缺陷”投产为目标的工程质量管理体系，坚持“安全零事故、质量零缺陷、管理零违规”，开展工程管理突出问题整治，提高工程规范化、精细化管理水平。推进基建一体化，开展业主项目部规范化建设，严格推行工程WHS管理规范，形成统一的质量和安全风险管理标准。开展“五个严禁”专项检查，强化施工及监理单位管控，对项目实施全过程进行节点控制、进度管控，确保投资计划顺利完成。至年底，110千伏洛河二期、春和、济川、梅园、长春输变电工程等5个项目竣工投产；220千伏峨山、元江二期输电工程、抚仙变∏接宝—果线路工程，110千伏武洒、里山二期、安定、月牙田、东风、恩永、玉蒙电铁玉溪段输变电工程等10个项目开工，100%完成建设考核目标；35千伏富良棚、九溪、新城、十街、海口输变电工程，35千伏前卫变技改增容、35千伏青景输电线路、柏小线改造工程等8个农村电网改造升级项目竣工投产；生产基地营销计量楼、配电综合楼竣工使用。同时，建立以规划后评估和造价分析为重点的效益分析体系，开展了“十一五”规划后评估，持续提高规划科学性、规范性；开展了2010年工程造价分析，进一步加强投资管理。

【农电建设】 2011年，玉溪供电局按照“子公司体制、分公司管理”农电管理模式，不断深化农电管理，加强思想认识统一，强化发展战略宣贯，明确一体化管理方向；加强组织机构统一，按照一体化规范编制机构设置方案；加强专业业务统一，制定《农电专业管理延伸总体工作方案》，以“达标创建”工作为载体，推进专业业务一体化管理延伸，11个单项专业组开展指导帮扶，梳理新编专业制度145个。构建交流互促机制，定期开展达标工作交流，申报达标的新平、峨山公司通过网级考评检查。同时，加强组织绩效管理统一，构建以绩效目标为导向的工作机制，定期开展农电经营分析，加强过程监控与目标考核，农电绩效不断提升；加强信息化统一，全面推进生产、调度、营销、财务等信息系统一体化；加强队伍建设统一，继续加大县公司干部交流调整力度，以联合运行、挂职锻炼、专业培训等多种方式加强县公司教育培训工作，以委托运行辐射提升县公司专业管理能力。

（李雪梅）

【电力建设】 2011年，全市完成电网建设投资3.6亿元，110千伏梅园、里山二期、春和、济川、洛河二期、长春等工程已竣工投产，110千伏武洒、安定、月牙田、东风、恩永、玉蒙等工程开工建设，220千伏峨山、元江二期、抚宝线等工程开工建设，500千伏宁州输变电工程核准批复已下达，正式开工建设。

【绿汁江干流雨果水电站建设】 云南龙泰电力发展有限公司投资建设的绿汁江雨果水电站是绿汁江干流四级规划开发方案中的第二级，位于峨山县和楚雄州双柏县交界的绿汁江干流上。2011年12月23日，经省发改委核准，正式开工建设。电站装机容量3×2.5万千瓦，平均发电量3.38亿千瓦时，最大坝高39.0米，正常蓄水位963米，相应正常库容1 022万立方米，水库淹没总面积1 609.78亩，计划工期36个月，估算总投资63.99亿元。

【500千伏宁州输变电工程】 位于华宁县宁州镇境内的500千伏宁州输变电工程于2011年12月5日获国家发改委核准正式开工建设。工程装设主变1组，变电容量100万千伏安，新建500千伏线路2×13.5千米，建设相应的无功补偿、通信和二次系统工程。工程总投资3.89亿元。

（高　丽）

烟草

编辑：李晓媛

烟草管理

【超额完成2011年烟生产收购调划计划】 2011年，云南省烟草专卖局下达给玉溪市的烟叶生产收购计划是190万担，其中，152.7万担调拨给红塔集团。在市委、市政府的正确领导下，市烟草产业发展领导小组的精心组织下，通过全市各级干部和广大烟农艰苦努力，共生产收购烟草203.85万担，比计划增收13.85万担，为计划的107.29%；上等烟比重达68.59%，比上年提高15.28个百分点，取得较好的生产实绩。2011年的烟叶生产是在极为不利的条件下进行的，2010年百年不遇的特大干旱带来的影响持续，全市库塘蓄水不足，可用水资源是历史低下水平；物价持续上涨，拉升了烟用生产资料价格，育苗设施、育苗基质、化肥、农药、燃油、煤价格普遍上涨，产前投入的资金效能缩小；外出劳动力增加，种烟的青壮年减少，劳动力价格抬升，单位劳动力负担的种烟面积增加，生产管理强度增大，更加严重的是2011年雨季虽有提前，但多为区域性单点阵雨，烟株生长的关键时期多数烟区未降过透雨，烟株因干旱而早花、蹲塘、早衰，其面广、量大，长势极差，而八月中、下旬的阴雨寡照又造成烟株徒长、返青，延迟了成熟期和烘烤期。面对极其不利的生产条件，全市涉烟部门在市委、市政府的统一领导下，团结一心、协同奋战，因地制宜、因时制宜地找生产的薄弱环节，抓关键的增产措施，加强适用科技措施到位率和实施质量的考核，尽可能地化消极因素为积极因素，促成了生产形势由不利向有利的形式转化，确保了烟叶生产收购计划的完成。11月底，调划给红塔集团的152.7万担烟叶已入库。

【烟叶均价、上等烟比例、烟农收入、烟叶税收创历史最高水平】 2011年，全市烟叶收购均价每千克18.86元，比上年增4.18元，增28.5%；上等烟比例达68.59%，比上年提高15.58个百分点；烟叶收购金额20.7亿元，比上年增加4.67亿元，增29.1%；亩种烟收入达2 201元，比上年亩增381元，增20.9%；烟叶税收入4.23亿元，比上年增加0.89亿元，增长22.6%，上述生产指标都创全市历史最高水平。

【特色优质烟叶专用肥示范发挥增产增值效果】 2011年，玉溪特色优质烟叶专用肥示范在烟叶生产中发挥了增产增值效果。特色优质烟叶专用肥，是玉溪市以市校结合的形式，自主开发的有机无机复合肥。该肥料以减少化肥使用量为目标，用油菜枯为有机肥，含量占20%，搭配有利于烟株不同阶段生长的、不同比例的常规化肥。该肥料经5年的试验、示范，有针对性地多次修改完善配方，已为广大烟农所接受。据2011年5组同田对比试验，使用玉溪特色优质烟叶专用肥的处理，比常规无机烤烟专用肥，亩增产15.5千克，增13.6%，亩产值增152.92元，增8%。其推广前景有待于烟叶内在质量和品吸鉴定结果。

（郭文华）

烤烟生产及经营

【概　况】 2011年，玉溪市烟草专卖局（公司）下辖红塔区、通海、江川、新平、澄江、峨山、华宁、元江、易门9个县（区）级烟草专卖局（分公司）及玉溪市研和水泥制造有限公司、云南省玉溪钢铁有限责任公司、通海县熙苑宾馆有限责任公司、玉溪商业银行、云南云岭四季酒店管理公司5个多元化经营的控（参）股公司。公司年末总资产52.91亿元、固定资产净值5.25亿元、流动资产45.52亿元、资产负债率23.28%，三项费用率10.45%，同比降低0.25个百分点。全年烤烟种植71万亩，收购烟叶203.85万担；销售卷烟8.82万箱，同比增长4.69%。全年实现“两烟”销售收入52.09亿元，同比增长12.81%，；“两烟”税利19.30亿元，“两烟”利润11.51亿元，同比增长7.89%。

【烟叶工作】 2011年，玉溪市的烟叶生产经历了严峻的挑战，在省局（公司）和玉溪市委市政府的领导下，市局党委提出“捍卫一面旗帜，做好两个服务”的发展战略，坚持“面上要实、点上要亮”的工作思路，在全市倡导“烟进人进，烟退人退”工作要求，烟叶工作实现了新的跨越。全市种植烤烟71万亩，其中，田烟26万亩，地烟45万亩，种烟县（区）9个，种烟乡镇（街道）67个，种烟村委会479个。收购烟叶

10.19万吨(203.85万担)，占计划收购9.50万吨(190万担)总量的107.29%，其中，指令性计划8.45万吨(169.1万担)，出口备货1.04万吨(20.9万担)，丰产烟叶0.69万吨(13.85万担)，收购金额19.22亿元，增加4.16亿元；均价18.86元，比上年增加3.76元；收购上等烟叶6.99万吨(139.82万担)，占68.59%，比上年提高13.57个百分点，收购中等烟叶2.53万吨(50.72万担)，占24.88%，收购下等烟叶0.66万吨(13.31万担)，占6.53%。省局收购等级质量检查合格率78.3%，工商交接等级质量检查合格率75.1%；国家局收购等级质量检查合格率70.6%，工商交接等级质量检查合格率62.77%。上等烟比例、收购均价、烟农收入、烟叶税创历史新高。[illegible]年来，烟叶收购总量首次止跌回升，稳定烟叶生产规模实现历史性转折，烟叶工作也受到省委、省政府和省局(公司)表彰，“云烟之乡”在全省乃至全国的烟叶生产优势地位得到巩固。

【烟叶生产基础设施建设】 2011年，玉溪市完成烟叶生产基础设施建设项目7个；投入烟草行业补贴资金17 261.53万元；完成烟叶生产基础设施建设项目1 563件，其中，烟水配套项目520件；水池296个、容量50 624立方米；管网19件、管道长415.50千米；沟渠179条，总长295.75千米；提灌站2件，坝塘17座，总库容374.78万立方米；倒虹吸7件，长60.03千米；机耕路59条，总长112.51千米；密集烤房728件；烟草农用机械234台(套)；育苗设施(小棚)22件。基本烟田受益面积21.25万亩。

【现代烟草农业建设】 2011年，现代烟草农业建设坚持“一基四化”的原则，稳步推进“三化”示范县建设，红塔区整县推进，烟叶生产条件得到明显改善。原料供应基地化率得到提升，基地化率达14.2%。烟叶品质特色化稳步推进，全市共种植K326、红花大金元、NC297、NC71、KRK26五个品种，其中K326品种71.10万亩。全面推进生产方式现代化。加大机械化作业力度。机械化耕地、理墒占计划面积的80%，有效减轻了烟农的劳动强度。创新生产组织方式，全市共有烤烟专业合作社114个，其中，2011年新成立经营型合作社8个、种植型合作社42个、服务型合作社20个。烤烟科技工作取得突破。制定《烟蚜茧蜂防治烟蚜技术规程》行业标准一项，并通过国家标准委的审定。全年共申请专利9项，发表论文5篇，申报软件著作权1项。

【优化烟叶结构工作】 2011年，玉溪市为贯彻落实云南省人民政府提高优质烟叶有效供给能力会议精神，市委书记孔祥庚、市长高劲松分别就提高优质烟叶有效供给能力做出指示，玉溪市局(公司)结合实际分别制定《玉溪市提高优质烟叶有效供给能力实施意见》、《玉溪市优化烟叶结构清除不适用烟叶田间生产技术规范》、《玉溪市优化烟叶结构不适用烟叶田间处理办法》、《玉溪市优化烟叶结构补贴资金管理办法》、《玉溪市优化烟叶结构工作推进计划》等方案及配套措施办法。各县(区)分公司完善细化乡(镇)、村组工作方案，制定“一村一案”481份。建立市、县(区)、乡(镇、街道)、烟叶工作站四级联动机制。全市成立市级工作组8个，县(区)工作组45个，乡(镇)级工作组674个。组织市级督导和考评19次，县(区)督导36次，乡(镇)督导182次。派出人员2 392人次，其中，市级186人次，县(区)级637人次，乡镇级1 569人次，累计清除处理不适用烟叶8.9万吨，平均每亩打除不适用鲜烟叶125.35千克，比计划多打除5.35千克，综合利用不适用鲜烟叶59 187.65吨。玉溪市局(公司)被云南省人民政府表彰为“2011年烟叶工作先进单位”

(于　昔　朱光宏)

【服务烟叶生产】 2011年，云南省烟草农业科学研究院围绕云南烟叶生产发展大局，强化应用技术集成、科研成果转化，大力提升服务烟叶生产的能力和水平。

指导新烟区烟叶生产。派出9名科技骨干驻点指导烟叶生产，对口支持文山、普洱、临沧新烟区开发，大力推广先进实用技术，逐级培训技术人员，在育苗、移栽、施肥、烘烤等关键环节，提出具有针对性的指导意见，有力促进新烟区烟叶生产发展。

主动参与基地单元建设。派驻科技人员对全省36个县(区)、13家工业企业、52个特色优质烟叶和现代烟草农业基地单元开展技术服务，发挥了“科技主力”作用，得到江苏中烟、上海烟草集团、湖南中烟等工业企业的充分肯定。

积极服务全省烟叶生产。在烟叶生产关键时期和重要环节，组织栽培、植保、土肥、烘烤等方面的专家巡回指导烟叶生产，及时解决生产疑难问题。在育苗、移栽、旺长等关键时期，组织服务团7批次到昆明、红河、文山、普洱、临沧、昭通等烟区巡回指导；在陇川江优化烟叶结构试点和烘烤关键时期，派出烘烤专家针对烟叶生长季节特点制定烘烤技术措施，指导烟叶成熟采收和密集烤房烘烤，取得良好效果。全年派出科技人员48批120人次，指导全省13个州(市)95个县的烟叶生产，为各州市培训科技人员15批5 000多人次，为优化结构、提升质量、彰显特色提供科技服务。

加强烟叶生产实用技术推广。大力推广平衡精准施肥、四项关键适用技

2011年4月21日，澄江县飞机场烤烟育苗点科技人员做好烤烟育苗管理

术、抗旱栽培技术、提高水肥利用率技术等先进实用生产技术，为全省烟叶生产和优化烟叶结构提供了技术支撑。

积极开展烟叶生产信息化服务。建设云南烟叶信息网“优化烟叶结构”专栏，开展专家在线咨询服务；发布烟草科技信息9 000余条，访问量超过114万人次，比2010年增加10%，提升了科技服务信息化水平；出版《烟草农业科学》4期，编写“云南烟草领导参考”50期、“云南烟草专题研究报告”10期，为全系统各级领导科学决策提供资讯服务。在服务生产工作中，省烟科院被玉溪市政府评为“十一五”烟叶工作先进单位，张树堂被云南省政府评为2011年度烟叶工作先进个人。

（夏　洁）

【专业化分级散叶收购】　2011年，玉溪市红塔区大营街、春和2个基地单元，24个烤烟种植专业合作，12个烟叶收购站（点）和江川县江城基地单元尹旗、明星等7个专业合作社被确定为专业化分级散叶收购试点，年内收购烟叶711.71万千克。

【成立烤烟综合服务专业合作社】　2011年，玉溪市坚持“统分结合、双层经营”的农村生产经营模式，继续推进专业化服务。开展烟农综合性服务合作社试点探索，雄关、大营街、春和3个基地单元分别成立江川路雄、红塔惠兴与春晓3个烤烟综合服务专业合作社，在综合服务合作社下成立育苗专业队16支、机耕专业队18支、植保专业队18支、烘烤专业队18支、分级专业队18支、运输专业队12支，为所有农户在烤烟生产关键环节提供专业化服务，同时，6个经营型合作社利用自有劳动力，组建打塘、移栽、施肥浇水、中耕培土、封顶打杈、采摘、编烟等7支专业服务队，全程实施专业化服务。全市种植型专业合作社全部实现“种植在户、服务在社”，经营型合作社实现全程专业化服务。3个基地单元专业化育苗比例100%，机耕面积89.4%，机起垄面积71.3%，统防统治面积100%，统一集中烘烤100%。

（于　昔　朱光宏）

卷烟生产

【概　况】　2011年，红塔集团品牌发展实现新突破，经济运行质量和效益显著提高，超额完成全年经济目标和各项发展任务。集团境内外生产规模为562.71万箱，同比增加30.01万箱，增长5.63%。其中：省内四厂生产359.42万箱（含出口卷烟7.22万箱），比上年增加7.7万箱，增长2.19%；品牌合作生产192.02万箱，比上年增加21.56万箱，增长12.65%；境外加工11.27万箱，比上年增加0.74万箱，增长7.03%。

集团境内外销售规模为540.37万箱，比上年增加19.97万箱，增长3.84%。其中：省内内销卷烟337.8万箱，比上年增加3.05万箱，增长0.91%；合作生产品牌销售184.09万箱，比上年增加17.55万箱，增长10.54%；一般贸易出口和境外加工销售18.48万箱，比上年基本持平。

集团商业销售一类烟95.82万箱，比上年增长39.23%，比重为17.89%，提高4.09个百分点；二类烟3.91万箱，比上年增长1.09倍，比重为0.73%，提高0.36个百分点；三类烟310.26万箱，比上年增长12.38%，比重为57.94%，提高2.57个百分点。

“玉溪”品牌商业销售95.77万箱，比上年增加27.03万箱，增长39.32%，首次在行业一类烟商业销量排名中上升为第二位，商业批发销售收入472.8亿元，排名第8位；“红塔山”品牌商业销售311.16万箱，比上年增加36.64万箱，增长13.35%，商业批发销售收入548.03亿元，排名第6位，其中，100元及以上价位产品销售87.7万箱，比上年增长24.03%。高端突破、低焦拓展取得新成效，集团300元以上价位产品商业销售3.54万箱，比上年增加1.55万箱，增长78.08%，其中，“玉溪（庄园）”销售317箱，品牌价值形象有力提升；低焦产品销售21.8万箱，比上年增长20倍，低焦拓展步伐进一步加快。

集团省内实现卷烟销售收入503.18亿元，比上年增加60.67亿元，增长13.71%。省内合并实现税利425.85亿元，比上年增加85.17亿元，增长25%，其中：利润56.41亿元，比上年增加24.79亿元，增长78.39%（利润增加主要是品牌合作生产加工费比上年大幅减少以及产品结构提高所致）；税金369.45亿元，比上年增加60.39亿元，增长19.54%。红塔辽宁公司实现税利34.49亿元，比上年增加6.32亿元，增长20.28%。海南红塔公司实现税利10.33亿元，比上年增加2.05亿元，增长24.76%。

【原料基础】　2011年，红塔集团圆满完成烟叶采购任务，全年国内烟叶采购460.51万担，其中，上等烟70.7%，中等烟28.94%；进口烟叶7 105吨。基地单元建设取得新进展，全年在省内核心基地采购烟叶293.03万担，其中，“K326”、“红大”、“NC297”占总量的83.9%。烟草庄园建设形成新亮点，以澄江立昌、峨山凤窝为先行试点，努力构建以有机烟叶生产为主的循环经济体系，为“玉溪”品牌高端突破提供了特色优质原料保障。原料优化配置效率进一步提高，制定原料梯次化价格体系，为进一步提高原料使用效率提供了依据；全年回烤113万担低可用性片烟，进入配方使用，有效盘活了库存原料资源。

【市场营销】　2011年，红塔集团上下齐动员，打响“玉溪”品牌高端突破的全员营销大会战，“玉溪（庄园）”借势国家局召开的培育座谈会影响力，在13个省、市（区）的29家分公司上市，从目前市场培育情况看，形成了一定影响力，高端突破取得一定成效。突出主导规格，加大培育力度，集团品牌市场份额进一步提高，“玉溪”品牌年销售万箱以上的省级市场达到22个，其中，3～5万箱4个，5～8万箱6个，8万箱以上2个；“红塔山”100元价位产品销量83.7万箱，占“红塔山”总量的26.91%，同比提高1.86个百分点。加快“红塔山（国际100）”的市场布局和5个降焦产品的市场对接，快速响应和满足低焦卷烟市场需求。完善集团领导分片联系机制，细化省区市场目标责任制，积极探索精准营销新模式，稳步推进终端建设，工商协同共育品牌机制进一步深化。2011年，举办“红塔山”卷烟300万箱、“玉溪”卷烟100万箱下线活动，为集团品牌实现新发展营造了良好的市场环境。

【国际市场】　2011年，红塔集团为加快国际市场拓展步伐，集团成立国际事业部，进一步理顺国际市场业务管理，初步搭建起国际市场业务三级架构的运作管理模式。进一步理清集团品牌国际市场发展思路，积极推进伊朗、阿根廷项目，“四大板块”国际市场业务布局进一步加快，加强境外销售网络建设和客户资源整合管理，加大重点有税市场开拓力度。2011年，集团品牌在罗马尼亚有税市场销售同比增长1.2倍，在老挝有税市场的份额提高到15%。

【技术创新】 2011年，红塔集团加强合作研究，成立8个联合实验室，围绕重大专项，紧扣重点课题开展联合攻关，产品质量安全标准重点研究室获得国家局批准，2011年集团获授权专利69项，获省部级和云南中烟公司科技进步奖13项。产品创新步伐加快，完成以“玉溪(庄园)”为代表的8个新产品的开发上市和储备工作，体现了产品研发的新思路和新理念。全力做好产品维护，加强产品设计环节成本控制，在稳定质量的前提下，香精香料和三类烟烟叶成本明显下降。重视产品质量安全，加强烟用添加剂使用管理，重点制定烟用材料质量安全评估与许可准入等制度，制定《品牌合作生产产品质控制规程》，产品质量安全体系进一步完善。

【基础管理】 2011年，红塔集团深入推进对标创优，以成本费用管控为重点，制定《提升成本费用管理水平实施方案》，确定9个重点课题和22项重点改进指标，控制指标完成率达到60%；在行业公布的42项指标中，集团有33项同比有所改进，30项达到或优于行业平均水平。深化全面预算管理，完善预算标准，加强投资、工程项目预算申报和年度资金概算控制，提高预算的准确性和执行率。稳步推进机构改革，深化非法人实体建设，成立红塔物流中心，明确职能定位，理顺业务流程，整合物流资源，初步实现集团内部物流一体化。完善内部监管体系，成立“两项工作”委员会，搭建“办事公开、民主管理”信息平台，全面推进公开招标，全年烟用物资公开招标采购比例达88%以上，采购成本同比下降4 814万元；开展内控体系建设和全面审计工作，企业生产经营工作进一步规范。多元化投资企业经济效益进一步提高，按同口径纳入统计的47家企业实现营业收入400亿元，同比增长13.75%；实现税利119亿元，同比增长8.18%；云南红塔集团本部收回投资收益7.35亿元，同比增长16.67%。

【工商协同营销】 2011年3月10日，“湛江烟草 红塔集团工商协同营销卷烟上水平座谈会”在广东湛江皇冠假日酒店召开，工商双方深入沟通，共谋和谐共赢。湛江市政府常务副市长赵志辉、副秘书长黄寒，广东烟草省局(公司)销售管理处副处长陈坚，红塔集团副总裁金亦斌、市场营销中心副经理杨津昆，广东省区经理冯文凯、副经理许铉及相关人员，湛江市局(公司)领导及中层干部、各县(市)局(分公司)相关领导、湛江全地区客户经理及电访员共260余人参加了会议。湛江市局(公司)局长、总经理李仕文强调要积极提升工商协同营销水平，通过销售信息协同、发货节奏协同、营销活动协同和市场建设协同等工作，不断优化湛江烟草与红塔集团的工商协同营销机制。红塔集团金亦斌副总裁介绍了红塔集团“十二五”规划，详细阐述了红塔集团实现“51518”品牌发展目标的保障体系及措施，并就进一步加强与湛江市局(公司)深化工商协同营销体系、推进红塔品牌在湛江市场发展的主要思路和举措进行了分析，副总裁金亦斌主要从协同制定品牌发展规划、协同分析研究市场、协同健全品牌监测体系、协同实施品牌维护等4个方面进行了阐述和分析，肯定了双方良好的战略合作关系，并期待与湛江市局(公司)紧密携手，构建更高层次、更高水平上的工商关系，在新的发展进程中共同取得更大的成绩。湛江市政府副秘书长黄寒长评价了烟草行业对湛江市经济发展和社会建设做出的贡献，并对湛江未来的发展规划作了简要介绍。通过本次工商协同营销、卷烟上水平座谈会，双方达成几点共识：湛江市局(公司)2011年上半年导入红塔集团两个新品分别是红塔山(硬恭贺新禧)、红塔山(硬国际100)。湛江市局(公司)和红塔集团营销中心广东省区共同成立“红塔集团新品培育领导小组”，为红塔集团新品在湛江市场的发展建立了体制保障。湛江市局(公司)将提升红塔产品结构及扩大红塔品牌在湛江市场的市场份额作为2011年工作重点之一，并提出了具体的工作目标。

4月8～10日，红塔集团相关领导在云南腾冲与山东烟台、威海、菏泽3市烟草专卖局(公司)的领导畅叙友谊，共谋发展。红塔集团与3市烟草公司就“十二五”发展目标和发展思路展开沟通交流。烟台烟草专卖局(公司)党委委员、副局长邓英明，威海烟草专卖局(公司)副局长毕建功，菏泽烟草专卖局(公司)副总经理张建军介绍了各地卷烟市场及红塔销售情况。3市烟草专卖局(公司)市场部经理就下一步工商协同培育红塔品牌的目标和思路作了发言，一致认为提升红塔山品牌结构、提高玉溪品牌销量是工商双方的一致目标，并就培育措施作了阐述。红塔集团副总裁金亦斌介绍了红塔集团品牌发展现状和“十二五”发展目标及发展思路。2010年红塔集团三大品牌在山东市场共销售37.3万箱，2015年将超过50万箱。深入推进工商协同营销，努力构建更高层次，更高水平的工商关系，是确保“品牌发展上水平”的根本落脚点。在和3市公司交流中，红塔集团得到宝贵建议：主动顺应商业公司的改革，在改革中谋求工商企业的共同发展；积极推动精准营销，提升工商双方共育品牌的能力和水平；以高结构、低焦油产品培育为关键点，强化策略协同；以“135”工作法为结合点，强化操作协同。会上，红塔集团市场营销中心党总支书记司武元和3地市公司签订了“工商协同营销品牌培育合作意向书”，会议由市场营销中心副经理杨津昆主持。烟台11区(县、市)、威海4区(市)菏泽9区(县)烟草专卖局局长、营销部经理一行59人参加了座谈会。

5月27日，云南卷烟品牌发展工商协同恳谈会在昆明举行，全国33个省、市、自治区及行业单列市商业公司的主要领导出席会议。会议期间，红塔集团与全国烟草商业企业就下半年卷烟市场供应工作进行工商衔接。红塔集团董事长柳万东、副总裁金亦斌等领导，集团市场营销中心班子成员和营销人员与全国烟草商业企业的领导听取商业企业领导的意见和建议，交流工商协同，培育发展品牌的思考，共同商议卷烟市场供应工作，深入探讨进一步发展红塔集团高端品牌，加快培育“532”、“461”全国知名大品牌。红塔集团董事长柳万东分别与各省市烟草商业企业领导进行了交流，阐述红塔集团高端品牌发展思路。柳万东表示，要切实做好“玉溪”“红塔山”新产品的市场推广培育工作，在高端产品的培育和市场拓展上取得新突破。

【创建优秀卷烟工厂】 2011年，红塔集团创建优秀卷烟工厂活动取得新成效，在行业公布的10项指标中，玉溪厂全部指标达到或优于行业先进值，楚雄、大理和昭通厂有80%的指标达到或优于行业先进值。省内合并统计，万元产值综合能耗同比降低22%，万支卷烟综合能耗同比降低8.5%，卷烟设备有效作业率91.4%，同比提高1.13个百分点。玉溪、楚雄、大理、昭通四厂的工程技改项目稳步推进。合作生产定点工厂建设加快推进，无资产关系合作生产企业基本实现落地制丝；加强产品质量管理队伍建设，建立147人的外派品控人才库；营口、长春卷烟厂顺利完成技改搬迁，海南红塔和沈阳卷烟厂技改搬迁项目加快推进。重视安全生产管理，以防火和防人身伤害为重点，认真落实安全责任制，全年无重大生产安全事故和人身伤害事故。

【新设备安装工作正式启动】 2011年1月6日，玉溪卷烟厂卷包一车间新设备——GDX500包装机的安装工作正式启动。GDX500包装机是玉溪卷烟厂从意大利进口的卷烟包装设备，其生产能力为500包/分钟，它以生产速度高，稳定性好而著称。该设备的成功引进为集团顺利实现"51518"战略目标提供了有力的保障。在新设备尚未到达之前，车间多次召开会议进行讨论和研究，并于先期选派车间优秀的维修和操作人员到卷包二车间进行学习。在设备到来后，包装维修作业区专门成立了项目组，为确保设备的搬运安装过程安全高效地进行，项目组对设备的每一部分都确定具体负责人。按照计划，先期到达的第一、二号机在1月18日完成安装工作。

【"卷烟危害性评价与控制体系建立及其应用"项目荣获国家科学技术进步二等奖】 2011年1月14日，中共中央、国务院在北京隆重举行国家科学技术奖励大会，颁发了2010年度国家最高科学技术奖、国家自然科学奖、国家技术发明奖和国家科学技术进步奖等重要奖项。由国家烟草专卖局、中国烟草总公司推荐，郑州烟草研究院、军事医学科学院放射与辐射医学研究所、湖南中烟工业有限责任公司、川渝中烟工业公司、南开大学、红塔烟草(集团)有限责任公司等单位承担的"卷烟危害性评价与控制体系建立及其应用"项目获得国家科学技术进步二等奖。

"卷烟危害性评价与控制体系建立及其应用"项目以影响人体健康的卷烟烟气毒性成分和毒理学指标为研究对象，针对卷烟危害性评价及其控制的难题开展研究，研发了一系列烟气捕集新方法，解决了烟气复杂基质中微量毒性成分分离的难题，建立了一整套卷烟危害性评价与控制方法体系，并已在部分卷烟重点骨干品牌上应用，在控制降低卷烟危害性技术研究和开发低危害卷烟产品中取得了明显的成效。该项目还荣获中国烟草总公司2009年度科技进步一等奖。

【新品"玉溪·8090"在昆明上市】 2011年1月15日，红塔集团卷烟新产品"玉溪·8090"在昆明上市。"玉溪·8090"是红塔集团最新研究开发的创新型风格卷烟新品，产品有别于传统清香型中式卷烟，主要体现多类型自然烟草香复合香韵的风格特点。"玉溪·8090"是融入了科技创新成果与健康人文理念的卷烟产品，具备高雅、时尚、清新、富有朝气又不失鉴赏品味的高端人群审美特征，代表一种新型的高端卷烟品鉴方式，带来一种全新的消费体验，是引领高端着眼未来发展趋势的革命性产品。

昆明市场作为红塔卷烟品牌核心市场，在多年的新品培育中担当启动市场的重任，为集团新品在全国市场的全面推进树立了标杆效应。为了做好"玉溪·8090"的上市推广工作，上市之初，营销中心在特色场所进行宣传展示，派发一定量的品吸烟配合宣传引导，在终端进行产品陈列和物料展示，通过发动立体推广攻势，营造浓厚的上市氛围。

【召开第四次优秀QC成果发布会】 2011年1月20～21日，玉溪卷烟厂的QC小组代表在技术中心会议室，召开玉溪卷烟厂第四次优秀QC成果发布会，对2010年度优秀QC成果进行交流。

2010年，玉溪卷烟厂QC小组活动在活动覆盖面和成果数量上继续稳步提升，登记注册QC小组136个，完成课题125项。按照QC小组成果发布"逐层申报、择优发布"的原则，最终推荐了34项优秀成果参加此次发布会。这些优秀成果覆盖9个车间和5个科室，有11个创新型课题、12个攻关型课题、4个现场型课题和7个管理型课题。

卷包一车间高架库QC小组的《烟箱输送机防标签沾粘输送辊的研制》，制丝一车间电气QC小组的《降低轨道秤故障频次》，卷包一车间D作业区QC小组的《GDX2000包装机组自动减速程序的开发》，动力车间锅炉QC二组的《锅炉给煤装置卡死报警系统的研制》4项成果获得本次发布一等奖，其余12项成果获二等奖、18项成果获三等奖。

【红塔集团2010年入库"三税"290亿元】 据2011年1月21日数据统计，截至2010年12月31日，红塔烟草(集团)有限责任公司累计入库卷烟工业"三税"290.91亿元，比上年度的245.04亿元增收45.87亿元，增长18.72%。红塔集团2010年度入库卷烟工业"三税"占全省卷烟工业"三税"总额557.98亿元的52.14%。按照规定的集团重组后的税收分配比例，红塔集团上述税款分别在玉溪入库197.49亿元、楚雄入库39.06亿元、大理入库22.56亿元、昭通入库28.53亿元、红河入库3.27亿元。

2010年，红塔集团紧紧围绕"卷烟上水平"的总体要求和"532"、"461"大品牌发展战略目标，坚持实施"做精做强'玉溪'，做大做强'红塔山'，注重规模与结构的同步提升，确立'玉溪'在高端、高档品牌中的强势地位，努力把'红塔山'打造成为世界领先品牌"的品牌战略，加强中高档品牌的聚集整合，创新营销模式，建立起反应快速的营销体系，实现产销同步增长，品牌结构稳步提升，销售收入增长。销售结构提高成为增收的主要因素，2010年1～11月，省内销售玉溪品牌卷烟66.68万箱，比2009年同期的50.72万箱增加15.96万箱，增长31.47%；红塔山品牌卷烟173.9万箱，比2009年同期的153.95万箱增加19.95万箱，增长12.96%；7元以上消费税率56%的计税卷烟数量为68.65万箱，占总量的20.93%，比2009年同期销售的51.27万箱所占总量比重上升4.7个百分点；红梅等品牌卷烟87.35万箱，比2009年同期的110.7万箱减少23.35万箱，下降21.09%；"玉溪"、"红塔山"销价高、税率高的高速增长，"红梅"等销价低、税率低的下降，是增收的主要因素。销售数量增加是增收的另一个重要因素，2010年1～11月，省内玉溪、楚雄、大理、昭通4家卷烟厂内销卷烟327.93万箱，比2009年同期的315.37万箱增加12.56万箱，增长3.98%。

【红塔集团与玉溪市共话未来】 2011年1月29日，红塔集团领导与玉溪市委市政府、玉溪市烟草专卖局的相关领导在红塔大酒店举行新春团拜会，红塔集团董事长柳万东，总裁李穗明、党委书记谢昆或等领导班子成员，玉溪市委书记孔祥庚、市长高劲松等党政领导，玉溪市烟草专卖局局长田泽华等领导和嘉宾共聚一堂，共话未来。

玉溪市委书记孔祥庚代表市委、市政府和玉溪市各族人民向红塔集团长期以来对玉溪社会经济发展作出的巨大贡献表示衷心感谢。同时，祝愿红塔集团取得更大的发展。红塔集团董事长柳万东代表集团领导班子和全体干部员工，向玉溪市委、市政府和玉溪市烟草专卖局长期以来给予红塔集团的大力支持表示衷心感谢，并坚信在玉溪市委市政府的大力支持下，红塔集团一定能抓住机遇，趁势而上，实现“51518”品牌发展目标，为推动玉溪社会经济又好又快发展作出新的更大的贡献。玉溪市烟草专卖局（公司）局长（经理）田泽华表示，将在玉溪市委、市政府的领导下，同红塔集团一道，捍卫好“云烟之乡”这面旗帜，服务好红塔集团“51518”品牌发展战略，不断巩固基础，力图在烟叶基地单元建设和生态园区的建设上实现新的突破，为玉溪烟草不断开创新的局面而努力奋斗，为切实保障玉溪烟草健康稳定持续发展作出应有的贡献。

【江西烟草与红塔集团共话合作发展】 2011年7月22日，江西省烟草专卖局（公司）局长（总经理）徐璞在云南中烟工业公司纪检组长李新军的陪同下来到红塔，与红塔集团领导共叙友谊，共话合作发展。

在座谈交流中，红塔集团董事长柳万东向江西省烟草专卖局局长徐璞一行介绍了集团2011年上半年经济运行情况、集团“十二五”品牌发展规划调整和“5211”品牌发展新目标以及下一步的主要工作思路。2011年1～6月份，红塔集团品牌在江西市场得到了较好的发展，根据下半年的订货衔接情况，预计年内红塔品牌在江西市场销售总量将呈增长趋势，单箱结构有较大幅度提升。柳万东希望江西省局（公司）对红塔集团即将推出的几个低焦油新产品，特别是“玉溪（庄园）”高端产品给予全力支持，帮助红塔做好上市推广和市场培育工作。徐璞简要介绍了江西烟草目前的发展情况，认为江西烟草近年来与红塔建立了很好的合作关系，未来双方要在原料、卷烟销售、打叶复烤等方面继续加强合作。江西省烟草公司副总经理郑京及相关负责人介绍了红塔集团品牌在江西市场的发展情况，在下一步的营销工作中，江西烟草将根据红塔产品布局和江西市场情况，明确品牌定位，进行系统营销和系统设计营销活动，让大家了解红塔品牌理念。红塔集团副总裁张建华、金亦斌分别介绍了集团的原料工作和卷烟销售情况，集团领导施永超、张国良、葛孚明、李剑波、王勇等参加座谈。

【荣获“2010年度云南省采购经理调查统计工作先进一等奖”】 2011年2月15日，在国家统计局云南调查总队2011年全省企业监测调查工作暨业务培训会议上，红塔集团荣获“2010年度云南省采购经理调查统计工作先进一等奖”。

红塔集团按照国家统计局云南调查总队的要求，及时准确上报采购经理调查报表与分析材料，为政府部门及时准确掌握集团物资采购情况提供了详实的信息。制造业采购经理调查是国家统计局和中国物流与采购联合会共同合作编制，列入国家统计局的正式调查制度。制造业采购经理指数（PMI指数）是衡量制造业的“体检表”，它能快速及时反映市场动态，与GDP一同构成全国宏观经济的指标体系。制造业采购经理指数是一个综合指数，包括订单、生产、就业、供应商配送、存货、新出口订单、采购、产成品库存、购进价格、进口、积压订单11个指数。

【玉溪卷烟厂跻身清洁生产AAAA级企业行列】 2011年2月18日，玉溪卷烟厂接到《云南中烟工业公司转发国家局办公室关于行业清洁生产现场调研和综合评价情况通报的通知》，由于清洁生产工作成绩显著，玉溪卷烟厂通过清洁生产AAAA级企业评审。

2010年12月初，依据《国家烟草专卖局办公室关于组织对2009年度卷烟企业清洁生产评价准则行业标准执行效果进行调研评价的通知》要求，在分析各省级工业公司及95家卷烟生产企业（生产点）自我评价报告及相关数据的基础上，国家局科技司组织4个调研评价工作组，对12家卷烟生产企业（生产点）执行《卷烟企业清洁生产评价准则》（YC/T 199—2006）及《烟草工业企业能源消耗》（YC/T 280—2008）行业标准的实效进行了现场调研和综合评价，评价结果表明玉溪卷烟厂成为云南中烟工业公司首家进入清洁生产AAAA级企业行列的企业。玉溪卷烟厂在集团、厂领导大力支持和全体员工的共同努力下，依托技术和管理创新，采取节能、降耗和环保措施，在应用清洁能源、降低能源消耗、减少废水、废气的排放等方面都有不同程度的改进和提高。

【“压缩空气梯级利用新技术”项目通过鉴定】 2011年3月5日，由玉溪卷烟厂和云南恒普科技有限公司联合开发研究的“压缩空气梯级利用新技术”项目顺利通过省工信委组织的技术鉴定。鉴定会在玉溪卷烟厂动力车间召开，省工信委技创处处长胡时跃主持了会议，玉溪市委副秘书长姚晓岩，玉溪卷烟厂副厂长马云参、彭涛等领导出席了本次会议。按照议程，会议推选昆明理工大学、省科技厅、计量院、节能中心、云南中烟公司等单位的10位专家、教授组成鉴定委员会。动力车间张万云主任、恒普科技有限公司项目负责人杨国斌向鉴定委员会汇报了该项新技术的研究应用情况、技术创新点和所取得的成果。鉴定委员会认真审查全部技术文件，并进行现场查看。经评审讨论，与会专家一致认为“压缩空气梯级利用新技术”实用性强，节能效果显著，具有明显的经济效益和社会效益，有广阔的推广前景。鉴定委员会专家一致同意该技术通过鉴定。

“压缩空气梯级利用新技术”采用压缩空气分离技术将富氧空气用于工业锅炉燃烧，同时通过无动力回送装置，将低压的富氮气体回送到高压的空压气系统，达到了压缩空气梯级利用的目的。其技术属国内首创，核心设备“压缩空气分离和回送装置”已申报国家专利并获受理，此外，依据此技术制定的《工业用富氧机组》企业标准已在昆明市质量技术监督局备案。项目于2010年8月完成，经过运行测试，设备运行稳定，节能效果显著，云南省能源利用监测中心测试表明，锅炉热效率提高了近3个百分点。

【烟草薄片更换包装】 2011年3月7日，玉溪卷烟厂复烤一、二车间完成了集团2011年第一批出料加工烟草薄片备货生产工作，共计完成换复烤短梗、中等芝麻片包装生产任务675吨（5 359箱）。玉溪卷烟厂复烤一、二车间一直承担集团出料加工烟草薄片的换包装的主要任务。2008～2011年，两个车间分10批次共完成3 665.46吨（27 186箱）加工烟草薄片的换包装工作任务。换包装工作正处于年内车间复烤旺季，为确保换包装工作的正常进行，在保证复烤正常生产的前提下，车间克服人员少，设备紧缺的实际困难，充分调配资源，合理组织生产，从计划制定、人员分配、工作职责细化以及改进提升等方面开展工作，圆满完成2011年第一批出料加工烟草薄片换包装工作。

【昭通卷烟厂通过QEHS管理体系外部监督审核】 2011年3月7～11日，北京新世纪认证有限公司对昭烟2011年QEHS管理体系进行审核，通过对昭烟工艺质量科、质检昭通分站、制丝车间、卷包车间、安保消防科、动力车间、经济运行科等部门的抽样审核，昭烟顺利通过了此次审核。

新世纪认证公司5位审核专家和昭

烟相关领导、各部门第一负责人出席了3月7日召开的首次会议。会上审核组组长介绍了审核的范围，表示抽样审核的目的是评价昭烟在围绕行业要求和集团战略开展生产管理工作的同时，体系建设是否有效保持并得到改进。审核组分3个组对工厂重点部门和关键环节进行了抽查，听取相关部门负责人的情况汇报，并对相关问题进行了询问了解。通过审核，专家们对昭烟管理体运行情况给予了充分肯定和较高的评价。红塔集团副总裁、昭通卷烟厂厂长王勇参加了会议，并表示希望通过专家组的诊断，帮助昭烟找出管理上的漏洞和薄弱环节，促进工厂管理体系的持续改进。

【“三标一体”管理体系外部监督审核结束】 2011年3月11日，红塔集团质量、环境和职业健康安全管理体系年度外部监督审核工作圆满结束。审核目的是评价集团管理体系自2010年监督以来是否按照标准要求有效运行并持续改进，以确定能否继续保持认证注册资格。审核对象包括玉溪、楚雄、大理、昭通卷烟厂，四大中心及集团各职能部门；审核范围涉及集团所有烟叶复烤、销售，卷烟的设计开发、生产、销售和服务过程中与质量、环境和职业健康安全管理有关的活动及场所等。审核组经过5天的审核，认为在行业“卷烟上水平”战略任务和“532”、“461”品牌战略发展新形势下，2010年以来，红塔集团能够紧紧围绕行业要求，不断深化三标体系建设，通过绩效考核，实施过程监控，全面落实行业“对标管理”和“创建工作”，使体系建设与“四大中心”和“优秀卷烟工厂”的创建活动相互协调，做到有机融合，在生产销售、品牌发展、实现利税等方面均取得了可喜成绩。

经审核组综合评价最终认为：红塔集团实施的自我监控和完善机制是有效的，三标一体运行符合标准要求，一致同意继续保持认证注册资格。审核组还对审核过程中发现的需改进问题，提出了相应的改进意见和建议。

【法国摩迪集团就烟草薄片项目进行磋商】 2011年3月16日，法国摩迪集团高层管理人员到红塔集团就项目推进、决策组织、项目实施团队组建等问题与云南中烟工业有限责任公司相关领导，玉溪市委、市政府领导及红塔集团领导进行磋商交流。出席交流会的有法国摩迪全球薄片业务执行副总裁费伟，摩迪集团首席执行官个人顾问徐俊皓，摩迪集团新项目总监戴维斯，云南中烟工业有限责任公司科技开发部部长赵子敏，玉溪市委常委、副市长黄宪庭，市委常委、红塔区委书记夏立洪。红塔集团副总裁葛孚明主持会议。

会上，摩迪全球薄片业务执行副总裁费伟回顾了为推进中法合资烟草薄片项目进程在北京和昆明举行的两次会议的基本情况，并就项目具体实施步骤、决策组织、项目实施团队组建等问题提请讨论。费伟表示将坚持在项目中把最先进的设备和技术、最好的管理和研究成果带来中国，使中法合资烟草薄片项目成为典范项目，真正实现卷烟企业减害降焦的目的。红塔集团副总裁葛孚明在会上表示，集团将与摩迪集团加强交流与合作，将烟草薄片和卷烟研发有机结合起来，使高端、高档品牌在烟草薄片的运用过程中，体现特色、实现产品差异化。会谈各方代表以实事求是、平等互利、合理合法为原则，本着相互尊重、严谨务实的态度进行友好磋商。

国家局与法国摩迪集团合资在玉溪建设的烟草薄片项目经过前期规划，项目可行性报告分析、研究、制定，合作谈判，相关文件批复，项目现已获得国家局审批通过。此次会议上，各方负责人针对项目开工建设实施决策组织的组成和项目建设推进过程中项目实施团队的建立进行了讨论，标志着中法合资烟草薄片项目将由项目前期筹备阶段迅速转入项目建设阶段。

【“卷烟工厂标准化建设”启动】 2011年3月21日，玉溪卷烟厂组织召开了“卷烟工厂标准化建设”专题项目启动会。会议传达了近期国家局、省工业公司关于“创优”工作的安排和部署，并对项目实施提出了相关要求。

会议指出，做好标准化建设专题工作，对于“优秀卷烟工厂”的创建，发挥卷烟工厂在创建活动中的主体作用，提升工厂“产品制造水平”和“基础管理水平”至关重要。玉溪卷烟厂将为项目的开展提供全力支持，加强项目的协调和管理，并于3月22日向南京、蚌埠、滕州、驻马店、延安、延吉卷烟厂等6家成员单位发出邀请函，就项目实施方案进行意见征集。

【“红塔山·恭贺新禧”在红辽公司沈阳卷烟厂生产】 2011年3月29日，新品“红塔山·恭贺新禧”在红辽公司沈阳烟厂卷包车间顺利生产。目前生产过程控制良好，产品质量稳定。卷烟生产前，卷包车间已和各相关部门进行多次沟通和协调，认真筹备和研究产量与消耗等生产相关事宜，并合理调配车间人员，积极组织新品的生产工作。“红塔山·恭贺新禧”在红辽公司沈阳卷烟厂顺利生产是红塔集团近期推出的新品，外包装突出带有“恭贺新禧”字样的外圆内方古币图案，是“红塔山”品牌“喜庆”系列中的开山之作，突出“红色喜庆”的主题。

【刘强、牟定荣被国家局认定为行业首批卷烟高级调香师和卷烟调香师】 2011年3月31日，在全国烟草科技工作会议上，红塔集团技术中心副主任刘强、主任牟定荣分别被国家局认定为行业首批卷烟高级调香师和卷烟调香师。国家烟草专卖局副局长张保振为行业首批认定的卷烟高级调香师和卷烟调香师颁发证书。刘强、牟定荣在红塔集团技术中心长期从事卷烟产品研发及管理工作，在卷烟产品研发领域为红塔品牌的持续发展做出了积极贡献，先后获得云南中烟和国家局授予的多项荣誉。

【楚雄卷烟厂获“云南省清洁生产合格企业”称号】 2011年4月25日，红塔烟草(集团)有限责任公司楚雄卷烟厂被云南省工业和信息化委员会授予“云南省清洁生产合格企业”称号。“十一五”期间，楚雄卷烟厂实施清洁生产合格单位申报工作，经过全厂员工共同努力，通过了清洁生产审核评估，成为楚雄州首家获得“云南省清洁生产合格企业”称号的单位。

【获“十一五”节能减排先进单位荣誉称号】 2011年4月下旬，云南省人民政府在昆明海埂会堂召开“十二五”全省低碳节能减排工作会议，红塔烟草(集团)有限责任公司被授予云南省“十一五”节能减排先进单位荣誉称号，集团潘文、赵宏洲、常云被授予云南省“十一五”节能减排先进个人荣誉称号。

“十一五”期间，红塔集团努力践行“国家利益至上、消费者利益至上”的行业共同价值观，积极开展污染预防、资源节约、清洁生产、节能减排和生态环境建设工作，致力于建设“资源节约型、环境友好型企业”。“十一五”期间，集团共实施节能减排技术项目103个，实施节能管理措施10余项，创造经济效益6 772.70万元。集团在组织生产经营工作，创造经济效益的同时，积极履行社会责任，通过淘汰高能耗、高污染设备，积极使用能耗低、排放少、技术新的设备，不断推广应用“四新”技术，推广应用能源平衡测试、清洁生产、能源审计、能效对标、节能减排考核、节能宣传等管理措施，实现了能源利用率的提升，强化集团资源节约和环境保护意识，建立节能减排的长效机制。

【启动烟叶基地单元建设烤烟 GAP 管理体系工作】 2011 年 5 月 4 日，由红塔集团物资采购中心精心组织，在玉溪、楚雄、大理、昭通、临沧 5 个州(市)烟草公司以及各分厂原料部门的积极配合和支持下，“2011 年红塔集团烟叶基地单元建设 GAP 管理启动暨培训会”分别在 5 州(市)召开，标志着集团 GAP 管理体系项目工作全面启动。

GAP 是良好农业规范(Good Agricultural Practice)的英文缩写，是一套主要针对初级农产品生产的操作规范。GAP 是以农产品生产过程质量控制为核心，以危害分析与关键控制点(HACCP)、可持续发展为基础，关注环境保护、员工健康、安全和福利，保证农产品生产安全的一套规范体系。集团烟叶基地单元实施 GAP 管理，从源头上提高基地烟叶的优质性和安全性，对稳定集团基地单元烟叶供给和质量、宣传企业社会责任、稳定卷烟产品质量和安全性具有重要意义。同时，通过 GAP 管理体系的实施和运行，对建立和完善红塔基地管理、运行、评价机制、健全红塔原料保障体系也具有重要意义。此次培训由云南瑞升烟草技术(集团)有限公司相关专家主讲，主要从 GAP 概况、GAP 管理体系手册制定、GAP 管理体系建立、GAP 痕迹化资料记录和痕迹化照片采集要求、GAP 认证流程、农药安全储存和使用 6 个方面进行培训，对 5 州(市)烟草公司相关业务部门和业务人员 200 余人进行了系统全面培训。

【烟叶分级职业技能竞赛】 2011 年 5 月 10 日，由红塔集团工会和集团人力资源部共同举办的红塔集团第五届职业技能竞赛暨第二届烟叶分级职业技能竞赛在集团职工培训中心开幕。裁判员和参赛选手代表宣誓后，集团工会主席曹航宣布本次烟叶分级职业技能竞赛开幕。

此次烟叶分级职业技能竞赛，共有来自楚雄、大理、昭通卷烟厂和集团物资采购中心的 77 名选手参加比赛。竞赛分初赛和复赛两部分，竞赛组委会聘请了中国烟草总公司青州中等专业学校的专家担任裁判，负责初赛过程的技术评判；聘请中国烟草总公司职工进修学院的专家担任复赛技术评判裁判。初赛前 50 名选手进入复赛，复赛成绩前 8 名的选手将授予红塔集团烟草技术能手称号，复赛成绩前 40 名的选手将进入集团烟叶分级人才库。

【烟草工艺技术及装备联合实验室成立】 2011 年 5 月 27 日，“红塔集团·秦皇岛烟机公司烟草工艺技术及装备联合实验室”签字仪式在北京隆重举行。国家局科技司副司长张虹、中烟机械集团公司副总经理王建法等领导出席了签字仪式。

国家局科技司副司长张虹指出，红塔集团·秦皇岛烟机公司烟草工艺技术及装备联合实验室的成立，对行业来讲是一个非常好的典范。中烟机械集团公司副总经理王建法希望红塔集团与秦皇岛烟机公司整合优势资源，围绕打造“中式卷烟”的目标，不断创新思路，真正发挥技术领先作用，促进红塔集团的品牌发展。红塔集团副总裁张建华表示，通过联合实验室这个平台与秦皇岛烟机公司开展合作，有利于提升产品的竞争力，有利于提升中国烟草的影响力。秦皇岛烟机公司董事长郭冬青表示，将充分发挥秦皇岛烟机公司的技术优势，力争在更多的领域取得突破，真正实现“烟机上水平”的目标，为行业的发展做出更大的贡献。

【新型卷烟机运行效率创佳绩】 2011 年 6 月 7 日，玉溪卷烟厂从德国虹霓公司引进的第五台 PROTOS－M5 卷烟机顺利通过验收测试，具有当今世界最先进技术水平的 5 台 PROTOS－M5 卷烟机全部投入生产。PROTOS－M5 卷烟机是当今世界最先进的卷烟机，其生产速度、产品质量保障能力、噪声水平等均具有优良性能。卷烟机结构紧凑，零件精度高，采用电气伺服传动代替传统及齿轮传动，监测系统新增了烟条外观成像检测，能检测出 0.2 平方毫米的斑点。

2010 年 2 月 27 日，第一台 PROTOS－M5 投入到设备的安装调试中。为保证新设备顺利高效运行，玉溪卷烟厂组织经验丰富的操作、维修、设备管理工作团队，虹霓公司组织了技术水平高、稳定的专家队伍。双方不断总结及改进，安装、调试速度不断得到提高，仅用 13 天就完成 1 台 M5 卷烟机从安装到投入三班全速运行的过程。5 台 M5 卷烟机验收平均设备有效作业效率达 94%，高于欧洲烟草同行同类机型 93% 的验收效率，在国内 20 台 M5 卷烟机中投入生产的速度和验收测试有效作业率均达到最优值。

【“玉溪(庄园)”上市筹备工作】 2011 年 6 月 14 日，红塔集团在昆明红塔体育中心望湖宾馆召开会议，安排部署“玉溪(庄园)”上市推广筹备工作。会议按照国家烟草专卖局局长姜成康提出的“重在高端突破，重在持续创新，重在加强宣传，重在夯实基础”的品牌发展要求，安排部署“玉溪(庄园)”7 月上旬在北京上市推广的筹备工作，对各部门提出具体的工作要求。集团总裁李穗明要求各单位和部门以及全体干部和职工要统一思想，提高认识，把“庄园”系列产品的开发培育作为高端规格突破的重点，通过全方位的系统谋划、系统设计、系统支撑，深入挖掘“玉溪”品牌背后的故事，提炼品牌文化，充分利用内部媒体和外部媒体，有效做好品牌文化的传播。集团副总裁金亦斌要求各部门紧密配合，通力协作，按要求、按计划切实做好“玉溪(庄园)”上市推广的各项准备工作。为了做好“玉溪(庄园)”的上市推介工作，集团先后召开了两次工作会议，通报了“庄园”系列产品的研发情况，向各部门下达了“玉溪(庄园)”上市的筹备工作任务。会上，各部门汇报了各自工作的进度情况，同时就“玉溪(庄园)”的品牌文化传播、品牌营销等方面的工作进行了讨论。

7 月 4 日，集团召开“玉溪庄园”项目第四次筹备工作会议，审议《玉溪庄园》宣传片和《玉溪庄园宣传方案》。红塔集团总裁、党委书记李穗明，党委副书记施永超，巡视员张国良，副总裁金亦斌、夏开元，财务总监张萌等集团领导及集团技术中心、营销中心、党委工作部、企划科等职能部门负责人参加了会议。与会人员就宣传方案进行了讨论，对宣传片的画面、解说、背景音乐、逻辑性、开篇和结尾等进行了评说，并就宣传片的修改完善提出了意见和建议。集团办公室企划科人员在会上汇报了“玉溪(庄园)”新品上市宣传工作，从传播背景、传播目标、传播的组织架构、传播策略、传播内容体系架构、传播的形式、传播的执行及费用等多个方面介绍了“玉溪(庄园)”整个宣传方案。会后，有关部门人员将根据会议提出的修改意见和建议，对《玉溪庄园》专题片和《玉溪庄园宣传方案》进行修改。

【“红塔山(国际 100)”重庆上市】 2011 年 6 月 28 日，红塔集团在重庆召开了工商共同举办的“品牌 发展 共赢”恳谈会暨“红塔山(国际100)”新品发布会。重庆市烟草专卖局(公司)局长总经理李恩华、副总经理高兴华，云南中烟副总经理李天飞，红塔集团总裁李穗明、副总裁金亦斌，以及重庆39个分公司领导、市场营销中心相关领导，工商双方共160余人出席了“红塔山(国际100)”新品发布会。

会议由重庆市局(公司)副总经理高兴华主持，工商双方对云南工业与重庆烟草的情谊作了总结回顾，对云南产卷烟高端品牌在重庆的培育发展进行了深入的探讨，对“红塔山(国际100)”新品的市场导入进行了充分的沟通达成了共识。“红塔山(国际100)”新品发布会由云南中烟副总经理李天飞致辞，参会嘉宾共同观看了“红塔山(国际100)”宣传片。红塔集团总裁李穗明在恳谈会上作了红塔集团品牌发展战略报告。畅谈了工商双方要用“大烟草观”统一思想，开展“工商协同共育品牌市场”，共同构建“和谐烟草”的深切感受。重庆市局(公司)局长、总经理李恩华在恳谈会上指出，重庆烟草无论是在卷烟营销中，还是在发展史上都得到了云南卷烟工业企业，特别是红塔集团的大力支持。红塔集团“玉溪”和“红塔山”两大品牌在重庆有很扎实的市场基础，消费者对红塔集团的实力和品牌有很好的认知，重庆烟草有责任培育大品牌。重庆市局(公司)副总经理高兴华最后指出，重庆商业各级公司要认清当前的销售形式，全面做好销售工作，落实好当前重庆市场“红塔山”系列止跌回升、“玉溪”系列持续增长、“红塔山(国际100)”的闪亮登场这三大任务。

【召开拓展国际市场工作会议】 2011年7月4日，红塔集团2011年拓展国际市场工作会议在玉溪召开。会议传达了行业开拓国际市场的相关改革和指导精神，回顾了集团国际化发展历程及取得的成绩，对集团下一阶段拓展国际市场工作的主要任务和重点工作进行部署。

红塔集团董事长柳万东在会上指出，红塔集团国际市场拓展工作目前进入了一个新的发展时期，希望集团各部门认真研究国家和云南省的相关发展政策，把握机遇，做好海外研发中心建设、新品研发、质量控制等工作。集团总裁、党委书记李穗明表示，国际市场开拓是集团发展和集团“卷烟上水平”的重要组成部分，是集团可持续发展的重要保证，是集团提升竞争实力的需要，集团相关领导要站得高、谋得深、看得远，集团各部门要认真思考如何做好国际市场拓展工作，要突破现有的思想观念和思维模式，提升面对市场和消费者的能力，研究行业相关政策，重视企业海外形象的维护。

集团香港玉成贸易发展有限公司、老挝寮中红塔好运烟草有限公司、红塔瑞士罗马尼亚子公司负责人在会上分别介绍了公司概况，生产经营情况，以及取得的成绩、存在的问题和困难，及今后的工作规划。境外实体、境外项目负责人交流了拓展国际市场的工作经验，并结合境外实体运作事项、建立原料保障体系、产品研发等工作，就如何认真做好集团国际市场拓展工作进行了充分讨论。

会上，红塔集团副总裁王勇分别与红塔瑞士罗马尼亚公司、老挝寮中红塔好运公司、红塔拉美公司、香港红塔国际烟草有限公司、香港玉成贸易发展有限公司负责人签订《红塔集团境外实体拓展国际市场目标责任书》；分别与老挝寮中红塔好运公司、香港红塔国际烟草有限公司负责人签订《红塔集团境外生产企业环境、职业健康安全责任承诺书》、《红塔集团境外生产企业卷烟生产质量保障承诺书》。

【“玉溪(庄园)”投入生产】 2011年7月5日，玉溪卷烟厂接到集团下达的紧急生产任务——为配合营销中心计划，必须在7月7日下午3点以前完成“玉溪(庄园)”品牌250件的生产任务。厂内各相关部门按照集团要求在时间和人员安排上做了周详地调整。卷包二车间根据生产的实际立即安排跟班修理人员到负责生产的8号卷烟机组进行设备调试。在生产过程中，为保证“玉溪(庄园)”的生产质量，当班机组人员和质量管理员对生产质量进行严格的监督和检测，由原来的15分钟抽检一次增加到每5分钟抽检一次，并不间断的做烟支质量测试。从接到生产任务开始，8号机组甲班工作人员连续工作13个小时，顺利完成生产“玉溪(庄园)”161件，为“玉溪(庄园)”临时生产任务打下了良好的基础。7日早班，随着第12 500条“玉溪(庄园)”成功封条，玉溪卷烟厂圆满完成本次“玉溪(庄园)”临时生产任务。通过本次生产，车间及时发现并解决了“玉溪(庄园)”生产中存在的问题，为下一步“玉溪(庄园)”的批量生产打下了坚实基础。

“玉溪庄园”运用环保、国际的设计风格，包装设计超越了一般品牌和产品包装的功能设计，抛弃了用材料表现档次、用繁华引人注意的方式，开创健康环保，艺术格调的卷烟产品包装设计风格；商标选择纯浆无涂料原纸为基材，开创性设计了品牌标识与系列标识联合的标志，并配合原创手绘生态烟叶基地的图画，包装呈现质朴高雅气息；接装纸突出特点是采用水性油墨、不烫金、钞线印刷工艺，安全环保；内衬纸首次使用由食品包装(直接接触型)技术移植出来的一项烟草内衬纸包装新材料——无金属食品级、可降解环境友好型的材料，达到食品级要求。配方设计方面，“玉溪庄园”的焦油量为8毫克，烟气烟碱量为0.8毫克，一氧化碳量为9毫克，感官质量目标评测为92分。云南小产区优质有机烟叶，彰显“庄园清香”的产品风格，个性突出，特点鲜明，体现“有机、低害”的产品设计理念。产品具有典型的“庄园清香”风格特点，香气丰富自然，飘逸细腻，柔绵醇和，口感愉悦清新，回味悠长的特点，运用“增香保润”综合技术实现了降焦保香的产品设计目标。

【召开西部七省(区)营销工作会】 2011年7月7日，红塔集团市场营销中心西部七省区营销工作会在内蒙古呼和浩特市召开。会议由红塔集团市场营销中心副经理李平主持。红塔集团党委副书记、纪委书记施永超，市场营销中心政工部、办公室、业务部、品牌部代表，营销中心西部七省(区)经理、副经理、市场经理及部分营销代表参加了本次会议。

会议分别听取了西部七省(区)“玉溪(硬庄园)”上市方案的汇报，与会人员对各省区方案进行了讨论，指出其中的亮点和不足，会后各省区还将进行进一步的沟通，并最终形成西部七省(区)“玉溪(硬庄园)”上市方案提报中心讨论。会议还分别听取了西部七省(区)上半年工作总结和下半年工作计划的汇报，指出了各省区上半年工作亮点和遇到的困难，并明确了下半年努力的方向。内蒙古自治区烟草专卖局(公司)分管销售副总经理乌力吉一行出席了本次会议，并表示将一如既往的支持红塔集团，并对“玉溪(硬庄园)”在内蒙古的上市给予大力支持。红塔集团党委副书记、纪委书记施永超介绍了2011年上半年集团品牌销售情况、集团品牌发展情况和品牌发展规划，并对西部七省(区)的工作给予了肯定，同时对西部七省(区)营销人员提出希望。

【内控体系建设项目启动】 2011年7月13日，红塔集团内控体系建设项目正式启动。会上，集团副总裁蒋顺华作了动员讲话并强调，集团内部控制体系，不是从无到有，而是在原有的基础上继续完善和提升。集团提出的"十二五"发展规划，必须通过加强和规范内部控制体系建设，提高经营管理、风险防范能力和基础管理水平，来保证发展规划的顺利实现。

启动仪式后，厦门所罗门管理咨询公司总经理齐培鹰围绕企业内部控制的发展、企业内部控制基本框架、红塔集团内部控制体系建设项目实施3个方面，结合案例分析，向全体与会人员讲解了企业内部控制的基本框架等内控知识，介绍了集团内控项目实施方案，以及各单位各部门需要承担的工作，使大家了解内部控制体系是如何帮助集团深化内部精细化管理，从而实现基础管理上水平。集团各中心、各厂、公司、部门负责人，以及内控项目联系人参加会议。

【全国行业QC小组成果发布会上取得佳绩】 2011年7月20日，全国烟草行业第二十二届优秀QC小组成果发布会在北京举行。云南中烟红塔集团选送的3个成果均取得较好成绩，其中，昭通卷烟厂发布的"PASSIM卷接机水松纸鼓轮清洁装置的研制"荣获一等奖；玉溪卷烟厂发布的"视觉检测分包装置的研制"荣获二等奖；楚雄卷烟厂发布的成果荣获三等奖。获得一等奖的成果还将由中国烟草总公司推荐到中国质量协会，参加全国优秀QC小组活动成果评选。来自行业工商企业的47个QC小组发布了成果，其中，攻关型课题12个、创新型课题25个、现场型课题7个、管理型课题2个、服务型课题1个。

发布会上，国家局经济运行司有关领导指出，下一步行业QC小组活动要紧紧围绕行业战略任务和发展目标，更加注重实效性、创新性、普及性，全面提高QC小组的普及率、活动率、应用率和覆盖率，在更高层次和更高水平上全面推动QC小组活动的深入开展。

【工业分级培训、样品评审会】 2011年7月26日，红塔集团技术中心在楚雄州组织召开集团2011年工业分级培训、样品评审会，楚雄卷烟厂副厂长张志勇等相关领导分别在动员大会上发言，物资采购中心、玉溪卷烟厂、楚雄卷烟厂、大理卷烟厂、昭通卷烟厂相关部门人员参加了会议。

样品审核结果：物资采购中心样品品种齐全，部位清晰，色组正确，各组别三级烟质量略为偏好，样品整体质量合格；楚雄分级作业区样品等级齐全，个别等级部位界限不太清晰，样品整体质量合格；玉溪分级作业区、江川分级作业区、昭通分级作业区个别等级部位界限不太清晰，各组别二级烟普遍质量偏高，样品整体质量合格；大理分级作业区样品由于采取把选的方式，受到原烟把内纯度的制约，样品代表性未能充分体现出来，建议各分级点制作样品时还是采取片选方式。针对审样过程中出现的问题，技术中心对工业分级标准进行了系统培训，并于30日在楚雄卷烟厂分级大棚组织所有培训人员进行烟叶83级工业分级实作考试。

【"玉溪"商标被认定为"中国驰名商标"】 2011年7月28日，在云南省政府主办的云南省荣获中国驰名商标新闻发布会上，红塔集团接受了"中国驰名商标"的牌匾。至此，红塔集团成为中国烟草行业同时拥有"红塔山"、"玉溪"、"红梅"3个中国驰名商标的企业。

驰名商标是品牌高品质、高美誉度的外在特征，对品牌市场竞争力和企业形象至关重要。为提升"玉溪"品牌形象和市场竞争力，将"玉溪"品牌打造成中国烟草的高端代表，集团于2009年10月启动了"玉溪"品牌驰名商标认定工作。在项目启动后4个月内，共收集整理十大类1 400余份资料提交国家工商总局，并在较短时间内取得成功。多年来，集团"玉溪"卷烟品牌一直以高品质享誉国内外，产销量逐年增长，在国内一类烟市场上长期占据销量"前三甲"的领先位置。2010年，"玉溪"品牌实现商业批发销售额336.9亿元，同比增长32.66%，继续保持行业一类烟销量排名第三位。2011年，集团调整品牌发展战略目标，力争到2015年"玉溪"品牌年销量达到200万箱，商业批发销售收入1 000亿元；"玉溪"品牌将坚持"清香、庄园、时尚"三大系列并行发展方向，重点以"庄园"系列高端新产品的培育为突破口，着力打造具有较强影响力和冲击力的高端主导规格产品，带动"玉溪"品牌的发展，实现"玉溪"品牌的高端突破。

【红塔选手系统职业技能竞赛取得佳绩】 2011年7月29日，第八届云南烟草工业系统职业技能竞赛暨第四届云南烟草工业系统烟机设备维修职业技能竞赛在红云红河集团红河卷烟厂落下帷幕。

在此次竞赛中，红塔集团的参赛选手顺利完成竞赛项目，充分展现了红塔技术工人的技术风范，取得了不错的成绩。昭通卷烟厂杨城和玉溪卷烟厂王云祥分获切丝设备KTC80的第一名和第三名，大理卷烟厂陈雁翎和楚雄卷烟厂王应峰分获卷接设备PASSIM8K的第一名和第二名，楚雄卷烟厂张炳生获得包装设备FOCKE350的第三名，玉溪卷烟厂李承华、邱仕强分获包装设备GDX2的第一名和第二名。在13名被表彰的获奖选手中，红塔集团占有7个席位，在4名申报全国烟草技术能手荣誉称号的选手中红塔集团共有3名。

【昭通守望基地单元通过GAP认证】 2011年8月1日，杭州万泰认证公司认证检查人员到昭通对红塔集团守望GAP示范基地单元进行了认证检查，此次检查为红塔集团GAP认证的一部分，共有10个基地单元申请进行认证。GAP是良好农业规范(英文Good Agricultural Practices)的简称，是一套针对农产品生产(包括作物种植和动物养殖等)的操作标准，是提高农产品生产基地质量安全管理水平的有效手段和工具。

认证公司在昭通卷烟厂召开了会议，介绍了此次检查的目的和要点，以及对新标准适宜性的检验。昭通烟厂烟叶生产质检科部门负责人及基地管理人员、瑞升公司基地管理人员、昭通市烟草公司及昭阳区烟草公司相关人员参加了会议。会后万泰认证公司检查人员到守望GAP示范单元实地查看了GAP办公室建设、资料管理、农事操作记录、育苗管理、病虫害防治、田间卫生管理、烟叶采烤环节、烟草农资农药的存放管理及对烟农健康的关注等，同时采用即将实施的新的认证标准进行了试检查。检查完毕之后，认证人员对昭通GAP管理在面积和规模如此之大、涉及烟农之多的艰难条件下所做的工作进行了较高的评价和肯定。

8月1～4日，通过对红塔集团年内申请认证的10个基地单元的检查，在昆明召开了末次会议，会议由红塔集团物资采购中心副经理常剑主持。杭州万泰认证宣布了此次检查认证的情况，包括昭通守望基地单元在内的申请认证的10个单元均通过2级认证。

【"ERP系统物流中心建设项目"业务蓝图设计进入测试】 2011年8月4日，"红塔集团ERP系统物流中心建设项目"已完成业务蓝图设计进入测试阶段；

为完善项目各业务流程，项目组在集团行政楼玉溪厅召开业务蓝图高层汇报会，对相关业务变化情况进行讨论交流。

集团领导蒋顺华、葛孚明、张建华、夏开元、张萌在会上对“ERP系统物流中心建设项目”工作给予充分肯定，认为“ERP系统物流中心建设项目”优化了许多以往的业务流程。集团领导围绕复烤业务、财务流程、工商变更、库存、电子标签、业务截止时间、流程数据安全等方面对“ERP系统物流中心建设项目”工作提出要求，希望相关部门在业务流程发生较大变化的情况下，加强部门间业务点沟通，挖掘内部潜能，提高业务效率，做好后续上线准备、上线支持和上线测试工作，确保项目安全顺利运行。

会上，“集团ERP系统物流中心建设项目”实施组副组长、集团物流中心经理王智对原料涉及变化的流程；物资采购、仓储主要业务变化；生产管理业务流程、成品业务、财务业务、运输配送业务等方面的变化点作了详细汇报。项目管理组负责人从系统组织架构、相关业务蓝图变化、项目实施过程中的创新点、数据准备、数据迁移和未清业务处理5方面，对“ERP系统物流中心建设项目”作了全面汇报。集团物资采购中心、生产制造中心、财务部、人力资源部、玉溪卷烟厂等部门对原料集中配置、高架库物流管理、人员数据变化等项目实施细节进行讨论交流，从而使各项业务流程协调顺畅。为进一步建立健全现代物流机构，完善现代物流建设的组织保障体系，集团将对原料、物资、卷烟等集中、统一、垂直管理，实现“内部物流一体化运作”，以满足现代化物流管理的基本要求，集团相关的组织机构、业务流程等将会发生许多变化，这就要求集团ERP系统中的组织结构、业务流程等也要随着进行相应的改变、调整和优化，才能使ERP系统与实际的组织机构、业务流程协同运行，更好地支持物流中心优化流程，管理整合等运营目标的实现。

【获2011云南百强企业第一位】 2011年8月30日，由云南省企业联合会、云南省企业家协会开展的2011云南100强企业排序名单出炉，红塔集团以营业收入632.60亿元高居榜首。这是红塔集团2005年以来第六次蝉联“云南百强企业第一位”。

云南百强企业排序按照国际惯例和中国企业500强排序规则，以2010年度企业营业收入为核心指标进行排序，金融证券行业未参与本次排序。这是云南省100强企业的第六次排序。“红塔山”品牌以274.58万箱继续保持全国卷烟销量第一大品牌；“玉溪”以68.93万箱位居中国行业一类卷烟销量前三位。“红塔山”品牌同比增加61.02万箱，增长28.57%；“玉溪”品牌同比增加16.51万箱，增长31.49%。

【“玉溪(庄园)”在京亮相】 2011年8月30日，由中国卷烟销售公司主办、云南中烟公司承办的“玉溪(庄园)”“云烟(大重九)”品牌培育座谈会在北京召开。国家烟草专卖局局长姜成康、云南省副省长曹建方，国家局副局长何泽华、李克明，云南省政府副秘书长蒋兆岗出席会议。中国第一包有机烟、红塔集团高端产品“玉溪(庄园)”在会上正式亮相，受到了与会领导、嘉宾的高度评价。

会议由中国卷烟销售公司总经理曹华青主持。云南中烟工业有限责任公司总经理朱绍明致词。云南中烟工业有限责任公司董事长柳万东，全国省级烟草商业企业负责人，26个省会城市烟草商业负责人和红塔集团、红云红河集团的负责人等190余名嘉宾出席会议。座谈会上，红塔集团总裁李穗明、红云红河集团总裁武怡分别介绍了“玉溪(庄园)”、“云南(大重九)”的研发情况。

【“玉溪(庄园)”在11个城市上市】 2011年9月1~6日，“玉溪(庄园)”分别在沈阳、广州、南宁、成都、大连、郑州、南京、鄂尔多斯、天津、昆明等11个城市上市。

红塔集团董事长柳万东，党委书记、总裁李穗明等集团领导分别参加了上市城市的“玉溪(庄园)”品鉴会。中国第一包有机烟、红塔集团高端产品“玉溪(庄园)”在所在城市品鉴会上正式亮相，受到了与会烟草商业同仁、高端消费群体的高度评价和肯定。

各地烟草商业负责人表示，“玉溪”品牌是行业的重点骨干品牌，“玉溪(庄园)”回归自然的理念，让烟草商业和高端消费群体耳目一新，商业企业将按照国家局的要求和品牌培育座谈会的精神，通过工商双方的深度营销和精准营销，做好“玉溪(庄园)”的上市推介和市场培育工作。“玉溪(庄园)”品鉴会充满了自然清新的格调，整个活动创意新颖、亮点频出。与会领导和嘉宾走到玉溪庄园产品文化区、品香识园互动体验区，体验“玉溪庄园”的自然、高贵气息。品鉴会彰显出自然的清新与惬意，让人感受到了“玉溪(庄园)”那来自天地间的自然清香和有机味道。以庄园有机烟叶为核心配方原料开发的“玉溪(庄园)”拥有3个最显著的特色，即：“庄园有机烟”的专属性；“高香低害”的优越性；“产量小”的稀缺性，充分体现“生态有机、高香低害、专属稀缺”的产品特色优势，也充分出体现“有机、低害、高香”的自然成熟的产品风格特色。

【中国企业500强红塔集团居滇企之首】 2011年9月3日，“2011中国企业500强榜单”在成都发布，云南入围“中国企业500强”的8家企业分别为：红塔烟草(集团)有限责任公司、红云红河烟草(集团)有限责任公司、云天化集团有限责任公司、云南建工集团有限公司、云南煤化工集团有限公司、昆明钢铁控股有限公司、云南冶金集团股份有限公司和云南锡业集团(控股)有限责任公司。红塔集团以632.60亿元的营业收入位列500强第132位，也是8家滇企之首。红云红河集团位居147位，营业收入549.90亿元；云天化集团第211名，营业收入376.66亿元；云南建工集团以233.32亿元排第321名；云南煤化工集团208.20亿元居第358名；昆明钢铁205.04亿元位居369名；云南冶金集团排名423位，营业收入170.72亿元；云南锡业集团以164.38亿元排在第437名。

在同时公布的中国制造业500强榜单中，也有8家滇企进入，排在第59名的红塔集团是8家之首，其后分别是红云红河集团、云天化集团、云南煤化工集团、昆明钢铁、云南冶金集团、云南锡业集团、云南南磷集团。在中国服务业500强榜单中，入围企业有云南物流产业集团有限公司、云南南天电子信息产业股份有限公司。此外，在公布的2011年“中国企业效益200佳”名单中，云南两大烟草企业上榜，红云红河集团和红塔集团分别以48.80亿元和40.67亿元的利润排第82位、第94位。

【59人获首批三级卷包操作师资格】 2011年9月16日，玉溪卷烟厂召开2011年卷包操作师聘任会，59名优秀操作工受聘为玉溪卷烟厂首批三级卷包操作师。为深入推进员工职业发展通道建设，玉溪卷烟厂于2011年2季度开展了卷包操作专业三级卷包操作师职业技能等级鉴定工作。经资格审核，共有

来自卷包一、二车间和中试车间的100名符合申报条件的卷包操作人员参加了此次鉴定，通过“理论考试”和“业绩评定”，并经厂员工职业发展通道管理委员会审核，人事劳资科公示，共有59人获得首批三级卷包操作师资格。

【质量评议活动】 2011年，红塔集团赴9家品牌合作生产厂开展质量评议活动。生产制造中心组织相关人员于8、9月份分别在重庆、遵义、哈尔滨、长春、延安、济南、南昌、张家口、郑州9个卷烟生产厂组织召开了“2011年度品牌合作生产质量评议会”。集团总裁助理郭勇，生产制造中心袁国旺、杨金波、王晓辉，省内四厂主管生产质量的副厂长王洪云、李向东、彭黎明、张志勇、朱远华，省内四厂工艺技术科科长、制丝及卷包车间主任，以及技术中心部分专家、片区质量总监，分4组到卷烟合作生产工厂参加会议。

质量评议会邀请各合作生产厂的中烟公司领导、厂领导、部门领导及部分技术人员出席。会议期间，品牌合作双方就2011年合作生产的质量控制情况进行交流沟通，对1～8月份合作生产质量控制情况和存在的问题进行深入的交流及研讨，对近3个月合作生产的红塔卷烟产品进行评吸，并按照《卷烟品牌许可生产质量保障通则》要求进行一致性评价。省内四厂对责任片区内的合作生产厂加深了解，强化对口业务联系，建立良好的信息沟通渠道，为以后向合作企业提供技术支持和业务协作创造良好的条件，为不断提高品牌合作生产厂质量管控水平和构建长期稳定的品牌合作生产过程控制能力夯实基础。

【烟机操作工及烟草检验工实操鉴定】 2011年10月24日，玉溪卷烟厂举行烟机操作工及烟草检验工实操鉴定，共151名职工参加本次实操鉴定。本次实操鉴定工作由红塔集团组织开展，玉溪、楚雄、大理卷烟厂烟草检验工1个工种共计234人参加技能鉴定申报及理论鉴定考核工作。在玉溪卷烟厂参加实操鉴定的职工中，MAC机型打叶复烤操作工中有23人参加高级操作工鉴定，7人参加中级操作工鉴定；卷包烟草检验工中有59人参加高级检验工鉴定，15人参加中级检验工鉴定；制丝烟草检验工中有38人参加高级检验工鉴定，9人参加中级检验工鉴定。

【两个科技项目通过省科技进步奖审定】 2011年11月7日，红塔集团“选择性降低红塔集团卷烟产品危害性指标化合物的综合技术研究”和“三维空间曲面的精密技术研究和应用”两个项目通过云南省科学技术奖励委员会的审定。

年初，玉溪卷烟厂“三维空间曲面的精密技术研究和应用”在获得玉溪市人民政府2010年度科学技术奖励二等奖后，鉴于其在烟机零配件测量和制造方面的应用价值，又被玉溪市科学技术局推荐到云南省科技厅参加2011年度省科技进步奖的评选。另外，“选择性降低红塔集团卷烟产品危害性指标化合物的综合技术研究”项目由红塔集团技术中心申报、云南中烟工业公司推荐的。

【楚雄卷烟厂掀起QC成果发布热潮】 2011年11月19日，红塔集团楚雄卷烟厂复烤车间公开发布了各班组的11项QC成果；11月26日，卷包车间发布了机械修理组、电工组及各生产班的17项QC成果；11月29日，动力车间发布了从各班组15个QC成果中层层筛选出的10个优秀成果；12月3日，制丝车间发布了各班组的11项QC成果。

发布会上，各QC小组代表都制作了PPT演示文档，并通过精心准备和反复演练，以饱满的热情、生动的语言、详实的资料、精美的图片和多媒体技术进行了精彩的成果展示，再现了小组运用QC工具进行分析和解决问题的全过程。经过组织评委按照程序严格的进行现场提问和评比打分，各车间都评选出优秀QC成果一二三等奖和最佳发布人、优秀创意奖、最佳制作奖等各种奖项，并进行了表彰奖励。

【“玉溪(庄园)”峨山凤窝园管理中心开工建设】 2011年11月18日，“玉溪(庄园)”峨山凤窝园管理中心开工奠基仪式举行，红塔集团副总裁张建华、峨山县副县长陈丽、玉溪市烟草公司副经理张洪兴参加了开工奠基仪式。“玉溪(庄园)”凤窝园管理中心建筑风格主要以彝族风格为主，采用二进院的形式，体现彝族民居的特点。内部分3个单元，即彝族文化展示区、红塔烟草文化展示区及休闲区。

【全国工商恳谈会及“玉溪(庄园)”新品品鉴会在玉溪召开】 2011年11月22日，时逢红塔集团“红塔山”品牌300万箱、“玉溪”品牌100万箱下线的喜庆时刻，全国2012年上半年工商恳谈会及“玉溪(庄园)”新品品鉴会在玉溪红塔大酒店隆重召开。

恳谈会上，各烟草商业同仁就“红塔山”和“玉溪”品牌在省外市场的卷烟销量排名情况和未来的竞争优势、劣势做了详尽的说明，并介绍了省外市场的真实需求和市场的未来发展趋势，同时介绍了工商携手进一步做实做细做精市场的重要性。各烟草商业同仁希望红塔能集中精力做好“玉溪”品牌，特别要集中一切力量做好“玉溪(庄园)”，真正实现高端突破，各烟草商业同仁也纷纷表示有信心与红塔集团共同培育好红塔卷烟的市场销售。会上，各烟草商业同仁品吸了红塔集团新品——“玉溪(庄园)”，均被其高贵简约的包装、优雅绵长的吸味所吸引。通过良好的交流沟通，红塔与各烟草商业同仁签订了明年上半年的卷烟销售协议，双方共同探讨出“一省一策、一地一策、一品一策”的营销新模式。双方就进一步加强订单预测、精准货源投放、完善货源供货保障、加大营销资源投入等方面达成了共识。双方坚信只有“深化工商协同、共培共育品牌”，才能最终实现“合作共赢、共同发展”。

【云南卷烟大品牌发展座谈会在玉溪召开】 2011年11月22日，以“同心共赢、创新超越”为主题的云南卷烟大品牌发展座谈会在玉溪隆重召开。

国家烟草专卖局副局长李克明，云南省副省长曹建方，中国卷烟销售公司总经理曹华青，云南省政府副秘书长蒋兆岗，云南中烟工业有限责任公司总经理朱绍明、董事长柳万东，玉溪市党政负责人，全国各省级商业公司负责人，以及红塔集团、红云红河集团的负责人等350余名嘉宾参加了会议。国家烟草专卖局副局长李克明、云南省副省长曹建方、云南中烟工业有限责任公司总经理朱绍明分别作了讲话。红塔集团总裁李穗明和红云红河集团总裁武怡介绍了各自的品牌发展情况和今后的市场营销思路。

【“红塔山”300万箱、“玉溪”100万箱下线庆典仪式】 2011年11月22日下午，红塔集团具有历史意义的“红塔山”300万箱、“玉溪”100万箱下线庆典仪式在红塔大酒店举行。

国家烟草专卖局副局长李克明，云南省副省长曹建方，中国卷烟销售公司总经理曹华青，云南省政府副秘书长蒋兆岗，云南中烟工业有限责任公司总经理朱绍明、董事长柳万东等云南中烟班子成员，玉溪市党政负责人，全国各省级商业公司，与红塔集团职工代表、劳模代表一同见证了这一历史性时刻。国家烟草专卖局副局长李克明发表了致辞。云南省副省长曹建方就庆典活动做了讲话。来自玉溪、楚雄、昭通、大理、海南、营口、沈阳、长春的八厂(公司)厂长(经理)担任传递活动领衔。装载着纪念烟箱的义车沿着运输路线，驶向主席台。红塔集团总裁李穗明的在庆典仪式中作了讲话。

【红塔集团卷烟综合质量总得分最高】
2011年12月3日，云南省烟草专卖局、云南中烟工业有限责任公司2011年下半年卷烟产品质量监督抽查暨质量内部监控工作会议圆满结束，本次抽检的47个卷烟产品，按国家标准考核全部合格。

抽检的47个卷烟产品，其中，一类烟3个，二类烟3个，三类烟22个，四类烟8个，五类烟1个，按国家标准考核全部合格。从检查的结果看，卷烟的质量水平保持稳定。所检验的47个卷烟产品，焦油量的合格率为100%，焦油量得分为100分的有8个产品。焦油量的实测修正平均值为11.3毫克/支，与2011年上半年的11.8毫克/支焦油量相比下降了0.5毫克。所检验的47个样品，烟气烟碱量得分均为满分。烟气一氧化碳量实测修正平均值为11.5毫克/支，与上半年的11.8毫克/支相比，下降了0.3毫克。本次抽检的47个样品，烟气指标均为合格。其中，红塔集团玉溪卷烟厂的“红塔山(硬)经典150”、“红塔山(硬)恭贺新禧”、“玉溪(软)境界”，大理卷烟厂的“红塔山(硬)世纪”、“红塔山(软)世纪”，昭通卷烟厂的“红塔山(软)经典100”，焦油量、烟气烟碱量、烟气一氧化碳量得分均为100分。本次抽检的47个卷烟产品，感官质量评吸结果全部符合国标考核要求。其中，红塔集团玉溪卷烟厂生产的“玉溪(软)境界”感官评吸得分最高，为92.9分。本次检验的47个产品包装及卷制质量均合格，100分的产品中，红塔集团的产品有18个，红云红河集团的有13个。箱装、条装、盒装、熄火、含水率、含末率、总通风率、圆周吸阻等的检测中均未出现扣分的现象，所有产品的包装标示均合格，条码监测情况较好。在此次检测中，红塔集团玉溪卷烟厂生产的“玉溪(软)境界”综合质量总得分最高，为97.4分，综合质量总得分第二是红云红河集团昆明卷烟厂生产的“云烟(软)印象”，为97.3分，综合得分排在第三的是红塔集团玉溪卷烟厂生产的“红塔山(硬)经典150”和“红塔山(硬)恭贺新禧”，得分为96.7分。

【玉溪品牌销量在山东济南过万箱】
2011年12月16日，《济南烟草·红塔集团工商协同营销暨“玉溪品牌过万箱庆典”座谈会》在山东济南召开。山东省烟草专卖局(公司)党组成员、副总经理武梅华，红塔集团董事长柳万东，红塔集团副总裁张建华，济南市烟草专卖局(公司)党委书记(局长、总经理)王永平，济南市烟草专卖局(公司)副总经理苏欣，红塔集团营销中心党总支书记司武元，红塔集团营销中心副经理杨津昆，济南市烟草专卖局(公司)十位(市、区、县)局长、经理及济南公司处室负责人参加座谈会。

济南市烟草专卖局(公司)副总经理苏欣就2011年卷烟销售总体情况和培育红塔集团卷烟品牌作了介绍，2011年济南烟草共计销售卷烟29.62万箱，同比增长7.1%，销售红塔集团卷烟4.7万箱，占总量16%，其中“玉溪”品牌销售1.17万箱，同比增长143%。红塔集团董事长柳万东就集团“重在高端突破、重在持续创新、重在加强宣传、重在夯实基础”和红塔集团“5211”十二五品牌发展规划以及在国家局大品牌发展战略的统一部署下的工商协同、共育品牌作了发言。会议在“玉溪超万箱纪念盘匾”交接仪式中圆满结束。

【楚雄卷烟厂原料答谢活动】　2011年12月16日，楚雄卷烟厂2011年原料答谢活动圆满结束。年内，在社会各界的大力关心帮助下，红塔集团“红塔山”品牌年产销量突破300万箱，“玉溪”品牌突破100万箱。同时，在各原料基地县的大力支持下，楚雄卷烟厂2011年以“原收原调”的模式采购楚雄州地产烟叶54.83万担，采购烟叶的整体质量较上年有较大幅度提高，地产烟叶入库综合合格率为69.69%，在省局和国家局的工商交接检查中，烟叶采购合格率均达到工商交接协议要求，全厂全年的生产管理、原料建设、技改搬迁等各项工作顺利进行，产量和税利水平迈上了新台阶。

12月8日，楚雄卷烟厂在雄宝酒店召开原料答谢会，对楚雄市委、市人民政府在2011年原料工作中做出的工作进行答谢，拉开了2011年的原料答谢工作序幕。楚雄卷烟厂党政领导分别向各县(市)委、县(市)政府及烟草公司一年来给予红塔集团及楚雄卷烟厂的关心、支持表示感谢，并介绍了红塔集团及楚雄卷烟厂一年来的生产管理、原料建设、技改搬迁等方面工作情况。各原料基地县(市)党委政府领导及烟草公司负责人分别介绍了当地2011年的经济社会发展情况，并表示将进一步巩固双方良好的合作关系，在下一年的原料工作中，着力提升烟叶品质，在烟叶的种植品种、结构等方面，按照红塔集团对原料品质提出的要求，优质、高效地做好各项工作，一如既往、全力以赴地支持好红塔集团和楚雄卷烟厂的发展。

12月14～16日，楚雄卷烟厂党政领导李泽良、王敏慧、高中华、朱明言、彭黎明、张志勇分别带队赴楚雄州武定、牟定、禄丰、姚安、永仁、双柏、南华等7个原料基地县进行原料工作答谢，并与各原料基地县党委、政府、人大、政协领导及烟草公司负责人座谈，共商2012年的原料工作。

【卷烟产品评议及质量分析会】　2011年12月15～16日，红塔集团2011年下半年卷烟产品评议及质量分析会在大理举行。集团副总裁张国良，中烟实业、云南中烟、集团技术中心、制造中心、采购中心、省内四厂、红塔辽宁及海南红塔的分管领导，相关评吸委员及工艺质量技术人员参加了会议。15日，所有参会评委对58个样品进行了评吸，并针对所评吸的产品发表意见和建议。各评吸组长通报了各组评吸情况，集团质量监督检测站对2011年红塔集团产品质量的整体情况进行通报，集团制造中心对品牌合作生产情况作了汇报，省内四厂和红塔辽宁、海南红塔都对各厂的产品质量作了汇报。

【“玉溪”(硬)卷烟在沈阳卷烟厂生产】
2011年12月21日，“玉溪”(硬)在沈阳卷烟厂首次生产，下午15：45，第一条“玉溪”(硬)在沈烟下线。公司经济运行部部长李军，沈阳卷烟厂厂长魏利、副厂长靳松、厂长助理张涛等领导深入生产现场一线指导生产工作。整个生产过程严格有序，卷烟质量检查一丝不苟，完全符合红塔集团质量标准，得到红塔集团派驻人员的好评。此次生产“玉溪”(硬)得到公司各级领导的重视，卷包车间积极部署、召开了动员大会，并出台了“玉溪”(硬)生产方案，为“玉溪”(硬)在沈烟的正常生产提供有力保障。

【“玉溪(庄园)”在重庆隆重上市】 2011年12月26日，红塔集团高端新品“玉溪(庄园)”亮相山城重庆，红塔集团总裁李穗明与重庆市烟草专卖局(公司)李恩华局长共同启动了“玉溪(庄园)”品鉴会发布仪式。新华社重庆分社、重庆市质监局、重庆主城区8家分公司主要负责人、29位客户代表以及众多媒体和嘉宾共同见证了“玉溪(庄园)”在渝的发布盛会。

红塔集团总裁李穗明介绍了“玉溪(庄园)”的开发理念和产品特色。“玉溪(庄园)”作为高端品牌中的尖端规格，“有机”的专属性，“高香低害”的优越性，“产量小”的稀缺性，充分体现“生态有机、高香低害、专属稀缺”的产品特色优势。产品香型清新纯净，优雅飘逸，丰满醇和，柔绵细腻，口感干净舒适，回味愉悦悠长，体现了“有机、低害、高香”的自然成熟的产品风格特色。重庆市烟草专卖局(公司)局长李恩华表示，在重庆市场上，2011年“玉溪”品牌的销量也将突破5万箱。重庆市局(公司)与红塔将继续保持渝滇工商的友谊之情，让“玉溪(庄园)”在渝走稳走好。重庆市局(公司)副总经理高兴华要求全市销售公司必须高度重视“玉溪(庄园)”在渝的培育工作，加强与零售商的沟通合作，充分运用网络营销平台、“山城之窗”等媒体，向消费者做好推荐工作，把“玉溪(庄园)”品牌培育工作落到实处。

(金世祥)

卷烟销售及专卖管理

【卷烟营销】 2011年，玉溪市卷烟营销坚持“抓市场、提结构、促服务、强网建”原则，坚持市场导向，不断提高服务水平，市场状态较为稳定，卷烟销售销量稳定增长，结构持续提升。2011年，玉溪市辖区销售卷烟44.1亿支(8.82万箱)，同比增长4.69%。实现单箱销售收入22 508.04元，同比增加2 282.17元。一二类卷烟合计占14.96%，同比提高2.94个百分点。经营毛利率26.8%，同比提高0.48个百分点。全市销售量前十名的规格卷烟销量占82.91%，品牌集中度较高；红塔集团卷烟销量占67.63%，同比增长51.69%。实现卷烟销售收入(含税)19.84亿元，同比增加2.81亿元，增长16.5%；不含税16.96亿元，增加2.4亿元，增长16.5%。实现卷烟经营毛利(含税)5.32亿元，同比增加0.84亿元，增长18.66%；不含税4.55亿元，增加0.71亿元，增长18.66%。被云南省局(公司)评为2011年度卷烟营销创新先进单位一等奖。

【专卖管理】 2011年，玉溪市卷烟专卖管理工作始终坚持保持卷烟市场监管和卷烟打假打私高压态势，“两烟”市场秩序稳定，优化烟叶等级结构工作取得明显成效，专卖管理基础进一步夯实，内部监督管理得到加强。加强烟叶种植的计划落实、籽种发放、烟苗发放、烟苗销毁及合同签订等环节的重点核查，确保优化烟叶等级结构工作取得实效。在烟叶收购工作期间加大政策法规宣传，设置烟叶稽查点，组建巡回督察组，驻点监管，严防涉烟违法案件。加强对重点区域、重点场所、特殊经营场所的卷烟市场监控，加大对物流货运、公路运输的辑查，强化专销联动工作，定期召开专销联动工作会议，加大卷烟零售户自律建设，广泛开展守法经营宣传教育活动，开展了3次专项治理整顿活动，全市卷烟市场净化率达到98%以上。参加全省烟草行业第二届专卖岗位技能竞赛获优胜奖，在全省专卖技能鉴定中，通过率达90.9%，专卖队伍建设取得较好成绩。打假打私取得显著成效。全市查处涉烟违法案件717起，查获非法卷烟822.11万支、非法烟叶645.91吨，案值1 601.37万元；移送公安机关涉烟案件17起，移送工商部门涉烟案件301起，公安、司法机关依法刑事拘留14人，逮捕5人，判刑21人(含2011年前立案处理，2011年判决的案件)。全年破获符合国家局标准的“3·05”、“5·06”非法经营烟叶网络案件2起，案值400万元，受到国家局通报表彰。

(于　昔　朱光宏)

烟草科技

【庄园建设】 2011年，玉溪市烟草专卖局(公司)按照“依托天然优势，瞄准国际水平，创造独特庄园”理念，率先在全国建成华叶玉溪庄园。组织生产有机烟叶，服务于红塔集团高尖端卷烟品牌——“玉溪(庄园)”，打造有机庄园；搭建“2+8=1”的科技创新平台，探索出“公司+工业+农户”的庄园合作社新机制，自主创新有机烟叶新技术，打造科技庄园；建设庄园文化体验馆，展示集中烟草文化、地域文化、历史文化为一体的玉溪庄园文化，打造人文庄园。2011年，华叶玉溪庄园种植烤烟1万亩，收购烟叶3万担，其中种植有机烟叶1 320亩，全部对口红塔集团。通过庄园建设，“云烟之乡”品牌影响力大

2011年3月29日，国家烟草专卖局专卖司副司长高兴智到玉溪市局调研检查创建优秀县级烟草专卖局和专卖管理人员人事用工分配制度改革工作，走访红塔区工商局红塔分局烟草专卖稽查终端建设情况

2011 年 11 月 22 日，红塔集团董事长柳万东（左三）率全国烟草工商企业来宾参观考察华叶玉溪庄园

幅提升。

通过整合澄江县烟草分公司长条河烟站资源，建设多功能的华叶玉溪庄园管理中心，包括生物防治中心、有机育苗工场、有机高效农作物培育中心、有机烘烤工场、有机散烟收购区，有机技术联合研究中心、庄园管理中心、庄园合作社、庄园文化体验馆，对有机烟叶生产技术进行研究，对高端品牌烟叶原料的生产控制过程、优质有机烟叶样品、卷烟的文化内涵和发展历程进行展示；设置庄园文化品鉴厅，让品吸者感受“玉溪（庄园）”卷烟自然清香的独特品质。

玉溪市烟草公司在华叶玉溪庄园管理中心建成一个现代化的有机育苗工场。有机育苗工场是集立体育苗、自动化控制、基质替代、综合利用为一体的新型育苗大棚，探索在烤烟育苗结束后种植生菜、黄瓜、西红柿、芹菜等有机高效经济作物，有利于资源的综合利用。市烟草公司按照有机产品种植要求，完善有机烟叶生产管理体系和质量手册，建立生物防控综合体系，从烤烟种植品种选择、育苗、移栽、施肥、植保、烘烤到分级交售整个生产过程严格按照有机烟叶生产技术要求组织实施。华叶玉溪庄园烤烟种植通过 GAP 认证，10 月 26～28 日，组织认证机构对澄江立昌1 320亩有机烟叶种植核心区进行有机产品认证，并通过了有机转换产品认证。市烟草公司在华叶玉溪庄园有机烟叶种植核心区推广应用烟蚜茧蜂防治烟蚜技术，通过黄板、频振灯和性诱剂等物理防治手段防控烟叶生产主要虫害，替代或减少农药的施用。通过技术改造开发生物有机肥，为庄园有机烟叶生产提供稳定的生物有机肥，创新不适用鲜烟叶太阳能微生物处理技术生产有机肥用于其他有机产品生产，实现资源的循环再利用。市烟草公司在“华叶玉溪庄园”管理中心建成一个现代化的有机烟叶烘烤工场。烤房建设以双层烤房为主，所有烤房采取“3D”烟叶烘烤模式，供热设备采用负压双层燃烧结构，提高烘烤质量，与传统烤房相比，可节约烤房建设用地 50% 左右，燃料燃烧充分、节约烘烤燃料 25% 以上，减少大气污染物排放 60% 以上，节约用电 30% 以上，降低烘烤成本 15% 以上，烤房闲置季节开展其他经济作物烘烤，提高利用率。

【科技创新】 2011 年，玉溪市烟草公司科研工作按照“四有”（有专利、有论文、有标准、有专著）要求，制定《烟蚜茧蜂防治烟蚜技术规程》行业标准；受理专利申请 3 项，专利授权 6 项；发表科技论文 5 篇；开展科研项目 32 项，其中，新申请项目 10 项，结题项目 9 项。《优质地烟新技术综合集成示范》项目获得红塔区科技进步一等奖，《卧式密集烤房散叶烘烤技术研究》项目被省局（公司）鉴定为“国内先进”成果。

科技论文发表情况

论文题目	第一作者	刊物（会议）类型	发表刊物（会议）名称	刊物刊号
干旱胁迫对不同育苗方式烤烟生长和生理生化特性的影响	陈洁宇	国内核心期刊	烟草科技	ISSN1002－0861
基于 Delphi 和 MySQL 红塔品牌导向玉溪特色烟叶数据库建立	田泽华	国内核心期刊	农业网络信息	ISSN1672　6251
基于 OLAP 的玉溪植烟土壤养分含量数据分析	陈发荣	学术类期刊	农业图书情报学刊	ISSN1002－1248
“五步移栽法”对烤烟生物学性状和烟叶产质量的影响	谷星慧	学术性期刊	烟草农业科学	
烟蚜茧蜂规模繁殖中烟蚜越冬寄主筛选	杨硕媛	国内核心期刊	中国烟草科学	ISSN1007－5119

2011 年专利申请受理表

专利名称	专利类型	受理日期	申请(专利权)人	受理号
育苗盘自动循环剪叶系统	发明专利	2011－10－12	陈发荣	201110295735.8
自动循环剪叶机	实用新型专利	2011－10－12	陈发荣	201120366335.7
自控立体育苗盘架	实用新型专利	2011－10－12	陈发荣	201120366333.8

2011 年专利授权表

专利名称	专利类型	授权日期	申请(专利权)人	专利号
烤烟育苗蛭石基质和用该基质育苗方法	发明专利	2011－5－25	邓小刚、刘宝泉、陈发荣、杨维良、徐永昌、祁家明	ZL200810233676.X
烟蚜茧蜂规模繁殖工艺	发明专利	2011－11－2	邓小刚、李春明、杨跃、杨硕媛、赵进龙、傅光伟、杨壁愫、张翔萍	ZL200810187795.6
昆虫吸捕器	实用新型专利	2011－9－21	杨硕媛、赵进龙、谷星慧、余砚碧、陈发荣等十七人	ZL201120021265.1
二级助燃反烧式燃烧炉	实用新型专利	2011－7－13	叶继宗、郑志云、李春明、陈发荣、崔国明等十二人	ZL201020638705.3
集中供热式联体烤烟房	实用新型专利	2011－7－20	叶继宗、王从明、郑志云、李春明、陈发荣等十二人	ZL201020638722.7
利用太阳能量供热的节能烤烟房	实用新型专利	2011－8－24	叶继宗、王从明、郑志云、李春明、陈发荣等十二人	ZL201020638662.9

标准制定表

标准名称	标准等级	标准编号	发布日期	实施日期	起草人
玉溪庄园有机烟叶生产技术标准	企业标准	YNYC(YX)J 2.1－4－2011	2011－01－01	2011－01－01	田泽华、计思贵、陈发荣、王毅、杜相革等

软件著作权

软件名称	著作权人	开发完成日期	登记号
红塔品牌导向玉溪特色烟叶品质数据库管理系统	玉溪市烟草公司，云南农业大学	2010 年 12 月 1 日	2011SR079170

(于　昔　朱光宏)

【成果和技术创新】 2011 年，云南省烟草农业科学研究院(以下简称“省烟科院”)紧紧围绕烟叶生产的全局性、前沿性和战略性课题，加大科研攻关，推进自主创新，提升科研创新综合能力和水平。

课题研究和知识产权申报成效显著。全年开展 63 项课题研究，完成 24 个项目验收鉴定；“云南烤烟土、水、肥综合调控技术研究与应用”获省科技进步二等奖、“云南烟草主要病虫害综合治理技术集成研究及示范推广”获省科技进步三等奖，“烤烟漂浮育苗专用包衣丸化种子研发与应用”获国家局科技进步二等奖、“烟草抗逆育种相关基因的分子生物学研究”和“烟草种质资源图鉴”获国家局科技进步三等奖，还获得省公司科技进步奖 7 项，是近年来成果档次最高和数量最多的一年。获授权专利 22 项，其中发明专利 16 项；申请并获受理专利 27 项，授权和受理专利创历史新高。11 项地方标准通过审定并颁布实施。编辑出版专著 1 部、挂图 1 套。发表科研论文 69 篇，其中核心期刊 59 篇、SCI 论文 7 篇、CORESTA 交流论文 2 篇，论文数量和档次明显提升。

新品种选育取得新突破。烤烟新品种云烟 99 通过了全国审定，云烟 205、KRK26 和 PVH19 三个烤烟新品种通过云南省省级审定，是选育品种数量最多的一年。云烟 105 和 NC71 两个品种通过全国农业评审，选送云烟 110、PVH1452 参加了全国区试；引进 13 个烤烟新品系，初步筛选出 NCT6 等株型好、抗黑胫病、经济效益好的优良品系。

育种技术取得新成效。克隆获得 3 个烟碱合成调控相关基因，初步定位了抗 TMV、抗 PVY 两个抗病性状基因，建立了烟草品种选育加代技术；以红大等关键品种为亲本，构建了含 611 个分子标记的烤烟遗传连锁图，为红大品种全基因组序列精细图绘制奠定坚实基础。

种子生产技术取得新进展。烤烟漂浮育苗专用包衣种子推广面积1 057万亩，占全国烤烟种植面积的66.1%；全面推广烟草介质花粉技术，杂交种制种平均亩产14千克，比2010年增长了10%以上。

实用技术集成应用效果明显。开发出病虫害智能远程诊断及监测预警系统；烟草花叶病快速检测诊断试纸条在全省推广应用面积达10多万亩；及时查明番茄斑萎病毒病发病原因及规律，为发病烟区制定了防治技术方案。构建高效烟草根结线虫生防基因工程菌，开发出新一代烟草根结线虫高效生物防治产品；试验示范品种嫁接技术，对提高烟叶品质、改善烟株抗病能力有一定作用。

重大专项攻关持续推进。清香型和黄金走廊特色优质烟叶开发，明确清香型产区光质、农业地质背景等主导生态因子差异；中式卷烟高端品牌优质原料生产技术研究，开展中华、芙蓉王、云烟、玉溪、南京等5个知名高端品牌核心原料可用性研究和生产示范，上等烟比例增加2.4%～4.6%；优化烟叶结构技术研究，得出了不同叶位对上等烟比例的贡献率；云南绿色烟叶生产研究，完成了全省12个州市3 629个土壤样品检测和初步评价。

烟叶质量检测能力不断提升。新增烟叶质量分析检测项目16项，完善农药残留和重金属分析检测技术，完成烟叶、土壤等样品检测16 700多个，提供有效数据20.8万个。

【世界烟草品种园建设】 2011年，省烟科院在省局(公司)的指导下，以品种资源收集、育种技术创新、品种展示和新技术集成为重点，建设"六区一馆"，集中种植29个国家409个烟草品种及种质资源，构建了烟草"种子库"、"种质库"、"性状库"和"分子指纹图谱库"，展示了单倍体育种、外源基因导入、分子标记辅助选择育种等先进育种技术，集成应用"三挂两放"(挂杀虫灯、挂黄板、挂性引诱剂、放烟蚜茧蜂、放赤眼蜂)、病毒病快速检测诊断等低危生产技术，精准定位施肥、水肥藕合等高新栽培技术。烟草品种园成为个性鲜明、风格独具的品种展示园、育种技术创新园、高新技术集成园和烟草品种文化园。接待国内外参观团60个、5 000多人次，得到国家局副局长张保振、副局长何泽华和省委常委副省长曹建方等领导的肯定和国内外专家的一致好评，中国烟草、《云南日报》、云南电视台、《东方烟草报》等7家媒体进行了10多次专题报道。世界烟草品种园不仅展示了云南省丰富的品种资源和育种科技最新成果，还成为世界烟草品种展示的窗口、育种技术创新的基地、高新技术集成的阵地和国际交流合作的平台。

【国际交流】 2011年，省烟科院依托中美烟草分子育种联合实验室，引进13个美国烤烟新品系和10份特异种质资源；与北卡州立大学开展优良株系筛选、抗病育种等合作研究，初步掌握了母体起源单倍体技术、纸管套袋技术等世界前沿育种技术，并应用于省烟科院烤烟育种；召开中美烟草分子育种联合实验室2011年学术交流会，初步确定了2个项目6个方面的合作研究内容。邀请美国、英国等13位国际知名专家参加国际"优质烟叶开发"高级专家学术交流年会，接待国外专家30多人次；1人参加CORESTA国际学术会议，19人次赴美国北卡学习交流。

（夏　洁）

交通·邮电

编辑：王竹能

公　路

【概　况】　2011年，全市交通运输工作紧紧抓住国家和省深入实施新一轮西部大开发和加快“桥头堡”建设的重大战略机遇，认真贯彻落实全省交通运输工作会议提出的“交通运输质量年”和“二级公路攻坚年”的各项要求，狠抓重点项目推进，加快改善农村交通基础环境，着力提升农村公路管养能力，强化交通运输行业管理，推进全市交通运输事业全面发展。全市交通建设完成投资20.55亿元，完成年计划12亿元的171%。其中，经济干线180 741万元，路网改造项目2 296万元，通达工程5 716万元，站点建设项目1 215万元，地方自建项目6 890万元。全市公路通车总里程达16 560.30千米，其中，高速公路237.7千米，一级公路77.75千米，二级公路588.46千米；高级、次高级路面占全市公路总里程的23.7%，比上年提高0.6个百分点。全市公路运输客运量完成3 413万人，比上年增长16%；旅客周转量完成216 337万人/千米，比上年增长19%；公路货运量完成5 420万千克，比上年增长18%；货物周转量完成905 227万千克/千米，比上年增长15%。

【重点公路建设】　2011年，为确保省委、省政府确定的重点公路在6月30日前竣工目标的实现，市交通局千方百计克服施工建设中的重重困难，使重点公路建设得到稳步推进和落实。全长92.68千米的新平—三江口二级公路于2009年10月开工建设，2011年6月30日按期完成主体工程施工。全长106.78千米的易门—峨山—高仓二级公路于2009年11月开工建设，2011年6月30日按期完成主体工程并在峨山县举行通车典礼；除隧道外的其他工程于2011年12月举行交工验收，交工验收质量评定为合格，计划2012年3月底全线通车。新三路、易峨高路在建设期间，省市领导分别在易门和新平戛洒召开现场攻坚督查推进会，以保工程质量和工程进度。元红二级公路(元江段长35千米)于2004年6月开工建设，2011年6月10日建成通车，12月12日进行了交工验收，交工验收质量评定为合格。全长48千米的澄江—江川(抚仙湖东段)二级公路和全长47千米的澄江—阳宗二级公路于2011年6月30日建成通车，分别于2011年1月21日、2011年12月5日对环湖路和澄阳路进行交工验收，交工验收质量评定为合格。

【城乡客运站点建设】　2011年，全市新建和续建峨山、华宁、易门、元江4个县城二级客运站和峨山县小街、化念、通海县四街、兴蒙、里山、新平县建兴等乡镇客运站。投资1 100万元的峨山县客运站于2011年6月正式竣工验收。峨山县新汽车客运站位于峨山县城易峨公路与环城北路交叉处，土地面积16.57亩，建筑总面积8 784.74平方米，结束了峨山县城没有二级汽车客运站的历史。投资1 500万元的华宁县客运站2011年12月25日正式投入试运营。该站位于华宁县城南过境线公路旁，土地面积29.33亩，客运站占地总面积22.6亩，建筑总面积3 911.9平方米，属二级汽车客运站。计划投资1 965万元的易门县客运站年底完成主体工程。投资2 371万元的元江县客运站各项前期工作已就绪，年底进行招投标工作。至年底，完成通海县四街、兴蒙、里山，新平县建兴，峨山县小街、元江县洼垤等乡镇客运站的建设。

（李文元）

【召开公交车、出租车管理办法听证会】　2011年12月3日上午，全市城市出租汽车、公共交通管理办法听证会在汇龙生态园会议中心举行。来自公交出租车行业的代表、法律工作者、人大代表、政协委员以及市民代表共19名，参加了听证会。为规范玉溪市城市公共交通、城市出租汽车的管理，按照市政府的统一安排部署，“两个办法”根据《云南省玉溪城市管理条例》和《云南省城市出租汽车管理办法》、《云南省城市公共交通管理办法》，结合实际，由市交通运输局组织相关人员进行起草。针对市民所关心的出租车不使用计价器、乱收费、拒载以及经营期限及公交车线路设置不合理等问题，听证代表纷纷提出了意见。其中，原出租车的经营权期限定为12年成了此次听证会上多数代表讨论的焦点。听证代表建议除了在出租车上使用卫星定位终端设备外，增加录音录像设备，一方面杜绝乱收费现象，另一方面还可以制止犯罪；管理部门增加人员，设立24小时投诉热线等。会后，“两个办法”已经市政府第74次常务会议通过，待报上级有关部门备案后组织实施。

【“爱心送考”、“文明使者”活动】　2011年6月3日，第六届“爱心送考”活动启动。市交通运输局、市教育局及媒体联合向爱心出租车及部分社会车辆粘贴爱心送考标志。“爱心送考”持续不断已经是第六个年头，一直得到广大出租车驾驶员的热烈响应。据不完全统计，参与“爱心送考”活动的出租车有116辆，在2天的考试时间内，共免费接送考生748人次。“爱心送考”不仅传递文明，为高考学生提供一个安全、畅通、关爱、和谐的社会环境，让广大莘莘学子在高考期间能便捷、及时、安全地参加高考，同时，在全社会弘扬起助人为乐的中华民族优良传统。8月19日，由红塔区委宣传部牵头，市公交出租车辆管理处组织了780多名从业人员在区委党校进行“创文明使者”学习培训。通过培训和问卷调查，进一步提高了公交、出租车驾驶员的自身素质，做到文明行车，争当文明公民。并配合区文明办在出租车和公交车上粘贴“创文”宣传标语410幅，利用手机短信的方式向从业人员发出宣传“创文”短信3 510条。同时，加大上路检查力度，检查出租车356辆次和大营街公交车、3路、6路公交车16辆次，要求驾驶员做到仪表端正，礼貌热情，在营运过程中文明行车，不抢超强会，使用文明用语，收到了积极成果。

（李永军）

【道路、水路运输安全】 2011年1月5～21日，市交通运政管理处各科室16人组成道路运输安全生产专项检查组，对八县一区道路运输行业安全工作进行认真检查。检查组共检查道路旅客运输企业(含玉溪交通集团运输公司、华泰运输公司在8县的分公司)21户、危险货物运输企业18户、驾驶培训学校9个、车辆维修企业12户、客车例保检查点10个、县级客运站11个、汽车综合性能检测站4户、工程及运输船舶7艘，并下发了限期整改通知书3份，要求县区运政所按属地管理的原则督促限期整改。4月1日至6月30日，市交通运政管理处集中开展道路客运隐患整治专项行动，投入人力8 301人次、车辆1 972辆次，深入客运企业92户次，对客运企业和客运站(场)的排查率达到100%，排查客运车辆19 094辆，立案查处违章车辆1 557辆，下发整改通知书25份，对检查中发现的问题做到有整改、有落实、有记录、有反馈。同时，市交通运政管理处严格执行《玉溪市道路运输车辆审验工作规范》，按《道路运输证》证号尾数对应的月份，于3～12月进行营运车辆的技术状况、经营行为、服务质量等内容的审核和查验，完成全部客车、危货运输车辆的审验，审验营运车辆58 385辆。全市班线客车9座以上的1 109辆、危货车辆590辆已全部安装了GPS(卫星定位系统)车载终端，运用信息化手段实施行业管理的能力日趋增强。

【学驾培训推行计时计程】 2011年，市交通运政管理处针对全市机动车驾驶员培训报名难、学习难、考试难以及考试合格率下降等因素，积极与交警部门协调沟通，改变和完善管理机制，推行计时计程培训。全市849辆教练车于4月30日前完成IC卡车载设备安装及业务培训工作，提高驾驶员培训管理和服务水平。通过量化记分的方式，对培训机构的资格条件、经营行为、教学质量、服务信用等方面进行综合考评，引导培训机构注重诚信建设，提高服务意识，确保服务质量；完善教学管理，加强学员规范化操作技能的培养，建立教练员奖惩与退出机制，缓解了学驾难的局面。全年培训机动车驾驶员2.9万人，开展经营性道路运输驾驶员从业资格考试8 120人次。

（李兴德）

【上门售票】 2011年，玉溪交通运输集团公司玉溪汽车客运站、高速客运分公司深入到玉溪师院、玉溪二职中等大中专院校上门售票，一方面在学校粘贴交通信息，委托校方将交通信息发布在校园网站上，让同学们在校园里在第一时间就可以购买到自己需要的车票；另一方面，妥善的安排好车辆进校接运学生。玉溪汽车客运站上门售票987张，实现票款收入114 198元。高速客运分公司售票1 440张，实现票款收入36 000元。

（李东釜）

【易门县检测站正式投入试运行】 2011年，市交通运政管理处按照统筹规划、合理布局、方便检测、避免重复建设的原则，在充分发挥红塔区、通海县、新平县4个机动车综合性能站作用的基础上，玉溪交通运输集团公司易门县检测站在省、市、县政府、交通、运政等部门的指导支持下，于7月4日正式投入试运行。易门县检测站位于易门县城东二环路东侧，土地面积15.4亩，建筑总面积2 496.13平方米。检测站于2010年10月18日开工建设，共投入资金419.18万元。易门县检测站的投入运营，为广大客货经营者提供了一个安全、优美、舒适、便捷的检测环境。

（李兴德 李东釜）

【城市公共交通】 2011年，市公共汽车服务公司紧紧围绕“公交优先必须优秀”的经营理念，以提高质效为根本，认真抓好制度建设和技术创新，大力加强公交基础设施建设，努力提升服务质量和水平，公交事业健康稳步发展。公司全年实现营业收入1 416万元，比上年增长14%；上缴税金77万元，比上年增长14%；完成客运量2 050万人次，比上年增加11%；车辆完好率达98.5%，与上年持平；行车准点率98.2%，比上年提高2.2%；资产总额2 555万元，比上年增加32万元。公司在保持20号、81号、6号“青年文明号”车组、第13路公交车线省总工会“工人先锋号”的同时，积极参与省“文明交通行动计划”创建工作，2011年公司被省文明办、省公安厅授予文明交通示范企业，树立了公交服务优秀典范。同时，实施科技兴企战略，积极推进企业技术进步，与省交通科研所、大连海事大学开展《基于GIS的公交线网优化方案与设计》科技项目合作。通过交流与合作，在公司科技管理水平得到进一步提升的同时，为公交线网优化布局提供了民主、科学的决策依据。并在2路线79号车、9路线50号车、5路专线85号车上安装了GPS卫星定位系统，为全面运用该技术更好的管理、监控、调度公交车做好试点。

（饶 俊）

【二级公路全部取消收费】 为认真贯彻落实省政府关于取消116条政府还贷二级公路收费的相关要求，按照2011年12月27日市政府第74次常务会议精神，对涉及到全市正在组织收费的澄川路、玉通路、大新路、安易路4条公路上的5个收费站和已建好未收费的华盘、澄阳、环湖、元红、新三、易峨高6条公路，以及在2011年1月1日零时起取消收费的澄马路共11条564.01千米二级公路，在2011年12月31日24时全部取消收费。市交通运输局在12月31日24时前派出由领导带队的5个督查组进行督查，各收费站都悬挂“本收费站于2012年1月1日零时取消收费”的宣传标语。

（陈红兵）

【玉溪总段省管干线公路养护质量全省综合排名第七】 玉溪公路管理总段下辖9个公路管理段、1个直属机械化专业养护中心，负责管养八县一区境内的国道公路108.21千米、省道公路710.22千米、县道经济干线公路344.42千米，共计管养里程1 162.85千米。2011年，玉溪公路管理总段全面推广颗粒冷补工艺和采用水稳混合料、级配料、冷补料和热沥青来修补坑塘、封裂，广泛应用自制的压实拍板、布料器、洒油器、加热储油罐等简单实用、经济便捷、高效低耗的小型养护器具开展预防性养护，大大降低了一线养路职工的劳动强度。9月2日，总段举办了预防性养护现场会，从理论和操作上进行培训，职工的素质、技能得到了提高，对预养的目的、方法，从理论到操作上有了一个完整的认识和理解。新的养护方式、方法、效果，得到一线职工的广泛认可和肯定，掀起了学习新工艺、使用新方法的预防性养护新高潮。同时，不断加大"四新"推广应用力度，创造性攻克生产中的技术难关，破解水泥混凝土路面养护难题，对玉洛线22千米路面采用新方法处治效果明显。全年耗用养护砂石材料59 992立方米、沥青1 726吨，清理水沟2 502千米，挖补沥青路面290 550平方米，补坑塘沉陷161 350平方米，罩面317 800平方米，清扫路面4 629 710平方米，清理路肩449 090平方米，整修边坡223 796平方米，粉刷行道树273 134棵。全总段总体路况稳中有升，路面破损率为3.08%，路面平整度为6.76，路面优良率为74.59%，综合优良路率达23.18%，在省公路局2011年年终综合检查考核中排名第七，为玉溪经济社会的发展提供了良好的道路交通条件和服务水平。

【突破水泥混凝土路面养护难题】2011年，玉溪公路管理总段在王新华总段长主持下，研究实验破解了公路水泥混凝土路面养护方法和工艺。传统的水泥路养护、修复方法投资过大、周期过长、影响行车，国家资金投入难以保证日常养护和病害修复需要。针对水泥路路面渗水会导致路基发软产生混凝土开裂、断板等病害的特性，养护中防水、阻水尤为重要。玉溪总段突破传统观念，采用"石料沥青封阻法"，对水泥路面产生的裂缝、断板、翘板等进行封裂防水处治，阻止裂缝渗水对路基造成侵害。操作方法为：用特制的小型布料器、洒油器，先布碎石料(石灰岩类，根据裂缝宽度选择碎石粒径)，然后在碎石料上均匀洒布160～180度的热沥青(90号石油沥青)，再撒上封层面料，经车辆自然碾压成型。对于局部严重断板、翘板、沉陷路段，采取2至3次周期性填补处治。此方法修复使用周期可达3至5年，实现封裂防水目的。该工艺成本低(仅为传统切割施工工艺的二十分之一)，施工方便、快捷，修复还原率高(达98%)，不阻碍交通，操作技法容易掌握，利于普及推广，维护便捷，社会效益较好。

【实施国省干线公路安全畅通专项工程】2011年，玉溪公路管理总段加强对玉溪市境内所辖国省干线公路进行道路安全隐患排查，对危险路段采取有效的安全防范措，争取国家资金对125处安全隐患进行整治，投入专项资金185万元；对元勐线达哈桥和荔枝冲桥、景大线南昌桥、昆富线盘溪桥等危桥进行加固和改建，投入专项资金478万元；实施国道兰磨线灾害防治工程建设，投入专项资金120万元。同时加大国、省干线公路超限超载治理，全年检测货运车辆53万辆(次)，查处5.5万辆(次)，告知卸货20.2万吨，为国家挽回路产损失501.53万元。通过实施安全畅通工程，较好地维护了辖区内国省道路的安全畅通运行。

(李　岸)

铁　路

【经营情况】2011年，受国际国内金融形势持续动荡和国家出台住房限购政策的影响，使历年来支撑昆玉线货物发送的大宗商品钢材运量锐减。如玉溪新兴钢铁有限公司发送运量比上年减少7.3万吨，下降58.9%，到达运量比上年减少14万吨，下降11.5%。玉溪中石化油库改造及输油管道建设，使往年占公司运量比重较大、运价较高的成品油到达量消失。面对这一市场变化新情况，昆玉铁路公司不等不靠，一改以往坐等货主上门的惯性陋习，主动走访客户，召开货主座谈会，充分利用自主经营及装卸费率随行就市的浮动机制，制定阶梯运价，以优惠价格吸引和鼓励货主多发送；同时，利用现有仓库、场地、装卸机械等设施设备，为客户货物暂存提供便利，既为货主提供了方便又增加了公司收入。公司以优质、互惠、便捷的服务稳定传统货源，千方百计抓营销，拓展新货源，通过努力，新增客户11家，吸引了硫铁矿、重晶石、褐煤、锰矿等大宗物资发送货源，保持了整体经营工作持续向好的发展势头。全年公司完成货物运输量335.2万吨，比上年增加49.2万吨，增长17.2%。其中，发送货物78.6万吨，比上年增加8.6万吨，增长12.2%；到达货物256.7万吨，比上年增加40.7万吨，增长18.8%；完成货物周转量21 440万吨千米，比上年增加4 288万吨千米；完成经营总收入12 170万元，比上年增加830万元，增长7.3%。

【安全生产】2011年，玉蒙线进入铺架阶段，施工车、路材路料车大批进入，玉溪南站站场改造，昆玉线大修施工，专特运任务繁重，都给公司带来较大的安全压力。为确保安全生产，公司深入开展主题谈心和创先争优活动，疏通职工思想，对重要关键岗位和运输生产一线职工进行记名谈心，让每一名职工主动将安全责任与本职工作、岗位职责结合起来，牢固树立起"安全责任大如天，安全工作压倒一切"的责任意识。同时，突出重点，盯住关键，把接发列车、装载加固、调车作业、车辆防溜、道口监护、劳动安全作为日常防范的重点盯住不放，让每一名职工知道和掌握本岗位最容易出事的薄弱环节和典型违章行为，做到不敢碰、不敢为。各级干部管控思路清晰，检查重点明确，现场督促有针对性，作业过程控制扎实有效，安全生产平稳有序。针对日常检查出的一些问题和隐患，不回避、不掩盖，把小事放大，从很不起眼的小违章引导职工认识诱发大事故的必然性和危害性。对每一件隐患严肃组织分析，一抓到底，盯住不放，让每一名职工通过问题的深层次剖析接受教育，吸取教训。同时，加大责任追究力度，让违章蛮干责任者受到惩戒，让管理失职者受到警示。突出严抓、严管、严考核，不断培养职工执行作业标准的良好习惯，从源头上抓好安全风险控制，抓小防大，防止问题积累，把事故隐患消灭在萌芽状态。全年查处"两违"194件，罚款21 505元；考核干部56人次，扣款5 595元。截至12月31日，公司实现无一般C类以上事故6 301天，无一般D类以上事故2 528天，连续7年实现安全年。

【消防工作】2011年，昆玉铁路公司投资5.12万元，更换过期、失效、损坏灭火器51具、灭火器挂架6个以及损坏的消防设施、电源插座等；组织对玉溪南站货场内的杂草进行了铲除，消除了火灾隐患；组织开展消防安全培训2次，灭火演练2次，着重对冬季用电用火安全、触电施救、应急处置、火灾扑救等方面进行了讲解和实地演示。同时，加强对危险品运输、货场、仓库消防安全的管理，定期对消防设施进行检查维护，对重点部位进行重点检查、重点监控，确保消防安全持续稳定。

【设备整治】 2011年，为适应玉蒙线铺架工程及新线接轨的需要，公司投入大修资金2 009万元，其中，线路大修1 864万元，通信信号大修85万元，其他大修60万元；完成更新改造投资569.4万元，包括购置液压抓料机2台、通信信号设备、平列调设备、网络、监控及计算机设备、公司电话会议系统、龙门吊吊钩总成、玉溪南站南场1～12道间货位改造等。昆玉线通过3个月的线路大修整治，线路质量得到很大提高，满足了玉蒙线施工车、桥梁运输超级超限车、长轨车、路材路料的运输，确保了运输安全。

（张耀国）

【玉蒙铁路建设】 玉溪至蒙自铁路全长141千米，总投资44.69亿元。其中，玉溪市境内长41.07千米。自2005年9月开工至2011年底，完成红线内永久征地1 460.7亩，占设计的123.9%；完成拆迁76 545.7平方米，占设计的169.6%；累计完成路基石土石方1 680.8万立方米、特大桥8 149.4延米、大桥11 344.8延米、中桥994.7延米、小桥270.5延米、涵洞6 774.5横延米、隧道56 639.3成洞米、正线建设铺轨79公里、站线铺轨12.9公里；累计完成投资（含红河段）409 901.4万元，完成计划的91.7%。

【昆玉铁路扩能改造】 昆玉铁路电气化扩能改造工程，改扩建国铁一级复线49千米。其中，玉溪市境内31.7千米，设计时速200千米/小时，总投资52亿元。至2011年底，累计完成路基土石方142.5万立方米、特大桥2 818延米、大桥557延米、中桥67米、小桥72延米、涵洞989横延米、隧道2 725成洞米；累计完成投资（玉溪段）108 025万元。征地拆迁：昆玉铁路扩能改造工程（玉溪段）一期计划永久征地1 068亩，临时用地328亩。截至2011年12月31日，完成永久征地1 059.39亩，为一期计划的100.13%；完成临时用地租用771.21亩，为一期计划的234.65%。

【玉溪西站站房设计方案通过论证】 2011年3月5日，铁道部工程设计鉴定中心组织设计应征单位对昆玉铁路扩能改造工程玉溪西站进行现场踏勘并召开西站建筑概念设计方案征集项目介绍会，为进一步开展玉溪西站设计竞标做准备。3月17日，市铁建办召集玉溪西站设计应征单位、市规划局、市建设局以及红塔区政府铁建办，就玉溪西站设计风格和设计理念等进行座谈，为设计应征单位提供了西站片区实际的情况和站房设计的基本要求。6月2日，市发改委副主任、市铁建办主任李士进参加了铁道部在北京召开的玉溪西站站房设计方案征集评审会，把地方政府对玉溪西站设计的意见建议向铁道部作了汇报。根据市政府的安排，8月15日至8月21日，玉溪火车西站站房设计方案在《玉溪日报》、玉溪网征求广大市民意见，市内外10 011人参与了这次活动。8月24日，市铁建办向市政府报送了《关于玉溪西站站房设计方案征求市民意见情况的报告》。9月23日，市政府召开第六十九次常务会议，研究确定玉溪西站站房设计方案。按照会议的要求，市发改委、铁建办主动配合市规划局，于9月30日召集有关建筑、规划方面的专家对玉溪西站站房设计3个方案进行论证，形成了《关于玉溪西站站房设计方案专家咨询论证意见》，报请市城市规划委员会最终确定玉溪西站站房设计方案。

（杨立忠）

邮　政

【概　况】 2011年，全市邮政以发展推进改革，坚持以优质服务促进效益提升，紧扣高效益和高运营质量核心，企业经营继续保持快速发展势头，各项经营目标任务取得可喜成绩。全市邮政业务收入实现7 149.76万元，完成省公司下达计划7 138万元的100.16%，比上年增长16.90%，净增绝对值1 033.41万元；收支差额圆满完成省公司考核指标，比上年年减亏54万元；邮务类、代理速递物流类、代理金融类业务收入占比为30∶25∶42。各县区局发展势头良好，均实现了业务收入比上年正增长，有6个县（区）局增幅超过2位数，并且业务结构调整日趋合理，经济效益稳步提高。邮政通信质量指标完成率达100%。全市邮政系统已建省级文明单位2个，市、区级文明单位4个，县级文明单位3个；已建成国家级、省级青年文明号各1个，市级青年文明号7个（不含邮储银行）。市邮政局被市政府评定为玉溪市2008～2009年度“二星级”“守合同重信用”企业，被省公司表彰为“2010年云南邮政劳动关系和谐企业”，并荣获玉溪市委、市政府授予的“2010年度玉溪市社会治安综合治理维护稳定二等奖”。

【邮　务】 2011年，全市邮务类业务收入实现2 133.64万元，完成计划的102.97%，比上年增长13.81%，净增绝对值258.91万元。其中，函件收入完成计划的90.76%，比上年下降1.88%；包裹收入完成计划的88.29%，比上年下降8.01%；机要收入完成计划的96.42%，比上年下降10.10%；报刊发行收入完成计划的98.64%，比上年增长13.40%；集邮业务收入完成计划的126.22%，比上年增长36.29%；电子商务和代理业务收入完成计划的91.47%，比上年增长8.75%。邮务类业务发展项目拉动成果初现。函件类，为江川县明星渔洞、易门县野生菌交易会、红塔区房地产促销活动和玉溪平安保险公司等制作DM广告56万张；开发江川县交警支队、玉溪师范学院及玉溪监狱邮资封4.9万枚、明信片1万枚；开发峨山县信用联社账单3 000件；完成2012年贺卡27.91万枚，实现收入181.49万元。集邮类，新春邮品、中秋集邮产品专项营销成绩斐然，实现收入62.5万元和116.82万元；开发制作红塔集团职工生日贺卡邮品和市烟草公司生肖邮票贺卡、《纪念聂耳诞生100周年》个性化邮票折及玉溪供电局15周年局庆纪念邮册，共实现收入31.2万元；制作2011年形象年册7615册，实现收入约215万元；实现2012年新邮预订收入260.71万元。报刊及教材发行类，圆满完成了2011年春、秋季教材的征订和配送服务工作，为112所中学配送教材198.21万册，达到“三满意”效果；完成2012年春季教材征订要数，全市征订教材92.60万册；全市完成2012年报刊一次性收订流转额1 690.52万元，比上年增长9.85%。电子商务和代理类，积极挖掘业务增长点，利用邮政网点资源，在不增员的情况下扩大代收款业务发展规模，除代收烟草款和中石化营业款项目外，与市移动公司达成在全市5个移动自营网点代收营业款协议。

【代理速递物流】 2011年，全市代理速递物流收入实现1 814.16万元，完成计划的100.23%，比上年增长9.71%，净增绝对值160.57万元。其中，代理速递收入完成计划的99.41%，比上年增长14.17%；代理物流收入完成计划的100.35%，比上年增长0.96%。全年继续做好烟草配送工作，配送卷烟32.40万件，实现配送收入324.35万元；同时，积极发展代扣卷烟款协议零售户，代收卷烟款80 239笔，实现代收卷烟款手续费收入27.51万元；做好移动、电信物流配送项目，突出抓好录取通知书、思乡月等重点项目营销，收寄录取通知书16 374件、夹寄移动卡4 403张，实现收入25.61万元，思乡月项目实现收入191万元；以电子商务速递发展为重点，采取市局开发、县局维护和受益的方式，由市局速递物流部对红塔区网购企业进行营销，月均发货量3 000余件，月实现收入4万余元。

【代理邮政金融】 2011年，全市代理金融业务收入实现2 974.34万元，完成计划的100.32%，比上年增长29.86%，净增绝对值683.85万元。其中，代理储蓄收入完成计划的102.08%，比上年增长29.82%；代理保险收入完成计划的71.32%，比上年增长102.37%；代理汇兑收入完成计划的78.01%，比上年下降14.67%。在2011年的经营发展中，市局党委坚持“加快发展代理金融业务、坚定余额规模快速发展”战略不动摇，牢固树立代理金融业务是玉溪邮政当前及今后收入增长和企业“吃饭”业务的观念，做到早计划、早布置、早落实，并组织开展代理金融各阶段营销活动，制定各项业务的奖励考核标准。全市累计新增储蓄存款2.65亿元，累计余额达到17.78亿元，定活比为74.05∶25.95，市场占有率4.09%。理财类业务累计销售5 863.72万元，比上年增长406.81%。其中，销售基金295.23万元，销售理财产品5 189.8万元，销售国债378.69万元。代理保险累计销售1 408.15万元，比上年增长117.07%。小额信贷业务完成收入36.62万元。公司业务户数累计31户，累计余额881.89万元，比上年新增570.83万元。

【代理金融业务专业化经营转型】 2011年，市邮政局按照省公司的统一部署，实施代理金融业务专业化经营转型工作，成立了领导小组，明确了以业务管理部门为主导的工作小组，结合实际开展了前期准备工作。硬件方面，不断调整优化营业场地，在具备条件的网点开辟了客户休息区、自助服务区等，并积极争取上级支持对网点实施装修改造，提高风险防范能力。软件方面，对市局余额较大的5个网点通过与保险公司合作的方式招聘大堂经理，对客户实行引导；针对从业人员持证率低的情况，采取与保险公司联合办培训班、外派人员参加上级培训等方式，组织全市相关岗位人员参加了证券、银行、代理保险从业资格证考试及反假币上岗资格考试，持有银行、代理保险从业资格证的人数分别达到21人和28人。

【QC质量管理获奖】 在2011年6月召开的云南省第33次全面质量管理代表大会上，市邮政局红塔区南北大街邮政储蓄支行QC小组荣获“云南省2011年度优秀QC小组”称号。省公司进行了通报表彰，并给予奖励。

【获全国青少年邮票设计大赛入围奖】 2011年，市邮政局按照省公司《关于做好全国青少年邮票设计大赛邮资封营销项目的通知》要求，与红塔区教育局联合，组织红塔区辖区中小学、幼儿园参加“迎亚洲邮展·绘方寸世界”全国青少年邮票设计大赛，在全市青少年中进一步弘扬中国传统文化，展示当代幸福生活，描绘未来美好愿景，从而培养他们积极健康的兴趣爱好，推动青少年集邮文化的普及和推广，促进和谐社会建设。此次活动全市共有176幅作品参赛，其中，聂耳小学7岁的李梦瑶同学的作品《梦幻飞船》获得大童组入围奖，市第四小学六年级(6)班12岁的李安然同学的作品《快乐童年》获得少年组入围奖。

【规范机要业务管理流程】 2011年8月，机要通信分局独立履行职责，原由市场经营部承担的全市机要通信业务经营、管理职能及由红塔区局承担的机要业务经营管理、市内邮件转趟职能划归机要通信分局。全市邮政开展了机要通信基本规章制度监督检查、机要通信网运生产环节专项检查等活动，促进和规范机要通信基本规章制度的严格落实。同时，为全市机要通信从业人员换发机要通信人员工作证并持证上岗，确保了机要通信的安全；做好机要通信管理达标工作，配合省机要通信局做好机要室的装修改造和监控设备的安装工作。全年处理机要邮件24 924件。

【网络支撑】 2011年，市邮政局认真做好精品网点和代理金融网点标准化改造工作，配合市发改委开展全市12个空白乡镇邮政局所的补建工作；同时，完成了邮政视频会议系统市局主会场到8县分会场扩展工程；完成了省公司配发全市的12台ATM机安装上线和在用ATM机的全部更新，ATM机完好率在全省信息网运行考核中排名第二；完成对生产网内PC的全面标准化命名、无关软件清理、安防软件安装工作，加强和确保了信息网安全管理和稳定运行。

【普遍服务和“三农”服务】 2011年，全市邮政认真履行普遍服务工作。截至年底，全市有邮政支局(所)75个，设置服务网点81个(含银行代理邮政业务网点3个)，其中，农村支局所54个，妥投点21 996个，平均每一网点服务面积达196平方千米，服务人口2.9万人；开通邮路46条，城市投递段道达1 197千米(单程)，农村投递线路达8 412千米(单程)，其中，自行车4 949千米，步班投递线路达3 432千米(单程)，全市72个乡镇、617个行政村通邮面达100%。同时，坚持服务“三农”，开办烟草配送、代收烟草款、特快送汇、农资配送、代收货款等业务，把邮政服务深入广大农村，为农村、农业、农民做好服务工作。

【空白乡(镇)邮政所补建】 2011年3月29日，市政府主持召开了全市空白乡(镇)邮政所补建推进工作专题会，确定全市12个未建邮政所的乡(镇)必须在8月31日前把邮政所建好交付给所在县(区)邮政局运营使用。市政府与4个县(区)政府签订了目标工作责任书。市政府副市长王跃、市政府副秘书长李永忠、市发改委、市财政局、市国土资源局、市环保局、市邮政局相关领导和涉及补建工作的4个县(区)政府、发改委、财政局、邮政局及街道办事处相关负责人参加了会议。按照全国和省有关乡(镇)邮政局所补建工作会议精神和补建工作方案，全市尚有12个乡(镇)未建邮政所，需补建红塔区高仓街道办事处、李棋街道办事处、小石桥乡3个点，江川县前卫镇、雄关乡、安化乡3个点，通海县纳古镇、兴蒙乡2个点，澄江县海口镇、九村镇、右所镇、龙街街道办事处4个点。补建邮政所的选址应纳入农村公共设施统筹规划建设。补建空白乡(镇)邮政所承担邮政信函、包裹、印刷品、汇兑、党报党刊及适当的物流配送功能。会上，市发改委领导对空白乡(镇)邮政所补建前期工作情况作了说明，并对下一步工作实施方案进行了详细部署：投资安排由政府负责，分中央、市、县三级配套落实，中央下达资金16万元/网点已全部到位，市级补助资金3.9万元/网点已列为预算草案，全市合计238.8万元(按19.9万元/网点投资标准)，其余不足建设资金由4个县(区)政府承担;项目土建的责任主体为县(区)政府,建设实施单位为各乡(镇、街道办事处),产权由补建局所所在地乡(镇、街道办事处)所有,邮政负责投入机具设备人员等;每个邮政局所补建建设面积不低于150平方米(含购置房),建设内容按省、市发展和改革委员会批准的项目可行性研究报告、初步设计为准;市邮政局在空白乡镇新补建邮政所建成移交给邮政企业后,配备必要的生产机具,做好内部组织工作,确保及时开业运营,向农民群众提供邮政服务。副市长王跃就确保8月31日前完成全市12个乡(镇)邮政所的补建工作提出要求:提高认识,统一思想,把此项工作作为一项重要的政治任务来抓,扎实推进全市空白乡(镇)邮政所补建工作;明确任务,精心组织,合理安排,尽快启动建设程序;各县区强化项目建设管理及投资控制,协调落实配套资金,牵头做好竣工验收工作,确保项目按期建成;各县区切实加强对补建邮政所项目的监督管理,确保全市空白乡(镇)邮政所补建项目的建设质量;健全项目资金监管制度,做到专款专用,严禁挤占、截留和挪用;对项目加强督促检查,市政府把此项工作纳入效能督察、行政问责、重大项目稽查和督办项目进行跟踪问效。

【快递服务通过达标复查评定】 2011年4月18日,由省快递业协会陈国柱秘书长率队,省邮政管理局市场处、省邮政速递物流公司市场部、昆明圆通快递公司组成的复查评定小组一行5人,对全市邮政速递业务开展第一批快递服务达标企业复查工作,综合评定得分96.5分,各项工作获得了复查组的好评。为不断提高快递企业的管理水平,不断增强企业的服务意识和提高服务质量,巩固达标成果,此次复查工作主要针对自2008年评定的第一批达标的邮政和民营快递企业。达标复查内容主要包括快递企业基础管理、各项服务承诺和规章制度的公示、企业亮证营业、现场管理等方面。按照复查工作时间安排,对照《快递服务》标准复查评定细则,市局速递物流部开展了自查自纠和巩固整改。在自查中发现主要存在基础记录不全、公示内容上墙不全、运单信息不完整等问题,自查得分仅93分。对此,速递物流部开展了针对性整改,完善资料和加强业务规范操作。在总结验收阶段,复查评定小组按照评定细则逐项逐条进行现场查看,查阅资料,现场打分,并进行了讲评,对邮政速递工作给予肯定,同时希望邮政更注重营业网点和窗口的服务,加快速递内部优化,提高市场竞争力。

【正版图书普及惠民助学活动】 2011年8月23日,由市委宣传部、市新闻出版局、市教育局主办,市邮政局承办的玉溪市"倡导全民读书、关爱贫困学生"正版图书普及惠民助学活动在聂耳剧院正式启动。活动从8月23日开始,持续到9月12日。活动以"倡导全民读书,关爱贫困学生"为主题,参展图书包涵科普、教育、文史、医疗、保健、百科、普法、艺术、少儿、工具书等上千个品种。活动得到了省邮政公司报刊发行局的大力支持和帮助,并协助市局与当地政府主管部门沟通协调,在货源组织上多渠道引进多家图书供应商的近千种精品图书,严格把控图书质量关,确保参展图书质量优秀、品种齐全。此次活动是玉溪邮政为进一步丰富全市广大读者的业余文化生活、捐助当地贫困学生而精心组织的。活动启动当天,市邮政局现场向教育部门指定的来自峨山县、新平县、华宁县、元江县、易门县的5所中、小学校捐赠了价值10万元的少儿书报刊。活动结束后,主办方还按照实际销售额一定比例捐出高品质、畅销的学生报刊,并将所捐图书集中送往指定的学校。此次公益展销活动引起了良好的社会共鸣,广大读者以及爱心人士纷纷加入到爱心助学活动中来,公益展销活动取得了良好的经济效益以及社会效益。

【承揽全国沙滩排球赛宣传业务】 2011年9月,国家A级赛事2011年"滇溪龙泉杯"全国沙滩排球大奖赛在易门县举办。易门县邮政局抓住大奖赛契机,积极与当地政府承办部门进行沟通,达成合作共识,成功为本次赛事开发10万张DM广告,并承揽门票、宣传海报、邀请函制作等项业务,实现收入近5万元。

【邮政服务进工业园区】 随着研和工业园区的建成和众多企业的蓬勃发展,就如何做好工业园区邮政服务工作,2011年8~9月,市局主管速递物流工作的王云副局长亲率红塔区局和速递物流部相关人员2次到研和工业园区进行实地调研,认真了解研和工业园区邮政市场情况,以及用户用邮存在的问题和难题。通过调研发现,工业园区对速递物流业务有迫切的需求和很大的市场,由于邮政速递物流业务上门揽收不到位、投递不到位、时限滞后等问题,园区内绝大多数企业都选择了社会物流公司。为有效改善服务质量,尽快扩大市场,及早提高邮政速递物流业务在工业园区的占有率,真正体现为民服务,9月18日,红塔区局召开专门会议,就如何解决好研和工业园区邮件投递和收寄问题进行了研究,并决定抽调人员2名、投递车辆1辆,增加园区邮件直投段,对园区内的邮件尽量实现直封,不经研和支局驳转,减少内部转运环节。实行直投试点后,园区当天的邮件由市局邮件处理中心直接运送到研和,投递时限比原来提前了1~2天,特快专递投递准时率得到了保障,深受用户好评。

【举办新春生肖集邮文化品鉴会】 2011年12月13日晚,省集邮公司、市邮政局在玉溪中玉酒店共同举办"2012新春生肖集邮文化品鉴会"。来自红塔区、江川县、峨山县的100余名集邮爱好者齐聚一堂,共享了一场高品质的集邮文化盛宴。此次品鉴会以生肖邮品为主题,包括珍稀邮品、贵金属收藏品和其他部分高端邮品,旨在弘扬中国传统文化,促进集邮收藏活动的健康发展。品鉴会上,省集邮公司的专家向到场嘉宾介绍了集邮文化的起源与发展、邮品及贵金属收藏知识,并详细介绍了多款有较高文化品味和收藏价值的邮品,让全场嘉宾领略了集邮文化独特的魅力与广阔的发展前景。现场还穿插了集邮知识有奖问答和抽奖活动,有的嘉宾为了回答问题起身去抢话筒,有的嘉宾则大声地直接说出答案,现场气氛十分热烈。参观了展示的邮品后,到场嘉宾纷纷出手下订单,个别品种甚至出现了"重金难求"的场面,抢先订得的嘉宾笑逐颜开,没能订到的叹息不已,销售场面异常火爆,当晚订单金额高达120余万元,远远超出了会前预期。

(陈坤华)

电　信

【概　况】 2011年,市电信公司聚焦客户的信息化创新战略,坚持全业务效益规模同步发展,各项工作取得了积极成效,企业发展后劲不断增强,企业价值稳步提升。主体工作为聚焦客户感知,提升整体服务水平;坚持发展与保存并重,一手抓发展,一手抓服务;开

展定期及不定期的服务检查、整改工作，形成长效机制；不断扩展10000号的功能，逐步实现10000号从服务响应中心到客户关系管理中心的转型。同时，开展为民服务创先争优活动，做到“三争创、三提升、一满意”（简称“三三一”），即争创群众满意窗口，争创优秀服务标兵，争创优质服务品牌；提升客户接触窗口的服务能力，提升网络质量和装维服务的能力，提升透明服务放心消费的能力；为客户提供优质满意的服务。并提升宽带服务能力，推行“限时装机、超时陪付”、“夜间上门排障”、“打10000号装宽带”等服务举措，加快形成重点业务的服务领先优势。加强网络信息安全基础管理工作，保证网络信息安全工作的持续开展，全年无网络信息安全事故发生。市公司和各区县分公司联动执行客户维系工作，在全市各区县建设了客户俱乐部，构建与客户交流的良好平台。此外，加快移动业务发展速度，以上门演示和邀请体验的方式，重点对党政、金融、教育等部门和企事业单位开展了3G应用业务演示与体验活动。围绕保障政务及监管、交通物流和数字医院等重点行业应用，开发出具有代表性、先进性的行业e通，实现移动业务在高端行业市场的规模化发展。不断增强网络能力，在市内率先建成了覆盖范围最广的3G网络，并在网络规模迅速提升的同时大力提升移动网络质量。强化IP、传输等网络的基础能力建设，IP骨干网和IP城域网出口总带宽具有领先优势，重点区域无线宽带网络覆盖范围迅速扩大，有线宽带网络在农村地区快速延伸。继续实施“光进铜退”工程项目，在铜缆线路设施被盗严重区域实施“光进铜退”，保障通信。按照集团公司“宽带中国·光网城市”的宽带网发展战略，统筹和调配资源，提高有线宽带接入能力，20M接入带宽覆盖率达到69.06%。在精神文明建设及企业文化建设方面，深入开展创先争优各项活动，在全市营业窗口开展“四亮四评”主题实践活动，开展党员公开承诺和业绩提升活动，开展“为民服务创先争优”活动，开展志愿者登记活动；同时，组织参加各种社会公益活动，出资2.5万元与帮扶点新平县戛洒镇冬瓜林村民委员会共同建设村委会党团科技室，向新定点挂钩扶贫村委会元江县因远镇浦贵村委会的中心完小捐赠85套价值19 550元的铺盖，解决小学生住校生活问题。

【信息化体验区建设】 2011年2月25日，市电信公司完成了红塔区珊瑚路、秀山路家庭信息化和个人信息化体验区建设。在家庭信息化体验区，通过一家三代应用场景快速传递“一线”到家、三网融合的家庭信息化生活，突出“一线”到家，即只需1根电信入户线，加入“我的e家”，天翼宽带、天翼3G互联网手机、iTV互动点播电视就一步到位。在个人信息化体验区，客户可以自由体验到天翼3G互联网手机生活类、娱乐类、社交类、商务类和工具类5大类超过10万个极为丰富的3G手机应用。

【电子监察和行政审批系统建成并开通】 2011年6月29日，全市“行政审批和电子监察系统”开通。该系统由市电信公司承建。开通的一期工程覆盖市级及所属一区八县的行政审批和电子监察平台，包含1个市（区）政务服务中心和8个县政务服务中心的系统平台建设，1个市级监控中心的建设，同期建设的软件系统包括行政审批（含便民服务、并联审批、网上审批）和电子监察（包含视频监察和网络监察）。行政审批和电子监察系统实现行政审批、行政管理、绩效评估、政务信息公开、建设工程招投标、政府采购、国有土地招拍挂、国有产权交易、行政执法、重大项目投资等行政行为的实时监察、预警纠错、效能评估、决策辅助、投诉处理和对社会公众的信息服务等功能，覆盖政府行政管理和公共服务的重要领域。该系统以各部门行政审批系统为基础，以电子监察系统为核心，实现与省中心平台的无缝对接和数据同步，并融入“96128热线”系统和“玉溪网”网上办事等功能。

【建立通信运营商市场联席沟通会议制度】 为进一步加强各运营商之间的沟通，增进合作，谋求企业健康、可持续发展，2011年8月9日下午，市电信公司、市移动公司、市联通公司、市铁通公司的领导及相关人员在市电信公司会议室共同召开了市场秩序联席沟通会。本次会议是按省电信公司、省移动公司、省联通公司、省铁通公司4家公司联合发文关于建立市场联席沟通会议制度（试行）的要求第一次召开。会议从大局出发，达成了一些共识，认为各运营商应该联合起来，共同维护全市通信市场良好的市场秩序，并加强沟通与合作，实现各企业的共赢发展。会议还明确了以季度为周期建立常态化联系沟通机制，由当地运营商轮流牵头组织，采用多种形式于每季度的第二个月召开联席沟通会，以加强联络，增强互信。

（普　丽）

移动通信

【概　况】 2011年，市移动公司继续推进规模发展、创新发展、和谐发展，客户数达150余万户，基站数达1 400余个。12月6日，市政府与省移动公司召开推进无线城市建设联席会，双方

2011年3月24日，市移动公司在玉溪师范学院举行2010年“至善奖励基金”颁奖仪式

（投递发行部　摄）

签署了《无线城市建设合作协议》，建设高度智能的“无线城市”。同时，公司以服务社会主义新农村建设为己任，紧跟市委、市政府服务“三农”的战略部署，挖掘农村经济发展需求，着力推进农村通信基础设施建设，加快农村信息化建设步伐。从“兴边富民”工程到农村信息化建设，从“惠农网”到“村级服务站”，从各种优惠业务到文艺下乡、电影下乡，越来越多的农民享受到了优质、便捷、高效的移动通信服务。市移动公司荣获“全国通信行业用户满意企业”、“全国文明单位”、“全国模范职工之家”等国家级荣誉称号，并荣获“云南省廉政文化示范点”省级荣誉称号。

【高考志愿讲座为考生提供参考】 2011年6月26日，省移动公司举办“2011年全球通VIP讲堂之高考志愿填报咨询讲座”。全市移动公司在各县区电视电话会议室进行了同步直播。省招生考试院招生处处长蒋兆斌对高考志愿填报流程进行了详细的介绍。全市邀请VIP和重要客户240余人观看了本次咨询讲座。“高考志愿填报咨询讲座”是市移动公司为丰富全球通VIP延伸服务内容，提升全球通VIP客户的满意度和感知度而开展的一项贴心服务。

（李　婧）

联合通信

【配合省公司运维3A检查】 2011年12月27日，市联通公司运维部配合省公司进行了总部运维3A检查，从客户服务、节能减排、基础管理、资产管理等方面，对宽带网络服务质量、移动客户支撑服务、集客响应、机房和网络安全、基础数据管理、运维支撑、基站节能、资产账卡匹配情况等方面进行了细致的检查。检查结束，总部检查组人员对市联通公司的工作给予了充分的肯定，并对存在的问题提出了意见和建议。运维部随后根据检查意见及时进行了存在问题的整改和上报，最终顺利通过了总部3A检查。

【3G实体俱乐部正式开业】 2011年5月17日，市联通公司3G实体俱乐部正式成立和开业。俱乐部以客户的体验和感知为中心，为公司、企业、用户构建了互通、互用、相互创造更大价值的平台；同时，以俱乐部为中心，依托公司各部门，组建3G专家团队，对员工、客户开展点对点iphone使用技巧指导，组建信息化行业应用团队，为地方经济发展助力，为企业发展提供强有力的信息支持。

【组织一线营业人员开展业务知识竞赛】 为进一步提升一线营业人员的业务知识水平、加强ESS系统的知识技能，市联通公司市场销售部于2011年6月9日组织8县（区）分公司的营业员业务能手参加《2011年中国联通ESS系统知识技能竞赛》。竞赛内容包括3G业务知识、3G业务受理流程、ESS系统操作知识等。通过本次竞赛活动，提高了一线营业人员的整体素质和服务水平，以赛代训，以赛促学，全面打造中国联通的优质服务品牌形象，为公司业务发展凝聚动力。

【联通小手机玩转别克大汽車】 2011年8月26日晚17：30分，在别克4S店，由市联通公司和玉溪鸿通别克公司共同举办了“联通携手别克，3G掌控汽车”精彩沃体验活动。活动中，主持人用3G手机远程启动了别克车，没有驾驶员的车突然开锁、关锁然后启动油门和空调，引起观众的一片惊叹。另外，用手机中的安吉星软件直接可以查看车胎的气压、动力系统、制动系统等状态，出门前随时掌控车况。

【基站环评通过专家论证】 2011年3月11日，在省公司监管事务部的组织下，由市联通公司、省环保厅、市环保局、各县（区）环保局的主要领导、沈阳环境科学研究所相关人员及来自北京、上海、四川、云南等地的专家组成的专家组，参加了市联通公司的基站辐射现场测试及《玉溪联通已建移动通信基站项目环境影响报告书》专家评审会。专家组对市联通公司已经实地测试的基站进行了抽测，经抽测及实测，均未发现有超标的情况。专家组对市联通公司对环境辐射工作的重视及采取的有效措施给予了好评，并对报告书中一些细节问题提出了意见和建议。最后经专家组及省环保厅的一致同意，市联通公司的环评报告获得通过。

（魏渝荣）

建设·环保

编辑：王竹能

城乡规划

【概 况】 2011年，市规划局紧紧围绕建设现代宜居生态城市目标，以中心城区为重点推进城市化进程，以县城为重点推进城镇化建设，以新农村建设为重点推进城乡一体化，加强规划，统筹城乡建设发展。“新版”城市总体规划进入上报省政府审批阶段。生态城市规划、三湖生态城市群——双百城市规划和近期建设规划等进入完善报批阶段。统筹规划中心城区建设发展片区控规全覆盖工作和城市功能建设发展专项规划工作顺利推进。统筹全市县域城乡建设发展各层次规划编制工作顺利推进。超额完成了2011年省政府下达的村庄规划编制工作任务。市政协对市规划局进行民主评议，对全局各项工作给予了高度肯定：中心城区生态城市规划有新突破，县城规划编制有新特色，村镇规划有新亮点，规划管理水平有新提高。

【城市总体规划修编】 2011年，省住建厅正式批复同意玉溪市城市总体规划及人口用地规模，城市总规修编工作随即进入规划成果编制阶段。3月，市规划局组织召开总规方案论证会。6月，召开了省、市专家评审会。10月31日，通过市三届人大常委会第二十六次会议审议，进入上报审批程序。

【中心城区控制性详细规划】 2011年，市规划局切实加大各类规划的编制力度和规划管理工作。中心城区生态文化区、小龙潭片区、金钟山片区、龙潭清溪片区、林产品片区的控制性详细规划等5个控制性详细规划获市政府批准。时代广场片区、诸葛片区、右所片区、彩虹桥片区火车站片区分区规划等4个控制性详细规划完成论证、评审程序，经公示及修改完善后按照程序上报市政府审批。西河路产业带规划通过评审。

【县城总体规划修编】 2011年，市规划局积极指导督促8县开展县城总体规划修编，对出现的问题及时给予技术支持，采取各项措施加大指导督促力度，各县县城总体规划修编进展顺利。华宁、通海、峨山、新平4县总规修编成果已上报市政府待审批。澄江、易门2县已完成了成果编制，计划上报市政府审批。江川县规划纲要和人口用地规模已编制完成并报省住建厅审查。元江县规划纲要和人口用地规模经县政府审查，正在修改完善中。

【村庄规划编制】 2011年，市规划局围绕省政府、市政府提出的全面推进村庄规划编制工作目标，积极组织各县、乡镇参加培训会。同时，编写《玉溪市村庄规划编制技术指导意见》用以指导各县的村庄规划编制工作。组织召开了全市村庄规划工作培训会和经验交流会，对编制过程中存在的问题进行了培训，并邀请专业设计人员做了经验交流及演示，对一区八县村庄规划工作进行调研、指导。全市完成村庄规划编制3 900个，占省政府下达2010~2011年编制任务的124.60%，超额完成了年度任务。其中，红塔区和澄江县完成了所有村庄的规划编制任务，率先实现了村庄规划全覆盖目标。

【工程建设领域突出问题专项治理】 2011年，市规划局按照治理工作的相关要求，将投资3 000万元以上工程建设项目和房地产开发项目列为排查重点，对2010年9月底至2011年10月31日政府投资500万元以上、其他投资3 000万以上的98个工程建设项目和房地产开发项目进行了新一轮的滚动排查，查找出在工程治理工作中的不足，提出了下一步工作计划，并撰写上报了《玉溪市规划局关于治理工程建设领域突出问题专题调研报告》。

【中心城区交通环境综合整治】 2011年，市规划局领导小组办公室拟定2010年中心城区交通环境综合整治情况报告及2011年工作计划，细化工作任务，制定奖惩方案，市政府与各有关部门签订了责任书，明确了工作目标及奖惩措施。为了强化交通管理“软”的一方面，提出了交通管理实施方案，组织红塔区政府及交通、公安等部门提出具体措施；制定了中心城区交通环境综合整治工作问卷调查方案，并牵头组织开展交通文明行为问卷调查工作。

【山地城镇规划建设】 2011年，市规划局根据“守住红线、统筹城乡、城镇上山、农民进城”的总体要求，按照规划先行、山坝结合，节约用地、集约发展、突出特色、规范管理的思路，对中心城区坝区周边适建山地进行了深入调研，提出了适建山地的选址及规划用途方案。同时，对《玉溪市城市总体规划》作了及时的修改和完善，并以此为依据，编制了《中心城区近期建设规划》，确定城市近期建设发展新增规划建设用地27.09平方千米。其中，山地13.59平方千米，占总量的50.17%；坝区平地13.50平方千米，占总量的49.83%。

【中心城区拆临拆违】 2011年，市规划局红塔分局即时启动中心城区居委会、居民小组、企业、个人涉拆临时违章建筑物清理调查，对中心城区拆临拆违二阶段涉及面积为8.3平方千米内的138宗地块(涉拆建筑面积5.69万平方米)进行了宣传动员及摸底调查工作。通过入户核查、现场测量拍照和查阅档案，逐宗收集地籍图等基础资料，制定了《中心城区拆临拆违二阶段工作实施方案》，编制了《玉溪市中心城区拆临拆违二阶段涉拆地块专题研究》。按城市规划要求及盘活存量土地的相关政策，按照先易后难的原则，对每宗涉拆地块提出改造方案，积极探索盘活存量土地的新方式、新思路，引导涉拆单位以项目带动拆临拆违，以拆临拆违推进盘活存量土地的方式，加大拆除改造及盘活利用存量土地的工作力度。

【项目规划审批】 2011年，市规划局在规划管理工作中充分发挥规划的调控和引导作用，强化服务意识，把服务放在首位，着力提高项目规划审批效率，做好项目规划审批受理和批复工作，服务好全市的城市建设和经济社会发展。市局和红塔分局共受理各类规划报件申请527件，核发各类证书505件。其中，建设工程规划许可证68件，建设用地规划许可证39件，建设项目选址意见书60件，临时建设用地规划许可证64件，临时建设工程规划许可证1件，道路占用及开挖63件，户外广告149件，房屋修缮28件，民房建设16件，村庄规划17件。同时，对48个项目进行了验线，对72个项目进行了规划验收，出具规划设计条件和规划意见102份，广告综合整治受理审批2 687件。

(王宇飞)

城乡建设

【概　况】 2011年，市住建局紧紧围绕全市20项重要工作和10件实事及上年各项工作部署，按照"生态立市、突出特色、打造精品、做特乡镇、做美农村"的发展要求，齐心协力，克服困难，狠抓落实，基础设施建设大力推进，保障性安居工程建设步伐加快，建筑业和房地产业健康发展，城乡建设管理工作成效明显，荣获2010年度行政效能考核一等奖，"十一五"期间节能工作先进单位，2004～2010年度依法行政工作先进集体，2010年行政效能建设先进集体一等奖，玉溪市"生态文明家庭"创建先进集体，2011年消防工作先进单位，玉溪市2011年民族团结先进集体。市住建局办理人大议案22件、政协提案28件、市长热线交办件12件，办结率100%；受理96128政务服务热线及12319城建服务热线50件，办结率100%；市政府采纳市住建局政务信息25条，得分288分。

【市政基础设施建设】 2011年，玉溪大河二期基本完工，新增2 293米河道景观，兰溪桥建成开放，支出征地补偿费1.8亿元，完成投资4.8亿元，占计划总投资的87.3%。棋阳路拓宽改造二期取得实质性进展，拆除了市卫生局、市一幼、市图书馆、聂耳公园公共建筑和60户征收房屋，完成投资1 000万元。高仓立交改扩建工程前期工作完成，顺利实现开工，完成投资500万元。红塔集团库区专用道路建设正抓紧前期准备，完成投资500万元。中心城区西河路以西供水工程止与彩虹路改扩建工程同步施工，投资3 100万元建设完成中心城区至研和自来水引接工程，污水处理厂二期管网配套工程和太极路截污干管工程全部完工，中水回用工作继续推进，并对所有供水主干管网进行排污冲洗，3 736户二次供水设施得到清洗消毒，合格率达100%。通海、易门、江川、华宁、元江5个县城供水改扩建项目进度不断加快。

【"两污"项目建设】 2011年，全市22个"两污"项目在已完成13个的基础上，又完成了玉溪市城市生活垃圾综合处理厂、通海县污水处理厂改造及配套管网工程、新平县城市生活垃圾处理工程、华宁县城市生活垃圾处理工程和易门县城市生活垃圾处理工程5个项目，完成总数达到18个，完成投资7.7亿元，超额完成了省政府下达的目标任务(16个)。全市污水处理率由68%提高到71%，生活垃圾无害化处理率由61%提高到74.83%，粪便无害化处理率81.6%，节能减排效果明显。

【城镇建设】 2011年，全市以14个省级特色小镇、23个市级重点镇和10个市级旅游小镇为龙头的城镇建设稳步推进，资金投入力度不断加大，基础设施建设不断完善。通过扶优扶强、重点带动和村容村貌整治，推进了秀山、戛洒、龙街、江城、大营街等基础较好的旅游和重点镇建设；同时，抓好盘溪民族团结进步示范区和纳古、兴蒙等回族、蒙古族聚居区及特困少数民族聚居区乡镇的建设管理。全年上报了14个小镇"两污"建设项目，经省住建厅备案，下拨300万元预算补助资金加快特色小镇和旅游小镇建设；协同市发改委争取各级资金1 100万元，补助戛洒、盘溪、九街3个重点集镇供水管网改造，解决群众饮水困难。

【澄江化石地申遗及风景名胜区管理】 2011年，澄江化石地申遗文本经世界遗产中心审核通过，世界自然保护联盟(IUCN)专家进行了实地考察评估，形成了评估报告，并按照要求进行了整改完善和资料补充，等待第36届世界遗产大会最终表决。《抚仙—星云湖泊风景名胜区总体规划修编(2010～2030)》获省政府批准，制定了《总体规划保护和管理措施》。

【巩固"创园"成果】 2011年，中心城区各主要干道设置了市政和园林绿化管理公示牌，完成了2 425块公园绿地内植物的挂牌和"民营企业家生态林"建设，开展了"柿树在玉溪城市绿化中的应用研究"；同时，指导易门、新平开展创建国家、省级园林县城工作。全市新命名了39家园林单位和14个园林小区。市住建局牵头组织参加了第八届中国(重庆)国际园艺博览会，推介了玉溪独具风格的城市园林风貌和人文景观，提高了玉溪知名度。全市建成区绿地面积1 786万平方米，建成区绿地率35.58%，绿化覆盖率28.61%，人均公园绿地面积7.15平方米。全市拥有1个国家园林城市、3个省级园林县城和1个国家园林城镇。

【争取项目建设资金】 2011年，全市争取中央、省补助资金9.882亿元，其中，廉租房7 818万元，公租房5.803亿元，城市棚户区667万元，廉租住房租赁补贴专项资金4 745万元，农危房改造及地震安居工程8 760万元，两污建设1.38亿元，可再生能源建筑应用示范城市5 000万元。同时，争取市外、省外资金2.09亿元参与"两污"项目建设；保障性房建设融资2.67亿元。

【依法行政工作】 2011年，《云南省玉溪城市管理条例》已经省人大颁布实施。市住建局全程参与了起草、制定工作，配套制定了《玉溪市城市绿化管理办法(试行)》，做好了《条例》实施各项准备工作，并制定了加强法治政府建设实施意见和住建系统"六五"普法规划，完成了预拌商品混凝土、维修资金管理、物业管理、房屋租赁等规范性文件的初审和有关征地拆迁规范性文件专项清理，修订了建设行政处罚自由裁量标准。同时，下放了5项市级行政审批权限，将15项行政审批和11项日常管理事务全部纳入市政务服务中心集中办理；开展了8县综合执法工作调研，执法稽查力度进一步加大，对3个违法责任主体实施了行政处罚。

(李东泰)

房地产业

【保障性安居工程建设】 2011年，全市新建保障性住房22 190套，新增廉租住房租赁补贴5 100户，实施农村危房改造及地震安居工程17 760户，建设规模为历年之最。市政府出台了《玉溪市关于加强城镇保障性住房建设管理的意见》，批准成立了玉溪市保障性住房开发投资有限公司。部分县也组建了保障性住房建设投资公司，承担统建的保障性住房建设任务。市政府要求和督促各县区调整财政支出结构，增加财政预算资金安排，把土地出让总收入的5%、房地产开发税收的10%、住房公积金增值净收入全部用于保障性住房建设。全市保障性住房68个建设项目9月底实现了全部开工，各项目正在加快投资建设。全市农危房及地震安居工程开工率100%，竣工14314户，竣工率80.6%，完成投资2.88亿元；同时，完成全部农户改造档案信息指标录入工作，位居全省第2位。

【房地产业发展和房价调控】 2011年，全市普通商品房开发项目85个，施工面积619.8万平方米，比上年增长41.5%；竣工面积76.61万平方米，比上年增长35.8%；完成投资75亿元(含保障性住房投资)，比上年增长30.3%，占全社会固定资产投资的17.77%。山水佳园二区、玉水金岸、玉溪二小区、汇海佳苑等一批规划设计新、工程质量高、环境优美的高端住宅小区相继开工建设和投入使用。行业景气指数在景气区间运行，为128.6。房地产开发企业发展到182家、中介机构125家、物业服务企业57家。为做好房地产市场调控，市政府出台了《关于进一步做好房地产市场调控工作的实施意见》。市住建局下发了贯彻落实工作意见，并开通了玉溪市住宅与房地产信息网，举办了第六届房地产展示交易会。全市商品房销售面积159.86万平方米，比上年下降45.39%；存量房(二手商品房)交易47.77万平方米，比上年下降26.64%；中心城区新建住房销售价格(合同备案价)为3 816.25元/平方米，比上年增长9.15%，顺利实现了房价增长控制在9.3%以内调控目标，使房地产市场总体保持平稳健康发展。

【住房公积金监督管理】 2011年，市级和红塔区、新平县、易门县、澄江县、元江县机关事业全供给单位住房公积金缴存比例调整至12%，核销了717万元项目贷款呆坏账，全面完成1.31亿元公积金项目贷款清收任务。全市住房公积金缴存人数97 268人，累计缴存12.65亿元，比上年增长22.34%；个人提取7.44亿元，发放贷款4.95亿元，实现增值收益1 668万元；累计归集余额达33.68亿元。

【第三批住房货币化补贴发放】 2011年，市级第三批住房补贴发放工作完成，共发放一次性住房补贴2 532万元，发放单位146个，职工2 261人。新增按月发放住房补贴6个单位，人数40人，每月发放7 257元。省属单位有8个单位启动了住房补贴发放工作，按月发放人数26人，每月发放金额6 800元；一次性发放人数904人，发放金额2 151万元。

(李东泰)

建筑业

【建筑业发展】 2011年，全市加强建筑、标准定额、监理企业的管理，持续推进工程建设标准化，依法监管工程造价计价行为，招投标市场进一步规范。市住建局指导6家企业资质由三级晋升为二级，企业资质等级有了较大提升。至年底，全市共有建筑施工企业182家，其中，一级资质4家，二级资质59家。行业景气指数在较强景气区间，为154.6。建筑企业综合实力和核心竞争力明显增强。同时，完成了1.2万名建筑从业人员资格证书换发和180家施工企业资质年检。全市共有284个工程开工建设，建筑面积290.1万平方米，合同金额29.4亿元，完成产值56.23亿元，比上年增长4%。

【建筑工程质量与安全】 2011年，市住建局坚持"安全第一、预防为主、综合治理"的工程建设质量和安全生产方针，以建设工程领域突出问题专项治理为抓手，以保障性安居工程为重点，细化明确责任主体，加大监管力度，深入开展建筑施工质量和安全生产整治，切实解决建筑安全生产薄弱环节和突出问题，有效预防一般事故，遏制较大及以上事故，全年未发生建筑生产死亡事故，安全生产形势大为好转，工程质量稳步提高。

【可再生能源建筑应用示范城市建设】 2011年，玉溪市申报可再生能源建筑应用示范城市成功，示范工作快速推进，确定了技术支撑服务单位，把可再生能源建筑应用和绿色建筑写入《云南省玉溪城市管理条例》，并召开了全市可再生能源建筑应用工作会，出台了实施意见、工作方案和项目管理办法。同时，完成全市国家机关、大型公共建筑能耗和节能信息统计上报工作，统计面积86.3万平方米；完成了省下达的太阳能热利用与建筑一体化应用1.1万平方米的任务；制定印发《关于进一步加强建筑节能工作的通知》，对全市"十二五"建筑节能工作作出安排，加强建筑节能监管。

【招投标和建设工程交易】 2011年，市住建局进一步加强对招标人、投标人、招标代理公司、拦标价编制机构等部门的监管力度，限额以上招标投标完成市属招标工程(指市招标办完成的工程)共68个，招标工程造价38.62亿元，中标造价36.60亿元，节约造价2.02亿元，工程造价降低5.24%；限额以下招标投标完成市属工程招投标共3个，招标工程造价为112万元，中标价 103.58 万元，节约造价 8.42 万元，工程造价降低 7.52%。

【清欠工作】 2011 年，市住建局完成省、市有关部门清欠工程款交办件 40 件，清理付款 470 万元；直接受理建设领域拖欠农民工工资 150 余人，付清拖欠工资 60 多万元；协助市劳动保障局清理拖欠农民工工资 300 余人，付清拖欠工资 300 多万元，较好地维护了社会稳定。

（李东泰）

中心城区防洪水系建设

【玉溪大河综合整治二期工程征地及民房搬迁】 玉溪大河综合整治二期工程开工以来，征地涉及李棋街道 5 个村(居)委会 15 个村(居)民小组约1 190亩土地，民房搬迁涉及 3 个村(居)委会 6 个村(居)民小组共 193 户搬迁户。2011 年，完成了民房搬迁范围内共 193 户的协议签订、房屋补偿、拆除，康井一组公房、金州社区一组公房、机械堆放点、金家边十组事合愿饭店、夕阳红托老院、金家边四组公房、金家边六组金辉公司的搬迁补偿协议签订及拆除，190 亩土地的征地协议签订及部分清场。193 户拆迁搬迁新址的地基处理经检测合格并通过验收，已交安置户建房使用，转入小区内道路等基础建设。

【玉枕山片区墓地搬迁安置项目】 2011 年，中心城区防洪水系建管委会积极协调市、区有关部门，努力做好玉枕山片区墓地搬迁安置项目前期工作。红塔区成立了领导机构，并多次召开相关会议研究。李棋街道成立了由街道主要领导任组长，相关部门工作人员组成的领导小组。4 月初，管委会抽调李棋街道片区工作组及街道干部 20 多名，逐家清点玉枕山片区坟墓数量，摸清了玉枕山片区的坟墓数：在规划范围内的有14 000冢，急需用地搬迁的有6 100冢，征地及边缘范围内8 000冢，预计迁坟用地需 300 亩。在此基础上，市、区和管委会领导多次到实地调研搬迁新址及搬迁路线，拟定搬迁方案，并经市政府同意批复。10 月，墓地搬迁道路建设方案确定，11 月启动道路建设招标及建设等工作。

【北片区生态城市建设项目】 2011 年，中心城区防洪水系建管委会根据市委、市政府的安排，积极配合相关单位做好北片区生态城市建设项目征地工作。玉溪大河二期以北片区征地、市医院拟搬迁用地 2 个项目征地已完成前期勘测认界工作。按照市、区要求，市土地储备中心、红塔区土地分局抽调了工作人员，配合测量公司、李棋街道抽调人员，召集所涉及到的任井、李棋、下赫、金家边、康井等村委会的工作人员到现场进行了前期勘测认界工作，认真核实涉及的村委会与村委会、组与组之间的界线、面积。因此次征地涉及李棋、金家边、康井、下赫、任井 5 个村委会 22 个村民小组，面积约有2 451.65亩，点多面广，存在的问题也相对较多。各级领导高度重视，在测量单位的认界工作结束后，李棋街道召集了此次征地所涉及的村、组工作人员对图纸上的界线进行复核、认可，同时还调处了多次土地的权属争议，为征地工作的顺利开展奠定了基础。太极路以西地块车立方、鹏程 4S 店及物流等一些重点汽车专卖店项目拟用地征地也完成前期勘测认界工作。市土地储备中心、红塔区分局抽调了工作人员，配合测量公司、李棋街道抽调人员，召集太极路以西地块涉及到的下赫村委会一、二、三、八、十等 5 个村民小组及春和王大户村组有关人员，进行了勘界认界工作。李棋街道下赫村委会相关小组共涉及面积约 611.68 亩。市急救中心用地的供地、用地也已展开前期准备工作，拟用地位于白龙路以西、金家边小学新选址用地以南地块，属市土地储备中心2010 年大河二期建设项目储备范围内，签订了征地协议，土地款已兑现到村组，待市土地储备中心供地即可。九龙立交扩建征地完成了勘测认界，扩建征地涉及下赫八组面积约 19 亩的苗圃地。珊瑚路延长线扩建征地完成了勘测认界工作及拆迁产权的前期摸底工作。珊瑚路延长线扩建征地涉及金州社区一、二组 30.21 亩土地征用。李棋街道及时组织有关人员，配合上级部门及勘界公司，对范围内的土地进行了勘界认界工作；同时还摸清了范围内拆迁产权的情况，涉及拆迁一组 2 户、二组 7 户、一、二组公房各 1 处、二组安置地 8 户、二组公房 17 户的拆迁，需要安置 15 户。

【珊瑚路延长线道路项目】 2011 年，中心城区防洪水系建管委会积极配合协调做好珊瑚路延长线道路项目拆迁和建设前期工作。3 月初，市委、市政府决定继续实施玉溪大河防洪水系综合整治工程的配套工程珊瑚路延长线与康井路的道路连接，全长 730 米，宽 40 米，跨玉溪大河。依据城市规划和防洪水系综合整治二期工程建设的要求，对涉及红线范围内和安置点需要拆除的房屋进行实地踏看和用图纸按比例来估算房屋拆迁经费。经过摸底调查，该项目涉及红线范围内红塔区李棋办事处金洲社区的民房 9 户，其中，一组民房 2 户、二组民房 7 户及二组的部分公房以及承租经营户的搬迁，需拆除各类建筑物约8 851平方米及构筑物、附属物等；规划红线外需要拆除李棋办事处金洲社区二组民房 8 户及二组的部分公房作为新建民房安置地，需拆除各类建筑物约2 004.9平方米及构筑物、附属物等。据估算该项目的实施房屋拆迁总费用大约需要1 147万元。该项目已经完成前期基本建设程序，可以开工。

【沙头村、冯家冲景观改造】 右所社区的沙头村、冯家冲 6 个居民小组 721 户居民，房屋建设参差不齐，层高及外观等各异，另有部分居民还需建房。2011 年，为推进该片区景观改造和环境综合整治工作，以利于该片区景观改造统一进行，中心城区防洪水系建管委会按照市委的安排，配合玉兴街道，尽力推进旧村改造工作，落实了 20 户建房用地，拆除旧房 23.5 间，腾出土地1 220平方米，为该片区景观改造和环境综合整治做了部分前期工作。

【右冯新村后续工作】 2011 年，中心城区防洪水系建管委会完成了右冯新村搬迁工程的审计工作，结论为：工程结算符合审计规定和要求，工程绩效明显。5 月 5 日，右冯新村水景驳岸及绿化项按照合同规定绿化公司完成了 1 年的养护，作为合格产品移交玉兴路街道纳入小区进行管养。此外，为总结经验，存史借鉴，编辑出版了《搬迁工作“三步曲”》一书，收录了市委、市政府正确决策和中央、省、市领导关怀的图文和搬迁、安置、搬迁旧址建设等相关资料，以附录形式收录了搬迁工作组名单、工作简报，并梳理了工作过程形成大事记。全书客观、准确、翔实展现了搬迁工作三部步曲：搬得出去、住得下来、富得起来。

（黎　燕）

环境保护

【概 况】 2011年，全市环保部门坚持实施"生态立市"战略，贯彻落实市委、市政府"转方式、调结构、建生态、惠民生、保稳定"的要求，坚持污染防治与生态保护并重，努力改善区域环境质量。"三湖"水污染综合防治力度进一步加大，强化抚仙湖流域"三退三还"、产业结构调整、入湖河道治理等措施，抚仙湖保护被列为国家湖泊生态环境保护试点。创建国家环保模范城市("创模")组建了工作机构，落实了工作人员，编制了"创模"工作手册(暂行)，建立了"创模"信息发布、报送制度及资料收集、整理、归档制度，并加快了重点工程实施进度。继续组织开展"生态"创建工作，江川县、华宁县、易门县跻身第七批"国家级生态示范区"行列；峨山县双江、小街街道办事处创建国家级生态乡镇的工作通过市、省级审核，推荐上报至国家环保部。实施工程减排、管理减排和结构减排措施，加大督查力度，污染减排年度任务得到完成。同时，加强建设项目环境管理，全年审批建设项目环境影响评价文件118个，对41个符合条件的竣工项目进行了验收。加大环境现场监察执法力度，立案查处环境违法案件107件。开展环保专项行动，对全市涉及重金属污染、危险废物污染的区域和企业进行了全面排查。调查处理环境污染投诉案件351件，处理率达100%。依法向排污企业征收排污费2 415万元，完成省环保厅下达征收计划数1 350万元的178.89%。

【"三湖"水污染综合防治】 2011年，市委、市政府进一步加大抚仙湖、星云湖、杞麓湖水污染综合防治力度，召开了抚仙湖保护治理专题会、抚仙湖流域环境保护规划咨询会、贯彻落实省政府杞麓湖水污染综合治理现场办公会精神督查推进会等专题会议，与流域区4县政府签订了抚仙湖、杞麓湖水污染综合防治目标责任书(2011～2012年)，落实工作责任，实行目标考核和管理。年内，市政府分管环保工作的领导几次率队到国家相关部门汇报、协调，得到其重视与支持，使抚仙湖治理保护进入了国家层面；国家环保部、财政部将抚仙湖列为国家湖泊生态环境保护试点，并将其东大河流域主要河流清水产流机制修复示范工程列为国家水污染防治贫营养型湖泊保护重点支持的试点项目，于2010年和2011年2次安排补助资金计8 000万元，省政府也相应补助了1 390万元。此工程已全面开工建设，并完成东大河河床清淤10 300立方米、退鱼塘186.4亩，启动哨咀—兜底寺片区房屋搬迁安置工作和二家村、东山村、大仁庄、中所4个村落环境综合整治试验等工作。国家环保部、财政部补助抚仙湖保护经费8 000万元，用于实施东大河工程、东岸(华宁段)退田退房还湖生态建设工程和大鲫鱼河流域环境综合治理工程。环保部还组织编制抚仙湖治理保护规划，组织70多位国内知名专家、学者来调研，为抚仙湖的治理保护献计献策。环保部门按照市政府的要求，组织完成了"三湖""十一五"规划实施情况的总结、考核工作，编制完成了"十二五"治理保护的规划及其实施方案；同时，围绕抚仙湖水污染防治，开展了产业结构调整、村落搬迁等调研工作；确定了抚仙湖2011年和2012年的工作和"十二五"规划要实施的项目；确定了抚仙湖流域"三退三还"、产业结构调整、林业生态保护、入湖河道治理和农业农村面源污染治理的工作目标、任务和项目以及非工程管理措施；组织编制了抚仙湖北岸20个村落污水治理工程可行性研究报告，实施了抚仙湖东岸(华宁段)退田、退房还湖生态建设工程和抚仙湖大鲫鱼河流域环境综合治理等工程。其中，东岸退田、退房还湖工程已全部完成，生态建设工程完成招标，即将开工建设；大鲫鱼河流域环境综合治理工程于12月底开始实施清淤工程。围绕省政府杞麓湖现场办公会确定的目标任务，环保部门制订了杞麓湖水污染综合防治2011年及2012年工作计划，并组织实施省政府补助资金的项目，取得了阶段性进展。杞麓湖红旗河河口湿地建设、六一村蔬菜种植区生产废水净化示范工程已完工投入试运行。红旗河流域重点村落污水收集与处理工程3个村4个点已完工并投入试运行。其余项目在抓紧做前期工作。省直各厅表态支持的10个项目有4个项目已进入实施阶段，5个项目在开展前期工作，1个项目与其他项目合并实施。年内，还加大了非工程措施实施力度，组织沿湖4县开展"入湖河道保洁周"活动，共出动干部群众5.48万人次、792辆车次，清理河道垃圾、淤泥500多吨，清理人工湿地5块。

2011年4月27日，召开创建国家环境保护城市动员会 （刘 彬 摄）

【创建国家环境保护模范城市】 2011年，市委、市政府将创建国家环境保护模范城市工作列入重要议程。市政府分管环保工作的副市长周继武于3月8日召集有关部门负责人开会，对"创模"重点工作之一——玉溪大河水污染综合治理工作进行研究部署，明确了各项治理工作措施及其责任部门。4月12日，第九十四次市委常委会专题听取了市环保局对创模工作情况的汇报，进一步统一了争创国家环保模范城市的工作要求。4月27日，市政府组织召开玉溪市创建国家环境保护模范城市动员大会。市委书记孔祥庚出席会议并作了动员讲话。高劲松市长主持会议并就落实大会精神提出了要求。周继武副市长与各县(区)政府、市直17家重点“创模”责任部门签订了“创模”目标责任书。5月9日，周副市长再次组织召开“创模”工作推进会。5月12日，市政府办公室印发《玉溪市人民政府关于做好创建国家环保模范城市近期重点工作的通知》，明确提出了中心城区环境空气质量达标、东风水库饮用水源地保护及水质达标、玉溪大河综合治理、环境管理能力建设、环境基础设施建设、城区周边及高速公路沿线绿化美化、“创模”宣传教育等7类24项“创模”重点工程及重点工作任务的责任单位、工作要求及完成时限。为确保“创模”工作落在实处，市政府加强了“创模”工作机构建设，成立了创建国家环境保护模范城市领导小组办公室(简称“创模办”)，由市政府党组成员何俊任“创模办”主任，市环保局局长和市委、市政府相关副秘书长任副主任。在“创模办”设立综合协调组、督察组、重点项目推进组、技术顾问组、资料组、宣传动员组6个工作组，并明确了各工作组正副组长、工作职责及人员组成。各县(区)及各个市直相关部门均落实了“创模”联络员。组织编制了《玉溪市创建国家环境保护模范城市工作手册(暂行)》印发各县(区)和有关部门。组织相关技术人员开展“创模”规划的修编工作。建立“创模”信息发布及报送制度，在国家环保部网站发布“创模”信息15篇。组织各县(区)和相关部门对照其涉及的“创模”考核指标要求，收集、上报2009年、2010年的相关资料，由市“创模办”人员进行分类整理和汇总。8月3日，市“创模办”组织召开“创模”工作培训会，邀请省环境学会李唯秘书长到会授课，对各县(区)、市直相关部门分管领导及“创模”工作联络员计190人进行了专题培训。各县(区)及相关责任部门切实做好各自承担的“创模”工作。市环保局做好“创模”的牵头协调和各项环境管理工作，编制印发《玉溪市环保局创建国家环保模范城市工作任务分解方案》，明确了系统内部各科(室)及直属单位的创模工作任务；制定了《玉溪市机动车排气防治管理办法》，组织开展了机动车环保检测线建设的前期工作；开展了突发环境事故应急演练；完成了全市重点污染源在线监控系统平台建设的前期工作。市住建局和红塔区政府完成了中心城区污水处理厂二期工程，加快了城市生活垃圾综合处理厂工程建设进度。红塔区政府和市直相关部门以创建国家卫生城市为契机，实施东风水库水源保护区环境污染综合整治行动，开展了中心城区特别是城郊结合部、玉溪大河河道环境卫生的综合整治工作。

【污染减排】 2011年，省政府下达市政府的年度污染减排指标为：不计新增排放量，全市化学需氧量新增削减量不低于192吨、氨氮不低于13吨、二氧化硫不低于1 602吨，氮氧化物不低于211吨。为确保污染减排任务完成，市政府成立了由市长任组长，分管工业和环保的2位副市长任副组长，市工信委、发改委、环保局、建设局、统计局等21个相关部门主要领导为成员的污染减排及应对气候变化工作领导小组，下设办公室在市环保局。污染减排办公室结合全市实际，将污染减排指标分解到八县一区，并在上报的污染减排项目中筛选确定全市2011年污染减排重点项目为13个，其中，工程减排项目7个，结构减排项目5个，管理减排项目1个。在4月召开的全市环保工作会议上，分管环保工作的副市长周继武对污染减排工作提出了明确要求，并与各县区政府领导和重点企业负责人签订了污染减排目标责任书，落实了减排责任。为推进污染减排工作顺利开展，市政府从5个市直相关部门抽调人员组成节能减排专项督察组，定期不定期地到县区和重点企业进行专项督察。并制定了主要污染物排放总量控制工作制度，建立了总量减排统计核算管理台账，设置专人负责总量核算数据的统计工作；建立了污染减排工作定期上报制度，县区及企业每个月、每个季度须向市里报告污染减排工作进展情况。环保及相关部门根据进展情况，加强对重点污染减排项目的监督检查。全市全年共出动督查人员310多人(次)，检查重点污染减排企业(项目)90个(次)。通过监督检查，对在规定时限内未完成阶段性工作的企业进行通报，下发限期整改通知书，对整改不到位的企业采取延缓更换排污许可证等行政处罚措施。至年底，7个工程减排项目和1个管理减排项目已全部按期完成，5个结构减排项目基本完成，年度4项削减指标任务得到完成。

【生态创建】 2011年，全市环保部门继续组织开展各类生态创建工作，指导开展生态乡镇创建活动的乡镇编制完善环境规划，并按照规划确定的目标任务开展工作；加强村镇生活污水处理、生活垃圾收集处理等环境基础设施建设，加大农村环境污染防治和生态保护力度，改善人居环境质量。元江县龙潭乡、新平县者竜乡、水塘镇、新化乡、建兴乡的创建工作在年内通过了省环保厅组织的专家审查，向省环保厅提交了申报第七批云南省生态乡镇的材料。华宁县宁州镇、易门县龙泉镇、峨山县双江、小街街道办事处及塔甸镇创建国家级生态乡镇的工作通过了省环保厅组织的专家检查考核。其中，峨山县塔甸镇、小街办事处已被推荐上报至国家环保部。10月27日，国家环保部75号公告公布第7批“国家级生态示范区”名单，江川县、华宁县、易门县榜上有名。至此，全市共有6个县(区)获此殊荣。11月17日，省环保厅对获得第五批、第六批云南省生态乡镇命名的乡镇进行授牌，全市有10个乡镇获得授牌。截至2011年末，全市75个乡镇(街道办事处)有36个建成云南省生态乡镇。

【建设项目环境管理】 2011年，全市环保部门进一步规范建设项目环评审批和环境管理工作，严格把好产业政策关、规划衔接关、选址布局关、清洁生产关、资源综合利用关、污染物达标排放和污染物总量控制关等八大关口，严防新上“两高一资”、产能过剩和低水平重复建设项目；同时，转变工作作风，建立企业走访制度，变坐等审批为主动服务。对国家扩大内需的项目，省、市重点固定资产投资项目以及2011年中心城区交通环境综合整治等重点项目，及早进行了解研究、安排专人负责，跟踪指导，及时予以审批。对国家、省审批的重点项目，主动配合业主、环评单位，提供必要的材料，提出加快推进环评工作的意见和建议，为加快办理审批手续提供条件。市环保局审批建设项目环评文件118项，其中，编制环境影响报告书项目16项，环境影响报告表项目73项，填报环境影响登记表29项。项目计划总投资93.45亿元。在建设项目环境保护“三同时”制度执行情况的监督检查和验收管理中，对2003年9月1日《环境影响评价法》实施以来，各级环保部门审批环境影响评价文件的建设项目执行“三同时”制度情况进行了的检查和清理，严格把好建设项目试生产(运行)审查关。对未按验收要求进行监测或调查、环保设施不能正常运行、内部管理措施不到位、没有建立操作规程和规章制度、不符合环评文件及其批复要求的项目，不准许试生产。对未经批准进行试生产、超期试生产以及未经验收或者验收不合格擅自投产投运、久拖不验等违法行为，依法严肃处理。全年审查批准56家企业进行试生产，对41个竣工项目作了环保验收。

【规划环评】 2011年，全市环保部门贯彻执行《规划环境影响评价条例》，进一步推进规划环境影响评价(简称环评)工作，对未依法开展规划环评的部分重点行业以及流域开发和工业园区、开发区建设，暂停受理和审批其规划范围内的建设项目环评文件。同时，加大产业园区和城乡规划环评工作力度，转发省环保厅《关于加强产业园区规划环境影响评价有关工作的通知》，制定印发《关于加强城乡规划环评工作的通知》，对全市产业园区规划环境影响评价工作和全市城乡规划环评工作提出了明确要求，严格把好规划环评审批关。组织专家和有关部门的代表，对《华宁县城总体规划修编环境影响报告书》、《江川生态特色工业园区总体规划环境影响报告书》、《易门陶瓷特色工业园区总体规划环境影响报告书》、《元江镍产业特色工业园区总体规划环境影响报告书》、《澄江县工业园区总体规划修编环境影响报告书》等一批环境影响报告书进行了审查，并将审查意见和报告书提交规划审批部门，作为规划审批的重要依据。截至2011年年底，全市10个工业园区已全部完成了规划环评编制及审查工作。

【环保专项行动】 2011年3月28日，国务院9部委联合召开了环保专项行动电视电话会议，对2011年整治违法排污企业保障群众健康环保专项行动进行部署。省政府也相应召开会议，对此项工作进行了安排部署。随后，副市长周继武对全市的环保专项行动进行部署，要求市直相关部门和各县区政府要加强组织领导，加大工作力度，加强协调联动，形成执法合力，加强舆论宣传，接受公众监督，加强综合整治，落实责任追究，真抓实干，着力解决影响群众健康的突出环境问题，确保环保专项行动取得实效。6月，市政府建立了专项行动领导小组。市政府办公室下发了《玉溪市人民政府办公室关于调整玉溪市开展整治违法排污企业保障群众健康环保专项行动领导小组组成人员的通知》，将领导小组办公室设置在市环保局。市政府办公室印发《玉溪市人民政府办公室关于印发玉溪市加强重金属污染防治工作实施方案的通知》。市环保局等9部门联合印发《玉溪市2011年整治违法排污企业保障群众健康环保专项行动实施方案》。市直相关部门按照文件要求，围绕重金属污染企业违法问题排查整治等重点，组织开展环保专项行动。环保部门开展了重金属污染防治重点区域、重点行业、重点企业调研工作，组织编制了《玉溪市重金属污染综合防治“十二五”规划》，制定了《2011年玉溪市重金属污染防治实施方案》，并组织环境监察人员，对全市涉及重金属污染的区域和企业进行了全面排查。全市排查企业157户，其中，重点检查了列入国家涉重名单的69户企业及13户重点防控企业。结果表明，全市涉及的铅、汞、镉、砷等重金属主要集中在废水中，大部分企业的废水循环利用不外排。在专项行动中，环保部门还切实加强对重点污染企业的督查督办，严查有无铅蓄电池加工生产企业。结果表明，辖区内无铅蓄电池加工生产企业，工信委、环保、安监等相关部门也未立项或审批过铅蓄电池加工、组装、回收企业，未发现擅自拆解和擅自倾倒铅蓄电池电解液的情况；部分县区的汽车修理厂和铅蓄电池销售单位存在置换和暂时贮存铅蓄电池的情况，通过排查和现场检查，环保部门对存在环境污染或污染隐患的企业下达了整改通知，要求企业要认真分析、深入查找其污染问题及原因，制定污染治理计划，明确治理目标，投入必要资金，落实专人负责，确保在规定时限内完成治理任务，彻底消除污染隐患。各县区政府也成立了领导和工作机构，制定实施方案，建立政府牵头、各部门密切配合的工作机制，着力整治突出的环境污染问题。通海县对通变电器配件有限公司擅自建设镀镍工段的违法行为下达了限期改正通知书，责令其停止镀镍工段生产，进行整改。红塔区对春和矿物饲料有限公司违法堆放磷石膏废渣的问题依法立案查处，对北城钢铁有限公司淘汰2×220立方米高炉、洛河钢铁有限公司淘汰1×220立方米高炉等工作加大了监管力度，督促其在限期内完成整改任务。其余各县也都加强对涉重金属、危险废物企业的排查、监管和整治工作。全市出动环境监察人员10 932人(次)，检查企业3111家(次)，完成了专项行动的各项工作任务。

【危险废物排查】 2011年，全市环保部门按照各级政府专题会议的要求，组织开展危险废物环境风险大排查专项行动，对重点区域、重点行业危险废物产生、收集、贮存、处置、利用情况及可能存在的环境风险种类，项目审批和环评制度执行情况，制定、执行应急预案情况，环保治理设施运行及污染物排放达标情况进行了排查。全市排查企业和有关单位194户，其中，通海县70户，江川县28户，华宁县23户，澄江县17户，红塔区16户，峨山县15户，新平县10户，易门县8户，元江县7户。194户企业(单位)中，产生危险废物的为164户，不产生危险废物的30户，产生危险废物1吨以上的有99户，涉及医疗、汽车修理、金属压延加工及表面处理、无机盐制造、有色金属采选、冶炼、电镀、污水处理及垃圾处理等多个行业。经过现场检查，对未制定危险废物管理应急预案、危险废物处置不规范的企业提出了整改要求。

【排污收费】 2011年，全市环境监察部门根据省环保厅下达的排污费征收指标，及早做出计划，将排污费征收指标及稽查任务分解下达至各县区，并将其纳入全市环境监察年度考核范围进行考核；在全市范围内开展了排污企业申报登记调查工作，了解掌握列入全国污染源普查名单中已申报登记及尚未申报登记的企业状况，为实现应报尽报、应收尽收的目标奠定了基础。同时，开展国控重点企业排污费征收公告数据审核工作，加强对国控重点企业排污费缴纳情况的监管。对以钢铁企业为重点的22户企业进行排污收费稽查，下达《排污费征收稽查处理决定书》，严格进行稽查追缴。通过稽查，查清22户企业在2009～2010年间共欠缴排污费160.25万元，除江川县翠峰水泥有限公司因当年一直停产，未能补缴其欠缴的8万余元排污费外，其余企业欠缴的排污费共计152万元全部追缴入库。全市缴纳排污费的企业为541户，金额2 415万元，排污收费工作完成省环保厅下达征收计划数的1 350万元的178.89%。

【辐射监管】 2011年，市环保局下发《关于进一步加强放射源安全监管工作的通知》，要求各县(区)环保部门切实加强放射源监管，对所有使用放射源、射线装置的单位开展为期2个月的现场安全大检查。全市出动环保人员564人(次)，检查使用放射源的单位45家，放射源217枚；检查使用射线装置的单位144家，射线装置254台。对存在辐射安全隐患、制度不健全、防护措施不落实、台账不健全、应急预案不完善的单位及时提出整改措施，限期进行整改，并对涉及辐射的项目“环评”审批和落实“三同时”制度的情况加强监管，妥善收贮了闲置放射源。全年未发生放射源丢失、被盗和辐射污染事故，确保了辐射环境安全。

【查处环境污染投诉案件】 2011年，全市环保部门及时查处环境污染投诉案件，坚持有访必接，有案必查，并把矛盾化解在萌芽状态。全市环保部门全年共受理污染投诉案件351件，其中，水污染投诉案件91件，气污染投诉案件165件，渣污染投诉案件10件，噪声污染投诉案件84件，电磁辐射污染投诉案件1件。环保部门对所有污染投诉案件均作了调查处理，处理率达100%。

【“绿色”创建】 2011年，市环保局与有关部门协作，继续组织开展“绿色”创建活动，转发了云南省七彩云南保护行动领导小组办公室关于创建第六批省级绿色学校、第四批省级绿色社区和第三批环境教育基地的通知，并将省级绿色系列创建申报培训课件制作成光碟发至各县区环保局，指导开展创建工作。4月，组织申报省级绿色学校的34所学校、申报省级绿色社区的4个社区和申报环境教育基地的3个单位的相关人员参加省绿色创建工作领导小组办公室举办的申报培训会。之后，会同市教育局等市级“绿色”创建成员单位对申报单位提交的材料进行了会审，对其创建工作进行了评估，于5月底上报了36所学校、3个社区和3个环境教育基地的申报材料。省绿色创建工作领导小组组织专家对全省申报的学校、社区等进行考核后，于2012年1月9日召开了全省环境保护宣传教育工作座谈会暨绿色系列创建工作表彰会。全市有16所学校、3个社区榜上有名。至此，全市共建成市级绿色学校158所，其中，有79所进入省级绿色学校行列，3所学校进入国家级绿色学校行列；建成省级环境教育基地3个；建成市级绿色社区22个，其中，有15个社区进入省级绿色社区行列，1个社区进入国家级绿色社区行列。根据省绿色创建工作领导小组的安排，环保和教育部门在2011年组织开展了国际生态学校创建工作，并从市级以上绿色学校中筛选出创建工作成效突出的玉溪第四中学和玉溪第一小学2所学校申报国际生态学校。

【“六·五”世界环境日宣传教育活动】 2011年6月5日是第40个世界环境日。联合国环境规划署确定其主题为“森林：大自然为您效劳”。国家环保部确定的主题为“共建生态文明·共享绿色未来”。玉溪市也相应提出了“创建国家环保模范城市·共享绿色未来”的主题。围绕这一系列主题，环保部门和相关部门协调配合，在世界环境日期间组织开展了多种环保宣传活动。6月3日，市环保局组织召开“纪念‘六·五’世界环境日座谈会”，各科(室)、环境监察支队、环境监测站负责人、玉溪市环保形象大使、“创建国家环保模范城市”办公室代表等人员参加会议。会后，组织市、区环保系统人员、环保形象大使在聂耳文化广场开展宣传咨询活动，悬挂环保宣传布标6幅，设立环境污染投诉、环保法律法规、环境问题咨询台，现场受理群众投诉，解答群众提出的问题，并向群众发放环保宣传手册6 000多册、环保购物袋10 000个。世界环境日期间，《玉溪日报》、玉溪电视台、玉溪新闻网等媒体围绕环境保护，开辟专版、专栏进行宣传。各县(区)环保部门在有关部门的配合下，组织开展多种宣传活动。江川县环保局组织县、乡(镇)、村干部和学生1万多人，对主要入湖河道、村庄环境卫生进行清理整治；在县城、集镇设点开展现场咨询宣传，出动宣传车巡回宣传，并在网络、电视上进行宣传。通海县环保局组织召开“低碳生活座谈会”，制作警示教育片《通海生态忧思录》在电视上播放。新平县环保局举办环保讲座，组织学生开展长卷签名、绘画竞赛、环保知识考试等系列活动。峨山县环保局组织环保志愿者开展保护林木、清理白色垃圾等活动，在县城主要街道悬挂宣传条幅数十条，发送环保短讯6万多条。易门县环保局举办全县副科以上干部及企业负责人参加、主题为“建设生态文明、推进人居环境建设”的讲座，举办环保专场文艺晚会。元江县环保局设立咨询宣传点开展宣传，向群众发放宣传资料、环保购物袋了，并组织开展环保知识进社区、进学校、进机关、进企业、进农村、进军营(六进)活动。

【环境监测】 2011年，全市环境监测部门围绕全市环境保护的中心任务，按时完成了“三湖一库”及入湖河流、元江、南盘江、绿汁江、曲江、星云湖——抚仙湖出流改道、东风大沟、玉溪大河新改一期工程河段的月报监测及中心城区环境空气质量监测等27个例行监测项目；完成排污年检及排污现状监测项目34个、“三同时”竣工验收监测项目21个、环境质量现状监测项目11个、应急监测项目7个、重点污染源监督监测项目59个、在线监测系统效验(比对)监测项目40个、委托监测项目59个；出具各类监测报告300份，出具监测数据34 161个，发布中心城区环境空气质量日报365期；完成环境质量简报、月报、季报、年报、公报等“七报”的编报工作；完成了实验室资质认证评审及换证工作；完成了有机污染监测实验室的建设，并通过了计量认证；完成了抚仙湖水质自动监测站的建设，开展了监测工作，6月5日正式向国家环境监测总站上报抚仙湖水质自动监测站水质周报17期、监测数据7 140个。市环境监测站同时抓好新建的县级环境监测站的能力建设，在监测设备的选择、实验室的布局、监测技术人员的培训等多个方面予以指导和帮扶，为县级环境监测站早日开展工作奠定了基础。

（刘　彬）

商　务

【概　况】 2011年，全市进口、出口值再创历史新高，实现外贸进出口总值40 055万美元，比上年增40.2%。其中，出口35 799万美元，比上年增35.1%；进口4 256万美元，比上年增106.2%，分别完成省、市下达的3.2亿美元和3.4亿美元目标任务的125.1%和119.7%，全省排名第四位。全市实现社会消费品零售总额168.4亿元，比上年增19%，连续7年保持2位数增长，完成市政府工作报告计划任务167亿元的100.8%。全市实际使用外资3 795.5万美元，比上年增17.5%，完成省下达目标任务3 650万美元的104%；实施市外国内资金项目220项，使用市外国内资金115亿元，比上年增23%。其中，使用省外资金首次突破百亿元大关达103亿元，比上年增31%，完成省下达省外资金目标任务91亿元的113%，完成市下达目标任务100亿元的103%。申报并经省商务厅核准对外投资项目——通海高原农产品有限公司在香港投资成立高原国际拓展（香港）有限公司，注册资本为港币120万元，经营范围为直销和代理各类商品和进出口业务。

（施又莓）

【参展昆交会】 第19届昆交会暨第4届南亚国家商品展于2011年6月5日在昆明国际会展中心开幕。全市贸易成交8 300万元，签约内资项目6项，协议投资总额39.4亿元，拟利用市外国内资金32.5亿元；签约外资项目1项，总投资2 102.7万美元，拟利用外资560万美元。签约的7项内外资项目均已推进。

（李树强）

【农产品出口】 2011年，全市42户农产品出口企业有蔬菜、花卉、水果、茶叶等各类种植出口基地29万多亩，生猪养殖基地33个（养殖生猪4.6万头），水产品养殖基地36亩，野生及人工菌基地20.5万亩，分布于八县一区及昆明、曲靖、楚雄、大理等州市。其中，市内基地32.1万亩，市外基地17.4万亩。企业自有基地4万多亩。全市新增出口基地6万多亩。为保证出口产品质量，企业加大基地建设及籽种的投入。据统计，企业在基地建设中已累计投入资金3.2亿多元。全市出口农产品24 373万美元，比上年增108.4%，占全市出口总值的68.1%，成为支撑全市外贸出口的中坚力量，彻底改变长期以来外贸结构以磷化工为重的局面。全市新鲜（脱水）蔬菜出口突破1亿美元，达18 575万美元，比上年增97.1%，占全市出口总值的51.9%，占全省同类产品出口总值的28.6%。水果出口突破3 000万美元大关，达3 409万美元，比上年增16.8倍，其中，石榴实现出口值1 471万美元，比上年增35.8倍，葡萄、柑桔橙出口值均超过500万美元，成为继蔬菜、磷酸、黄磷、生猪制品后第五大出口商品品种。

【外贸出口】 2011年，县区外贸取得重大突破，通海县成为全市首个出口值突破1亿美元的县，全县完成出口值15 404万美元，比上年增96.5%，占全市出口总值的43%；澄江县突破5 000万美元，完成出口值5 309万美元，比上年增29.2%；华宁县依托华宁盛泉果蔬实业有限公司实现了大幅、快速增长，完成出口值2 606万美元，比上年增4.3倍；高新区创历史新高，完成进出口值3 240万美元，比上年增50.3%；元江县出口突破500万美元瓶颈，达501万美元，增77%。对文莱出口实现零的突破，实现水果、新鲜蔬菜出口7万美元。全市与东盟10国均建立了贸易合作关系。越南成为全市外贸史上首个出口值超过1亿美元的国家，出口值10 220万美元，增109.5%。全市对东盟各国累计出口值23 391万美元，比上年的11 572万美元增102.1%，占全市出口总值的65.3%。全市新增进出口实绩企业12户，使全市有实绩外贸企业达73户，比历史最多年份增加5户。市政府荣获“2011年完成外贸进出口目标任务先进单位”称号。宋威农产品进出口有限公司、茂源果蔬进出口有限公司2户企业同时受到表彰。

【发展龙头企业】 2011年，全市新增进出口值上千万美元企业5户，进出口值上千万美元企业达12户，累计进出口值30 319万美元，比上年增65.2%，占全市的75.7%。通海县宋威农产品进出口有限公司积极重建泰国水灾受损直销机构，千方百计扩大对越南出口，公司蔬菜出口值突破5 000万美元，达5 414万美元，比上年增64.2%，跻身全省出口企业前20强。在荷乐宾、东靖、世纪金山、红塔塑胶等企业大量进口及德新纸业、风格力、蓝晶科技、玉昆钢铁等企业新增规模进口的带动下，全市实现进口值4 256万美元，比上年增106.2%，占全市进出口总值比重由2005年的6.6%增至10.6%。

【蔬菜出口专业型示范基地建设】 2011年7月下旬，经国家商务部按照公平、公正、公开的原则组织相关进出口商会对基地申报材料进行复核，组织专家分初评和答辩两个阶段对有关基地进行独立考评以及公示后，玉溪市蔬菜出口专业型示范基地正式成为第一批国家外贸转型升级专业型示范基地。同时，基地内公共物流、公共检验检疫、质量可追溯体系、国际营销服务、产品实验室等6个平台建设共获得1 000万元专项资金支持并已开始启动。

【跨境贸易人民币结算】 2011年，通海县东绿食品有限公司、茂源果蔬进出口有限公司、宋威农产品进出口有限公司、选福工贸有限责任公司及玉溪市世纪金山经贸有限责任公司等10户企业通过跨境贸易人民币结算，实现进出口额26 063万元(约折合4 300万美元)。其中，通海县东绿食品有限公司进出口总值15 446万美元，占27.8%，获得中国人民银行昆明中心支行和省商务厅的表彰。

(赵翠玲)

【技术进口项目】 2011年，维和生物技术有限责任公司、中云玉山城投资开发有限公司、老鹰地旅游度假村有限公司、正大种子有限公司等4户企业实施技术进口项目7个，涉及资金186.439万美元。

(官　林)

【万村千乡市场工程】 2011年，全市“万村千乡市场工程”按规划建设农家店20个、配送中心项目2个，已全部验收合格。20个农家店中，日用消费品农家店18个、农资农家店2个，全部为村级店。全部共投入资金549.2万元，建设或改造营业面积2 713平方米，新增就业人员59人。至2011年末，全市新建、改造农家店902个(日用消费品店775个，农资店127个)，其中，乡级店69个，村级店833个，建设改造配送中心9个。全市农家店乡镇覆盖率达100%，村委会覆盖率达92%，千人以上自然村覆盖率达91%。全市农家店平均商品配送率达78%。全市累计投资3.48亿元，建设或改造营业面积123 969平方米，就业人员2 556人，年销售额3.33亿元。

【家电下乡】 2011年，全市销售冰箱(含冷柜)、彩电、手机、洗衣机、计算机、空调、热水器、微波炉、电磁炉、电动自行车(9+1)十大类家电下乡商品共计14.33万台(部)，销售额3.83亿元；兑现补贴13.7万台，补贴金额4 346.1万元，补贴兑付率为95.47%。自2009年家电下乡工作实施以来，全市共计销售家电下乡产品31.15万台(部)，销售总额7.38亿元；补贴家电下乡产品29.5万台，补贴金额8 530.2万元，补贴兑付率为94.9%。

【生猪定点屠宰管理】 2011年，全市开展了屠宰厂标准化建设改造工作，相继完成凤凰生态食品有限公司代宰车间、易门县屠宰厂和新平县屠宰厂的搬迁标准化建设。同时，开展了生猪屠宰厂压点减量工作，对不符合设置规划，设施、设备等条件不符合相关要求的7个生猪屠宰厂实施了关停。整合后全市有屠宰厂(场)48个，其中，屠宰厂30个，屠宰点18个。1月1日起，在统一屠宰厂(场)印章和实施肉品品质检验制度的基础上，推进肉品质量信息可追溯体系建设，统一印制了屠宰厂台账，制定了台账管理制度，实现了屠宰厂从生猪入厂到产品流通的全面规范登记，彻底解决了长期以来全市屠宰厂登记不规范、信息不全面的问题，为建立肉品质量信息可追溯体系打下了坚实的基础。

2011年12月17日，由市委书记孔祥庚率领的党政代表团访问老挝占巴色省

(潘　泉　摄)

【专业市场建设】 2011年，全市商务系统加快专业市场建设，积极推进家佳超市李棋配送中心、市农产品配送中心、水果市场、元江热带水果商贸城、市林产品加工贸易中心等重点专业市场建设。同时，建设改造了一批乡镇农贸市场，组织实施了6个省级乡镇农贸市场、9个市级乡镇农贸市场建设改造项目，有效解决了边远乡镇以路为市的状况，完善了农村流通网络。按照中心城区商业网点规划，有序推进汽车专业市场建设，加快建设太极路沿线汽车专业市场建设，已有东风雪铁龙、别克、丰田、宝马4S店相继竣工并投入经营，吸引了江淮、名爵等一批品牌汽车经销商向太极路聚集。

【市场运行监测和储备监管】 2011年，全市商务系统处理突发事件和重要商品管理能力进一步提高，有效应对百年一遇的旱灾、下半年出现的肉食品、蔬菜等商品价格上涨等情况。4月，在省商务厅帮助下，开通全市商务预报，增加监测样本企业至52个，加强对重点流通企业、批发市场、超市等监测对象的商品运行情况的监测；启动了重要生活必需品日报、周报制度，对全市57户重点流通、生产企业的商品情况进行监测并新增监测样本16个；确定了4户重点流通企业、1户生产企业为应急保供企业。

【典当管理】 2011年，全市新增绝当物品销售门市3户，典当行业累计发生典当业务569笔，累计典当金额14 460万元。年末，典当余额1 772万元。

【直销管理】 2011年，市商务局进一步加强对各直销服务网点的监管，全市经批准的直销企业8户，经核查的直销服务网点41个。其中，本年度新增服务网点7个。

【酒类流通管理】 2011年，全市继续推进酒类流通备案工作，累计完成4 026户酒类经营者的备案登记，其中，酒类批发业(批零兼营)288户，零售业2 342户，餐饮业1 250户，酒吧等娱乐业143户，其他3户。

（杨光伦）

【成品油供应】 2011年，全市成品油市场总体运行平稳，供求稳定。两大石油公司累计购进汽柴油53.8万吨，累计销售汽柴油53.7万吨，比上年增7%；其中，汽油销售14.06万吨，柴油销售39.69万吨。从两大石油分公司看，中石化玉溪石油分公司的汽柴油累计销售量与上年相比增7%，中石油玉溪销售分公司增4%。两大石油公司各类成品油库存为4316吨。截至2011年末，全市持有《成品油零售经营批准证书》的加油站(点)215座，全年注销加油站《成品油零售经营批准证书》4个，批准加油站原址改造或搬迁重建31座、新建4座。中石化澄江凤麓加油站等8座加油站和中石化太极加油站加油员普梅分别荣获2010年度云南省“用户满意加油站”和“加油服务明星”殊荣。

【汽车销售】 2011年，全市购进各种品牌汽车17 319辆，比上年减24.1%；销售15 790辆，比上年减26.3%；交易金额157 833.61万元。全市交易二手车14 907辆，比上年增13.4%；成交金额5.09亿元，比上年增29.18%。二手车鉴定评估公司共评估车辆81辆，评估金额282万元。

【拍卖】 2011年，全市拍卖企业共举行拍卖会36场，比上年增9.09%；拍卖成交金额13 081.54万元，比上年增5.13%。

【餐饮管理】 2011年1月10日，在全省餐饮业品牌表彰颁奖大会上，玉溪市饮食服务有限责任公司、汇龙生态园汇龙饭庄和玉溪高原水乡饮食文化有限责任公司分别荣获2010年云南省餐饮业“名牌企业”、“餐饮名店”称号；玉溪千层浪风味名吃店任亚伟和玉溪市饮食服务有限责任公司朱暄荣获中国滇菜烹饪大师称号；千层浪玉溪风味名吃店任亚伟芙蓉包荣获餐饮名点称号。

【入围“老字号”企业】 2011年3月8日，通海县酱菜厂入围第二批保护与促进中华老字号名录。第二批认证后，全市获此殊荣的企业共有3户。11月22日，省商务厅公布第一批“云南老字号”名单，红塔食品有限责任公司、玉林泉酒业有限公司、宏县斌绿色食品有限公司、通海县民族银饰制品有限公司、通海县酱菜厂榜上有名，获得“云南老字号”称号。

【再生资源利用】 2011年4月，玉溪市喜获全国第二批再生资源回收利用体系建设试点城市。4月7日，全国再生资源回收体系建设现场会在上海召开，市委常委、副市长黄宪庭及市商务局局长段家祥等领导应邀出席会议。会上，黄副市长代表市政府与国家商务部就再生资源回收体系建设的中央内贸发展专项资金管理工作签订了责任书，明确了加强城市再生资源回收利用体系建设的项目管理、实施效果、资金安全等主要职责。责任书的签订，标志着全市再生资源回收利用体系建设从政府、企业、社会层面推进的步伐进一步加快，提高资源利用率、实施节能减排的目标得到进一步深化，实现经济社会可持续发展的能力进一步增强。

【美容美发管理】 2011年9月2日，市美容美发行业协会成立，承担起规范行业行为、实行行业自律、维护市场秩序、促进行业发展的行业管理职能，为政府和企业提供双项服务。

【家政服务管理】 2011年9月5日至11月11日，市公共保洁与家政服务行业协会组织分5期开展了国家家政服务工程培训，累计培训家政服务从业人数812人。

【家电以旧换新】 2011年4～12月，全市开展了家电以旧换新工作。全市备案登记的家电以旧换新销售、回收网点共68家，其中，销售33家，回收35家；通过家电以旧换新销售家电11 474台(件)，销售金额达5 135万元；审核补贴家电数量10 257台，审核补贴金额320万元；回收旧家电11 360台，回收资金15万元。

（刘启良）

【参加泛珠三角区域合作与发展论坛暨经贸洽谈会】 2011年9月21日，第七届泛珠三角区域合作与发展论坛暨经贸洽谈会在南昌开幕。市政府组织了由市委常委、副市长黄宪庭任团长，市商务局局长段家祥任副团长，市政府副秘书长张卫任秘书长，各县区分管商务、工业商贸和科技信息的副县区长及县区局长为成员共29人的经贸代表团赴赣参会；发放各类项目册和宣传资料1500余份，并与江西济民药业有限公司、景德镇窑盛陶瓷有限公司等企业进行了项目洽谈。此次展会，不仅宣传推介了玉溪，还从政府、企业等多个层面加强了与江西省的沟通与交流，为推动玉溪与泛珠区域的相互了解、合作发展奠定了良好基础。

（张桂兰）

2011年7月5日，玉溪子墨商贸物流中心项目协调推进会暨签约仪式在玉溪中玉酒店举行 （市商务局　张桂兰　摄）

【招商引资重大项目】 2011年7月3日至5日，浙江子墨集团总裁洪俊及其助理携集团的国际顾问Carol和Victor等一行就玉溪子墨商贸物流中心项目开展深入调研，并于7月5日举行协调推进会暨项目签约仪式。市委常委、副市长黄宪庭，市委常委、红塔区委书记夏立洪和市商务局局长段家祥等领导出席协调会并见证签约仪式。9月23日，中广核华宁风力发电有限公司正式在华宁县注册成立，为玉溪市首家风力发电公司。

【外商投资企业联合年检】 2011年3月至6月，由市商务局牵头，联合市财政局、国税局等部门，组成外商投资企业联合年检办公室，对全市外商投资企业2010年度运营情况进行联合年检。全市56户外商投资企业参检，其中，合资企业26户，合作企业4户，独资企业25户，股份企业1户。在56户参检企业中，45户企业生产经营正常，实现营业收入27.48亿元人民币，利润总额4.58亿元人民币，纳税总额2.54亿元人民币。

（李晓斌）

粮油经营

【概　况】 2011年，全市粮食工作围绕“转方式、调结构、增活力、保供给、稳市场、惠民生”的工作重心，以落实“四个确保，一个实现”为目标，踏实履职，扎实工作，继续抓好粮食收购、市场调控、储备管理、市场监管、企业改革、产业发展等重点工作，积极应对粮食危机的冲击和影响，保障了全市粮油有效供给，保证粮食质量安全，粮油市场基本稳定，满足了市、县区政府的调控和应急需要。全市购进粮食38 684万千克（原粮），其中，国有粮食企业购进15 443万千克，比上年增加2 114万千克，增15.9%；非国有粮食企业、转化粮食企业购进23 241万千克，比上年增加13 681万千克，增143.1%。全市购进油料13 478万千克，比上年增加6 226万千克，增85.8%。全市销售粮食（贸易粮）32 554万千克，其中，国有粮食企业销售12 201万千克，比上年增加1 248万千克，增11.4%；非国有粮食企业、转化粮食企业销售20 353万千克，比上年增加6 777万千克，增149.99%。全市销售油脂5 016万千克，比上年增加2 900万千克，增137%。全市商品粮库存（原粮）7 209万千克，其中，国有粮食企业商品粮库存5 453万千克，非国有粮食企业商品粮库存1 756万千克。全市油脂库存826万千克。全市国有粮食企业完成粮油销售收入39 985.5万元，比上年增加7 085.9万元，增21.5%；费用总额5 234万元，比上年增1 012.1万元，增23.9%，其中，财务费用1 456.5万元，比上年增加626.8万元，增75.6%；盈利499.7万元，比上年增加180.4万元，增56.5%。粮油保管继续巩固“一符四无”市标号。经省粮食行政首长负责制考核领导小组办公室成员单位考核评比及评审小组考核评定，报省委、省政府批准，玉溪市综合评分位居全省第一，再次获得“优秀”奖，连续6年获得全省粮食行政首长负责制“优秀”奖。

【粮食收购】 2011年，为保护农民利益，保证市场供应，市政府下发了《玉溪市人民政府办公室关于切实做好2011年小春收购工作的通知》，市粮食局下发了《关于认真做好2011年秋粮收购工作的通知》，鼓励各类具有资质的市场主体入市收购，确保农民增产增收。为最大限度掌握本地粮源，收购期间，市、县区粮食局加强检查和调研，督促国有粮食企业带头执行国家粮油收购政策，敞开收购大小春粮油，坚持等级标准，在收购点陈列样品，公示等级和价格，不压级压价，不短斤少两，不代扣代缴各种税费，不打白条，同时把优质粮油、放心粮油和宣传资料一并带到农村，配合小春粮油收购，开展宣传、销售和兑换业务，满足农村不同层次的需求。通过各项措施的落实，全市国有粮食企业掌握了主要粮源，购进粮食15 443万千克，其中，本地购进5 132万千克，比上年增加2 761万千克，增116%。

【粮食产销合作】 2011年，针对全市粮食产销缺口逐年增大，粮食销区特征越来越明显的实际，市政府高度重视粮食购入工作，每年都安排粮食产销衔接工作经费，支持国有粮食企业同省内外粮食主产区建立长期、稳定的粮食购销合作关系。10月11日至12日，市委常委、常务副市长谢兴荣和市委常委、市委组织部部长寸世成率市委办、市发改委、市粮食局、市农业局、市工商局负责人到吉林省白城市签订粮食产销合作框架协议，确定继续加强粮食动态储备合作，增加一定数量的市级动态储备粮存储销售合作。白城市支持玉溪市粮食企业在白城开展订单收购、异地存储等粮食收储活动，鼓励双方企业开展联合经营，共同开发利用粮食资源和基础设施，在同等质量和市场价格条件下，白城市每年安排一定数量的大米供应玉溪市场，使粮食市场有稳定的粮源保障。玉溪市积极创造条件，为白城市粮食销售提供稳定的市场，支持白城市粮食企业在玉溪市开展加工、销售以及设立分公司和销售点等粮食经营活动，并提供优质服务。两市建立密切联络机制，加强粮食信息资源共享；双方定期会晤，及时沟通，提出意向性粮食供需计划，积极协调解决合作中出现的问题，促进企业间的合作有序进行，真正实现“政府推动、部门协调、市场调节、企业运作”的产销合作。两市间建立了长期稳定的合作长效机制，为全市经济结构调优调强和粮食安全奠定了坚实基础。当年，以市国家粮食储备库和红塔区粮食收储公司为依托，从黑龙江、吉林、四川等省调入粳稻、小麦、大米3 200万千克，完成省级动态储备（大米）1 000万千克、市级动态储备（大米）200万千克的任务，增加了成品粮供应量。县区国有粮食收储公司从昆明、曲靖、文山、红河等州市购入粳稻、玉米1 400万千克，从越南、缅甸、老挝等国购入籼米、玉米300万千克，加大粮食投放力度，从品种上、数量上满足了政策性粮食供应和市场需求。

【粮油保供稳价】 2011年，市政府要求全市粮食部门继续执行好政府办《关于印发玉溪市保证粳米市场供应和价格稳定工作方案的通知》、《关于进一步加强价格调控，确保物价稳定和市场供应的紧急通知》和《玉溪市人民政府转发省政府关于稳定消费价格总水平保障群众基本生活相关意见的通知》等3个文件。市粮食局、市发改委、市财政局多次协调联系，结合实际，先后转发《省粮食局、省发改委、省财政厅关于做好当前粮油保供稳价工作的文件的通知》和《国家发改委、国家粮食局关于做好中秋、国庆节日期间粮油市场供应等工作文件的通知》，并根据省粮食局有关文件精神，在深入调研的基础上，共同形成《玉溪市增设粮油平价销售点适时投放粮油储备工作实施方案》，以市政府办文件下发执行，从机制、政策、组织等方面确保全市粮食供应和粮价稳定。同时，成立市政府分管联系粮食工作的副秘书长负责总协调，市粮食局负责组织实施，市发改委、财政、交通、商务、工商、农发行等部门相关领导为成员的市粮油市场保供稳价领导小组，下设办公室，统一组织协调全市粮油市场保供应和价格稳定工作。同时，加强市内粮油需求和价格监测，定期研究保供稳价工作，引导、督促粮油加工、批发、零售企业执行国家粮食购销政策，保障市场供应，杜绝囤积居奇、哄抬价格。市、县(区)粮食局和国有粮食企业把认识和行动统一到国家粮食宏观调控的政策措施上来，服务于保证供应、稳定市场的大局，发挥国有粮食企业的优势，充实薄弱地区库存，把握好各级储备粮轮换节奏，适时轮换，充实和丰富市场粮源，按略低于市场价格，长年挂牌销售，稳定市场粮油价格。市内10个国有粮食企业和3户军粮供应站的粮油销售门市，被确定为全市粮食市场调控供应网点。江川县、通海县的国有粮食企业在区域内食用植物油价格波动、个体工商户油脂价格上涨幅度较大的情况下，以每千克四级菜油14元的价格长时间挂牌销售，带头稳定食用植物油价格。全市切实加强对粮食市场的调查分析，加强对粮食生产、消费、市场、库存、质量等监测监管工作，建立粮食预警监测体系和市场信息会商机制，及时了解掌握全市粮油供求、价格变化等情况，动员各类粮食企业，精心组织货源，切实保障供给，稳定粮油市场价格，保证粮油产品质量，让广大消费者吃上放心粮油。全市完善粮食应急预案实施办法，县(区)进一步完善特殊时期粮食供应应急预案，抓紧做好仓储设施、应急加工和供应网点的维修工作，切实健全应急体系。市粮食局组织对县(区)各类成品粮油(包括小包装粮油)应急库存、粮油应急加工和投放能力等相关情况进行全面摸底核查，建立应急协调联运机制，落实粮食经营企业保持必要的成品粮油库存量，进一步提高应急保障能力，并合理调度市、县储备粮油，及时、准确、有效投放，增加市场供应，保持粮油市场价格基本稳定。由于认识到位、措施有力、落实到位，国有粮食企业继续发挥主渠道作用，全市粮油实现有效供给，在保供稳价工作中未动用地方储备，保证了全市粮油供应不断档、不脱销，市场商品量充裕、品种丰富，满足了广大人民群众的消费需求，价格基本稳定，保证了军需民食。

【粮食和食用植物油库存检查】 2011年，为进一步加强粮食库存监管，切实掌握全市粮食库存情况，确保粮食宏观调控措施落实，市粮食局组织开展全市粮食库存检查工作。检查范围包括市内所有地方储备粮及国有粮食企业储存的商品粮，内容包括粮食库存账实相符、账账相符情况、库存粮食质量和卫生安全情况、储备粮轮换情况、政策性粮食补贴拨付使用情况、粮食仓储管理情况等。检查分为自查和复查阶段。4月1日到8日，县(区)粮食局和企业开展粮食库存自查。4月8日到11日，市粮食局按企业库存粮食总量的12%对市国家粮食储备库、红塔区、江川县的国有粮食企业库存情况进行了随机抽样复查。经自查和抽查，全市国有粮食企业库存粮食数量真实、质量良好、储存安全、账实相符、账账相符、账表相符。全市国有粮食企业贷款合理，无挤占挪用农发行粮食收购资金贷款现象。同时，为切实加强食用植物油库存监管，夯实宏观调控物质基础，做好粮油保供稳价工作，推动食用植物油库存检查工作科学化、规范化、制度化，经国务院批准，国家发改委、国家粮食局、财政部、中国农业发展银行联合组织开展以政策性食用植物油为重点的库存检查工作，建国以来尚属首次。根据国家和省的相关文件精神，及时成立由市政府副秘书长、研究室主任李毅昆为组长，市粮食局局长杨诚为副组长，市发改委副主任乔正喜，市财政局副局长招永兴、市粮食局副局长王毓华、陈云岩，农发行玉溪市分行副行长吉晓芸为成员的市食用植物油库存检查工作领导小组；下设办公室在粮食局，负责日常工作。随后以《玉溪市人民政府办公室关于开展全市食用植物油库存检查工作的通知》文件下发各县(区)人民政府和市直相关单位。县(区)政府也成立了相应的领导机构，负责协调和领导本县(区)的油脂清查工作。按照“有库(点)必到、有油必查、查必彻底”的原则，于5月26日至6月底对全市食用植物油库存实物、账实、账账、质量、政策性补贴拨付、政策性油脂库贷挂钩等情况进行全面检查。通过县(区)督导企业自查、市级复查、省级普查，全市承担政策性食用植物油存储的10户企业，实际油脂库存14 043吨，其中，政策性油脂库存8 013吨，商品油脂库存6 030吨；自查实物与检查时点账面(统计账、会计账、油罐保管账)油脂库存数量相符；存储的政策性油脂和商品经营油脂质量良好；油脂、油料的管理制度健全，工作规范，油罐、油桶周围清洁、卫生，各种油脂、油料的存储安全；存储的政策性油脂，严格按照轮换计划和相关报批手续进行轮换，严格把握油脂入库出库的质量，没有擅自动用和自行出库的现象；中央储备油、国家临时存储油、市级储备油、县(区)级储备油保管费、轮换补贴都按有关规定及时拨付到了油脂存储企业，没有拖欠现象；政策性油脂库存数量与银行贷款数相符，没有挤占挪用贷款的违法违规行为。省级普查组认为，全市食用植物油库存检查领导重视、部门配合、精心组织、准备充分、清查扎实；食用植物油储存制度健全，工作规范，管理到位；检查结果库存真实、账实相符、账账相符、质量良好、存储安全。市粮食局、红塔区粮食局分别被评为2011年全省食用植物油库存检查工作先进单位。杨诚、陈云岩、景保明、杨俊被评为2011年全省食用植物油库存检查工作先进单个人。

【粮食流通监督检查】 2011年1月25日至27日，市粮食局组织县(区)粮食局开展粮食流通市场检查和巡查，并配合有关部门开展节日食品安全专项检查。全市粮食批发和零售市场粮食数量充足、质量良好、市场流通秩序正常；粮油储存、加工企业库存充裕，能够确保节日市场供应；各大超市粮油品种丰富、质量良好。“五一”期间，开展了粮油食品安全专项检查。全市对国有粮食企业销售网点和个体经营户298户(点)的库存粮食进行了检查，检查各种粮食16 392.2吨，其中，大米2 264.7吨，面粉、面条78.5吨，油菜747.83吨。经过检查，未发现不符合质量标准的粮油流入口粮市场，也未有发现囤积居奇、哄抬价格、假冒伪劣等违法行为。端午节和中、高考期间，开展粮油食品安全检查和巡查。市、县(区)粮食局抽调执法人员，配合食品安全委员会其他成员单位做好节日期间食品安全联合整治工作，对县城集贸市场、学校周边及街道餐饮店进行了检查，确保端午节和中高考期间粮油食品安全。2月初到3月底，组织对全市《粮食收购许可证》进行了年度检审，全市累计取得粮食收购资格的经营者共85户，其中，国有企业14户，民营企业16户，个体经营者55户。同时，加强小春粮油收购市场监管，规范粮油市场收购秩序。各县(区)开展了小春粮油收购市场专项检查，出动车辆39台次、人员173人次，检查经营户(点)76个、粮油数量17 495吨，其中，粮食15 692吨、油菜籽1 803吨。通过检查，督促入市收购粮油的多元化市场主体，认真贯彻执行国家粮油收购政策，做到价格上榜、标准上墙、样品上台、不打“白条”和不代扣代缴任何税费，粮油收购中没有发现短斤少两、压级压价等坑农害农行为，进一步规范和维护了粮油收购秩序。按国家粮食局等部委和省粮食局要求，完成规范粮食收购市场秩序和秋粮收购专项检查工作。大小春粮油收购中，市、县区粮食局履行职责，积极开展粮油收购市场监督检查，督促粮油收购企业和个体工商户在收购中认真执行国家的粮食收购政策，未发现给售粮农户打“白条”的现象，对符合质量标准的粮油，没有出现拒收限收情况。全市涉粮企业都建立了购销台账，并实行索证索票经营制度。由于监管到位，全市粮食购销市场经营规范、秩序良好，市本级未收到群众投诉案件。市粮食局和新平县粮食局被省粮食局授予“全省粮食流通监督检查示范单位”称号。

【创新储备粮管理机制】 2011年，市级和各县区积极探索高效、灵活的储备粮管理办法，并制定了《储备粮管理办法》。在深入调查研究的基础上，积极争取政府和有关部门的支持，优化储备粮管理方案和布局、结构，对市、县两级储备实行动态管理，轮换时机由企业把握，适时轮换，给企业更多的经营自主权，县区形成了储备粮经营包干和收支两条线两种模式；储备粮实行1年2检制度和“五、十”检查制度；积极探索加工轮换，在提高企业效益的同时保障市场供应；寻找稳定的轮换粮源，建立长期购销协作关系，保证中央、省、市、县区级储备粮按时、按质、按量完成承储任务。经检查，全市各级储备粮数量真实、品质良好，储存安全，宜存率大幅提高。全市在加强产销合作工作中，从黑龙江省、吉林省调入优质粳稻，在满足市场需求的同时将市级储备粮大部分轮换为东北粳稻，使储备粮品质得到优化，与全市粮食品种消费结构相适应。同时，将小麦加工能力最强的通海县400万千克稻谷储备指标转为小麦储备，将优质小麦生产县易门100万千克稻谷储备指标转为小麦，进一步优化了品种结构。在布点方面，地方储备粮主要存储在中心城区和县政府所在地的人口聚集区，同时兼顾缺粮乡镇，确保需要时调得动、用得上、有保障，能及时投放，发挥最大效用。各县区完善粮油应急措施，检修粮油应急设施，国有粮食企业备足可供7天销售的成品粮油(大米、面粉、面条、精炼油)，以保证应急需要。

【粮油质量管理】 2011年，为切实履行对全市粮食质量安全的监管职能，从源头上确保市场供应、各级储备和政策性供应粮食的质量，成立了市粮食质量安全监管协调领导小组，负责全市原粮卫生和质量监管工作。同时，把粮食(油脂)质量安全列为全市粮食流通工作总体要求的内容，纳入粮食部门的主要工作职责，每次开展粮食市场监督检查和专项整治活动都包括粮食质量监管内容；每次召开全市粮食局长会议，都要强调粮食质量监管的重要性，并结合实际，安排抓好粮食质量管理的具体工作，组织机关干部和直属单位负责人开展粮食政策法规和粮食质量专题讲座培训；建立粮油收获质量和品质测报制度，组织执法人员和粮油质检人员开展环节的粮食质量监督检查，从源头上加强原粮卫生安全监管，防止有毒有害粮食流入口粮和饲料市场；建立粮食质量和原粮卫生检查、监测制度，定期开展粮油质量和卫生监管专项活动，并依托市粮食质量监测中心，对各级储备粮和商品周转库存粮进行质量抽检，经检测，全市2011年度无重度不宜存粮；对政策性粮食供应质量实行一批一检，所检粮油样品质量良好，达到供应标准；对各级储备粮严格执行“一年两检”制；建立和完善粮食质量安全突发事件应急机制，做到早发现、早报告、早处置。通过上述工作的开展，提高了各级粮食行政主管部门和粮食企业加强粮食质量安全监管的力度，增强了质量意识，完善了管理措施，建立了长效机制。同时，积极开展“放心粮油”进农村、进社区活动，切实维护消费者的合法权益。全市6户粮油企业的8个产品获得“放心粮油”称号，其中，7个产品获国家级“放心粮油”称号，1个省级“放心粮油”称号，为确保粮油食品安全做出了积极贡献。

【救灾救济粮食供应】 受2009年至2011年自然干旱影响，全市受旱灾影响的农户达6.8万户，受灾影响人口达32.97万人。为保障全市因灾缺粮群众口粮供应和粮食市场的稳定，做好救灾救济粮供应工作，确保大灾之年粮食的有效供应和灾民有饭吃，市粮食行政管理部门把抓好粮源、保障供应、促抗旱救灾工作作为全年的重要任务来落，召开专题会议研究安排，确定专人负责落实因灾缺粮群众口粮供应工作，组织机关干部职工深入受灾地区调查灾情、了解因灾导致缺粮的农户、人口及缺粮数量，并加强与相关部门的沟通联系，及时做好因灾缺粮群众口粮供应工作。同时，充分发挥国有粮食企业在救灾救济和市场粮食供应中的主渠道作用，督促和组织国有粮食企业积极购入粮源，搞好救灾救济粮食供应，保证市场粮食供应不断档、受灾群众有饭吃，让各级党委、政府放心，群众满意。2011年，全市共组织和供应农村救灾救济粮食232万千克，解决了因灾缺粮群众的生活困难，促进了农村经济发展和社会稳定。

【平价粮食供应】 为认真贯彻落实省政府经济工作汇报分析会精神，切实增加粮油等居民生活必需品市场供应，努力保持物价总水平的基本稳定，省粮食局、省发改委、省财政厅决定在全省各地设542个粮油平价销售点。2011年12月19日，市政府办公室下发通知，在全市设粮油平价销售点29个，要求各县区政府和市直有关部门认真做好增设粮油平价销售点适时投放粮油储备工作，保障粮油市场供应，稳定市场粮油价格，确保全市经济平稳较快发展、社会平安和谐稳定；各销售点要公开挂牌销售，保证粮源充足，不脱销，不断档，符合当地群众消费需求；严禁销售不符合国家质量标准的粮油产品；销售的粮油品种要明码标价，标明品名、计价单位、价格等，禁止价格欺诈，增加透明度，自觉接受消费者监督；粮油平价销售点要建立质量档案，对品名、品种、质量、等级、生产日期、保质期、检验合格证、生产许可证、生产单位、产地等内容逐项登记造册，有序管理，做到资料齐全，内容完整。29个粮油平价销售点主要安排在市中心城区和县城所在地及人口较多的乡(镇)，销售的粮油品种为粳米、籼米、面粉、菜油，按略低于市场价格敞开供应，并重点关注元旦、春节，以及全国和省、市“两会”期间的粮油供应。

(钱兴平)

供销合作

【概 况】 2011年，全市供销社系统完成商品经营总额498 323万元，比上年增长12%；完成商品销售总额367 955万元，比上年增长15.1%；完成商品购进351 340万元，比上年增长

18.5%，其中，农产品采购120 533万元，比上年增长20.1%；供应各种化肥451 916吨，比上年增长0.9%；供应农药5 281吨，比上年增长6.9%；新创办各类专业合作社、协会、综合服务社167个；对社会贡献额17 598万元，比上年增长28.93%；实现利税5 672万元，比上年增长86.27%。全市供销社系统举办各类培训232期18 146人次；主要是农资经营服务网络、日用消费品经营网络人员和农村农产品营销大户及乡村干部；内容主要是农业科技、新化肥新农药推广使用、农产品经纪人基本知识等。其中，农产品经纪人培训35期共计3 229人次。3月，《云南省人民政府关于表彰全省供销合作社系统先进单位的决定》授予市供销合作社、红塔区供销合作社综合业绩突出贡献奖，授予新平县供销合作社服务“三农”突出贡献奖。6月，《玉溪市人民政府关于表彰玉溪市供销合作社系统先进单位的决定》授予市供销合作社联合社“二次创业”突出贡献奖，红塔区供销合作社、新平县供销合作社、通海县供销合作社3家单位改革发展、综合业绩突出贡献奖，授予峨山县供销合作社、易门县供销合作社、华宁县供销合作社、元江县供销合作社、江川县供销合作社、澄江县供销合作社6家单位服务“三农”突出贡献奖，授予市农资公司、百信商贸集团有限公司、凤凰生态食品有限责任公司、红塔区农资公司、新平县新合商贸公司、澄江县采购公司、江川县农资公司、华宁县农资公司、新平县戛洒供销社、通海县九街供销社、通海县农资公司、峨山县农资公司、易门县兴农农资公司、澄江县藕粉厂、新平县农资公司、通海县高大供销社、峨山县大龙潭供销社17家单位“乡村流通工程”建设突出贡献奖。

【农资供应】 2011年，全市供销社及农资经营企业结合各地实际，在认真分析市场行情，及时掌握市场动态的基础上，克服资金紧缺、价高货紧、储备风险大等困难，始终把以化肥为主的农资供应工作放在首位来抓，充分发挥供销社在农资供应中的主渠道作用，加强与生产企业的协调沟通，千方百计组织货源，确保全市化肥供应正常运行。全系统组织购进各种化肥343 081吨、各种农药3 072吨、农膜710吨，并严把进货质量关，实行严格的进货渠道和品牌管理制度，从源头上保证农资质量，防止假冒伪劣农资商品流入市场坑农害农。同时，充分发挥市、县(区)农资公司的龙头带动作用，创新农资流通方式，降低生产成本，加快市、县(区)农资配送中心建设，发挥配送中心的集散功能，减少流通环节，提高农资商品的配送率。全市化肥供应基本形成了生产企业到配送中心，配送中心到农民的经营模式，流通环节减少，大大降低了农民的生产成本。全年建成市级区域配送中心2个，县级配送中心8个，农资经营网点1 124个，农资网络已基本覆盖所有行政村。全市各级供销社指导督促农资经营企业认真执行国家制定的化肥等农资商品价格政策，并积极配合物价部门做好价格监督工作，切实维护农民群众的利益；积极配合有关部门做好农资打假和农资经营主体的清理整顿工作，开展“送放心农资下乡”、“送科技服务入户”等各种诚信建设活动，维护供销社“诚信品牌”；借助气象预测预报信息平台发展信息服务网点(显示屏)71个，面向农村定期或不定期的发布农产品、农业生产资料信息6 244条；邀请省市有经验的科技专家向农民、农资经营人员讲授农药、化肥等实用技术及农作物栽培管理技术，引导农民合理施肥、安全用肥、科学种田。全市供销社系统农资经营企业、门店做到化肥、农药、农膜品种齐全、价格稳定、品质保证；在开展惠农让利销售，保证供应的同时，积极配合工商、质检、农业等部门开展好护农保春耕活动，严肃行业自律，加强对系统农资经营行为的监督和检查，从源头防止假冒伪劣农资商品流入供销社系统农资经营渠道，坚决杜绝坑农害农事件的发生，化肥、农药供应量有了较大突破。全市供应各种化肥451 916吨，其中，尿素210 906吨、碳酸氢氨33 449吨、钙镁肥17 720吨、复合肥72 074吨，供应农药5 281吨，占全系统化肥供应量的85%以上。

【乡村流通工程建设】 2011年，为落实全国供销合作总社打造全新供销合作社的发展战略，深入贯彻落实3月全省供销合作社改革发展大理现场推进会会议精神，结合实际，市供销社吕宗文主任委派瓦永云副主任率江川县、澄江县、新平县、元江县供销社主任(书记)5人参加了省供销社组织的赴浙江省萧山区供销合作社和安徽省供销合作社的实地考察学习及改革发展经验介绍。通过考察学习，全市供销社系统坚定了推进“二次创业”的信心和决心，进一步明确了发展的方向、目标和任务，加速推进全市供销合作社“打造一个龙头、‘两个服务体系’(农村现代流通服务体系和农村合作经济组织服务体系)”的建设，抓好农资配送中心建设，发挥辐射功能，提高农资商品配送率；改造、提升农资连锁经营网点，开展方便、快捷的农资连锁经营服务，强化服务功能，创新农资流通方式，提高经营服务质量和水平。市供销社投资456万元，新建县级农资配送中心1个；投资122万元，改造、提升农资配送中心1个，新增库容1 100平方米；易门县、通海县、华宁县供销社投资214万元，新建3个乡(镇)级农资配送中心，建设面积3 400平方米。县、乡级日用消费品配送中心建设是实施“小超市、大连锁”的节点，同时也是日用消费品连锁经营网络是否能发挥作用、是否能更好运转的关键。全市供销社系统借助“万村千乡市场工程”建设，加大资金投入力度，大力发展日用消费品连锁经营网络建设，发挥区域配送作用，提高商品配送率，扩大农村消费市场，对推进农村现代商品流通，改善乡村消费环境，保障食品安全，方便群众生活，提高生活质量起到了积极的作用。至年底，投入资金458万元，重点抓了华宁县供销社、澄江县供销社2个县级配送中心的改造提升工作；投资610万元，新建了新平县、峨山县2个乡(镇)级配送中心。全系统已建成县级日用消费品连锁配送中心4个、乡(镇)级配送中心2个。同时，以切实解决广大农民“买好、买安全、买放心”为切入点，按照省供销社提出的“标准化、规范化、示范化”要求，着力提升网络终端服务质量，从店容店貌、商品质量、商品价格、服务态度、服务承诺等方面进行全面提升，使广大农民不进城也能体验超市购物，真正把供销社创办的各类便民店、农家店、综合服务社打造成了广大农村的“沃尔玛”。全年投资547.4万元，提升发展农资、日用消费品、农产品连锁经营网点150个；投资10 551万元，重点扶持发展5户农产品加工龙头企业，完成产值7.6亿元；投资121万元，改造、提升、新建乡村农贸市场6个。自2009年6月1日开始发布第一期信息，经过2年多的工作实践，全系统信息发布工作不断完善和提高，明确了各县(区)社信息员，信息采取点由原来的18个增加到21个，进一步提高采集信息的质量和参考价值，全年收集信息8 937条，通过整理筛选共发布信息6 244条，其中，收集农资信息5 298条，发布5 298条，收集农产品信息3 189条，发布946条，通过政府信息公开门户网市供销社网站发布农产品信息61期

1861条。根据总社、省社的要求，组织县(区)供销社认真做好省级“乡村流通工程”建设项目和全国中华供销合作总社“新网工程”建设项目资金补助申报工作，申报总社“新网工程”建设项目2个、农业综合开发项目1个，申报省社“乡村流通工程”建设项目11个、食用菌产业发展项目3个、规范化专业合作社建设项目100个、标准化综合服务社建设项目70个、以龙头企业带动2个服务体系建设试点县项目4个。

【“家电下乡”营销】 2011年，市供销社积极配合财政和商务部门做好家电下乡推广工作。按照“农民得实惠，企业得市场，政府得民心”，供销社谋发展的工作要求，采取有力措施，认真做好宣传发动工作，在系统内积极组织各县销售网点报名加盟“家电下乡”推广中标企业。百信商贸集团公司已形成“家电下乡”推广销售网络，并取得了较好的销售业绩。全系统各类“家电下乡”推广品种总销量达34 132台，总销售额达7 644万元。其中，销售冰箱14 797台(冰柜760台)、彩电8 969台、洗衣机8 380台、手机59部、微波炉1 317台、电磁炉584台、热水器16台。

【发展“两社一会”】 2011年，市供销社系统突出抓好原有的“两社一会”的巩固、完善和提升档次，加强管理，规范运作，并在调查摸底的基础上积极发展。全系统新发展了专业合作社110个、专业协会10个、综合服务社47个。“两社一会”为农民推销农产品5万余吨，帮助农民增收3.1亿多元。

【参与农业产业化经营】 2011年，全市供销社系统以市场为导向，结合当地主导产业及党委、政府的要求和老百姓的愿望，积极参与农业产业化经营，发展生产，搞活流通，创办各类合作经济组织，做好产前、产中、产后的系列化服务。产前积极组织发动，提供籽种、种苗供应；产中做好化肥、农药、农膜等生产资料供应，生产技术资料发放，举办生产技术培训等；产后组织产品收购、销售。全系统共组织收购农产品10万吨、生猪45万余头，使农民增加收入4.5亿元。

（李丽萍）

财政·税务

编辑：王竹能

财　政

【概　况】 2011年，全市财政以增强公共财政的保障能力为目标，以实现财政预算管理的科学化、精细化、透明化为主线，紧密结合财政工作实际，求真务实，开拓创新，全力完成全年各项财政工作目标任务，推动全市财政又好又快发展。市财政局围绕全市目标任务，层层分解细化和落实，签订收入考核目标责任书，调动收入组织部门的积极性，健全财税库联席会议、收入形势分析会等制度，抓好调查研究，充分挖掘增收潜力，使经济发展的成果反映到财税增长上来。同时，认真对重点行业、重点企业的纳税情况进行监测、预测和预警，及时掌握重点税源收入的变化情况；进一步加强非税收入管理，及时了解非税收入入库进度；加强与国土部门的协调对接，掌握土地价款的收入情况。并按市人代会批准通过的市本级预算草案，实现3个工作日内将预算批复到部门，督促各部门于15个工作日内批复预算至二级单位，依法理财的水平得到了切实提高，确保了市委、市政府中心工作的组织实施。全市财政总收入完成343.5亿元，比上年增长12.9%；地方财政收入完成96.5亿元，比上年增长15.4%，其中，地方一般预算收入完成77.3亿元，比上年增长19.3%；全市地方财政支出完成160.5亿元，比上年增长25.2%，其中，地方一般预算支出完成139.6亿元，比上年增长30.2%。其中，9个县区实现地方财政收入44.4亿元，增幅19.5%，占全市收入比重的46%，比上年提高1.6个百分点，高于全市平均水平4.1个百分点，高于市本级7.3个百分点。各县区地方财政收入均过3亿元，其中，红塔区过10亿元，新平过7亿元，澄江过4亿元。

【支持产业发展】 2011年，市财政局围绕工业强市战略，安排工业发展专项资金1.4亿元，支持全市新型工业化发展，积极支持工业园区基础设施建设配套、建设标准厂房，支持园区创新招商引资方式，帮助园区引入投资伙伴，发展新兴战略性产业，支持老城区企业入园工作。围绕农业稳市战略，安排财政支农资金20.39亿元，安排4 031万元扶持农业龙头企业，安排2 518万元扶持林果产业，安排500万元推进中低产田改造，支持“三农”发展。安排财政资金1 000万元支持以文化旅游产业为主的第三产业发展，抚仙湖、星云湖旅游发展改革综合试验区重大项目落地成果喜人，“五山一村”旅游产品提档升级步伐加快，产业培育成效显著，为经济持续增长奠定了重要基础。围绕生态立市战略，继续实行每年投入资金1亿元用于抚仙湖治理保护，对抚仙湖长期保持Ⅰ类水质起到了积极的作用。

【民生保障】 2011年，全市进一步深化医药卫生体制改革，市级安排城乡基本医疗保障均等化试点经费1.76亿元，对参合农民人均增加补助100元，新型农村合作医疗人均财政补助标准由120元提高到280元；进一步加大农村义务教育保障投入，在“三免一补”的基础上，农村义务教育阶段生均公用经费标准提高100元；进一步加大社保资金投入力度，全面落实低保人员待遇，发放低保补助1.67亿元。同时，在7个县区启动城镇居民养老保险试点，各级财政累计投入城镇居民和新型农村社会养老保险补助资金1.2亿元，参保人数达102.5万人，19.9万名60岁以上老人领到基础养老金。

【调整市对县(区)财政体制】 2011年，市委、市政府通过集体决策，调整了市对县(区)财政体制，实施了新一轮市对县(区)财政体制，将县(区)应承担职责归还县(区)，把对上争取通过转换方式减少了县(区)的部分补助，合理划分市、县两级财政分配关系，建立基本财力保障和均衡性转移支付制度，推动市、县(区)两级财源培育和经济社会发展。全年市对县(区)财力性转移支付补助资金26.6亿元，比上年多增1.1亿元，达到了体制调整后市对县区扶持并没有减少的要求。同时，深化预算管理体制改革，加强基础管理和基层财政建设，健全和完善预算编制、执行、绩效和监督相结合的财政运行管理机制和公共财政管理体系，落实市级政府性偿债方案，加强政府债务管理，按期偿还政府性债务本息13.1亿元。

【争取上级支持保运转促发展】 2011年，市财政局通过加大“三农”、科技、教育、医疗卫生、社会保障、行政政法、环境保护等方面项目申报和汇报衔接力度，努力争取政策、项目和资金支持。全年共争取上级财政补助资金69.2亿元，比上年增长61.3%，极大地增强了全市财政保运转促发展的能力。同时，认真研究中央和省出台的各种补助政策，加强与上级的请示汇报，在政策上、项目上和体制上最大限度地争取上级支持，首次争取到省对县区均衡转移支付资金2 400万元，实现“零”的突破；得到缓解县乡财政困难奖补资金2.2亿元，比上年的1.4亿元增加0.8亿元，增长57%。

【防范债务风险】 2011年，市财政局为积极防范财政风险，配合省审计厅对政府性债务的审计，摸清了全市和市级政府性债务的规模、结构，找出了债务的成因、存在的问题、风险，并根据审计提出存在的问题草拟了整改建议。同时，按照省财政厅的布置，对2010年和2011年3月31日2个时点的地方政府性债务进行清理统计。并根据上级要求从9月起建立了地方性债务月报制度，为各级政府及时掌握了解不同时点新增债务情况，建立跟踪监督、实施预警机制奠定了良好基础。

【乡(镇)财政资金监管】 2011年，市财政局结合工作实际出台了《关于对2010年乡(镇)财政所建设资金综合绩效考评的通知》，聘请7位专家对9个县(区)18个财政所2010年度财政所建设资金使用的绩效综合情况进行评审，并将评审结果用于财政所建设资金分配。第一次评审通过了13个财政所。未通过评审的5个财政所，经过1个月的整改，第二次接受了专家组的考核评审并已通过。同时，积极配合财政部检查组做好对乡(镇)财政资金监管工作检查。通过对江川县及2个财政所的实地检查，乡(镇)财政资金监管工作得到了充分肯定，并以扎实的基础工作、规范的资金监管，为全省乡(镇)财政资金监管工作取得了全国排名第三的好成绩做出了积极的贡献。

【再生资源增值税清算】 2011年，全市申请退税额2 036万元，实际退税2 036万元，其中，再生资源增值税实际退税1 920万元，监狱劳教企业增值税退税115万元。

【外债利用管理】 截至2011年，全市累计实施了11个外债贷款项目，其中，世行贷款项目7个，外国政府贷款项目4个。市中心血站项目瑞士政府贷款本息全部偿清。债务持续项目共10个。外债贷款主要支持了教育、卫生、环保、农村饮水和通信等领域。11个项目总投资18 790万元，其中，协议贷款金额按2011年12期汇率折合1 593万美元(约合人民币10 091万元)，实际使用贷款折合1 461万美元(约合人民币9 255万元)，累计归还到期本金826万美元(约合人民币5 234万元)，年末外债贷款余额折合637万美元，约合人民币4 033万元(挂账本金122万个特别提款权，折合人民币1 203万元)。首次申报利用国际农发基金组织贷款开展新平县农村农业基础设施项目，估算总投资1 230万美元，计划利用国际农业发展基金贷款615万美元，国内配套615万美元，已列入全省外资利用规划并完成了项目建议书的编制上报省项目办。

【地方金融管理】 2011年，市财政局认真开展全市农村信用社、市商业银行、村镇银行地方金融企业财务决算报表、国有资产产权登记年检以及国有资产保值增值报表的审核、汇总、确认和上报工作，按时编报地方金融企业季度财务快报，及时掌握全市地方金融企业财务动态，确保财政对地方金融企业财务监管落实到位。按照财政部《金融类国有及国有控股企业绩效评价暂行办法》和《金融类国有及国有控股企业绩效评价相关事项的通知》精神，认真组织开展地方金融企业和财政厅委托的全市农村信用社绩效评价工作，并继续承担全市小额贷款公司的申请设立、审核申报、开业验收、现场检查以及统计报表等工作。至年末，全市开业的小额贷款公司已经达到23家，覆盖八县一区。

【归还农金会中央专项借款】 2011年10月，市财政局按时归还了省财政厅借款本金9 928.78万元，获减免利息1 585.65万元。年末，清整农金会中央专项借款12亿元，累计已还本息111 724万元，其中，归还本金93 903万元，占总借款额的78.25%，偿付利息17 821万元。

【小额贷款贴息支持就业再就业】 2011年，市财政局向省财政申请创业促就业小额贷款财政贴息资金9 650万元，其中，中央财政贴息资金9 525万元，省级财政贴息资金125万元，充分发挥财政资金的杠杆作用，引导金融资金投向，发放小额担保贷款、“贷免扶补”创业贷款和劳动密集型小企业贷款。全年新增小额担保贷款约78 371万元，支持了就业再就业工作。

【县域金融机构涉农贷款增量奖励】 2011年，市财政局按照中央财政鼓励县域金融机构加大对涉农领域贷款发放的相关政策，协调市人行、银监部门对全市县域金融机构填报的涉农贷款情况进行了审核。2010年，上级财政批准全市2009年符合奖励条件的县域金融机构有22个，应奖励资金3 378万元，其中，中央承担70%部分2 365万元已经全部拨付到位，其余30%各县自行承担。农村信用社8个县级联社符合条件，应获奖励资金1 554万元，占全市的46%。2011年全市申报符合奖励条件的县域金融机构19个，按财政部规定的奖励政策，应奖励资金3 076.7万元，中央承担70%部分2 153.7万元全部下达到县级财政。

【农村金融机构定向费用补贴】 2011年，财政部对上年贷款平均余额比上年增长、上年末存贷比高于50%且达到银监会监管指标要求的村镇银行，按其上年贷款平均余额的2%给予补贴。红塔区兴和村镇银行2008年6月26日成立，通过财政逐级申报，2010年首次申报获得中央财政定向费用补贴138万元，2011年申报补贴431万元，均全部落实到位。

【政策性农业保险补贴】 2011年，全市开展了能繁母猪保险和能繁奶牛保险、种植业保险试点和森林火灾保险。省定方案中由农户承担的10%种植业保险保费和由林户承担30%的森林火灾保险保费部分，经市政府研究决定由市、县两级财政分摊。试点区域农户和林户不花一分钱就可为自己的水稻、玉米、油菜和商品林投保，一旦发生暴雨、洪水、干旱、风灾、雪灾、雹灾、冻灾和火灾等人力无法抗拒的自然灾害，就能够获得保险赔偿。市财政投入农业保险保费配套资金208万元和森林火灾保险保费配套资金102.53万元。3月，红塔区黄草坝、波依2个村委会受到了雪灾，1 514户受灾农民收到赔款42.2万元。这是种植业保险的第一次保险赔款。全市种植业保险农民获赔付138.94万余元，森林火灾保险林业单位和林户获赔付82.97万元，能繁母猪保险养殖户获赔付82.97万元。

【家电下乡财政补贴】 2011年，全市销售家电下乡产品143 313件，比上年增加29 812件，增长26.27%；销售额38 280万元，比上年增加12 815.95万元，增长50.33%。已补贴数量136 825件，比上年增加28 004件，增长25.73%；已补贴金额4 346.13万元，比上年增加1 364.94万元，增长45.79%；补贴兑付率95.47%，比上年减0.41个百分点。

【摩托车、农机下乡补贴及汽车以旧换新补贴】 2011年1月1日，全市停止执行汽车下乡政策，摩托车下乡政策继续执行。全市销售摩托车下乡车辆38 419辆，比上年减少7 052辆，减15.51%；销售额17 344.5万元，比上年减少2 434.02万元，减12.31%。已补贴车辆40 389辆，比上年减少5 146辆，减11.30%；兑付补贴金额2 223.39万元，比上年减少219.68万元，减8.99%；补贴兑付率达105.13%（部分车辆为2010年销售，2011年补贴），比上年增4.99个百分点。全市13 886户农户享受到了农机下乡财政补贴，拉动农户投资农机5 848.5万元，新增农机总价值8 355万元，新增各类补助农机具14 686台套，建成设施农业大棚72亩、微喷灌1 844亩。按照规定，汽车以旧换新政策于2010年12月31日执行到期。截至2011年1月31日，全市有514辆汽车享受国家政策，兑现补贴554.3万元。

【万村千乡市场建设及大中型水库移民扶持】 2011年5月，省财政厅下达全市"农家店"建设指标20个，至9月底，已完成建设任务，实际总投资166.2万元；2个配送中心计划投资365万元，实际完成投资365万元，已按照要求建设完成。截至12月31日，市财政局下达大中型水库移民扶持资金6 873.82万元，扶持移民人数25 197人。

【中小企业融资担保体系建设】 2011年，市财政局上报省中小企业信用担保体系建设专项资金3户，获省290万元资金扶持。至7月30日，全市获担保经营许可证的23户担保企业建立起覆盖全市非公制经济的担保体系构架，累计为1 951户企业提供2 171笔担保，累计担保金额115.84亿元。其中，为中小企业提供1 891笔担保，担保金额为67.41亿元。

【农业综合开发土地治理配套资金】 2011年，全市实施的农业综合开发土地治理项目9个、生态治理项目1个、产业化项目2个，涉及9个县（区），批复总投资5 841万元，其中，中央财政投资2 060万元，省级财政配套资金1 774万元，市级财政配套资金641万元，县级财政配套资金715万元，群众投工投劳折资293万元；批复改造中低产田面积54.35万亩、生态治理面积0.55万亩。项目于11月开工，计划2012年6月完成建设任务。

【会计函授】 2011年，市会计函授分校根据财政部要求继续做好农村财会人员财政支农政策培训，培训4 748人，获省校一等奖、第一名表彰。分校与云南财经大学共同举办在职会计硕士（玉溪）研究生班，招收学员56名；继续与中央财经大学举办本专科函授班，招收本专科函授班学员各59人。

【财政资金绩效评价】 2011年，市财政局制订了《玉溪市财政局2011年公共财政资金支出绩效评价实施意见》，确立了2011年绩效管理工作目标，并印发了《玉溪市预算绩效管理工作考核办法（试行）》，分别按照"自评抽查"、"重点抽查"、"直接介入"等不同的评价方式，督促、指导相关部门、县区财政抓好省财政厅确定的28个民生项目、重点（重大）项目的资料收集、整理和上报工作，圆满完成了省财政厅确定的绩效评价任务。

【财政资金向三农倾斜】 2011年，全市财政支农支出为203 959万元（含农业综合开发资金5 738万元、农村综合改革资金35 174万元、其他农林水事务15 824万元、退耕还林专户农资综合补贴5 761万元、种粮补贴工作经费98万元），比上年的163 345万元增加40 614万元，增24.8%。其中，农业支出116 405万元，比上年的110 733万元增加5 672万元，增5.1%；林业支出27 151万元，比上年的21 005万元增加6 146万元，增29.2%；水利和气象支出54 591万元，比上年24 205万元增加30 386万元，增125%；扶贫支出5 812万元（含省直拨扶贫专户资金4 438万元），比上年的7 402万元（含省直拨扶贫专户资金）减少1 590万元（科目调整所致），减21.4%。全市争取上级财政支农资金53 366万元，比上年的44 143万元增加9 223万元，增长20.9%。其中，争取农业专款24 163万元，比上年19 227万元增加4 936万元，增25.6%；争取林业专款13 963万元，比上年12 604万元增加1 359万元，增10.8%；争取水利资金10 802万元，比上年8 208万元增加2 594万元，增31.6%；争取扶贫资金4 438元，比上年4 104万元增加334万元，增8.1%。

【小额到户贷款和项目贴息贷款审批】 2011年，全市发放省级到户贷款财政扶贫资金7 000万元，比上年计划5 000万元增加了2 000万元，超额完成40%。到户贷款工作坚持"定贴息对象、定贴息方向、定贴息期限、定贴息标准、定贷款额度"的五定原则，形成了"有偿使用、小额短期、小组联保、滚动发展"的工作制度。同时，按期收回2010年度发放应收回的到户贷款6 000万元，贫困群众增产增收，为获贷农户实现脱贫致富打下坚实的基础。

【专项检查】 2011年，为了加强彝族山苏聚居区安居房建设资金管理，了解各县项目资金落实情况，市财政局组织对涉及的峨山、新平、元江3个民族县2010年中央、省、市、县、乡彝族山苏聚居区安居房建设补助资金拨付、配套及管理情况进行了专项跟踪检查，并针对检查中发现的问题提出了整改意见。为加强对全市新型农村合作医疗资金管理，组织对2010年和2011年1～6月全市新型农村合作医疗资金管理使用情况进行检查。除对县（区）财政社保基金专户中新型农村合作医疗资金收入及拨付情况、县农合办对基金收支管理使用等情况进行检查外，对部分县查看了1～2个乡（镇）合管办资金管理使用情况，对存在的问题提出了整改意见。为切实加强对村级公益事业建设"一事一议"财政奖补资金的监管，组织对全市2010年全年及2011年1～9月期间中央、省、市、县村级公益事业建设一事一议财政奖补资金的到位、管理、使用等情况进行了跟踪检查。根据省财政厅《关于组织开展2011年会计信息质量检查的通知》要求，全市抽调94人，组成32个检查组，对32户企业和事业单位进行检查。其中，市级对市供排水公司、卫生监督局、抚仙湖管理局和安全生产监督管理局进行了检查。全市查出违规问题资金551.61万元，在会计基础工作和财务管理方面也还存在一些问题，发现问题和不完善事项78项。针对存在的问题和不完善事项，提出了66条整改意见和建议。

【政府采购范围扩大】 2011年，市财政局继续深入贯彻政府采购法律法规，全面实施云南省2010～2011年政府集中采购目录及限额标准，依法采购，应采尽采，进一步将采购项目扩展到学校社会化服务托管、医院污水处理设施、厨房用具、办公室窗帘、工程监理、招标代理、评估、城市规划编制等。全市政府采购预算41 311.51万元，实际采购金额38 394.61万元，与上年相比减少2 220.9万元，节约采购资金2 916.9万元，节约率为7.06%。其中，市级采购金额21 906.4万元，县区采购金额16 488.21万元，分别占采购总金额的57%和43%；货物、工程和服务类的采购金额分别为28 875.12万元、3 346.92万元和6 172.57万元，分别占采购总金额的77%、9%和16%。同时，按上级要求，市政府对公务用车进行专项治理，暂停公务用车采购审批。全年汽车采购金额848.76万元，比上年的8 263.58万元减少7 414.82万元。

【规范采购行为】 2011年，市、县区以集中采购、机构采购为主，逐步将部门集中采购项目委托招标代理机构采购，收缩了部门集中采购和单位自行采购项目，规范采购行为。市、县区单位委托社会代理机构采购金额13 605万元，其中，委托具有政府采购资质的社会代理采购机构采购的项目84项，比上年的10多个项目增加了近70个项目，采购预算8 747万元，实际采购金额7 478万元，节约采购资金1 269万元，节约率14.5%。此举形成了集中采购机构、社会代理机构、部门集中采购、单位自行采购多种组织形式相结合的政府采购格局，及时保证了单位采购的需求。

【政府采购专家库建设】 按照政府采购评审专家管理相关规定，自2011年起，全市加大评审专家库建设和管理力度，严格评标专家的抽取，除特殊项目外，评标专家均在开标前1小时内按规定随机抽取，以有效避免影响评标公正情形的发生，极大地保证评标的客观和公正。同时，开展向社会公开征集政府采购专家工作，广泛吸纳政府采购评审专家，调整充实专家力量，将市级专家库逐步建设成一个数量多、种类全并分门别类的政府采购专家资源库，实现资源共享。市级管理的政府采购评审专家121人，比上年的58人增加63人。

【采购项目检查】 2011年，市财政局按照市委、市政府《玉溪市工程领域突出问题专项治理工作实施方案》、《玉溪市财政局行政行为监督制度实施方案》、《政府采购法》、财政部18号令等规定、要求，与市监察局、市审计局组成联合检查组，对市级2010年至2011年上半年涉及政府采购的19个单位33个工程采购项目进行监督检查。在单位自查的基础上，联合检查组对12个单位25个工程采购项目进行了检查，并对采购工作中存在的问题及时进行整改。

【公开招标采购公务用车保险、维修服务】 2011年，市政府决定采取公开招标的方式确定2家财产保险公司为2012～2013年度市级机关事业单位公务用车定点保险服务。11月29日，市政府采购工作处就2012～2013年度机关事业单位公务用车定点保险进行了公开招标。评标委员会严格坚持公平、公正、科学、择优的原则，按照资格评审、符合性评审、详细评标、综合评议的程序，对投标人的投标文件进行了认真细致的评审。同时，对2012～2013年度市级机关事业单位公务用车定点维修项目进行公开招标。市监察局、审计局、财政局等监管部门到场监督，市国立工作处对本次招标活动进行了公证。

【发放第三批次住房补贴】 2011年，市财政局为确保市级按计划发放1987年12月31日前参加工作的在职不达标职工的住房补贴，市级财政预算安排了2 532万元购房补贴，按时完成了第三批次住房补贴发放工作。

【落实保障房建设资金】 2011年，全市争取中央和省级保障房建设资金53 942万元，其中，公共租赁住房补助资金48 726万元，租赁住房补贴资金4 745万元，城市棚户区改造资金667万元；市级下达住房公积金增值收益339万元，县区各级财政积极配套资金，确保了全市19 000套保障性住房建设工程在9月底全部开工建设。

国家税务

【概　况】 2011年，全市国税系统坚持应收尽收价值理念不动摇，继续将眼光更多地放到申报数据以外，把组织收入的着力点放到堵塞漏洞、挖掘潜力上，放到对重点税源的监控管理上，继续推进“向加强税源税负分析要收入，向加强纳税评估要收入，向加强税务检查要收入，向加强普通发票管理要收入，向加强所得税管理要收入，向加强信息管税要收入”的组织收入工作措施，在确保实现申报意义上应收尽收的基础上，尽可能趋近税源意义上的应收尽收。全市国税系统组织入库各项税收收入274.58亿元，突破270亿元大关，比上年增收39.06亿元，增长16.59%，实现了全市经济增长与税收增长的良性互动，为更好地服务地方经济发展奠定了坚实的基础。全年单月税收收入呈“中间高、两头低”的态势，1月份比上年下降21.04%，12月份比上年下降2.22%，2月至11月连续10个月高于上年收入，保持增长，其中，有5个月增长率均在20%以上。主体税种“二增二降”：国内增值税完成758 151万元，比上年增长9.24%；国内消费税完成1 706 863万元，比上年增长16.99%；企业所得税完成256 331万元，比上年增长47%；储蓄存款利息所得个人所得税完成190万元，比上年下降56.92%；车辆购置税完成24 291万元，比上年下降11.28%。全市八县二区10个征收单位除峨山县局比上年下降7.93%外，其余9个单位均比上年增收，7家单位继续保持2位数以上增幅。其中，红塔区国税局组织各项收入首次突破18亿元，新平县国税局首次突破10亿元，澄江县国税局首次突破2亿元；增幅在20%以上的有新平县47.59%和华宁县21.53%；增幅在10%至20%的有5个单位，依次是易门县16.55%，红塔区16.35%，澄江16.14%，开发区16.1%，通海县11.4%；江川县和元江县增幅较小，分别为2.49%和1.05%。全市完成中央级预算收入2 453 837万元，比上年增收341 951万元，增长16.19%；完成省级预算收入61 499万元，比上年增收19 555万元，增长46.62%；完成市级预算收入141 749万元，比上年增收15 531万元，增长12.3%；完成县(区)级预算收入88 741万元，比上年增收13 606万元，增长18.11%。卷烟工业“三税”入库227.96亿元，比上年增长15.56%，占全市总收入的83.02%，对税收收入增长的贡献率为78.58%，拉动税收增长13.04个百分点。全市非烟税收收入(剔除卷烟工业以外的税收收入)首次突破40亿元大关，组织非烟税收收入466 235万元，比上年增收83 670万元，增长21.87%；占全市国税收入的比重为16.98%，比上年度的16.24%上升了0.74个百分点。矿电产业增值税入库174 465万元，比上年增收14 974万元，增长9.39%；占其他增值税收入的比重为56.74%，比上年的58.42%下降1.68个百分点。

【红塔集团税收】 2011年，红塔烟草(集团)有限责任公司累计入库卷烟“三税”达335.45亿元，再创历史新高，比上年的290.92亿元增收44.53亿元，增长15.31%。其中，增值税66.34亿元，比上年增收4.28亿元，增长6.9%；消费税252.7亿元，比上年增收36.33亿元，增长16.79%；企业所得税16.41亿元，比上年增收4.12亿元，增长25.11%。卷烟工业“三税”全面增长，扭转了前两年由于消费税增加导致企业所得税下降的局面。按照税收分配比例划分，红塔集团税款分别在玉溪市入库228.26亿元、楚雄州入库45.10亿元、大理州入库26.03亿元、昭通市入库32.79亿元、红河州入库3.27亿元。红塔集团入库卷烟工业“三税”持续快速增长，一方面是红塔集团根据行业改革发展形势的新变化，及时将集团“十二五”品牌发展规划由“51518”调整完善为“5211”，不断强化品牌质量发展与内部管理，进一步提高科技创新能力、品牌竞争力和企业核心竞争力，使得各项经济指标持续上升。另一方面是卷烟销售结构的提升成为增收的主要因素。2011年度计税卷烟数量为341.58万箱，与上年度的341.58万箱持平。其中，“玉溪”品牌计税卷烟为96.00万箱，比上年的67.85万箱增加28.15万箱，增长41.49%；“红塔山”品牌计税卷烟143.53万箱，比上年的181.49万箱减少37.96万箱，下降20.92%；70元以上消费税率56%的计税卷烟数量为100.15万箱，比上年销售的69.92万箱增加30.23万箱，增长43.24%，占销售总量的29.32%，比上年的20.47%上升8.85个百分点。全年入库的卷烟单箱“两税”达到9 340元/箱，比上年的8 151元/箱增加1 189元/箱，增长14.59%。

【钢铁行业增值税】 2011年，钢铁行业仍然成为部分县(区)的重点税源行业。红塔区钢铁企业入库增值税3.50亿元，占红塔区征收增值税总额的32.73%。重点税源企业新兴钢铁有限公司比上年减收8045万元，下降60.9%，原因是企业新建生产线，进项税额增加。新平县重点税源企业仙福钢铁(集团)有限公司成为新平县继大红山矿业有限公司后增值税税收增长幅度位居第二的集团公司，同时成为新平县排名第三的纳税大户企业。峨山县钢铁行业受生铁企业停产影响，产量下降导致收入和税款下降。

【非公经济税收】 2011年，全市国税系统共组织入库非公经济税收19.8亿元，比上年的17.67亿元增收2.13亿元，增长12.35%。非公经济各类国税收入呈现“两增三减”：私营企业入库国税收入142 083.31万元，比上年增收15 456.2万元，增长12.21%；港澳台投资企业入库国税收入17 549.33万元，比上年增收9 663.6万元，增长122.55%；外商投资企业入库国税收入9 043.63万元，比上年减收2 943.97万元，减少24.56%；个体经济入库国税收入29 016.52万元，比上年减收354.72万元，减少1.21%；其他企业入库国税收入367.89万元，比上年减收432.62万元，减少54.04%。矿冶、烟草配套、生物制药、彩印包装、五金机电、装备制造、新能源、新材料、食品、建材等多门类非公产业群体的迅速发展，使非公经济成为推动全市经济发展的重要力量。

【矿电产业增值税】 2011年，全市国税系统累计征收入库矿电产业增值税17.45亿元，比上年增收1.5亿元，增长9.39%，占全市同期其他增值税(除卷烟工业以外)30.75亿元的56.74%，占八县一区增值税收入28.76亿元的60.67%，成为全市继卷烟之后的又一支柱产业和拉动税收持续快速增长的重要力量。全市始终坚持走开放、引进、盘活、争取的路子，成功引进昆钢、云铜、云锡、云天化、云电等大企业大集团，形成了铁、铜、镍、磷四矿一电重工业体系，一批重点税源企业入库增值税出现大幅增长。增值税上亿元的矿电企业有4户：大红山矿业有限公司入库增值税3.32亿元，比上年增长40.38%；矿业有限公司入库增值税2.21亿元，比上年增长58.43%；仙福集团公司入库增值税1.28亿元，比上年增长13.67%；市供电局入库增值税1.11亿元，比上年增长6.29%。以上4户入库增值税占全市矿电产业增值税的45.39%。

【新兴产业税收】 2011年，全市加快优势传统产业转型升级，培育发展新兴产业，不断优化产业结构调整，把生物制药作为高新技术重点培育的特色产业，加大扶持力度，促进了生物制药产业迅猛发展，沃森生物、维和制药、望子隆药业等一批生物制药企业迅速崛起。仅红塔区生物制药产业入库国税税收就达9 575.56万元，比上年增收3 797.56万元，增长65.72%。其中，入库增值税5 063.24万元，比上年增收2 117.28万元，增长71.87%；入库企业所得税4 512.32万元，比上年增收1 680.28万元，增长59.33%。沃森生物技术有限公司合计入库增值税、企业所得税6 654.32万元，比上年增加2 449.29万元，增长58.25%。同时，通过加快工业园区发展步伐，大力推进数控机床产业发展，打造继“红塔山”之后的又一个百亿元产值的高科技大品牌，力争在“十二五”期间把数控产业建设成为集研发、中试、生产、检测、物流、销售、售后服务为一体的高端数控装备产业基地。5月，研和工业园区年产万台数控机床的数控产业基地一期项目建成正式投产，以正成工精密机械有限公司、源峰精密加工厂等为主的企业生产销售量逐步增长，税收效益初步显现。全年底，数控机床产业共计入库国税税收4 327万元，其中，增值税2 803万元，企业所得税1 524万元。

【增值税管理】 2011年，全市国税系统不断加大增值税重点政策梳理，根据纳税人生产经营方式的变化及时进行调查研究，对金银首饰及珠宝玉石行业、食用油生产企业税收及管理现状进行了深入调研，进一步规范政策执行和落实工作；继续加大增值税转型政策宣传和咨询辅导，采取送政策下企业、纳税辅导、电话解答咨询等多种方式，强化纳税人对政策的了解和应用能力，提高税法遵从度。全市619户企业申报抵扣固定资产进项税额3.81亿元。同时，采取措施加强对固定资产抵扣的管理，每月根据省局数据监控分析系统固定资产抵扣监控模块数据，查询分析、监控异常，对有疑问的固定资产抵扣进行“通知转出”操作，并通知相关税收管理人员进行实地核查。通过核查，转出不符合抵扣规定的进项税额70.55万元。此外，提升对一般纳税人管理质效，严把认定关，对年应税销售额未超过小规模纳税人标准及新开业户申请认定一般纳税人，按规定落实好查验工作，按程序进行认定；严把发票关，根据行业经营特点、企业实际经营规模等关键要素，合理确定发票使用量、发票最高开票限额，落实好增购发票预缴增值税规定，尤其是对小型新办企业的发票用量和增量严格审核，相互制约；严把抵扣关，加强纳税申报“一窗式”管理，做好抵扣凭证的发票认证、稽核比对和异常发票核查工作，落实好农产品收购发票进项税抵扣审核的各项规定；加强数据分发系统的运用，及时解决增值税、消费税网络申报系统、网上认证系统运行中的问题，缓解纳税服务厅的压力，降低纳税人纳税成本，提高纳税服务水平。截至12月31日，全市有增值税一般纳税人3 014户，其中，2 832户企业实现了增值税、消费税网络申报，1 119户实现了网络抄报税，173户实现了网上认证。全市实现网络申报的纳税人申报税款245.76亿元，其中，增值税65.65亿元，消费税180.11亿元。

【消费税征收】 2011年，全市国税系统共组织入库消费税收入170.69亿元，比上年增收24.79亿元，增长16.99%。其中，工业卷烟消费税入库169.56亿元，比上年增收24.62亿元，增长16.99%；其他产品消费税入库11 287万元，比上年增收1 676万元。消费税的增长主要是红塔集团计税卷烟销量增加、卷烟销售结构上升、卷烟单箱"两税"大幅增长，三项增收因素使得1～11月工业卷烟消费税比上年增加了400 562万元。按分配比率计算，玉溪市入库消费税增加271 460万元，1～11月烟丝入库比上年增加539万元，其他产品消费税入库11 287万元，比上年增收1 676万元。其中，商业卷烟增收1 353万元，酒增收232万元，其他增收91万元。商业卷烟消费税增收的主要原因是1～11月卷烟批发量比上年增加5 326.51箱（本期卷烟批发量为86 242.66箱，上年同期为80 916.15箱），销售卷烟单箱消费税提高了95.85元/箱，使当期应征消费税比上年增加1 290万元。酒消费税增收的主要原因是产品销量增加，如重点税源企业玉林泉酒业有限公司，本期销售白酒5 821吨，比上年增加501吨，增长9.42%，税款增175万元。

【企业所得税管理】 2011年，全市国税系统继续贯彻向加强所得税管理要收入的理念，集中力量对企业所得税管户中连续亏损和长期零申报企业开展征收方式清理工作，对不符合查账征收条件的企业实施核定征收，优化企业所得税征收结构。全市核定征收企业所得税1 445户（定额征收35户，定率征收1 410户），占所得税开业户3 871户的37.33%。同时，加强季度企业所得税预缴管理，保证税款及时足额入库，圆满完成企业所得税汇算清缴工作。全市3 315户纳税人参加汇算清缴，比上年的3 111户增加204户，增6.56%；实际参加汇算清缴企业实现应纳税所得额900 129.98万元，比上年增加41 302.47万元，增幅4.81%；减免企业所得税22 732.27万元，比上年增加788.91万元，增幅3.60%；实际应纳所得税额202 202.56万元，比上年的192 756.11万元增加9 446.46万元，增幅4.90%。市国税局还积极探索按行业分类管理的企业所得税管理模式，一方面，充分应用总局现有的7个行业所得税管理操作指南，加强企业所得税行业分类管理；另一方面，认真组织完成省局安排由玉溪市牵头，文山州、保山市、德宏州共同承担的磷矿开采及销售所得税操作指引编撰的前期调研摸底工作，并根据全市税源结构选择铁矿石采选、建筑陶瓷、彩印包装、白酒及黄磷5个行业编制所得税管理操作指引，结合企业所得税管理实际，编制下发《玉溪市国税局企业所得税备案类优惠项目办理指南》，提高税基式企业所得税优惠政策执行管理水平。此外，认真开展了2006年至2010年企业所得税审批、备案事项管理及西部大开发税收优惠政策执行自查工作，保证正确执行企业所得税减免税政策。

【纳税评估】 2011年，市国税局以强化风险管理为导向，树立"服务+执法"和"数据入、账务出"的纳税评估理念，大力推进"任务统筹、职责归一、资源共享、力量整合"的统筹纳税评估机制，配备专职评估工作人员，利用风险指标分析确定评估对象和评估方向，利用评估数据实施行业延伸评估，充分发挥纳税评估"以评促收、以评促管、以评促服"的作用。全市国税系统对357户纳税人开展纳税评估，评估发现问题户225户，评估入库税款4 746.98万元，其中，增值税3 377.52万元，消费税80.49万元，企业所得税1 288.96万元；评估调增企业所得税应纳税所得额7 890.62万元，弥补企业亏损4 315.56万元，加收滞纳金132.78万元。

【出口退税】 2011年，全市国税系统结合实际举办了跨境贸易人民币结算出口退税业务培训，召开了跨境贸易人民币结算出口退税试点企业工作协调会，开展跨境贸易人民币结算出口退税业务跟班学习，加强对跨境贸易人民币结算相关政策的讲解、贯彻和执行，切实服务广大出口企业，为促进全市对外贸易的健康发展奠定了坚实基础。全市39户企业经审批成为试点企业。其中，8户试点企业和1户非试点企业实际发生了跨境贸易人民币结算出口业务。截至12月31日，全市跨境贸易人民币结算实现出口收入3.29亿元，审核通过应退（免）税额992.51万元，其中，有240.09万元已经办理退（免）税。同时，大力推行出口退税网络申报系统，退（免）税办理效率明显提高。全市认定出口退税企业160户，实际申报办理出口退税53户，审批办理出口货物退（免）税9 855.07万元，比上年增加3 255.77万元，增长49.34%。其中，审批退税8 000万元，比上年增加2 000万元，增长33.33%；审批免抵税额1 855.07万元，比上年增加1 255.77万元，增长209.54%。

【车购税管理】 2011年，全市国税系统组织入库车辆购置税24 291万元，比上年减收3 087万元，下降11.28%。减收的主要因素是受2010年末国家汽车下乡政策结束和国家取消1.6升及以下小排量乘用车车辆购置税减税政策，以及2010年同期基数较高的因素影响，汽车销售回归平稳和理性。全市征税车辆数量减少13 928辆，其中，国产汽车减少5 916辆，进口汽车减少157辆，摩托车减少7 754辆，挂车减少107辆。

【普通发票管理】 2011年，市国税局依托综合征管软件监管纳税人发票领、用、存情况，加大日常发票管理巡查力度，强化对发票的动态管理，深入调研掌握新版普通发票推行情况，及时采取措施帮助纳税人解决普通发票开具中存在的困难和问题。同时，继续与公安、地税等多部门联合在全市范围内深入开展打击发票违法犯罪活动，联合查办"南疆税案"、"一一·一○"专案、"九六"专案。法院对5名发票犯罪嫌疑人判处有期徒刑（其中4人为2010年"三二八"专案中的犯罪嫌疑人）。公安机关对2名发票犯罪嫌疑人实施逮捕。发票检查坚持"查账必查票"、"查案必查票"的原则，全年检查发票使用户246户，查获非法代开、虚开、非法取得发票案234户，查处非法发票2 658份，查补收入1 936.82万元，5人已被判处有期徒刑，2名涉案嫌疑人法院已开庭审理，有力地打击了发票违法行为，有效遏制了发票违法犯罪的势头。坚持"查账必查票"、"查案必查票"的原则，把发票检查作为税务检查的必查项目，对纳税人取得或开具的填开金额为1万元以上的发票，通过紫光灯逐笔进行检查，核对发票的真伪，检查发票是否按规定填开；对有疑问的发票，通过普通发票管理信息系统、发起委托协查等方式核对发票存根联、发票联；对建筑、金融、保险、通讯、石油石化、房地产等6个行业组织开展重点行业发票整治，规范重点行业的用票行为。同时，加强与打击发票违法犯罪领导小组各成员单位的情报交换、信息沟通，配合通信管理、工商等部门开展发票违法信息整治工作，并积极配合财政、审计、监察等部门对行政、事业单位发票使用情况进行监督检查。

【国税稽查】 2011年，市国税局继续完善和推进一级稽查，强化选案、检查、审理和执行各环节的监督管理，发挥一级稽查体制统一配置人力、财力、物力资源的优势，以查办大案要案为突破口，扎实抓好重点税源检查、行业专项整治和分级分类稽查工作，充分发挥税务稽查“以查促管、以查促收”效能。市稽查局对203户纳税人开展税务稽查，已查结194户，有问题户188户；查补入库收入2 903.28万元(其中，税款2 158.49万元，滞纳金548.65万元，罚款196.14万元)，比上年增收1 067.63万元，增长58.2%；抵减留抵税款391.71万元；调减企业亏损额766.71万元。全年稽查案件选案准确率达97%，结案率达95.6%，入库率达100%。

【纳税服务】 2011年，全市国税系统紧紧围绕“服务科学发展，共建和谐税收”工作主题，结合各地实际，以纳税人学校、政策培训会、政策答疑会以及群众喜闻乐见的美术摄影展、专题文艺晚会、篝火晚会等形式开展内容丰富、贴近群众的全国第20个税收宣传月活动。同时，以开展创先争优活动为契机，通过开展亮流程、亮身份、亮职责、亮承诺、亮实绩“五亮”活动和比思想、比技能、比作风、比业绩、比创新“五比”活动，不断优化办税流程，简化办事程序，创新服务方式，提高纳税服务水平；大力开展创优质服务之星、创流动红旗标兵、创党员示范满意窗口、创人民满意党支部、创长效服务机制“五创”活动，提高优化纳税服务质量和效率；大力推广以网络申报、网络认证、网络报税为主体的多元化申报方式，有效缓解办税服务厅拥挤现象，切实减轻纳税人办税负担；贯彻落实首问责任制、服务承诺制、限时办结制和行政问责制，坚持实施预约服务、延时服务、提醒服务、上门服务、弹性服务等纳税服务措施；根据各地实际开展特色纳税服务，设立导税台，推行导税员制度，主动服务纳税人，增强了办税服务厅的服务功能；探索国、地税联合办税，实现了部分业务的联合办理，减少了纳税人多头跑、多头找、重复排队的麻烦，降低了纳税人的纳税成本。12月，市局机关连续第三届被中央文明委命名为“全国文明单位”，在全省国税系统独树一帜，在全市也仅有3家单位连续三届获此殊荣。

【税收执法】 2011年，全市国税系统全面落实税收执法责任制，坚持开展执法监督检查，严格税收执法考核和执法过错责任追究，探索完善和建立税收执法管理机制和制度，降低基层执法风险，不断提高广大干部依法办事的自觉性和依法行政的能力；通过每年举办的领导干部学习周活动、专题培训会，学习自测考评系统的应用等提高干部依法行政的意识和能力；严格执行巡视制度、领导干部离任审计和任期经济责任审计制度，及时发现并纠正行政决策过程中存在的问题；制定税务行政执法案卷评查办法，进一步规范税务行政执法行为，化解和预防税收执法风险；强化监督制约机制，加强政务信息公开，增强国税工作透明度，扩大群众监督面；畅通信访渠道，设立监督举报信箱，公布举报电话，聘请特邀监察员，建立领导干部轮流接访制度，杜绝执法不公、行政不作为等问题的发生；充分利用综合征管软件的规范操作程序和税收执法管理系统的考核指标，按照日常考核与重点考核相结合、程序与实体并重的工作思路，将税收执法过程全部纳入责任追究体系，明确考核追究范围、考核追究原则，建立健全奖惩机制，落实执法责任追究，规范执法行为。全市国税系统受理行政许可360件，全部为增值税防伪税控系统最高开票限额的申请，其中，许可345件，不予许可15件。重大税务案件审理委员会负责审理案件18件，通过重大税务案件审理涉及的税款、罚款合计1 084.25万元，其中，增值税785.04万元，企业所得税109.98万元，罚款189.23万元。全市国税系统执法业务量为479 233项，出现考核过错18项，执法过错率仅为万分之0.38。市局机关、市局稽查局、开发区局、澄江县局、新平县局和元江县局6个单位实现了全年执法考核零过错。

【落实税收优惠政策】 2011年，全市国税系统充分发挥税收优惠政策的调控作用，从国家战略大局的高度出发，认真贯彻落实各项税收优惠政策，促进地方经济平稳较快发展。全年落实改善民生、涉农惠农、资源综合利用、文化产业发展及结构性减税等增值税税收优惠政策，对958户纳税人实施增值税征前减免，减免销售额达48.73亿元；落实民政福利企业退税政策，为53户民政福利企业即征即退增值税5 360万元；落实资源综合利用增值税退税政策，为4户资源综合利用企业即征即退增值税477万元；落实购进固定资产进项税抵扣政策，允许619户企业申报抵扣固定资产进项税额3.81亿元；落实西部大开发、高新技术、小型微利企业等企业所得税优惠政策，办理企业所得税减免175户次，减免企业所得税1.65亿元；落实出口退税政策，审批办理出口货物退(免)税9 855.07万元；落实车辆购置税免税优惠政策，免征车辆购置税1 184万元。

(孙　燕)

地方税务

【概　况】 2011年，全市地税系统围绕市地税局上年确定的“一条主线、一个中心、两个重点”总体思路，圆满完成各项目标任务，突显“四新”：税收和社保费收入实现新突破、征管水平上新台阶、信息化和规范化建设有新提高、队伍建设上新层次。全市地税系统组织各项税费收入986 346万元，比上年增长27.37%，增收211 942万元。其中，地方税收入库655 000万元，比上年增长19.76%，增收108 082万元；征收社会保险费265 711万元，比上年增长35.85%，增收70 117万元；征收地方教育附加、文化事业建设费、抚仙湖资源保护费、残疾人保障金、价格调节基金、工会经费共计65 635万元，比上年增长105.80%，增收33 743万元。全系统先后组织人员参加各级举办的文体活动、税收调研论文和税收文艺创作，广泛开展创建文明窗口、青年文明号、先进集体、全国、省级“巾帼文明岗”等创建活动。全市有13个单位受到市级以上表彰，其中，易门县地税一分局荣获“国家级青年文明号”，市局高新区分局荣获“全国巾帼文明岗”，12名个人获得市级以上表彰。

【税收宣传教育】 2011年，市地税局加大税法宣传力度，为依法治税创造良好的环境，编写了《税务执法实用手册》，把税收执法涉及到的《税收征收管理法》及其实施细则、《行政处罚法》、《行政复议法》等法律、法规、规章和相关规定及税务执法的基本程序、常见问题、处理方法、使用文书收集整理汇编成册，为执法人员提供通俗易懂的指引；利用广播、电视、专栏等媒体进行税法宣传，举办"地方税收知识"电视讲座，开办"地方税收与法制"专栏；召开各种形式的企业财务人员辅导会，举办税收知识培训班，组织各级领导干部参加财税知识研讨班活动，提高宏观经济管理者的财税意识，使各级领导干部都理解支持地方税收工作；印发各类税法宣传材料数10万份，深入机关、企业、厂矿、农村、街道、学校、军营送达税法宣传材料、讲解税收知识、解答税收疑难问题。

【税收法制建设】 2011年，市地税局强化税收规范性文件管理，加强税法体系的规范化、系统化建设，对涉税规范性文件的制定建立健全公开征求意见制度、专家咨询论证制度和集体讨论决定，实行从宽会签、从严备案和定期清理的制度，加强对涉税规范性文件的监督，保证文件的质量，从源头上制止违法违纪行为的发生，实现税收执法依据的一体化、规范化。全面推行税收执法责任制，实现对税收执法权的监督制约，明确职责分工、健全了岗责体系，构筑严密规范的权力运行机制，有效减少了执法随意性。规范精简税务行政审批，提升依法行政能力，审批集中办理，实现了专人专责，一个领导分管、一个部门负责、一个窗口对外。精简规范税务行政审批项目，审批上体现简捷，文书上体现规范，提高审批服务效能。对40项县级审批项目大量精简、归并，保留11项。市级审批项目由原来的6项精简为城镇土地使用税困难性减免审批等3项。为有效预防和化解社会矛盾，充分发挥行政调解的作用，把调解工作做在行政调解、司法调解、仲裁、诉讼之前，立足预警、疏导，对矛盾纠纷做到早发现、早调解，把税务行政争议化解在基层、化解在萌发阶段，维护社会和谐稳定。通过调解工作平台建立税务行政争议调解机制，实行复议案件信息反馈机制，创新复议监督方式。首创了《税务行政复议案件信息反馈制度》，规定复议机关必须将在办理案件过程中发现的被申请人在执法过程中虽不影响案件的结果，但执法程序上或实体上有不规范或瑕疵之处，以书面的形式向被申请人反馈，并限期下级机关报告整改情况，加强了对执法行为的规范和监督，上下级机关相互制约，保证税务行政复议案件处理的公平、公正和适当合法。

【税收稽查】 2011年，市地税局按照税收专项检查工作的安排和部署，在综合分析全市税源结构的基础上，认真组织开展了以资本交易项目、广告业、保险业、旅店业以及打击制售假发票和非法代开发票专项整治为主的税收专项检查。3月12日至4月28日，在全市开展"一一·一〇"专案的发票协查工作，对受票纳税人2005年至2010年期间取得非法代开票行为及相关税收违法行为进行专案检查，检查企业264户，发票2 288份，涉案金额3.5亿元；对省局定性为虚开发票并由地税部门负责企业所得税和个人所得税征管的企业，其取得的勐腊普阳运输公司虚开发票进行重点检查；对101户企业所取得的949份发票进行检查，涉案金额1.1亿元。通过收集、检查受票企业的过磅单、支付凭据、入库凭证、记账凭证、运输合同、货物购销发票复印件等证据资料，未发现有虚构经济业务行为。5月底，全面完成"一一·一〇"专案的按户归档工作。至年底，全市检查企业85户，组织企业自查35户，累计查补税款、滞纳金、罚款2 930.33万元。

【税收调研】 2011年，市地税局认真开展车船税立法调研工作，积极争取市公安局交通警察支队车辆管理所、市交通局、市财政局等部门的支持，就全市车船税税源情况，深入开展调研。与市财政局、市国土资源局积极沟通协调，深入开展耕地占用税立法调研。深入烟田对烟叶育苗、移栽生产工作情况进行调研和指导，深入到烟草企业，及时就税收政策、征管措施、烤烟移栽、烟叶收购市场动态等进行沟通和研究，深入到全县各乡镇了解烤烟种植面积、烤烟育苗长势情况和实际移栽情况，就烤烟年任务、年产量、单价和全年烟叶税的预计征收数等进行测算，做到底数清、情况明，积极掌握了烟叶税税源变化的实际情况，并有针对性地面对面向烟农宣传、讲解烟叶税政策，让烟农按要求向当地烟草公司各收购站销售烟叶；税收管理局主动上门辅导纳税，对财务人员和收购人员详细讲解烟叶税的政策规定、管理办法、纳税期限等，促进其按期准确办理纳税申报；还配合地方党委、政府领导搞好扶持烟农政策宣传。全系统切实加强对烟叶税的征收管理，完善烟叶税征管措施，建立健全烟叶税纳税申报制度，推行统一、规范、严格的纳税申报，建立烟叶税税源数据库，加强烟叶税征管台账，对烟叶税税源实行实时、动态监控。

【纳税服务】 2011年，市地税局按照"文明执法，建立服务型地税"的要求，树立全员、全程、全方位服务意识，不断提高纳税服务水平，以办税大厅为平台，以纳税人的需求为导向，以信息化为依托，以提高纳税人满意度和税法遵从度为目标，努力实现纳税服务工作

税收人员深入烟田进行调研　　（市地税局　提供）

“二次提升”。同时，紧密围绕全局税收工作中心思路，以制度建设为突破口，组织实施了法治政府、责任政府、阳光政府、效能政府四项制度，进一步规范行政权力，着力提高机关效能建设水平和纳税人对地税部门的满意度、信任度。认真落实党风廉政建设责任制，实行领导干部离任审计、一把手不直接分管财务、重大事项集体研究、政务公开、开展内部审计等制度，加强对税收执法权和行政管理权的监督制约。市局领导先后5次通过市广播电台行风热线栏目直接与听众进行交流，进一步强化了群众监督和舆论监督，行业文明形象逐步提升。坚持公开办税制度，通过办税服务厅电子显示屏和触摸屏、地税网站、大众媒介等有效途径和方式，向社会公开或公告税收政策等内容。市地税门户网自开通以来，以纳税人信息服务需求为导向，至年底，已在网上发布各类信息1 000余条，内容涵盖了政府信息公开所要求的所有栏目内容。加强举报案件查处和协查工作，以群众举报为查处涉税案件的重要线索，向社会公布举报范围、举报方式以及举报原则，方便举报人。加强办税服务厅规范化建设，明细规范了等候区、自助办税区、征收区、综合服务区，安装电子视频监控系统，配置方便纳税人使用的排队叫号机；增设宣传大型显示屏、绿色通道、饮水机等一系列便民利民硬件措施；对全市11个办税服务厅从外部装饰到内部功能设置进行了规范，统一了厅内申报纳税、费款缴纳、发票管理和综合服务四类窗口式样，并根据业务量大小合理设置各类窗口数量，建立了各窗口间的业务联系和监督制约机制；统一了办税服务厅工作人员服务牌，组织366名干部开展了为期9天的办税服务礼仪培训，全面促进了办税服务厅规范化管理。

【培植地方税源】 2011年，全市地税以强化税源建设为基础，完善纳税评估和税收管理员制度，实行税源分类管理办法，对重点税源实行重点监控网络管理，对中小企业实行分行业管理，加强重点税源监控；进一步完善大企业、大项目、大税源行业、大税源区、大税种“五大”税源管理长效机制，稳定主体税种和重点税源收入。同时，制定科学的纳税评估分析指标，对评估的范围、内容、岗位职责、评估方式、评估规程等予以明确，形成一整套实效性、针对性和灵活性的监控体系，掌握有关涉税信息，及时发现问题，确保纳税评估的信息质量，落实好优惠政策，确保每个符合条件的纳税人都享受到政策的鼓励和扶持。全市审批落实各项税收优惠政策650户，减免税款1 373万元；落实二手房交易营业税优惠政策1 508户，减免税款1 412万元；落实下岗再就业个人所得税优惠政策449户，减免税款37.44万元；落实残疾人个人所得税优惠政策393人，减征个人所得税248.38万元；落实退役士兵自谋职业税收优惠政策21人，减免税款10.56万元。

【个人所得税征管】 2011年9月1日，新《个人所得税法》正式实施。为确保新、旧个人所得税法实现顺利衔接和国家的惠民政策贯彻实施，全市地税系统一方面采取措施，做好新个人所得税法实施的启动工作。在8月19日全省地税系统贯彻实施新个人所得税法动员大会召开后，全市各级地税部门及时召开会议，专题研究新个人所得税法的实施及宣传工作。并组成新法实施工作小组，组织各部门对新个人所得税法有关问题进行重点解读，对新个人所得税法的计税依据、计算方法统一了口径，对新个人所税贯彻实施后各单位将面临的重点、难点问题进行了评估。专题组织了多场培训会，以会代训，增强实施新个人所得税法的实效性。全市组织了近500户纳税人的培训辅导，重点培训辅导了代扣代缴的法律义务及责任以及修改后个人所得税法的衔接实施、费用减除标准、计算方法、申报时限和年内年终一次性工资、薪金的计缴问题，并印发新个人所得税法资料和宣传册各500余份。另一方面深入实际切实做好新个税法实施后续工作，深入实际抓好税源分析。为了平衡个体工商户与工资收入者之间的税负，在省地税局确定的定期定额征收个人所得税附征率幅度范围内，结合全市实际，听取各基层管理分局的意见，参照各行业企业所得税应税所得率进行税负测算和调查，明确了全市个体工商户定期定额征收个人所得税附征率；及时深入不同行业的个体工商户、个人独资企业和合伙企业了解情况，实事求是地对核定征收的纳税人的核定税额作适当的调整。新个税法实施第一个月，全市申报缴纳工资、薪金个人所得税12.68万人次，缴纳税款1 495.46万元，与上年同期相比，申报人次减少29.42万人次，减幅69.88%，缴纳税款减少1 270.6万元，减幅45.94%。

【代收价格调节基金】 为增强政府对市场调控能力，稳定生活必需品价格，保障人民生活，根据《玉溪市价格调节基金管理办法》，从2011年4月1日开始，在全市征收价格调节基金。市地税局从完善征管流程、做好缴费服务、加强内外协调等措施入手，稳步推进价格调节基金代收工作。各级地税部门充分利用税收征管经验，从方便缴费人的角度出发，按照税费“同征、同管”的原则，不断完善代征流程。各级地税部门把为缴费人提供优质高效的服务作为推进代收工作的重点，在征收大厅安排专人、专机、专柜负责价格调节基金的代收，并加强内部征管一线干部的培训力度，让人人了解代收政策、流程、意义，增强业务能力和使命感，深入每户缴费企业认真做好政策宣传和缴费辅导工作。各级地税部门一方面主动加强与发改委、财政局、专户银行等相关职能部门的沟通协调，及时研究解决工作中遇到的新情况、新问题，充分发挥部门之间的联动作用，形成齐抓共管合力；另一方面，市、县两级地税局及时建立健全价格调节基金代收工作领导机构，实行征管信息按月反馈制度，充分整合征、管、查优势，形成上下级、内部各职能科室、分局之间团结协作、齐抓共管的大好局面，确保了价格调节基金代收工作的有序稳步推进。自价格调节基金征收以来，在市委、市政府的正确领导下，在各级发改部门大力支持下，全市各级地税部门积极加大价格调节基金征收管理力度，强化征收措施，拓宽征收渠道，创新征收方法，积极协调解决征收管理中的矛盾，确保了价格调节基金按时足额征收。截至12月底，全市地税部门组织代收入库价格调节基金3 169.49万元，

【代收残疾人就业保障金】 为加强和规范残疾人就业保障金的征收和使用管理，促进残疾人事业，2011年12月1日，全市各级地税克服时间紧、任务重的困难，认真按照“属地代收，税费同步”管理原则，密切配合相关部门，加强领导、上下联动，确保残疾人保障金代收上线工作的顺利开展。12月1日，全市共有32户缴费单位通过大集中系统缴纳残保金15.76万元，实现征收首日开门红。

（阚璐蕊）

金融·保险

编辑：王竹能

金融管理

【概　况】　2011年，中国人民银行玉溪市中心支行(以下简称市人行)认真贯彻落实稳健的货币政策，积极维护辖区金融稳定，提高金融服务水平，切实推进辖区金融改革和发展，各项工作取得明显成效，有效支持了全市经济又好又快发展。年末，全市金融机构人民币各项存款余额917.5亿元，比上年增加101.5亿元，增长12.4%；各项贷款余额543.7亿元，比上年增加78亿元，增长16.8%。其中，固定资产贷款余额143.17亿元，新增10.51亿元，增长7.92%；消费性贷款余额82.53亿元，比上年增加19.83亿元，增长31.62%；经营性贷款90.22亿元，比上年增加10.63亿元，增长13.36%。受资本市场持续下行影响，全市股票交易和基金销售持续低迷。至年末，全市股票交易量271.46亿元，比上年减少34.5亿元；累计新开账户4 728户，比上年减少3 864户；代理基金销售6.02亿元，比上年减少7.14亿元；基金赎回9.55亿元，比上年减少8.67亿元。全市保险业机构累计实现保费收入20.39亿元，比上年增长7.54%。其中，财产保险收入9.14亿元，比上年增长10.81%；人寿保险收入11.25亿元，比上年增长5.01%。累计赔(付)款4.07亿元，赔付率达到19.96%。

【货币信贷】　2011年，市人行充分利用地方主流媒体平台，宣传解读稳健货币政策的实质和内涵，营造贯彻落实政策的良好氛围；同时，突出“窗口”指导作用，结合全市实际，提出金融支持地方经济发展的措施意见，引导金融机构深入贯彻落实稳健货币政策的规定和要求，通过加强宏观审慎管理，认真落实差别存款准备金动态调整监测，积极引导金融机构调整信贷结构，保持信贷增长与地方经济发展相适应，支持地方经济结构调整和发展方式转变；灵活实施“区别对待”政策，通过认真组织落实县域法人金融机构新增存款一定比例用于当地贷款激励政策及农村信用社专项票据兑付后续监测考核激励约束政策，积极发挥再贴现、再贷款等政策工具作用，引导地方法人机构支持“三农”、中小企业发展。全年累计办理再贴现67笔，金额1.48亿元；向上级行争取调增市商业银行1.5亿元贷款总量控制数；对兴和村镇银行2 500万元支农再贷款给予展期支持。

【“两管理、两综合”工作】　2011年，市人行按照上级行统一部署，认真开展“两管理、两综合”工作，即新设银行业金融机构开业管理、银行业金融机构重大事项报告、银行业金融机构执行人民银行政策情况综合评价和综合执法检查工作，制定印发《玉溪市新设银行业金融机构开业管理与服务指引(试行)》，整合资源、完善机制，加强对浦发银行、市商业银行新设分支机构的开业管理工作；认真组织落实全省《银行业金融机构重大事项报告制度》，开展重大事项报告制度落实情况自查，不断加强对金融机构重大事项报告管理；制定印发《玉溪市银行业金融机构执行中国人民银行政策情况综合评价实施细则》，推进银行业金融机构综合评价工作；按照人行昆明中支异地交叉检查的安排，组织制定《中国人民银行玉溪市中心支行2011年综合执法检查实施方案》，抽调18名业务骨干，完成对曲靖17家银行机构27个网点的综合执法现场检查。并积极配合大理中支检查组完成了对玉溪15家机构25个网点的检查，依法对辖区6家银行机构违规问题进行行政处罚，对9家机构班子成员进行约见谈话，圆满完成了综合执法检查工作。

【金融稳定】　2011年，市人行通过组织制定《超额存款准备金率监测文书》、《玉溪市地方法人银行业金融机构风险隐患提示办法(试行)》，加强对地方法人金融机构进行预警和风险提示，不断加强区域金融风险监测，并积极配合政府部门做好融资平台清理工作。同时，探索开展地方法人金融机构稳健性评估工作，首次对兴和村镇银行进行了稳健性现场评估。

【调查统计和金融研究】　2011年，市人行通过建立信贷运行监测分析报告制度，加强对区域重点热点问题以及金融运行状况的监测分析和反馈；通过建立金融统计信息通报会制度，做好向金融机构、经济部门金融统计数据信息披露工作，充分发挥统计信息对决策的支持作用。同时，成立金融统计标准化工作推进小组及办公室，切实推进全市金融统计标准化工作。组织开展了对县域金融机构和红塔区小额贷公司金融统计检查以及对金融机构涉农贷款统计数据核查工作，进一步加强金融统计管理。统筹开展民间融资情况调查监测，组织对金融产品及服务状况、烟草产业发展情况、金融支持农业龙头企业发展情况等调查，完成上报年度重点研究课题《金融创新支持区域特色产业发展实证研究》。

【支付清算、国库和人民币发行管理】 2011年，市人行通过加强账户及支付清算管理和检查，保障支付清算系统平稳运行，确保资金安全高效运转。同时，认真做好国库业务，加强国库分析，做好国库对账，积极推进财税库银横向联网准备工作；认真做好货币发行和流通管理、残损人民币回收、复点、销毁及反假货币管理工作，开展《假币收缴、鉴定管理办法》执行情况检查，并配合公安部门做好2010年“一二·二”特大假币案的鉴定和相关工作。

【反洗钱工作】 2011年，市人行认真组织修订完善《玉溪市金融业反洗钱工作协调机制》、《中国人民银行玉溪市中心支行反洗钱工作内部协调机制》、《中国人民银行玉溪市中心支行反洗钱保密制度》、《中国人民银行玉溪市中心支行涉嫌洗钱行为举报制度》，积极开展反洗钱业务宣传培训、业务指导和督促检查；并牵头召开全市反洗钱部门联席会议，加强反洗钱联席会议成员单位的联系与协作，进一步提升了反洗钱工作水平。

【征信管理】 2011年，市人行通过加强调研和汇报，由市政府出台《玉溪市人民政府办公室关于加快推进全市社会信用体系建设的意见》，建立了由人民银行牵头的市级部门联席会议制度，有效搭建了全市社会信用体系建设的工作领导机制和总体框架。同时，采取多种形式和渠道不断加大征信宣传力度，建立企业征信知识培训制度，举办第一期企业征信知识培训班，组织107家企业的法定代表人和财务经理共214人参加培训；建立贷款卡资料审验员制度，改进贷款卡管理方式，配合市发改委审验2011年省预算内固定资产投资贴息资金项目申请企业信用报告，认真审核2008～2009年市级“守合同重信用”申报企业材料，扩大征信系统采集和信用报告使用范围。

【区域金融改革】 2011年，市人行推动市农行做好“三农金融事业部制”改革的各项准备工作，推进红塔农村合作银行向农村商业银行改革，参与对辖区9家小额贷款公司的筹备验收工作。浦发银行西南首家县级支行落户澄江县，市商业银行分别在峨山县、新平县新设立县支行，进一步完善了县域金融服务体系，提升县域金融服务水平。同时，组织开展全市农村信用社专项中央银行票据兑付后续监测考核工作，配合总行工作组做好对元江县农村信用合作联社进行的现场监测考核工作，完成了对红塔农村合作银行及通海县、易门县、新平县农村信用联社央票后续监测现场考核工作。

2011年，通海县惠农支付服务启动授牌仪式 （市人行办 提供）

【跨境贸易人民币结算】 2011年，市人行加强外汇管理与服务，促进贸易投资便利化；同时，加强异常跨境流动资金的监测和分析，强化外汇监督和检查，防范和打击“热钱”流入；加强与商务、税务等部门的沟通协调，积极发挥主导作用，加强对银行和企业的政策宣传和业务指导，有效推进跨境贸易人民币结算业务向纵深发展。全市跨境人民币结算超过3亿元，呈现出结算品种日益丰富、地域范围不断扩大、参与主体明显增加、进出口商品种类渐趋丰富的特点，有力地促进了全市外向型经济平稳较快发展。

【“一创两建”工作】 2011年，市人行加强汇报，认真部署，全面推进“一创两建”工作，即农村金融产品和服务方式创新、农村支付环境建设和农村信用体系建设工作。由市政府出台了《玉溪市关于推进农村金融产品和服务方式创新的实施意见》，明确了工作目标、要求、机制及措施；组建成立由市人行牵头的联席会议制度，有效搭建起工作框架和平台；建立农村金融产品和服务方式创新监测制度，积极鼓励和引导银行机构不断推进产品和服务方式创新，开办了专业合作社联保贷款、扶贫贴息贷款、农户小额建房贷款、巾帼科技示范户信用贷款、农民工创业贷款、乡村旅游贷款等新型信贷品种，有效提升农村金融服务水平。同时，积极推动市政府出台的《玉溪市加快推进全市农村信用体系建设试点工作实施意见》，确定易门县为农村信用体系建设试点县，重点推进，积极发挥示范带动作用；有效推进农村青年信用示范户试点，加强与团市委的协调和推动；继续推进信用村镇评定、信用户评级，建立农户经济档案，核定小额贷款证和贷款额度工作，积极向农村地区延伸现代支付系统，全市新增了48个银行机构网点接入现代化支付系统，其中，农村地区新增33个。通过深入调研、召开现场推进会等措施，大力推广烤烟收购电子支付结算，全市烤烟收购电子支付试点烟站由4个增加到32个。在通海县主导推动涉农金融机构与10户特约商户合作首批开办惠农支付服务业务，进一步延伸和完善农村金融服务功能。元江县支行积极引导金融机构通过创新运用“代收代付非现金”支付结算服务方式，有效支持了辖区首例大宗林权竞卖流转的顺利完成，为发挥金融支付手段支持农村经济发展探索了新的途径。

（飞传鹤）

银行业监管

【概 况】 2011年末，全市银行业金融机构资产总额992.82亿元，比上年增加106.04亿元，增幅11.96%；各项存款余额913.32亿元，比上年增加98.35亿元，增幅12.07%；各项贷款余额543.66亿元，比上年增加77.99亿元，增幅16.75%，不良贷款余额7.42亿元，比上年减少1.59亿元；不良贷款率1.36%，比上年下降0.57个百分点。辖区各银行业金融机构监管指标继续稳步提升，各类金融风险得到有效管控，金融改革创新持续深入，贷款新规有序推进，金融服务覆盖全市，法人机构综合实力明显增强，银行业整体抗风险能力和市场竞争力进一步增强。

【科学有效监管】 2011年，市银监局统筹兼顾，持续加强监管能力建设，采取审慎灵活的监管措施，提升监管有效性。在日常监管中，进一步强化检查力度，提升监管质效，全年组织实施现场检查项目13项，累计派出检查组34个，检查人员150人次，累计投入检查工作日1 825天，提出整改意见98条。在市场准入方面，加强对银行业金融机构高级管理人员的持续动态管理，严格执行《云南银行业金融机构董事和高级管理人员任职资格考试暂行办法》，全年组织24名拟任高级管理人员参加任职资格考试，完成了辖区银行业金融机构高级管理人员的年度履职考核，并对在2010年现场检查中查出问题负有直接责任的23名银行从业人员实施了合规履职测试。在非现场监管上，注重实施“贴近式”监管，全年与辖区10家农村中小金融机构高级管理人员进行监管会谈20次；积极列席被监管机构(董)理事会会议，紧盯重点项目和重点客户风险状况，加强对主要风险的预测和预警，发出监管提示书2份、风险提示书5份。

【推进贷款新规】 2011年，市银监局将督促辖区各银行业金融机构深入落实贷款“三个办法一个指引”新规作为工作重点，要求各机构通过认真总结推行贷款新规的良好经验和做法，查找存在的问题和短板，并切实加以改进。同时，强化各机构的责任管理，对内明确专人及时通传情况，做到情况明、数据准，对外明确新发放贷款合规，新签订合同科学合理，对执行缓慢、上报数据异常、整改不到位的机构，严肃追责其主管领导及相关人员；督促各机构更新贷款管理制度和业务流程，建立有效的岗位制衡机制，将贷款管理各个环节的责任落实到具体部门或岗位，完善信贷风险流程控制，建立明确的问责机制；完善定期通报制度，及时建立走款比重及合同修订补正监测台账，加强跟踪监测，逐月通报工作进展情况，增强各机构工作紧迫感。至年底，全市贷款新规走款比例超过80%监管要求，需要修订补正的中长期贷款合同100%实现整改，银行业机构面临的合同违约风险得到有效缓释，各银行业金融机构对贷款新规的认识得到有效提高，新规执行由“他律”转变为“自律”，辖区银行业信贷管理模式发生实质性转变。

【化解政府融资平台风险】 2011年，市银监局在地方政府融资平台贷款风险管控中始终坚持“在化解处置风险难题中创新监管”的原则，强化调研分析，提出针对性措施，督促辖区各银行业金融机构积极落实中国银监会、省银监局关于平台贷款清理规范各阶段的工作要求，政府融资平台贷款风险化解工作稳步推进。通过协助市政府制定《玉溪市级政府融资平台贷款偿还方案》，促成市政府将每年平台贷款偿还本息纳入当年财政预算，由人大财经委监督执行，全年贷款未发生逾期欠息情况。通过强化存量贷款风险缓释不放松，全力督促辖区各银行业金融机构及时追加合法有效足值的抵质押品，修订补正“整借整还”合同，签订相关贷款差额补足协议。通过积极组织债权银行召开专题会议，统一认识，在全省率先推进平台现金流补充、偿债计划调整等工作。年末，全市银行业金融机构累计收回平台贷款本金22.06亿元，结清13户贷款；累计增加有效抵质押品13亿元；5.92亿元平台贷款已整改为每半年一次还本、按季结息；将符合中国银监会标准的8户平台贷款审慎纳入了“一般公司类贷款”管理。

【重点风险防控】 2011年，市银监局将防控重点风险作为工作立足点，有效筑牢银行业风险防线。在房地产领域，密切关注信贷风险，进一步加大风险布防力度，做好房地产相关数据监测，关注房地产贷款增减变动情况，及时开展全市房地产及信贷风险调查，并形成专题调研报告；组织辖区法人机构开展新一轮房地产贷款压力测试，前瞻性地评估房地产及相关上下游行业贷款质量状况和预计损失情况；对照差别化住房信贷政策着力抑制投资投机等非理性购房需求，强化房地产开发贷款的风险管理，避免信贷资金违规流入房地产投资领域。在案防工作机制建设方面，全力维稳，及时修订下发了《玉溪银行业案防工作流程图》，明确职责，提高辖区金融案件应对水平，并对全市40%以上的持证机构进行了案件防范实地巡查督查；将农村中小金融机构作为案件防控工作的重点，督促各机构认真开展了外聘服务人员排查、三项整治、农村中小金融机构合规文化建设年等专项和综合治理工作；发挥市非法集资部门联席会议办公室职能，全年协助红塔区公安局办理3起非法集资案件。在贷款集中度上，实施红线管理，严防流动性风险。针对辖区农村合作金融机构单户贷款超比例问题，采取新老划断，逐步消化存量贷款，严禁新发放超比例贷款。自2011年4月起，新放贷款已杜绝了超比例发放情况。随着货币政策从适度宽松转向稳健，更加注重对辖区中小法人机构的流动性风险监测管理，督促11家法人机构加强资产负债管理，建立适合自己运营特点的流动性监测体系，年末全市法人机构流动性比例均处于监管指标之内。在“影子银行”业务方面，积极实施风险管控，切实加强地方法人机构关于银信合作、信贷资产转让等“影子银行”业务的监管力度，及时叫停市商业银行与兴和村镇银行不规范的“银团贷款”合作业务，并密切关注市商业银行“玉溪财富”理财产品潜在的政策风险、市场风险、信用风险和声誉风险，督促该行提前落实兑付资金渠道，制订到期兑付应急预案，实现了安全兑付。

【银行业改革创新】 2011年，市银监局坚持促进银行业金融机构改革方向不动摇，积极创新发展方式，对农村中小金融机构重点推进以股份制为主导的产权制度改革，制定了《农村合作金融机构股权改造五年规划》，全年批准6家农村合作金融机构股权转换实施方案、2家联社的定向募股方案，全市农合机构股本总额达5.43亿元，投资股占比100%。同时，督促各农村中小金融机构提高风险抵补能力，提足贷款损失准备，充分缓释风险。年末，全市农村合作金融机构资本充足率达10.75%，比上年提高1.13个百分点；拨备覆盖率157.15%，比上年提高50.78个百分点。对红塔区农村合作银行稳步推进农合行改制为商业银行的试点，在改制推进工作中坚持"稳中求进"，督促其不断完善法人治理结构和运行机制，充实完备各项申报材料。对市商业银行重点推动该行的可持续发展，督促其进一步完善公司治理结构及薪酬绩效考核评价体系；加快信息化建设步伐，实现网银系统及门户网站正式运行，服务方式更加健全；建立起持续的资本补充机制，全年3批次增资7 040万股；指导其以"走出去"的新思路解决区域限制瓶颈，年内新设的峨山县支行、新平县支行已稳步运营，昆明市曙光支行、安宁县支行筹建工作正审慎推进。

【"三农"及小企业金融服务】 2011年，市银监局更加注重促进银行业服务意识和方式的转变。在"三农"金融服务方面，努力打造全市富有特色的专业化支农服务体系，要求各银行业金融机构特别是涉农机构要把农户、农村小企业作为信贷优先支持的重点，并结合农业产业化、现代化加快的新要求，提升支农服务能力和水平，加大支农信贷产品创新力度。元江县农村信用联社创新的"专业合作社成员联保贷款"荣获"首届中国农村金融品牌价值榜十大品牌创新产品"殊荣。年末，辖区涉农贷款余额248.60亿元，比上年增加24.51亿元，增幅10.94%。在对小企业的信贷支持方面，全力督促各银行业金融机构认真贯彻落实"国九条银十条"要求，根据小企业的融资特点，实施信贷流程优化再造；建立客户信息库，实行标准化、流程化管理，简化审批手续；创新担保方式，如突破传统抵押方式，引入应收账款质押、股权质押、第三方监管动产抵押、林权和采矿权质押；积极与担保机构开展合作，扩大小企业的担保范围等；开展产品开发创新，以满足不同行业、不同规模小企业的金融需求。在国家严控信贷规模的情况下，各银行业金融机构对小企业的信贷支持做到了力度不减，投放续增，有效满足了小企业融资需求。年末，全市小企业贷款余额121.33亿元，比上年增加13.9亿元，增幅12.94%。

【信息披露和舆情应对】 2011年，市银监局充分利用《玉溪日报》等媒介平台，及时提示各类银行业案件风险，明确应对措施，有效增强辖区金融消费者的安全意识。同时，高度重视舆情风险，加强社会舆论正向引导，坚持及时、准确披露信息，提高透明度。针对银行业服务收费的负面舆情，及时组织相关人员通过听取汇报、查阅账表和收费凭证、核实违规收费清退情况、现场查看服务收费公示等方式对辖区24个机构网点进行暗访，对12家机构进行了抽查，督促各机构及时清退已收取的应免除的服务收费4810元，并修订完善有关服务收费制度规程和对外公示，修改业务系统参数实现收费刚性控制，做到规范收费和文明服务。通过完善信访处理规程，加大信访核查力度，全年共处理群众来信5件，市长热线办理件1件，畅通了信访及客户投诉渠道，来信、来访人对办理结果均表示满意。推进对重点、焦点、难点问题的信息调研及调研成果的运用，监管能力有效提升，全年共形成各类调研信息140篇，其中，省银监局采用83篇，省委、省政府采用23篇，省政府领导批示1篇，中国银监会采用37篇，中办国办采用7篇，国务院领导批示3篇。因信息调研工作成效显著，2009年至2010年，市银监分局连续两年获得"中国银监会政务信息报送先进单位"荣誉称号。

（姜　宁）

商业银行

【市农发行经营概况】 2011年，市农发行认真履行农业政策性银行职能，以业务发展为主线，狠抓信贷支农、基础管理与风险防控工作，各项工作成效明显，在支持地方农业农村经济发展中实现了自身效益的提高。截至12月末，全行各项贷款余额为215 856万元，比上年增21 728万元，增幅11.19%；全年实现账面利润5 197万元，比上年增加1 103万元，增幅27%，经营利润创历史新高。

【粮油贷款发放】 2011年，市农发行切实把支持粮油收购、储备、调销工作抓细抓实，为农民增收、粮食安全发挥了积极作用。同时，配合政府做好各县区地方储备粮的轮换和增储工作，增强了地方政府粮食调控能力，保证粮食供给，稳定粮食价格，确保粮食安全。全年累计发放储备粮油贷款10 755万元，发放1 097万元粮食调控贷款，积极支持地方粮食市场调控政策，为抗旱保民生粮食调控提供资金支持。同时，认真落实粮食行政首长负责制要求，采取多渠道、多办法解决粮食收购资金供应问题，及时足额保证收购资金供应，全力支持国有粮食企业进一步发挥粮食收购主渠道调控的作用，切实维护粮农利益，提高粮农生产积极性，未出现给农民"打白条"等问题。全年累计发放粮油收购贷款11 140万元，支持企业购进粮油8 208万千克。

【支持农业农村经济建设】 2011年，市农发行对新农村建设、农村基础设施建设等加大了贷款支持力度，将经济发展程度好、农民城镇化意愿强、区位优势突出的县作为业务发展重点区域，优先支持能够显著改善农民生产生活条件、增加有效耕地面积、提高农业综合生产能力、优化城乡用地结构的项目。全年支持峨山、易门、元江3个县农村土地整治贷款项目3个，发放贷款32 500万元，收储整理开发土地1326亩。全年累计发放支农贷款81 487万元，范围覆盖新农村建设土地整治、农副产品生产、农村电网建设等项目。贷款支持的土地整治项目有效改善农民生产生活条件、增加有效耕地面积、提高农业综合生产能力、优化城乡用地结构；支持的水电建设项目可有效发展经济、缓解地区能源紧张的现状，促进了县域农村经济发展，经济效益和社会效益显著。

【支持农业产业化发展】 2011年，市农发行继续加大对蔗糖、猪肉、化肥、油料等农业产业的支持，充分体现农业政策性银行的职能作用。全年累计发放食糖贷款9 000万元，支持甘蔗收购；累计发放国家储备肉全额补贴贷款6 738万元，发放地方储备肉贷款3 400万元，支持收储猪肉1 000吨，对调控市场、稳定物价、维护养殖户利益发挥了积极的作用；累计发放农业生产资料短期贷款1 800万元，用于支持化肥等农资购进。

（杨　睿）

【市工行经营概况】 2011年，市工行各项业务继续保持持续健康发展势头。截至12月末，人民币全部存款1 057 620万元，比上年增加142 035万元，增长15.5%；人民币各项贷款554 982万元，比上年增加96 629万元，增长21.1%；实现中间业务收入4 853万元，比上年增加548万元，增长12.7%；不良贷款占比0.22%，比上年下降0.04个百分点。

【信贷结构调整】 2011年，市工行认真处理严格执行国家信贷政策与全力支持地方经济发展的关系，紧紧围绕市委、市政府提出的“生态立市、烟草兴市、工业强市、农业稳市、文化和市”战略和“三优一特”发展思路，以贸易融资为突破口，大型、中型和小型客户齐头并进，全力推进公司贷款结构调整。年末，贸易融资余额达到8 255万元，比上年增加2 125万元，增长34.7%。同时，审时度势，在市分行单设了小企业金融业务部，整合业务办理流程，强化产品业务宣传，重点支持管理规范、信息透明、诚信度高、财务指标好、抗风险能力强的小企业贷款需求，支持为核心企业提供上下游配套服务的小企业贷款需求。年末，小企业贷款余额19 100万元，比上年新增8 507万元，增长80.3%。及时调整个人贷款发展策略，将市场发展的重点转向个人消费贷款和个人经营贷款。全年累计发放个人消费贷款26 083万元，发放个人经营贷款10 339万元；年末个人贷款余额254 087万元，比上年增加53 827万元，增长26.9%；新增个人贷款占各项贷款增量的56%。

【银行卡业务】 2011年，市工行认真组织开展刷卡促销专项营销活动，充分调动广大持卡人刷卡消费的积极性，全力拓展收单商户，拓展分期付款业务，促进了银行卡业务持续增长。年末，净增发卡3 977张，存量卡达49 882张。

【国际业务】 2011年，市工行认真落实本外币一体化发展战略，以客户服务为抓手，通过扩大出口收结汇业务带动国际业务全面、健康发展。年末，全行累计完成国际结算量6 219万美元，比上年增加2 960万美元，增幅达90.8%；完成结售汇总额为4 252万美元，比上年增加2 218万美元，增幅达109%。

【电子银行业务】 2011年，市工行强化产品创新，加大对新业务、新产品的营销宣传力度，全力拓展网银“代发工资”、“企业财务室”、“电子工资单”等重点业务，进一步扩大网银汇款、网上基金、网上黄金和理财产品客户覆盖率，有效增加电子银行结算业务收入。全行累计新增企业网银用户790户，其中，新增企业网银证书版用户284户；新增个人网银客户13 769户，其中，新增个人证书版网银9 240户；新增手机WAP银行客户11 231户；网上银行交易额累计达到435亿元。

【提高服务质量】 2011年，市工行召开了首次服务质量推进会，下发了《关于进一步加强和改善服务质量提高市场竞争能力的意见》以及《中国工商银行玉溪分行二线为一线服务承诺制》，认真组织开展“改革流程、改进服务年”活动，通过推进业务流程综合改造和优化，着力解决客户服务中存在的突出矛盾和问题。同时，认真组织实施示范网点建设，按照“行内领先，业内突出”的要求，在继续巩固红塔山支行文明规范服务单位创建成果的基础上，把北市区支行作为规范化服务示范网点建设，通过以点带面，推动网点服务质量的快速提升；稳步推进网点“增窗工程”，各营业网点按照“客户分层，网点分类，功能分区，业务分流”的原则，创造性地实施“弹性工作日、弹性工作时、弹性工作窗口”，有效提高网点服务效率；加大自助渠道建设，通过增加自助设备，扩大网上银行、电话银行和手机银行的服务范围，提高离柜业务占比，有效分流业务，减少客户平均排队时间，提高客户服务满意度。

【强化内控案防】 2011年，市工行认真处理好业务发展与内控案防的关系，按照《玉溪分行“提升素质，远离违规”主题教育活动实施方案》，认真组织开展“提升素质，远离违规”主题教育活动，做到全员参与、不留死角，不断提高员工的风险意识和内控案防能力。同时，认真落实《云南省分行2009～2011年内控体系建设三年规划》，切实落实内控责任制，持续开展操作风险监测分析工作；深入开展《业务操作指南》推广应用工作，及时成立业务运营风险检查中心，切实做好业务运营风险核查工作；组织开展合规性检查和各项审计工作，做好反洗钱工作，切实履行大额交易和可疑交易报备职责，切实消除风险隐患。坚持定期召开案件防范分析会，切实抓好总行确定的违规代办业务、办理定期存款业务、票据贴现业务、集体申办信用卡业务、银企对账、自助柜员机管理等6个重要风险点防控治理工作，为实现“零”发案目标奠定了坚实基础。同时，完成了远程监控报警联网管理中心建设任务，配合公安、监管部门，完成了市分行本级、所有网点、自助银行、自助设备、金库的安全评估工作，评估结果全部达到优秀标准。

（瞿　敏）

【市农行经营概况】 2011年，市农行各项贷款余额938 604万元，比上年增加94 077万元，信贷结构调整逐步优化。中间业务快速增长展，收入结构明显改善，新兴业务闪现亮点。全年实现中间业务收入8 439万元，比上年增加2 106万元，增长33.25%。拨备后利润35 196万元，比上年增加7 268万元，增长26.02%。各项存款余额1 326 793万元。贷款、中间业务收入、利润等指标在四大行中继续保持领先地位。

【支持“三农”和县域经济发展】 2011年末，市农行县域各项贷款余额686 078万元，比上年增69 352万元，增幅11.25%。全市累计发放“惠农卡”212 850张，比上年末增加24 729张，惠农卡农户覆盖率接近50%，位居全省前列。农户贷款余额57 002万元，比上年末增加7 589万元。创业促就业小额担保贷款余额为36 489万元，本年新增15 481万元。发放扶贫贴息到户贷款7 000万元。县域支行的经营发展、经营效益和风险防控水平有了较大提高。

【支持重点客户营销服务】 2011年，市农行成立城市营销中心，加强了对城市实体经济生产、流通、消费类的信贷投放、产品营销。同时，积极支持农业产业化发展，加大对当地优势特色产业的支持力度；用足用活个人类信贷政策和产品，加大了对个人类信贷业务的营销拓展力度，全年个人类信贷业务实现较快增长，比上年净增41 790万元，完成年度计划的209%。

【推进“三大集中”】 2011年，市农行以后台中心为主体的运营体系基本建立，同时上线监控中心、作业中心、授权中心，建成现金中心，成为全省首批实现“三大集中”的州市行，得到省行的肯定和表扬。全行业务操作集约化处理、事中规范化授权、事后专业化监督模式初步建立，促进全行标准化管理水平快速提升，柜面业务处理和业务指导效率大幅提高。

【内部控制和风险管理】 2011年，市农行深入推进全面风险管理体系建设，着力强化风险控，不断强化“技控”、“机控”手段，省分行对市分行内控管理评价初步测评为一类行，9个支行中有8个支行初评为一类行、1个评为二类行，一类行比上年增加了1个。

（马　利）

【市中行经营概况】 2011年，市中行

坚持可持续发展和以客户、银行价值增长为核心理念，转变增长方式，拓宽发展空间，在注重重点客户对中行贡献的同时，注重发掘新的优质客户，注重在有较好发展潜力的中小客户中培养优质客户，以解决市中行实现跨越式发展中面临的客户支撑问题。年末，全行人民币各项存款余额为503 983万元，比上年增加35 414万元，增7.56%；外汇存款余额为1 688万美元，比上年增加397万元美元，增30.75%；各项贷款余额275 833万元，比上年增加32 065万元，增13.15%；实现净利润9 999万元，比上年增加4 245万元。

（束毅瑞）

【市建行经营概况】 2011年，市建行各项工作继续保持良好发展态势。年末，一般性存款余额1 172 319万元，比上年新增154 886万元，增幅为15.22%。余额和新增在当地同业四大行中排名第二和第一。其中，企业存款余额739 591万元，增幅为15.51%，余额占比较上年增加4.78%，新增占比485.18%；个人存款余额432 728万元，比上年新增55 569万元，增幅为14.73%，余额占比在当地四大行中提升了1.03个百分点。各项贷款余额643 013万元，比上年增加81 966万元，增长14.61%。其中，对公非贴贷款余额458 400万元，增幅11.75%；个人贷款余额180 475万元，增幅为33.09%。实现中间业务收入7 193万元，比上年增加2 022万元，增长39.09%，完成全年计划的106.73%，在当地四大行排名第二，系统四重行排名第三。全行电子银行账务性交易量比41.26%，比上年提升了15.97个百分点，提升幅度为63%。不良贷款余额（五级分类）1 051万元，比上年减少1 126万元，不良率0.16%，远低于全省0.76%的平均水平，比上年减少0.22个百分点；不良贷款额计划完成率154%。全年实现账面利润19 922万元，比上年增加2 395万元。全行连续三年新发放贷款加权不良率为零，贷款分类偏离度、押品重估覆盖率及评级覆盖率指标保持全省最优。全年未发现各类案件及重大违规事件和责任事故。

【委托性住房金融服务】 2011年，市建行继续加强对公积金业务的服务和管理，进一步强化贷后管理工作，优化系统功能，成功实现公积金龙卡委托提取系统上线，有效缩短客户办理时间，大幅度提高贷款的审批和服务效率。年末，全行住房资金归集余额达318 887万元，比上年新增49 786万元，提高3.01个百分点；委托住房存款余额133 247万元，比上年新增36 787万元，荣获建设银行总行"住房公积金专业营销服务先进团队"称号。

（郜 鸿）

【市交行经营概况】 2011年，市交行较好地完成了年度经营发展任务，人民币存款规模突破40亿元，贷款规模23亿元，中间业务净收入700万元，考核利润8 000万元，人均利润达80万元。不良资产继续为零。人民币对公存款时点增量、日均存款增量、领汇财富高端客户、年金托管规模等多项指标在全省排名前列。

【强化信贷支持】 2011年，市交行严格执行贷款新规，按照"三办法一指引"的要求，积极加大信贷投放，落实"金融保增长"，主动调整信贷结构，认真贯彻"调结构"要求，合规发放贷款，为当地经济建设提供信贷支持。其中，贷款投向涉及政府、大型国有企业、优秀民营企业等多个领域；重点支持了市中心城区防洪水系综合整治玉溪大河治理二期工程，玉溪至江川、江川至通海高等级公路项目及元江至红河（元江段）、澄江至宜良、抚仙湖东岸环湖公路建设。

【清理市级政府融资平台】 2011年，为做好市级政府融资平台的清理工作，市交行主动向市委、市政府汇报请示，政府相关部门积极配合开展工作，并多次到交总行、省分行协调贷款规模，得到上级行大力支持。截至12月21日，市分行市级政府融资平台12.55亿元"无覆盖"、"半覆盖"贷款由市国有资产经营有限责任公司顺利承接。至此，历时一年多的市交行市级政府融资平台清理成功收官。

（巨立群）

【市邮储行经营概况】 2011年，市邮储行把经营效益和收入质量放在首位，围绕"调整业务结构，转变增长方式，实施精细化管理"开展工作。截至12月31日，全行余额为218 502万元，比上年增长27 115万元，完成业务收入5 238万元，个人贷款余额25 609.66万元。

【信贷业务】 2011年，市邮储行认真制定灵活的市场计划和任务目标，以服务"三农"为重点积极发展小额贷款业务，在小额贷款的发展上充分做好市场及行业分析，开展批量授信工作。截至12月31日，个人贷款余额25 609.66万元，其中，小额贷款8 713.83元；商务贷款余额12 859.19万元；二手房贷款余额4 007.63万元；质押贷款余额29万元。全市邮储行发放贷款2 894笔，金额29 877.97万元，总逾期率保持在0.42%以下，不良率保持在0.27%以下。在支持地方经济项目建设上，发放研和工业园区公路贷款1.2亿元，二级公路贷款澄江至阳宗海3 330万元、澄江至江川（东段）625万元、元江至红河1 386万元、新平至三江口10 750万元，易峨高速2亿元，共计36 091万元。

【个人金融业务】 2011年，市邮储行个人金融业务通过创新产品、完善服务发展业务，将理财业务作为维护中高端客户的有效手段，围绕"以客户为中心"的经营理念，大力发展"大理财"业务。为加快理财产品销售工作，利用短信群发平台及时对每期产品进行售前宣传预热、售中情况通报和售后跟踪维护，并积极联系省邮储行处理销售中存在的问题和困难，力保每期产品销售都能达到预期目标。全行重点发展理财、中间业务、交易类、卡业务。全市邮储代销基金1 179万元，销售理财产品46 200万元。全行异地交易45万笔，金额30亿元，笔数和金额分别比上年增长11%、31%。全行代理销售人寿保险保费1 976万元。年末，全行发行银联绿卡36 405张，卡户余额13 909万元，期末结存活动动卡33 768户；累计发放信用卡909张，结存卡量1 356张。

（龚莹华）

【市农村信用社经营概况】 2011年，市农村信用社各项工作取得了显著成效。年末，全市农村信用社各项存款余额261.42亿元，比上年净增45.49亿元，增21.07%；各项贷款余额152.82亿元，比上年增加22.35亿元，增17.14%。其中，涉农贷款余额109.51亿元，比上年增加17.15亿元，占各项贷款的71.66%。存贷比为58.46%。各项业务收入15.24亿元，比上年增4.94亿元。贷款损失准备5.70亿元，一般准备3.56亿元，贷款损失准备充足率为277.51%，拨备覆盖率为255.31%；资本充足率10.78%，比上年增加1.16个百分点；股金总额比上年增加3 000万元，资本实力进一步增强；不良贷款余额比上年减少12 528万元，占比下降1.37个百分点，不良贷款总额和不良率实现"双降"目标。

【创新金融服务产品】 2011年，市农村信用社立足传统业务，创新开发了一系列农村金融产品，不断满足“三农”需求，做到以创业促就业贷款构建信贷扶贫致富的长效机制，以密集型小企业贴息贷款业务发挥财政资金杠杆作用，以林权抵押贷款支持“森林玉溪”发展，以农村建房贷款业务支持社会主义新农村建设，面对抑制通胀、严控贷款规模的压力，调整信贷资源配置，改变支农模式，扩大支农成果。通海县联社通过突出对点（龙头企业）、线（产业链）、面（农户）信贷支持“三农”的做法被监管部门冠以金融支持农业产业化发展的“通海模式”加以推广。同时，加大“金碧惠农卡”推广力度，树立农信品牌；优化营业网点布局，打造精品网点；改善服务方式，打造农信形象；建立了信贷中心，做好“新农保”代理业务；开通了网上银行、电话银行等。在省联社与各相关部门签订的战略合作框架协议下，市农村信用社主动加强与关联单位的协调合作，延伸服务内涵。如推进“万村千乡”工程建设、开办卷烟销售电子化结算业务、开办“银路通”卷烟电子配送业务等。

【农村信用体系建设】 2011年，全市农村信用社结合各县区实际，认真抓好信用工程建设工作，扎实推进信用工程建设进度，以华宁县华溪镇为试点，全面启动信用镇的创建工作。年末，全市评定信用村42个、信用组214个、信用户12.98万户。同时，积极开展农村青年信用示范户的评级工作，全年累计评定县级青年信用示范户950户，信用工程覆盖面进一步扩大。根据对农户的信用评级，不断提高授信额度，扩大信贷支农覆盖面。至年末，已为全市39.92万农户建立了无纸化信贷经济档案，占全市农户总数的81.66%；核贷农户33.37万户，核贷金额43.29亿元；发放贷款证30.56万户，贷款27.89万户；农户贷款面达57.06%，申贷满足率达92.53%。

（普红芬）

【市广发行经营概况】 2011年3月24日，广东发展银行股份有限公司玉溪市分行更名为广发银行股份有限公司玉溪市分行，存款业务继续增长。截至12月31日，人民币日均存款286 326万元，比上年日均数增加10 428万元，增幅4%。其中，人民币储蓄日均存款47 915万元，比上年增加1 803万元，增幅4%；人民币日均对公存款238 411万元，比上年增加8 625万元，增幅4%。新增玉水金岸、华瑞地产2家房地产开发经营有限责任公司合作开办玉水金岸、玉溪二小区2个住宅小区的住房按揭贷款业务，个人住房按揭业务大幅增加。截至12月31日，个贷余额23 433万元，比上年增长7 021万元，增幅43%。其中，个人住房按揭贷款余额22 210万元，比上年增长8 802万元，增幅66%。新增个人网银1 800户，完成全年计划任务的161%，完成总量居昆明分行第一；新增有效账户数5 186户，完成全年计划任务的119%，排昆明分行第二；新增第三方存款账户62户。

（王勇军）

【市华夏行经营概况】 2011年，市华夏行一方面认真落实“80%的客户经理服务好80%的客户”的要求，对存量客户进行细分，包干到户，承包到人，全力盘活；另一方面，把“新开发”作为攻关项目贯穿全年始终，扩大业务辐射范围，以无贷户开发为重点，组织优质企业上下游链式开发，成功营销并稳固了一批优质客户。在信贷规模紧缺的形势下，支行加强新产品的推广与运用，本着“了解客户”的原则，掌握客户需求，有针对性地对客户“量身定做”客户金融服务方案，用好用活现有的信贷产品，切实提高产品服务客户的广度和深度，努力提升市场竞争力，实现双赢；同时，加大力度组织产品培训和交流，快速提升客户经理对产品的理解、组合运用及营销能力，班子带领营销人员认真分析客户情况，牵头与客户沟通、设计方案，成功组织推进了商票保贴、票据置换、国内信用证等新产品和新业务的运用，有效增加了收益渠道，促进了存款增长和综合效益的提升。截至12月末，实现各项存款38.92亿元，比上年增加7.81亿元；各项贷款28.41亿元，比上年增加7.60亿；中间业务收入778.55万元；实现利润10 309.69万元。

【支持当地经济发展】 2011年，市华夏行坚持“区别对待、有保有压”的信贷政策，围绕当地经济特点和区域发展战略，制定细化区域信贷政策，依托当地支柱产业和主流经济，加强对全市传统优势产业、重点骨干企业、特色产业、“三农”、中小企业、就业、科技创新、节能环保以及薄弱环节的信贷支持；加大对县域经济的信贷投放，全力支持县域经济发展；积极落实支持小企业发展的金融政策，扎实做好对中小企业的信贷支持；严格控制对“两高一剩”行业的信贷投放，努力促进全市经济发展方式转变和经济结构调整。全行累计向当地企业办理融资业务45.6亿元，占融资业务的64%；支持当地企业46户，业务余额21.05亿元，占总余额的45%。

（朱怡颖）

【市商业银行经营概况】 2011年，市商业银行全力打造市政银行、市企银行、市民银行，进一步巩固地方金融阵地。至年末，全行资产总额达到1 022 220万元，比上年增加178 749万元，增幅21.19%；人民币各项存款余额931 962万元，比上年增加179 484万元，增长23.85%；各项贷款余额351 527万元，比上年增加74 936万元，增长27.09%；利润总额10 149万元，比上年增加3 336万元，增长48.96%；各项税金3 614万元，比上年增加1 159万元，增长47.21%，其中，营业税金及附加1 353万元，所得税2 261万元；实现净利润7 888万元，比上年增加2 541万元，增长47.51%。主要监管指标均达到监管要求，其中，资本充足率13.77%，核心资本充足率11.93%，拨备覆盖率333.09%，流动性比率74.66%，资产利润率0.85%，资本利润率16.30%，存贷比37.72%。

【增设营业机构】 2011年，市商业银行坚持“立足滇中、服务云南、辐射东盟”的发展战略，推进机构设立进程，分别于4月设立峨山县支行，12月设立新平县支行，并于3月7日成立电子银行部，专门负责网上银行、银行卡、ATM等电子业务工作。

【创新经营模式】 2011年，市商业银行在发展中不断创新经营模式，寻找新的利润增长点，并成立了创新业务领导小组，加强组织领导，确保创新业务政策的落实；发行了“玉溪财富”二期理财产品，募集资金1.5亿元；推出了融易达、循环贷、按揭宝、联保贷、超值贷、特色贷等小企业信贷产品；与昆钢集团开展了“厂商银”业务合作模式，扩大了业务领域和客户群体，深化了与企业的合作关系；采用联保、互保形式，弥补企业抵押不足的缺陷，突破传统抵押方式，引入应收账款质押、股权质押、林权和采矿权质押等方式，扩大抵押的多样性，并与保险公司、民营担保机构合作，扩大抵押的渠道；根据省政府办公厅和省金融办关于股权投资基金方面的相关精神要求，在市政府的引导下，高度重视，积极响应，引进了云南和源生物医药产业发展股权投资基金，并启动了申请托管银行的工作。

【优化信贷结构】 2011年，市商业银行信贷款主要投向中小企业、小额创业贷款、优势产业、县域特色产业等低风险行业和优质客户。各项贷款中，小企业贷款余额38 552万元，占全行贷款余额的10.97%，比上年增长67.27%；个人经营性贷款余额46 635万元，占全行贷款余额的13.27%，比上年增长45.13%；涉农贷款余额103 633万元，占全行贷款余额的29.48%，比上年增长256.75%；发放创业促就业小额担保贷款792笔，金额4 679万元，至年末，小额担保贷款余额11 227万元，比上年增长70.88%。

【清理规范政府融资平台贷款】 2011年，市商业银行严格按照银监会《关于加强融资平台贷款风险管理的指导意见》和《关于切实做好2011年地方政府融资平台贷款风险监管工作的通知》的要求，制定计划，采取有效措施，全面推进平台贷款清理工作。全面建立"名单制"信息管理系统，定期向监管部门报送名单和风险定性情况，根据监管部门的确认状态进行动态调整；确立政府融资平台"降旧控新"的目标，把控新增平台贷款准入条件；按照存量平台贷款分类处置措施，全面推进存量平台贷款条件、合同、抵押担保以及贷后管理等各项资产保全和风险化解工作。年末，全行融资平台贷款余额较清理初期减少了8 930万元，贷款占比下降了16个百分点，存单质押和资产抵押覆盖率达到78%。

【帮助小微企业突破融资难困境】 2011年，市商业银行加大对小微企业的扶持力度，坚持以客户为中心，充分发挥地方金融机构的优势，多举并施，帮助小微企业突破融资难困境。首先完善制度、简化流程，加大小微企业信贷投放量，开辟小微企业贷款绿色通道；其次，针对小微企业资金需求"短、小、频、急"的特点，将小微企业经营特点与相关金融产品、服务方式结合起来，为小企业融资提供"一站式"的多样化综合金融服务；同时，严格执行贷款利率政策，有效减轻小微企业融资成本；加快品牌建设，提升创新能力，着力打造"以诚相'贷'"的小企业成长融资方案，为中小企业发展创造良好的融资环境。至年末，全行累计发放各类小企业贷款合计38 552万元。

【科技信息建设】 2011年，市商业银行完成了网上银行、信贷管理、云南省电子同城3个重要系统的上线工作，新增了代理民生银行信用卡还款程序，完成了银联卡无卡支付上线，首台多媒体自助终端机系统正式投产。同时，与南天公司合作，引进南天"jpre"平台，并与核心系统对接，完成了自助终端的开发；与IBI公司合作，引进了"WebFocus"报表系统，搭建起了报表平台。

（金　超）

【红塔农村合作银行经营概况】 2011年，云南红塔农村合作银行各项存款突破70亿元大关，贷款突破40亿元大关，财务收入突破3.8亿元，上缴各种税金3 401万元，其中，所得税2146万元。在自身各项业务健康快速发展，实现了发展速度、发展质量、业务规模、经营效益协调统一的经营管理目标的同时，为地方"三农"和社会经济发展作出了积极的贡献。红塔农村合作银行立足农村，依托网点遍布城乡等优势，加大自助银行建设力度，创新推出和推广"金碧贷记卡"、网上银行、手机银行、商户贷款等各类金融产品，继续发挥小额农贷、农户联保贷款等支农服务产品优势，支农服务能力和科技服务能力显著增强。全年自助设备服务量突破100万笔，农户贷款余额突破10亿元大关，余额达10.4亿元，全年累计投放各类贷款48亿元，农村金融主力军作用进一步显现。同时，大力推进"服务创优工程"，成功改造了玉江路分理处、彩虹路分理处、北城支行、大营街支行等一批精品网点，网点服务形象得到全面提升；强化内控管理，全面启动"流程银行"管理模式，打造以合规、服务为主题的地方银行服务文化和服务特色，营造积极、良好的发展氛围，构建平安合行、和谐合行，荣获省级"青年文明号"荣誉称号。

（张海英）

【市浦发行经营概况】 2011年，市浦发行信贷工作重点主要投向民生工程、环保治污、节能减排和产品升级以及优质中小企业，并通过存货质押、联贷联保等担保方式的创新，广泛应用国内信用证代付、贸易融资等新产品，解决企业融资难的问题。全年审批办理各类贷款23.8亿元，贷款余额11亿元，为支持当地经济建设的发展作出积极贡献，并荣获省银行业协会"百佳服务文明示范单位"、上海浦东发展银行总行"2010~2011年度先进党组织"荣誉称号。7月15日，浦发银行澄江县支行开业。至此，浦发行市分行中心城区物理网点达到4个，县级网点达到2个，提高了网点覆盖和服务面。

（杨思明）

【市民生银行经营概况】 2011年，市民生银行结合授信政策，积极支持市政府重点工程、基础设施、民生工程项目建设，大力支持全市烟草、装备制造、化工、医药卫生、教育龙头企业，以特有的多种金融创新产品"易捷贷"、"循环贷"、"联保贷"、"组合贷"、"法人按揭"、"中小企业e管家"、"动产融资"等，全面支持五金加工、生物制药、"两烟"配套、矿电、磷化工中小企业又好又快发展；并通过特色票据业务"票据包买"、"票据置换"、"贴现宝"、"快易贴"等为中小企业节约财务成本，降低财务费用；通过现金管理、理财等业务提高中小企业资金使用效率，提高资金收益水平。同时，大力发展电话银行和网上银行业务，除已开通的"95568"客户服务热线外，还开通了针对企业、公司客户的对公服务专线"4006895568"，为企业提供24小时金融自助服务；通过特色金融产品"商贷通"，以企业主个人名义发放额度贷款，额度内随借随还，降低财务费用，提高资金使用效率，并以11种担保方式，一定程度上缓解了小微企业贷款担保难、抵押物抵押率低的问题，助推全市小微企业、个人私营企业、个体工商户走出金融危机，实现快速发展。除传统结算业务外，支行"私人银行工作室"、专业的"非凡财富"金融理财师团队一如既往地为个人客户提供基金、保险、人民币、黄金延期交易等多种理财产品，并从投资渠道、理财咨询服务、理财方案设计等全方位多角度开展金融服务。此外，认真抓好政府融资平台贷款的清理整顿工作，并在年末成功完成存量政府融资平台贷款的重组工作，有效的化解了信贷资金风险。

（杨　励）

【兴和村镇银行经营概况】 2011年，红塔区兴和村镇银行各项业务稳步快速发展，各项经营、监管指标保持良好。年末，全行资产总额71 606万元，比上年增18.70%；各项存款余额61 463万元，比上年增65.51%；各项贷款余额39 003万元，比上年增50.06%，其中，涉农贷款27 384万元，比上年增38.90%；实现总收入3 009万元，利润总额1 281万元，缴纳各项税金415万元，净利润960万元，人均创利43.66万元；资产利润率1.94%，资本利润率14.59%，资本充足率18.84%，流动性比例64.96%，存贷比63.46%，不良贷款率为0。

【提升服务"三农"的广度和深度】

2011 年，兴和村镇银行通过在各对外营业机构设立惠农利民小贷中心，简化程序，下放贷款审批权限，减少审批层级，落实"三个一服务"(一站式服务、一个工作日服务、一户/社一策服务)和重点支持"三类群体"(农业产业龙头企业、农民专业合作社和涉农微小企业)作为支农的切入点，以"品牌兴农"、轮作示范、发展优特作物作为支农的突破口，使支农的广度和深度得到了进一步的提升。开业 3 年来，兴和村镇银行累计发放各项贷款 956 笔，累放金额 84 650.92 万元，其中，涉农贷款 51 802.9元，占累放贷款的 61.20%。2011 年 9 月，兴和村镇银行以"公司+基地+农户"的信贷模式，提供1 440万元信贷资金支持1 500亩三七种植，亩产达到1 200市斤，总产值达到9 000余万元，纯利润6 450万元。

【提升金融服务效能】 2011 年，兴和村镇银行通过与主发起行建立全面合作关系，获得其核心业务系统托管、寄库、技术支持、对外业务桥接、储蓄业务通存通兑、代理发卡等支持，并与兴业银行建立全面合作机制，开通银银平台。同时，通过与市、区劳动就业局合作，积极开办创业促就业小额担保贷款及劳动密集型小企业贷款业务，并成功获批成为小贷公司合作银行。

(张　毅)

财产保险

【概　况】 2011 年，市人保财险公司紧扣"转方式促发展、强合规增效益"主基调，在"突出效益、强化服务、创新发展"三大主题上下功夫，在市场增速趋缓、竞争更加激烈的复杂环境中，团结协作，锐意进取，经营业绩创历史新高，创下了系统及当地行业 6 个第一："金牌车险管家"落地团队 360 度考核居全国地市分公司第一，车险续保率居全省系统州市分公司第一，发展速度居当地行业第一，市场份额居当地行业第一，电销业务居当地行业第一，文明创建成果居当地行业第一。截至 12 月 31 日，公司实现保费收入58 520万元，比上年增长 15.75%，完成年度计划的 101.77%；实收保费收入57 994 万元，比上年增长 12.83%，完成年度 100.86%。其中，车险保费收入38 448万元，比上年增长 10.9%；财产险保费收入15 625万元，比上年增长 29%；意责险保费收入4 447万元，比上年增长 17.61%；电销业务保费收入7 090万元，完成年度计划 123%；农网保费收入8 913.26 万元，完成年度计划的 100.5%；产代寿保费收入 1 861.47 万元，完成年度计划的 109.5%。累计支付直接赔款22 566万元，综合赔付率为 51.86%，综合成本率 85.02%。公司累计实现账面利润5 686万元，完成年度计划的 108.66%；支付防灾防暴费 263 万元；上缴国家税金3 119万元；为全市人民及财产提供风险保障2 256.4亿元。分公司机关继续保持省、市级文明单位和文明行业，在同行业独领风骚。高新支公司张一川被中国人保集团公司团委评为"中国人保青年岗位能手"。新兴支公司陶显平被人保集团公司党委评为"中国人保党员服务标兵"。分公司获全省系统 2011 年度综合经营管理二等奖、市场份额回升奖。全市系统 13 人被表彰为全省系统先进个人。红塔区支公司被表彰为全省系统年度"标杆县区支公司"。新平县支公司被表彰为"明星县区支公司"和"年度经营业绩 15 强区县支公司"。通过"寻找身边的榜样"活动这一平台，全市系统涌现出保费利润贡献、保费规模贡献、党风廉政建设、信息宣传等各类先进单位 32 个、各类先进个人 78 人。

【推进农村保险】 2011 年，市人保财险公司把自身发展与和谐社会、新农村建设和促进"三农"增收紧密结合起来，围绕全市经济社会建设重点和广大群众对保险的需求，充分发挥公司自身产品齐全、服务专业、网点布局广泛等特点，积极按照党的十七大和"国十条"关于保险在保障和服务新农村中的要求，在继续推进传统烤烟种植保险的基础上，深化农房统保，积极推进能繁母猪保险，制定《农网建设重点险种开办工作安排意见》、《创建农村保险先进村实施细则》等管理办法，开办了油菜、水稻保险试点工作，并探索开办烤烟"两黑病"保险。公司以"保险玉溪行动计划"实施纲要为契机，制定了《人保财险玉溪行动计划实施方案及纲要》，从指导思想、目标任务、发展重点、具体措施、实施步骤等方面作了全面的安排部署。市、县两级公司成立一把手挂率、各相关部门主要负责人为成员的领导小组，下设办公室负责日常的具体工作。公司职能部门确定了与各级党委、政府的对接部门和推动目标，稳步推进红塔区、新平县的试点工作。公司深入推进农村网点建设，对现有 93 个农村服务网点进行全面改造升级，夯实基础，加强农网服务建设，加大农村保险宣传力度，同时在八县一区乡镇深入开展农村保险先进村创建工作，开展了农房统保、能繁母猪保险、新农合保险、农村小额意外伤害保险、人身意外伤害保险等关系民生、合乎民意的"三农"保险产品。特别是"吉祥农村"保险组合，涵盖农民、农村住房及家庭成员意外伤害的组合产品，为广大农村客户提供了低保费、广履盖，解决了最基本保障需求，确实把保险服务深入到农村千家万户。公司通过开展农村网点建设和创建保险先进村活动，持续提高农村保险服务能力，不断扩大"三农"保险覆盖面和渗透度，切实服务全市新农村建设，有效降低农村群众在医疗、养老等方面的顾虑，稳定农户未来预期，提高消费意愿，扩大消费支出，实现了扩大农村消费市场、促进经济增长的目标。公司全年累计保险赔款22 566万元，其中，烤烟赔款1 368.88万元，烤烟"两黑病"赔款 551.83 万元，水稻、玉米、油菜赔款 138.28 万元，能繁母猪赔款 689.3 万元。

【销售队伍建设】 2011 年，市人保财险公司通过推广标准晨(夕)会，大力发挥晨(夕)会的业务跟踪作用和培训平台的作用，稳定营销员队伍，充分发挥组训在团队管理中的作用；同时，通过营销员收入与业务规模、服务质量挂钩，激活营销员队伍，深入开展"团队振雄风，全员创佳绩"业务竞赛、"车险十大展业能手"评比、"幸福通保——全家福"组合保险产品销售推动等活动，在全市 122 个销售团队、965 名销售人员中掀起比、学、赶、帮、超的业务竞赛氛围。分公司全面优化调整网点布局，通过网点标准化、网络化、团队化、专业化的建设，使网点保费收入、网点平均产能、网点营销队伍人力指标、业务管理、建设管理、客户服务等方面上了新的台阶。特别是加强农村营销服务部业务流程的管控，防范和化解经营及合规风险，网点参与客户服务的查勘、理赔服务等环节，构筑全员参与的服务优势，把"两网"初步打造成为了公司服务能力的比较优势，并利用网点优势，推进公司小额保险和个人交费业务的乡、村统保工作，农村网点承担了所在乡、镇的学幼险、农业保险、车险等业务的查勘和赔案资料收集工作，大幅提升了公司在农村的客户服务水平，扩大农村保险的深度和密度，全面实现网点服务、产能的突破性增长。截至12月末，公司网点保费收入8 913.26万元，完成省公司下达计划目标8 871万元的100.5%。

【优质服务】 2011年，市人保财险公司着力于强化承保、理赔和客户服务质量，为客户提供更优质的报务。公司在全省系统率先向社会招聘选用女子查勘队员，成立了女子查勘队，为客户提供更温馨的服务。围绕客户服务基础建设和考核机制，进一步建立完善了量化客户服务工作综合管理考核等一系列考评机制。同时，强化电销落地服务，制定电销服务标准，打造车险管家服务品牌，使公司在全国开展的360度活动中考核为系统同级公司第一名。推行全省联网免费救援，积极为客户提供增值服务，对于在人保公司投保的车辆，无论在何处出险需要拖车，或因车辆故障需拖车、送油、充电、更换轮胎，均可通过拨打公司全国统一电话4008195518(事故车救援拨打95518，由省级分公司统一救援服务平台提供服务)，享受到公司提供的快速救援服务。推行VIP客户自助理赔，对于出险后不涉及人伤、物损，损失金额在10 000元(含)以下的案件，VIP客户可使用手机进行自助查勘，拍摄并上传事故现场照片，省去纸质单证，省去往返保险公司的不便，实现现场一站式轻松自助理赔。推广江西赣州“四到、四谁”防灾防损工作机制，即做到防灾工作“电话到企业、短信到个人、提示到客户、人员到现场”，坚持防灾防损“谁承保、谁负责、谁通知、谁落实”的各项举措。公司在江川县车辆检测点，因地制宜地制定共享服务平台，为在红塔区、高新区、新兴区、江川县、峨山县5家公司投保的车主提供统一、优质、高效的车辆落户、年检服务，并通过整合上述5家公司的人力、物力、财力资源及合作方在检测方面的优势，建立和完善了在一定区域内的增值服务体系，提升公司服务能力。

【为全市民警办理执法人员意外伤害保险】 2011年，为配合市公安局党委进一步推进关爱民警工程，市人保财险公司制定了“玉溪市公安干警人身意外伤害保险调整统保方案”。3月22日，市公安局印发了《关于统一办理全市公安民警执法人员人身意外伤害险的通知》，并把该项工作的落实情况纳入全市公安系统从优待警予以考核。为此，公司为全市公安民警执法人员办理人身意外伤害险，并成立专业服务团队，开通理赔案件绿色通道，力所能及为公安干警提供了保险保障。

【提升理赔服务水平】 2011年，市人保财险公司把提高理赔服务水平作为客户满意度关键举措，全面推进理赔服务标准化建设。在车险查勘环节上开展“四个一”活动，即“一句慰问话语、一瓶矿泉水、一本索赔指南、一次满意度调查”，同时，着力抓好理赔人员的态度和速度，制定“一对一”理赔责任实施考核办法，要求理赔中心人员实行“一对一”理赔责任制，以点、以片、以基层公司进行挂钩，明确责任，量化措施，跟踪落实赔款流程，直至快速赔款到位。公司还开展理赔服务承诺时效考核机制，对车险理赔(包括省间和省内通赔)各环节节点时效数据实行月度通报，并纳入年度考核，推动“理赔无忧”服务升级，向社会推出损失金额万元以下1小时通知赔付服务承诺，即所有分支机构实现不涉及人伤、物损的车险赔案，损失金额在10 000元以下(含)，客户提交索赔单证齐全，1小时内通知财务付款。

【兑现烤烟特大冰雹保险赔款】 2011年8月31日，华宁县境内普降特大冰雹，造成该县各乡镇23个村委会的万亩烤烟不同程度受灾。接到报案后，市公司及县公司立即启动应急预案，深夜通知相关人员，于9月1日组织了48名查勘定损员，分9个小组奔赴各烤烟受灾点，以最快速度进行查勘、定损、理算。市政府李洪云副市长、市公司李德龙总经理亲自深入重灾点了解受灾情况，看望灾民。此次灾害核定受灾面积达10 000余亩，受灾程度从5%到80%不等，仅8月31日晚灾害，公司就兑现烤烟赔款150余万元。

【携手红塔集团开展大型交通安全宣传活动】 2011年5月15日至5月26日，市人保财险公司与红塔集团携手成功开展为期12天，跨越6州市10个县区(市)，行程3 000余千米，18辆宣传车及80余人参与的“关爱生命，平安出行”大型交通安全宣传活动。此次大型交通安全活动旨在以“关爱生命，平安出行”交通安全、环保宣传为主题，彰显红塔集团与中国人保财险公司在抓好企业自身发展的基础上，始终把交通安全作为企业的立业之本，勇担社会安全责任，为推动和谐平安建设作出应有的贡献。这次活动路线为：玉溪→昭通→水富→宜宾→昭通→昆明→楚雄→元谋→大理→巍山→玉溪。参与单位有红塔集团旗下的集团玉溪本部、楚雄、大理、昭通卷烟厂和人保财险玉溪分公司及高新支公司。一路开展了丰富多彩的交通安全知识、环保知识、保险知识宣传活动。此次活动增进了公司与客户的感情，进一步彰显了公司“用感恩之心回报社会”的企业文化理念，也为保险与客户、客户与客户之间搭建了一座情感沟通的桥梁。

（吴秀萍）

人寿保险

【概　况】 2011年，市人寿保险公司围绕省公司提出的“巩固经营成果，放大市场影响，继续全方位夯实各项基础工作，为尽快实现云南国寿既定的目标而奋勇前行”的总体工作思路，按照年初拟定的“抓住机遇、乘势而上、夯实基础、努力做大做优做强，齐心协力开创玉溪国寿科学发展新局面”的指导思想，以加快业务发展不动摇为根本，以壮大销售队伍为核心，以业务转型为重点，以制度改革为动力，以服务管理为支撑，以重点攻关为依托，以矩阵式考核为手段，全面实施“低成本推进、高效率运营”和“一保两控”政策，快速出击，阶段突破，重点推进，全力打好各阶段战役，努力全面实现各项任务目标。在业务发展的同时，坚持依法合规经营，强化销售队伍基本建设和管理，提升队伍销售能力，增强公司竞争实力，强力推进公司的全面建设和发展，确保公司持续健康快速发展。全系统全年完成总保费收入40 659.8万元，比上年增长11.1%，占寿险市场份额的34.5%。其中，股份保费收入39 028万元；集团保费收入1 631.8万元；首年新单保费收入18 475.4万元，比上年增长16.3%；首年期交保费收入6 865万元，比上年增长27.44%；个险10年期及以上期交保费完成3 047.2万元，比上年增长64.2%，占期交保费的44.4%，增幅高于全国、全省系统水平；短期险保费收入3 301.3万元，比上年增长31.5%，创历史最好水平；银保渠道期交保费收入1 754.13万元；续期保费收入20 738.79万元。各类赔付支出9 231.4万元，短期险赔款1 024.48万元，比上年负增长12.41%，短险赔付率创历史新低，实现了良好的经营效益。总保费规模以及各项关键性业务发展指标均创历史最好水平，个险、银保、团险业务渠道齐头并进、协调发展，销售队伍基础不断得到夯实，内控机制得到强化，风险得到有效控制，内部管理工作进一步加强和改善，管理专业化、集约化、规范化水平进一步提升，推进了公司的品牌形象建设，为一线发展提供有力支持，公司全面建设得到有效推进。

【业务发展】 2011年，市人寿保险公司始终坚持以业务发展为中心，创新发展路子，革新管理体制，更新经营政策，重点解决区域发展不均衡、阶段发展不平衡、可持续发展能力弱等问题，加强发展基础。个险渠道以狠抓队伍建设促进业务发展，积极探索和创新销售模式，通过基础营销、节奏营销、主题营销及客户营销等不同形式、各具特色的营销策略，突出阶段重点，注重整体实效，实现个险销售的新突破。团险渠道以短期意外险的销售为重点，努力开拓新的销售渠道，培育新的业务增长点，大力开展家庭意外伤害险、小额信贷险、公旅险等业务，创意外险销售历史新高。银保渠道转变增长方式和发展模式，通过“511模式”、“黄金搭档”、银保特训营等的实施与推行，以及通过培训不断提高客户经理的业务技能，逐步实现会议营销向柜面营销顺利转型，加强代理网点维护，保持密切关系，提高网均产能，争创精品网点，期交业务发展取得良好业绩。全年个险、银保、团险业务销售渠道齐头并进、协调发展，特点、亮点、看点突出。个险渠道利用新版《基本法》套转的良好契机，通过全系统“甘露行动”的有效开展，有效增员400余人，个险队伍得到了壮大和稳定，期交保费特别是10年期保费有大幅增长。团险渠道队伍在保持稳定的同时有所发展，销售队伍基础不断得到夯实，短期险保费实现稳步增长，创历史最好水平。银保渠道结构调整见成效，银保客户经理队伍不断壮大，由60多人增至80余人，期交保费占比逐渐提高。县域渠道亮点突出，全年共成功创建128个“保险先进村”。通海县杨广村委会被总公司评为全省系统唯一一个“五有保险先进村”。

【内控管理】 2011年，市人寿保险公司围绕“一保两控”的总体发展目标，始终坚持“一手抓业务，一手抓管理，两手抓，两手都要硬”的原则，顺应业务发展的要求，全面加强和改善各项内部管理工作，以健全各项管理制度、规范业务处理流程、加快业务处理时效为着力点，通过加强风险管控，将降低综合赔付率与提升客户服务水平统筹起来，向管理要效益，通过管理促发展，公司的内部管理工作进一步加强，管理的专业化、集约化、规范化水平进一步提升，促进了团队的稳定和管理工作的加强，内控机制得到了强化，风险得到有效控制，推进了公司品牌形象建设，为一线业务发展提供了有力支持。同时，根据总公司《内部控制执行手册(2011版)》，在全市系统开展内控标准执行工作。指导思想是以标准化管理为目标，以夯实内控基础为宗旨，以标准执行为切入点，进一步完善以内控流程为基础、以风险为导向、面向标准化管理的内部控制长效机制和全面风险管控模式，为公司的长期发展战略提供内控保障，为公司健康、协调发展打牢基础。目标是为满足内外部监管要求，营造全程控制、全员参与的内控文化氛围，保证公司经营管理行为合法合规，资产安全可靠，各项报告及管理信息真实、完整、准确，提高管理效率和经营效益，公司稳健经营和可持续发展，最终实现发展战略。市分公司制定的内控标准执行工作方案划分为“宣导培训、标准执行、质量检查、总结汇报”等阶段，标准执行、文档记录、参与标准执行承诺和标准知识考试、自我评价、执行质量检查、总结分析汇报等工作得到有效落实。通过内控标准执行工作的开展，《内部控制执行手册》的各项内容深入推进到各层级单位、各职能部门、各岗位人员，落实到每位员工，使每位在岗员工都清楚自己所在岗位的具体控制措施及风险控制点，从而营造全员参与的内控理念，增强员工内控意识，不断夯实内控基础，提高公司整体内控水平，营造良好内控文化，全面提升内控管理水平，实现合规合法经营，为公司可持续发展保驾护航提供强有力的保障，促进公司合规合法经营迈上新台阶。

【“牵手国寿，绿动中国”系列客户服务活动】 2011年，市人寿保险公司组织开展“牵手国寿，绿动中国”系列客户服务活动，为客户提供了多重服务体验机会，推动了公司品牌建设，传播了服务理念，搭起了公司与客户沟通的桥梁。举办“中国人寿营销十五年庆典暨企业家峰会”，邀请VIP客户及其家属参加，为VIP客户提供展示自己企业的高端交流平台，彼此分享创业经验。开展“鹤彩无限”特约商家特别优惠月活动，通过公司95519短信平台向所有客户发送温馨短信，在为客户提供更多服务体验机会的同时让客户感受到“国寿1+N”的贴心服务，使“国寿1+N”的服务品牌得到推广。举办“牵手国寿、绿动中国——VIP客户专题讲座”，邀请专家讲解疾病预防和保健知识，还向VIP客户提供免费健康体检，让客户关注健康，感受中国人寿的细心关怀和贴心、优质服务。开展“牵手国寿，绿动中国”少年儿童绘画作品展活动，面向6~14岁的少年儿童广泛征集以低碳、环保为主题的拼贴画和其他绘画作品，收集作品74件，分别评选出儿童组、少年组获奖作品各6件。

【依法合规经营自查自纠】 2011年7月起，市人寿保险公司在全市系统组织开展了为期4个月的依法合规经营自查自纠工作。分公司制定了自查自纠方案，对自查自纠活动时间安排、自查自纠范围、内容及区间、组织领导、自查自纠步骤、工作要求等做了详细的安排部署。通过层层宣导部署、自查自纠和现场检查，发现了问题，排查了风险隐患，总结了经验，堵塞了漏洞，并对存在的问题及时进行整改，进一步夯实了全市系统依法合规经营的基础，强化了各条线的依法合规经营管控，全员防范风险意识明显增强。

【销售风险专项检查】 2011年5~9月，为贯彻落实总公司关于加强销售领域风险管控、强化监督检查等重要指示精神，市人寿保险公司集中开展年度销售风险专项检查工作，重点治理销售领域突出风险，促进销售风险管控制度落实，保障公司业务持续健康发展。检查内容包括规定项目和自选项目两类，规定项目为展业宣传资料合规性检查，自选项目统一定为退保、失效异常风险排查与私开客户银行账户情况检查。规定项目重点对销售人员、营业单位展业宣传资料的合规性进行检查，范围包括销售职场、合作机构柜面、产品说明会及销售人员所使用的宣传页、产品说明书、保险计划书、招贴画、展业名片、产品说明会课件等展业宣传资料；检查内容为展业宣传资料是否存在夸大预测产品收益，使用比率性指标与银行储蓄、基金等作简单对比，对保险责任等虚假陈述或含有其他误导、欺骗性内容等。同时，还对退保、失效异常风险排查、私开客户银行账户情况进行了专项检查。

证券

【太平洋证券玉溪营业部持续做好客户服务和投资者教育】 2011年，面对股市大幅下跌及宏观政策上的困惑，营业部利用已形成的资讯体系并通过电子邮件、短信等方式提供给客户，力求以丰富、精炼的资讯产品让客户多渠道获得更多信息，帮助他们找到合理的切入点。同时，建立了场内客户、新客户及重点客户等细致的分类客户回访办法，规范强化各类服务流程和服务品质，通过回访，针对客户使用过程中的意见、建议和需求，为以后客户服务工作中进一步延伸客户服务手段和服务内容提供了参考，并对客户进行风险防范和风险跟踪。通过开展股市沙龙、投资报告会等形式多样的讲座，加强投资者教育工作，就证券市场的相关问题进行热烈讨论，并邀请公司分析师在8月举办了2场下半年投资策略报告会，为客户现场讲解投资策略及下半年投资机会，赢得了投资者对全们的高度赞誉。

【营销团队建设】 为扩充客户经理团队，从2011年2月起，太平洋证券玉溪营业部在八县一区驻点地广发招聘信息。随后，根据营业部对客户经理的培训部署，全年按照新人培训、衔接培训，并实行以老带新、实习安排、营销竞赛等活动，提升新老客户经理的营销能力，让客户经理有所学，有所用，使客户经理队伍逐渐成长壮大，成为营业部稳定的营销力量。

（万会琼）

【大同证券玉溪营业部推进投资者教育】 2011年，大同证券玉溪营业部财富中心继续建设标准化投资者园地，稳步进行信息更新、创业板及新股提示、宣传打击非法证券活动、轮流值班等日常性工作。针对创业板、中小板以及特别处理股票的投资风险，举办相关板块风险特性、交易规则的专题讲座12期。推出模拟账户，从操作的角度实盘讲解，为客户提供操作参考，受到客户的好评。同时，进一步细化投资者教育工作，对客户进行分类管理，依照不同的投资爱好进行针对性教育，实现投资者教育工作的常规化和制度化。在《玉溪日报》设立专栏，每周二定期在“理财版·评股论经”专栏中连续刊登股市投资知识，帮助投资者了解市场、认识市场，让投资者懂得证券市场投资的基本规则，学会分析、判断与操作的方法，提高风险意识，增强防范风险的能力，做一个理性的、成熟的、高素质的投资者。营业部深入贯彻公司三位一体的战略发展思路，积极与财富中心、营销部门配合，形成强有力的工作协作关系。基础服务部每日按时按质完成财富中心产品推送，并通过柜台新开客户交流、日常回访及服务等各渠道收集客户对产品及服务的敏感度，及时将客户需求反馈给财富中心，不断改进服务产品；积极配合营销部门办理客户开户工作，在后台形成有力支持，并通过各种渠道为经纪人送达服务产品，为经纪人对各自开发客户及潜在客户提供产品服务保障。12月份，全员参与公司合规部进行合规考试，树立每位员工合规理念，合规人员将日常工作分解细化，规范经营行为，最大程度地对营业部经营形成有力的合规保障，将日常业务风险降低到最低程度。

（薛　莲）

景区建设与促销

【概 况】 2011年，市旅游局稳步推进抚仙湖—星云湖生态建设与旅游改革发展综合试验区建设，实施大项目促进大发展战略，积极发展特色乡村旅游，开展旅游景区标准化建设和提档升级，加大宣传促销力度，提升玉溪旅游形象，进一步规范市场秩序，提高旅游服务质量，全市旅游产业保持了又好又快的发展势头。全市接待海外游客3 030人次，比上年增长14.82%；外汇收入71.09万美元，比上年增长12.82%；接待国内游客1 308.63万人次，比上年增长12.42%；实现旅游总收入57.11亿元，比上年增长40.85%。其中，抚仙湖接待国内外游客356.4万人次，比上年增长8.92%；实现旅游总收入15.11亿元，比上年增长26.32%。各项旅游经济指标均超额完成了省、市下达的目标任务。春节"黄金周"接待游客54.81万人，总收入1.5亿元，分别增长34.41%和37.87%；十一"黄金周"接待游客37.24万人，总收入1.26亿元，分别减少14.37%和3.2%。

【抚仙湖—星云湖生态建设与旅游改革发展综合试验区建设】 2011年4月，市旅游局启动了《抚仙湖—星云湖生态建设与旅游改革发展综合试验区总体规划》环境影响评价工作，初稿已完成。5月，编制试验区十大旅游功能区《控制性详规》，已形成初稿并召开了咨询会议，并根据专家和部门领导提出的意见和建议，进行了认真修改，提交试验区管委会征求领导意见，待专家评审。同时，配合建设部门完成了《抚仙湖—星云湖风景名胜区总体规划修编》，并获省政府批准。试验区在建项目顺利推进："湖畔圣水"项目一期工程已全部完工，悦椿度假酒店营运状况良好，二期工程会议中心已经开工建设，项目已累计完成投资近10亿元；太阳山休闲度假社区项目老鹰地球场造型工程基本完工，6月中旬，老鹰地项目已经通过环境影响评价审查，正积极协调省国土厅批复老鹰地二期项目供地方案；九龙国际会议中心项目酒店副楼完成基础工程，五星级酒店主楼场地平整、地下室开挖等基础工程已开始施工，累计完成投资3亿多元；抚仙湖国际老年康体养生度假中心项目完成了一期工程沙滩绿化，680亩项目用地的报件已完成，待省国土资源厅批复，累计投资已近2亿元；仙湖锦绣项目基础设施工程已开工建设，澄川路(左卫路口)至项目一期鲭鱼湾地块的十里生态景观大道绿化工程已经完工，并根据试验区管委会的要求调整了项目规划，专题向试验区管委会进行了汇报，通过试验区管委会审查，报市政府待批；抚仙湖国际养生园项目已完成项目勘测定界、总体规划、水保、地灾、林勘、征地等前期工作，总规已通过省级专家评审，通过试验区管委会审查，报市政府待批；仟龙湾旅游文化小镇项目通过了省市联合评审，经试验区管委会审查，已报市政府待批；仙湖山水度假园项目征求了市直相关部门的意见并对规划进行了调整和修改，通过了省旅游局组织的专家评审，试验区管委会正在审查项目。

【项目引进】 2011年，中心城区受建设休闲宜居城市的政策引导，除试验区外，还建设了玉水金岸高星级酒店和玉山城省级旅游重大项目，筹划了龙马山生态主题公园、龙潭清溪、中国高鼓楼旅游文化小镇等一批重大旅游项目。各县开建了澄江县竹海箐、易门县南屯湖、通海县古城、峨山县楠竹园、新平县哀牢山—红河谷特色生态景观和民族文化旅游线路等旅游项目。

【A级景区建设】 2011年，澄江县凤山公园、西浦公园被市A评委评为2A级旅游景区。至此，全市有A级景区19家，其中，4A级4家(映月潭修闲文化中心、汇龙生态园、秀山历史文化公园、禄充景区)，3A级2家(古滇国文化园、大沐浴花腰傣生态民族文化旅游村)，2A级13家(象鼻温泉度假村、龙泉国家森林公园、九龙池公园、明星鱼洞、碧云寺公园、大槟榔园民族文化生态旅游村、世界第一高桥旅游风景区、陇西世族庄园(土司府)旅游景区、新化古州野林、高香生态茶文化旅游区、龙泉公园、凤山公园、西浦公园)。

【省级旅游特色村建设】 2011年，通海县克呆彝族村特色旅游村、海镜特色旅游村、江川县明星村特色旅游村、元江县那路村特色旅游村推荐上报后，于年底被省政府批准为第四批省级旅游特色村。至此，全市省级旅游特色村共14家。

【乡村旅游建设】 2011年1月27日，经市、县(区)农业和旅游部门积极组织，层层推荐评选，红塔区汇龙生态园、华宁县金土地绿色产品开发有限公司、澄江县竹海箐生态旅游度假村、峨山县高香万亩生态茶园4家旅游企业荣获"云南省第一批休闲农业与乡村旅游示范企业"称号。此项活动，有效利用了全市丰富的生态农业资源大力发展乡村旅游，有序规范提升了休闲农业与乡村旅游发展水平，推进了休闲农业与乡村旅游健康发展，促进了农民增收和社会主义新农村建设。

【市场促销】 2011年4月5日，市旅游局组织部分旅游企业、本地及外地驻玉溪的媒体记者，对红塔区境内位于研和街道办事处贾井村委会的鸡窝塘生态园农家乐进行实地踏勘，借助媒体宣传和旅游企业互搭桥梁，进一步整合乡村休闲旅游资源，把以樱桃、杨梅、芒果、桔子等十多种水果采摘为主的乡村休闲旅游推向广大市民及各地游客，充分展示乡村休闲游的乐趣。5月19日，市旅游局围绕2011"中国旅游日"活动主题，举办丰富多彩的公益惠民和宣传教育活动，宣传玉溪旅游资源和旅游产品，倡导文明出行，普及市民的旅游知识，丰富民众的旅游体验，营造了全社会参与旅游的良好氛围。活动期间，以报刊、电视、广播电台、手机短信等为载体发布宣传"5·19"首个"中国旅游日"信息。"5·19"当天，在聂耳文化广场高挂节庆活动主题布标、彩虹门和空飘彩球，组织了由4个县（区）文化、旅游、广电和体育局参与、30家旅游企业到现场促销的旅游宣传活动，开展旅游知识有奖问答，发放了5 000份《文明旅游倡议书》和28 000份旅游宣传资料，赠送了由13家旅游景区提供的300张不限时景区免费门票等抽奖惠民活动。5月21日，市旅游局组织集成旅行社，邀请省财大师生和新闻媒体记者32人，对悦椿酒店、帽天山古生物化石博物馆、爱国主义基地—聂耳纪念馆、聂耳广场、亚洲最大烟草生产企业—红塔集团工业旅游园区等旅游资源进行考察，以体验玉溪东线部分修学旅游产品。师生们反映，这种以游相伴、以学为主的旅行方式是一种非常有深度的旅游，也是学校所倡导、同学们喜欢的旅游方式，旅游产品的组合非常合理有趣，产品组合让师生们直观地学习到地球生命的起源，激发了励志情怀，学到了环保、现代化科学管理等许多课本中没有的知识，弥补了课堂教学的空白。9月5日，市旅游局与有关部门合作在聂耳大剧院举行第二届"中国生态城·金柿美玉溪"全国主题摄影大展开幕暨颁奖典礼，129幅展示玉溪生态城市建设成果、彰显玉溪实施文化和市战略佳绩的摄影作品入选本届大展，借助省内外摄影家独特的视角表现玉溪生态与金柿美之美，让更多的人认识玉溪、走进玉溪。

【玉溪旅游（昆明）营销中心成立】 2011年12月23日，市旅游局在昆明金龙饭店举行玉溪旅游（昆明）营销中心启动仪式。省旅游信息中心、省旅游业协会等19家新闻媒体、6家旅行商近百人参加了启动仪式。玉溪旅游（昆明）营销中心是继2010年在重庆设立营销中心之后，市旅游局在国内市场开辟的第二个宣传营销点。玉溪旅游营销中心作为市场实体，既有宣传功能，又有组团功能，将借助各种节庆活动举办之机，通过歌舞表演、资料发放、滚动宣传屏等多种形式推介玉溪旅游产品，打造玉溪旅游品牌。

湖畔圣水1期抚仙湖悦椿度假酒店　（市旅游局　提供）

【会展宣传促销】 2011年4月15日，市旅游局组织13人的代表团赴西安参加2011中国国内旅游交易会。交易会期间，发放宣传资料2.5万份，接待客商及公众2.3万人次，进一步扩大了玉溪旅游的宣传，为做大做强玉溪旅游，推动玉溪旅游又好又快发展打下坚实的基础。6月18～20日，市旅游局组团参加了"多彩西部"——第二届中国西部旅游产业博览会。会展期间，向西部旅行商及重庆市民发放旅游宣传折页、旅游地图、旅游书籍、旅游形象宣传光碟共计5 000余份（碟）。通过前期邀请重庆主要传播媒体赴玉溪进行线路考察及在重庆设立玉溪旅游营销中心等基础性工作，玉溪展台在本届西旅会上引起重庆方面的广泛关注，重庆媒体专门进行了采访报道，部分旅行商也表达了合作意向，市民纷纷到玉溪展台询问出游信息并索要资料。重庆市合川区旅游局还特意邀请玉溪展团到辖区内的钓鱼城景区进行考察交流。8月，市旅游局组团赴天津参加2011中国北方旅游交易会。会上，以"西方日内瓦、东方抚仙湖"和"天人合一、休闲玉溪"为主题背景，突出宣传玉溪东、西两线主打产品。色彩靓丽、内容鲜活、风情浓郁的玉溪展室，一开馆即吸引了大量的参会来宾。为期3天的会展，玉溪代表团共发放《休闲玉溪招贴画》、《玉溪导游图》、《新平旅游手册》、《红塔区旅游指南》、《生态玉溪》画册、《玉溪旅游》等宣传资料近2万份，接待与会来宾2万余人次。10月，参加了由省旅游局组织的赴斯里兰卡、印度、尼泊尔宣传促销，发放宣传资料4 500多份，交换名片400余张。通过这次出访，有力地宣传了玉溪旅游，也使这些国家第一次认识了玉溪这座充满魅力、风情无限的城市。10月27日至30日，市旅游局组织八县一区文化、旅游、广电和体育局及相关旅游企业近100人赴昆明参加了2011中国国际旅游交易会。交易会上着重向海内外参展商宣传了"天人合一·休闲玉溪"的主题旅游形象，同时打出"西方日内瓦·东方抚仙湖"的抚仙湖品牌形象口号，充分展示了以中心城区为代表的生态城市休闲度假旅游，以抚仙、星云湖为代表的高原湖泊休闲度假旅游，以哀牢山、红河谷为代表的乡村生态休闲度假旅游品牌及玉溪自驾游旅游品牌。最新编制的《天人合一休闲玉溪》旅游指南和5个精心制作，涵盖休闲、户外、自驾、美食、乡村等主题的"玉溪之旅"宣传折页以及《滇中四地州旅游指南》在本届旅交会如期与广大的参会嘉宾见面，精美的画面、详实的资讯，得到了与会者的广泛好评。玉溪展位会共接待参展嘉宾3.8万余人次，发放资料54 700多册(份)。玉溪参展团以参展单位多，展台搭建样式新颖，特色鲜明，宣传品数量充足，资料发放与小型民族舞蹈结合等优势获得"云南展团最佳组织奖"和"云南展团最佳展台奖"2项荣誉称号。

【媒体宣传】 2011年，市旅游局继续加强与多方媒体的合作，充分发挥媒体传播范围广、受众面大的优势，不断强化玉溪旅游品牌形象。在主要客源地昆明市持续发布玉溪旅游形象广告，在昆明机场二楼出港大厅发布60余平米巨幅灯箱广告；在云南旅游的又一个游客集散地大理火车站发布玉溪、抚仙湖、秀山等旅游形象广告近200平米；与市旅游客运中心合作，在10辆大巴车身两侧发布了近500平方米的车身广告；与天马广告公司合作，在中心城区繁华路段7块滚动式宣传栏上发布全市及县区旅游形象广告。同时，密切与省内旅游文化主流媒体联系，与《云南画报》合作推出玉溪旅游专题彩色版面40余页(正版、航空版各20余页)，与《春城晚报》、《假日旅游》、《旅游周刊》、交通频道、昆明《加油周刊》、《都市时报》、《生活新报》等多家媒体保持良好合作关系，及时传播玉溪旅游信息及资源、产品等情况；与市电视台《天天看玉溪》栏目合作，全年制作播出《玩转玉溪》44期；与《玉溪日报》合办《非常旅游》栏目，全年刊载旅游资讯33个专版，宣传文稿60余篇，图片90多张。此外，还采取请进来的方式，邀请外地媒体宣传报道玉溪旅游。3月20日与河北电视台和PPS网络电视共同打造的一档展示"80、90后"现代时尚旅游交友真人秀《旅游真好·全在等你》节目，通过来自全国各地不同职业的相亲体验者5天的玉溪旅游，把玉溪美丽的风光、悠久的民族历史文化、多彩的民族风情、独特的民族服饰及生态城市建设等内容融入节目，把体验的现场感透过镜头直接传递给观众，从而提高玉溪旅游资源、旅游产品、旅游企业的知名度和影响力。

（徐晓秋）

旅游节庆活动

【花腰傣"花街节"】 2011年春节黄金周，新平县花腰傣之乡举办了花腰傣"花街节"。哀牢山红河谷自驾游黄金旅游线路上，自驾车游客络绎不绝奔赴花街节举办地——漠沙大沐浴花腰傣民族文化生态村。花街节上花腰傣小卜少亮丽的服饰、婀娜的身姿、多彩的民族风情与红河谷畔盛开的凤凰花，构成了新平红河谷中两朵艳丽奇葩，令游客目不暇接；照电筒、找情人、吃秧箩饭等民族体验项目让游客乐不思蜀。据统计，"花街节"期间，新平县接待游客9.51万人次，比上年增长140.07%，实现旅游收入3 601.6万元，比上年增长144.16%。

【高香文化节】 每年农历二月初二，澄江县龙街镇禄充村民间举行庙会祭祀，祈求平安，风调雨顺。其中，送大香活动蕴含着文运昌隆、政通人和、国泰民安的美好祝愿。为传承民间文化，2011年3月5日至6日，澄江县龙街镇禄充村委会举办了第五届禄充高香文化节。主办方展示了高8.6米、直径1.3米、重1吨有余的2柱高香。近万名游客目睹了迎高香、点高香的仪式后，兴致勃勃地观赏了花灯、腰鼓、舞龙、秧歌等文艺表演。

【"二月二"戏会】 2011年，易门县兔年的"二月二"戏会，由于促销早、布局广、节目精、组织好，成为近年举办"二月二"戏会吸引游客最多、群众参与最广的一届盛会。据统计，持续3天的"二月二"戏会，游客多达9.5万余人次，为上年度的2倍。仅开幕式当天，参与戏会的游客达7万余人次，宾馆酒店爆满，县城街道、龙泉河、龙泉公园等地游客摩肩接踵，热闹非凡。

【抚仙湖铜锅美食节】 2011年5月1日至3日，澄江县举办了第七届抚仙湖铜锅美食节系列活动。抚仙湖畔，抚仙湖之夏音乐会、剖鱼比赛、铜锅煮鱼、铜钠焖饭美食评比赛、民族篝火晚会及各种水上康体赛事活动令游客享受了一道道丰富的旅游文化大餐，为抚仙湖旅游旺季开了个好头，有力地促进了当地旅游经济的发展。

【抚仙湖立夏节】 2011年5月9日～11日，澄江县第二十二届立夏节活动在抚仙湖北岸新河口景区举行。活动期间，28支农村文艺队精彩地展演了打秧老、太平花灯、毛驴灯、腰鼓、彩船蚌壳舞等民族民间特色节目，来自全省的45名山歌手登台亮相演出，县老年艺术团演员也为广大游客献艺表演。在以民俗展演为主调的基础上，组织开展

"中国生态城·金柿美玉溪"主题摄影展评选现场 （市旅游局 提供）

了游客参与性较强的2人3足50米往返计时赛、滚车轮50米绕桩往返计时赛等趣味健身体育活动，还开展了防艾、法律、气象、饮食、科普等知识的宣传活动，大大提升了景区人气。据不完全统计，此次立夏节，抚仙湖北岸新河口景区设个体摊位约3 500多个，交易额达700万元，呈现出“旅游兴、百业旺”的良好发展态势，推动了澄江县旅游经济的发展。

【花腰傣风情沐浴节】 2011年4月30日至5月2日，新平县在戛洒喷泉广场、漠沙镇大沐浴花腰傣文化生态旅游村分别举办花腰傣风情沐浴节。除了沐浴狂欢，由文艺队和群众演员组成的戛洒镇表演队为游客表演了原生态的民族风情歌舞。在优美的音乐声中，身着艳丽民族服饰的花腰傣少女舞步蹁跹、舞姿婀娜、倩姿曼妙，自然风光与人文景观交相辉映，华丽的视觉盛宴产生了巨大的艺术震撼力，深深地吸引着在场的每一位观众。戛洒镇还组织花腰傣妇女为游客展示花腰傣纹身、染齿、纺线、织布、刺绣等传统习俗，独特的民族文化让人大开眼界。漠沙镇则组织开展了花腰傣歌舞表演、大沐浴狂欢之夜、摸鱼比赛、品尝风味小吃和沙滩西瓜等一系列活动。此次花腰傣风情沐浴节以花腰傣风情为主线，突出“纵情沐浴欢歌”主题，由政府组织引导，辅之以市场运作，通过充分发动群众，引导当地民众和游客积极参与，增强活动的参与性和互动性，让游客充分感受当地民族文化、体验民俗民风，尽情沐浴狂欢、释放激情，大大提升了新平县旅游的美誉度和吸引力。

【文庙“三礼”活动】 2011年10月12日，由通海县旅游局等相关部门联合主办的首届“开笔礼、成童礼、成人礼”活动在通海县城文庙内举办。市、县有关领导、新闻媒体、旅行社及秀山小学、通海县六中、通海县一中选出的120名品学兼优的学生，共700多人参加了活动。“三礼”活动，弘扬了中华民族传统文化，发扬和传承通海县悠久的儒家文化，使广大青少年和儿童深刻接受了勤学苦读、尊师孝亲、崇德立志、仁爱处世的传统文化精髓。

【开渔节】 2011年12月24日，江川县第七届开渔节在渔文化广场隆重开幕。开幕式上演了《鱼跃人欢，锦绣江川》大型文艺演出，5 000多人观看了演出。25日上午8：30时整，星云湖开始开湖捕鱼。随着信号枪令响，648条渔船如离弦之箭向星云湖湖心驶去，星云湖再现“千舟竞发，万人捕鱼”奇观。晚上，江川县第七届开渔节焰火晚会在县城举行，多姿多彩的焰火表演为开渔节增添了动人的色彩。据不完全统计，本届开渔节24～27日接待游客44.3万人，比上年增3.7%；实现旅游总收入9 442.5万元，比上年增10.2%。

【参展昆明国际文化旅游节活动】 中国昆明国际文化旅游节昆明狂欢节于2011年4月29日至5月2日在昆明举行。市旅游局组织了65人的演职人员阵容参加了文化活动。代表队在碧鸡广场进行了5场演出，为观众献上了《斗笠下的卜少》、《赶花街》、《抚仙湖恋歌》等90多个精彩节目。每场演出都赢得了观众热烈喝彩，加之与观众的积极互动，让观众在互动活动中了解到了玉溪的风土人情、旅游景区、特色小吃等，现场气氛异常活跃。3天的巡演赢得沿途观众的阵阵掌声和欢呼声，吸引了众多来宾驻足观看。代表队向观众发送了1万多册《玉溪风光》宣传品，收到了良好的宣传效果。

【春节“黄金周”】 2011年春节“黄金周”，全市接待游客54.81万人次，比上年增长34.41%；实现旅游总收入15 071.42万元，比上年增长37.87%。其中，过夜人数9.92万人次，一日游人数44.89万人次。平均床位出租率为31.69%。红塔区、抚仙湖、西线的新平县、元江县仍然是春节“黄金周”受游客青睐的旅游目的地。新平县、通海县、红塔区等县（区）平均床位出租率均超过60%。主要旅游景区（点）接待游客21.68万人次，门票收入67.72万元。其中，抚仙湖接待人数为7.42万人次，红塔区接待人数为11.61万人次，秀山接待人数为9 945人次；门票收入24.23万元。新平县接待人数为9.51万人次。整个春节黄金周实现了无重大旅游投诉、无安全事故目标。

【“五一”小长假】 2011年“五一”小长假，全市迎来了又一个小长假旅游高峰期。整个“五一”假期，全市接待游客27.45万人次，比上年增长5.07%。其中，过夜游客7.59万人次，一日游客19.86万人次。旅游总收入达7 818.03万元。主要景区抚仙湖接待游客人数为5.02万人次，门票收入19.30万元。整个“小长假”期间，自驾游车辆274 585辆次，其中，进入玉溪区域的有138 488辆次，离开本区域的有136 097辆次。各主要旅游景区自驾车游再次火爆，有些地方出现了车水马龙的热闹景象，特别是哀牢山红河谷民族风光风情自驾游线路，游客络绎不绝。各景区景点均实现了“欢乐、祥和、安全、有序”四统一目标，整个小长假期间各大景区均未出现安全质量和服务质量方面的的投诉。

【十一“黄金周”】 2011年十一“黄金周”，全市接待游客37.24万人次，比上年减少14.37%；实现旅游总收入12 562.45万元，比上年减少3.2%。其

夏日抚仙湖　　（市旅游局　提供）

中，过夜人数13.55万人次，一日游人数23.69万人次。平均床位出租率为43.2%。绵绵细雨带来的阴冷天气是导致黄金周玉溪游客回落的主要原因。抚仙湖接待游客7.86万人，比上年减少16.76%；旅游收入2 534.43万元，比上年减少0.3%。

（徐晓秋）

旅游行业管理

【导游年检】　2011年，全市参加年检的导游204人。市旅游局行管科在导游完成年检培训及考试的基础上，还对每一名导游在上一年从事导游业务、接受行政处罚、游客反映等情况进行综合考评。经过考评，204名导游无扣分、无处罚、无投诉，全部通过年检，顺利完成了导游IC卡刷卡工作。11月，市旅游局组织3名选手参加省旅游局主办的银都水乡——银水帝都杯导游大赛。红塔工业旅游接待中心导游杨坤力压群雄，获省金牌导游称号。金桥旅行社导游朱光获银牌导游称号。另一名导游获优秀导游称号。市旅游局因组织工作认真、出色，获省旅游局颁发的优秀组织奖。

【星级饭店评定复核】　2011年，全市有一至三星级旅游星级饭店38家，其中，三星级饭店9家，二星级饭店28家，一星级饭店1家；参加星级年度复核的29家，3年期满评定性复核的9家（四星级由省星评委负责复核）。市星评委通过对一至三星级旅游星级饭店复核，有25家星级饭店通过年度复核，9家星级饭店通过评定性复核，2家星级饭店限期整改，玉溪宾馆、气象宾馆2家二星级饭店取消星级。

【旅游市场综合整治】　2011年，市旅游局本着落实责任、强化监管、治理隐患的原则，联合有关部门，积极开展旅游市场综合治理。通过明查暗访了解情况，对存在问题的涉旅部门提出整改意见，切实保障旅游者的生命、财产安全，使全市旅游市场秩序得到了进一步完善。全年检查了9个县（区）旅游管理部门及28个旅游企业，出动检查人员30多人次，向涉旅企业发出书面整改意见和建议17条，并督促其限期整改，确保了全市未发生重大旅游投诉和安全事故。

【旅游安全管理】　2011年，市旅游局牢固树立“安全是旅游业的生命线”的科学发展理念，始终坚持把安全工作放在首位，修定了《玉溪市旅游安全事故应急预案》，完善了各县（区）及各旅游企业应急处置预案，与相关部门建立了联动机制，形成完整、健全的旅游救援体系。根据《关于做好2011年黄金周假日旅游安全工作的通知》要求，市、县（区）联合公安、工商、物价、文化、交通、卫生等市假日办成员单位，对各星级饭店、旅游景区、车船公司、旅行社等旅游企业进行了节前安全生产大检查，并把旅行社租用车辆和团队运行安全、旅游道路交通安全、食品卫生安全、消防安全、假日旅游安全、水上安全和特种设施设备安全等作为检查重点，使全年未发生重大旅游投诉和安全事故。

【旅游投诉受理】　2011年，全市旅游部门在抓好旅游基础设施建设的同时，积极开展旅游市场综合整治工作，加强从业人员业务培训，不断提高旅游服务质量，旅游市场秩序有了较大改善。据旅游质监部门统计，全市共受理旅游投诉案件9起，比上年下降50%；结案9起，结案率100%。投诉案件大幅下降，为营造全市良好的旅游环境和大力发展旅游业奠定了基础。

【旅游培训】　2011年，市旅游局组织县（区）开展旅游从业人员上岗培训。新平县先后从局机关、花腰傣艺术团、游客接待中心、旅行社、旅游公司和景区抽调约60名（年龄40岁以下）工作人员举办了讲解员培训班，重点培训景点导游服务、导游服务程序、导游带团技能、导游语言艺术和讲解技能、导游应变能力、导游职业道德基本知识等。通过多形式、多角度、全方位强化培训和考核，全面提高了旅游从业人员的服务能力和水平。峨山大酒店在试营业前夕，培训员工130人，经培训、考试，多数员工服务技能达到了上岗要求。为做好2010版旅游星级饭店5个地方标准宣贯工作，市旅游局组织全市旅游星级饭店标准管理人员和酒店内审员共100多人，旅游行社及导游60多人参加了培训。还举办了《行政强制法》等法律法规培训班，对65名县（区）旅游质监执法人员进行强化培训，提升了旅游行业管理和执法人员的素质。

（徐晓秋）

科学技术

编辑：王 斌

科技管理

【概　况】 2011年，玉溪市再度被评为全国科技进步考核先进市、全国专利工作先进集体、第二次全国资源清查先进集体。为加快建设创新型玉溪行动计划的实施，在全市社会事业年度工作会议上，市政府与9个县区、6个部门签订《建设创新型玉溪行动计划2011年目标责任书》。认定高新技术企业12家，超额完成6家，完成200%；认定5个市级重点实验室和行业技术研究中心；云南科技创新园完成规划，并落户玉溪；组织申报省级创新型试点企业5家（完成100%），认定3家；组织申报国家级、省级科技计划项目46项，超额完成6项，完成115%，实施56项（含往年未结题数）；组织实施市级科技计划83项，超额完成53项，完成267%。完成专利申请613件，完成146%，获专利授权460件，完成233.5%。

狠抓农业科技示范区建设，成功规划建设县区农业特色科技示范园10个；高新区创建国家级高新区工作取得实质性进展；组织实施《预防肺炎球菌疾病1类新药9价肺炎球菌多糖结合疫苗等系列生物制品临床前研究》等省市会商重大科技项目，为沃森生物和蓝晶等科技产业园建设提供科技支撑；加强"产学研"对接，组织近30家企业参加各类科博会、博览会、产学研合作洽谈会等活动，进行产学研对接12次，"借船借智"加快发展。重点行业、企业重大技术改造、农业科技创新、创新服务平台建设、科技人才培养引进、知识产权战略、生态产业科技创新、公民科技素质提升科技创新工程建设成绩喜人。

【科技项目建设】 2011年，市科委组织46个项目申报国家级和省级科技计划，其中国家级项目20个，省级项目26个，超额完成年度目标任务。截至10月27日，已争取国家级、省级项目34项，获项目经费3 135万元，其中：国家科技型中小企业创新基金3项，项目经费270万元；省级科技计划项目31项，项目经费2 865万元。即：省知识产权管理2项，35万元；省科技创新平台建设4项，220万元；省级非公有制经济发展专项6项，145万元；省技术创新暨产业发展专项4项，230万元；省国际科技合作计划2项，340万元；省社会发展科技计划2项，175万元；省科技创新强省计划2项，500万元；省科技富民强县计划2项，190万元；省政府重点科技专项1项，1 000万元；省重点新产品开发计划6项，30万元。投入市级项目经费510万元，组织实施市级科技计划项目52个。各级科技计划的实施带动社会投资84 595万元，较好地促进了玉溪经济的发展。

【高新技术企业】 2011年，玉溪又有12户企业通过高新技术企业的认定，完成年度目标任务的233%，获省级经费补助420万元。玉溪高新技术企业总数达43户，居全省第二位；云南省研和工业园区数控装备高新技术特色产业基地被认定为云南省高新技术特色产业基地；3户企业认定为创新型试点企业，获省级经费150万元。云南蓝晶科技股份有限公司、云南玉溪创新彩印有限公司被列入2011年度云南省高新技术企业上市培育工程。

【农业科技创新】 2011年，玉溪市以提高龙头企业技术创新能力为抓手，为龙头企业申报国家科技计划项目，组织实施《蓝莓引种试验及规模种植》等各级科技计划项目28项，竭力推动农业科技开发示范和技术推广。起草了《玉溪市科技示范园认定管理办法暂行规定》和《玉溪市科技型农村经济合作组织认定管理办法暂行规定》。建设了10个农业示范园区，其中红塔区3个，元江县2个，峨山县、新平、澄江、通海、华宁各1个，分别为：水果示范园4个、药材示范园1个、香料示范园1个、环湖生态治理示范园1个、花卉示范园1个、农产品加工示范园1个。通过示范园的辐射带动为建设红塔区葡萄之乡、澄江蓝莓之乡、华宁柑橘之乡、元江红龙果之乡及柑橘、芦荟、香料、石斛、玫瑰等农业产业发展提供了科技支撑。

蓝莓产业发展取得新突破，在4年引种试验示范的基础上，向市委、市政府提交《玉溪市蓝莓产业发展的现状和对策建议》。常务副市长谢兴荣主持召开全市蓝莓产业现场办公会，引领推动全市蓝莓产业的快速发展。加大招商引资力度，成功引进辽宁丹东天赐花卉、云南万家乐蓝莓种植有限公司等国内一流种植企业到玉溪发展，并组织编写了《玉溪市蓝莓产业发展规划》，提出"三个产业带"的发展策略。

【科技园区和特色产业基地建设】

2011 年，玉溪市围绕研和数控、红塔区两烟配套等 4 个特色产业基地建设，制定配套政策，并加大基地内企业与院校的合作，加大项目支持力度，提升创新能力；随着高新区九龙新区启动沃森生物产业园和“两烟”配套产业园两个“园中园”规划和产业布局，“两烟”配套产业园已申报为国家特色的产业示范基地项目。

结合产业园建设，有针对性地支持玉溪沃森通过省市会商重大科技项目《预防肺炎球菌疾病 1 类新药 9 价肺炎球菌多糖结合疫苗等系列生物制品临床前研究》的组织实施，帮助企业依托现有生物技术研发平台，不断推进多品种、多类型新型疫苗的研究工作，同时推进科研成果产业化的转化。研和工业园区二区以商招商，不断注入发展活力，被省科技厅认定为云南省研和数控装备高新技术特色产业基地；红塔区卷烟配套基地作为省级科技示范基地建设成效明显。基地内各项经济指标年均增幅均超过 15%。10 户企业的技术中心被认定为省级或市级企业技术中心，其中省级企业技术中心 8 户。开发出 1 个国家级新产品、6 个云南省自主创新产品和 3 个云南省新产品。1 项科技成果获云南省科学技术进步一等奖、4 项获玉溪市科技进步奖，基地的发展为卷烟配套产业园建设奠定了基础。蓝晶科技产业园建设已通过环评，做完立项和规划，完成了前期土地报建和土地招牌挂，项目实施进展顺利，市科技局支持蓝晶科技有限公司实施了省市会商重大科技项目《1300 万片 LED 衬底片产业化》将对园区发展发挥重要作用。

【云南科技创新园落户玉溪】 2011 年 12 月 15 日，云南省科技厅与玉溪市人民政府在聂耳图书馆举行“云南科技创新园合作协议签字仪式暨云南研创投资开发公司揭牌仪式”，市长高劲松与云南省科技厅厅长龙江共同签署了《建设云南科技创新园合作协议》，并为云南研创投资开发公司揭牌，云南科技创新园落户玉溪市澄江县。

2011 年，认定市级重点实验室和行业技术研究中心 5 个。举办“世博科技成果展示点（玉溪站）启动仪式暨 2011 沪滇科技交流活动”，《大花惠兰品种选育和根腐病防治技术》等项目签订合作意向。

【民生科技工作】 2011 年，完成抚仙湖四个责任制项目的结题验收。实施省级科技计划项目 5 项，市级科技计划项目 12 项。省市科技部门投入 280 万元，支持通海县实施 2009 年厅市科技会商项目《通海杞麓湖南岸农田废水处理示范工程》，项目已完成，建成一座约 7 455m^2 平均处理规模 6 000 m^3/d2 的“组合型生态湿地”处理系统，可有效削减杞麓湖南岸3 153亩农田蔬菜种植区生产废水入湖负荷，预计每年削减 TN5.47t/a，TP0.36t/a。通过控制入湖污染负荷、改善湖滨景观和丰富水生生物多样性，为全县乃至全省农业面源治理提供示范和科学依据。

启动省长现场办公会确定的《通海县废弃菜叶资源化技术研发与示范工程》项目，项目将对通海县每日产生的废弃菜叶1 000吨、生活垃圾每日 200 吨，进行资源化、无害化、减量化处理的研究及示范，改变当地化肥严重超标、土地板结、土地盐碱化的问题，弥补当地农业灌溉严重缺水的问题。建立有机农业科学示范基地，做成“循环经济示范基地”带动通海县有机农业的发展实现可持续发展，并向全省乃至全国推广。

【科普宣传】 2011 年 1 月 19 日，玉溪市 2011 年文化、科技、卫生“三下乡”活动启动仪式在红塔区李棋镇康井小学正式启动，市直 20 个部门和单位组成“三下乡”活动服务团参加了集中示范活动；3 月 18 日，由省科技厅、省委统战部和玉溪市政府共同举办的以“民族地区科普宣传”为主题的“云南省 2011 年科技下乡集中示范活动”在华宁县举办；5 月 12 日，市科技局、市防震减灾局、市民政局等 9 部门在聂耳文化广场举办主题为“防灾减灾从我做起”的科普宣传活动。5 月 19 ~ 25 日，举办玉溪市科技活动周；23 日，由市科技局、市委宣传部、市科协主办的玉溪市 2011 年科技活动周集中示范活动在新平县城举行。

以上活动 20 多个相关部门共送去价值 859 万元的项目资金、物资、书籍等。市科技局发放《科普手册》、《云南科技报》等科技资料80 000份，接受现场咨询与服务6 000人次，邀请省、市专家举办《培育战略性新兴产业，提高云南自主创新能力的思考》等专题科技讲座 6 场，部门和企业负责人1 500人参加。围绕疾病预防、防灾减灾、健康教育等方面开展宣传咨询活动，展出各类展板 110 块，受到群众欢迎。加强科普基地建设，组织玉溪市聂耳图书馆申报云南省科普教育基地。组织华宁县申报《华宁县民族地区特色产业发展农村科技辅导员培训》省级科普专项。

【科技人才队伍建设】 2011 年，玉溪市进一步加强对 106 名中青年学科技术带头人和 56 名学科技术带头人后备人才的培育和管理，组织 20 人次到西安学习考察，支持 10 人实施市级科技计划项目；完成玉溪市人才信息库子库玉溪市中青年学科技术带头人信息库的建库工作。为首届玉溪杰出人才奖评选、建立健全市委联系专家制度推荐预备人选；加强科技特派员和乡土人才培养，为新农村建设和产业发展提供最直接、最现实的科技人才保障，每年派出 100 名科技特派员，服务于县（区）乡镇，服务领域从粮油、水果及畜禽等领域。

【知识产权工作】 2011 年，市知识产权局被人事部、国家知识产权局评为全国专利工作先进集体，并荣获 2010 年度全省知识产权工作“突出贡献奖”。进一步深入实施知识产权战略，加大专利宣传和申请的力度，专利工作取得突破，专利申请逐年上升，申请量和授权量增长率居全省第二位。至 2011 年 11 月全市累计完成专利申请量 673 件，超额完成 193 件，完成目标任务的 160%，其中发明专利申请 181 件，完成 129%。累计获授权专利 460 件，完成目标任务的 233.5%，其中发明专利授权 93 件，审核专利奖励 128 项，授奖金额 13 万元。

加强知识产权服务，为本市 30 多家高新技术企业、40 多家单位开展专利服务，建立专利服务工作网络。在 2011 年云南省企业知识产权试点示范工作总结表彰会上，玉溪市红塔烟草（集团）有限责任公司等 4 户企业荣获“云南省优秀试点企业”荣誉称号。云南恩典科技产业发展有限公司、云南省玉溪市维和制药有限公司列为第四批“全国企事业知识产权试点单位”。

【县（区）科技进步工作通过市考核】 2011 年 6 月 20 ~ 21 日，由市委办、市政府办、市委组织部、市科技局等部门和专家组成市政府科技进步考核组，对各县区 2009 ~ 2010 年度科技进步工作完成情况进行考核，考核结果表明：各县区党政领导思想认识到位，产学研结合，科技推进工业经济和特色产业发展取得明显成效。经审核，各县区 2011 年科技进步工作均通过市级考核，并推荐上报省科技厅。

（李　真）

科技成果

【科学技术奖评审】 玉溪市2010年度科学技术奖奖励项目，经过推荐与受理、受理项目公示、专家遴选、组织评审、入围一等奖项目差额答辩、奖励委员审定、市政府核准7个程序，从83项候选项目中评审出奖励项目50项。2011年7月7日，《玉溪市人民政府关于2010年度科学技术奖励的决定》对50项科技成果给予表彰奖励，其中一等奖4项、二等奖12项、三等奖34项。工业类项目12项，占24%；农业类项目13项，占26%；卫生类项目19项，占38%；教育文化类项目6项，占12%。

【获省科学技术奖情况】 2011年度，玉溪市共有11项科技成果获云南省科学技术奖，均为科技进步奖，其中一等奖1项、二等奖4项、三等奖6项。其中红塔烟草(集团)有限责任公司参与完成的《云南高端卷烟原料差异化的研发与应用》获一等奖；云南省烟草农业科学研究院、云南省烟草公司玉溪市公司牵头完成的《云南烤烟土、水、肥综合调控技术研究与应用》、红塔烟草(集团)有限责任公司牵头完成的《选择性降低红塔集团卷烟产品危害性指标化合物的综合技术研究》、玉溪沃森生物技术有限公司牵头完成的《冻干AC群流脑结合疫苗产业化技术研究及应用》、玉溪市人民医院参与完成的《双心室起搏兼顾房室结优先改进心衰治疗效果的研究》4项科技成果获科技进步二等奖；玉溪市种子管理站完成的《杂交玉米新品种"金峰一号"选育》、元江县臧健花卉科技开发有限公司完成的《彩色马蹄莲优质种球周年繁育关键技术研究》、云南通变电器有限公司完成的《箱式变电站产业化开发》、红塔烟草(集团)有限责任公司完成的《三维空间曲面的精密测量技术研究及应用》、玉溪市疾病预防控制中心完成的《云南省首次O139霍乱暴发的调查、控制与研究》、云南省烟草农业科学研究院牵头完成的《云南烟草主要病虫害综合治理技术集成应用研究》6项科技成果获科技进步三等奖。

【科技成果登记】 2011年度，玉溪市共登记科技成果70项，其中应用技术成果69项，软科学成果1项。据统计70项登记成果经费投入总额1 235 001万元，其中国家投入6 558万元占0.53%、地方投入401 305万元占32.48%、部门投入803 153万元占65.02%、自有资金投入10 366万元占0.84%、银行贷款696万元占0.056%、国外资金51万元占0.04%、其他渠道投入12 872万元占1.04%。拥有发明专利授权16项，自主制定标准数2项(国家标准1项、企业标准1项)。原始性创新成果28项，占应用技术成果总数的41%；国外引进消化吸收创新2项，占2.89%；国内技术二次开发39项，占56.52%。国际先进水平2项，国内领先水平12项，国内先进水平14项，国内一般水平41项。70项科技成果中光机电一体化2项，生物、医药和医疗器械26项，新材料3项，新能源与高效节能1项，农业15项，林牧渔业15项，制造业8项，建筑业1项。

【冻干AC群流脑结合疫苗产业化技术研究及应用】 《冻干AC群流脑结合疫苗产业化技术研究及应用》项目由玉溪沃森生物技术有限公司、云南沃森生物技术股份有限公司黄镇、刘红岩、施兢等人完成，2009年6月1日，通过省科技厅组织的科技项目验收，获2010年度玉溪市科学技术奖一等奖。"冻干A、C群脑膜炎球菌多糖结合疫苗"属于国家《药品注册管理办法》中的预防用生物制品类，按1类新药进行药品申报和注册。疫苗由A群脑膜炎球菌、C群脑膜炎球菌分别经发酵、纯化获得的荚膜多糖抗原，经多糖活化、衍生后与破伤风类毒素蛋白共价结合为A群多糖-蛋白结合物和C群多糖-蛋白结合物，按一定配比混合，加入适宜稳定剂后冻干制成。用于3月龄至5周岁儿童预防由脑膜炎奈瑟氏菌(脑膜炎球菌)A群或C群引起的感染性疾病，如脑脊髓膜炎、败血症(全身感染)等。是国际上目前唯一获准用于6月龄以下婴幼儿接种的预防A、C群脑膜炎的冻干疫苗。疫苗于2004年投入研发，2005年获得国家食品药品监督管理局颁发的《药物临床试验批件》。2006年在广西壮族自治区疾病预防控制中心完成临床研究，研究结果表明试验疫苗在研究人群中使用是安全的，抗体阳转率在90%以上，达到预期疗效。2009年1月4日获药品注册批件，2009年3月26日在玉溪沃森生物技术有限公司疫苗生产基地顺利通过国家GMP认证，9月首批疫苗顺利通过中国药品生物制品鉴定所签发，并成功上市销售。截止2010年6月完成222万支疫苗的销售，实现工业总产值10 367万元，销售额5 628万元，净利润2 263万元，税金847万元。在项目实施过程中获发明专利授权3项、受理1项，在《生物制品学杂志》等核心期刊上发表文献3篇。

【箱式变电站产业化开发】 由云南通变电器有限公司文天福、刘振林、冯民权等人完成的《箱式变电站产业化开发》项目，2010年1月25日，通过省科技厅组织的科技项目验收，获2010年度玉溪市科学技术奖一等奖。项目按专业化、高效率的原则进行投资，通过与沈阳变压器研究所合作，新建扩大产业化规模生产厂房和基础设施，购买主要生产设备，设计更先进的加工工艺和技术路线，提高产品技术性能和新材料、新外观的研究应用，使生产箱式变电站的规模达到年产量100万KVA，性能达到并超过国家标准，技术性能和ZGS9型相比较，空载损耗平均降低20%，负载损耗平均降低5%，空载电流平均降低31%。2009年产量达到105万KVA，实现产值16 335万元，新增利润3 447万元，新增税金2 046万元。西南三省市场占有率为70%以上。

【优质油菜新品种"玉红油1号"选育与应用】 由红塔区种子管理站刘庆荣、杜玲兰、戴荣珍等人完成的《优质油菜新品种"玉红油1号"选育与应用》项目，2009年12月16日，通过云南省品种审定委员会审定，审定编号为滇审油菜2009001号，获2010年度玉溪市科学技术奖一等奖。"玉红油1号"由红塔区种子管理站于2000年从中国油料所引进双低高代材料"20-5"，应用其优良变异单株，采用系统选育方法，经过10年选育出的一个双低油菜品种。该品种属春性甘蓝型中早熟优质双低品种，苗期叶色较深绿，株高适中，株型紧凑，有效分枝部位低，抗倒伏，高抗白锈病，中抗病毒病，品质达到国家"双低"油菜品种标准，适宜云南省海拔800~2 200米中上等肥力的油菜产区种植。2005~2010年累计示范应用面积25.47万亩(28.3万亩×0.9保收系数)，新增油菜总产376.07万千克(442.43×0.85缩值系数)，新增总产值1 482.12万元，新增纯收益1 304.3万元，经济、社会效益显著。

【中式卷烟核心技术创新平台建设】

《中式卷烟核心技术创新平台建设》项目由红塔烟草(集团)有限责任公司牟定荣、缪明明、秦云华等人完成，2010年6月3日通过云南省工业和信息化委员会、云南省发展和改革委员会组织的项目验收，获2010年度玉溪市科学技术奖一等奖。项目在2006年获得国家“2006年企业技术中心创新能力专项”资金300万元，企业自筹3 050万元。项目在国内首次基于软硬件平台建设为基础，针对“中式卷烟”研究，建成功能齐全的中式卷烟核心技术创新平台，使红塔集团技术中心研发条件确保在行业处于领先地位，并达到国际一流水平。在国内首次综合集成建立一套系统完善的软件平台(LIMS系统、卷烟配方辅助研发系统、香精香料数据库)，并成功应用于新型“低焦、低危害产品”的开发和香精香料的品控、实验室的管理。开展了大量烟草及烟气化学成分研究、工业生产过程中化学成分变化规律、香味成分、减害降焦技术开发、配方技术等研究，并取得丰硕成果，获发明专利授权5项、外观设计专利授权1项。

【三维空间曲面的精密测量技术研究及应用】 由红塔烟草(集团)有限责任公司李存华、夏开元、张建华等人完成的《三维空间曲面的精密测量技术研究及应用》项目，2011年3月23日通过云南省科技奖励办公室组织的科技成果鉴定，获2010年度玉溪市科学技术奖二等奖。项目针对三维空间曲面准确测量问题，以红塔集团烟机零配件中的复杂空间曲面测量为背景，提出在空间曲面上建立投影面为“正三角形”的“微型三角形”方法，利用“微型三角形”法矢量，直接启动测针半径补偿实现空间曲面上点坐标的精密测量，研究了测针球心测量、重心坐标测量、等分度测量及等距测量等具体测量方法，对“正三角形”高d值采用近20组数据实验，当1mm < d < 1.5mm时，测量重复性误差在0.001mm以内。项目研究了测量空间曲面和二维曲线之间的关系，确立了中值定理测量二维曲线的等距法，选用10余种不同变化的d值采用等距法做标准球实验，当d < 0.25mm，重复性误差在0.001mm以内。项目对凸轮的3D曲面及二维曲线提出了一种测量方法，使用DEAPPL语言完成5种矢量的程序组设计，可在空间坐标系中针对零部件作多种方式的3D曲面扫描，其数据文件可及时导入CAD/CAM系统完成逆向工程，使测量效率和生产效率提高。项目执行过程中公开发表论文13篇，申请发明专利11项，培养了一批专业技术人才，项目成果投入应用多年，实现了红塔集团进口烟机零配件的替代，产生了显著的社会效益和经济效益。

【三维数字采矿软件系统开发与应用研究】 《三维数字采矿软件系统开发与应用研究》项目由玉溪矿业有限公司、长沙地迪信息科技有限公司王李管、李德、毕林等人完成，取得国家计算机软件著作权登记证书，登记号：2008SR38460，获2010年度玉溪市科学技术奖二等奖。项目完成了矿山三维地质建模及资源储量估算与评价，矿山中段开拓设计、探矿设计、采切设计及中深孔爆破设计技术研究。形成资源储量管理(矿山地质模型更新)、矿山工程测量数据采集、数据处理及数据管理、矿山采切设计等通用技术规范及流程。整合矿山地、测、采、计划等各专业人员力量，形成矿山各专业之间协作新模式，成功开发矿山三维设计最终需求的三维数字采矿系统。三维软件应用覆盖专业广，设计与生产管理覆盖面宽，全面革新了矿山生产设计及管理工具、手段，使管理从二维平面向三维直观可视、可控转变。形成矿山应用技术规范，为矿山应用三维矿业软件技术进行生产设计和管理奠定了坚实基础。

【磷矿开发磷污染对抚仙湖和星云湖的影响研究】 由玉溪市环境科学研究所、中国科学院南京地理与湖泊研究所李荫玺、冯慕华、李文朝等人完成的《磷矿开发磷污染对抚仙湖和星云湖的影响研究》项目，2011年2月25日通过云南省科学技术奖励办公室组织的科技成果鉴定，获2010年度玉溪市科学技术奖二等奖。项目以研究及控制磷矿开发磷污染对抚仙湖和星云湖的影响为目标，开展磷矿开采区生态环境破坏和磷污染产生机制、人为活动影响下环境地质背景磷流失对湖泊的影响、磷矿开发污染治理技术等方面的研究，历时3年，形成了自然风化作用下磷矿废弃地水污染产生机制研究、磷矿开采产生磷污染物的迁移途径及迁移量研究、磷矿来源磷污染与湖泊营养演化时空相关关系分析研究以及磷矿废弃地“毛细隔栅覆土改良型”污染控制生态修复技术、“低阻力防堵塞垂直流湿地结构”磷矿来源污水末端处理技术等具有较高学术水平及创新性的研究成果。其研究成果应用于抚仙湖、星云湖水污染防治工作中，对国内其他临湖磷矿区开展水污染治理具有重要借鉴作用。在国内外学术刊物及会议上发表论文7篇，申请发明专利2项。研究成果整体达到国内先进水平，其中对磷矿开采产生的磷污染物的迁移途径及迁移量研究、磷矿来源磷污染与湖泊营养演化时空相关关系研究方面居国内领先。

【彩色马蹄莲优质种球周年繁育关键技术研究】 由元江县臧健花卉科技开发有限公司的臧健、谷海龙、徐立虹等人完成的《彩色马蹄莲优质种球周年繁育关键技术研究》项目，2010年4月13日通过云南省科学技术奖励办公室组织的科技成果鉴定，获2010年度玉溪市科学技术奖二等奖。项目重点研究和解决了彩色马蹄莲在种球繁育和鲜切花、盆花生产中因细菌性软腐病造成大量腐烂的难题。该项技术的实施，使彩色马蹄莲在生产过程中种球腐烂率控制在5%以内。创新了传统彩色马蹄莲种球贮藏技术(该技术已经申请国家发明专利)，应用普通冷藏库，种球贮藏腐烂率控制在1%以内，储藏后种球开花率达到90%以上。成功研发了彩色马蹄莲种球周年繁育技术，利用正反两季周年繁育优质彩色马蹄莲种球，使繁育的种球优质品率达到80%以上，建立了彩色马蹄莲种球规模化生产管理模式。采用“公司＋基地＋农户＋协会”的管理模式，带动当地农户规模化发展彩色马蹄莲花卉产业，生产面积468亩，带动农户种植210户，累计生产种球548万粒，鲜切花167万枝，累计实现销售收入2 866万元，累计投入成本1 730万元，公司获利595万元、农户获利541万元。项目研究方法科学，具有较高的技术含量及广阔的市场前景和应用价值。研究成果居国内领先水平。

【玉溪市气象灾害防御技术研究及推广应用】 由玉溪市气象学会、市委政策研究室、市政府研究室，市气象局施超、解福燕、李文祥等人完成的《玉溪市气象灾害防御技术研究及推广应用》项目，2011年2月12日通过玉溪市科技局组织的科技项目验收，获2010年度玉溪市科学技术奖二等奖。项目通过分析1971～2008年影响玉溪的暴雨洪涝、干旱、冰雹、雷电、低温冷害等主要气象灾害的分布特征、形成原因、成灾特点及造成的损失，有针对性的提出防御气象灾害的总体要求、主要任务和措施。通过分析玉溪近40年来降水的年代际变化，得出玉溪在总体降水量减少趋势下干旱加重，暴雨日数增加、分布不均，洪涝灾害增多的结论。利用大气监测自动站、区域自动气象站和闪电定位仪等观测资料，客观分析玉溪坝区、半山区到山区的气象灾害季节分布特征，为气象灾害的防御提供技术支撑。实现与农业、烤烟生产及地质灾害防范、护林防火、防汛抗旱、病虫害防治等多学科的有机结合和融合，使气象灾害防御技术不仅具有很强的可操作性、实用性，而且具有较大的推广应用价值。出版《玉溪气象灾害与应对措施》专著1部，在公开刊物上发表科技论文5篇。其研究成果具有很强的推广应用价值，特别是在多学科的结合与融合、区域自动站和闪电定位仪等资料的分析应用上具有创新性，其成果达到国内同类研究的先进水平。

【杂交玉米新品种“金峰一号”选育】 由玉溪市种子管理站施德林、李元章、董云武等人完成的《杂交玉米新品种“金峰一号”选育》项目，2011年1月18日通过玉溪市农业局、玉溪市科技奖励办公室的科技项目验收，获2010年度玉溪市科学技术奖二等奖。“金峰一号”系玉溪市种子管理站利用自交系“9824黄”作母本，自交系“5311”作父本，于2000年组配而成的玉米单交种，是从自交系选育到杂交组配完全自主完成的玉米单交种，2008年通过云南省农作物审定委员会审定(编号：滇审玉米2008008号)。2006～2007年云南省玉米区域试验(C组)试验结果表明：该品种平均亩产666.2千克，比对照“兴黄单892”增21.7%，居参试品种第三位，具有较好丰产性和适应性，适宜于滇中、滇东北和滇西等地海拔1 500～2 100米的地区种植。2007年开始，在澄江县、新平县、峨山县、红塔区，泸西、师宗、马龙、陆良、富源、沾益县等8州市的21个县区进行示范和应用，面积达16.5万亩，分布海拔从1 300～2 300米，平均单产达557.9千克，比当地当家品种平均亩增73.6千克，增15.2%，产生较好的经济效益。

【64排螺旋CT血管成像评估内瘘血管的价值】 由云南省玉溪市人民医院童宗武、孙昉、魏忠荣等人完成的《64排螺旋CT血管成像评估内瘘血管的价值》课题，2010年12月1日通过玉溪市卫生局组织的科技项目验收，获2010年度玉溪市科学技术奖二等奖。血管通路是血液透析患者的生命线，长期血管通路的建立和推广是保证血液透析治疗顺利的关键。课题结合临床实际、查阅资料、采用64排螺旋CT快速、分辨率高、扫描范围大的优势，利用CTA和CTV方法对内瘘功能不全的血管及临床评估自体血管无条件造瘘患者的拟行术肢血管进行形态学检查，根据检查结果，在治疗干预下修复或重建自体动静脉——内瘘，并为透析方式选择、减少不必要的手术创伤及费用提供有效依据。证实64排CTA能够成为临床评估内瘘血管的重要形态学检测手段，为临床治疗方案提供重要参考信息。课题具有临床实用性强、立体新颖、值得在临床推广应用，达到国内先进水平。

【云南省首次O139霍乱暴发的调查、控制与研究】 由玉溪市疾病预防控制中心王树坤、吴强、杨汝松等人完成的《云南省首次O139霍乱暴发的调查、控制与研究》课题，2011年1月11日，通过玉溪市科技奖励办公室、玉溪市卫生局组织的科技项目验收，获2010年度玉溪市科学技术奖二等奖。课题在调查非地方性霍乱区聚集性腹泻病例时就判定为疑似霍乱疫情，以最快速度确诊为O139霍乱暴发。并实施疫源检索、传染源管理、环境监测、环境消毒、健康教育等预防控制策略措施，对分布5县区639名共同进餐人员并进行追踪调查、检测，发现17个O139霍乱病例和27名携带者，获得分离菌株的抗生素敏感性、染色体分子分型和产霍乱毒素ctxA基因的检测结果。使所有霍乱病例和携带者得到隔离治疗，密切接触者得到隔离观察，最大限度地发现、管理传染源，最大限度地发现、限制病原菌环境污染点。在解除疫区封锁后1、3、6、12月，分别对疫情病例与携带者、居住区人群腹泻病例、环境标本进行持续监测，结果为阴性，证实疫情得到彻底控制。取得没有死亡病例与继发性传播病例、环境污染控制好和霍乱远程传播控制等理论技术成果，在霍乱监测敏感性、确诊速度、现场处置方面达到国内先进水平，为挽救病人生命、保护人群健康、控制疫区范围、维护经济发展和社会稳定赢得时间做出贡献。

【阵发性心房颤动射频消融治疗临床研究】 由玉溪市人民医院郝应禄、梁梅、李燕萍等人完成的《阵发性心房颤动射频消融治疗临床研究》课题，2011年1月6日，通过玉溪市卫生局组织的科技项目验收，获2010年度玉溪市科学技术奖二等奖。课题对30例阵发房颤患者，在CARTO三维电解剖标测系统指导下进行左心房的三维重建，并与术前存储于CARTO系统中的左房肺静脉64排CT影像进行整合，用Lasso电极进行环肺脉前庭线性射频消融术治疗，结果显示：30例患者均达到消融成功终点，在术后随访平均15个月内，一次消融成功率90%，无手术相关严重并发症发生，与药物治疗对照组相比，其房颤相关并发症(如脑栓塞)、房颤相关抗心律失常药物副作用发生率等均较对照组明显降低，提示CARTO指导下阵发房颤射频消融术是一种安全有效的方法，值得临床推广应用。该研究紧密贴近临床前沿热点，课题设计严谨、技术含量高、数据真实可靠、结果可信。

【幼儿园多民族文化系列特色教育活动开发与利用】 由玉溪市第一幼儿园邓成丽、马娟、王建芳等人完成的《幼儿园多民族文化系列特色教育活动开发与利用》课题，2011年1月6日，通过玉溪市科技奖励办公室、玉溪市教育科学研究所组织的科技项目验收，获2010年度玉溪市科学技术奖二等奖。课题在杜威“生活教育”理论和皮亚杰认知发展理论的指导下，立足生活实际，使幼儿园民族文化教育活动取材于生活，服务于生活，进而发展幼儿的文化素质，提升生活能力。经3年研究，成功开发出多民族文化背景下幼儿园系列特色教育活动，挖掘适合幼儿园教育教学活动的民族文化资源，形成幼儿园民族文化特色教育的园本教材雏形，打造独特多彩的幼儿园室内外环境。课题的研究提升了幼儿园的办园品质，突出了办园特色，产生大量物化成果，撰写和发表论文24篇，形成128个有价值的活动设计，积累了儿歌、故事、童谣、游戏集，收集了幼儿音乐舞蹈资料、民族常识、民族服饰图片及文字介绍集等幼儿民族文化教育素材，有较好的推广应用价值，达到省内同类研究的领先水平。

【超前体验式教学模式研究】 由峨山彝族自治县小街中学姚金福、谢天录、王晓波等人完成的《超前体验式教学模式研究》课题，2010年5月11日，通过玉溪市科技奖励办公室、玉溪市教育科学规划领导小组办公室组织的科技项目验收，获2010年度玉溪市科学技术奖二等奖。课题将“尝试教学理论、洋思经验、小街中学实际情况”结合起来，形成“超前体验教学模式”。突出了创新性、时代性、本土性和实效性。经过4年多的实践研究，探索出一套适用于少数民族地区农村初中改革教育教学模式和提升办学质量的方法及途径，构建了“超前体验教学模式”——“三环十一步”模式，把课前、课内、课后整合起来，体现学案操作是超前体验教学模式的载体；建立堂堂清、日日清、周周清、月月清的超前体验教学模式的具体操作过程，全面提高了教育教学质量。通过3年对超前体验式教学模式的研究运用，小街中学中考成绩跃居全县农村中学第一。2007年重点高中录取18人、普通高中62人；2008年重点高中录取25人、普通高中72人；2009年重点高中录取23人、普通高中86人。

（连　梅）

科协工作

【科普宣传】　2011年，全市科协系统共组织专家976人次和工作人员2 812人次，深入各县区的270个村、62个社区举办各种形式的科普宣传活动95次，展出科普展板1 767块次，发放科普资料31万多份；举办科普讲座117场，听众16 883人次；开展咨询、义诊服务62次，免费发放的各种药品、物品价值数万元；放映科教电影、录像7 864场，观众134万多人次；出动科普大篷车41次，行程8 900多公里；建科普网3个，浏览人数72 000人次；454块宣传栏，全年更换1 775次；在电视台开办5个科普栏目，累计播放时间6 010分钟。

【农技协建设】　2011年，市科协对全市农技协进行重新清理、登记，使农技协稳步健康发展，稳中求精。到2011年底，全市共有各类农技协195个，会员24 802人，其中：涉及种植业101个、养殖业50个、林果业24个、加工业7个、营销业5个、其它8个；在民政部门登记注册的有72个。涌现出一批如新平县漠沙镇曼勒苦瓜专业技术协会、红塔区养猪协会、华宁华溪柑桔产销协会等先进典型，在这些先进典型的示范、带动下，当地该产业产值超过亿元，加快了农民致富奔小康的步伐。

【科普惠农项目管理】　2011年，市科协对县区科协负责项目申报的人员进行了2次项目管理培训，建立了市级项目库，完成30个项目的入库储备工作，项目管理工作开始步入电子化、系统化、规范化和廉政操作的轨道。7个农村专业技术协会、2个科普示范基地和1名科普带头人荣获中国科协、财政部的科普惠农兴村计划表彰奖励，获得奖补资金185万元；获得中央对地方科技基础条件专项补助1项，补助资金20万元；争取到省级科普惠农兴村计划项目4个，获得补助资金20万元；争取到省级科普项目11个，补助资金113万元。通过项目的实施，带动了农技协、科普基地的发展壮大。

【推进全民科学素质行动工作】　2011年，各县区成立了全民科学素质工作领导小组，7个县区以县委或县政府的文件将《关于贯彻落实全民科学素质行动计划纲要的实施意见》下发到各乡镇、街道和县属各单位。初步形成政府主导、部门协作，社会参与的工作格局，各成员单位把加强公民科学素质作为本部门、本单位的重要任务，纳入工作规划和计划。

推进全民科学素质行动工作取得突破。以科技竞赛和科技活动为主要载体的未成年人科学素质行动蓬勃开展。承办了26届云南省青少年科技创新大赛；完成第27届创新大赛的作品征集及推荐工作；组织4 700名学生开展以“珍爱生命之水”为主题的2011年青少年科学调查体验活动。以农函大培训为主要载体的农民科学素质行动惠及千家万户。2011年农函大玉溪分校共开办教学班244个，招收培训学员12 630人；举办各类提高农民科学素质的培训班912期，培训115 780人次。以科普讲座、科普宣传为载体的城镇居民科学素质行动倍受欢迎。2008～2011年累计开展社区科普、健康教育活动105次，受益人群覆盖约36余万人次。以各级党校（行政院校）为主阵地的领导干部和公务员科学素质行动稳步推进。通过在领导干部和公务员队伍中开展健康知识、低碳生活、禁毒防艾等科普知识讲座和科技培训，不断提高公务员的科学素质。

创建农村科普示范基地43个，科普示范学校10个，建村（居）委会科普活动室190个，“职工书屋”292个，科普宣传栏454块，明确科普宣传员236人。市、县两级的科普经费大幅增长，红塔区、新平、澄江、通海、峨山5个县（区）人均科普经费达到1元以上。

【企业科协工作】　2011年，高新区、红塔区、澂江县相继成立4家企业科协，使玉溪市企业科协的数量增加到8家，企业科协工作开始起步。企业科协通过开展技术革新、技术培训和科技咨询等活动，有效地促进企业科技进步和技术创新，推动企业和谐发展。云南通海杨氏天然产物有限公司企业科协，通过组织会员开展“做事先做人”读书演讲比赛、开展职工技能培训、技术革新改造等活动，先后解决了萝卜红色素和甘蓝红色素难以消除异臭味、锅炉水幕除尘池中的废水含酸量较高，腐蚀除尘池池体及除尘金属管道和排放后对土壤和植物造成污染的技术难题，使“通海萝卜红”产品通过ISO9001管理体系认证、犹太食品认证，成为中国天然色素第一个获得原产地标记注册的产品，产品远销美国、日本、韩国等地。

【承办第二十六届云南省青少年科技创新大赛】　2011年1月25～28日，市科协承办了以“体验·创新·成长”为主题的第二十六届云南省青少年科技创新大赛。大赛内容包括竞赛和展示两个系列，竞赛活动分为青少年科技创新成果竞赛和科技教师科技创新成果竞赛。展示活动包括优秀科技实践活动展评和少年儿童科学幻想绘画展评。竞赛内容涉及地球与空间科学、动物学、工程学、化学、植物学、医药与健康学、计算机科学、社会科学等13个学科。

省科协副主席赖永良，市委常委、宣传部部长董文献，市人大副主任范志华、副市长杨洋、市政协副主席汪燕萍等领导出席了大赛的开幕式和闭幕式。

本届大赛共收到学生科技创新成果518项，教师科技创新成果175项、科学研究论文315篇，科技实践活动77项，少年儿童科学幻想绘画520幅，经过初评、复评，共有223项作品，其中学生科技成果166项、科技教师科技创新成果（发明、科教制作、教育方案）26项、科学研究论文16篇、科技实践活动15项及263幅少年儿童科学幻想绘画参加大赛的终评、答辩及展示交流展览。约有420名选手参加了公开展示、分组答辩等活动。最终，评出学生科技创新竞赛项目一等奖25项、二等奖92项、三等奖233项。其中玉溪获一等奖3项、二等奖11项、三等奖23项；科技教师的科技创新成果竞赛项目一等奖11项、二等奖30项、三等奖63项，其中玉溪获一等奖1项、二等奖5项、三等奖11项；科技教师研究论文一等奖4篇、二等奖37篇、三等奖107篇，其中玉溪获三等奖6篇；科技实践活动一等奖5项、二等奖21项、三等奖29项，其中玉溪获一等奖1项、三等奖2项；少儿科幻绘画一等奖47幅、二等奖91幅、三等奖126幅，其中玉溪获一等奖3幅、二等奖6幅、三等奖7幅；玉溪市科协、通海县教育局获优秀组织奖。玉溪市科协的杨继林、新平县科协的马丽、江川县科协的罗海清被评为优秀组织工作者，新平二中的周廷海、江川职中的龚贵有被评为优秀科技教师。

在全国青少年科技创新大赛中，玉溪有1项科技实践活动和1幅科幻绘画分别荣获三等奖。

【参加全国青少年科技辅导员论文征集评选】 2011年，在“第十九届全国青少年科技辅导员论文征集评选活动”中，新平民族中学龙建青的《开展青少年科技创新活动项目实施中的体会》、新平职业高级中学宋党坤的《对新平县中小学的科技教育现状的调查》、新平漠沙第一中学丁艳梅的《浅谈农村初中课外科技活动策略》3篇论文获二等奖，新平县戛洒普佳颖的论文《边疆地区农村中小学实施科技教育的几点浅见》获三等奖；新平县腰街小学鲁万明、李亚卓策划的《腰街中心小学科技示范基地建设实践活动方案》和新平县平甸乡小学方开华、马丽英的《“肥猪常年伴我校”科技活动方案》2篇优秀活动方案获三等奖。占云南省获奖总数的85.7%。

【举办学术论文评选】 2011年，玉溪市科协第六届学术论文评选共征集到论文156篇，符合条件的有106篇。评审工作分为初审、复审、终审三个环节。整个终审过程在纪工委的监督下进行，根据评委提出的获奖等次建议，评审委员会领导小组最后审定，评出特等奖2篇，一等奖10篇，二等奖19篇，三等奖33篇。

【科普日活动】 2011年9月16日，玉溪市科协在江川体育馆，拉开了以“节约能源资源，保护生态环境，保障安全健康，促进创新创造”为主题的2011年“全国科普日”活动序幕。县属各企事业单位、中小学生、大街社区居民6 700余人参加了活动。

启动仪式当天，省、市、县二十多家单位围绕“水情、水利、水资源”共展出展板141块，发放节约能源、水污染防治、农业种植技术、环境保护、防震减灾、安全用电、知识产权保护、优生优育、医疗保健等方面的科普资料9 600份(册)；接待前来咨询、看病的群众160人次，免费发放药品700份；举办科普知识有奖竞猜、科普知识讲座等。150名青年科普志愿者在“爱水、惜水、节水”的横幅上郑重的签下自己的姓名，承诺：“节约用水，从我做起”，并参与科普宣传活动，将42套书籍、光盘和近万份的科普宣传资料送进县级21个机关，骑自行车环湖开展科普宣传活动。

据统计，科普日宣传活动全市共举办科普讲座18场，听众2 770人次，展览21次，观众63 060人次，发科普资料92 975份，实用技术培训14场，培训人员1 607人。活动覆盖了58个村、36个社区。

【送科技、卫生、文化进民族村寨】 2011年4月11～15日，玉溪市科协联合市民宗局、计生委、计生协会、图书馆深入红塔区洛河乡把者岱村委会锅西甸村、江川县安化乡新庄村委会、通海县高大乡克呆村、澂江县海口镇松元村委会草格村、华宁县盘溪镇矣得村委会大岩子小组等5个2010年度创建的民族团结示范村，开展送科技、文化、卫生下乡活动。

为700余名少数民族群众，举办了9场科学养猪、养牛，核桃、蓝莓、柑桔栽培和蔬菜种植等技术培训，并进行现场咨询，为山区少数民族群众提供春耕备耕技术措施指导；为550名群众体检看病，健康咨询服务，并免费发放了10 000只安全套、100盒避孕药和价值5 000元的药品；向5个民族团结示范村赠送书刊200多种2 195册，价值16 340元。活动展出科普展板46块，发放各种技术要点及健康、卫生等科普宣传资料5 000份。

【学会改革】 2010年，玉溪市科协选定7个学会作为改革试点，与挂靠单位签订了为期三年的共建协议。经过一年的实践探索，取得了“一提高、二联动、三加强、四提升”的实效。学会工作在科协和挂靠单位的地位作用得以提高；较好地实现了市级学会之间的横向联动、市级与县(区)级学会之间的纵向联动；学会组织建设、学术交流、科普宣传得以加强；学会凝聚力、社会影响力、公众服务能力、自我发展能力得以提升。2011年，市科协补助共建学会经费7万元，拉动挂靠单位投入学会和学术活动的经费54.2万元。7个共建学会已有专职人员14人，秘书长专职的有5个学会。7个试点学会开展科普宣传17次；承担或启动专题研究22个，完成1个；撰写调查报告和科研报告10个，其中1个获得市级科技进步奖；举办学术交流15次，参会科技人员1 720人；举办专题讲座13次，听讲科技人员688人；编印期刊23期，印数31 000份，印发论文集5期，印数3 000份。

（张丽萍）

防震减灾

【概　况】 2011年，玉溪市防震减灾工作继续贯彻落实《国务院关于进一步加强防震减灾工作的意见》、《云南省全面加强预防和处置地震灾害能力建设十项重大措施》和《玉溪市人民政府关于全面加强预防和处置地震灾害能力建设的实施意见》，认真贯彻落实中国地震局局长陈建民到玉溪视察防震减灾工作的指示精神。紧紧围绕切实加强地震监测预报、震灾预防和紧急救援三大工作体系建设和基础能力建设开展工作，不断提高防震减灾综合能力，为人民群众的生命财产安全和全面建设小康社会、构建和谐平安生态幸福玉溪提供安全保障。一年来，全市地震工作者认真履行职责，各项工作再上新台阶。市防震减灾局荣获2010年度全省州市综合评比一等奖；通海县防震减灾局荣获2010年度全省县区综合评比二等奖；《玉溪市地震志》和“玉溪市全省防震减灾综合评比连续四年获三等奖以上(2005～2008年)”两个成果分别获2011年云南省地震局防震减灾优秀成果地震灾害预防类二等奖和综合评比类三等奖。

【陈建民到玉溪调研】 2011年9月1～2日，中国地震局党组书记、局长陈建民一行来到玉溪，就玉溪市防震减灾工作进行调研。在市长高劲松，副市长苏圣兵，市政府秘书长孙会强，市防震减灾局局长金志林和省地震局副局长陈勤、毛玉平等陪同下，陈建民一行先后到77208部队、红塔区春和中学和孙井社区居委会小白井村、出水口生态公园、市防震减灾中心建设场地、市政府应急指挥中心、江川县防震减灾局等地，调研省地震灾害紧急救援队训练情况，查看校安工程、农村民居地震安全工程实施情况和应急避难场所建设，全面了解防震减灾工作，并听取相关负责人的情况汇报。陈建民充分肯定了玉溪在防震减灾工作中取得的成绩。高劲松代表市委、市政府对陈建民一行到玉溪调研指导防震减灾工作表示欢迎。他说，防震减灾工作是贯彻落实科学发展观的具体体现，是党委、政府关注民生工作的一项实实在在的行动。玉溪将以这次调研为契机，树立正确的政绩观、发展观，全面推动防震减灾各项工作的落实，把防震减灾作为一项重大的民心工程抓好。

【地震活动】 2011年1月1日至12月31日，玉溪市八县一区境内共发生M≥1.0级地震329次。其中1.0~1.9级308次，2.0~2.4级15次，M≥2.5级6次。最大地震事件为8月17日澄江县龙街镇发生的3.2级地震，震时澄江县城、龙街镇震感明显。此外，2011年2月25日红塔区大营街发生2.8级地震，玉溪中心城区大部分人有感，大营街镇震感明显；3月31日华宁县华溪镇发生2.9级地震，华宁、盘溪部分人有感。

2011年玉溪市内的各断裂上均有地震发生，分布相对均匀，曲江断裂上小震活动不强，地震活动与2010年相比，频度相当，强度减弱，处于偏弱水平。具体为：易门198次，新平32次，元江25次，通海22次，峨山16次，澄江15次，江川9次，红塔区8次，华宁4次。玉溪市的小震活动水平自2008年4月后明显减弱，2011年1~4月小震活动达到10年来的最低水平。

【地震监测预报】 根据2011年度全国、全省地震趋势会商会结论，市防震减灾局震情跟踪工作的重点是盯住滇南至滇西南地区的地震发展趋势不放，加强震情跟踪监视工作。做到确保信息畅通、资料快速传递和各类监测仪器正常运转，坚持每周震情会商、每月编印《震情动态》及《玉溪市震情跟踪工作月报》、季度编印《玉溪防震减灾信息》报当地党政领导、省地震局和有关部门，及时反映地震监测预报情况和防震减灾工作动态。先后对通海、峨山、华宁、江川出现的6起宏观异常进行了调查落实。为规范全市强震动台观测管理各项工作，提高强震观测质量，结合玉溪市管理运行维护情况，制定了《玉溪市强震动台站观测质量管理办法、考核奖惩办法和考核评分标准(试行)》，并下发强震动台站管理县区贯彻执行。2011年，市防震减灾局的《云南省2011年度地震趋势研究报告》评比获全省三等奖，监测预报工作获优秀奖，2011年度云南省地震局震情跟踪工作责任制考评中被评为“好”，通海县防震减灾局被评为2011年度全省地震监测预报工作先进单位。由毕青等完成的《滇西南地震活动特征分析》论文荣获玉溪市科协第六届优秀学术论文评选一等奖。

【震害防御】 2011年，市防震减灾局按照“主动、慎重、科学、有效”的原则，利用各种宣传机会，采取多种宣传渠道和形式，在全社会大力开展防震减灾知识的普及和教育。组织“11·6全省防震减灾日”和参与“5·12防灾减灾日”宣传活动，摆放宣传展板20块，发放《地震应急自救互救手册》、《防震避震常识》、单张彩色宣传资料及防震减灾科普扑克5 000余份。开展防震减灾科普知识进校园、进社区、进机关、进企业、进部队、进乡村的“六进”活动，使社会公众了解地震发生时的应急避震知识，掌握应对地震发生时采取的防护措施和方法，最大限度地降低地震带来的损失，从而提高紧急避险、自救互救和应变的能力。

加强对建设工程的抗震设防管理，对建设工程的抗震设防要求进行审批。2011年，先后对“湖畔知城”、“金奥小区”、“都市经典”、市一幼改扩建等15个建设工程提出了抗震设防意见。参与农村民居抗震设防指导及校安工程的督促检查工作。充分利用每年的科普日、地震纪念日以及科技三下乡等活动，深入各县区乡镇开展农村民居抗震设防咨询服务，并有针对性地编印了有关农村民居建设的宣传册子。配合有关部门对实施工作进行指导和对竣工项目的验收。按照市政府的分工安排，市防震减灾局具体负责峨山县校安工程的督促检查工作。多次深入校点对校安工程项目进行督促、检查。

【开展防灾应急“三小”工程实施工作】 2011年，根据《玉溪市防灾应急“三小”工程建设实施方案》中“防震减灾局牵头国土、教育、卫生、住建、交通、水利、公安、消防、工信、安监、红十字会等部门负责小型演习的筹划、指导和检查工作”的要求，市防震减灾局及时制订《玉溪市“三小”工程小型演习实施方案》和小型演习的具体参考方案。为做好在易门县举行云南省“三小”工程启动仪式的前期准备工作，派出专人多次深入易门县指导开展工作，并参与完成了各个演习场地的场景设置。11月15日，云南省防灾应急“三小”工程示范活动在易门县成功举行。

【南北地震带南段地震科学探测项目启动】 由中国地震局地球物理研究所承担的国家重点项目喜马拉雅计划—南北地震带南段地震科学探测项目于2011年4月~2013年4月在玉溪实施。重点对玉溪中心城区、通海、江川三个盆地开展地球物理场综合探测和震害预测研究等工作，研究典型盆地浅层结构和土层盆地结构，对玉溪地区典型的房屋抗震性能进行调查、试验和比对研究，提出震害防御对策、应急决策支撑技术。4月10日，市政府副市长周继武、副秘书长孙金会、市防震减灾局局长金志林等与国家自然科学基金委地学部主任于晟、中国地震局科技发展司副司长田柳、中国地震局地球物理研究所副所长高孟潭一行就项目的实施广泛交换了意见。在已开展的10余个研究项目中，已有5个项目取得了阶段性成果。

【玉溪市防震减灾中心项目建设】 2010年9月28日，市发改委下发了《关于将新建玉溪市防震减灾中心转为正式项目的通知》，批准项目建设征地10.9亩，总建筑面积6 462平方米，概算总投资2 900万元。建设项目于7月28日动工建设，整个工程建设进展顺利，土建工程12月封顶。11月1日，邀请省地震局有关领导及专家召开技术系统建设专家咨询会，专家组根据防震减灾三大工作体系建设和今后发展的需要，提出了意见和建议。玉溪市防震减灾中心是玉溪中心城区第一栋使用减隔震技术的建筑。

【县(区)防震减灾能力建设】 2011年，市防震减灾局积极协调上级业务主管部门配套资金支持，不断推动各县区政府加大资金投入，加强县区防震减灾能力建设。在通海、新平、元江县先后完成建设改造防震减灾业务工作用房的基础上，又协调华宁、江川、易门县业务办公用房新建和改扩建的项目补助资金80万元。华宁、江川县的项目建设已竣工，2012年可投入使用，易门县正逐步启动相关准备工作。启动了红塔区、新平、华宁、澄江县的数字化测震台网建设，强化信息节点建设工作。这些项目的建成，将使防震减灾能力得到进一步提升。

(钱宝运)

气象科研

【概 况】 2011年，玉溪市气象局紧紧围绕全省气象局长会议确定的重点工作和市委、市政府的中心工作，抓服务、强业务、提能力、促发展，圆满完成了省局下达的各项目标任务及市委、市政府安排的各项工作，取得了“十二五”发展的良好开局。

地面气象观测各项业务指标经上级考核全面达标；气象观测能力、公共气象服务能力、气象预测预报预警能力和防灾减灾能力得到提升，各项气象服务尤其是抗旱气象服务工作成效显著，受到市委、市政府充分肯定；人影服务效益显著，全市以保护烤烟为主的人工防雹增雨作业产生经济效益5亿多元；气象法规建设得到加强，行政执法责任进一步明细；防雷减灾技术服务取得较好社会经济效益，雷灾事故和雷灾经济损失比上年大有下降；气象科技创新管理工作进一步完善，一批气象科研项目通过评审验收，并应用于实际业务工作取得成效；“四个一流”县局气象台站建设得到加强，澄江、峨山、华宁、易门等县台站搬迁项目得以批准立项和实施。年内，市气象局被省气象局评为大气探测先进单位和气象行政执法先进单位，年度综合目标管理被考评为特别优秀单位，受到省气象局表彰奖励。

【地面气象观测】 2011年，玉溪市气象局重视加强地面测报工作管理，举办了全市地面测报人员业务技术培训，使全体地面测报业务人员熟悉掌握了综合气象观测系统运行监控平台（ASOM）操作方法及流程技术；坚持业务技术练兵，开展在岗观测人员测报理论竞赛，并加强对基层测报业务的指导和督促检查，不断强化基础业务管理，促进地面测报质量的稳中有升。

年内，全市测报人工、自动站总基数138 233分，错情数1.6条，错情率0.012‰，农气测报工作和报表均无错情，杜绝了“测报一、二类事故”的出现，继续保持全市测报、农气报表的高质量，各项业务指标经省气象局考核全面达标。有45个“百班无错”、1个“250班无错”通过省、市两级气象局验收。

【气象监测预报服务】 2011年，玉溪市气象局组队参加全省预报行业技能竞赛，夺得团体第二名好成绩，有3人获得个人奖；气象台2名气象科技人员被中国气象局授予“全国优秀预报值班员”称号及省气象局第二届首席预报称号，1人获省局“青年标兵”称号。

2011年4月14日，西南区域气象中心局长联席会在玉溪召开。西南片区云南、贵州、四川、重庆、西藏五省区市气象局局长、相关学院和驻军主管（主教）气象工作的领导、教授参加会议。中国气象局副局长宇如聪出席会议并讲话；玉溪市政府副市长李洪云受市长高劲松委托代表市政府到会祝贺

（褚二忠 摄）

公益服务。市气象局创新公共气象信息处理发布模式，与玉溪日报社合作开展“手机报气象预报服务”，对原“12121电话”、报纸专栏、电视广播专栏、网站专栏、手机短信平台、电子显示屏等发布平台进行更新完善，使信息发布渠道更畅通，受益人群更广泛。年内，从公共气象信息电子显示屏和手机短信发送平台发布气象综合信息、农村经济综合信息、科普、法律法规知识等信息510余万条；发布干旱、暴雨、大风、地质灾害等天气预警信息260余万条，发布转折性天气、降温降水天气等重要天气消息300余万条，公众满意度测评较好。

专项专业服务。市气象局烤烟气象台和公共气象服务中心根据观测得到的数据，按月、旬定期制作和发布烤烟气候预测、烤烟气候影响评价和烤烟气象旬报等服务材料37期，主要包括烤烟气候条件分析和烤烟生产建议等内容。进行农业气象服务定期观测会商和数据收集分析统计，全年制作小春产量预报、农气旬报、病虫害预报、关键农事季节和作物生育期气象服务、农业气象灾害监测及评估预警等服务53期。与水利局协调配合，共同完成新平、峨山、易门县山洪地质灾害防御非工程措施建设项目气象部分建设项目的规划并开始组织实施；与国土资源局就贯彻落实省气象局与省国土资源厅战略合作框架协议达成共识，合作申报“玉溪精细化气象地质灾害预报系统”建设方案，玉溪市被中国气象局列为2012年地质灾害气象预报预警试验区建设。年内，针对电力、林业、水利等部门制作电力、地质灾害、森林火险、财产保险气象专题等服务材料共40期，使各专业用户能及时调取气象资料决策安排指导工作，服务质量深得用户好评。

决策服务。市气象局主要针对上年出现的历史罕见干旱和年内部份县区的持续干旱对农业、水利生产带来的持续影响，采取密切监视旱情发展，加强监测会商，做好有利人工增雨天气预报和做好气候预测和干旱影响预评估等措施全力为抗旱蓄水服务。年内，向市委、市政府提供干旱监测及干旱影响评价报告8期，报送重要气象信息专报18期，雨情通报决策服务材料63期，旱情分析、建议专报、人工增雨蓄水专报2期。使市政府领导能及时依据气象信息早决策、早部署，把增加库塘蓄水和抗旱工作作为重要工作来抓，正确制定系列抗旱、蓄水、保民生保生产措施。

【人工防雹增雨工作】 全市人工防雹工作从2011年5月27日开始，到10月10日结束，共112个作业点(其中流动作业点18个)上阵，作业人员430人，值班、指挥和保障人员65人全力投入防雹工作。由于年内气候异常，冰雹灾害比往年偏多偏重，仅6～8月全市降雹日就有15日，为三年来较多年份。特别是8月31日出现的冰雹天气范围较大时间较长，当日各县区人影指挥中心均组织实施了人工防雹作业，但由于受空军活动影响，空域申请困难，从当日14：56～18：28，全市共申请防雹作业221次，仅获批准作业94次，影响了作业时机和作业效果，丧失了最佳作业时机，致使全市烤烟、粮食和其他经济作物遭受了自2003年有详细记录以来最为严重的一次冰雹灾害。尽管全市防雹作业受制约因素较多，各防雹作业点依然抓住有利作业天气过程，实施防雹作业1 080点次，发射各种类型防雹箭弹8 244枚，防雹保护烤烟种植面积48万亩，其它农作物种植面积29万亩。经评估测算，全市年度人工防雹减少烤烟直接经济损失2.76亿元，其它农作物1.53亿元，投入产出比为1∶41，全市人工防雹产生直接经济效益4.19亿元。人工防雹效益仅次于上年。

人工增雨，主要针对2010年以来的持续干旱，全市库塘坝及湖泊蓄水偏少的形势，全年保持58个作业点待命作业。较典型的增雨作业为：1～5月抓住27个有利天气过程组织17个作业点实施增雨作业317次，发射箭弹403枚，作业后大部区域降雨量增加，作业效果明显。6月进入主汛期后，全市在做好防雹作业的同时，制订了《玉溪市2011年夏秋人工增雨作业实施方案》，加大了增雨工作力度，充分利用作业点多、面广及雨季云水优势，抓住46个有利天气过程组织54个作业点实施增雨作业436次，发射箭弹813枚。经评估测算，全市实施增雨作业后增加降水15%，为缓解旱情、增加蓄水起到了积极的作用。其中，增雨组织最到位和增雨效益最显著的元江县，全年实施增雨作业共510点次，占全市增雨作业总量的80%，特别是1～8月降雨量为全市最多。

【防雷减灾工作】 2011年，玉溪市闪电定位仪监测到全市雷闪38 557次，其中，强度在20～50千安的有22 953次，50～100千安有2 871次。据不完全统计，强雷闪造成全市发生雷击灾害3起，因雷击致死1人伤1人，建(构)筑物受损1起，单位电子设备雷击事故1起，76件办公电子设备受损，全年雷灾直接经济损失29.12万元。

年内，全市雷闪次数比上年有所增多，雷灾事故比上年少4起，雷灾经济损失比上年略有增加。市雷电中心在雷雨季节前对玉溪市中心城区易燃易爆场所、烟草、红塔集团等防雷重点单位的建(构)筑物进行防雷装置年度安全技术检测9 500余幢(组、套)，对检测后发现的雷击事故隐患，及时提出意见并加以督促整改多次。对29项建设项目进行防雷设计技术审核、雷击风险评估和分段检测，防雷设计图纸、防雷装置竣工验收许可率达70%以上；易燃易爆场所检测面达100%；其他场所检测面达80%以上；督促防雷隐患整改检测面达30%。利用已建立的闪电定位仪、大气电场仪等雷电监测资料，积极研究开发雷电科研及技术服务项目，重点在红塔集团开展的闪电定位监测技术服务和玉溪卷烟厂3千米范围内雷电预警服务，对指导烟厂积极防御雷电灾害起到重要作用。玉溪虹云防雷工程公司为全市100余家单位设计安装避雷针、塔、防雷器35基；线路、设备避雷器(SPD)600余组；进行防雷隐患整改维护工程23项。

【气象法规建设】 2011年，市县气象局对通海、易门两县地面气象观测站遭周边农民违法超高建筑住宅破坏气象探测环境的违法行为进行制止；查处元江某建筑工程项目防雷装置未经验收投入使用案件一起；与市文化局和县区安监局等多部门联合执法，开展全国重点文物保护单位—通海秀山古建筑群、易门县陶瓷企业、红塔区重点危化企业的防雷安全管理专项执法检查，发出整改指令8份，督促落实防雷安全整改，为促进企业安全生产打下基础。全市年内共发出执法通知书443份，发出责令停止违法行为通知书6份。依法办理施放气球活动审批149件；办理防雷装置设计审核171件；办理防雷装置竣工验收125件。市气象局被省气象局评为“2011年度依法行政先进集体”。

【气象科技创新】 2011年，玉溪市气象局组织完成科研项目申报3项，其中《新农村气象综合信息服务体系建设及推广应用》获市科技局立项，《乡镇精细化天气预报集成系统》和《GPS水汽探测资料分析与应用》获省局立项。《多因子集成气候预测业务系统》在昆明市成功推广应用，《乡镇地质灾害预报系统》科研成果在普洱市、西双版纳州成功推广应用，取得明显社会经济和防灾效益。市气象局自设“玉溪市人工影响天气业务管理系统”、“玉溪市人工影响天气作业人员培训教材”、“气象条件对甘蔗产量质量的影响及对策研究”三个项目全部结题验收。市气象局三名科技人员撰写的“玉溪干旱季节分布特征及成因分析”、“玉溪森林火灾发生规律及与气象要素关系分析”获玉溪市科协二等奖，“T213数值预报产品对云南秋季强降水预报能力检验”获三等奖；年内完成的《玉溪市气象灾害防御技术研究及推广应用》项目获市政府科技进步二等奖。在科技创新工作中做出突出成绩的解福燕被市妇联评为全市巾帼建功先进工作者，并在年内被评为全省‘十一五’科普先进工作者，受到省委、省政府表彰奖励。

【公共气象服务均等化试点建设】 2011年9月15日，玉溪市气象局与红塔区人民政府合作签订了“红塔区公共气象服务均等化试点建设框架协议”，正式启动红塔区公共气象服务均等化建设。项目建设目标为：计划用两年时间建成红塔区农村公共气象信息服务体系，全面提升红塔区气象服务能力和农村气象灾害防御能力，让全区及广大农村和农民从中受益，城乡共享公共气象服务资源及成果，取得经验后将在全市及全省进行示范推广。

项目建设内容主要包括：区政府和气象局共同制定红塔区气象灾害防御规划，将气象灾害防御经费纳入区财政预算，不断完善气象灾害综合监测系统建设，提高气象灾害综合监测能力；政府、气象部门共同投资建设红塔区气象灾害预报预警信息发布平台，充分利用互联网、电视、广播、报刊、电子显示屏、手机短信等对外发布和传播气象信息，提升公共气象信息在广大农村的覆盖率；在红塔区的两个乡、九个街道开展气象信息服务站建设，在乡政府(街道办事处)农业技术农机工作站加挂气象信息服务站牌子，并建立相关规章制度；以区内小石桥和洛河两个乡为试点开展气象灾害防御应急准备认证试点工作，在试点的基础上逐步推广到全区各街道办事处，提高乡、街道办事处气象灾害应急处置能力；市气象局加强对红塔区气象局的技术支持和指导，积极协助红塔区气象局争取上级主管部门的业务建设项目支持，指导和帮助红塔区气象局加强气象灾害预报预警能力和气象服务能力建设五个部分。

【研发乡(镇)精细化天气预报集成系统】 2011年，玉溪市气象局按照“现代天气业务发展与改革试点工作”要求，组织进行了预报员专项“玉溪乡镇精细化天气预报集成系统”课题的研发并于年底完成，通过省气象局主持的专家组的评审验收。该项目利用T639、自动站资料、上级指导产品，采用MOS、回归统计、插值等方法，建立了精细化天气预报模型及玉溪乡镇天气预报人机交互系统，能灵活调用欧洲中心、国家气象中心、省气象局指导产品，实现了逐级订正预报到市、县、乡镇的精细化预报的制作和发布；实现了气象预报要素在时间和空间上的精细化和两级预报流程紧密连接的无缝隙订正预报，预报产品可同步通过网络、显示屏、手机短信等渠道发布，实现了预报质量自动检验到乡镇的目标，具有降水量级分级检验、统计空报、漏报率及最高和最低温度绝对误差、均方根误差等功能。系统运行稳定，操作简单，天气预报相关参数可自由设置，易实现本地化和具有推广应用前景。

2011年7月26日，云南省政府法制办与云南省气象局联合组成调研组，就《云南省气象灾害防御条例(草案)》立法到玉溪进行调研。昆明、玉溪、普洱、版纳、红河、文山等六州(市)气象局以及住建局、国土资源、林业、水利等相关部门派人到玉溪参加立法调研座谈，为调研组提供多条气象灾害防御条例立法好建议

(褚二忠　摄)

【召开气象学术交流会】 2011年3月10～11日，玉溪市气象局召开以“气象防灾减灾”为主题的气象学术交流会，全市34名气象学会会员和市科协分管学会工作的领导出席了会议。会议共收到参加交流的学术论文44篇，内容涵盖了天气、气候、防雷、人工影响天气、烤烟气象科技服务、大气探测、计算机应用和领导调研报告等。15位论文作者在会上作了交流发言。市气象局科技委员会对参加交流的全部论文作认真评审，最终1篇论文获一等奖，3篇获二等奖，6篇获三等奖，大会对获奖论文作者进行了表彰奖励。

(褚二忠)

教育管理

【概　况】 2011年，全市教育系统坚持用科学发展观统领全局，抢抓发展机遇，统筹推进各级各类教育改革发展，有力地促进了教育事业科学发展、和谐发展、跨越发展。认真贯彻全国、全省教育工作会议精神，规划“十二五”教育发展蓝图。召开全市教育工作会议，全面部署新时期教育改革发展目标、任务；探索实践学前教育多元化发展模式，扩大办园规模，提高保教质量；进一步优化学校布局，在全省率先消除“一师一校”。推进义务教育学校学区管理，加快“活性”优质教育资源有效流动，实施跨村学生路费补助，促进城乡教育均衡发展；全市18所公办普通高中学校已有10所跨入省一级完中行列，实现普通高中办学规模与质量的“双赢”；职业院校彰显办学特色，就业质量不断提高，代表全省参加全国职业技能大赛获得多个奖项，刷新全省获奖纪录；加强教师、校长、教育科研人员和教育行政管理干部“四支队伍”建设，夯实内涵发展基础，选送校长和骨干教师到省外名校挂职锻炼，大规模举办山区、少数民族地区教师教学技能培训班，继续专项配备音体美教师，进一步优化教师队伍结构；深化教育教学改革，出台《玉溪市深化教育教学改革的意见》，把提高课堂教学效率作为教学改革的核心任务，促进教育教学质量的提高；扩大对外交流与合作，积极探索“汉语+英语+第二外语”多元化语种教育模式，全市共有18所学校与英国学校建立校际联系，部分学校成立了国际部；继澄江、通海、新平、江川县之后，红塔区步入省教育先进县行列，教育先进县数量居全省州市首位。全市教育事业持续健康发展，频现改革发展亮点，各项教育指标居全省前列，市教育局荣获省对州市教育目标管理考评一等奖，并代表州市教育局在全省年度工作会上作交流发言。

【全市教育工作会议】 2011年12月5日，市委、市政府召开全市教育工作会议，贯彻落实全国、全省教育工作会议精神，总结教育工作的成绩和经验，对全市教育改革发展工作进行安排部署，表彰奖励“两基”工作及捐资助学先进集体和个人。

市委副书记、市长高劲松出席会议并就“十二五”期间教育事业发展提出具体要求。市委副书记张玲主持会议。市领导董诗强、冷明德、黄宪庭、刁世成、夏立洪、李文斌、董文献、刘宁笙、吕昌会、范志华、李洪云、杨洋、汪燕平等出席会议。省教育厅副厅长王建颖应邀出席会议并讲话。各县区委书记、县区长，市直及县区相关部门主要负责人，乡镇（街道）主要党政领导，乡镇（街道）中心完小以上学校校长等参加了会议。

市委书记孔祥庚强调，全市教育工作必须全面贯彻党的教育方针，全面落实全国、全省教育工作会议精神，坚持教育优先发展战略不动摇，一手抓改革创新，一手抓增加财政投入，加快构建具有玉溪特色的现代教育体系，确保2020年前在全省率先实现教育现代化，玉溪教育发展水平步入全国同类城市前列。一要全面贯彻党的教育方针，切实把教育放在优先发展战略地位，真正做到经济和社会发展规划优先安排教育的发展，优先考虑财政资金保障教育的投入，优先考虑公共资源满足教育和人力资源开发需要，优先考虑提高教师的待遇和社会地位。二要解决认识问题，依法保障教育投入，下决心增加财政性投入，动员全社会力量支持教育，凝心聚力加快推进教育现代化。三要紧紧围绕普及、公平、优质“三大目标”，促进教育规模、结构、质量“三个协调”，在创新机制体制、提高质量、义务教育均衡发展、各类教育协调发展、队伍建设、教育公平方面取得新突破，努力促进玉溪教育事业科学发展。

副市长杨洋在会上宣读了市委、市政府对“两基”工作及捐资助学先进集体和个人的表彰决定。9个县（区）、65个单位、240名个人被表彰为“两基”工作先进；12家企业和3名个人被表彰为捐资助学先进。

【编制教育事业“十二五”发展规划】 2010年4月，启动玉溪市教育事业“十二五”发展规划编制工作，结合全国、全省教育工作会议精神和教育规划纲要的要求，加强调研，数易其稿。2011年9月29日，邀请国家、省、市专家和领导进行论证，受到与会专家好评并通过了评审论证。12月31日，通过市政府批复，同意组织实施。报请市政府出台《关于推进新一轮中小学布局调整工作的意见》、《关于加快学前教育发展的实施意见》、《关于大力推进职业教育改革与发展的意见》、《关于加快贫困山区少数民族聚居区人口较少民族教育发展的意见》、《关于加快"四支队伍"建设的意见》等一系列配套文件，对《规划》进行了分解细化，明确了目标任务和责任。

【加快学前教育发展】 2011年，玉溪教育局紧紧抓住玉溪被省教育厅确定为云南省学前教育改革发展试点的契机，大力推进学前教育发展。年内多次深入县区教育局、乡镇、幼儿园调研，5月召开全市学前教育现场会，推广华宁县机关幼儿园(公办民助、租赁付息)、通海县杨广镇(小学附设幼儿园)和红塔区洛河乡(乡村联合举办幼儿园)的县、乡、村三级幼儿教育发展模式。着力创新体制机制，以大力举办乡镇(街道)中心幼儿园为主，通过每个乡镇(街道)建成1所中心幼儿园，举办农村小学附设幼儿园，完善城镇生活小区配套幼儿园建设，发展农村家庭式学前幼儿班，多元化办园体制("公办民助"、"民办公助"、"股份合作"、"集团化"、"租赁付息")等方式加快扩充学前教育资源，不断满足人民群众对学前教育的多元需求。学前教育入园(班)率由上年78.17%提高到84.67%，为率先在全省普及学前教育奠定了坚实的基础。

【加快山区民族教育发展】 2011年，玉溪出台《关于加快贫困少数民族聚居区少小民族教育发展的意见》，对居住在贫困山区少数民族聚居区的人口较少民族学生生活补助标准在国家统一政策标准的基础上提高20%，给予降分、免试录取等升学优惠政策，逐步构建山区少数民族基础教育保障体系。

【普通高中实现规模和效益双赢】 2011年，全市普通高中招生12 996人，比上年增长702人，为基本普及高中阶段教育打下了坚实基础。优质学校数量处于全省前列，全市18所公办普通高中学校有10所学校进入省一级高级中学行列。

全市共有11 383名考生参加高考，上线人数10 841人(不含体育艺术类考生)。上线率和一本率、二本率、三本率均比上年提高，实现稳中有升。语文、数学、英语、理科综合最高分别为134分、142分、144分、284分，语文、理科综合均为全省最高分。玉溪600分以上考生共64人(含照顾分)，占全省767人的8.34%，其中文科4人、理科60人。文、理科各1名进入全省前10名。

【职业教育改革成果扩大】 2011年，职业教育在取得全省职教改革试点成功的基础上，依托烟草、工贸、旅游三大职教集团的优势，在创立特色品牌上狠下功夫，做大做强职业教育，通过"一加强三改革"，扩大规模，创立特色，提高质量，建成国家级重点职业学校4所、省(部)级重点职业学校3所、省级示范性职业学校2所，有5个专业被省教育厅认定为省级骨干专业。10月，市政府与华中数控签署协议，在玉溪工业财贸学校设立数控人才培训中心，为玉溪制造业发展培养急需的数控装备技能人才。

通海县职中在2011年全国职业技能大赛上获得4个二等奖，5个三等奖，再创县级职中参赛获奖新高，刷新了云南中职学校获奖纪录。工贸学校在云南省中等职业学校"亚龙杯"电子电工技能竞赛中荣获团体一等奖，包揽了3个单项一等奖，2个单项二等奖；玉溪二职中获得2个单项三等奖和团体三等奖；峨山职中、新平职中获得组织奖。2011年，全市职业院校共招生12 554人，全市职业教育"出口畅、入口旺，学得好，用得上"，实现了规模、速度、结构、效益的新突破，继续保持了强劲的发展势头。

【优化中小学布局调整】 以建设乡(镇)寄宿制学校和扩大城镇优质教育资源为重点，积极做好新一轮中小学布局结构调整工作。2011年，玉溪共撤并初级中学5所，村完小6所，教学点34个，其中一师一校教学点9个，实现了消除一师一校教学点的目标，成为全省率先实现消除"一师一校"点的州市。农村寄宿制小学由2003年的250所增加到461所，在校生由2.5万人增加到5.2万人，占小学生总数的26.96%。

中心城区教育资源配置进一步得到优化：红塔区三幼迁入红塔集团幼儿园；工贸学校三期工程已于8月建设完工并投入使用；玉溪八中于8月正式成立并招生办学；市二幼山水园区开班办学；市一幼改扩建工程于12月底正式开工建设；玉溪二职中改扩建工程正在有序推进中。

【校安工程建设】 把实施中小学校舍安全工程列为"十件实事"之一，全力加以推进。2011年9月，市政府在峨山县召开全市校安工程现场经验交流会暨中小学区域布局调整会，要求各县(区)加大工作力度，积极组织资金，在保证工程质量和安全的同时，加快工程建设。2011年，到位资金2.05亿元，其中市、县筹措5 000多万元，排除D级危房101 388平方米。加固改造面积14 627平方米，为师生提供了一个安全放心的学习和生活场所，得到了社会各界和学生家长的充分肯定。

【职教中心建设前期工作】 2011年，按照"坚持标准、适度超前、兼顾公益"的原则，通过以校产置换筹集资金为主、财政投入为辅的方式，推进职教中心建设。年内，确定了选址，上报了职教中心设计方案，组织落实土地报件和学校资产处置方案，基本完成了各项前期工程工作。

【持续打造高素质"四支队伍"】 坚持加强教师、校长、教育科研人员和教育行政管理干部"四支队伍"建设，继续选送校长和骨干教师到省外名校挂职锻炼，学习和借鉴外地先进的教育管理理念、方法和模式。2011年，玉溪选派61名校(园)长到北京、上海、天津、山东、江苏、浙江、重庆等省外名校，进行挂职锻炼。继续大力推进以校本培训为主要形式的各级各类学校师资培训工作，培养适应玉溪教育改革发展需要的中青年骨干教师、学科带头人和名教师、名校长。举办第五期校级后备干部培训班，53名校级后备干部参加了培训，举办山区民族地区教师教学技能培训班，对404名教师进行培训。加强教研员队伍建设，以教育科研引领素质教育和教育教学质量的提高。继续提高教育行政管理队伍的管理水平，加强与教育先进发达地区的教育合作。全面完成农村教师安居工程建设，共建成7 659套住房，大部分教师已喜迁新居；已建成教师周转房15.7万平方米。

【中小学音体美教师配备和专项编制管理工作】 2011年，市编委下达中小学音体美教师专项编制120名，经各县(区)公开招聘，全市实际完成音体美教师招聘123名(其中：音乐教师44人，美术教师38人，体育教师41人)，完成率为103%，超额完成了音体美教师招聘指标任务。同时，对县(区)使用音体美教师专项编制招聘音体美教师的情况进行督查，对编制使用不到位的学校进行督促整改，确保专编专用，专项编制招聘的音体美教师以上音体美课程为主，音体美课程周课时不少于10节。

【绩效工资实施工作】 2011年，加强政策宣传，制定了市、县(区)教职工绩效考核实施方案和学校教职工绩效工资考核分配办法，加强平时考核、学期考核和学年度考核，确保绩效工资的顺利实施。实行教职工绩效分配制，多劳多得，优劳优酬，拉开教职工收入差距。中小学人事制度改革措施不断落实，使广大教职工普遍增强了危机感、紧迫感和责任感，增强了竞争意识和忧患意识，呈现出争课上、争当班主任、争做教学骨干、一心扑在教育教学工作上的可喜局面。

【深化教育教学改革】 2011年，玉溪教育局坚持把提高质量作为教育改革发展的核心任务，充分发挥课堂教学在实施素质教育中的主渠道作用，印发了《玉溪市深化教育教学改革的意见》，狠抓课堂教学改革，积极推进课堂教学改革，全市涌现出了“华宁四中”、“玉溪六中”、“新平建兴中学”等一批教育教学改革成效明显并得到社会各界广泛认同的学校，较好的促进了教育教学质量的提高。

不断巩固和提高体育艺术课的开课率，制定下发《玉溪市中小学每天一小时校园体育活动方案》，全面推进校园体育活动的开展。组织全市大课间舞蹈比赛，全市共有20所中小学体育舞蹈队获各组别一、二、三等奖，有5名教师获优秀教师奖。与市体育局联合举办全市中小学生运动会，促进学生体育运动的开展；组织中学生体育代表团参加全省中学生运动会获全省A级第三名的好成绩。

【扩大对外交流合作】 2011年，贯彻落实省委、省政府“两强一堡”战略，结合玉溪教育实际，认真研究主动参与桥头堡建设的措施办法，扩大对外合作交流。及时提出“积极开展国际交流与合作，大力促进开放办学”的发展思路，全力构建和完善教育对外交流合作机制体制，推动教育对外交流合作蓬勃发展，玉溪与英国建立校际联系的学校达到18所，覆盖全市七个县区；玉溪一中和玉溪三中经省教育厅和市教育局批准，正式成立“国际部”，成为除昆明市外，州市公办学校中首批成立“国际部”的学校。玉溪一中、实验中学成功开设德语班，实现了玉溪中外合作办学的新突破。

【教育信息化建设】 2011年，玉溪新建中小学电子白板投影教室1 038间，新增计算机2 100多台，高中生机比达8.1∶1，初中生机比达17∶1，小学生机比达25∶1，2010年农村义务教育薄弱学校改造计划远教设备243套基本到位。市教育局建设教育城域网，增添OV办公自动化系统、视频会议系统、校园安全监控系统等。各县区教育局建起了县级教育网站，各级各类学校建起校园网、教学网，初步形成了天地网相通、信息资源丰富、门类齐全、相对完整的信息技术教育管理体系。

【校园安全工作】 2011年，玉溪全面开展校园及周边环境综合整治，重点开展中小学生幼儿上下学交通安全等大检查、大排查活动。进一步加强综治维稳安全工作基础建设，下达学校校园安全保卫专项补助资金1 120.25万元(其中人员补助经费100万元，设备购买、安装经费1 020.25万元)，用于提高校园“人防”、“物防”、“技防”能力。强化综治安全宣传教育，组织对全市中小学、幼儿园开展“网络安全进学校警示教育活动”。积极开展平安校园创建工作。进一步建立健全安全管理工作领导体系、监督体系、责任追究体系和应急救援体系，提高应急处置能力。全市学校综治维稳安全工作形成了齐抓共管的工作局面，做到制度健全、管理规范、措施到位、责任到人。全市教育系统师生非正常伤亡率继续下降，未发生须由教育行政和学校负责任的重大安全事故。

(黄　伟)

【调研实施《深化教学改革指导意见》】 为贯彻落实《玉溪市普通中小学深化教学改革指导意见》，2011年，市教科所组织专题调研，深入县区学校听取学校领导情况介绍18次，随堂听课165节，召开专题座谈研讨会9次，与师生座谈交流200多人次，并向县区教育局反馈信息。调研结束形成《关于落实〈玉溪市普通中小学深化教学改革指导意见〉调研报告》，为有效深化教学改革提供科学决策参考依据。

【课题研究管理与成果】 2011年，玉溪市教育科研规划办制定出台了《玉溪市教育科学“十二五”规划》，全市各类学校申报云南省教育科学“十二五”规划2011年度研究课题18项，申报市级课题22项立项20项，课题结题验收省级7项、市级18项。市教育局开展了“十一五”教育科研评选，55个教育科研先进集体和106位教育科研先进工作者受到表彰奖励。全市14项教育研究课题成果参加玉溪市科学技术成果评奖，获二等奖2项、三等奖4项。市教科所所的“基于目标下的教师专业发展研究”获“全国目标教学‘十一五’研究成果”课题类一等奖。市教科所陆晖、工业财贸学校李华伦、通海县教科所罗树伟获教育部中国教师发展基金会“优秀教育科研工作者”奖。

【“体验式教学研究与实验”结题验收】 “体验式教学研究与实验”是云南省教育规划办批准的“十一五”第一批重点课题，由玉溪市教科所主持申报，并于2006年开展实验研究，经过教育科研人员、学科教研员、13所实验学校一线教师五年多艰苦的理论研究和探究实验，于2011年顺利通过结题验收。此项研究在教育教学问题研究上取得重大突破，寻找到提升教育教学质量的新途径、新方法，取得了丰富的理论成果和实践经验，形成了一套完整的体验式教育教学理论和有效的教育教学模式，出版物化成果《体验式教学理论与模式》、《体验式教学理论与实践探究》、《体验式教学设计范例》，实验学校发生巨大变化，有效引领推进教学改革向纵深发展。“体验式教学研究与实验”获教育部中国教师发展基金会“全国‘十一五’优秀教育科研成果评选”课题优秀成果一等奖。

【“感受性教育”开题启动】 “中小学感受性教育理论与实践研究”由玉溪市教科所李永云申报，获全国教育科学“十二五”2011年度教育部重点课题批准立项。该课题是玉溪教育系统首次获教育部批准的重点课题，也是市教育局与北京中关村教育基金会合作的一个重大项目，于2011年10月在玉溪通过专家开题论证启动研究。

【“国培计划”项目培训】 2011年，玉溪完成了“国培计划”农村中小学骨干教师短期集中培训、农村中小学骨干教师置换脱产研修、农村中小学骨干教师远程培训、中小学教师示范性集中培训、幼儿教师培训等13个项目共2 512名教师的选拔送培工作。选拔35名省级青年教学骨干教师参加初中6个学科、小学6个学科的省级培训，选拔55名农村中小学青年教学骨干参加初中7个学科、小学5个学科的省级培训。挑选38名2010年省教育厅认定的省级中小学骨干教师参加12天的云南省中小学骨干教师及一线指导教师培训。

【教师队伍建设】 2011年，市教育局组织县区教科所所长参加教育部中国人生科学学会在昆明举办的“2011年全国生命教育论坛”。组织县(区)教育局分管教育科研的领导、高中学校教学副校长到广州、深圳名校学习高中新课程改革先进经验，考察学校课改与教学管理模式。邀请浙江省衢州二中校长徐建平等2人到玉溪为350多位高中教师作“高中新课程改革与教师专业发展”报告会。邀请河南高考备考专家为华宁一中、通海一中、澄江一中、峨山一中、新平一中近4 000名高三师生，作迎接高考专题特训。组织高中教师1 614人参加省级新课程学科培训和网络研修。组织举办全市小学、初中数学教师，小学美术教师共1 400人的新课程教材培训。

积极组织各类教学竞赛、学术研讨活动，承办云南省2011年高中新课程化学课堂教学竞赛；举办玉溪市中小学教师第二届“高效课堂”教学竞赛与研讨，22个学科共242名教师参加角逐，评出一等奖79人、二等奖103人、三等奖58人、最佳语音奖1人，观摩教师6 600多人次；指导推荐中小学教师参加全国初中数学新课程说课竞赛、中国教育学会分会目标教学专业委员会潍坊会议课堂教学竞赛、云南省高中新课程课堂教学竞赛等活动，获国家一等奖8人、二等奖6人，获省级一等奖10人、二等奖4人。玉溪市教科所教研员撰写的论文获全国一等奖1篇、二等奖2篇，省一等奖3篇、二等奖4篇，在各种刊物发表30篇。指导并推荐一线部分教师的论文、课件、案例、教学设计参加各级评选，获国家一等奖5篇、二等奖3篇，获省级一等奖34篇、二等奖104篇、三等奖236篇。

为提升农村山区、少数民族地区教师的素质，推进教育服务均等化，促进教育均衡发展。2011年，举办“玉溪市山区少数民族地区小学语文、数学教师教学技能研修班”、“玉溪市山区小学品德、科学、英语教师教学技能研修班”和“玉溪市山区初中语文、数学、英语教师教学技能研修班”，研修从深化教学改革与实施有效教学、校本教研理论与实践、教学方法与策略、课型与案例分析、观摩与体验等方面，全市偏远山区的254名小学教师、150名初中教师参加研修培训和观摩体验，培训与研修后，教师的教学理念和教学技能得到较大的更新与提高。

【职业教育研究与竞赛】 2011年，举办玉溪市第七届职业院校师生技能竞赛，9所学校承办，共10大类108个项目，5 000多人次参加决赛。以“打造骨干专业创办特色职校”为主题，在通海县职中举办“玉溪市第七届职业院校师生技能竞赛”现场会，探索职教“研训一体化”模式。在玉溪二职中举办玉溪市职业院校骨干专业、德育课教学案例展评和职业院校语文“高效课堂”教学竞赛。组织举办玉溪市职中职校语文、英语教师教学技能竞赛，评选一等奖18名、二等奖29名、三等奖25名。指导29名教师参加“2011年第三届中职杯语文职业模块教学全国说课竞赛”、“全国中等职业学校语文、英语教师教学技能大赛”、全国中职校“创新杯”教师说课竞赛，“云南省首届中等职业学校语文、英语教师教学技能赛”，获国家特等奖2人、国家级一等奖9人、二等奖14人、三等奖5人，省一等奖2人、二等奖2人。

【考试命题工作】 2011年，云南省启动全省统一的初中学业水平考试，考试共有11个学科，初二下学期考3个学科，初三下学期考8个学科。2011年安排初二考生物、地理、信息技术，其中信息技术全省统一考试，玉溪市由省教育厅抽考生物学科，地理学科由玉溪市命题考试。在相关部门的参与下完成了初中学业水平考试地理命题和高中(中专)招生考试6个学科的命题工作及中考6个学科、初中学业水平考试2个学科的计算机网络评卷与质量分析。

【免费提供《环境教育》教材】 玉溪市中小学地方教材《环境教育》读本(分小学低段、小学高段、初中、高中共4册)，自2005年起由市政府纳入地方免费教材经费保障机制。2010年由玉溪市教科所组织修订，2011年再次由政府采购中心实行招投标出版，政府出资319 585元，免费提供全市123 336名中小学学生(含中等职业学校学生、中小学教师)使用。

【科研丛书与教材出版】 2011年，玉溪市教科所总结整理“体验式教学研究与实验”成果，编辑并由云南教育出版社出版发行《体验式教学理论与模式》、《体验式教学理论与实践探究》、《体验式教学设计范例》。玉溪市教科所完成编辑玉溪市名师成长系列丛书《特级教师专辑·卓越》、《学科带头人专辑·引领》、《骨干教师专辑·探求》、《教学能手专辑·历练》书稿。

玉溪市教科所受高等教育出版社委托，组织职业院校计算机骨干教师编写中等职业院校教材《计算机常用工具软件》，由高等教育出版社出版，全国发行。

【“推普”工作】 2011年，启动玉溪市计算机辅助普通话水平测试试点工作，建成玉溪工业财贸学校、玉溪二职中两个测试点，机位18个。制定玉溪市省级语言文字规范化示范学校规划，创建省级语言文字规范化示范学校3所，评估验收玉溪市第九批普及普通话达标学校18所。组织第十四届“推普周”宣传活动。全年完成普通话人工测试4 342人。

【心理健康实验学校挂牌】 2011年4月，玉溪一小、玉溪师院附中、玉溪工业财贸学校顺利通过专家实地评审及答辩，正式挂牌云南省心理健康实验学校。

【教科所受表彰】 2011年，玉溪市教科所获教育部中国教师发展基金会全国“十一五”教育科研先进集体奖，获省教育厅、省文化厅、云南日报报业集团“第六届中学生作文大赛云南赛区特别贡献奖”。《玉溪教育》杂志在第二十二次全国教育内部报刊协作交流研讨会上荣获“综合优秀期刊奖”和“文字编辑优秀奖”。

(杨应成)

高等教育

【师院承办大学生艺术展演活动闭幕式暨颁奖晚会】 2011年10月28日晚8时，由云南省教育厅主办、玉溪师范学院承办，玉溪红塔烟草(集团)有限责任公司、中国太平洋财产保险股份有限公司云南省分公司协办的云南省第三届大学生艺术展演活动闭幕式暨颁奖晚会在玉溪聂耳音乐厅举行，来自全省多所高校的代表团师生及上千名玉溪师范学院学生在这里奏响了本届展演活动最华彩的乐章，充分展示当代大学生风采。省教育厅副厅长罗嘉福，玉溪市委常委、统战部长吕昌会，玉溪市副市长杨洋，玉溪师范学院党委书记祝武世，副校长陈龙、任宏志，红塔集团及省内多所高校的领导出席闭幕式暨颁奖晚会。

本届大学生艺术展演活动分为艺术表演类、艺术作品类、高校校长书画摄影作品和高校艺术教育科研论文报告会4类项目。自2011年3月活动开展以来，全省各高等院校对展演活动表现出极大的热情，共有42所本科院校和高职高专学校参加，报送艺术表演节目近130个，评出52个节目到玉溪参加现场展演；艺术作品有30所学校参展，展出作品近300件，有270多篇高校教师艺术教育论文参加评审。展演活动受到高校领导的重视，有近40幅校领导的作品参展。经评选，舞蹈一等奖9个，声乐一等奖8个，器乐一等奖1个，戏剧一等奖2个。云南大学、昆明理工大学、云南师范大学、云南农业大学、西南林业大学、昆明学院、玉溪师范学院、曲靖师范学院、红河学院、云南艺术学院文华学院、曲靖医学高等专科学校、保山中医药高等专科学校在本次展演活动中获优秀组织奖。

【师院毕业生考研创佳绩】　2011年，玉溪师范学院2011届毕业生考研创佳绩，91人考取硕士研究生，本科生考研录取率5.22%，考取中科院、中央民族大学、四川大学、中国地质大学、西南大学、云南大学等高校的学生47人，占考取人数的51.6%。

【师院获准立项项目】　2011年，玉溪师范学院申报的云南省大学生创新性实验计划、生物科学特色专业、《绝版套色木刻》精品课程、数学与应用数学专业教学团队等10个省级质量工程建设项目获准立项。玉溪师院理学院陈洛恩教授领衔的“理论物理”学术团队入选第二批云南省高校科技创新团队，是市州高校中唯一获得立项资助建设的单位。两个云南省高校重点实验室培育基地建设项目“云南省高校环境化学重点实验室培育基地”、“云南省开源技术重点实验室培育基地”成功通过教育厅验收评审。

【师院主办中国艺术人类学国际学术研讨会】　2011年11月11～14日，由中国艺术人类学学会、玉溪师范学院共同主办，师院艺术学院承办的2011中国艺术人类学国际学术研讨会在师院召开。近百位来自国内外艺术人类学专家、学者参加研讨会。本次学术研讨会的主题是“艺术共享与活态传承”，与会专家、学者围绕“艺术人类学的理论和方法”、“艺术人类学个案”、“艺术人类学和非物质文化遗产保护与传承”等议题展开交流与讨论，并参观考察了玉溪师范学院涸公河次区域民族民间文化传习馆、江川青铜器博物馆、帽天山、抚仙湖等地。

与会专家、学者对玉溪师院在民族民间艺术、文化传承中取得的成绩给予了高度评价。鉴于玉溪师院在非物质文化遗产传承保护方面做出的突出成绩，中国艺术人类学学会授予玉溪师院涸公河次区域民族民间文化传习馆为中国艺术人类学学会第一个“非物质文化遗产传承与保护工作站”，并聘请张汉东教授为工作站站长。

【“国际双语学研讨会”在玉举行】　2011年3月19日，由玉溪师院和中央民族大学、国际双语学会共同主办，玉溪师院外国语学院承办的“第八届国际双语学研讨会”在玉溪举行。来自国内外的专家学者60余人及师院师生80余人参加了会议。

【师院受表彰】　2011年6月12日，中国高等教育学会后勤管理分会高校节能联盟在北京召开“中国节能政策宣传会暨全国高校节能联盟年会”，会上，玉溪师院荣获“全国高校节能管理先进院校”称号。12月20日，中央文明委在北京召开全国精神文明建设工作表彰大会，表彰第三批全国文明城市、文明村镇、文明单位等创建工作先进典型。玉溪师院荣获全国“文明单位”称号，成为云南省受中央文明委表彰的两家高校之一。

【师院参赛省大运会】　2011年8月，玉溪师院参加云南省第六届大学生运动会取得优异成绩。参加了大学乙组篮球、足球、武术、田径、网球、游泳、健美操7个项目的比赛。获得大学乙组田径团体总分第一名，游泳团体总分第二名，足球、篮球、武术获得团体总分第三名，网球团体总分第四名，健美操团体总分第六名的好成绩。田径队在本次比赛中还获得了体育道德风尚奖的荣誉。个人项目上共获得14枚金牌、17枚银牌、13枚铜牌、13个第四名。

【云南省高等学校思想政治教育工作创新论坛在玉溪举行】　2011年11月21日，由云南省高等学校思想政治教育研究会主办，玉溪师范学院、云南大学承办的云南省高等学校思想政治教育研究会2011年年会暨第二届云南省高等学校思想政治教育工作创新论坛在玉溪汇龙生态园举行。云南省委高校工委副书记陶晴，云南省委高校工委大学生工作部魏宏部长，云南省高等学校思想政治教育研究会理事长、云南大学党委书记刘绍怀，玉溪师范学院党委书记祝武世、副书记杨世华等领导出席论坛，大会对37项云南省高校思想政治教育论文、专著、课题等优秀科研成果进行了表彰。

【师院与龙马集团校企合作项目】　2011年7月6日，玉溪师院与玉溪龙马集团本着诚信自愿、资源共享、平等互利、共同发展原则，就校企合作项目“玉溪师范学院龙马国际公寓”签订合作协议书。合作协议的签订，标志着双方利用学生公寓建设这一平台，合理有效利用资源，促进校企合作，优势互补，实现双赢，进行全面合作拉开了序幕。签字仪式上，玉溪师院校长王力宾，玉溪龙马集团总裁薛志斌先后发言。

（玉溪师院）

【烟草栽培技术专业获得中央财政经费支持】　2011年，农林系烟草栽培技术专业获得中央职业教育实训基地建设专项资金立项，将得到中央财政300万元资金支持，此次获得中央财政专项资金立项，是对玉溪农职院办学水平和办学质量的又一次肯定。2002年烟草栽培技术专业开始招收大专生，现有在校生428人，是学院重点建设专业之一，2005年专业实训基地开始建设，2008年建设成为省级示范性实训教学基地。学院将利用此次中央财政专项资金提高现有实训条件，在原有实训设施设备的基础上补充采购具有实用性和先进性的设备，建成烟草病虫害实验室、烟草生理生化实验室、烟草土壤实验室、烟草化学成分分析室等实验室，极大改善该专业在校内实训、实习方面的条件，力争把烟草栽培技术专业实训基地建设成为设施一流、设备先进、功能齐全、条件优越、管理科学，在高职院校中具有专业示范和特色鲜明的实训基地，为云南省两烟生产提供人才和智力支持。

【教研科研物化成果突出】　2011年，玉溪农职院在省级以上刊物共发表论文68篇，其中核心期刊30篇，主编、参编教材12本；各级各类课题12项，其中省科技厅项目1项，省教育厅科研基金项目4项，省高职高专研究会2项，市科技局1项，市社科联1项，市农学会3项。2名教师分别获得“云南农业教育研究学术年会论文评比”二等奖和三等奖；一项参与完成的项目获得

2010~2011年度中华农业科技奖科研类成果三等奖。与玉溪西格玛农业科技有限公司联合组建"玉溪市蔬菜工程技术研究中心"，瞄准国内外蔬菜品种及生产技术需求，研究解决全市蔬菜产业发展的关键问题。

【校园文化主题活动】 2011年，玉溪农职院团委牵头引导各系团总支组织开展了一系列有实际意义、丰富多彩的学生教育活动。如各种主题文艺晚会、征文、摄影、球赛、演讲比赛、红歌合唱、书画展、冬季田径运动会、公益知识讲座等，丰富了学生们的课余文化生活。创建学院共青团网站，及时发布院团学工作动态，为团员交流和信息获取提供了沟通的平台。组织学生参加云南省高校禁毒防艾知识竞赛，获得二等奖。

（玉溪农职院）

职业技术教育

【云南省职教学会加工制造类专业委会成立大会在玉溪举行】 2011年12月8日，云南省职业技术教育学会加工制造类专业委员会成立大会在玉溪工业财贸学校举行，来自全省11个州、市19所职业院校代表共计60余人参加了大会。

省职教学会加工制造类专业委员会主任、玉溪工业财贸学校党委书记董从华在大会上讲话，他向与会代表提出了云南省职教学会加工制造类专业委员会的工作目标和工作思路。玉溪工业财贸学校副校长柏家渭致欢迎词。与会人员在会上认真学习了《云南省职业技术教育学会章程》。玉溪工业财贸学校招就处主任李朝在大会宣读《云南省职业技术教育学会加工制造类专业委员会2011~2012年度工作计划》（草案）。大会表决通过了云南省职业技术教育学会加工制造类专业委员会副主任委员学校、副主任委员、委员学校、秘书长、副秘书长名单。鉴于加工制造类专业委员会所涵盖学科领域较广的实际，为便于各会员学校根据所开设专业有针对性地开展交流活动，专业委员会还拟设机械加工（含焊接技术应用）、数控、汽车、电子四个专业活动中心。

【玉溪技师学院举行揭牌仪式】 2011年4月22日上午，玉溪技师学院揭牌庆典仪式在学校职教广场举行。省人力资源和社会保障厅党组副书记、副厅长杨焰平，市委常委、市委秘书长范汝坤，市人大常委会副主任雷庆丽，副市长杨洋，市政协副主席陈志芬，市委组织部常务副部长、市人力资源和社会保障局局长邓怀俊，市人力资源和社会保障局党组书记张玉江，市教育局局长李世华等领导出席揭牌仪式。

30多年来，学校坚持立足服务玉溪经济发展的办学定位，以培养技能型人才为目标，坚持"企业合作"的人才培养模式，先后晋升为省级合格技工学校、省级重点技工学校、国家重点技工学校，2005年被确定为云南省高技能人才培养基地，2007年晋升为国家高级技工学校，学校实现了全日制在校生、年培训鉴定双双突破1万人的规模。2010年11月，经省政府批准，技校晋升为玉溪技师学院，实现了从普通技工学校发展成为高级技工学校，最终晋升技师学院的目标。

【工贸学校被授予"云南省心理健康教育实验与示范学校"称号】 2011年4月20日下午，玉溪工贸学校举行"云南省心理健康教育实验与示范学校"授牌仪式。云南省教育科研院院长李慧勤，副院长杨志军，省教科院心理健康教育研究室主任梁文涛；玉溪市教育局副局长马克礼及学校领导董从华、柏家渭、周爱华出席授牌仪式。

（杨　云）

【卫校招生就业工作】 2011年，玉溪卫校有教学班级38个（中专28个，成人10个），在校学生总数2 511人（其中，在校中专学生1 879人，成人教育在校生632人）；新招收学生713人（中专640人，成人73人）；毕业学生703人（中专483人，成人220人），毕业生合格率达98.7%；毕业生"供需见面会"共有23家用人单位到校招聘，提供岗位500个，毕业生就业率96%。2011年护理专业应届毕业生参加国家护士执业资格考试，取得了67.8%合格率的较好成绩。

【师资培训】 2011年，玉溪卫校结合学校实际，修改完善建设规划，制定校本培训办法，加大对青年教师的培养力度；针对中科研能力不强、写作水平不高、应用能力较弱、综合知识单薄等情况，开设专题讲座，培训等措施进行提高；鼓励参加继续教育学习，对参加各种培训取得学分的教职工在年度考核时给予加分；加强对行政管理干部全方位培训，切实提高办事、办会和办文能力，将公文写作、办事规则等基本管理知识和能力纳入干部考核。

（杨　瑾　肖　虹）

【体校参赛获佳绩】 2011年，玉溪运动学校竞技体育训练取得新突破。先后组队参加全国和省级比赛获得好成绩：在第九届全国少数民族传统体育运动会中，射弩、龙舟项目代表云南省参赛，取得龙舟项目5个第二名、两个第三名，射弩项目3个第一名、1个第二名的优异成绩。参加第七届全国城市运动会，在田径、柔道、射箭、足球、射击、皮划艇、摔跤、击剑、自行车九个项目的角逐中，获得1个第二名、1个第六名、1个第七名、两个第九名、1个第十名的成绩。2月，摔跤、射击、中长跑竞走、篮球、游泳五个项目参加省体育局组织的比赛，共获15金、22银、21铜的成绩；8月，田径、游泳、自行车、摔跤、击剑、柔道、武术、散打、篮球、举重、沙滩排球、射箭、射击、皮划艇共十四个项目参加省年度比赛，共取得57金、51银、48铜的好成绩。在比赛中，各参赛运动队体现了队员以老带新的特点，检验了新周期新运动员的训练成果，取得了可喜的成绩。参加省第十二届中学生运动会游泳、武术、篮球、网球、健美操、体育舞蹈、田径共7个项目的比赛，共获得19金、12银、9铜的好成绩，总成绩位列全省第二，圆满完成了上级下达的参赛任务。

学校还圆满承办了云南省柔道比赛、云南省游泳比赛和玉溪市第四届中小学生运动会游泳、田径、篮球、足球四个项目的比赛。

年内，白琰被省委高校工委和省教育厅联合表彰为云南省教育系统"优秀共产党员"。姚婕、何斌被教育部中国教师发展基金会、国家教师科研基金管理办公室、《中国职业技术教育》杂志社评为"全国科研优秀教师"。何斌被省委高校工委和省教育厅联合表彰为第二届"云南教育功勋奖"。

【体校优化中层队伍建设】 2011年5月，玉溪体校在全校范围内公开选拔了一批事业心强、业务素质高、政治成熟、有经验、善管理的优秀教职工担任学校中层领导职务。经过制定实施方案、组织报名、资格审查、竞职演讲和测评、民主测评、组织考察、公示等环节，最终14人通过竞聘上岗，优化了学校中层干部队伍。

【体校批准为“体校英语教学探索——口语交际法”科研单位】 2011年底，玉溪体校被教育部中国教师发展基金会、国家教师科研基金管理办公室批准为教师科研基金“十二五”规划重点课题“体校英语教学探索——口语交际法”科研单位。

（玉溪体校）

普通教育

【玉溪一中高考工作】 2011年，玉溪一中高考再一次取得骄人成绩，圆满完成了上级下达的“高上线、多重点、出尖子”任务。

出尖子：理科前10名1人（栗原弘一，690分，列全省第4名），文科前10名1人（唐依芳菲，624分，列全省第8名）；理科进入全省前50名5人，文科进入全省前20名2人；600分以上人数58人，占全省600分总人数767的7.6%，其中理科55人，文科3人；栗原弘一以284分荣获全省理科综合第一名。多重点：文理科一本上线率72%，共745人。高上线：全校1 032人报考，文理科本科上线人数1 019人，理科本科上线率98.53%，文科本科上线率99.53%。

（岳从阁）

【玉溪一中对口帮扶工作】 为推动创先争优活动的深入开展，充分利用玉溪一中教育资源优势，发挥玉溪一中的辐射、示范作用，2010年省教育厅指定玉溪一中与华宁一中结为对口帮扶结队学校。2011年1月12日，玉溪一中全体党政领导班子成员前往华宁一中，实地走访，与华宁一中领导班子面对面就学校德育、教学、科研、后勤、管理等方面进行交流。两校之间召开了资源整合座谈会。达成以下协议：玉溪一中定期派出中青年骨干教师或学科带头人，到华宁一中指导学科教学工作，以帮助华一中教师改变教育理念，提高课堂教育教学、科研等能力；华宁一中可定期或不定期派出老师到玉溪一中进修学习和交流，学习所产生的费用由玉一中承担；欢迎华一中教师参加玉一中举办的任何一项大型教研活动等。

（杨飞燕　岳从阁）

【玉溪一中举行“骐骥·汇龙助学金”资助仪式】 2011年1月13日，玉溪一中在演播厅举行“骐骥·汇龙”助学金捐助仪式。该项助学基金规定，每年捐助困难学生100人，每个学生每年受助金额为1 000元，每年发放一次。名额分配为高三40人、高二、高一各30人。原则上捐助期限为3年，成绩太差或是有违纪情况的学生将被取消捐助资格。这次助学行动，为家庭困难学生开辟了新的受助渠道，并在操作过程中保证公开、公正和公平。100位受助学生表示，要努力学习，以优异的成绩报答社会、学校和学长的关怀。

（王大成）

【玉溪民中高考工作】 2011年玉溪民中高考又创奇迹：应届考生700人，本科上线681人，其中一本272人，二本332人，三本77人，本科上线率97.3%。600分以上4人，文科最高600分，列省第61名；理科最高648分，列省第67名。

【玉溪民中开展迎新春诗联竞赛】 2011年10～12月，玉溪市诗联学会和玉溪民中联合举办以“爱祖国、爱家乡、爱校园”为主题，以抒发爱国主义热情，讴歌新时代的新风貌、新思想，展现新时期家乡、校园的新变化为主要内容的“迎新春”诗词楹联创作竞赛。竞赛活动共收到参赛作品1 534份（对联32副，诗歌535首）。召开评审会，通过严格公正的讨论评审，最终评选出各个奖项。

【玉溪民中在学科大赛中获奖】 2011年，玉溪民中积极组织师生参加全国、省市论文评选、学科大赛，成绩突出。年内组织教师撰写教育教学论文共计140余篇，其中，在省市级刊物发表论文20篇，省市级获奖论文12篇；有280人次参加各类继续教育培训及新课程培训，45人次参加高考研讨会和新教材培训；编印了《教学论文集》、《德育论文集》、《优秀班会课教案集》等多种教育教学资料；组织教师参加全市教学竞赛活动，有6人获一等奖、3人获二等奖；组织学生参加全国数、理、化知识竞赛及作文比赛并取得了优异成绩：4人获全国二等奖、16人获全国三等奖、20人获全省三等奖。有1名同学在全国“中华魂”主题教育读书活动中获作文赛一等奖。

（玉溪民中）

特殊教育

【玉溪特殊学校被命名为“全国特殊艺术人才培养基地”】 2011年1月，玉溪市特殊教育学校被国家教育部、中国残疾人联合会联合命名为“全国特殊艺术人才培养基地”。全国共有200所特教学校获此殊荣。这既是对学校多年发展成绩的肯定，也是对未来发展的激励。

【玉溪特殊学校文艺演出】 2011年6月3日下午，玉溪市特殊教育学校在聂耳大剧院举行“庆祝中国共产党建党九十周年暨六一儿童节”文艺演出。本次文艺演出的主题是“在党的阳光雨露下茁壮成长”。市人大副主任范志华，市政协副主席汪燕平及各委办局领导，社会各界人士近730人参加了活动。

这次演出是玉溪特殊学校对“六一”儿童节和中国共产党成立90周年的庆贺，是学校素质教育成果的一次展示。各级领导对此次活动给予了充分地肯定，此次活动展示了玉溪特殊教育工作的丰硕成果，展现了广大残疾儿童少年学生朝气蓬勃的精神面貌，让孩子们度过了一个快乐、健康而又难忘的节日。

【玉溪特殊学校志愿服务活动】 2011年9月23日，玉溪市特殊教育学校在聂耳文化广场开展“深入推进创先争优志愿服务人民群众”的志愿服务活动。向社会宣传学校的办学成果，开展中老年人听力检测、正确验配助听器及人工耳蜗制作等技术咨询，以及招生等政策咨询。此次志愿服务活动共发出宣传单50份。

【玉溪特殊学校与玉溪师院签订友好合作协议书】 2011年，为了使玉溪市的残疾人艺术事业取得更大的发展，玉溪市特殊教育学校和玉溪师范学院艺术学院协商签订长期友好合作协议书，两校将发挥各自办学资源优势，开展全方位、多层次的交流合作。玉溪师范学院艺术学院在所开设的音乐学、美术学、艺术设计、舞蹈学等专业领域中为玉溪市特殊教育学校每年培养4～8名教师，每期培训时间一般为半年，预计用5年左右的时间把特殊学校的教师轮训一遍。

（李京泽）

【玉溪特殊学校贫困聋儿助听器抢救性康复项目工作】 2009年玉溪特殊学校接受中国残联贫困聋儿助听器抢救性康复项目以来，认真组织校内专业人员与市残联相关部门积极配合，按照项目要求，对全市0～6岁的学前贫困聋儿进行筛选，三年来共完成了30名贫困聋儿的康复求助。

学校增加设备配置，配备了一间符合国家声学要求的测听和评估房，拥有先进的测听设备、助听器验配平台和耳模式制作设备等。加强对师资队伍的培训，根据实际情况分别选派听力语言康复技术人员到中聋、省康参加国家、省级短期培训班等进行学习。通过一系列的学习培训与考核，学校取得了全市唯一一家中残联认定的贫困聋儿助听器抢救性康复项目定点验配机构和定点康复训练机构。由于工作的深入扎实，学校1名康复人员被授予全国"十一五"听力语言康复先进个人称号。通过三年的训练，大部分聋儿得到了有效康复，有3名聋儿进入当地普小和普幼就读。

（甘云红）

学前教育

【市一幼教学交流活动】 2011年12月21日，玉溪市第一幼儿园一行4人来到新平县幼儿园进行"手拉手、心连心"教学交流活动。新平县幼儿园及乡镇学前班，民办幼儿园教师共103人参加了此次活动。市一幼带去了2个专题讲座《搞好班级文化建设，提高班级管理质量》、《如何开展互动的教研活动》和2个集中教育活动，即美术欣赏《人头鸟与石子》，大班音乐歌唱活动《何家公鸡何家猜》，活动取得了良好的效果。

【市一幼课题获奖】 2011年5月，玉溪市第一幼儿园省级课题《多民族文化背景下幼儿园系列特色教育活动的开发与利用》获全国"十一五"教育科研成果评比一等奖、玉溪市科技进步二等奖。6月，被玉溪市教育局评为"十一五"教育科研先进集体。

（市一幼）

【全国家庭教育工作考评组到市二幼考察】 2011年3月29日，由全国妇联儿童工作部副部长吴新平带队的全国家庭教育工作"十一五"规划终期评估考评组一行9人到市二幼考察。在玉溪市副市长杨洋的陪同下，考评组实地查看了"三生教育"社会实践长廊、温水游泳池、轮滑场、跆拳道馆、家长园地等，观看了《让天使的笑脸像阳光般灿烂》录像片，了解了市二幼家园共创家长学校的工作开展情况，对市二幼结合幼儿园实际，依据不同年龄段幼儿身心发展特点和规律，不断创新家长学校活动形式，构建家庭、幼儿园、社会三位一体的教育网络所取得的成绩给予了高度评价。

【玉溪二幼创办山水园区】 为进一步合理配置幼儿教育资源，提升玉溪市第二幼儿园办园水平和质量，以适应当前幼儿教学改革和形势发展的需要，更好地服务玉溪经济和社会发展，满足广大群众对优质学前教育的需求，2011年7月28日，玉溪市人民政府批准市二幼创办山水园区幼儿园。市二幼山水园区与玉溪市二幼本部及"龙湖园区"实行统一的招生原则，招生对象为本园片区的部分市直机关单位及部分红塔集团职工子女入园。

（市二幼）

文 化

编辑：王 斌

文化管理

【概 况】 2011年，玉溪市文化工作按照实施“文化和市”战略目标的要求，在庆祝中国共产党建党90周年文艺创演、打造聂耳文化品牌，加大文艺作品创作力度，繁荣群众文化活动，实施文化惠民工程，加强文化（新闻出版）市场管理，促进文物、博物和非物质文化遗产保护等方面取得成效，为玉溪经济社会发展做出积极贡献。

艺术创作和演出。成功举办第二届中国聂耳音乐（合唱）周，提升了聂耳品牌影响力，也是对中国共产党成立90周年的献礼。弘扬优秀文化传统，创作一批讴歌时代精神、反映人民生产生活的精品力作。花灯小戏《冤家亲家》、彝族舞蹈《山里妹子来扭乐》、舞蹈《崴灯》等节目获国家级奖项。聂耳竹乐团赴匈牙利、瑞典进行文化交流演出，并参加上海世博会中国馆举办的“中国悦章”新年音乐会。玉溪花灯参加“第三届云南省花灯艺术周”比赛，获大赛唯一的表演一等奖及导演二等奖，表演二等奖、三等奖，演唱三等奖等，是获奖人数最多，获奖门类最多，获奖等级最多的团队。玉溪3个优秀节目参加云南省“大家乐”群众文化广场舞蹈大赛，分别获得金、银、铜三个奖项，市文化局获优秀组织奖。

公共文化服务体系建设。结合文化馆评估定级和实施免费开放工作，在文化馆内部开展清产核资、制度建设、档案管理等工作，玉溪现有的文化馆均达到国家三级以上标准。中央补助资金建设乡镇综合文化站15个，并争取省文化厅配备一批设施设备，使新建文化站正常开放。玉溪市乡镇文化站达标率83%。建设了18个乡镇、320个村的“农文网培学校”，以及6个村级文化惠民示范村和27个村级群众文化体育广场。玉溪县乡实现文化信息资源共享工程全覆盖，全市博物馆、纪念馆、文化馆、图书馆和文化站实现免费开放。继续推进农家书屋建设，积极协调云南省新闻出版局增加建设指标，新建设6个农家书屋。农家书屋实现全覆盖，玉溪的做法和经验成为全国先进，全省样版。玉溪市委、市政府召开了全市农家书屋工程建设先进集体、先进个人表彰大会，促进农家书屋建设更上新的台阶。推进玉溪市诗词楹联学会工作。组织举办诗联创作培训班1期，写送诗联活动2期，开展“诗联进校园”活动，在玉溪师院附中建立“诗联教育基地”。玉溪图书馆举办形式多种多样的读书活动，吸引读者多读书、读好书。玉溪新华书店按照“以重点书、文教书和读书活动用书带动一般书销售”的发行战略，采取加大门市工作力度，抓好门市规范服务，搞好节假日促销工作，走出店门找市场等有效措施，促进图书销售取得较好成绩。全年实现图书销售1 100万册，销售总额8 800万元。

文化遗产保护工作。玉溪各级文物部门继续加大对新文物和历史文物的发掘及研究工作力度，不断强化文物保护单位的“四有”（有保护范围、有保护标志、有记录档案和有保管机构）工作和推进“四山”（通海秀山、江川李家山、澄江帽天山和金莲山）的保护与开发工作，推进文物修缮和保护。加强重点文物保护单位的保护和管理工作，积极组织申报云南省第七批重点文物保护单位。加大非物质文化遗产的挖掘、研究和保护及开发工作。成立玉溪市非物质文化遗产保护传承中心；对已申报的“非物”项目做好重点保护，并将其归档整理，录入数据库；编辑出版发行玉溪市非物质文化遗产系列丛书《民俗篇》、《玉溪滇剧》。

【举办第二届中国聂耳音乐（合唱）周】 2011年6月12日上午，第二届中国聂耳音乐（合唱）周启动仪式在聂耳音乐广场举行。中国文联、中国音乐家协会和云南省及玉溪市的有关领导出席启动仪式。中国文联党组副书记、副主席李屹宣布第二届中国聂耳音乐（合唱）周启动；中国音乐家协会主席赵季平授予玉溪“中国音乐家协会合唱基地”匾牌；云南省委常委、宣传部部长张田欣讲话；中共玉溪市委书记孔祥庚致辞；玉溪市市长高劲松主持启动仪式。启动仪式举行了庆祝中国共产党成立90周年《国歌嘹亮心向党》大型广场文艺展演。人民音乐家聂耳的名曲《毕业歌》、《卖报歌》、《金蛇狂舞》响彻聂耳音乐广场。出席启动仪式的领导和万名各届群众齐声高唱《中华人民共和国国歌》。启动仪式由云南电视台、玉溪新闻网和玉溪人民广播电台全程直播。

12日晚，在聂耳大剧院举行荟萃歌舞、戏曲、音乐等多种艺术门类的聂耳故乡精品文艺晚会《故乡情》。演出分为《滇花戏》、《歌舞乐》两个篇章，节目选自历年来玉溪获得国家及云南省大奖的文艺精品，表达玉溪人民对祖国的礼赞，展示玉溪市文艺工作者在聂耳精神引领下创作繁荣和文艺精品不断涌现。

6月13～15日，在聂耳文化广场和聂耳大剧院举行第二届中国聂耳音乐（合唱）周《颂歌献给党——玉溪市“聂耳杯”》合唱比赛和颁奖晚会。全市24支代表队近3 000人唱响“歌唱祖国、歌颂家乡、缅怀聂耳”的歌曲。这是聂耳故乡人民的一次音乐盛会，也是对党的90华诞最好的献礼。澄江县、红塔集团、玉溪市教育系统等6支代表队获得一等奖；易门县、武警玉溪支队、玉溪市党政机关等16支代表队获得二等奖；玉溪市老干部聂耳合唱团和聂耳少儿艺术团获得特别奖。

6月13日下午，作为聂耳音乐（合唱）周玉溪系列活动之一的《聂耳与国歌》爱国主义教育主题巡回展在聂耳纪念馆拉开序幕。18～23日，在玉溪博物馆举行玉溪市古玩艺术品博览会。

【庆祝建党90周年文艺汇演】 2011年8月5日，玉溪市委宣传部和市文化局等部门在聂耳大剧院举行庆祝中国共产党建党90周年文艺汇演暨颁奖晚会。玉溪市委、人大、政协等有关领导出席文艺汇演暨颁奖晚会。本次文艺汇演历经3个月，分初赛、复赛和决赛。400位演职员、16支代表队、17个节目进入决赛。节目题材广泛，从不同的角度讴歌中国共产党的丰功伟绩，反映改革开放的巨大成就，表达爱党、爱国、热爱家乡的深厚情感。汇演组委会特邀请云南省和玉溪文化艺术届的7位专家组成评奖委员会，评出一等奖4个、二等奖6个、三等奖7个。

【纪念辛亥革命100周年文艺晚会】 2011年9月29日晚，玉溪市纪念辛亥革命100周年《辛亥百年——云南·玉溪风云录》文艺晚会在玉溪聂耳大剧院举行。省政协、省委统战部、省文化厅、省社会主义学院和致公党、民革、民盟、民建、民进云南省委的有关领导，以及玉溪市主要领导观看演出。晚会通过纪实与写意结合的多媒体大屏幕展示和极富艺术感染力的音乐、舞蹈、诗歌等文学艺术形式，纪念辛亥革命100周年和庆祝建党90周年，讴歌发展成就，展望美好未来。《辛亥百年——云南·玉溪风云录》由《寻找蓝天》、《推翻帝制》、《热血之志》、《红旗飘扬》、《走向复兴》5个章节组成，述说从清朝末年至今百余年来的中国历史，重点表现云南、玉溪的历史人物，凸显玉溪地域特色和地方艺术特色。市花灯剧团、滇剧团和市艺术创作研究所等单位的200余人参演，成为玉溪市近年来大型舞台演出演员较多、阵容较强、规模较大的一场文艺晚会。

【中国文化报社全国记者站工作会议在玉召开】 2011年8月24日，中国文化报社2011年度全国记者站工作会议暨中国文化传媒集团云南新闻中心、《中国文化报》驻云南记者站揭牌仪式在红塔区大营街映月潭温泉举行。中国文化传媒集团副董事长、总经理、中国文化报社总编辑刘承萱，中国文化传媒集团、中国文化报社党委书记呼世安，云南省文化厅党组书记、厅长黄峻，玉溪市委副书记、市长高劲松以及中国文化报社全国记者站站长、云南省文化系统办公室主任共计百余人参加会议。高劲松市长在会上致辞，他代表玉溪市委、市政府对会议的召开表示欢迎和祝贺，并介绍了玉溪的政治、经济、文化和生态建设及“十二五”期间玉溪的发展目标及文化建设的任务等，有力地宣传了玉溪。

（蒋兴喜）

2011年7月19日，内蒙古直属乌兰牧骑艺术团与美国好莱坞歌舞团联袂演出“马头琴与好莱坞共舞”大型歌舞晚会在聂耳大剧院举行　（李万东　摄）

文化市场

【文化市场管理】 2011年，玉溪继续按照“一手抓繁荣、一手抓管理”的方针，采取日常稽查与专项整治结合的方式，不断加强网吧等文化市场管理，探索农村文化市场监管路子。成立玉溪市文化市场管理工作领导小组，对全市文化市场管理工作进行有效领导；召开玉溪市文化市场工作会议，对全市综合行政执法工作人员进行业务培训；在全市建立网吧计算机监管平台，安装监管软件，实现对网吧实时跟踪监管；大力推进网吧连锁经营和“绿色上网专区”网吧试点工作；开展“建党90周年文化市场专项保障行动”、查处取缔无照经营专项整治行动、“打四黑、除四害”打击侵犯知识产权和制售假冒伪劣商品专项行动、文化市场知识产权保护专项执法行动等。

2011年全市有各类文化经营单位1 318户，其中歌舞娱乐场所210户，网吧211户，营业性演出8家，电子游戏131户，儿童游艺场所28家，文化茶室658户，其他文化市场经营单位72家；对文化市场出动检查1.85万人次，检查各类文化经营单位4.34万户次，责令整改258家次，受理举报54次，立案调查44件，移交案件24件，办结案件62件，警告427家次，罚款4.33万元；责令停业整顿15家次，没收违法所得7.56万元；配合公安、工商部门取缔“黑网吧”44家，收缴电脑59台，取缔电子游戏违法经营5家，收缴电子游戏机70台。玉溪2010年文化市场综合行政执法和“扫黄打非”工作分别被文化部和新闻出版总署表彰为先进集体。

（蒋兴喜）

【探索农村文化市场监管新路子】

2011年，玉溪积极探索重心下移至农村，创建全社会共同关注、共同参与农村文化市场监管和“扫黄打非”工作的新机制。根据玉溪农村文化市场管理实际，统筹文化市场执法监管资源，创造性地提出推行农村文化市场、扫黄打非“六个一”建设工作。即：县、乡（镇、街道）签订一张包括平安文化市场创建和扫黄打非工作的《文化市场平安建设与扫黄打非目标管理责任书》；建立一块文化市场法律法规、扫黄打非宣传栏；明确一名乡镇街道党委政府分管领导；建立一套农村文化市场监管培育考核制度；建立一个青少年优秀读物专柜；建立一条有农村文化市场监管与扫黄打非内容的村规民约。构建覆盖全市、责任到人、监管到位的执法监管网络，形成协调配合、相互联动、综合监管、快捷高效的工作机制，为农村文化市场又好又快发展创造良好环境。

【保护知识产权专项执法宣传】　2011年3月18日上午，玉溪文化（新闻出版、版权）局组织市文化市场综合行政执法支队、红塔区文化市场稽查队及开发区综合执法队在聂耳公园门口，设立打击侵权盗版保护知识产权专项执法宣传点，向广大市民宣传《著作权法》及打击侵权盗版保护知识产权专项执法的相关内容，规范文化经济秩序，推进文化市场繁荣有序。活动期间，接待群众500余人次，发放宣传资料2 850余份；市、县文化部门职工320人及新闻出版企业员工2 600多人参加云南省“版权保护知识竞赛”活动。

（杭　卫）

【文化市场综合行政执法知识竞赛】

2011年11月14日，玉溪市文化（新闻出版、版权）局在会议室开展文化市场行政执法案卷评查工作会，对玉溪市各县区上报的20卷行政许可案卷和20卷行政处罚案卷进行认真评查，评出2011年度全市文化市场行政许可和行政处罚卷宗一、二、三等奖。

11月15日上午，在聂耳纪念馆开展“依法行政、综治维稳”文化市场综合行政执法法律法规知识竞赛。竞赛内容包括《行政许可法》、《行政处罚法》和《行政复议法》等行政法律法规；文化、文物、新闻出版、版权市场以及广播电视方面相关法律法规；文化市场相关行政执法程序、内容及案例分析等知识。全市10支代表队通过判断题、选择题、简答题和风险题等环节，赛出一、二、三等奖及优秀奖和组织奖。

（董　莹）

2011年4月22日上午，在第十一个“世界知识产权日”举行销毁非法出版物现场会

（张　军　摄）

文学艺术

【花灯演唱比赛】　2011年1月19～20日，市文化局以“玉溪花灯剧”列入国家级非物质文化遗产保护名录为契机，在聂耳大剧院举办玉溪市花灯演唱比赛。花灯演唱比赛筹备时间长、发动面广，玉溪各县区文化部门积极响应和支持，分别在县区举行选拔赛，选拔出168人参加市级预赛，其中少儿27人，成人141人；最终少儿组8名，成人组14名选手参加20日晚在玉溪聂耳剧院举行的决赛，赛出金、银、铜奖。云南电视台进行现场录制并在云南电视台3频道“俏花灯”栏目播放。

（高　洁）

【花灯戏《冤家亲家》韩国摘金】　2011年7月29日至8月2日，应韩国世界亲善交流协会和世界华人音乐、舞蹈、戏曲艺术总会的邀请，玉溪花灯《冤家亲家》剧组一行6人赴韩国仁川市参加“韩中国际木槿花艺术大赛”。经过3天比赛，玉溪花灯小戏《冤家亲家》以新颖的导排手法，自然流畅的表演，以及优美的音乐，一举摘取“韩中国际木槿花艺术大赛”金奖。因组织严谨、遵守大赛章程，演出效果极佳，大赛组委会向玉溪花灯剧团颁发组织金奖。

（沐荣贵）

【冯咏梅携滇剧亮相央视春晚】　2011年除夕夜，玉溪市滇剧团团长、国家一级演员冯咏梅领衔主演的优秀滇剧传统剧目《荷花配》应邀首次亮相中央电视台戏曲频道春节联欢晚会，与全国亿万观众共庆新春。《荷花配》演出时长近2分钟，短小精致的展示玉溪滇剧的表演、身段和唱腔等方面的艺术特色，提升了玉溪滇剧在全国的知名度。

（杨　婷）

【聂耳竹乐团赴匈牙利参加文化交流】

2011年2月24日，受中国驻匈牙利大使馆邀请，玉溪聂耳竹乐团与云南省歌舞剧院赴匈牙利首都布达佩斯，参加匈牙利Talentis集团和中国驻匈牙利大使馆联合举办的中匈友好文化活动“中国—匈牙利—欧洲文化之桥文艺晚会”。首场文艺晚会于26日在匈牙利世界贸易会展中心举行。匈牙利总统及夫人、中国驻匈牙利大使和美国、英国、法国、意大利等国驻匈牙利大使到场观看；第二场文艺晚会于27日举行，是匈牙利著名钢琴家、作曲家哈瓦西作品交响音乐会。玉溪聂耳竹乐团与匈牙利当地交响乐团共同合作演奏开场曲《梁祝》及结束曲《文化之桥交响》，以此表达中匈两国人民的友谊。中国大使馆、匈牙利华侨华人及在匈中资机构代表观看演出，中央电视台、凤凰卫视及匈牙利当地的各类媒体对演出进行全面报

道。中国驻匈牙利大使高建接见了聂耳竹乐团演员，对此次交流演出的成功表示非常满意。

【聂耳竹乐团参加“波罗的海”音乐节】

2011年7月19～26日，玉溪聂耳竹乐团赴瑞典布莱金厄省卡尔斯港市参加北欧国家“波罗的海”音乐节。布莱金厄省卡尔斯港市副市长麦特森先生，前任市长、现国会议员苏珊女士，音乐节主办方负责人康尼先生为玉溪聂耳竹乐团举行欢迎仪式。音乐节期间，玉溪聂耳竹乐团举办专场演出，演出汇聚玉溪及云南主要民族代表性文艺节目，向瑞典观众展示云南多元化的文化元素。演出结束后，很多观众主动上台感受新颖独特的竹乐器，与演员合影留念。

（刘　舒）

【获“滇东文学奖”】 2011年4月14日，由省委宣传部、省文联，西双版纳州委、州政府、《散文世界》杂志社共同主办的“2011年全国散文创作会议暨滇东文学创作年会”在西双版纳州举行。市文联组织4名优秀散文作者参加会议。易门县马玫荣获2011年“滇东文学奖”，受到表彰奖励。“滇东文学奖”是由云南省作家协会和滇东八个州市（昆明、昭通、曲靖、玉溪、红河、普洱、文山、西双版纳）共同设立的一项文学奖项，旨在通过每年的文学创作年会来促进云南文学事业的繁荣发展。

【“云南5·8饮茶日”在玉溪举办】

2011年5月8日，第三届“云南5·8饮茶日”活动在玉溪举行。活动以“饮茶健康和谐天下”为主题，进行了专家咨询、商品展示、文艺展演、品茶论道、茶知识竞猜问答、茶文化现场书法等内容，倡导全民健康饮茶，科学饮茶。此次活动由云南省普洱茶协会、玉溪市政府主办，玉溪市文联承办。

【“辉煌十一五”美术、书法、摄影展】

2011年6月13～17日，由玉溪市委、市人民政府主办，市文联承办的玉溪市“辉煌十一五”美术书法摄影展在聂耳大剧院举行。此次展览是纪念中国共产党成立90周年暨第二届中国聂耳音乐（合唱）周玉溪系列活动之一，共展出美术作品90幅、书法作品90幅、摄影作品114幅。这些作品主题鲜明、风格独特、形式多样，用生动的艺术形式再现了玉溪人民团结进步、奋发有为的精神风貌，反映了玉溪经济社会建设特别是生态城市建设所取得的巨大成就，讴歌了中国共产党追求民族独立、国家富强和社会进步的丰功伟绩，是玉溪文艺工作者向中国共产党90华诞的献礼。

2011年1月22～23日，玉溪市文联举办《好歌传唱西部行——少儿频道走进朝霞工程》专题片拍摄活动，此次活动由中国文学艺术基金会和中央电视台少儿频道联合主办，玉溪市文联承办。中央电视台少儿频道主持人小鹿姐姐、阳光姐姐和哆咪咪三位主持人现场教唱孩子们歌曲，几名受过“朝霞工程”资助的学生演奏了钢琴、葫芦丝、竹笛等乐器，2名学生现场书写了“好歌唱云南，朝霞助我行”的书法作品，少儿频道摄制组对孩子们的才艺表演进行了现场拍摄

（杨　勇　摄）

【召开繁荣文学艺术创作座谈会】

2011年9月28日，由市委宣传部主办，市文联承办的玉溪市繁荣文学艺术创作座谈会在玉溪会堂召开。云南省作家协会主席黄尧作专题讲座，市委常委、宣传部部长董文献出席会议并作总结发言。玉溪6位文学艺术作者代表作了发言，对各自艺术门类的基本情况、创作成果、发展方向在会上作了交流。各县区委宣传部长、文化局长、文联主席，作者代表共70多人参加座谈会。

【徐霖创作研讨会及《契约婚姻》电视剧改编权转让签约仪式在新平举行】

2011年11月11日，云南省作家协会和玉溪市文联在新平县举行“徐霖小说创作研讨会及《契约婚姻》电视剧改编权转让签约仪式”。徐霖在研讨会上介绍了自己几年来的创作历程，省作协副主席欧之德、张庆国等对徐霖的小说给予高度评价，并对作品的不足之处提出了意见和建议。会后举行了《契约婚姻》电视剧改编权转让签约仪式，徐霖与北京紫金长天文化传媒有限公司正式签约。

【举办文学笔会】 2011年12月2～4日，玉溪市文联和玉溪市作家协会共同举办“2011年玉溪市文学笔会”。笔会邀请《人民文学》编辑部副主任周晓枫、《十月杂志》副主编宁肯，省作协副主席、秘书长杨红昆，省作协副秘书长胡性能授课。市直单位和各县区的文学爱好者近70人参加了会议。几位老师结合自己的创作经验，对文学理论知识和创作方法作了精彩演讲，并对参会作者的作品现场点评，参会作者深受启发，收获颇丰。

【“送欢乐、下基层”中国书法进万家活动走进玉溪】 2011年12月21～24日，“送欢乐、下基层”中国书法进万家——走进玉溪暨中国书法家协会刻字研究会2012年度工作会议在玉溪举行。12月22日上午，在聂耳音乐广场举行“送欢乐、下基层”中国书法进万家——走进玉溪活动出发式。中国文联国内联络部主任罗成琰，中国书协分党组书记、驻会副主席赵长青，中国书协副主席、刻字研究会主任吴东民，中国书协副主席、隶书专业委员会主任张改琴，省委宣传部常务副部长尹欣，市委副书记张玲、宣传部部长董文献等领导和来自全国各地的50多位著名书法家、玉溪的书法爱好者、部队官兵等200余人参加出发仪式。省文联主席、党组书记郑明主持出发仪式。出发式后，书法家们到红塔区北城镇初公坊村，为当地村民送上了春联。随后到驻滇某工兵团，为广大部队官兵挥毫泼墨，现场书写作品近百幅。活动期间，50 多位书法家参加了中国书法家协会刻字研究会 2012 年度工作会议，并到通海秀山、江川青铜器博物馆和阳光海岸进行采风。

此次活动由中国文联、中国书法家协会、云南省委宣传部、云南省文联、玉溪市委、玉溪市人民政府主办，玉溪市委宣传部、云南省书法家协会协办，云南画院、玉溪市文联承办。

【玉溪网络文学大赛】 2011 年 12 月 25 日，“首届玉溪网络文学大赛颁奖会暨文艺演出”在玉溪老年大学举行。市文联、市作协领导，文学爱好者近 400 人参加。颁奖会对 20 名获奖作者进行表彰奖励，并表演了精彩的文艺节目。

“首届玉溪网络文学大赛”由玉溪市文联、玉溪城市百科网共同举办。历时半年，参赛者多，形式新颖，影响广泛，旨在不断发现文学新人，营造良好创作氛围，提高玉溪作者的文学创作水平。到 10 月 31 日截稿，共收到参赛稿件 198 件，其中散文 106 件，诗歌 92 件。经过评委认真评选并参考网络点击率，评出特别原创奖 2 名，最佳原创奖 6 名，网络人气奖 12 名，其中郑阳的散文《夜晚的画展》和王佳宏的诗歌《孤独的质数》分别获特别原创奖。

【迎新春文艺晚会】 2011 年 12 月 30 日，玉溪市文联在聂耳文化广场举办“2012”迎新春文艺晚会。晚会演出了《彝家随想》、《夜深沉》、《火把山·火把果》、《冤家亲家》等 15 个节目，包含滇剧、花灯、舞蹈、独唱、独奏等，节目丰富多彩，现场气氛热烈，颇具玉溪地方特色，在新年到来之际向广大群众送上了节日的祝福和问候，营造了温馨和谐的节日气氛和文化氛围，在广大市民中引起强烈反响。晚会由玉溪市戏剧家协会、玉溪市曲艺家协会承办，红塔集团工会、红塔区文工团、玉溪市滇剧团、玉溪市花灯剧团协办。

（杨　勇）

群众文化

【节庆文化活动】 2011 年，玉溪组织开展丰富多彩的元旦、春节、国庆等节庆文艺活动，营造浓厚的节日氛围，丰富人民群众的节日生活。元旦期间，聂耳广场舞台连续 8 天开展庆祝活动，为市民献上 10 余场精彩的新剧、新戏和新舞。市滇剧团演出观众喜闻乐见的各种传统小戏；红塔区北城、研和，江川县九溪等乡镇的文艺团体进行新农村文艺展演，为广大观众带来丰富多彩的歌舞节目。春节期间，玉溪中心城区举办“迎新春、庆佳节”聂耳文化广场系列文化演出活动。市花灯剧团演出精彩的花灯歌舞和花灯剧；玉溪老年大学、红塔区研和镇业余文艺团体等专业和民间团体分别演出花灯小戏、民族舞蹈、折子戏等。市花灯团、滇剧团精心排演多个群众喜闻乐见、健康向上，集思想性、艺术性、观赏性为一体的优秀剧目到江川、通海、易门县和昆明市的呈贡、晋宁县等地演出。市博物馆、聂耳纪念馆、聂耳图书馆在春节期间免费开放。聂耳图书馆举办“盛世抒怀——玉溪市老年迎春书画展”；市博物馆、聂耳纪念馆共接待观众 1.88 万人次；聂耳图书馆接待读者9 826人次，借阅书籍19 652册次。国庆期间，在聂耳文化广场分别举办“庆国庆”音乐会和“庆国庆”文艺晚会，极大的丰富玉溪人民的节日生活。

（蒋兴喜）

【文化下乡活动】 2011 年玉溪市文化科技卫生“三下乡”集中示范活动启动仪式在红塔区李棋镇举行，市文化局组织 60 人的队伍开展送戏、送书、送楹联“文化三下乡”活动。市花灯剧团演出精彩的花灯歌舞节目，市图书馆赠送图书 560 册，价值7 600元，市新华书店赠送图书 500 册，价值5 000元，市诗联学会赠送楹联 600 幅，深受老百姓的喜爱。市文化局积极协助和配合云南省花灯剧院开展“文化大篷车·千乡万里送戏行”活动，分别到红塔区的高仓镇、凤凰路街道办事处、小石桥乡，澄江县的凤山镇、龙街街道办事处，元江县那诺乡、因远镇，新平县漠沙镇、嘎洒镇等 10 多个乡镇进行巡演，共演出 30 余场，深受基层老百姓的欢迎。

（高　洁）

【文化广场群众文艺演出】 2011 年，玉溪大力实施广场群众文化和农村群众文艺“星火”工程，丰富群众文化生活。全市已建成群众文化广场 343 个，群众文化广场入村进寨，开展广场群众文化活动成为玉溪市群众文化活动的亮点和品牌。以广场群众舞蹈“大家乐”为主要形式，在群众文化广场举行广场文艺演出、大型庆典、纪念活动等。2011 年，玉溪举办各类广场群众文化活动 320 多场，观众 150 多万人次；玉溪农村业余文艺队发展到3 500支，拥有 60 000左右业余演员，组织各类演出 8 000多场。农村业余文艺队在农村发挥着传播文化知识、宣传政策方针、推进文明和谐、活跃农村群众文化生活等巨大作用。

大力推进聂耳文化广场舞台演出，

2011 年 8 月 25 日，玉溪市文联、玉溪市书法家协会举办“玉溪市书法创作骨干培训班”　（杨　勇　摄）

为专业艺术团体和新农村文化建设中涌现出的农村业余艺术团体提供展示的舞台，走具有地方特色、民族特色、时代精神相结合的路子，每个周末都上演专题演出活动，丰富群众文化生活。2011年，在聂耳文化广场舞台组织各类文艺演出及宣传活动110场次，观众人数约4万人次。举办元旦晚会、2011年春节系列文艺演出、新农村文艺展演、“第二届中国聂耳音乐(合唱)周‘聂耳杯’合唱比赛”、“六一”国际儿童节系列演出、庆祝建党90周年音乐会、国庆系列演出等大型文艺演出活动等。

（刘　毅）

【玉溪新增3个国家级“非遗”项目】 2011年6月，国务院公布第三批国家级非物质文化遗产保护名录及国家级非物质文化遗产扩展项目名录名单，元江县棕扇舞(传统舞蹈)、澄江县关索戏(传统戏剧)、通海县高台(民俗)榜上有名，玉溪市国家级非物质文化遗产项目增加至6个。

【玉溪文化馆获国家一级馆称号】 2011年11月15日，玉溪市文化馆被文化部命名为国家一级馆。近年来，市文化馆在文艺作品创作、繁荣群众文化活动、非物质文化遗产保护、文艺人才培养、群文理论研究等方面取得突出成绩。音乐作品获国家奖6项、省级奖8项，其中《巴哈伢咪》、《诺赛鸟》、《草皮街》、《进寨歌》获文化部第13、14、15届群星奖；“非遗”保护6个项目被公布为国家级保护名录(《花灯戏(玉溪花灯戏)》、《洞经音乐(妙善学女子洞经音乐)》、《滇剧》、《高台》、《棕扇舞》、《关索戏》)20个项目被公布为省级名录；音乐论文《玉溪山居民族节日与村落文化》、《滇中小彝剧音乐探析》、《浅谈云南花灯音乐的艺术特征》获国家奖。

（岳彩云）

文物博物

【第三次全国文物普查工作】 玉溪市第三次全国文物普查自2007年开始，历时5年，共分为3个阶段。第一阶段从2007年9月至2008年7月，主要任务是制定方案、建立机构、开展培训、设备发放等各项前期准备工作；第二阶段从2008年7月至2009年12月，主要任务是以县域为单位的野外实地文物调查；第三阶段从2010年1月至2011年12月，主要任务是进行调查资料整理、汇总、编制普查工作报告和公布普查成果。玉溪市第三次全国文物普查严格按照《第三次全国文物普查工作手册》及《补充说明》中规范要求实施，严格遵循文物认定标准，经过市级、省级验收及对国家数据中心多次提出的修改意见进行反复修改核实后，在文物认定、名称、分类、年代、计量等方面符合第三次全国文物普查工作规范标准要求，2011年5月得到国家文物局第三次全国文物普查办公室的认定。

普查后，玉溪市共登录不可移动文物667项，其中新发现417项，复查项250项。2011年5月起，玉溪按照上级部门的部署，按照《第三次全国文物普查工作报告编制大纲》的要求，认真编制《玉溪市第三次全国文物普查工作报告》。《报告》全面系统地对整个文物普查的组织开展过程，对文物普查工作背景，普查工作基本情况(包括文物普查组织机构、普查队伍组建情况、普查工作的主要做法及经验、普查数据质量控制情况、普查专项经费投入情况)，普查成果的统计分析、转化、专业队伍及设备提升，普查中的文物保护、宣传工作等情况做了如实充分的反映，使玉溪市第三次全国文物普查的整个过程清晰了然。

【澄江县学山遗址入选第三次全国文物普查百大新发现】 2011年，云南省有4项文物普查项目入选第三次全国文物普查百大新发现，澄山县学山遗址为其中之一。学山遗址位于澄江县右所镇，2009年经过系统考古勘探，2010年10月至2011年5月，2011年8～11月2次开展正式考古发掘，发掘面积共2 300平方米，发现半地穴式和浅地穴式房屋建筑、道路、灰坑以及人们当时的活动面等遗迹以及陶片、铜器和炼渣等遗物；房屋周围还发现墓葬，墓葬的葬俗与邻近的金莲山既有联系又有区别。学山遗址是云南发现的唯一一处保存完好的青铜时代聚落遗址，对研究石寨山文化(滇文化)具有重要的学术价值。

【江川县光坟头遗址被列为国家考古发掘项目】 光坟头遗址位于江川县路居镇中坝村委会小街子村南的光坟头山上，北距抚仙湖南岸2千米。调查发现光坟头遗址是史前文明和青铜文明的堆积，其文化层积淀深厚，年代跨度大，遗存信息丰富，在云南省同类遗址中实属罕见，是研究滇中新石器时代至青铜时代历史文化的极好材料，为解决滇文化起源及滇中地区青铜时代文化发展脉络等问题提供了条件。最近几年国家文物局、中国科学院、中国科技大学领导、专家多次到光坟头进行调查。2011年11月，国家文物局特批光坟头遗址为国家正式考古发掘项目。11月12日，云南省文物考古研究所、玉溪市文物管理所、江川县文物管理所与北京大学文博学院组成联合考古队，另有部分台湾学者参与，对其进行考古发掘。至12月31日止，发掘面积约300平方米，发现青铜时期房屋居住遗址、炼渣以及大量的陶片、青铜器等。

（张琼梅）

【聂耳纪念馆与冼星海纪念馆结为友好兄弟馆】 2011年9月30日，玉溪市聂耳纪念馆受邀参加在广州市番禺博物馆隆重举行的“冼星海·人民音乐家·聂耳——番禺冼星海纪念馆与玉溪市聂耳纪念馆结为友好兄弟馆签字仪式”暨《聂耳与国歌——爱国主义教育展览》开幕式。玉溪和广州两地相关部门、广东省各大博物馆领导嘉宾共180多人及广州当地20多家新闻媒体出席。冼星海和聂耳是中国伟大的人民音乐家，他们的音乐对振奋民族精神具有深远的历史意义。两馆以结为友好兄弟馆为契机，大力弘扬冼星海和聂耳音乐精神，加强人民音乐家故里的两地文化交流和切磋，合力打造冼星海和聂耳文化品牌。同时，《聂耳与国歌——爱国主义教育展览》在广州市番禺博物馆进行为期32天的展出，观众络绎不绝，参观人数达15万余人次。

【博物馆发挥社教功能】 2011年，玉溪市博物馆继续向观众免费开放《古生物》、《史前文化》、《书画》、《陶瓷》、《滇中革命斗争史》、《聂耳与玉溪文艺》和《玉溪青铜文化》7个常规展览，全天8：30～17：30不间断开放，节假日不休，方便观众进馆参观。组织和策划临时展览活动，丰富展示内容。成功举办或引进《2011元旦车展》、《第七届兰花交易会》、《通海盆景艺术展》、《“法治与责任”——全国检察机关惩治和预防渎职侵权犯罪展》、《5.18国际博物馆日系列活动》、《第六届中国文化遗产日系列展》、《防治艾滋病—玉溪市禁毒成果展及博物馆科普知识图片展》、《聂耳与国歌——爱国主义教育主题巡回展》、《庆祝中国共产党成立九十周年特展》、《第二届玉溪市古玩艺术博览会》和《云南省第三届大学生艺术节系列活动》11个临时主题展览，展览融知识性、艺术性、趣味性于一体，对弘扬中华民族优秀传统文化，增加博物馆对社会各界的吸引力，提升博物馆形象，扩大博物馆的知名度等诸多方面起到积极作用。2011年，玉溪市博物馆接待观众达31.21万人次，较好地发挥博物馆作为"云南省爱国主义教育基地"和"云南省科普教育基地"的社会教育服务功能。

【聂耳纪念馆接待工作】　玉溪市聂耳纪念馆建筑面积为3 690平方米，馆内展览陈列按照聂耳的战斗历程，分为"成长的摇篮"、"时代的熔炉"、"人生的锤炼"、"战斗的年华"、"永生的海燕"、"永久的纪念"6个部分，基本陈列内容分为"匆匆却是永恒"、"永久的纪念"、"玉溪的骄子"3个主题，以图片、文字、多媒体技术等全方位生动再现聂耳的生活轨迹，展示人民音乐家聂耳伟大、光辉、奋斗的一生。2011年，玉溪市聂耳纪念馆坚持全年免费开放，节假日不休，每天开放时间长达12.5个小时(8：30～21：00)，共接待包括新闻出版总署、国家关工委、成都军区部队官兵、延安市政协等在内的参观团队90余支；接待党政领导、驻军部队、各企事业职工、农民、学生等各界人士18.7万余人次，平均每天接待观众500余人，节假日每天接待观众上千人次，其中青少年观众占40%，充分发挥聂耳纪念馆作为云南省省级爱国主义教育基地的作用，成为宣传玉溪、宣传聂耳，弘扬聂耳精神的重要窗口。

（解景然）

2011年11月26日，新华书店元江书城开业　（中　华　摄）

图　书

【市图书馆年接待读者突破30万人次】　2011年11月12日，根据《财政部、文化部关于推进全国美术馆、公共图书馆、文化馆(站)免费开放工作的意见》，玉溪市图书馆正式向市民免费开放。2011年，玉溪市图书馆共有借书证10 748个，接待读者333 544人次，完成书刊外借75 681册次，提供书刊阅览1 234 245册次，总藏量364 377册；记录读者咨询744条，办理借书证720个，其中借阅两册(全区)证600个，借阅一册(普通)证120个，换证1 440个，退证396个，赠阅证44个，优秀读者证10个。

【市图书馆开展少儿读书活动】　2011年，玉溪市图书馆在做好基本借阅工作的同时，与学校建立共建关系，积极开展各类少儿读书活动。9月24日，联合市第一幼儿园在图书馆一楼少儿活动区举办"爱我中华，走进阅读"少年儿童读书活动暨"早期阅读"系列活动，开展阅读、游戏、舞蹈，观看动画片等活动，共接待读者300余人，得到家长和老师的充分肯定和称赞；9～12月的每个星期六，组织少儿读者进行阅读分享，萌发少儿从小热爱图书的情感，丰富少儿的阅读经验、提高阅读能力，平均每周六接待读者400多人，深受师生喜爱；12月30日，玉溪市图书馆与市第一幼儿园共同举办"童星杯幼儿讲故事比赛"，评选出一等奖2名、二等奖5名、三等奖13名。

（雷　蕾）

新闻·广播电视

编辑：王 斌

新 闻

【概 况】 2011年，《玉溪日报》顺利完成改版，正报由四开16版改为对开8版；《玉溪日报·晨刊》由16版扩版为20版，版面内容更加丰富，可读性大大增强，与玉溪宣传文化建设和地方经济社会发展更相适应。

玉溪日报社下属《玉溪日报》、《玉溪新闻网》、《玉溪手机报》3个媒体，充分发挥地方党报资源优势，深入开展"走基层、转作风、改文风"活动，紧扣市委、政府中心工作，对市委、市政府重大决策、重点工作、重要活动、民生问题进行深入宣传报道。通过宣传报道，传达党的方针政策，反映民生民情，坚持正面引导，推动玉溪经济社会生态文化快速协调健康发展。

按照中央、省、市关于文化体制改革和媒体改革的要求，继续深入推进文化体制改革。严格执行采编与经营分离，旗下各公司（厂）不断创新经营理念、奋力拓展市场、加大固定资产投资、适度扩大经营规模、积极探索市场化新路，经营业绩稳中有升，形成各自经营特色和品牌。

【庆祝建党90周年活动报道】 2011年是建党90周年。为了报道好全市社会各界庆祝建党90周年活动，玉溪日报社进行了专题策划。举办《党在我心中——庆祝中国共产党成立90周年》征文活动；刊发《党在我心中》知识竞赛题目；开设"玉溪党史"、"云岭楷模风采录"、"学典型争先进喜迎建党90周年"、"记者重走革命路"等专栏，追述玉溪党史上发生的故事，党在社会主义建设不同时期取得的成就，缅怀为党的事业做出贡献的仁人志士，报道全市在学典型争先进过程中涌现出来的先进事迹和模范人物。

6月12日，庆祝中国共产党成立90周年暨第二届中国聂耳音乐（合唱）周活动开幕，全市各界通过开展丰富多彩的群众性文化活动向党的90华诞献礼。玉溪日报社对此次活动进行了全面详实的报道：玉溪日报以每天不少于4个版面对活动情况进行宣传报道。玉溪日报、玉溪新闻网、玉溪手机报，三个媒体联合，先后采写、刊发稿件、视频近80篇幅。玉溪日报社与市委宣传部、市文联共同承办"辉煌十一五美术书法摄影展"，通过美术、书法、摄影等艺术形式，展示在党的领导下，"十一五"期间玉溪在经济、政治、文化、社会和生态等各个方面所取得的辉煌成就，向建党90周年献礼。

【对中共十七届六中全会报道】 2010年10月15～18日，中国共产党十七届六中全会召开。玉溪日报社编委会精心策划，认真组织实施，10月19日，玉溪日报头版头条刊发《中共十七届六中全会在京举行》，二版刊发人民日报社论《迈向社会主义文化强国的伟大进军》。策划十七届六中全会精神报道专题，集中宣传报道六中全会的重大意义、六中全会的重大决策，中央的决定、部署、要求，宣传报道玉溪各界贯彻落实全会精神情况，推动掀起学习贯彻六中全会的高潮

【市第四次党代会报道】 2011年9月19～21日，中国共产党玉溪市第四次代表大会召开。

为切实做好市第四次党代会报道，玉溪日报社专门成立了宣传报道组，由分管采编工作的社领导任组长，协调统筹采访、编辑部门及新闻网、手机报多个部室，多部门联动，三个媒体互动，实施会前、会中、会后报道。先后刊发相关稿件120余篇幅、制作网络专题一个、刊发手机报特刊10期，顺利完成了党代会的宣传报道任务。

【"两会"报道】 2011年2月19～24日政协玉溪市三届四次会议召开。21～25日玉溪市第三届人民代表大会第四次会议召开。为了报道好2011年"两会"，《玉溪日报》、玉溪新闻网、玉溪手机报三个媒体联合策划，多个部门联合采访，开设"两会要闻"、"代表委员风采"、"我为两会寄语"、"代表委员心声"、"两会花絮"、"民生话题"、"手机看两会"等17个栏目，刊发有关消息、通讯、图片等210多篇幅，多角度全方位报道"两会"盛况。同时，通过玉溪新闻网对"两会"进行视频直播，开设专栏；通过玉溪手机报开设"两会"提醒服务功能，通过手机彩信向代表、委员和列席人员提前发送会务信息，推出"两会"特刊、玉溪"两会"快讯，开通"两会"短信、飞信互动平台，架设起市民反映社情民意的快捷通道，拓宽了宣传渠道，扩大了宣传范围。

【"创先争优"报道】 2011年，《玉溪日报》开设"弘扬善洲精神深入创先争

优”、“学典型争先进喜迎建党 90 周年”、“创先争优科学发展”等栏目，报道玉溪学习杨善洲精神、深入开展“创先争优”活动的工作情况、取得的成绩及涌现出来的模范典型。多部门记者深入基层，写出了一批鲜活的稿件，为树立典型、形成共识、推进“创先争优”活动向纵深开展作出积极努力。

【创建国家卫生城市报道】 2011 年，玉溪日报社为了营造良好的舆论氛围，将创建国家卫生城市宣传报道常规化，报社对市委、市政府创建国家卫生城市工作的安排部署、要求、社会各界参与创卫工作情况、创卫工作进展等进行追踪、深度报道。全年推出创卫稿件 600 余篇幅，其中《吹响创卫集结号——玉溪创卫工作亮点纷呈》、《图说创卫》、《创卫改变生活》、《创卫：玉溪在行动》、《创卫一线人员的心声》、《创卫给我们的生活带来了什么》、《我市持续整改巩固提升创卫成果》等一批稿件，广受读者关注，宣传效果好。同时，积极配合创卫办等有关部门准备创卫迎检材料，及时上报有关数据，提供宣传教育资料，为玉溪成功创建国家卫生城市作出了贡献。

【“文化和市”系列报道】 2011 年，《玉溪日报》推出“文化和市”系列报道，致力于弘扬玉溪优秀传统文化，打造聂耳文化、古滇国文化、古生物文化和民族民间文化品牌，繁荣文化事业，推进文化产业发展。在“副刊纪事”、“红塔”、“民间寻宝”等专栏上，精心策划推出了《各县区文联精品刊播》、《玉溪马帮传奇》、《通海解氏家谱系列报道》等一批精品稿件，活跃了玉溪文学，提高了文学作品质量，扩大了读者群。

【“十一五”总结回顾性报道和“十二五”发展思路报道】 2011 年，《玉溪日报》推出“回眸十一五”系列报道，通过近百篇稿件，全面报道玉溪“十一五”期间社会经济文化发展取得的成绩；解读市政府工作报告和“十二五”规划纲要，展望“十二五”发展思路。配合推出全市成长型中小企业系列报道，对成长型中小企业进行跟踪报道，解读玉溪中小企业发展现状，分析中小企业在金融危机形势之下如何渡过难关；推出“中低产田”改造系列报道，侧重于对中低产田改造后产业结构调整、农民增收，如何藏富于田、藏粮于田的成果性报道。这一系列报道的推出，让广大干部群众对玉溪“十一五”取得的成就及“十二五”发展思路有了较全面的认识和了解。

【关注民生系列报道】 玉溪日报社编委会始终关注民生民情。2011 年策划了“玉溪殡葬现状调查”一组 4 篇稿件，聚焦玉溪殡葬现状、关注民间祭祖寻根现象，意在探讨追思先人之方式；策划实施“蔬菜滞销系列报道”，所采写的稿件《菜贱伤农》、《1 千克大白菜从 0.12 元到 1 元的涨价之路》、《出口深加工企业：调节菜价作用有限》、《大跌之后何去何从》等 6 篇稿件聚焦蔓延全国的蔬菜滞销、菜价暴跌问题，对蔬菜滞销背后的各种因素进行挖掘与探讨；6 月 1 日推出儿童节特别策划，刊发特别报道《童年》，通过记者深入不同的家庭，聚焦山苏孩子、留守儿童、农民工子女以及打工少年等不同孩子的童年。这些与城里孩子生活状况窘异的孩子的故事打动读者的同时，也反映出我们社会的贫富不均、教育资源不平衡等社会问题；在智多星幼儿园长埋尸案、小白鸽幼儿园三岁男童水桶溺水案接连发生后，派出记者深度挖掘惨案折射出来的幼儿教育乱象，反应存在的问题，引起社会各界的关注；针对连续发生的食品安全事件，派记者深入田间地头和生产加工车间对食品安全状况进行调查采访，于 7 月 8 日在《玉溪日报·晨刊》八个版面刊发《大米安全亟待源头管控》、《米线质量良莠不齐》、《我们该喝什么样的水》、《玉溪本地西瓜产销探访》、《葡萄种植化肥农药使用状况调查》、《消毒餐具≠放心》、《一个本土企业的生态农产品试水之旅》七篇稿件，在广大读者中引起较大反响。

【开展“做品牌媒体、成专业报人”大讨论】 如何在创先争优中保持玉溪日报社持久的发展动力，2011 年，报社党组提出“做品牌媒体、成专业报人”的争创目标，为报社创先争优赋予充实的内涵，不断探索促进报社科学发展的新思路、新途径、新举措，促进报社改革发展迈上新台阶。4 月，结合报社党组提出的“十二五”发展目标，报社机关党委、工会联合会、团总支在全社开展“做品牌媒体、成专业报人”专题大讨论，通过讨论，使全体共产党员、共青团员和广大职工对“做品牌媒体、成专业报人”的认识更深刻、理解更全面、行动更自觉，把科学发展观的要求落实到“做品牌媒体、成专业报人”中，谋划对策、破解难题、推动工作，在思想认识上见成效，在解决问题上见成效，在决策部署上见成效，在发展实践上见成效，时刻把握现代媒体的发展脉络。6 月 24 日，作为庆祝建党 90 周年系列活动之一，玉溪日报社举行了“做品牌媒体成专业报人”演讲比赛，推动报社科学发展。

【开展“走转改”】 2011 年，玉溪日报社结合“四群”教育，在全社深入开展“走基层、转作风、改文风”活动，着眼于把握新闻舆论正确导向，着力提升新闻队伍能力素养。全社员工迅速行动起来，深入基层一线，倾听百姓心声，传达社情民意。在玉溪日报、玉溪新闻网、玉溪手机报开设“记者走基层”等栏目，采编人员走近群众，和群众交心，向群众学习，融入一线群众和火热生活，用群众的语言、以群众喜闻乐见的方式反映人民群众共建共享改革开放

《玉溪日报》记者深入峨山县双江街道富泉村委会烟田采访烟农 （曾永洪 摄）

成果的美好生活，展示全市人民群众的崭新风貌。写出了一批鲜活生动、清新朴实的好作品；建立长效机制，让“走转改”工作制度化、常态化。全年刊发“走基层”稿件500多篇幅。

【《玉溪日报》再次全新改版】 2011年8月22日，《玉溪日报》顺利完成改版，正报由四开16版改为对开8版，更彰显党报的庄重、大气，突出时政新闻的分量，与宣传文化建设和地方经济社会发展更相适应。10月11日，经征求读者意见，《玉溪日报·晨刊》由16版扩版为20版。最终形成正报对开8版、晨刊四开20版的格局，版面内容更加丰富，可读性大大增强，得到广大读者的认可。这次改版不仅仅是版式和内容的改变，更重要的是推进报社内部管理体制、运作机制、工艺流程的改革和创新。

【蝉联“地市党报品牌创新力10强”】 2011年11月10日，第四届中国品牌媒体高峰论坛举行，《玉溪日报》获得2010～2011年度“中国品牌媒体百强——地市党报品牌创新力10强”称号，这是继第三届中国品牌媒体高峰论坛后，玉溪日报连续两届获此殊荣。中国品牌媒体高峰论坛由中国十所顶级新闻学院——中国人民大学新闻学院、复旦大学新闻学院、北京大学新闻与传播学院、清华大学新闻与传播学院、中国传媒大学等与中国新闻史学会联合主办，中国报业网承办。在2010年11月举行的第三届中国品牌媒体高峰论坛上，《玉溪日报》获得“2009～2010中国品牌媒体百强——地市党报品牌创新力10强”称号。

【《玉溪日报》再获全省报纸印刷质量金质奖】 2011年9月20日，由云南省报业协会、云南省印刷行业协会主办的第十届(2010年度)云南省报纸印刷质量评比颁奖大会在昆明召开，玉溪日报印刷厂印刷的《玉溪日报》(双面彩)以图片清晰、色彩鲜亮、版面整洁再获报纸印刷质量金质奖，在全省州市报排名第一。这是玉溪日报印刷厂第六次获此殊荣。随着全省报印水平的不断提高，印刷厂加强管理，加大软硬件设备和技改投入，大力推进印刷数据标准化管理的实施工作，以适应不断提高的党报印刷质量需求，保证《玉溪日报》的发行时效和印刷质量。

【欢度中国记者节】 2011年11月11～13日，为认真学习贯彻党的十七届六中全会精神，推动“走基层、转作风、改文风”活动深入开展，值第十二个中国记者节之际，玉溪日报社开展“记者走基层·易门行”活动，全体记者编辑齐聚滇中水城，了解易门的政治、经济、社会发展状况，并通过举办丰富多彩的文体活动庆祝自己的节日。

【玉溪手机报举办多彩活动】 玉溪手机报为玉溪日报社旗下媒体，以其媒体覆盖面和社会影响力成为玉溪第五媒体。自创办以来，玉溪手机报十分重视与读者进行互动，积极鼓励读者参与办报。2011年，主办、承办了多次文体活动，受到读者的好评。3月26日，玉溪手机报读者俱乐部在元江世界第一高桥旅游风景区举行“踏青采风”活动；27日，玉溪手机报2010年度“彩信新闻我来拍”颁奖仪式在元江举行，3名读者分享了2010年度“彩信新闻我来拍”万元大奖。8月，举办首届玉溪手机报“金色童年·玉溪宝贝”才艺秀。8月13日至9月10日，举办2011年玉溪市“全民健身日”主题系列活动之一的“玉溪手机报”杯足球赛。11月11日，举办玉溪手机报“浪漫邂逅·非诚勿扰”相亲联谊会。

【玉溪日报社举办品牌汽车展】 2011年4月15～17日，由玉溪日报社主办，玉溪聂耳新时代文化传媒有限责任公司、玉溪共赢传媒广告有限公司承办的2011玉溪品牌汽车展县区巡展首站——新平告捷，以107辆的成交量唱响了开门红，[illegible]举突破上届新平车展80余辆的骄人成绩。7月15～18日，第八届玉溪品牌汽车展以351辆的成交量在玉溪市博物馆圆满落幕，上万市民进场参观。9月9～11日，与易门县市场服务中心联合主办首届易门品牌汽车展，现场30余辆新车在易门找到了新主人，玉溪日报社礼仪队在本次车展上首次对外亮相。11月27～29日，2011玉溪品牌汽车展县区巡展·元江站在元江县民族文化广场圆满落幕，现场销售汽车78辆。12月30日，2012元旦玉溪品牌汽车展在玉溪市博物馆拉开帷幕，再次为玉溪市民带来一场赏车购车的风潮。

（舒　勇）

2011年度玉溪日报社获各类新闻奖项统计表

奖项名称	姓名		体裁	作品标题	奖次
	作者	编辑			
云南新闻奖	李文雯	卢　超	通讯	《彝族山苏支系生存现状调查》	二
	崔永红	徐志强	消息	《三年投入1.4亿：新平县8788人搬离地质灾害点》	三
	蒋　跃	徐凤祥	言论	《从农民到市民还要走多远》	三
	邓慧祥	李世瑜	漫画	《新闻漫谈养老金又涨了》	专项奖
云南报业奖	徐云松 张丽梅 徐志强	徐云松	名牌专栏	时评	一
	蒋　跃 李铎业	徐凤祥	突发新闻	《通海“1·22”特大杀人案3天告破》	二
	白诚颖 李文雯 张家春 李　杏 郑云华	徐凤祥	创新策划	《世界环境日特别报道》	三

续表

奖项名称	姓名		体裁	作品标题	奖次
	作者	编辑			
省报纸副刊好作品奖	杨　蕊	蔡传斌	通讯	《峨山彝族服饰：穿在身上的民族文化史》	三
	施建玫	杨　雪	散文	《感悟纳木错》	三
中国地市报新闻奖	李文雯	徐凤祥	通讯	《疯狂采脂：松树之泪》	一
	李文雯	卢　超	通讯	《彝族山苏支系生存现状调查》	一
	李　杏 李文雯 白诚颖 张家春	卢　超	系列报道	《聚焦新医改》	二
	蒋　跃	徐凤祥	言论	《从农民到市民还要走多远》	二
	李　梅	李世瑜	通讯	《名木古树：亟待保护的“绿色活文物”》	二
	崔永红	徐志强	消息	《新平 8788 人搬离地质灾害点》	二
	张伟俊	徐凤祥 李世瑜	专栏	《情感驿站》	二
	张家春	卢　超	通讯	《九甸中低产田改造调查》	三
	刘　黎	徐凤祥	通讯	《玉溪“非遗”保护现状调查》	三
	刘　跃	徐志强	消息	《我市关闭 31 座水泥立窑 9 座炼铁高炉》	三
中国城市党报好新闻奖	李文雯	卢　超	通讯	《彝族山苏支系生存现状调查》	一
	张家春	卢　超	通讯	《九甸中低产田改造调查》	一
	崔永红	徐志强	消息	《三年投入 1.4 亿 新平县 8788 人搬离地质灾害点》	二
	徐云松	徐云松	言论	《让被征地农民老有所养》	二
	蒋　跃	徐凤祥	言论	《从农民到市民还要走多远》	三
	李智林	徐志强	消息	《我市整合优化资源促进教育均等公平》	三
中国地市报论文（论著）奖	师跃雄 张丽梅			《建设县乡网络直通车 做强地市级新闻网站》	一
	夏德喜			《本土内容和读者互动是地方手机报市场竞争的利器》	三
	舒　勇			《加强地市党报时事报道》	三
中国城市党报论文奖	夏德喜			《手机报编辑的角色定位是信息淘金能手》	一
	夏德喜			《地方手机报如何突破市场困局》	二
	杨丽敏			《寻找自己的蓝海打造自己的品牌》	二
	潘绍斌			《提高专业素养 做专业化记者》	三
	任红兵			《玉溪手机报的改革与实践初探》	三
玉溪新闻奖	李文雯	卢　超	系列报道	《彝族山苏支系生存现状调查》	一
	白诚颖	李世瑜	消息	《中心城区五成农民工子女免费就读公办学校》	一
	刘　黎	徐凤祥	系列报道	《玉溪非遗保护现状调查》	二
	潘绍斌 普　兆	张红兵	消息	《全市 10 亿沼气资产效益有待进一步发挥》	二
	崔永红	徐志强	消息	《新平 8788 人搬离地质灾害点》	二
	邓慧祥	李世瑜	组幅漫画	《新闻漫谈《养老金又涨了》》	三

续表

奖项名称	姓名		体裁	作品标题	奖次
	作者	编辑			
	陆合春	徐云松	言论	《民生水利须长治》	三
	李向文 周家颖 曾永红	卢　超	消息	《玉溪在全省首度试水污水处理特许经营》	三
	李　梅	李世瑜	通讯	《名木古树：亟待保护的“绿色活文物”》	三
	杨　蕊	蔡传斌	通讯	《峨山彝族服饰：穿在身上的民族文化史》	三

（舒　勇）

广播电视

【概　况】　2011年，玉溪市广播电视局组织广播电视媒体认真开展“走基层、转作风、改文风”活动，创新形式，丰富内容，围绕市委、市政府中心工作，做好时政新闻宣传报道，圆满完成中国共产党十七届五中、六中全会，省委八届十次全会，“两会”、市委班子换届选举等重要宣传任务，做好“十二五”规划、“桥头堡建设”、“创先争优”、“学习型党组织建设”、“创卫”、“创模”、“申遗”等主题报道，不断提高舆论引导能力和宣传管理能力，增强广播电视新闻宣传的针对性、实效性和引导力，扩大收视收听率，满足人民群众不断增长的精神文化需求，做好全市广播电视宣传工作。玉溪市广播电视局被国家广电总局评为“2006～2010年全国广播影视系统法制宣传教育先进集体”；被省政府评为“云南省‘十一五’广播电视村村通工作先进单位”、“2008～2010年云南省防治艾滋病人民战争先进集体”。

全年共采编播出新闻15 086条，其中广播新闻5 318条，电视新闻9 768条；被省台采用新闻620条，其中广播新闻330条，电视新闻290条；被中央电视台采用新闻45条，其中广播新闻10条，电视新闻35条。制作播出电视栏目639期、广播栏目4 840期。推进广播影视公共服务体系建设，广播电视“村村通”建设。认真组织完成省级和市级“十一五”村村通建设任务考核验收工作，新发展农村有线电视用户6 589户，积极探索村村通运行维护管理办法，统筹无线、有线和卫星多种技术手段，实现协调发展；新增有线电视联网用户2万户，新发展数字电视用户6.6万户，新发展宽带互联网用户1.6万户；移动多媒体电视新建5个信号发射点，信号覆盖全市大部分县城区区域和部分交通干线；农村电影“村村放”更新完善放映设施设备，建立管理制度，全年放映场次7 429场，有效完成年度放映任务。健全和完善安全播出管理制度和工作机制，与相关单位积极协调配合开展执法行动，有效应对、及时处理，确保安全播出全年无事故。产业发展更上一层楼，经营创收成效明显，数字电视实现收入过亿，利润达千万。其中，玉溪市广电网络产业经营收入1.27亿元，比上年同期增长26.8%；实现利润1 116万元，比上年增长19.8%；新增有线电视联网用户2万户，比上年增加27.9%，全市有线电视在网用户40.3万户，有线入户率67%；新增数字电视主机用户6.6万户，比上年增加37.5%，全市数字电视用户26.7万户，转换率超过67%，全市三分之二以上的用户已完成数字电视整体转换；新增互联网用户1.6万户，比上年增长14.4%，全市互联网用户突破4万户，占玉溪互联网市场份额的三分之一，互联网收入1 567万元，占总收入的12.4%；新增金保工程专线等122条数据专线，实现数据专线收入458万元，全市在网数据专线达753条，新增互联网专线46条，互联网专线总数160余条。

【各县（区）广播电视局与文化局、旅游局、体育局合并】　2010年底至2011年初，玉溪市八县一区广播电视局进行文化体制改革。按相关要求，各县（区）广播电视局与文化局、旅游局和体育局进行合并重组，撤销原有机构编制，成立新的文化、旅游、广电和体育局，核定新的机构编制。2011年5月左右，各县区均完成机构合并重组，落实新班子成员、办公地点和人员编制。

【玉溪获准设立5家广播电视站】　2011年12月，市广播电视局对红塔区广播电视站、红塔烟草（集团）有限责任公司广播电视站、易门县龙泉街道办事处广播电视站、易门县六街街道办事处广播电视站、易门县十街彝族乡人民政府广播电视站进行审核并上报云南省广播电视局审批。经审核，该5个站点获准设立广播电视站。其中，红塔区广播电视站和红塔烟草（集团）广播电视站获准通过有线方式向所辖区域转播传送中央、省和当地广播电视节目，可在公共频道预留时段中插播自办的本区或本单位新闻、专题以及广告等广播电视节目；易门县龙泉、六街、十街广播电视站获准通过有线方式向所辖区域转播传送中央、省和当地广播电视节目及自办广播节目。

【获奖广电节目】　2011年，在“玉溪市第十二届优秀新闻奖”评选中，玉溪电视台获得一等奖2个、二等奖3个；玉溪人民广播电台获一等奖2个、二等奖3个。在2010年度云南省广播电视奖评选中，玉溪电视台的长消息《玉溪河畔崛起花园村》获新闻一等奖，短消息《玉溪在全省率先发布负离子含量》、系列报道《走进大西看变化》获新闻二等奖，短纪录片《奇迹》获社教二等奖，还有5件作品分别获新闻、社教、文艺、播音、广告三等奖；广播类作品中：广播剧《千年唐姬》获优秀影视广播剧奖，长消息《玉溪在全国地级市率先进行负氧离子检测》获新闻一等奖，短消息《小水窖抗大旱》获新闻二等奖，公众性节目《人鹭情缘》获社教、播音二等奖，经济广告《彩云数字——贴心天使》获广告二等奖，3件作品分别获新闻、文艺、广告三等奖。玉溪人民广播电台《玩转地球》被评为“十佳”栏目，这是玉溪人民广播电台自建台以来的第四个“十佳”栏目。

【开展“走转改”活动】 2011年，中央决定在新闻单位开展“走基层、转作风、改文风”活动。玉溪电视台在《玉溪新闻》中开设《走基层、访民生》栏目，组织记者深入基层、深入一线，采访报道大量反映基层真实情况，反映广大群众呼声的新闻；针对以往节目对各县区新农村建设和各方面报道不足的实际，投资50万元建成新闻直通车节目互传系统，在节目时效性上下功夫，不断调整丰富节目样式，进一步提高节目质量，更好地服务基层、服务新农村建设。

玉溪人民广播电台围绕热点、焦点问题，策划主题报道，积极践行“走转改”，促进深入基层、深入群众进一步制度化、常态化，着力提升正确引导舆论、回应社会关切、服务百姓生活的能力。在“走、转、改”中学习运用群众语言、提升新闻报道吸引力感染力，倡导清新朴实、生动鲜活、言简意赅的文风，让听众爱听，实现最佳宣传效果。不断扩大《晚新闻》、《早新闻》、《新闻夜航》、《新闻快报》栏目的点、线、面，使节目内容更加丰富，更加贴近生活、贴近群众，让听众喜闻乐听。同时恪守新闻工作者的职业道德，严禁有偿新闻。

【做好“两会”宣传报道】 2011年2月18~26日，玉溪市人大三届四次会议、政协三届四次会议召开。玉溪人民广播电台和玉溪电视台抽调资深记者投入会议一线报道，完成“两会”宣传报道任务。在广播新闻《早、晚新闻》、《新闻夜航》节目中开辟“两会传真”专栏；在电视新闻《玉溪新闻》中开设《精彩玉溪辉煌“十一五”》、《玉溪展望“十二五”》、《开好局起好步》等栏目，还分别开设“人大代表风采”和“政协委员风采”两个子栏目，及时、全面、深入、形式多样的进行报道。会前展示成就营造良好的舆论氛围、会中全程跟进及时报道好会议动态、会后解读报告，对会议提出的目标要求进行细化采访，对全市各地贯彻落实会议精神的情况进行跟踪报道。在会议期间，播发新闻300多条次，采访人大代表、政协委员和社会各界群众30多人次。报道内容涉及经济社会发展的各个方面，重点关注全市“三农”工作、生态建设、医疗卫生、教育等方面的话题。

【宣传好“创先争优”活动】 2011年，玉溪电视台、玉溪人民广播电台结合自身宣传的优势和特点，制订详细、可操作性强的宣传方案，组织精干得力的记者深入各县区和市直各单位，及时采访报道“创先争优”活动开展情况。玉溪电视台在《玉溪新闻》中开设《创先争优科学发展》、《学习善洲创先争优》栏目，并发挥《新闻直通车》栏目的作用，宣传报道全市创先争优活动开展情况。玉溪人民广播电台开办专栏，宣传创先争优活动的好做法、好经验，创先争优活动的先进典型，按“五个好”、“五带头”的标准，宣传报道活动中涌现出来的先进基层党组织和优秀共产党员，及时宣传报道创先争优活动的总体进展和各基层党组织开展活动的动态情况，共采编播广播新闻230多条次。

【“创卫”宣传】 2011年，为持续做好“创卫”宣传工作，玉溪电视台开设专栏《健康有约》，在《大众周刊》栏目中开设《健康顾问》板块；玉溪人民广播电台开设《健康你我他》栏目，在《生活早知道》中开设《健康加油站》栏目。集中力量，形成声势，采取综述报道、动态宣传、典型报道、评论、专题等形式，全方位推进玉溪创建国家卫生城市宣传报道工作，着力宣传“创卫”工作的意义、目标任务和标准要求、进展情况、“创卫”有关的政策法规和健康文明的生活方式。动态报道着力宣传市委、市政府推动“创卫”工作深入开展的各项安排部署，宣传全市相关部门单位和行业积极参与“创卫”活动情况。围绕“创卫’的意义和目标要求播发评论；滚动播出“创卫”公益广告和宣传标语口号。从2008年至2011年，共采访播出“创卫”相关新闻2 280条，平均每天播出达1.6条；制作播出健康教育专题专栏1 547期（含购买的资料节目）；播出相关公益广告33 704条次、标语口号69 879条次。

【广播电视关注民生】 2011年，玉溪电视台以《玉溪新闻》观众信箱为重点，更加关注医疗卫生体制改革、廉租房和经济适用住房建设、高考工作、就业问题、食品安全等与老百姓息息相关的重大民生问题，及时满足广大观众了解政府解决重大民生问题的需求，强化热线电话接听、短信接收的管理，对群众反映的问题及时登记、及时疏理核实、及时安排拍摄，把镜头对准基层、对准广大群众、对准社会弱势群体，关注群众关心的热点、焦点问题，反映民生、民情，使民生新闻成为广大市民的贴心人；玉溪人民广播电台以《政风行风热线》为重点，紧紧围绕群众反映的热点、难点问题，重视保障和改善民生问题，始终秉承“倾听百姓呼声、展示部门形象、搭建监督平台、促进政风行风”的宗旨，纠正损害群众利益的不正之风，切实帮助群众解决实际的问题。2011年度，热线共播出节目43期，政府部门和公共服务单位领导50余人（次）参与节目，受理各类咨询、投诉和建议110件。

【电视节目引进】 2011年，玉溪电视台电视剧场引进播出《家常菜》、《旗袍》、《美丽的鲜花在开放》、《裸婚》、《师傅》等电视连续剧41部1 181集，受到观众好评；配合建党90周年宣传，引进《师傅》、《天阵》、《东方》、《永远的忠诚》等4部优秀电视剧，专门安排在“七一”期间播出。“精品影院”共播出电影精品16部。还播出《猪猪侠》、《黑皮乐园》、《寓言故事》、《孙子兵法》、《杰米熊之神奇魔术》、《李白诗选》、《金丝猴》等7部国产动画片452集。引进播出《法治中国》、《安全与法》、《影视界》、《娱乐星势力》、《奋斗》、《在路上》、《八零上线》、《成功之路》、《公益的力量》、《传奇》等15个资料性栏目，播出1 865期，增强电视节目的可看性，满足不同受众的收视需求。

【广播电视“村村通”建设】 在“十一五”基本实现全市“村村通”建设任务的基础上。2011年，市广播电视局组织完成省级和市级的考核验收工作，并在云南省广播电视局还没有正式下达“十二五”建设任务的情况下，通过有线电视的延伸覆盖和小片网联网接入等方式，对技术落后的“村村通”用户进行升级改造，加大有线电视延伸，扩大地方本地节目有效覆盖，实现变“村村通”为“有线通”，新发展农村有线电视用户6 589户。其中在有线电视通达地区，通过有线电视网延伸联网、并网等技术手段，对技术模式落后的早期6 159户村村通用户进行升级改造；在有线电视不能通达的边远贫困山区，采用直播卫星覆盖手段进行升级改造，解决430户移民搬迁的山苏群众看电视听广播难问题。

从工程建设为主转向建管并重，做好广播电视收听收看状况普查工作，及时准确掌握收听收看广播电视情况，建立详实的用户资料档案，为探索“村村通”运行维护管理办法，建立长效机制提供决策依据；完善直播卫星建设相关制度和管理办法；完成直播卫星公共区域划分工作，全市60个乡镇、358个行政村纳入规划范围，方便符合直播卫星公共服务条件的群众购买设备，为下一步工作奠定基础；加强对“十一五”广播电视村村通直播卫星接收设备管理，再次统计核实上报设备情况及受益用户信息；预先做好“十二五”广播电视村村通工程建设实施方案，待省级任务下达后即可报地方政府审批；积极筹措“十二五”村村通地方建设资金。

【拓展移动多媒体电视覆盖】 2009年1月，玉溪在玉溪电视发射台建设开通移动多媒体广播电视信号（CMMB信号），经过三年时间，运行良好。2011年，为解决玉溪各县区及主要交通干道仍然收不到CMMB信号，玉溪电视台、玉溪人民广播电台及大量玉溪本地资讯仍未进入CMMB广播的情况。市广播电视局通过多次深入各县区、台站调研，同时邀请中国移动多媒体广播公司云南公司领导及工程技术人员到玉溪考察协商，争取到江川老尖山、新平照壁山、元江老窝埑3个高山大功率CMMB发射台及华宁、元江、峨山、易门、澄江、新平戛洒、通海新蒙7个中小功率CMMB发射站的立项建设。2011年12月，所有发射台站完成建设任务，CMMB信号已覆盖全市中心城区和部分交通干线。

【农村电影“村村放”工作】 2011年，市广播电视局积极向省、市级争取，为电影放映队淘汰所有胶片放映设备，新配发15套数字电影机，完善放映设施。同时，建立严格的放映员聘用、培训、管理和考核办法，进行放映队伍管理体制及运营机制的改革，将农村公益电影放映场次任务落实到每支放映队。全年农村电影放映7 429场次，观众126.3万人次，确保了一个行政村一月放一场电影的目标。

【查处非法卫星接收设施专项行动】 2011年，进一步加强与综治、工商、公安等部门的协同配合，组织精干队伍加强联合宣传、排查和监管，依法开展整治非法卫星接收设施专项行动、打击非法网络共享网站和设备产品专项整治行动、整治低俗之风专项行动和非法办台清查治理行动。据不完全统计，全市组织行政执法人员参训50余人次，发放电影放映许可证6份；出动20车次和100余人次，收缴违规卫星接收天线43个，高频头26个，接收机14台。加强对互联网传播视听节目及新媒体的管理，在相关部门的配合下，对违法传播视听节目的网站依法进行查处。

【广播十佳栏目《玩转地球》】 《玩转地球》节目是一档旅游直播节目，遵循“为旅游业服务、为旅游者服务的”宗旨，为旅游城市、旅游目的地与听众之间架起一座桥梁，同时也满足听众的娱乐心理和求知心理。《玩转地球》在节目的设置上立足玉溪，辐射省内、国际国内。节目每天17：00～18：00播出，分为A《资讯串烧》、B《出行情报站》、C《发现玉溪》、D《七彩云南 快乐天堂游》、E《快乐走四方》、F《旅游趣谈》等板块。A板块介绍本地以及各地最新的旅游资讯和旅游信息，以及最新的旅游政策动态。B板块介绍旅游城市的天气和本地的路况信息，为听众提供快捷的出行提示。C、D板块推荐玉溪的旅游景点、风土人情和大型的节庆活动，同时介绍本地的名特产品和美食。E板块采取轻松的方式，介绍世界各地的风景名胜、奇特的风俗以及当地旅游交通等情况，推介经典的旅游线路，充分发挥广播伴随性的独有特性。F板块适时播出一些旅游者的心得体会，拉近受众与直播间的距离。

【优秀影视广播剧《千年唐姬》】 《千年唐姬》是玉溪人民广播电台制作的单本广播剧，描述一个凄美的爱情故事，根据网络同名小说《千年唐姬》改编而成。该剧于2010年7月5日22：00点在玉溪人民广播电台《那时花开》节目中播出，后送省级参评并荣获“优秀影视广播剧”称号。

【电视纪录片《奇迹》获奖】 玉溪电视台摄制的电视纪录片《奇迹》用平实的画面、平实的解说，讲述一个极富传奇色彩的故事。节目播出后引起广大观众广泛共鸣，并在2011年度云南广播电视奖评奖中荣获二等奖。该片讲述元江县的小女孩何俊密患重病，被医生诊治为不治之症，想到生命也许即将结束，善良的女孩把好心人捐给自己看病的几千元钱捐给旱灾受灾地区，她的善举打动了玉溪、昆明两地的爱心人士，很多人向她伸出援助之手，在一位精通中医的爱心人士免费治疗下，小何俊奇迹般地恢复健康，重新回到她所热爱的学校。

【优秀广播栏目《聂耳之音》】 《聂耳之音》是玉溪人民广播电台2006年7月改版后播出的一档栏目，以介绍玉溪本地作家的作品为主，通过作品展示玉溪的风土人情、人文景观，宣传玉溪生态立市战略所取得的成就。节目每天上午7：30～8：00播出。《聂耳之音》已办成玉溪人民广播电台的一档精品栏目，是一档宣传和弘扬玉溪地方文化，推荐地方优秀文学作品，介绍地方具有代表性的文化传承人的栏目；是一个打造精品文化的平台。《聂耳之音》在宣传玉溪和打造电台品牌形象方面做出有益的尝试。

（尚　薇）

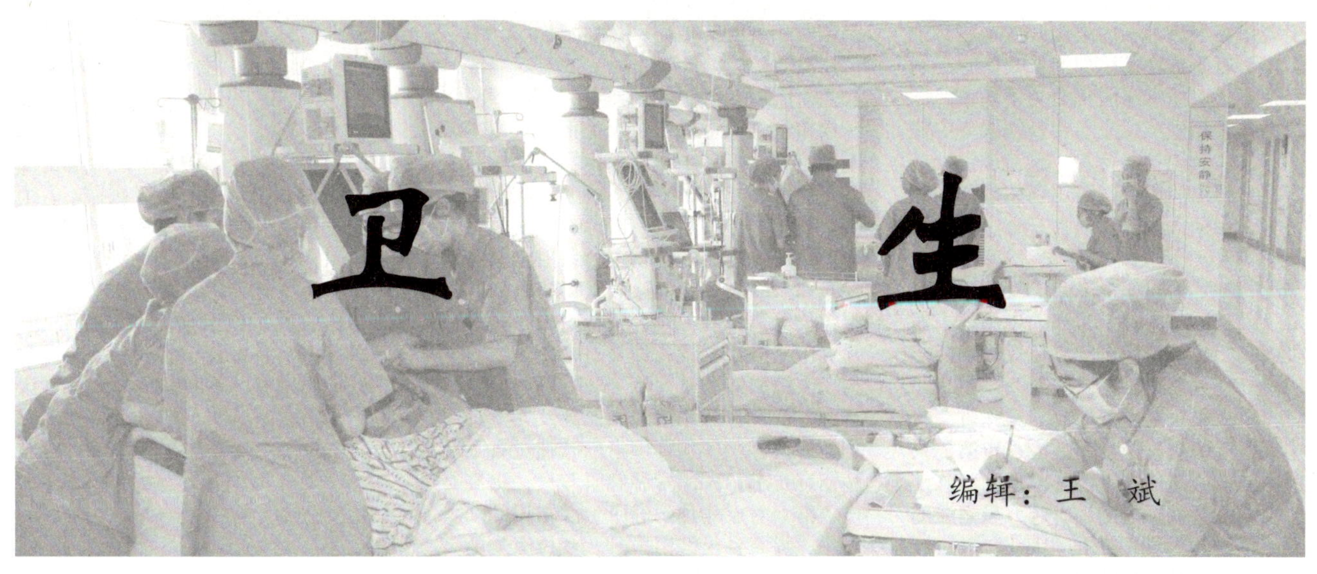

卫生管理

【概　况】 2011年，全市卫生系统实现了"十二五"高起点开局，各项工作都取得明显成效。玉溪市中心城区荣获"国家卫生城市"称号，通过创建国家卫生城市，市容环境明显改善，城市管理水平明显提高，市民对城市的满意度和幸福指数不断提升；医药卫生体制改革任务完成，新型农村合作医疗工作在全省取得五个第一的好成绩：新农合筹资水平居全省第一。人均统筹资金300元（全省为230元）；农民患者住院补偿年封顶线达16万元，居全省第一；基层医院住院补偿比例居全省第一。乡（镇）、县（区）级医院住院报销比例分别为95%～100%、75%～90%；在省内首家建立由政府出资的参合农民大病救助制度。对单次大病住院费用超过1万元的参合患者，扣除按新农合规定报销金额后，再次给予50%～60%的报销补助；开展慢性疾病门诊统筹管理，管理种数达10个以上，居全省前列。实现市委、市政府提出的"基本医疗高补偿、大病救助全覆盖、老年慢性病有保障"的目标。

实施国家基本药物零差率销售制度试点，719个基层医疗卫生机构全部实施国家基本药物零差率销售。落实基本公共卫生服务均等化政策措施，免费为城乡居民建立电子健康档案。医疗卫生服务体系建设得到加强，医疗卫生机构设施状况有所改善。探索基层医疗卫生机构绩效管理和绩效考核，制定激励机制，调动医务人员的积极性。探索临床路径管理试点工作，推进优质护理服务。建立省内首家医疗纠纷人民调解机制，医疗纠纷人民调解工作走上规范化的良好运行轨道。省内首家出台玉溪市全面提升乡村医生素质三年行动计划，基层医疗卫生服务能力明显提升。突出抓好重大疾病和常见多发病防控。传染病发病率同比下降。加大卫生行政执法监督力度，保障人民群众食品卫生安全。加强饮用水、公共场所、学校卫生、医疗机构、职业卫生等执法监督。加强食品卫生安全监管工作，严厉打击各种违法经营行为。加强党风廉政建设和行业作风建设，做好治理商业贿赂工作，纠正医药购销和医疗服务不正之风。开展"创先争优"、"三好一满意"和"平安医院"活动，增强医务人员依法行医意识，提高医疗服务质量，确保医疗安全。

【卫生机构及卫生队伍】 至2011年12月，玉溪市共有各级各类医疗卫生机构1 371个，其中基层医疗卫生机构1 262个，市、县（区）、乡（镇）三级卫生部门医疗卫生机构138个。三级卫生机构中，市、县（区）级综合及专科医院11所，中医医院9所，卫生监督局10所，疾病预防控制中心10所，妇幼保健院10所，市级中心血站1所，急救中心8所，个体诊所552个，民营医院47所，乡（镇）卫生院71家。全市共有各类卫生人员13 421人，其中私营和其他部门医院5 934人，卫生部门市、县（区）、乡（镇）三级医疗卫生机构在职人员7487人。各类卫生人员中共有卫生技术人员9 633人，平均每千人口拥有医生1.8人，拥有注册护士1.6人。市县区级卫生监督局共有职工141人，其中卫生技术人员124人；市、县区级卫生部门综合医院共有职工3 231人，其中卫生技术人员2 665人，占职工总数的82.48%；中医医院共有职工1 115人，其中卫生技术人员942人，占职工总数的84.48%；乡镇卫生院共有职工1 705人，其中卫生技术人员1 453人，占职工总数的85.22%；市、县（区）疾病预防控制中心共有职工476人，其中卫生技术人员399人，占职工总数的83.82%；市、县区妇幼保健院共有职工475人，其中卫生技术人员399人，占职工总数的84%；全市有村卫生所633个，乡村医生1 834人，卫生员164人，个体诊所、医务室共552个，卫技人员1 475人。2011年，末全市实有病床总数10 494张，其中私营医院和其他部门医疗单位2 366张，市、县（区）、乡（镇）卫生部门医疗卫生单位8 128张（市县级综合医院4 446张、中医院1 527张、妇幼保健院264张、乡镇卫生院1 891张），病床总数较2010年9 950增加544张。

【医疗业务与收治量】 2012年，市、县区级医院门诊量5 050 694人次，比上年增加11.3%；入院病人255 954人次，比上年增加14.9%；病床使用率为88.89%；抢救危重病人36 524人次，抢救成功率为98.07%。

【打击非法添加和滥用食品添加剂】 2011年4月，在全国相继发生"三鹿奶粉"、"皮革奶"、"双汇瘦肉精"、"上海染色馒头"等一系列食品安全问题后，玉溪市在全市范围内组织开展专项整治工作，以完善食品添加剂长效监管机制为核心，以惩治违法犯罪为手段，严厉打击在食品生产、流通和餐饮服务中使用非食品添加物的行为，整治超过标准限量、超出使用范围滥用食品添加剂的行为，保证人民群众饮食安全。

【援外医疗队归来】 2011 年 8 月 31 日，以玉溪市为骨干组建的中国第十四批援乌干达医疗队在圆满完成为期两年的援外任务后凯旋归来。2009 年 8 月 3 日，市人民医院的董绍兴、梁作辉，市中医医院的王孝艳、谢炳元，市第二人民医院的陈明清和玉溪师范学院的陈江晓组成的援外医疗队，奔赴万里之遥的乌干达进行为期两年的国际医疗援助。第十四批援乌医疗队在国外工作的两年时间里，医疗队共接诊病人43 925 人次，其中，门诊22 593人次，针灸治疗5 978人次，化验检查4 018人次，住院病人3 400人次。实施各类手术 550 例。治疗了大量的常见病、多发病患者，治愈了许多疑难病患者。为当地培养了 530 名卫生技术人才，并把当地金贾医院的 8 名医务人员送到中国培训学习。

【实施国家基本药物制度工作】 2011 年，基层医疗卫生机构患者门诊和住院药品费用明显下降。次均门诊药品费用同比下降 14.77%，次均住院药品费用同比下降 12.65%。滥用药物现象得到一定程度扭转；市、县两级政府将基层医疗卫生机构的运行、补偿、发展等所需经费纳入公共财政供给，实现运行补偿机制制度化、规范化。市政府对乡镇卫生院取消药品加成，给予定额补助，从年度预算中调整筹集 600 万元，主要用于乡镇卫生院正常运转公用支出补助。各级财政对基层医疗卫生机构纳入全额预算拨款补偿，彻底改变了长期以往形成“以药补医”的补偿机制，使基层医疗卫生机构的基本公共卫生服务职能得到加强，公益性明显提升。

【疫情分析会】 2011 年 6 月 17 日，市政府组织召开全市 2011 年上半年疫情分析会。市传染病防控领导小组暨突发公共卫生事件应急处置领导小组成员单位分管领导及各县区分管副县区长、卫生局局长、疾控中心主任等 60 余人参加会议。会议由市政府副秘书长杨丽芬主持，副市长杨洋出席会议并讲话。会上，市疾控中心报告了全市 1 ~ 6 月传染病疫情，对玉溪手足口病、伤寒副伤寒等高发的传染病作了专题分析，并对易门县出现的麻疹病例作通报。

【公共卫生服务均等化服务】 2011 年，玉溪市、县卫生局协调有关部门采取一系列措施，推动工作任务落实。落实公共卫生服务均等化措施，建立“政府出资，机构服务，百姓受益”的公共卫生服务格局。按照人均基本公共卫生服务经费 25 元的标准，全面开展基本公共卫生均等化服务工作；免费为城乡居民建立电子健康档案；免费对老年人、高血压、糖尿病和重性精神病人进行健康管理，扩大儿童和孕产妇保健及儿童计划免疫内容，各项管理指标已超过省下达指标要求；广泛开展健康教育，提高广大群众对疾病预防健康生活知识的知晓率；提高乡村医生报酬。乡村医生的报酬由上年的 593 元/月提高至 939 元/月。

【玉溪建立省内医疗纠纷人民调解机制】 2011 年 1 月，市政府出台《关于在全市建立医疗纠纷人民调解和医疗责任保险的实施意见》。2 月 28 日，玉溪市医疗纠纷人民调解委员会和玉溪市医疗纠纷调处中心成立，开创了云南省综合治理医患纠纷，维持正常医疗秩序的先河。10 月，玉溪市医疗纠纷调处促进会成立，创造性地建立健全医疗互助资金赔付制度，在医疗机构缴纳的基础上，接受募捐，筹集扩大资金，用作补助经医疗纠纷调处中心调处的资金，以及对经医疗纠纷调处中心调处后，超过医疗责任保险赔付定额范围的部分给予限额补助，对贫困患者和死亡患者家属给予救助。标志着市医疗纠纷人民调解工作走上规范化、科学化的良好运行轨道。

【卫生设施建设】 2011 年，玉溪全面完成市中医医院、4 个县级医院、2 个社区卫生服务中心、2 个中心卫生院、30 个村卫生室危旧房改造等建设，共投入资金 1.3 亿元，总建筑规模43 749 平方米，改善了就医条件和诊疗环境，深受医务人员和患者好评。继续推进儿童医院健康发展，不断满足群众儿科疾病的治疗需求。

（李艳芬）

卫生监督

【职业卫生监督检查】 2011 年，全市报告存在职业危害因素的用人单位 283 家，监督检查 277 家，监督覆盖率 97.88%；职工总人数61 113 人，接触职业危害因素的26 606人，全部建立职业健康监护档案的 119 家，部分建立的 30 家。检查存在职业病危害因素的用人单位 277 家中，上岗前应体检人数 5 147人，实体检人数3 365人，体检率 65.37%，检出职业禁忌 11 人；在岗期间应检人数20 671人，实检人数10 633 人，体检率 51.43%，检出疑似职业病人 41 人，检出职业禁忌 31 人；离岗时

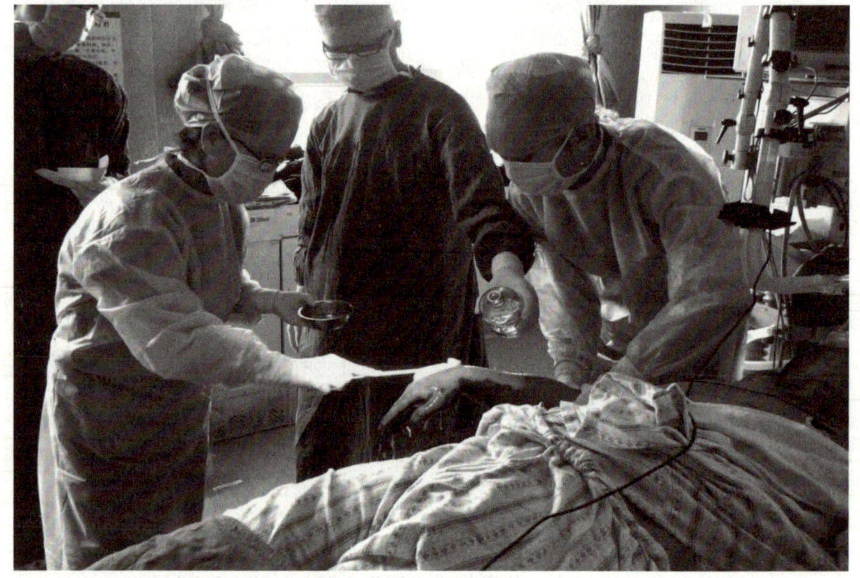

2011 年 3 月 29 日，玉溪市人民医院全力抢救峨山龙门电站烧伤患者

（何记恒 摄）

应检人数1 079人，实检人数102人，体检率9.45%；应急体检6人。在监督检查的277家存在职业危害因素的单位中，查处存在违法行为的单位2家（未进行建设项目的职业病危害预评价），其中责令改正、给予警告1家，罚款1家，罚款金额13万元。

【水质抽检】　2011年，为确保"创卫"工作落到实处，抽检水源水2件、出厂水11件进行28项指标分析，每月一次对9个末梢水监测点进行抽样监测，抽取水样81件，出厂水和末梢水水质合格率100%。抽检情况每月都通过《玉溪日报》向社会公布水质检测结果。监导检查中心城区二次供水单位158家，均落实了每年1～2次的清洗、消毒，清洗后的水质8项指标全部达到《生活饮用水卫生规范》和《国家生活饮用水卫生标准》的要求，顺利通过了国家创卫技术评估验收，实现生活饮用水创卫目标。

【生活饮用水卫生监督】　2011年，全市有市政集中式供水9家，监督覆盖率100%，实监督检查17户次，监督合格率100%；应监督检查乡镇集中式供水25家，实监督检查22家，监督覆盖率88%，实监督检查47户次，监督合格率100%；应监督检查二次供水单位650家，监督覆盖率92.46%，实监督检查901户次，合格率100%；抽检市政水厂水样249件，合格236件，合格率94.78%；抽检乡镇水厂水样172件，合格129件，合格75.00%；抽检二次供水水样256件，合格232件，合格率为90.62%。

【放射卫生监督】　2011年，全市有普通X射线影像诊断机构140家，介入放射学1家，核医学1家，放射工作人员390人。在检查的140家医疗机构放射诊疗单位中，持有放射诊疗许可证的87家，持证率61.26%；放射工作人员应体检356人，实检330人，体检率92.69%；放射工作人员应发证390人，实发证374人，持证率95.89%；放射工作人员应培训303人，实培训301人，培训率99.33%；放射诊疗设备应监测173台，实监测124台，监测率71.67%；应做建设职业病危害（放射防护）预评价审核19项，实做7项，占36.84%，建设项目应竣工验收25项，实竣工验收12项，占48%。放射工作人员防护用品应配备141家，实配备135家，占95.74%；受检者防护用品应配备141家，实配备130家，占92.19%。在检查的142家放射诊疗单位中，存在违法行为的8家，均给予了警告的行政处罚。

【对公共场所经营单位督导检查】　2011年，对中心城区"五小"行业的公共场所法定代表人或负责人700多人、红塔区卫生监督员及乡镇卫生监督员30多人进行法律法规和卫生知识培训，并出动卫生监督员288人次对中心城区公共场所"五小"经营单位进行督导检查，加大各类公共场所的卫生监督执法和督导力度，巩固和完善各类公共场所的卫生状况。编印下发《创建国家卫生城市公共场所和生活饮用水卫生汇总资料及年度资料目录》、新颁布的《公共场所卫生管理条例实施细则》等文件，规范卫生监督管理，在国家卫生城市技术评估期间，得到专家组的认可。

【游泳场所卫生监督检查】　2011年，全市20户人工游泳场所均取得卫生许可证并亮证经营，卫生管理制度健全，有专职或兼职卫生管理人员，场所布局合理，游泳池水循环、过滤及补水系统完善，设备能正常使用，各类公共用品用具清洗、消毒、保洁设施齐全、标识清楚，有禁止患性病和各种传染性皮肤病的顾客进入游泳池游泳的醒目标志。大多数游泳场所的日常设备开机记录、场所各类环境、各类公共用品用具清洗消毒记录、泳池及浸脚池水更换、消毒记录规范，游泳池开放期间水质检测报告齐全。

抽检人工游泳场所20户，合格11户。大部分抽检不合格单位是由于游泳场所对泳池水、浸脚池水消毒采用人工投放消毒剂，剂量不准确，使游离性余氯达不到要求，导致细菌总数、大肠菌群超标。游泳者卫生意识淡薄、水置换不够，是造成池水尿素超标的原因。

【公共场所集中空调通风系统卫生监督检测】　2011年，重点对4户住宿场所，2户沐浴场所，79户商场、超市进行卫生监督检查，经反复调查后确定，玉溪正常运转使用集中空调通风系统的单位有5户，5户集中空调通风系统使用单位均建立相应的卫生管理制度；设置专门的部门（工程部）和专人负责卫生管理；建立集中空调通风系统卫生管理档案；制定预防空气传播性疾病应急预案；新风口和开放式冷却塔设置符合卫生要求；开放式冷却塔、空气处理机组、风柜滤网、风机盘管均能做到每年清洗1～4次、新风口、送风口、回风口滤网均能做到每月清洗，各项运转、清洗记录均建立。

对正常运转使用的5户集中空调通风系统进行空气质量检测，开展项目为：细菌总数、真菌总数、风管内表面积尘量，共检测三项54个点次，其中，微生物指标检测27个点次，合格18个点次，合格率66.7%；风管内表面积尘量检测27个点次，合格25个点次，合格率92.6%。

【学校卫生监督检查】　2011年，各级卫生监督机构对辖区内学校的教室人均面积、教室采光、学校学生宿舍卫生等是否符合卫生要求开展监督检查，监督检查各类学校566所，开展监测教学环境的学校100所，教室人均面积符合卫生要求的学校95所、课桌椅符合卫生要求的78所、黑板符合卫生要求的学校88所、教室采光符合卫生要求的学校91所、教室照明符合卫生要求的学校84所、教室微小气候符合卫生要求的学校8所、学生宿舍符合卫生要求的学校60所。对检查项目不符合卫生要求的学校，均下达卫生监督意见书责令其进行整改。

【打击非法行医】　2011年，对全市1 262户医疗机构执业许可证的有效性、执业地点、诊疗科目、医疗质量管理、临床用血管理、诊疗设施的使用、医疗美容诊疗活动的医疗机构以及医疗广告的发布等情况进行监督检查，监督覆盖率96.8%。对医疗机构内医师6 469人，护士5 069人，医技567人，共12 105人的执业资格、执业范围、执业地点和注册情况进行监督检查。在1 262户医疗机构中，发现擅自增加大型医疗设备1户，擅自扩大诊疗科目14户，使用非卫生技术人员30户，违规上岗167人。全市共查处医疗机构违法案件14件，简易程序2件，一般程序12件，罚款19 200元，14家均自觉履行。

对全市电视台、报纸或其他出版物、户外广告载体等媒体上发布的医疗广告进行监督、监测46次。其中发现违法医疗广告9例，口头通知撤销9次，出具《卫生监督意见书》9份。广告发布人已按要求撤销违法广告。

【传染病防治监督、监测】　2011年，全市共有各级各类医疗机构1 272家，监督检查1 230家，监督覆盖率96.7%，检查内容主要是传染病疫情报告管理、传染病预检分诊工作情况、感染性疾病科及肠道门诊和发热门诊的设置及运行情况、医院感染管理、消毒药物及消毒器械的使用、重点部门的消毒管理、实验室生物安全、医疗废物及医院污水管理等情况。抽检301家各类医疗机构的非产品样品1 739个，进行微生物学指标检测，合格1 593个，合格率91.6%。

【对学校及托幼机构传染病防治监督检查】 2011年，对全市学校和托幼机构进行监督检查，全市共有911所，监督检查848所，监督覆盖率93.1%。检查的主要内容是学校传染病防治领导组织的建立及传染病控制措施的落实情况，新生入学预防接种证查验登记及学生健康档案建立情况等。全市应监督托幼机构233所，从业人员2 014人，实监督检查231所，监督覆盖率99.1%。

【母婴保健技术服务监督检查】 2011年，对全市77户开展母婴保健技术服务医疗保健机构的《母婴保健技术服务执业许可证》持证情况、《母婴保健技术考核合格证》持证情况、母婴保健技术服务项目的开展情况及《出生医学证明》管理及发放情况进行监督检查，并开展校验工作。其中持证77户，持证率100%，过期1户；检查执业人员932人，持证922人，持证率98.92%。

【消毒产品企业卫生监督】 2011年，全市共有消毒产品生产企业12户，监督覆盖率100%；新批准2户；校验10户；持有卫生许可证12户，持证率为100%；从业人员110人，持有有效健康证102人，持证率92.73%。全市应监督消毒产品经营企业250户，监督覆盖率100%，共有从业人员856人。共检查1 866个产品，对不符合要求的产品，责令商家停止销售。

【餐饮业安全监督】 2011年，全市餐饮经营单位共8 323户，监督8 323户，监督覆盖率100%，从业人员28 965人。按照《食品安全法》监管职责，1月1日，市管餐饮服务单位移交到市食品药品监督管理局监管，除新平县、红塔区外，已移交到县食品药品监督管理局进行监管。

在开展"创卫"攻坚工作中，先后制定和出台《小饮食店行业整治标准》、《玉溪市"七小"行业专项整治行动方案》、《餐饮业专项整治方案》、《确保创建国家卫生城市，进一步加强餐饮业管理的通知》。发放《国家卫生城市标准》、《预防伤寒副伤寒通告》、《卫生知识问答》等各1 365份；小饮食店整治标准1 365份。重点检查许可证、健康证、卫生知识培训合格证；卫生设施及标识、台帐记录和索票(证)、消毒记录、食品添加剂和非食用物质使用、卫生档案建立情况等。签订《食品安全承诺书》1 365份、下达《监督意见书》1 365份。制作并下发各种标识11 500块，食品安全公示牌900块，保鲜盒4 000个，整理箱4 000个，消毒桶3 500只，资料盒1 360个，台账4 000本，垃圾桶900只，毛巾5 000条，温馨提示900块，各种卫生制度4 000个，总投入45.2万元。出动监督员3 635人次，车辆1 135辆次，取缔无证经营49户。通过"创卫"攻坚克难，反复整治，餐饮业卫生面貌明显改观，达到国家卫生城市标准。

【餐饮具集中消毒单位监督检查】 2011年，全市取得营业执照餐饮具集中消毒单位35户，生产场所面积200平方米以上消毒单位有13户，占36.1%。从业人员309人，体检人员162人，体检率52.4%。年内对5户餐饮具集中消毒单位进行监督抽检，共监督抽检52件消毒餐饮具，合格51件。

(汤春仙)

医疗服务

【中医传承】 2011年7月，玉溪中医院举行中医谢师、拜师仪式。市中医院名医段其昌于2003年被列为"第三批全国老中医药专家学术经验继承工作指导老师"，成为玉溪市第一位获此殊荣的知名专家，杨玲、吴治恒为师承人员。梁兵于2008年3月被列为"云南省第二批老中医药师带徒指导老师"，梁涛和曾艳红为师承人员。仪式上，市中医医院院长张竣希望出师的两位医师和拜师的医师一定要谨遵师训，刻苦学习，矢志岐黄，精研医术，济世救民。

【对口支援】 2011年，市中医医院继续对江川县、峨山县中医医院实施对口支援。根据受援医院的需求，市中医医院派出肛肠科、骨伤、内科和护理专业的6名医务人员进行支援。8月医疗组人员到岗后，通过开展技术培训、专题讲座、教学查房、疑难病例讲解等，弥补受援医院医务人员在医疗工作中的不足。并且参与受援医院管理，把优秀的管理经验带入部分科室，以自身的经验和专业技术作参考为受援医院的专科建设提出建议，与受援医院医护人员共同为受援医院的发展出谋划策。

【亮睛工程】 玉溪市"国家百万贫困白内障患者复明工程——云南亮睛行动"项目工作进展顺利，2011年，全市共完成白内障复明手术1 056例。

【医疗机构评审】 2011年8月，市卫生局组织市卫生监督局及相关医疗机构专家，对全市申报开展四级以下妇科内镜手术的医疗机构及人员进行评估。专家组通过对申报材料、病历及现场审查，最终有四级以下妇科宫腔镜手术的5所医疗机构及12名人员，四级以下妇科腹腔镜手术的7所医疗机构及16名人员通过审查。

【发放急救爱心卡】 2011年8月，玉溪市急救中心为红塔区的10位老红军和百岁老人发放急救爱心卡。为准确掌握老人们的健康状况，市急救中心领导及医护人员来到百岁老人家为老人做健康检测，并发放急救爱心卡。急救爱心卡采用实名制的形式，持卡的老人可以免费获得急救中心的所有服务。

【市医院推行"条形码"病历】 2011年6月起，患者到市医院就医时可凭有效证件到挂号室挂号、建档(建立初诊病人信息档案)并获取"条形码"，凭病历本上粘贴的"条形码"在诊断、交费、取药、医技检查检验、输液等环节接受方便、快捷的就诊服务。复诊患者凭病历本上张贴的"条形码"直接挂号就诊。患者电子档案的建立，规范了门诊患者的就医信息管理，确保在医院就诊患者信息的真实性、准确性以及就医信息的连续性，方便患者复诊时医生调阅以往就诊病历。同时，也便于收集到院就诊患者健康相关信息。

【市人民医院成为国家级临床护理重点专科项目医院】 2011年，市人民医院经卫生部评审与组织专业答辩，申报成为国家级临床护理重点专科项目医院。2012年1月，经国务院批准，市人民医院临床护理专业正式成为国家临床重点专科，这是云南省唯一一家，也是全国州市级医院中唯一的国家临床护理重点专科项目医院。市人民医院临床护理专业将在医院评审、专科技术准入、科研立项、继续教育、评先评优和专科护理人员学术任职、国际交流等方面获得国家政策倾斜和财政激励，对带动全省护理整体水平提高具有重要意义。

【拔出颅内存留断刀病例】 2011年1月28日，玉溪市人民医院收治了一名患严重口咽慢性炎症的元江籍患者，经查患者头部内有长10厘米、宽1.8厘米、厚2.4毫米的一个匕型金属异物藏于颅底、咽喉部、颈侧部之间，锈蚀严重，存留时间长达4年之久。该病例引起了市人民医院的高度重视，经反复研究及多科室联动，2月12日，市人民医院成功为该患者实施了右侧颌下腺及颈侧区金属异物取出手术，拔出了存留在患者头颅内4年的金属断刀。市人民医院还启动了“生命救助资金”，动员职工捐款，帮助患者解决费用问题。该病例在国内外医疗史上属罕见，自2月14日起，中央电视台及省市媒体进行了采访，对该病救治情况进行了宣传报道，引起国内外的广泛关注。

（李艳芬）

【市医院受表彰】 2011年2月，市人民医院骨科荣获全国总工会“全国五一巾帼标兵岗”荣誉称号。2月，市儿童医院副院长杨丽萍获得全国总工会表彰的“全国五一巾帼标兵”荣誉称号。5月4日，卫生部和总后勤部卫生部公布“2010年全国优质护理服务示范工程”考核活动评选结果，市人民医院获得“优质护理服务优秀医院”荣誉，为云南省唯一获奖单位。市人民医院呼吸内科、神经内科护士陈芳分别获“优质护理服务优秀病房”和“优质护理服务优秀个人”荣誉称号。4月22日，市人民医院药学部荣获中国医院协会授予的“第二届全国医院药事管理优秀奖”荣誉，也成为全国荣获此项殊荣的98家医疗单位中唯一一家云南省综合性三甲医院。12月18日，玉溪市人民医院荣获卫生部和健康报社联合颁发的“医院改革创新奖”。12月20日，经过中央精神文明建设指导委员会办公室复审，市人民医院获准继续保留全国文明单位荣誉称号，这是市人民医院自2005年、2009年两度荣获全国文明单位后，连续第三届蝉联这项精神文明建设领域的最高荣誉。

【中华医学会—强生西部学术讲座】 2011年4月20～22日，由中华医学会主办，云南省医学会、玉溪市医学会、玉溪市人民医院共同承办的“中华医学会—强生西部学术讲座活动”在玉溪举行。全国政协常委、科教文卫体委会副主任、中国宋庆龄基金会副主席、卫生部原部长、中华医学会原会长、强生西部学术讲座团团长张文康率领专家团一行18人，由省卫生厅厅长陈觉民和副厅长杜克琳陪同，在市人民医院、市儿童医院等单位开展系列学术讲座、教学查房、会诊和调研交流活动，并在红塔区两家基层卫生院及村卫生所进行调研交流。专家团所传授的新理念、新知识、新技术使医务工作者受益非浅。

【抢救群体性草乌中毒患者】 2011年7月16日，红塔区15名村民因饮用草乌泡酒导致中毒，14人紧急送往市人民医院抢救，其中10人病情危重，4人病情极其危重。市人民医院在第一时间成立了抢救领导小组、医疗专家小组、抢救后援保障小组等现场处置工作组，借助以往处置类似乌头碱中毒经验，投入100余名医护人员及行政后勤人员进行紧张抢救，同时还请昆医附一院、昆明市延安医院专家迅速到玉溪帮助指导抢救。在中毒患者多次出现呼吸、心跳暂停的紧急情况下，参与抢救的医务人员坚守抢救一线五昼夜，争分夺秒排除险情，使患者全部脱离生命危险，经过救治的14名患者均康复出院。

【卫生部抗菌药物临床应用检查】 2011年11月11日，卫生部医政司“医疗质量万里行及抗菌药物临床应用专项整治活动”检查组对市人民医院进行检查评估，对市人民医院抗菌药物临床应用管理工作给予好评，市人民医院考评结果在全省14家受检医院中排名第4位。

【百家全国百姓放心示范医院督导检查】 2011年11月20日，由中国医院协会全国百姓放心医院管理评价办公室主任魏式平组成的“百家全国百姓放心示范医院”检查专家组一行共3人，代表卫生部对市人民医院百姓放心示范医院进行督导检查。专家检查组对市人民医院的“全国百姓放心示范医院”工作开展情况给予肯定，认为市人民医院在夯实医疗安全基础、监管合理用药、加强医院感染管理、提高医疗服务质量、构建良好医患关系等方面工作成绩显著。

（王　涛）

【市中医院受表彰】 2011年2月，玉溪市中医院获得中共云南省委和云南省人民政府授予的“云南省第四批新农村建设工作队及指导员工作先进派出单位”；5月，针灸推拿科被云南省卫生厅授予“云南省重点中医专科”称号；6月，中共玉溪市中医医院委员会被省卫生厅党组授予“云南省卫生系统‘创先争优’活动先进基层党组；10月，玉溪市中医院针灸推拿科护理单元获得中华中医药学会授予的“第二届全国中医特色护理优秀科室”；肛肠科主任张金恩获得中华中医药学会肛肠分会授予的“全国中医肛肠学科名专家”称号。

【中医优质护理示范工程】 2011年，玉溪市中医医院深入开展“优质护理示范工程”，开设11个“优质护理服务示范病区”，完善护理三级质控管理体系，落实分级护理制度，全院优质护理服务

2011年2月，市人民医院专家就颅内藏刀病例进行会诊　　（何记恒　摄）

示范病区开展率达到85%。

【市中医院设施建设】 2011年，玉溪市中医医院外科大楼建设项目完成主体工程建设，完成建设投资3 254.6万元，建设面积14 783.75平方米。年内，市中医医院购进移动式C型臂X光机、全自动血培养仪和细菌鉴定仪、医用钬激光治疗仪等一批价值869.68万元的大型医疗设备28台套。11月，云南省卫生厅批准玉溪市中医医院病床编制由500张增加到800张。

（康雪俊）

【玉溪智力和精神残疾人康复托养院成建制移交】 玉溪市智力和精神残疾人康复托养院是2008年由玉溪市残联、市二医院携手合建，为智力残疾和精神疾病提供全日监护、康复训练及托养服务为一体的智力和精神残疾人康复托养院，实施对贫困重度精神残疾病人免费医疗救助康复项目。

2011年1月，市残联决定托养院在体制、机制上作调整，终止于2008年与市二医院签订的合作协议，退出运行管理，成建制移交市二医院经营并按国家残疾人托养服务机构的建设标准进行规范管理，托养院名称不变，市残联继续按件规定输送病人到托养院治疗，并负责资金支持，由市二医院进一步做好康复托养病人的管理和服务工作。

【市二医院荣获中国医师协会杰出精神科医师星火燎原奖】 2011年4月，市二医院被中国医师协会精神科医师分会授予“2010年度中国医师协会杰出精神科医师星火燎原奖”荣誉称号。在中央补助地方重性精神疾病管理治疗工作686项目中，2011年玉溪市第二人民医院完成了全市6 179人次重性精神病患者的筛查、诊断复核、随访管理工作，并配合公安部门完成2 413人次肇事精神病人排查活动，提高了全市重型精神病患者的治疗率，降低了精神病患者的危险率。

【完成红塔区重性精神病患者综合体检评估】 2011年，红塔区政府与市二医院联合开展对辖区内的重性精神病患者综合体检评估工作，重性精神疾病患者的综合评估，包括躯体综合检查和精神综合评估两方面。7月18日～9月15日，玉溪市第二人民医院对玉溪市红塔区所辖研和镇、李棋镇、春和镇、高仓镇、北城镇、小石桥乡、大营街镇、沿河乡、州城镇和北苑小区共计1 014人进行体检，对486人进行综合评估。

（火红艳）

【“120”急救】 2011年，玉溪市急救中心共完成“120”电话接听39 950次，其中有效接听6 252次，完成院前急救4 776人次；抢救重症病人246次；转运、返送病人815人次。与“110”、“119”及各乡镇卫生院协调调度892次。完成各种公共卫生服务保障74次。在业务数量明显增加的同时，院前急救质量也较以往得到进一步提升。做到120呼救电话接通及时，接通率100%；回车率3%；车载GPS终端完好率100%；急救车完好率100%；值班救护车消毒率100%；危重病人医疗处理率90%；急救转运途中死亡率0；心肺复苏成功率2%；甲级病历95%；处方合格率97%；一次性无菌物品合格率100%；车载设备完好率100%。院前急救平均时间控制在3分钟以内。

（陈 慧）

2011年12月23日，总投资1 670万元，建筑面积6 681平方米，设床位100张的玉溪市民政精神病医院在市二医院举行奠基仪式 （杨迎春 摄）

疾病预防

【甲乙类传染病发病情况】 2011年，全市共报告乙类传染病13种3 340例、无甲类传染病报告。传染病发病率为155.7/10万，与上年同期相比发病率下降11.21%。报告发病位次由高到低为：病毒性肝炎、肺结核、伤寒（副伤寒）、梅毒、痢疾、艾滋病、猩红热、淋病、甲流感、疟疾、麻疹、狂犬病、布鲁氏病。

【鼠疫监测防治】 2011年，全市共完成2 893份鼠脏器培养、1 050组鼠蚤培养和941份鼠血清检测，结果全为阴性，未发生鼠间及人间鼠疫。

【霍乱监测防治】 按照“逢泻必检，逢疑必报”的原则，以医院肠道门诊为前哨，以腹泻病人监测为核心，以海产品监测为重点，以外环境监测为补充全面开展霍乱监测工作。2011年共检测2 806份腹泻病人的粪便标本，海水产品140份、外环境污水369份，均未检出霍乱弧菌。

【艾滋病高危人群行为干预】 2011年，全市对暗娼、吸毒人员、男男性行为者及外来务工人员等四类高危人群进行干预，其中暗娼16 124人次，吸毒人群干预1 197人，男男性行为者2 874人，及外来务工人员5 821人。

【结核病监测防治】 2011年，全市发现治疗新发涂阳肺结核病人488例，完成省级下达项目指标任务的100.41%。全市医疗机构参与结核病防治参与率100%，非结防机构通过疾病监测信息报告管理系统本地共报告肺结核病人或可疑病1 851例，重报病例72例，重报率3.89%，报告病例中已到结防机构就诊病例1 154例，转诊到位率64.88%。需疾控中心追踪的网络直报肺结核病人或疑似病人630例，疾控机构追踪630例，追踪率100%，追踪到位率100%；项目病人治疗管理：新发涂阳病人治疗满2个月痰菌阴转率96.92%，复治涂阳病人治疗满2个月痰菌阴转率100%；新发涂阳病人治疗满3个月痰菌阴转率99.04%，复治涂阳肺结核病人治满疗程完成疗程率100%。

【流感监测与防治】 2011年，全市流感监测哨点医院报告流感样病例386例，占门诊病例总数的0.15%。核酸检测219份，检出流感核酸阳性标本23份，阳性率为10.50%，其中甲型H1N1型14份，占60.87%，B型9份占39.13%；分离培养标本167份，分离出流感毒株3株，阳性分离率为1.80%，优势株为B型Victoria系列(3株、100%)。2011年，全市共报告聚集性病例6起，均发生在学校，共发病137人。

【手足口病监测防治】 2011年，全市共报告发病数6 970例，其中重症病例187例，无死亡病例；实验室确诊331例。全年累计采集检测咽拭子标本772份，检出阳性标本331份，阳性率为42.88%，其中EV71型203份(占61.33%)，CoxA16型128份(占38.67%)。虽然发病数及重症病例数均处于较高水平，但实现了病例以散发病例为主及手足口病“零”死亡的两大目标。

【狂犬病防治】 2011年，规范处置两起一犬伤多人事件，发生狂犬病1例，发病数比上年减少90.90%，狂犬病高发的势头初步得到遏制。

【麻风病防治】 2011年，全市累计发现麻风病人2 385例，累计治愈1 928例，累计死亡377例，累计复发65例；尚有现症病人33例，分布在22个乡镇，33个村办事处，33个自然村，患病率为0.02‰。2011年，全市新发现麻风病人4例，多菌型1例，少菌型3例，新发病例全部给予MDT治疗，规则服药率达100%。

【疟疾防治】 2011年，全市共报告疟疾11例，其中临床诊断4例，确诊5例，疑似病例2例；恶性疟2例，间日疟7例，输入病例3例，本土病例8例；新平、元江、易门、通海县各2例，红塔区，江川、华宁县各1例。

【常规免疫接种率监测】 2011年，全市“五苗”基础免疫报告接种数分别为：卡介苗应种数22 325人，实种数22 297人，接种率95.59%；脊灰疫苗应种数74 216人(次)，实种数74 124人(次)，接种率99.87%；百白破疫苗应种数73 189人(次)，实种数72 895人(次)，接种率99.54%；麻疹组份疫苗应种数24 768人，实种数24 684人，接种率99.70%；流脑第一针应种25 260人，实种25 148人，接种率99.56%，流脑第二针应种24 501人，实种24 396人，接种率96.57%；乙脑应种22 284人，实种24 188人，接种率979.61%；乙肝疫苗全程应种数22 873人，实种数22 796人，接种率99.66%，首针应种数22 281人，实种数22 272人，首针接种率为99.96%，24小时及时接种20 799人，及时接种率93.35%。

【AFP、新破、麻疹、乙肝主动监测】 2011年，全市共采集疑似麻疹病例标本68份，经实验室检测，确诊麻疹4例(易门)，风疹10例；共上报AFP病例25例，所有上报病例均按要求做个案调查，采集合格粪便标本送省脊灰实验室。无新生儿破伤风病例报告。共报告15岁以下乙肝新发病例5例，其中，元江县2例，红塔区，新平、通海县各1例。

【接种率抽样调查】 2011年6月，各县区按照“容量比例概率抽样法”对辖区内儿童开展接种率抽样调查，共调查5个年龄段。基础免疫调查223个接种点，共调查1 657人，建卡、建证率均为100%，卡介苗接种率100%，脊灰疫苗全程接种率99.76%，百白破全程接种率99.76%，含麻疹组分疫苗接种率99.58%；乙肝疫苗全程接种率99.46%，首针24小时及时接种率95.84%，乙脑疫苗接种率99.16%，A群流脑疫苗全程接种率98.49%。

【乙肝疫苗接种】 2011年，是乙肝查漏补种的最后一年。完成了1996～1998年出生儿童的补种工作，应补种数28 618人，第三针实种27 862人，接种率97.36%。

【脊灰疫苗强化免疫】 2011年10月25～30日和11月25～30日，全市范围内开展了两轮脊灰疫苗强化免疫活动。两轮脊灰疫苗强化免疫共下发疫苗325 100人份，第一轮强化免疫常住儿童应服苗119 188人，实际服苗118 003人，服苗率99.01%，流动儿童应服苗27 060人，实际服苗26 937人，服苗率99.55%；第二轮强化免疫常住儿童应服苗122 523人，实际服苗121 615人，服苗率99.26%，流动儿童应服苗28 770人，实际服苗28 690人，服苗率99.72%。

【应急接种】 2011年4月，新平县戛洒镇大红山三矿医院先后报告多例腮腺炎病例，患者多为矿区小学生和幼托儿童。为避免疫情进一步扩散，在大红山矿区和戛洒集镇的小学和幼儿园中开展腮腺炎疫苗应急接种工作，由云南省疾控中心免费提供2 000人份腮腺炎疫苗用于应急接种。应急接种覆盖2个乡镇8所学校，疫情得到有效控制。6月，易门县先后报告3例麻疹疑似病例，经过市级麻疹实验室检测，判断为麻疹确诊病例。为有效控制疫情，6月16～20日组织开展麻疹疫苗应急接种工作。应急接种共登记应种对象4 209人(本县3 712人，外地497人)，实种人数4 192人(本县3 703人，外地489人)，接种率99.60%，应急接种收到良好的效果。

【碘缺乏病监测防治】 碘盐监测：2011年，全市共监测居民食用盐2 774份，合格碘盐2 715份，不合格碘盐12份，非碘盐17份，碘盐覆盖率为98.31%，碘盐合格率99.56%，合格碘盐食用率97.87%，非碘盐率0.61%，碘盐中位数29.08mg/kg；尿碘监测：共检测尿碘784份，尿碘含量小于100ug/L的有17份，占2.17%；水碘监测：共监测井水9份，碘含量最高为17.86 ug/L，最低0.23 ug/L，平均3.53 ug/L。末梢水10份，碘含量最高为17.23 ug/L，最低0.11 ug/L，平均4.10 ug/L；集中式供水6份，碘含量最高为9.97 ug/L，最低0.12 ug/L，平均2.11 ug/L。

【克山病监测防治】 2011年，在澄江、华宁、易门3县开展非克山病病区扩张型心肌病调查。应调查3 104人，实调查2 576人，完成率82.99%；心电图检查2 576例，X胸片检查3份，心动超声检查3例，检出扩张型心肌病1例，检出率0.04%；检出4例类潜在性克山病，检出率为0.16%。

【重性精神疾病管理治疗】 2011年，全市计划完成重性精神疾病患者排查1 550例，实际完成排查6 179例，完成率298.65%，其中查出精神分裂症患者5 308例，占87.81%；偏执性精神病1

例，占0.17%；分裂情感精神病123例，占2.03%；双相障碍145例，占2.40%；癫痫所致精神障碍144例，占2.38%；精神发育迟滞（伴发精神障碍）324例，占5.36%；分类管理6 045例，管理率为97.83%。

【死因监测情况】 2011年，全市居民死因监测网络报告13 099例，实际完成13 558例；居民粗死亡率6.32‰，死亡漏报率10.7%，及时率74.4%。

【慢性病管理】 2011年，全市65岁及以上老年人健康管理141 365人，高血压患者健康管理117 386人，糖尿病患者健康管理132 957人，重性精神疾病患者管理5 480人，65岁以上老年人、高血压、糖尿病和重性精神疾病管理率分别达109.87%、117.31%、70.87%和90.90%。

【消毒及其效果监测】 2011年，完成中心城区30家医疗机构消毒灭菌效果监测，采样235份，合格225份，合格率为95.75%；污水监测工作，完成中心城区医疗卫生机构46份污水检测，合格32份，合格率为69.57%；托幼机构消毒监测，完成市一幼、二幼预防性消毒监测工作，共采样30份，合格29份，合格率96.69%。

【放射卫生检测】 2011年，完成17个医疗机构24个放射性工作场所建设项目职业病危害基础环境本底检测和工作场所防护剂量检测工作；完成45个放射工作单位61台射线装置防护检测与检测报告编制工作；完成全市447名放射工作人员四个周期，共计5 346份个人剂量元件的监测，检测未发现超年限剂量值的放射工作人员。

【环境卫生检测】 2011年，完成水质全分析93件，其中生活饮用水58件，全指标合格44件，合格率75.8%；水源水2件，合格0次，合格率0%，根据检测结果，自来水厂及时采用加活性炭等特殊方法处理，确保了出厂水安全；出厂水13件，合格率100%；末梢水20件，合格率100%；完成《2011年云南省环境监测机构（实验室）能力验证》工作，承担水中铜、铅、锌、镉检测项目的能力验证，获得优秀；开展公共场所集中空调通风系统卫生监测，共监测集中空调通风系统6家48个点，检测菌落总数、真菌总数、积尘量等指标。“曲靖铬渣非法倾倒事件”发生后，及时指导澄江县、华宁县开展对南盘江流域饮用水流行病学调查及监测工作。

【职业卫生监测】 2011年，完成红塔集团玉溪卷烟厂、中石化云南玉溪石油分公司等4家单位2 075人的职业健康监护，未发现职业禁忌症和疑似职业病；完成云南玉溪中汇电力设备有限责任公司等4家单位生产性粉尘930点次监测，合格719点次，合格率77.31%；完成噪声工作地点2 698点次监测，超标763点次，超标率为28.28%；完成职业卫生网络报告工作，报告尘肺病报告卡10份，农药中毒报告卡240份，有毒有害作业工人健康监护卡52份，作业场所职业病危害因素监测卡7份。

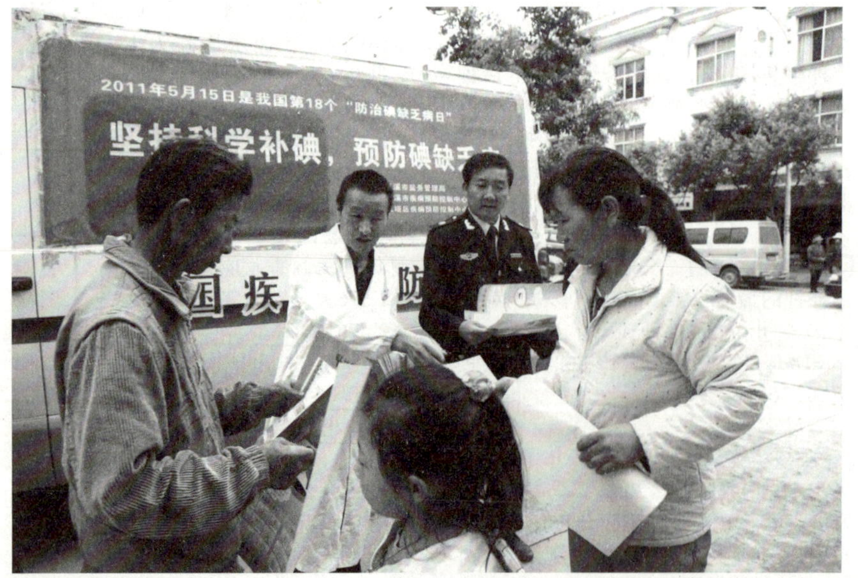

2011年5月16日，碘缺乏宣传日活动 （罗珠珠 摄）

【食品卫生检测】 2011年，完成260件乳及乳制品、粮食、花生、植物油、蔬菜、白酒、黄酒、淡水鱼及虾等13类食品中化学污染物及有害因素检测样品采集送检；完成76件熟肉制品、即食非发酵性豆制品食源性致病菌检验样品采样送检工作；完成63件新鲜蔬菜、鲜食用菌等化学污染物及有害因素检测；完成淡水鱼10件、虾5件的无机砷监测，检出率33.33%；完成92件食品的食品添加剂检测，检出23件，超标4件，超标率为4.35%；完成10件乳及乳制品违禁添加物三聚氰胺检测，均未检出三聚氰胺；完成20件乳制品黄曲霉毒素M1检测，检出9件，检出率45.00%，完成11件粮食及6件花生黄曲霉毒素B1、B2、G1、G2，DON及其衍生物检测，检出1件黄曲霉毒素B1，其余均未检出；完成15件食品加工过程中产生氨基甲酸乙酯的检测工作，检出12件，检出率80.0%；完成28件样品违禁药物检测，检出克伦特罗1件，莱克多巴胺4件，孔雀石绿1件；完成10件植物油苯并芘检测，均未检出；完成玉溪市玉康等7家餐具消毒中心65件餐具的消毒监测。

【从业人员体检】 2011年，对3 477名公共从业人员进行健康体检，检出甲型肝炎抗体阳性9人，检出率为0.26%；戊型肝炎抗体阳性19人，检出率为0.54%；检出痢疾10人，检出率为0.28%；检出肺结核病1人，检出率为0.031%。全指标合格3 425人，合格率为98.50%。

【突发事件处置】 2011年，玉溪市共报告突发公共卫生事件20起（学校15起），波及5 661人，累计发病423人，报告死亡3例（中毒3例），病死率0.71%。其中传染病爆发疫情13起，食物中毒3起，其他中毒4起。在20起事件中，Ⅲ级事件3起（中毒），Ⅳ级事件17起。均按照“属地管理、分级响应”的原则，进行规范处置，事件原因查明率及规范处置率进一步提高。

（李顺祥）

妇幼保健

【妇幼保健主要指标完成情况】 2011

年，孕产妇系统管理率94.58%；新法接生率99.76%，住院分娩率98.49%；高危孕产妇检出率46.10%，高危孕产妇保健管理率99.38%，高危孕产妇住院分娩率99.63%；抢救危急孕产妇265例，抢救成功率98.11%。全市孕产妇死亡8例，死亡率为37.67/10万。全市7岁以下儿童144 225人，其中5岁以下儿童101 967人，3岁以下儿童62 413人；7岁以下儿童保健管理率92.52%，3岁以下儿童系统管理率93.57%；婴儿死亡率9.18‰，5岁以下儿童死亡率11.4‰。新平县发生新生儿破伤风1例。

【预防艾滋病母婴传播工作】　2011年，对新婚登记人群中HIV进行免费检测28 858例，检出阳性65例，其中男39人，女26人，阳性率0.23%；孕产妇HIV免费检测45 159例，检出阳性76例，HIV抗体阳性孕妇检出率0.17%；年内新感染阳性49例，新感染阳性率0.11%。对79例HIV阳性孕产妇进行母婴阻断综合措施，其中终止妊娠49例；分娩30例，其中14例实施剖宫产，阴道分娩16例。在30例已分娩的HIV阳性产妇中，服用抗病毒药29例，服药率96.67%；所分娩的HIV阳性产妇中婴儿服用抗病毒药30例，服药率100%。阳性产妇所生婴儿满18个月已结案27例，其中25例经检测为阴性，因腹泻在家死亡1例(江川县)、满18个月华宁县失访1例(属昭通市巧家县人)。

【出生缺陷监测】　2011年，玉溪市妇幼保健院完成产前筛查4 548例，检出高风险459例，对其中184例高风险孕妇进行羊膜腔穿刺羊水细胞培养产前诊断技术。确诊4例异常，比上年增加3例，其中唐氏综合征(21－三体综合征)2例、常染色体平衡易位携带者1例、特纳综合征(45，X)1例。完成新生儿疾病筛查4577例，发现葡萄糖6磷酸脱氢酶(G6PD)阳性8例，还确诊1例四氢生物蝶呤缺乏症(BH4)属常染色体隐性遗传代谢病。同时开展外周血染色体检测574例，发现异常染色体核型14例。

【住院分娩】　2011年，玉溪市妇幼保健院配合市卫生局积极促进基本公共卫生服务逐步均等化，全面实施“降消”和农村孕产妇住院分娩补助项目，切实做好农村孕产妇住院分娩补助管理。按“3＋1”模式全市农业户籍产妇18 790人，全市农村孕产妇补助人数17 252人，覆盖率91.81%，比上年同期增长11.25个百分点；其中县域内医疗机构住院分娩农村孕产妇获补助人数15 741例，占总补助人数的91.24%；县域外医疗机构住院分娩农村孕产妇获补助人数1 511例，占总补助人数的8.76%。全市实施农村孕产妇住院分娩补助经费支出696.4万元，比上年同期(517.27万元)增179.13万元。农村孕产妇住院分娩补助项目的实施，全市住院分娩率达到98.49%，孕产妇死亡率37.67/10万，继续控制在历史低位区间。住院分娩率最低的元江县也达91.25%。

（林全明）

2011年10月，玉溪市妇幼保健院举办“以促进自然分娩、保障母婴安康”为主要内容的师资骨干培训班　　（市妇幼保健院　提供）

农村卫生

【提升乡村医生素质三年行动计划】　2011年，玉溪市制定出台了《玉溪市进一步加强乡村医生队伍建设全面提升乡村医生素质三年行动计划(2011～2013年)》，以规范乡村医生队伍管理与发展为出发点，理顺管理体制，明确乡村医生职责，重新核定乡村医生岗位，建立准入、退出、保障、招聘、培训、绩效管理“六大”机制。计划用三年时间，使全市乡村医生达中专以上学历，为150个村卫生室每个村招聘1名中专以上全日制医学院校毕业生，从2012年起提高新建村卫生室市级财政补助到8万元/所，切实增强农村卫生机构软实力。

（李艳芬）

【乡村卫生机构设施建设】　2011年，中央、省下达玉溪628个村卫生室信息化建设项目经费282.6万元(每个村卫生室4 500元)，用于配置电脑等硬件设施。云南省安排玉溪市大营街镇、前卫镇、青龙镇、塔甸镇、东峨镇5个中心卫生院设备配置项目，每个卫生院补助25万元，由县区财政局、卫生局统一招标采购。

【新型农村合作医疗】　2011年，红塔区、新平县筹资标准310元，其余各县均达290元。其中参合农民个人自筹30元。全市新农合覆盖农业人口1 631 996人(未含阳宗镇，下同)，共1 560 232人参合，参合率95.6%。全市共筹集新农合基金46 180.23万元，共有4 294 515人次的医药费得到新政策补偿，补偿新农合基金37 449.63万元。实现了参合农民基本医疗高补偿、老年慢病有保障、大病救助全覆盖三大目标。

（邓雪松）

血液管理

【血液采集和供应】　2011年，共招募无偿献血者17 766人次；采集血量

4 833 590毫升；建立稀有血型者档案184人；连续6年实现全市医疗临床用血100%来自自愿无偿献血。

【血液检测】 2011年，玉溪市中心血站完成血液初检17 591人次，复检17 591人次；血液检测率100%；血型检测准确率100%；血液标本漏检率为0；血液检测报告发放准确率100%；质量安全事故率为0。

【成分输血】 2011年，玉溪市中心血站推广成分输血，向临床供应全血2 400毫升、悬浮红细胞21 223U、新鲜冰冻血浆15 767U、普通冰冻血浆1 978U、洗涤红细胞102.5U、冷沉淀1 612.5U、机采血小板4 030U、解冻去甘油红细胞50.75U。成分血分离率达到99.81%，成分输血率99.98%。

【无偿献血宣传】 2011年，玉溪市中心血站利用各种载体，通过多种途径开展丰富多彩、形式多样的宣传，提高无偿献血在广大人民群众中的知晓率，扩大无偿献血宣传工作的社会影响力。全年，共发放宣传单、宣传折页300 000份；张挂宣传横幅20余幅；张贴各种宣传画100余张；深入县乡和相关单位开展献血宣传150余次；在报纸、电视、广播、网络上宣传报道70余次；

12月，玉溪市中心血站开展无偿献血宣传月系列活动。举办血站开放日活动，开展玉溪市卫生系统无偿献血活动。宣传月活动期间，玉溪市中心血站在全市各县区组织开展大型现场宣传采血活动20次，参加献血人数1 017人，共捐献血液266 050毫升。

9月，玉溪市中心血站选送的音像作品《人间真情——花灯剧》荣获中国输血协会和献血促进工作委员举办的无偿献血宣传作品综艺类二等奖。

（沈佳佳）

爱国卫生

【玉溪中心城区荣获“国家卫生城市”称号】 经过玉溪市和红塔区两级的努力，玉溪市中心城区创建国家卫生城市工作通过全国爱卫会专家的暗访、技术评估、综合评审和社会公示，2011年12月20日，全国爱卫会在北京授予玉溪市中心城区“国家卫生城市”的光荣称号。

【命名第二批市级卫生村】 2011年12月，玉溪市爱卫会在各县区上报的基础上，按照云南省卫生村标准检查，命名通海县河西镇小回村民委员会、通海县杨广镇兴义村委会、华宁县青龙镇海镜社区居委会小山一组、澄江县九村镇龙潭村民委员会渔塘村民小组、峨山县双江街道办事处大白邑村民委员会、峨山县小街镇小街村民委员会、元江县澧江镇红侨社区居委会、新平县漠沙镇龙河社区居委会小陆库村民小组、新平县戛洒镇南蚌村委会旋涡村民小组、易门县铜厂乡里士村民委员会沙河村民小组、江川县大街街道办事处三街社区居委会、红塔区李棋街道办事处下赫社区居委会八组、红塔区北城街道办事处王棋社区居委会王棋村民小组为第二批“玉溪市卫生村”。

【灭蟑螂先进县城】 2011年11月30日，省爱卫会组织专家检查组对华宁县的省“灭蟑螂先进县城”进行五年一次复查。专家检查组按照全国爱卫会除四害工作的检查标准，采取听汇报、看现场的方式，经过认真检查，各项除四害指标均控制在全国爱卫会标准范围内，检查组宣布华宁县继续保持省“灭蟑螂先进县城”称号。

【农村改厕】 2011年，玉溪完成重大公共卫生农村改厕项目5 000座，其中通海县3 100座，峨山县580座，澄江县500座，红塔区300座，易门县200座，江川县120座，元江县100座，华宁县100座。

（罗维奇）

体育管理

【概 况】 2011年玉溪市体育事业取得突出成绩，实现“十二五”规划良好开局。

全民健身基础设施建设得到加强。2011年玉溪申报并落实到位省“七彩云南全民健身工程”项目建设资金600余万元。市体育局投入体彩公益金160万元，在全市实施“农民体育健身工程”。省、市资金对玉溪的1个县，22个乡镇、街道，192个村、组体育基础设施建设进行补助。省、市、县全年投入体育基础设施建设资金超过1 000万元。

全民健身活动广泛开展。全市体育部门贯彻《全民健身条例》，组织实施《玉溪市全民健身实施计划（2011～2015）》，开展以“全民健身与生态和谐城市建设共进”为主题的系列全民健身活动。围绕打造“环抚仙湖全民健身康体活动圈”、“聂耳文化广场全民健身圈”两大健身圈，全力唱响“健康玉溪”主旋律。市体育局全年组织举办市级以上全民健身赛事活动20余次，承办2011中国体育舞蹈公开系列赛玉溪站比赛、全国射箭冠军赛暨伦敦奥运会射箭选拔赛、全国沙滩排球大奖赛、全国女排联赛、全省公开水域游泳赛、全省老年人运动会柔力球比赛、全省新闻界环抚仙湖公路自行车赛及全省游泳、柔道、排球、篮球赛等重要赛事。体育组织队伍建设稳步推进。审批成立玉溪市自行车协会，市级体育协会达19个，社会体育指导员达2 000多人。

圆满完成全国第七届城市运动会参赛工作。玉溪体育代表团参加9个项目比赛，获银牌1枚，第六名、第七名、第八名各1个，第九名3个，第十名1个，荣获“体育道德风尚奖”。充分利用全国城运会平台宣传展示了玉溪的良好形象。玉溪籍运动员郭伟阳在日本东京世界体操锦标赛上获金牌，成为云南省首位登上体操“世界冠军榜”的运动员，被国家体育总局授予2011年度体育运动荣誉奖章。玉溪籍运动员伍文国以1分03秒66的成绩夺得全国场地自行车锦标赛暨全国青年场地自行车锦标赛男子1千米记时赛第三名。

（解家敏）

【全市体育工作会议】 2011年3月3日，全市体育工作会议召开，来自各县（区）体育局、文化旅游广电和体育局、市体校、市体育局机关及直属单位、18个市级体育协会代表参会。

副市长杨洋出席会议并讲话，对过去5年体育工作取得的成绩给予充分肯定。市体育局局长周延平作《科学谋划，创新思路，推动玉溪体育新发展》的工作报告，全面总结“十一五”期间玉溪体育事业发展突出成果和基本经验，对“十二五”期间玉溪体育事业发展进行科学谋划，提出2011年体育重点工作。积极开展以“全民健身与生态和谐城市建设共进”为主题，以“全民健身日”活动为重点的全民健身系列活动。加强基层组织建设，充分发挥体育社团组织和社会体育指导员的作用。继续实施农民体育健身工程，抓好城乡健身场地设施建设工作。以实施社区全民健身工程为契机，推动社区体育工作发展。竞技体育抓好备战及组团参赛全国第七届城市运动会工作。拓宽思路，积极探索，进一步发展体育产业。

会议对2010年受国家、省、市体育部门表彰的先进单位和个人进行了颁奖。

（谢伯龙）

【落实“七彩云南全民健身工程”工作会议精神】 2011年4月28～29日，玉溪落实“七彩云南全民健身工程”工作会议在通海县召开，来自市、县区体育部门、市纪委第四纪工委、市财政局等70余人参会。

市体育局局长周延平、副局长冯任生传达了省体育局“七彩云南全民健身工程”工作会议精神，就玉溪落实此项工程提出要求和工作部署。通海县副县长周龙武作全民健身工作交流。

会议确定玉溪实施“七彩云南全民健身工程”的措施：基础设施建设，抓住中央、省多渠道投资的机遇，争项目、找项目、建设项目。“十二五”期间，力争建设2～3个县（区）体育场、馆、综合健身房；100个乡镇（社区）篮球场、健身室；300个行政村和自然村篮球场、健身路径；300个晨晚练点。市体育局每年安排市级体彩公益金100万元，用于城市社区、农村乡镇、村、组全民健身基础设施建设。通过5年努力，使玉溪全民健身设施条件有较大改善；活动示范工程打造贴近群众的健身平台，培养一批特色的固定的群众体育赛事和活动品牌；在组织建设工程上加强全民健身服务体系建设，强化市、县区全民健身指导协调机构职能，突出发挥体育社团组织和社会体育指导员的作用。

玉溪市实施“七彩云南全民健身工程”具体步骤：在调研基础上全面掌握

体育基础设施现状，做好建设项目编制工作；做好申报工作，5月底前分别完成2011年和2012年的申报任务；做好项目贮备；统筹规划，注重管理和数据统计；做好宣传工作，让"七彩云南全民健身工程"家喻户晓。与会代表参观了通海县四街镇七街村委会、河西镇寸村、秀山街道办事处六一居委会等全民健身示范点。

（解家敏）

【全民健身指导协调委员会会议】 2011年7月26日，玉溪市全民健身指导协调委员会会议在中玉酒店召开。副市长杨洋、市政协副主席汪燕平，市纪委第四纪工委及市全民健身指导协调委员会成员单位领导出席，市政府副秘书长杨丽芬主持会议。

杨洋对玉溪全民健身工作提出具体要求：加强领导，提高认识，增强抓好全民健身工作的主动性和积极性；打基础，抓项目，加快玉溪全民健身基础设施建设；精心策划，突出特色，围绕聂耳文化广场、抚仙湖等打造精品赛事项目；抓住重点，突出农村，使广大农村群众享受到基本公共体育服务。

市体育局局长周延平作《以科学发展观统领全局，再创玉溪市全民健身发展新业绩》的报告，总结玉溪全民健身事业发展情况，安排部署下一阶段全民健身工作任务：以贯彻《全民健身条例》为主线，认真组织实施《玉溪市全民健身实施计划(2011～2015)》。加强领导，充分行使各级全民健身指导协调委员会职能；学习、宣传全民健身政策法规；明确职责，通力合作，共同为落实玉溪全民健身实施计划做出努力。积极推进"七彩云南全民健身工程"实施，提升玉溪全民健身运动发展水平。在基础设施建设上，抓住国家、省多渠道投资的机遇，积极争取项目、找项目、建设项目；在活动示范工程上，积极打造贴近群众的健身平台，培养一地特色的、固定的群众体育赛事和健身活动品牌，努力打造聂耳文化广场和抚仙湖两个健身活动圈；在组织建设工程上，着重加强全民健身服务体系建设。

（谢伯龙）

【体育彩票销售】 2011年，玉溪体育彩票销售工作以"安全为本，销量第一"为指导原则，全年销售体育彩票214 589 118元。其中电彩概率型玩法销售112 986 960元，即开型玩法销售75 840 300元，竞猜型玩法销售25 761 858元，圆满完成省体彩中心下达的销售任务。2011年新增销售点3个，其中竞猜型网点2个，概率型网点1个。玉溪10个销售点被省体彩中心评为云南省百佳优秀网点。

（解家敏）

群众体育

【"全民健身日"主题系列活动】 2011年6～8月，玉溪市全民健身指导协调委员会主办，市体育局、市体育总会承办了抚仙湖公开水域游泳赛、篮球、足球赛、健身气功展演、老年门球、地掷球比赛等丰富多彩、群众参与性强的"全民健身日"主题系列活动。

8月8日上午，玉溪市"全民健身日"主题系列活动启动仪式暨大众广播体操展演赛在聂耳文化广场举行。市人大副主任范志华宣布玉溪市"全民健身日"主题系列活动启动，副市长杨洋讲话，市政协副主席汪燕平及市全民健身指导协调委员会成员单位领导出席启动仪式。仪式后举行大众广播体操展演比赛。

同一天在聂耳文化广场举办沙滩足球、三人篮球赛、体育知识灯谜竞猜游园活动，为市民免费进行国民体质检测。举办以武术、健身气功为主要内容的全民健身精品展示晚会。市级"全民健身日"主题系列活动参与人数达20 000余人。各县(区)以"全民健身日"活动为重点，组织开展了丰富多彩的群众体育健身活动，在全市范围内全力唱响"健康玉溪"主旋律，掀起了全民健身新高潮。

【实施"农民体育健身工程"和"七彩云南全民健身基础设施建设工程"】 2011年，市体育局与市财政局制定下发《玉溪市全民健身基础设施建设工程实施办法》。市体育局全年投入市级体彩公益金160万元，分两批在全市9个乡镇、86个村(社区)实施"农民体育健身工程"。

玉溪落实到位省"七彩云南全民健身基础设施建设工程"项目建设资金600万元，补助玉溪1个县、13个乡镇、106个村组全民健身基础设施建设，其中2010年项目建设资金224万元，补助5个乡镇，58个村体育设施建设，2011年项目建设资金376万元。

市体育局、市财政局、市文化局共同落实省村级文化体育活动广场建设项目45个，配套省级资金486万元。

（解家敏）

【元旦、春节环城跑活动】 2011年1月7日，由玉溪市、红塔区全民健身指导协调委员会主办，市、区体育局、总工会承办的玉溪市、区元旦、春节环城赛跑活动在中心城区举行。市人大主任董诗强、市长高劲松为活动鸣枪，市人大副主任、市总工会主席范志华宣布起跑活动开始，副市长杨洋在起跑仪式上致词。市委、市人大、市政府、市政协及红塔区领导出席起跑仪式并组成领导

2011年8月7日，玉溪市全民健身日"玉水金岸"杯10千米越野暨群众登山活动在红塔山举行。设10千米越野赛和群众登山活动两个组，来自市区登山爱好者2 000余人参加比赛活动

（解家敏 摄）

方队跑完全程。来自中心城区中央、省、市、区属机关、部队、企事业单位职工及市民10 000余人参加环城跑，是近年来玉溪参与单位、人数最多、规模最大的一次，拉开了2011年玉溪市全民健身系列活动的序幕。本次活动分男、女子中、青年组，老年组和单位集体方队，中、青年组赛跑距离为6千米，老年组、集体方队赛跑距离为3.5千米。

（谢伯龙）

【三八妇女节职工运动会】 2011年3月4日，由玉溪市妇联、市体育局、建设银行玉溪市分行主办，红塔区体育局等单位协办的玉溪市庆三八"建行财富杯"职工趣味健身运动会在聂耳文化广场举行。市委副书记张玲、市人大副主任雷庆丽、副市长杨洋等市领导出席开幕式。运动会设拔河、跳绳、4×100米接力、趣味足球射门4个项目，其中拔河、跳绳在聂耳文化广场举行，4×100米接力、趣味足球射门在玉溪体育场举行。来自市属机关、企事业单位、省驻玉单位共53个单位1 358人参加运动会。

【"体彩杯"篮球赛】 2011年2月3～18日，由市体育局、省体彩中心、省群体指导中心主办，峨山、华宁、新平、通海、易门、江川县体育部门、省体彩中心玉溪销售管理部承办的"体彩杯"篮球赛于春节期间分别在各县举行。本次比赛6个县共有114支球队近600人参加，活跃了各地春节期间文体活动。比赛期间各地按照国家体育总局《关于举办2011年全国龙狮健身大联动的通知》要求，组织了龙狮健身表演活动。

【围棋段级位赛】 2011年3月5日，由市体育局和市围棋协会联合主办的玉溪市第一届围棋段级位赛，在红塔区青少年科技活动中心举办，来自全市各县区90多名围棋爱好者展开激烈角逐。这次比赛是玉溪市围棋协会主办的首届围棋段级位赛事，参赛小棋手大多来自玉溪各中小学校，年龄在5～10周岁，接受过数月乃至数年培训，达到一定水平。市围棋协会成立以来在中心城区中小学校大力推广普及围棋运动，为玉溪围棋事业发展起到积极作用。

【推行职工工间操制度】 2011年市体育局在全市推广大众广播体操，举办广播体操培训、比赛，市、县（区）机关单位逐步形成职工"工间操"制度。市体育局选派4人参加云南省第九套广播体操培训班学习。7月5～8日，市体育局、市总工会、市妇联、市教育局在市体育馆举办玉溪市大众广播体操推广培训班，为全市机关、企事业单位推行工间操培训骨干，来自市属37个单位及各县区共100余人参训，学员经考核合格颁发结业证。8月8日，玉溪市"全民健身日"主题系列活动启动仪式暨大众广播体操展演赛在聂耳文化广场举行，来自26个市直单位及红塔区展演队共800人参加集体展演和比赛。

5月13日，红塔区职工工间操比赛在玉溪聂耳文化广场举行，比赛主题是"万众一心跟党走，建功立业奔小康"。来自区属机关单位、学校、乡镇、街道共33个代表队近千名职工参加第八套广播体操比赛。

【云南省第五届玉溪抚仙湖公开水域游泳邀请赛】 云南省第五届玉溪抚仙湖公开水域游泳邀请赛于2011年7月16日在澄江县禄充风景区举行。云南省卫生厅厅长陈觉民、省游泳协会名誉主席李树基，省体育局副局长、省游泳协会主席沈俊镔等出席下水仪式，玉溪市人大副主任范志华、副市长杨洋、市政协副主席陈志芬等出席下水仪式并为活动鸣枪。本次邀请赛是云南省纪念毛泽东畅游长江45周年和玉溪市聂耳纪念日系列活动之一，赛事由云南省体育局、玉溪市人民政府主办，玉溪市体育局、云南省游泳协会承办。

比赛设男、女子A组（18～38岁）、B组（39～59岁）等组别，60～70岁参赛运动员不记名次，游完全程发给证书。参赛人员必须能一次游完2 000米，身体健康，有县级以上医院证明方可报名参赛。来自云南省内及辽宁、四川等地的400多名游泳爱好者参赛。

一年一度的云南省玉溪抚仙湖公开水域游泳邀请赛已成为省内主要公开水域游泳赛事，已连续五次举办。通过活动贯彻落实《全民健身条例》，唱响"健康玉溪"主旋律，打造抚仙湖康体休闲体育运动品牌，推动全民健身事业发展。

【举办跆拳道锦标赛】 2011年6月12日，玉溪市跆拳道比赛在市体育馆结束。比赛由市体育局主办，市跆拳道协会、市体育馆、黑带精英跆拳道联盟承办。共有来自市青少年宫、市少体校、玉溪师院跆拳道协会，通海县、华宁县、元江县青少年宫等12支代表队220人参赛。竞赛项目设品势比赛、竞技比赛、特技比赛、跆拳道舞比赛、双截棍比赛5个项目。竞赛组别分儿童组、少儿组、少年组、青年组、成年组。通过2天比赛各组别决出名次。本次比赛是玉溪市庆祝中国共产党成立90周年和聂耳纪念周系列活动之一。

【承办全省老年人体育健身运动会柔力球比赛】 云南省第七届老年人体育健身运动会柔力球比赛于2011年6月14～17日在玉溪体育馆举行。玉溪市委常委、组织部长寸世成出席开幕式并宣布开幕，副市长明正彬致开幕词。本次比赛由省体育局、省老龄委办公室、省

2011年8月8日，玉溪市大众广播体操展演比赛在聂耳文化广场举行，来自市直26个单位及红塔区展演队共800人参加集体展演和比赛　（解家敏　摄）

老体协主办，玉溪市体育局、市老龄委办公室、市老体协承办。来自全省14个州市及省级国家机关、昆明铁路局共16支代表队200多人参赛，是近年来玉溪承办规模较大的柔力球赛事，比赛设集体全能套路、双人自选套路、单人自选套路3个竞赛项目。

本次比赛是玉溪庆祝中国共产党成立90周年系列活动之一，在聂耳音乐周活动期间举办，增添了喜庆气氛，对宣传玉溪、展示玉溪形象，促进玉溪经济和社会协调发展，推动全民健身活动开展起到积极作用。本次比赛玉溪派出一队、二队两支队伍参加全部项目比赛，荣获2个金奖、4个银奖，充分展示了玉溪老年人柔力球运动的水平和风采。

【举办足球比赛】 2011年“玉溪手机报杯”足球比赛历时一个月，于9月10日结束。本次比赛由玉溪日报社、玉溪市体育局、中国移动玉溪分公司主办，玉溪手机报读者俱乐部、玉溪市足球协会、玉溪日报社文化产业部、玉溪新兴文化传播有限责任公司承办。来自市级、易门、华宁县企事业单位的16支球队利用双休日进行了32场比赛，最终玉昆钢铁队夺得冠军。市级新闻媒体对比赛进行全程跟踪宣传报道。

【参赛全国少数民族传统体育运动会】 第九届全国少数民族传统体育运动会于2011年9月18日在贵阳闭幕。代表云南省参赛的玉溪射弩、龙舟运动员在运动会上以良好的精神风貌、精湛的技艺取得三个第一名，四个第二名，一个第四名，二个第五名的优异成绩，为云南、为玉溪各族人民赢得荣誉。其中，玉溪哈尼族运动员李春丽在射弩项目比赛中勇夺标准弩男女混合、传统弩男女混合、传统弩跪姿个人第一名，并获标准弩立姿个人第二名。玉溪龙舟队在比赛中获女子小龙舟500米、男女混合标准龙舟800米、1 000米第二名，获男子标准龙舟250米第四名，男子标准龙舟500米、5 000米第五名。

【第九届老年人运动会】 2011年10月13日，玉溪市第九届老年人运动会在江川体育馆开幕。副市长、本届运动会组委会主任明正彬致开幕词，中共江川县委书记马文龙致欢迎词，市老体协主席李绍辉宣布开幕。

玉溪市第九届老年人运动会由玉溪市人民政府主办，中共江川县委、县人民政府承办，玉溪市体育局、市老龄委、市老体协、江川县文旅广体局、县老龄委、老体协协办。比赛设门球、塑质地掷球、泰迪健身球、中国象棋4个项目。

【承办中国体育舞蹈公开系列赛玉溪站比赛】 2011年中国体育舞蹈公开系列赛玉溪站暨云南省体育舞蹈邀请赛于10月29～30日在玉溪体育馆举办。本次赛事由国家体育总局社会体育指导中心、中国体育舞蹈联合会、云南省体育局、玉溪市人民政府主办，云南省群众体育指导中心、玉溪市体育局承办。国家体育总局社会体育指导中心副主任、中国体育舞蹈联合会副主席张怡，云南省体育局副局长沈俊镔，玉溪市委常委、宣传部长董文献，市人大副主任范志华，副市长杨洋、市政协副主席汪燕平、陈志芬等领导出席开幕式。杨洋在开幕式上致欢迎词，沈俊镔讲话，张怡宣布开幕。

本次比赛共有来自北京、天津、上海、深圳等18个省区市的700队次1 200名选手参赛。中国体育舞蹈公开赛是国内体育舞蹈最顶级的年度计分赛事，玉溪站比赛设职业组、A组、壮年组、青年组、少年组、少儿组6个组别，同时进行云南体育舞蹈邀请赛。本次比赛是云南历史上规格最高、规模最大、水平最高的一次体育舞蹈赛事，举办比赛的目的是为展示玉溪生态城市建设成果，促进云南省、玉溪市体育舞蹈运动项目的持续、健康发展。

本次比赛呈现出参赛人数多、赛事规格高、高水平运动员、裁判员多的特点。赛事特聘请由国际级和国家级组成的国内知名裁判执裁。开幕式表演中，来自广州亚运会金牌得主和获得国内外体育舞蹈锦标赛奖项的多名高水准职业选手现场献艺。大赛邀请了中央电视台、全国体育联播平台、中国网络电视台、《尚舞》杂志、中国体育报、中国体育舞蹈联合会网站、中华舞蹈网和省内各大报纸、网站等新闻媒体进行报道。玉溪新闻网对赛事进行独家视频直播。

【受国家、省表彰的先进单位和个人】

被国家体育总局授予2011年度全民健身活动优秀组织奖：玉溪日报社

被国家体育总局授予2011年度全民健身活动先进单位：玉溪市人民医院

被国家体育总局、教育部命名为国家级体育传统项目学校：玉溪第四小学，成为玉溪第一所国家级体育传统项目学校

国家体育总局社会体育指导中心2011年3月授予2010年度社会(休闲)体育示范县：通海县

国家体育总局社会体育指导中心2011年1月授予2010年全国龙狮大联动活动突出贡献奖：通海县人民政府

国家体育总局2011年12月19日命名2012年国家级青少年体育俱乐部：元江县青少年体育俱乐部

被国家体育总局表彰为2011年全国各级各类体校优秀教练员：谭念东(玉溪体校教练)

被省体育局评为2011年体育竞赛

2011年10月29～30日，中顺洁柔中国体育舞蹈公开系列赛玉溪站暨云南省体育舞蹈邀请赛在玉溪体育馆举行 （解家敏 摄）

最佳赛区：玉溪赛区（承办省游泳、柔道比赛）、新平赛区（承办省篮球、排球比赛）

（解家敏）

竞技体育

【参赛第七届全国城市运动会】 2011年玉溪市组团参赛第七届全国城市运动会。3~8月，64名运动员分别参加足球、射箭、田径、皮划艇、击剑、柔道、射击、摔跤共8个项目预赛（自行车项目直接进决赛），9个项目58人获决赛资格。8月在武汉先期举行的男子足球乙组决赛中，玉溪队获得第十名。

9月16日，作为全国城会57个参赛城市之一，玉溪火炬手参加在江西南昌八一广场举行的火炬传递点火起跑仪式，并带回火炬。25日，第七届全国城市运动会火炬"幸福之光"在玉溪聂耳音乐广场聂耳铜像前点燃。副市长、第七届全国城市运动会玉溪代表团团长杨洋向火炬手授火炬，来自玉溪体育运动学校田径队的50名运动员参加火炬点燃传递仪式。

9月29日，参赛第七届全国城市运动会玉溪代表团成立暨出征动员大会举行，副市长、玉溪代表团团长杨洋做出征动员讲话并向代表团授旗。省体育局副局长赵建军、竞技处副处长廖伟，市体育局局长、代表团副团长周延平在会上讲话，对代表团参赛工作提出具体要求。

10月16~25日，全国第七届城市运动会在江西南昌市举行。云南省仅昆明、玉溪市参加，玉溪是第三次组团参加全国城市运动会。开幕式上，玉溪代表团打出"玉溪人民向您问好"的条幅，大屏幕开始播放玉溪城市宣传片，向全国人民展示玉溪经济、社会、体育发展情况及各族人民精神风貌，带去玉溪人民向全国人民的亲切问候，赢得观众阵阵掌声。运动会期间，玉溪代表团充分利用全国城运会平台宣传展示玉溪的良好形象，受到广泛关注，收到较好宣传效果，达到预期参赛目标。玉溪体育代表团参加田径、柔道、射箭、足球、射击、皮划艇、摔跤、击剑、自行车9个项目决赛，共获得银牌1枚，第六名、第七名、第八名各1个，第九名3个，第十名1个，并荣获"体育道德风尚奖"。其中，10月19日在江苏苏州举行的场地自行车男子全能决赛中，通海籍运动员师涛以29分的总成绩夺得银牌。

（解家敏）

【玉溪市第四届中小学生运动会】 2011年7月26~31日，玉溪市第四届中小学生运动会在玉溪举行。本届运动会由市体育局、市教育局主办，玉溪体校、市体育馆承办。设田径、游泳、篮球、7人制足球、体育知识竞赛5个项目，来自玉溪八县一区中小学校及市特殊教育学校的1 000多名运动员参赛。

经过5天角逐，中学组团体总分前六名分别为红塔区，江川、通海、元江、澄江、新平县。小学组团体总分前六名分别是红塔区，新平、通海、元江、江川、澄江县。玉溪市特殊教育学校第一次组队参加全市中小学生运动会，在7人制足球赛中勇夺冠军。

举办中小学生运动会是玉溪贯彻落实中共中央、国务院《关于加强青少年体育增强青少年体质的意见》具体行动。本届运动会全面检阅了玉溪中小学体育工作和业余训练水平，通过比赛发现、选拔了一批竞技体育后备人才。

（谢伯龙）

【赛风赛纪和反兴奋剂专项治理】 2011年4月，玉溪按照国家体育总局要求和省体育局部署，在全市体育系统中开展赛风赛纪和反兴奋剂专项治理工作进入总结讲评阶段。

在为期一年的专项治理中，全市体育系统按照要求成立专项治理工作领导小组，制定工作方案，贯彻落实各项工作要求，分阶段、有计划地进行动员部署、宣传教育、自查自纠、整改落实、总结讲评等阶段工作，并做到每个阶段工作都有书面情况报告。通过专项治理，各县区、各训练单位建立健全赛风赛纪和反兴奋剂工作机构，加强组织领导，认真整改薄弱环节。赛风赛纪和反兴奋剂工作是一项长抓不懈的工作，通过本次专项治理，各训练单位建立起长效机制，促进了玉溪体育事业健康发展。

（普云红）

【承办全国女排联赛云南队主场赛】 2011年1月16日至2月15日，361°全国女子排球联赛B组"高新杯"玉溪赛区云南大学滇池学院女排主场比赛在玉溪体育馆举行。玉溪赛区比赛由中国排球协会主办，玉溪市体育局、市体育馆承办，玉溪高新区管委会协办。云南大学滇池学院女排在玉溪6场比赛中，取得4胜2负的成绩，玉溪赛区承办工作得到主办方、参赛球队的充分肯定。为让玉溪市民欣赏到高水平排球比赛，玉溪赛区全部比赛免票观看。

6场比赛中，云南大学滇池学院女排于1月16日3∶0胜广东台山建龙队、1月22日3∶0胜武汉现代精工队、1月25日3∶0胜河北队、1月30日3∶0胜北京航空航天大学队、2月12日1∶3负北京汽车队、2月15日2∶3负福建厦门喜梦宝队。

2011年10月19日，在江苏苏州举行的第七届全国城市运动会场地自行车男子全能决赛中，玉溪代表团师涛以29分的总成绩夺得银牌。图为师涛（左一）在领奖台上

（市体育局 提供）

【承办全国射箭冠军赛暨伦敦奥运会射箭选拔资格赛】 2011年3月9～14日，全国射箭冠军赛暨伦敦奥运会射箭项目选拔资格赛，在玉溪华培外语实验学校举行。本次比赛由国家体育总局射击射箭运动管理中心主办，玉溪市人民政府、云南省体育局承办，玉溪市体育局、云南省北教场体育训练基地、玉溪华培外语实验学校协办。

本次比赛有北京、上海、天津、山东、山西、江苏、青海、辽宁、广东、云南等27个省市区及解放军队报名参赛，参赛运动员、教练员500余人。竞赛项目设男子反曲弓、女子反曲弓、反曲弓混合团体3个大项15个小项，是全国射箭冠军赛中规模较大，参赛人数较多的一次，竞赛成绩前16名运动员入选国家射箭集训队，备战2012年伦敦奥运会。经过6天比赛，山东、福建、陕西一队获女子团体前三名，吉林一队、新疆、四川队夺得男子团体前三名。云南队蒋凌洁取得女子反曲弓个人单轮50米第2名，全能第3名的成绩。

2011年12月2日，国家体育总局体操运动管理中心在北京举行新科世界冠军登榜仪式。玉溪籍运动员郭伟阳（左）由于在东京世界体操锦标赛上和队友一起拿到男子团体冠军，顺利登上位于国家体操馆的世界冠军荣誉榜，郭伟阳是首位登上体操世界冠军榜的云南籍运动员。 （市体育局　提供）

【承办全国沙滩排球大奖赛】 2011年9月8～11日，“滇溪龙泉杯”全国沙滩排球大奖赛在易门县举行。本次比赛是经国家体育总局批准的官方比赛和A级赛事，由国家体育总局排球运动管理中心、云南省体育局、玉溪市政府主办，玉溪市体育局、易门县政府承办。共有来自全国12个省区市及解放军的51支代表队102名运动员参赛。经过4天98场鏖战，八一双星名人队、上海队分获男、女子组金牌。易门县被国家体育总局排球运动管理中心授予赛事承办“最佳组织奖”。

（解家敏）

【运动员输送及裁判员批授】 2011年各县区向玉溪体校输送运动员264人，向市少体校输送15人。市体育局批授二级运动员172人，三级运动员2人，二级裁判员279人，三级裁判员533人。省级体育部门批授玉溪等级运动员：一级运动员14人，一级裁判员2人，二级裁判员5人。

（普云红）

社会

编辑：王　斌

人口与计划生育

【概　况】 2011年，全市人口计生工作围绕“建设富裕、民主、文明、开放、平安、和谐、生态、幸福”新玉溪的目标，服从服务好全市经济社会又好又快发展大局，坚持以优质服务为主线，重点推进计划生育综合改革，着力抓实“婚育新风进万家活动、流动人口计划生育均等化服务、创建幸福家庭活动、计划生育村民自治”四项工作，巩固提升“优生促进、依法行政、基层基础、计生协会、行政效能”五项成果的工作思路，突出重点，狠抓落实，完成了省人口计生委和市委、市政府下达的各项任务。

完成2011年度人口计划。据计生年报统计，2011年年末，全市总人口2 127 608人，全年出生22 445人，人口出生率10.58‰；人口自然增长率5.19‰；符合政策生育率98.03%；避孕及时率81%；优选节育率83.89%。全市农业人口家庭累计领取《独生子女父母光荣证》31 084户，其中2011年新领证469户，全市农业人口一孩家庭领证率43.82%。生育证发放程序合格率100%，全面完成省、市下达的各项指标任务。2011年，市、县（区）、乡（镇）人口计生部门共处理3 633起群众来信来访，办结率100%。

【计划生育指标完成情况】 据计生统计报表：2011年全市共出生婴儿22 445人，比上年同期少出生46人。其中：男性11 639人，女性10 806人，男、女婴儿性别比为108：100，比上年同期下降1个百分点。从分孩次出生婴儿看：一孩出生13 676人，一孩率为60.93%，性别比为109：100；二孩出生8 586人，二孩率为38.25%，性别比为106：100；多孩出生183人，多孩率为0.82%，性别比为118：100。与上年同期比：一孩减少261人，一孩率下降1.04个百分点；二孩增加218人，二孩率上升1.05个百分点；多孩出生减少3人，多孩出生率下降0.01个百分点。

在出生的22 445人中，政策内生育22 003人，符合政策生育率为98.03%，比上年同期下降0.35个百分点。分孩次计划生育率分别为：一孩98.93%，二孩97.08%，多孩75.41%。计划外出生442人，比上年同期多78人，计划外生育率为1.97%，比上年同期高0.35个百分点。计划外多孩出生45人，比上年同期减少15人，计划外多孩生育率为0.20%，比上年同期少0.07个百分点。

全市已婚育龄妇女433 675人，占全市总人口2 127 608人的20.38%，比上年同期增加3 852人；已落实各种节育措施的有384 508人，比上年同期增加3 174人；综合节育率为88.66%，比上年同期减少0.06个百分点。其中：长效节育人数363 800人，比上年同期增加2 900人，优选节育率为83.89%，与上年同期相比下降0.08个百分点；采取针药及避孕药具避孕20 708人，比上年同期增加274人，针药具避孕率4.78%，比上年上升0.02个百分点。截至2011年12月底止，全市94 056人领取了“独生子女父母光荣证”，比上年同期增加1 583人，领证率为21.69%，比上年同期增加0.17个百分点。

【人口和计划生育责任目标完成情况】 2011年，稳定低生育水平指标完成情况：人口出生率10.58‰，人口自然增长率5.19‰；符合政策生育率98.03%。

探索建立统筹解决人口问题机制情况：初步完成育龄妇女及家庭成员数据库录入工作，已录入2 058 870人，录入率96.1%，录入准确率81.5%。落实计划生育利益导向机制和对计划生育家庭的优先优惠政策。出台了《玉溪市人民政府关于全面开展人口出生缺陷一级预防工作的实施意见》，全面开展优生促进工作。加强和完善流动人口计划生育基层基础工作，实现流动人口计划生育“一盘棋”工作目标，全面启动流动人口计划生育均等化服务试点工作。

各种配套经费及专项经费到位情况：全市预算人口和计划生育事业经费1 221.46万元，拨入计生帐户1 171.46万元，比省下达1 080万元超91万元。落实农村居民“一次性奖励”、“教育奖学金”等市级配套经费100万元。追加育龄妇女及家庭成员数据库工作经费35万元。

人口和计划生育八个综合评估指标完成情况：优选节育率83.89%，长效避孕及时率81%，计划生育案件评查合格率97.50%，宣传品入户率96.82%，人口和计划生育奖励政策、处罚政策、群众知晓率96.80%。每个县创建了2个村（居）民自治示范单位，各县均按标准化药具管理达标县的标准积极开展创建工作，市、县两级完成了风险防范工作，认真开展“双评”活动，群众满意率99.82%。

【人口计生宣传教育】 2011年，玉溪市被国家人口计生委确定为全国84个“婚育新风进万家”活动示范市，明确以“婚育文明、性别平等；计划生育、优生优育；生殖健康、家庭幸福”为主题。市人口计生委印发人口计生法律法规、优生优育、出生缺陷干预、生殖健康等宣传资料及宣传品100余万份，制作印有人口计生法规政策的烟灰缸、围裙、餐巾纸等10余万份发给育龄群众。在全市的大型超市摆放宣传架200多个，制作张贴大型公益广告64幅，小型公益广告6 000张，形成宣传合力。

各县（区）利用电子彩屏在中心城区滚动播放宣传标语口号198条；以玉溪电视台、玉溪广播电台、《玉溪日报》为载体，广泛开展宣传；发挥人口学校的宣传教育主阵地作用，强化对各级人口计生干部的培训，共举办县乡村计生干部培训26期，参训人数1 320余人次。宣传品入户率96.82%，计生知识群众知晓率96.8%。

把“关爱女孩行动”作为优质服务的延伸和拓展，在各县（区）计划生育服务中心（站）开设“少女关怀室”，将“谈心室”、“人流室”、“心理辅导室”、“休息室”融为一体，实行全程温馨服务，为女孩的健康成长创建良好的环境。配合执法部门打击违法犯罪，帮助涉世不深的少女校正人生坐标。“少女关怀室”已对2 650人次开展了咨询服务，帮助多名因人流辍学的女孩重返校园。

2011年共建人口文化大院27个，其中省级文化大院9个：华宁县盘溪镇计划生育服务站大厅、红塔区李琪镇下赫、江川县九溪镇九溪、澄江县右所镇吉花、通海县杨广镇大兴、易门县铜厂乡米苴、新平县古城办事处古城、峨山县大龙潭乡绿溪村委会、元江县洼垤乡它才吉村坡底村民小组。

【计划生育技术服务】 2011年，鉴定病残儿30人，符合再生育标准25人，不符合5人；手术并发症5人，符合4人，不符合1人（建议省级鉴定）。为县（区）人口计生服务中心和县、乡计划生育服务站购置8台全自动血液细胞分析仪、1台化学发光免疫分析仪、1台心电监护仪、3台妇科手术仪、2台利普刀、1台阴道炎检测仪、1台便携彩超、1台乳腺血氧功能成像系统、1台电子阴道镜、4台微波治疗仪、2台高压消毒锅、1台无菌柜、1台显微镜和人工流产包。

推广使用安全套预防艾滋病工作。全年共组织内部培训612期15 398人，对外培训（高危人群）189期30 890人；全市10 671个宾馆、酒店、娱乐场所负责人与人口计生部门签订责任书和协议；在10 888个公共场所摆放安全套；免费发放安全套2 017 056只，社会营销55 455只，自动售套机销售1 603只；发放宣传品762种293 839份。

免费婚前医学检查。2011年为25 795人免费进行婚前医学检查，检查出患病人员1 384人、占婚检数的3.4%，建议5人暂时不宜结婚，占婚检数的0.013%。

2011年7月11日，开展第二十二个“世界人口日”宣传咨询活动

（计生委 提供）

【计划生育法制工作】 认真落实行政执法人员执法资格管理制度，全市人口计生系统执法人员持证率100%。根据机构和岗位设置情况，将行政执法目录中的法定职责进行分解细化，制定了具体的执法岗位标准，明确执法责任、执法范围和权限，并自上而下层层分解落实到每一个执法机构和执法岗位，层层签订执法责任书。

认真梳理现行行政审批服务事项的基础信息，严格按照要求整理出每一项行政审批事项的审批时限、审批对象、申请条件、申报程序、申报材料，报市政府政务服务中心审核，为行政审批和电子监察系统运行做好充分准备。

2011年4月23日至5月6日，配合玉溪市中级人民法院开展社会抚养费征收情况调研。2008～2010年，玉溪社会抚养费征收案件共立案284件，结案142件，结案率50%；应征收社会抚养费1 869.99万元，已征收47.55万元；申请法院强制执行68件，法院受理68件，已执行64件，法院协助征收社会抚养费8.1万元，占已征收社会抚养费的17%。玉溪社会抚养费的征收主要依靠行政手段，社会抚养费征收到位率仅25.4%，社会抚养费征收难、征收到位率低问题突出。针对存在问题，积极争取进一步建立和完善农村社会养老保障制度、加强对社会抚养费征收政策的宣传力度、加大对计划生育执法人员的培训力度，争取司法部门的支持和配合，通过申请法院强制执行，加大计生依法行政力度。8月22日至9月5日，在全市人口计生系统全面开展2011年度上半年行政执法案卷评查，共评查计划生育行政执法案卷24件，平均分86.3分，最高分95.5分，最低分76.5分。

9月8日，在江川召开玉溪市中级法院与人口计生委依法行政工作联席会。江川县委常委、常务副县长李东林、人口计生局局长罗玉华、法院副院长潘文保在会上就江川县计划生育行政执法工作、社会抚养费征收工作和行政非诉案件执行工作取得的成效作了交流。市人口计生委副主任张艳华对各县区人口计生部门提出要求。市中级人民法院副院长李志明，执行局副局长尚云海通过对基层法院非诉社会抚养费案件执行情况的分析，阐述了当前非诉社会抚养费的案件执行过程中存在的问题和对策建议。

2011年，在红塔区、江川县、澄江县启动以全面开展创建“以促进社会和谐为目标、以建设法制计生为手段、以人的全面发展为中心、以群众自治为切入点”的诚信计生活动。

【流动人口计划生育服务管理】 2011年，玉溪的流动人口计划生育服务管理工作以全面贯彻落实国家四部委《关于创新流动人口服务管理体制推进流动人口计划生育基本公共服务均等化试点工作的指导意见》为重点，认真做好均等化服务试点工作，全面推进国家人口计生委提出的流动人口服务管理“一盘棋”和“三年三步走”的工作，圆满完成了各项工作任务。

流动人口宣传服务工作。利用5月份宣传服务月，以媒体、通信网络、特色宣传品、文艺宣传队、乡镇社区流动人口工作站、节假日集中宣传等“六大载体”为主导，开展“五个一”（发放一封致流动人口的公开信、上门宣传服务随访一次、发放一套宣传资料、开展一次法律知识培训、进行一次孕情环情检查）和“五进”（宣传资料进社区、进超市、进家庭、进企业厂矿、进文化大院）活动。据不完全统计，在宣传月活动中，全市共出动宣传车辆163辆次，直接受教育人数5.3万余人次；发放各种宣传材料4.6万余份；发放避孕套15.8万只，避孕药、栓、膏共6 790盒/支；开展关爱男性健康、女性保健知识、农民工权益保障、农村劳动力转移培训、房屋租赁、证照办理等相关知识服务咨询3 420余人次；为流动育龄群众免费开展生殖健康检查及法律咨询5 200余人次。开展文艺演出77场次，观看群众4万余人。对漏报漏统的流动人口，通知户籍地人口计生部门进行登记管理，对查出无证人员发出限期补办通知书，计生部门为流动人口办理《婚育证明》5 440本，公安部门为流动人口办理《居住证》6 286本。

摸清流动人口底数。由各级综治部门牵头，相关部门共同参与，按照“属地管理、单位负责”和“谁用工谁负责、谁经营谁负责、谁出租谁负责”的原则，以乡镇街道和社区为单位，统一清查内容和目标，规范信息采集表册，开展拉网式清查，做到街不漏巷、巷不漏户、户不漏人、人不漏项。到5月底，全市已清理清查流动人口14.61万人并全部录入完毕。

开展流动人口动态监测，摸清全员流动人口信息。截至9月31日，全市流动人口建档数150 741人，其中：流入人口110 010人，流出人口40 731人，男性93 451人，女性57 290人；育龄妇女46 227人，已婚育龄妇女33 852人。全员流动人口录入“云南省育龄妇女及家庭成员信息系统”150 741人，录入率100%，流动育龄妇女录入“国家PADIS流动人口子系统”36 472人，录入率79%。国家流动人口网络平台运行良好，运用率100%、信息反馈率99.6%、“查无此人率”控制在20%以内、协查率98.9%，及时为流动人口发送避孕节育信息报告单和办理一孩生育服务登记。平台运行的各项指标均名列全省前茅，受到国家、省检查组的好评。

深化区域协作。在2010年与流入玉溪人口和玉溪流出人口较多的省份间建立长期合作关系，规范区域内流动人口服务管理工作的基础上，2011年4月初，红塔区向玉溪其他8县发出加强协作倡议，签订《玉溪市县（区）流动人口计划生育双向服务管理协议书》。6月中旬，元江县因远镇结合位于玉溪、普洱、红河交界的实际，积极协调组织三州市的七乡镇签订流动人口综合服务管理合作协议，采取轮流坐庄方式，召开流动人口工作座谈会解决有关问题，不断延伸和加强流动人口区域协作。

【流动人口计划生育基本公共服务均等化试点工作】 2011年，市人口计生委抓住国家人口计生委、中央综治办等四部委把玉溪确定为全国49个流动人口基本公共服务均等化试点的契机，制定了玉溪《关于创新流动人口服务管理机制推进流动人口基本公共服务均等化试点工作方案》。确立了“党政主导、综治牵头、部门联动、社会参与、服务互动、信息互通、成果共享”的工作思路，提出“流动人口计划生育均等化服务”以服务为推手，全面推广“一站式审批、一证式登记”和运用信息化手段综合管理模式，落实流动人口在就业、就医、定居、子女入托入学等方面的八项市民待遇，做到“宣传教育服务、计划生育和生殖健康服务、避孕药具供应和随访服务、生育政策服务、生育关怀服务、便民维权服务”六项均等化的要求。

3月18日，市委、市政府召开试点工作启动会议，各县（区）市委常委、政法委书记、分管计划生育和政法工作的两名副县区长、综治办主任、计生局长以及市试点工作协调领导小组成员单位负责人共80余人参加会议。会上，试点工作协调领导小组副组长、副市长杨洋传达了全国试点工作启动会议精神，试点工作协调领导小组组长、市委常委、市政法委书记刘宁筌对试点工作提出具体要求，副市长、公安局局长明正彬与各县区和各成员单位责任人签订目标责任书。会后，各县（区）和16个成员单位于4月初相继制定出台了《实施方案》，全面启动试点工作。

4月8日，市人口计生委召开试点工作业务培训会，培训班以推行计划生育“五免费”、满足流动人口多样化需求为核心，开设了流动人口免费计划生育技术服务规范、孕前优生健康检查、婚前医学检查、生殖健康检查、避孕药具供给及随访服务、流动人口协会工作、流动人口信息网络建设等7个专题讲座。

8月8～20日，市均等化协调领导小组深入各县（区）对全市开展流动人口基本公共服务均等化试点工作情况按照“党政领导重视、召开启动会、制定工作方案、落实县区试点工作职责、强化基层开展服务工作”五个方面的情况进行了为期12天的工作督查。通过督查，74个乡镇、社区设立了流动人口综合服务站，按照500∶1的比例聘请了382名协管员，全市共投入试点经费2 233万元。市人口计生部门认真实施“123456”工程，确定78个县乡镇服务站所中心为“流动人口生殖健康定点服务单位”，设立72个“流动人口温馨家园”和380个避孕药具发放点。试点工作初见成效，基本实现计划生育基本公共服务均等化。

【药具管理工作】 2011年3月3日，市人口计生委召开全市分管服务中心的计生委主任或副主任、服务站长参加的药具工作会，传达省“两会”精神，安排部署2011年药具管理的四项重点工作：完善药具优质服务网络、配合做好全国流动人口计划生育基本公共服务均等化试点项目工作、巩固完善药具规范化管理工作、增强风险防范意识。截至10月31日，省分配玉溪计划生育药具资金960 115元，执行率100%；市分配各县区计划生育药具资金972 936.30元，已执行926 850.91元，执行率95.26%，其余的在11月底以前执行完成。

药具免费发放服务和管理。全力配合抓好流动人口计划生育基本公共服务均等化试点工作，确保流动人口计划生育技术服务“五项免费”及相关方面的服务，保障发药人员补贴同发放常住人口补贴一样执行，要求开设的药具免费发放窗口要做到“七有”即：有专（兼）

职发放管理人员，并持证上岗；有一组避孕药具专柜或药具架；有品种多样的免费药具和药具知识宣传资料摆放；有统一制作的流动人口药具免费发放点标识；有一部咨询热线电话，电话号码对外公开；有一个药具发放随访制度；有两本药具发放随访记录本（一本登记流动人口、一本登记常住人口）。

县级药具标准化建设。各县围绕“创计划生育药具标准化建设达标县”这一主题，以加强五个方面的建设开展工作，江川县被列为省计划生育药具县级标准化建设达标县。澄江、元江县按VI形象店标准正在建设中，其他五个县由市药具站投入近万元资金制作了标有“云南计生药具管理”标识的药具展示柜，在服务中心（站）大厅内摆放。

药具免费发放网络。全市共有规范的主渠道网点774个，其中：市级1个、县级9个、乡级75个、村（社区）及直属组689个，均属人工发放。社会发放网点186个，其中协议式发放2个，委托式118个，自助发放40个，其他26个，总计960个药具免费发放点。报给国家药具免费发放信息采集点227个。

【计划生育协会工作】　基层协会规范化建设。2011年，调整充实乡、村两级协会常务理事班子，配齐配强会长、秘书长、会员小组长，优化理事会组织结构，建立“县指导乡、乡督促村、村推动组、组带动会员”的五级联动，设岗定责的工作机制，每个村计生协设6~8个岗位。认真落实分级培训制度，实行“县聘乡管村用”，落实每人每月报酬不低于300元，最高的500元。截至11月底，全市665个村（居）委会，有协会组织810个，会员21.6万人，村（居）协会建会率100%。其中企业协会25个，流动人口协会38个；协会理事9 466名，会员小组5 875个，“会员之家”761个，建立会员联系户159 777户，协会文艺队1 291支。

计生基层群众自治工作。按照计划生育村（居）民自治规范化管理的标准，全市665个村（居）民委员会、社区均推行计生村民自治规范化建设，群众自治面100%。市级现已验收合格的村（居）573个，占86%。市级给每个合格村（居）兑现1 000元的奖励，共兑现奖金57.3万元。全市推荐上报9个省级示范村（居）、5个全国基层群众自治示范村（居），11月上旬，已接受省计生协的复查验收。

宣传倡导。各级计生协举办各种培训班10期，组织科普活动36场次，演出2 750场次；各村（居）计生协会认真落实每个会员联系3-5户会员的联系户制度；在《玉溪日报》开办《人口与健康教育》专版，刊登各级协会活动服务情况和典型经验，每期发行35 000份；玉溪电视台在黄金时段播放市、县、乡、村计生协工作情况，“玉溪人口网”开辟协会专栏，扩大宣传面。

生育关怀行动。配合省计生协系列活动，开展六项相关工作：实施“少生快富”帮扶项目，开展不孕不育家庭调查、关爱育龄群众生殖健康，开展“5·29”宣传慰问、服务广大群众和弱势群体，实施青春健康教育项目、关爱青少年健康成长，开展计生家庭意外伤害保险工作，解除群众后顾之忧。

创建幸福家庭活动。2011年5月，玉溪市被列为云南省唯一的全国“创建幸福家庭”活动试点市，市人口计生委将试点作为玉溪市推进人口和计划生育综合改革的重要内容，列为当年四项重点工作之一，成立领导小组及指导组，确定了以“人口计生综合改革”为平台、“婚育新风进万家活动”为主线、“生育关怀行动”为载体、“文明倡导、健康促进、优生优育、致富发展、奉献社会”为主要内容的“创建幸福家庭”活动工作思路，力争到2015年，全市80%以上计划生育家庭基本达到“幸福家庭”创建标准，生存能力和发展水平同步提高，群众满意度达到95%以上。

参与流动人口均等化服务。市计生协主动参与到流动人口均等化服务中来，印发了《关于进一步加强企业及流动人口计划生育协会工作的通知》，要求在流动人口相对集中的企业（200人以上）建立独立协会或流动人口计划生育协会；流动人口在200人以下50人以上的企业，联合建立流动人口计划生育协会；流动人口在50人以下的小型企业和个体商铺可建立会员小组，挂靠当地村居计生协会统一管理。力争使流动人口聚集地区的计生协工作覆盖面达到70%以上，以协会组织为载体，促进流动人口均等化服务。

【生育关怀行动】　2011年，玉溪市围绕十个方面抓好“生育关怀行动”。关怀困难计划生育家庭。启动第三轮“少生快富”帮扶项目，把90万元项目帮扶资金发放到独生子女、双女困难家庭，项目受益群众610人，受助计生家庭人均纯收入比帮扶前增加500元，户均收入比帮扶前增加4 500元。各级各有关部门为计生困难家庭排忧解难做实事15 300余件。开展计生困难家庭慰问活动，仅“5·29”活动期间，全市各级计生协慰问独生子女、双女困难家庭及贫困户328户、发放慰问金86 050元，慰问品折币11 600元。开展计划生育贫困家庭调查，筛选5户申请省计生协会的特别帮扶，每户帮扶资金3 000元。

关怀育龄群众生殖健康。以开展计划生育优质服务为载体，建立育龄妇女生殖健康档案，普及生殖健康科普知识，组织计生干部和育龄群众参加“生育关怀”、“生殖健康”远程教育讲座3次。上报110户需要救助的计划生育贫困生殖健康障碍不孕不育家庭的情况，做好救助项目的储备工作，筛选20户不孕不育家庭申请省“生育关怀行动”组委会救助。

关怀独生子女。认真落实市委、市政府出台的一系列关怀独生子女的惠民政策：农村独生子女就读小学每人每年奖励160元、初中260元，独生子女考取高中一次性奖励1 000元、国民教育全日制大学专科1 200元、国民教育全日制大学本科2 000元。全市投入324万元帮助解决农业人口独生子女家庭和双女户“新农合”参合费。落实特扶政策，关爱“空巢”家庭，全市共审批特别扶助对象848人，救助子女伤残户259户、子女死亡589户。

关怀女孩健康成长。积极参与“关爱女孩行动”和“婚育新风进万家活动”，全市各级计生协和常务理事单位筹资17 000元帮助困难女孩。把生育关怀延伸到校园，为在校女孩提供生理、心理健康、生殖健康保健等咨询服务。与卫生、公安等部门联合，开展打击“两非”（非医学需要胎儿性别鉴定、非医学需要选择性别人工终止妊娠）和溺弃女婴专项行动，对个体诊所、民营医院进行清理清查，严厉打击违规违法犯罪行为，确保女孩生存权。

关怀基层计划生育工作者。关心村组计生干部，落实计生宣传员每人每月报酬不低于300元（省级60元、市级120元、县级120元），从事人口和计划生育工作满15年的宣传员离岗时，每年工龄补助1个月的工资给予一次性奖励，所需经费由市、县区财政各50%的比例承担。

实施青春健康教育项目。把新平县扬武中学和玉溪师院作为青春健康项目工作示范点。在新平县扬武中学举行2011年“生育关怀—青春健康”项目启动仪式暨骨干培训，市、县计生协和乡镇、学校相关领导以及800余名师生参加了培训。11月4日，在玉溪师院举办"大学生青春健康知识讲座"，近500名大一新生参加讲座，现场发放"生育关怀—青春健康"宣传折页1 000份。4月26日，举办"玉溪聂耳小学关怀儿童健康成长家庭教育讲座"，聂耳小学一年级的450余名家长和老师聆听了讲座。"5·29"活动期间，在新平县举办了两期"青春健康教育"知识讲座。各项目点出青春健康教育宣传板报21期，培训青春健康教育骨干50人，建立"心理咨询室"2个。编印青春健康知识调查问卷3 000份、青春健康宣传折页10 000份，分别发到各项目点和各县区，拓展青春健康教育项目工作。

4月中旬，参与科技文化卫生"三下乡"活动，发放生殖健康宣传资料20 000余份，宣传折页1 500份，《健康教育指导手册》、《饮食相忌—健康宝典》各2 500册；开展计划生育政策、优生优育、避孕节育、生殖健康咨询服务2 500人次，义诊免费看病300人次，免费B超检查250人；免费发放价值5 000元的药品，安全套10 000只，避孕药物100盒。

【优生促进工程】 2011年，全市共累计发放农村妇女增补叶酸宣传单、册9.53万份。确定农村妇女免费增补叶酸目标人群17 000人，举办目标人群培训410次，培训目标人群21 312余人；调查增补叶酸知识知晓人数15 687人，知晓率91.3%。免费发叶酸15 807人份(94 842瓶)，叶酸服用率78%，比省下达任务数高8个百分点。

【全省计划生育协会工作座谈会在玉召开】 2011年12月14日，全省计划生育协会工作座谈会在中玉酒店召开，省计生协秘书长张丽萍，省人口计生委副主任、计生协副会长金桂兰及各州市计生协副会长、秘书长等40余人参加会议。各州市计生协在会上进行了交流发言，并参观了红塔区玉带路街道中卫社区的人口计生基层群众自治工作。

【举行免费孕前检查拓展县启动会】 2011年8月30日，云南省第二批免费孕前优生健康检查拓展县启动会暨技术骨干培训在玉溪举行。云南省在第一批4个县进行试点的基础上，在安宁等20个县(市、区)实施第二批免费孕前优生健康检查拓展试点。会议对免费孕前优生健康检查拓展县技术骨干进行了10个专题的培训。省人口计生委副主任吴莉华出席会议并讲话，她要求把免费孕前优生健康检查作为一项重要任务来抓，要明确各级职责，规范实施，做到统一服务、统一工作流程、统一技术规范、统一宣传培训、统一统计报表、统一建立数据库"六个统一"，突出重点，狠抓宣传和检查覆盖率，加强质量管理，提高项目水平，使之抓出水平，做出成效。会上，红塔区计生服务中心交流了经验，20个县(市、区)的计生技术骨干观摩了红塔区计生服务中心孕前优生健康检查项目工作情况和大营街街道计生服务站孕前优生健康检查项目工作情况。

【全国流动人口动态监测】 2011年，由国家计生委组织的流动人口动态监测是一次规模大、内容全、监测结果最有利用价值的流动人口抽样调查。全国共抽取样本总量为12.8万人，采取以流入地为主，在监测点抽取若干街道和村(居)委会，通过问卷调查方式展开。动态监测内容主要包括流动人口及其家庭基本信息、计划生育/生殖健康需求、计划生育服务管理工作落实情况，以及流动人口就业、收入、社会保障、生活状况、子女教育、医疗等相关信息。7月15日，玉溪市人口计生委对被抽到的红塔区、江川、澄江、新平和元江5县区的12个抽样点的调查员进行调查业务培训。至7月30日，全市5个监测点县区的240份个人调查问卷和12份社区调查问卷全部录入结束。

【红塔区加强流动人口计生双向服务管理】 2011年4月8日，红塔区人口计生局向玉溪其他8个县人口计生局发出加强流动人口计生协作倡议，并与8个县人口计生局局长分别签订《玉溪市县区流动人口计划生育双向服务管理协议书》。协议包括7个方面：

区域内部信息资源共享，管理互动。协议各方半年互通一次流动人口计划生育信息，时间分别为7月20日和1月20日前。

人性化管理。现居住地应当查验婚育证明，督促未办理婚育证明的成年育龄妇女及时补办婚育证明；应告知流动人口在现居住地可以享受的计划生育服务和奖励、优待；应根据育龄妇女的避孕节育情况证明，及时向其户籍所在地通报流动人口避孕节育情况。

亲情化服务。流入地对依法登记的已婚育龄流动人口，应告知其接受流入地乡镇人民政府街道办事处的服务和管理，并与流动人口的用人单位、雇主和流动人口出租、出借房屋的房主签订流动人口计划生育管理协议。

建立优质服务工作制度。八县一区之间流动已婚育龄妇女凭《八县一区流动人口计划生育综合服务证》，可在现居住地计生服务站所免费享受国家规定的计划生育技术服务和各地开展的生殖健康、出生缺陷一级预防、婚前医学检查等相关服务。

落实计划生育奖励和优待措施。协

2011年12月13～14日，2011"生育关怀—彩云之南在行动"玉溪行公益宣传活动在聂耳文化广场举行。省人口计生委副主任、省计生协副会长金桂兰，玉溪市副市长杨洋等为玉溪5个计生困难家庭发送了3000元帮扶资金，为10个贫困不孕不育家庭颁发《全额免费援助证》、10个贫困不孕不育家庭获得《2000元救助治疗证》。

（计生委　提供）

议各方应为实行晚婚晚育或者只生育一个子女并领取《独生子女父母光荣证》的已婚育龄流动人口落实相关计划生育奖励和优待措施；应帮助实行计划生育的流动人口家庭解决生产、生活、生育等方面的实际困难。

建立通报制度。协议各方应坚持每年不少于两次流动人口全面验证、登记工作，及时掌握流出人口动向，摸清流入人口底数，将流入人口纳入户籍人口管理，每次验证情况汇总通报协议各方。

建立联动追究制度。协议各方发现流入育龄妇女政策外怀孕的，应就地采取补救措施，拒不落实避孕节育措施的，流出地协议方应采取有力措施，全力做好政策外怀孕妇女的工作，直至落实避孕节育措施为止。

【红塔区实施国家免费孕前优生健康检查项目】 2011年，红塔区作为云南省第一批4个国家免费孕前优生健康检查试点县区之一，各级政府对项目试点工作高度重视，列入民生工程。每对夫妇检查费290元，国家结算标准240元，区财政补助50元。年内，区政府投入220万元专项资金购买优生检测设备、HIV初筛、添置了四维实时彩色B超、全自动生化分析仪、全自动五分类血球分析仪、酶标仪等先进的优生检查设备，为项目开展提供有力的保障。广泛开展宣传活动，全区确定计划怀孕夫妇2 135对为目标人群，宣传覆盖率97.16%，优生知识知晓率98%，优生咨询指导率100%。家庭档案录入率100%，对2 013人进行了孕前优生健康自我评估，免费发放叶酸6 815瓶，查出高风险人群115人，转诊234人。为育龄群众生育健康宝宝，建设幸福家庭提供科学的指导和优质的服务，得到了群众的认可。

【市人口计生事业发展“十二五”规划通过评审】 2010年5月17日，《玉溪市人口和计划生育事业发展“十二五”规划（草案）》通过省、市有关人口与发展领域专家评审，专家们认为：该《规划（草案）》分析了玉溪市人口发展态势及人口对资源环境的影响等关键问题，提出了“十二五”人口和计划生育事业发展的基本目标、主要任务和保障措施。评审专家一致同意通过《规划（草案）》评审的同时，提出了进一步修改完善的意见建议。

【计生工作受表彰】 2011年3月、10月，国家人口计生委分别通报表彰了2010年度、2011年度“全国计划生育优质服务先进单位”，江川县、通海县榜上有名。

2011年，在全国计划生育优质服务示范活动中，红塔区、峨山县计划生育服务站被国家人口计生委通报表彰为全国计划生育优质服务示范站。玉溪计生药具信息被省计生药具管理站考评为二等奖。12月，华宁县人口和计划生育服务站、江川县前卫镇计划生育服务所、新平县建兴乡计划生育服务所获“云南省计划生育优秀服务示范站”称号。

【计划生育家庭意外伤害保险工作】 2011年，玉溪市计划生育意外伤害保险工作进展顺利、参保面广，理赔服务得到加强，并超额完成了省计生协下达的指标。全市有9.3万户计划生育家庭参加计划生育家庭意外伤害保险，参保人数27.2万人，收取保费322.72万元，完成率200%。其中：企业流动人口计生家庭参保6 809户2.04万人，保费21.58万元。红塔区、新平县、通海县、江川县、华宁县、澄江县、易门县、峨山县超额完成保险推动目标任务。在参保的计生家庭中出险984例，赔付金额140.26万元。其中：死亡赔付35件，赔付金额25.05万元；医疗赔付948件，赔付114.492万元；伤残1件，赔付金额0.72万元。

【人口计生基层群众自治示范村（居）接受复查验收】 2011年11月8～10日，省人口计生委、计生协组成复查验收组，到玉溪复查验收人口计生基层群众自治示范村（居）工作。自开展人口和计划生育基层群众自治规范化建设及示范村（居）活动以来，市级第一批验收合格573个，合格率86%。其中，2010年验收合格5个国家级示范村、9个省级示范村；2011年申报5个国家级示范村、9个省级示范村。此次复查是对2010年验收合格的14个村（居）和2011年申报的14个村（居），重点抽查6个村（居）。复查验收组严格按照国标六条和省标九条，着重从组织机构、章程制定和落实、宣传倡导、生育关怀、政务公开、民主评议、民主监督、生育节育执行情况等方面深入县、乡镇、村，认真检查，仔细查阅资料、查看现场、走访群众。通过检查，复查验收组对玉溪人口计生基层群众自治示范村（居）工作取得的成绩给予充分肯定，指出了存在不足，提出了整改的意见和建议。

【人口计生系统第五届“人口杯”职运会】 2011年9月20～24日，玉溪市人口和计划生育系统第五届“人口杯”职工运动会在江川县体育馆举行。本届职工运动会进行同舟共济、跳大绳、4×100米接力、羽毛球、篮球共五个项目的比赛。参赛运动员均为市、县区人口计生委（局）及服务站职工，有10个代表队共计150名运动员参赛。经过5天的角逐，市人口计生委、华宁县、江川县、红塔区、峨山县、通海县分获团体总分前六名。闭幕式晚会上，10个代表队表演了歌舞节目，赢得观众的阵阵喝彩。

（普凤岚）

社会保障

【概　况】 2011年，全市人力资源和社会保障工作坚持民生为本、人才优先的工作主线，实施充分就业战略和人才强市战略，以就业、社会保障、收入分配、人事、人才、公共服务、劳动关系为抓手，突出抓好省、市政府重点督查的20项重要工作和市政府十件实事，创造性地开展工作。继续实施积极就业政策，努力促进充分就业，城镇新增就业人员2.38万人，城镇下岗失业人员实现再就业9 078人，开发公益性岗位4 078个，帮助“4050”特殊困难人员实现再就业6 056人。实施农村劳动力转移就业特别行动计划，培训农村劳动力6 364人，转移农村新增劳动力就业2.39万人。确保零就业家庭成员至少1人实现就业，城镇零就业家庭保持动态清零。全市城镇登记失业率3.11%，控制在3.5%以内。

认真学习贯彻社会保险法，健全和完善社会保障制度体系。组织全市人力资源和社会保障部门的干部职工和广大用人单位相关人员学习《社会保险法》和《工伤保险条例》，基本解决未参保集体企业退休人员基本养老保障等遗留问题，基本完成老工伤人员纳入工伤统筹任务。全市参加城镇职工基本养老保险、城镇基本医疗保险、失业保险、工伤保险、生育保险人数分别为24.82万人、48.62万人、12.68万人、19.63万人、15.22万人；分别完成省下达目标任务的110%、101.46%、103%、120.35%、110.69%。积极做好社会保险扩面工作，确保社会保险金的按时足额发放和待遇的支付。全面完成市政府“十件实事”及省、市政府20项重要工作中涉及就业的各项目标任务，劳动关系和谐稳定。

【劳动就业】　2011年，全市城镇新增就业人员2.38万人，完成省目标任务1.5万人的158.7%，完成市目标任务2.3万人的103.5%；城镇下岗失业人员实现再就业9 078人，完成省、市目标任务6 000人的151.3%；开发公益性岗位4 078个，完成省市目标任务3 500人的116.5%；帮助“4050”特殊困难人员实现再就业6 056人，完成省目标任务4 400人的137.6%，完成市目标任务5 300人的114.3%。实施农村劳动力转移就业特别行动计划，培训农村劳动力6 364人，完成省、市目标任务6 000人的106%；转移农村新增劳动力就业2.39万人，完成省、市目标任务6 000人的398%。确保零就业家庭成员至少1人实现就业，城镇零就业家庭保持动态清零。全市城镇登记失业率3.11%，控制在3.5%以内。全面完成了市政府“十件实事”及省、市政府20项重要工作中涉及就业的各项目标任务。

【创业扶持就业】　2011年，积极开展创业促就业小额担保贷款、鼓励创业“贷免扶补”和劳动密集型小企业贷款工作，大力推进创业带动就业和劳动密集型小企业吸纳就业。贷出“创业促就业”小额担保贷款3.39亿元，完成省目标任务2.75亿元的123.3%，完成市目标任务2.5亿元的135.6%；扶持创业人数6 181人，完成省目标任务5 500人的112.4%，完成市目标任务5 000人的123.6%。全市就业经办机构发放鼓励创业“贷免扶补”小额贷款3 059万元，扶持500人自主创业，完成省、市目标任务500人的100%。小额担保贷款扶持劳动密集型小企业41户，完成省目标任务35户的120%，完成市目标任务40户的105%，发放贷款7 780万元，吸纳1 539人就业。

【职业资格培训与鉴定】　2011年，实施技能人才振兴计划，加大职业培训工作力度，健全职业培训相关政策，建立健全面向全体劳动者的职业技能培训制度，大力开展就业技能培训、岗位技能提升培训和创业培训，完善职业培训补贴政策，实行专项职业能力认证。进行机关事业单位技术工人职业资格申报工作，共培训40个专业488人。开展职业技能培训鉴定，共开展培训200期17 000人，参加职业技能鉴定15 000人，鉴定人数占培训人数的88%。经过鉴定合格11 000人，合格人数占鉴定人数的73.33%。组织高技能人才的培训、鉴定，共培训高技能人才3 600人，其中：高级工3 480人、技师120人；参加鉴定3 352人，通过鉴定合格3 015人。

【技工学校招生工作】　2011年，玉溪完成技校招生录取人数3 180人，实际录取人数3 180人，比招生计划人数1 800人超1 380人。实际入校注册人数与录取人数的比例为100%。在招生的9所技校中，校址在玉溪的三所技校的招生人数占招生总人数的88%，其中玉溪技师学院招生1 408人，云南铜业高级技工学校招生1 100人，云南省交通技师学院玉溪校区招生292人，云南技师学院等四所技校招生380人。

【城镇基本医疗保险】　2011年，全市参加城镇医疗保险49.33万人，完成省下达的48.62万人目标任务的101.46%，其中城镇职工23.51万人，城镇居民25.82万人。启动实施了医疗保险市级统筹，医疗保险基金的统筹层次和抗风险能力得到进一步提高。启动实施了省内异地持卡就医联网结算，方便参保职工在全省范围内持卡就医购药，实现在全省范围内无障碍持卡实时结算。启动实施了城镇居民大病补充医疗保险，提高城镇居民的医疗保障能力和水平。协调经办城镇职工大病补充医疗保险工作，开展职工大病补充医疗保险初审、复审和报销工作，保证参保患者和定点单位的大病医疗费用支付。调整医疗保险付费方式，有效地管好用好医保基金，保证统筹基金收支平衡。

【城镇职工养老保险】　2011年，全市参保人数24.82万人，完成省下达目标任务22.54万人的110%，其中：企业参保从业人员13.39万人，完成省下达目标任务11.86万人的112.9%；缴费人员11.32万人，完成省下达目标任务10.79万人的104.89%。企业养老保险欠费回收1 033万元，完成省下达目标任务500万元的206.6%。解决未参保集体企业退休人员基本养老保障等遗留问题工作进展顺利。全市共办理补缴人员8 470人（其中：超龄补缴人员5 573人），收缴基金21 467.2万元（其中：超龄补缴人员缴费15 855.8万元），已计算养老金5 472人，月支付养老金278.94万元，月平均养老金509.76元。年龄最小52岁1人，最大100岁4人，月养老金最低315元，最高2 318元。

【失业保险】　2011年，扩大失业保险覆盖面，全市城镇参加失业保险人数12.68万人，完成省目标任务12万人的105.7%，完成市目标任务12.3万人的103%。

【工伤保险】　2011年，全市参加工伤保险人数19.63万人。其中：参加企业职工工伤保险参保人数12.99万人，完成省下达目标任务12.08万人的107.53%（其中农民工6.8万人，完成省下达目标任务6.8万人的100%）；

2011年6月1日，玉溪市城镇职工医疗保险省内异地持卡就医购药联网结算启动仪式　（人力资源和社会保障局　提供）

机关事业单位工伤参保职工 6.64 万人。

【生育保险】 2011 年，全市参加生育保险人数 15.22 万人。其中：参加企业生育保险人数 8.58 万人，完成省下达目标任务 7.3 万人的 117.53%；机关事业单位生育保险参保职工 6.64 万人。

【新型农村养老保险】 2011 年，新型农村社会养老保险试点工作顺利推进。通过积极争取，新型农村养老保险试点县在原来新平县和华宁县两个县的基础上增加了红塔区、江川县、通海县、峨山县、元江县，并在以上 7 个县区同步实施城镇居民社会养老保险试点工作。试点县新农保应参保人数 102.02 万人，共组织 98.64 万人参保，参保率 96.7%；按时足额发放 60 周岁以上农村老人的基础养老金 19.26 万人。

【城镇居民养老保险】 2011 年，城镇居民应参保人数 3.86 万人，共组织 3.79 万人参保，参保率 98.3%；按时足额发放 60 周岁以上城镇居民的基础养老金 6 802人。发放基础养老金8 488万元，累计发放 10 926 万元。发放丧葬补助费 1 878人，发放金额 112.68 万元。

【被征地农民养老保险】 2011 年，全市 9 个县(区)均开展被征地农民养老保险缴费补助工作，共组织 5.4 万人投保，累计收取养老保险费40 823万元，全市领取人数 1.79 万人，累计支出 4 748万元，基金累计结余36 236万元。全市共上报土地征用报件 49 件，计划征用土地 570.86 公顷，全市应收取进入财政专户的社保安置补助费 13 894.95万元，已全部进入县(区)财政专户。

【提高社会保险待遇】 2011 年，继续做好企业退休人员基本养老金按时足额发放工作，并按照云南省人力资源和社会保障厅、财政厅，市委、市政府的要求，给25 062名企业退休人员(含 1 ~4 级伤残职工)，发放一次性生活补助费 752.33 万元。及时调整提高企业退休人员养老金，对符合调整待遇的28 360名退休人员，月人均增 148 元。自 2008 年以来，企业退休人员月人均养老金累计调整提高 489 元。对 293 名 1 ~4 级工伤职工和 279 名供养亲属，按月支付的伤残津贴、护理费、遗属抚恤金进行调整，伤残津贴每月增加22 354元，月人均增加 168 元；护理费每月增加 12 385元，月人均增加 77 元；遗属抚恤金每月增加16 914元，月人均增加 61 元。月人均伤残津贴累计调整提高 614 元，月人均护理费累计调整提高 339 元，月人均遗属抚恤金累计调整提高 270 元。

调高城镇基本医疗保险最高支付限额，职工由每人每年 3.8 万元调整为 4.3 万元，城镇职工医保最高支付限额已达 19.3 万元，超过玉溪职工年平均工资的 6 倍；居民由每人 1.5 万元调整为 2.5 万元，居民特殊病由 2 万元调整为 3 万元。城镇居民参保人员门诊医疗费用和生育医疗费用纳入统筹支付范围。启动实施城镇居民大病补充医疗保险，最高支付限额为 6 万元，已达到省要求的不低于 5 万元的目标。

【社保基金监督】 2011 年，社保基金监督工作进一步完善社会保险经办机构内控制度，努力探索基金监管长效机制，强化基金监管，加大对贪污、挤占、挪用、骗取社会保险基金违纪违法行为的查处力度，全面完成各项任务，基金安全完整。圆满完成了社会保险基金预决算，加强预算执行情况、执行结果的监督检查和评价分析，建立社会保险基金预算执行分析报告制度，启动按季度上报预算执行情况。研究起草《玉溪市基本医疗保险监督管理办法》，加强基金监督管理制度建设，规范定点机构及参保人员行为。

【企业工资工作】 2011 年，开展劳动力市场工资指导价位信息发布：抽样调查了生产经营正常的各类企业的在职职工的工资收入情况。通过对数据的整理和综合分析，向社会公开发布 137 个职位(工种)411 个工资指导价位。发布企业工资指导线：2011 年企业职工货币平均工资增长基准线为 10%，企业职工货币平均工资增长上线为 15%，企业职工货币平均工资增长下线为零或负增长，企业支付给提供正常劳动的职工工资不得低于当地最低工资标准(红塔区 845 元/月，各县 720 元/月)。

【企业退休人员管理】 2011 年，企业退休人员社会化管理服务工作稳步推进，依托街道社区劳动保障平台，加强企业退休人员社区自管组织建设，拓展和丰富社区退管工作职能，全面提升社会化管理服务水平。全市共组建退休人员自管大组 344 个，自管小组 504 个。在4 553名退休党员中，组建党总支 15 个，党支部 181 个。全市纳入社会化管理服务范围的企业退休人员有39 277 人，社会化管理率 100%，其中进入乡(镇、街道)、社区管理的有38 731人，社区管理率 98.6%，完成省下达的目标任务。已接收的4 815名省属企业退休人员管理服务工作实现规范管理、平稳运行。企业退休人员社会化管理服务工作基本做到了政府、社会、退休人员三满意。

【劳动保障监察】 2011 年，针对劳动保障法律法规实施中的重点、难点和热点问题，对2 505户不同类型的用人单位进行主动检查，对 555 件投诉举报案件进行专查，结案率 100%。督促补签

2011 年 5 月 20 日，玉溪市"十二五"劳动和社会保障体系建设规划评审会

(人力资源和社会保障局　提供)

劳动合同1.33万份，追发劳动者工资1 919万元，督促进行社会保险登记132户，追缴社会保险费263.6万元，清退风险抵押金1.93万元，清退童工3人。清理整顿人力资源市场秩序、开展用人单位遵守劳动用工和社会保险法律法规情况的检查，有效规范用人单位劳动用工管理行为。继续推进农民工工资保证金制度，对建设领域和非建设领域农民工工资保证金实施管理，到账资金6 168.6万元。制定了《玉溪市劳动保障监察网格化网络化管理实施方案》，推动劳动保障监察"两网化"建设。

【劳动关系与信访仲裁】 2011年，全市共有9 647户企业的31.05万劳动者与企业签订劳动合同；有1 499个企业与劳动者签订1 934份集体合同，涉及职工13.72万人。各级劳动人事争议仲裁委员会共受理616件劳动人事争议案件，涉及劳动者805人，结案617件，涉案金额1 245万元；案外调解结案280件，涉及劳动者人数1 724人，涉案金额1 378万元。审批实行特殊工时制度的企业35家，涉及职工8 556人。红塔区率先在全省县区级成立劳动人事争议仲裁院。

【基层社保服务体系建设】 2011年，把社保基层服务体系建设作为一项重要任务，坚持硬件建设与软件建设并重，整合就业、培训、社保、医保等公共服务资源，加快一体化、一站式基层公共服务平台和服务体系建设。积极争取国家发改委县级基层就业和社会保障服务设施建设项目，元江县作为首批国家试点县，县局及澧江、青龙、因远等4个乡(镇)基层就业和社会保障服务中心建设已基本完成，澄江县作为第二批国家试点县上报。建立完善统计制度，及时掌握动态信息和变化，为政府决策提供及时准确的数据依据。继续加快金保工程的建设步伐，为业务经办提供安全可靠的信息网络平台。

（石宪明）

民政事务管理

【概　况】 2011年，玉溪遭遇持续干旱和相继发生的低温霜冻、局部洪涝和风雹等自然灾害。民政部门在市委、市政府的坚强领导和上级民政部门的关心支持下，及时投身抗灾救灾保民生工作，有力、有序、有效地开展灾民生活救助，确保灾区群众基本生活。民政救灾、社会救助、优抚安置、社会事务管理等工作全面发展，为全市经济社会发展做出了积极贡献。

全市在保的农村低保对象87 445人，支出低保金7 082万元，月人均补差达到67.6元。城市低保实现动态管理下的应保尽保，保障人数达到37 737人，月人均补助达到172.22元。五保供养人数5 515人，集中供养比例达到32%，集中供养标准达到4 572元。持续干旱，受灾人口72.43万人次，群众的生产、生活出现了较大困难。全年发放救灾粮2 830.72吨、被子和毛毯1.12万床、衣服2.18万套，救助灾民贫困群众4.23万人。出台《玉溪市和谐社区建设实施意见》，基层组织建设进一步加强。发放保健（长寿）补助金1 987.078万元，领取人数31 387人，发放补助金和领取人数比2010年增加80.7万元和1 330人。玉溪市儿童福利院、救助站、老年公寓、城乡社会福利院、流浪未成年人救助保护中心5个项目建设完成，玉溪市精神病医院开工奠基。江川、澄江、易门、通海、华宁县等社会福利中心正在抓紧建设。

【自然灾害救助】 2011年，玉溪遭遇持续干旱和相继发生低温霜冻、局部洪涝和风雹等自然灾害。全市受灾人口72.43万人次，其中因灾饮水困难人口12.97万人；因灾倒塌民房1 214间、损坏1 038间；农作物受灾6.25万公顷，绝收0.87万公顷；全市因灾直接经济损失5.9亿元，其中农业直接经济损失5.7亿元。

各级民政部门及时投身抗灾救灾保民生工作，有力、有序、有效地开展灾民生活救助，确保灾区群众基本生活。全年争取中央、省级自然灾害生活补助资金1 300万，下拨市级财政补助资金30万元，各县区地方财政安排174.47万元。全年发放救灾口粮2 830.72吨，救助受灾生活困难群众5.25万户15.77万人；发放衣服2.18万套、发放被子1.12万床，救助受灾群众4.23万人。

【防灾应急"三小"工程建设】 2011年，防灾应急"三小"工程建设得到市政府的高度重视，投入防灾应急"三小"工程建设资金2 000多万元，其中争取省政府以实物形式支持900万元、市级财政安排200万元、县区财政合计安排290万元、工商企业和职工个人捐赠407.6万元。防灾应急"三小"工程建设全面启动开展，在易门县成功举办全省防灾应急"三小"工程建设示范活动成效明显，防灾减灾人人参与，"三小"工程家家受益。向全市近71.2万个家庭发放小册子和小应急包，组织开展472场次防灾应急小型演习，26.6万人参加演习，全民防灾减灾工作格局初步形成。

【灾区民房恢复重建工作】 2011年，全市通过自筹等方式已投入372万元用于民房恢复重建工作，帮助423户倒塌户和1 027受损户完成恢复重建任务。

【救灾应急能力建设】 2011年，修改和完善了乡镇救灾应急预案，指导编制出台了村级救灾应急预案，进一步完善上下呼应、协调一致的预案体系格局，实现市、县、乡(镇)、村四级全覆盖，进一步提高基层应对自然灾害的能力和水平。继上年易门、峨山两个县级民政救灾仓库建设项目建成投入使用后，年内，红塔区救灾物资储备仓库建成，启动了华宁县救灾物资储备中心建设项目。在做好县级救灾物资储备库建设的同时，切实加强救灾物资储备。全市储备救灾专用帐篷4 585顶、棉被11 100床、大衣9 000件、衣服7 400件。这些工作的开展，进一步提升备灾能力。

【困难群众基本生活保障工作】 2011年，各级民政部门切实将符合条件的城乡困难群众纳入保障范围，保障城市低保对象26 396户37 737人，占非农人口的9.6%。累计支出低保金7 747万元，月人均补差172.22元(不含春节两次慰问金50元/人和300元/人)。农村低保保障人数87 445人，占全市农业人口的5%，累计支出低保金7 082万元，月人均补差67.6元。中央省级资金投入加大，保障水平进一步提升。共计投入城乡低保资金8 218.35万元。城市低保月人均补差比上年同期增长29元；农村低保月人均补差比上年同期增长17元。

建立社会救助和保障标准与物价上涨挂钩联动机制，并根据物价上涨趋势，及时提高城市居民最低生活保障标准从210元/月·人至250元/月·人；提高农村最低生活保障标准从720元/年·人至1 200元/年·人。及时对城乡低保对象、五保供养对象、重点优抚对象等困难群众发放临时性价格补贴和一次性生活补助共4 595万元，缓解物价上涨对低收入群体生活的影响，保障困难群众的基本生活。

【城乡医疗救助】 2011年，各县(区)在乡镇卫生院、县级医疗机构全面推行“一站式”即时结算方式，医疗救助效果显著，全年城市医疗直接救助9 826人次，支出资金550.57万元，农村医疗直接救助19 455人次，支出资金982.53万元。大病救助水平有所提高。对重大疾病救助比例提高，封顶线提高。对重大疾病救助金额最高补助10 000元。全额资助农村低保对象、五保供养对象参加新农合，全额资助符合条件的城镇困难居民参加城镇居民基本医疗保险。全年共资助50 467人参加城镇居民基本医疗保险，支出资金325.9万元；共资助65 281人参加新农合，支出资金326.41万元。

【农村五保供养】 2011年，市级财政拨付五保供养专项补助经费330万元。截至2011年12月底，全市共有农村五保对象5 223户5 515人，累计支出五保供养经费1 709.35万元。其中，集中供养人数1 862户1 916人，月人均供养水平381元(比上年同期增长50元/人·月)，分散供养人数达3 599人，月人均供养水平247元(比上年同期增长27元/人·月)。从实际供养水平看，五保老人的生活水平远远高于当地村民的平均生活水平。供养体制的改变、供养标准的提高和供养经费的保障，从根本上解决了五保老人的吃、穿、住、医、葬等问题，确保了五保老人的生活质量。

敬老院建设项目稳步推进。通过资产置换、福彩公益金安排，财政补助、企业赞助等方式，多方筹集资金用于敬老院建设，对部分乡镇敬老院进行修缮和设备添置。积极改善居住条件，提高管理服务水平，调动五保老人入院的积极性，市级中心敬老院可望在年底完成建设任务，峨山县中心敬老院已经竣工，五保户集中供养率从上年的28%逐步提高至32%。

【城乡临时救助】 截至2011年12月，全市城市临时救助共救助824人次，累计支出临时救助资金83.28万元，人均救助1 010元；农村临时救助共救助45 027人次，共支出资金1 616万元，人次均救助358元。临时救助工作已经走入规范化发展轨道。

【创建全国双拥模范城工作】 2011年，以创建新一轮全国双拥模范城活动为契机，进一步加强组织领导，把握工作重点，明确目标任务，认真开展自查工作，上报相关材料，迎接省双拥办的检查考核。确保申报全国双拥模范城各项工作的落实，促进双拥工作新发展，全市双拥工作水平进一步提高。切实加强组织领导，坚持把双拥工作内容列入工作计划，纳入目标考核之中，及时研究解决双拥工作中的重点和难点问题。全面加强对双拥工作文件、档案资料的规范化建设和管理，规范双拥工作党委议军制度、军地联席会议制度、军地走访慰问制度。把解决军民关注的热点、难点问题作为创建活动的重点，扎实开展基层双拥活动，进一步营造双拥创建的浓厚氛围，激发全市军民参与创建的热情和积极性。

【国防和双拥宣传教育】 2011年，坚持把国防教育纳入干部在职教育体系，加强对在职干部的国防教育，进一步强化在职干部的国防观念。充分利用网站、橱窗、专栏、板报等形式，广泛开展群众性的国防宣传教育，进一步扩大国防宣传教育的影响面和效果。利用“八一”、元旦、春节期间，认真开展以爱国主义为核心，以热爱人民军队为主题的国防和双拥宣传教育，集中宣传军政军民团结的先进事迹和新时期双拥的重要作用，扩大双拥工作的影响。广泛开展了形式多样的群众性双拥文化宣传活动，开展主题鲜明、群众喜闻乐见的宣传教育活动，推动国防和双拥宣传教育进机关、进企业、进站所、进学校、进社区、进农村，进一步营造军爱民、民拥军的浓厚氛围。

一年来，全市举办国防知识竞赛、传统教育报告会127(场)次，军民联欢209(场)次，军地领导参加国防日5 173人次，在校学生参加军训12.2万名。报刊、广播电台、电视台、网站刊播宣传报道508篇。

【优抚安置】 2011年，民政部门通过不断完善优抚对象抚恤补助标准、医疗补助工作机制，抓好各项优抚政策的落实，有效地保障重点优抚对象的生活权益。

为1.6万余名三属、残疾人员、在乡老复员军人、带病回乡退伍军人、参战退役军人等重点优抚对象及时准确地发放生活补助费，确保全市重点优抚对象各项政策待遇落实到位。义务兵家属优待面达100%，义务兵家属优待户均标准达到4 055元。精心组织、周密安排，切实做好部分农村籍退役士兵老年生活补助工作，9月底，全市完成部分农村籍退役士兵老年生活补助调查、审核、统计上报工作。

市县(区)两级制定出台实施《优抚对象医疗保障实施办法》,《优抚对象医疗保障一站式服务实施办法》，建立了以城镇基本医疗保险和农村合作医疗为依托的优抚对象医疗保障制度，投入500多万元资金，帮助1万多名重点优抚对象参加城镇职工基本医疗保险、城镇居民医疗保险、农村新型合作医疗。优抚对象医疗保障“一站式”服务结算工作全面实施，优抚对象到定点医疗机构看病住院，得到及时的结算，社会效应比较好。给年满80周岁以上的高龄优抚对象发放50~100元/月的保健补助。广泛动员社会力量筹集资金，积极开展“关爱功臣活动”，切实帮助优抚对象解决治病难、生活难、住房难等问题。一年来，全市共投入资金330多万元，为2 352人(户)“三属”、伤残军人、在乡老复员军人等优抚对象解决住房难、医疗难、生活难，切实保障特困优抚对象的生活权益。

【革命烈士纪念建筑物管理】 2011年4月初至5月底，民政部门组织开展烈士纪念建筑设施普查工作。经过普查，掌握了全市烈士纪念设施的具体地址、数量、保护情况，并对所有纪念设施进行了拍照、GPS定位，形成完整的资料，建立了网络管理系统。

【退役士兵安置】 2011年，全市共接收退役士兵879人，其中：农村退役士兵644人，城镇退役士兵235人(含转业士官47人)。符合安排工作240人，参加“双考”201人，安置工作68人，办理自谋职业172人，发放自谋职业一次性补助金627.5万元，待分配期间生活补助费12.3万元，安置率达100%，圆满完成退役士兵安置工作任务。

【军地互办实事】 2011年，全市各县(区)、各行业、各部门坚持把为部队办实事作为支持部队建设的重要举措，投入人力、物力、财力，帮助部队解决战备、训练、基础设施建设和后勤保障中遇到的实际困难，积极做好随军家属安置工作，妥善解决部队子女入学入托问题。一年来，解决粮油水电补贴324.92万元，基础设施建设补助资金1 000多万元，划拨土地80亩，为部队培训技术人才469人，安置随军家属就业21人，调整工作94人，解决部队子女入学入托149名。

驻玉部队积极支持地方公益事业建

设，积极参加助残支教、扶贫帮困等活动。一年来，支援重点工程建设16项，参加公益事业建设63项，参加官兵12 328人次，出动车辆机械1 176台次，投入经费86.5万元。参与抗旱抢险救灾293次，出动9 643人次，出动车辆机械585台次，转移受灾群众1 010人，抢救财产价值4 783万元，向灾区捐赠63.11万元、衣被2 115件套。

【设置街道合理划分社区】 2011年2月，省政府批准玉溪调整设立21个街道办事处。5月，市人民政府批准新设立社区和村改社区213个，其中：新设立社区30个，村改设社区183个。全市辖24个街道办事处、25镇、26个乡，现有村委会和城市社区702个(包括澄江县阳宗镇7个村委会)，其中：城市社区262个，村委会440个，村(居)民小组6714个，其中居民小组2 667个。

【社区基础设施建设】 2011年，经认真摸底调查，统计核实：全市办公和活动用房及配套服务等基本设施建设不足400平方米的社区有67个，需新建、改、扩建总面积为38 753平方米。无办公和活动场所及配套服务等基本设施的社区有43个，需要建设的总面积为24 438平方米。建设任务是：2011年应完成社区建设项目72个，2012年计划完成38个。积极与省厅协调，争取到505万元资金，解决了33个社区和村委会基础设施建设。

7月，市委督查室牵头，组织市政府督查室、市委组织部、民政局、财政局、发改委、住建局、国土局、监察局组成三个组深入县(区)督查社区基础设施建设。对工作进展情况及今后工作计划进行实地督查，推进城市社区活动场所办公用房及配套服务等基本设施建设工作。

【和谐社区建设】 2011年，制定和出台了和谐社区建设工作的有关政策和措施。制定出台了玉溪市和谐社区建设实施意见；制定和谐社区建设领导小组成员单位的工作职责；玉溪市和谐社区建设实施意见的任务分解。

【宣传村民委员会组织法】 2011年，认真宣传和贯彻执行新的《村民委员会组织法》。组织各县区基层政权和社区建设有关人员参与修改云南省实施《中华人民共和国村民委员会组织法》和《云南省村民委员会选举办法》，深化村民自治和村务公开和民主管理工作。

【孤儿救助】 2011年，全市631名孤儿录入民政部孤儿信息系统，并按每人每月500元基本生活费发放到位，完成362名事实无人抚养儿童的信息录入工作。

【福利企业管理】 2011年，全市有福利企业62家，经年检合格57家，未参加年检3家、注销2家。市级对27家福利企业进行了抽查，合格24家，限期整改3家。

【殡葬管理】 2011年，市政府办下发了《关于进一步加强殡葬管理工作的行动方案及开展殡葬改革工作宣传活动的实施方案》、《关于印发进一步加强殡葬管理工作行动方案的通知》，并在聂耳文化广场举行殡葬改革工作宣传活动启动仪式。各县区也纷纷组织开展殡葬改革宣传活动，为推进殡葬改革工作营造了良好的社会氛围。

新平县、易门县殡仪馆建设项目正抓紧建设；华宁殡仪馆建设项目完成项目规划、选址。全市规划建设的100个农村公益性公墓建设，已有20%完成建设任务，80%完成项目规划、选址，正在抓紧建设。2011年，全市火化率13%。

【社会组织管理】 2011年，全市登记社会组织629个，应参加年检582个，参加年检568个，参检率为97.6%，合格率100%，其中：社团509个，参检475个，实参检463个，参检率97%，参检合格率100%；民办非企业单位120个，应参检107个，实参检105个，参检率98%，参检合格率100%。市直社团组织138个，2011年登记2个。

【婚姻登记】 2011年，市县级婚姻机关启用婚姻管理系统。办理国内婚姻登记：结婚登记7 706对；离婚登记1 819对；出具无婚姻登记记录证明167件。涉外婚姻登记：结婚3对；离婚1对。登记合格率达到100%。

【流浪乞讨人员救助管理】 2011年，加强流浪乞讨人员救助管理工作，提高流浪乞讨人员救助管理规范化、社会化、人性化水平。对流浪乞讨人员做到及时和依法救助。全市共救助流浪乞讨人员958多人次支出金额45万元，促进了社会的稳定。

【区划管理】 2011年，省政府批复玉溪同意撤销21个镇和1个乡，设置21个街道办事处和1个新的建制镇。调整后实有75个乡镇街道办事处，其中街道办事处24个、镇25个、乡26个。新的组织构架启动运转。

【界线管理】 2011年，按照省市部署的第二轮边界联检要求，全面启动昆明与玉溪两市界线，玉溪与普洱两市界线及市内红塔区与江川县，易门与峨山，新平与元江3条县区界联检和平安边界线共建工作。并于2011年12月8日下午在新平县举行玉溪与普洱两市界线联检会议及平安创建签字仪式。

建立边界线纠纷排查、应急处理、联席会议、情况通报等四项工作制度，妥善处理和协助有关部门解决好界线附近地区因资源管理使用产生的纠纷问题。调处各种资源等纠纷20多起。

【地名设标工作】 2011年，按照民政部启动县乡镇地名设标工作和省民政厅“今明两年要在广大农村的乡镇逐步完成标准地名标志设置工作”的要求，结合“建设社会主义新农村”工作，启动了全市乡镇地名设标工作。全市共设置各类地名标志牌60多块。

【福彩销售】 2011年，全市福彩销售22 395.5万元，比上年增加2715.5万元，增13.8%，超2 395.5万元完成省厅下达的目标任务，再创历史新高。全市的电脑票、即开票、中福在线三个主要品种，实现全面增长。

2011年，市本级筹集公益金预计为1 700万元。向中央争取福彩公益金资助项目6个，争取公益金2 015万元；向省争取福彩公益金资助项目59个，争取公益金2 633万元；市级福彩公益金项目81个，资助公益金1 175万元。向省中心争取工作经费70万元。

(冯　勇)

扶贫工作

【概　况】 2011年，全市累计完成投入中央、省、市扶贫资金17 418.5万元，比2010年增加3 302万元，增长23.4%。其中：财政资金6 018.5万元(包括：中央资金1 007万元、省级资金2 951.5万元、市级资金2 060万元)，有偿资金11 400万元(包括小额到户贷款资金7 000万元，项目贴息贷款资金

4 400万元）。重点投向4个革命老区县和2个革命老区乡（镇），同时兼顾其他县的贫困自然村。投入财政扶贫资金3 510万元，完成整村推进项目230个，比年度计划200个增加30个，超额完成15%；投入财政扶贫资金390万元，完成易地扶贫搬迁1 276人，比年度计划1 000人增加276人，超额完成28%；投入财政扶贫资金600万元，带动甘庄整乡推进项目当年完成总投资4 773万元，占两年计划总投资的53%；投入财政扶贫资金150万元，实施产业扶贫发展项目3个，比年度计划100万元增加了50万元，超额完成50%；投入财政扶贫资金120万元，完成贫困地区劳动力培训转移1 500人，比年初计划1 000人，增加500人，超额完成50%；投入财政扶贫资金140万元，完成安居工程140户，比年初计划100户增加40户，超额完成40%；投入财政扶贫资金320万元，完成革命老区开发建设项目22个，比年初计划300万元增加20万元，超额完成7%；组织发放小额到户贷款资金7 000万元，比年初计划5 000万元增加2 000万元，超额完成40%；组织发放项目贴息贷款资金4 400万元，比年初计划3 000万元增加1 400万元，超额完成47%；做好单位挂钩扶贫和山苏群众对口帮扶的政策宣传、组织引导和统计分析，2011年各挂钩帮扶单位直接投入或引进项目资金2 211万元。进一步加大对革命老区、民族地区、边远山区的扶持力度，社会扶贫形式多样，取得显著的成效，为“十二五”扶贫工作开好局、起好步打下了坚实的基础。据统计：2011年有效解决5.5万农村贫困人口的脱贫问题，比年初计划5万人增加0.5万人，超额完成10%。

【整村推进扶贫】 2011年，玉溪的整村推进扶贫项目再次实现新突破，分两批下达财政扶贫资金3 510万元，完成整村推进项目230个（其中：省级130个、市级100个），比年初计划200个增加30个，超额完成15%。完成总投资5 618.9万元，其中财政扶贫资金3 510万元，整合部门资金1 238.2万元、自筹和投劳折款870.7万元。先后建成了人畜饮水6件、15千米；沟渠7件、11千米；进村道路水泥硬化14件、41千米；村内道路水泥硬化219件、397千米；安居工程164户；党团科技活动室226所、4.5万平方米；公厕158座。通过实施整村推进项目建设，有9个县（区）、230个自然村、1.69万户、6.26万人直接受益。项目建设区域农民的人均纯收入比实施前增加210元以上，贫困程度得到有效缓解，自我发展能力得到增强，村容村貌有较大改善，贫困群众综合素质得到较大提高，村级组织建设得到明显加强，贫困群众增收产业初步形成。

【整乡推进扶贫】 元江县甘庄街道办事处是省级整乡推进扶贫试点项目，实施期限为两年，从2011开始实施。市委、市政府高度重视，成立了以市委书记孔祥庚为组长，市长高劲松、市委副书记张玲、副市长李洪云为副组长，35个部门主要负责人、元江县委书记和县长为成员的工作领导小组，下设办公室在市扶贫办，由扶贫办主任龚崇生兼任办公室主任。同时将整乡推进重点工作、“888”项目（农户“八有”、自然村“八有”、行政村“八有”）目标任务分解到各相关单位，明确责任单位、配合单位，任务到单位、责任到个人，为顺利推进工作提供了坚强的保障。整乡推进项目规划经省级批准总投资为9 047万元，其中，中央财政扶贫资金1 000万元、市级200万元、整合部门和统筹政策资金7 059万元、群众自筹788万元。2011年实际完成总投资4 773万元，占两年计划总投资的52.7%，即：产业发展完成投资400万元，安居工程完成投资2 472万元，水源工程完成投资200万元，通路工程完成投资682.5万元。社会事业完成投资520万元，民生保障完成新农合政策补助499.09万元。

【易地搬迁扶贫】 2011年，玉溪实际完成转移安置1 276人，比年初计划1 000人增加276人，超额完成27.6%。继续抓好2010年度易地扶贫搬迁在建工程，确保800人顺利实现搬迁。加强协调，分类指导，稳妥推进县（区）自筹易地扶贫搬迁项目工程建设，确保红塔区高仓街道办事处龙树村委会476人顺利实现转移安置。深入调查，认真筛选，全面评估，及时上报，争取省级财政易地搬迁指标700人、投入财政扶贫资金390万元。项目涉及4个县、4个迁入点、172户、700人，规划建成人畜饮水3件、10千米，通电线路3件、2千米，村内道路水泥硬化2件、4千米，建成安居房172户、文化活动室1所400平方米、公厕1座。

【到户贷款扶贫】 2011年，玉溪发放到户贷款扶贫资金7 000万元，比年初计划5 000万元增加2 000万元，超额完成40%。到户贷款工作坚持“定贴息对象、定贴息方向、定贴息期限、定贴息标准、定贷款额度”的五定原则，形成“有偿使用、小额短期、小组联保、滚动发展”的工作制度。加大宣传，多方协调，扎实工作，按期收回2010年度发放应收回的到户贷款6 000万元，准时赔还银行。2011年市县扶贫办、妇联协作配合，共同组织实施，由农行发放贷款，将7 000万元到户贷款全部发放到贫困地区群众手中，重点支持贫困地区群众发展种、养、加等产业，受益贫困群众超过1万余人。

【劳动力培训转移】 2011年，玉溪完成贫困地区劳动力培训转移1 500人，投入资金120万元，比年初计划1 000人，增加500人，超额完成50%。按照省、市的要求，市县校三级联动，瞄准劳动力市场需求，健全制度，强化管理，及时跟踪服务，建立稳定的就业保障机制，扎实推进培训与转移工作。将培训任务分解落实到9个县区，分别是红塔区120人、江川县120人、澄江县120人、通海县120人、华宁县200人、易门县200人、峨山县200人、新平县220人、元江县200人。玉溪工业财贸学校承担培训980人、峨山职中400人、通海职中120人。贫困地区劳动力培训转移基本实现了“输出一个劳动力，带动脱贫一家人”的目标任务。

【革命老区开发建设】 2011年，玉溪实施革命老区开发建设项目22个、完成总投资540.8万元，其中省级财政扶贫资金120万元、市级财政扶贫资金200万元、整合资金125.5万元、自筹和投劳折款95.3万元。按照“突出重点、确保解决革命老区最薄弱、老区人民最期盼的问题”，“对革命贡献大的地方优先扶持，对贫困程度深的村寨给予优先照顾”的要求，用于解决特殊困难、特殊领域、特殊人群的脱贫致富问题。累计建成了人畜饮水9件、15千米，修缮沟渠坝库2件、容积1.8万立方米，进村道路水泥路硬化2件、2千米，村内道路水泥硬化7件、7千米，党团科技活动室8所、3387平方米；公厕3座，修缮革命遗址2件，种植金银花2 000亩。通过22个革命老区开发建设项目的实施，有5个县（区）、0.73万户、3.09万人直接受益，使革命老区贫困问题得到根本缓解，有效推动革命老区开发建设。

【产业发展扶贫项目】 2011年，玉溪新增实施产业发展项目3个，投入财政扶贫资金150万元。比年度计划100万元增加50万元，超额完成50%。继续抓好2010年度4个产业发展项目、200万元财政扶贫资金的落实。元江县羊岔街、洼垤、龙潭、那诺等乡镇完成2 500亩泡核桃种植，成活率在90%以上；通过元江县金珂集团牵头，扶持蔗农户种植1万亩高产高糖甘蔗；新平县平掌乡完成1 500亩优质茶叶种植；峨山县大龙潭乡完成2 500亩泡核桃种植。4个产业发展项目的顺利建成，有力推动了3个县的贫困地区优势特色脱贫产业的发展，为贫困群众稳定脱贫打下长远基础。

2011年新增实施产业发展项目3个，每个项目投入财政资金50万元。用于易门县浦贝乡榨树村种植1 630亩核桃，红塔区滇隆公司扶持发展养殖1 000头能繁母猪，新平县水塘镇扶持发展养殖母猪500头。2011年完成了各项建设内容，榨树种植核桃和滇隆养殖项目当年完工、当年验收，水塘养殖母猪项目由于资金拨付较晚，将在2012年初组织验收。

【贫困村互助资金】　贫困村互助是一种政府最直接、最有效的扶贫到户新模式，是推动贫困地区农民提高自身脱贫致富能力的有效途径之一。2008～2010年，每年争取1个互助资金项目，每县投资100万元，累计投入财政资金300万元。先后在新平、华宁、易门开展试点。各个试点村社员入股积极，资金管理规范，滚动放贷周转快，项目运转正常。2011年，省级重点对新平县建兴乡磨味村委会狗头坡小组给予奖励10万元，继续加大投入资本金，全力支持狗头坡小组的贫困群众发展生产。贫困村互助资金试点获得圆满成功，从根本上帮助试点村农户解决了生产发展垫本资金不足的实际困难，有力地发挥互助资金支持农户发展生产的作用。

【贴息贷款】　2011年，玉溪实际组织发放贴息贷款资金4 400万元，比年初计划3 000万元增加1 400万元，超额完成47%。按照"近期增收有保障，远期发展有潜力"的原则，将贷款计划指标安排给云南玉溪源天生物公司（峨山县）扩大油菜籽加工、除虫菊和有机复合生产项目扶持贴息贷款资金800万元，云南阳光公司（江川县）7万吨酱菜特色产品精深加工项目扶持贴息贷款资金700万元，元江县金珂集团公司发展水田甘蔗2万亩项目扶持贴息贷款资金2 500万元，易门县山里香食品公司绿色蔬菜深加工项目扶持贴息贷款资金400万元。同时按年利率3%的标准下达贴息资金132万元。各级扶贫、财政部门严格把关，扶持了一批扶贫龙头企业，通过银政合作，带动项目区域群众增加经济收入，增强贫困农户的自我发展能力，推动贫困地区产业链的逐步形成。

【扶贫安居工程建设】　2011年，玉溪实际完成安居工程项目140户、每户补助1万元，投入财政资金140万元，比年初计划100万元增加40万元，超额完成40%。为认真贯彻落实市委、市政府关于加快少数民族贫困地区深度贫困群体脱贫的意见，将项目资金全部投入3个少数民族自治县的深度贫困农户改善住房条件、解决住房困难，按户均1万元的补助标准，分别下达给元江县66户、新平县46户、峨山县28户。11月末，140户的安居工程建设项目就已全部完工，实现让贫困农户当年迁入新居的工作目标。

【社会扶贫】　2011年，新调整挂钩扶贫的118个市级单位，帮扶了31个乡（镇、街道）的118个村委会；驻村帮扶48人；帮扶部门直接投入资金1 295.2万元、物资折款89.6万元；帮助引进项目21个、技术7项、资金445.7万元；举办适用技术培训52期，受训人数6 600人次；组织劳务输出648人，资助贫困学生238人。由于宣传到位、服务到位，新一轮挂钩扶贫工作已步入了正轨。2011年，人口较少民族及特困民族支系聚居区对口帮扶的4个县区、8个大企业（集团）、143个部门共投入资金1 044.51万元，投入物资折款79.41万元，引进资金655万元，引进项目28个，驻村帮扶25人，入村考察调研1 256人，举办各类培训班44期、受训人次1 959人，帮助输出劳动力205人，资助贫困学生670人。通过对口帮扶，允分发挥了相关县区、驻玉大企业集团和党政机关、社会团体、企事业单位在人口较少民族扶贫攻坚中的积极作用。

（吴正洪）

移民工作

【概　况】　按照《国务院关于完善大中型水库移民后期扶持政策的意见》、《大中型水利水电工程建设征地补偿和移民安置条例》及云南省人民政府相应的实施方案和意见，玉溪市人民政府于2006年12月成立了玉溪市移民开发工作领导小组及办公室，全面开展移民工作。

2007年5月制订颁布了《玉溪市完善大中型水库移民后期扶持政策实施方案》及五个配套办法，准确核实登记了自建国以来至2006年6月30日全市大中型水库移民人口情况，全市共有符合扶持政策的农村移民25 197人，依据相关政策，按照"一个尽量、两个也可以"的原则，对其中19 435人执行直补到人的扶持政策，自2006年7月1日起每人每年补助600元，连续扶持20年；对其中5 762人执行项目扶持政策，自2008年1月全面启动了项目扶持。截至2011年末，已经发放后扶直补资金6 324.62万元；投入项目扶持资金5 588万元（其中移民专项补助资金4 198万元），实施扶持项目13批217个，切实改善了库区和移民安置区群众的生产生活条件，维护了社会稳定。

2005年5月，为发展水电支柱产业，省政府决定用玉溪原化念农场部分土地作为安置区，接收安置金沙江流域溪洛渡、向家坝大型水电站建设外迁移民。围绕省政府的决策部署，玉溪扎实做好以接收安置迁入移民为重点的移民安置工作，2006年12月玉溪与省移民局签订了《云南省溪洛渡、向家坝水电站迁出移民安置框架性协议》，2008年9月，峨山县、新平县分别签字接收了省移民开发局从峨山监狱收储的原化念农场部分国有土地，其中：峨山县接收13 641.57亩，新平县接收552.23亩。截至2011年末，化念安置区接收安置溪洛渡水电站外迁移民的各项前期工作已经基本就绪并转入实质性阶段。

2011年，全市移民工作坚持"突出重点、解决难点、培育亮点，以点带面，促进库区和移民安置区科学发展"的工作思路，突出移民新村建设和溪洛渡水电站外迁移民接收安置两大重点，狠抓项目扶持，启动10个移民新村建设，准确核实并及时发放本年度后扶直补资金；溪洛渡水电站外迁移民接收安置工作稳步推进，确定了安置规模和安置点，对移民确认等有关工作进行了积极有效的沟通对接，市内新建电站水库项目的申报、核准等前期工作进展顺利。

【移民机构设置】　2007年4月，玉溪

市机构编制委员会发文《关于成立市县（区）移民开发机构的批复》批准成立了玉溪市移民开发局、红塔区移民开发局和峨山县移民开发局，确定了机构、人员和职能，市移民开发局为市政府直属事业机构，规格为正县级，设局长1名，副局长2名，核定事业编制11名；红塔区、峨山县移民开发局为区、县政府直属事业机构，规格为正科级，各设局长1名、副局长1名，各核定事业编制7名。江川、通海、澄江、易门、华宁、新平、元江7县延续移民工作开展以来的实际情况，县政府设移民工作领导小组，由一名副县长兼任县移民工作领导小组组长，相关部门领导为成员，领导小组下设办公室，负责本县移民的日常工作。

2011年县乡机构改革中，在继续保留县（区）移民工作领导小组及办公室的基础上，江川、澄江、华宁、易门、新平、元江6县在县发改局增设了移民股，进一步理顺了关系，明确了人员编制。

【后期扶持资金直补发放】 坚持动态管理，准确核实后期扶持对象，严格落实后期扶持对象资金直补到人政策，按月核减因死亡、参加工作、农转非等原因不符合扶持政策的移民。截至2011年末，全市共有后期扶持直补对象18 911人，按季度及时组织发放了2010年第四季度和2011年第一、二、三季度的直补到移民个人的资金1 138.84万元，及时帮助移民群众解决了生产生活中遇到的实际困难。

【项目扶持和移民新村建设】 按照“十二五”规划，2011年全市启动了10个移民新村建设，完成和正在实施大中型水库库区和移民安置区后扶项目及库区基金项目5批94项，总投资3 290.85万元（其中移民专项补助资金2 559万元，自筹资金731.85万元），硬化进村道路及村间道路14.82万平方米，架设人畜饮水管道5.28万米，支砌排灌沟渠2.6万米，新建科技文化活动室6 440平方米，硬化科技文化广场1 700平方米，新建卫生所160平方米、公厕51平方米，受益群众6万余人（次），有效促进了库区和移民安置区经济社会发展。

【“十二五”规划编制】 2011年，按照玉溪“十二五”规划和省移民开发局的相关意见和要求，经过两轮修改，完成了市、县两级的《大中型水库移民后期扶持规划（2011～2015年）》和《大中型水库库区和移民安置区基础设施建设和经济发展规划（2011～2015年）》的编制和上报；两个规划计划实施项目563个，重点推进8个“移民新村”和13个“移民示范村”建设，内容涉及村容村貌整治、道路交通、农田水利、人畜饮水、医疗卫生、文化教育、产业培植、科技培训八个方面，计划总投资29 090万元，其中移民专项补助19 374万元，其他专项资金补助6 498万元，自筹资金3 218万元。

【移民项目和资金管理】 2011年，制定了《玉溪市大中型水库移民后期扶持项目管理细则》和《玉溪市大中型水库库区基金项目管理细则》，完成了大中型水库移民后期扶持信息管理系统的推广应用，实现了移民信息动态共享。联合市第一纪工委，对全市移民后扶资金使用情况进行了专项督查，在各县区自查自纠的基础上，对部分县区后扶项目资金使用情况和后扶直补资金兑现情况进行重点抽查，通过督查，及时整改存在的问题，提高资金的安全管理和使用效益。

【溪洛渡水电站外迁移民接收安置】 2011年，溪洛渡水电站外迁移民接收安置工作，坚持“严把时间节点、积极稳妥推进”的原则，在管理好安置用地的基础上，积极沟通协调，配合做好化念安置区移民安置规划、安置区土地整理、化念自来水厂扩建、化念东西干渠修复等相关规划、设计的编制和评审工作，确定了3 000人以内的安置规模，遴选出党宽村党宽组，凤凰社区三湾组，凤凰社区新村组一号、二号4个安置点；扎实做好移民接收确认工作，对拟迁入玉溪移民中存在的超生户比例高、贫困面大、独人户比例高等问题，迁移过程中农村低保、新农合、新农保、教育、卫生等需要财政转移支付和配套资金的相关事宜，移民安置后给化念镇带来的基础设施和社会管理扩容增量等问题进行了积极有效的对接；加强与迁出地各级党委、政府的沟通，增进了解，达成共识，先后接待了到化念镇实地考察的昭通市各级领导和移民群众2 000余人次；认真做好本地群众的工作，及时疏导化解抵触思想，积极为接收安置移民创造良好环境。

【市内新建电站、水库移民】 2011年，新平县戛洒江电站、元江县桥头电站、大黑公电站、峨山县雨果电站等4座中型电站和峨山县龙门电站、玉河水库等小型电站、水库共需搬迁安置移民490人，生产安置移民2 527人，市、县移民部门一方面积极配合县级政府和项目业主做好项目的申报、核准等前期工作，另一方面积极指导县级政府、项目业主和规划设计单位，严格遵照有关程序，充分尊重移民意愿，选择移民受益的安置方式，切实维护移民利益；配合市政府审查并发布了《玉溪市人民政府关于红河干流桥头水电站工程占地和水库淹没区禁止新增建设项目和迁入人口的通告》。

【维护库区和移民安置区稳定】 2011年，健全移民维稳工作责任制，在全面、准确落实移民政策的基础上，扎扎实实做好节假日和敏感时段的值班接访工作，确保移民诉求反映渠道畅通；建立起移民动态定期排查机制，定期开展库区和移民安置区矛盾纠纷和隐患排查工作，及时收集、研判可能影响移民稳定的信息，真正把矛盾纠纷化解在基层，全市没有出现涉及移民问题的越级上访和群体性上访。

（张利祥）

红塔区

【自然概貌】 红塔区位于云南省中部，玉溪市西北部，东经102°17′32″～102°41′37″，北纬24°08′30″～24°32′18″区间。东与江川县相连，东南与通海县毗邻，西南与峨山县交界，北与晋宁县接壤。距省会昆明88千米。是玉溪市政治、经济、文化中心。土地面积1 004平方千米，森林覆盖率62.6%。市区中心——州城海拔1 630米，境内最高点(高鲁山)海拔2 614米，最低点(玉溪与通海交界处的曲江河滩)海拔1 502米。玉溪大河横贯其间，河流的主干和支干总长350多千米，水资源年均总量4.3亿立方米，其中地下水占29%。境内自然资源丰富，有动物、植物1 500多种。矿藏有铁、硅、煤等16个矿种。2011年平均气温16.2℃，极端最高气温30.6℃(8月31日)，极端最低气温-0.1℃(1月21日)。全年日照时数2101.7小时，日照率48%。霜降从2010年的12月17日始至2011年的3月1日止，共75天；全年降雨117天，降水量599.6毫米。主要气象灾害有旱灾、大风、冰雹等。

【行政区划】 2011年3月，红塔区撤镇设立街道办事处，并在原有81个村(居)的基础上，重新调整划分为104个村(社区)。年末，设玉兴、玉带、凤凰、北城、大营街、研和、李棋、春和、高仓9个街道办事处和洛河、小石桥2个彝族乡；村(社区居)委会104个，其中社区居委会94个，村委会10个；村(居)民小组1 106个，其中社区居民小组1 035个，村民小组71个。自然村386个。

【人口、民族】 2011年末，全区总人口426 095人，其中农业人口281 632人，非农业人口144 463人；少数民族人口63 561人，占总人口的14.9%。有汉、彝、回、白、哈尼5个世居民族。乡村从业人员17.77万人，其中从事第二、三产业10.09万人。人口密度424人/平方千米，人口自然增长率5.7‰。

【综合经济指标】 2011年，红塔区经济总量再创历史新高，生产总值突破500亿元大关，实现511.9亿元(现价，下同)，按可比价计算(下同)，同比增长13.8%，比全国水平高出4.6个百分点。不含红塔集团实现生产总值201.92亿元，同比增长12%。其中：第一产业实现增加值9.55亿元，同比增长6.3%，对经济增长的贡献率2.58%，拉动GDP增长0.3个百分点；第二产业实现增加值99.63亿元，同比增长16.7%，贡献率62.62%，拉动GDP增长7.5个百分点；第三产业实现增加值92.74亿元，同比增长8.4%，贡献率34.8%，拉动GDP增长4.2个百分点。全区三次产业继续保持协调发展态势，所占比重5.1∶46.5∶48.4。实现工农业总产值810.62亿元。

【工　业】 2011年，红塔区工业总产值突破700亿元，达790.98亿元(不含红塔集团工业总产值403.1亿元)比上年增长19.7%。其中：国有工业产值1.29亿元，比上年增长6.5%；集体工业产值55.49亿元，比上年增长18.7%；外商和港澳台投资企业产值27.76亿元，比上年增长52.2%；股份制企业产值675.14亿元，比上年增长17.0%；其他工业产值31.30亿元，比上年增长1.8%。轻工业产值占全区工业总产值的57.96%，重工业产值占42.04%；非烟工业产值占51.0%，首次超过烟草工业产值所占比重。产品销售率99.9%，比上年上升2.5个百分点。

【农　业】 年内，红塔区实现农业总产值19.64亿元(现价，下同)，同比增长6.9%。其中：农业产值7.18亿元，林业产值0.06亿元，牧业产值12.15亿元，渔业产值0.17亿元，农林牧渔服务业产值0.08亿元。农业商品产值17.08亿元，农业商品率86.9%，在上年基础上提高2.7个百分点。农业商品产值170 813万元，农业商品率86.9%，在上年基础上提高2.7个百分点。完成农村经济总收入679.73万元，同比增长21.56%。乡镇企业总体运行态势平稳，全年有乡镇企业19 019个，从业人员15.6万人，完成营业收入633.78亿元，实现总产值502.47亿元，缴税17.99亿元。

年末，全区常用耕地9 340公顷，全年农作物播种32.32万亩，比上年增长1.6%。复种指数230.69%。粮食总产量5 711.33万千克，比上年减2.4%；烤烟产量667.15万千克，比上年减7.3%，上等烟比例67.4%，比上年提高7.2个百分点；油料总产1 285.99万千克，比上年增长74.7%；蔬菜种植

5.64万亩，总产8 076.71万千克；花卉种植1.11万亩，比上年增3.7%。粮经作物种植比例由上年的40.5∶59.5调整为37.1∶62.9。

年内，全区出栏生猪43.3万头，同比增5%；出栏肉牛7 700头，同比增2.5%；出栏肉羊1.23万只，同比增3.2%；出栏家禽653.7万只，同比增8.5%；肉蛋奶总产7 014万千克，同比增11.65%；实现畜牧业产值12.15亿元，同比增30.9%，占全区农业总产值的63.3%，占全市畜牧产值的24%。红塔区高原特色畜牧业已成为继烤烟产业之后的又一重要支柱产业。

全区造林4 035亩，义务植树70.1万株，实施中低产林改造幼林抚育1 995亩，森林覆盖率62.6%。全区林业有害生物发生2.9万亩，防治率95.51%；无公害防治2.37万亩，防治率81.6%。

年内，全区完成各类农田水利基本建设工程35件，投入资金8 615万元(不含烟草、农开、中低产田改造等其他部门项目)，累计完成工程量79.5万立方米。实现灌溉面积效益13.86万亩，解决了1.35万人饮水困难，治理水土流失10.74平方千米，新增和改善灌溉面积1 500亩，农田水利化程度达88.7%。水库总库容15 673万立方米，年末，蓄水量(含东风水库)4 202万立方米。水利工程为全区工农业生产及生活供水7 452.07万立方米。渔业生产利用水面养殖3 360亩，比上年减600亩；实现水产品总产量1 308吨，比上年减0.4%。

【商　业】　年内，实现社会消费品零售总额80.6亿元，同比增长18.2%。其中批发零售贸易业占全区消费品零售额的88.6%。公有经济完成零售额25.4亿元，占零售额的31.5%；非公有经济完成零售额55.2亿元，占68.4%。吃、穿、用三大类商品零售额比上年分别增长32.8%、20.5%、20.7%；电子出版物及音像制品类比上年增长141.1%，石油及制品类增长38.1%，建筑及装潢材料类增长36.7%，粮油、食品、饮料、烟酒类增长32.8%，服装鞋帽、针纺织品类增长20.5%，五金类增长18.0%，家用电器和音像器材类增长13.1%，汽车类增长11.0%。

【基础设施建设】　2011年，中心城区面积26平方千米，城市道路面积326万平方米，城市供水综合生产能力6.94万立方米，普及率99%，水质合格率99.4%，有绿地943万平方米，建成区绿化覆盖率近40%。

截至2011年，境内公路通车里程1 380.11千米，其中：国道56.2千米，省道58.53千米，县道161.74千米，乡村道路1 103.64千米。公路网密度137.1千米/百平方千米，自然村通公路率100%。

年末，本地电话交换机总容量10.8万门，比上年减少2.2万门，固定电话机9.8万部，移动电话用户57.7万户，电话普及率136部/百人。互联网宽带用户突破10万户大关，达10.02万户，通讯设施已步入全国先进行列。

【旅　游】　2011年末，境内拥有映月潭悠闲文化中心、汇龙生态园2个国家4A级景区和九龙池2A级景区。有国际旅行社2个，国内旅行社14个，有高、中、低档宾馆、饭店、招待所等401家，总床位1.32万张。全年接待国内旅游者438万人次，比上年增长9%。实现国内旅游业收入17.2亿元，比上年增长19%；旅游外汇收入19万美元，增长19%。8家星级饭店平均床位出租率达50%。

【财税、金融、保险】　2011年，全区财政总收入253 620万元，同比增长23.6%，其中地方财政收入125 360万元，同比增长19.2%；地方财政支出188 756万元，同比增长13.9%。

有银行业金融机构14家，本外币各项存款余额528.18亿元，贷款余额307.94亿元。

有23家保险公司(产险12家、寿险10家、代理公司1家)，累计完成保费收入20.39亿元，同比增长7.57%；支付赔款34 940.3万元，赔付率38.22%。

【社会事业】　科技。2011年，全区组织实施国家级和省级科技计划9项；23个项目列入国家、省、市科技计划项目，争取上级科技补助资金435万元；开发出国家级、省级新产品5个；4户企业被认定为高新技术企业，2户企业被批准为云南省创新型企业，2户企业列入云南省创新型试点企业，2户企业技术中心被认定为玉溪市行业工程技术研究中心；2项科技成果获省科技进步奖，7项科技成果获市科学技术奖。2户企业被列为国家级知识产权试点单位，7户省级知识产权试点企业顺利通过验收。全区申请专利354件，授权专利206件。

教育。2011年，境内有学校109所，其中：高等院校2所，中等专业学校3所，普通中学25所，中等职业学校2所，特殊教育学校1所，小学76所。在校学生92 119人，比上年减1.5%。全区高中阶段毛入学率91.57%，实现普及高中阶段教育的目标；初中适龄少年入学率99.65%，小学适龄儿童入学率99.99%；残疾儿童入学率98.8%。全区有专任教师5 221人，比上年增5.2%。“两基”顺利通过国检。认真落实“三免一补”政策，投入寄宿制学生生活补助资金293.7万元、城市义务教育阶段学生学杂费补助资金89.4万元、文具费补助54.5万元，补助义务教育阶段学生5.45万人。义务教育阶段学生实行免费教育，未考取普通高中的红塔区籍初中毕业生全部免费就读二职中。

文化。2011年末，境内有文艺表演团体4个，群众艺术馆2个，博物馆1个，文物管理所2个，公共图书馆2个(藏书51万册)，乡(镇)文化站11个(藏书9.7万册)。文化艺术单位全年创作、演出690场次，观众41.8万人次，博物馆参观人数30.48万人次。有线电视用户46 935户，电视人口覆盖率99.9%；数字电视用户6 534户，全区广播覆盖率和电视覆盖率100%。

卫生。2011年末，境内有卫生机构296个，卫生技术人员3 703人，开设病床3 912张。继续加强公共卫生服务体系和基本医疗服务体系建设，争取国家和省、市卫生基础设施建设项目，到位资金1 704万元，实施3个乡(镇)中心卫生院、5个村卫生所、3个社区卫生服务中心和4个社区卫生服务站建设改造工作。全区8个乡(镇)卫生院、2个社区卫生服务中心和75个村卫生所实施了基本药物零差率销售。

年内，红塔区参加医疗保险单位(含市级)1 724个，其中企业1 118个、机关及事业单位600个、其他6个；参保人数115 509人，其中企业77 841人、机关及事业30 715人、其他6 953人；实收基本医疗保险金25 965万元。农民参加新型合作医疗人数19.83万人，参合率97.7%，筹资标准人均140元；城镇居民基本医疗保险参保登记11.3万人。全年施行计划生育手术6 244例，综合节育率89.5%，计划生育率99%。全区已婚育龄妇女83 909人，领取独生子女证人数26 555人；6 139户农业人口领取“独生子女父母光荣证”。

体育。2010年，举办2期由各村委

会及村民小组体育骨干、大学生村官参加的三级社会体育指导员培训班，102人获得三级社会体育指导员称号。全区先后主办、承办和协办“玉溪市、区2010年‘安利杯’元旦春节环城赛”、“红塔区山区及城区小学生田径比赛”、“红塔区庆祝全国第二个‘全民健身日’职工徒步登山活动”等体育赛事、活动17次，参赛人数14 663人。获单项金牌34枚、银牌16枚、铜牌7枚，2人3次打破市记录。向上级体育部门输送等级运动员21名。

【人民生活】 2011年，全区在岗职工平均工资45 823元，比上年增33.7%。城市居民人均可支配收入19 258元，比上年增11.1%；人均消费性支出13 027元，比上年增6.1%。人均住房48.6平方米，每百户平均拥有家用汽车44辆、电脑76台、钢琴3架、健身器材3套、移动电话241部。农村居民家庭人均纯收入7 917元，比上年增12.9%；人均生活消费支出7 617元，比上年增14.7%。人均生活住房74.7平方米，每百户农民家庭拥有彩色电视机138台、电冰箱79台、摄像机3台、电脑30台、家用汽车21辆、摩托车61辆。

【领导干部】 区委书记夏立洪，副书记张小良(2011年5月任)、曾敏(女，2011年6月任)、李刚(挂职)、杨兴荣(2011年5月离任)、张凯(2011年6月离任)。人大主任毕继芬(女)，副主任黄天福、飞志刚、朱知良、任新明。区长张小良(2011年5月代理)、杨兴荣(2011年5月离任)，副区长张小良(2011年5月任)、殷绍焜、马跃武(女)、张春玉、普云辉、王伟(2011年5月离任)、黄云鹍(2011年5月离任)。政协主席杨德运，副主席刘永祥、马亮伟、李家金、孟国平(兼)。

【红塔区非烟工业产值首超烟草工业】 2011年，红塔区非烟工业产值403.1亿元，占全区全部工业总产值的50.2%，首次超过烟草工业产值所占比重。非烟工业中，规模以上工业排名前五位的是：黑色金属冶炼及压延加工业、电力生产和供应业、化学原料及化学制品制造业、通用设备制造业、农副食品加工业。

【乡镇企业固定资产投资】 2011年，面对国家实施宏观调控政策的环境，红塔区乡镇企业围绕国家产业政策和区产业导向，加大固定资产投资力度，年内施工项目109个，计划总投资586 223万元，完成投资308 959万元，其中设备购置99 958万元，占32.4%。从资金来源分析：国家及有关部门扶持资金190万元，占0.06%；金融机构贷款27 306万元，占8.84%；引进外投6 095万元，占1.97%；自有资金275 368万元，占89.13%。本年新增固定资产投资311 797万元。

【昆玉高速公司获“全国五一劳动奖”】 云南昆玉高速公路是由红塔集团投资的。2011年4月28日，云南昆玉高速公路开发有限公司被中华全国总工会授予“全国五一劳动奖”，同时，被云南省交通运输厅评为“云南省交通系统2010年收费管理先进集体”。

【红塔山自行车队选手获伦敦奥运会参赛资格】 2011年6月12日，第十七届亚洲山地车锦标赛暨第三届亚洲青年山地车锦标赛在苏州太湖落幕，代表中国队出战的云南红塔山自行车队选手史庆兰获女子组冠军，童卫松获男子组季军。根据规程，两位获奖选手将获得2012年伦敦奥运会参赛资格。

【红塔区被定为全国“烤烟二十六级收购验证”试点】 2011年，“烤烟二十六级收购验证”试点设在红塔区研和街道宋官村委会四组的24户烟农，烤烟种植60亩，收购烟叶10 227.7千克，上等烟比例75.03%，交售金额19.79万元，均价19.35元，与标准相比高0.92元，亩产值3 299.18元，分级环节每担烟叶可减少用工0.17个，按每个工价60元/天计算，每担烟叶分级可节省用工投入10.2元，试点工作达到烟农减工降本增效的目的。

【入选中国“十佳低碳生态城市”】 2011年，红塔区淘汰落后产能54万吨，减排二氧化硫335吨、化学需氧量160吨、氨氮15吨、氮氧化物58吨，单位GDP能耗同比下降5.03%，中心城区城市功能不断完善，各项城市公用设施基本配套，城市环境质量明显改善，城市文明程度大幅提高，中心城区入选中国“十佳优质生活城市”、“十佳低碳生态城市”。

【集雨水窖工程启动】 2011年，红塔区成功在北城街道办事处大石板干旱地区启动集雨水窖工程，为解决干旱山区人畜饮水困难探索出一条切实可行的路子。年内完成集雨水窖1 208个，增加集水1 8120立方米，安装集流槽7 176米。

2011年5月，属玉溪大河综合治理二期工程之一，横跨玉溪大河步行景观桥的兰溪桥为三层歇山顶式阁楼、五孔莲瓣拱桥竣工。桥体总高36.7米，其中阁高26.1米，桥梁长度103米，桥面宽度16米，桥体呈直线型；南北置桥亭，高10.3米。“五孔分水”与上游“三水归流”相呼应，象征中国传统文化之“五行三合”。

（红塔区史志办　提供）

【东风水库除险加固暨路坝合一工程竣工】 东风水库除险加固暨路坝合一工程是中心城区生态建设工程之一。该工程含东风水库除险加固工程、东风水库路坝合一工程，工程建设是依据“两山(红塔山、老尖山)”片区按照优化城市功能的要求，调整市区用地结构，利用山坡地，规划建设城市新区，为生态核心区建设的基础设施工程。累计工程总投资33 221.95万元，其中土建投资19 511.32万元。2008年11月10日开工建设，2011年11月20日竣工通过验收。

【映月潭修闲文化中心被确定为“国际休闲养生示范连锁基地”】 2002～2011年，映月潭在创建国家AAAA级旅游景区、国家五星级温泉、国际休闲养生示范连锁基地的过程中，累计投入资金1 426万元进行扩建项目改造，增加游客接待量，提升映月潭的知名度，客流接待量及营业收入逐年增长。2011年，接待游客76万人次，比上年增6万人次；完成营业收入1 980万元，比上年增347万元。12月，被国际休闲产业协会确定为“2011年国际休闲养生示范连锁基地”。

【玉溪四小被命名为国家级田径传统项目学校】 2011年2月，国家体育总局和教育部共将100所学校命名为“国家级田径传统项目”学校，玉溪四小榜上有名。

【红塔区被考核为全国科技进步先进县（区）】 2011年11月21日，科技部《关于表彰2011年全国县（市）科技进步考核先进集体和先进个人的通知》中，红塔区通过了科技部每两年举行一次的全国县（市）科技进步考核，受到科技部表彰；张小良、吕玉平、荆文义3人为2011年全国县（市）科技进步考核先进个人。

【玉溪米线节获中国最具地方特色美食节】 玉溪米线节至今已有700多年的历史，是玉溪人民的传统风俗节日，因地域、山脉、水系以及节日属性不同，故各村的节期也各异，主要村（居）委会过米线节的具体日程大致分为18片，每年自农历正月初一至三月二十二日，历时81天。在2007年获世界上历时最长的节日“世界纪录证书”（2011年3月5日颁发，证书编号：08263－1102－01）的基础上，2011年又荣获“中国最具地方特色美食节”。

【玉兴街道】 2011年，全街道社区总人口64 822人，其中男32 089人，女32 733人；少数民族7 329人，占总人口的11.31%。人口自然增长率－2.4‰。乡村从业人员7 064人，其中从事第二、三产业的6 898人，占乡村从业人员的97.65%。人口密度6 132人/平方千米。

2011年，粮食总产94.1吨（耕地已征用，利用未建设土地，下同），与上年持平；油料总产29.7吨，农业人口人均产粮19.88千克。生猪存栏1 199头，比上年增5.64%；肥猪出栏3 213头，比上年减32.64%。出栏家禽5.22万只。全年投入水利建设资金93.47万元，有效灌溉面积279亩，水利化程度100%。

2011年有企业2 290户，比上年增30户；从业人员14 006人，比上年增1.57%；企业总收入430 547万元，比上年增8.06%。其中个私企业2 289个，比上年增11个；从业人员13 851人，比上年增1.37%；企业总收入429 169万元，比上年增8.03%。税利35 935万元，比上年增47.16%。

2011年，全街道农村社会总产值（现价）270 709万元，比上年增6.04%。工农业总产值（现价）27 730万元，比上年增7.45%，其中：工业总产值26 620万元，比上年增2.54%；农业总产值1 110万元，比上年增4.13%。农村经济总收入453 933万元，比上年增8%；农民人均所得7 717元，比上年增7.81%。有荷花、棋阳、新兴、右所4个社区居委会农村经济总收入过亿元。

2011年，全街道财政总收入35 817万元，比上年增5%，其中地方财政收入20 725万元，比上年减5.1%。财政支出3 319万元，比上年减31.66%。

街道党工委书记陆绍明，人大工委主任聂剑波，办事处主任徐汝青（2011年7月离任）、雷双波（2011年7月任）。

【玉带街道】 2011年，全街道总人口65 606人，户籍人口26 597人。户籍人口中，男13 046人，女13 551人；农业人口13 416人；少数民族人口1 228人，占户籍人口的4.62%。人口自然增长率2.13‰。乡村从业人员10 735人，其中从事第二、三产业的8 462人，占乡村从业人员的78.83 %。人口密度6 722人/平方千米。

年末，全街道有耕地3 341亩，复种指数208.35%。全年粮食总产323.5吨，比上年减71.83%；油料总产149吨，比上年减33.12%；烤烟总产202.5吨，比上年增7.7%。农业人口人均产粮18.11千克。生猪存栏6 394头，比上年减11.08%；肥猪出栏17 319头，比上年减22.13%。大牲畜存栏15头，比上年增7.14%；出栏菜牛10头，出栏家禽27.64万只。全年肉类总产量203.7万千克，比上年减26.14%；禽蛋36万千克，比上年减75.74%；牛奶63.9万千克，比上年增111.59%。有效灌溉面积3 341亩，水利化程度88%。

2011年有企业2 842户，比上年增1户；从业人员17 606人，比上年减0.61%；企业总收入342 572万元，比上年增9.96%。其中个私企业2 835个，比上年增4个；从业人员17 452人，比上年减0.62%；企业总收入340 185万元，比上年增9.66%。税利17 169万元，比上年增5.49%。

2011年，全街道农村社会总产值（现价）287 079万元，比上年增13.01%。工农业总产值（现价）22 237万元，比上年增9.05%，其中：工业总产值13 025万元，比上年增5.58%；农业总产值9 212万元，比上年增14.36%。农村经济总收入350 202万元，比上年增10.38%；农民人均所得7 651元，比上年增8.63%。有郑井、中卫、冯井、黄官4个社区居委会农村经济总收入过亿元。

2011年，全街道财政总收入13 932万元，比上年增12.97%，其中地方财政收入8 806万元，比上年增2.42%。财政支出1 669万元，比上年减41.54%。

街道党工委书记郑寿启，人大工委主任谢家平，办事处主任王红。

【凤凰街道】 2011年，全街道总人口50 956人，其中男26 452人，女24 504人；农业人口1 709人；少数民族人口1 149人，占直管人口的9.93%。人口自然增长率2.54‰。乡村从业人员6 018人，其中从事第二、三产业的4 828人，占乡村从业人员的80.23%。人口密度3 750人/平方千米。

年末，全街道有耕地1 418亩，复种指数164%。全年粮食总产606.9吨，比上年增1.22%；油料总产105吨，比上年增32.57%；烤烟总产12.7吨，比上年增5.83%，上等烟占68%。农业人口人均产粮355千克。生猪存栏1 806头，比上年减9.6%；肥猪出栏4 225头，比上年减11%。大牲畜存栏20头，比上年增185.71%；出栏菜羊255只，出栏家禽12.6万只。全年肉类总产量63.1万千克，比上年减13.45%；禽蛋0.3万千克，比上年减62.5%；水产品产量178吨，与上年持平%。全年投入水利建设资金6万元，有效灌溉面积1 410亩，水利化程度98%。

2011年有企业2 055户，比上年增21户；从业人员15 516人，比上年增2.84%；企业总收入397 456万元，比上年增6.83%。其中个私企业2 048个，比上年增18个；从业人员14 418人，比上年增2.87%；企业总收入370 169万元，比上年增6.56%。税利38 552万元，比上年增26.27%。

2011年，全街道农村社会总产值（现价）365 942万元，比上年增4.42%。工农业总产值（现价）191 666万元，比上年增11.96%，其中：工业总产值188 950万元，比上年增12.08%；农业总产值2 717万元，比上年增4.18%。农村经济总收入406 385万元，比上年增74.11%；农民人均所得7 652元，比上年增8.25%。有瓦窑、葫芦、泷水塘、高龙潭4个社区居委会农村经济总收入过亿元。

2011年，全街道财政总收入14 673

万元，比上年增23.5%，其中地方财政收入9 232万元，比上年增23.55%。财政支出1 611万元，比上年减35.5%。年末，各项存款余额1 318万元，比上年减41.32%。

街道党工委书记张丽(2011年5月离任)、徐汝青(2011年6月任)，人大工委主任夏云艳，办事处主任柳洪。

【大营街街道】 2011年，全街道总人口47 876人，其中男23 535人，女24 341人；农业人口45 725人；少数民族6 611人，占总人口的13.8%。人口自然增长率5‰。乡村从业人员27 605人，其中从事第二、三产业的17 550人，占乡村从业人员的63.6%。人口密度为362人/平方千米。

年末，全街道有耕地20 415亩，复种指数199.3%。全年粮食总产9 659.9吨，比上年增6.37%；油料总产2 245.1吨，比上年增93.53%；烤烟总产831.7吨，比上年减13.1%。农业人口人均产粮209千克。生猪存栏38 462头，比上年增14.72%；肥猪出栏73 540头，比上年增15.03%。大牲畜存栏377头，比上年减40.82%；出栏菜牛219头，出栏菜羊1 099只，出栏家禽76.85万只。全年肉类总产量781.9万千克，比上年增20.64%；禽蛋291.9万千克，比上年增60.12%。全年投入水利建设资金833.9万元，有效灌溉面积19 847亩，水利化程度89.3%。

2011年有企业823户，比上年减139户；从业人员24 085人，比上年增4.35%；企业总收入160亿元，比上年增12.68%。其中个私企业805个，比上年减137个；从业人员18 355人，比上年增5.78%；企业总收入408 006万元，比上年增0.6%。缴税26 922万元，比上年增18.86%。

2011年，全街道工农业总产值(现价)836 435万元，比上年增1.77%，其中：工业总产值809 940万元，比上年增0.93%；农业总产值26 495万元，比上年增36.66%。农村经济总收入1 861 942万元，比上年增12.9%；农民人均所得7 436元，比上年增8.8%。有大营街、郭井、杯湖、赵桅、师旗、赤马、常里7个社区居委会农村经济总收入过亿元。

2011年，全街道财政总收入45 866万元，比上年增35.1%，其中地方财政收入14 256万元，比上年增35.4%。财政支出2 755万元，比上年减58%。

街道党工委书记梁士洪，人大工委主任曹杰，办事处主任雷迪琼(2011年10月离任)、杨美琼(2011年10月任)。

【研和街道】 2011年，全街道总人口45 957人，其中男22 601人，女23 356人；农业人口42 766人；少数民族人口5 878人，占总人口的12.79%。人口自然增长率3.8‰。乡村从业人员28 214人，其中从事第二、三产业的10 900人，占乡村从业人员的38.63%。人口密度为357人/平方千米。

年末，全街道有耕地19 288亩，复种指数252.43%。全年粮食总产10 886.3吨，比上年减0.8%；油料总产2 080.6吨，比上年增33.8%；烤烟总产560.9吨，比上年增4.45%，上等烟占63.8%。农业人口人均产粮254.56千克。生猪存栏18 327头，比上年增5.25%；肥猪出栏56 057头，比上年增6.77%。大牲畜存栏236头，比上年减36.56%；出栏菜牛152头，出栏菜羊260只，出栏家禽86.4万只。全年肉类总产709.86万千克，比上年增6.16%；禽蛋359.5万千克，比上年增54.55%；水产品产量185吨，比上年减35.1%。全年投入水利建设资金365万元，有效灌溉面积1 650亩，水利化程度88%。

2011年，有企业1 922户，比上年增80户；从业人员15 313人，比上年增5.96%；企业总收入1 483 268万元，比上年增25.47%。其中个私企业1 915个，比上年增81个；从业人员12 389人，比上年增177.34%；企业总收入549 232万元，比上年增65.17%。税利25 800万元，比上年增48.81%。

2011年，全街道农村社会总产值(现价)1 237 402万元，比上年增34.21%。工农业总产值(现价)1 034 562万元，比上年增32.78%。其中：工业总产值1 003 099万元，比上年增32.62%；农业总产值31 463万元，比上年增38.11%。农村经济总收入1 517 805万元，比上年增25.91%；农民人均所得7 292元，比上年增22.93%。有中村、研和、贾井、宋官、东山、南厂、秀溪、可官8个社区农村经济总收入过亿元。

2011年，全街道财政总收入30 307万元，比上年减9.17%，其中地方财政收入13 439万元，比上年减5.62%。财政支出6 248万元，比上年减34.46%。年末，各项存款余额115 460万元；人均储蓄存款余额19 000元，比上年增21.99%。

街道党工委书记吴小郎，人大工委主任蔡德琪，办事处主任陈崇明。

【春和街道】 2011年，全街道总人口57 905人，其中男28 006人，女29 054人；农业人口54 883人；少数民族人口8 914人，占总人口的15.92%。人口自然增长率3.91‰。乡村从业人员35 041人，其中从事第二、三产业的19 776人，占乡村从业人员的56.4%。人口密度为295人/平方千米。

年末，全街道有耕地34 728亩，复种指数198%。全年粮食总产9 157.6吨，比上年减15.1%；油料总产3 076.6吨，比上年增106.9%；烤烟总产1 650吨，比上年减18.13%，上等烟占45.27%。农业人口人均产粮164.63千克。生猪存栏49 023头，比上年减1.8%；肥猪出栏98 441头，比上年增7.3%。大牲畜存栏902头，比上年减22.51%；出栏菜牛1 004头，出栏菜羊3 252只，出栏家禽127.62万只。全年肉类总产1 213.9万千克，比上年增15.68%；禽蛋119万千克，比上年减13.71%；牛奶5.9万千克，比上年增20.4%。全年投入水利建设资金2 873万元，有效灌溉面积1 944.7公顷，水利化程度84%。

2011年有企业3 018户，与上年持平；从业人员22 032人，比上年增0.2%；企业总收入468 400万元，比上年增12%。其中个私企业3 014个，与上年持平；从业人员21 801人，比上年增0.23%；企业总收入467 134万元，比上年增12.15%。利税44 192万元，比上年增58.59%。

2011年，全街道农村社会总产值(现价)518 000万元，比上年增12.6%。工农业总产值(现价)283 100万元，比上年增0.46%，其中：工业总产值244 800万元，比上年减1.54%；农业总产值38 351万元，比上年增15.66%。农村经济总收入49 540万元，比上年增12.5%；农民人均所得8 138元，比上年增19.22%。有王大户、春和、中所、孙井、团山、飞井、马桥、刘总旗、黑村9个社区农村经济总收入过亿元。

2011年，全街道财政总收入18 000万元，比上年增36.2%，其中地方财政收入5 853万元，比上年增7.1%。财政支出2 051万元，比上年减27.7%。

街道党工委书记周智荣，人大工委主任冯勇，办事处主任周德梅。

【李棋街道】 2011年，全街道总人口32 009人，其中男15 340人，女16 669人；农业人口28 619人；少数民族1 233

人，占总人口的3.85%。人口自然增长率8.45‰。乡村从业人员18 000人，其中从事第二、三产业的12 965人，占乡村从业人员的72.03%。人口密度1 108人/平方千米。

年末，全街道有耕地3 658亩，复种指数245%。全年粮食总产2 543.7吨，比上年减32.75%；油料总产697.9吨，比上年增2.26%；农业人口人均产粮88.9千克。生猪存栏5 388头，比上年增43.4%；肥猪出栏10 700头，比上年增0.78%。大牲畜存栏56头，比上年减28.21%；出栏菜牛21头，出栏家禽32.43万只。全年肉类总产量188.2万千克，比上年增0.53%；禽蛋44.5万千克，比上年增43.55%；水产品产量234.9吨，比上年减23.9%。全年投入水利建设资金200.89万元，有效灌溉面积3 658亩，水利化程度100%。

2011年有企业1 546户，比上年减27户；从业人员17 650人，比上年增2.63%；企业总收入328 503万元，比上年增12%。其中个私企业1 545个，比上年减27个；从业人员17 646人，比上年减2.57%；企业总收入328 500万元，比上年增12.39%。缴税利11 254万元，比上年减32.4%。

2011年，全街道农村社会总产值(现价)234 601万元，比上年增20%。工农业总产值(现价)48 220万元，比上年减34.5%。其中：工业总产值41 741万元，比上年减38%；农业总产值6 479万元，比上年增4.21%。农村经济总收入341 845万元，比上年增10%；农民人均所得7 521元，比上年增8.66%。有下赫、康井、李棋、金州社区、金家边、任井、山头7个社区居委会农村经济总收入过亿元。

2011年，全街道财政总收入19 504万元，比上年增80.5%，其中地方财政收入16 580万元，比上年增114.5%。财政支出2 689万元，比上年减19.5%。

街道党工委书记朱学祥，人大工委主任顾曙德，办事处主任师吉明。

【北城街道】 2011年，全街道总人口61 398人，其中男29 869人，女31 529人；农业人口57 264人；少数民族8 563人，占总人口的14%。人口自然增长率2.73‰。乡村从业人员34 566人，其中从事二、三产业的22 302人，占乡村从业人员的64.52%。人口密度510人/平方千米。

年末，全街道有耕地26 142亩，复种指数220%。全年粮食总产9 906.8吨，比上年减2.09%；油料总产1 785.6吨，比上年增45.03%；烤烟总产856.5吨，比上年增0.06%，上等烟占66.95%。农业人口人均产粮161千克。生猪存栏16 601头，比上年减18%；肥猪出栏60 618头，比上年增5.9%。大牲畜存栏1 424头，比上年减19.7%；出栏菜牛6 102头，出栏菜羊891只，出栏家禽78.04万只。全年肉类总产量814.6万千克，比上年增3.14%；禽蛋350万千克，比上年增70.9%；牛奶16.4万千克，比上年增4.46%；水产品产量130吨，与上年持平。全年投入水利建设资金3 101.06万元，有效灌溉面积21 748亩，水利化程度82%。

2011年，有企业3 388户，比上年减187户；从业人员22 302人，比上年增0.4%；企业总收入798 677万元，比上年增53.48%。其中个私企业3 381个，比上年减180个；从业人员22 069人，比上年增0.52%；企业总收入795 536万元，比上年增55.52%；税利46 508万元，比上年增31.8%。

2011年，全街道农村社会总产值(现价)752 685万元，比上年增93.18%。工农业总产值(现价)703 304万元，比上年增138.84%。其中：工业总产值674 000万元，比上年增51.8%；农业总产值29 304万元，比上年增32.92%。农村经济总收入828 700万元，比上年增51%；农民人均所得7 156元，比上年增8.6%。有梅园、北城、莲池、大营、古城、皂角、刺桐关7个社区居委会农村经济总收入过亿元。

2011年，全街道财政总收入21 778万元，比上年增57%，其中地方财政收入7 160万元，比上年增40%。财政支出2 606万元，比上年减10.69%。年末，各项存款余额107 311万元，比上年增26.47%；人均储蓄存款余额17 477.9元，比上年增43.23%。

街道党工委书记普文林，人大工委主任王开红(2011年11月离任)、高莲俊(2011年11月任)，办事处主任孙旭。

【高仓街道】 2011年，全街道总人口21 764人，其中男10 655人，女11 109人；农业人口20 841人；少数民族人口3 372人，占总人口的15%。人口自然增长率5.42‰。乡村从业人员11 800人，其中从事第二、三产业的5 095人，占乡村从业人员的43.18%。人口密度330人/平方千米。

年末，全街道有耕地10 518亩，复种指数256%。全年粮食总产4 535.6吨，比上年增2.69%；油料总产980.9吨，比上年增99.82%；烤烟总产804.5吨，比上年增4.68%，上等烟占67.9%。农业人口人均产粮213千克。生猪存栏38 829头，比上年增16.69%；肥猪出栏77 089头，比上年增2.42%。大牲畜存栏283头，比上年减15.02%；出栏菜牛131头，出栏菜羊1 691只，出栏家禽111.79万只。全年肉类总产934.78万千克，比上年增9.27%；禽蛋287.2万千克，比上年增41.5%；水产品产量132吨，比上年减2.27%。全年投入水利建设资金999.2万元，有效灌溉面积7 150亩，水利化程度88.4%。

2011年有企业640户，比上年增2户；从业人员4 031人，比上年增3.12%；企业总收入234 978万元，比上年增24.53%。缴税5 313万元，比上年增51.11%。

2011年，全街道农村社会总产值(现价)254 062万元，比上年增45.37%。工农业总产值(现价)162 633万元，比上年增9.78%。其中：工业总产值132 996万元，比上年增8.98%；农业总产值29 637万元，比上年增13.5%。农村经济总收入266 500万元，比上年增26.4%；农民人均所得6 716元，比上年增13.58%。有高仓、桃源、梁王坝3个社区农村经济总收入过亿元。

2011年，全街道财政总收入6 946.7万元，比上年增68.7%，其中地方财政收入3 424.2万元，比上年增58.5%。财政支出1 476.5万元，比上年增28.15%。年末，各项存款余额918.5万元，比上年减15%；人均储蓄存款余额422.05元，比上年减16%。

街道党工委书记李保文，人大工委主任施进文(2011年12月离任)、王家宏(2011年12月任)，办事处主任张森(2011年3月离任)、康德勤(2011年3月任)。

【洛河彝族乡】 2011年，全乡总人口9 982人，其中男4 935人，女5 047人；农业人口9 535人；少数民族人口9 179人，占总人口的92.45%。人口自然增长率1‰。乡村从业人员6 473人，其中从事第二、三产业的1 766人，占乡村从业人员的27.28%。人口密度56人/平方千米。

年末，全乡有耕地11 038亩，复种指数206.67%。全年粮食总产3 333.3吨，比上年增2.76%；油料总产798.5

吨，比上年增209.5%；烤烟总产680吨，比上年增8.83%，上等烟占70.11%。农业人口人均产粮349.59千克。生猪存栏4 442头，比上年减30.11%；肥猪出栏15 980头，比上年增12.63%。大牲畜存栏308头，比上年减9.94%；出栏菜牛105头，出栏菜羊1 258只，出栏家禽85.08万只。全年肉类总产330.3万千克，比上年增3.8%；禽蛋总产4.4万千克，与上年持平；水产品产量25吨，比上年增4.17%。全年投入水利建设资金180万元，有效灌溉面积7 500亩，水利化程度60%。

2011年有企业452户，比上年增23户；从业人员2 635人，比上年减4.94%；企业总收入231 548万元，比上年增4.45%。缴税45 396万元，比上年增43.46%。

2011年，全乡农村社会总产值(现价)256 149万元，比上年增8.99%。工农业总产值(现价)251 682万元，比上年增9.23%。其中：工业总产值240 485万元，比上年增8.37%；农业总产值11 197万元，比上年增31.66%。农村经济总收入244 359万元，比上年增5.37%；农民人均所得5 462元，比上年增10.05%。有洛河村委会农村经济总收入过亿元。

2011年，全乡财政总收入16 300万元，比上年增37.64%，其中地方财政收入4 146万元，比上年增26.02%。财政支出1 587万元，比上年减2.16%。

乡党委书记白发福，人大主席李忠，乡长普伟明。

【小石桥彝族乡】 2011年，全乡总人口6 446人，其中男3 230人，女3 216人；农业人口6 233人；少数民族人口2 883人，占总人口的44.7%。人口自然增长率3.96‰。乡村从业人员4 187人，其中从事第二、三产业的767人，占乡村从业人员的15.7%。人口密度92人/平方千米。

年末，全乡有耕地9 512亩，复种指数333%。全年粮食总产6 150吨，比上年增38.64%；油料总产110吨，比上年减34.13%；烤烟总产1 107.4吨，比上年增0.12%，上等烟占65.5%。农业人口人均产粮990千克。生猪存栏9 220头，比上年减12.49%；肥猪出栏15 470头，比上年减5.2%。大牲畜存栏1 853头，比上年增9.13%；出栏菜牛285头，出栏菜羊3 570只，出栏家禽10万只。全年肉类总产量196.7万千克，比上年增8.67；禽蛋产量2.7万千克，比上年增3.85%；水产品产量240吨，比上年增207.69%。全年投入水利建设资金380万元，有效灌溉面积6 300亩，水利化程度71.5%。

2011年，有企业43户，与上年持平；从业人员873人，比上年增30.69%；企业总收入20 490万元，比上年增14.28%。其中个私企业41个，与上年持平；从业人员753人，比上年增12.72%；企业总收入7 623万元，比上年增31.26%。缴税1 448万元，比上年增18.69%。

2011年，全乡农村社会总产值(现价)2 885万元，比上年增3.13%。工农业总产值(现价)22 026万元，比上年减4.15%。其中：工业总产值12 064万元，比上年减16.16%；农业总产值10 469万元，比上年增21.87%。农村经济总收入30 216万元，比上年增17.2%；农民人均所得6 586元，比上年增8.18%。

2011年，全乡财政总收入4 067万元，比上年增34%，其中地方财政收入1 936万元，比上年增19.51%。财政支出1 342万元，比上年增5.84%。年末，各项存款余额3 619万元，比上年减31.7%；个人储蓄存款余额6 768万元，比上年增27.7%。

乡党委书记施毅(2011年3月离任)、张燕华(2011年3月任)，人大主席曹忠寿，乡长普联义。

(俊　明)

江川县

【自然概貌】 江川县地处滇中，位于东经102°34′~102°55′，北纬24°12′~24°32′之间。县城驻地大街距省会昆明102千米。东南与华宁、通海县交界，西南与红塔区接壤，西北和晋宁、澄江县相邻。县境由湖泊、盆地、中低山组成。县城南北最大纵距33.7千米，东西最大横距31.9千米，总面积850平方千米，其中山区、半山区占71.67%，坝区占15.69%，湖泊水面占12.37%。整个地势为四周高、中部低，西部九溪略向玉溪倾斜。境内最高峰谷堆山海拔2 648米，最低点九溪河口村海拔1 690米。境内主要河流有16条，河道总长184.8千米，属珠江流域西江水系，最大洪水流量315立方米/秒，多数为季节性河流。县境中部有高原断陷湖泊星云湖，辖有抚仙湖三分之一水面。星云湖总面积34.7平方千米，最大水深10米，平均水深7米，容水量1.84亿立方米，正常水位海拔1 722米，属富营养型湖泊，十分适合鱼类生长，被誉为“天然养鱼塘”。抚仙湖总面积212平方千米，其中江川辖水面68.94平方千米，占水面总面积的32.5%。

2011年，境内平均气温16.5℃，比上年低1.1℃。极端最高气温为31.6℃(8月31日)；极端最低气温为0.1℃(1月21日)。全年日照时数为2 275.2小时，比上年同期少237.2小时。初霜期为2010年12月17日，终霜期为2011年2月24日，初终日数共70天。全年降水量496.8毫米，比上年同期偏少191.0毫米，创江川县自1958年有气象记录以来的历史同期最少记录。

【行政区划】 2011年，全县辖大街街道办事处及江城、前卫、九溪、路居4个镇，安化彝族乡和雄关乡，共72个村民委员会(社区)，434个村民小组。

【人口、民族】 2011年末，全县户籍总人口27.5万人，比上年增长0.5%，其中：农业人口24.2万人、非农业人口3.3万人。全年出生人数2 035人，死亡人口913人，人口自然增长率4.09‰。总人口中，少数民族人口1.8万人，占总人口的6.7%。年末常住人口28.27万人，比上年末增加0.02万人，城镇人口9.38万人，城镇化率33.2%。

【综合经济指标】 2011年，全年完成地方生产总值(GDP)430 690万元，比上年增加64 093万元，增长13.6%。其中：第一产业增加值118 363万元，增加11 344万元，增长7.8%，占GDP的比重为27.5%，对GDP增长的贡献率为16.8%，拉动GDP增长2.3个百分点；第二产业增加值127 296万元，增加29 322万元，增长25.5%，占GDP的比重为29.6%，对GDP增长的贡献率为50.3%，拉动GDP增长6.8个百分点；第三产业增加值185 031万元，增加23 427万元，增长10.1%，占GDP的比重为42.9%，对GDP增长的贡献率为32.9%，拉动GDP增长4.5个百分点。人均生产总值15 240元，增加2 208元。全年工农业总产值完成509 075万元，比2010年增加74 466万元，增长17.13%。

【工业和建筑业】 2011年，全县完成现价工业总产值340 129万元，比上年增加66 259万元，增长24.2%。其中：规模以上工业191 711万元，增加34 906万元，增长22.3%；规模以下工业148 418万元，增加31 353万元，增长26.8%。在全部工业总产值中，轻工业产值107 931万元，比上年增长29.4%，占全部工业总产值比重为31.7%；重工业产值232 198万元，比上年增长21.9%，占全部工业总产值比重为68.3%。2011年完成工业增加值86 944万元，其中：规模以上工业70 493万元，比上年增加13 362万元，增长21.1%；规模以下工业1 6451万元，增加2 599万元，增长12.7%。

优势产业中，磷化工业总产值完成104 632万元，比上年增加27 663万元，增长35.9%；纸制品工业总产值31 277万元，比上年增加3 425万元，增长12.3%；农产品加工业总产值61 596万元，比上年增加13 020万元，增长26.8%；建筑建材业总产值42 871万元，比上年减少9 112万元，减少17.5%。特色工业中，烟花火炮制造业总产值10 547万元，比上年增加3 234万元，增长44.2%；青铜制品业总产值2 408万元，比上年增加66万元，增长2.8%。

建筑业快速发展。2011年，全县完成建筑业增加值40 352万元，比上年增加13 361万元，增长41.4%。

主要工业产品产量：磷矿石（折含五氧化二磷30%）982 041吨，同比增29.2%；精制食用植物油1 921吨，同比增32.0%；小麦粉6146吨，同比增12.0%；农用肥料9 311吨，同比增64.8%；黄磷25 931吨，同比增17.9%；机制纸及纸板17 752吨，同比增31.8%；纸制品16 835吨，同比下降12.1%；水泥589 172吨，同比增36.2%；砖13 100万块，同比增1.3%；糕点207吨，同比下降9.2%。

【农　业】 2011年，全县完成农林牧渔业总产值168 946万元，比上年增加22 121万元，增长15.1%。其中：农业总产值100 393万元，比上年增长14.3%，占农林牧渔业总产值的59.4%，比重比上年下降0.4个百分点；林业总产值3 225万元，比上年增长9.7%，占总产值的1.9%，比上年下降0.1个百分点；牧业总产值54 486万元，比上年增长19.6%，占总产值的32.3%，比上年提高1.3个百分点；渔业产值6 222万元，比上年增长3.9%，占总产值的3.7%，比上年下降0.4个百分点；农林牧渔服务业产值4 620万元，比上年增长2.6%，占总产值的2.7%，比上年下降0.4个百分点。

全年农作物总播种面积342 609亩，比上年增加4 179亩，增长1.2%。其中经济作物139 327亩，比上年增加947亩，占总播种面积的40.7%，比重比上年下降0.2个百分点；其他作物面积203 282亩，比上年增加3 232亩，占总播种面积的59.3%，比重比上年下降0.1个百分点。

全年粮食播种73 427亩，比上年减少2 015亩，下降2.7%；油料种植38 219亩，比上年减少1 651亩，同比减少4.14%；烤烟种植101 108亩，比上年增加2 598亩，同比增长2.64%；蔬菜种植122 513亩，比上年增加4 093亩，增长率3.46%；花卉6 808亩，比上年增加1 211亩，同比增长21.64%。

全年粮食总产3 834万千克，比上年增加235万千克，同比增长6.5%；油料总产754万千克，比上年增加319万千克，同比增长73.2%；蔬菜总产23 665万千克，比上年增加2 572万千克，同比增长13.2%。烤烟生产圆满完成了收购计划，全县收购烟叶1 441.09万千克，上等烟占75.79%，比上年提高16.49个百分点；收购单价为19.81元/千克，比上年提高4.79元/千克；收购金额为28 548万元，比上年增加5 936万元，增长26.25%。

全年完成造林17 400亩，其中：封山育林15 000亩，核桃移植9 700亩。共育苗29.2亩122.5万株，义务植树64.44万株。

畜牧业生产规模扩大，产品产量增加。肉蛋奶总产量35 813吨，比上年增长10.3%（其中肉类总产量27 114吨，增长10.0%）。年内出栏肥猪253 157头，比上年增加24 504头，增长10.7%；出售仔猪1 160 272头，减少1 433头，下降0.1%；生猪存栏262 142头，减少29 921头，下降10.2%（其中能繁殖母猪41 616头，减少32 010头，下降43.5%）。

全年水产品产量3 810吨，其中：星云湖1 914吨，抚仙湖483吨。

【交通运输和邮电】 2011年，交通运输、仓储及邮政业实现增加值29 565万元，比上年增加4 994万元，增长15.4%。年末，全县公路总里程达846.78千米，其中：一级公路15.07千米，二级公路54.16千米，三级公路166.18千米，四级公路571.38千米，等外公路24千米，高等级公路16千米。公路货物运输总量612.4万吨，比上年增加35.44万吨，增长6.1%。

全年完成邮政业务总量456万元，增加107万元，增长30.6%。电信业务总量1 600万元，增加100万元，增长6.7%。年末，电话用户20 900户，其中：公用电话700户，住宅电话11 100户，流动市话230户，移动电话9 800户。中国移动业务总量5 088万元，移动电话用户150 690户。

【固定资产投资】 2011年，全县固定资产投资规模跨越了40亿元的新台阶，投资总量创历史新高。全社会固定资产投资完成400 148万元，比上年增加165 050万元，增长70.2%，增长速度比上年提高18.8个百分点。其中，工业投资70 615万元，增长21.2%。城镇固定资产投资286 154万元，比上年增加121 080万元，增长73.3%（其中房地产开发投资129 054万元，比上年增加65 844万元，增长104.2%）。农村固定资产投资113 994万元，比上年增加43 970万元，增长62.8%；农村非农户投资38 561万元，比上年增加16 580万元，增长75.4%；农村私人投资75 433万元，比上年增加27 390万元，增长57.0%。

【贸易和物价】 全县实现社会消费品零售总额117 363万元，比上年增长18.5%。按城乡分，城镇实现消费品零售额66 684万元，增长22.7%；乡村实现消费品零售额50 679万元，增长13.4%。按行业分，批发贸易业实现消费品零售额7 559万元，增长10.8%；零售贸易业实现消费品零售额79 997万元，增长20.1%；住宿业实现消费品零售额7 420万元，增长24.8%；餐饮业实现消费品零售额22 388万元，增长13.9%。按经济类型分，公有经济实现消费品零售额27 011万元，增长11.6%；非公有经济实现消费品零售额90 352万元，增长20.7%。

2011年，居民消费价格总指数104.6%，比上年上升4.6个百分点，商品零售价格上涨4.5%，农业生产资料价格上涨6.7%。

【财政、金融和保险】 2011年，全县完成财政总收入42 978万元，比上年增收6 127万元，增长16.6%。完成地方财政收入33 773万元，增收6 757万元，增长25.0%。全年财政支出99 965万元，增支22 156万元，增长28.5%。

金融机构各项存贷款余额继续保持快速增长。年末，全县金融机构各项存款余额达639 372万元，比上年增长16.5%，其中居民储蓄存款余额389 454万元，增长21.2%。各项贷款余额为355 291万元，增长21.7%，存贷比为55.6%，比上年同期提高2.4个百分点。

2011年，保险机构实现保费收入8 930万元，比上年增长26.1%，支付各类赔款金额4 508万元，增长24.2%。

【科技、教育、文化、卫生和体育】 全年共向国家、省、市推荐申报科技项目15个，实际立项8个，其中：国家级项目1个，省级项目6个，市级项目1个。建成省、市、县技术中心3个。培育全县农业产业化企业29个，其中：农产品加工企业14个，花卉企业15个。累计获得无公害农产品认证3个、绿色食品认证3个、有机食品认证1个。全年申请专利15件，其中申请发明专利4件，实用新型9件，外观设计2件；专利授权量12件，专利拥有量138件。

2011年，全县共有公立学校80所，其中：乡(镇)中心完小12所，村完小44所，一贯制学校5所，教学点3个，乡(镇)中学11所，普通高中2所，职中1所，进修学校1所，县幼儿园1所。有教学班1 258个，其中：幼儿学前班226个，小学657个，初中272个，普通高中70个，职业高中33个。在校生51 596人，其中：在园(班)幼儿数7 143人，小学24 008人，初中14 251人，普通高中4 765人，职业高中1 429人。小学毛入学率113.11%，学龄儿童入学率99.92%，辍学率0.28%，毕业率99.91%，小学毕业生升学率98.42%，年巩固率99.75%，新招一年级新生受过一年学前教育率99.94%，学前三年儿童毛入园(班)率79.68%，15周岁初等教育完成率99.88%。初中毛入学率113.8%，毕业率99.64%，辍学率1.79%，年巩固率98.42%，17周岁初级中等教育完成率98.93%。全县有教职工2 672人，其中正式教职工2 425人，临时教职工188人；专任教师合格率高中达99.61%，初中达99.52%，小学达96.99%。

文化产业持续发展，继续保持了“全国文化先进县”称号。科技、广播电视、体育等事业全面发展，平安江川建设稳步推进。年末，全县共有大小文艺队342个，全年举行文艺比赛10次；组织文艺活动699次；有文化厅、室77个，全年共举办展览66期，举办各种培训班89期；图书馆馆藏图书85 623册，订购2012年报纸22种，杂志76种，全年接待读者98 944人次、236 912册次，有固定读者3 844人。加大文博知识宣传力度，在全县69个村委会放映反映农业生产的科教片800部、故事片828部，放映电影285场，观众75 000人次，做到每村每月放映一场电影。博物馆全年接待观众11万人次。

各协会体育活动蓬勃开展，营造出全民参与体育活动的积极氛围。全县7个乡(镇、社区)均成立了全民健身领导小组，5个乡(镇)挂牌成立了“全民健身指导站”，晨、晚训练点41个。拥有社会体育指导员225人，其中：国家级2人，一级6人，二级112人，三级105人。2011年承办市级以上体育比赛活动4次，举办县级体育比赛活动6次，组织基层体育比赛活动18次，全县体育人口达35%。举办全民健身活动8次，人数1.2万人次。年末，全县拥有体育场地375个，体育局拥有体育场地8个，年内开放使用11万人次；举办培训班5期，参加培训284人次。竞训体育有省布传统游泳项目1个点，在训运动员28人；市布传统训练项目(田径、柔道、自行车)3个点，在训运动员60人；县布训练项目(篮球、武术)2个点，在训运动员36人。

年末，全县共有卫生机构12个，其中医院2个，卫生院7个，妇幼保健院1个，疾病预防控制中心1个，卫生监督检验机构1个。卫生技术人员446人，其中执业医师和执业助理医师254人，注册护士139人。医院和卫生院床位661张。乡(镇)卫生院7个，床位267张，卫生技术人员149人。村级卫生室72个，乡村医生304人。全县有230 733人参加了新型农村合作医疗，参合率95.82%。

【外经和旅游】 全年招商引资项目共实施33个，其中：续建项目6个，新建项目27个。年内实际利用县外国内资金114 675万元，比上年增加43 329万元，增长60%。其中：市外国内资金105 245万元，增加38 705万元，增长58%；省外资金95 683万元，增加44 063万元，增长85%。完成自营进出口7 956万美元，增加1 499万美元，增长23.2%。

2011年，全县共接待游客171.3万人次，比上年增加17.58万人次，增长11.4%；旅游总收入67 376.44万元，增加12 969.24万元，增长23.8%。

【人民生活】 2011年末，全县在岗职工11 417人，比上年末减少225人，其中：国有单位6 438人，增加50人；城镇集体单位202人，减少16人；其他单位4 777人，减少259人。全年在岗职工平均工资31 500元，增加5 956元，增长23.3%。其中：企业单位40 027元，增加6 527元，增长19.5%；事业单位41 257元，增加8 653元，增长26.5%；机关单位42 006元，增加5 958元，增长16.3%。

城镇居民家庭人均可支配收入18 260元，比上年增加1 843元，增长11.2%；农民人均纯收入6 374元，增加737元，增长13.1%。

【就业和社会保障】 2011年共开发就业岗位368个，新增就业2 109人，下岗失业人员再就业506人，特殊困难群体再就业503人，开发公益性岗位368人，鼓励创业“贷免扶补”扶持创业人数70人，发放小额担保贷款814人4 070万元。城镇登记失业率3%，有序组织劳务输出1 862人。

2011年末，全县共有349户企业8 177人参加养老保险统筹，全年共发放养老金3 228万元；有304户6 406人参加失业保险统筹，发放失业救济金43.07万元；有12 517人参加职工医疗保险统筹，支付医疗保险金2 368.84万元；全县参加农村养老保险229 519人，支付农村养老保险金1 204.14万元；参加工伤保险统筹企业272户7 449人；参加生育保险统筹企业110户2 510人。

全年对城市低保受益户3 512户4 322人发放低保金897.32万元。对农村低保受益户9 310户10 164人发放定期生活救助950.15万元，对农村五保户681户721人发放定期生活救助226.99万元。年末共有优抚对象10 398人，全年共对2 858人发放各类补助金848.16万元；兑现义务兵家属优待金276人91.08万元。

【领导干部】 县委书记张延明(2011年5月离任)、马文龙(2011年5月任)，副书记葛勇、张金翔、尹加生(2011年5月离任，挂职)、罗江鹏(2011年5月任)。人大主任赵少春，副主任杨生明、杨本忠、史云德、陆富仙(女)。县长葛勇，副县长李东林、罗跃岗、师文、田江龙(2011年6月离任)、石伟(2011年6月任)、陈川明、龚桂存(女，2011年6月离任)、刘振环(挂职)。政协主席黄文柱，副主席刘跃宁、郭开明、杨吉英(女)、李绍华。纪委书记郭永生。

【中国联塑集团落户江川】 江川县人民政府与中国联塑集团云南联塑科技发展有限公司在平等自愿、互惠互利、真诚合作、共同发展的基础上，经协商一致，达成了项目投资合同，由云南联塑科技发展有限公司在江川龙泉山生态工业园区投资建设年产10万吨塑料管道项目，项目投资期限为2年，项目用地约350亩，预留150亩，投资完成后投资总额不低于人民币4亿元，其中固定资产投资不低于人民币2.5亿元。

2011年6月8日，江川县人民政府与中国联塑集团举行项目签字仪式，县委常委、宣传部长石伟代表江川县人民政府与中国联塑集团西南片区总经理陈志坤在项目投资合同上签字，中国联塑集团正式落户江川。

【江川县连获省农业综合开发工作先进县】 2011年10月22日，云南省人民政府在丽江市玉龙县召开的"十一五"云南省农业综合开发工作总结表彰会议上，江川县再次被云南省农业综合开发领导小组授予"十一五""云南省农业综合开发先进县"荣誉称号，江川县成为玉溪市唯一连续10年获省农业综合开发工作先进殊荣的县。

【国务院调研组到江川调研】 2011年10月13日，由国家发改委财金司副司长徐晓波率领的由国家发改委、财政部、农业部组成的国务院调研组一行到江川县，对江川县村级公益事业建设"一事一议"财政奖补工作实施情况进行专题调研。

上午，调研组认真听取了省财政厅副厅长杨利邦、玉溪市副市长李洪云对云南省和玉溪市关于村级公益事业建设"一事一议"财政奖补工作开展情况的汇报，观看了江川县村级公益事业建设"一事一议"财政奖补工作专题片，详细了解省、市、县三级政府在村级公益事业建设"一事一议"财政奖补工作中采取的主要做法、成效、存在问题、完善意见和建议，并就财政奖补资金比例、资金拨付程序、项目确定办法、监管制度等方面与相关部门负责人进行了深入探讨。

下午，徐晓波一行先后实地深入雄关乡白石岩村委会白石岩村民小组、江城镇白家营村委会前竹园村民小组，通过实地查看、听汇报、查资料、走访群众等方式，就村级公益事业"一事一议"财政奖补项目建设情况进行调研。调研组对江川县村级公益事业建设"一事一议"财政奖补工作给予了高度评价和充分肯定。调研组认为，江川县开展农村公益事业"一事一议"财政奖补工作坚持优先选择村委会"两委"班子团结、领导有力、群众积极性高的村组，优先选择与老百姓日常生产生活关系密切的水电路等民生工程，优先选择项目基础比较好的村组，优先选择项目覆盖面宽、受益面大、社会效益明显的村组原则，做到普惠制与特惠制相结合，工作目标明确、措施有力、成效明显。

2011年8月26日上午，由省委、省政府主办，省委宣传部、云南电视台承办的"云之南"艺术团《情系母亲湖》生态文明专场文艺演出来到高原水乡江川县举行，省委常委、省委宣传部部长张田欣，省九湖督导组组长牛绍尧以及市、县党政领导观看了演出 （江川县史志办 提供）

【省政府九湖水污染综合防治督导组到江川县调研】 2011年12月5日，云南省人大常委会原副主任、省政府九湖水污染综合防治督导组组长牛绍尧率省政府九湖水污染综合防治督导组到江川县调研"两湖"水污染防治工作。玉溪市市长高劲松、市环保局、江川县等相关领导陪同。调研组一行先后实地查看了江川县抚仙湖大鲫鱼河流域环境综合治理、退田还湖、星云湖蓝藻打捞、江川县皇壮养殖场生物发酵床运用、周官村农村环境卫生整治、星云湖南片区污水处理厂改扩建项目等工程，并听取了市县领导的工作汇报。

【举办"中国云南江川第七届开渔节"】 2011年12月24日中午2：00，江川县举办第七届开渔节大型文艺演出，在"鱼跃人欢"欢快喜庆的歌舞声中，江川县第七届开渔节在江川县渔文化广场拉开序幕。

整台演出以"鱼跃人欢，锦绣江川"为主题，通过舞蹈、独唱、花灯表演、小品等艺术形式，颂扬江川神秘灿烂的古滇青铜文化、独特的民间民俗文化和高原水乡渔文化，充分展现了江川的渔业所取得的巨大成就和江川的锦山绣水。

2011年12月25日至2012年1月7日开渔节期间，江川县共接待游客44.3万人，同比增3.7%；实现旅游收入9 442.5万元，同比增10.2%。

【龙泉山生态工业园区建设】 根据江川龙泉山生态工业园区规划实施方案"功能分布合理，基础设施共享，产业相互融合，循环经济示范"的原则，合理划分产业发展区域，促进园区科学发展。2011年初，切实做好土地储备工作，保障项目建设用地，园区内30米龙泉大道主干道征地8.63公顷，投入征地费2 180万元；投资1 200万的园区供水工程于7月1日开工；9月底，总投资1 300万元完成路基铺垫平整建设工作；年底，水池及相关配套设施建设项目基本完工，供水设备和管材采购全部到位安装。年末，经审查，符合条件超亿元的入园项目已达3个，计划用地1 000余亩，计划总投资7.01亿元。

【大街街道】 2011年，全街道总人口64 812人，其中男31 813人，女32 999人；少数民族人口2 466人，占总人口的3.8%。人口自然增长率2.98‰。农村劳动力37 773人，其中从事第二、三产业的17 837人，占总劳动力的47.22%。

2011年末，全街道有耕地19 938亩，复种指数250%。全年粮食总产7 359.4吨，比上年增12.32%；油料总产1 502.2吨，比上年增87.21%。农业人口人均产粮128千克。年末，生猪存栏67 019头，比上年增8.84%；肥猪出栏69 798头，比上年增9.77%。大牲畜存栏814头，比上年减10.35%。水产品产量251吨，比上年增2.03%。全年投入水利建设资金423万元，水利化程度88.47%。

2011年有个私企业4 136个，比上年增13个，从业人员25 017人，比上年增4%。企业总收入373 650万元，比上年增15%；实现税利31 897万元，比上年增14.55%。

2011年，全街道农村社会总产值(现价)330 603万元，比上年增20.11%。工农业总产值(现价)231 859万元，比上年增20.12%。其中，工业总产值202 695万元，比上年增22.1%；农业总产值29 164万元，比上年增7.91%。农村经济总收入227 020万元，比上年增13.02%；农民人均纯收入6 446元，比上年增13.21%。2011年，全街道财政收入6 908万元；财政支出6 525万元。

办事处党工委书记张文彬，人大工委主任李忠兴，办事处主任吴正顶。

【江城镇】 2011年，全镇总人口70 940人，其中男35 559人，女35 387人；少数民族人口983人，占总人口的1.39%。人口自然增长率3.03‰。农村劳动力47 631人，其中从事第二、三产业的9 883人，占总劳动力的21.91%。

2011年末，全镇有耕地37 107亩，复种指数231.8%。全年粮食总产14 121.9吨，比上年增1.88%；油料总产1 955.9吨，比上年增44.18%。农业人口人均产粮213千克。年末，生猪存栏67 500头，比上年减8.54%；肥猪出栏79 000头，比上年增5.61%。大牲畜存栏3 063头，比上年减0.78%。水产品产量33吨，比上年增0.1%。全年投入水利建设资金3 602.49万元，水利化程度89%。

2011年有个私企业2 162个，比上年增58个，从业人员9 571人，比上年减7.02%。企业总收入100 058万元，比上年减6.09%；实现税利11 053万元，比上年减14.2%。

2011年，全镇农村社会总产值(现价)121 471万元，比上年增1.5%。工农业总产值(现价)87 726万元，比上年增0.8%。其中，工业总产值43 176万元，比上年减5.6%；农业总产值44 550万元，比上年增8%。农村经济总收入239 075万元，比上年增14.03%；农民人均纯收入6 422元，比上年增13.7%。

2011年，全镇财政收入1 429.7万元，比上年增11.61%；财政支出1 279.18万元，比上年增30.86%。年末，各项存款余额80 855万元，比上年增36.2%；人均储蓄存款余额11 397元，比上年增24.1%。

镇党委书记陈挺(2011年3月离任)、邓春元(2011年3月任)，人大主席吴增福，镇长李保平。

【前卫镇】 2011年，全镇总人口48 368人，其中男24 113人，女24 255人；少数民族人口2 145人，占总人口的4.4%。人口自然增长率2.67‰。农村劳动力29 828人，其中从事第二、三产业的8 762人，占总劳动力的28.5%。

2011年末，全镇有耕地23 584亩，复种指数235.9%。全年粮食总产662.28吨，比上年增12%；油料总产331吨，比上年增138%。农业人口人均产粮145千克。年末，生猪存栏51 400头，比上年减少6 309头，减少10.9%；肥猪出栏48 700头，比上年增11.4%。大牲畜存栏457头，比上年增4.8%。水产品产量32.60吨，比上年增0.6%。全年投入水利建设资金1 500万元，水利化程度86%。

2011年有个私企业1 370个，比上年增3个，从业人员6 014人，比上年增4%。企业总收入88 515万元，比上年增26.98%；实现税利3 894万元，比上年增16.8%。

2011年，工农业总产值(可比价)70 151万元，比上年增46.61%。其中，工业总产值39 322万元，比上年增102.32%；农业总产值30 829万元，比上年增8.51%。农村经济总收入135 492万元，比上年增14%；农民人均纯收入6 642元，比上年增13.8%。

2011年，全镇财政收入881万元，比上年增11%；财政支出1 071万元，比上年增12%。年末，各项存款余额30 918万元，比上年增6 332万元，增25.75%；人均储蓄存款余额6 392元，比上年增25.4%。

镇党委书记刘绍宏，人大主席钟镖，镇长胡正鸿。

【九溪镇】 2011年，全镇总人口26 660人，其中男13 331人，女13 329人；少数民族人口3 090人，占总人口的12%。人口自然增长率7.24‰。农村劳动力16 482人，其中从事第二、三产业的4 218人，占总劳动力的25.6%。

2011年末，全镇有耕地15 666亩，复种指数170%。全年粮食总产3 630吨，比上年增3.9%；油料总产1 100吨，比上年增67%。农业人口人均产粮144千克。年末，生猪存栏28 813头，比上年减17.21%；肥猪出栏22 824头，比上年增17.56%。大牲畜存栏698头，比上年增3.25%。水产品产量179吨，比上年减30.89%。全年投入水利建设资金3 138.3万元，水利化程度78%。

2011年有个私企业757个，比上年增1个，从业人员2 913人，比上年增1.6%。企业总收入27 580万元，比上年增9%；实现税利263万元，比上年增8.6%。

2011年，全镇农村社会总产值(现价)26 458万元，比上年增12.7%。工农业总产值(现价)28 376万元，比上年增14.6%。其中，工业总产值9 862万元，比上年增24%；农业总产值5 721万元，比上年增19.5%。农村经济总收入48 673万元，比上年增11.95%；农民人均纯收入6 134元，比上年增13%。

2011年，全镇财政收入612万元，比上年增25.67%；财政支出839.4万元，比上年增33.3%。年末，各项存款余额26 665万元，比上年增21.86%；人均储蓄存款余额10 001元，比上年增20.95%。

镇党委书记李志刚，人大主席王川，镇长王奇志。

【路居镇】 2011年，全镇总人口28 962人，其中男14 643人，女14 319人；少数民族人口327人，占总人口的1.13%。人口自然增长率0.85‰。农村劳动力19 203人，其中从事第二、三产业的4 653人，占总劳动力的24.23%。

2011年末，全镇有耕地16 951亩，复种指数259.39%。全年粮食总产2 036.4吨，比上年增6.18%；油料总产15.25吨，比上年增36.77%。农业人口人均产粮73.78千克。年末，生猪存栏27 810头，比上年减10.52%；肥猪出栏14 504头，比上年增27.22%。大牲畜存栏1 445头，比上年减2.36%。水产品产量45吨，与上年持平。全年投入水利建设资金65.1万元，水利化程度82.97%。

2011年有个私企业397个，与上年持平，从业人员4 236人。企业总收入38 402万元，比上年增19.96%；实现税利2 144万元，比上年增6.4%。

2011年，全镇农村社会总产值(现价)57 433万元，比上年增6.18%。工农业总产值(现价)50 769万元，比上年增7.04%。其中，工业总产值33 234万元，比上年增6.32%；农业总产值17 535万元，比上年增8.45%。农村经济总收入85 143万元，比上年增3.4%；农民人均纯收入6 008元，比上年增13.4%。

2011年，全镇财政收入1 076万元，比上年增33%；财政支出717万元，比上年增19.1%。年末，各项存款余额31 460万元，比上年减4.14%；人均储蓄存款余额10 862.3元，比上年减2.1%。

镇党委书记李菊，人大主席王荣华，镇长业东华。

【雄关乡】 2011年，全乡总人口11 019人，其中男5 622人，女5 397人；少数民族人口331人，占总人口的3.0%。人口自然增长率3.5‰。农村劳动力7 008人，其中从事第二、三产业的921人，占总劳动力的13.1%。

2011年末，全乡有耕地8 677亩，复种指数396%。全年粮食总产1 141吨，比上年增7.74%；油料总产725.5吨，比上年增75%。农业人口人均产粮107千克。年末，生猪存栏14 600头，比上年减8.69%；肥猪出栏11 500头，比上年增21.3%。大牲畜存栏909头，比上年增1.11%。水产品产量140吨，比上年增3.7%。全年投入水利建设资金700万元，水利化程度86%。

2011年有个私企业283个，与上年持平；从业人员800人，比上年增2%。企业总收入13 848万元，比上年减3%；实现税利1 426万元，比上年增6%。

2011年，全乡农村社会总产值(现价)14 245万元，比上年增12.9%。工农业总产值(现价)21 625万元，比上年增23.3%。其中，工业总产值8 861万元，比上年增55.9%；农业总产值8 743万元，比上年增6.3%。农民人均纯收入5 936元，比上年增13.4%。

2011年，全乡财政收入970万元，比上年增27.97%；财政支出507万元，比上年增3.68%。年末，各项存款余额7 185万元，比上年增51.13%；人均储蓄存款余额6 520元，比上年增50.36%。

乡党委书记周瑜，人大主席郑吉来，乡长杨军苹。

【安化彝族乡】 2011年，全乡总人口9 396人，其中男4 840人，女4 556人；少数民族人口9 033人，占总人口的96.1%。人口自然增长率1‰。农村劳动力6 294人，其中从事第二、三产业的681人，占总劳动力的10.8%。

2011年末，全乡有耕地9 477亩，复种指数133%。全年粮食总产343.5吨，比上年减3.3%；油料总产1 000吨，比上年增83.1%。农业人口人均产粮366千克。年末，生猪存栏5 000头，比上年减4%；肥猪出栏6 280头，比上年减0.5%。大牲畜存栏1 301头，比上年增4.1%。水产品产量98吨，比上年增3.1%。全年投入水利建设资金1 600万元，水利化程度23%。

2011年有个私企业2个，与上年持平，从业人员40人，比上年减5%。企业总收入2 936万元，比上年增20%；实现税利59万元，比上年增95%。

2011年，全乡农村社会总产值17 511万元，比上年增13.5%。工农业总产值14 993万元，比上年增12.9%。其中，工业总产值2 920万元，比上年增20.7%；农业总产值9 966万元，比上年增9.2%。农村经济总收入8 983万元，比上年增8.5%；农民人均纯收入5 451元，比上年增16.4%。

2011年，全乡财政收入880万元，比上年增11.4%；财政支出659万元，比上年增31.5%。年末，各项存款余额4 208万元，比上年增50.5%；人均储蓄存款余额4 478元，比上年增49.9%。

乡党委书记赵琦，人大主席坝有贵，乡长莽嘉慧。

（盛文芬）

澄江县

【自然概貌】 澄江县地处云南中部，位于北纬24°29′~24°55′，东经102°42′~103°4′之间。东沿南盘江与宜良县交界，西与呈贡、晋宁两县接壤，南跨抚仙湖与江川、华宁两县为邻，北含阳宗海与宜良县毗连。县城位于舞凤山下，海拔1755米，距省会昆明52千米，距玉溪市驻地红塔区93千米。南北长47.5千米，东西宽26千米，总面积773平方千米。其中，山区占总面积的73.43%，水面占18.6%，坝区占7.97%。形成“七山二水一平坝”的天然格局。境内有淡水湖泊抚仙湖、阳宗海。“滇中第一山”梁王山为境内最高点，海拔2 820米；境内最低海拔1 327米，绝对高差近1 500米，立体气候明显。常年气候温和，四季如春，平均气温16.5℃。2011年极端最高气温29.8℃(8月31日)，极端最低气温0.3℃(1月11日)。平均气温16.0℃，属于偏高年份，与历年平均值比偏高0.5度，与2010年比低1.4度。2011年平均气温是有气象记录(1959年9月开始气象记录)以来较高的一年。冬季气温均在零度以上，属暖冬年。境内雨量充沛，常年降雨量900~1 200毫米。2011年降雨量733.9毫米，属于偏少年份，与历年平均值比偏少221.4毫米，与2010年比偏少130.8毫米。日照充足，常年日照时数2 141.8小时，常年平均总辐射量为每平方厘米12 220千卡。2011年日照时数2110.0小时，接近历年平均值，与2010年比偏少118.3小时。

【行政区划】 2011年，进行行政区划名称调整，将原凤麓镇和龙街镇更名为“凤麓街道办事处”和“龙街街道办事处”，年末，全县辖2个街道办事处，4个镇，有326个自然村。即：凤麓、龙街街道办事处，阳宗、右所、海口、九村4个镇，下辖18个社区居民委员会，22个村民委员会，136个居民小组，218个村民小组。

【人口、民族】 2011年，全县出生人数1 234人，出生率8.78‰；死亡人数809人，死亡率5.75‰；人口自然增长率3.03‰。按户籍人口统计，全县总户数52 978户，总人口140 708人(不含阳宗镇)。其中，农业人口120 861人，占总人口的85.89%；非农业人口19 847人，占总人口的14.11%。少数民族人口10 580人，占总人口的7.52%。

【综合经济指标】 据全县国民经济核算，2011年，全县完成现价生产总值(GDP)440 531万元，按可比价计算，比上年增长13%。分产业看：第一产业增加值70 105万元，增长7.8%，对GDP的贡献率为11%，拉动GDP增长1.4个百分点；第二产业增加值199 589万元，增长21.6%，对GDP的贡献率为65.9%，拉动GDP增长8.6个百分点；第三产业增加值170 837万元，增长7.2%，对GDP的贡献率为23.1%，拉动GDP增长3个百分点。全县三次产业结构为15.91∶45.31∶38.78。全县非公有制经济增加值达281 735万元，按可比价计算，比上年增长11.5%，占GDP的比重为64%，比上年提高0.7个百分点。现价工农业总产值达518 530万元，同比增长12.4%。其中，工业总产值397 950万元，同比增长9.2%，农业总产值120 580万元，同比增长24.1%。

【工 业】 2011年，澄江县全年实现现价工业增加值145 483万元，按可比价计算比上年增长10.7%(增加值增幅均为可比价)，拉动GDP增长3.3个百分点，对GDP增长的贡献率为25.4%。完成现价工业总产值397 950万元，同比增加33 590万元，增长9.2%。其中，18户规模以上工业企业完成现价总产值267 688万元，同比增长10.7%，占全县工业总产值的67.3%，实现工业增加值85 870万元，按可比价计算同比增长9.1%；规模以下工业企业完成现价总产值130 262万元，同比增长25.63%，占全县工业总产值的32.7%。水泥制造业完成工业总产值36 496万元，同比增长24.2%；实现增加值11 514万元，同比增长39.2%。铝压延加工企业完成工业总产值12 766万元，同比增长30.5%；实现增加值3 847万元，同比增长39.2%。规模以上化学原料及化学制品制造企业完成工业总产值152 380万元，同比增长6.2%；实现增加值48 228万元，同比增长3.1%。其中，磷化工生产企业完成工业总产值138 680万元，同比增长18.2%；实现增加值44 655万元，同比增长12.4%。规模以上发电、供电企业完成工业总产值46 780万元，同比减少8.1%；实现增加值16 938万元，同比减少13.7%。其中，发电企业完成工业总产值5 374万元，同比减少17.8%，实现增加值4 624万元，同比减少11.8%；供电企业完成工业总产值41 406万元，同比减少6.7%，实现增加值12 314万元，同比减少4.3%。化学原料及制品制造业、建筑建材、有色金属冶炼及压延加工业、电力生产及供应业等形成了多点支持发展的局面，完成产品销售收入23.42亿元，比上年增长2.6%。主要工业产品产量：发电量11 796万度，减少41.2%；供电量104 224万度，减少5.6%；黄磷71 103吨，减少16.2%；磷酸70 746吨，增长45.5%；磷酸铵肥53 449吨，减少54.8%，水泥110.25万吨，增长8.2%；红砖85 250万块，增长28.2%；塑料制品1 863吨，增长26.0%；饲料47 848吨，增长190.9%；铝材7 351吨，增长26.0%。

【农 业】 2011年，全县农林牧渔服务业总产值(现价)完成120 580万元，比上年增加23 434万元，增长24.1%。其中，农业产值89 101万元，比上年增加15 878万元，增长21.7%；林业产值699万元，比上年增加132万元，增长23.3%；畜牧业产值28 182万元，比上年增加7 488万元，增长36.2%；渔业产值1 826万元，比上年减少92万元，减少4.8%；服务业产值772万元，比上年增加28万元，增长3.8%；农、林、牧、渔业及其服务业所占农林牧渔服务业总产值的比重分别为73.9%、0.6%、23.4%、1.5%、0.6%。

2011年，全县农作物播种321 990亩，比上年同期增加9 583亩，增长3.1%。其中，粮食作物播种90 119亩，减少0.9%；烤烟种植49 595亩，比上年减少1 904亩，减少3.7%；蔬菜种植172 896亩，比上年增加13 369亩，增长8.4%。复种指数由上年的313%上升到323.8%，上升了10.8个百分点。全县粮食作物播种面积与非粮食作物播种面积比例由上年的29.1∶70.9调整为2011年的28∶72，非粮食作物比重比上年提1.1个百分点。主要种植业产品产量：全年粮食总产量3 247万千克，增加0.2%；烤烟产量670万千克，减少2.3%；蔬菜产量17 813万千克，增长19.4%。

全县林业用地53.44万亩，其中，有林地37.46万亩，森林覆盖率33.17%。全年完成义务植树40.85万株，共发生各类破坏森林资源和野生动植物案件96起，查处96起，综合查处率100%。全年无特大森林火灾发生。实施森林病虫害防治2.77万亩，防治率达到77%；采伐木材4 642立方米，木材调运检疫2 089立方米，苗木调运检疫44 665株。

全年实现畜牧业产值28 182万元，比上年增加7 488万元，增长36.2%。其中，生猪产值16 436万元，比上年增加5 329万元，增长48%；家禽产值7 688万元，比上年增加148万元，增长2%。年末，大牲畜存栏15 579头，减少5.9%，出栏4 960头，增加6.2%；生猪存栏71 645头，减少2.7%，出栏102 392头，增长0.04%；羊存栏30 809只，增加1.1%，出栏11 927只，增长6.9%；家禽存栏95.1万只，增加21%，出栏174.8万只；增长2%。肉类总产量1 334万千克，增长2.4%。其中，猪肉产量883万千克，增长0.1%；家禽肉产量348万千克，增长6.7%；禽蛋产量177万千克，减少4.3%。

2011年，澄江县积极推广库、坝、塘、池精养，全年全县水产品产量1 678吨，比上年增加45吨，增长2%。

全县完成各类水利工程1 329件，水利建设投入资金9 024万元。完成2个片区基本烟田建设、47件人畜饮水工程。新增有效灌溉面积1 100亩，改善灌溉面积38 130亩；治理水土流失面积16.55平方千米；全县已建成稳产高产农田78 970亩，占年末实有耕地总面积98 630亩的80.1%。拥有水库、坝塘94座，其中，中型水库2座，小(一)型水库8座，小(二)型水库26座，坝塘58座。总库容4 622万立方米，蓄水工程设计供水能力7 856万立方米。全县农业机械总动力14.09万瓦特，比上年增长3%，拥有农用拖拉机2 535辆，农用运输汽车348辆。农用化肥施用量31 582吨，农用塑料薄膜使用量511 000千克，地膜覆盖面积94 727亩，农药使用量382 000千克，农村用电量2 436.03万千瓦小时。

【固定资产投】 2011年，全县完成固定资产投资328 197万元，同比增加86 085万元，增长35.6%。固定资产投资增长主要在以下方面：非农村限额以上投资164 001万元，比上年增长4.6%，其中，工业固定资产投资47 873万元，增长12.7%；农村限额以上投资40 130万元，同比增长1.2倍；居民个人建房投资69 108万元，同比增长2.6%；房地产开发投资54 958万元，同比增长14.1%。从投资方向看：第一产业完成投资17 197万元，比上年增长1.9倍；第二产业投资47 873万元，增长12.7%；第三产业投资263 127万元，增长35.8%。

【交通运输】 2011年，全县公路通车里程为905.36千米(含石安公路过境线10.8千米)。其中，按行政等级划分，有国、省道98千米，县道125.5千米，乡道614.5千米，村道57.4千米，专用公路9.9千米；按技术等级划分：有二级公路90.6千米，三级公路17.4千米，四级公路786千米。公路密度118.87千米/百平方千米。年末，全县拥有各种机动车辆42 012辆，其中，大型汽车1 768辆，小型汽车8 553辆，摩托车31 578辆，三轮汽车、低速货车

100辆，其他车辆15辆。开通了县城第一路至第十三路公交车，共投放运力90辆，覆盖全县2个街道办事处和3个镇。

【邮电通信】 2011年末，全县固定电话机用户12 659户，移动电话用户95 560户，联通电话用户8 700户，互联网用户10 610户。国内函件21 943万件；订销报纸79.81万份；杂志4.77万份，期发数0.38万份，集邮业务量7.1万枚，集邮册数1 524册。

【国内贸易】 2011年，全社会消费品零售总额增加，消费市场活跃，全县社会消费品零售总额102 681万元，增长22.8%。其中，公有经济31 063万元，增长7.2%，非公有经济71 618万元，增长31.2%。

【对外经济】 2011年，全县招商引资实际利用市外国内资金157 000万元，比上年增加66 689万元，增长73.8%；筹建项目4个，在建项目3个，重点包装、宣传、推介项目3个。实现自营出口5 309万美元，比上年增加1 201万美元，减29.2%。

【财政、金融】 2011年，全县实现财政总收入61 061万元，比上年增长13%。完成地方财政收入41 700万元，同比增加7 674万元，增长22.6%。完成地方财政支出85 532万元，比上年增支13 279万元，增长18.4%。全县税收收入完成48 348万元，同比增加7 632万元，增长18.7%。其中，地税收入28 190万元，同比增长20.7%；国税收入20 158万元，同比增长16.2%。

2011年，全县金融机构各项贷款余额233 587万元，比上年增加25 780万元，增长12.4%。各项存款余额454 527万元，比上年增加42 797万元，增长10.4%，存贷比1∶0.51。城乡居民储蓄存款余额285 749万元，比上年增加71 981万元，增长33.7%。

【科教文卫体】 2011年，澄江县向国家、省、市科技管理部门申报科技项目10项，获立项支持5项；举办科普宣传及展览3次，办科普宣传展版45块，发放科普宣传资料17 455份，观众32 000人次；举办知识产权培训班1期，培训人员45人次。

2011年末，全县有中小学、幼儿园及职业学校61所，其中，普通中学5所，职业高级中学1所，小学39所，幼儿园16所。全县在校中小学生共25 782人(含职业中学)，其中，职业高级中学767人，普通中学10 274人(高中2 119人，初中8 155人，小学14 741人)。在园幼儿4 348人(学前班1 226人)。全县共有教职工1 816人，其中，专任教师1 605人。普通中学有专任教师641人，小学853人，幼儿园111人。全县有教学班735个，其中，普通高中36个，初中146个，小学428个，幼儿及学前班125个。全县小学学龄儿童入学率99.94%，巩固率99.78%，辍学率0.22%；小学毕业生升学率97.5%，初中阶段毕业生入学率40.18%，初中学龄人口毛入学率111.77%，升学率40.18%。全县有932名考生参加高考，上线人数904人，比上年增加13人，其中，本科上线502人。“三免一补”政策惠及学生76 817人次，免补资金1 963万元。

2011年，开展文化“三下乡”活动，放映电影528场(次)，观众6.9万人(次)，其中，“2131”工程放映422场(次)，观众4.5万人(次)，广场放映周放映106场(次)，观众2.4万人(次)。为活跃农村文化，举办文化广场晚会和文化专场演出54场。年末，全县有公共图书馆1个，图书室46个，总藏书量17.9万册，总流通12.8万人(次)，总流通图书31万册(次)，读者8.3万人(次)，外借图书5.5万册，阅览26.7万人(次)。

全年开办电视栏目108期，播出电视新闻稿1 824条，其中，有858条被省、市电视台及广播采用，播出新闻直通车节目267条。年末，全县广播覆盖率99.3%，电视覆盖率97%。有线电视入网用户36 500户，其中，互联网用户3 300户，数字电视总户数20 130户，有线电视覆盖率85%。年内新增有线电视入网用户1 160户，发展数字电视用户5 763户。

年末，全县共有卫生医疗机构64个，其中，镇及镇以上卫生机构11个；村级卫生所27个；个体医疗诊所26家；床位数389张；在职职工586人，其中，卫生技术人员498人(执业医师203人、职业助理医师35人、注册护士187人、药剂人员35人、检验人员24人、其他卫生技术人员43人)，占总人数的87.3%。每千人拥有卫生技术人员2.63人，拥有病床数1.95张；门诊512 889人次，住院43 611人次。2011年，全县新型农村合作医疗应参合的农户35 689户、人口119 530人，实参合35 508户、115 550人，参合率96.67%。县内传染病发病率203.16/10万人，五苗覆盖率100%，食品合格率100%，餐具、饮具合格率100%。全年孕产妇建卡管理人数1 454人，管理率100%，孕产妇系统管理人数1 420人，管理率97.06%。7岁以下儿童保健人数8 850人，儿童保健管理率98.81%，3岁以下儿童保健人数4 023人，管理率为98.53%。

全县经常参加体育活动人数达5.7万人，占全县总人口比重的35%。年末，全县共拥有体育场地290块，其中，标准体育场地180块，占62%，非标准体育场地110块，占37.9%。

【旅　游】 2011年，全县共接待旅游人数185万人次，比上年同期增长7%，全县旅游总收入75 717万元，比上年同期增加10 505万元，增长16.1%，旅游门票收入298万元，比上年增加17万元，增长5.9%。

【人民生活】 2011年，农民人均食品支出占生活消费支出比重(恩格尔系数)为37.2%。农民人均住房面积45.6平方米，钢混结构占住房面积的76.3%。农民人均总收入10 697元，比上年增加1 143元，增长12%；农民人均纯收入7 005元，比上年增加631元，增长9.9%。农民人均生活消费支出6 562元，其中，食品支出2 442元，占生活消费支出(下同)的37.2%；居住支出1 582元，占24.1%；衣着支出413元，占6.3%；家庭设备及服务用品支出306元，占4.7%；医疗保健支出630元，占9.6%；交通和通讯支出693元，占10.6%；文化娱乐及服务支出407元，占6.2%；其他商品和服务消费支出89元，占1.3%。

县城居民生活水平进一步提高，据县城居民住户抽样调查资料显示，2011年，县城居民人均可支配收入18 790元，比上年增加1 776元，增长10.4%。生活消费支出12 156元。在生活消费支出中，食品支出3 891元，占生活消费支出(下同)的32%；居住支出1 543元，占12.7%；衣着支出1 238元，占10.2%；家庭设备及服务用品支出759元，占6.2%；医疗保健支出902元，占7.4%；交通和通讯支出2 510元，占20.6%；教育文化娱乐及服务支出1 097元，占9.0%；其他商品和服务消费支215元，占1.9%。

【领导干部】 县委书记崔明(2011年2月离任)、杨兴荣(2011年2月任)，副书记苏绍华、张云孙(挂职)、张赶良(2011年5月离任)、康凌华(2011年5月任)。人大主任许绍锦,副主任石洪、马玉俊(回族,2011年1月离任)、马金瑞(回)、李菊英(女)、华丽萍(女,2011年2月任)。县长苏绍华,常务副县长李自乔,副县长李瑜琼(2011年1月离任)、李荣坤、朱应生、吴运龙、吴正坤(2011年1月任)、陈挺(2011年3月任)。政协主席张同安,副主席李树明、李晓勇、牛夕荣(女)、马汝乾(回族)。纪委书记汤之德。

【海口污水处理厂完工】 澄江县海口污水处理厂于2010年3月23日开工建设,截至2011年10月已全部完工,待验收后即可投入使用。该工程建设规模为0.1万吨/日。工程建设严格按照招投标程序,签订廉政合同,由云南省世纪监理咨询有限公司担任工程监理,昆明莲华豪源建筑工程有限公司负责工程施工。工程建设情况为:完成污水处理厂场区建设。包括调节沉淀池一座,生物反应池一座,综合房两座,场区配套厕所一座;完成管网工程建设,包括DN400HDPE管270米、DN500HDPE管834米、DN600HDPE管1 433米,完成检查井57座;完成海口大河内淤泥清挖1 205米;完成管网施工便道882米;完成污水处理厂场区内绿化施工。海口污水处理厂工程的顺利完工,为抚仙湖的保护起到积极的作用。保障抚仙湖旅游资源合理开发,缓解旅游资源开发和抚仙湖保护之间的矛盾,对促进抚仙湖流域经济可持续发展都具有重要的意义。

【澄江化石地申报世界自然遗产工作】 2011年1月14日,“澄江化石地”被国务院正式确定为中国政府2011年申报世界自然遗产唯一项目。4月29日,澄江化石地申报世界自然遗产现场推进会召开,市委副书记、市长高劲松,市委常委、副市长黄宪庭,副市长杨洋和市直相关部门等领导参加会议。5月13日,国土资源部部长、党组书记、国家土地总督察徐绍史到澄江帽天山进行调研。8月31日,云南省政府在澄江县召开“申遗”工作现场办公会。副省长刘平实地查看设定的世界自然保护联盟专家考察路线,检查了小滥田村及帽天山的地质剖面、澄江化石地管理所、啰哩山等化石地及其周边情况,全面检查“申遗”工作进展。9月24~26日,世界自然保护联盟(IUCN)专家帕特里克·迈克基维尔教授和莫哈·塞非亚·莱马教授对澄江化石地进行实地考察评估。考察评估结束,两位专家把基本观点和初步看法反馈给政府及相关部门。

【黄磷尾气发电合作项目签约】 2011年,澄江县金龙、广龙、志成3户企业与大唐集团新能源股份有限公司下属大唐时代玉溪节能科技有限公司就3户企业黄磷尾气发电项目达成合作意向,由大唐公司出资对3户企业4.6万吨、4台黄磷电炉尾气进行开发利用,建设尾气发电站。2011年9月23日签订了合作协议,按照《国家工信部黄磷行业准入条件》要求,澄江县坚决贯彻并从一企一策出发,落实磷炉尾气不得直排燃烧,实现能源化或资源化回收利用。

【招商引资项目建设】 2011年,澄江县在建招商引资项目3个,分别为:澄江“湖畔圣水”房地产项目、澄江太阳山国际生态旅游休闲度假社区项目和碧湖园房地产开发项目;筹建项目4个,分别为:抚仙湖国际养生园项目、国际康体养生中心项目、仙湖山水国际度假园项目和仙湖圣境旅游度假村项目。实际利用市外国内资金157 000万元,同比增加66 689万元,增长73.84%,其中,省内资金26 700万元,同比增加2 000元,增长8.1%;省外国内资金130 300万元,同比增加64 689万元,增长98.6%,完成使用省外国内资金目标任务13亿元的100.23%;实际使用外资为零。

【组织企业参加昆交会】 2011年,县工信局组织7户企业参加第十九届昆交会展出,共申请到10个标准展位和1个室外展场。主要参展的商品有小型装载机、浓缩锅、藕粉和新鲜蔬菜。展会期间,澄江县各参展企业销售金额7.09万元,比上年的3.83万元增加3.26万元,增长85%。共发放各种宣传资料11 800余份。同时,组织企业参加昆交会的各项系列活动,通过昆交会结识了很多新的客户,德春公司与四川攀枝花天源有限公司签订了藕粉产品销售合同,合同金额40万元;澄江莲心食品有限公司与昆明康尔鑫商贸有限公司、昆明禧源凤工贸有限公司签订了藕粉产品销售合同,合同金额达200万元。

【首届澄江县道德模范评选工作】 2011年,根据《关于推荐评选首届澄江县道德模范的通知》的精神及安排部署,澄江县认真好开展首届道德模范评选工作。经过评选,左所村委会的郭智、高西村委会的吴兰芬、禄充村委会的张云龙获“澄江县首届道德模范”光荣称号并受表彰。

【清水产流机制修复试点工程建设】 2011年,右所镇加快推进抚仙湖东大河流域水污染治理与清水产流机制修复试点工程建设,完成41.5亩搬迁安置用地征用,实施防护林工程3 471.5亩、封山育林10 404亩,拆除抚仙湖北岸湖内混凝土埂、石埂、土埂2 230米,实施二家村、东山村、大仁庄、中所4个村落环境综合整治试验工程,建设5 967米村落污水收集管网、4个土壤净化槽、133座检查井、4个厌氧池等工程。至2011年底,一期工程已完成,二期工程完成勘测定界和租地444亩。

【凤麓街道】 2011年,全街道总人口21 361人,其中,男10 774人,女10 587人;少数民族1 280人,占总人口的5.65%。人口自然增长率1.03‰。农村劳动力4 163人,其中,从事第二、三产业的2 924人,占总劳动力的33.6%。

2011年末,全街道有耕地1 098亩,复种指数386%。全年粮食总产92.44万吨,比上年增4.83%;油料种植113亩,比上年增54.25%。农业人口人均产粮142.37千克。年末,生猪存栏3 104头,比上减3.03%;肥猪出栏5 620头,比上年增5.86%。大牲畜存栏40头,比上年增9.05%。全年投入水利建设资金39.6万元,水利化程度96%。

2011年有个私企业3 913个,比上年增74个,从业人员8 160人,比上年增0.17%;企业总收入55 999万元,比上年增30.71%;实现税利18 498万元,比上年增14.62%。

2011年,全街道社会总产值(现价)128 852万元,比上年增12.83%。工农业总产值(现价)24 755万元,比上年增8.28%。其中,工业总产值22 956万元,比上年增7.12%;农业总产值1 799万元,比上年增16.74%。农村经济总收入40 965万元,比上年增2.64%;农民人均纯收入7 680元,比上年增9.98%。

2011年,全街道财政收入3 661万元,比上年增20.46%;财政支出889.4万元,比上年减17.96%。

街道党工委书记师燕忠,人大工委主任李文进,办事处主任马永平

【龙街街道】 2011年，全街道总人口57 084人，其中，男28 335人，女28 749人。人口自然增长率4.72‰。农村劳动力36 305人，其中，从事第二、三产业的7 227人，占总劳动力的19.91%。

2011年末，全街道有耕地31 648亩，复种指数253.83%。全年粮食总产769.2万吨，比上年减12.25%；油料种植1 489亩，比上年减76.6%。农业人口人均产粮142千克。年末，生猪存栏19 414头，比上年减9.3%；肥猪出栏38 883头，比上年增0.7%。大牲畜存栏3 264头，比上年减5.4%，出栏1 728头，比上年增3.8%。全年投入水利建设资金2 919.87万元。

2011年有个私企业和个体工商户1 196个，从业人员8 576人；其中，个体工商户1 139个，从业人员8 576人，比上年减0.34%；个私企业57个，比上年增1个，从业人员5 624人，比上年减0.27%。企业总收入217 579万元，比上年增3.07%；实现税利7 398万元，比上年减18.74%。

2011年，全街道完成现价生产总值(GDP)126 181万元，比上年增13.4%。农林牧渔服务总产值(现价)40 750万元，比上年增13.69%，其中农业产值(现价)29 803万元，比上年增6.91%。实现工业增加值50 348万元。农民人均纯收入7 053元，比上年增9.8%。

2011年，财政收入4 908万元，比上年增20%；财政支出1 261万元。

党工委书记沈绍坤，人大工委主任马正坤，办事处主任张世杰。

【右所镇】 2011年，全镇总人口38 490人，其中，男19 035人，女19 455人；少数民族人口1 265人，占总人口的3.3%。人口自然增长率3.99‰。农村劳动力24 789人，其中从事第二、三产业的3 550人，占总劳动力的16%。

2011年末，全镇有耕地18 790亩，复种指数360%。全年粮食总产857.97吨，比上年减9.7%；油料总产427.6吨，比上年减16%。农业人口人均产粮238.6千克。年末，生猪存栏17 201头，比上年增6.4%；肥猪出栏24 023头，比上年减1.3%。大牲畜存栏1 816头，比上年增15.8%。水产品产量700吨，比上年减0.71%。全年投入水利建设资金135万元，水利化程度90%。2011年有个私企业870个，与上年持平，从业人员3 550人，比上年减100人；企业总收入130 065万元，比上年减6.51%；实现税利3 198万元，比上年减0.31%。

2011年，全镇农村社会总产值(现价)26 282万元，比上年增13%。工农业总产值(现价)156 653万元，比上年减4%，其中，工业总产值130 371万元，比上年减6.83%；农业总产值26 282万元，比上年增13%。农村经济总收入85 012万元，比上年增3.67%；农民人均纯收入7 114元，比上年增10.9%。

2011年，全镇财政收入3 993万元，比上年增21%。年末，各项存款余额44 946万元，比上年减16.4%；人均储蓄存款余额10 429元，比上年减26.7%。

镇党委书记刘世祥，人大主席李晓林，镇长尚正刚。

【九村镇】 2011年，全镇总人口11 800人，其中，男6 041人，女5 759人；少数民族人口246人，占总人口的2.08%。人口自然增长率3.88‰。农村劳动力7 239人，其中，从事第二、三产业的682人，占总劳动力的9.42%。

2011年末，全镇有耕地14 111亩，复种指数368.63%。全年粮食总产532.3万吨，比上年增33.78%；油料种植194亩，比上年减87.4%。农业人口人均产粮451.1千克。年末，生猪存栏12 373头，比上增0.68%；肥猪出栏11 043头，比上年增2.18%。大牲畜存栏3 966头，比上年减7.1%。水产品产量75吨，比上年增7.1%。全年投入水利建设资金308万元，水利化程度70%。

2011年有个私企业232个，比上年增3个，从业人员1 844人，比上年增4.6%；企业总收入109 800万元，比上年增10.2%；实现税利4 565万元，比上年减46.29%。

2011年，全镇农村社会总产值(现价)53 300万元，比上年增13.42%。工农业总产值(现价)134 713万元，比上年增16.13%，其中，工业总产值121 400万元，比上年增15.1%；农业总产值13 313万元，比上年增31.24%。农村经济总收入118 406万元，比上年增8%；农民人均纯收入7 066元，比上年增13.47%。

2011年，全镇财政收入3 830万元，比上年增27.65%；财政支出969万元，比上年增79%。年末，各项存款余额11 400万元，比上年增28.08%；人均储蓄存款余额9 661元，比上年增27.08%。

镇党委书记余安全，人大主席戎胜凯，镇长刘燕萍。

【海口镇】 2011年，全镇总人口11 564人，其中，男5 851人，女5 731人；少数民族人口3 007人，占总人口的26%。人口自然增长率2.21‰。农村劳动力7 669人，其中，从事第二、三产业的686人，占总劳动力的8.9%。

2011年末，全镇有耕地10 226亩，复种指数400%。全年粮食总产12.3万吨，比上年增5%；油料种植1 230亩。农业人口人均产粮760千克。年末，生猪存栏7 820头，比上增2%；肥猪出栏11 256头，比上年增15%。大牲畜存栏2 652头，比上年减9%。水产品产量50吨，比上年增5%。全年投入水利建设资金150万元，水利化程度30%。

2011年有个私企业306个，比上年增2个，从业人员650人，比上年增5%；企业总收入2 500万元，比上年增5%；实现税利100万元，比上年增5%。

2011年，全镇农村社会总产值(现价)1.54亿元，比上年增10%。其中，工业总产值2 500万元，比上年增5%；农业总产值12 900万元，比上年增10%。农民人均纯收入6 223元，比上年增13.2%。

2011年，全镇财政收入1 234.18万元，比上年增12.01%；财政支出1 193.41万元，比上年增54%。年末，各项存款余额1.4亿元，比上年增5%；人均储蓄存款余额12 106元，比上年增5%。

镇党委书记郭恩达，人大主席鲁建波，镇长王建春。

【阳宗镇】 2011年，全镇总人口25 052人，其中，男12 564人，女12 488人；少数民族人口319人，占总人口的1.3%。人口自然增长率5.96‰。农村劳动力15 559人，其中，从事第二、三产业的1 816人，占总劳动力的12%。

2011年末，全镇有耕地22 705亩，复种指数365%。全年粮食总产4 630万吨，比上年增22.68%。农业人口人均产粮194千克。年末，生猪存栏11 493头，比上增1.5%；肥猪出栏13 527头，比上年增0.07%。大牲畜存栏4 420头，比上年减4.6%。水产品产量54吨，比上年减57%。全年投入水利建设资金972.5万元，水利化程度80%。

2011年有个私企业27个，比上年增2个，从业人员987人，比上年增

6%；企业总收入14 810万元，比上年增11.2%；实现税利370万元，比上年增5.7%。

2011年，全镇国内生产总值(现价)24 089万元，比上年增7.7%。工农业总产值(现价)3.26亿元，比上年增16.48%，其中，工业总产值0.99亿元，比上年增11.8%；农业总产值2.27亿元，比上年增42%。农村经济总收入18 145万元，比上年增8.2%；农民人均纯收入6 552元，比上年增9.4%。

2011年，全镇财政收入420万元，比上年减48%；财政支出3 012万元，比上年减28%。年末，各项存款余额19 448万元，比上年减29%；人均储蓄存款余额7 763元，比上年减30%。

镇党委书记李春光，人大主席洪冬，镇长简勇。

（王基宇）

通海县

【自然概貌】 云南省级历史文化名城——通海，位于云南省中南部，东经102°30′26″～102°52′53″、北纬23°55′11″～24°14′49″之间。是历史有名的滇南重镇及经济和手工业发达的地区，有“秀甲南滇”、“冠冕南州”、“礼乐名邦”之美誉。全县总面积721平方千米，东西长37.97千米，南北宽36.32千米。县人民政府驻地秀山镇距玉溪市政府所在地红塔区47千米，距省会昆明市125千米。通海县东与华宁县接壤，南与红河州石屏县、建水县交界，西与峨山县、红塔区相邻，北与江川县毗邻。通海属坝区县，县境以中山、平坝、河谷三种地貌组成，中山占77.07%，平坝占21.63%，河谷占1.3%。在平坝中部镶嵌有面积达36平方千米的杞麓湖，是坝区用水及调节气候的重要因素。杞麓湖四周为平坦肥沃的农田，是全县粮食和经济作物的主要产区。县城海拔高度1 815米，最高峰为位于河西镇的螺峰山，海拔2 441米；最低处为位于红河州建水县与通海县交界处的马脖子，海拔仅为1 350米，高差1 091米。通海属中亚热带湿润凉冬高原季风气候，冬无严寒，夏无酷暑，全年气候宜人、雨量充沛。2011年平均气温为15.6摄氏度，极端最高气温为29.1摄氏度(5月10日)，极端最低气温0.6摄氏度(1月21日)；全年降水量为585毫米，最大日降水49.7毫米(7月18日)；全年无霜期为254天；年日照总时数为2 326.8小时，日照率53%。

【行政区划】 2011年，通海县行政区划名称有个别变动，原“秀山镇”和“九街镇”分别更名为“秀山街道办事处”和“九龙街道办事处”。全县设2个城区办事处和4个镇3个乡，即：秀山街道办事处、九龙街道办事处、河西镇、四街镇、杨广镇、纳古镇、里山彝族乡、兴蒙蒙古族乡、高大傣族彝族乡。设泰和、秀麓、庆丰、滨湖4个社区居民委员会。下属65个村民委员会，533个村(居)民小组。

【人口、民族】 据全国人口抽样调查推算，2011年末，通海县常住人口为30.4万人。据公安人口统计年报，户籍人口为93 012户282 201人，分别比上年增加1 694户2 056人。在总人口中，男性139 365人，占总人口的49.4%；女性142 836人，占50.6%。农业户72 197户，农业人口243 757人，占86.4%；非农业户20 815户，非农业人口38 444人，占13.6%。少数民族人口44 747人，占15.9%。

据人口与计划生育局统计，2011年，全县出生人口2 631人，出生率为9.36‰；年内死亡人口1 694人，死亡率6.02‰；自然增长人口937人，自然增长率3.33‰，比上年下降0.31个千分点。全县累计“三术”人数49 654人，三术率为84.38%，比上年下降0.04个百分点。全县计划生育率达96.2%，比上年下降0.64个百分点。

2011年，全县有民族乡(镇)4个，少数民族村委会20个，少数民族人口占30%的村民小组98个。全县少数民族人口44 742人，占全县人口总数的15.85%。

【综合经济指标】 2011年，全县实现生产总值559 484万元，按可比口径，比上年增长10.5%，第一、二、三产业增加值分别为104 087万元、228 200万元、227 197万元，分别比上年增长8.3%、10.9%、11.0%；第一、二、三产业增加值占全县生产总值的比重分别为18.6%、40.8%、40.6%，形成“二、三、一”经济结构，分别拉动GDP增长1.6、4.4、4.4个百分点，对GDP增长的贡献率分别为15.5%、42.3%和42.2%；人均生产总值(按推算常住人口计算)18 501元，比上年增加2 387元，增14.8%。

2011年，全县共完成固定资产投资340 729万元，比上年增长29.8%，在总投资中，工业投资104 922万元，增28.9%，占总投资的30.8%。其中，城镇投资完成153 948万元，增8.3%，占总投资的45.2%；房地产开发投资50 464万元，增71.6%，占总投资的14.8%；农村非农户投资58 933万元，增长70.7%，占总投资的17.3%；农村私人投资77 384万元，增37.1%，占总投资的22.7%。按产业划分：第一产业完成3 132万元，减80.3%；第二产业完成104 922万元，增28.9%；第三产业完成232 675万元，增40.8%。施工房屋面积81.50万平方米，其中，住宅56.84万平方米；竣工20.46万平方米，其中，住宅7.67万平方米，房屋竣工率25.1%。

【工　业】 2011年，全县完成工业总产值1 436 434万元，比上年增19.8%。按经济类型划分：国有工业完成66 198万元，比上年增23.5%；集体工业完成11 686万元，增16.4%；股份合作制工业完成18 244万元，减6.2%；股份制工业完成489 761万元，增15.3%；外商与港澳台投资完成24 524万元，增13.9%；其他经济类型完成826 021万元，增23.3%。全县完成工业增加值203 315万元，按可比口径比上年增10.8%，拉动GDP增长3.9个百分点。规模以上工业企业完成工业产值506 135万元，增长13.1%，实现销售产值500 398万元，产销率为98.9%，比上年提高1.5百分点，实现利税29 886万元，减8.04%。

主要工业品及产量：雨伞9.09万把，比上年减少0.08万把；多色印刷品209万对开色令，比上年增加35万对开色令；彩印烟商标209万对开色令，比上年增加35万对开色令；合成氨41 871吨，比上年减少2 512吨；碳氨216 764吨，比上年增加116 940吨；氮肥37 067吨，比上年增加19 997吨；甲醛13 561吨，比上年增加431吨；精甲醇2 917吨，比上年减少1 309吨；油墨1 104吨，比上年增加109吨；水泥66.29万吨，比上年减少6.34万吨；散热器890吨，比上年增加109吨；生铁14 300吨，比上年增加9 300吨；钢材59.96万吨，比上年增加11.99万吨；变压器496万千伏安，比上年减少17.3万千伏安；发电量855万千瓦时，比上年减少36万千瓦时；供电量153 761万千瓦时，比上年增加28 419万千瓦时。

【乡镇企业】 2011年，全县有乡镇企业455户，其中，集体企业14户，股份有限公司5户，有限责任公司170户，私营企业265户。年末，有职工22 779人，比上年减12.5%。全县乡镇企业拥有固定资产原值227 719万元，实现营业收入（现价）616 585万元，比上年减15.2%；完成现价产值613 418万元，比上年减17.8%。年内完成新上技改、扩建投资项目58项，新增固定资产38 248万元。

【农　业】 2011年，农业科技到位率达97.5%，引进新品种、新技术试验示范，实现农业可持续发展。当年引进粮食新品种10个，蔬菜新品种90个，新技术2项，水果新品种9个。组织基本口粮田建设项目。完成1 200亩退耕还林基本口粮田建设项目。认真组织实施中央购机补贴，全年累计争取中央财政补贴资金220万元（其中30万元为追加资金）。当年申报农业龙头企业扶持项目4个，争取项目资金350万元。引导企业参与出口农产品安全示范区建设，全县完成农产品出口创汇9 152万美元，同比增2 712万美元，增42.1%。积极培养名牌农产品。当年已申报云南省名牌农产品2个。积极发展和规范农民专业合作社，当年指导新建农民专业合作社13个，总数达54个，高大酸菜山柑橘专业合作社、云秀玫瑰专业合作社被省农业厅评为“云南省农民专业合作社省级示范社”。争取项目扶持。当年争取并组织实施项目33个，项目总投资3 462.44万元，其中上级补助资金2 402.3万元。

全县拥有农业机械总动力54 139.98万瓦特，比上年增加3 248.99万瓦特，其中，大中型拖拉机2 206台，农用运输车2 045辆，排灌动力机械5 673万瓦特；有效灌溉面积14.58万亩，水利化程度85.18%。

年末，生猪存栏129 972头，比上年增4.3%。肥猪累计出栏258 230头，比上年增7.7%；出栏率207.3%，比上年上升9.2个百分点。大牲畜年末存栏15 197头，比上年减4.0%。肉类总产量3 442.0万千克，比上年增10.1%。禽肉总产1 137.5万千克，比上年增12.8%。禽蛋产量4 960.3万千克，比上年增12.4%。奶类产量309.9万千克，比上年增32.1%。

主要农产品产量：粮食产量3 318.95万千克，比上年增22.6%，其中，稻谷428.33万千克，比上年减15.1%；玉米2 020.59万千克，比上年增6.7%；小麦531.91万千克，比上年减355.6%；豆类144.83万千克，比上年增75.28%；薯类139.91万千克，比上年减37.5%。油料总产190.46万千克，比上年增68.8%。烤烟总产869.67万千克，比上年减12.8%。蔬菜总产65 196.03万千克，比上年增12.4%。水果总产1 083.09万千克，比上年增4.5%。

【交　通】 2011年，完成S304（老玉通公路）线金山至水磨村17.12千米的水泥沥青路面改造，完成花园大道金山至许家营3.5千米的路面改造和江通路金山至小白坡段部分路面的修复工程，完成国防路（纳古接白义线、杨广接雄关10千米改造），六白路（六中—白泥箐7.3千米）、甲嘴皮路（义广哨—甲嘴皮6.1千米）、大白路（大小线—白石岩13.6千米）3条27千米通畅工程于年底完工。环湖生态路项目于2月进行勘察，形成工程可行性报告，3月份委托云南咨询有限公司实施测设，项目于当年12月动工。完成六谷路、扯石路、许平路等10条共23.12千米的农村公路大中修工程，建成兴蒙、里山2个乡镇简易客运站，完成河西、四街2个乡（镇）四级客运站的后续工程。农村公路晴雨天通车率100%。

2011年末，全县公路通车总里程1 009.3千米。其中，省道118.7千米，县道111.0千米，乡村公路779.5千米。在公路总里程中，高速公路14.7千米，一级公路25.1千米，二级公路39.0千米，三级公路102.2千米，四级及以下公路828.3千米。全县机动车拥有量102 715辆（含拖拉机），比上年增加9 378辆，其中，汽车（含农用汽车）35 692辆，大中小型拖拉机10 314台，摩托车56 709辆。全县公路营运货车9 156辆，吨位30 265吨，营运客车233辆，客座4 721座。

【邮政、电信】 2011年，邮政业务总收入完成625.60万元，完成年计划677.47万元的92.34%，比上年同期净增54.32万元，增长9.51%。电信通海分公司全面承接省市公司运营战略，注重网络工程建设，基本转入补点加深度覆盖及3G广度覆盖，C网通信能力进一步增强。继续开展3G合约计划。解决部分用户缴费难的问题，年底已达100%覆盖，村级服务网点达到96个。全年度GSM出账用户数为19 479户，出账收入1 061.99万元；3G业务出账用户数为2 285户，出账收入252.67万元；宽带用户出账数3 699户，出账收入180.11万元；合计总收入1 494.77万元。

【贸　易】 2011年，宋威公司、东绿公司已成为农产品出口龙头企业。全年14户外贸进出口企业申报资金争取补助项目35份，获得各种扶持资金2 022万元。14户外贸企业完成外贸进出口总额15 420万美元，与上年同期相比，增96.7%。完成市政府下达进出口目标任务8 500万美元的181.2%，名列全市第一，占全市进出口贸易总额的38.5%。全年完成引资项目10项，引进省外国内资金7.4亿元。开展“家电下乡”备案销售网点集中清理整治工作，对全县76个销售网点进行全面检查，发放《关于家电下乡备案销售网点清理整治通知》76份，对2家不符合备案条件的网点进行注销，确保“家电下乡”政策落实到位。全县年末备案家电下乡销售网点72个，共销售“家电下乡”产品21 114台（件），销售额5 815.3万元，消费者从中得到政府财政补助763.8万元。

全年社会消费品零售总额达156 915万元，比上年增长19.4%。从销售地区看：城镇实现消费品零售额89 534万元，增19.7%；乡村实现消费品零售额67 381万元，增19.1%。从经济类型看：公有经济实现零售额19 465万元，增长2.1%；非公经济实现零售额137 450万元，增长22.4%。分行业看：批发业、零售贸易业实现115 268万元，增长22.4%；住宿餐饮业实现41 647万元，增长12.0%。

【财政、金融、保险】 2011年，全县财政预算总收入（含基金收入）实现58 799万元，比上年增15.5%，其中，地方财政收入（含基金收入）34 066万元，比上年增12.0%，占总收入的57.9%。财政预算总支出（含基金支出）108 720万元，比上年增39.9%。

年末，全县金融机构各项存款余额792 625万元，比上年增13.6%，其中，城乡居民储蓄存款余额568 423万元，增16.0%。各项贷款余额502 123万元，比上年增20.3%，其中，中长期贷款230 314万元，增28.2%，存贷比为1∶0.63。

中国人民财产保险股份有限公司通海支公司共开办5大类险种计39个，

各项保险保额959 999万元，实现保费收入5 508万元。全年已决赔案数6 220件，支付各类赔款2 543万元，综合赔付率61.59%，上缴税利505万元。中国人寿保险股份有限公司通海县支公司共开办险种160种，年度保险费总额5 192.46万元，比上年增13.48%；新增保费2 310.57万元，比上年减11.9%，总赔付额1 218.47万元，比上年减19.87%。参保人数16.2万人，比上年增2.4%。

【科　技】 2011年，根据省科技厅“科技计划项目选题申报指南”的要求，认真筛选项目推荐申报各级科技计划并积极争取上级资金支持。全年实施新增各级各类科技计划项目合计35项，完成项目承诺任务数的250%。其中，国家级项目3项、省级项目10项、市级项目6项、县级项目16项；争取国家、省、市级补助资金1 427万元，完成资金承诺任务数(100万元)的1427.0%(其中：国家级150万元，省级1 253万元，市级24万元)。对2011年立项实施的6项科技项目督促检查，促进科技成果转化和产业化，提高企业参与市场竞争的能力。由云南通变电器有限公司承担实施的“150万KVA/年H级环氧浇注干式变压器产业化”项目，当年实现产值3 006万元，利润165万元，税金151万元；由云南通变电器配件有限公司承担实施的“变压器片式散热器新型生产工艺研发及产业化”项目，当年累计生产片式散热器2 391吨，实现销售收入2 252.32万元，上缴税金161.8万元。云南通变电器有限公司承担实施的省重点新产品开发计划“非晶合金铁芯变压器研发及产业化”项目，当年实现销售收入9 376.18万元，利润1 037.1万元，税金298.8万元。由云南天方食品有限公司承担实施的“出口型方便米线关键技术研究及产业化开发”项目，当年累计产量150万件，新增销售收入263万元，新增利税23万元；由通海县东绿食品有限公司承担实施的“花椰菜和青花菜产业关键技术研发”项目，当年自育品种示范推广达5万亩，实现销售收入420万元。鼓励支持单位和个人申请专利，2011年，全县共申请专利82件，其中发明13件，实用新型58件，外观设计11件；共获专利授权79件，其中发明专利5件，实用新型49件，外观设计25件。

2011年，全县企事业单位共有各类专业技术人员4 972人(事业单位3 649人、企业单位18人、自收自支单位41人、非国有企业1 264人)。其中，正高级职称4人、副高级职称433人、中级职称2 120人、初级职称2 281人、在岗未聘134人。

【教　育】 2011年，全县有中、小学和中等职业学校共68所，其中高级中学2所，完全中学1所，初级中学8所，中等职业学校1所，小学56所，小学教学点3个。班数1 039个，其中初中班228个，高中班74个，职业高中班29个，小学班708个。在校学生总数44 513人，其中普通高中在校学生4 685人，初中在校学生12 891人，中等职业学校在校学生1 099人，小学在校学生25 838人。有幼儿园10所，班数395个，在园幼儿数11 308人，比上年增加331人。专任教师2 642人，减少8人，其中普通中学1 033人，中等职业学校55人，小学1 380人，幼儿园174人。全县毕业生人数10 747人，其中高中1 399人，初中4 248人，中等职业学校314人，小学4 786人。学龄儿童入学率99.98%，小学升学率95.59%，初中升学率45.41%，3～6岁儿童入园率85.62%。

【文　化】 2011年，在老城区举办迎新春大型民俗、民间艺术展演群众文化活动；在新区会堂举办“玉兔送春、和谐通海”迎新春综合文艺晚会；参加玉溪市举办的花灯演唱比赛；组织开展纪念庆祝建党90周年系列文化活动；组织、编排广场舞蹈《藏族旋子》、《美丽的蒙古包》参加玉溪市第二届“大家乐”群众文化广场舞蹈大赛，分别荣获二等奖、三等奖。推进通海县第三次全国文物普查，建立第三次文物普查资料数据库，公布普查成果，编制普查报告，编印普查资料汇编，此次普查共登记文物点145项。组织申报云南省第七批重点文物保护单位，对辖区内的各类文化遗存进行认真分析，推荐5处项目申报为云南省第七批重点文物保护单位，经省文物局组织专家评审，确定3个项目为云南省第七批重点文物保护单位。完成河西圆明寺的保护范围及建设控制地带的划定工作，配合市文化馆、玉溪市电视台采访本县省级传承人；申报3个项目为第三批省级非物质文化遗产项目。“通海高台”于2011年5月23日被国务院公布为国家级非物质文化遗产名录扩展项目名录；根据传承人传授技艺、贡献等实际情况，积极推荐省级传承人3人为第四批国家级非物质文化遗产项目代表性传承人。

2011年末，全县有文化馆1个，乡(镇、街道)文化站9个，县、乡举办展览33个，训练班48次，组织文艺活动136次；公共图书馆1个，藏书7.49万册，总流通人次11.52万人次；完成4个乡(镇、街道)综合文化站和2个村文化体育广场建设。

全县广播和电视综合覆盖人口28.6万人和28.62万人，覆盖率93.77%和93.84%；广播电视农村直播卫星用户1 208个，调频转播发射台2座，调频发射机2部，电视转播发射台2座，电视发射机2部，模拟电视用户数61 670户，数字电视用户数39 528户，其中，农村用户数29 306户，城镇用户数10 222户。

【卫　生】 2011年，全县共有234 021人参加新型农村合作医疗，参合率为97%。年末，全县有医疗卫生机构209个，其中，医疗机构206个，预防保健机构2个，卫生监督机构1个。在医疗机构中，医院8个，其中，卫生部门所属医院2个，其他医院6个；乡(镇)卫生院8个；工业、其他部门所属医务室及个体办医123个、村卫生所66个。全县医疗机构有病床1 199张，其中，卫生部门所属医疗机构有病床897张。全县医疗卫生技术人员1 200人，其中，卫生部门所属机构卫生技术人员516人，其他机构及个体诊所卫生技术人员638人。村卫生所乡村医生和卫生员238人。全县每千人拥有医院病床4.25张，拥有卫生技术人员4.25人。当年全县传染病发病率为181/10万，比上年降低了10.12个十万分点。全年孕产妇系统管理人数2 863人，孕产妇系统管理率98.35%，建卡率100%，住院分娩率100%；7岁以下儿童保健人数19 109人，保健管理率97.24%，3岁以下儿童系统管理人数8 284人，系统管理率96.37%，孕产妇死亡率68.70/10万，婴儿死亡率7.90‰，5岁以下儿童死亡率9.62‰，出生缺陷发生率103.09/万。

【体　育】 2011年，体育局、总工会等部门成功举办10项(次)县级体育竞赛活动，培训、审批三级社会体育指导员18人。新增武术、钓鱼、羽毛球3个协会，全县单项协会及社团组织达到13个。成功举办玉溪市政协系统第九届职工运动会。2011年10月，通海籍运动员师涛代表玉溪市参赛第七届全国城市运动会，获男子场地自行车赛全能银牌。同年2月，县少体校、高大小学被玉溪市体育局评为“玉溪市实施体育‘三星工程’第二周期突出贡献奖”。参加玉溪市第四届中小学生运动会5个大项60个小项的比赛，荣获体育道德风尚奖和团体总分第二名。完成《通海县体育事业发展“十二五”规划》文本编制工作。年内，县体育局被玉溪市体育局评为“玉溪市体育竞训工作一等奖”、“玉溪市群众体育工作一等奖”；被国家体育总局评为“全国全民健身先进单位”。

【环境保护】 2011年，对县城污染处理厂、市控重点排污单位、重金属污染企业、重点医院、涉放射源和射线装置企业的现场监察，对全县县级医疗机构、乡(镇)卫生院及部分民营医院的医源性污水处理及医疗性危险固废处置情况进行实地检查，对违反环境保护法律法规的单位和个人，严格按环保法律法规进行处罚。按照市政府及市环保局的相关要求，推进2个乡(镇)、10个村的生态文明建设试点工作。组织河西镇小回村申报“国家级生态村”，高大中心小学和杨广中心小学申报“省级绿色学校”。开展污染源普查动态更新，于当年2月组织2010年度污染源普查动态更新工作。

【社会保障】 2011年，全县参加城镇职工养老保险人数17 254人，其中企业7 377人，个体、自谋职业者4 122人，机关事业单位5 765人。参加新型农村和城镇居民养老保险人数129 477人，其中新型农村养老保险人数127 526人。参加城镇基本医疗保险人数33 853人，其中参保职工21 450人，参保城镇居民12 403人。参加工伤生育保险职工人数22 166人。参加新型农村合作医疗保险人数237 452人，参合率98.18%。参加失业保险的职工人数13 123人，失业人员再就业人数2 087个，年末，全县城镇登记失业率为3.5%。全县有城乡敬老院9所，有床位350张。全年为城乡6 576户最低生活保障户8 967人提供最低生活保障金1 289.8万元，为2 331名在乡复员、退伍军人发放712.9万元定补金，为“三属”、革命伤残军人及义务兵家庭、优抚对象发放抚恤、补助金284.1万元，为10 725名自然灾害救济对象安排口粮20万千克、提供救济衣被2 900件(条)、救助资金135.4万元。

【人民生活】 2011年，全县单位从业人员20 264人，比上年增加271人，其中，在岗职工人数19 587人，增加180人。全年从业人员劳动报酬66 172万元，增19.3%，其中，在岗职工工资总额64 918万元，增18.8%；全部从业人员年平均劳动报酬32 599元，增加5 228元，增19.1%，其中，在岗职工年平均工资33 084元，增加5 343元，增19.3%。城镇居民人均可支配收入18 235元，比上年增加1 875元，增11.5%；农民家庭人均纯收入7 436元，比上年增加890元，增13.6%；城乡居民人均储蓄存款18 698元，比上年增加2 405元，增14.8%

【领导干部】 县委书记马文龙，副书记资武、魏德武、刘毅。人大主任刘广聪，副主任赵开学(彝族)、陈永春、叶永元、张永慧(女)。县长资武，副县长李庆华、喻学超、杨英泽(2011年3月离任)、周龙武、赵南方、方维(彝族，2011年4月任)。政协主席周艳芬(女)，副主席林忠立、杨文良、普家伟(傣族)、尚学寿。纪委书记杨思荣。

【退耕还林工程通过国家林业局阶段性验收】 2011年5月18～26日，在国家林业局统一部署和安排下，由云南省林业局调查规划院营林分院2名工程技术人员组成的验收组到通海县进行项目验收。验收采取抽查的办法，对县内杨广、九街、高大3个乡(镇)2 003年退耕还林生态面积4 262.85亩进行重点核查验收。通过实地调查。2003年的退耕还林面积保存率为100%，面积合格率为100%，建档率为100%，管护率为95.6%，成活率为95.2%，林权证发放率为84.9%，工程质量总体较好，成果得到有效巩固。检查组认为，通海县通过实施退耕还林工程，调整了土地利用结构，优化了农业生产布局，对促进地方经济发展、带动产业、助农增收起到了积极作业。特别是将陡坡耕地、水库周边等生态脆弱地区作为退耕还林重点地区，有效遏制了水土流失，显著改善了生态环境。

【通海高台公布为国家级非物质文化遗产保护名录】 2011年5月，通海高台已被公布为国家级非物质文化遗产保护名录。至当年底，全县拥有国家级项目2项，省级项目3项，省级传承人11人，市级项目13项，市级传承人7人，县级项目18项，县级传承人6人，形成了国家、省、市、县四级名录保护体系。

【全国文物普查数据通过国家文物局审核】 通海县第三次全国文物普查自2008年9月1日开始，对通海县9个乡(镇)，65个村委会和4个社区，360个自然村，721平方公里的区域内开展田野调查。做到认真拍摄文物本体照片、精心测绘文物平面图和编制地理位置图、准确采集和搜集文物信息资料、客观撰写文物简介、真实描写文物周围自然景观和人文景观、如实评价文物保存状况、正确提出文物保护的合理化建议等，并按照普查规范的要求，完成了所有相关的纸质文本和电子文本的编制录入工作，按时完成了全县的田野调查任务。确保普查数据的完整性、真实性和科学性，田野调查覆盖率、到达率达到了100%。2011年5月，通海县第三次全国文物普查的数据已顺利通过国家文物局的审核。最终确定通海县第三次全国文物普查共调查登记不可移动文物145处。

【玉蒙铁路秀山隧道平导贯通】 2011年6月9日6时，玉蒙铁路关键控制工程，全长10 294米的秀山隧道平导贯通。秀山隧道地质复杂多变、地质灾害频发，工程人员战胜了116次突水涌沙险情和无数次的安全风险，经过近63个月艰苦卓绝的顽强奋战后，安全贯通并取得了安全零事故、质量零缺陷的骄人业绩。

【通海2个专业合作社获省级农民专业示范社】 2011年6月，云南省农业厅对全省具有带动示范效应的5个农民专业合作社命名为云南省首批省级农民专业合作示范社，并颁发“农民专业合作社示范社”牌匾，通海县的云秀玫瑰专业合作社、高大酸菜山柑橘专业合作社获此殊荣。

【甜白酒地方标准获质监科技成果奖】 2006年初，玉溪市委书记孔祥庚在通海调研時指出：发展壮大通海曲陀关甜白酒产业，打造“云南省甜白酒之乡”，增加农民收入。同年，市长助理肖寒在通海主持召开了《曲陀关甜白酒》地方标准制定工作专题会议，同时成立了《通海曲陀关甜白酒》地方标准起草小组。制订了《通海曲陀关甜白酒》地方标准，并于2006年10月发布实施。标准实施以后，产品质量有了保证，小作坊式生产企业发展成具有一定规模的专业生产厂，酿制销售甜白酒成为当地农民增收致富的一大财源。2011年，《通海县曲陀关甜白酒》地方标准被评为质检科技成果三等奖。

（张永伟）

【秀山街道】 2011年，全办事处总人口65 792人。其中男32 384人，女33 408人；少数民族3 434人，占总人口的5%。人口自然增长率2.42‰。农村劳动力26 045人，其中从事第二、三产业的8 749人，占总劳动力的34%。

2011年末，全办事处有耕地14 990亩，复种指数4.5%。全年粮食总产587.5吨，比上年增47%；油料总产7吨，比上年增50%。农业人口人均产粮8.9千克。年末，生猪存栏19 448头，比上年增3%；肥猪出栏42 116头，比上年增5%。大牲畜存栏671头，比上年增13%。水产品产量87吨，比上年减62%。全年投入水利建设资金371.5万元，水利化程度90%。

2011年，全办事处农村社会总产值（现价）272 184万元，比上年增4.6%。工农业总产值（现价）87 944万元，比上年增17.2%。其中，工业总产值63 922万元，比上年增16%；农业总产值24 022万元，比上年增1.2%。农村经济总收入161 037万元，比上年增6%；农民人均纯收入6 871元，比上年增11%。

2011年，全办事处财政收入7 152万元，比上年增11%；财政支出1 085万元，比上年减5%。

办事处党工委书记周永祥，人大工委主任解存荣，办事处主任普家忠。

（普家忠）

【九龙街道】 2011年，全街道总人口35 710人。其中男17 612人，女18 098人；少数民族人口3 000人，占总人口的8.4%。人口自然增长率3.8‰。农村劳动力23 464人，其中从事第二、三产业的5 679人，占总劳动力的24.2%。

2011年末，全街道有耕地21 382亩，复种指数260.61%。全年粮食总产1 565.4吨，比上年增32.9%；油料总产45.7吨，比上年增4.44倍。农业人口人均产粮46千克。年末，生猪存栏20 007头，比上年增13.6%；肥猪出栏32 859头，比上年增8.9%。大牲畜存栏1 649头，比上年减8.1%。水产品产量173吨，比上年增7.5%。全年投入水利建设资金155.22万元，水利化程度88.17%。

2011年，全街道农村社会总产值（现价）105 877万元，比上年增10.9%。工农业总产值（现价）62 647万元，比上年增18.3%。其中，工业总产值32 940万元，比上年增18.1%；农业总产值29 707万元，比上年增18.5%。全年农村经济总收入145 655万元，比上年增6.5%；农民人均纯收入5 899元，比上年增11.4%。

2011年，全街道财政收入658万元，比上年减39.3%；财政支出1 245万元，比上年增64.5%。年末，各项存款余额49 962.52万元，比上年增114.5%；人均储蓄存款余额13 263元，比上年增138.2%。

街道党工委书记吕华，人大工委主任王兆春，街道办事处主任王国雄。

（牛艳艳）

【河西镇】 2011年，全镇总人口51 609人。其中男25 522人，女26 087人；少数民族人口7 948人，占总人口的15.4%。人口自然增长率0.75‰。农村劳动力31 306人，其中从事第二、三产业的10 130人，占总劳动力的32.3%。

2011年末，全镇有耕地42726亩，复种指数213.6%。全年粮食总产10 859.7吨，比上年增15.5%；油料总产722.3吨，比上年增32%。农业人口人均产粮225.2千克。年末，生猪存栏28 335头，比上年增2.2%；肥猪出栏59 112头，比上年增6.5%。大牲畜存栏5 581头，比上年减0.7%。水产品产量464吨，比上年减6%。全年投入水利建设资金969.85万元，水利化程度86%。

2011年，全镇农村社会总产值（现价）206 132万元，比上年增10.8%。工农业总产值（现价）92 156万元，比上年增18.8%。其中，工业总产值117 900万元，比上年增17.98%；农业总产值37 411万元，比上年增12.8%。全年农村经济总收入137 284万元，比上年增9.5%；农民人均纯收入6 315元，比上年增19.9%。

2011年，全镇财政收入1 106万元，比上年减28%；财政支出1 003万元，比上年减5.2%。年末，各项存款余额76 000万元，比上年增20.2%；人均储蓄存款余额14 726元，比上年增19.3%。

县委常委、河西镇党委书记牛建明，人大主席刘伟，党委副书记、镇长张家兴。

（陈太汝）

【四街镇】 2011年，全镇总人口43 984人。其中男21 719人，女22 265人；少数民族人口3 966人，占总人口的9%。人口自然增长率1.29‰。农村劳动力27 643人，其中从事第二、三产业的8 134人，占总劳动力的30%。

2011年末，全乡有耕地34 690亩，复种指数197%。全年粮食总产4 934.5吨，比上年增27%；油料总产424吨，比上年增38.7%。农业人口人均产粮120千克。年末，生猪存栏23 040头，比上年增2.7%；肥猪出栏47 991头，比上年增5%。大牲畜存栏1 703头，比上年增11%。水产品产量520吨，比上年增3.8%。全年投入水利建设资金657万元，水利化程度90%。

2011年，实现工农业总产值（现价）21.89亿元，比上年增16%。其中，工业总产值19.11亿元，比上年增17.61%；农业总产值2.78亿元，比上年增7%。全年农村经济总收入14.15亿元，比上年增6%；农民人均纯收入5 943元，比上年增7%。

2011年，全镇财政收入1 639万元，比上年减15%；财政支出903万元，比上年增23%。年末，各项存款余额70 690万元，比上年增17.7%；人均储蓄存款余额16 072元，比上年增25%。

镇党委书记孙汝国，人大主席杨朗建，镇长储强。

（朱丽萍）

【杨广镇】 2011年，全镇总人口50 636人。其中男25 075人，女25 561人；少数民族人口1 807人，占总人口的3.57%。人口自然增长率1.18‰。农村劳动力34 633人，其中从事第二、三产业的14 858人，占总劳动力的42.9%。

2011年末，全镇有耕地27 247亩，复种指数260%。全年粮食总产5 055.5吨，比上年增70%；油料总产13.6吨，比上年增70%。农业人口人均产粮99.84千克。年末，生猪存栏17 962头，比上年增3.5%；肥猪出栏40 320头，比上年增2%。大牲畜存栏2 655头，比上年增19.1%。水产品产量383吨，比上年增6.98%。全年投入水利建设资金659.4万元，水利化程度85.39%。

2011年，全镇农村社会总产值（现价）304 587万元，比上年增17%。工农业总产值（现价）191 880万元，比上年增16.3%。其中，工业总产值161 089万元，比上年增18%；农业总产值30 791万元，比上年增8.1%。农村经济总收入30 4472万元，比上年增10%；农民人均纯收入5 948元，比上年增13.9%。

2011年，全镇财政收入2 242万元，比上年增7%；财政支出1 016万元，比上年增11%。年末，各项存款余额60 546.4万元，比上年增26.4%；人均储蓄存款余额11 957元，比上年增25.9%。

镇党委书记王国辉，人大主席张春彦，镇长师本雄。

（赵保旺）

【纳古回族镇】 2011年，全镇总人口8 274人。其中男4 281人，女4 443人；少数民族人口7 186人，占总人口的83%。人口自然增长率12.64‰。农村劳动力5 261人，其中从事第二、三产业的3 283人，占总劳动力的70%。

2011年末，全镇有耕地1 352亩，复种指数227%。全年粮食总产468.1吨，比上年减9%；油料总产66.9吨，比上年增3%。农业人口人均产粮58千克。年末，大牲畜存栏756头，比上年增4%。全年投入水利建设资金10.5万元，水利化程度85%。

2011年，全镇农村社会总产值(现价)525 677万元，比上年增12%。工农业总产值(现价)524 427万元，比上年增18.6%。其中，工业总产值521 000万元，比上年增15%；农业总产值3 427万元，比上年增1%。农村经济总收入561 500万元，比上年增17%；农民人均纯收入10 704元，比上年增11%。

2011年，全镇财政收入3 018万元，比上年增9%；财政支出378万元，比上年增30%。年末，各项存款余额42 857万元，比上年增17%；人均储蓄存款余额67 063元，比上年增57%。

镇党委书记张兴友，人大主席马恒骧，镇长纳锦斋。

(纳　杰)

【里山彝族乡】 2011年，全乡总人口8 687人。其中男4 322人，女4 365人；少数民族人口4 406人，占总人口的50.7%。人口自然增长率3.5‰。农村劳动力5 993人，其中从事第二、三产业的1 390人，占总劳动力的23.2%。

2011年末，全乡有耕地16 560亩，复种指数211.4%。全年粮食总产4 623.4吨，比上年增33.56%；油料总产419吨，比上年增8倍。农业人口人均产粮544千克。年末，生猪存栏4 380头，比上年增32.33%；肥猪出栏7 560头，比上年增69.39%。大牲畜存栏880头，与上年持平。水产品产量5吨，比上年减37.5%。全年投入水利建设资金534.97万元，水利化程度63.4%。

2011年，全乡农村社会总产值(现价)13 345万元，比上年增41.98%。工农业总产值(现价)63 283万元，比上年增76%。其中，工业总产值51 184万元，比上年增84.23%；农业总产值12 099万元，比上年增37.1%。全年农村经济总收入9 354万元，比上年增21.9%；农民人均纯收入3 574元，比上年增19.1%。

2011年，全乡财政收入539万元，比上年减12.5%；财政支出679万元，比上年增14.3%。年末，各项存款余额9 200万元，比上年增1.5倍；人均储蓄存款余额7 137元，比上年增97.4%。

乡党委书记杨清华，人大主席张汉成，乡长普安。

(林维齐)

【高大傣族彝族乡】 2011年，全乡总人口11 436人。其中男5 696人，女5 740人；少数民族人口7 550人，占总人口的66%。人口自然增长率4.57‰。农村劳动力7 877人，其中从事第二、三产业的1 596人，占总劳动力的20.3%。

2011年末，全乡有耕地9 150亩，复种指数253%。全年粮食总产4 929.7吨，比上年增3.4%；油料总产17.5吨，比上年增192%。农业人口人均产粮462.8千克。年末，生猪存栏14 280头，比上年增0.9%；肥猪出栏22 507头，比上年增35.6%。大牲畜存栏1 178头，比上年增6.4%。水产品产量45吨。全年投入水利建设资金212.5万元，水利化程度85%。

2011年，工农业总产值(现价)25 000万元，比上年增17.5%。其中，工业总产值14 935万元，比上年增17.6%；农业总产值10 065万元，比上年增17.4%。全年农村经济总收入12 977万元，比上年增17.3%；农民人均纯收入6 039元，比上年增22.3%。

2011年，全乡财政收入631.3万元，比上年增75.8%；财政支出640.3万元，比上年增12.1%。年末，各项存款余额9 897.4万元，比上年增23.9%；人均储蓄存款余额8 654.6元，比上年增23%。

乡党委书记王学明，人大主席杨堂聪，乡长白明。

(李珊珊)

【兴蒙蒙古族乡】 2011年，全乡总人口5 618人。其中男2 751人，女2 867人；少数民族人口5 443人，占总人口的97%。人口自然增长率0.89‰。农村劳动力3 878人，其中从事第二、三产业的1 341人，占总劳动力的34.6%。

2011年末，全乡有耕地3 312亩，复种指数260%。全年粮食总产165.7吨，比上年减58.5%；油料总产36.4吨，比上年减53.6%。农业人口人均产粮31千克。年末，生猪存栏1 680头，与上年持平；肥猪出栏4 136头，比上年减5.6%。大牲畜存栏124头，比上年减0.8%。水产品产量47吨，比上年增7.3%。全年投入水利建设资金5万元，水利化程度96%。

2011年，全乡农村社会总产值(现价)16 440万元，比上年增15.6%。工农业总产值(现价)10 238万元，比上年增18.5%。其中，工业总产值5 887万元，比上年增17.4%；农业总产值4 351万元，比上年增20%。农村经济总收入16 001万元，比上年增7%；农民人均纯收入5 038元，比上年增10%。

2011年，全乡财政收入117万元，比上年减32.4%；财政支出457万元，比上年增23.5%。年末，各项存款余额3 812万元，比上年增4.3%；人均储蓄存款余额6 789元，比上年增10%。

乡党委书记李福林，人大主席吴正忠，乡长官学清。

(鲍满玉)

华宁县

【自然概貌】 华宁县地处滇中偏东南，玉溪市东部，位于东经102°49′至103°09′、北纬23°59′至24°34′之间。以东南西北为序，分别与弥勒、建水、通海、江川、澄江、宜良6个县交界，县境东西宽34千米，南北长59千米，总面积1 313平方千米，县城距玉溪市政府所在地红塔区53千米，距昆明市148千米。境内最高海拔磨豆山2 663.1米，最低海拔磨法冲江边1 110米，相对高差1 553.1米。属中亚热带半湿润高原季风气候。由于地形地貌复杂，形成南亚热带、中亚热带、北亚热带和南温带4个气候类型区，呈现垂直变化大、季节变化小、干湿季分明、地区差异明显的立体气候特点。年内平均气温16.9℃，最高气温31.9℃(5月10日)，最低气温1.9℃(1月12日)。年日照总时数2 132.0小时，无霜期258天。年总降雨量605.1毫米。

【行政区划】 2011年，华宁县进行了区划调整。4月，撤销了宁州镇，设立宁州街道办事处；5月，撤销了宁州街道办事处郭家营等19个村委会，设立郭家营等19个社区居民委员会；撤销了盘溪镇居民委员会，将其职能划归盘溪镇东升社区居民委员会。调整后，全县辖三镇一乡和1个街道办事处，下辖54个村委会、23个社区，653个村

(居)民小组。

【人口、民族】 2011年末，全县总户数68 470户、总人口210 955人，比上年增加1 361人，增长0.6%。总人口中，男性107 854人，女性103 101人，男女比例为104.6∶100；少数民族人口60 909人，占总人口的28.87%。年内出生2 002人，出年率9.61‰，死亡1 044人，死亡率5.01‰。人口自然增长率为4.6‰。

【综合经济指标】 2011年，全县完成县内生产总值400 438万元，按可比价比上年增长13.5%(现价增长20.1%)。人均县内生产总值19 044元，比上年增加3 126元，按可比价比上年增长13%(现价增长19.6%)。在县内生产总值中，第一产业增加值109 838万元，按可比价比上年增长9.9%(现价增长20.6%)，拉动GDP增长2.7个百分点；第二产业增加值136 849万元，按可比价比上年增长19.9%(现价增长24.7%)，拉动GDP增长6.6个百分点；第三产业增加值153 751万元，按可比价比上年增长10.6%(现价增长15.9%)，拉动GDP增长4.2个百分点。第一、二、三产业比重由上年的27.3∶32.9∶39.8调整为2011年的27.4∶34.2∶38.4。非公经济增加值216 903万元，占生产总值的54.2%，按现价比上年增长21.4%，按可比价比上年增长25.4%。工农业总产值(现价)559 401万元，比上年增长24.2%，其中：工业总产值382 000万元，比上年增长25.2%；农业总产值177 401万元，比上年增长22.0%。年末，全社会劳动者人数为138 775人，比上年增长0.17%，其中：第一、二、三产业劳动者人数分别为92 456人、15 056人、31 263人，分别占66.6%、10.9%、22.5%。

【工业、建筑业】 2011年，全县实现工业增加值100 372万元，比上年增长19.6%。现价工业总产值38 2000万元，比上年增长25.2%，其中：矿电业产值157 678万元，占全部工业总产值(下同)的41.3%，比上年增长29.8%；建材产业产值88 410万元，占23.1%，比上年增长23.8%；生物资源加工业产值69 104万元，占18.1%，比上年增长21.6%。从轻、重工业比例看，轻工业产值124 704万元，占32.6%，比上年增长16.4%；重工业产值257 296万元，占67.4%，比上年增长30%。从经济类型上看：国有工业完成产值18 615万元，占全县工业总产值的4.9%，比上年增长32.8%；集体工业1 598万元，占0.4%，比上年增长25.8%；合资、股份制工业64 332万元，占16.8%，比上年增长26.4%；私营及个体工业297 455万元，占77.9%，比上年增长24.5%。

主要工业产品产量：原煤29.81万吨，比上年增长0.01%；陶器产品1 813万件，比上年增20.1%；黄磷29 351吨，比上年增长35.3%；磷矿石87.85万吨，比上年增长19.2%；水泥71.37万吨，比上年增长21.7%；水泥熟料57.85万吨，比上年增长21.8%；多色印刷品30.70万对开色令，比上年增长3.1%；发电量4 164万度，比上年增长25.0%。

全年完成建筑业增加值36 477万元，比上年增41.4%。全年施工房屋面积65 824平方米，竣工房屋面积43 334平方米。全县有资质等级的建筑施工企业5户，从业人员1 040人。全年新签工程合同5 927.1万元，完成4 856.9万元。全年工程结算收入12 603.4万元，比上年增48.3%；实现利润383.3万元，比上年减少29.6%，实现利税总额681.7万元，比上年减少25.9%。

【固定资产投资】 2011年，全社会固定资产投资项目完成78项，其中，新建项目63项、续建项目15项；完成投资总额356 150万元，比上年增加82 500万元，增长30.1%。其中：城镇投资153 893万元，同比增长15.1%；农村非农户投资76 169万元，同比增长3.3倍；农村私人建房90 316万元，同比增长7.1%；房地产开发投资35 772万元，同比下降5.9%。

在投资总额中，第一产业完成29 243万元，同比增长2.2倍，占总投资的8.2%；第二产业完成94 744万元，同比增长15.6%，占总投资的26.6%，其中，工业投资80 556万元，同比下降1.8%，占总投资的22.6%；第三产业完成投资232 163万元，同比增长27.3%，占总投资的65.2%。投资对县内生产总值的贡献率为45.68%，贡献度9.19%，投资率60.89%，对全县经济的拉动作用明显。

【乡镇企业】 年末，全县有乡镇企业8 382个，比上年增加230个，增长2.8%。从业人员27 565人，比上年增长7.1%。营业收入665 778万元，比上年增长19.0%。现价总产值574 688万元，比上年增16.9%。增加值146 737万元，比上年增长21.5%。实现利润总额63 708万元，比上年增27.3%。上交税金11 684万元，比上年增长8.1%。

【农　业】 2011年，全县完成农林牧渔业总产值177 401万元，比上年增22.0%，其中：种植业产值106 748万元，比上年增25.6%；烤烟产值30 116万元、蔬菜产值25 722万元、柑橘产值31 736万元、柿子产值2 745万元、核桃产值956万元；林业产值3 014万元，比上年增6.3%；畜牧业产值63 405万元，比上年增17%；渔业产值2 751万元，比上年增38.6%；农林牧渔服务业产值1 483万元，比上年增4.0%。农业商品产值157 850万元，比上年增22.9%。农业商品率89%，比上年提高0.7个百分点。

全县乡村从业人员116 126人，从事第二、三产业的人员23 907人，占乡村从业人员的20.6%，比上年提高0.3个百分点。全年农作物总播种面积455 957亩，比上年增加17 581亩，增长4.0%。耕地复种指数由上年的255%上升到2011年的264%。

主要种植业产品产量：粮食总产5 767.8万千克，比上年增9.4%；烤烟1 580.5万千克，比上年减3.5%；油料293.3万千克，比上年增54.3%；蔬菜18 404.2万千克，比上年增37.5%；水果13 469万千克，比上年增29.1%，其中柑橘10 858万千克，比上年增29.2%，柿子1 470万千克，比上年增16.8%；核桃42万千克，比上年增31.3%。

全年造林总面积33 721.4亩，其中国家重点工程造林23 721.4亩，省级工程造林10 000亩。封山育林在封面积25 000亩，义务植树45万株，幼苗抚育19 000株，采运云南松2 163.99立方米，其他木材846立方米。主要林产品产量：木材124立方米，竹材454.1万根，板栗96.4吨，花椒41.4吨，松子7.1吨。

全年畜牧业总产值63 405万元，年末，大牲畜存栏55 736头，比上年增2.1%，出栏23 654头，比上年减7%；生猪存栏206 103头，比上年减2.1%，出栏278 354头，出栏率132.3%；羊存栏67 101只，比上年增8.6%，出栏31 934只，比上年增6.7%；家禽存栏98.03万只，比上年增2.6%，出栏228.58万只，比上年减0.9%。全年肉、蛋、奶总产量3 813万千克，比上年增4.3%。全年水产养殖3 766亩，比上年减48亩；水产品产量130.6万千克，比上年增13.4%。

全年完成水利工程981件，新增有效灌溉面积3 900亩。新增水土流失治理面积42 000亩，累计治理484 950亩，占水土流失面积805 080亩的60.2%。新建小水窖50口，累计建成54 958口。全县总灌溉面积124 791亩，其中：有效灌溉面积119 050亩，水利化程度69.34%。有水库、坝塘201座，其中：中型水库1座、小型水库23座、坝塘177座，总库容3 945万立方米，年末蓄水量1 455万立方米。年末实有耕地171 687亩，已建成亩产400千克以上不同层次的稳产高产基本农田120 598亩，占耕地面积的70.2%，其中吨粮田20 096亩。全年农用化肥施用量6 761万千克，比上年增9.8%。农用塑料薄膜使用量71万千克，比上年下降2.9%。农药使用量79.6万千克，比上年增9.4%。全县农业机械总动力27 281.1万瓦特，比上年增7.4%，有大中型拖拉机1 627台，小型拖拉机2 969台，农用运输车1 338辆，机动脱粒机984台。

【交通、邮电】 2011年，全县境内公路里程1 747.4千米，其中：二级以上94.2千米，占5.4%。省道80.2千米，县道229.1千米，乡村道路1 438.1千米。全年公路客运量84.6万人次，旅客周转量4 157.2万人千米；公路货运周转量24 578万吨千米。

邮政业务总量508.2万元，比上年增9.7%。全年完成交通运输、邮政业增加值19 079万元，比上年增18.1%（现价增长23.9%），对县内生产总值增长的贡献率为6.2%，贡献度0.8%。年末实有营运载客汽车69辆，客位1 928个；公交车28辆，客位472个；出租车12辆，客位69个；营运载货汽车4 681辆，吨位10 913.09吨。道路运输业从业人员4 018人。年末拥有固定电话用户14 734户，移动电话用户139 871户，使用宽带16 255户。

【商业、物价、对外合作】 2011年，全县社会消费品零售总额93 082万元，比上年增19.5%。从城乡看：城镇91 632万元，比上年增19.6%；乡村1 450万元，比上年增12.1%。从行业看：批发业7 106万元，增6.8%；零售业77 013万元，增20.5%；住宿业264万元，增13.1%；餐饮业8 699万元，增22.1%。从经济类型看：公有经济15 729万元，增43%；非公经济77 353万元，增15.6%。

物价水平逐年上升。2011年，居民消费价格总水平比上年上涨4.3%；商品零售价格比上年上涨4.2%，其中，食品涨9.8%，燃料涨17.0%；农业生产资料价格比上年上涨7.8%。

全年引进资金120 103万元，同比增5.0%，其中：市外国内资金94 158万元，比上年增22 079万元，增30.6%；县外市内资金25 945万元，比上年减16 401万元，下降38.7%。出口完成2 593万美元，同比增4.35倍。

【财政、金融、保险】 2011年，全县完成财政总收入44 614万元，比上年增6 532万元，增17.2%。实现地方财政预算收入30 086万元，比上年增3 480万元，增13.1%。地方财政预算支出93 079万元，比上年增17 901万元，增23.8%。

全县金融机构各项存款余额376 323万元，比年初增25.9%；各项贷款余额215 043万元，比年初增17.0%。存贷差额为161 280万元，存贷比为1∶0.57。全年完成金融业增加值11 775万元（含保险业）比上年增13.5%（现价增长18.9%），对县内生产总值增长的贡献率为3.0%，贡献度0.4%。

【科教文卫体】 2011年新列入科技专项计划项目5项，其中省级科技计划2个，市级科技计划3个。争取到位国家和省、市科技计划项目经费21万元。申请专利6项，获3项授权，其中发明授权1项，实用新型授权2项。

全县共有各类学校104所，其中高级中学1所，完全中学1所，初级中学8所，完小74所（下设教学点3个），教师进修学校1所，职业高中1所，县幼儿园1所，乡（镇）幼儿园17所。全县在校生35 659人，其中高中2 649人，初中9 314人，小学17 696人，职中661人，幼儿园（学前班）5 339人。教职工2 377人（含教科所和招办），其中在职在编2 141人，临时工236人。全县小学适龄儿童入学率99.97%，小学辍学率0.38%，4～6岁儿童入园率80.48%。初中毛入学率102%，辍学率1.99%。参加高考897人，上线人数852人，高考上线率94.98%。

年末，全县共有县级图书馆1个，文化馆1个，乡（镇、街道）文化站5个，文物管理所1个，农村图书室81个，群众业余演出团队519个；县、乡图书馆、室藏书总量92 347册，全年接待读者17 944人次，外借、阅览图书37 538人次。累计发放有效借书证数579个；县、乡文化馆（站）举办展览15个，组织文艺活动77场，举办训练班37次，藏书32 205册，文物藏品450件。

年末，有线电视传输干线网络总长589千米，比上年增加35千米；有线电视用户30 825户，数字电视用户17 548户，广播覆盖率99.6%。华宁电视台全年共播出公共（自制）节目3 650小时，其中新闻218.5小时，专题节目210小时。

年末，全县有卫生机构113个，其中医院3个，卫生院5个，妇幼保健院、疾病预防控制中心、卫生监督所各1个，诊所、卫生所、医务室102个。卫生机构有病床683张，卫生专业技术人员864人。全年医疗机构门诊诊疗944 149人次，入院20 760人次，出院20 603人次，治愈率55.78%，好转率34.59%，病死率0.25%。年内，县内传染病发病率147.4/10万，五苗覆盖率99.18%，收治肺结核病人78人，免费治疗57人。克山病监测853人，学生体检分析评价5 304人，体检率100%。新发麻风病1人。全年有产妇2 244人，建册管理率99.33%，高危孕产妇管理率100%。0～7岁儿童保健管理率92.11%，3岁以下儿童系统管理率92.12%，婚前健康检查率90.01%，疾病检出率5.82%。新生儿死亡率5.35‰，婴儿死亡率6.69‰，出生缺陷率20.3‰。

顺利举办了第三届“团结杯”民族运动会，开展了首届“博冠杯”乒乓球比赛，并支持开展部门职工运动会。全年组队参加全市比赛8次，6支代表队、103人次参加比赛；县级组织竞赛12次，141支代表队、5 310人次参加比赛。向上级体育部门输送体育后备人才15人。年末，有400米跑道田径场4块，游泳馆（池）4个，网球场1块，篮球场186块，地掷球场15块，门球场14块。

【城建环保】 年末，县城建成区面积4.41平方千米，乡镇集镇面积4.32平方千米，道路35.1千米、76.2万平方米，路灯1 085盏，供水管道140.5千米，公厕9个，环卫机械总数4台。供水总量182万平方米，生活垃圾清运量25 800吨。城区绿化覆盖171.37公顷，园林绿地168.16公顷，公园30.77公顷。绿化覆盖率40.4%，人均公共绿地9.3平方米。全县城市化率34.1%，比上年提高0.4个百分点。

2011年，县城环境、空气质量、声环境质量、地表水环境质量均达到功能区要求；被授予"国家级生态示范区"称号；完成了西冲村国家"以奖促治"村落环境综合治理项目和生态镇、村试点建设实施方案编制；率先完成抚仙湖环湖公路以下1 242亩退田还湖工程租地和湖滨带建设招投标工作；淘汰落后生产工艺，削减二氧化硫排放151.21吨。

【扶贫开发】 全年扶贫开发投入资金2 155.4万元，其中：整村推进综合扶贫开发649万元，易地扶贫开发202万元，革命老区开发建设88.38万元，信贷扶贫开发1 200万元，"雨露计划"16万元；受益4 209户15 151人。共完成人畜饮水管道铺设3.8千米，村内道路修建13.17千米，新建公共厕所37个。

【社会保障】 全县参加城镇职工养老保险单位3 135个，其中企业2 873个(含个体企业)，机关事业单位262个。参保职工10 820人，离退休人员3 379人。全年收缴基本养老金11 685万元，支付养老保险金8 808万元。农村养老保险投保125 311人，参保率96.2%；筹集保险金2 972万元，按月享受养老金23 379人，支出养老保险金1 551万元。城镇居民养老保险参保1 250人，筹集居民养老保险金62.28万元，按月享受养老金人数157人，支出养老金5.34万元。

全县参加城镇职工医疗保险单位398个，参保职工12 494人。基本医疗保险统筹基金收入2 237万元，支出732万元；个人账户基金收入1 736万元，支出1 448万元。参加新型农村合作医疗保险176 521人，占应参加人数的94.38%；筹集资金5 119万元。全年共补偿449 351人次，补偿金额4 440.6万元。参加城镇居民医疗保险12 179人，筹集保险金66万元，支出150万元。参加工伤保险单位374个，其中机关事业单位229个，企业145个。参保职工9 693人，其中，机关事业单位5 307人，企业4 386人。收缴保险金192万元，支付保险金191万元。参加生育保险单位355个，其中，机关事业单位229个，企业126个；参保职工8 954人，其中机关事业单位5 307人，企业3 647人；收缴保险金85万元，支付保险金47万元。

【社会福利与就业】 全县享受定期补助优抚、优待对象1 489人，优待金总额514万元。集体办敬老院5个，床位160张，收养128人。社会困难救济4 947人次，发放救济金214万元。全县纳入低保17 062人，其中城镇居民4 201人，农村居民12 861人；发放低保金2 014万元，其中城镇居民821万元，农村居民1 193万元。参加失业保险单位220个，参保职工7 805人；筹集保险金828万元，支付保险金111万元，其中对失业职工发放61万元。发生失业职工266人，城镇登记失业率2.9%。输出与转移农村富余劳动力3 520人。

【人民生活】 2011年末，全县在岗职工10 491人，在岗职工工资总额37 317万元，比上年增4 078万元，增12.3%。在岗职工年平均工资34 918元，比上年增5 699元，增19.5%。

据50户县城居民住户抽样调查资料显示，全年县城居民人均家庭总收入21 160元，比上年增1 593元，增8.1%。人均可支配收入18 066元，比上年增1 593元，增12.1%。人均家庭总支出19 004元，比上年增409元，增2.2%。人均消费性支出11 557元，比上年增1 070元，增10.2%。在消费支出中，食品3 981元，占消费支出(下同)的34.4%；衣着1 630元，占14.1%；家庭设备用品及服务898元，占7.8%；医疗保健914元，占7.9%；交通和通讯2 011元，占17.4%；教育文化娱乐服务1 197元，占10.4%；居住542元，占4.7%；其他商品和服务384元，占3.3%。县城居民家庭人均住房建筑面积36.81平方米，现有住房价值按市场价计算155 270元/户。每百户拥有移动电话218部、家用电脑75台(其中接入互联网67台)、家用汽车25辆、洗衣机98台、电冰箱95台、彩色电视机111台。

据农村60户农民家庭住户抽样调查显示，农民人均总收入9 904元，比上年增1 681元，增12.25%。人均纯收入6 668元，比上年增1 102元，增19.8%。农民家庭人均生活消费支出5 935元，比上年增1 698元，增40%。消费支出中，食品2 267元，占38.2%；衣着450元，占7.6%；居住975元，占16.4%；文化教育、娱乐用品及服务406元，占6.8%；医疗保健539元，占9.1%；家庭设备用品4元，占0.07%；交通和通讯651元，占11%；其他商品和服务127元，占2.1%。年末，农民家庭人均住房面积39平方米，住房价值24 526元，生产性固定资产原值6 101元。每百户拥有冰箱61台、洗衣机85台、摩托车65辆、固定电话8部、移动电话233部、彩色电视机100台、影碟机82台、微波炉26台、抽油烟机11台、计算机13台。

年末，城乡居民储蓄余额235 930万元，比上年增25%。人均储蓄11 220元，比年初增2 215元，增24.6%。

【领导干部】 中共华宁县委书记解仕清，副书记吴伯平(2011年3月离任)、黄云鹍(2011年5月任)、李长虹(正县级)、蒙东平(2011年9月离任)、李春林(2011年9月任)；人大主任李世聪，副主任袁慧芬、叶昌福、李有禄、张丕贵；县长吴伯平(2011年5月离任)，代县长黄云鹍(2011年5月任)，副县长黄云鹍(2011年5月任)、白应海、戴兴德、高柳莎、李国录、王卫林、王虎能、陈学林(挂职，2011年3月离任)、王艳君(挂职，2011年7月任)；政协主席汪子新，副主席吴仕祥(2011年7月离任)、龚紫云、张平、马安康；纪委书记李长虹(2011年2月离任)、鲁志明(2011年2月任)。

【玉米高产创建项目成果验收】 2010年，根据省、市关于关于玉米高产创建的要求，华宁县种子站承担3万亩玉米高产创建项目。项目在宁州镇和青龙镇实施，涉及15个村委会、45 128人，播种面积33 564亩。项目区品种主要为路单8号、宣黄4号、云瑞6号、兴黄单892等优良品种。2011年2月25日，由玉溪市农业局主持，市内有关专家组成验收组，对该项目进行成果验收。验收组在听取项目实施情况介绍、查阅资料和询问答疑的基础上，进行认真评议。经专家组验收，项目区平均亩产量达690.5千克，比非项目区增产玉米312.9万千克。专家组一致认为，该项目工作措施得力，主推品种和主推技术明确，技术措施到位率高，辐射带动作用强，在大旱之年增产增收，圆满完成部、省、市下达的玉米高产创建面积和产量指标，其玉米高产创建实施面积大，单产水平在市内玉米主产区域处先进水平，同意通过农业科技推广成果验收。

【行政区划调整方案获批】 2011年5月17日，华宁县行政区划调整方案获玉溪市人民政府批准。区划调整为撤销宁州镇，设立宁州街道办事处；撤销宁州街道办事处的郭家营、右所、王马、新庄、平地、铁埂、马鞍山村民委员会，盘溪镇东升、盘江、下街、乐士堂、大寨、方那村民委员会，青龙镇青龙、海镜、海关，华溪镇华溪、甫甸，通红甸乡通红甸村民委员会，设立宁州街道办事处郭家营、右所、王马、新庄、平地、铁埂、马鞍山社区居民委员会，盘溪镇东升、盘江、下街、乐士堂、大寨、方那社区居民委员会，青龙镇青龙、海镜、海关社区居民委员会，华溪镇华溪、甫甸社区居民委员会和通红甸乡通红甸社区居民委员会。撤销盘溪镇居民委员会并将其职能划归盘溪镇东升社区居民委员会。区划调整设置后，宁州街道办事处属县政府派出机构，原行政区域界线保持不变。各村改社区的原区域界线、辖区范围以及管辖的土地、山林、河谷面积不变，自然村地名、集体资产不变，社区办公在原村委会所在地。根据批准设立的方案，全县设1个街道办事处和三镇一乡，辖54个村民委员会、23个社区居民委员会，653个村(居)民小组，总人口214 650人，其中社区人口96 648人，占总人口的45%。

【泉乡大酒店建设】 2011年6月，泉乡大酒店开工建设。泉乡大酒店规划占地15亩，总建筑面积11 503.35平方米，计划投资1 983万元。酒店按四星级标准建设，主体建筑形式为“L”型，设计为6层建筑，西部为会议宴会区，中部为酒店大堂及会议宴会大堂入口、会议室等，北部一层为娱乐区和住宿服务区，二层及以上为客房区。

【糯节河水库正式关闸蓄水】 2011年8月31日，项目总投资5 983万元的糯节河水库正式关闸蓄水。糯节河水库是全省100件重点骨干水源工程中第一批实施的项目，于2010年6月18日举行开工典礼。水库总库容为401.7万立方米，是一座以农灌为主，兼有防洪、供水和养殖功能的小(一)型水库。

【早熟蜜柑销售收入突破3亿元】 2011年，华宁县柑橘产区雨量充沛，标准化种植管理规范，全县柑橘预测产量10.7万吨，其中：早熟蜜柑9.9万吨，中晚熟甜橙、椪柑0.8万吨，比上年增加2.2万吨，增长25.88%。从7月下旬早熟蜜柑开始上市以来，价格较上年同期稳中有升，销售态势一直较好。截至9月30日，柑橘销售总量达9.3万吨，完成预测产量的90%，日平均销售量1 350吨，平均单价3.25元/千克，总销售收入达3.02亿元。

【中广核玉溪华宁风力发电有限公司在华宁注册成立】 2011年10月，中广核玉溪华宁风力发电有限公司正式在华宁注册成立，该公司为玉溪市首家风力发电公司。自2010年4月30日玉溪市政府与中广核风力发电有限公司签订合作开发风力资源协议书后，中广核先后建设标准测风塔38座，共投资2 280万元，最早在华宁县、江川县、澄江县、红塔区开展测风。经过一年的测风数据分析结果表明，华宁县磨豆山、龙虎山风电厂内风能资源已具备开发价值。据中广核风力发电有限公司云南项目部项目开发部经理普睿介绍，华宁风力发电有限公司规划容量为17万千瓦，拟分4期建设，计划总投资约合人民币16亿元左右，华宁县装机总量达17万千瓦。一期工程投资4.5亿元，在单机容量不超过5万千瓦的情况下，装机总量达4.8万千瓦。

【召开《矣马谷度假区总体规划》评审会】 2011年11月15日，玉溪市旅游局主持举行《抚仙湖华夏和谐文化园——矣马谷度假区总体规划》评审会。经省、市相关专家认真讨论评审，原则通过《总规》评审。矣马谷度假区位于抚仙湖东岸华宁县青龙镇海关村委会矣马谷片区。2007年，华宁县与云南汇力文化传播有限公司签署关于抚仙湖华夏和谐文化园的项目开发协议。2011年4月，该项目引入华宁格兰特旅游开发有限公司开发矣马谷度假区，作为抚仙湖华夏和谐文化园的子项目。该项目是云南省30个重点文化产业项目之一，属于玉溪市唯一一个。项目占地490亩，预计投资20余亿元人民币。该项目将引入中国书画院等文化机构，设立书画馆及艺术创作室，吸引艺术家入住进行艺术创作，对抚仙湖文化、古滇文化进行传播，体现文化艺术与自然环境的完美结合。

【恩永输变电工程开工建设】 2011年11月24日，110千伏恩永输变电工程开工建设。项目估算总投资4 105万元，占地17.2亩，主变规模最终容量3×50兆伏安，设110千伏、35千伏、10千伏三个电压等级，一期一台主变1×50兆伏安。110千伏进线最终3回，初期2回由220千伏泉乡变2回110千伏线路对110千伏恩永变供电。35千伏出线最终12回，本期建成4回。10千伏出线最终20回，本期建成8回。2011年完成投资800万元，其中土地征用330万元，土建470万元。

(向士学　雷银凤)

【宁州街道】 2011年，全街道总人口79 921人，其中男40 732人，女39 139人；少数民族人口14 889人，占总人口的18.62%。人口自然增长率5.58‰。农村劳动力40 446人，其中从事第二、

2011年10月20日下午，云南统一战线“同心·示范点建设工程”在华宁县泉乡文化广场启动。省委常委、省委统战部部长黄毅，省政协副主席、民进省委主委罗黎辉，省政协副主席、民盟省委主委倪慧芳，致公党省委主委刘富兴，台盟省委主委郑凡，玉溪市党政领导高劲松、寸世成、吕昌会、曾立岩、杨洋、钱开祯、郭开堂，各州(市)统战部负责人出席启动仪式　　(施锦泉　摄)

三产业的10 123人，占总劳动力的25%。

2011年末，有耕地53 380亩，复种指数246%。全年粮食总产17 817吨，比上年增8.64%；油料总产1 329.7吨，比上年增40%。农业人口人均产粮274千克。年末，生猪存栏92 200头，比上年减1.14%；肥猪出栏152 200头，比上年增1.69%。大牲畜存栏17 800头，比上年增5.9%。水产品产量418吨，比上年增50.4%。

2011年有个私企业4 640个，比上年增197个，从业人员15 077人，比上年增7.76%；企业总收入419 315万元，比上年增21.94%；实现税利6 127万元，比上年增11.46%。

2011年，农村社会总产值(现价)213 442万元，比上年增19.1%。工农业总产值(现价)284 634万元，比上年增23.4%，其中，工业总产值225 100万元，比上年增25%；农业总产值59 534万元，比上年增17.7%。农村经济总收入81 614万元，比上年增51.9%；农民人均纯收入6 650元，比上年增19.1%。

2011年，财政收入2 560万元，比上年减1.37%；财政支出3 319万元，比上年增2.15%。

街道党工委书记罗勇，人大工委主任普所昌，办事处主任罗盛勇。

(李　凯)

【盘溪镇】 2011年，全镇总人口53 321人，其中男26 876人，女26 445人；少数民族人口23 653人，占总人口的44.36%。人口自然增长率3.4‰。农村劳动力30 632人，其中从事第二、三产业的9 297人，占总劳动力的30.35%。

2011年末，全镇有耕地33 972亩，全年粮食总产1 235.65万千克，比上年增4.3%；油料总产14.40万千克。农业人口人均产粮255千克。年末，生猪存栏38 942头，比上年减7.5%；出栏47 922头，比上年减2.4%。大牲畜存栏8 024头，比上年减2.9%；出栏11 378头，比年减10.5%。水产品产量303，比上年增7.1%。水利化程度76%。

2011年企业个数2 038个，比上年增7个，从业人员7 935人，比上年增253人；全镇企业总收入200 351万元，比上年增21 463万元，增12%；企业利润总额44 732万元，比上年增11 659万元，增35.3%。

2011年，全镇工农业总产值(现价)实现164 198万元，比上年增22.6%，其中：工业总产值128 600万元，比上年增23%；农业总产值35 598万元，比上年增20.8%。农村经济总收入59 875万元，比上年增30.6%；农民人均纯收入6 612元，比上年增18.6%。

2011年，全镇财政总收入1 286万元，本级财政收入805万元，比上年增5%；完成财政支出1 286万元，比上年减7.8%；年末，各项存款余额72 955万元，比上年减0.3%，其中居民储蓄存款余额55 013万元，比上年增10.5%。

(王悦潇)

【青龙镇】 2011年，全镇总人口53 478人，其中男27 676人，女25 802人；少数民族人口10 054人，占总人口的18.8%。人口自然增长率1.63‰。农村劳动力30 125人，其中从事第二、三产业的3 364人，占总劳动力的11.2%。

2011年末，全镇有耕地56 465亩，复种指数358%。全年粮食总产19 781.9吨，比上年增12.33%；油料总产1 038.7吨，比上年增29.3%。农业人口人均产粮384千克。年末，生猪存栏50 401头，比上年增0.5%；肥猪出栏50 673头，比上年增2.8%。大牲畜存栏22 177头，比上年增1.1%。水产品产量719吨，比上年增10%。全年投入水利建设资金1 201.6万元，水利化程度60%。

2011年有个私企业1 250个，与上年基本持平，从业人员2 859人，比上年增10%；企业总收入37 078万元，比上年增32%；实现税利1 010万元，比上年增86%。

2011年，全镇农村社会总产值(现价)61 580万元，比上年增21.7%。工农业总产值(现价)76 217万元，比上年增28.7%．其中，工业总产值24 500万元，比上年增40.7%；农业总产值51 717万元，比上年增23.7%。农村经济总收入49 351万元，比上年增38.1%；农民人均纯收入6 542元，比上年增17.3%。

2011年，全镇财政收入3 793万元，比上年增21%；财政支出3 793万元，比上年增30.2%。年末，(农村信用社与邮政支局)各项存款余额41 654万元，比上年增32.7%；人均储蓄存款余额7 789元，比上年增32.2%。

镇党委书记蔡骏辉，人大主席段恒，镇长普平珠。

(张　磊)

【华溪镇】 2011年，全镇总人口13 479人，其中男6 857人，女6 622人；少数民族人口7 731人，占总人口的58%。人口自然增长率3.41‰。农村劳动力9 674人，其中从事第二、三产业的1 801人，占总劳动力的19%。

2011年末，全镇农业总产值完成2.2亿元，比上年增长30.7%；柑橘种植达2.3万亩，产量5.4万吨，均价2.97元，总产值1.6亿元，增长38.8%；完成烟叶收购56.9万千克，收入达1 181.89万元；畜牧业产值达2 754万元，增长8.1%；华茄一号、烟后蔬菜为重点的蔬菜产业，全年产量达706.4万千克，实现总产值757万元。

2011年，全镇有个私经济户数361户，从业人员1 389人，企业总收入7 481万元，同比减少361万元，减5%。完成现价总产值7 339万元，同比增加704万元，增10.6%。完成增加值2 269万元，同比减少104万元，减4%。实现税利1 298万元。

全镇实现社会生产总值1.9亿元，比上年增31.2%；农业总产值完成2.2亿元，比上年增30.7%；工业总产值完成3 100万元，比上年增17.2%；农民人均纯收入9 425元，比上年增38.7%，

2011年，全镇财政收入440万元，比上年增13.9%，财政总支出476万元，比上年减少8.5%；金融机构存款金额1.68亿元，人均储蓄12 464元；各项贷款金额1.77亿元，存贷比1 : 1.05。

镇党委书记罗云川，人大主席孙德昕，镇长普泳智。

(王欢欢)

【通红甸彝族苗族乡】 2011年，全乡总人口10 756人，其中男5 713人，女5 043人；少数民族人口4 472人，占总人口的41.6%。人口自然增长率5.4‰。农村劳动力6 419人，其中从事第二、三产业的307人，占总劳动力的4.8%。

2011年末，全乡有耕地18 033亩，复种指数197.9%。全年粮食总产4 063.1吨，比上年增11.5%；油料总产60.5吨，比上年减36.9%。农业人口人均产粮387千克。年末，生猪存栏12 082头，比上年增0.5%；肥猪出栏13 017头，比上年增0.9%。大牲畜存栏4 710头，比上年增3.2%。全年投入水利建设资金702万元，水利化程度38%。

2011年有个私企业76个，比上年增7个，从业人员220人，比上年增11.1%；企业总收入801万元，比上年减6.97%；实现税利243万元，比上年

增27.9%。

2011年，全乡工农业总产值(现价)9271万元，比上年增29.2%，其中，工业总产值700万元，比上年增66.7%；农业总产值8 571万元，比上年增26.9%。农民人均纯收入4 147元，比上年增6.8%。

2011年，全乡财政收入456万元，比上年增12.6%；财政支出488万元，比上年增33.3%。年末，各项存款余额3 000万元，比上年增25%；人均储蓄存款余额2 789.1元，比上年增24.9%。

乡党委书记陈其和，人大主席刘福寿，乡长古俊明。

（张　兰）

易门县

【自然概貌】　滇中水城、菌乡——易门县，地处云南省中部，位于玉溪市西北部，介于东经101°54′~102°18′，北纬24°27′~24°57′之间。东接安宁市、晋宁县，南连峨山县，西邻双柏县，北与安宁市、禄丰县接壤。县境东、西最大横距44千米，南、北最大纵距57千米。总面积1 571平方千米，山区面积占97%，坝区及河谷面积占3%。县城龙泉镇海拔1 570米，距省会昆明95千米，距玉溪市委、市人民政府驻地红塔区州城145千米，有安易高等级公路从县城至安丰营与安楚公路相接，便捷地通达昆明市、楚雄州等地，省道晋云线和武峨线分别以东西向和南北向从县境穿过，达双柏、峨山县城。县内东、北、西三面均是高山，中部为坝子，东南部为扒河和绿汁江谷地，地形似马蹄形，属高原地貌。

境内最高点为西北面的小街乡甲浦村委会老黑山顶峰雀窝尖山，海拔2 608米，最低处在西南面的绿汁镇棚苴村委会炉房村绿汁江面，海拔1 036米，高差1 572米。属中亚热带半湿润高原季风气候，冬无严寒，夏无酷暑，夏秋多雨，雨热同期，干湿季节分明，呈立体气候特点。有南亚低热河谷气候、中亚热带气候、北亚热带气候、南温带高山气候共4种气候类型。同时由于地形、海拔的不同，因而造成小区气温、降水的差异性，有“十里不同天”之说。2011年1~12月总降水量535.0毫米，比常年值830.5毫米偏少295.5毫米，比上年同期偏少30.9毫米，仍属特少年份。年内平均气温17.2度，比常年值16.0度偏高1.2度，比上年值偏低0.9度，属较高年份；极端最高气温32.8度(5月11日)，极端最低气温-0.6度(1月21日)。全年无霜期为261天；年日照时数2 180.5小时，比常年值2 203.8小时偏少19.2小时，比上年同期偏少140.4小时，日照率49%。主要气候事件有：出现持续三年的特大干旱，降水持续偏少至特少，气温特高，造成小春作物大面积受灾，森林火险等级持续偏高。3月中旬高海拔地区出现雪灾。雨季于6月1日进入，属稍偏晚年份。大春移栽关键时期降水特少，气温特高，对大春作物特别是烤烟的移栽，保苗带来极大困难。6~8月主汛期降水偏少，大春作物对水份的需求不够，影响大春作物的旺长和成熟。8月下旬末至9月中旬强对流天气过程偏多，局部出现冰雹大风等灾害性天气，对烤烟后期采收影响较大。雨季结束期特早，9月上旬结束。9~10月降水偏少，但阴雨天气过程偏多，出现一般性连阴雨天气，不利于大春作物的及时收晒入库和小春作物的生长。主要气象灾害为干旱、冰雹、洪涝、连阴雨、雷电等。总体上2011年气候属中等偏差年景。

【行政区划】　2011年，全县辖2街道1镇4乡，即绿汁镇和龙泉、六街街道及小街乡、铜厂彝族乡、浦贝彝族乡、十街彝族乡。乡(镇、街道)下设38个村民委员会和18个社区居民委员会，有746个村(居)民小组。

【人口、民族】　2011年，全县总人口168 500人，比上年净增507人，增加0.3%。在总人口中，农业人口134 896人，占80.06%；男性85 908人，女性82 592人，性别比为104∶100；少数民族人口54 671人，占32.44%。年内，出生人口1 178人，比上年多5人，出生率6.99‰，上升0.07个千分点；死亡671人，比上年少464人，死亡率3.98‰，下降14.33个千分点。年内自然增长人口507人，自然增长率3.01‰，比上年上升12.7个千分点。人口密度每平方千米107.3人。

【综合经济指标】　2011年，全县完成现价生产总值(GDP)385 698万元，按可比价格计算，比上年增长12.3%。在生产总值中，第一产业增加值73 130万元，增长6.4%，拉动经济增长1.2个百分点，占GDP比重的19%；第二产业增加值180 793万元，增长17.2%，拉动经济增长7.9个百分点，占GDP比重的47%，在第二产业中，工业增加值16.82亿元，按可比价增长16.9%；第三产业增加值131 775万元，增长9.3%，拉动经济增长3.2个百分点，占GDP比重的34%。全县人均生产总值(按户籍人口计算)21 766元，比上年增加3 317元，增长18.0%。产业结构调整为19∶47∶34，保持“二三一”发展格局。全县实现工农业总产值761 817万元，同比增长20.72%。完成固定资产投资总额397 523万元，比上年增加95 050万元，增长31.4%。其中，国有投资165 194万元，占投资总额的41.6%；民间投资232 329万元，占投资总额的58.4%；工业投资额169 381万元，占全社会投资总额的42.6%。

【工　业】　2011年，全县工业经济恢复并快速增长，企业效益大幅提高。全年实现现价工业总产值630 515万元，比上年增长19.5%。矿冶、陶瓷建材和食品加工三大产业实现产值581 130万元，增长20.2%。其中，矿冶业实现产值434 312万元，增长25.6%，占工业总产值的68.9%；水泥陶瓷建材业实现产值102 850万元，下降0.4%，占工业总产值的16.3%；食品加工业实现产值43 968万元，增长27%，占工业总产值的7%。实现现价工业增加值168 163万元，按可比价格计算比上年增长16.9%。

全县规模以上工业企业实现销售收入437 469万元，比上年增长36.2%；实现利税总额77 525万元，增长120.7%；实现利润65 469万元，增长257.8%。

主要工业产品产量：铜精矿含铜量14 035吨，同比下降9%；水泥218万吨，同比增1.4%；日用陶瓷器2 265万件，同比增长8.8%；铸件19 732吨，同比下降1.9%；粗钢52 396吨；白酒4 635吨，同比增长2.3%；发电量4 638万千瓦小时，同比下降4%；供电量56 368万千瓦小时，同比增长6.2%；粗铜42 404吨，同比增长24.4%；硫酸(折100%)151 293吨，同比增长28.4%；墙地砖2 282万平方米，同比增长4.5%。

【农　业】　2011年，全县实现农业总产值131 302万元，增长17.6%，其中种植业产值52 310万元，增长13.2%。全年农作物总播种面积37.38万亩，其中，粮食作物169 433亩，比上年减少2.2%；非粮作物204 383亩，比上年增加5.3%。粮食与非粮作物种植比例为45∶55，非粮作物种植比例比上年上升2个百分点。年末，常用耕地面积159 331亩，比上年减少1 631亩，其中田65 228亩，减少26亩，地94 130亩，减少1 605亩。农民人均占有耕地1.18亩。全年粮食总产量5 260万千克，比上年增加20.6%，其中，稻谷1 127万千克，玉米2 321万千克，小麦1 054万千克，蚕豆116万千克。油料总产473万千克，蔬菜产量8 245万千克。全县种植烤烟96 567亩，生产总量1 326万千克，收购总量1 304万千克，收购金额23 771万元，平均交售单价18.22元/千克，比上年增加3.41元/千克，中、上等烟比例92.2%，比上年上升6.52个百分点，实现烤烟产值24 154万元。农民人均烤烟交售收入1 762元，人均交售收入再创历史新高。

2011年，肥猪出栏282 024头，比上年增加0.7个百分点，出栏率161.6%，比上年减少1.8个百分点；大牲畜出栏24 769头，增加5.4个百分点；山绵羊出栏36 660只，比上年减少0.1个百分点；家禽出栏559万只，增加27.6个百分点。肉蛋奶产量4 147万千克，增长10.7%，其中，肉类产量3 955万千克，增长10.1%，猪肉2 209万千克，下降1.4个百分点，农业人口人均肉产量293千克，增长10.2%。全年实现畜牧业产值68 562万元，增长13.5%，占农业总产值的52.2%。

年内，培育各类苗木309万株，调供车桑籽、核桃等林木种子共24 919.5千克、营养袋110万只，保证全县造林绿化所需种苗供应。结合"千里长廊"绿化工程和人居四旁绿化进行义务植树32.07万株。投资1 209万元完成12 898亩石漠化综合治理试点项目造林、5 000亩龙泉河流域生态治理造林任务，发展特色经济林产业，板栗大树良种嫁接20 929株，嫁接成活率93.06%，种植塔拉1 000亩。及时对以松纵坑切梢小蠹虫为主的森林病虫害进行综合防治。积极推进集体林权制度配套改革，有效开展林权变更登记、林权流转和林权抵押贷款工作。森林覆盖率达72.16%。

农田水利基本建设项目扎实推进，重点工程项目建设取得明显进展，广大群众生产生活条件进一步改善。全年投资15 254.18万元实施农田水利建设，新增有效灌溉面积0.27万亩，新增蓄水能力19万立方米，新增防渗渠道62.8千米，维修加固堤防11.9千米，疏浚河道10千米，治理水土流失面积26平方千米，解决1.31万人饮水安全问题。芦柴冲水库建设项目竣工并投入使用，扒河流域河道治理一期工程(岔河—铁厂段)主体工程建设完工，小河水库干、支渠防渗加固工程和龙泉、十街渠道防渗建设工程完工，小(一)型小河水库、沙衣水库、东山水库、丰收水库除险加固主体工程完工，21件"五小"水利工程完工并投入使用。水利化程度75.02%。

全年水产品产量635吨，生产各类鱼苗4 400万尾，放养鱼苗260万尾，稻田养鱼9 000亩，稻田养鱼产量118吨。

【交通、邮电】 2011年，道路交通基础设施投入力度加大，通行能力显著提高。投入近9亿元建设的易峨高二级公路易门段主体工程完工。投资603万元的老吾至落水洞、者拉至腊品、马导子至上普厂共48.5千米农村通达公路改扩建工程完工，投资152万元的岔河至炉房、甫贝至红石岩县乡公路维修工程完工，投资43万元的六小路、十老路县乡公路安保工程完工。投资250万元的十街小河桥、朋苴桥改建工程完工。县、乡公路好路率68%，通车率100%，乡村公路好路率36%，通车率99.4%。全县公路里程1 651千米，公路密度105.2千米/百平方千米。全年完成客运量90万人次，旅客运输量6 050万人千米，货运量925万吨，货物周转量51 669万吨千米。

邮电通信业进一步发展。2011年末，固定电话用户17 481部；移动电话用户114 403户，比上年增加9 681户；互联网用户12 187户，增长2.1%。电话拥有量每百人78部，比上年每百人增加11部。

【贸易和物价】 2011年，社会消费品零售平稳增长，市场物价上扬。社会消费品零售总额92 980万元，比上年增长19.6%。全县集市贸易成交额33 828万元，比上年增4 463万元，增长15.2%。全年外贸进出口完成707.95万美元，同比下降33.8%，其中，进口完成122万美元，同比下降83.7%；出口完成585.95万美元，增长83.3%。居民消费价格指数为104.9%，比上年上升1.1个百分点。

【财政、金融和保险】 2011年，完成财政总收入56 625万元，比上年增加6 977万元，增长14.1%。其中，中央、省、市级收入完成22 089万元，比上年增加3 267万元，增长17.4%；地方财政收入完成34 536万元，比上年增加3 710万元，增长12%。全年财政支出96 618万元，比上年增支19 630万元，增长25.5%。

年末，全县金融机构存款余额424 670万元，比上年增加55 055万元，增长14.9%。其中，城乡居民储蓄存款余额251 254万元，比上年增加44 111万元，增长21.3%；人均存款14 187元，比上年增加2 491元，增长21.3%。全县金融机构贷款余额266 691万元，比上年增加56 701万元，增长27%，存贷比为62.8%，比上年上升6个百分点。

全年各种保费收入9 595万元，比上年减少251万元，下降2.5%；保险赔付额2 648万元，比上年增加447万元，增长20.3%。

【科技和教育】 2011年，科技以新项目、新技术的试验示范为重点，大力推进科技进步和科技创新。全年评审科技成果10项，评出县级科技进步成果一等奖5项、二等奖4项；专利受理10件，授权7件。

2011年末，全县有普通中、小学和职业中学共67所，其中，普通高级中学1所，普通初级中学8所，职业高级中学1所，普通小学57所。在校学生共24 923人，比上年减少4 883人，其中，普通高级中学在校生2 098人，招生775人，毕业生675人；职业高级中学在校生1 379人，招生528人，毕业生433人；普通初中在校生7 454人，招生2 414人，毕业生2 366人；普通小学在校生13 992人，招生1 742人，毕业生2 424人。全县有幼儿园51所，在园幼儿3 655人。全县有教职工1 966人，其中，教师1 736人。高考上线率99.65%，中考平均分、优秀学生率居全市第一。小学学龄儿童入学率99.89%，辍学率0.39%，升学率99.59%，初中入学率101.59%，辍学率1.96%。

【卫生和体育】 2011年，深入开展爱国卫生运动，继续巩固省"甲级卫生县城"成果。积极推进医疗卫生基础设施建设，县医院整体搬迁项目工程竣工并投入使用，十街卫生院改扩建工程竣工并初步验收，3个村级卫生所改造工程完工，争取795万元卫生服务体系建设资金采购医疗和信息化设备。全县有医疗卫生机构102个，其中，县级医疗机构3家、疾控中心1家、乡(镇)卫生院7家、村卫生所43家、民营医院4家、个体诊所38家、医务室6家。全年共受理注册医师62人、护士78人。有病床919张，卫生技术人员642人。新型农村合作医疗参合农民128 077人，参合率达94.07%，为群众减免补偿医疗费2 445.2万元。适龄儿童"五苗"(卡介、脊灰、百白破、麻疹、乙肝)单项接种率卡介苗100%、脊灰100%、百白破三联疫苗100%、麻疹99.52%、乙肝100%。以防治艾滋病、控制结核病和手足口病为重点，全面落实各项传染病防控措施，重点传染病得到有效控制。年内共报告传染病16种717例，发病率426.11/10万，其中，乙类传染病10种171例，发病率为101.62/10万，丙类传染病6种546例，发病率为324.49/10万。加强妇幼保健工作，大力宣传"住院分娩补助"的惠民政策。年末，孕产妇系统管理率98.88%，住院分娩率99.92%，7岁以下儿童系统管理率97.03%。

体育事业以服务广大人民群众健身，提高全民体质为宗旨，加强农村、学校体育设施建设，广泛开展全民健身体育活动。年内，成功承办2011年"滇溪龙泉杯"全国沙滩排球大奖赛、玉溪市人大系统第八届职工运动会，组织开展老年人运动会7次、职工体育比赛4次，开展"全民建身"广场建身操培训活动。全年共组织开展体育赛事13次，参加赛事人员7 000余人。竞技体育在省、市级比赛项目中共获金牌9枚、银牌8枚、铜牌7枚。

【旅游、文化和广播电视】 2011年，旅游业紧扣"推进生态休闲旅游发展步伐，促进第三产业快速发展"这一工作思路，围绕"打基础、优环境、创品牌"的旅游发展思路，努力打造好"滇中水城、菌乡易门"旅游品牌，突出加快以龙泉河为核心的旅游产品建设，为着力实施"旅游兴县"战略奠定坚实基础。充分利用中国·云南野生食用菌交易会、"二月二"传统戏会等平台，依托易门独特而丰富的水和野生食用菌资源，多角度、多形式加大宣传力度，使"滇中水城、菌乡易门"这一旅游品牌日愈深入人心。同时力抓星级示范户，壮大乡村旅游，提升服务质量和档次，促进旅游事业"在竞争中发展、在发展中壮大"。全年共接待游客80.58万人次，增长35.5%，实现旅游总收入28 064亿元，增长64.1%。

文化事业以春节、"二月二"戏会等传统节日为契机，借助野生食用菌交易会及"滇溪龙泉杯"全国沙滩排球大奖赛等重要活动，在龙泉文化广场大力开展公益性文化活动，丰富城乡群众文化生活，展示"滇中水城、菌乡易门"的丰硕成果和多姿多彩的地方民族文化，提升易门的知名度。年内创作的花灯小戏《买星牌》、舞蹈《三桩是鸟窝》以及一批文学、戏剧、音乐、美术、摄影、书法作品在省、市文艺期刊发表或比赛、评奖中获奖，部分戏剧、音乐节目被搬上舞台演出。民间艺人魏昆华、木雕艺人尹长保、土陶艺人吴兆华被玉溪市人民政府授予"玉溪市民族、民间工艺师"称号。图书馆藏书85 600册，年内接待读者66 144人次，书籍流通总量139 314册次。农村书屋县乡全覆盖。新华书店销售图书74.9万册，销售额737万元。农村电影"2131工程"放映597场。

广播电视工作继续与玉溪电视台合办《新闻直通车》栏目，对外充分展示易门各行各业开展工作所采取的新举措和取得的新成果、新经验。年内编播新闻1 300条，被各类媒体播出1 100条。巩固和发展广播电视"村村通"工程建设成果，年末，电视覆盖率99.6%，广播覆盖率达98.6%。

【人民生活和社会保障】 2011年，农民人均纯收入6 003元，比上年增加810元，增长15.6%；城镇居民人均可支配收入17 246元，比上年增加1 792元，增长11.6%。全县职工年平均工资27 007元，比上年增加2 170元，增长807%。

全县机关、企事业单位职工和个体从业人员参加基本养老保险17 620人，保费收入14 967万元，总支出11 854万元。参加城镇职工、居民基本医疗保险33 202人，基本医疗保险资金及补助收入4 930万元，支付医疗保险基金3 705万元。参加失业保险6 592人，收缴保费610.9万元，发放失业职工保险金104.5万元。全县纳入城市居民最低生活保障5 669人，发放保障金1 254.02万元，享受农村最低生活保障10 560人，发放低保金846.94万元。投资3 500万元占地2 000平方米建400套廉租房二期工程进展顺利，投资9 013万元占地35 000平方米建500套公共租赁住房正抓紧施工。全年对城乡特困群众20 440人实施医疗救助，救助资金369.36万元。投入防灾应急"三小"工程建设资金243.9万余元。全县城镇登记失业率为2.9%，下岗失业人员再就业615人，城镇新增就业2 210人，帮助特殊困难群体对象520人实现再就业，发放再就业资金223.86万元。

社会福利事业不断发展。全县7所敬老院在院供养五保老人234人，分散供养566人，支出五保对象的供养经费209.66万元，投入300万元的金山殡仪馆前期工程开工建设。全年发放优抚对象抚恤金430.5万元，发放义务兵家属优待金50.9万元，发放高龄老人"保健长寿补助金"153.2万元。

扶贫工作以改善群众基本生产生活条件和增加收入为重点，紧紧瞄准贫困群体和贫困对象，坚持开发式扶贫方针，以减少贫困、缩小差距、促进和谐为目标，积极整合资金，落实各项扶贫措施，认真组织实施整村推进、易地扶贫搬迁、革命老区扶贫以及产业扶贫等项目建设。全年投入财政扶贫资金567万元，其中，实施整体推进项目25个，投入375万元，项目覆盖7个乡(镇)、19个村委会、25个自然村、1 368户、5 070人；实施革命老区建设项目5个，投入69万元，项目覆盖3个村委会、843户、3 141人；实施产业扶贫项目1个，投入50万元；实施易地搬迁项目1个，搬迁46户、196人；新建科技活动室28个4 617.8平方米、硬化村庄道路26件41 198平方米，受益农户2 211户8 211人。

残疾人事业健康发展。全年完成白内障手术复明310例，配发轮椅70部、拐杖30副，装配假肢4例；完成六类残疾人共3 400人的康复需求调查工作；为424人开展各种技能培训，扶贫残疾人户35户进行危房改造；帮助131户"五难"贫困残疾人户解决生产、生活中存在的困难，发放9.73万元特殊困难补助金；大力推进扶残助学活动，落实残疾学生义务教育阶段"三免一补"优惠政策及优待规定，489人得到救助，共减免费用53.76万元。全年征收残疾人保障金126万元。

【领导干部】 县委书记方志鸣(女)，副书记马云峰、方建华、张有福(省下派，挂职)。人大主任侯绍兴，副主任王有金、杨春锦、张之明、金德芳(女)。代理县长马云峰(任至2011年2月)、县长马云峰(2011年2月任)，副县长王华堂、冯晓燕(女)、娄勇强、周黎明、徐卫明、夏伯林(2011年2月任)、朱江(女，2011年6月任，省下派，挂职)。政协主席马军有，副主席柳万国、普立敏(彝族)、朱林(兼)、侯丽芬(女)。纪委书记范永光。

【全国首个关注派出所微博】 2011年8月4日，易门县公安局官方微博“易门警方”与红河州公安局官方微博“平安红河”联合发起全国首个关注派出所的微博话题《派出所值班那些事》，在腾讯网、新浪网搭建起微博话题主题页。《派出所值班那些事》微博话题发布后，仅20天就收到来自全国各地网友以文字、图片、视频等形式发布的微博6万多条，被新浪网“七彩云南”频道推荐为微博热门话题第一名。新浪微博、腾讯微博在热门话题设立了《派出所值班那些事》推荐位，云南省公安厅官方网站单独为《派出所值班那些事》设立了主页链接。

【国家级石漠化综合治理】 易门县于2008年6月被列为2008～2010年全国100个、全省12个石漠化综合治理项目试点县之一。该试点工程项目建设范围涉及6个乡(镇)14个村委会3.58万人。截至2011年8月10日，试点工程圆满完成各年度建设工程任务和各年度下达投资任务。石漠化试点工程项目共完成封山育林86 832亩，配套修建简易防火路4.7千米，人工造林26 536亩，设置检查哨5个，标识牌38块；完成坡改梯3 800亩，改建和新建引水渠28.55千米，架设引水管道29.3千米，新建拦沙坝2座、小坝塘4座，新建500立方米水池2个，100立方米水池30个，实际完成工程总投资2 616.9万元，石漠化治理面积达100.8平方千米。

【全省乡村学校少年宫建设启动】 2011年9月16日上午，全省乡村学校少年宫建设启动仪式在易门县六街中学举行。中央文明办未成年人工作组副组长吴向东，省政协副主席、省文明委副主任顾伯平，玉溪市委常委、宣传部部长董文献，玉溪市政协副主席陈志芬参加启动仪式并为全省首家乡村学校少年宫揭牌。易门县委书记方志鸣，县政协主席马军有，县委常委、宣传部部长、政府副县长冯晓燕以及省财政厅、教育厅、省文明办有关部门领导和全省各州(市)、县的文明办主任、全省首批乡村学校少年宫项目建设学校校长参加启动仪式。启动仪式由省文明办专职副主任李联斌主持，中央文明办未成年人工作组副组长吴向东，省政协副主席、省文明委副主任顾伯平分别讲话。

【全省最大天然矿泉水生产线】 一年前，易门正阳公司、新龙公司、舜云公司共同出资5 000万元整体收购易门天成矿泉水工业有限公司，组建云南滇溪水业发展股份有限公司，并获得易门大龙泉水源50年的使用权。公司拥有来自美国、意大利、日本、新加坡等国引进的水处理生产线、灌装生产线和全自动化制瓶生产线，拥有国际先进水平的生产技术、高洁度的净化生产车间、先进的质量监控系统和广阔的市场销售空间，年天然矿泉水生产能力达10万吨。2011年9月，改制重组后的滇溪水业公司开发出云南大众高端饮用水品牌——“滇溪山泉”，建成全省最大的天然矿泉水生产线。

【首个农民专业合作社商标】 2011年12月，易门县浦贝养殖专业合作社申请注册的“滇易”商标获国家工商总局商标局核发的商标证书。“滇易”商标图形核定使用商标种类为第十三类，使用范围包括：新鲜园艺草本植物、活动物、植物种籽、树木、谷类、鲜水果、新鲜蔬菜、饲料、活家禽、鲜食用菌，注册有效期为10年。该商标填补了易门县农民专业合作社行业注册商标空白，为全县农民专业合作社及实施农产品品牌战略起到积极促进作用。

【易门丛山食用菌被认定为云南名牌农产品】 2011年，云南名牌农产品认定管理办公室公布：易门丛山食用菌为2011年云南名牌农产品。此次被认定为2011年云南名牌农产品的全省54个农产品有效期为3年。易门丛山食用菌公司是目前全国最大的野生食用菌加工企业，年加工生产野生食用菌能力达8 250吨，公司开发的81个丛山系列产品先后获部优产品1个、省优产品19个，产品销往全国各大中城市并远销亚欧10余个国家，成为国内野生食用菌加工行业中久负盛名的品牌之一。

【与福贡县结对帮扶】 2011年，易门县与怒江州福贡县结对帮扶，支持福贡县村级组织活动场所建设资金20万元、接收10名优秀干部到易门挂职锻炼；组成以省委党校叶力、蒋光贵教授和县委党校常务副校长杨立波、县农业局局长杨晓金为成员的讲师团到福贡县开展为期2天的村(社区)干部理论培训，为70余名乡(镇)党委副书记和村(社区)干部作“群众工作、党的十七届六中全会及省第九次党代会精神、基层党建、农业产业化发展”4个专题辅导。

【获云南省文明县城称号】 易门县坚持以科学发展观为指导，深入实施生态立县战略，全力打造“滇中水城、菌乡易门”品牌，扎实开展群众性精神文明创建活动，全县政务环境、法治环境、市场环境、人文环境、生活环境、生态环境得到明显改善，先后获得“甲级卫生县城”、“全省先进平安县”、“全省双拥模范县”、“全国科技进步先进县”等多项荣誉称号。2011年12月，经严格评审，易门县被省委、省政府命名为首批“云南省文明县城”，是全省获此殊荣的10个县城之一，玉溪市易门县和新平县榜上有名。

(矣德忠)

【龙泉街道】 2011年，全街道总户数2 189户，总人口57 101人，其中男28 320人，女28 781人；少数民族人口7 962人，占总人口13.94%。人口自然增长率2.31‰。农村劳动力26 343人，其中从事第二、第三产业的1 386人，占总劳动力的52.64%。

2011年末，全街道有耕地26 958亩，复种指数226.74%。全年粮食总产1 222.97万千克，比上年增29%；油料总产94.02万千克，比上年增48.11%。农业人口人均产粮360千克。年末，生猪存栏45 239头，比上年减7%；肥猪出栏74 066头，比上年减2.24%。大牲畜存栏5 718头，比上年减4.92%。全年投入水利建设资金1 538.16万元，水利化程度81.8%。

2011年，有个私企业4 186个，与上年持平，从业人员12 320人，比上年增7.44%；企业总收入382 535万元，比上年增20.72%；实现税利17 150万元，比上年增12.63%。

2011年，全街道农村社会总产值(现价)319 248万元，比上年增16.97%。工农业总产值(现价)200 971万元，比上年增19.09%。其中，工业总产值169 883万元，比上年增20.37%；农业总产值31 088万元，比上年增12.56%。农村经济总收入54 379万元，比上年增6.43%；农民人均纯收入6 379元，比上年增10%。

街道党工委书记肖维春(2011年3月任)，人大工委主任金彪(2011年3月任)，街道办事处主任田晓荣(2011年3月任)。

(刘　珍)

【六街街道】 2011年，全街道总人口25 420人，其中男12 863人，女12 557人；少数民族人口5 040人，占总人口的19.83%。人口自然增长率2.50‰。农村劳动力14 956人，其中从事第二、第三产业的6 450人，占总劳动力的43.13%。

2011年末，全街道有耕地22 382亩，复种指数208.10%。全年粮食总产804.23万千克，比上年增18.65%；油料总产75.76万千克，比上年增2.09倍。农业人口人均产粮340.29千克。年末，生猪存栏29 511头，比上年增4.66%；肥猪出栏36 809头，比上年增1.67%。大牲畜存栏3 014头，比上年减42.32%。水产品产量4.6万千克，比上年增6.98%。全年投入水利建设资金5 500万元，水利化程度79.21%。

2011年，有个私企业1 604个，比上年增14个，从业人员4 217人，比上年增7.99%；企业总收入81 143万元，比上年增7.65%；实现税利7 196万元，比上年减16.06%。

2011年，全街道农村社会总产值(现价)88 951万元，比上年增17.65%。工农业总产值(现价)84 981万元，比上年增17.13%。其中，工业总产值64 535万元，比上年增19.27%；农业总产值20 446万元，比上年增10.87%。农村经济总收入45 470万元，比上年增11.53%；农民人均纯收入6 076元，比上年增16.00%。

2011年末，全街道各项存款余额34 982万元，比上年增17.78%；人均储蓄存款余额13 762元，比上年增19.02%。

街道党工委书记李文龙(2011年3月任)，人大工委主任马天林(2011年3月任)，张慈娟(2011年3月任)。

(马素萍)

【绿汁镇】 2011年，全镇总人口18 568人，其中男9 877人，女8 691人；少数民族人口7 309人，占总人口的39.35%。人口自然增长率－0.57‰。农村劳动力9 651人，其中从事第二、第三产业的2 414人，占总劳动力的25%。

2011年末，全镇有耕地20 774亩，复种指数273%。全年粮食总产647.16万千克，比上年增18.9%；油料总产34.8万千克，比上年增2.18倍。农业人口人均产粮494千克。年末，生猪存栏16 683头，比上年增1%；肥猪出栏28 500头，比上年增5.2%。大牲畜存栏4 616头，比上年减2%。水产品产量34万千克，比上年增7%。全年投入水利建设资金150万元，水利化程度68.8%。

2011年，有个私企业419个，比上年增2个，从业人员1 564人，比上年增5%；企业总收入17 243万元，比上年增12.5%；实现税利2 294万元，比上年增67.8%。

2011年，全镇农村社会总产值(现价)47 168万元，比上年增12%。工农业总产值(现价)36 829万元，比上年增10%。其中，工业总产值28 757万元，比上年增10%；农业总产值7 759万元，比上年增6%。农村经济总收入17 280万元，比上年增17.1%；农民人均纯收入6 027元，比上年增18.8%。

2011年，财政支出960万元，比上年增12%。年末，各项存款余额2.41亿元，比上年增11%；人均储蓄存款余额12 979元，比上年增12%。

镇党委书记郭敏，人大主席郭晖，镇长杨云兵。

(沐美莲)

【小街乡】 2011年，全乡总人口13 209人，其中男6 876人，女6 333人；少数民族人口2 849人，占总人口的21.5%。人口自然增长率2‰。农村劳动力8 538人，其中从事第二、第三产业的147人，占总劳动力的17.2%。

2011年末，全乡有耕地14 771亩，复种指数270%。全年粮食总产338.98万千克，比上年增82.9%；油料总产24.68万千克，比上年增4.3倍。农业人口人均产粮274千克。年末，生猪存栏9 882头，比上年减22.9%；肥猪出栏32 526头，比上年增5.4%。大牲畜存栏4 726头，比上年减27.6%。全年投入水利建设资金1 242.42万元，水利化程度59%。

2011年，有个私企业596个，比上年增251个，从业人员1 392人，比上年增52.13%；企业总收入2 162万元，比上年增67.9%；实现税利417万元，比上年增70.9%。

2011年，全乡农村社会总产值(现价)14 586万元，比上年增31.52%。工农业总产值(现价)6 855万元，比上年增45.23%。其中，工业总产值1 218万元，比上年增65.04%；农业总产值5 582万元，比上年增40.18%。农村经济总收入13 569万元，比上年增18.6%；农民人均纯收入5 752元，比上年增6.5%。

年末，全乡各项存款余额1.3亿元，比上年增8.3%；人均储蓄存款余额11 246元，比上年增23.54%。

乡党委书记沈金顺(2011年3月任)，人大主席李美华，乡长朱林。

(陈开春)

【铜厂彝族乡】 2011年，全乡总人口22 686人，其中男11 766人，女10 920人；少数民族人口14 560人，占总人口的64.18%。人口自然增长率0.31‰。农村劳动力14 747人，其中从事第二、第三产业的4 200人，占总劳动力的28.48%。

2011年末，全乡有耕地31 551亩，复种指数238.37%。全年粮食总产892.9万千克，比上年增20.38%；油料总产12.61万千克，比上年增7.1倍。农业人口人均产粮394千克。年末，生猪存栏26 291头，比上年增0.7%；肥猪出栏36 451头，比上年增1.4%。大牲畜存栏5 440头，比上年增51.2%。水产品产量4.1万千克，比上年增7.89%。全年投入水利建设资金1 526.12万元，水利化程度79.8%。

2011年，有个私企业269个，比上年增4个；从业人员649人，比上年增6.05%；企业总收入9 682万元，比上年增34.94%；实现税利198万元，比上年增13.79%。

2011年，全乡农村社会总产值(现价)27 497万元，比上年增43.6%。工农业总产值(现价)24 973万元，比上年增32.2%。其中，工业总产值5 472万元，比上年增69.9%；农业总产值19 501万元，比上年增21.06%。农村经济总收入17 500万元，比上年增14.6%；农民人均纯收入5 288元，比上年增18.4%。

2011年，全乡财政收入1 281万元，比上年增59.13%；财政支出1 281万元，比上年增62.98%。年末，各项存款余额0.59亿元，比上年增17.24%；人均储蓄存款余额2 601元，比上年增1.64%。

乡党委书记何莉琼，人大主席杨国良，乡长李全盛。

(高成红)

【浦贝彝族乡】 2011年，全乡总人口18 249人，其中男9 382人，女8 867人；少数民族人口9 610人，占总人口52.7%。人口自然增长率0.22‰。农村劳动1 139人，其中从事第二、第三产业的3 052人，占总劳动力的26.8%。

2011年末，全乡有耕地21 854亩，复种指数208.7%。全年粮食总产690.24万千克，比上年增28.8%；油料总产72.74万千克，比上年增85%。农业人口人均产粮406千克。年末，生猪存栏24 861头，比上年增1.3%；肥猪出栏43 670头，比上年增5%。大牲畜存栏7 231头，比上年增0.5%。水产品产量4.4万千克，比上年增2.3%。全年投入水利建设资金605万元，水利化程度71.6%。

2011年，有个私企业715个，比上

年增8个；从业人员3 385人，比上年增1.8%；企业总收入85 056万元，比上年增7.2%；实现税利3 816万元，比上年增10%。

2011年，全乡农村社会总产值(现价)91 840万元，比上年增15.6%。工农业总产值(现价)89 534万元，比上年增12.7%。其中，工业总产值71 572万元，比上年增10%；农业总产值17 962万元，比上年增25%。农村经济总收入30 379万元，比上年增20%；农民人均纯收入6 186元，比上年增20%。

2011年，全乡财政收入893万元，比上年减2.9%；财政支出893万元，比上年减2.9%。年末，各项存款余额1.26亿元，比上年增34%；人均储蓄存款余额6 904元，比上年增34%。

乡委书记武正斌，人大主席李长华，乡长鲁正禄。

(李海燕)

【十街彝族乡】 2011年，全乡总人口13 260人，其中男6 761人，女6 499人；少数民族人口7 338人，占总人口的55.3%。人口自然增长率-2.74‰。农村劳动力8 430人，其中从事第二、第三产业的2 277人，占总劳动力的27%。

2011年末，全乡有耕地21 206亩，复种指数227%。全年粮食总产654万千克，比上年增3.6%；油料总产86万千克，比上年增1.77倍。农业人口人均产粮514千克。年末，生猪存栏9 463头，比上年减46%；肥猪出栏30 002头，比上年减8.3%。大牲畜存栏1 882头，比上年减33.8%。水产品产量10.5万千克，比上年增5%。全年投入水利建设资金383万元，水利化程度71%。

2011年，有个私企业252个，与上年持平，从业人员1 382人，比上年减1.2%；企业总收入8 924万元，比上年增5.3%；实现税利329万元，比上年增45.6%。

2011年，全乡农村社会总产值(现价)15 093万元，比上年增22%。工农业总产值(现价)11 311万元，比上年增20%，其中，工业总产值3 684万元，比上年增25%；农业总产值7 645万元，比上年增18%。农村经济总收入14 921万元，比上年增19.7%；农民人均纯收入5 834元，比上年增19.7%。

2011年末，各项存款余额0.97亿元，比上年增39.1%；人均储蓄存款余额7343元，比上年增40.9%。

乡党委书记杨应勇，人大主席杨宏伟(2011年3月离任)、李小龙(2011年3月任)，乡长严霖。

(王绍东)

峨山彝族自治县

【自然概貌】 峨山彝族自治县地处云南省中部，介于东经101°52′~102°37′，北纬24°01′~24°32′之间。东接红塔区，东南与通海县交界，南与红河州石屏县接壤，西南与新平彝族傣族自治县山水相连，西北与楚雄州双柏县隔江相望，北与易门县相通，东北与昆明市晋宁县毗邻。玉元高速公路(213国道)穿境而过。县委、县政府驻地双江街道距玉溪市政府驻地24千米，距云南省会昆明市118千米。区域最大横距74.6千米，最大纵距56.7千米。总面积1 972平方千米，其中山区占96%，坝区及河谷占4%。峨山县属高原地貌，丘陵、平坝、河谷、中山相间，地势西北高东南低，县城海拔1 538米，最高点为北部甸中镇镜湖行政村的火石头山，海拔2 583.7米，最低点在西部绿汁江边的丫勒，海拔820米。属亚热带半湿润凉冬高原气候区，立体气候特征显著。县境地形呈三角形，东部狭长，西部较宽，由中山、河谷、小盆地三种地貌构成。境内海拔2 000米以上的高山有60多座，较大的有高鲁山、大西山、总果山、大黑山、火石山等。地势西北高，东南低，东部因受曲江(县境称猊江)切割，形成西北至东南走向的山地与谷地相间的地貌形态。中部的岔河、塔甸、富良棚等乡(镇)属岩溶比较发育的石灰岩地区，群山起伏，溶洞、洼地较多，有地下沟、河分布，地面水源较缺。西部和北部山高坡陡，箐深谷狭，地形破碎。境内峰峦叠翠，山清水秀，素有"山有多高，水有多高；冬无严寒，夏无酷暑，四季如春"之美称。

境内河流分属红河、珠江两大水系。分水岭由高鲁山沿峨山县、红塔区界入岔河乡境内，经黄草岭而南至厂上李家山，南入石屏县。分水岭以东为珠江水系，以西为红河水系。2011年，境内年平均气温16.4℃，最低气温0.8℃，最高气温31.4℃，有霜期从2010年12月21日至2011年3月1日，有霜日28天。年日照数1 930.4小时，年降雨量744毫米。峨山县矿产资源主要有铁、煤、硅、铜、锌、高岭土、花岗岩、大理石等，这些矿藏品位高，地处公路沿线，矿点集中，易于开采。2011年，全县林地228万亩，森林覆盖率66.4%，在茫茫的林海中，有植物1500多种，有国家一级保护植物大树桫椤，有国家二、三级保护植物数十种。香菇、木耳、干巴菌、鸡枞等20多种野生食用菌以优质量大闻名省内外。

【行政区划】 2011年，全县辖双江街道、小街街道、甸中镇、塔甸镇、化念镇、岔河乡、富良棚乡、大龙潭乡2个街道3个镇3个乡，全县设76个村(居)民委员会，585个村(居)民小组，554个自然村。

【人口、民族】 2011年末，全县总户数51 174户，比上年增564户。总人口152 179人，比上年增452人，其中农业人口122 167人，占总人口的80.3%；女性人口75 826人，占总人口的49.8%；少数民族人口104 388人，占总人口的68.6%。年内，全县出生人口1 198人，死亡人口672人。人口自然增长率2.2‰。

【综合经济指标】 全年完成现价生产总值(GDP)379 219万元，按2010年可比价计算比上年增长10.5%，增幅比上年下降2.1个百分点。其中，第一产业增加值61 867万元，比上年增长7.3%；第二产业增加值179 665万元，比上年增长13.7%；第三产业增加值137 687万元，比上年增长7.7%。三次产业所占GDP比重由上年的15.6∶47.6∶36.8调整为16.3∶47.4∶36.3，分别拉动GDP增长1.2、6.5和2.8个百分点，对GDP增长的贡献率分别为10.9%、62.2%和26.9%。人均生产总值为23 244元，比上年增2 821元，按2010年可比价计算增长10.0%。

2011年，单位生产总值能耗为3.47吨标准煤/万元，按可比价计算单位生产总值能耗比上年下降4.75%。

2011年，全县非公有制经济完成增加值239 737万元，按2010年可比价计算，比上年增长10.9%，占GDP的比重达63.2%，比重比上年提高0.2个百分点。

全县居民消费价格总指数(CPI)比上年上涨4.6个百分点，涨幅比上年回落0.5个百分点。分类别看，食品价格上涨8.4%，其中：粮食价格上涨25.3%，肉禽及其制品价格上涨18.5%，商品零售价格总指数比上年上涨2.3个百分点，农业生产资料价格指数比上年上涨11.2个百分点。

【工 业】 2011年，全年完成工业总产值526 270万元，比上年增14.8%。其中：规模以上工业总产值完成440 777万元，比上年增12.4%。工业产品销售率为90.5%，比上年下降3.8个百分点。在规模以上工业总产值中，国有企业产值19 724万元，同比增10.0%；集体企业产值35 371万元，同比增9.8%；股份制企业产值377 289万元，同比增12.7%；外商及港澳台商投资企业产值8 393万元，同比增14.9%。在全部工业总产值中，轻工业产值38 048万元，比上年增22.1%，占全部工业总产值比重为7.2%；重工业产值488 222万元，比上年增14.3%，占全部工业总产值比重为92.8%。

2011年完成工业增加值164 158万元，按可比价计算，比上年增长11.5%，拉动GDP增长5.1个百分点，对GDP增长的贡献率为48.9%。特色优势工业产业增加值占全县工业增加值的比重达98.8%，成为支撑峨山县工业经济发展的主导力量，其中：矿电产业完成总产值41.77亿元，同比增9.0%，占全县工业总产值的比重为79.4%；完成增加值14.60亿元，同比增8.6%，占全县工业增加值的比重为89.0%。

2011年，生产原煤28.21万吨，比上年减7.93万吨；铁矿石产量213.67万吨，比上年减21.86万吨；售电量42 557万度，比上年增3 641万度；生产食用植物油4 398吨，比上年增2 876吨；生产食糖1 322吨，比上年减1 590吨；生产白酒(折65度)451.1万升，比上年增30.9万升；铸铁件60 539吨，比上年增12 203吨；生产尿素(折含N100%)7.20万吨，比上年增1.47万吨；生产水泥30.80万吨，比上年减9.07万吨；生铁产量41.03万吨，比上年减8.57万吨，粗钢6.38万吨，减4.14万吨。

2011年，全县完成建筑业增加值15 507万元，按可比价计算，比上年增46.5%。施工房屋面积43.19万平方米，比上年增46.2%，竣工房屋面积29.76万平方米，比上年增20.3%。全县共有建筑企业11个，其中具有资质等级证的建筑施工企业6个。

【乡镇企业】 2011年末，乡镇企业营业收入541 092万元，比上年增7.7%，其中：个体、私营企业营业收入527 598万元，比上年增7.2%。实现利润总额29 819万元，比上年下降5.4%，上交各种税金30 179万元，比上年下降6.6%。乡镇企业年末从业人员23 217人，比上年增0.4%，劳动者报酬33 582万元，比上年增17.1%，从业人员平均工资14 464元，同比增2 059元。

【农 业】 2011年，完成农林牧渔业总产值99 535万元，比上年增25.6%，扣除物价因素实际增长7.8%。其中，农业产值56 400万元，按可比价计算(下同)比上年增14.2%，占农林牧渔业总产值的56.7%；林业产值4 203万元，比上年下降16.1%，占总产值的4.2%；牧业产值35 402万元，比上年增2.7%，占总产值的35.6%；渔业产值1 043万元，比上年增2.1%，占总产值的1.0%；农林牧渔服务业产值2 487万元，比上年增1.2%，占总产值的2.5%。

2011年，农作物总播种面积340 753亩，比上年增23 693亩，增7.5%。复种指数为179.6%，比上年提高12.0个百分点。全年粮食播种149 734亩，比上年增11 241亩，占总播种面积的44.0%，比重比上年提高0.3个百分点；经济作物播种141 851亩，比上年增2 618亩，占总播种面积的41.6%，比重比上年下降2.3个百分点；其他作物播种49 168亩，比上年增9 834亩，占总播种面积的14.4%，比重比上年提高2.0个百分点。

不断加大对标准化规模养殖基础设施建设投入，在原来已建22个生猪标准化规模养殖场的基础上，2011年新建7个，落实项目资金346万元。2011年末，建立畜禽养殖示范村8个，动物防疫示范村16个。全年出栏肥猪50头以上的规模户101户，其中500头以上的11户，1 000头以上的4户；养肉牛20头以上的规模户129户，其中100头以上的14户；年出栏肉羊50只以上的规模户166户，其中出栏100只以上的16户；年出栏肉鸡1 000只以上的规模户27户，其中1万只以上的13户，10万只以上的1户；年饲养蛋鸡1 000只以上的10户，其中2万只以上的2户，5万只以上的1户；年出栏水禽500只以上的32户。

水产业稳步发展，2011年，全县水产养殖6 015亩，比上年减45亩，其中：池坝塘养殖2 634亩，比去年减45亩，水库养殖3 381亩，与上年持平；稻田养殖663亩，比上年增10亩。水产品产量803吨，比上年增2.9%。2011年，水利化程度达74.45%，比上年上升0.16个百分点。

做好峨山县退耕还林成果巩固和基本口粮田建设项目实施工作，完成坡改梯100亩，小水窖244口3 660立方米，农耕道路3条，全长6 000米，地力培肥2 000亩。全县拥有农业机械总动力37 386万瓦特，比上年增2 928万瓦特，增8.5%。全年完成沼气池建设66个，沼气使用率85%，完成农村节柴改灶推广1 598眼。

2011年，全县施用化肥27 616吨，比上年增3.7%，农用塑料薄膜使用799吨，比上年增13.7%，农药使用量347吨，比上年减6.7%；农村用电量4 849万千瓦时，比上年增0.6%。

2011年末，全县乡村从业人员82 243人，其中：从事农林牧渔业人员58 971人，占乡村从业人员的71.7%，比上年下降0.4个百分点；从事第二产业人员9 360人，占乡村从业人员的11.4%，比上年上升0.4个百分点；从事第三产业人员13 912人，占乡村从业人员的16.9%，比重与上年持平。

【固定资产投资】 2011年，全社会固定资产投资保持较快增长，投资规模跨越了35亿元的新台阶，创历史新高。全年完成固定资产投资352 341万元，比上年同期增长32.4%。其中：城镇投资199 364万元，房地产开发投资41 612万元，农村投资70 859万元，农村私人投资40 506万元。按三次产业划分，第一产业完成投资16 498万元，同比下降7.8%；第二产业完成投资91 729万元，同比增长0.7%；第三产业完成投资244 114万元，同比增长55.3%；一、二、三次产业投资额分别占全社会投资总额的4.7%、26.0%、69.3%。在全社会固定资产投资额中，规模以上投资完成199 710万元，比上年同期下降17.1%。

2011年，全社会固定资产投资施工项目117个，同比增28个。其中：当年新开工项目93个，同比增30个；上年续建项目17个。施工项目中，城镇施工项目41个，房地产施工项目9个，农村非农施工项目67个。当年完成投资1 000万元以下的项目有24个，占施工项目总数的20.5%；完成投资1 000万元以上的项目有59个，比上年增加22个，其中，完成投资超过5 000万元以上的项目有10个，超过亿元以上的项目有2个，分别为："易峨高"二级公路峨山段工程、宏峰建材60万吨旋窑水泥。

【国内贸易】 2011年，全县实现社会消费品零售总额80 978万元，比上年同期增长21.6%。按城乡分，城镇实现社会消费品零售额62 562万元，同比增22.1%；乡村实现社会消费品零售额18 416万元，同比增19.6%。按行业分，批发零售贸易业实现消费品零售额60 612万元，同比增20.8%，占全社会消费品零售总额的比重为74.8%；住宿和餐饮业实现消费品零售额20 366万元，同比增23.9%，占全社会消费品零售总额的比重为25.2%。按经济类型分，公有经济实现消费品零售额8 456万元，增69.3%；非公经济实现消费品零售额72 522万元，增17.7%。

“家电下乡”工作稳步推进，截至2011年12月底，全县已备案登记“家电下乡”销售网点38家，比上年末减少9家。录入销售信息网络的“家电下乡”产品共计13 315台(件)(其中彩电2 723台、冰箱4 711台、洗衣机2 547台、计算机297台、热水器2 818台、微波炉126台、电磁炉93台)，已兑付农民购买“家电下乡”产品后的财政补贴420万元。

【对外经济】 2011年，全县共引进项目19个(新建项目5个，续建项目14个)。引进市外国内资金14.09亿元，比上年增40.5%，其中，省外国内资金13.5亿元，比上年增46.1%。引进外资591.7万美元，比上年增29.4%。全县有获进出口经营权企业18户，其中：生产型外资企业3户，生产型内资企业11户，流通型企业3户，境外投资企业1户。全年实现进出口总额23万美元，其中：进口12万美元，出口11万美元。2011年，申报外经贸区域协调发展促进资金项目共10个，申报支持资金41.75万元。

【交通、邮电】 2011年末，全县公路通车里程2 160.2千米，其中沥青路面111.9千米，水泥路面203.7千米，简易铺装路面150.2千米，砂石路面1 610.3千米，石质路面74.2千米，砼预制块9.9千米。在全县公路里程中，国道92.9千米，省道64千米，省管县道99千米，县道212.8千米，乡道1 338.8千米，专用公路44.6千米，村道308.1千米。按技术等级分：高速公路36千米，一级公路3千米，三级公路66.5千米，四级公路2 008.2千米，等外公路46.6千米。年末，拥有营运汽车4249辆，比上年减532辆，其中载客汽车239辆，与上年持平；载货汽车(含牵引车、挂车)4 010辆，比上年减532辆。

2011年，全县固定电话用户18 464户，移动电话用户达134 189户，电话普及率每百人93.1部，互联网用户14 071户。

【财政、金融、保险】 2011年，全县累计完成财政总收入76 497万元，比上年增收2 197万元，增3.0%；上划中央“两税”收入16 823万元，同比下降14.8%。完成地方财政收入38 621万元，比上年增12.0%。地方财政支出突破9亿元大关，完成91 567万元，比上年增支8 315万元，增10.0%。地方财政收入增速高于支出增速2.0个百分点，财政运行良好，但收支矛盾仍然突出。

2011年末，全县金融机构各项存款余额398 133万元，比上年增6.2%，其中储蓄存款余额233 684万元，比上年增15.6%。各项贷款余额247 438万元，比上年增20.4%；存贷比为62.1%，比上年同期提高7.3个百分点。城乡居民人均储蓄存款14 323元，比上年增1 877元。

2011年，保险机构实现保费收入7 031万元，比上年增17.7%，支付各类赔款金额3 247万元，比上年增1.0%，赔付率46.2%。

【教育、科学技术】 教育事业健康发展，教育改革稳步推进，较好地完成了“两基”迎国检任务。2011年，全县有普通中学11所，其中高级中学2所，初级中学9所；有中等职业教育学校2所，其中，成人中等专业学校1所，职业高中1所；有小学42所，其中，完全小学41所，教学点1个；有幼儿园(班)15个，其中公办幼儿园2个，民办幼儿园12个，地方企业办1个。在校中小学生及在园幼儿共27 798人，比上年减少847人，其中，初中在校7 032人，高中在校3 979人，职业高中在校1 179人，小学在校12 327人，幼儿园(学前班)在园3 281人(其中在园幼儿1 735人，学前班1 546人)。全县共有专任教师1 913人，比上年减少17人，其中，普通中学专任教师763人，职业高中专任教师84人，小学专任教师976人，幼儿园专任教师90人。学前3年儿童入学率78.51%；小学入学率99.6%，小学辍学率0.39%；初中入学率99.01%，初中辍学率1.98%。高考上线率93.13%，比上年下降5.12个百分点。新建校舍17 072平方米，排除危房4 064平方米。中小学校园占地75.02万平方米，校舍建筑28.31万平方米。

2011年，申报各级各类科技计划项目7项。其中，省级1项，市级6项。组织实施的省市科技计划项目10项，新增3项，其余7项为连续项目。2011年，全县专利申请数9件，其中发明2件，实用新型1件，外观设计6件。专利授权数15件，其中发明1件，实用新型4件，外观设计10件。年初申报2010年科技成果奖励3项，获市级奖励1项，获县级奖励2项。

【文化、旅游、广电和体育】 2011年，峨山县努力推进彝文化品牌优势化，着力打造彝祖文化、花鼓舞文化、火文化三大优势品牌。在峨山彝族自治县成立60周年庆祝活动中，组织开展了大型文艺演出“花舞彝山”、迎宾晚会“同胞共聚，舞动彝乡”、民族民间山歌赛、民族民间文艺展演和篝火晚会等活动。积极创作贴近“三农”和凸显民族特色的文艺精品，采取文化下乡、免费电影放映、公共图书馆及文化馆(站)免费开放等形式深入基层、服务群众，以文化艺术的形式向农村群众宣传政策、法律法规和科技知识，为社会主义新农村建设提供精神支持，让广大人民群众充分享受改革开放带来的文化繁荣成果。2011年，农村电影管理站免费放映广场电影150场，免费放映农村电影883场，观看群众近13万人次；免费放映走进“易峨高”公路峨山段5个合同段，放映电影6场，观看人数近千人次。在全国第三次文物普查后，塔甸老龙洞人类遗址和大龙潭塔克冲大庙被公布为省级重点文物保护单位，填补了峨山县没有省级重点文物保护单位的空白。完成“中国民族民间文化艺术(彝族花鼓舞)之乡”的申报工作，已通过了文化部的公示。

旅游产业稳步发展。春节、开新街、火把节、“十一”黄金周、60周年县庆等假日经济蓬勃发展。利用旅游交易会平台，广泛宣传峨山旅游资源和旅游产品。2011年共接待游客76万人次，比上年增10.6%，其中海外游客47人，比上年增46.9%，实现旅游总收入35 748万元，比上年增15.1%，接待旅游团队1 824个，比上年增49个。

全县基本完成农村广播电视“村村通”工程建设，广播、电视通播率达到100%，广播综合覆盖率97.3%，电视综合覆盖率97.8%，有线电视入户率51.4%。档案馆馆藏档案全宗数151个，馆藏档案卷89 264卷和69 406件，开放档案全宗数31个，开放档案案卷3 052卷。

体育事业稳步推进，全民健身活动丰富多彩。举行了“迎县庆、新起点、新高峰”2011年元旦环城赛、“迎县庆促和谐‘三八’节健身操比赛”、“迎县庆、强体魄、促和谐”庆“五一”职工拔河比赛等。

【医疗卫生】 2011年，不断推进医药卫生体制改革，加快基础设施建设步伐，改善就医条件，巩固和推进乡、村卫生一体化管理，加强预防保健工作、卫生监督执法工作、爱国卫生工作。至年底，全县有医疗卫生机构131个，其中县级直属医疗卫生机构6个，乡(镇)卫生院8个，村(居)卫生所75个，民营医院2个，个体诊所31个，厂矿与学校医疗室9个。年末，卫生机构拥有病床位696张，拥有卫生技术人员523人。全县新型农村合作医疗保险实际参合118 371人，比上年减1 007人，参合率97.28%。全年共补偿23.74万人，受益率200.6%，共减免补偿资金2 574.25万元，其中，住院平均每例补偿1 537元，比上年增392元，实际补偿比50.8%，比上年提高12.7个百分点。

【人民生活】 城乡居民生活水平进一步提高。2011年末，全县在岗职工16 307人，比上年末减335人。在岗职工平均工资31 638元，比上年增加4 262元，增15.6%，其中：企业单位22 656元，比上年增2 371元，增11.7%；事业单位49 767元，比上年增7 884元，增18.8%；机关单位46 961元，比上年增8 036元，增20.6%。城镇居民家庭人均总收入20 791元，比上年增1 891元，增10.0%，人均可支配收入18 446元，比上年增2 015元，增12.3%；农民人均纯收入6 089元，比上年增858元，增16.4%。

城乡居民住房条件继续改善。年末，县城居民人均住宅面积44.97平方米，农村居民人均住宅面积达40.99平方米。

2011年，全县城镇新增就业2110人，城镇下岗失业人员再就业675人，就业困难人员再就业465人，开发公益性岗位355个；组织开展创业培训4期663人；鼓励创业“贷免扶补”扶持创业人数642人，发放担保贷款4 236万元。农村劳动力转移输出1 147人，完成农村劳动力转移就业特别行动培训545人。

全县城镇职工基本养老保险人数18 270人，其中，企业单位养老保险参保人数9 310人，机关事业单位养老保险参保人数达4 844人，离退休人员4 116人。农村养老保险应参保78 044人，实际参保人员达37 850人(其中被征地农民养老保险16 366人，老农保21 484人)。城乡居民社会养老保险于2011年8月25日启动了新型农村和城镇居民社会养老保险试点工作，截至12月底，全县应参保90 765人，实际参保88 437人，参保率97.44%，缴费率96.92%，发放基础养老金605.12万元。全县城镇职工基本医疗保险参保人数28 038人(其中居民参保13 373人)。城镇职工工伤保险参保15 419人，其中企业参保9 730人(农民工参加工伤保险5 680人)。城镇职工失业保险参保7 810人。城镇职工生育保险参保9 229人，其中企业参保3 540人。城市低保对象和农村特困户享受了最低生活保障，2011年，农村低保人员为5 385人，城镇低保人员为2 280人，发放低保资金961.05万元。

【领导干部】 县委书记叶本功，副书记方正春、王军、杨吉良。人大常委会主任陈爱军，副主任邱星明、龙家兰、郑淳、李顺龙。县长方正春，副县长易长生、申从德、熊晓明、张卫(2011年3月离任)、陈丽、蒋晓林、张建(2011年3月任)。政协主席马穆生，副主席杨正亮、合灿辉、张平生、李静华。纪委书记康凌华(2011年5月离任)、施纯律(2011年6月任)。

【裕琅希望小学竣工】 2011年3月19日，由美国石氏基金会捐资25万元，峨山县人民政府匹配84.79万元新建的富良棚乡裕琅希望小学举行竣工仪式。新建成的学校可容纳200余名学生，属农村全寄宿制完小，学校的建成将有效改善迭舍莫村和婀娜村的学生就学环境。竣工仪式上，副县长陈丽代表县人民政府对美国石氏基金会捐资助学的义举表示衷心感谢，并向其赠送了写有“捐资建校献爱心，功在当代利千秋”的纪念锦旗。捐资方美国石氏基金会执行总裁石赓先生高度评价了裕琅希望小学的工程质量和建校成果，并表示会进一步考察了解峨山的学校建设情况，为峨山教育事业发展继续提供支持。

【庆祝自治县成立60周年】 2011年11月8～10日，中国第一个彝族自治县峨山举行了以“民族团结铸丰碑，科学发展创辉煌”为主题的自治县成立60周年庆祝活动，全县各地的彝家儿女从四面八方聚拢到县城来，千人共舞，万人齐歌，共同欢庆这来之不易的好日子，祈福彝乡大地更加美好的明天。

【“文化大篷车·千乡万里行”演出】 2011年11月24日晚，云南省文化厅

为纪念峨山彝族自治县成立60周年，由中共峨山县委、县人民政府主办，中共峨山县委组织部、宣传部、党史研究室等单位承办的“民族团结铸丰碑，科学发展创辉煌——纪念峨山彝族自治县成立60周年成就大型图片展”于2011年11月5日至15日在县民族团结广场展出 (峨山县史志办 提供)

“文化大篷车·千乡万里行”演出三分团(省花灯剧院)惠民巡演活动在峨山县化念镇文体活动广场落下帷幕。至此,“文化大篷车·千乡万里行”演出三分团峨山县惠民巡演活动全部结束,并取得圆满成功。

此次云南省文化厅“文化大篷车·千乡万里行”演出三分团峨山县惠民巡演活动由省花灯剧院副院长刘宁领队,省花灯剧院和省杂技团30余名成员组成表演团,从11月20日至24日,历时5天,分别在峨山县双江、岔河、塔甸、富良棚、大龙潭、甸中、小街、化念8个乡(镇)、街道进行巡回演出,观众人数达8 000余人。

(普文光)

【双江街道】 2011年末,全街道总人口48 091人,其中男24 266人,女23 825人;少数民族人口28 360人,占总人口的58.97%;人口自然增长率5.13‰。农村劳动力19 888人,其中从事第二、三产业的9 749人,占总劳动力的49.02%。

2011年末,全街道有耕地20 640亩,复种指数184%,全年粮食总产量7 505.5吨,比上年增19.73%;油料总产量1 085.7吨,比上年增1.16倍。农业人口人均产粮305.28千克。年末,生猪存栏20 879头,比上年增2.63%;肥猪出栏43 251头,比上年增5.22%。大牲畜存栏2 063头,比上年增1.18%。水产品产量121吨,比上年增0.83%。全年投入水利建设资金192万元,水利化程度78%。

2011年末,全街道有个体工商户(含私营企业)3 811个,比上年减3个,从业人员12 062人,比上年增0.73%;营业总收入259 825万元,比上年增3.4%;实现税利总额21 667万元,比上年增1.4%。

2011年,全街道实现农村社会总产值(现价)272 242万元,比上年增7.6%;工农业总产值(现价)231 269万元,比上年增11.03%。其中,工业总产值214 628万元,比上年增10.9%;农业总产值16 641万元,比上年增12.58%。农村经济总收入60 998万元,比上年增9.04%;农民人均纯收入6 520元,比上年增21.56%。

2011年,全街道实现财政收入5 776万元,与上年持平;财政支出2 194万元,比上年减6.6%。年末,各项存款余额19 356万元,比上年增7.26%;人均储蓄存款余额4 025元,比上年增6.88%。

街道党工委书记邱永明,人大工委主任合娅波,街道办事处主任李洪。

(解英)

【小街街道】 2011年末,小街街道总人口25 735人,其中男12 752人,女12 982人;少数民族人口12 891人,占总人口的50%;人口自然增长率2.58‰。农村劳动力15 231人,其中从事第二、三产业的4 289人,占总劳动力的28.1%。

2011年末,全街道有耕地35 439亩,全年粮食总产12 522.6吨,比上年增11.9%;油料总产量1 948.5吨,比上年增1.87倍。农业人口人均产粮512千克。年末,生猪存栏11 060头,比上年减22%;肥猪出栏46 541头,比上年增8.5%。大牲畜存栏3 251头,比上年减6.2%。水产品产量70.58吨,比上年增2.9%。全年投入水利建设资金653.57万元,水利化程度61.9%。

2011年末,全街道有个体工商户(含私营企业)2 008个,比上年增144个,从业人员4 549人,比上年增6.0%,营业总收入109 042万元,比上年增8.4%,实现税利总额2 827万元。

2011年,全街道实现农村社会总产值(现价)123 290万元,比上年增3.4%;工农业总产值(现价)101 136万元,比上年增16.7%,其中,工业总产值77 584万元,比上年增14.6%;农业总产值23 552万元,比上年增24%。农村经济总收入28 140万元,比上年增9.4%;农民人均纯收入6 123元,比上年增795元,增14.9%。

2011年,全街道实现财政收入2 357万元,比上年增5.6%,财政支出1 727万元,比上年增6.7%。年末,各项存款余额20 943.25万元,比上年增14%;人均储蓄存款余额8 109元,比上年增22.8%。

街道党工委书记柴慧明,人大工委主任马晓东,街道办事处主任施桂丽。

(王晓娜)

【甸中镇】 2011年末,全镇总人口20 046人,其中男9 952人,女10 094人;少数民族人口13 990人,占总人口的69.8%;人口自然增长率0.30‰。农村劳动力13 391人,其中从事第二、三产业的3 410人,占总劳动力的25.5%。

2011年末,全镇有耕地30 576亩,复种指数183%。全年粮食总产量9 420.7吨,比上年增18.24%;油料总产量2 263.5吨,比上年增75.3%。农业人口人均产粮497千克。年末,生猪存栏20 838头,比上年增5.5%;肥猪出栏29 624头,比上年增5.6%。大牲畜存栏3 847头,比上年增10.6%。水产品产量116吨,比上年增1.8%。全年投入水利建设资金1 637万元,水利化程度70%。

2011年末,全镇有个体工商户(含私营企业)681个,比上年增22个,从业人员1 762人,比上年减3.2%,营业总收入45 983万元,比上年增14.9%,实现税利总额1 099万元,比上年增11%。

2011年,全镇实现农村社会总产值(现价)56 900万元,比上年增15%;工农业总产值(现价)49 125万元,比上年增16.1%,其中,工业总产值40 160万元,比上年增14%;农业总产值8 965万元,比上年增26.3%。农村经济总收入16 735万元,比上年增17.5%;农民人均纯收入6 080元,比上年增20.04%。

2011年,全镇实现财政收入2 068万元,比上年增7.1%,财政支出1 099万元,比上年增1.5%。年末,各项存款余额18 653万元,比上年增31.4%;人均储蓄存款余额9 305元,比上年增30.2%。

镇党委书记张国华,人大主席解燕学,镇长王朝斌。

(颜秋娥　王婧娴)

【化念镇】 2011年末,全镇总人口10 308人,其中男5 129人,女5 179人;少数民族人口6 312人,占总人口的61%;人口自然增长率0.09‰。农村劳动力6 630人,其中从事第二、三产业的1 195人,占总劳动力的18%。

2011年末,全镇有耕地12 810亩,复种指数182%,全年粮食总产5 321吨,比上年增10.79%;油料总产量307吨,比上年增5.83倍。农业人口人均产粮566千克。年末,生猪存栏9 934头,比上年增3.36%;肥猪出栏16 260头,比上年增5.24%。大牲畜存栏5 741头,比上年增5.84%。水产品产量160吨,比上年增8.84%。全年投入水利建设资金468万元,水利化程度89%。

2011年末,全镇有个体工商户(含私营企业)273个,比上年增2个,从业人员1 439人,比上年增3.97%,营业总收入95 676万元,比上年增5.22%,实现税利总额17 235万元。比上年增3.85%。

2011年,全镇实现农村社会总产值(现价)91 592万元,比上年增8.76%。工农业总产值(现价)90 412万元,比上年增8.86%,其中,工业总产值82 771万元,比上年增8.86%;农业总产值7 641万元，比上年增14.56%。农村经济总收入8 190万元，比上年增18%；农民人均纯收入6 106万元，比上年增18%。

2011年，全镇实现财政收入1 370万元，比上年增20.8%；财政支出1 985万元，比上年增157.5%。年末，各项存款余额14 778万元，比上年增17.48%；人均储蓄存款余额12 276元，比上年增7.18%。

镇党委书记王华，人大主席矣汝云，镇长徐强。

（申丽萍）

【塔甸镇】 2011年末，全镇总人口14 071人，其中男6 820人，女6 820人；少数民族人口12 538人，占总人口的89%；人口自然增长率0.48‰。农村劳动力9 4[illegible]人，其中从事第二、三产业的2 046人，占总劳动力的21.6%。

2011年末，全镇有耕地24 207亩，复种指数179%。全年粮食总产量484.32吨，比上年增20.8%；油料总产量175.53吨，比上年增2.96倍。农业人口人均产粮380.8千克。年末，生猪存栏16 537头，比上年减3%；肥猪出栏19 067头，比上年增1%。大牲畜存栏3 866头，比上年增3%。水产品产量28吨。全年投入水利建设资金53万元，水利化程度51%。

2011年末，全镇有个体工商户（含私营企业）406个，比上年增82个；从业人员1 218人，比上年减3.6%；营业总收入1 214万元，比上年减28%；实现税利总额356万元。

2011年，全镇实现农村社会总产值（现价）2.56亿元，比上年增10%。工农业总产值（现价）17 755万元，比上年增22.3%，其中，工业总产值7 959万元，比上年增26.9%；农业总产值9 796万元，比上年增18.8%。农村经济总收入12 568万元，比上年增11%；农民人均纯收入4 238元，比上年增20%。

2011年，全镇实现财政收入1 494万元，比上年减1%，财政支出1 443万元，比上年减34%。

镇党委书记普亚军，人大主席谢绍林，镇长邱兴顺。

（赵桂兰）

【岔河乡】 2011年末，全乡总人口9 838人，其中男5 014人，女4 824人；少数民族人口8 880人，占总人口的90.26%；人口自然增长率1.35‰。农村劳动力6 576人，其中从事第二、三产业的1 607人，占总劳动力的16.33%。

2011年末，全乡有耕地17 852亩，复种指数166%，全年粮食总产量5 637.8吨，比上年增46.38%；油料总产量647.9吨，比上年增4.1倍。农业人口人均产粮573千克。年末，生猪存栏8 152头，比上年增7%；肥猪出栏15 545头，比上年增6.9%。大牲畜存栏1 301头，比上年减5.5%。水产品产量52吨，比上年增1.96%。全年投入水利建设资金228万元，水利化程度58.3%。

2011年末，全乡有个体工商户（含私营企业）139个，比上年增3个，从业人员290人，比上年增7.81%，营业总收入1 320万元，比上年增4.85%，实现税利总额195万元。比上年增4.8%。

2011年，全乡实现农村社会总产值（现价）6 103万元，比上年增10%。工农业总产值（现价）41 412万元，比上年增13.2%。其中，工业总产值45万元，比上年增16.2%；农业总产值4 097万元，比上年增10.2%。农村经济总收入870.22万元，比上年增10.49%；农民人均纯收入4 707元，比上年增20%。

2011年，全乡实现财政收入250.8万元，比上年增15.28%，财政支出1 241.8万元，比上年增29.54%。年末，各项存款余额7 000万元，比上年增9.04%；人均储蓄存款余额7 115元，比上年增10.2%。各项贷款余额1 557万元，比上年增42.65%。

乡党委书记张文达，人大主席柏双福，乡长张存德。

（王顺名）

【大龙潭乡】 2011年末，全乡总人口12 939人，其中男6 549人，女6 390人；少数民族人口10 311人，占总人口的79.69%；人口自然增长率0.63‰。农村劳动力7 872人，其中从事第二、三产业的1 825人，占总劳动力的23.18%。

2011年末，全乡有耕地20 879亩，复种指数209.7%。全年粮食总产6 347吨，比上年增12.42%；油料总产量1 119吨，比上年增4.33倍。农业人口人均产粮517千克。年末，生猪存栏15 784头，比上年增11.45%；肥猪出栏19 544头，比上年增5.23%。大牲畜存栏3 263头，比上年减7.72%。水产品产量19吨，比上年增5.56%。全年投入水利建设资金877万元，水利化程度69.2%。

2011年末，全乡有个体工商户（含私营企业）303个，比上年增7个，从业人员807人，比上年减0.86%，营业总收入5 244万元，比上年增13.46%，实现税利总额308万元。比上年减9.41%。

2011年，全乡实现农村社会总产值（现价）15 339万元，比上年增14.01%；工农业总产值（现价）13 233万元，比上年增11.23%，其中，工业总产值3 103万元，比上年减4.49%；农业总产值10 130万元，比上年增17.14%。农村经济总收入13 263万元，比上年增18.35%；农民人均纯收入4 987元，比上年增19.71%。

2011年，全乡财政收入1 196万元，比上年增3.37%，财政支出1 090万元，比上年增5.79%。年末，各项存款余额9 392万元，比上年增27.78%；人均储蓄存款余额7 013元，比上年增57.6%。

乡党委书记常成，人大主席普明洪，乡长柏家立。

（施春美）

【富良棚乡】 2011年末，全乡总人口10 456人，其中男5 285人，女5 171人；少数民族人口10 309人，占总人口的98.6%；人口自然增长率1.2‰。农村劳动力7 572人，其中从事第二、三产业的560人，占总劳动力的7.4%。

2011年末，全乡有耕地18 373亩，复种指数203.12%。全年粮食总产4 335.2吨，比上年增23.53%；油料总产量91.89吨，比上年增8.2倍。农业人口人均产粮414.6千克。年末，生猪存栏12 612头，比上年减6.61%；肥猪出栏14 030头，比上年增5.23%。大牲畜存栏4 990头，比上年减1.27%。全年投入水利建设资金691.04万元。

2011年末，全乡有个体工商户（含私营企业）333个，比上年增13个；从业人员451人，比上年减4.4%；营业总收入3 940万元，比上年增5.38%；实现税利总额945万元，比上年减5.22%。

2011年，全乡实现农村社会总产值（现价）12 036万元，比上年增8.8%；工农业总产值（现价）10 326万元，比上年增8.86%，其中，工业总产值1 716万元，比上年减30.95%；农业总产值8 610万元，比上年增22.98%。农村经济总收入8 980.59万元，比上年增30.36%；农民人均纯收入5 392元，比上年增23.33%。

2011年，全乡实现财政收入1 017万元，比上年减17.32%，财政支出1 036万元，比上年减10.46%。年末，各项存款余额8 758.3万元，比上年增54.8%；人均储蓄存款余额8 376.3元，比上年增54.4%。

乡党委书记张德证，人大主席邱仕成，乡长魏勤发。

（施晓燕　易丽华）

新平彝族傣族自治县

【自然概貌】　新平彝族傣族自治县位于云南省中部偏西南，地处哀牢山中段东麓，北纬23°38′15″～24°26′05″，东经101°16′30″～102°16′50″之间。总面积4 223平方千米，其中山区4 139.6平方千米，占98%，坝区83.4平方千米，占2%，是玉溪市国土面积最大的县，占全市的27.6%。新平县东与峨山县毗邻，东南与石屏县接壤，南连元江县，西南接墨江县，西邻镇沅县，北隔绿汁江与双柏县相望。县城桂山街道距昆明市180千米，距玉溪市90千米。地势西北高，东南低，境内最高海拔哀牢山主峰大磨岩山3 165.9米，最低海拔漠沙南蒿村422米。县境共有1江32条河蕴藏着巨大的水能资源，主河流元江自西北向东南斜贯新平全境，将县境分为东西两片，形成“两山对峙，一水中分”的地貌景观，江东诸山，土地肥沃，梯田层层，资源丰富，是彝家生息的家园；江西平坝，美丽富饶，风光秀丽，是花腰傣人家的水乡，是世界上最大的花腰傣聚居地。新平县是一个旅游资源富聚地，哀牢山国家级自然保护区莽莽苍苍，巍峨屹立，具有“古、野、奇、秀、雄、险、清”的自然景观，是原始生态最为典型，为世界同纬度生物多样化，同类型植物群落保留最完整的地区，被列为联合国“人与生物圈”森林生态系统定位观察站和国际候鸟保护基地。境内居住着15种少数民族，各民族民风民俗各具特色，古朴典雅，多姿多彩。民族文化底蕴丰厚，有红河谷花腰傣“花街情人节”，哀牢山彝族“赏花打歌节”等奇风异俗。新平县是人与自然和谐相处的生态旅游胜地，气候受海拔差的影响，形成河谷高温区、半山暖温区、高山寒温区三个气候类型。2011年平均气温17.2℃，极端最高气温31.3℃（7月30日），极端最低气温3.1℃（2月4日），全年降雨量648.5毫米，日照2 383.2小时。

【自然资源】　新平县境内水能、矿产、生物等自然资源丰富。全县水资源总量为189 540万立方米，水能资源理论蕴藏量127.22万千瓦，可开发利用装机容量52.36万千瓦。生物资源较为丰富，全县共有林地面积353万亩，占全县土地面积的55.8%，森林面积187万亩，森林覆盖率60.96%。有高等植物219科762属1 402种，有国家一级保护植物伯乐树、二级保护植物水青树、三级保护植物翠柏等；兽类75种，禽类153种，两栖爬行类45种，昆虫类130余种，其中有一级保护动物绿孔雀、二级保护动物白鹇等。矿产资源种类丰富，已发现矿种37种（含共伴生矿种），占省内矿种的25%，有各种矿床、矿点、矿化点156处，已探明的矿种金属矿有金、银、铜、铁、铬、镍、钴、铅、黄铁、水银、铝、钯、铀，非金属矿有煤、石灰石、白云石、蛇纹石、石膏、石棉、水晶、滑石、叶腊石、大理石等，其中铁矿石、铜矿、煤炭、铅锌储量较大。

【历史沿革】　新平县属古西南荒裔，汉为嶍猊蛮所居，唐为阿僰所居。宋·大理国时设马龙甸、他郎甸，地域为今新平的漠沙、戛洒、新化、老厂、水塘、建兴、腰街、者竜。元宪宗时，戛洒江以西及新化、老厂一带设马龙甸二千户所，桂山、平甸、扬武属嶍峨五千户所，均隶宁州万户府。元至元十三年（1276年），并马龙、他郎等甸。在他郎（今新化）设马龙他郎甸司，隶元江路军民总管府；司东南设平甸县，辖今桂山、平甸、扬武等乡镇，隶嶍峨州。元至元二十六年（1289年），嶍峨州降为县，平甸县降为嶍峨县（今峨山县）的乡。明弘治八年（1495年），马龙他郎甸长官司改设直隶新化州。明万历十九年（1591年），以平甸乡为基础，划入元江、石屏、河西、新化等州县部分村寨，建立新平县，今平甸乡旧城村为县城，与新化州并属临安府。明崇祯七年（1634年），县城迁今地，筑砖石城。清康熙四年（1665年），裁新化州入新平县。1948年1月至1949年4月，云南省第六区行政督察专员公署设于新平县城，管辖新平、峨山、双柏、龙武、镇沅、景东、元江、墨江8个县。1949年9月17日，建立新平县人民政府。1979年12月26日，国务院批准成立新平彝族傣族自治县，1980年11月25日正式挂牌成立新平彝族傣族自治县。

【行政区划】　2011年，全县设桂山、古城2个街道办事处，扬武、漠沙、戛洒、水塘4个镇，平甸、新化、老厂、建兴、平掌、者竜6个乡，共122个村（居）民委员会，1 464个村（居）民小组。

【人口、民族】　2011年，全县总人口273 611人，比上年增长0.3%，其中男人140 071人，女人133 540人；农业人口236 319人，比上年增长0.3%，非农业人口37 292人，比上年增长0.8%；彝族、傣族人口177 579人，比上年增长0.4%，占全县总人口的64.9%。人口自然增长率3.84‰，比上年上升3.29个千分点。人口密度每平方千米64人。

【综合经济指标】　2011年，国民经济快速增长。全县实现生产总值719 892万元，按可比价计算，比上年增13.5%，其中第一产业（农业）增加值88 308万元，比上年增7.1%，拉动GDP增长1.0个百分点，对GDP增长的贡献率为7.2%；第二产业（工业、建筑业）增加值470 673万元，比上年增18.9%，拉动GDP增长11.1个百分点，对GDP增长的贡献率为82.6%；第三产业（除一、二产业外的所有行业）增加值160 911万元，比上年增5.0%，拉动GDP增长1.4个百分点，对GDP增长的贡献率为10.2%。三次产业结构为12.3∶65.4∶22.3，经济结构呈二、三、一格局。全县实现工农业总产值（现价）1 592 713万元，比上年增32.6%，其中：工业总产值1 420 311万元，比上年增33.1%；农业总产值172 484万元，比上年增21.3%。实现财政总收入179 870万元，比上年增36.3%，其中：地方财政收入75 056万元，比上年增29.1%，地方财政支出186 128万元，比上年增27.5%。年末，全社会劳动者人数208 077人，比上年增4.4%，其中：第一、第二、第三产业分别为115 203人、30 571人、62 303人，占全社会劳动者总人数的55.4%、14.7%、29.9%。全年全社会完成固定资产投资490 773万元，比上年增26.1%。按三次产业划分，第一产业投资额完成101 667万元，比上年增96.0%，第二产业投资额完成208 470万元，比上年增28.1%，第三产业投资额完成180 636万元，比上年增3.4%。全年房屋施工面积121.1万平方米，比上年增39.2%，房屋竣工面积63.3万平方米，比上年增9.1%，全社会新增固定资产140 195万元，比上年增7.7%。

【工　业】　2011年，工业经济快速增

长。全县完成工业总产值1 420 311万元，按现价计算比上年增33.1%，其中国有企业365 660万元，比上年增37%；集体企业361万元，比上年增22%；股份合作企业1 003万元，比上年增21.4%；股份制企业1 030 239万元，比上年增32.5%；其他经济类型企业23 048万元，比上年减22.7%。实现增加值450 440万元，按可比价计算比上年增20.5%。全县有规模以上工业企业14个，完成工业总产值1 380 168万元，比上年增33.5%，实现增加值444 942万元，按可比价计算比上年增20.7%。

主要工业产品产量：成品糖35 863吨，糖果糕点895吨，发电量63 823万度，铁精矿4 799 810吨，机制纸及纸板13 202吨，铜金属含量36 793吨，铁矿石原矿10 425 817吨，球团矿860 790吨，粗钢897 796吨，线材401 481吨，棒材410 231吨，耐磨钢材19 654吨，水泥206 918吨，精制茶628吨，松香897吨。

2011年末，全县具有资质等级的建筑企业11个，从业人员1 575人，比上年增长37.9%，完成建筑业总产值31 986万元，比上年增长20.5%。

【乡镇企业】 2011年，乡镇企业快速发展。年末，全县共有乡镇企业8 349户，从业人员27 659人，分别比上年增长16.8%、14.6%；实现营业收入1 019 795万元，比上年增长56.6%；实现现价总产值1 012 032万元，比上年增长61.0%；实现利润总额44 418万元，比上年增长17.5%。

【农　业】 2011年，全县实现农林牧渔业总产值172 484万元，按现价计算比上年增长21.3%，其中：种植业产值92 336万元，比上年增31.8%；林业产值12 747万元，比上年增2.7%；畜牧业产值62 951万元，比上年增13.2%；渔业产值1 710万元，比上年增16.4%；农林牧渔服务产业2 740万元，比上年增4.3%。年末，乡村从业人员159 051人，比上年增2.9%，其中：从事第一、二、三产业的人员分别为112 777人、11 524人、34 750人，分别占乡村从业人员总数的70.9%、7.2%、21.8%。

年末，全县耕地总资源314 725亩，人均占有耕地总资源1.15亩，农民人均耕地总资源1.33亩。乡村人口人均产粮469千克，比上年增25.1%。年内完成沟渠修复、库坝除险、河道治理、人畜饮水等各类水利工程1 465件，全年完成中低产田地改造8.2万亩，完成土地经营流转1.3万亩，实施巩固退耕还林成果基本口粮田建设3 000亩。有稳产高产基本农田137 279亩。农业机械总动力22 752万瓦特。年末拥有水库、坝塘614座，总库容14 065万立方米，蓄水量6 576.1万立方米，水利有效灌溉面积183 150亩，占常用耕地面积的62.63%，比上年提高0.19个百分点。

主要农产品产量：粮食11 773.4万千克，烤烟1 393.6万千克，甘蔗（估产）469 864吨，油料155万千克，蔬菜8 455.3万千克，水果3 692.1万千克，茶叶49.89万千克，核桃1 560.9吨，松脂1 802吨，笋丝496.8吨。全年实现种植业产值（现价）92 336万元，比上年增长31.8%。

2011年，渔业生产持续发展。全年水产品产量1 123吨，比上年增长3.2%，实现渔业产值1 710万元，比上年增长16.4%。

2011年，林业经济稳步发展。全县共完成人工造林7.5万亩，其中新植竹子1万亩、核桃4.2万亩、杉木2.3万亩。全年投入造林资金1 007万元。森林覆盖率60.96%。全年完成林业总产值12 747万元，比上年增长2.7%。

2011年，畜牧产业各项措施进一步推进，畜牧业生产连续22年增产增收，肉蛋奶总产、畜牧业产值创历史新高，畜牧业已经发展成为农村经济的重要支柱产业。全年实现畜牧业产值（现价）62 951万元，比上年增长13.2%。年内，生猪出栏324 115头，存栏266 525头，分别比上年增7.4%和3.4%；大牲畜出栏32 346头，存栏92 114头，分别比上年增6.2%和1.1%；山绵羊出栏64 892头，存栏98 205头，分别比上年增3.0%和1.3%；家禽年内出栏335.2万只，比上年增12.5%；肉蛋奶总产量4 084万千克，比上年增8.3%。

【商业、物价】 2011年，城乡消费品市场活跃，社会消费品零售总额持续增长。全县实现社会消费品零售总额108 962万元，比上年增20.5%，按经济成份统计：公有制经济实现消费品零售额12 189万元，比上年增21.3%，非公有制经济实现消费品零售额96 773万元，比上年增20.4%。按行业统计：批发贸易业实现消费品零售额10 357万元，比上年增20.4%；零售贸易业消费品零售额72 946万元，比上年增20.9%；住宿业消费品零售额5 370万元，比上年增19.1%；餐饮业消费品零售额20 289万元，比上年增19.8%。

市场物价高位运行。2011年，居民消费价格总指数比上年同期上涨4.7%。从8个大类居民消费品价格来看，呈“四升四降”的格局，其中：食品类上涨14.2%，居住类上涨1.0%，医疗保健和个人用品类上涨1.0%，家庭设备用品及维修服务类上涨0.8%，交通和通信类下降0.1%，娱乐教育文化用品及服务类下降0.5%，烟酒及用品类下降0.7%，衣着类下降0.9%；商品零售价格上涨4.6%；农业生产资料价格上涨13.8%。

【对外经济】 2010年，招商引资力度不断加大。全县共实施县外国内资金项目13项，实际到位县外国内资金125 248万元，比上年增长4.4%。完成外贸自营出口45万美元，比上年减少18.2%。

【交通、邮电】 2011年，交通建设成效明显。投资21.8亿元的县城至三江口二级公路主体工程基本完工；投资1.1亿元，完成县城至磨盘山等17条255千米农村公路通达工程；投资1 000余万元，实施15条121千米农村公路大中修项目。年末，全县公路通车里程4 748.2千米，其中国道22千米，省管公路296千米，县乡公路473千米，乡村公路730.6千米，村组公路3 226.6千米。公路密度112千米/百平方千米。年末拥有各种机动车辆60 950辆（不含拖拉机），比上年增长18.5%，其中营运客车494辆（含出租汽车100辆、公交车11辆），客运量89.37万人，比上年增长2.8%。客运周转量8 648.54万人/千米，比上年增长40.0%。

邮政电信事业持续发展。全年发行报纸期发数4 734份，累计发行报纸期发数101.1万件；发行杂志期发数4 633份，累计发行杂志期发数8.1万件，发行函件69万件，包件0.8万件、快递5.9万件，配送初中教材22.2万册。电话机总数207 512部，比上年增9.3%，其中固定电话13 165部，比上年减15.6%，移动电话194 347部，比上年增11.6%。电话普及率75.8部/百人，每百人比上年提高9.2部。

【财政、金融、保险】 2011年，实现财政总收入179 870万元，比上年增36.3%。实现地方财政收入75 056万元，比上年增29.1%，其中地方一般预算收入70 564，比上年增30.3%。完成地方财政支出186 128万元，比上年增27.5%，其中地方一般预算支出完成176 756万元，比上年增28.2%。

金融信贷平稳运行。2011年末，全县金融机构存款余额487 030万元，贷款余额346 034万元，分别比上年增5.9%和18.7%，存贷比率为71.0%，比上年提高7.6个百分点；城乡居民储蓄存款余额285 261万元，比上年增23.0%。

年末，保险承保金额1 509 080万元，比上年增52.9%，其中人寿保险767 980万元，财产保险741 100万元。保险业务收入5 920万元，比上年增25.9%。保险赔付支出1 855万元，比上年增长24.7%。

【科教文卫体】 2011年末，全县共有各类专业技术人员4 589人，其中正高级职称1人，副高级职称252人，中级职称1 859人，初级职称2 293人，在岗未评聘人员184人。全县有各级各类农村专业技术协会40个，增2.6%，其中县级7个，乡级2个，村级31个，会员总数6 051人，比上年增1.7%，其中县、乡、村级会员分别为1 055人、137人、4859人。有种植、养殖等农村专业技术协会37个，会员5 297人。全年专利申请授理140件，其中发明专利申请62件，实用新型专利69件，外观设计专利9件。专利授权102件，其中发明专利授权16件，实用新型专利授权85件，外观设计专利授权1件。昆钢耐磨材料科技股份有限公司被认定为高新技术企业。玉溪大红山矿冶有限公司被认定为云南省企业技术中心。

2011年，教育事业健康发展。全年投入4 611万元改善办学条件，完成新平县第四小学建设，实施排除中小学危房项目9 120平方米，新建教师廉租房8 000平方米。年末，全县共有各级各类学校(不含教学点)158所，其中高中1所，高级职业中学1所，进修学校1所，初中12所，小学112所，幼儿园31所(含民办29所)。教职员工3 357人，专任教师2 849人，其中小学1 557人。在校学生42 934人，比上年增1.4%，其中小学22 464人，比上年减2.2%。毕业学生10 411人，比上年增1.4%，其中小学3 803人。学龄儿童入学率99.69%，小学巩固率99.59%，小学升学率97.98%，初中升学率74.28%，高中升学率86.30%。全县有党职技校13所，其中县委党校1所，乡镇党职技校12所；县委党校年末共有大专函授班8班，在读人数192人。

文化事业健康发展，广场群众文化深入开展。已建立农民素质网络培训学校12个、农家书屋122个，推出广场健身操8套；全年实施3个文化惠民工程，完成第三次全国文物普查。年末，全县有12个乡(镇、街道办事处)文化事务中心，县属文化企事业单位5个，其中文化馆1个，县民族图书馆1个，藏书32 478册。有云南新平花腰傣民族文化艺术团1个，艺术表演75场次；新平花腰傣少儿艺术团1个，演出20场次；有农村电影管理站1个，电影放映点116个，全年共放映1 255场次。有新华书店有限公司新平分公司1个，图书发行79.5万册，发行收入765万元。年内，全县文艺工作者在市级以上发表文艺作品253件，其中有94件获市级以上奖项。

2011年，广播电视事业稳步推进。"村村通、户户看"工作稳步推进，改建有线电视光缆80千米；全县共有地面卫星接收站2.85万座，有线电视联网用户38 866户，比上年增5.2%，其中模拟电视13 866户，数据电视25 000户。电视覆盖率99.3%，广播覆盖率99.1%。全年共播出电视新闻2 817条，被市级以上媒体新闻采用940条。

2011年，全面实施国家基本药物制度，实行基本药物零差率销售；全面实施基本公共卫生服务项目，新建改建10个卫生所，完成戛洒、平掌卫生院廉租住房建设。年末，全县有卫生机构24个，其中县级5个，乡(镇)卫生院12个，私立医院7个。实有医院床位1057张。有职工927人，其中卫生技术人员758人；有执业医师305人，执业助理医师84人，注册护士264人。有村级卫生所120个，乡村医生316人。每万人拥有卫生技术人员27.7人，每一名卫生技术人员负担人数361人。病床使用率69.94%，治愈好转率91.3%。传染病发病率95.32/10万。全县儿童"七苗"覆盖率98.0%。公共卫生体系不断完善。全县共有215 048人自愿参加新型农村合作医疗，参合率达94.58%。全年共有51.38万人次享受新农合减免补偿，减免补偿金达5 715.32万元。

2011年，完成3个农村文化体育活动广场建设，改善9个村民小组全民健身场地，成功承办省、市、县级重大赛事18次。全县共举办各级各类运动会60余次。参赛人员14 200余人；向省、市级体育部门输送不同项目的运动员32人。

【旅　游】 2011年，全县共有星级饭店5家，乡村旅游星级接待单位13家，国内旅行社1家，AA级景区4家，AAA级景区1家。全县全年共接待游客83.6万人次，比上年增17.1%；实现旅游总收入41 017万元，比上年增35.5%。主要景区景点有：磨盘山国家级森林公园、哀牢山国家级自然保护区、新化古州野林、羊坪天然牧场、龙泉寺公园、漠沙花腰傣民族文化生态旅游村、戛洒大槟榔园花腰傣民族文化生态旅游村、腰街南碱民族文化生态村、茶马古道、"陇西世族"庄园、南恩河瀑布群、石门峡、民族广场、五彩云楼、彝族文化走廊、花山公园、戛洒花街等。

【社会保障】 2011年，全县共有194 038人参加基本养老保险，其中农村177 363人；13 233人参加失业保险，46 364人参加医疗保险，14 032人参加职工医疗互助活动。全县有3 826户4 754人城镇居民享受最低生活补助，发放最低生活保障金1 016.6万元；农村居民15 360户19 233人享受农村最低生活保障补助，发放最低生活保障金1 563.5万元。实现城镇新增就业2 311人、农村劳动力转移就业3 273人，城镇下岗失业人员再就业904人，城镇失业登记率控制在2.9%以内。

【人民生活】 2011年末，城乡居民生活进一步改善。全年发放在岗职工工资58 042万元，比上年增10.8%，其中国有经济单位32 710万元，比上年增8.5%。在岗职工年平均工资35 435元，比上年增17.6%，其中国有经济单位41 626元，比上年增16.7%。农民人均纯收入5 667元，比上年增18.1%，城镇居民人均可支配收入18 219元，比上年增13.1%。自来水受益村120个；通汽车村122个，村民小组1 435个；通电村122个，村民小组1 459个；通电话村122个。

【领导干部】 县委书记周继武(2011年3月离任)，吴伯平(2011年3月任)，副书记普昌文(彝族)、唐建民、黄天东(2011年4月任，挂职)。人大主任刘振华(傣族)，副主任张家惠(女)、邵永云、李太祥(傣族)、郭健鑫(彝族)。县长普昌文(彝族)，副县长刀有忠(傣族)、李伟(彝族)、朱建华、严家顺、张绍平、欧光荣(女)。政协主席史亚新，副主席李天禄、自福庄(彝族)、李永光(彝族)、刀红雁(女，傣)。纪委书记董云勇。

（刀美良）

【新平花腰傣艺术团赴台湾交流巡演】 2011年1月29日，由云南省台办与台湾两岸文教工商乡土建设发展协会共同举办的"七彩云南·文化惊艳"民族文化赴台展演交流活动在台湾落下帷幕。新平县花腰傣艺术团作为云南省的唯一代表，到台湾的台北、桃园、台中、台南、高雄、台东、花莲等县、市巡演20天，献上12场民族歌舞服饰展演。新平花腰傣艺术团向台湾同胞表演了歌舞《凤凰花开》、哈尼族舞蹈《摸搓搓》、基诺族舞蹈《木屐》、彝族舞蹈《跳三弦》、葫芦丝独奏《月光下的凤尾竹》等节目。这次赴台展演交流活动受到台湾各界的关注与支持，东森、台视、华视、中国时报等10余家台湾媒体对活动进行采访报道，近2万余名台湾民众观看了云南少数民族文化展演。

【新平县成为全省最大铁矿石生产基地】 新平县紧紧围绕建设全省重要的铜铁矿石原料基地县目标，积极实施大企业大集团带动发展战略，不断加大招商引资力度，先后引进云铜、昆钢、玉溪大红山矿业、仙福等知名大企业、大集团。通过多年的发展，初步形成了以大红山铁矿为代表的建设起点高、规模大、采选技术先进的现代化矿山开采体系。2011年，全县矿山企业年原矿开采能力突破1 000万吨，企业原矿采选能力不断提升，开采规模不断扩大，成为全省最大的铁矿石原料生产基地县，同时也成为昆钢重要的铁矿石原料基地。

【调整部分行政区划】 按照《云南省人民政府关于同意玉溪市撤销部分乡镇设立街道办事处及有关行政区划调整的批复》，新平县撤销桂山镇和腰街镇，设立桂山街道办事处和古城街道办事处。并于2011年3月30日举行桂山街道办事处和古城街道办事处揭牌仪式，成立相应的党工委、纪工委、人大工委。调整后全县共有10个乡(镇)、2个街道办事处。原桂山镇所辖五桂社区、青龙社区、凤凰社区、太平村委会、亚尼村委会行政区域划入新设立的桂山街道办事处。原桂山镇所辖县城南部新建成的片区、古城村委会、纳溪村委会、昌源村委会和平甸乡所辖他拉村委会的行政区域划入新设立的古城街道办事处。原腰街镇所辖青树社区、纸厂村委会、磨刀村委会行政区域划入戛洒镇，平安、小坝多、峨德、曼蚌4个村委会行政区域划入漠沙镇。

【大红山铁矿创造五个"最"】 大红山铁矿是昆钢的主要铁矿石原料基地和主力矿山，已探明铁矿资源储量4.5亿吨，属国内地下特大型铁矿山。至2011年末，经过20年的发展，大红山铁矿采用先进工艺设备和技术，创造了五个"最"，成为全国矿山建设的一个标杆。一是输矿管道长度居全国第一。从大红山到昆钢总部，精矿管道输送距离171千米，高差1512米，沿途经过2个市、4个县、11个乡(镇)49个村委会140个村民小组，是迄今为止全国最长的输矿管道。二是长距离矿浆输送管道铺设，复杂程度居世界第一。精矿管道输送系统是大红山成为现代矿山的标志，输送方式采用美国管道系统(PSI)设计的长距离矿浆管道输送，管道长171千米，穿越10条隧道总长15千米、28个跨越，通过3座压力为24.44Mpa的压力泵将铁矿输送到昆钢总部。400万吨采选管道工程，累计完成井巷和地下硐室掘进93万立方米，地下井巷总长度61千米，年输矿能力由230万吨提升到350万吨。创造管道打压一次成功、1 400余条焊缝无一返工的世界奇迹，是国内输送距离最长、国际运行压力最高的管道，也是世界上施工条件最复杂、技术等级最高的管线。三是大型半自磨机容积达8.8米×4.8米，居国内第一。已建成规模为50万t/a、400万t/a、700万t/a的三个地面选矿厂，生产规模达到年处理原矿1 000万吨，入选原矿品位井下矿35%、露天矿19.31%，可生产出含铁品位63%以上的铁精矿320万吨。采用世界上最先进的半自磨工艺和大型设备，增加厂房高度、立体布置，紧凑、科学合理安排设备，大大提高了生产效率。四是1 796米长距离胶带机提升绝对高度达421.15米，属中国之最。矿石运输采用盲竖井、胶带斜井、辅助斜坡道联合开拓的方式，将凿岩爆破出来的矿石通过溜井下放至确定的运输水平，通过电机车运输到卸载站后经过旋回破碎机破碎，再通过胶带运至选厂的地面仓，实现了地下铁矿开采。五是高分段、大间距、无底柱分段崩落法采场结构参数，全国黑色金属矿山第一。全线最低标高670米、最高标高2 182米，通过两段高差1 000米的"U"型长距离线路，井下采矿采用高分段、无底柱分段崩落法进行开采，实现了高分段、大间距、高端壁放矿。

【城乡医保创六个云南省第一】 新平县积极探索城乡居民基本医疗保障一体化道路，把农村和城镇居民均纳入基本医疗保障范围，将新型农村合作医疗和城镇居民基本医疗保险并轨实施，城乡医疗保障创六个"全省第一"，真正实现城乡居民"基本医疗高补偿、老年慢性病有保障、大病救助全覆盖"的目标。一是住院补偿封顶线全省第一。2011年年初，对城乡居民基本医疗保障补偿标准进行了调整，将住院补偿封顶线(含大病补助)由11万元提高到16万元，住院补偿封顶线在云南省内最高。二是报销比例全省第一。乡级定点医疗机构补偿比例为100%，县级定点医疗机构补偿比例由80%提高到90%，省、市级定点医疗机构补偿比例由60%提高到70%，报销比例全省最高。三是全省首创大病救助补偿制度。单次住院费用超过1万元(含1万元)的，在政策范围内可报销费用中扣除已报销金额后的部分，按60%给予再次救助。四是全省首创多次住院起付线超过600元不再重复计算。城乡居民在一个参合(保)年度内多次住院，起付线累计超过600元的，不再重复计算起付线。五是全省首创7岁以前参保儿童住院免起付线。为切实降低群众负担，在省内率先实行出生至7周岁间的参保儿童住院产生的医疗费用免付起付线。六是全省首创合法生育新生儿住院保障制度。在一个保障年度内，父母双方已经参加城乡居民基本医疗保险且合法生育的新生儿，自其出生之日起自动纳入保障范围，当年无需缴纳个人参保费用，所发生的医疗费用随其父母按规定报销。

【仙福钢铁(集团)公司跃升云南百强企业】 2011年云南100强企业名单正式发布，新平县的云南玉溪仙福钢铁(集团)公司排名第二十一位，这是该公司第四次入围云南100强企业，与上年第三十位排名相比，本次排名提升了9位。本次排名是省企业联合会和省企业家协会组织开展的第六次云南企业百强排序，入围门槛为8.539亿元(营业收入)。

【实行义务教育全免费】 2011年9月8日，新平县召开教育工作大会，在全省率先提出义务教育全免费。年内，新平县制定了《关于进一步加快教育改革和发展的意见》等一系列文件，决定每年投入约5 000万元的教育专款，切实加大对教育经费的投入和管理力度，加快新平现代教育发展步伐。从2011年开始，县财政每年投入1 600万元，用于提高义务教育阶段学生生活补助，实现义务教育全免费。另外，新平县还将对跨村就读学生提供路费补助和对山区教师提供生活补助。按照居住地与学校单程距离6～10千米每人每年补200元，10千米以上每人每年补400元的标准给予交通费补助。经初步测算，全县有9个乡(镇)22所村完小1 600余名学生将从中受益。

【力高(云南)箱包有限公司主厂区开工】 力高(云南)箱包有限公司是新平县于2010年10月引进的劳动密集型中外合资项目。2011年8月4日，力高(云南)箱包有限公司箱包主厂区在新平县工业园区桂山片区正式开工建设。项目概算投资4 500万美元，占地172.8亩，生产区厂房建设规模达10万平方米以上，建成80条专业相机袋生产线和18条拉杆箱生产线。主产区建设预计2012年8月完成，建成投产后，年可生产相机袋3 000万个、拉杆箱500万只，预计实现产值8亿元人民币，上缴税金5 600万元人民币，解决8 000余人的就业问题。

【新平县获"中国特色竹乡"称号】 新平县竹子人工种植历史悠久，培育竹种主要为龙竹和云南甜龙竹，资源分布较广，在全县海拔450～1800米范围均有分布。新平的龙竹和云南甜龙竹种源经过长期的自然选择，与南部种源相比，在耐低温、耐干旱等方面具有明显优势，于2010年被云南省林木良种审定委员会认定为优良种源。到"十一五"末，全县竹子种植保存面积25万亩，其中投产面积12万亩，占总面积的48%。竹产业的发展不但给山区农民带来实惠，并逐渐成为当地的支柱产业。2011年10月，新平县被中国竹产业协会、国家林业局国际竹藤中心授予"中国特色竹乡"称号。

(刀美良)

【桂山街道】 2011年，街道总人口34 028人，其中男17 160人，女16 868人；少数民族人口14 286人，占总人口的72.4%。乡村从业人员9 430人。

2011年末，街道常用耕地3327亩，复种指数281.8%。全年粮食总产162.16万千克，油料总产10.61万千克。烤烟总产5.1万千克。甘蔗总产量(估产)90吨。乡村人口人均产粮101千克。年末，生猪存栏9 469头，肥猪出栏20 251头。大牲畜存栏2 364头，大牲畜出栏4 109头。全年投入水利建设资金263.5万元，水利化程度85%。

2011年有乡镇企业3 508个，从业人员8 935人，营业总收入135 800万元，利润总额11 635万元，上交税金5 609万元，增加值19 400万元，总产值134 600万元。

2011年，全街道实现农林牧渔业总产值(现价)6 746万元。农村经济总收入20 786万元；农民人均纯收入6 123元。

2011年，全街道财政收入2 850万元；财政支出2 194万元。年末，庆丰信用社各项存款余额54 005.58万元，储蓄存款余额37 592.91万元，各项贷款余额1 172.68万元。

街道党工委书记樊成贵(2011年3月离任)、谢兴文(2011年3月任)，人大工委主任马秀萍，办事处主任何志刚。

【古城街道】 2011年，全街道总人口14 361人，其中男7 163人，女7 198人；少数民族人口9 392人，占总人口的65.4%。乡村从业人员9 594人。

2011年末，全街道常用耕地11 633亩，复种指数253.2%。全年粮食总产592.14万千克；油料总产15.89万千克。烤烟总产80.15万千克。乡村人口人均产粮415千克。年末，生猪存栏13 128头，肥猪出栏26 166头。大牲畜存栏2 158头，大牲畜出栏848头。

2011年有乡镇企业111个，从业人员778人，营业总收入6 291万元，利润总额619万元，上交税金85万元，增加值1 570万元，总产值5 716万元。

2011年，全街道实现农林牧渔业总产值(现价)8 392万元。农村经济总收入9 972万元，农民人均纯收入4 561元。

街道党工委书记周国寿(2011年3月任)，人大工委主任周国寿(2011年3月任、12月离任)、周兴志(2011年12月任)，办事处主任刀彦伟(2011年3月任)。

【扬武镇】 2011年，全镇总人口21 351人，其中男10 671人，女10 680人；少数民族人口17 290人，占总人口的81.0%。人口自然增长率1.78‰。乡村从业人员12 673人。

2011年末，全镇常用耕地27 835亩，复种指数219.1%。全年粮食总产843.52万千克，比上年增69.1%；油料总产25.84万千克，比上年增5.7倍。烤烟总产65.1万千克，比上年减0.8%。甘蔗总产量(估产)30 323吨。乡村人口人均产粮413千克，比上年增40.6%。年末，生猪存栏24 381头，比上年增6.9%；肥猪出栏30 755头，比上年增8.2%。大牲畜存栏9 534头，比上年增1.2%；出栏2 913头，比上年增6.6%。全年投入水利建设资金147.97万元，水利化程度60%。

2011年有乡镇企业589个，比上年增5.2%，从业人员4 680人，比上年减1.4%。营业总收入758 653万元，比上年增50.9%；利润总额14 240万元，比上年减46.4%；上交税金21 933万元，比上年增31.1%；增加值64 143万元，总产值764 973万元，

2011年，全镇实现农林牧渔业总产值(现价)12 847万元，比上年增4.6%。农村经济总收入29 477万元，比上年增7.4%；农民人均纯收入5 185元，比上年增17.0%。

2011年，全镇财政支出1 566万元，比上年增20.4%。年末，金融机构储蓄余额23 422万元，比上年减10.8%；各项贷款余额9 288万元，比上年增33.6%。

镇党委书记余祥，人大主席杨宏，镇长高红文(2011年11月离任)、杨文举(2011年11月任)。

【漠沙镇】 2011年，全镇总人口46 527人，其中男23 659人，女22 868人；少数民族人口41 448人，占总人口的89.1%。人口自然增长率1.90‰。乡村从业人员30 182人。

2011年末，全镇常用耕地83 567亩，复种指数230.6%。全年粮食总产3 250.53万千克，比上年增41.8%；油料总产22.57万千克，比上年减23.2%。烤烟总产19.04万千克，比上年增35.0%。甘蔗总产量(估产)217 958吨。乡村人口人均产粮733千克，比上年增12.3%。年末，生猪存栏34 952头，比上年增22.8%；肥猪出栏48 675头，比上年增30.1%。大牲畜存栏15 861头，比上年增17.9%；出栏4 416头，比上年增62.0%。全年投入水利建设资金1 164万元，水利化程度67%。

2011年有乡镇企业996个，比上年增7.9%，从业人员3 206人，比上年增9.8%。营业总收入24 180万元，比上年增100.6%；利润总额5 115万元，比上年增2.43倍；上交税金1 527万元，比上年增3.3倍；增加值11 316万元，总产值23 353万元。

2011年，全镇实现农林牧渔业总产值(现价)40 574万元，比上年增

58.3%。农村经济总收入29 570万元，比上年增26.8%；农民人均纯收入5 408元，比上年增40.6%。

2011年，全镇财政支出2 503万元，比上年增36.7%。年末，各项存款余额25 000万元，比上年增66.7%；发放贷款9 715万元，比上年增18.0%

镇党委书记杨雪波，人大主席封云中，镇长饶云。

【戛洒镇】 2011年，全镇总人口35 095人，其中男17 931人，女17 164人；少数民族人口28 021人，占总人口的79.8%。人口自然增长率3.89‰。乡村从业人员21 445人。

2011年末，全镇常用耕地35 395亩，复种指数188.9%。全年粮食总产1 249.44万千克，比上年增43.7%；油料总产6.22万千克，比上年增12.3%。烤烟总产38.6万千克，比上年增16.7%。甘蔗总产量(估产)95 441吨。乡村人口人均产粮358千克，比上年增12.1%。年末，生猪存栏28 835头，比上年增41.4%；肥猪出栏39 919头，比上年增42.2%。大牲畜存栏9 742头，比上年增14.4%；出栏3 604头，比上年增17.9%。全年投入水利建设资金327.6万元，水利化程度65.58%。

2011年有乡镇企业1 882个，比上年增54.0%，从业人员6 305人，比上年增9.0%。营业总收入64 735万元，比上年增3.4%；利润总额6 435万元，比上年增1.9倍；上交税金4 355万元，比上年增9.7%；增加值21 265万元，总产值59 866万元。

2011年，全镇实现农林牧渔业总产值(现价)17 994万元，比上年增40.4%。农村经济总收入14 845万元，比上年增7.9%；农民人均纯收入3 354元，比上年增10.2%。

2011年，全镇财政支出2 794万元，比上年增71.1%。年末，各项存款余额63 700万元，比上年增8.1%；各项贷款余额123 000万元，比上年增3.13倍。

镇党委书记方维(2011年3月离任)、龙家寿(2011年3月任)，人大主席杨云忠，镇长丁建斌(2011年11月离任)、李晗(2011年11月任)。

【水塘镇】 2011年，全镇总人口21 613人，其中男11 049人，女10 564人；少数民族人口13 780人，占总人口的63.8%。人口自然增长率5.15‰。乡村从业人员13 140人。

2011年末，全镇常用耕地8 458亩，复种指数130.2%。全年粮食总产666.68万千克，比上年增40.6%；油料总产0.69万千克，比上年增4.5%。烤烟总产0.23万千克，比上年减4.2%。甘蔗总产量(估产)49 610吨。乡村人口人均产粮319千克，比上年增28.6%。年末，生猪存栏25 462头，比上年增11.5%；肥猪出栏33 082头，比上年增10.2%。大牲畜存栏4 433头，比上年增2.0%；出栏2433头，比上年增9.9%。全年投入水利建设资金1 219.5万元，水利化程度72.63%。

2011年有乡镇企业402个，比上年增4.7%，从业人员1 837人，比上年增29.4%。营业总收入17 883万元，比上年增72.7%；利润总额5 506万元，比上年增1.28倍；上交税金400万元，比上年增45.5%；增加值5 708万元，总产值15 471万元。

2011年，全镇实现农林牧渔业总产值(现价)14 521万元，比上年增32.2%。农村经济总收入9 718万元，比上年增55.5%；农民人均纯收入2 929元，比上年增21.0%。

2011年，全镇财政支出1 470万元，比上年增26.3%。年末，农村信用社发放支农贷款7 938万元；各项存款余额10 670万元，比上年增20.2%。

镇党委书记溥恩武，人大主席马家武(2011年11月离任)、何洪亮(2011年11月任)，镇长刀文高。

【平甸乡】 2011年，全乡总人口14 294人，其中男7 382人，女6 912人；少数民族人口11 323人，占总人口的79.2%。人口自然增长率8.86‰。乡村从业人员8 618人。

2011年末，全乡常用耕地面积有20 230亩，复种指数250%。全年粮食总产752.51万千克，比上年增65.7%；油料总产42.99万千克，比上年增72.0%。烤烟总产225.73万千克，比上年减13.7%。甘蔗总产量(估产)29 218吨。乡村人口人均产粮529千克，比上年增54.3%。年末，生猪存栏14 025头，比上年减19.5%；肥猪出栏14 710头，比上年减22.5%。大牲畜存栏5 234头，比上年减20.2%；大牲畜出栏1 865头，比上年减10.2%。全年投入水利建设资金208.95万元，水利化程度达67.58%。

2011年有乡镇企业29个，比上年减27.5%，从业人员219人，比上年减12.0%。营业总收入2 150万元，比上年减25.3%；利润总额－31万元，比上年减3.1%；上交税金120万元，比上年增22.4%；实现增加值375万元，总产值1 965万元。

2011年，全乡实现农林牧渔业总产值(现价)10 684万元，比上年增3.8%。农村经济总收入10 413万元，比上年增30.7%；农民人均纯收入4 026元，比上年增29.5%。

2011年，全乡财政支出1 590万元，比上年增8.8%。

乡党委书记周国寿(2011年3月离任)、曹仕辉(2011年3月任)，人大主席饶维云，乡长曹仕辉(2011年3月离任)、陈佳(2011年11月任)。

【新化乡】 2011年，全乡总人口23 954人，其中男12 482人，女11 472人；少数民族人口18 250人，占总人口的76.2%。人口自然增长率4.77‰。乡村从业人员15 777人。

2011年末，全乡常用耕地18 667亩，复种指数484.4%。全年粮食总产1 192.74万千克，比上年增94.9%；油料总产9.39万千克，比上年增2.6倍。烤烟总产447.56万千克，比上年增9.9%。甘蔗总产量(估产)7 918吨。乡村人口人均产粮513千克，比上年增48.9%。年末，生猪存栏26 400头，比上年增1.5%；肥猪出栏27 100头，比上年增6.7%。大牲畜存栏9 500头，比上年增1.6%；大牲畜出栏2 600头，比上年增6.1%。全年投入水利建设资金1 261.2万元，水利化程度58.5%。

2011年有乡镇企业162个，比上年减0.6%，从业人员465人，比上年增7.2%。营业总收入1 712万元，比上年增2.6%；利润总额141万元，比上年增4.4%；上交税金22万元，比上年增10.0%；实现增加值472万元，总产值658万元。

2011年，全乡实现农林牧渔业总产值(现价)17 997万元，比上年增24.6%。农村经济总收入14 814万元，比上年增27.2%；农民人均纯收入3 756元，比上年增16.1%。

2011年，全乡财政支出2 174万元，比上年增48.8%。年末，城乡居民储蓄余额17 546万元，比上年增34.3%；贷款余额3 973万元。

乡党委书记邓会宾(2011年7月离任)、夏利新(2011年7月任)，人大主席赵宏武(2011年10月离任)、邱富云(2011年10月任)，乡长施文(2011年10月离任)、蒋建蓉(2011年10月任)。

【建兴乡】 2011年，全乡总人口17 624人，其中男9 371人，女8 253人；少数民族人口12 954人，占总人口的73.5%。人口自然增长率5.06‰。乡村从业人员9 551人。

2011年末，全乡常用耕地25 561亩，复种指数165%。全年粮食总产608.83万千克，比上年增3.8%；油料总产3.01万千克，比上年减2.3%。烤烟总产34.23万千克，比上年增11.1%。甘蔗总产量(估产)500吨。乡村人口人均产粮359千克，比上年增3.6%。年末，生猪存栏23 300头，比上年增1.8%；肥猪出栏21 357头，比上年增6.7%。大牲畜存栏6 431头，比上年增0.8%；出栏2 578头，比上年增7.6%。全年投入水利建设资金171.37万元，水利化程度48.0%。

2011年有乡镇企业223个，比上年增2.3%，从业人员382人，比上年增26.1%。营业总收入1 780万元，比上年增1.1%；利润总额55万元，比上年增10.0%；上交税金6万元，比上年减33.3%；增加值400万元，总产值960万元。

2011年，全乡实现农林牧渔业总产值(现价)7 769万元，比上年增12.5%。农村经济总收入6 509万元，比上年增16.7%；农民人均纯收入2 158元，比上年增12.5%。

2011年，全乡财政支出1 621万元，比上年减7.2%。年末，各项存款余额8 128万元，比上年增23.2%；发放贷款余额3 674万元，比上年减3.3%

乡党委书记郭铭强(2011年10月离任)、施文(2011年11月任)，人大主席方绍魏，乡长李星。

【平掌乡】 2011年，全乡总人口15 265人，其中男8 112人，女7 153人；少数民族人口11 742人，占总人口的76.9%。人口自然增长率3.01‰。乡村从业人员8 784人。

2011年末，全乡常用耕地21 751亩，复种指数174.4%。全年粮食总产670.06万千克，比上年增9.1%；油料总产10.85万千克，比上年增0.5%。烤烟总产10.72万千克，比上年减1.7%。甘蔗总产量(估产)2 810吨。乡村人口人均产粮465千克，比上年增8.3%。年末，生猪存栏27 235头，比上年增2.2%；肥猪出栏19 575头，比上年增6.7%。大牲畜存栏7 265头，比上年增0.9%；大牲畜出栏1 713头，比上年增7.9%。全年投入水利建设资金774.74万元，水利化程度40%。

2011年有乡镇企业141个，比上年增8.5%，从业人员196人，比上年增6.5%。营业总收入1 552万元，比上年增3.5%；利润总额180万元，比上年增5.3%；上交税金9万元，与上年持平；增加值351万元，总产值933万元。

2011年，全乡实现农林牧渔业总产值(现价)7 428万元，比上年增10.3%。农村经济总收入4 001万元，比上年增17.7%；农民人均纯收入1 673元，比上年增19.6%。

2011年，全乡财政支出1 233万元，比上年增17.4%。年末，各项存款余额6 868.23万元，比上年增35.9%；各项贷款余额2 095.56万元，比上年增21.4%；累计投放贷款2 558.97万元。

乡党委书记谢之福(2011年11月离任)、吴建伟(2011年11月任)，人大主席周兴志(2011年11月离任)、李兴武(2011年11月任)，乡长吴建伟(2011年11月离任)、张良(2011年11月任)。

【者竜乡】 2011年，全乡总人口12 540人，其中男6 366人，女6 174人；少数民族人口6 728人，占总人口的53.7%。人口自然增长率2.31‰。乡村从业人员数7 072人。

2011年末，全乡常用耕地8 771亩，复种指数303.9%。全年粮食总产429.32万千克，比上年增12.8%；油料总产2.44万千克，比上年减76.5%。烤烟总产76.33万千克，比上年增25.7%。甘蔗总产量(估产)13 316吨。乡村人口人均产粮361千克，比上年增10.5%。年末，生猪存栏19 249头，比上年增1.7%；肥猪出栏18 038头，比上年增6.7%。大牲畜存栏5 456头，比上年增1.0%；出栏1 584头，比上年增7.8%。全年投入水利建设资金228.65万元，水利化程度72.3%。

2011年有乡镇企业178个，比上年增0.6%，从业人员380人，比上年增1.3%。营业总收入3 300万元，比上年增3.1%；利润总额264万元，比上年增5.6%；上交税金26万元，与上年持平；实现增加值750万元，总产值2 550万元。

2011年，全乡实现农林牧渔业总产值(现价)7 827万元，比上年增11.5%。农村经济总收入5 515万元，比上年增3.9%；农民人均纯收入3 080元，比上年增7.0%。

2011年，全乡财政支出1 433万元，比上年增32.4%。年末，各项存款余额7 996.4万元，比上年增26.1%；人均储蓄存款6 891元，比上年增34.9%；各项贷款余额3 229.6万元，比上年增21.9%

乡党委书记张俊(2011年11月离任)、赖朝东(2011年11月任)，人大主席锁庭文，乡长刘坚。

【老厂乡】 2011年，全乡总人口16 959人，其中男8 725人，女8 234人；少数民族人口12 381人，占总人口的73.0%。人口自然增长率1.35‰。乡村从业人员10 141人。

2011年末，全乡常用耕地17 937亩，复种指数553.4%。全年粮食总产1 353.77万千克，比上年增29.4%；油料总产4.47万千克，比上年减23.3%。烤烟总产390.78万千克，比上年增49.4%。甘蔗总产量(估产)11 602吨。乡村人口人均产粮822千克，比上年增22.4%。年末，生猪存栏20 089头，比上年增1.9%；肥猪出栏24 487头，比上年增7.0%。大牲畜存栏13 775头，比上年增0.9%；大牲畜出栏3 598头，比上年增4.4%。年内投入水利建设资金2 444.35万元，水利化达程度47.61%。

2011年有乡镇企业128个，比上年增2.4%，从业人员276人，比上年增33.3%。营业总收入1 759万元，比上年增13.5%；利润总额259万元，比上年增12.6%；上交税金12万元，比上年增50.0%；实现增加值530万元，总产值987万元。

2011年，全乡实现农林牧渔业总产值(现价)17 193万元，比上年增32.6%。农村经济总收入13 926万元，比上年增20.9%；农民人均纯收入3 554元，比上年增19.2%。

2011年，全乡财政支出1 516万元，比上年增32.2%。年末，各项存款余额14 223.89万元，比上年增39.0%；各项贷款余额4 342.66万元，比上年增35.4%

乡党委书记普家跃，人大主席朱开亮，乡长杨文举(2011年11月离任)、喻平(2011年11月任)。

(刀燕勤)

元江哈尼族彝族傣族自治县

【自然概貌】 元江县位于云南省中南部，处于东经101°39′~102°22′、北纬

23°19′~23°55′之间。东与石屏县接壤，南与红河县相连，西与墨江县毗邻，北与新平县紧邻。县城距市政府所在地玉溪132千米，距省会昆明220千米。县境南北长64.5千米，东西宽71.5千米。总面积2 858平方千米，其中：山区2 766.5平方千米，占96.8%；坝区91.5平方千米，占3.2%。地势西北高，东南低；山脉南北走向，以元江（河）为界，西南支属哀牢山脉，东北支属横断山脉，两山脉逶迤向南延伸，使元江河谷形成了东峨坝、元江坝等河谷盆地。境内最高海拔2 580米，最低海拔327米；县城所在地海拔380米。气候属低纬高原季风气候；由于地形复杂，立体气候特点突出，山区温凉，坝区炎热。2011年平均气温23.4℃，极端最高气温40.℃（5月11~12日），极端最低气温7.5℃（2月6日）；年降雨量702.7毫米，年日照时数2339.2小时。

【历史沿革】 元江，古属西南夷地，称“西南荒裔”。夏、商、周时名惠笼甸，属梁州地；蜀汉、西晋时名罗槃甸，属兴古郡地；隋、唐时名步头，属黎州地；宋大理时名因远部、罗必甸，属威远睑治地；元至元元年（1264年）名罗槃部，属元江路治地，至元二年（1265年）改为元江府，至元二十五年（1288年）改设元江路；明洪武十五年（1382年）改设元江府；清乾隆三十五年（1770年）改设元江直隶州。民国2年（1913年）改设元江县，属普洱道。1949年8月成立元江县临时人民政府，属蒙自专区；1954年7月改属玉溪专区。1979年12月国务院批准成立元江哈尼族彝族傣族自治县；1980年11月22日正式挂牌成立元江哈尼族彝族傣族自治县。

【行政区划】 2011年，根据《元江县人民政府关于撤销部分乡镇设立街道办事处及有关行政区划调整的决定》，撤销澧江镇，设立澧江街道、红河街道；撤销青龙厂镇，设立甘庄街道；撤销东峨镇、羊岔街乡，设立曼来镇，红光农场并入曼来镇。调整后全县共有2个镇5个乡3个街道办事处，23个社区57个村民委员会，238个居民小组542个村民小组。

【人口、民族】 2011年末，全县总户数62 170户，户籍人口205 551人，比上年增加1 744人，其中：男105 589人，女99 962人；农业人口177 891人，非农业人口27 660人；少数民族人口165 977人，占总人口的80.7%，其中：哈尼族86 928人，彝族45 178人，傣族24 962人，白族6 317人，苗族956人，拉祜族1 054人，其他少数民族548人，分别占总人口的42.29%、21.98%、12.14%、3.07%、0.47%、0.51%、0.27%。年内出生人数1 426人，出生率7.1‰；死亡人数966人，死亡率为4.8‰，人口自然增长率为2.29‰，与上年持平。人口密度为每平方千米72人。

【自然资源】 由于地理环境特殊，元江县的水能、地热、矿产和动植物等自然资源都很丰富。全县水能理论蕴藏量达41.37万千瓦，可供开发的有24.65万千瓦，可建30多个装机500千瓦以上的水电站；目前已开发的水力电力为6.66万千瓦，占可开发量的27%。共有热、温泉18处，水温为21℃~94℃，流量86.2升/秒，年产水量272万立方米。矿产有金、银、铜、铁、镍等金属矿和煤、石膏、石棉、蛇纹石、大理石、石灰石、红宝石等非金属矿，其中石棉、石膏和铜、镍的储量较大，镍矿储量位居全国第二。动物有豹、孔雀、红鹇、白鹇、獭猴、蟒蛇、蛤蚧、雉鸡、岩羊、穿山甲等100余种；植物共有226科1 081属2 394种，其中树蕨、天料木、顶果木、千里榄仁、钟萼木、荔枝等是国家一、二类重点保护植物，野茶、翠柏、红椿等是省级三类重点保护植物。

【综合经济指标】 2011年，全县实现现价生产总值（GDP）360 449万元，比上年增加50 275万元，增10.1%，其中：第一产业（农、林、牧、渔及其服务业）增加值100 997万元，比上年增加10 927万元；第二产业（工业、建筑业）增加值98 036万元，比上年增加15 203万元；第三产业（除第一、二产业外的其他产业）增加值161 416万元，比上年增加24 145万元。三次产业在全县生产总值中的比重分别为28.0%、27.2%、44.8%；人均生产总值16 497元，比上年增加2 269元，按可比价增长9.9%。非公有制经济共完成增加值151 314万元，按可比价增长6.7%，占GDP的比重为42.0%，比上年下降0.3个百分点。全县工农业总产值（现价）为378 726万元，比上年增加104 483万元。全社会固定资产投资完成279 193万元，比上年增66 833万元，增长31.5%，其中：第一产业完成投资11 412万元，比上年减少5 313万元，减31.8%；第二产业完成投资49 323万元，比上年减少3 790万元，减7.1%；第三产业完成投资218 458万元，比上年增加75 936万元，增长53.3%。全年施工项目160个，其中：城镇75个，房地产开发7个，农村非农户78个。竣工项目133个，其中：城镇50个，房地产开发5个，农村非农户78个。房屋施工面积1 496 216平方米，竣工面积1 194 922平方米。年内新增固定资产262 058万元。

【工　业】 2011年，元江县继续推进工业强县战略，各项重点工业项目建设进展顺利。元江镍业有限公司3 000吨/年镍铁合金工程项目一期工程已完成；咪哩镍矿开发项目、元江栋梁水泥有限责任公司2 500t/d新型干法旋窑水泥生产线建设项目、云南达亚公司1 500吨/日浮选厂建设项目一期工程进展顺利；红塔元江烟叶醇化仓库建设项目2011年上半年完成投资4 416万元，12月完工。红河流域第五级（桥头）水电站建设项目前期筹建、红河流域第六级（罗垤）水电站建设项目正在开展预可行性研究阶段的勘测设计工作。都贵电站建设项目于2011年9月竣工投产。

年末，全县共有工业企业883户，其中：国有工业5户；集体工业3户；有限责任公司9户；股份有限公司6户；私营工业54户；个体工业806户。实现现价工业总产值207 866万元，比上年增18 802万元。总产值中：国有及集体工业产值20 708万元，占10.0%；股份制工业109 200万元，占52.5%；其他经济类型工业77 958万元，占37.5%。全年完成现价工业增加值74 362万元，按可比价比上年增长6.8%。

2011年，全县规模以上（年主营业务收入2 000万元以上独立核算）工业企业共13户，实现现价总产值127 829万元，比上年增加5 241万元；实现增加值48 412万元，按可比价计算，比上年增长1.5%；实现销售收入123 471万元，比上年减少20 073万元，减14.0%；实现利税总额5 353万元，比上年减少20 755万元，减79.5%。规模以上亏损工业企业6户，亏损额为7 011万元，比上年增6 925万元。

主要工业产品及产量：食糖30 681吨，酒精1 727吨，水泥1 154 456吨，发电量37 218万千瓦时，铁合金27 974吨，电解镍1 344吨，电解铜380吨，黄金28千克，纤维板10 370立方米，人造水晶118吨，芦荟凝胶丁3 347吨，精制茶叶4 893吨。

工业固定资产投资完成4.93亿元，同比下降13.5%，其中非电力投资1.68亿元，完成目标的41.9%，同比下降62.2%。非公经济增加值16亿元、工商登记从业人员2.609万人，同比分别增长21.9%、10.9%，分别完成目标任务的100%和103%。

【农　业】2011年，全县实现农林牧渔及其服务业总产值(现价)170 860万元，比上年增33 963万元，按可比价比上年增7.9%。其中，农业(种植业)产值125 929万元，比上年增26 380万元，增长8.0%。热区特色产业发展迅速，芦荟、茉莉花、花卉、青枣、香蕉、芒果分别比上年增长19.2%、37.5%、26.3%、13.4%、12.5%、3.8%。

主要农产品产量：粮食总产量7 698.70万千克，油料总产量458.86万千克，甘蔗总产量42.08万吨，烤烟产量1 214.08万千克，水果总产量9 666.92万千克，蔬菜产量3 279.74万千克。

全年实现林业产值(现价)5 457万元，比上年增加1 110万元，增长15.4%。完成造林面积3.56万亩，义务植树60.09万株；森林覆盖率50.96%。

全年完成畜牧业产值(现价)36 870万元，比上年增加6 153万元，增长6.2%。主要畜产品产量和存栏数：生猪年末存栏153 645头，比上年增9 229头，增长6.4%；肥猪年末出栏167 009头，比上年增10 008头，增长6.4%；猪肉产量1 434.87万千克，比上年增长6.5%。大牲畜年末存栏56 318头，比上年增103头，增长0.2%(其中牛存栏55 920头、出栏17 900头、牛肉产量216.79万千克)；山绵羊年末存栏42 731只，比上年增6 172只，增长16.9%(年内出栏22 858只、羊肉产量59.68万千克)；家禽出栏950 413只，比上年减56 789只，减5.6%(禽肉产量158.27万千克)；肉类总产量1 884.28万千克，比上年增96.93万千克，增长5.4%；禽蛋总产量247.60万千克，比上年增10.30万千克，增长4.3%。

渔业生产发展平稳，全县水产养殖面积9 317亩，其中池塘2 422亩，水库6 895亩。全年水产品产量1 435吨，比上年增加66吨；实现总产值(现价)1 897万元，比上年增加277万元，增长15.6%。实现农林牧渔服务业产值707万元，比上年增加43万元，增长5.0%。农、林、牧、渔和农林牧渔服务业占全部农林牧渔及服务业总产值的比重分别为73.7%、3.2%、21.6%、1.1%和0.4%。

全县年末农村劳动力124 043人，占农业人口的69.7%；全年完成中低产田地改造4.82万亩，年末实有常用耕地273 741亩，其中田80 601亩，地193 140亩(含水浇地34 977亩)，农民人均拥有耕地1.5亩。全年完成农田水利化建设项目123项(不含小水窖)，新增有效灌溉面积7 945亩，年末有效灌溉面积172 943亩，水利化程度达63.2%。

全县年末实有水库47座，其中中型水库4座，小型水库43座，水库总库容10 840万立方米；小坝塘142座，总库容242万立方米。全年完成供水量14 519万立方米，其中农业供水13 052万立方米，工业供水513万立方米，城镇生活供水548万立方米，农村生活供水406万立方米。全县农业机械总动力达1 3221.45万瓦特，其中拖拉机1 965台2 871.04万瓦特。化肥施用量47 834吨，比上年增加2 196吨，增长4.8%；农药使用量527吨，比上年增加80吨，增长17.9%；农膜使用量470吨，比上年增加41吨，增长9.5%。

【商　业】2011年，继续推进“家电下乡”工作，积极宣传“家电下乡”扶贫惠农政策，严格按备案标准对销售网点进行审查，对符合条件的销售网点办理了备案手续。截至2011年12月，全县备案销售网点已达59户，共销售家电下乡产品23 944台次，销售金额5 467.1万元。其中：冰箱9 169台，销售额1 928.4万元；彩电5 041台，销售额1 268.8万元；洗衣机2 936台，销售额467.1万元；计算机852台，销售额326.9万元；空调531台，销售额190.5万元；热水器4 937台，销售额1 258.4万元。

积极为元江县进出口企业争取“中小企业国际市场开拓资金”等项目扶持，引导企业实现出口创汇。年末，全县完成社会消费品零售总额126 274万元，比上年增加21 045万元，增长20.0%，其中：城镇完成96 079万元，比上年增加16 860万元，增长21.3%；乡村完成30 195万元，比上年增加4 185万元，增长16.1%。外贸进出口总额501万美元，比上年增加176万美元，增长54.2%。

【建筑业】2011年，全县实现建筑业增加值23 674万元，比上年增加4 900万元，增长19.0%。年末，全县共有建筑企业10户，其中：具有资质等级以上企业6户，建筑企业年末从业人员887人，年内新增合同额26 065万元，比上年增加16 620万元，增长177.0%；实现总产值17 271万元，比上年增加7 112万元，增长70.0%。

【旅　游】2011年，元江县全力打造“红河谷·太阳城”旅游品牌，促进了社会经济发展。年末，县城内实有星级宾馆4家，拥有床位571张。全年接待海外旅游者116人次，比上年增加12人次，增长11.5%；接待国内旅客66.57万人次，比上年增加6.13万人次，增长10.1%；旅游社会收入达36 254.16万元，比上年增加12 763.06万元，增长54.3%。

【特色生物产业】2011年，新兴特色生物产业进一步发展，产值大幅提升。年内，种植芦荟8 100亩，同比增加2 300亩，增长39.6%，销售加工芦荟鲜叶24 226吨，同比增加6 489吨，增长36.6%；实现农业产值1 481万元，比上年增加239万元，增长19.2%。实现工业产值11 242万元，比上年增加1 281万元，增长12.9%。种植茉莉花7 800亩，鲜花交易4 066吨，比上年增加408吨，增长11.2%，实现农业产值5 621万元，比上年增加1 533万元，增长37.5%。加工花茶4 893吨，实现加工产值6 306万元，比上年增加1 659万元，增长35.7%。种植花卉7 728亩，销售花卉11 245万枝(株、盆)，比上年增加3 303万枝(株、盆)，增长41.6%，实现花卉产值11 492万元，比上年增加2 391万元，增长26.3%。

【交通、邮电】2011年，全县各乡(镇、街道)、村委会(社区)和村民小组都已通公路。年末，全县境内公路通车里程2 376千米，其中：国家高速公路73千米，省道67千米，县道340千米，乡镇道路1 563千米，专用道路62千米，村道271千米。年末，全县机动车保有量为：大型汽车1 312辆，小型汽车6 389辆，低速载货汽车204辆，摩托车49 965辆。

2011年，邮政、电信事业稳步发展。全县程控电话交换机容量发展到28 846门，共有固定电话用户数1.35万户，固定电话普及率每百人6.16部，比上年减少2.39部。移动电话在网用户11.81万户，移动电话普及率每百人53.93部，比上年增加5.38部。互联网用户12 085户，比上年增加3 088户。全年国内外函件12.57万件，订销报纸累计81.82万份，订销杂志累计6.89万份。全年邮政业务总量371.44万元，比上年减少70.08万元，减15.9%。

【财税、金融、保险】 2011年，全县实现财政总收入43 565万元，比上年增加7 720万元，增长21.5%；实现地方财政总收入（按云南省口径）33 943万元，比上年增加5 336万元，增长18.7%；上划中央“两税”收入完成7 627万元，比上年减少448万元，减5.5%。实现地方财政收入30 400万元，比上年增加5 899万元，增长24.1%。其中：一般预算收入完成20 995万元，比上年增加3 614万元，增长20.8%；政府性基金收入完成9 405万元，比上年增加2 285万元，增长32.1%。全县地方财政支出累计完成101 857万元，比上年增加14 057万元，增长16.0%。其中：一般预算支出完成90 540万元，比上年增加10 632万元，增长13.3%；政府性基金支出完成11 317万元，比上年增加3 425万元，增长43.4%。全县两税系统共组织各项税收收入32 027万元，比上年增加4 257万元，增长15.3%。其中：国税系统组织收入12 667万元，比上年增加132万元，增长1.1%；地税系统组织收入19 360万元，比上年增加4 125万元，增长27.1%。

年末，全县金融机构各项存款余额320 922万元，比上年末增加52 354万元，增长19.5%。其中，居民储蓄存款余额183 274万元，比上年末增加35 026万元，增长23.6%。各项贷款余额190 966万元，比上年末增加46 073万元，增长31.8%。居民人均储蓄存款8 369元，比上年增加1 569元，增长23.1%。

年末，全县共有各类商业保险经营机构11个，实现保费收入6 312万元，比上年增加2 327万元，增长58.4%；赔款支出1 871万元，比上年增加102万元，增长5.8%，赔款支出占保费收入的29.6%，比上年下降了14.8个百分点。

【教科文卫体】 2011年末，全县共有普通中小学校73所（不含幼儿园），其中高中2所，职业中学1所，初中10所，小学60所。全县共有在校学生31 049人，其中高中3 169人，职中1 003人，初中9 269人，小学17 608人；共有幼儿园9所，其中：教办4所，民办5所，在园幼儿2 844人；学前班58个班，共有学龄前在校儿童1 572人。有专任教师2 345名，其中高中233名，职中51名，初中582名，小学1 324名。全县毕业学生7 672人，其中高中921人，职中366人，初中3 073人，小学3 312人。高中毕业报考大学人数1 166人，被录取957人，其中本科368人，专科589人，录取率达82.1%。学龄儿童入学率99.8%。年内，共落实“三免一补”各项政策资金达1 640.44万元，落实普通高中国家助学金91.92万元，落实人口较少民族普通高中在校学生“三免一补”资金12.40万元；学生资助管理中心为420名贫困大学生办理了大学生生源地信用贷款250万元。县政府划拨5万元，为103名贫困大学新生解决了上学路费；坚持山苏学生集中办班学习，山苏民族初中生集中在澧江一中就读，共有143人；山苏小学生共971人，其中青龙厂中心小学190人，龙潭中心小学184人；积极安排进城务工人员随迁子女4 306人就学。全县有县委党校1所，乡（镇）党职技校10所，村级成技校72所，年内，全县乡（镇）、村技校开展实用技术培训697期，受训3.6万人次。有教师进修学校1所，教职工11人。

年内，共向科技部、省科技厅、市科技局和省、市生物资源创新部门申报项目19项，其中申报科技项目16项，申报生物资源创新项目3项。省、市科技部门立项8项，已全部完成项目合同签订工作，项目资金85万元已到位。全县共完成专利申请5件（其中实用新型专利4件；外观设计专利1件），专利授权3件（其中发明专利授权1件，实用新型授权2件）。全县共有农技协23个，会员2 810人。2011年内，在全县10个乡（镇、街道）23个村委会（社区）开办了核桃、火龙果、烤烟、芒果、蔬菜、竹子等13个专业36个教学班，招收学员1 800名，超额完成了市农函大下达招生1 500名学员的任务。年内，组织各学（协）会的科技工作者参加玉溪市第六届优秀学术论文推荐评选工作，并完成了上报10篇优秀论文的任务，其中《外引黑米种质资源农艺性状的主成分及聚类分析》获一等奖、《元江县主要林业有害生物发生危害现状及治理对策》获三等奖。年末，全县在人事部门登记的各类专业技术人员3 456人，其中副高级职称221人，中级职称1 488人，初级职称1 653人，在岗未评定职称的专业人员94人。

年末，共有农家书屋79个，总藏书量达123 240册，实现了全县农家书屋全覆盖。积极做好传统民族文化保护工作，2011年5月23日，文化部正式批准元江县哈尼族棕扇舞为第三批国家非物质文化遗产。年末，全县文化单位主要有：文化馆1个、图书馆1个、民族歌舞团1个。文化单位全年共举办各种文艺演出56场，观众达9.1万人次。全年共放映电影999场，观众达11.4万余人次。年内，县图书馆共订阅杂志期刊214种、报纸18种，新购图书840册，送出流通书826册，办理借书证304个，全年累计总借阅4 988人次，借阅册次11 743册。总阅览人次12 282人次，阅览册次13 816册次。年末，图书馆藏书达19 900册。县档案馆馆藏档案106全宗，42 845卷。新华书店发行图书60万册，完成销售收入580万元，实现利润60万元。全县共有文化经营户207户。

广播电视事业扎实开展“走基层、转作风、改文风”活动，着力提高新闻宣传水平。县电视台全年共播出新闻1 701条，在市级电视台播出359条，在省级电视台播出62条，在中央电视台播出2条。拍摄制作电视专题片6部，播出专栏节目27期。2011年10月，元江电视台被云南电视台授予新闻播出“先进集体”称号，为此，元江电视台已连续五年获得此荣誉。年末，全县广播人口综合覆盖率达99%，电视人口综合覆盖率达98%。开展了广播电视“村村通”工程建设与维护、管理工作，协调资金16.34万元购买430套直播卫星设备用于解决430户山苏群众无法收听收看广播电视节目的困难。

2011年末，全县实有卫生机构17个，其中：县及县以上医院3个，乡、镇医院11个，其他卫生机构3个。拥有病床480张，有职工528人，其中卫生技术人员425人。有执业医师132人，执业助理医师54人，注册护士120人。有个体开业24户，从业人员227人，其中卫生技术人员187人。每万人拥有卫生技术人员28人。有乡村卫生所75个，拥有乡村医生165人，卫生员61人。全年门诊诊疗病人970 739人次；入院人数23 749人，治愈率53.7%；病床使用率77.8%。传染病发病率174.38/10万；“四苗”覆盖率99.05%。

年内，参加新型农村合作医疗160 209人，比上年增加2 237人，提高3.07个百分点，参合率达94.4%；城镇职工基本医疗保险参保职工19 056人，城镇居民基本医疗保险参保人数8 966人。

全县共举办各种运动会48次，参赛运动员131 420人次，向上级输送各类体育人才10人。学校体育达标率99.7%，全县体育人口占总人口数的39.0%。在市级以上体育竞赛中，元江县运动员共获得市级比赛金牌13枚，银牌20枚，铜牌15枚。认真组织低海拔训练基地接待工作，年内接待了北京田径队女子中长跑项目助理教练徐道洪率领的11名运动员到元江进行为期一周的训练。

【社会保障】 2011年，全县职工基本养老保险参保人员15 561人，其中：企业参保9 790人，机关事业单位参保5 771人；实际征收基本养老保险基金15 406.82万元，全年支付养老保险金13 725.23万元。城镇居民基本养老保险参保人数1 806人，参保率达98.3%，实际收缴养老保险基金42.20万元，实际支付养老金12.20万元。新型农村养老保险参保人数104 873人，参保率达85.2%，收缴基本养老基金1 002.47万元，实际支付养老保险金676.41万元。城镇职工基本医疗保险参保职工19 056人，其中在职人员13 373人，全年实际收缴基本医疗保险金5 332.74万元，支付3 917.76万元；城镇居民基本医疗保险参保人数8 966人，收缴医疗保险费123.21万元，支付123.21万元；参加新型农村合作医疗160 209人，参合率达94.4%，筹集基金4 656.98万元，其中个人缴纳480.63万元。全年共减免补偿574 064人次，补偿金额3 262.60万元，群众受益率为358.3%。工伤保险参保的企业职工6 086人，其中农民工2 720人，全年收缴保险基金131.52万元，支付241.86万元。生育保险参保的企业职工4 865人，其中农民工1 372人，全年实际收缴生育保险金97.68万元，支付86.96万元。失业保险参保职工8 694人，全年实际收缴失业保险金877.33万元，支付112.25万元，全县城镇登记失业率为2.4%。年末，全县共有重点优抚对象702人，发放抚恤定补金额258.74万元；义务兵家属165户，发放义务兵家属优待金61.05万元；享受城市最低生活保障3 734户5 009人，发放城市最低生活保障金1 113.47万元；享受农村最低生活保障10 008户11 943人，发放农村最低生活保障金1 077.28万元；全县共有“五保”对象799人，其中：集中供养的127人；集体办敬老院11个，有职工22人，床位数288张。

【人民生活】 2011年末，全县在岗职工工资总额54 282万元，比上年增加11 485万元，增长26.8%。其中：国有单位40 053万元，比上年增加7 959万元，增长24.8%；集体单位1 299万元，比上年增加394万元，增长43.5%；其他单位12 930万元，比上年增加3 132万元，增长32.0%。全县在岗职工年平均工资36 997元，比上年增加6 314元，增长20.6%。其中：国有单位46 638元，比上年增加7 933元，增长20.5%；集体单位62 144元，比上年增加21 738元，增长53.8%；其他单位22 009元，比上年增加3 972元，增长22.0%。2011年，农民人均总收入8 758元，比上年增加1 331元，增长17.9%。农民人均纯收入5 900元，比上年增加826元，增长16.3%；实现县城居民人均可支配收入17 930元，比上年增加1 934元，增长12.1%。

【领导干部】 县委书记贺光明，副书记王志新、许中华、罗明灿。人大主任车德才，副主任杨太平、杨云、周明亮(兼)、李丽(2011年2月任)。县长王志新，副县长杨胜、方国铁、孙汝泽、王琼珍、张再洪、陈家福、陈建洪(2011年7月任)。政协主席谢光亚，副主席王文保、李云珍、杨雄辉(兼)、杨顺福(兼)。纪委书记陈勤。

(元江县史志办)

【干热河谷生态观测站建设项目通过验收】 2011年2月17日，中国科学院西双版纳热带植物园“元江干热河谷生态站建设项目”顺利通过验收。该项目属于国内首个干热河谷生态观测站，元江干热河谷植被被学术界称为“河谷型萨王纳植被”，是我国西南山地大江河谷热区特殊的一类植被，是世界植被中萨王纳植被的干热河谷残存者，也是目前我国一类珍稀濒危植被类型。该生态观测站的建成，填补了目前我国还没有干热河谷生态系统定位研究站的空白。

【加拿大基金捐赠考察组到洼垤乡访问考察】 2011年3月1日，由加拿大驻华大使馆第一秘书WAHABFAHMEEDA(女)和加拿大驻华大使馆加拿大基金项目协调员ANDERSONCHRISTOPHER-JORDAN(男)及云南发展培训学院代表孟文娟3人组成的加拿大捐赠基金考察组到洼垤乡，对云南发展培训学院捐赠在洼垤乡实施的抗旱帮扶项目雨水收集净化储存系统工程项目建设情况进行实地访问考察。考察组深入建设实地，对工程建设情况、水源收集设计、施工管理等事项以及群众生产生活状况进行了认真细致的访问考察。该项目建设全部由加拿大基金捐赠，直接由捐赠方派出专人负责对建材采购和供给工作，由受益群众投工投劳按设计要求组织建设。

【茉莉花产业协会获奖】 2011年，元江县茉莉花产业协会被中国科协、财政部授予“2011年全国科普惠农兴村先进单位”荣誉称号，成为全国受表彰的1000个农村专业技术协会之一。茉莉花产业协会成立于2003年，现有会员132人，协会自成立以来，积极发挥桥梁纽带作用，组织开展了水肥管理、病虫害防治、高产栽培技术和生产配套措施等培训，通过开展各类培训，进一步提高了花农利用科技措施的能力和水平，有效减少了茉莉花病虫害，实现鲜花亩产翻番，增加了农民收入，协会切实为茉莉花产业的发展、农户增收起到了积极的推动作用。

【举办首届教师多媒体课件竞赛】 为配合2011年云南省优秀多媒体教育软件评审活动，2011年7月4～5日，元江县举办了首届教师多媒体课件竞赛。本次比赛活动共有68件多媒体课件作品参赛。课件的评审本着公平、公正的原则，要求课件内容符合教学大纲，媒体定位及教学目标明确；同时具备重点难点突出，教学设计层次清爽，结构合理，课件与设计风格一致，色彩搭配协调，图像清晰，音乐不干扰解说，动画流畅生动，学生易于接受等特点。经评委们认真评审，最终评出一等奖25个，二等奖30个，三等奖13个，有25件推荐到省、市参赛。

(李红兰)

【澧江镇】 2011年1～7月，全镇总人口48 312人，其中男24 399人，女23 913人；少数民族人口37 077人，占总人口的76.7%。人口自然增长率5.52‰。农村劳动力21 156人，其中从事第二、三产业的5 846人，占总劳动力的27.6%。

2011年1～7月，全镇有耕地33 251亩，复种指数178%。粮食总产8 240吨，油料总产133吨。农业人口人均产粮410千克。生猪存栏29 302头，肥猪出栏21 670头，大牲畜存栏14 101头。水产品产量224吨。

2011年1～7月，有个私企业4 150个，比上年增350个，从业人员16 150人，比上年增0.7%；企业总收入124 291万元，实现税利10 118万元。

2011年1～7月，全镇农村社会总

产值(现价)150 597万元，工农业总产值(现价)71 074万元，其中：工业总产值43 084万元，农业总产值27 990万元。农村经济总收入128 954万元，农民人均纯收入3 500元。

2011年1～7月，全镇财政收入416.5万元，财政支出508.67万元。

2011年1～7月，澧江镇党委书记郑荣，人大主席普秀英，镇长白春林。

【澧江街道】 2011年8～12月，全街道总人口25 061人，其中男12 558人，女12 503人；少数民族人口19 942人，占总人口的79.6%。人口自然增长率6.10‰。农村劳动力19 792人，其中从事第二、三产业的5 846人，占总劳动力的29.5%。

2011年8～12月，全街道有耕地26 612亩，复种指数158%。全年粮食总产8 240吨，油料总产117吨。农业人口人均产粮472千克。生猪存栏17 341头，肥猪出栏20 067头，大牲畜存栏10 605头。水产品产量211吨。投入水利建设资金456万元，水利化程度91.6%。

2011年8～12月，有个私企业1 452个，从业人员5 652人；企业总收入124 363万元，实现税利10 718万元。

2011年8～12月，全街道农村社会总产值(现价)127 774万元。工农业总产值(现价)79 013万元，其中：工业总产值50 224万元，农业总产值28 789万元。农村经济总收入145 027万元，农民人均纯收入5 997元。

2011年8～12月，澧江街道财政收入297.5万元，财政支出363.3万元。

2011年8～12月，澧江街道党工委书记周斌(2011年7月任)，人大工委主任普秀英(2011年7月任)，办事处主任白春林(2011年7月任)。

(李兆红)

【红河街道】 2011年，全街道总人口23 316人，其中男11 853人，女11 463人；少数民族人口17 231人，占总人口的73.9%。人口自然增长率6.11‰。农村劳动力8 391人，其中从事第二、三产业的3 586人，占总劳动力的40.9%。

2011年末，全街道有耕地7 054亩，复种指数257%。全年粮食总产3 623.4吨；油料总产16.4吨。农业人口人均产粮331千克。年末，生猪存栏11 961头，大牲畜存栏3 601头。水产品产量99吨。全年投入水利建设资金354.86万元，水利化程度97.99%。

2011年有个私企业2 874个，从业人员13 626人；企业总收入116 120万元。

2011年，全街道农村社会总产值(现价)134 607万元。工农业总产值(现价)42 047万元，其中：工业总产值22 855万元，农业总产值19 192万元。农村经济总收入162 073万元，农民人均纯收入5 715元。

2011年，全街道财政收入1 428万元，财政支出1468万元。

街道党工委书记郑荣，街道办事处主任刀铁林。

(普　媛)

【因远镇】 2011年，全镇总人口30 052人，其中男15 380人，女14 672人；少数民族人口26 687人，占总人口的89%。人口自然增长率0.78‰。农村劳动力19 248人，其中从事第二、三产业的1 861人，占总劳动力的1.1%。

2011年末，全镇有耕地31 155亩，复种指数228%。全年粮食总产8 083.9吨，比上年增17.53%；油料总产3 421吨，比上年增81.68%。农业人口人均产粮269千克。年末，生猪存栏12 650头，比上年增1.36%；肥猪出栏18 245头，比上年增2.85%。大牲畜存栏7 475头，比上年增1.23%。水产品产量108吨，比上年增1.89%。全年投入水利建设资金260万元，水利化程度55.86%。

2011年有个私企业538个，比上年增3个，从业人员4 903人，比上年增53.84%；营业总收入19 202万元，实现税利1 602万元。

2011年，全镇农村社会总产值(现价)54 250万元，比上年增16.5%。工农业总产值(现价)47 491万元，比上年增24.54%，其中：工业总产值27 298万元，比上年增4.29%；农业总产值20 193万元，比上年增16.16%。农村经济总收入51 220万元，比上年增16.5%；农民人均纯收入5 152元，比上年增13%。

2011年，全镇财政收入1 797.1万元，比上年增11%；财政支出1 019万元，与上年持平。年末，各项存款余额13 075.78万元，比上年增24.27%；人均储蓄存款余额4 351元，比上年增30.19%。

镇党委书记赵德福，人大主席张玉发，镇长李茂林。

(温梅艳)

【甘庄街道】 2011年，全街道总人口22 267人，其中男10 968人，女11 299人；少数民族人口17 569人，占总人口的79%。人口自然增长率2.6‰。农村劳动力16 437人，其中从事第二、三产业的936人，占总劳动力的5.6%。

2011年末，有耕地9.4万亩，复种指数178%，全年粮食总产16 157.8吨，比上年增12%；油料总产48.8吨，比上年增3%。农业人口人均产粮780千克。年末，生猪存栏24 440头，比上年增1.22%；肥猪出栏28 025头，比上年增4.5%。大牲畜存栏6 524头，比上年增3.26%。水产品产量105吨，比上年增87.5%。全年投入水利建设资金186.098万元，水利化程度56.7%。

2011年，有个私企业976个，比上年增1个；从业人员2 398人，比上年增0.7%；企业总收入36 340万元，比上年增7.2%；实现税利3 628万元，比上年增44.9%。

2011年，农村社会总产值(现价)15 100万元，比上年增12%。工农业总产值(现价)47 230万元，比上年增3.2%。其中：工业总产值25 603万元，比上年增3.2%；农业总产值21 627万元，比上年增3.2%。农村经济总收入51 776万元，比上年增3.6%；农民人均纯收入4 555元，比上年增13%。

2011年，财政收入1 745万元，比上年增16%；财政支出1 046万元，比上年减75%。年末，各项存款余额19 406万元，比上年增30%；人均储蓄存款余额8 715元，比上年增28%。

镇党委书记周斌(2011年7月离任)，人大主席刘梦萍，镇长彭志钢(2011年7月离任)。7月份以后，机构改革名称随之改为甘庄街道。街道党工委书记封志荣(2011年7月任)，街道人大工委主任刘梦萍，街道办事处主任李龙武(2011年7月任)。

(刘贵忠)

【东峨镇】 2011年7月末，全镇总人口15 435人，其中男7 903人，女7 532人；少数民族人口8 472人，占总人口的54.9%。人口自然增长率2‰。农村劳动力9 711人，其中从事第二、三产业的1 044人，占总劳动力的10.8%。

2011年1～7月，全镇有耕地24 668亩，复种指数161%。1～7月粮食总产1 290吨。农业人口人均产粮435千克。1～7月，生猪存栏11 070头；肥猪出栏896头。大牲畜存栏2 042头。水产品产量70吨。1～7月投入水利建设资金570万元，水利化程度66%。

2011年7月末有个私企业588个，从业人员1 210人；1～7月企业总收入2 030万元，实现税利210万元。

2011年1～7月，全镇农村社会总产值(现价)6 782万元。工农业总产值(现价)6 026万元，其中，工业总产值

510万元，农业总产值5 516万元。农村经济总收入6 782万元；农民人均纯收入2 186元。

2011年1～7月，全镇财政收入86万元；财政支出320万元。7月末，各项存款余额11 210万元，人均储蓄存款余额4 360元。

镇党委书记封志荣，人大主席刘健康，镇长杨万昌。

（刘　希）

【羊岔街乡】 2011年7月末，全乡总人口13 268人，其中男7 151人，女6 117人；少数民族人口10 136人，占总人口的76.4%。人口自然增长率－0.8‰。农村劳动力8 471人，其中从事第二、三产业的971人，占总劳动力的11.5%。

2011年1～7月，全乡有耕地17 974亩，复种指数155%。粮食总产960吨。农业人口人均产粮310千克。生猪存栏5 303头；肥猪出栏3 154头。大牲畜存栏6 351头。水产品产量20吨。投入水利建设资金415万元，水利化程度62%。

2011年7月末，有个私企业170个，从业人员360人；1～7月，企业总收入620万元，实现税利115万元。

2011年1～7月，全乡农村社会总产值(现价)3 790万元。工农业总产值(现价)3 131万元，其中，工业总产值213万元，农业总产值2 918万元。农村经济总收入3 790万元；农民人均纯收入1 523元。

2011年1～7月，全乡财政收入182万元，财政支出260万元。7月末，各项存款余额952万元，人均储蓄存款余额718元。

乡党委书记白沙才，人大主席李俊，乡长杨晓峰。

（刘　希）

【曼来镇】 曼来镇由原来的东峨镇、羊岔街乡两个乡、镇及红光农场合并而成。2011年末，全镇总人口29 487人，其中男15 232人，女14 255人；少数民族人口19 044人，占总人口的64.6%。人口自然增长率0.63‰。农村劳动力18 392人，其中从事第二、三产业的2 192人，占总劳动力的11.9%。

2011年末，全镇有耕地42 642亩，复种指数161%。8～12月，粮食总产6 897吨。农业人口人均产粮310千克。年末，生猪存栏20 114头，肥猪出栏8 726头。大牲畜存栏8 512头。水产品产量120吨。8～12月投入水利建设资金260万元，水利化程度65%。

2011年末有个私企业758个，从业人员1 570人；企业总收入3 355万元，实现税利727万元。

2011年8～12月，全镇农村社会总产值(现价)13 588万元。工农业总产值(现价)10 747万元，其中，工业总产值481万元，农业总产值10 266万元。农村经济总收入13 588万元；农民人均纯收入4 074元。

2011年8～12月，全镇财政收入438万元，财政支出729万元。年末，各项存款余额12 952万元，人均储蓄存款余额4 160元。

镇党委书记白沙才，人大主席刘健康，镇长杨万昌。

（刘　希）

【咪哩乡】 2011年，全乡总人口15 799人，其中男8 470人，女7 329人；少数民族人口13 553人，占总人口的85.8%。人口自然增长率0.4‰。农村劳动力9 614人，其中从事第二、三产业的1 090人，占总劳动力的12.4%。

2011年末，全乡有耕地21 007亩，复种指数211%。全年粮食总产3 999.1吨，比上年增22.27%；油料总产989吨，比上年增255%。农业人口人均产粮261千克。年末，生猪存栏7 476头，比上年增0.04%；肥猪出栏6 482头，比上年增6.4%。大牲畜存栏3 282头，比上年减0.08%。水产品产量11吨，比上年减26.7%。全年投入水利建设资金490万元，水利化程度42%。

2011年有个私企业126个，比上年增4个，从业人员242人，比上年增5.2%；企业总收入2 170万元，比上年增10.26%；实现税利191万元，比上年增73.6%。

2011年，全乡农村社会总产值(现价)9 176万元，比上年增1.1%。工农业总产值(现价)9 154万元，比上年增35%，其中，工业总产值758万元；农业总产值8 396万元，比上年增24.4%。农村经济总收入6 523万元，比上年增5.38%；农民人均纯收入2 846元，比上年增8.21%。

2011年，全乡财政收入521万元，比上年增8.32%；财政支出521万元，比上年增10.85%。年末，各项存款余额1 896万元，比上年增41.28%；人均储蓄存款余额1 382元，比上年增36%。

乡党委书记白继光，人大主席杨斌，乡长杨连松。

（赵　静）

【羊街乡】 2011年，全乡总人口18 473人，其中男9 597人，女8 876人；少数民族人口16 779人，占总人口的90.8%。人口自然增长率1.29‰。农村劳动力10 172人，其中从事第二、三产业的1 054人，占总劳动力的10.4%。

2011年末，全乡有耕地31 113亩，复种指数147%。全年粮食总产5 226.7吨，比上年增8.82%；油料总产77吨，比上年增6.94%。农业人口人均产粮295.5千克。年末，生猪存栏12 239头，比上年增0.52%；肥猪出栏15 534头，比上年增3.6%。大牲畜存栏3 556头，比上年减2.6%。水产品产量34吨，比上年增3.0%。全年投入水利建设资金673.46万元，水利化程度67.2%。

2011年，有个私企业195个，比上年减11个；从业人员380人，比上年增2.15%；营业总收入2 240万元，比上年增10.07%；实现税利14万元，比上年增7.69%。

2011年，全乡农村社会总产值(现价)13 210万元，比上年增9.2%。工农业总产值(现价)11 799万元，比上年增19.75%。其中工业总产值218万元，比上年增3.8%；农业总产值11 581万元，比上年增20.1%。农村经济总收入10 414万元，比上年增16.01%；农民人均纯收入3 579.7元，比上年增11%。

2011年，全乡财政收入656.4万元，比上年增25.6%；财政支出633.7万元，比上年增3.81%。年末，各项存款余额4 659万元，比上年增171.3%；人均储蓄存款余额2 626元，比上年增173.8%。

党委书记白文华，人大主席祝顺德，乡长王森。

（吕晓倩）

【那诺乡】 2011年，全乡总人口18 474人，其中：男9 846人，女8 628人；少数民族人口17 014人，占总人口的92.1%。人口自然增长率2.53‰。农村劳动力11 149人，其中从事第二、三产业的1 846人，占总劳动力的16.6%。

2011年末，全乡有耕地16 403亩，复种指数187.8%。全年粮食总产4 951.4吨，比上年增9.51%；油料总产30.8吨，比上年增59.59%。农业人口人均产粮273.9千克。年末，生猪存栏16 725头，比上年增21.39%；肥猪出栏9 890头，比上年增5.34%。大牲畜存栏1 738头，比上年增0.2%。水产品产量36吨，比上年增5.59%。全年投入水利建设资金210.43万元，水利化程度50%。

2011年有个私企业154个，比上年增13个，从业人员213人，比上年增10.9%；企业总收入1 775万元，比上年增18.8%；实现税利15万元，比上年增42.8%。

2011年，全乡农村社会总产值（现价）5 725.17万元，比上年增25%。工农业总产值（现价）5 501万元，比上年增19.3%，其中：工业总产值180万元，比上年增23.3%；农业总产值5 321万元，比上年增19%。农村经济总收入5 620万元，比上年增22.7%；农民人均纯收入3 036元，比上年增8.04%。

2011年，全乡财政收入309.7万元，比上年增28.4%；财政支出553.4万元，比上年增29.6%。年末，各项存款余额4 485万元，比上年增85%；人均储蓄存款余额2 480元，比上年增81%。

乡党委书记何志强，人大主席段者行，乡长倪朗抄。

（[illegible]）

【洼垤乡】 2011年，全乡总人口11 502人，其中男5 806人，女5 696人；少数民族人口10 349人，占总人口的90%。人口自然增长率-2.28‰。农村劳动力7 705人，其中从事第二、三产业的1 065人，占总劳动力的13.8%。

2011年末，全乡有耕地19 662亩，复种指数168%。全年粮食总产5 988吨，比上年增28%；农业人口人均产粮542千克。年末，生猪存栏14 817头，比上年增2%；肥猪出栏11 971头，比上年增5%。大牲畜存栏5 591头，比上年减8%。水产品产量43吨，比上年增7%。全年投入水利建设资金1 450万元，水利化程度42%。

2011年有个私企业132个，比上年增2个，从业人员310人，比上年增1%；企业总收入3 590万元，比上年增11%；实现税利220万元，比上年增10%。

2011年，全乡农村社会总产值（现价）12 947万元，比上年增17%。工农业总产值（现价）12 810万元，比上年增18%，其中，工业总产值3 690万元，比上年增17%；农业总产值9 120万元，比上年增18%。农村经济总收入9 120万元，比上年增18%；农民人均纯收入3 505元，比上年增2%。

2011年，全乡财政收入773万元，比上年增22%；财政支出773万元，比上年增14%。年末，各项存款余额6 623万元，比上年增37%；人均储蓄存款余额6 013元，比上年增41%。

乡党委书记黄文康，人大主席刀铁林，乡长白雄。

（王　瑞）

【龙潭乡】 2011年，全乡总人口8 269人，其中男4 367人，女3 902人；少数民族人口6 970人，占总人口的84.3%。人口自然增长率1.44‰。农村劳动力5 365人，其中从事第二、三产业的1 218人，占总劳动力的22.7%。

2011年末，全乡有耕地15 588亩，复种指数120%。全年粮食总产385.81吨，比上年增24.39%；油料总产2.08吨，比上年增11.23%。农业人口人均产粮484.93千克。年末，生猪存栏8 650头，比上年增4.8%；肥猪出栏4 567头，比上年增16%。大牲畜存栏3 705头，比上年增2.46%。水产品产量17.1吨，比上年增12.28%。全年投入水利建设资金140万元，水利化程度34%。

2011年有个私企业119个，比上年减1个，从业人员174人，比上年减18.3%；企业总收入805万元，比上年减13.8%；实现税利91万元，比上年增9.6%。

2011年，全乡农村社会总产值（现价）6 797万元，比上年增20.09%。农业总产值（现价）4 645万元，比上年减20.27%。农村经济总收入3 523万元，比上年增10%；农民人均纯收入3 205元，比上年增10.02%。

2011年，全乡财政收入549.82万元，比上年增25.08%；财政支出442万元，比上年减38.6%。年末，各项存款余额2 750万元，比上年增1.8%；人均储蓄存款余额3 205元，比上年增10%。

乡党委书记朱学超，人大主席张春早，乡长徐建国。

（杨艳红）

【红光农场】 2011年，全场总人口1 650人，其中男834人，女816人；少数民族人口449人，占总人口的28%。

2011年末，全场有耕地8 152.2亩，复种指数110%。主要产品及产量：甘蔗18，419吨，其中糖蔗18，369吨，果蔗50吨；水果总产5，298吨，其中脐橙、柑橘9吨，荔枝79吨，芒果969吨，香蕉1 220吨，龙眼53吨，青枣2 800吨，桃李41吨，梨63吨，菠萝64吨。鲜切花260万支。年末，生猪存栏543头，比上年增3.8%；肥猪出栏头1 163，比上年增0.43%。全年投入水利建设资金560万元，主要为国家农业综合开发项目投资。水利化程度70%。

2011年，全场社会总产值（现价）2 474万元，比上年增15.8%。工农业总产值（现价）2 474万元，比上年增15.8%，农业总产值2 474万元，比上年增15.8%。职工平均工资6 740元，比上年增2.7%。

农场党委书记许德贤，场长张锐。

（邓郁松）

享受政府特殊津贴者

【安正云】 男，汉族，1965年9月出生，九三学社社员，本科学历，高级农艺师。现任玉溪市农业科学研究院油料所副所长，玉溪市玉米首席专家。

安正云自参加工作以来，工作认真负责，长期在农业科研推广生产的第一线，爱岗敬业，工作踏实勤奋，任劳任怨，钻研好学，积累了丰富的实践经验和解决生产中实际问题的能力。22年来主要致力于玉米新品种的引进筛选试验示范、油菜新品种(系)试验研究与推广工作。曾先后在玉溪市红塔区、峨山、江川、华宁、新平、元江6个县区的10余个山区乡镇，主持和参与举办玉米高产示范样板、贫困山区科技扶贫与开发、粮烟综合技术应用与开发、烤烟联产联质承包、小春多样性优化种植试验示范推广等。

特别是近五年来，在玉溪市油菜、玉米新品种引进、选育；新技术示范及推广，烤烟联产联质承包；小春多样性优化种植示范推广；酿酒型杂交高粱引种及高产栽培技术研究；玉米、油菜高产创建；降解地膜试验研究等方面贡献突出，获各级科技成果奖励12项(次)，其中：云南省科技进步三等奖1项；云南省科技推广一等奖1项、二等奖1项；玉溪市科技进步三等奖3项；县处级科技成果奖6项次(一等奖2项、二等奖2项、三等奖2项)。发表科技文章、论文5篇。2009年、2010年连续两年被玉溪市农业局评为玉溪市农业技术推广先进个人。2010年被全国农业技术推广总站评为全国科技抗灾促春管保春耕指导服务活动先进个人，为玉溪市农业的发展做出突出贡献。经云南省人民政府批准享受“2011年度云南省政府特殊津贴”。

【童宗武】 男，汉族，1963年2月出生，中共党员，主任医师，本科毕业，卫生管理硕士学位，现任玉溪市人民医院院长助理兼任肾内科和血液风湿免疫科主任。

童宗武从事临床工作25年来，一直在临床一线从事肾内科工作，他勤奋踏实，兢兢业业，勤勤恳恳，任劳任怨，具有扎实的医学基础知识，丰富的临床工作经验，对肾脏内科疾病的诊治有较深的造诣。1989年玉溪市人民医院在西南地区第一家开展血液透析技术，作为肾内科的1名医生，他能熟练进行肾脏病诊治和血液透析技术等肾内科的先进技能操作，经他推广实施的血液透析技术，使该院急性肾功衰患者的死亡率由原来的80%骤降为0；近年来，在两起重大公共卫生事件处置中，创造了44名重度甲醇患者全部康复的奇迹，使通海“1·16”霍乱疫情得到有效控制。作为玉溪市学科技术带头人和玉溪市内科专业委员会主任委员，他不忘自己肩负的责任，积极申请开展肾移植术，填补了玉溪市人民医院大器官移植的空白。在他的带领下，成功开展“亲体肾移植工作”，至今所监护的10余例移植患者均健康生活，重返工作岗位，无一例死亡。为玉溪市医疗卫生事业的发展做出了突出的贡献。

他曾组织并参与22项科研研究，作为第一完成人主持的11项科研，分别获地厅级科技进步二等奖3项、三等奖4项，县处级科技进步一等奖4项、二等奖3项；公开发表专业论文21篇，其中第一作者12篇，均发表在国家级刊物及省级刊物上。经云南省人民政府批准享受“2011年度云南省政府特殊津贴”。

（市人事）

受表彰人物

【赵树芳】 女，1957年12月出生，汉族，大专学历，现任玉溪交通运输集团公司玉溪汽车客运站站长。

赵树芳是一个恪尽职守，爱岗敬业，清正廉洁，关心职工，工作热情，大胆管理，深化内部改革，强化安全生产的管理者。按照客运站场“三优”、“三化”的要求，以服务好旅客为出发点，以奉献社会为己任，以树城市窗口文明形象为重点，通过全体干部职工的努力，玉溪客运站各方面工作实现了新的发展，呈现出经济效益稳步增长，职工收入逐年增加，安全生产平稳推进，经营管理水平逐步提高，职工队伍和谐稳定，窗口文明形象逐年提升的良好局面。从她任玉溪汽车客运站站长以来，玉溪客运站无重大责任事故和服务质量投诉，旅客运输正常有序，得到了广大旅客的好评和上级部门的认可。赵树芳2010年被中国道路运输协会授予“首届全国道路运输站场优秀站长”称号。2011年4月，被省云南省人民政府授予“云南省第二十届劳动模范”称号。

（李东釜）

【杨丽萍】 女，汉族，1966年出生，副主任医师。1989年毕业于昆明医学院临床医学系，2010年获澳大利亚弗林德斯大学医院管理硕士学位，现任玉溪市儿童医院副院长，昆明医学院、大理学院兼职副教授，是玉溪市儿科专业主要技术骨干之一。

杨丽萍擅长儿科急危重症、常见病、多发病及疑难病症的诊断与救治，特别在儿童突发公共卫生事件的处置方面，具备较强的专业技术能力及丰富的工作经验。在2008年“三聚氰胺问题奶粉导致婴幼儿泌尿系统结石事件”病例筛查工作及2009年、2010年儿童重症手足口病救治工作中，杨丽萍作为主要负责人之一，和儿童疾病诊疗中心儿内病区医护人员一道攻坚克难，圆满完成了工作任务，受到省、市领导及专家的充分肯定。由杨丽萍参与筹建的玉溪市儿童医院PICU病房目前是云南省设置床位数最多的儿童PICU病房，其参与管理的儿童疾病诊疗中心及玉溪市儿童医院具有较高声誉，已逐步成为玉溪市乃至滇南片区儿童疾病诊疗品牌。2011年2月，杨丽萍被全国总工会授予“全国五一巾帼标兵”称号。

（市人民医院）

【马琼仙】 女，汉族，1962年5月出生，研究生文化，中共党员，新平县人，现任玉溪市妇女联合会主席。

马琼仙创新做好妇女工作的载体，组织、协调、参与开展各项活动，有力地促进了玉溪城乡妇女工作的发展。成功运作小额信贷、贷免扶补资金，开展技术培训、协办招聘会，大力开展创业促就业工作。2004年以来，市妇联通过规模扶持、整村推进、能人带动、插花贫困户扶持等方式，建立了部门联动、能力培训、一体化服务等机制，探索形成了一条“妇联+女能人（龙头企业）+小额信贷+农户+产业”的发展路子，大大提升了妇女创业就业的能力，催生了一批有文化、懂技术、会经营的新型女农民。2004～2011年，玉溪市妇联成功运作小额信贷资金3.17亿元，帮助23 378户116 671人发展家庭经济。围绕产业发展大局，整合资源，依托贷免扶补资金，服务妇女创业就业。截至2011年12月30日，玉溪市妇联成功运作贷免扶补资金3.2566亿元，帮助全市4 994名妇女成功创业，带动17 632人就业，资金到期回收率100%。在全市开展“生态文明进家庭·百万妇女大行动”，开办生态文明家庭创建大讲堂，开展生态文明家庭创建纪念林树木认养等活动，引领各县区开展形式多样、内容丰富、特色突出的生态文明家庭创建系列活动，成效显著。2011年2月，马琼仙被全国农村妇女“双学双比”活动协调领导小组表彰为“全国巾帼建功活动先进工作者”。

【杜琼珍】 女，彝族，1972年7月出生，高中文化，峨山县人，现任峨山兴盛酒店负责人。

杜琼珍自1999年开始从事汽车服务行业，坚持“以诚待人、用心做事”的理念，2005年成立玉溪巾帼汽车服务有限公司。她致富不忘他人，积极帮助他人创业，着力打造连锁品牌，在玉溪地区有多家连锁店。巾帼连锁营业额每年达800多万元，上缴税金近20余万元，公司直属的企业总资产达1 800多万元，解决就业人员350余人。杜琼珍热心公益事业，捐资为家乡修路、资助农村文体活动、扶持贫困学生完成学业。2006年、2007年巾帼汽车服务公司分别荣获云南省专业贴膜“巧手杯”特等奖和技术二等奖。杜琼珍荣获峨山县优秀中国特色社会主义建设者和峨山县优秀青年创业致富带头人称号。2010年3月当选为首届“玉溪十佳创业女性”，2011年2月，杜琼珍被全国农村妇女“双学双比”活动协调领导小组表彰为“全国巾帼建功标兵”。

【李翠仙】 女，彝族，1970年10月出生，在职研究生学历，中共党员，易门县人，现任易门县妇女联合会主席。

2004年担任妇联主席以来，她抓好妇女发展工作，开展“送岗位、送技能、送法律和健康知识、送创业导师、送小额贷款”为主要内容的促进妇女创业就业援助行动，引导妇女走创业致富路。2004～2011年间，共争取小额信贷、“贷免扶补”项目资金16批11 260万元，居全市之首，这些资金惠及全县3 579个家庭13 225人。抓好维权，注重调研，了解妇女所需所盼，利用党代表、人大代表、政协委员的身份积极提出建议、议案。建立妇联主席接待日制度，设立维权接待室，健全信访工作机制，畅通信访渠道，切实维护妇女儿童合法权益。她积极协调为妇女儿童办实事。每年联合县医院为妇女、儿童开展免费健康体检，筹措资金30余万元慰问孤、困、残儿童、贫困大学生和妇女298人。2007年被玉溪市妇联表彰为“三八红旗手”，2008年被表彰为玉溪市妇联系统先进工作者，2011年11月被全国妇联、人力资源和社会保障部表彰为“全国妇联系统先进工作者”。

（市妇联办公室）

【李尊平】 男，1961年1月生，汉族，中共党员。研究生学历，现任玉溪市人民政府法制办公室主任。

在十多年的政府法制和行政复议实践中，李尊平秉承“以人为本、复议为民”的理念，不断创新机制，完善措施，切实履行复议职责，依法、公正、高效解决行政争议。2006年，在李尊平的建议下，市政府将行政复议工作纳入行政效能建设目标任务进行考核，有力推动行政复议工作全面发展。2010年，在全市建立起行政复议案件审理工作制度，明确行政复议工作每个阶段的任务要求，细化每个环节的程序步骤，在全省率先对行政复议案件审理进行统一规范。近三年来，在李尊平办理的36件复议案件中，行政机关和行政管理相对人最终达成和解的有13件，占总数的36.1%，切实发挥行政复议在化解矛盾、构建和谐中的职能作用。2011年12月，李尊平被国务院法制办授予“全国行政复议工作先进个人”荣誉称号。

（市政府法制办）

【陈志平】　男，汉族，工商管理硕士研究生，1961年1月出生，中共党员，2004年4月～2011年12月任玉溪市国税局党组书记、局长。

陈志平始终致力于“有位必有为”的责任信条，殚精竭虑、科学运筹，带领700多名干部职工以务实的行动、骄人的业绩，把玉溪国税推向了一个全新的境界。2004任职以来带领玉溪国税共计组织收入1 415.18亿元，年度税收收入从2004年的123.7亿元增长到2011年的274.58亿元，并实现连续多年无新增欠税；2005年10月、2009年1月和2011年12月，市局机关连续三届被中央文明委命名为“全国文明单位”。玉溪市国税局还获得“全国税务系统信息化建设先进单位”、全省国税系统目标管理考核连续三年第一名等荣誉。陈志平2005～2007年连续三年、2010年被云南省国家税务局表彰为“优秀公务员”；2009年10月被云南省文明委员表彰为“云南省精神文明建设先进工作者”，2010年1月被云南省国家税务局表彰为“全省国税系统精神文明建设先进工作者”；2011年4月被云南省政府表彰为“云南省先进工作者”。

（国税局）

【姜　宁】　男，汉族，1975年7月出生，中共党员，大学本科学历。现任中国银行业监督管理委员会玉溪监管分局华宁办事处主任。

2008年以来，姜宁主要从事金融领域政务信息调研及编辑上报工作。4年来，姜宁编辑各类信息400余篇，其中个人执笔撰写100多篇。2008～2010年，玉溪银监分局政务信息工作年度考核均位居云南银监局系统前二名。2009年初，玉溪银监分局被中国银监会增设为信息直报点，当年考核就跃居全国97个信息直报点第7名，2010年再次获得“中国银监会政务信息直报点先进单位”荣誉称号。因工作成绩突出，姜宁连续2年（2009年至2010年）被评为玉溪市政府“政务信息工作先进个人”；连续3年（2008年至2010年）被评为云南银监局系统政务信息工作先进个人；连续两次（2007～2008年度、2010～2011年度）被评为云南银监局系统优秀共产党员；连续两年（2009年至2010年）荣获“中国银监会系统政务信息工作先进个人”荣誉称号。

（玉溪银监分局）

【陈　芳】　女，汉族，护师，1973年出生，玉溪市人民医院神经内科从事护理工作。

陈芳具有丰富的临床护理专业技术及较高的职业道德素质，善于从细微之处观察患者病情动态和对患者进行心理疏导。从事护理工作二十多年间，始终以高度负责的工作精神服务每一位患者，常主动为患者及家属解决痛苦和实际困难，赢得众多患者及家属的交口称赞，多次被玉溪市人民医院评为星级护士。自玉溪市人民医院开展优质护理服务活动以来，陈芳在工作岗位中创新思路。为了提高患者的生活质量，最大限度提高肢体功能程度，她将护理康复理论应用到护理实际工作当中，为患者制定康复计划并实施康复训练，大大加快了患者的康复速度，为科室优质护理服务工作的深入与实践做出积极贡献，体现了优质护理服务工作的价值内涵。2011年5月，陈芳在卫生部和总后勤部组织的“2010年全国优质护理服务示范工程”考核活动中获得“优质护理服务考核优秀个人”称号。

（市人民医院）

首届“玉溪杰出人才奖”

李培林　玉溪第四中学分校校长，中学高级教师

杨绍聪　玉溪市农业科学院副院长，农业推广研究员

郝应禄　玉溪市人民医院心内科主任，主任医师

黄　镇　玉溪沃森生物技术有限公司技术总监，高级工程师

文天福　云南通变电器有限公司董事长兼总经理，经济师

李穗明　红塔烟草（集团）有限责任公司总裁，高级工程师

杨永生　玉溪新兴钢铁有限公司高级技师，轧钢工程师

冯咏梅　玉溪市滇剧团副团长，国家一级演员

郭　智　中国国家残疾人游泳队队员（家住澄江县龙街镇左所村委会下左所五组）

第五届“玉溪十大杰出青年”

马　浩　中共玉溪市纪委监察局案件检查室主任

向能军　红塔烟草（集团）有限责任公司高级工程师

李国鉴　玉溪市公安局红塔分局红塔山派出所教导员

李顺祥　玉溪市疾病预防控制中心办公室主任，副主任医师

杨志伟　华宁县华溪镇华溪村科技特派员

沐　青　玉溪市花灯团国家二级演员

周　颖　云南江川卓一食品有限公司董事长

钱小汉　玉溪市消防支队特勤中队政治指导员

郭　智　中国国家残疾人游泳队队员（家住澄江县龙街镇左所村委会下左所五组）

玉溪市第二届道德模范

助人为乐道德模范	张德生	吴兰芬
见义勇为道德模范	金云祥	吕朝林
诚实守信道德模范	可秀萍	龚德斌
敬业奉献道德模范	李奉忠	白福安
孝老爱亲道德模范	孙贵华	赵佳丽

《云南省玉溪城市管理条例》

（2011 年 9 月 30 日云南省第十一届人民代表大会常务委员会第二十六次会议通过）

第一章　总　则

第一条　为了建设现代宜居生态城市，完善城市服务功能，加强城市管理，促进经济社会全面协调可持续发展，根据《中华人民共和国城乡规划法》、国务院《城市市容和环境卫生管理条例》等法律、法规，结合玉溪市实际，制定本条例。

第二条　在玉溪市城市规划区内的单位和个人，应当遵守本条例。

本条例所称的玉溪市城市规划区，是指玉溪市红塔区的城市建成区和因城市建设发展需要实行规划控制的区域。

第三条　城市管理应当树立服务人民的理念，提倡和鼓励公众参与，坚持以人为本、科学规划、综合管理、社会监督的原则，为人民群众营造工作、生活方便，居住安全舒适的环境。

第四条　市、区人民政府应当加强对城市管理工作的领导，将城市建设纳入国民经济和社会发展规划，提高城市管理和服务水平。

第五条　城乡规划、住房和城乡建设行政主管部门及城市管理部门按照职责做好城市规划、建设和管理工作。

城市管理综合行政执法部门按照批准的权限开展城市管理综合行政执法工作。

其他有关部门，按照各自职责做好城市管理的相关工作。

第六条　城市管理中涉及社会公众重大利益的事项，市、区人民政府及有关部门应当采取论证会、听证会或者其他方式征求专家和公众的意见。

第七条　城市管理综合行政执法人员履行职责时，应当遵循合法、公开、公正、文明、高效的原则，按照规定的执法权限和程序进行。

第二章　规划建设

第八条　城市总体规划经批准后，应当向社会公布，不得擅自改变。确需修改的，按照法定程序进行。控制性规划和专项规划应当符合城市总体规划。编制专项规划时，应当征求城乡规划及相关行政主管部门的意见。

第九条　市、区人民政府应当按照城市建设专项规划的要求，建设城市道路、绿地、停车场、公交站点、出租汽车停靠点、公厕等市政公用设施，并设置规范的标识、标牌。

新建、改建、扩建的建设工程项目，应当按照规划要求配套建设停车场所和停车泊位。

第十条　在城市规划区内使用宅基地新建、改建、扩建房屋应当按照规划要求进行建设，未经批准不得扩大建筑面积或者在屋顶、地下进行加层等行为。

第十一条　在建筑工程中具备安装使用太阳能等可再生能源设施设备的，工程设计、建设、施工等单位应当将其与主体建筑工程同步设计、同步施工、同步竣工验收、同步交付使用。

第十二条　建设工程施工现场应当做到安全、整洁、规范，并符合下列规定：

（一）设置高度不低于 2 米的围挡，实行封闭式施工；

（二）对出入口及场内主要道路进行硬化处理；

（三）对裸露场地和集中堆放的土方、散料，采取覆盖、固化、绿化或者拦挡等措施防尘、降尘；

（四）出入的运输车辆保持清洁；

（五）竣工后及时清理、平整场地，对因施工损坏的周边环境及时进行修复。

第十三条　在城市建成区内的建设工程项目应当使用预拌混凝土。但下列情形除外：

（一）运送预拌混凝土的车辆不能到达施工现场的；

（二）因建设工程的特殊需要，预拌混凝土生产企业不能生产的；

(三)建设工程使用混凝土的总量在10立方米以下的。

现场搅拌混凝土应当符合国家有关标准和要求，并采取防尘、降噪和清洁地面等措施。

第三章　市容环境卫生

第十四条　新建、改建、扩建建筑物，不得违反规定设置遮阳雨篷。门窗需要设置安全设施的，应当采取内置方式设置。

主要街道两侧的建筑物前，应当选用高度不超过1.8米的透景、半透景围墙、栅栏，或者采用绿篱、花坛(池)、草坪等作为分界。

第十五条　设置户外广告、招牌等设施，应当符合城市规划和有关部门的要求，并经城乡规划行政主管部门批准。设置期届满的，应当及时拆除或者办理延期手续。

经批准设置的户外广告和招牌等设施，所有者或者使用者不得擅自改变位置、形式和规格，对残缺、破损的户外广告、招牌及其设施应当及时修复。

第十六条　城市建成区内的单位和经营者，应当按照城市管理部门划分的卫生责任区履行下列义务：

(一)保持市容整洁，无乱设摊点及搭建、粘贴、涂写、刻画、吊挂、堆放等行为；

(二)保持环境卫生整洁，无暴露垃圾、粪便、污水、污迹和蚊蝇孳生地等；

(三)按照规定设置环境卫生设施并保持其整洁、完好；

(四)法律、法规规定的其他义务。

第十七条　运送垃圾、渣土、砂石和粉状(矿产)物等散体物料，应当使用密闭车辆或者采取标准篷布包裹、袋装等其他密闭措施，不得沿途抛洒、泄漏。

在城市建成区内道路上实施上述行为的，建设或者施工单位应当选择符合条件的车辆承担运输，并向城市管理部门办理核准手续，按照规定的时间、路线和地点进行运输和处置。

第十八条　城市建成区内禁止下列行为：

(一)擅自摆摊设点、占道生产、经营或者堆放物品；

(二)在公共场所随地吐痰、便溺，乱扔烟蒂、纸屑、塑料袋、果皮、食物残渣等废弃物；

(三)损坏草坪、树木，采摘公共场所的花卉、果实等；

(四)在城市道路和公共场所清洗车辆，违反规定倾倒废水、废弃物；

(五)在露天场所或者垃圾容器内焚烧垃圾和其他物品；

(六)在城市道路、公共场所堆放废弃物、渣土；

(七)在人行道、车行道搭设移动或者永久性设施；

(八)在建筑物、构筑物上乱刻乱画或者任意摆放物品，粘贴、悬挂有碍市容市貌的广告、标语、标识和其他宣传品；

(九)在公共场所停放遗体、搭设灵棚(堂)、沿街游丧等。

第十九条　任何单位和个人不得擅自占用、封闭、拆除、移动和改建市容环境卫生设施。因城市建设需要占用、封闭、拆除、移动和改建市容环境卫生设施的，应当经城市管理部门批准，所需费用由建设单位承担。

第二十条　集贸市场开办单位应当按照国家和省、市有关规定，做好市场内的服务区域划分、环境卫生、车辆停放、消防安全等管理服务工作。

新建、改建、扩建的集贸市场，开办单位应当按照市场规范化管理要求，设置摆放或者悬挂经营者证照、招牌广告、制度公示等设施，提供公平交易监督场所。

第二十一条　城市建成区内养犬的，应当符合市人民政府的有关规定。任何单位和个人不得饲养未经登记、免疫的犬只。

第四章　节能环保

第二十二条　市、区人民政府及有关行政管理部门应当加强节约用水管理，推行节水措施，推广节水新技术、新工艺，建设节水型城市。

城市规划区内实行二次供水卫生许可。二次供水单位应当对水箱和水池进行卫生防护、定期消毒、水质检验。

第二十三条　城市道路、建筑物、构筑物和设施、景区应当按照城市照明专项规划和技术规范设置照明设施，鼓励采用经国家相关部门认证的新技术、新工艺、新材料、新光源和节能灯具。

公共照明设施应当保持完好，并按照规定时间开启和关闭。

第二十四条　在城市建成区的玉溪大河等河道管理范围内禁止下列行为：

(一)擅自搭建建筑物、构筑物；

(二)弃置矿渣、石渣、煤灰、泥土、垃圾等；

(三)从事污染水体的生产、经营活动。

第二十五条　市、区人民政府应当制定措施，支持和推广、应用太阳能等可再生能源和新型墙体材料；倡导低碳生活方式，推广使用清洁能源。

在城市建成区内禁止燃用原煤等高污染燃料。

从事食品加工、餐饮服务的单位或者个人，应当配置废气(油烟)净化装置和油烟排放管道，对产生噪声的设施采取隔声、降噪措施。

第二十六条　城市建成区内，禁止下列噪声污染活动：

(一)在医院、学校、科研机构、机关、居民住宅等区域内从事产生环境噪声污染的加工、维修等活动；

(二)酒吧、歌舞厅、棋牌室等娱乐场所产生的边界噪声超过国家规定的环境噪声排放标准；

(三)商业经营活动中使用扩音喇叭、高噪声设备干扰居民工作生活；

(四)在公共场所组织娱乐、健身、集会等活动，使用音响器材音量超标，干扰周边居民工作和生活；

(五)当日22时至次日7时期间，未经批准进行产生环境噪声污染的建筑施工、装修和加工活动。

第二十七条　市、区人民政府在中考、高考或者其他重大社会活动期间，可以对特定区域内可能产生环境噪声污染的建筑施工、商业经营、交通运输等活动采取临时限制措施，并提前10日向社会公告。

第五章　城市绿化

第二十八条　园林管理部门应当加强对城市园林、绿地的建设和养护管理，保持公园、园林景观和风貌完整，设施完好。

支持创建园林单位、小区，鼓励单位和个人认养城市树木。

第二十九条　城市绿化应当因地制宜，实行平面绿化与墙面、屋顶等立体绿化相结合，推广应用节水、节地、节材新技术。

第三十条　新建、改建、扩建的工程项目应当办理绿化审批手续。其绿化用地指标、费用应当达到省、市人民政府的有关标准和要求。

因建设场地等限制，达不到绿化用地指标的项目，应当按照住房和城乡建设行政主管部门的规定实行同城异地绿化。确实不能实施的，应当缴纳异地补绿代建费。住房和城乡建设行政主管部门应当及时实施异地补绿代建。

第三十一条 施工单位或者个人经城市管理部门批准可以在人行道、公共绿地旁施工。其堆放的建筑材料、设备，不得妨碍行人通行，与行道树主干或者绿地边缘的距离不少于1米。

城市供电、供排水、电信、网络、有线电视等单位铺设、维修管线时，应当避让城市绿地。确实不能避让的，经城市管理部门同意后可在绿地施工，并对造成的损失予以补偿。

第六章 道路交通

第三十二条 轮式专用机械、建筑施工车辆和载质量750千克以上的载货汽车，需要临时在划定的限制通行区、禁止通行区内行驶的，应当到公安交通管理部门办理《临时入城通行证》。

运送生产、生活必需品和市场内部所需物品的载质量750千克以上的载货汽车，需要长期在划定的限制通行区、禁止通行区内行驶的，应当到公安交通管理部门办理《入城通行证》。

《临时入城通行证》、《入城通行证》，应当随车携带，并按照规定的时间、路线通行。

第三十三条 拖拉机、低速载货汽车、机动三轮摩托车、电动三轮车、人力三轮车、板车、畜力车、卡丁车不得在划定的禁行区道路和禁行时间内行驶。

第三十四条 禁止在城市道路上驾驶机动车追逐竞驶。

第三十五条 驾驶非机动车应当遵守下列规定：

（一）不得逆向行驶或者以危险方式载人；

（二）时速不高于15千米；

（三）转弯时提前示意或者开启转向灯；

（四）不得以手持方式使用电话；

（五）遇行人通过人行横道时，应当停车或者减速避让；

（六）电动自行车只能载1名未成年人，16周岁以下的未成年人不得驾驶电动自行车。

第三十六条 城市道路和建筑物应当配套建设无障碍设施，并符合相关规定。

任何单位和个人不得占用、损坏无障碍设施或者改变其用途。

第三十七条 城市道路上的停车泊位，由城市管理、城乡规划、住房和城乡建设、公安交通管理部门共同设置，并由公安交通管理部门组织实施。

禁止擅自占用、撤除停车泊位；禁止在停车泊位上设置障碍；禁止未经许可收取停车泊位费用。

第三十八条 物业服务企业应当同业主委员会协商，并经三分之二以上的业主同意，可以会同公安交通管理、消防部门、辖区派出所在居民小区道路上施划停车泊位。

第三十九条 市、区人民政府应当将公共交通基础设施建设纳入城市规划，优先发展城市公共交通，适时调整公交线路、公交车辆、出租汽车的投放量。

禁止未取得城市公共交通、城市出租汽车经营许可的车辆从事客运经营活动；禁止从事摩托车载人的经营活动。

城市出租汽车经营许可，由市人民政府另行规定。

第七章 服务与监督

第四十条 市、区人民政府及其有关部门应当建立和完善城市公共服务体系，整合公共资源，建设城市管理与公共服务平台，建立健全社区管理服务机构，创新和改进城市公共服务方式，完善城市服务功能，提高城市服务质量。

第四十一条 市、区人民政府应当为社会公众提供文化、体育娱乐场所及设施。图书馆、博物馆、纪念馆、城市公园、全民健身设施等免费向社会公众开放。

第四十二条 市、区人民政府应当为社会公众提供安全舒适、方便快捷、经济环保的城市公共交通服务。老年人、残疾人、现役军人乘坐城市公共汽车凭有效证件减免车费。

第四十三条 任何单位和个人对违反本条例的行为有予以劝阻、投诉、举报和控告的权利。

城市管理综合行政执法部门和相关部门应当建立和完善城市管理违法行为投诉、举报制度，建立城市管理违法行为曝光台，向社会公布统一受理投诉、举报的电话、信箱、电子邮箱和罚没收入。有关部门接到投诉、举报后，应当认真处理，并将处理结果及时反馈投诉、举报人。

第四十四条 任何单位和个人有权对城市管理综合行政执法部门、相关部门及其执法人员不严格执法以及违法违纪行为进行投诉和举报。收到投诉和举报的部门，应当依据职责及时查处。

第八章 法律责任

第四十五条 城市管理综合行政执法部门及其工作人员有下列情形之一的，由上级行政机关或者有关部门对直接负责的主管人员和其他直接责任人员依法给予处分；造成损失的，依法承担赔偿责任；构成犯罪的，依法追究刑事责任：

（一）不履行法定职责或者滥用职权、玩忽职守的；

（二）侵犯当事人合法权益的；

（三）在行政执法活动中徇私舞弊、索贿受贿的；

（四）截留、侵占、挪用、私分或者变相私分没收的违法所得、非法财物以及查封、扣押的财物的；

（五）年末不向社会公布罚没收入，不主动接受社会监督的。

第四十六条 违反本条例第十条规定的，由乡镇人民政府、街道办事处责令停止建设、限期改正；拒不改正的，由城市管理综合行政执法部门依法查封施工现场、强制拆除，处5 000元以上2万元以下罚款。

第四十七条 违反下列规定的行为，由住房和城乡建设行政主管部门责令改正，并按照下列规定处罚：

（一）违反本条例第十二条规定的，可处1 000元以上5 000元以下罚款；

（二）违反本条例第十三条第一款规定的，可处2万元以上10万元以下罚款；

（三）违反本条例第三十条第一款规定，绿化费用达不到规定费用比例的，处应投入绿化费用1倍以上3倍以下罚款。

第四十八条 违反下列规定的行为，由城市管理综合行政执法部门责令改正，并按照下列规定处罚：

（一）违反本条例第十四条第一款、第十五条、第十七条规定的，可处300元以上3 000元以下罚款；情节严重的，处3 000元以上3万元以下罚款；

（二）违反本条例第十八条第一项规定的，可处100元以上1 000元以下罚款；违反本条例第十八条第二项规定的，可处10元以上50元以下罚款；违反本条例第十八条第三项规定的，可处50元以上500元以下罚款；违反本条例第十八条第四至九项、第三十七条第二款规定的，可处200元以上1 000元以下罚款；

（三）违反本条例第二十一条规定的，对养犬个人处200元以上1 000元以下罚款；对养犬单位处2 000元以上1万元以下罚款；

（四）违反本条例第二十五条第二款规定的，责令拆除或者没收燃用高污染燃料的设施，违反第三款规定的，可处2 000元以上1万元以下罚款；

（五）违反本条例第二十六条第一、三、四项规定的，可处200元以上500元以下罚款，违反第二、五项规定的，可处5 000元以上2万元以下罚款；

（六）违反本条例第三十九条第二款规定的，没收违法所得，对摩托车驾驶人处500元以上3 000元以下罚款；对非法营运车辆的驾驶人处5 000元以上3万元以下罚款；情节严重的，依法没收从事非法营运的车辆。

第四十九条　有下列情形之一的，按照下列规定处罚：

（一）违反本条例第二十条规定的，由工商行政管理部门责令改正，可处2 000元以上1万元以下罚款；

（二）违反本条例第二十二条第二款规定的，由卫生行政管理部门责令改正，处500元以上2 000元以下罚款；

（三）违反本条例第二十四条规定的，由水行政主管部门责令改正，没收违法所得，可处500元以上3 000元以下罚款。

第五十条　违反城市道路交通安全管理规定的行为，由公安交通管理部门按照下列规定处罚：

（一）违反本条例第三十二条规定的，处警告或者200元以下罚款；

（二）违反本条例第三十三条规定的，对机动车驾驶人处警告或者200元以下罚款，对非机动车驾驶人处警告或者50元以下罚款；

（三）违反本条例第三十四条规定的，处1 000元以上2 000元以下罚款，可并处吊销机动车驾驶证，一年内不得重新取得机动车驾驶证；构成犯罪的，依法追究刑事责任；

（四）违反本条例第三十七条第二款规定的，责令恢复原状，可处200元以上1 000元以下罚款。

第五十一条　违反本条例规定的其他行为，依照有关法律、法规的规定予以处罚。

第九章　附　则

第五十二条　市、区人民政府可以根据本条例制定城市管理的具体实施办法。玉溪市各县的城市管理可以参照本条例执行。

第五十三条　本条例自2012年1月1日起施行。

关于玉溪市2011年国民经济和社会发展计划执行情况与2012年国民经济和社会发展计划草案的报告(书面)

——2012年5月14日在玉溪市第三届人民代表大会第五次会议上

玉溪市发展和改革委员　孙云鹏

各位代表：

受市人民政府委托，现将玉溪市2011年国民经济和社会发展计划执行情况与2012年国民经济和社会发展计划草案提请市三届人大五次会议审查，并请市政协委员提出意见。

一、2011年国民经济和社会发展计划执行情况

2011年，面对复杂多变的经济发展环境和严重干旱带来的不利影响，全市上下在市委、市政府的正确领导下，在市人大、市政协的监督支持下，抢抓机遇，攻坚克难，全力转方式、调结构、建生态、惠民生、保稳定，全市经济继续朝着宏观调控预期方向发展，实现"十二五"规划良好开局。

据统计，全市生产总值完成876.6亿元，增长12.1%，高于计划增速2.1个百分点；地方财政收入96.5亿元，增长15.4%，高于计划增速5.4个百分点；全社会固定资产投资422.5亿元，增长30.2%，高于计划增速10.2个百分点；社会消费品零售总额168.4亿元，增长19%，高于计划增速4个百分点；农民人均纯收入6 616元，增长15.1%，高于计划增速8.1个百分点；城镇居民人均可支配收入18 527元，增长12.5%，高于计划增速5.5个百分点；居民消费价格指数上涨4.7%，城镇登记失业率3.1%，人口自然增长率5.3‰，单位生产总值能耗下降4.16%。除居民消费价格总水平以外，市三届人大四次会议确定的主要预期目标均圆满或超额完成，计划执行的主要情况是：

(一)农村经济稳步发展

克服连续三年干旱、农产品价格波动以及生产资料价格上涨等不利因素影响，农业和农村经济平稳发展，农业完成增加值80.5亿元，增长7.7%。粮食作物实现单产、总产、产值"三增长"。烤烟收购任务圆满完成，收购均价、上等烟比例、烟农收入、烟叶税再创历史新高，收购烟叶203.9万担，烟农收入突破20亿元，上等烟比例达69%；畜牧业稳步发展，改扩建生猪标准化规模养殖场(小区)42个、发展专业村22个，完成畜牧业产值55.9亿元，增长5%。农业产业化经营稳步发展，新增市级以上龙头企业22户，建成9个专业合作示范社，新认证"三品一标"产品8个。继续强化以水利为重点的农业基础设施建设，列入全省骨干水源工程的7件中小型水库开工6件，建成农村饮水安全工程422件，解决15.9万人的饮水安全问题，完成中低产田改造26.5万亩。农民收入随着农村经济发展快速增长，农民人均纯收入达到6 616元，增加869元。

(二)工业经济较快增长

坚定不移实施"工业强市"战略，全市工业继续保持较快增长，完成工业增加值542.2亿元，增长16.1%，对经济增长贡献率达79.6%。优势产业支撑作用突出，烟草、矿电产业合计完成增加值占全市工业增加值的94.8%，其中：卷烟及配套产业完成增加值353.8亿元，增长16.8%，卷烟结构不断调整优化，一、二类卷烟比重同比提高10个百分点；矿电产业完成增加值160亿元，增长14.6%，钢铁企业产业提升改造顺利推进，联合重组步伐加快，主要产品产量价快增长。园区建设加快推进，完成标准厂房建设50万平方米，玉溪数控产业基地一期14个项目建成投产、二期签约项目33个，创建国家级高新区工作通过科技部专家组评审，研和工业园区创建国家级经济技术开发区工作全面启动。

(三)旅游文化快速发展

抚仙湖—星云湖生态建设与旅游改革发展综合试验区建设稳步推进，湖畔圣水项目一期工程全部完工，悦椿度假酒店二期工程会议中心、抚仙湖国际老年康体养生度假中心等项目顺利推进。旅游产品提档升级稳步推进，哀牢山—红河谷景区配套设施不断完善，"五山一村"旅游产品改造提升步伐加快。全年接待游客1 308.9万人次，实现旅游总收入57.1亿元，增长40.9%。

(四)投资拉动作用明显

继续坚持大项目带动战略，固定资产投资快速增长，全社会固定资产投资完成422.5亿元，增长30.2%。投资结构进一步调整优化，工业、交通、房地产业投资合计完成237.9亿元，占全市完成投资的54%。投资主体多元化发展，非国有单位完成投资占全社会固定资产投资比重超过50%。以列入国家和省、市级确定的重大项目为抓手，全力推进重点项目建设，列入省"三个一百"的29个重大项目和市级300个重大项目建设进展顺利，207个1 000万元以上重点工业投资项目开工建设，大红山800万吨铁矿采选扩建、太标100万套太阳能、玉钢钒资源综合利用、通印股份整体迁建技改、猫哆哩系列休闲食品等续建项目顺利推进，易峨高、新三等5条二级公路主体工程完工，昆玉铁路扩能改造征地拆迁工作有序进行，玉蒙铁路进入扫尾攻坚阶段。

(五)消费环境不断改善

城乡市场体系建设稳步推进，深入实施"万村千乡"市场工程，建成华宁、新平两县配送中心和20个农家店，完成2个屠宰厂搬迁标准化建设工作，关停7个落后厂点。重点专业市场建设步伐加快，完成6个省级和9个市级乡镇农贸市场建设，家佳超市李棋配送中心、中心城区农产品配送中心、珊瑚农贸市场标准化建设等项目进展顺利。调整优化品牌汽车市场布局，新建7个品牌汽车4S店。落实国家扩大内需各项政策措施，十大类"家电下乡"商品合计销售14.3万台，增长26%，销售总额3.8亿元，增长50%。对外贸易快速增

长，完成进出口总额4亿美元，增长40.2%。

（六）财政金融运行平稳

受益于全市经济平稳较快发展，财政收入总体形势良好。全市财政总收入完成343.5亿元，增长12.9%。地方财政收入完成96.5亿元，增长15.4%，地方财政支出完成160.5亿元，增长25.2%，教育、医疗卫生、社会保障等方面支出力度加大。全市金融机构人民币存款余额917.5亿元，增长12.4%，贷款余额543.7亿元，增长16.8%，存贷比为59.3%，金融运行基本正常。

（七）生态环保深入推进

生态市建设取得新进展。深入实施"生态立市"战略，玉溪市城市总体规划修编、生态城市规划、中心城区生态文化区控规进入报批程序。中心城区城市功能不断完善，东风水库除险加固工程通过竣工验收，玉溪大河二期完成85%的工程量。继续实施交通环境综合整治，红塔大道等4条道路工程建成通车，拆除环岛4个，高仓、九龙立交开工建设。拆临拆违和户外广告整治圆满完成，城市街区品位进一步提升。成功创建国家卫生城市，"创模"工作有序推进，《云南省玉溪城市管理条例》正式颁布，玉溪市荣获2011年"中国十佳低碳生态城市"和"中国十佳优质生活城市"称号，3个县被命名为国家级生态示范县，7个乡镇被命名为云南省生态乡镇。

环境保护力度不断加大。修改完善"三湖"水污染综合防治"十二五"规划，层层落实水污染综合防治年度目标责任。抚仙湖被列为国家首批湖泊生态环境保护试点，东大河流域主要河流清水产流机制修复示范工程加快推进，启动"三退三还"试点工作，完成退田6 083.7亩、退房2.9万平方米、沿湖7个试点村完成搬迁退出2个。星云湖南岸截污及湖滨带修复工程启动退田还湖工作，杞麓湖主要入湖河道治理工程完成初步设计，修订了东风水库水源保护区管理规定。22个污水和垃圾处理项目完工13个，在建9个。

节能减排任务圆满完成。全年淘汰落后炼铁产能68万吨、水泥产能13.5万吨。15户企业完成清洁生产审核评估，推广节能灯95万只。可再生能源建筑应用示范城市申报成功，玉溪被列为全国再生资源回收利用体系建设试点城市。全市单位生产总值能耗下降4.16%，圆满完成省下达节能减排目标。

（八）社会事业全面进步

教育科技事业稳步发展。学前教育、义务教育和职业教育均衡发展，全市29.1万中小学生和1.2万进城务工人员随迁子女全部享受"三免一补"政策，农村义务教育阶段生均公用经费标准提高100元。江川县被列为全省农村学前教育巡回支教试点县，玉溪一中综合楼、市一幼改扩建、玉溪一职中改扩建工程有序推进。教育资源配置进一步调整优化，在全省率先完成"一师一校"校点撤并工作。继续实施中小学校舍安全工程，排除D级危房10.6万平方米，新建校舍10.6万平方米。全面完成创新型玉溪行动计划目标，成立国家数控系统工程技术研究中心玉溪研发中心，沃森疫苗产业化工程技术研究中心项目通过验收，云南科技创新园落户玉溪。

公共卫生服务体系不断完善。全面深化医药卫生体制改革，五项重点工作取得实质性成果，实现了基本医疗高补偿、老年慢性病有保障、大病救助全覆盖，719个基层医疗卫生机构全部实施国家基本药物零差率销售，新农合筹资水平全省最高，人均达到300元左右。提高基本公共卫生服务均等化水平，6大类9项基本公共卫生服务全面落实。加强基层公共卫生体系建设，完成市中医院、4个县级医院和2个中心卫生院改扩建，新建2个社区卫生服务中心。

文化体育事业全面发展。继续推进"文化惠民"工程，新建乡镇综合文化站15个，农家书屋实现全覆盖，成功举办第二届中国聂耳音乐（合唱）周，澄江化石地"申遗"工作通过世界自然保护联盟实地考察评估，圆满完成第3次全国文物普查工作。完成10 336户广播电视"村村通"建设任务，农村电影"村村放"观众超百万人次。全民健身活动广泛开展，圆满完成全国第七届城市运动会参赛任务。

（九）民生质量持续改善

实施更加积极的就业政策，新增城镇就业人员2.38万人，城镇下岗失业人员实现再就业9 078人，"4050"特殊困难人员实现再就业6 056人，"零就业家庭"保持动态清零。社会保障体系不断完善，启动实施城镇职工基本医疗保险市级统筹和城镇居民大病补充医疗保险，城镇基本医疗保险参保人数48.8万人，城镇职工基本养老保险参保人数23.2万人，农村养老保险参保57.7万人，全面开展被征地农民养老保险缴费补助。出台加快少数民族贫困地区深度贫困群体脱贫进程的意见，5.5万人实现脱贫。保障性住房建设积极推进，建成彝族山苏安居房3 837户，2 606套廉租房和19 170套公租房全部开工建设。依法征收价格调节基金3 100万元，发放临时肉价补贴143.8万元。认真开展"三小"工程建设，发放72万套宣传小册子、小应急包。

总体来说，2011年全市国民经济和社会发展计划执行情况较好，实现了"十二五"的良好开局，但我们也要清醒地看到当前存在的突出问题和矛盾，高度重视并认真加以解决：一是农业基础设施较为薄弱，近年来连续干旱造成的影响仍在持续；二是经济总量不足、产业结构不合理、区域发展不平衡，仍制约着我市经济的快速发展；三是生态建设和环境保护形势严峻，节能减排难度较大。四是城镇经济集聚能力和集聚效应较弱，城镇化推进缓慢。同时还要对重大项目支撑薄弱、物价上涨等问题予以高度关注。

二、2012年国民经济和社会发展的主要目标和工作措施

2012年是实施"十二五"规划承上启下的重要一年，也是落实省第九次党代会、省委九届二次全会和市第四次党代会精神的第一年。围绕科学发展、和谐发展、跨越发展的要求，为确保到2016年国内生产总值、人均生产总值、财政总收入、固定资产投资实现"四个翻番"，城镇居民人均可支配收入、农民人均纯收入实现"两个倍增"，力争在全省率先建成经济强市、率先建成现代宜居生态城市、率先建成最有安全感的城市、率先建成最具幸福感的地方，同时结合玉溪经济社会发展实际，建议2012年全市国民经济和社会发展宏观调控主要预期目标为：

——全市生产总值增长12%以上；

——单位生产总值能耗下降3.4%；

——固定资产投资增长20%以上；

—地方公共财政预算收入增长15%以上；

——社会消费品零售总额增长18%以上；

——城镇居民人均可支配收入增长12%以上；

农民人均纯收入增长13%以上；

——居民消费价格指数控制在104%左右；

——城镇新增就业1.75万人；

城镇登记失业率控制在4%以内；

——人口自然增长率控制在5‰以内。

为实现上述目标，我们将认真贯彻落实省委九届二次全会和市第四次党代会精神，深入贯彻落实科学发展观，紧紧抓住国家深入实施西部大开发战略、云南省"桥头堡"战略以

及滇中城市经济圈建设机遇，坚持稳中求进、好中求快、变中求新，以加快转变经济发展方式为主线，打好县域经济、园区经济、民营经济三大战役，着力加快产业发展，促进经济结构调整，切实保障和改善民生，加强生态环保和节能减排，保持经济平稳较快发展和物价总水平基本稳定。重点抓好以下八个方面的工作：

（一）进一步加大“三农”工作力度，强化农业农村经济发展和农民增收基础

贯彻落实中央农村工作会议和中央一号文件精神，切实抓好“三农”工作，全面推动新农村和谐家园建设，确保农业增加值增长6%以上。

1. 加强农业基础设施建设

加大以农田水利为重点的农村基础设施建设力度，不断改善农民生产生活条件。继续推进以烟水工程为主要内容的中低产田地改造，力争完成20万亩改造任务。抓好骨干水源工程建设，完成新平黄草坝水库除险加固、元江西拉河二期分干渠、易门芦柴冲水库、华宁糯节河水库和通海元山水库扩建等工程建设，完成33件小（一）型和40件小（二）型病险水库除险加固任务。实施好山区小型水利工程建设，全面开展325件小水库小坝塘开展清淤工作，解决12万人农村饮水安全问题。加强农村公路、乡镇客运站点建设，完成元江、易门县城客运站和新平者竜、元江羊街乡镇客运站建设，实施好行政村通畅、自然村通达工程。

2. 大力发展农业生产

加大对粮食生产的支持力度，稳定粮食种植面积，大力发展现代特色农业，促进农业产业化发展。围绕红塔集团烟叶需求，加快推进现代烟草农业项目建设，确保烤烟72万亩种植任务和190万担收购任务圆满完成，大力发展有机烟叶、生态烟叶、绿色烟叶，打响玉溪庄园品牌。加快推进特色经济林果开发，种植优质核桃和竹子20万亩，加快发展三七、除虫菊、灯盏花等特色生物原料种植。以“生猪规模养殖百万工程”为重点，大力推行规模化经营、标准化生产、组织化管理，改扩建生猪标准化规模养殖场（小区）33个。认真贯彻落实《中共玉溪市委玉溪市人民政府关于推进农业产业化发展扶持农业龙头企业的意见》，加快培育壮大一批重点龙头企业，新增市级以上龙头企业10户，新增农业专业合作社30户。积极发展蔬菜、油料、畜产品等大宗农产品精深加工，扩大农产品出口规模，加快推进农产品检验检测中心和现代农业服务中心建设，全力打造全省最大的农产品生产加工出口基地。

3. 努力提高农民收入水平

认真落实惠农政策，积极争取中央和省级财政对农业和农村的支持力度，及时足额兑现各种补贴，增加农民政策性收入。在不断提高农业生产水平，确保农民来自农业收入稳定增长的前提下，大力发展劳务经济，加大农村劳动力技术培训和有序转移力度，实施好中央“阳光工程”及省级农村劳动力培训项目，培训农村劳动力3万人，转移2.17万人。抓好70个省级、100个市级重点建设村工作，大力发展农村二三产业，积极发展休闲农业、乡村旅游和农村服务业等劳动密集型产业，增加农民来自非农产业的收入。深入推进扶贫开发，确保5万农村贫困人口脱贫，认真落实新10年扶贫开发纲要，继续抓好甘庄整乡推进扶贫工作，完成整村推进扶贫200个、易地搬迁700人、革命老区开发20个等项目。

（二）着力加快产业发展步伐，努力构建玉溪特色产业发展框架

把产业建设作为实现跨越发展的重要支撑，利用好国家差别化产业政策，突出抓好产业培育发展，围绕工业实现“三年倍增”目标，按照“一年打基础、三年见成效”的要求，加快支柱产业建设，积极培育新兴产业，大力发展县域特色产业，努力构建具有玉溪特色的产业发展框架。确保工业增加值增长15%以上，服务业增加值增长10%以上。

1. 全面推动新型工业化发展

加快工业支柱产业优化升级。进一步发挥烟草行业的比较优势，全力支持红塔集团实施“5211”品牌发展规划，促进卷烟主辅料、包装印刷、烟叶化工及香精香料等产业发展，加快推进红塔集团打叶复烤、烟叶仓库、烟草薄片项目建设进度。努力做大做强矿电产业，依托战略合作伙伴，做好矿产资源整合，进一步强化精深加工和产业配套，加快铁、铜、镍和磷化工产业的提档升级步伐，促进产业发展由资源型向加工增值型转变。加快推进大红山800万吨/年铁矿采选扩建、贵研铂业贵金属二次资源利用产业化、玉钢钒资源综合利用、仙福公司技改升级等项目建设进度，抓好新银河化工搬迁扩建、三一重工再制造、3万台炮塔铣、华宁玉珠日产5 000吨水泥熟料、玉溪达亚公司1 500吨选厂建设等项目前期工作。

大力培育发展新兴产业。充分发挥龙头企业带动作用，促进新兴产业发展，为全市经济发展提供后续支撑。积极引进战略投资伙伴，依托大企业大集团，加快生物医药、装备制造、新材料、新能源等产业发展步伐。抓好沃森疫苗产业园三期、云锡同乐太阳能热水器100万套、太标年产太阳能产品100万套、蓝晶科技LED衬底片扩建和华宁磨豆山、新平联兴风能发电等项目建设进度，加快推进玉溪维和制药“三七系”列中药开发、九州生物抗体药物生产、数控机床二期等项目前期工作。积极做好15万吨木薯燃料乙醇、石油炼化深加工等项目招商引资工作。

加强工业科技创新与应用。加大扶持力度，围绕重点企业、重大产业，加快有支撑引领作用的核心技术和关键技术的推广和应用，逐步培育企业自主创新能力和核心竞争力。加快创新型玉溪建设，新认定高新技术企业6户、建设企业技术中心和重点实验室5个，组织申报省级创新型试点企业5户。

2. 大力发展县域特色经济

加快县域支柱产业发展。充分发挥各县区突出特色，以优质化、规模化、品牌化为方向，以重大项目为支撑，加快县域支柱产业建设，改造提升食品、建筑、建材、化工、机电等传统产业，力争每个县区建成2至3个特色鲜明、具有较强竞争力的县域支柱产业。加快推进新平力高箱包生产线、达利食品年产饮料9万吨、创新彩印年产10亿个液体饮料包装盒、年产2万吨猫哆哩系列休闲食品、澄江冶钢旋窑水泥异地技改、易门县中瑞建材日产2 000吨水泥熟料及余热发电、华宁康宏氧化球团生产、华宁宁州农副食品加工小区建设项目、通海杨广红达食品有限公司二期工程建设、峨山诚远工贸年产8 000套数控机床外罩等项目建设进度，抓好易门石油炼化配套、江川县特固电器10 000件（套）/年智能电网控制设备及附件生产、玉溪轴承有限责任公司扩建、江川百信食品有限公司食品厂产业升级项目、澄江德春食品整体异地技改搬迁、通海高原农产品深加工冷链物流配送项目、通海县华侨铰链年产35万吨五金标件用材生产线、云南江川联塑年产10万吨新型塑料管材、元江栋梁公司熟料新型干法水泥生产线、珠山水泥厂技改年产水泥熟料5 000吨等项目前期工作。

加快工业园区规划建设。把县区特色产业发展规划与产

业集聚区规划结合起来，进一步加大投入力度，加快县区工业园区规划建设，不断完善园区水、电、路、排污、通讯基础设施建设，建设标准厂房50万平方米。抓好蓝晶科技园、沃森疫苗产业园、太阳能产业园、铸造基地物流园等园区建设，加快推进高新区九龙片区、江川龙泉山生态工业园区建设。加快玉溪高新区创建国家级高新区步伐，推进研和工业园区创建国家经济技术开发区，积极争取易门陶瓷特色工业园区、新平矿业循环经济特色园区进入省级重点园区。加快推进易门石油炼化产业园、峨山移民再就业工业园、通海五金机电特色工业园、红塔工业园区观音山片区、澄江工业园区、华宁磷化工循环经济特色工业园区、元江镍产业特色园区建设。

积极扶持中小企业发展。坚持"抓大不放小"，加快非公经济和中小企业发展，着力实施中小企业成长工程，加大资金、人才培养等方面的扶持力度，支持鼓励中小企业积极发展与大企业配套的产品和项目，抓好100户成长型中小企业的培育发展，形成各具特色的产业集群。进一步完善扶持措施，协调解决中小企业生产经营中融资难等突出矛盾和问题，落实好中央针对中小企业结构性减税政策和贷款政策，建立小微企业创业孵化基地。引导中小企业加强企业管理，加快建立现代企业制度。

3. 推动服务业加快发展

加大旅游文化产业培育力度。以抚仙湖—星云湖生态建设与旅游改革发展综合试验区为重点，努力建设一批高端休闲生态文化旅游项目，促进旅游文化产品提档升级。加快推进太阳山国际生态旅游休闲度假社区、湖畔圣水二期、抚仙湖国际老年康体养生度假中心、九龙国际会议中心、仙湖锦绣、玉山城等项目建设，协调做好抚仙湖国际养生园、华夏和谐文化园、仟龙湾旅游小镇、仙湖山水国际休闲旅游度假园等项目前期工作。抓好哀牢山—红河谷生态旅游区建设，以"五山一村"提档升级为重点，提升现有景区品质和档次，推动高端旅游项目建设，力争澄江化石地申报世界自然遗产成功，着力打造历史文化旅游产业发展新亮点。确保全市旅游总收入增长16%以上。

加快发展现代服务业。组织实施好现代服务业发展规划，以现代物流业为重点，加快发展现代服务业，实施好现代物流业发展规划，积极引进、培育大型物流龙头企业，力争形成较大规模的物流组织载体。加快推进研和现代物流园区、玉溪生猪屠宰加工基地冷链物流配送、医药公司存储物流中心等项目建设进度，做好林产品加工贸易物流中心、五金机电贸易物流城、子墨商贸物流中心、中国—东盟农产品贸易物流中心、中国国家出版物团购物流中心等项目前期工作。大力发展金融保险、信息咨询和科技服务、社区服务等现代服务业，着力改造提升商贸、餐饮等传统服务业水平。

积极扩大消费需求。逐步建立扩大内需的长效机制，着力培育引导消费需求，改善消费环境，提升消费档次，确保社会消费品零售总额增长18%以上。不断完善城乡消费体系，做好中心城区农改超试点工作，规划建设县区商业网点，深入推进"万村千乡"市场工程。继续支持辐射面广和带动面大的粮食、蔬菜、花卉等专业批发市场建设，抓好东南亚热带水果商贸城、雄鑫蔬菜冷藏库等续建项目。拓宽和开发消费领域，积极发展旅游文化、体育健身、教育培训等服务消费，引导消费转型升级。充分挖掘城乡消费潜力，贯彻落实好提高城乡居民收入政策、社保政策及各项鼓励消费政策，继续抓好家电下乡工作。

（三）保持适度投资规模，不断夯实跨越发展基础

保持固定资产投资适度规模，不断调整优化投资结构，确保固定资产投资增长20%以上、产业性投资比重达60%以上，工业投资比重达50%以上。

1. 加快推进重点项目建设

继续实施投资拉动战略，把推进项目建设、扩大投资规模作为促进经济增长的主要措施来抓。加快推进重大基础设施建设进度，完成昆阳至玉溪南铁路玉溪段征地拆迁，改扩建老213国道清水河至高仓段，新建玉溪城南交通枢纽中心。推进新平戛洒江一级和元江桥头、罗垤水电站建设。加快推进500千伏宁州变，开工建设3个220千伏和4个110千伏输变电工程，切实抓好中石油、中石化成品油气管道工程建设。围绕交通、水利、电力、工业、城市建设、房地产开发和旅游文化产业等领域，加快推进重点项目建设，突出抓好列入全省"三个一百"和市级150个重大项目建设，完成综合交通投资16亿元、农林水投资15亿元、电力投资15亿元、工业投资105亿元、城市建设投资18亿元、房地产投资90亿元、旅游文化产业投资12亿元，确保全社会固定资产投资突破500亿元，规模以上固定资产投资达280亿元以上，重大项目开工率达60%以上。

2. 多渠道筹集资金

解放思想、更新观念，创新方式，努力破解筹融资难题。在公益性、民生性项目上充分发挥政府投资的主导作用，积极争取国家和省资金支持。优化投资环境，落实投资、财政、税收、土地等扶持政策，促进民间投资成为产业发展等领域的投资主体，确保社会投资比重达到58%。进一步强化招商引资工作，加大项目对接力度，提高利用外资质量和水平。加强政企沟通、银企合作，继续发挥信贷资金的主力作用，落实中小企业信贷优惠政策。积极稳妥推进投融资平台清理规范工作，改善融资平台的融资能力，优化资源配置，实现投资、融资、建设、经营、偿债的良性循环。加大项目直接融资力度，大力支持企业上市融资，推广运用股权投资基金、中小企业集合债券等融资工具，强化对企业发行债券的指导，抓好高新区5亿元企业债券发行工作。

3. 强化项目前期工作

加大项目前期工作经费投入力度，建立和完善重大前期项目库，滚动筛选一批符合国家产业政策、对结构调整和产业升级具有引领作用的大项目、好项目，确保重大项目开工建设与开展前期工作的比例达1∶2以上。着力优化投资结构，以投资结构调整推动产业结构调整，加强产业项目储备工作，不断增强经济发展后劲。强化政策研究，用足用好国家优惠扶持政策。加快推进玉磨铁路、新平至临沧公路、漠沙小型机场、玉溪绕城高速、易门苗茂、华宁矣则河、新平洋发城3座中型水库等一批重大基础设施项目前期工作，配合省做好滇中引水项目前期工作。

4. 抓好制度建设和责任落实

坚持重大项目领导联系制度，继续实施投资任务分解责任制。加强部门协调配合，认真抓好并联并行审批、限时办结和重大项目通报等制度的贯彻执行，及时解决好土地征用、林木砍伐、环境评价、集体土地房屋拆迁标准审核、失地农民养老保障等关键环节问题。进一步清理非行政许可审批项目，优化审批流程，改进核准和备案管理模式，提高审批效率和服务水平。加大对投资工作尤其是重点项目的督促检查力度，继续强化规范项目管理，把好项目审批关、资金使用关、组织实施关和竣工验收关，全力落实目标倒逼机制，做实目标倒逼方案，强化责任制落实情况检查，全程跟踪、责任到人，确保项目顺利推进。

（四）加快现代宜居生态城市建设，增强综合竞争实力

统筹空间布局、产业发展、交通网络建设，加快中心城区现代宜居生态城市建设，构建“双百”现代宜居生态城市发展框架。围绕省委确定的“建设山地城镇、保护坝区农田”要求，推进土地资源的科学利用，积极探索城镇上山、工业上坡、农民进城。

1. 加快中心城区现代宜居生态城市建设

按照“三山三河三片区”框架，抓好玉枕山片区储备土地前期开发整理工作，推进北片区路网、玉枕山政务文化新区、滇中传统民居文化园、国际红宝石木雕城、滇中植物园、龙马山生态主题公园等项目建设。加快20平方千米生态文化核心区建设，完成中心城区防洪水系综合整治玉溪大河二期工程。完善中心城区交通、电网、供排水等基础设施建设，推进新火车站片区规划建设，完成棋阳路拓宽改造二期、康井路、高仓立交及九龙立交改扩建、烟厂库区专用道路工程等项目建设，继续推进中心城区中水回用、污水处理厂二期、城市燃气工程、城市生活垃圾综合处理厂等项目建设，启动玉溪大河综合整治一期、新西河路二期和凤凰路、环山路、聂耳路改造等项目建设。继续实施中心城区交通环境综合整治，确保五年规划圆满完成。加强节水型社会建设试点工作，抓好抗旱供水保障工作，建立中心城区水源保护专项资金。认真落实《云南省玉溪城市管理条例》，巩固创建国家园林城市、国家卫生城市成果，加快创建国家环境保护模范城市和文明城市步伐，努力提升玉溪的城市竞争力。

2. 积极稳妥推进城镇化

围绕“双百”、“双七”目标，完成“三湖”生态城市群规划编制，加快“三湖四片区”生态城市群建设，率先启动江川片区建设，不断夯实“双百”现代宜居生态城市发展基础。调整完善土地利用总体规划、林地保护利用规划和城镇近期建设规划，编制山地综合开发利用规划，转变建设用地方式，积极争取城镇、村庄、工业向山地发展。加强城镇基础设施建设，完成4个城镇污水、生活垃圾处理项目建设，开展小城镇两污治理前期准备工作，推进通海、易门、江川等5个县供水改扩建项目。统筹城乡发展，加快县城和重点集镇建设，稳步推进13个省级特色小镇、23个市级重点镇、10个市级旅游小镇规划建设，全面推进生态县、乡、村创建工作。

（五）切实加强环境保护和节能减排，促进可持续发展

坚持生态立市、环境优先，深入实施“七彩云南·玉溪保护行动”，着力加强环境保护和节能减排，增强可持续发展能力。

1. 抓好以“三湖一库”保护治理为重点的生态环保工作

认真贯彻落实“三湖”保护条例，强化入湖河道河（段）长责任制。实施好抚仙湖径流区“一退够、二调优、三保护”战略，完成抚仙湖东大河流域主要河流清水产流机制修复示范工程建设、抚仙湖大鲫鱼河流域环境综合治理工程，开工建设抚仙湖东岸（华宁段）退田、退房还湖生态建设工程，确保抚仙湖一类水质。加快推进星云湖南岸截污及湖滨带修复工程、杞麓湖主要入湖河道（红旗河、中河）治理工程、南岸农田废水净化循环利用工程等重点项目，促进星云湖、杞麓湖水质进一步改善。继续加强“三湖”流域沿湖村落和东风水库水源地环境综合整治工作。加大生态治理力度，继续实施易门县石漠化综合治理工程、珠江防护林工程、天然林保护工程、坡耕地改造等项目，完成人工造林14.5万亩、封山育林15.8万亩。

2. 切实抓好节能减排工作

大力发展循环经济和低碳经济，确保完成省下达的年度节能减排目标。切实抓好节能评估和审查工作，全面推进工业、建筑、商业、交通等重点领域节能工作，鼓励和支持钢铁水泥等高耗能行业节能技术改造，大力发展机械、制药、农副产品深加工等低耗能产业。加强工业重点污染源监控，抓好危险废弃物监管和重金属污染防治工作，启动PM2.5空气质量监测工作，切实加强大气污染治理。推进废弃物资源化，构建再生资源回收体系，新建回收网点150个，启动7类分拣中心、拆解中心、集散交易市场建设。

（六）深化体制机制改革，全面提升对内对外开放水平

不断深化改革，努力扩大开放，加强协调研究，正确处理改革发展稳定的关系，为促进经济健康发展和社会全面进步提供坚实的体制保障。

1. 继续深化各项改革

积极推进财税、金融体制改革，继续完善转移支付制度，改善和创新中小企业信贷服务模式。全面推进深化集体林权制度配套改革，巩固改革成果。继续深化农村综合改革，积极推进水务一体化改革、完成农村小型水利管理体制改革。进一步深化社会保障制度改革，加快推进户籍制度改革、殡葬改革和社会保险制度改革，积极稳妥推进医疗卫生体制改革，完善就业政策体系，深化工资收入分配制度改革。稳步推进水价、垃圾处理收费改革。加快文化体制改革和文化产业发展，全面完成7个国有文艺团体体制改革任务。

2. 着力提升对外开放水平

继续实施“引进来”与“走出去”战略，积极主动融入桥头堡建设和滇中城市经济圈建设，进一步营造良好的投资软硬环境，拓宽招商引资思路，加大招商引资力度，多渠道吸引民间资本和社会资金，确保实际利用市外国内资金和外资增长17%以上。认真贯彻落实“央企入滇”战略，加快区域间经济合作步伐，加强资源能源、生物产业、高新技术产业、高端旅游服务业、基础设施建设等领域的合作。以桥头堡建设为统领，以东南亚、南亚为重点，支持市内有条件的企业“走出去”，进一步提高农产品特别是蔬菜的出口规模和水平，确保外贸进出口总额增长20%以上。积极推进设立玉溪海关、玉溪检验检疫局工作，推进贸易便利化。

（七）健全公共服务，不断增进人民群众幸福感

把保障和改善民生作为工作的出发点和落脚点，解决好人民群众最关心、最直接、最现实的切身利益问题，促进经济社会和谐发展。

1. 着力保障和改善民生

努力扩大就业机会。落实更加积极的就业政策，做好高校毕业生、农村转移劳动力、城镇就业困难人群、复转军人等重点群体就业工作。全面推进创业型城市建设，不断深化“贷免扶补”创业促就业工作模式，确保全市城镇新增就业人数1.75万人，下岗失业人员再就业6 000人，“4050”等特殊困难人员再就业4 400名，保持“零就业家庭”动态清零，城镇登记失业率控制在4%以内。

健全完善社会保障体系。全面推进失业、工伤、生育保险市级统筹，完善和落实被征地农民的社会保障政策，实现城镇居民和农民社会养老保险全覆盖。将新型农村合作医疗参合农民保障资金人均标准提高到360元。落实国家、省促进城乡居民增收政策，提高企业职工基本养老金、城乡低保及最低工资标准，妥善解决农民工工资拖欠问题。健全救助管理服务网络，推进流动人口基本公共服务均等化。

积极推进保障性住房建设。落实房地产市场调控政策，积极推进保障性住房建设，新建城镇廉租房4 400套、公租房15 000套，完成城市棚户区和国有工矿棚户区改造续建项目，

实施农村危房改造和农村地震安居工程各9 000户。

2. 加快社会事业发展

优先发展教育事业。推动学前教育试点工作，促进义务教育均衡发展，大力发展普通高中教育和职业教育，加快普及高中阶段教育，完善中小学布局调整的政策和配套措施，实施农村义务教育阶段中小学生营养改善计划，抓好中小学校舍安全工程、农村薄弱学校改造工程、市一幼改扩建、玉溪一中扩建、农职院改扩建等项目建设，全面完成农村教师安居工程建设，支持玉溪师院申办聂耳大学。

深入实施“文化和市”战略。加快推进公共文化体系建设，继续实施文化惠民工程，抓好县文化馆、图书馆、乡镇综合文化站、农家书屋建设。做好文化与自然遗产保护工作，加强重点文物、抢救性文物保护工程建设，力争澄江化石地“申遗”成功，积极争取建设澄江化石博物馆、江川青铜器博物馆。办好纪念聂耳诞辰 100 周年活动，打响聂耳品牌。实施好广播电视“村村通”改造升级和电影“村村放”工程，加强农村、城市社区体育健身设施建设，大力开展全民健身活动。

加强公共卫生服务体系建设。建立健全以国家基本药物制度为基础的药品供应保障体系，确保药品质量和安全。实施好市二医院、市急救中心、市儿童医院改扩建和 9 个县区卫生监督机构、4 个县级急救中心建设任务，积极开展中心城区北片区新医院建设前期工作，完成 84 个村卫生室建设。完善疾病预防控制体系，加强重大传染病、慢性病、职业病和精神疾病防治。

确保社会和谐稳定。强化社会治安综合治理，建设“平安玉溪”，抓好禁毒防艾工作，争创新一轮全国社会治安综合治理优秀市。加强民族宗教事务管理，支持华宁县创建“盘溪民族团结进步示范区”。加快老龄事业发展，推进居家养老服务工作。重视防灾减灾，健全和完善突发公共事件应急管理体系，加大食品安全和生产安全监管，防止重特大安全事故发生，确保人民群众生命财产安全。

（八）加强经济运行监测预警，保持物价总水平基本稳定

密切关注全市经济走势，加强经济运行监测预警，努力克服各种不确定因素的影响，及时解决苗头性、倾向性问题。充分认识保持价格总水平基本稳定的重要性和紧迫性，把稳定价格总水平放在更加突出的位置，抓好全市 29 个平价粮油店建设，保障粮、油、肉等重要商品市场供应，确保全年价格总水平控制在上涨 4% 左右的目标范围内。不断完善储备制度，组织好煤、电、油、运、水等重要生产要素的调运工作，突出重点、加强监测、科学调度，确保要素保障不出现大的问题。加强价格调节基金的征集管理和使用，研究建立低收入群体生活补贴与物价上涨挂钩的联动机制，确保低收入人群基本生活不受影响。围绕党和政府关注、群众关心、社会反响强烈的价格和收费热点问题，扎实抓好价格和收费监管工作，严厉查处捏造信息、制造恐慌、哄抬物价等违法行为，维护市场价格秩序。

各位代表，做好 2012 年各项工作任务艰巨，意义重大。我们将在市委的正确领导下，抢抓机遇、开拓创新、扎实工作，为圆满完成宏观调控主要预期目标和工作任务而努力奋斗！

以上报告，请予审查。

关于玉溪市2011年地方财政预算执行情况和2012年地方财政预算草案的报告(书面)

——2012年5月14日在玉溪市第三届人民代表大会第五次会议上

玉溪市财政局　莽成柱

各位代表：

受市人民政府委托，现将2011年地方财政预算执行情况和2012年地方财政预算草案提请市第三届人民代表大会第五次会议审查，并请市政协各位委员和列席会议的同志提出宝贵意见。

一、2011年地方财政预算执行情况

2011年是实施“十二五”规划的开局之年。全市上下在市委的正确领导下，在市人大及其常委会的监督指导下，按照年初确定的年度目标任务，坚定不移地实施以改革开放和科技进步为动力的生态立市、烟草兴市、工业强市、农业稳市、文化和市战略和“三优一特”经济发展思路，认真贯彻落实积极的财政政策，大力支持经济发展方式转变，着力保障和改善民生，经济社会发展取得了可喜成绩，在经济发展的基础上，财政收入持续增长，重点支出有效保障，财政改革稳步推进，财政运行态势良好，圆满完成了市三届人大四次会议确定的预算目标任务。

(一)全市地方财政预算执行情况

全市辖区内财政总收入完成343.5亿元，比上年实际完成数增长12.9%，其中：上划中央“两税”完成227.4亿元，比上年实际完成数增长15.1%。地方财政收入完成96.5亿元，为调整预算数的101.2%，比上年实际完成数增长15.4%。地方财政支出完成160.5亿元，为调整预算数的107.2%，比上年实际完成数增长25.2%。

地方财政一般预算收入完成77.3亿元，为调整预算数的102.2%，比上年实际完成数增长19.3%。地方财政一般预算支出完成139.6亿元，为调整预算数的110.7%，比上年实际完成数增长30.2%。

地方财政一般预算收支平衡情况是：一般预算收入77.3亿元，返还性收入2.9亿元，一般性转移支付收入20.9亿元，专项转移支付收入43.2亿元，上年结余0.9亿元，调入资金3.8亿元，债券转贷收入0.5亿元，收入总计149.5亿元。一般预算支出139.6亿元，转移性支出9.7亿元，支出总计149.3亿元。收支相抵，年终滚存结余0.2亿元(结转下年支出0亿元，净结余0.2亿元)。

地方财政基金预算收入完成19.2亿元，为调整预算数的97.2%，比上年实际完成数增长2%。地方财政基金预算支出完成20.9亿元，为调整预算数的88.2%，比上年实际完成数下降0.2%。

地方财政基金预算收支平衡情况是：基金预算收入19.2亿元，转移性收入2.8亿元，上年结余1.8亿元，收入总计23.8亿元。基金预算支出20.9亿元，调出资金0.5亿元，支出总计21.4亿元。收支相抵，年终滚存结余2.4亿元(结转下年支出2.4亿元，净结余0亿元)。

(二)市本级地方财政预算执行情况(不含高新区)

地方财政收入完成44.6亿元，为调整预算数的100%，比上年实际完成数增长2.3%。地方财政支出完成47.7亿元，为调整预算数的100%，比上年实际完成数增长22%。

地方财政一般预算收入完成36.4亿元，为调整预算数的103.8%，比上年实际完成数增长17.7%。地方财政一般预算支出完成39.9亿元，为调整预算数的107.5%，比上年实际完成数增长52.9%。

地方财政一般预算收支平衡情况是：一般预算收入36.4亿元，返还性收入2.9亿元，一般性转移支付收入27.2亿元，专项转移支付收入44.5亿元，上年结余0.8亿元，调入资金2.2亿元，债券转贷收入0.5亿元，收入总计114.5亿元。一般预算支出39.9亿元，转移性支出9.7亿元，补助县区支出64.6亿元，债券转贷支出0.3亿元，支出总计114.5亿元。收支相抵，年终结余0亿元。

地方财政基金预算收入完成8.2亿元，为调整预算数的86.1%，比上年实际完成数下降35.1%。地方财政基金预算支出完成7.8亿元，为调整预算数的75%，比上年实际完成数下降39.8%。收支下降的主要原因是，随着国家宏观调控到位，土地交易量萎缩，土地出让价款减少，导致基金收支相应减少。

地方财政基金预算收支平衡情况是：基金预算收入8.2亿元，转移性收入2.8亿元，上年结余1.8亿元，收入总计12.8亿元。基金预算支出7.8亿元，补助县区支出2.4亿元，调出资金0.2亿元，支出总计10.4亿元。收支相抵，年终滚存结余2.4亿元(结转下年支出2.4亿元，净结余0亿元)。

以上数字均为上报数，全市财政总决算待省财政厅审核批复后还会有变化，届时再将变化情况向市人大常委会专题报告。

(三)积极作为，强化保障，2011年财政工作成效显著

过去的一年，各级财政部门按照市委的决策部署，切实增强财政保障工作的前瞻性和主动性，积极发挥职能作用，全力落实打基础、调结构、建支柱、保生态、惠民生、促稳定等一系列政策措施，各项工作取得了显著成效。

1. 科学安排预算支出，支持经济平稳较快发展

紧紧围绕市委常委会第八十八次会议提出的“重民生、重加快转变经济发展方式和结构调整、重环保、重稳定”理念，充分挖掘增收潜力，科学安排预算支出，全力支持经济平稳较快发展。一是围绕生态立市战略，从2008年开始，市财政每年投入资金1亿元用于抚仙湖治理保护，对落实“一退、二调、三保”战略，让抚仙湖长期保持Ⅰ类水质起到了积极的作用；二是围绕工业强市战略，安排工业发展专项资金1.4亿元，为支持新型工业化发展，促进企业转型升级提供了有力支撑；三是围绕扩大消费需求，继续落实家电、摩托车、农

机具下乡政策，累计兑现三项补贴4 346万元、2 223万元、2 509万元，补贴数量和金额均比上年有所增长，通过发挥补贴资金的引导和推动作用，极大地繁荣了农村消费市场，促进了农村经济发展；四是把执政为民理念融入财政工作的全过程，以增加新型农村合作医疗补助标准为突破口，以解决群众增收难、上学难、看病难、行路难、饮水难、看电视难为着力点，增加财政投入，切实保障和改善民生，促进社会和谐稳定。

2. 坚持多措并举，不断增强财政保障能力

面对各种减收增支压力，各级财税部门增强大局意识，主动作为，狠抓收入，合理安排支出，保障了全市运转需要。一是加强征管，确保收入稳定增长。通过加大监控力度、提高征管效率、严格税费减免和挖掘增收潜力等措施加强税收收入征管，继续完善和规范非税收入征缴管理，2011 年财政收入呈现出一季度"开门红"，上半年"双过半"，全年"稳增长"的良好局面。二是高度重视和加强项目争取工作。通过加大"三农"、科技、教育、医疗卫生、社会保障、行政政法、环境保护等方面项目申报和汇报衔接力度，努力争取政策、项目和资金支持。全年共争取上级财政补助资金 69.2 亿元，比上年增长61.3%，极大地增强了我市财政保运转促发展的能力。三是合理调度财政资金，有效缓解财政支出压力。按照统筹来源、集中财力、保障重点的原则，加大整合资金力度，充分运用国库制度改革成果，通过预拨、垫付、直接支付等形式，有效缓解了供给与需求的燃眉之急，化解了因偿债而引发的财政运行风险。

3. 着力保障和改善民生，促进社会和谐稳定

以保障和改善民生为重点，财政对社会保障和就业、医疗卫生、住房保障等民生领域的投入大幅增加，社会保障体系进一步完善。一是进一步深化医药卫生体制改革，市级安排城乡基本医疗保障均等化试点经费 1.76 亿元，对参合农民人均增加补助 100 元，红塔区、新平县新型农村合作医疗补助标准从 120 元/人提高到 280 元/人，其他七县从 120 元/人提高到 260 元/人。二是进一步完善农村义务教育保障机制，在"三免一补"的基础上，不断提高生均公用经费标准，小学由400 元/生提高到 500 元/生，初中由 600 元/生提高到 700 元/生，为满足学校运转需要，提高办学质量，加快推进教育优先发展战略的实施提供了强力保障。三是加大社保资金投入力度。全面落实低保人员待遇，从 2011 年 9 月起城镇低保补助标准由 210 元/人提高到 250 元/人，农村低保补助标准由 60 元/人提高到 100 元/人；新平、华宁、红塔区、江川、峨山、通海、元江县相继被纳入国家级新型农村社会养老保险试点范围，同时在上述七县区启动城镇居民养老保险试点，各级财政累计投入城镇居民和新型农村社会养老保险补助资金 1.2 亿元，参保人数达 102.5 万人，19.9 万名 60 岁以上老人领到基础养老金。四是继续推进彝族山苏支系安居房建设，投入财政资金1 080万元，为改善以彝族山苏支系为重点的人口较少民族聚居区生产生活条件提供了保障。

4. 坚持不懈推进改革，促进财政可持续发展

按照《国务院关于加强地方政府融资平台公司管理有关问题的通知》(国发〔2010〕19 号) 文件精神，针对玉溪市债务状况，为缓解发展与偿债的矛盾，建立了"削峰平谷、前少后多、逐步增加和以时间换空间"的新偿债机制，这一偿债机制的建立，使市本级政府债务时间延长 15 年，有效地缓解了发展与偿债的矛盾，为玉溪发展赢得了新的支撑点。2011 年累计还债 13.1 亿元，其中付息 6.4 亿元。

针对当前玉溪市债务相对集中，由于债务上划后，债务风险已演变为财政风险，为了保证财政资金安全，按照市委常委会第八十八次会议决定，提出了以明确职责、调整财政转移方式为主的新一轮财政体制调整方案，并在深入调查、充分酝酿、广泛征求意见的基础上，报经市政府第六十五次常务会议批准，完善了新一轮财政体制。新体制按省对市县的体制规定，一是将县区应承担的职责归还县区；二是把对上争取通过转换方式减少了县区的部分补助。通过实施新一轮财政体制，对规范财政分配关系，保障全市安全运行，促进经济社会发展起到了积极的作用。

按照财政部统一部署，为提高会计信息质量，堵塞资金跑冒滴漏，通过周密计划和精心准备，实施了财政应用支撑系统大平台建设并于 2012 年 1 月投入使用。平台的实施和运用，对强化财政与财务管理，提高会计信息质量，防止腐败现象滋生提供了有效的科技支撑。政府预算信息公开工作快速推进，在市政府门户网站公开了 2011 年市本级政府预算和全年追加预算，并督促各部门公开了 2011 年部门预算，实现了社会公众对公共财政的有效监督。政府采购规模和范围不断扩大，采购程序进一步科学、规范，完成采购金额38 395万元，节约采购资金2 917万元，节约率达 7.1%。

5. 加大财政监管力度，着力提高财政资金使用效益

高度重视财政资金安全问题，进一步加强财政管理和监督，切实防范财政资金安全风险。一是强化财政系统内部监管。为保证资金存储和投放安全，在系统范围内开展了资金存、投放突查，针对账户摆放过散、审批不完善等行为进行了全面清理并督促整改，使资金的安全性、有效性得到了保证。二是加强专项资金监督检查，提高资金使用效益。围绕市委、市政府中心工作，对事关群众切身利益的彝族山苏支系安居房建设、新农合、"一事一议"财政奖补等资金进行了专项检查，做到了边查边改，确保了党和政府强农惠农政策的落实，确保了财政资金安全。三是加强会计队伍建设，组织了大规模的会计培训，增强了单位遵纪守法的自觉性，提高了依法行政能力；大力开展会计信息质量检查，督促单位严格按照"诚信为本、操守为重、遵循准则、不做假账"的要求规范财务行为，确保了会计信息真实可靠。四是深入推进"小金库"专项治理工作，采取抽查、复查和督导的方式，对单位"小金库"进行彻底排查和隐患"清剿"，从源头上防范了腐败的滋生。

各位代表，2011 年财政预算执行情况总体较好，实现了"十二五"规划开好局、起好步的预期目标，这是市委正确领导、市人大法律监督、市政协民主监督和全市上下共同努力的结果。在看到成绩的同时，我们也清醒地认识到，当前财政运行中仍面临着一些较为突出的困难和问题：一是宏观经济环境复杂严峻，经济增长下行压力和物价上涨压力并存，部分企业生产经营困难，对税收收入持续增长影响很大；而支出方面，保持政府公共投资力度，加大转方式、调结构、惠民生方面的投入，均需要财力保障，财政收支矛盾依然突出。二是我市财政收入对卷烟企业依存度很高，中央、省对卷烟企业调控的力度不断加大，加之各种因素的制约，相关税收波动及利益分配关系调整对我市地方财政收入带来的负面影响不容忽视。三是受国家信贷紧缩政策以及清理地方政府融资平台影响，我市融资形势较为严峻，对项目建设资金的筹集、调度带来较大压力。在困难和问题面前，我们将以更坚定的工作信心，更完善的工作机制，更细致的工作举措，利用一切可以利用的条件，抓住一切可以抓住的机遇，激发一切可以激发的活力，发挥一切可以发挥的职能，切实做好开源节流、保运转、促发展的各项工作，努力推动全市科学

发展、和谐发展、跨越发展。

二、2012年地方财政预算草案

2012年，我市财政改革与发展仍然面临着机遇和挑战。收入方面，中央经济工作会议提出今年继续实施积极的财政政策和稳健的货币政策，坚持稳中求进的工作总基调，把保障和改善民生放到更加突出的位置上，出台一系列涉及就业和社会保障、医疗、教育、住房等民生问题的重大举措，将为群众带来新的福祉，也为促进经济发展增添更大动力。随着新一轮西部大开发战略的实施和"两强一堡"发展战略相关政策措施的逐步落实到位，中央、省对我市的支持力度包括固定资产投资将进一步加大，一批重点建设项目相继开工建设，将进一步推动全市国民经济的持续快速发展，这都有利于财政收入的增长。但是，由于经济发展中还存在一些深层次的矛盾和不确定的因素，企业经济效益提升的基础还不稳固，部分重点税源行业面临产业结构调整影响，以及贯彻积极财政政策和落实小型微型企业所得税优惠以及提高增值税、营业税起征点等税费减免政策，也将影响财政收入的增加。支出方面，贯彻中央关于稳增长、控物价、调结构、惠民生、抓改革、促和谐等一系列重大政策措施，需要财政在项目建设配套、支持"三农"、教育、医疗卫生、就业和社会保障、保障性住房、社会事业等方面增加大量的投入，各方面对财政支出需求的期望值很高，财政收支矛盾仍然十分突出。

基于上述分析判断，根据省第九次党代会和市第四次党代会精神，2012年财政预算安排建议如下：

（一）财政预算安排的指导思想和原则

2012年全市地方财政预算安排的指导思想是：以邓小平理论和"三个代表"重要思想为指导，深入贯彻落实科学发展观，全面贯彻党的十七大和十七届六中全会、中央经济工作会、省第九次党代会、市第四次党代会和市委四届二次全会精神，牢牢把握好稳中求进的工作总基调，继续落实积极的财政政策，发挥财政杠杆作用，支持经济发展，加强税收征管，优化支出结构，深化财政改革，强化财政监督，提高财政资金使用效益，促进经济平稳较快发展与社会和谐稳定。预算安排的原则是：收入做到积极稳妥，应收尽收，确保财政收入稳步增长；支出优先安排教育、科技、医疗卫生、社会保障、"三农"等事关民生的投入，让广大人民群众公正公平地分享改革发展成果；坚持依法理财、厉行节约的工作方针，继续从严控制"三公"等一般性支出，千方百计保吃饭、保运转、保民生、保稳定、保财政安全运行。

（二）全市地方财政预算安排建议

地方公共财政预算收入安排88.8亿元，比2011年快报数增长15%。地方公共财政预算支出安排162.7亿元，比2011年快报数增长16%。

地方公共财政预算收支平衡情况是：地方公共财政预算收入88.8亿元，返还性收入3亿元，一般性转移支付收入20.9亿元，专项转移支付收入52亿元，调入资金8.7亿元，上年结余收入0.2亿元，收入总计173.6亿元。地方公共财政预算支出162.7亿元，一般性转移支付支出9.4亿元，专项转移支付支出1.5亿元，支出总计173.6亿元，收支平衡。

地方财政基金预算收入安排22.1亿元，比2011年快报数增长15%。地方财政基金预算支出安排27.5亿元，比2011年快报数增长32%。

地方财政基金预算收支平衡情况是：基金预算收入22.1亿元，政府性基金转移支付收入3亿元，上年结余收入2.4亿元，收入总计27.5亿元。基金预算支出27.5亿元，收支平衡。

（三）市本级地方财政预算安排建议（不含高新区）

地方公共财政预算收入安排41.8亿元，比2011年快报数增长15%。地方公共财政预算支出安排47.8亿元，比2011年快报数增长20%。

地方公共财政预算收支平衡情况是：地方公共财政预算收入41.8亿元，返还性收入3亿元，一般性转移支付收入28亿元，专项转移支付收入53.4亿元，调入资金7.7亿元，收入总计133.9亿元。地方公共财政预算支出47.8亿元，返还性支出2.2亿元，一般性转移支付支出34亿元，专项转移支付支出49.9亿元，支出总计133.9亿元，收支平衡。

地方财政基金预算收入安排9.5亿元，比2011年快报数增长15%，地方财政基金预算支出安排12.4亿元，比2011年快报数增长58%。

地方财政基金预算收支平衡情况是：基金预算收入9.5亿元，政府性基金转移收入3亿元，上年结余收入2.4亿元，收入总计14.9亿元。基金预算支出12.4亿元，政府性基金转移支付支出2.5亿元，支出总计14.9亿元，收支平衡。

三、锐意进取，扎实工作，确保2012年财政预算目标任务圆满完成

今年是实施"十二五"规划承上启下的重要一年，做好今年的财政工作，完成全年预算目标任务，对于全面贯彻落实省、市党代会精神，保持经济平稳较快发展，加快推进科学发展、和谐发展、跨越发展，以优异的成绩迎接党的十八大召开，意义十分重大。重点抓好以下五个方面的工作：

（一）以落实"四个率先"为主线，支持经济发展促进财政增收

围绕与全省同步实现"四个翻番以上"和"两个倍增"，在全省率先建成经济强市，率先建成最有安全感的地方，率先建成最有幸福感的城市，率先建成一流的现代宜居生态城市，加强财源建设，强化收入管理，提高收入质量，增强财政综合实力，为经济社会发展提供坚实的财力保障。

一是支持结构调整。坚持经济决定财政、财政反作用于经济的理念，围绕支持产业结构调整下功夫，更好地发挥财政资金"四两拨千斤"的作用，促进经济结构调整、产业转型升级，推进重大项目建设，不断增强可持续发展能力。

二是加强财源建设。落实工业园区和企业发展扶持政策，大力支持战略性新兴产业发展，促进现代物流业、服务业、旅游业等税源型经济向高层次提升；不断创新增加地方税收的新思路，重点在税源挖潜、征收质量、政策研究方面下功夫，确保取得实效；加强财税扶持政策应用性研究，找准财税政策与经济发展的结合点，落实相关产业财税扶持政策，为培植新的财源税源创造条件。

三是强化收入征管。密切关注宏观经济形势、国家调控政策以及全市经济发展变化对财政收入的影响，注重财政收入与经济发展的协调性，加强收入分析预测，提高组织收入的预见性、主动性、创新性；加强财政与国税、地税部门的协作配合，采取切实有效措施，依法加强税收征管，努力做到应收尽收、颗粒归仓；进一步加大非税收入征管力度，充实机构和人员，督促各部门、各单位及时足额将非税收入征缴入库。

（二）以完善机制为保障，强化争取促发展

玉溪与省内其他州市的差距主要是支出差距，一个地方如果支出很小，或支出与收入不协调，这个地方的运转和稳定很难得到有效支撑。因此，玉溪要发展，除了立足自身外，

还得靠向上争取支持，通过争取弥补运转和发展的资金不足。

一是加强与上级的汇报联系，实事求是地汇报玉溪发展中面临的困难，从而改变上级对玉溪的看法，增进上级对玉溪的感情，最大限度地争取上级对玉溪的支持。

二是紧紧抓住新一轮西部大开发、“两强一堡”战略和滇中经济圈建设的有利时机，扎扎实实地研究政策，积极争取国家和省政策、项目、资金的支持。

三是建立向上争取奖励机制，对争取上级支持富有成效的单位给予一定比例的物质奖励，充分调动各单位跑项目、争资金的积极性，确保对上争取工作取得实实在在的成效。

（三）以优化支出结构为重点，继续着力保障和改善民生

一是进一步落实财政支农投入稳定增长机制，加大资金整合力度，确保财政支出、预算内固定资产投资、土地出让收益向“三农”倾斜；继续巩固完善和强化各项强农惠农富农政策，积极推进农业综合开发和农村基础设施建设；大力发展特色农业和现代农业，着力支持做好农村劳动力培训和转移工作，努力构建农民稳定增收的长效机制。

二是强化薄弱环节，多补社会事业“短板”。全面落实中长期教育改革和发展规划纲要，多渠道筹措教育发展资金，促进各级各类教育均衡发展；加快推进覆盖城乡居民的社会保障体系建设，进一步完善就业、医疗卫生、社会稳定等重要民生领域的财政保障机制，支持做好新型农村合作医疗、新型农村社会养老保险、城镇居民基本养老保险、医药卫生体制改革、文化体制改革等重点工作，认真落实城乡低保、家电下乡、摩托车下乡及农机具下乡补贴等各项惠民政策；支持保障性住房建设，促进其他各项社会事业发展，确保民生保障水平不断提升。

三是努力提高城乡居民收入水平。围绕实现城镇居民人均可支配收入和农民人均纯收入“两个倍增”，以增加城乡居民收入为核心，以解决发展不平衡为重点，以增强公共服务为突破口，以增进人民幸福为根本，建立完善惠及广大人民、保障困难群众和低收入群体基本生活、切实改善民生的长效机制，努力构筑社会保障“安全网”，千方百计增进广大人民幸福感。

四是切实保障为民办实事各项资金需求。以落实党委政府各项“民心工程”为抓手，建立健全科学高效的资金筹措机制和协调推进机制，上下联动、横向互动、形成合力，确保为民办实事项目落实到位。

（四）以强化财政监管为手段，确保财政资金发挥最大效益

一是强化预算管理，提高预算执行刚性。坚持量入为出，优化支出结构，强化预算约束，严格控制公务接待费、出国（境）经费、车辆购置及运行费，努力降低行政运行成本，提高财政资金使用效益。

二是强化项目监管，提高财政资金效益。继续深化以“部门预算为基础、投资评审为支撑、政府采购为手段、国库集中支付为保障”的“四位一体”监管模式，加强政府投资项目监管，引入项目方案评估新机制，严格控制结算审查质量，加大现场跟踪监督力度，进一步提高工作效率，节约财政支出。

三是扩大监管范围，保证财政资金安全。在深入抓好“小金库”治理的同时，进一步加强预算执行、民生资金和重大财税政策执行情况的监督检查，重点对中央和省财政专项资金落实、会计信息质量等进行检查，不断健全跟踪问效机制，确保中央、省、市各项惠民政策落到实处。

（五）以“四群”教育为抓手，切实加强干部队伍建设

重点从四个方面入手，继续把干部队伍建设各项工作做深、做细、做实、做出成效，促进财政干部政治、业务素质双提高，机关作风、服务质量双改进，为推动科学发展、和谐发展、跨越发展提供坚实的组织保障。

一是不断深化学习型组织建设，营造浓厚学习氛围，创新财政干部学习组织方式，继续邀请有关专家开展讲座，积极为干部提升思想素质和业务水平创造条件，努力提高财政干部队伍整体素质。

二是深入开展群众观点、群众路线、群众利益、群众工作“四群”教育和深入实际、深入基层、深入群众“三深入”活动，让作风带动民风，让扶持促进发展，让情感凝聚人心，让实惠取信于民，忠实履行党和人民赋予的理财职责，努力服务好基层、服务好群众、服务好发展。

三是坚持把反腐倡廉建设贯穿于财政发展全过程，建立财政系统反腐倡廉长效机制，切实增强财政干部队伍的宗旨意识、党性观念、纪律意识、廉洁意识，树立正确的事业观、工作观和政绩观，更好地坚持以人为本、执政为民，努力展示财政部门新面貌新气象。

四是以认真办理人大代表建议和政协委员提案为主线，增强为人民群众解难事、做好事、办实事的责任感和工作能力。承办过程中，坚持积极沟通，拓展办理深度，努力创造条件，在解决问题、办出实效上下功夫，使代表和委员的良策变成实实在在的工作成果。

各位代表，全面完成今年预算目标任务，做好各项财政工作，任务艰巨、责任重大、使命光荣。我们将在市委的坚强领导下，在市人大及其常委会的法律、工作监督下，认真执行本次大会作出的决议，坚定信心、攻坚克难、开拓进取，确保目标任务的圆满完成，以优异成绩迎接党的十八大召开，以财政发展与发展新业绩交出无愧于时代和人民的新答卷。

以上报告，请予审查。

玉溪市居家养老服务实施细则

第一条 根据全国老龄办等10部委《关于全面推进居家养老服务工作的意见》（全国老龄办发〔2008〕4号）和云南省人民政府办公厅《关于加快推进养老服务事业发展的意见》（云政办发〔2010〕85号）精神，结合我市实际，制定本实施细则。

第二条 居家养老服务是指政府和社会力量依托社区，为居家的老年人提供生活照料、家政服务、康复护理和精神慰藉等方面服务的一种服务形式。

第三条 居家养老服务必须坚持以下原则：

（一）以人为本。从老年人的实际需求出发，为老年人提供方便、快捷、高质量、人性化的服务。

（二）依托社区。在社区层面普遍建立居家养老服务机构、场所和服务队伍，整合社会资源，调动各方面的积极性，共同营造为老年人居家养老服务的社会环境。

（三）因地制宜。紧密结合当地实际，与本地经济社会发展水平相适应，与社区人文环境和老年人的需求相适应，循序渐进，稳步推进。

（四）社会化方向。采取多种形式，充分调动社会各方面力量参与和支持居家养老服务。

第四条 居家养老服务中心（站）建设，应达到以下基本条件：

（一）规范名称。居家养老服务中心（站）须挂"××县（区）或街××道（乡、镇）××社区（村）居家养老服务中心（站）"牌匾。

（二）建立场所。居家养老服务中心（站）场所室内面积不少于300平方米。根据服务对象人数和服务需求，单独或综合设置日间照料中心、配餐室、医务室、阅览室、娱乐室、工作室等。户外须有健身场所和活动器材。

建立"爱心通"GPS助老信息服务平台，为老年人提供方便快捷的家政服务、医疗服务和紧急救助。

（三）完善制度。居家养老服务中心（站）须建立和完善管理、服务承诺、值班、监督考评等制度。相关制度及工作流程应上墙。

（四）健全队伍。居家养老服务队伍包括：专业服务队伍（由社区具备家政服务、水电维修、医疗陪护、养老护理等专业特长的人员组成）；志愿者服务队伍（由青年志愿者和低龄老年人组成）。

（五）明确职责。主要包括居家养老服务中心（站）职责和养老护理员等工作人员职责。

（六）统一标识。社区居家养老服务标识由大写英文字母"H"和"C"组成，下方标有中文"居家养老"和英文"Home Care"字样，"H"和"C"为居家养老英文表述"Home Care"的开头字母，字母"H"为两个面对面相扶站立的人形图案，表现了居家养老服务人员为老年人服务的生动场景，整个标识形成了一张微笑的脸，寓意为享受居家养老服务的老年人生活长乐、幸福安康。

第五条 居家养老基本服务对象为居住在本社区年满60周岁以上老年人。

第六条 居家养老重点服务对象为居住在本社区的"三无老人"、高龄老人、空巢老人、失能老人；80周岁以上的重点优抚对象、市级以上劳动模范、低保对象等。

第七条 居家养老服务中心（站）为需要服务的老年人提供以下服务：

（一）助餐服务。为老年人提供膳食加工、送餐上门、集中用餐等服务。

（二）助洁服务。为老年人提供清洗衣物、打扫卫生等服务。

（三）助医服务。为老年人提供医疗陪护就诊和康复护理等服务。

（四）助浴服务。为高龄失能老人洗浴提供帮助。

（五）助急服务。老年人遇到意外情况时，提供及时、快捷、有效的救助服务。

（六）助行服务。为高龄、失能老人提供轮椅和其他出行帮助。

（七）助乐服务。为老年人提供休闲娱乐服务。

（八）助学服务。开办老年学校和图书阅览室，组织老年人参加学习教育。

（九）助为服务。组织身体健康的老年人参加志愿服务和其他力所能及的活动，开展互助和其他社会服务活动。

（十）日间照料服务。为老年人提供生活照料、保健康复、心理慰藉等日间服务。

第八条 居家养老服务方式主要包括：

（一）无偿服务。对重点服务对象实行政府购买服务，由当地政府发放一定数额的居家养老服务券。

（二）低偿服务。对有一定经济来源，但生活仍有困难的老年人，提供低于市场价格、由政府给予适当补助的服务。

对无偿服务和低偿服务的补助标准，由当地政府视情确定。

（三）有偿服务。对有经济能力，需要提供服务的老年人，以自费的形式购买服务。

（四）志愿者服务。组织志愿者为社区老年人提供的服务。

（五）认购服务。动员社会组织和个人为重点服务对象实行认购服务。

（六）其它服务。倡导邻里之间开展互帮互助服务、低龄老人为高龄老人提供养老储备服务等。

第九条 组建评估考核小组。社区居（村）委会选择综合素质好、责任心强的人员担任评估员，并进行业务培训；严格居家养老服务对象申报、评估、审批程序，以评估结果为依据，符合无偿和低偿服务条件的服务对象名单须向社会公示，接受群众监督；建立居家养老服务对象评估档案（包括服务对象申请书、评估报告、评估审批表等）。

第十条 评估考核内容：

（一）对服务对象评估。需居家养老服务补贴的老年人，应向社区居（村）委会提出申请，经街道办事处（乡、镇）审定后，由评估员对其家庭人员情况、身体和经济状况等方面进行评估，明确其身份类别（区分无偿、低偿、有偿服务对象）。对老年人的生活自理能力、认知能力、疾病状况、精神状态等进行评估，明确其护理等级。需政府购买服务的无偿、低偿服务对象，由街道办事处（乡、镇）报县（区）老龄办审批。

（二）对服务需求评估。根据服务对象的身体和经济状况，由评估员写出评估报告，提出服务需求建议（包括生活照料和护理照料等），明确服务项目、政府补贴标准，作为居家养老服务对象审批的重要依据。

（三）对服务绩效考核。采取察看护理记录、询访服务对象、跟踪抽查等形式，对工作人员服务项目落实情况、服务质量和服务对象满意度、社会认可度等方面进行评估考核，确定是否胜任服务工作，作为奖励、再培训或者辞退的重要依据。

第十一条 各级老龄机构和民政部门负责对居家养老服务工作进行指导、协调和检查，会同老龄委成员单位研究制定居家养老服务发展规划和政策措施，及时研究解决居家养老服务工作中遇到的问题。

第十二条 居家养老服务中心（站）负责确定居家养老服务项目、审定服务对象、接收社会捐助、招聘为老服务人员和志愿者，组织实施居家养老服务。

第十三条 居家养老服务中心（站）负责掌握居家养老服务对象的情况和各种服务需求，做好居家养老服务工作。

玉溪市社会办养老机构资金资助办法

第一条 为鼓励和支持社会力量兴办养老机构，按照《国务院办公厅转发全国老龄委办公室等十部委办关于加快发展养老服务业的意见》，《云南省人民政府办公厅转发省老龄委办公室等部门关于加快发展养老服务业的实施意见》(云政办发〔2007〕158号)，《云南省人民政府办公厅关于加快推进养老服务事业发展的意见》(云政办发〔2010〕85号)精神，结合我市实际，制定本办法。

第二条 本办法所称社会办养老机构，是指公民、法人及其他组织，经本市县级以上民政部门批准，取得《社会福利机构设置批准证书》，并在本市范围内举办的为老年人提供养护、康复、托管等服务的社会福利服务机构。

第三条 市民政局是市社会办养老机构资金资助的主管部门，市财政局是市社会办养老机构资金资助的监管部门。

第四条 社会办养老机构的资助资金，由市级财政每年在政府财政预算中予以安排。各县区财政要相应安排配套资金。

第五条 社会办养老机构资金资助遵循鼓励社会力量兴办与管理相结合、扶持力度与经济社会发展状况相适应的原则。

第六条 对按标准新建、改建、扩建的社会办养老机构，给予每张床位2 000元的一次性资助。资金由市、县区财政各承担50%。

第七条 根据社会办养老机构创办的规模给予资金资助，最高限额为50万元，指定用于养老服务设施设备的建设和完善。具体标准如下：

(一)对新建的社会办养老机构，根据认定的实有床位数给予每张床位2 000元的一次性资助；

(二)对改建、扩建的社会办养老机构，根据认定的改、扩建项目新增床位数，给予每张床位2 000元的一次性资助；

(三)采用国家、集体、社会力量等多渠道投资方式所举办的养老福利机构，按社会力量投资床位比例给予相应的资助。

第八条 市民政局会同市财政局成立社会办养老机构资金资助评审委员会，负责对申请资金资助的社会办养老机构进行审查评定。

第九条 申请资金资助的社会办养老机构，应同时具备以下条件：

(一)机构床位数的设置，符合民政部《老年人社会福利机构基本规范》中5·1·1规定的老人居室使用面积的有关要求(单人间使用面积不小于10平方米；双人间使用面积不小于14平方米；三人间使用面积不小于18平方米；合居型居室每张床位的使用面积不小于5平方米)；每个机构床位数在30张以上；

(二)有老人活动室、康复室和健身场所，并配置相应的设施设备；

(三)室外活动场所不少于200平方米；

(四)财务管理制度健全；

(五)取得《社会福利机构设置批准证书》后开业满6个月以上；

(六)承诺养老福利设施投入运行后，五年内不改变养老福利服务性质。

第十条 社会办养老机构申请资金资助时，应当提交下列材料：

(一)《玉溪市社会办养老机构资金资助申请表》；

(二)《社会福利机构设置批准证书》；

(三)服务场所的所有权证明或租用合同书；

(四)机构建筑设计平面图；

(五)机构先期投入情况说明及相关证明材料(包括基建、装修、设施设备配置等)；

(六)养老护理员职业资格证书。

社会办养老机构应当持以上材料，向其所在地的县区民政局提出申请。

第十一条 县区民政局自受理申请之日起，在一个月内会同县区财政局按照资助范围、资助条件等规定，对申请资助的社会办养老机构进行审核。对符合资助要求的，将其申请材料上报市民政局；对不符合资助要求的，将审查结果以书面形式通知申请人，并报市民政局备案。

第十二条 市民政局自受理申请之日起，在两个月内由社会办养老机构资金资助评审委员会对县区民政局上报的申请资助机构的材料进行审查，并根据老年人社会福利机构设置的基本标准进行实地考核评定，核定资助床位数。

经审核同意的，按核定资助床位数确定市级资助金额，并核拨至所在县区财政局，所在县区财政局应当将市资助资金和县区配套资金一次性划拨给县区民政局，由县区民政局转拨给社会办养老机构；经审核不予同意的，将审查结果以书面形式通知申请人。

第十三条 市民政局每年12月底前，对社会办养老机构资金资助情况进行统计，并将统计结果抄送市财政局。

第十四条 对同意给予资金资助的，由县区民政局与社会办养老机构签订《资助资金使用承诺书》，明确双方的责任、权利和义务。

享受资金资助的社会办养老机构有下列情形之一的，社会办养老机构资金资助评审委员会有权取消资助，追回资助资金。

(一)未经批准，擅自变更养老机构名称、地址、主要负责人的；

(二)未经批准，擅自分立、合并、解散养老机构的；

(三)资助资金挪作他用的；

(四)年检不合格，限期整改后仍不合格的；

(五)不执行国家财务管理有关规定，财务账目混乱的；

(六)管理不善，服务质量低下，多次受到入住老人和社会投诉，经民政部门责令整改无效的。

第十五条 本办法由市民政局会同市财政局负责解释。

第十六条 本办法自2011年7月1日起施行。

玉溪市城市环境噪声污染防治管理办法(试行)

第一章　总　则

第一条　为了防治环境噪声污染，创造安静适宜的人居环境，保护人体健康，根据《中华人民共和国环境噪声污染防治法》、《云南省环境保护条例》、《云南省道路交通安全条例》、《云南省玉溪城市管理条例》及《云南省环境保护条例奖惩实施办法》等法律、法规和规章规定，结合实际，制定本办法。

第二条　玉溪市城市规划区内环境噪声污染防治工作适用本办法。

本办法所称环境噪声，是指在工业生产、建筑施工、交通运输和社会生活中产生的干扰周围生活环境的声音。

本办法所称环境噪声污染，是指所产生的环境噪声超过国家规定的环境噪声排放标准，并干扰他人正常生活、工作和学习的声音。

第三条　市、区人民政府应当将环境噪声污染防治工作纳入政府环保目标责任制，并根据规定，划定各类标准适用区，建设城镇环境噪声达标区，所需经费列入本级财政预算。

第四条　环境保护行政主管部门负责对环境噪声污染防治实施统一监督管理。

公安、规划、住房和城乡建设、文化、工商、交通运输、城市管理综合行政执法等部门应当按照各自职责，共同做好环境噪声污染防治工作。

第五条　任何单位和个人都有保护环境的义务，对造成城市环境噪声污染的，有权制止、检举、控告。

环境噪声监督管理部门对于环境噪声污染的检举、控告，应当按照各自职责及时受理，依法查处。

第二章　监督管理

第六条　产生环境噪声的建设项目的选址、动工建设、投产使用，应当报经当地环境保护行政主管部门审查同意。

建设项目需要配套的环境噪声污染防治设施没有建成或者没有达到国家规定要求的，不得投入生产或者使用。

第七条　产生环境噪声的建设项目，应当符合国家、省、市有关环境噪声标准要求，并通过环境影响评价审批。

第八条　规划主管部门依法对建设项目设计方案进行规划审查，建设项目设计方案应当符合国家声环境质量标准或民用建筑隔音设计规范标准要求。

第九条　产生环境噪声污染，按照国家规定需要申报的单位，应当到所在地的市级环境保护行政主管部门办理排污申报登记。

已办理排污申报登记的单位，其噪声源的种类、数量和噪声强度有重大改变的，应当提前15日到原登记部门办理变更登记。

第十条　拆除或者闲置噪声污染防治设施的，应当提前10日向所在地的环境保护行政主管部门申报，经批准后方可实施。

环境保护行政主管部门应当自接到申报之日起5个工作日内作出同意或者不同意的决定。

第十一条　排放噪声超过国家规定的环境噪声排放标准的，应当采取措施进行治理，并按照国家规定缴纳超标准排污费。

第十二条　对噪声敏感建筑物集中区域内造成严重环境噪声污染的单位，由市、区人民政府责令其限期治理。

被责令限期治理的单位，应当按期完成限期治理任务，并定期向市、区环境保护行政主管部门报告治理进度。

第三章　工业噪声污染防治

第十三条　本办法所称工业噪声，是指在工业生产活动中使用固定的设备时产生的干扰周围生活环境的声音。

在城市建成区内，向周围生活环境排放工业噪声，应当符合国家规定的工业企业厂界噪声排放标准。

第十四条　在城市建成区的医疗、文教科研、机关办公、居民住宅小区区域，禁止新建、扩建产生环境噪声的工业企业。

第十五条　城市建成区的医院、学校、科研机构、机关、居民住宅等区域内，禁止从事产生环境噪声污染的加工、维修等活动。

本办法实施前，前款规定区域内已从事经营活动且噪声排放不达标的经营者，应当按照国家规定的工业企业厂界噪声排放标准，采取相应措施进行治理并达标。

第十六条　产生环境噪声污染的工业企业，应当对设备进行合理布局，采用低噪声设备，改进工艺，并采取吸声、消声、隔声、隔振和减振等治理措施，减轻环境噪声污染，达到工业企业厂界噪声排放标准。

第四章　建筑施工噪声污染防治

第十七条　本办法所称建筑施工噪声，是指在建筑施工过程中产生的干扰周围生活环境的声音。

建筑施工单位应当采取有效措施，降低施工噪声污染，所排放的建筑施工噪声，应当符合国家规定的建筑施工场界噪声限值。

第十八条　城市建成区内，建筑施工过程中使用机械设备，可能产生环境噪声污染的，施工单位应当在工程开工15日以前向工程所在地的环境保护行政主管部门和城市管理综合行政执法部门申报该工程的项目名称、施工场所和期限、可能产生的环境噪声值以及所采取的环境噪声污染防治措施的情况。

第十九条　城市建成区噪声敏感建筑物集中区域内，禁止在当日22时至次日7时进行产生环境噪声污染的建筑施工作业，但抢修、抢险作业和因混凝土浇灌、桩基冲孔、钻孔桩成型等生产工艺上要求或者特殊需要必须连续作业的除外。

因特殊需要必须连续作业的，施工单位应当在施工3日以前持市、区住房和城乡建设行政主管部门意见，到所在地的环境保护行政主管部门和城市管理综合行政执法部门登记，并在施工地点以书面形式向社会公告。

第二十条　市、区人民政府在中考、高考或者其他重大社会活动期间，可以对特定区域内可能产生环境噪声污染的建筑施工等活动采取临时限制措施，并提前10日向社会公告。

中考、高考前7日内的当日20时至次日8时，中考、高考期间，禁止在学校周边、居民住宅区进行产生噪声的建筑施工作业。

中考、高考期间，考点周围500米范围内，禁止所有产生环境噪声污染的建筑施工作业。

第五章 交通运输噪声污染防治

第二十一条 本办法所称交通运输噪声，是指机动车辆、铁路机车、机动船舶、航空器等交通运输工具在运行时所产生的干扰周围生活环境的声音。

第二十二条 医疗区、文教科研区、机关办公区、居民住宅区等噪声敏感建筑物集中区域与高架桥、快速路、高速公路、城市轨道等与城市道路之间应当保持一定的退让距离。退让距离不能保证的，建设单位应当采取设置隔声屏障等有效措施减轻、避免交通噪声污染。

第二十三条 机动车辆的消声装置和喇叭应当保持完好、有效。禁止擅自改装、拆除机动车辆的消声装置和喇叭。

第二十四条 禁鸣区禁止机动车鸣喇叭，执行消防、救护、工程抢险、公安警备等任务时的特种车辆除外。

机动车在非禁鸣区鸣喇叭，一次鸣喇叭的时间不得超过0.5秒钟，连续鸣喇叭不得超过三次。严禁长时间鸣喇叭。

第六章 社会生活噪声污染防治

第二十五条 本办法所称社会生活噪声，是指人为活动所产生的除工业噪声、建筑施工噪声和交通运输噪声之外的干扰周围生活环境的声音。

第二十六条 新建、改建、扩建营业性文化娱乐场所的边界噪声不符合国家规定的环境噪声排放标准的，文化行政主管部门不得核发文化经营许可证，工商行政管理部门不得核发营业执照。

城市建成区内的酒吧、歌舞厅、棋牌室等文化娱乐场所，其经营管理者应当采取有效措施，使其边界噪声达到国家规定的环境噪声排放标准。

第二十七条 在城市建成区内，禁止使用扩音喇叭、高噪声设备或者其他产生环境噪声污染的方法从事商业经营活动；禁止经营者将商场、门市、店、堂、摊点及影剧院等商业文化经营场所的音箱和喇叭置于街面播放。

第二十八条 在城市建成区内的医疗区、文教科研区、机关办公区、居民住宅区等噪声敏感建筑物集中区内使用音箱、喇叭等声源设备，应当符合国家环境噪声管理规定。

第二十九条 在城市建成区内公共场所组织娱乐、健身、集会等活动，使用音响器材音量不得超标，干扰周边居民工作和生活。

第三十条 在居民住宅楼内，禁止在12时至14时、当日19时至次日8时使用电钻、电锯、电刨、冲击电钻等产生环境噪声污染的工具进行室内装修等作业。

居民住宅楼内电梯产生的噪声超标的，建设单位或物业管理部门应当在规定期限内整改。

第三十一条 从事食品加工、餐饮服务的单位或者个人，应当配置废气(油烟)净化装置和油烟排放管道，油烟排放管道的设置应高于自身建筑物的1.5米以上，朝向应避开易受影响的建筑物，排放口周围10米范围有建筑物的，排放管道的设置应高于附近最高建筑物1.5米以上。对产生噪声的设施采取隔声、降噪措施。

第七章 法律责任

第三十二条 城市环境噪声污染监督管理人员利用职权，徇私舞弊，玩忽职守的，依法给予处分；构成犯罪的，依法追究刑事责任。

第三十三条 违反下列规定的行为，由环境保护行政主管部门按照下列规定处罚：

(一)违反本办法第六条第二款规定的，责令停止生产或者使用，并给予警告或者处以5 000元以上5万元以下罚款。

(二)违反本办法第九条、第十条第一款、第十八条规定的，责令改正，并给予警告或者处以300元以上3 000元以下罚款。

(三)违反本办法第十一条规定，不按国家规定缴纳超标排污费的，根据不同情节，依法给予警告或者处以1 000元以上1万元以下罚款。

(四)违反本办法第十二条规定，对于排放的噪声对周围生活环境造成污染、又缺乏有效治理措施的单位，报经同级人民政府批准，责令其停业、搬迁、关闭。

(五)违反本办法第十三条第二款、第十五条规定的，责令限期整改，治理达标。对于治理不达标的，经同级人民政府批准，责令其停业、搬迁、关闭。

第三十四条 违反下列规定的行为，由城市管理综合行政执法部门责令改正，并按照下列规定处罚：

(一)违反本办法第二十九条、第三十条第一款规定的，依据《云南省玉溪城市管理条例》第四十八条第(五)项规定，可处200元以上500元以下罚款。

(二)违反本办法第三十一条规定的，依据《云南省玉溪城市管理条例》第四十八条第(四)项规定，可处2 000元以上1万元以下罚款。

(三)违反本办法第十九条第一款、第二十六条第二款规定的，依据《云南省玉溪城市管理条例》第四十八条第(五)项规定，可处5000元以上2万元以下罚款。

第三十五条 违反本办法第二十四条规定的，由公安交通管理部门，依据《云南省道路交通安全条例》第七十九条第(二)项规定，处警告或者20元以上50元以下罚款。

第三十六条 违反本办法规定的其他行为，由住房和城乡建设、国土资源、环境保护等部门按照各自职责依法查处。

第八章 附 则

第三十七条 本办法中下列用语的含义是：

(一)“噪声排放”是指噪声源向周围生活环境辐射噪声。

(二)“噪声敏感建筑物”是指医院、学校、机关、科研单位、住宅等需要保持安静的建筑物。

(三)“噪声敏感建筑物集中区域”是指医疗区、文教科研区和以机关或者居民住宅为主的区域。

(四)“机动车辆”是指汽车、摩托车和拖拉机等。

第三十八条 本办法自2012年1月1日起施行。

玉溪市城市二次供水卫生管理办法(试行)

第一章　总　则

第一条　为保证城市二次供水卫生安全，保障人民身体健康，根据《中华人民共和国传染病防治法》、国务院《城市供水条例》、《云南省玉溪城市管理条例》、《生活饮用水卫生监督管理办法》等有关法律、法规和规章的规定，结合实际，制定本办法。

第二条　玉溪市城市规划区内的二次供水卫生管理，适用本办法。

本办法所称的二次供水，是指单位和从事经营活动的个人(以下简称二次供水单位)将来自集中式供水的管道水另行加压、贮存或再处理(过滤、软化、消毒等)后，再经管道输送给用户饮用的供水方式。

第三条　市、区人民政府应当将二次供水卫生管理工作纳入城市公共卫生管理发展规划。

卫生行政部门负责二次供水卫生管理工作。城乡规划、住房和城乡建设行政主管部门在各自的职责范围内做好二次供水的相关管理工作。

第四条　二次供水设施的产权所有人及其委托的管理人、业主推荐的管理人等是城市二次供水卫生管理的责任人，负责城市二次供水设施的卫生管理和日常维护。

第五条　任何单位和个人有权对违反本办法的行为进行投诉和举报，卫生行政部门接到投诉和举报后应当认真处理，并将处理结果及时反馈投诉举报人。

第二章　二次供水卫生许可

第六条　二次供水管理实行卫生许可制度。二次供水单位应当向区卫生行政部门申请办理卫生许可证。

第七条　申请办理二次供水卫生许可证应当具备下列条件：

(一)供应的饮用水应当符合国家《生活饮用水卫生标准》；

(二)直接从事二次供水卫生管理的人员应当取得健康合格证，并经卫生知识培训合格；

(三)二次供水设施选址、设计、施工及所用材料，应当保证不使饮用水水质受到污染，并有利于清洗和消毒；

(四)各类贮水设施符合卫生防护要求。

第八条　申请办理二次供水卫生许可证应当提供下列资料：

(一)申请表；

(二)卫生管理制度；

(三)二次供水设施场所平面布局图、卫生防护资料等；

(四)涉及饮用水卫生安全产品的卫生许可批件；

(五)具有水质检测资质单位出具的水质检验报告；

(六)二次供水建设项目竣工卫生验收认可书；

(七)从业人员体检、培训资料。

第九条　申请办理二次供水卫生许可证的程序：

(一)申请。填写卫生许可证申请表并提交申请材料；

(二)受理。卫生行政部门自收到申请之日起5个工作日内作出予以受理和不予以受理的决定；

(三)审查。受理申请后，卫生行政部门依法对申请人提供的材料进行审核，并根据需要进行现场审查；

(四)审批发证。卫生行政部门自受理之日起10个工作日内作出许可决定，符合二次供水卫生管理要求的发放二次供水卫生许可证。

第十条　二次供水卫生许可证有效期四年，每年审验一次。二次供水卫生许可证有效期满前三个月，供水单位应当向区卫生行政部门提出换证申请。

第三章　二次供水卫生管理

第十一条　二次供水单位新建、改建、扩建的二次供水建设项目应当符合国家标准和卫生要求，选址、设计审查和竣工验收应当有城乡规划、住房和城乡建设、卫生行政部门参加。

第十二条　二次供水设施应当符合下列卫生要求：

(一)二次供水设施周围保持环境整洁，蓄水池周围10米以内不得有渗水坑和堆放的垃圾等污染源，水箱周围2米内不得有污水管线及污染物；

(二)二次供水设施不得与市政供水管道直接连通，不得与非饮用水相通。地下水池溢水口不得与下水道连接；

(三)二次供水设施应当安全密闭，有必要的卫生防护设施，水箱(池)入孔位置大小应当满足水箱(池)内部清洗消毒工作的需要；

(四)二次供水水箱(池)应当加盖上锁，进水口、溢流孔、排污孔应当有密封防护设施；

(五)法律法规和规章规定的其他二次供水设施卫生要求。

第十三条　有下列情况之一的，禁止供水：

(一)水质感官性状异常，可能对人体产生不良影响的；

(二)含有寄生虫、微生物等，有可能引起肠道传染病发生或流行的；

(三)毒理指标和一般化学指标超过国家《生活饮用水卫生标准》的；

(四)未经卫生检验合格的其他情况。

第十四条　从事二次供水设施清洗消毒的单位应当到区卫生行政部门进行备案。

从事二次供水设施清洗消毒的人员应当取得健康合格证，并经卫生知识培训合格后方可上岗。

第十五条　二次供水水箱(池)清洗消毒剂，应当使用经相关部门批准的合格产品。清洗器具应当清洁卫生。

第十六条　二次供水单位应当建立健全二次供水卫生管理制度、二次供水设施清洗消毒档案，配备卫生管理人员。

二次供水单位应当定期对二次供水水质进行常规检测并对各类储水设施清洗消毒，每年不得少于二次，检测和清洗消毒费用自理。

第四章　二次供水应急处理

第十七条　市、区人民政府以及二次供水单位应当制定二次供水卫生应急预案。

发生二次供水污染事件时，应当立即启动预案，保证安全供水。

第十八条　二次供水水质受到污染，可能危及人体健康时，二次供水管理责任人，应当立即采取措施，消除污染，并根据国家和省市的有关规定，及时向卫生、住房和城乡建设行政部门报告。

卫生、住房和城乡建设行政部门接到报告后，应当及时调查处理。

第十九条　二次供水水质受到污染的，卫生行政部门应当会同住房和城乡建设行政主管部门立即采取下列临时应急措施：

(一)停止供水；

(二)封闭供水设施，并进行清洗、消毒；

(三)控制、排除污染源；

(四)封存有关供水设备及用品；

(五)依法向社会公众发布相关信息。

停止供水期间，二次供水单位应当采取措施，提供临时供水。

第五章　二次供水监督监测

第二十条　市、区卫生行政部门应当定期向社会公众公示二次供水日常监督监测信息。

第二十一条　区卫生监督机构应当定期或不定期对二次供水单位进行监督检查，二次供水单位及其工作人员应当予以配合，不得拒绝。

第二十二条　区疾病预防控制机构负责二次供水的抽样检测，并出具检验报告。

第六章　法律责任

第二十三条　二次供水行政管理人员滥用职权、玩忽职守或徇私舞弊的，由其所在单位或上级主管部门依法给予处分；构成犯罪的，依法追究刑事责任。

第二十四条　二次供水单位违反本办法规定，有下列情形之一的，由卫生行政部门按照《云南省玉溪城市管理条例》第四十九条第二项的规定，责令改正，处500元以上2 000元以下罚款。

(一)未按规定取得二次供水卫生许可证而擅自供水的；

(二)从事二次供水设施清洗消毒的人员、直接从事二次供水卫生管理的人员未取得健康合格证和未经卫生知识培训合格上岗的；

(三)未按规定对二次供水设施进行清洗、消毒和水质检验的；

(四)水箱(池)未加盖上锁、溢流孔无卫生防护设施的。

第二十五条　二次供水单位供应的饮用水不符合国家规定的生活饮用水卫生标准的，由卫生行政部门责令限期改进，并可处以20元以上5 000元以下的罚款。

第二十六条　二次供水单位违反本办法有关规定造成损害的，依法承担赔偿责任。

第二十七条　当事人对行政处罚决定不服的，可依法申请行政复议或者提起行政诉讼。

第二十八条　拒绝、阻碍二次供水行政管理人员依法执行职务的，由公安机关依照《中华人民共和国治安管理处罚法》的规定处罚；构成犯罪的，依法追究刑事责任。

第七章　附　则

第二十九条　本办法自2012年1月1日起施行。

玉溪市城市集贸市场管理办法(试行)

第一章　总　则

第一条　为加强对玉溪市城市集贸市场(以下简称集贸市场)的监督和管理，规范市场行为，维护市场秩序，促进市场繁荣，方便群众生活。根据国务院《城乡集市贸易管理办法》、《云南省商品交易市场管理条例》、《云南省玉溪城市管理条例》和《流通环节食品安全监督管理办法》等法律、法规和规章的规定，结合实际，制定本办法。

第二条　玉溪市城市规划区内集贸市场的规划、建设(含新建、改建、扩建)和管理活动，适用本办法。

本办法所称集贸市场，是指经依法登记注册，由市场经营服务机构开办经营，由若干经营者、消费者入场集中进行商品交易的场所。

出租柜台10个(含)以上的超市、商场等商品集中交易场所纳入集贸市场进行管理。

第三条　集贸市场规划、建设和管理应当遵循统筹规划、市场运作、标准建设、规范经营的原则。

第四条　市人民政府鼓励、支持发展各类集贸市场，保护市场开办者、经营者和消费者的合法权益。

第五条　市、区人民政府和玉溪高新技术产业开发区、玉溪研和工业园区管委会及其相关部门，依照各自职责以及本办法规定负责集贸市场的规划、建设和管理工作。

第二章　职责分工

第六条　市人民政府应当加强集贸市场的规划、建设和管理。

第七条　红塔区人民政府、玉溪高新技术产业开发区、玉溪研和工业园区管委会按照管理区域，履行下列职责：

(一)负责组织协调有关部门和街道办事处、村(居)委会加强对集贸市场周边区域的管理；

(二)负责督促有关部门落实集贸市场社会治安、消防、卫生、食品安全监督等工作。

第八条　商务部门应当履行下列职责：

(一)根据《玉溪市市区商业网点规划》、《玉溪市中心城区农贸市场布局规划》指导和督促市场开办主体按照《标准化菜市场设置与管理规范》建设农贸市场；

(二)出具市场符合商业网点规划的认可证明，履行集贸市场建设管理的其他相关职责。

第九条　工商行政管理部门应当履行下列职责：

(一)负责集贸市场交易秩序的监督管理，查处市场交易活动中的违法违规行为，维护市场交易秩序；

(二)负责对集贸市场开办经营者和入场经营者的注册登记管理，依法核发《营业执照》和《食品流通许可证》；

(三)负责集贸市场交易商品质量及流通环节食品安全的监督管理；

(四)受理消费者投(申)诉，依法查处损害消费者权益的行为，保护消费者和经营者的合法权益；

(五)监督集贸市场(开办)经营单位履行对市场经营服务区域划分、环境卫生、车辆停放、消防安全等管理服务工作，依法查处其违法行为；

(六)对新建、改建、扩建集贸市场建设项目设计方案提出审查意见。监督市场(开办)经营单位按要求设置摆放或悬挂经营者证照、招牌广告、制度公示及提供公平交易监督场所等设施，依法查处其违法行为。

第十条 规划部门应当履行下列职责：

（一）负责审查商业网点规划和集贸市场专项规划是否符合城市规划，依据批准的专项规划和有关规定，办理相关规划许可手续；

（二）配合城市管理综合行政执法部门对违反集贸市场规划建设的行为进行查处。

第十一条 国土资源部门应当履行下列职责：

（一）参与集贸市场专项规划的审查和建设用地选址，负责集贸市场建设项目用地报批；

（二）参与集贸市场建设竣工验收，负责对集贸市场项目用地实施监督，依法查处擅自改变集贸市场土地用途等违法行为。

第十二条 住房城乡建设部门应当履行下列职责：

（一）负责集贸市场项目建设的施工许可；

（二）负责督促建设单位按照设计规范和集贸市场配建要求规范建设。

第十三条 城市管理综合行政执法部门应当履行下列职责：

（一）负责监督查处集贸市场建设过程中违反城乡规划管理的行为；

（二）负责查处集贸市场周边占道经营、乱摆摊点等违反市容环境卫生管理的行为。

第十四条 公安机关应当履行下列职责：

（一）负责集贸市场的治安管理，督促市场开办经营者健全落实安全保卫措施，依法查处扰乱市场治安秩序的违法犯罪行为；

（二）消防部门负责集贸市场建设项目的消防审查和验收，依法对集贸市场实施消防安全监督检查。

第十五条 发展改革委、质量技术监督、农业、畜牧、卫生、食品药品监督、林业、文化、环保、税务等部门应当依照各自职责，共同做好集贸市场规划、建设和管理工作。

交通运输、邮政、通讯、金融、保险等部门，应当为集贸市场建设和发展提供服务。

第三章 集贸市场规划

第十六条 集贸市场专项规划由商务部门会同规划、工商等部门编制，报市人民政府批准实施。

第十七条 任何单位和个人均应严格执行集贸市场专项规划。确需对规划进行修改的，应当按原审批程序报市人民政府批准。

第十八条 集贸市场规划应当符合下列要求：

（一）以社区或者居住小区为基本单元，一般1至3万人规划一个集贸市场，服务半径为500～800米，并与《玉溪市市区商业网点规划》衔接；

（二）服务区域内每千人按120～150平方米的建筑面积设计；

（三）按每100平方米建筑面积配置1个机动车位和1个非机动车位的标准和其他技术规范要求规划配置停车场（不含于经营面积中）；

（四）农贸市场需设置与交易相适应的农产品自销区；

（五）超市、商场型农贸市场，其经营农副产品的面积不得少于超市、商场建筑面积的60%；

（六）其他相关规范及市人民政府确定的其他要求。

第四章 集贸市场建设

第十九条 公民、法人和其他组织经批准可以按照集贸市场专项规划建设集贸市场。

新建、改建、扩建农贸市场的，应当按照《标准化菜市场设置与管理规范》进行建设和升级改造。

专项规划中明确旧城改造区域或者新建小区必须设置集贸市场的，建设单位应当配套建设集贸市场。

第二十条 建成使用的集贸市场及规划确定的市场建设用地、设施不得擅自拆迁、侵占和改变用途。因城市改造或者其他原因确需拆除或者改变市场用途的，应当由建设单位拟定还建方案，并经市人民政府批准。

第五章 集贸市场开办

第二十一条 集贸市场由市场投资方依法设立市场经营服务机构开办经营，市场经营服务机构应当经工商行政管理部门核准登记领取《企业法人营业执照》或企业法人分支机构《营业执照》。未设立市场经营服务机构并经注册登记的不得开办经营集贸市场。

第二十二条 办理市场经营服务机构注册登记应当提交下列文件、证件：

（一）开办市场的批准文件；

（二）市场建设规划审批文件；

（三）市场开办可行性研究报告；

（四）土地、房屋权属证明或者使用证明，市场平面图；

（五）市场投资者身份证明、经营服务机构负责人任用及身份证明；

（六）开办标准化农贸市场的应当提交标准化菜市场设置验收合格证明；

（七）联合开办市场的应当提交联办协议书；

（八）登记管理机关规定登记注册应当提交的其他资料。

第六章 集贸市场经营服务机构管理

第二十三条 集贸市场经营服务机构应当在《企业法人营业执照》或《营业执照》核定的经营范围内开展经营服务活动，并依法纳税。

第二十四条 集贸市场经营服务机构应当建立经营者入场经营、食品安全、商品质量、知识产权保护、交易秩序，环境卫生、车辆停放、消防安全等管理制度和措施。

第二十五条 集贸市场经营服务机构应当做好市场内的服务区域划分，并用醒目标示牌进行区域线路标示。设立活禽交易区域的应当与其他区域相隔离。

农贸市场经营服务机构应当单独设立供农民交易自产农副产品的区域。

第二十六条 集贸市场经营服务机构应当成立专门的市场环境卫生管理办公室（或小组），聘用足够的环境卫生管理和保洁人员，确保入场经营者商品摆放上台入店，不漫滩占道，确保市场垃圾日清不外露，确保下水道排水畅通，确保市场环境卫生。

第二十七条 集贸市场经营服务机构应当开辟专门场所停放车辆并做好车辆管理，确保市场交易区域内车辆有序停放。

第二十八条 集贸市场经营服务机构应当做好市场消防安全管理，确保通道畅通。应当按消防部门的要求配置足够的灭火器、消防栓等消防器材并保障能正常使用。

第二十九条 集贸市场经营服务机构应当设置单独的市场公平交易监督场所，配置符合要求的公平秤等计量器具供交易者免费复核。有条件的农贸市场还应设置农产品质量检测室，对入场农产品进行质量监测。

第三十条 新建、改建、扩建集贸市场，集贸市场经营服务机构应当设置摆放或悬挂经营者证照、招牌广告、制度公示、市场宣传等设施。

第三十一条　鼓励和支持集贸市场经营服务机构组建集贸市场行业协会，制定行业规范，加强行业自律。

第七章　入场经营者管理

第三十二条　进入集贸市场的经营者应当持有工商行政管理部门核发的《营业执照》并在《营业执照》核准登记的范围内从事经营活动。农民销售自产农副产品的除外。

第三十三条　进入集贸市场的经营者，应当履行下列义务：

（一）自觉遵守国家有关市场交易管理的法律法规；

（二）诚实守信、文明经营、公平交易；

（三）自觉遵守市场经营管理的各项制度措施，配合市场经营服务机构做好商品质量、食品安全、消费纠纷、物业和日常经营管理等工作；

（四）自觉搞好店（摊）内部卫生及门前“三包”；

（五）配备与其经营活动相适应的防蝇防尘等设施。

第三十四条　有固定门店（摊位）的经营者，应当在门店（摊位）明显位置悬挂《营业执照》和《税务登记证》。经营实行许可证制度的商品，还应当悬挂《经营许可证》。经营食品、药品、餐饮等特殊行业的经营从业人员还须持有健康合格证明。

第三十五条　经营食品、药品、农资及10类涉及人身健康和安全产品的经营者应当依法建立进货索证索票、收货查验、购销台账登记等商品质量进货查验把关管理制度。

经营驰名、著名商标商品，无公害、绿色或有机产品，家畜、家禽及其制品等的，应当出示相关认证证书、检疫（检验）合格证明或标志。

第八章　集贸市场交易管理

第三十六条　集贸市场禁止交易下列物品：

（一）走私贩私物品；

（二）法律法规等有关规定保护的野生动植物及其制品；

（三）反动、淫秽、封建迷信的出版物、音像制品和其他非法出版物；

（四）有毒、有害、腐败变质、超过保质期限的食品药品，病死、毒死的动物及其制品；

（五）伪劣的或者国家明令淘汰的以及过期的其他商品；

（六）注册商标标识及印有注册商标标识的包装物；

（七）法律法规等有关规定不准交易的文物；

（八）法律法规等有关规定禁止交易的其他物品。

第三十七条　集贸市场禁止下列行为：

（一）垄断货源、欺行霸市、强买强卖、骗买骗卖、哄抬物价；

（二）掺杂使假，以次充好；

（三）使用不合格的计量器具和销售不足量商品；

（四）法律、法规禁止的其他行为。

第九章　监督与处罚

第三十八条　任何单位和个人对擅自改变集贸市场用途，或者在集贸市场开办经营、交易活动中存在的违法违规行为，有权向相关职能部门举报，有关职能部门应当及时依法查处。

第三十九条　违反本办法第二十一条规定，未设立市场经营服务机构并经注册登记领取《企业法人营业执照》或《营业执照》擅自开办经营集贸市场的，由工商行政管理部门依照有关法律法规规定查处。

第四十条　违反本办法第二十五条、第二十六条、第二十七条、第二十八条、第二十九条、第三十条规定的，由工商行政管理部门依照《云南省玉溪城市管理条例》第四十九条第（一）项的规定责令改正，可处2 000元以上1万元以下罚款。

第四十一条　违反本办法规定的其他行为，由相关职能部门依照有关法律法规的规定予以处罚。

第四十二条　对严重扰乱集贸市场治安秩序，妨碍行政执法人员依法执行公务的，由公安机关依照《中华人民共和国治安管理处罚法》的规定予以处罚；构成犯罪的，依法追究刑事责任。

第四十三条　国家机关工作人员在集贸市场管理过程中滥用职权、玩忽职守、徇私舞弊的，依法给予处分；构成犯罪的，依法追究刑事责任。

第十章　附　则

第四十四条　本办法第三十三条第（二）项中的“店（摊）门前三包”是指：包卫生、包秩序、包容貌。

本办法第三十五条中的10类涉及人身健康和安全的产品是指：家用电器、儿童玩具、劳动防护用品、汽车配件、低压电器、建筑钢材、人造板、扣件、电线电缆、燃气器具等。

第四十五条　市人民政府原有规定与本办法规定不一致的，以本办法为准。法律、法规、规章有新规定的，从其规定。

第四十六条　本办法自2012年1月1日起施行。

玉溪市城市绿化办法（试行）

第一章　总　则

第一条　为了保护和改善城市生态环境，加强城市绿化管理，根据《中华人民共和国城乡规划法》、国务院《城市绿化条例》、《云南省城市绿化办法》、《云南省玉溪城市管理条例》和有关法律、法规的规定，结合实际，制定本办法。

第二条　本办法适用于玉溪市城市规划区内的绿化规划、建设、保护和管理。

第三条　市、区人民政府应当加强对城市绿化工作的领导，提高城市绿地率和绿化水平。

第四条　市绿化行政主管部门负责城市绿化的指导及管理工作。

红塔区、玉溪高新技术产业开发区绿化行政主管部门，负责本辖区内的城市绿化建设及管理工作。

规划、林业、水利、环保、国土资源、城市管理、交通运输等有关部门，应当按照各自职责做好城市绿化相关工作。

第五条　鼓励和加强城市绿化的科学研究，注重科研成果的推广，运用节水、节地、节能、节材等新技术，建设节约型园林。

第六条 开展园林单位、小区和绿化先进单位等创建活动。鼓励单位和个人积极参与城市绿化建设，认建认养城市绿地和树木，栽植纪念树。

第七条 任何单位和个人有保护城市绿化及设施的义务，有权对破坏城市绿化及设施的行为进行劝阻、投诉和举报。

第二章 规划建设

第八条 城市绿地系统规划应当纳入城市总体规划，并向社会公布，接受监督。

第九条 城市绿地系统规划应当均衡合理安排与城市性质、规模和发展需要相适应的绿化用地面积，逐步使建成区绿地率达到38%以上，绿化覆盖率达到45%以上，人均公园绿地面积达到15平方米以上，生产绿地面积不得低于建成区总面积的2%。

第十条 城市绿化建设突出地方特色，注重乡土树种的培育和运用，以植物造景为主，乔灌花草合理配植；绿地内树木覆盖面积不得少于绿地总面积的70%；充分利用墙面、屋顶、边坡等进行立体绿化，提高城市绿化覆盖率。

第十一条 城乡规划行政主管部门应当会同城市绿化行政主管部门，明确划定城市绿地范围控制线(即绿线)，并向社会公布。

第十二条 城市规划区内新建、改建和扩建项目(包括道路建设和河道建设)，应提交绿化方案并经城乡规划行政主管部门及城市绿化行政主管部门审核批准。

第十三条 新建、改建和扩建建设项目绿地率应当符合下列标准：

(一)商品住宅用地：新区不低于35%，旧区不低于30%；

(二)宾馆、饭店用地：新区不低于40%，旧区不低于35%；

(三)金融、商务办公用地：新区不低于35%，旧区不低于30%；

(四)文化、娱乐用地：新区不低于45%，旧区不低于35%；

(五)商业用地：新区不低于30%，旧区不低于25%；

(六)其它公共设施用地：新区不低于40%，旧区不低于30%；

(七)危险品仓储用地：新区不低于45%，旧区不低于40%；

(八)一般仓储用地、一般工业用地：不超过20%；

(九)其它建设项目绿地率：新区不低于35%，旧区不低于30%；

(十)新建城市道路的绿地率：红线宽度≥50米的，不低于30%；红线宽度在40～50米之间的(包括40米)，不低于25%；红线宽度在30～40米之间的(包括30米)，不低于20%；红线宽度在15～30米之间的(包括15米)，不低于15%；红线宽度<15米的，不低于8%；园林景观路道路绿地率不低于40%；

(十一)新建城市主干道两边每侧应当建设3～8米宽的绿化带；次干道两边每侧建设3～5米宽的绿化带；有条件的可建设宽度在8米以上的绿化带。国家、省、市另有规定的，从其规定；

(十二)扩建、改建道路的绿地率：主干道不低于25%，次干道不低于15%；

(十三)新建各类公园，绿地面积不少于公园总用地面积的70%；

(十四)城市规划区内的公路、铁路、河道应当按本市绿地系统规划及相关规定建设绿地。

新区和旧区的范围按城市规划相关规定确定。

第十四条 垂直绿化、屋顶绿化及嵌草砖场地按下列规定计算绿地面积：

(一)垂直绿化、阳台绿化、可移动的盆栽，不计算绿地面积；

(二)有双排密植(株距≤4米)乔木、灌木的嵌草砖场地，按场地面积的30%计算绿地面积；以花架形式进行立体绿化的嵌草砖场地，按场地面积的20%计算绿地面积；仅种植草坪、灌木及种植乔木达不到以上要求的嵌草砖场地按场地面积的15%计算绿地面积；

(三)乔灌花草合理配置的屋顶花园，平均覆土(或其它种植材料)厚度不低于0.9米的，按屋顶花园总面积的50%计算绿地面积。平均覆土(或其它种植材料)厚度介于0.45～0.9米间的，按30%计算绿地面积，平均覆土(或其它种植材料)厚度低于0.45米的不计算绿地面积；

(四)地下、半地下停车场或地下构筑物顶板上的绿化，覆土(或其它种植材料)厚度不低于1.2米的，按100%计算绿地面积，覆土厚度低于1.2米的按屋顶花园的标准计算绿地面积。

商业地产类项目的屋顶绿化、平台绿化和嵌草砖场地的绿地面积按城市规划相关规定计算。

第十五条 城市绿化工程的设计、施工、监理应当符合有关技术标准和规范，由具有相应资质的单位承担。建设单位应当按照批准的绿化工程设计方案进行施工。确需改变设计方案的，报原审批部门批准。

第十六条 新建、改建和扩建的建设项目应当将绿化费用纳入投资预算，项目竣工绿化总投资不得低于项目绿化审批投资预算。

第三章 保护管理

第十七条 任何单位和个人不得擅自改变城市绿地系统规划中绿化规划用地的性质或者破坏绿化规划用地的地形、地貌、水体和植被。

第十八条 经竣工验收的建设项目配套绿地任何单位和个人不得擅自改变。

第十九条 任何单位和个人不得擅自占用绿线范围内的用地，因建设或者其他特殊需要，临时占用城市绿地的，应当报城市绿化行政主管部门批准。临时占用绿地的期限不得超过一年，占用期满后，占用单位或个人应当委托具有相应绿化资质的单位在规定期限内恢复绿地原状。

第二十条 任何单位和个人不得擅自修剪、移植、砍伐城市树木。确需修剪、移植、砍伐树木的单位和个人应当报城市绿化行政主管部门批准，并对造成损失的予以补偿。

第二十一条 城市供电、供排水、电信、网络、有线电视等单位架设、铺设、维修管线时，应当避让城市绿地，确实无法避让的，报城市绿化行政主管部门同意后方可实施，并对造成损失的予以补偿。

第二十二条 城市绿地养护管理单位，应当建立、健全养护管理制度，保持树木花草繁茂及绿化设施完好。

第二十三条 禁止下列损坏城市绿化的行为：

(一)在绿地内挖掘、取水、采石、取土；

(二)在绿地内设置营业摊位或广告牌；

(三)在绿地内堆放物料，倾倒垃圾等废弃物；

(四)依树搭棚、盖房或围圈树木；

(五)攀折花木、采摘花果、损坏草坪；

(六)对树木剥皮、挖根、钉拴、划刻；

(七)其他损坏城市绿化及设施的行为。

第二十四条 城市绿化行政主管部门应当对所管辖范围内古树名木进行调查鉴定、建立档案、设置标志，确定保护等级，划定保护范围，制定养护管理技术规程，加强监督和指导。

古树名木生存地的使用单位和个人，是该古树名木的养护责任人。

任何单位和个人不得以任何理由、任何方式擅自砍伐、移植古树名木。因特殊需要迁移古树名木，必须经城市绿化行政主管部门审查同意，并报同级或上级人民政府批准。

第二十五条 引入本市的苗木、花卉、籽种和其它绿化繁殖物种，应当持有检疫部门出具的检验检疫证明。

第四章 同城异地绿化

第二十六条 新建、改建、扩建建设项目应当按照第十三条规定的绿地率指标完成绿化建设，有下列情形之一的，应按相关要求实施同城异地绿化：

(一)因建设场地限制绿地率指标未达到规定标准又确需建设的建设项目；

(二)经城乡规划行政主管部门批准确需改变原建设项目配套绿地用途的可实施同城异地绿化。

第二十七条 实施同城异地绿化的，由项目建设单位向城市绿化行政主管部门提出申请，经城市绿化行政主管部门征求城乡规划行政主管部门意见后，报同级人民政府同意后实施。

第二十八条 同城异地绿化方式：

(一)由项目建设单位按照城市绿化行政主管部门的相关规定，在指定地点按批准的异地绿化面积补建绿地。

异地绿化占用土地费由项目建设单位按建设项目土地招拍挂价或申报时评估出的土地市场价4倍以平方米为单位进行计算。

(二)确实不能在指定地点补建绿地的，应当按批准的异地绿化面积缴纳异地补绿代建费，由城市绿化行政主管部门实施同城异地补绿代建。

异地补绿代建费收取标准按建设项目土地招拍挂价或申报时评估出的土地市场价4倍加园林绿地绿化建设费，以平方米为单位进行综合计算。

异地补绿代建费收取标准经批准后执行。

第二十九条 同城异地绿化由城市绿化行政主管部门依据城市绿地系统规划统一建设，建成的绿地不得擅自改变，并纳入城市公共绿地统一养护管理。

第五章 法律责任

第三十条 城市绿化行政主管部门工作人员违反本办法规定，玩忽职守、滥用职权、徇私舞弊的，由其所在单位或者上级主管部门依法给予处分；构成犯罪的，依法追究刑事责任。

第三十一条 违反本办法第十六条规定，绿化费用达不到建设项目绿化审批投资预算的，由城市绿化行政主管部门，处应投入绿化费用1倍以上，3倍以下罚款。

第三十二条 违反本办法第十九条、第二十条、第二十一条、第二十三条第(一)项规定的，由城市绿化行政主管部门责令限期改正，恢复原状，处2 000元以上1万元以下的罚款；造成损失的，依法承担赔偿责任。

第三十三条 违反本办法第二十三条第(二)、(三)、(四)项规定的，由城市绿化行政主管部门责令限期迁出或者拆除，处1 000元以上5 000元以下的罚款；造成损失的，依法承担赔偿责任。

第三十四条 违反本办法第二十三条第(五)、(六)项规定的，由城市绿化行政主管部门责令改正，可以处50元以上500元以下的罚款；造成损失的，依法承担赔偿责任。

第三十五条 违反本办法第二十四条第三款规定的，由城市绿化行政主管部门责令停止侵害；造成损失的，依法承担赔偿责任；构成犯罪的，依法追究刑事责任。

第三十六条 违反本办法第二十六条规定，未按相关要求实施同城异地绿化的由城市绿化行政主管部门责令限期改正，可以处5 000元以上3万元以下的罚款。

第三十七条 违反本办法规定的其他行为，由相关部门依法查处；造成城市绿化及设施损失的，依法承担赔偿责任。

第六章 附 则

第三十八条 本办法中下列用语的含义是：

(一)“建设项目绿地率”是指建设项目配套绿地面积占用地总面积的比例；

(二)“古树”是指树龄在一百年以上的树木。名木，是指国内外稀有的以及具有历史价值和纪念意义及重要科研价值的树木；

(三)异地绿化面积=用地总面积×建设项目规定绿地率-建设项目实际建设绿地面积

(四)异地补绿代建费=异地绿化面积×异地补绿代建收费标准

第三十九条 本办法涉及的“市绿化行政主管部门”是指“玉溪市住房和城乡建设局”；“红塔区绿化行政主管部门”是指“玉溪市红塔区城市管理局”；“玉溪高新技术产业开发区绿化行政主管部门”是指“云南玉溪高新技术产业开发区管理委员会建设环保局”。

第四十条 本办法自2012年1月1日起施行。

玉溪市城市养犬管理办法(试行)

第一章 总 则

第一条 为规范养犬管理，保障公民身体健康和人身安全，维护环境卫生和社会公共秩序，依据《中华人民共和国治安管理处罚法》、《中华人民共和国动物防疫法》、《云南省玉溪城市管理条例》等有关法律、法规的规定，结合实际，制定本办法。

第二条 玉溪市城市建成区范围内养犬的单位和个人应当遵守本办法。

军用、警用、科研等特殊犬只的管理，按照国家有关规定执行。

第三条 养犬管理实行管理和服务相结合，基层组织和社会组织参与相结合，养犬人自律和社会公众监督相结合的原则。

第四条 区人民政府应当加强对养犬管理工作的领导，

建立由公安、农业(畜牧)、城市管理综合行政执法、卫生等部门组成的养犬管理协调工作机制，组织、指导和监督养犬管理工作，协调解决养犬管理工作中的重大问题。

各职能部门按照职责分工，各负其责：

(一)公安部门负责养犬登记管理，发放登记证；

(二)农业(畜牧)部门负责犬只免疫、检疫等防疫工作，办理犬只免疫证，负责犬只收容救助场所的管理；

(三)城市管理综合行政执法部门负责查处因养犬影响市容环境卫生的户外携犬行为，对流浪犬、无主犬进行捕捉，送交犬只收容救助场所；查处无证养犬、违规携犬出户等行为；

(四)卫生部门负责做好人用狂犬病疫苗的供应、使用和狂犬病患者诊治以及狂犬病疫情监测等防治工作；开展狂犬病防治知识的宣传教育。

发生狂犬疫情的疫区，发现疑似狂犬病的区域，乡人民政府、街道办事处应当在公安、农业(畜牧)、城市管理综合行政执法、卫生等相关部门指导帮助下迅速开展应急工作，各有关部门按照职责做好犬只捕杀及无害化处理等相关工作。

第五条 村民委员会、社区居民委员会、住宅小区业主委员会和机关、企业、事业单位应当开展依法养犬、文明养犬的宣传教育活动，依法制定管理公约，依法调解因养犬引起的邻里纠纷，纠正违规、不文明养犬行为，配合相关行政部门做好养犬的日常管理工作。

第六条 对违反本办法的养犬行为，任何单位和个人有权进行劝阻、投诉和举报。

第二章 免疫和登记

第七条 玉溪市城市建成区内养犬实行强制免疫和登记制度。

城市建成区以外的区域养犬依法实行强制免疫制度。

第八条 城市建成区养犬的，养犬人必须携带饲养的犬只到农业(畜牧)部门指定的犬类狂犬病免疫接种点接受免疫，并到公安部门办理登记手续。

城市建成区内未经免疫、登记不得饲养犬只。

第九条 城市建成区内申请养犬的个人应当符合下列条件：

(一)有合法身份证明；

(二)有完全民事行为能力；

(三)有固定住所；

(四)具有合法有效的犬只免疫证明。

第十条 城市建成区内申请养犬的单位应当符合下列条件：

(一)有单位的合法证明，能够承担民事责任；

(二)健全的养犬管理制度；

(三)配有管理人员；

(四)有犬笼、犬舍、围墙等封闭圈养设施；

(五)取得合法有效的犬只免疫证明。

第十一条 对符合养犬条件的，公安部门应当自收到养犬申请之日起20个工作日内，予以登记并发放养犬登记证和犬只标识牌。

第十二条 养犬登记证每年审验一次。有效期满30日前，养犬人应当持有效的犬只免疫证明和养犬登记证到原登记机关办理审验手续。

第十三条 城市建成区养犬人居住地变更、放弃所饲养犬只、犬只死亡或遗失养犬登记证的，应当在30日内到原登记机关办理变更、注销或者补办等手续。

第十四条 城市建成区以外养犬的，养犬人必须携带饲养的犬只到农业(畜牧)部门指定的犬类狂犬病免疫接种点接受免疫，未经免疫不得饲养。

第十五条 犬只登记管理费、犬类狂犬病免疫费由犬主承担。

犬只登记管理费按相关程序报批后向社会公布。犬只登记管理费按年度缴纳，收取的费用全额上缴财政。

第十六条 犬类狂犬病免疫接种点，应当建立免疫档案，定期向农业(畜牧)部门报告；公安机关应当建立重点管理区养犬管理电子档案。

第十七条 乡人民政府、街道办事处应当加强养犬管理，每年组织为犬只接种狂犬病疫苗。

第三章 日常管理

第十八条 养犬的单位和个人应当遵守下列规定：

(一)个人饲养的犬只在养犬人的住所内饲养，单位饲养的犬只应当圈养或拴养，不得放任犬只自行出户；

(二)不得影响他人正常工作和休息，犬只吠叫时，应当及时制止；

(三)不得遗弃饲养的犬只；

(四)不得放任、驱使犬只恐吓、伤害他人。

第十九条 个人携犬出户应当遵守下列规定：

(一)随身携带养犬登记证和犬只免疫证明，犬只佩戴犬只标识牌，由具有完全民事行为能力的人牵引，注意避让老年人、残疾人、孕妇和儿童；

(二)小型犬只用长度不超过2米的犬绳、犬链牵引，大型犬只用长度不超过1.5米的犬绳、犬链牵引；

(三)携犬乘坐小型出租汽车，应当征得驾驶人同意，并为犬只戴嘴套或者将犬只装入犬袋(笼)；

(四)携犬进入公园、人员密集场所或电梯间的，应当为犬只戴嘴套；

(五)不得在公共场所给犬只喂食；

(六)及时清除犬只排泄物。

第二十条 养犬人不得携带犬只进入办公楼、学校、医院、体育场馆、博物馆、图书馆、文化娱乐场所、候车室、餐饮场所、商场、宾馆等场所或者乘坐公共汽车等公共交通工具。

盲人携带导盲犬或者肢体重残人携带扶助犬的，不受前款规定限制。

第二十一条 单位和个人不得到疫区引进犬只。饲养从境外进口的犬只，应当具有出入境检验检疫机构出具的入境检疫证明。

第二十二条 对疑似患有狂犬病的犬只，养犬人应当及时报告农业(畜牧)部门；对确认患有狂犬病的限制犬只行动，在公安、城市管理综合行政执法部门、农业(畜牧)的监督下依法采取扑灭措施，进行无害化处理。

第二十三条 发生狂犬病疫情的，区人民政府应当根据疫情划定疫点、疫区，并依法采取紧急灭犬、犬只免疫等防治措施，养犬人应当予以配合。

第二十四条 区人民政府根据养犬管理工作的需要，设立犬只收容救助场所，负责接收并处理按规定送交的犬只和没收的犬只。

第二十五条 饲养犬只的单位和个人不得随意抛弃犬只尸体。

所养犬只非患传染性疾病死亡的，应当深埋处理；患传染性疾病死亡的，应当通知农业(畜牧)部门按规定处理。

第四章 法律责任

第二十六条 在城市建成区，未按规定对饲养的犬只进行狂犬疫苗免疫接种的，由动物卫生监督机构责令改正，给予警告；拒不改正的，由动物卫生监督机构依法处理，所需处理费用由违法行为人承担，并可处1 000元以下罚款。

第二十七条 在城市建成区，未经登记养犬的，由城市管理综合行政执法部门对养犬个人处200元以上1 000元以下罚款；对养犬单位处2 000元以上1万元以下罚款。

第二十八条 养犬干扰他人正常生活的，由城市管理综合行政执法部门对饲养人处以警告；拒不改正的，处200元以上500元以下罚款。

第二十九条 阻碍犬类管理执法人员依法执行公务的，由公安机关处警告或者200元以下罚款；情节严重的，处五日以上十日以下拘留，并可处500元以下罚款；构成犯罪的，依法追究刑事责任。

第三十条 养犬人未尽到看管义务，犬只致他人人身、财产损害的，养犬人应当依法承担相应的法律责任。

第三十一条 行政机关工作人员在养犬管理工作中玩忽职守、滥用职权、徇私舞弊的，依法给予处分；构成犯罪的，依法追究刑事责任。

第五章 附 则

第三十二条 本办法自2012年1月1日起施行。

玉溪市城市公共交通管理办法（试行）

第一章 总 则

第一条 为加快发展城市公共交通，规范客运活动秩序，保障运营安全，维护城市公共交通活动当事人合法权益，根据《云南省玉溪城市管理条例》和《云南省城市公共交通管理办法》等有关法律、法规和政策的规定，结合实际，制定本办法。

第二条 玉溪市城市规划区内城市公共交通的专项规划、建设、运营、服务、安全及其相关管理活动，适用本办法。

本办法所称城市公共交通，是指在市人民政府确定的城市规划区内，利用公共汽车、电动公交车等交通工具和设施，按照核定的线路、站点、时间运营，为社会公众提供出行服务的客运活动。

第三条 城市公共交通是社会公益性事业。市人民政府应当在财政政策、城市规划、用地保障、设施建设、车辆投入和更新、交通管理等方面，优先支持城市公共交通发展。

第四条 市人民政府要将城市公共交通发展纳入国民经济和社会发展规划，完善基础设施，优化运营结构，加大资金投入和政策扶持，落实各项补贴、补偿等政策，并及时拨付有关费用。

鼓励社会资金投资城市公共交通建设、综合开发，鼓励城市公交企业使用环保节能型车辆。

第五条 城市公共交通实行公司化、集约化、规模化经营，按统一规划、统一管理、协调发展的方针，坚持公开、公正竞争的原则。

第六条 市交通运输行政主管部门是城市公共交通行业的主管部门，负责城市公共交通行业监督管理工作。

市公交出租车辆管理处负责实施玉溪市城市规划区内公共交通行业的具体管理工作。其职责是：

（一）贯彻执行国家、省、市有关城市公共交通的法律、法规、规章和规定；

（二）负责发放《线路运营许可证》；

（三）负责城市公共交通营运的日常监督管理；

（四）负责对城市公共交通企业的经营资质审定、质量信誉考核；

（五）负责处理投诉和查处违法行为。

市发展改革委、工业信息化委、公安、财政、工商、税务、住房城乡建设、规划、质量技术监督、城市管理综合行政执法等有关部门，按照各自职责，负责相关监督管理工作。

第七条 城市公共交通实行政府定价，并建立成本增减价格联动机制。企业因承担社会公益性事业减少的收入，市人民政府应当给予补偿，并将补偿资金纳入市人民政府公共财政预算，由市人民政府财政部门采集数据，审核补偿金额，按季拨付。

第二章 规划建设

第八条 市交通运输行政主管部门应当会同相关部门组织编制综合交通运输体系规划，报市人民政府批准后实施。

市人民政府应当将公共交通基础设施建设纳入城市规划，优先发展城市公共交通，市交通运输行政主管部门应当会同相关部门根据城市总体规划、综合交通运输体系规划、道路交通通行条件、方便市民出行需要，充分调研论证，组织编制城市公共交通专项规划，适时调整公交线路，拟定调整方案，报市人民政府批准，由交通、公安、规划、国土、住房城乡建设等部门共同组织实施。

第九条 市人民政府应当优先安排公共交通设施建设用地，将公共交通场站和配套设施纳入城市旧城改造和新城建设计划。

城市公共交通规划确定的停车场、枢纽站、始末站、保修场等城市公共交通服务设施用地，符合划拨用地目录的，应当划拨供给。

新城区开发、旧城区改造、居住小区建设和体育场馆、火车站、长途汽车站，以及大型商业中心、大型文化娱乐场所、旅游景点等工程项目的规划、建设，应当按照城市公共交通规划配套建设公共交通场站，并实行同步设计、同步建设、同步竣工、同步交付使用。

第十条 有关部门在审批涉及城市公共交通建设工程项目设计方案前，应当征求市交通运输行政主管部门的意见。工程竣工后，市交通运输行政主管部门应当参与验收。

第十一条 新建、改建、扩建城市道路时，应当根据城市公共交通线路、客运服务设施建设、道路交通安全等专项规划设置候车站、始发站场。对符合公共交通车辆通行条件的居住区，应当设置公共交通线路站点。

具备条件的城市主干道可以设置城市公共汽车专用车道，保证公共汽车优先通行。

第十二条 城市公共交通运营企业应当按照规定和标准设置公交站牌，并在站牌上标明线路名称、行驶方向、始末班时间、所在站点和沿途停靠站点以及票价等信息。

第十三条 任何单位和个人不得有下列行为：

（一）侵占规划预留的公共交通设施建设用地或者擅自改变其使用性质；

（二）随意挤占公共交通设施用地或者改变土地用途；

（三）擅自改变公共交通场站设施的用途；

（四）擅自迁移、拆除、占用、关闭公共交通停车场、站点、站牌、候车亭等客运服务设施；

（五）损坏公共交通设施和配套服务设施。

第三章　运营许可

第十四条 从事城市公共交通运营的企业，应当具备下列条件：

（一）良好的银行资信和相应的偿债能力；

（二）符合运营要求的流动资金和运营车辆；

（三）符合规定的驾驶人员和相应的管理人员；

（四）健全的运营服务、安全生产、应急处置等管理制度；

（五）法律、法规、规章规定的其他条件。

第十五条 从事公共交通运营的车辆应当具备下列条件：

（一）符合规定的车型，且技术性能和设施完好；

（二）符合有关技术标准和安全、环保、卫生要求；

（三）配备有效的消防设备和器材；

（四）安装卫星定位车载终端设备和收费刷卡设备。

第十六条 从事城市公共交通运营的驾驶人应当具备下列条件：

（一）年龄在21周岁以上，60周岁以下；

（二）身体健康，无职业禁忌；

（三）持有相应准驾车型的机动车驾驶证，并有3年以上驾龄；

（四）3年内未发生负有主要以上责任的重特大交通事故；

（五）连续3年内每个记分周期驾驶人均没有因违法积分达到12分记录或者被暂扣机动车驾驶证3个月以上以及被吊销驾驶证的情形。

第十七条 从事城市公共交通运营的，应当依法取得线路运营许可。申请线路运营许可的，应当符合第十四条规定的条件，并向市公交出租车辆管理处提交下列材料：

（一）客运企业法人资格证明；

（二）注册资金300万元以上，符合规定车型的运营车辆20辆以上，与其经营规模相适应的停车场地和配套设施；

（三）与运营规模相适应的驾驶人员、管理人员和其他专业人员；

（四）线路运营方案和健全的运营服务、安全管理制度；

（五）法律、法规、规章规定的其他条件。

第十八条 线路运营许可采取直接授予或者招标等公平竞争的方式确定，使用期限为8年。

（一）采取直接授予方式确定运营线路许可的，市公交出租车辆管理处对申请从事城市公共交通运营的企业，应当在20日内作出决定。许可的，发给《线路运营许可证》，持《线路运营许可证》向相关部门申请办理营业执照、税务登记证、专用车辆牌证；

（二）同一城市有3个以上公共交通运营企业申请同一线路的，应当通过招标等公平竞争的方式实施线路运营许可，并将安全生产、服务质量等作为招标主要内容。市公交出租车辆管理处应当自中标通知书发出之日起10日内，与中标企业订立中标合同，核发《线路运营许可证》；

（三）因客运市场宏观调控、行业规划涉及到的其他客运车辆，确需转换经营方式的，需向市公交出租车辆管理处提交申请材料，由市交通运输行政主管部门审核，提出方案报市政府批准实施。

本办法实施前已取得城市公共交通线路经营权的经营者，依据本办法登记备案。

第十九条 取得线路运营许可的企业，应当与市公交出租车辆管理处签订运营服务协议。协议内容应当包括线路名称、站点、首班车和末班车时间、线路配置车辆的最低数量、票价、服务质量承诺、安全保障措施等。

第二十条 取得线路运营许可的企业，确需调整线路、站点、时间或者减少运营车次的，应当向市公交出租车辆管理处提出书面申请，批准调整的，公共交通运营企业应当于实施前10日向社会公告。

因市政工程建设、大型公益活动等特殊情况需要临时变更线路、时间、站点的，建设或者主办单位应当在20日前书面告知公共交通运营企业。公共交通运营企业应当于10日前在站点张贴公告，并通过媒体向社会公告。

第二十一条 公共交通运营企业需要停业、歇业或者停开线路的，应当提前6个月向作出许可的市公交出租车辆管理处申请办理有关手续。经批准停业、歇业或者停开线路的，公共交通运营企业应当在停业、歇业或者停开线路之前30日向社会公告。

第二十二条 城市公共交通线路运营期限届满需要延续的，应当在期限届满6个月前提出申请。市公交出租车辆管理处应当自受理之日起20日内作出决定。对符合运营安全、服务质量等要求的，应当作出准予延续的决定；对不符合要求的，应当作出不予延续的决定，并书面告知申请人。

第二十三条 城市公共交通经营企业不得擅自转让公交线路经营权，不得出租、买卖、涂改、伪造其持有的证件、票据。

第四章　运营服务

第二十四条 公共交通运营企业应当按照核准的线路、站点、班次间隔、首班车和末班车时间运营，并遵守下列规定：

（一）依法运营，服从管理；

（二）执行行业标准、规范，保证服务质量，接受社会监督；

（三）开展安全教育，加强行车安全管理，保证运营安全；

（四）对运营设施进行维护，保证其处于良好的运营服务状态；

（五）执行价格主管部门核准的客运价格；

（六）不得聘用不符合规定条件的驾驶人从事公共交通运营活动；

（七）非营运时间，车辆统一进入停车场停放；

（八）遵守城市公共交通的其他服务规范。

第二十五条 运营车辆应当按照规定的期限和标准进行维护，保持车容整洁、设施齐备完好，色彩、标志符合要求，在规定位置标明线路站点、票价、安全乘车须知和投诉电话等内容。

在城市公共交通车辆和设施设置广告，应当符合广告管理等有关规定，不得影响城市公共交通运营服务和安全。

第二十六条 公共交通运营企业不得使用报废、擅自改装拼装、检测不合格的车辆以及不符合国家强制标准要求的车辆从事公共交通客运运营。

运营企业应当建立车辆技术档案和管理档案，及时、完整、准确记载有关内容并向交通、公安交通管理部门报备。

第二十七条 城市公共交通从业人员运营服务时应当遵守下列规定：

(一)遵守交通法规，文明驾驶；

(二)衣着整洁，文明礼貌；

(三)按照核准的收费标准收费，提供有效的报销票证；

(四)执行有关优惠或免费乘车的规定；

(五)正确及时报清公共汽车线路名称、行驶方向和停靠站名称，提示安全注意事项，为老、幼、病、残、孕等乘客提供可能的帮助；

(六)按照核定的运营线路、车次、时间发车和运营，不得到站不停、滞站揽客，中途甩客、擅自站外上下乘客、中途调头；

(七)按规定携带、佩戴相关证件；

(八)合理调度、及时疏散乘客；

(九)法律、法规、规章规定的其他行为。

第二十八条　乘客应当遵守下列规定：

(一)遵守公共道德，服从管理；

(二)不得携带易燃、易爆、有毒等危险品乘车；

(三)不得携带宠物和易污染等有碍乘客安全或者健康的物品乘车；

(四)不得在车厢内吸烟、吐痰、乱扔垃圾、散发广告，或者向车外抛掷物品；

(五)不得有影响车辆正常行驶、乘客安全和乘车秩序的行为；

(六)学龄前儿童、醉酒者、精神病患者乘车应当有人陪护；

(七)身高120厘米以上的乘客应当按照规定付费乘车。

乘客违反上述规定情形之一，经劝阻拒不改正的，驾驶员、乘务员可以拒绝对其提供服务。

第二十九条　符合下列条件之一的乘客，乘坐公共交通免费：

(一)身高不足120厘米的儿童；

(二)持免费乘车卡的60周岁以上的老年人、盲人和下肢残疾的残疾人；

(三)现役军人。

第五章　运营安全管理

第三十条　市人民政府应当加强对城市公共交通安全管理工作的领导，督促有关部门履行安全监督管理职责，及时协调、解决安全监督管理中的重大问题。

交通运输行政主管部门应当定期开展安全检查，督促企业消除安全隐患。

安全生产监督、公安等有关部门应当按照职责对城市公共交通安全实施监督管理。

第三十一条　公共交通运营企业应当采取措施，加强安全管理，并履行下列职责：

(一)建立健全安全生产管理机构，配备专职安全生产管理人员；加强车辆和驾驶人源头管理，建立健全管理档案，并将车辆和驾驶人基础台帐报送公安交通管理部门纳入重点车辆、驾驶人监管；

(二)建立健全安全生产责任制，落实车辆定期例保检验等安全管理制度，加强安全检查，消除隐患；

(三)建立并实施从业人员安全教育培训制度，保证从业人员熟悉安全运营规章制度和安全操作规程。

第三十二条　公共交通运营企业应当在公共交通车辆及公共场站的醒目位置设置安全警示标志，并保持灭火器、安全锤、车门紧急开启装置等安全应急装置完好有效。

城市公共交通场站经营企业应当建立安全巡查制度。遇到危及运营安全的紧急情况，应当及时采取疏散或者限制客流等临时措施，确保运营安全。

第三十三条　交通运输行政主管部门应当会同有关部门制定城市公共交通应急预案，报同级人民政府批准后实施。

运营企业应当根据城市公共交通应急预案制定本企业的应急预案，定期进行演练。

第三十四条　发生城市公共交通突发事件，人民政府应当启动应急预案，采取应急处置措施。

遇有抢险救灾、突发性事件以及重大活动等情况时，运营企业应当服从人民政府的统一调度和指挥。

第六章　监督管理

第三十五条　市交通运输行政主管部门应当会同有关部门制定城市公共交通安全行车、服务质量、车容车貌等方面的标准和规范。

市公交出租车辆管理处应当加强对城市公共交通活动的监督检查，及时查处各类违法行为。

第三十六条　市公交出租车辆管理处应当建立24小时值班、举报投诉制度，公开举报投诉电话、通信地址、电子邮箱，接受社会监督。

第三十七条　市公交出租车辆管理处应当对公共交通运营企业进行质量信誉考核。

第七章　法律责任

第三十八条　国家工作人员在城市公共交通管理工作中玩忽职守、滥用职权、徇私舞弊的，依法给予处分；构成犯罪的，依法追究刑事责任。

第三十九条　违反本办法第十八条规定，未取得运营线路许可从事城市公共交通运营活动的，由城市综合行政执法机构责令改正，没收违法所得，处5 000元以上3万元以下罚款；情节严重的，依法没收从事非法运营的车辆。

第四十条　有下列行为之一的，由市公交出租车辆管理处进行处罚：

(一)违反本办法第十三条第(四)项规定的，责令改正，限期恢复原状，处1万元以上3万元以下罚款；造成损失的，依法承担赔偿责任；

(二)违反本办法第十三条第(五)项规定的，处500元以上5 000元以下罚款；造成损失的，依法承担赔偿责任；

(三)公共交通运营企业未执行服务承诺确定的客运服务标准，或者未按照核准的线路、站点、日总班次、班次间隔、首班车和末班车时间、车辆数、车型、服务质量、安全保障措施等运营的，责令改正，处1 000元以上5 000元以下罚款；

(四)违反本办法第二十一条规定，公共交通运营企业未经批准擅自停业、歇业或者停开线路的，责令改正，处5 000元以上3万元以下的罚款；

(五)公共交通运营企业未经批准擅自调整线路、站点、时间运营或者擅自减少运营车次的，责令改正，处2 000元以上1万元以下罚款；

(六)违反本办法第二十四条第(六)规定的，按照每人次处以500元以上1 000元以下罚款；

(七)违反本办法第二十七条第(六)项规定的，予以警告，可以并处50元以上200元以下罚款。

第四十一条　违反本办法规定的其他行为，由相关部门依照各自职权依法查处。

第四十二条　法律、法规、规章另有规定的，从其规定。

第八章　附　则

第四十三条　红塔区城乡公交按现行管理体制进行管理。

第四十四条　本办法自2012年1月1日起施行。

玉溪市城市出租汽车管理办法(试行)

第一章 总 则

第一条 为加强城市出租汽车客运行业管理，维护客运市场秩序，保障乘客、经营者及其从业人员的合法权益，根据《云南省玉溪城市管理条例》和《云南省城市出租汽车管理办法》等有关法律、法规、规章，结合本市实际，制定本办法。

第二条 玉溪市城市规划区内城市出租汽车的行业规划、经营、服务、管理等活动，适用本办法。

本办法所称城市出租汽车，是指依法取得经营权，在城市范围内根据乘客意愿提供客运服务，按行驶里程和等待时间计费的小型客车。

第三条 城市出租汽车的发展，应当与城市建设和经济社会发展水平相适应，与其他公共交通客运方式相协调，按市场需求适度发展，适时投放。

市交通运输行政主管部门应当根据城市交通规划、道路运输发展规划、城市经济社会发展的实际，按城市总人口与城市出租汽车不低于1.5‰的比例，制定城市出租汽车行业的发展规划、新增运力计划，报市人民政府批准后实施。

第四条 市人民政府应当加强对城市出租汽车行业的管理，合理配置资源，鼓励使用环保、节能型车辆，促进节能减排。

推进城市出租汽车行业的科技进步，实行智能信息化管理，推广使用卫星定位车载终端设备，逐步建立和完善先进的指挥调度和监督、服务、管理系统。

按照法律、法规、规章的规定成立城市出租车行业协会，依法进行行业自律管理。

第五条 市交通运输行政主管部门是城市出租汽车行业的主管部门，负责城市出租汽车行业监督管理工作。

市公交出租车辆管理处负责实施玉溪市城市规划区内出租汽车行业的具体管理工作。其职责是：

(一)贯彻执行国家、省、市有关城市出租汽车的法律、法规、规章和规定；

(二)负责发放《城市出租汽车经营资格证》、《车辆运营证》、《驾驶员客运资格证》；

(三)负责城市出租汽车营运的日常监督管理；

(四)负责对城市出租汽车经营者的经营资质审定、质量信誉考核及从业人员资格培训；

(五)负责处理投诉和查处违法违规行为。

市发展改革委、工业信息化委、公安、财政、工商、税务、住房城乡建设、规划、质量技术监督、城市管理综合行政执法等有关部门，按照各自职责，负责相关监督管理工作。

第六条 对经营管理、营运服务成绩显著的城市出租汽车经营者和拾金不昧、救死扶伤、见义勇为等方面事迹突出的城市出租汽车驾驶人，给予表彰和奖励。

第二章 经营资质管理

第七条 城市出租汽车经营权通过招标、拍卖等公平竞争或许可的方式取得，经营权实行期限制，使用期限为8年。经营权期限届满的，经营者应当终止营运，并办理车辆注销手续，由交通运输行政主管部门无偿收回城市出租汽车经营资格证，税务部门收回税务登记证，公安交通管理部门收回出租车牌证，工商部门注销营业执照。

(一)本办法实施后新投放的出租汽车，经营权实行有偿使用，由政府公共资源交易中心通过招投标方式取得。经营权有偿许可所得纳入同级财政非税收入管理，用于发展城市公共交通事业；

(二)因客运市场宏观调控、行业规划涉及到的其他城市客运车辆，确需转换经营方式的，需向市公交出租车辆管理处提交申请材料，由市交通运输行政主管部门审核，提出方案报市政府批准实施。

本办法实施前已取得城市出租汽车经营权的，按产权清晰、权责明确、管理规范、服务优良的要求，实行公司化管理，由所属出租车公司申请办理经营许可登记，其经营权实行期限制，具体使用期限另行规定。

第八条 城市出租汽车实行公司化管理，鼓励、引导经营者实行规模化、集约化经营。

城市出租汽车经营者，应当具备下列条件：

(一)取得工商营业执照，具备从事城市出租汽车客运法人资格；

(二)符合行业规定的营运车辆，并经检测合格，车辆数不少于100辆；

(三)有与其经营规模相适应的资金、停车场地和配套设施；

(四)有与其经营业务相适应的安全技术、调度、驾驶、票务、车辆管理等专职人员；

(五)有与其经营方式相配套的营运、安全、财务、保险、劳动人事等管理制度和服务质量保障措施；

(六)有承担责任事故风险理赔等相应的民事责任能力；

(七)法律、法规、规章规定的其他条件。

原城市出租汽车公司应当按照依法、自愿、有偿的原则，按本条规定的条件，重组整合为2~3家公司。

第九条 申领《城市出租汽车经营资格证》的经营者，除应当提交本办法第七条规定条件的材料外，还应当提交下列材料：

(一)申请书；

(二)企业章程；

(三)企业负责人或申请人身份证明，经办人的身份证明及委托书，经营服务质量承诺书；

(四)拟投入车辆的技术等级、类型等级、车辆数量等；

(五)场地使用或者租用证明，与经营规模相适应的资信证明。

第十条 从事城市出租汽车服务的城市出租汽车驾驶人，应当具备下列条件：

(一)年龄在60周岁以下，身体健康；

(二)具有当地身份证明或者居住证明；

(三)持有相应准驾车型的机动车驾驶证，并有3年以上驾龄；

（四）3年内未发生负有主要以上责任的重特大交通事故；

（五）连续3年内每个记分周期驾驶人均没有因违法记分达到12分记录或者被暂扣机动车驾驶证3个月以上以及被吊销驾驶证的情形；

（六）法律、法规规定的其他条件。

符合前款规定条件的城市出租汽车驾驶人应当向市公交出租车辆管理处提出申请，经培训考试合格，取得《驾驶员客运资格证》，方可从事城市出租汽车客运服务。

第十一条 城市出租汽车经营者应当持城市出租汽车经营资格证、营业执照、税务登记证、专用车辆牌照，向市公交出租车辆管理处申请办理车辆营运证。

第十二条 禁止未取得城市出租汽车经营权的单位和个人，从事城市出租汽车客运经营活动。禁止从事摩托车载人的经营活动。

第十三条 城市出租汽车经营权不得擅自转让。确需转让经营权的，所属出租汽车公司应当向市公交出租车辆管理处提出申请，纳入政府公共资源交易中心转让。转让后凭转让合同、纳税证明等，办理转让变更登记手续。

第三章 营运管理

第十四条 市公交出租车辆管理处对城市出租汽车经营者进行信誉质量考核，对出租汽车从业人员进行诚信考核，对车辆状况进行审验。

公安、交通运输等部门应当建立信息共享联动机制。公安交通管理部门应当及时、准确向市公交出租车辆管理处通报城市出租车经营者、城市出租汽车驾驶人的交通违法行为；市公交出租车辆管理处应当将其纳入质量信誉考核。

第十五条 城市出租汽车经营者和从业人员应当执行国家和行业服务质量规范标准，依法经营，文明服务。

城市出租汽车经营者应当与城市出租汽车驾驶人签订经营服务协议，约定双方的权利、义务和服务质量等内容。

第十六条 城市出租汽车经营者应当按照核准的车辆数量投入营运，不得擅自暂停或者终止营运。需要暂停营运的，应当报经市公交出租车辆管理处批准；需要终止营运的，应当提前3个月申报并办理有关手续。

第十七条 城市出租汽车应当在车籍所在地的城市营运，不得超许可范围经营。

第十八条 城市出租汽车客运价格实行政府定价，由价格主管部门按照管理权限拟定方案、组织听证，报市人民政府批准后执行。

第十九条 城市出租汽车经营者应当遵守下列规定：

（一）定期对城市出租汽车驾驶人和从业人员进行业务培训，加强职业道德和安全知识教育；

（二）由专人负责票据管理，建立相应台账；

（三）建立城市出租汽车驾驶人和车辆技术档案；

（四）按时办理城市出租汽车驾驶人及车辆年审手续，协助有关部门做好城市出租汽车驾驶人交通事故的处理及保险索赔；

（五）配合市公交出租车辆管理处做好日常监督检查、投诉处理和失物查找；

（六）依据国家有关技术规范对车辆进行定期维护、检测，确保车辆技术状况良好；

（七）与城市出租汽车驾驶人和从业人员依法签订劳动合同，明确双方的权利与义务，并报市公交出租车辆管理处备案；

（八）不得要求城市出租汽车驾驶人出资购置车辆、一次性买断出租汽车经营权或者收取营运收入保证金、高额承包费；

（九）不得聘用无城市出租汽车驾驶员客运资格证的驾驶人从事出租汽车运营；

（十）未经同意不得利用出租汽车悬挂、喷印和粘贴车身广告或其它标志标识；

（十一）依法办理乘客意外伤害保险、第三者责任保险和国家规定的其他强制性保险；

（十二）经营期内更新车辆的，应当经市公交出租车辆管理处批准。

第二十条 城市出租汽车的技术性能应当达到国家标准，并符合下列要求：

（一）符合交通运输行政主管部门规定的车型、车身颜色、排气量要求，车辆技术性能完好；

（二）车身、车厢整洁；

（二）车辆号牌清晰、完整；

（四）符合出租汽车标志和标识管理规定，车身明显部位设置经营者名称、投诉电话，车厢内设置收费标准、监督电话等服务标志；

（五）按照规定安装、配备、使用出租汽车顶灯、计价器、灭火器、防劫设施、空车待租标志及卫星定位车载终端等，并保持完好有效；

（六）符合客运服务规范对车辆的其他要求。

第二十一条 城市出租汽车设置广告，应当向工商行政管理部门申请登记，并经市公交出租车辆管理处同意，按规定设置、粘贴。

第二十二条 城市出租汽车驾驶人应当遵守下列规定：

（一）遵守法律、法规、规章等有关规定，服从经营者管理，为乘客提供安全、方便、优质服务；

（二）衣着整洁，举止文明，保持车辆整洁卫生；

（三）设备、设施完好，满足乘客对车上空调、音响合理的使用要求，按规定定期清洗和更换座位套；

（四）随车携带车辆营运证、城市出租汽车驾驶员客运资格证，不得伪造、涂改、转借他人使用；

（五）按照合理路线或者乘客要求的路线行驶，未经乘客同意，不得绕道行驶或者招揽他人同乘，不得中途倒客、甩客、敲诈乘客；

（六）在出租汽车专用泊位待租，在临时停靠点上下乘客，并即停即走；

（七）自觉遵守交通法规，禁止沿街揽客、随意调头等违法行为，接受管理部门的监督检查；

（八）发现乘客遗失在车内的物品，应当妥善保管并及时报告市公交出租车辆管理处或者所属经营者。

第二十三条 城市出租汽车驾驶人必须使用出租汽车计价器，并遵守下列规定：

（一）按出租汽车计价器计量检定规程规定的检定周期，经质量技术监督部门计量检定合格；

（二）按计价器显示的数据和金额收费，并提供机打发票。特殊情况不能提供机打发票，需报市公交出租车辆管理处同意，可以暂时使用税务专用发票；

（三）不得利用计价器作弊欺骗乘客；

（四）不得私拆计价器铅封、改变质量技术监督部门设定的参数或者车辆有关部位的结构，影响计价器的准确度；

（五）无人乘坐或者待租时，应当竖立空车标志牌，载客时应当放下标志牌；

（六）计价器出现故障应当立即停止营运，及时到指定地点修复并经检定合格后方可营运，不得擅自改变计价器的安装位置。

第二十四条 乘客应当按照计价器显示的价格支付车费及途中所经路段发生的合法征收的道路、桥梁通行费；城市出租汽车驾驶人应当在始发地向乘客说明，途中可能产生道路、桥梁通行费用的，乘客拒付的，城市出租汽车驾驶人可以拒绝服务。

有下列情况之一时，乘客可以拒绝支付车费：

（一）出租汽车无计价器或者有计价器不使用的；

（二）城市出租汽车驾驶人不出具发票的；

（三）城市出租汽车驾驶人未经乘客同意明显绕道行驶的；

（四）未经乘客同意搭载他人的；

（五）由于城市出租汽车驾驶人的原因、基价里程内车辆发生故障或者交通事故，未完成运送服务的。

第二十五条 城市出租汽车驾驶人无正当理由不得有下列行为：

（一）在客运集散点或者道路边待租时拒绝载客；

（二）载客营运途中中断服务；

（三）乘客招手停车后不载客；

（四）法律、法规、规章规定的其他行为。

第二十六条 乘客应当文明乘车，有下列行为的，城市出租汽车驾驶人应当对其劝阻；劝阻无效的，可以视情节拒绝服务。

（一）在车内或者向车外乱扔废弃物，吸烟和污损车辆；

（二）携带易燃、易爆等危险品乘车；

（三）要求在禁止停车的地点上、下车；

（四）有影响城市出租汽车驾驶人安全行车的行为；

（五）法律、法规、规章规定的其他行为。

第二十七条 乘客需要到偏僻地区时，城市出租汽车驾驶人可以要求乘客随同到就近的公安机关办理验证登记手续，并报告其所属的城市出租汽车经营者，乘客应当予以配合。

第四章 服务与监督

第二十八条 城市出租汽车实行扬手招车、预约订车、站点租乘和包车等客运服务方式。

市公交出租车辆管理处应当会同公安交通管理、规划、住房和城乡建设等部门在城市商业中心地区、居住区和主要道路上，根据道路交通状况，设置有明显标志的出租汽车上、下乘客的停靠点、泊位。

火车站、长途汽车站和其他客流集散的公共场所，应当设置出租汽车专用泊位。

第二十九条 市公交出租车辆管理处执法人员对出租汽车客运经营行为实施监督检查时，应当按照规定佩戴标志，并出示行政执法证件。

第三十条 市公交出租车辆管理处应当建立健全城市出租汽车经营者质量信誉考核制度、投诉举报奖励制度。

市公交出租车辆管理处应当建立24小时值班制度，公布投诉举报电话、通信地址或者电子邮件信箱，接受社会监督。

市公交出租车辆管理处接到投诉后，应当自受理之日起7日内处理完毕；情况复杂的，经部门负责人批准，可以在15日内处理完毕，将处理结果通知投诉人，并向社会公布。

城市出租汽车经营者接到投诉后，应当自受理之日起7日内作出答复，乘客对答复有异议的，可以向市公交出租车辆管理处申请处理。

市公交出租车辆管理处受理的投诉，经查证属实的，对投诉人给予奖励。

第五章 法律责任

第三十一条 国家工作人员在城市出租汽车管理工作中，滥用职权、徇私舞弊、玩忽职守的，由所在单位或者上级主管部门给予处分；构成犯罪的，依法追究刑事责任。

第三十二条 对违反本办法规定的行为，在作出行政处罚前，市公交出租车辆管理处可以依法暂扣《车辆运营证》和《驾驶员客运资格证》，并出具暂扣凭证。

第三十三条 违反本办法第十二条规定的，由城市管理综合行政执法部门依法责令改正，没收违法所得，对摩托车驾驶人处500元以上3 000元以下罚款；对非法营运车辆的驾驶人处5 000元以上3万元以下罚款；情节严重的，依法没收从事非法营运的车辆。

第三十四条 违反本办法下列规定的行为，由市公交出租车辆管理处依法按下列规定予以处罚：

（一）违反第十三条规定，擅自转让出租汽车经营资格证或者车辆营运证的，责令改正，处1万元以上3万元以下罚款；

（二）违反第十六条规定的，对经营企业处1万元以上3万元以下罚款；

（三）违反第十七条规定，超过许可范围从事客运经营的，责令改正，处1 000元以上5 000元以下罚款；

（四）违反第十九条规定第（一）~（六）项的，责令改正，可以处1 000元以上3 000元以下罚款；

（五）违反第二十二条第（二）项规定，给予警告，可以并处50元以上100元以下罚款；

（六）违反第二十二条第（四）、（五）项规定，未随车携带车辆营运证、城市出租汽车驾驶员客运资格证或者未经乘客同意，绕道行驶、招揽他人同乘的，处100元以上200元以下罚款；

（七）违反第二十三条第（一）项规定的，责令改正，处500元以上1 000元以下罚款；

（八）违反第二十三条第（二）~（六）项规定的，处200元以上500元以下罚款；

（九）违反第二十五条规定的，处100元以上200元以下罚款。

第三十五条 违反本办法规定的其他行为，依照有关法律、法规的规定予以处罚。

第三十六条 法律、法规、规章另有规定的，从其规定。

第六章 附 则

第三十七条 本办法自2012年1月1日起施行。

国民经济主要指标

指 标 名 称	单 位	2011 年	2010 年	增减(%)
一、综合				
年末户籍人口	万人	213.5	214.6	-0.5
年末从业人员数	万人	149.4	149.3	0.1
其中：城镇从业人员数	万人	37.7	38.4	6.8
地区生产总值	万元	8 765 508	7 364 354	12.1
第一产业	万元	804 589	696 008	7.7
第二产业	万元	5 643 852	4 578 827	15.5
其中：工　业	万元	5 422 219	4 375 308	16.1
建筑业	万元	221 633	203 519	2.7
第三产业	万元	2 317 067	2 089 519	5.8
人均地区生产总值	元/人	37 913	32 091	18.2
扣除卷烟后(非卷烟 GDP)	亿元	531.1	461.7	11.7
卷烟生产和销售	亿元	345.5	274.5	14.3
生产总值比重				
第一产业	%	9.2	9.4	—
第二产业	%	64.4	62.2	—
其中：工业	%	61.9	59.4	—
第三产业	%	26.4	28.4	—
二、农业				
农业总产值	亿元	141.0	120.0	8.0
1. 农业产值	亿元	77.3	65.9	10.6
2. 林业产值	亿元	3.5	3.4	3.0
3. 牧业产值	亿元	55.9	47.0	5.1
4. 渔业产值	亿元	2.1	1.9	4.5
5. 农林牧渔服务业	亿元	1.8	1.7	3.8
主要农产品产量				
1. 粮食	万千克	52 203	45 144	15.6
2. 油料	万千克	4 642	2 414	92.3
3. 甘蔗(预计数)	万吨	89.8	74.6	20.4
4. 烤烟	万千克	10 448	10 498	-0.5
5. 园林水果	万千克	30 173	25 045	20.5
6. 茶叶	万千克	179	156	14.5
7. 肉蛋奶总产量	万千克	378 699	34 479	9.8
其中：肉类总产量	万千克	28 725	26 705	7.6
8. 水产品产量	吨	15 184	15 016	1.1
三、工业				
1. 工业总产值	亿元	1 337.2	1 102.3	21.3

续 表

指 标 名 称	单 位	2011 年	2010 年	增减(%)
其中：中央、省属企业	亿元	583.5	491.9	18.6
市、县(区)属企业	亿元	753.8	610.4	23.5
总计中：①卷烟及配套产业	亿元	433.4	368.7	17.6
②矿电产业	亿元	709.8	583.0	21.7
2. 规模以上工业增加值	亿元	538.3	448.2	16.6
总计中：轻工业	亿元	371.6	311.5	17.6
重工业	亿元	166.7	136.7	14.5
按行业分：				
煤炭采选业	万元	7 682	9 073	-18.7
黑色金属矿采选业	万元	298 983	229 837	15.1
有色金属矿采选业	万元	100 686	86 065	7.6
制糖业	万元	16 667	20 151	-20.5
烟草制品业	万元	3 442 454	2 905 334	17.1
其中：卷烟制造	万元	3 262 701	2 831 739	14.1
印刷业	万元	63 402	53 601	17.7
造纸业	万元	20 623	20 414	1.8
肥料制造业	万元	23 707	21 079	-0.3
基础化学原料制造业	万元	82 278	66 233	17.6
塑料制品业	万元	14 268	12 414	12.5
水泥、石灰及石膏制造业	万元	64 951	59 706	23.2
黑色金属冶炼及压延加工	万元	628 993	516 741	11.2
其中：炼铁业	万元	111 931	108 567	-11.3
有色金属冶炼及压延加工业	万元	89 491	72 030	17.8
金属制品业	万元	6 870	6 506	2.1
电气机械及器材制造业	万元	39 184	39 485	0.6
电力、热力生产和供应业	万元	172 972	155 251	12.3
自来水的生产和供应业	万元	2 276	2 882	-18.9
3. 规模以上工业销售产值	万元	10 799 256	8 946 610	20.7
其中：中央、省属企业	万元	5 585 000	4 778 708	16.9
市、县(区)属企业	万元	5 214 256	4 167 902	25.1
规模以上工业销售率	%	96.8	97.1	-0.3
其中：中央、省属企业	%	95.7	97.2	-1.5
市、县(区)属企业	%	98.0	97.0	1.0
4. 产品产量				
卷烟	万箱	359.4	351.7	2.2
其中：一类卷烟	万箱	107.1	71.6	49.7
糖	吨	67 865	109 272	-37.9

续　表

指　标　名　称	单　位	2011 年	2010 年	增减(%)
发电量	万千瓦小时	145 915	131 637	10. 8
原煤	吨	580 092	659 401	-12. 0
铁矿石原矿量	万吨	1 292. 5	1 079. 7	19. 7
磷矿石(折含 $P_2O_5$30%)	万吨	186. 1	149. 7	24. 3
硫酸(折 100%)	吨	151 293	117 857	28. 4
黄磷	吨	126 385	128 572	-1. 7
化肥(实物量)	万吨	41. 0	37. 0	10. 6
水泥	万吨	823. 6	734. 7	12. 1
生铁	万吨	451. 5	376. 4	19. 9
钢材	万吨	506. 7	435. 2	16. 4
精炼铜	吨	492	630	-22. 0
水轮发电机组	千瓦	66 450	72 665	-8. 6
变压器	万千伏安	496. 1	478. 7	3. 6
四、固定资产投资				
1. 全社会固定资产投资完成额	万元	4 225 153	3 246 153	30. 2
其中：城镇投资	万元	2 768 036	2 484 405	11. 4
农村非农户投资	万元	633 226	290 013	118. 3
农村私人投资	万元	823 891	471 735	74. 7
按所有制关系：国有单位投资	万元	1 341 126	1 259 977	6. 4
集体单位投资	万元	168 197	77 997	115. 6
其他单位投资	万元	1 891 939	1 436 444	31. 7
按隶属关系：中央、省属单位	万元	499 246	430 151	16. 1
市、县(区)属单位	万元	2 902 016	2 344 267	23. 8
按三次产业划分：				
1. 第一产业	万元	148 345	114 173	29. 9
2. 第二产业	万元	1 283 352	1 060 098	21. 1
3. 第三产业	万元	1 969 565	1 600 147	23. 1
2. 施工项目	个	1 580	1 512	4. 5
本年新开工项目	个	1 297	1 155	12. 3
建成投产项目	个	1 174	1 044	12. 5
3. 本年新增固定资产	万元	1 721 746	1 406 202	22. 4
4. 施工房屋面积	万平方米	1 038. 8	858. 3	21. 0
其中：住宅	万平方米	615. 3	499. 1	23. 3
商品房施工面积	万平方米	653. 3	507. 7	28. 7
其中：住宅	万平方米	546. 9	434. 7	25. 8
商品房竣工面积	万平方米	173. 8	118. 7	46. 4
其中：住宅	万平方米	154. 9	112. 3	38. 0

续　表

指　标　名　称	单　位	2011 年	2010 年	增减(%)
商品房销售面积	万平方米	137.3	211.0	-34.9
其中：住宅	万平方米	127.4	204.6	-37.7
五、社会消费品零售总额				
全市社会消费品零售总额	万元	1 683 648	1 415 277	19.0
按销售地区分：				
1. 城　镇	万元	13 221 253	1 098 739	20.3
其中：城　区	万元	935 656	794 286	17.8
2. 乡　村	万元	361 495	315 641	14.5
按经济类型分：				
1. 公有经济	万元	372 126	275 927	28.1
其中：国有经济	万元	285 939	216 342	31.2
2. 非公经济	万元	1 311 522	1 139 350	16.7
其中：私有经济	万元	1 099 580	891 071	17.7
3. 按行业分：				
批发零售贸易业	万元	1 387 760	1 158 034	19.5
住宿餐饮业	万元	295 888	257 243	17.1
六、人民生活				
单位从业人员	人	194 005	188 122	3.1
1. 国有单位	人	102 162	97 932	4.3
2. 集体单位	人	5 539	5 769	-4.0
3. 其他单位	人	86 304	84 421	2.2
单位职工工资总额	万元	696 630	536 326	29.9
1. 国有单位	万元	473 534	366 726	29.1
2. 集体单位	万元	15 502	10 588	46.4
3. 其他单位	万元	207 594	159 012	30.6
在岗职工平均工资	元	38 180	30 243	26.2
城镇居民人均可支配收入	元	18 527	16 471	12.5
城镇居民人均生活消费支出	元	12 219	10 621	15.0
农民人均纯收入	元	6 616	5 747	15.1
1. 工资性收入	元	1 696	1 416	19.8
2. 家庭经营纯收入	元	4 273	3 753	13.9
3. 财产性纯收入	元	215	202	6.4
4. 转移性收入	元	432	376	14.9
农民人均生活消费支出(现金)	元	5 989	5 033	19.0
七、财政收支				
财政总收入	万元	3 435 031	3 043 890	12.9
一般预算收入合计	万元	772 543	647 297	19.3

续　表

指　标　名　称	单　位	2011 年	2010 年	增减(%)
增值税	万元	189 029	172 428	9.6
营业税	万元	117 767	104 661	12.5
企业所得税	万元	50 334	35 706	41.0
个人所得税	万元	12 323	8 477	45.4
城市维护建设税	万元	124 041	111 904	10.8
烟叶税	万元	41 725	33 862	23.2
地方财政支出总计	万元	1 605 072	1 281 878	25.2
一般预算支出合计	万元	1 396 497	1 072 981	30.2
一般公共服务	万元	137 937	130 426	5.8
农林水事务	万元	185 313	148 774	24.6
教育支出	万元	222 929	195 178	14.2
社会保障和就业	万元	167 244	139 367	20.0
科学技术	万元	12 690	12 766	-0.6
医疗卫生支出	万元	139 193	91 220	52.6
环境保护	万元	52 407	36 385	44.0
八、金融				
金融机构存款余额	亿元	917.5	816.0	12.4
金融机构贷款余额	亿元	543.7	465.7	16.8
居民储蓄存款余额	亿元	433.4	374.7	15.7
存贷比	%	59.3	57.1	—
九、对外经济与旅游				
外贸进出口总额	万美元	40 055	28 567	40.2
其中：出口总额	万美元	35 799	26 503	35.1
进口总额	万美元	4 256	2 064	106.2
接待国内旅游人数	万人次	1 308.9	1 164.4	12.4
旅游总收入	亿元	57.1	40.5	40.9
十、物价指数				
居民消费价格总指数	%	104.7	100.0	—
工业品出厂价格指数	%	105.1	100.0	—
商品零售价格总指数	%	104.2	100.0	—
农业生产资料价格指数	%	109.4	100.0	—
十一、交通运输邮电				
公路货运周转量	万吨/千米	905 227	787 154	15.0
公路旅客周转量	万人/千米	216 337	186 963	19.0
固定电话机总数	万部	24.4	23.7	3.0
移动电话用户数	万户	180.6	168.2	7.4
十二、教育文化				

续 表

指 标 名 称	单 位	2011 年	2010 年	增减(%)
高等学校在校学生数	人	13 214	12 026	9.9
中专学校在校学生数	人	13 731	13 307	3.2
普通中学在校学生数	万人	13.3	13.3	—
小学在校学生数	万人	18.9	19.4	-2.4
学龄儿童入学率	%	99.9	99.9	—
文化馆	个	10	10	—
公共图书馆	个	10	10	—
广播人口覆盖率	%	98.56	98.53	—
电视人口覆盖率	%	98.79	98.67	—
十三、卫生				
全市卫生机构病床数	张	9 950	9 950	—
卫生机构技术人员	人	9 051	8 972	0.9
其中：医生	人	4 110	4 063	1.2

说　明

一、本索引采用主题分析索引，索引范围包括各部类条目、表格和图片，彩页的具体内容未作索引。为便于检索，在玉溪及所辖县（区）有的企事业单位和在玉溪发生的事件名称前的“玉溪”、“云南省”或县（区）名，除易产生歧义者外，均予以省略。辖区内“峨山彝族自治县”、“新平彝族傣族自治县”、“元江哈尼族彝族傣族自治县”均简称“峨山县”、“新平县”和“元江县”。

二、本索引按汉语拼音音序排列，即以索引条目第一字的音序为准，第一字相同则按第二字的音序排列，依此类推。同音不同字按笔划顺序排列。

三、索引款后的阿拉伯数字表示该索引内容所在的页码，数字后的字母（a、b、c）表示栏别，即版面从左至右的1、2、3栏。

四、本索引使用“参见”、“附见”系统，空2字起排的款目为上一主题的“附见”。同一主题的“参见”只标页码，索引款后如同时出现两个或两个以上的数字，则表示该主题“参见”于不同地方。

五、栏目、类目用黑体表示。索引后的“图”、“表”表示该内容为图片或表格。

六、为便于查找，以数字或字母开头的款项不按该数字或字母的音序排入相应音序中，集中排列于“非音序”栏中。

A

B

C

G

H

J

K

L

M

N

P

Q

T

W

X

Z

非音序

浦发银行玉溪分行

领导深入企业调研

积极服务“三农”

支持中小企业发展

【加大信贷投放力度】 2011年，浦发银行玉溪分行信贷工作重点主要投向民生工程、环保治污、节能减排和产品升级以及优质中小企业。通过存货质押、联贷联保等担保方式的创新，广泛应用国内信用证代付、贸易融资等新产品，解决企业融资难的问题。全年共审批办理各类贷款23.8亿元，贷款余额11亿元，为支持玉溪经济建设的发展作出积极贡献。

【机构及网点建设】 经中国银行业监督管理委员会云南监管局2011年4月28日批复，同意筹建上海浦东发展银行股份有限公司澄江支行，中国银行业监督管理委员会玉溪监管分局2011年7月15日批准浦发银行澄江支行开业，至此，玉溪分行第一家县级支行宣告成立。玉溪分行网点建设得到较快提升，使中心城区物理网点达到4个，县级网点达到2个，提高了网点覆盖和服务面。

【榜上有名】 基层党组织战斗堡垒作用突出，凝聚力增强，荣获云南省银行业协会“百佳服务文明示范单位”、上海浦东发展银行总行“2010～2011年度先进党组织”荣誉称号。

【内控管理】 为确保2011年度经营目标及安全运营工作的落实，玉溪分行行长与昆明分行、玉溪分行员工分别签订了《安全保卫工作目标管理责任书》、《案件防控目标责任书》，制定了《案件防控及风险排查工作措施》，确保安全保卫、案件防范工作落实到位，2011年度，实现安全生产无事故并荣获昆明分行“优秀单位”荣誉称号。

【社会责任】 浦发银行玉溪分行切实履行社会责任，实施爱心捐助活动，全行员工实施爱心捐赠136人次，金额13 207元，充分体现浦发银行履行社会责任的使命感和责任感。

浦发银行澄江支行开业

中国银行玉溪市分行

2011年2月24日，省分行副行长周洪源与玉溪市副市长谢兴荣座谈

2011年5月19日，玉溪市副市长杨洋到玉溪分行指导创卫工作

2011年，中国银行玉溪市分行坚持以客户和银行价值增长为核心，拓宽传统业务优势，以“创新和改革”为重点，以“有效防范业务风险”为保障，着力推进内部管理和企业文化建设、队伍建设，努力构建“追求卓越”为核心价值观的企业文化。

2011年共有11个营业机构，在职员工228人。人民币各项存款余额为503 983万元，较上年增加35 414万元，增7.56%。外汇存款余额为1 688万美元，较上年增加397万美元，增30.75%。人民币公司贷款余额203 180万元，较上年增加23 650万元，增13.17%；零售贷款余额72 653万元，较上年增加8 415万元，增13.1%。

2012年，中国银行将迎来百年华诞，一百年来，中国银行始终秉承追求卓越的精神、稳健经营的理念、客户至上的宗旨、诚信为本的品质，持商业自主之信念，循银行发展之规律，成为中国唯一持续经营百年的银行。截至2011年，除中国内地外，中国银行在香港、澳门、台湾及全球32个国家和地区设立分支机构近1 000家，与1 500余家国外银行同业保持业务往来。

“百年中行，百年辉煌”，面对新的历史征程，中国银行继续怀抱追求卓越的理想与信念，积极推进创新发展、转型发展、跨境发展，积极服务玉溪经济建设，向着国际一流银行的战略目标不断迈进。

2011年5月13日，玉溪分行江川支行开业

2011年3月18日，玉溪分行开展警示教育活动

2011年5月31日，玉溪分行与大连善水德水务工程有限责任公司举行战略合作签字仪式

省分行副行长赵玉忠（左二）到玉溪分行调研指导工作

中国银行玉溪市分行廉政建设座会议

2011年12月10日，玉溪市分行举办黄金巡展活动

2011年4月27日，玉溪分行在2010年外汇业务工作考核中再创佳绩

2011年11月6日，玉溪分行开展“反洗钱宣传周”活动

2011年7月26日，玉溪分行行长吴国恒率队走访慰问中国人民解放军云南陆军预备役步兵师第三团，并与预备役三团官兵进行篮球友谊赛

中国银行云南省分行第二届运动会玉溪赛区

2011年2月25日，玉溪分行召开二届三次职代会

2011年2月25日，玉溪分行召开双先表彰会

组织员工参加徒步活动，创建卓越奋进的企业口号

2011年4月29日，省分行副行长周洪源参加玉溪分行2011年“开门红”竞赛活动颁奖晚会

云南红塔农村合作银行

2011年，云南红塔农村合作银行在上级主管部门、当地党委、政府的正确领导和人行、银监等部门及社会各界的关心、支持和帮助下，认真贯彻落实科学发展观和国家经济金融方针政策，围绕发展主题，审时度势定措施，上下联动抓落实，全体干部职工坚定信心、自加压力，迎难而上，抢抓各种发展机遇，以建党90周年活动为契机，切实采取一系列强有力的措施，深入推进“创先争优”活动、“服务创优工程”和“合规文化建设年”活动，扎实稳步开展各项工作，各项业务稳健发展，实现了安全经营的目标，有力地支持了“三农”和地方经济发展。

发展实现新突破。各项业务经营指标再创新高，各项存款突破70亿元大关，贷款突破40亿元大关，财务收入突破3.8亿元，上缴各种税金3 401万元，其中所得税2 146万元。在自身各项业务健康快速发展，实现了发展速度、发展质量、业务规模、经营效益协调统一的经营管理目标的同时，为地方“三农”和社会经济发展作出了积极的贡献，切实履行了地方银行的社会责任，开创了“十二五”开局之年的新局面。

服务“三农”工作再上新台阶。立足农村，依托网点遍布城乡等优势，加大自助银行建设力度，创新推出和推广“金碧贷记卡”、网上银行、手机银行、商户贷款等各类金融产品，继续发挥小额农贷、农户联保贷款等支农服务产品优势，支农服务能力和科技服务能力显著增强。全年自助设备服务量突破100万笔，农户贷款余额突破10亿元大关，余额达10.4亿元，全年累计投放各类贷款48亿元，农村金融主力军作用进一步显现。

企业文化建设取得新进展。建立以依法合规经营为前提，员工队伍建设和服务管理为重点，打造社区零售精品银行为目标的管理架构，大力推进“服务创优工程”，成功改造了玉江分理处、彩虹分理处、北城支行、大营街支行等一批精品网点，网点服务形象得到全面提升；强化内控管理，多形式开展廉政教育、案防意识教育和员工文体活动，全面启动“流程银行”管理模式，打造以合规、服务为主题的地方银行服务文化和服务特色，营造积极、良好的发展氛围，构建平安合行、和谐合行。2011年度荣获云南省农村信用社先进集体、云南省农村信用社存贷款“双突破”活动先进集体、省级“青年文明号”、玉溪市农村信用社统计工作先进单位、红塔区“社会治安综合治理先进单位”、“五四红旗团总支”等荣誉称号。

宽敞的营业大厅

深入乡（镇）开展征信知识宣传

青年志愿者配合交警上街宣传安全知识

七一建党节红歌演唱会

支持中小企业发展

员工登山比赛

玉溪市商业银行

玉溪市商业银行董事长旃绍平为峨山支行开业揭牌

玉溪市商业银行2010年度股东会

2011年12月5日，中共玉溪市商业银行委员会成立

2011年11月3日，由玉溪市商业银行承办的云南省地方性商业银行信息安全工作会议在江川召开

2011年，玉溪市商业银行在玉溪市委、市政府的正确领导下，在人行玉溪中支和玉溪银监分局的指导和监督下，以科学发展观为指导，以转变发展方式为主线，全力打造“市政银行、市企银行、市民银行”，进一步巩固地方金融阵地。截至年末，全行资产总额达到1 022 220万元，比上年末增加178 749万元，增幅21.19%；人民币各项存款余额931 962万元，同比增加179 484万元，增长23.85%；各项贷款余额351 527万元，同比增加74 936万元，增长27.09%；利润总额10 149万元，同比增加3 336万元，增长48.96%；各项税金3 614万元，同比增加1 159万元，增长47.21%，其中营业税金及附加1 353万元，所得税2 261万元；实现净利润7 888万元，同比增加2 541万元，增长47.51%。主要监管指标均达到监管要求，其中资本充足率13.77%；核心资本充足率11.93%；拨备覆盖率333.09%；流动性比率74.66%；资产利润率0.85%；资本利润率16.30%；存贷比37.72%。

玉溪市商业银行2011年经营工作会

玉溪市商业银行五周年行庆劳动技能竞赛——点钞比赛现场

玉溪市商业银行为龙树居委会老年人活动室捐款

2011年10月27日，玉溪市商业银行员工到通海县七街镇集贸市场进行反假币宣传

玉溪市商业银行舞蹈《迎风飞扬》在玉溪市庆祝建党九十周年活动中获第一名

玉溪市人力资源和社会保障局

省委常委、副省长李江在新平县农村实地调研指导玉溪市新农保工作

市人力资源和社会保障局党组书记、副局长张玉江指导民营企业招聘工作

市委常委、副市长黄宪庭参加新春公益性人才招聘会

市委常委、市委组织部部长寸世成调研指导社会保险工作

市委组织部常务副部长、市人力资源和社会保障局局长邓怀俊巡视人事考试考场

2011年12月，召开玉溪市人才工作暨首届玉溪杰出人才表彰大会

2011年，全市人力资源和社会保障工作紧紧围绕市委、市政府中心工作和省人力资源社会保障厅下达的目标任务，坚持民生为本、人才优先的工作主线，实施充分就业战略和人才强市战略，以就业、社会保障、收入分配、人事、人才、公共服务、劳动关系为重点，科学谋划，明确责任，真抓实干，狠抓落实，全面完成了工作目标任务。

就业工作任务全面完成。全市城镇新增就业人员2.38万人；城镇登记失业率3.11%；城镇下岗失业人员实现再就业9 078人；开发公益性岗位4 078个；帮助“4050”特殊困难人员实现再就业6 056人；确保零就业家庭成员至少1人实现就业，城镇零就业家庭保持了动态清零。

社会保障工作取得新成效。全市新农保试点县（区）达到7个，实际参保登记986 410人，城镇居民实际参保登记37 948人。五项社会保险覆盖率持续增加，参加城镇职工基本养老保险24.82万人，参加城镇基本医疗保险49.33万人；参加城镇失业保险12.68万人；参加职工工伤保险19.63万人；参加职工生育保险15.22万人。

收入分配制度改革稳步推进。公务员工资制度不断完善，事业单位绩效工资全面实施，大力推进企业职工工资集体协商机制建设，企业工资

红塔区城乡居民养老保险启动仪式，养老保险逐步全覆盖

2011年11月，举办企业退休人员文艺晚会

指导线约束力进一步增强。

人才工作取得新突破。编制完成《玉溪市中长期人才发展规划（2010～2020）》，明确了人才发展的中长期指导方针。建立了人才基础数据平台，整合了人才信息资源。人才引进力度不断加大，年内引进各类外国专家22人，公开招考录用公务员261人，新增高技能人才3 015人，评审通过正高、副高、中级、初级职称人员1 457人，完成了“省贴”、“省科技兴乡贡献奖”、中青年破格高级和正高级工程师推荐工作。

人事制度改革取得新进展。公务员管理制度进一步完善，公务员考核制度改革迈出实质性步伐，考核工作的质量和水平不断提高。“考试考核、阳光安置”机制得到军转干部和社会各方面的认可，军转安置任务圆满完成。事业单位公开招聘进一步规范，公开招聘实现网上报名。事业单位岗位设置工作平稳有序推进，聘用制度全面推行。

劳动关系协调和权益保护力度不断加大。劳动执法年审工作顺利完成，部分用人单位违法违规行为得到纠正。认真开展农民工工资支付情况、清理整顿人力资源市场秩序、用人单位用工行为、“黑劳工、黑中介、黑砖窑”专项执法检查，切实维护了劳动者权益。农民工工资保证金制度全面建立，劳动合同签订率不断提高。劳动人事争议调解仲裁力度不断加大，结案率达到95%。

公务员公开招考录用笔试考场，工作人员认真核对应考考者信息

2011年7月，开展2011年事业单位新进人员初聘培训

加强党风廉政建设，举办全系统党风廉政建设专题讲座

多举措扶贫，组织扶贫联系点村干部考察红塔集团

武警玉溪市支队

武警部队参谋长牛志忠中将莅临支队视察工作

武警部队政治部主任于建伟中将莅临支队视察工作

支队长王承全上校深入基层检查指导工作

政委孔令斌上校深入基层检查指导工作

2011年，武警玉溪市支队深入贯彻胡锦涛主席关于主题主线重大战略思想，紧紧围绕武警党委总体工作思路和要求，在武警云南省总队党委和玉溪市委、市政府坚强领导下，凝心聚力、精心筹划、狠抓落实，圆满完成以执勤处突为中心的多样化任务，全面建设呈现出稳步推进、协调发展的良好态势。支队被武警部队表彰为“连续16年预防事故案件先进单位”，被武警云南省总队表彰为“基层建设先进支队”、“新闻宣传工作先进单位”、“密码工作正规化建设先进单位”，支队双主官被表彰为“一对好主官”，先后有27名官兵荣立个人三等功。

一年来，支队始终坚持政治工作的生命线地位，着眼“三个确保”的时代课题，不断用党的创新理论武装官兵头脑，深入培育当代革命军人核心价值观，认真学习宣扬庄仕华、杨善洲等先进典型，官兵高举旗帜、听党指挥、履行使命的思想根基进一步夯实。始终强化“中心居中”的意识，按照“执勤确保安全、处突确有把握、反恐确能制胜、维稳确保平安、救援确保有效”要求，大力加强战斗力建设，先后成功处置在押犯企图内外串联事件3起、犯罪嫌疑脱逃事件1起。在确保固定执勤目标万无一失的基础上，圆满完成警卫、武装押解、安全保卫、城市武装巡逻、“两规”等临时勤务59起，3次出色完成处置群体性事件机动备勤任务，有力维护了玉溪经济社会稳定。牢固树立“基层至上，士兵第一”的观念，按照“四个基本”的要求狠抓全面建设，部队发展基础日趋牢固。着眼遂行多样化任务需要，围绕中心抓保障，面向基层抓服务，扎实开展后勤专业培训，使保障和要求得到较好落实；支队的“四项设施”配套率由2010年的62.5%提高2011年的到87.5%，为官兵创造了拴心留人的良好环境。紧紧围绕提高“三个素质”、“四个本领”，狠抓党委班子能力建设和先进性建设，认真贯彻民主集中制原则，在党委机关深入扎实地开展“加强党性修养，锤炼思想作风”教育整顿，党委核心领导作用发挥明显，满意度测评达100%。深入开展拥政爱民活动，支队及所属基层中队与驻地

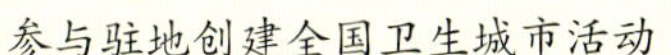

参与驻地创建全国卫生城市活动

深入社区开展义诊活动

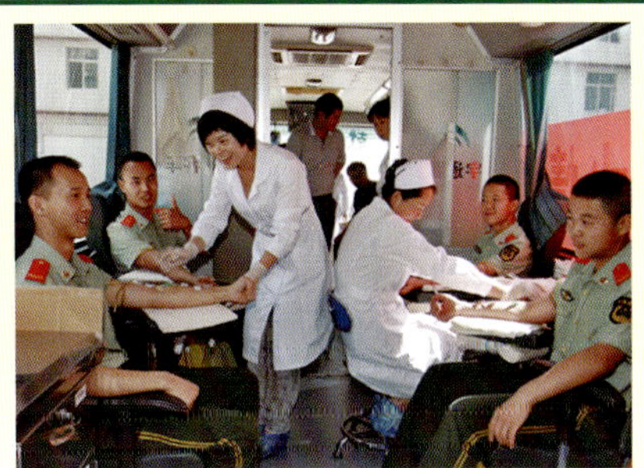

参加义务献血

48个单位（点）签订了警民共建协议书，开展座谈、联欢活动12场次，免费为群众看病送药300余人次，为盈江地震灾区群众、玉溪红十字会、见义勇为基金捐款达10万余元，义务献血2万余毫升；支队党委班子成员与江川县安化彝族乡光山小学开展"1+1"捐资助学活动，使40余名面临失学儿童重返校园；先后动用兵力1 000余人次，参加各种义务劳动45次，特别是3次组织官兵深入城郊结合部开展创卫清淤活动，共清理水渠20余千米，淤泥、垃圾150余吨，为玉溪创建卫生城市做出了积极贡献，树立了支队"威武之师、文明之师"的良好形象。

紧急拉动演练

反恐战法研究

参加易门县"五二八"森林火灾扑救

城市武装巡逻

参与群体性事件处置

玉溪市公安消防支队

2011年11月15日，副省长曹建方、市长高劲松慰问参加全省“三小”工程演练官兵

2011年11月15日，副省长曹建方、市长高劲松在“三小”工程现场观看消防技能展示

“十二五”开局之年，玉溪市公安消防支队在各级党委、政府、公安机关的统一领导下，坚持以科学发展观为统领，以贯彻落实思想政治教育大纲和部队正规化建设精细化管理为主线、以打造消防铁军、“五大”活动开展和筑牢“防火墙”工程为重点，深入推进“清剿火患”战役，圆满完成了预定任务，实现了部队管理和火灾形势“双稳定”。

“铁军”建设实战能力明显增强。2011年，是“三乡消防铁军”建设成效年，支队在完成硬件装备建设的基础上，以人员素质建设为重点，全面加强指挥员组织指挥、灭火救援攻坚组、信息化指挥决策和部队整体作战4个能力。深入贯彻文山会议精神，全力加强综合应急救援队伍及能力建设，主动介入全省防灾应急“三小”工程示范活动（易门现场会），具体承办应急演练、科目设置、宣传编制等“三小”工程重要环节，切实体现了“小演练、大消防”。省委常委、省委秘书长、副省长曹建方高度称赞了玉溪消防部队在活动中的突出表现，先后5次对全市消防官兵的良好作风、过硬素质及防灾减灾工作能力给予了充分肯定。

班子和队伍的综合能力持续提高。支队深入贯彻落实全国思想政治教育大纲现场会和全省正规化建设精细化管理推进会精神。打造了以红塔大队大营街中队为典型的正规化建设示范单位和铁军中队创建单位。明确了全市消防部队以精细化管理、思想政治教育、党建工作、防消联勤、对外开放、园林式警营等工作为重点的建设任务，强势推进基层大队做精、做强、做实部队正规化建设精细化管理和思想政治教育大纲落实工作。2011年，累计调整、提拔使用干部65名，切实培养了一批年轻干部担负起重点工作岗位职责，较好地促进了各项工作。加大对基层党委（支部）班子建设指导力度，新增、调整并配齐配强了16个党委、支部班子，组

副市长明正彬带队
开展“清剿火患”行动

副秘书长张少云
深入公共聚集场所开
展消防安全检查

市公安局副局长张家明带队
开展“零点”行动

全市消防部队后勤财务规范
化现场会在华宁召开

织建设更趋规范，作用发挥更加明显。

后勤综合保障能力大幅提升。2011年，支队党委坚持“掌好财、理好财、用好财、督好财”的后勤工作原则，在切实加强财务监管力度的同时，扎实抓好从业人员专业素质培训，先后举办全市消防部队财务规范化现场一次，业务培训班一期，有效促进了全市财务和资产管理更加规范有序。同时，依托玉溪市“十二五”发展规划，完成战勤保障大队立项开工、江川大队整体搬迁和红塔研和中队建设评审工作。在装备建设上，支队一次性配齐了10个县（区）中队共计10辆举高类消防车、10支综合应急救援队伍器材装备和铁军中队器材装备。

社会火灾防控抵御能力有效加强。2011年9月26日，公安部召开“全国深化消防安全‘五大’活动开展‘清剿火患’战役”视频会议后，支队第一时间将会议精神向当地党委、政府作了汇报。市长高劲松、副市长明正彬、副秘书长张少云等领导亲自带队检查，在完成省、市、县三级政府共计10家单位整改销案的基础上，新报请省、市、县三级政府挂牌督办单位48家，进一步掀起了全市“清剿火灾隐患”战役工作热潮。同时，支队有效结合辖区行业特点，制订下发了烟草、烟花爆竹、磷化工、陶瓷、蔬菜仓储等5个行业消防专项治理方案，有效围剿了各行业的突出隐患。10月16日，公安部副部长刘金国对玉溪市的做法做出批示：“云南分行业的做法是可行的，一定鼓励各地创造性工作。”，并在全国通报表扬，坚定了全市消防官兵清剿火灾隐患的信心和决心，为全面增强社会火灾防御能力奠定了坚实的基础。

在全市消防官兵、合同制消防员的不懈努力下，2011年，全市消防部队3个单位被省公安厅荣记集体三等功，2人荣立个人三等功，27人先后被部局、总队、市级单位表彰为“先进个人”。

红塔区人民武装部

抓基层 打基础 保稳定 促发展

红塔区党政军庆祝建军82周年座谈会暨国防军事日活动

旱灾保民生送水

欢送新兵

近年来，红塔区国防动员委员会不断适应经济社会和安全形势发展需要，按照“平战结合，军民融合”要求，认真落实党管武装，在新起点上不断推进国防动员和后备力量建设科学发展。人武部多次被省军区、军分区表彰为“先进团级党委”、“军事训练先进单位”、“先进人武部”，被成都军区、云南省军区表彰为“征兵工作先进单位”，被省军区表彰为“协助地方维护社会稳定先进单位”。

始终坚持党管武装。区委、区政府始终坚持以党的新时期军事战略方针为统揽，科学统筹经济建设和国防建设，把武装工作纳入全区经济和社会发展全局统一筹划，纳入地方党委工作重要议程全盘统筹，确保经济建设与国防建设齐头并进、协调发展。坚持党委议军和领导干部过“军事日”制度，明确国防动员和后备力量建设各项保障措施和经费标准，将国防动员和后备力量建设正常工作经费纳入区财政预算，建立国防建设经费年5%的自然增长机制，党管武装工作步入制度化轨道。红塔区投入经费1 200余万元完成了人武部的新建搬迁，国防动员的基础更加扎实。定期召开武委会和国动委例会，调整机构，充实人员，制订国防动员潜力调查实施意见，划拨工作经费，按期完成国防动员潜力调查任务，受到省、市国动委领导的高度评价。

不断提升国防动员实力。按照基层武装部建设“十有”和民兵营、连建设“五有”标准，区、乡两级投入资金60余万元，完成了11个乡（镇、街道）武装部和民兵营、连规范化建设。采取“试点先行、以‘点’带‘面’、全面推进”的思路，采取“青年民兵之家”建设与“农村书屋”融合式发展的方式，协调各乡（镇）自筹资金270余万元，完成了全区“青年民兵之家”建设任务。积极探索在非公企业建立民兵组织的方法和路子，在15个企业成立了武装部、建立了民兵组织。借助村（居）委会“两委”换届工作，进一步优化民兵组织结构，28名退伍军人进入村“两委”班子。组建了市、区两级共500人的应急救援队伍，修订完善了人员集结、物资保障、紧急疏散等抢险救灾工作预案，投入经费60万余元购置了野战炊事车，添置民兵应急救援器材，成立了民兵后勤保障分队，人武部完成多样化军事任务的能力明显提升。区委、区政府投资50余万元建成了全区国防动员信息网络，人武部信息化建设的水平明显提高。按照省军区《人武部全面建设实施意见》的标准要求，投入经费70余万元建成了规范统一的“九室一库一中心”，人武部全面建设水平整体跃升，被省军区评为“人武部全面建设达标单位”。

不断巩固新型军政军民关系。人武部充分发挥“总揽全局，形成拳头，能办大事”的桥梁纽带作用，协调驻地部队，扎实抓好扶贫帮困、抢险救灾、社会维稳等工作，职

开展国防教育

抓好征兵宣传

女子民兵

能作用得到有效发挥。利用全民国防教育日、“八一”党政军事日、征兵宣传等重要时期，抓好全民国防教育，努力增强全民国防观念。在八一建军节期间，召开党政军茶话会、老干部座谈会和共建单位联谊会，军政、军民关系不断巩固。针对红塔区连续几年持续干旱的实际，人武部积极应对，主动作为，成立了抗旱救灾工作领导小组，修订完善了《抗旱救灾应急预案》，成立了“民兵抗旱突击队”。3年来，红塔区人武部干部职工为旱灾灾区捐款2万余元，为扶贫联系点协调抗旱救灾资金20余万元，组织民兵3 500余人（次）扑灭森林火灾20余次、清理灌溉水渠30余千米、为群众抢栽烤烟近百亩、运送生活用水60余吨，受到了党委、政府和人民群众的广泛好评。红塔区被云南省、玉溪市表彰为“双拥模范城”，人武部被玉溪市表彰为“拥政爱民先进单位”，军政军民团结的基础更加牢固。

“创卫”中的民兵

民兵扑救森林火灾

帮助群众抢种烤烟

植树造林美化城市

营区全景

民兵训练

玉溪市民族宗教事务局

2011年，玉溪市民宗局创新思路，突出重点，强化措施，狠抓落实，促进了少数民族和民族地区经济经济文化事业。2010年和2011年，市民宗局积极协调实施好彝族山苏群众安居房建设工程，完成投资2亿元，建设完工4 004户安居房。2011年实施红塔区研和镇冷水塘、江川县安化乡烂泥箐、华宁县盘溪镇三江寨等13个“民族团结示范村”项目，补助资金420万元。结合城市民族工作特点，在各县（区）政府所在地街道办事处开展了创建民族团结进步示范社区工作，为加强城市民族工作奠定了坚实的基础。继续支持华宁县创建好“盘溪民族团结进步示范区”，发挥“示范村（区）”在少数民族地区的示范、辐射和带动作用。安排下达了市级民族工作专项资金200万元，帮助解决县、乡、村涉及协调民族宗教关系、创建民族团结进步示范社区、科技培训、民族教育、人畜饮水、发展种植业、民族文化挖掘保护等70个特殊困难项目补助。安排38万元资金，用于补助22个重点宗教活动场所修建资金。重视少数民族传统优秀文化的保护、开发和传承工作，推进民族古籍、民族语言文字、民族艺术等民族文化事业发展。支持市民族理论研究会、市图书馆开展彝族文献保护研究课题。支持新平县成功组织召开了《中国少数民族大辞典·傣族卷》审稿会，推进花腰傣民族民间文化的搜集整理。积极帮助通海县里山彝族乡保护开发彝族歌舞、彝族语言文字。支持易门县小街乡保护和挖掘歪头山苗族民间舞蹈艺术，指导华宁县举办第三届少数民族传统体育运动会。认真贯彻落实少数民族事业发展规划，切实支持哈尼学、傣族学、彝学会等民族民间文艺研究团体积极开展学术交流和培训活动，挖掘整理民族文化成果。指导元江县哈尼学会召开了哈尼长老会、元江县傣文培训班、新平傣文培训班。支持各县（区）哈尼学会、傣族学会、彝学会、白族学会等出版了一批理论研究文集，民歌、民俗和历史资料书籍和光盘。指导峨山县举办了首届中国彝族祖先文化节暨第二届中国彝族花鼓舞艺术节，确保了大型舞蹈史诗《阿普笃慕》演出等活动安全有序。指导峨山县庆60周年、澄江县海口镇第十二届苗族“花山节”暨第五届农民运动会顺利举办。积极组队参加11月在贵州省贵阳市举办的全国第九届少数民族传统体育运动会，玉溪市龙舟队、2个表演项目代表云南省参加了比赛，龙舟队获得3个第二名、2个表演项目均获得金奖，玉溪市射弩运动员李春丽一人独得3块金牌、1块银牌，取得了优异成绩，展示玉溪各族人民团结、文明、拼搏的新气象。加强宣传教育，推动民族团结进步事业发展。积极负责市委、市政府于2011年3月29日召开的民族工作会议暨第四次民族团结进步表彰大会有关具体事务，表彰

2010年12月18日，云南省宗教局来玉溪考核宗教工作目标管理责任制

2011年11月30日，玉溪市召开民族文化意见听证会

2010年12月21日，接受云南省民委来考核玉溪民族团结目标管理责任制

2011年10月20日，全省团结示范区交流会玉溪会场（中玉酒店）

2011年3月29日，玉溪市2011年民族宗教工作会上，表彰省级少数民族民营企业先进集体和个人

全市贫困民族地区村组干部培训班，组织到种养示范基地参观

2011年3月29日，市、县（区）签订民族团结目标管理责任书

2011年3月29日，玉溪市第四次民族团结进步表彰会代表

2011年9月25日，玉溪市民宗局与市民族医药文化协会到到民族地区送医送药

2011年9月19日，玉溪市基督教两会第三期教牧人员培训班开学典礼

2011年3月10日，市民宗局领导陪同中央党校专家深入贫困少数民族村寨考察

市民宗局与玉溪师院联合举办玉溪民间文学传承人培训班

了在民族团结进步事业中做出显著成绩的40个先进集体和79名先进个人。紧紧围绕《党和国家民族政策宣传教育提纲》，在全市各宗教活动场所深入开展爱国主义和法制宣传教育活动。牵头协调市科协、市计生委、市计生协会、市图书馆于4月11～15日深入红塔区洛河乡把者岱村委会锅西甸村、江川县安化乡新庄村委会、通海县高大乡克呆村、澄江县海口镇松元村委会草格村、华宁县盘溪镇矣得村委会大岩子组开展了科技、文化、卫生“三下乡”活动，开展种植殖培训700余人次，发放各种民族读物、资料3 000余份，为500余名群众免费体检看病并发放了5 000元的药品。市、（区）民宗局强化依法管理，维护了民宗教领域持续团结稳定。

澄江县大塘子民族团结示范村苗族服饰工艺

民族示范村建设通过了检查验收（通海高大）

[illegible]居房焕然一新（新平白沙斗村）

新平县平[illegible]民族团结示范村

玉溪高新技术产业开发区

春节前夕，玉溪高新区领导到企业慰问

省科技厅厅长龙江到高新区调研

2011年，玉溪市政府决定，玉溪江川龙泉山生态工业园区由玉溪高新区与江川县人民政府共同开发建设，园区规划面积20平方千米，高新区发展空间得到进一步拓展。

玉溪高新区长期坚持推进园区产业集群发展模式，重点培育和发展生物医药产业、新材料产业、农产品精深加工产业、卷烟及配套产业等主导产业，产业集聚初具规模，区内现有企业758户，工业企业76户，高新技术企业28户。2011年，园区实现生产总值398亿元，实现工业总产值479亿元，工业增加值368亿元，园区从业人员2.8万人。

2011年，云南省人民政府、玉溪市人民政府做出决策，将玉溪高新区创建成国家高新区，并且迈出了实质性步伐。这为玉溪高新区的发展定位明确了方向，高新区的未来孕育着巨大的发展潜力与活力，高新区所承载的不仅是玉溪人的梦想，更是云南乃至全国的期待。

玉溪高新区将按照建设国家级高新区的要求，依托优势产业、特色资源及科技创新，努力使园区成为促进技术进步和增强自主创新能力的重要载体，成为带动区域经济结构调整和经济增长方式转变的强大引擎，玉溪高新区必将变得更加引人瞩目。

热忱欢迎并期待国内外有实力的企业和集团来玉溪高新区考察商机，投资兴业，共赢美好未来。

科技公园开园揭牌仪式举行

获奖企业领奖

党员在生产一线发挥表率作用

玉溪市太标太阳能设备有限公司

高新技术企业生产车间

高新区园区企业生产线

中烟草种子

城市燃气供应中心

红塔区种植三七长势喜人

玉溪市红十字会

2011年元旦、春节期间，市政府、市红十字会领导到新平县漠沙镇小凹腰村开展“博爱送万家”活动，将慰问品和慰问金送到贫困村民手中

2011年,玉溪市红十字会在市委、市政府的正确领导和市人大、市政协的监督下,在省红十字会的指导帮助及社会各界的大力支持下，坚持依法建会、依法治会、依法兴会，认真贯彻落实红十字会法，全面履行红十字会法赋予的各项职责，遵循“人道、博爱、奉献”的红十字精神，创造性地开展红十字会工作。市红十字会紧紧围绕市委、市政府中心工作，按照省红十字会工作部署，结合玉溪实际，开展好社会募捐活动，实施人道救助，切实加强基层组织建设，认真落实卫生救护技能培训任务，特别做好初学机动车驾驶员卫生救护培训，加大捐献造血干细胞宣传力度，重视志愿者队伍建设和应急救援能力建设，开展了储存脐带血造血干细胞及脐带间充质干细胞储存知识宣传动员等各项工作，并首次与云南人民出版社联合开展“安全知识进校园，我为孩子捐本书”活动。市红十字会全体员工和广大志愿积极努力，克服工作中存在的各种困难，尽职尽责当好党委、政府在人道救助领域的助手。

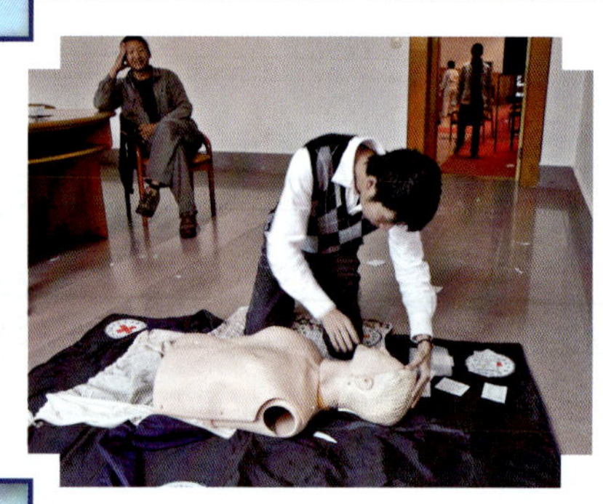

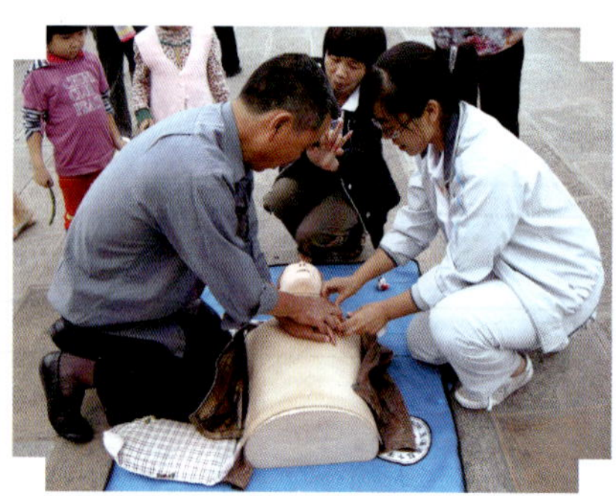

市红十字会向市民普及心肺复苏及创伤包扎等急救技能

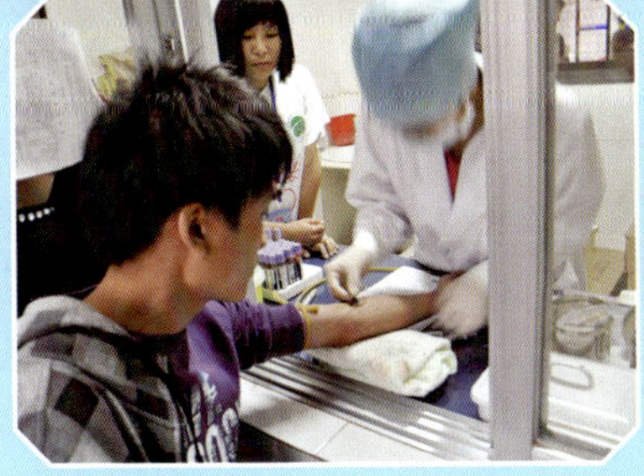

市红十字会优秀志愿者积极动员广大社会青年参加捐献造血干细胞队伍

市红十字会与云南人民出版社开展“安全知识进校园，我为孩子捐本书”活动，共有83家企事业单位捐款，捐书善款达895 491元，将覆盖受益学生47 000人

2011年5月8日，玉溪市红十字会举行“与爱同行，关爱贫疾群体”义捐文艺晚会，共募得善款35.01 万元，全部用于救助贫疾人群

红塔区玉兴街道党工委 办事处

市委书记孔祥庚视察冯家冲居民区建设

市长高劲松到窑头市场调研“创卫”工作

2011年，街道经济持续发展、社会事业全面进步。一年来，在区委、区政府的正确领导下，党工委、办事处坚持以“三个代表”重要思想为指导，以科学发展观为统领，立足街道发展大局，围绕年初确定的发展思路和目标任务，团结带领全处广大党员干部群众，进一步更新发展观念，创新发展模式，提高发展质量，确保了街道经济健康持续发展的良好势头，巩固了社会和谐稳定的大好局面。

综合实力在经济健康发展中显著增强

主要经济指标完成情况良好，第三产业持续发展，集体经济不断发展壮大。发展活力显著增强。财源建设水平进一步提高。

生态文明建设在重点工作顺利推进中成效显著

国家卫生城市创建工作圆满成功。省级文明城市创建工作成效明显。右所社区冯家冲、沙头村景观打造和环境综合整治工作进展顺利。

平安建设工作在齐抓共管中持续巩固

牢固树立稳定是第一责任的思想，健全社会稳定防控体系，完善各级维护社会稳定的组织机构，深化社会矛盾化解、社会管理创新、公正廉洁执法三项重点工作，进一步加强对稳定工作的组织领导及资金保障。积极探索社会管理服务新机制，加强对流动人口的服务管理，认真开展流动人口基本公共服务均等化试点工作，组建流动人口协管员队伍。对综治维稳信访中心进行规范化建设，整合各方力量，构建综治维稳大调解工作格局。开展矛盾纠纷摸底排查工作，确定了治安整治重点部位，成立复杂区域守护队，对治安整治重点部位实行全天候的巡查守护，全力维护社会治安良好秩序。认真落实“六五”普法各项措施，采取会议、讲座、法律咨询、法律知识竞赛及发放宣传材料等形式，深入开展法制教育进社区、进家庭、进单位、进企业、进学校活动，居民法制意识显著增强。六是坚持打防结合、标本兼治，加强治安管理和防范，加大对重点区域的整治力度，严厉打击刑

街道地处玉溪市生态核心区，生态建设不断推动着街道科学发展

玉兴街道纪念中国共产党成立九十周年暨“十一五”综合表彰大会

街道年度工作会议

事犯罪及黄、赌、毒等违法犯罪活动。

社会事业在统筹推进中协调发展

社会保障体系更加完善。管理城市水平不断提高。加大城市管理执法力度，依法严厉查处违规审批、违法建设、乱贴乱涂广告等行为，实行城市卫生网格单元管理模式，切实维护好市容环境秩序；积极做好旧村改造收尾工作，全年共完成旧村改造44户。各项事业全面发展，充分挖掘社区文化资源，“我和我的祖国，一刻也不能分割，无论我走到哪里，都流出一首赞歌”，近一个月的时间，每天下午7：30，来自街道和社区的94名干部职工聚集在街道办公楼，抓紧时间积极开展训练，参加红塔区“红心向党，颂歌嘹亮”的合唱大赛，激情满怀的歌声唱出了对伟大祖国的衷心依恋和真诚歌颂。

玉兴街道组织人员自创自演，展现居民幸福生活的现代舞蹈《阿公阿婆的幸福生活》，代表红塔区参加玉溪市纪念建党90周年文艺汇演比赛获得一等奖。

七一前后，不管是走进单位企业，还是居民小区，街道上下党旗飘飘，红歌嘹亮，辖区36支业余文艺队伍广泛开展广场文艺演出活动，街道干部群众通过大合唱、诗朗诵、独唱、舞蹈等多种艺术形式，充分表达街道居民对党的90华诞的真挚祝福，丰富多彩的节目充分展现玉兴街道发展的新变化、新成就、新形象，为玉兴街道的科学发展、和谐发展鼓劲加油。

党的建设在不断创新中全面加强

思想建设进一步加强。街道各级党组织按照“组织创先进、党员争优秀、发展上水平、群众得实惠”的要求，认真开展创先争优活动。在建党90周年之际，街道举办“玉兴杯”、“生态城市、和谐街道”诗词、楹联比赛，面向全省征集反映街道生态建设和街道发展变化的诗词、楹联作品，讴歌生态城市建设的时代巨变成就，颂扬街道广大党员干部在“创先争优”活动中的精神风貌，反映“十一五”所取得的巨大成就，庆祝中国共产党的90华诞。组织建设进一步加强。“一个支部就是一个战斗堡垒，一名党员就是一面鲜艳的旗帜”。国家级卫生城市的创建，环湖东路、红龙路冯家冲段城市道路建设、棋阳路拓宽改造、东风水库水源地保护区综合整治……

市、区重点工作，征地、拆迁、搬迁，每一项急难险重重点工作的推进，每一次产业的提升，小组集体经济发展的决策，街道各级基层党组织和广大党员都扮演着建设者、组织者、执行者的重要角色，各级党组织以求真务实的作风，改革创新的精神，促进了基层党建事业的发展壮大，为街道经济发展保驾护航。

2011年6月29日，玉兴街道召开了七一表彰大会，隆重纪念党的生日，表彰奖励在“十一五”期间，街道各社区、各部门和广大党员干部，在党的基层组织建设、经济建设、民生建设、平安建设、生态城市建设等工作中做出突出成绩和贡献的先进集体、先进个人。16个“先进基层党组织”，10个“集体经济发展先进单位”，20个“个私经济发展先进单位”，13名“优秀党务工作者”，87名“优秀共产党员”和100名“先进工作者”受到了表彰奖励，激励各级基层组织和广大党员、干部进一步保持热情高昂、奋发有为的精神状态，在实施街道“十二五”规划中再立新功。作风建设进一步增强。

石冯新村居民住宅区

企业荣誉

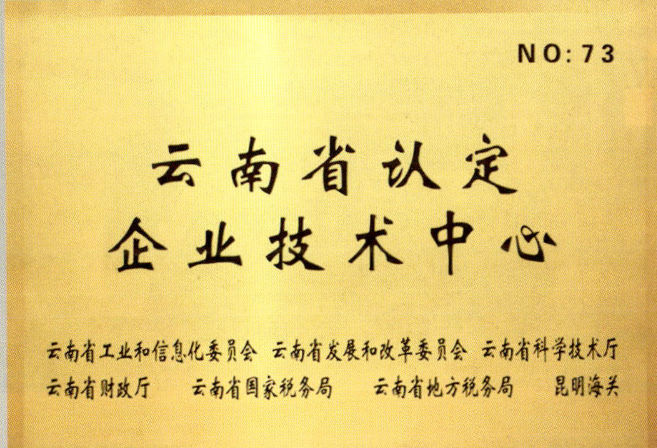

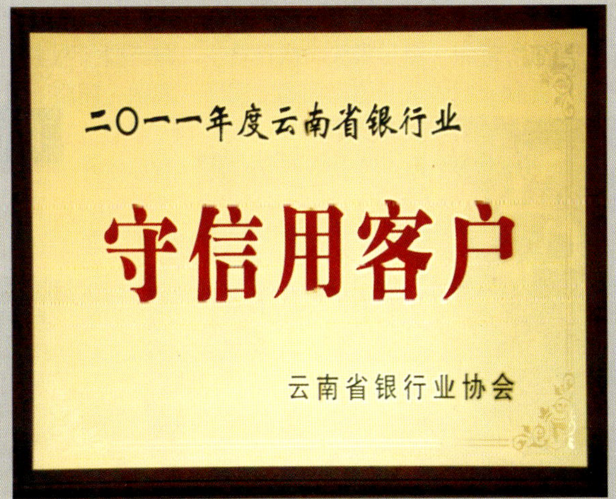

玉溪市红塔铝型材厂秉承着以服务社会为宗旨，并赋予企业文化而创建了玉溪陈氏浮雕文化会馆。本会馆以彰显中华名族文化为目标，以促进文化产业发展为宗旨。

中国移动通信集团

2011年12月6日，玉溪市人民政府与中国移动云南公司举行无线城市建设签字仪式

2011年9月29日，玉溪移动举办全市中小企业信息化建设培训班

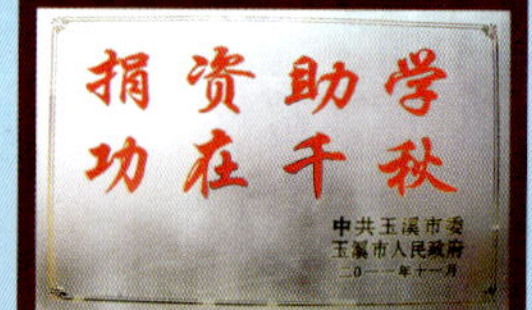

2011年11月，玉溪移动被授予捐资助学奖牌

2011年12月，玉溪移动荣获全国“通信行业用户满意企业”称号

2011年10月20日，举办“环玉湖”徒步活动

2011年是国家“十二五”规划的开局之年，在市委、市政府和省移动公司的正确领导下，玉溪移动上下一心，统一思想，锐意进取，扎实工作，不断推进公司规模发展、创新发展、和谐发展，以良好的业务和优质的服务赢得了社会各界的认可，市场掌控力不断增强，网络运营能力不断提高，企业综合实力进一步提升。客户规模150余万户；业务年收入7亿元；交换容量230万门；GSM基站数1 400个，TD基站数280个。目前，玉溪移动已成为全市客户规模最大、网络覆盖最广、服务持续领先的通信企业。

2012年，公司将继续坚持以科学发展为导向，以服务客户为立足点，进一步加快发展步伐。把握机遇、重点突破、开拓创新，构建和谐企业，提升未来持续发展能力，为玉溪通信行业的发展作出更大的贡献！

2011年2月19日，玉溪移动为“两会”服务

2011年3月24日，玉溪移动与玉溪师范学院举行2010年“至善奖励基金”颁奖仪式

2011年6月26日，玉溪移动举办高考填报志愿讲座

云南有限公司玉溪分公司

2011年7月15日，玉溪移动邀请专家易中天在玉溪体育馆开设讲坛

2011年6月18日，玉溪移动接受创建全国文明单位检查组验收考评

惠农工程润民心 致富引领未来

2011年6月26日，玉溪移动在玉溪市体育馆举办王力宏、弦子、Tank、王野群星歌友会

2011年6月30日，玉溪市政协、总工会与玉溪移动举办庆祝建党90周年联欢晚会

2011年9月28日，玉溪移动举办"三农通"涉农联络站业务培训会

2011年7月6日，玉溪移动员工到元江县澧江镇普陀岩山开展学习杨善洲义务植树活动

玉溪汇海

蔬菜专业市场及农产品配送中心

玉溪汇海蔬菜专业市场及农产品配送中心预计总投资4亿元，项目建设坚持“绿色、安全、健康、无公害”的发展理念，以农产品经营为主体，以净菜加工、冷藏保鲜、无公害检测、信息服务、物流配送为特色，通过会员制、代理制等新型市场组织形式，采取直销、期货、网上交易等经营方式，为农产品生产者、经营者和需求者提供经营场所和一流服务的农业企业，增加农民收入，减轻政府负担，同时充当生产者的推销员、消费者的导购员这一角色，为广大人民群众营造一个整洁、方便、舒心的消费购物环境。

按照旅游与生态并重、产业与就业共举、科研与开发共进、环保与节能同步的项目规划理念，配送中心将建成集农产品科研开发、收购加工、仓储配送、连锁经营、展示展销、电子商务“六位一体”的新型农产品流通业态，力争把中心打造成玉溪的一项惠民利民工程，打造成一个高品质、高品位、高标准、产品多元化的农产品交易聚集中心。

作为云南汇海（集团）房地产开发有限公司开发的所有项目的标准配套设施之一，项目所配建的农贸超市，不仅具有一定的社会性，而且还具有很强的公益性，超市还努力做到楼上一个电话，楼下送货到家的亲情服务，真正做到了服务商户、方便用户、方便消费者，每年将为住户节省数千元的生活成本，同时为广大住户营造一个整洁、舒心、放心的购物环境，为提升市场品位、构建和谐玉溪、建设现代宜居城市作出了积极贡献。

让市场见证品质　　用服务回报客户　　建精品感动城市